【城市区位】沿海和长江两大经济开发带交会处

【城市性质】现代化滨江港口工业城市

【土地面积】986.73 平方千米（其中陆地面积 786.43 平方千米）

【户籍人口】92.73 万人

【所辖区镇（街道）】保税区　经开区（杨舍镇）　冶金园（锦丰镇）　高新区（塘桥镇）　乐余镇　凤凰镇　南丰镇　大新镇　常阴沙现代农业示范园区　双山香山旅游度假区　金港街道　后塍街道　德积街道

【张家港市树】香　樟

【张家港市花】菊　花

【张家港精神】团结拼搏　负重奋进　自加压力　敢于争先

【2022年部分荣誉】
（首批）国家创新型县（市）
（首批）全民运动健身模范县（市）
国家知识产权强县建设试点县
国家进口贸易促进创新示范区
全国青年发展型县域试点
全国义务教育优质均衡先行创建县（市、区、旗）

2022年

中央广播电视总台

中秋晚会

落户张家港

2022 年，中央广播电视总台中秋晚会落户张家港。9 月 10 日，CCTV-1、CCTV-3、CCTV-4（亚洲版、欧洲版、美洲版）和央视频、央视网等新媒体平台、融媒体多终端及海外社交平台面向全球同步播出 2022 年中央广播电视总台中秋晚会。2022 年央视秋晚有多个技术应用上的“首次”：首次采用超高清和三维声制作播出；首次通过“百城千屏”超高清公共大屏传播体系播出；首次开启中国自主研发的三维声技术示范应用。全新推出 360 度圆形舞台，将外景拍摄、虚拟 XR 技术与实景山水巧妙融合。观众不仅可以看到绚丽多彩的 8K 超高清视频，还能通过总台“云听”客户端同步收听双耳渲染的三维“菁彩声”，身临其境感受晚会现场的震撼效果。央视秋晚的舞台设在张家港暨阳湖公园，无论是象征团圆的 360 度圆形主舞台，绿树环抱、小桥池塘的外围布景，还是包含“望江亭”“秋意沙洲”“梅花堂”的置景，都充分展示了江南水乡的中秋氛围。

图片来源：市融媒体中心

ZHANGJIAGANG
ALMANAC **2023**

中国年鉴全文数据库收录年鉴

張家港年鑑

尉天池题

中共张家港市委党史地方志办公室 编

方志出版社
Publishing House of Local Records

图书在版编目（CIP）数据

张家港年鉴. 2023 / 中共张家港市委党史地方志办公室编.—北京 : 方志出版社, 2023.11
ISBN 978-7-5144-5835-0

Ⅰ. ①张… Ⅱ. ①中… Ⅲ. ①张家港—2023—年鉴
Ⅳ. ①Z525.33

中国国家版本馆 CIP 数据核字(2023)第 193311 号

责任编辑：李晓晓
责任校对：张玉霞
责任印制：梅中英
出 版 者：方志出版社
地　　址：北京市朝阳区潘家园东里 9 号（国家方志馆 4 层）
邮　　编：100021
网　　址：http://www.zgfzcb.cn
发　　行：方志出版社图书营销中心（010-67110500）
印　　刷：南京凯德印刷有限公司
开　　本：889 毫米 × 1194 毫米　1/16
印　　张：33.25
字　　数：1368 千字
版　　次：2023 年11月第 1 版
印　　次：2023 年11月第 1 次印刷
定　　价：210.00 元

· 版权所有　侵权必究 ·
（如有印装质量问题，请与我社图书营销中心联系）

《张家港年鉴》编纂委员会

名誉主任　韩　卫

主　　任　蔡剑峰

副 主 任　王亚方　赵建明　陈卫兵　梁　曦

委　　员　毛建锋　尹　洁　成家武　孙建华　孙建忠
孙惠芳　巫　刚　李　星　李维兵　何　俊
汪丽菁　张　明　张　毅　张宇洲　陆文琰
陈　昕　陈观龙　金　鑫　周　颖　周小军
周荣兴　庞　涛　於海良　施建彬　夏立新
钱晓东　钱晓锋　徐溪椿　陶　惠　曹鹰飞
彭　炜　翟二生　翟梓均　薛　奇

《张家港年鉴（2023）》

主　　审　孙建忠　钱晓锋

主　　编　毛建锋

副 主 编　汪丽菁　陆文琰

编　　辑　汪丽菁　陆文琰　陈飞健　卢德兴　张　洁
沈立平　陈佩蕾　黄宏庆　陆正芳　朱永平
宋佳辰　陆雨亭　秦红英

图片编辑　宋佳辰　秦红英

编　　务　陆婷婷　许建东

装帧设计　张家港市无界广告设计中心

序

以史鉴今　勇毅前行
加快推进“强富美高”新江苏现代化建设
张家港实践

述往思来，向史而新。在全市上下深入开展学习贯彻习近平新时代中国特色社会主义思想主题教育的浓厚氛围中，《张家港年鉴（2023）》携着氤氲墨香，如期付梓面世。全书资料丰富翔实、图文精美洗练，全面客观反映了过去一年全市经济社会发展取得的可喜成就，展现了张家港人民昂扬进取的精神风貌，是一部铭记奋斗足迹、启迪未来征程的资政佳作。

重温2022年的张家港发展答卷，每一页都写满了奋斗和收获。这一年，是党的二十大胜利召开之年，也是张家港建县（市）60周年。面对严峻复杂的外部环境、超出预期的多重压力挑战，全市上下深入学习宣传贯彻党的二十大精神，团结拼搏、砥砺奋进，经济社会发展在大战大考中取得积极成效。综合实力继续位列全国百强县（市）“前三甲”，全年地区生产总值达到3302亿元，一般公共预算收入达到254亿元（还原留抵退税后），城乡居民人均可支配收入达到6.87万元。同时，高标准承办央视中秋晚会，成功举办首届张家港发展大会，12项工作获省政府办公厅督查激励通报表扬、位列全省县（市、区）第一，获评全国首批创新型县（市）等一系列重大荣誉，张家港高质量发展迈出新步伐、取得新成效。

2023年是全面贯彻落实党的二十大精神的开局之年，也是张家港位居全国百强县（市）“前三甲”的第30年、张家港在全国率先提出创建全国文明城市的第30年。全市上下将坚持以习近平新时代中国特色社会主义思想为指导，全面贯彻落实党的二十大精神和习近平总书记对江苏工作重要讲话精神，严格落实中央、省委和苏州市委决策部署，与时俱进大力弘扬张家港精神，紧扣“现代化建设先锋年”工作主题，聚焦年度目标任务，以“走在前、做示范”的先锋姿态拼搏奋进，用过硬实绩坚决捍卫城市荣誉地位，确保张家港在高质量发展上继续走在前列。

抚今追昔，资政育人。《张家港年鉴（2023）》不仅承载着过去一年的发展记忆，更蕴含着开创未来的宝贵经验。我们要学好用好这本丰富全面的“地方百科全书”，有效发挥其“存史、资政、育人”的作用，以史鉴今、勇毅前行，加快推进“强富美高”新江苏现代化建设张家港实践，打造“物质文明和精神文明相协调”的中国式现代化县域先行区，共同奔赴张家港60年再出发的壮阔征程！

中共张家港市委书记 韩卫

2023年10月

2013年

砥砺十载，铸就辉煌。党的十八大以来，张家港始终坚持以习近平新时代中国特色社会主义思想为指导，主动服务和融入国家战略，聚焦谱写港城高质量发展新篇章，拼来了更具实力的全国百强县（市）前三甲位置，打造了城乡居民收入翻番的民生幸福样板，彰显了别具沿江风情的美丽宜居示范，构筑了全国文明城市“六连冠”的文明善治高地。“强富美高”宏伟蓝图在张家港展现出生动的现实图景。

2月22日，张家港保税港区汽车整车进口口岸通过国家验收。图为验收工作会议现场

3月5日，东山村遗址、黄泗浦遗址、杨氏宅第入选第七批全国重点文物保护单位。图为榜眼府敦本堂

5月，市公共文化服务网格化项目入选国家文化创新工程重点项目。图为公共文化服务“幸福风格乐翻天”活动

7月15日，市委十届六次全体（扩大）会议通过现代化建设三年行动计划。图为市委十届六次全体（扩大）会议召开

10月16日，常阴沙农业产业化示范基地被农业部认定为第二批国家农业产业化示范基地。图为常阴沙现代农业示范园区

10月24日，张家港再制造产业示范基地被国家发改委批准为全国首批“国家再制造产业示范基地”。图为开工典礼

12月22日，中央文明办公布2013年全国城市文明程度指数测评结果，张家港市继续位居全国同类城市之首。图为志愿者陪同市老年公寓老人游览步行街

2014年

2月至10月，全市开展党的群众路线教育实践活动。图为动员大会

3月25日，中国机器人产业发展高峰会议在张家港举行

3月27日，张家港市被中国曲协授予“中国曲艺之乡”称号。图为市曲艺家协会创排的评弹专场《兰考情》演出

9月21日，国家木材检测联盟在张家港市成立。图为张家港国检局组织木材检测

10月13日，全国县级文明城市创建工作现场会在张家港市召开。图为参会人员骑行考察

11月15日，张家港市获批国家知识产权示范城市。图为市首届“工人科技之星”座谈会

11月19日，市青草巷农副产品批发市场易地新建项目竣工开市。图为市青草巷农副产品批发市场

12月18日，张家港市通过全国文化先进单位评选和复查，继1993年首次荣膺后再次蝉联“全国文化先进市”。图为入选国家级非遗代表性项目名录的金村庙会

2015年

2月28日，全国精神文明建设工作表彰暨学雷锋志愿服务大会在北京召开，张家港市被中央文明委授予全国文明城市称号，成为全国唯一获“四连冠”的县级市。图为烈士纪念日公祭活动

4月，由江苏永元投资有限公司创建的埃塞俄比亚东方工业园通过商务部、财政部联合验收考核，成为国家级境外经贸合作区

4月20日，经开区（杨舍镇）召开“学习时代先锋汪明如，争当焦裕禄式好干部”学习交流座谈会

6月，“全国推进县级公立医院改革培训班”举办，张家港市卫生信息化建设的做法作为江苏唯一经典案例入选培训班“教材”。图为市公共卫生中心

6月11日，全国版权示范城市授牌仪式在厦门举行，张家港市成为全国第8个、江苏省第3个获此称号的城市。图为张家港市创建全国版权示范城市考核验收汇报会

10月16日，“2015 年度中国价值城市（区县）发展示范案例”和“荣耀30年•中国开发区（园区）发展示范案例”发布，张家港经开区获评“中国最具创新力园区前十强”。图为位于经开区的华灿光电（苏州）有限公司

12月11日，张家港港创建国际卫生港口通过世界卫生组织的实地测评，成为全国首个通过复核的国际卫生港口。图为张家港国际卫生港口复核签字暨授牌仪式

2015年，全市聚焦聚力“810工程”，年度各项目标任务基本完成。图为“810工程”十大制造业基地之临港装备产业基地

2016年

2月4日，中国科协公布首批2016—2020年度“全国科普示范县（市、区）”名单，张家港市位列其中。图为市第二十八届科普周开幕

5月25日，国家发改委公布《关于建设长江经济带国家级转型升级示范开发区的通知》，张家港保税区上榜，成为长江经济带转型升级示范区。图为张家港保税区一景

6月5日，首届中国生态文明奖表彰暨生态文明建设座谈会在北京市召开，张家港市被授予首届“中国生态文明奖”先进集体称号。图为永钢集团污水处理厂利用经过处理的废水养锦鲤鱼

7月8日至14日，2016年中国足协第十九届“贝贝杯”青少年12岁男子足球赛在张家港市举行

7月25日至28日， 中国共产党张家港市第十一次代表大会在沙洲宾馆会议中心举行

11月16日，张家港疏港高速公路正式通车

12月7日，张家港市被农业部第一批命名为国家农产品质量安全县（市）。图为市青草巷农副产品检测中心

12月10日，第四届“中国法治政府奖”终评评审暨颁奖典礼在北京举行，张家港市“社区协商——基层治理法治化的新探索”项目获“中国法治政府奖”，成为唯一获该届该奖项的县级市。图为善港村村民大会

2017年

2月，文化部办公厅下发《关于公布 2016 年文化志愿服务典型的通知》，张家港市文化志愿者协会成功入选，成为唯一获得年度文化志愿服务团队典型的县级团队。图为市疾控中心青年志愿者在城西街道西门社区开展志愿服务

4月7日，全国创建文明城市工作经验交流会在张家港市召开

8月，《张家港市生活垃圾强制分类工作实施方案》出台，推动垃圾分类新时尚。图为市民学习垃圾分类

9月8日，张家港市行政审批局、张家港保税区行政审批局举行成立揭牌仪式，全市由此步入“一枚印章管审批”的时代。图为市行政审批局、张家港保税区行政审批局成立揭牌仪式

9月19日，张家港市获评“全国平安建设先进市”，成为苏州地区唯一获此荣誉的县市。图为城区巡防

10月31日，2017年国家生态园林城市、中国人居环境奖颁奖活动在广州市举行，张家港市获评“国家生态园林城市”。图为一干河生态廊道

11月17日，张家港成为唯一荣膺全国文明城市“五连冠”的县级市。图为“礼让斑马线”

12月3日，2017年张家港国际马拉松赛举行。图为全程马拉松男子组颁奖仪式

2018年

1月，张家港市入选首批全国农村社区治理实验区。图为金港镇德丰社区服务大厅

3月23日，第三届寻找中国运输风范人物与领袖品牌事迹报告会在北京举行，“港城车大夫”公益品牌获评“中国运输领袖品牌”。图为“港城车大夫”现场检测诊断车辆故障

4月17日，市民生微实事项目暨金都社区广场改造项目启动

6月27日，张家港红堡地图发布

7月10日，中国长城汽车股份有限公司与宝马（荷兰）控股公司签署合资经营合同，成立光束汽车有限公司，注册地为张家港市经开区。图为长城汽车与张家港市人民政府签署整车合资项目投资协议

9月21日，江苏省政府发布关于设立26家省级开发区的批复，张家港高新技术产业开发区被批准为省级高新技术产业开发区。图为张家港高新技术产业开发区揭牌仪式

11月27日，全市新时代文明实践中心建设工作推进会召开，市新时代文明实践中心同时揭牌

12月18日，庆祝改革开放40周年大会在北京人民大会堂举行，张家港精神的塑造者秦振华获改革先锋称号

2019年

1月26日，全市机构改革动员部署会召开，对全市机构改革工作进行动员部署。图为新组建的市文体广电和旅游局挂牌仪式

2月，张家港市高分通过国家节水型社会达标县验收。图为水资源科普馆“水污染的防治与控制”宣传

2月13日，张家港精神再弘扬动员大会召开

3月29日，张家港黄泗浦遗址入选“2018年度全国十大考古新发现”

6月27日至28日，中共中央宣传部在张家港市召开学习宣传贯彻习近平新时代中国特色社会主义思想系列研讨会

10月18日，“致敬七十年，奋进现代化”《乡村振兴永联宣言》发布仪式在永联村举行，这是全国第一份关于乡村振兴建设的宣言

11月8日，全国全民阅读工作经验交流会在深圳召开，国家新闻出版署颁发2019年全民阅读优秀项目，张家港市“书香城市”建设指标体系（试行）入选，是全国唯一获评的县级市报送项目。图为梁丰生态园史志图书角

11月21日，《中国城市全面建成小康社会监测报告2019》发布，张家港市位列2019中国县级市全面小康指数排名第一名，入选中国率先全面建成小康社会范例城市。图为张家港高新技术产业开发区

2020年

1月21日，全市新型冠状病毒感染的肺炎疫情防控工作会议召开

4月30日，张家港市“多彩夜沙洲”夜间经济主题活动在杨舍老街启动

7月1日，沪苏通长江公铁大桥暨沪苏通铁路正式开通运营。图为市民乘坐列车

10月，中央网信办、农业农村部、国家发展改革委、国务院扶贫办等七部委联合印发《关于公布国家数字乡村试点地区名单的通知》，张家港市成为苏州大市唯一入选的县（市、区）。图为全省首个乡村5G基站——南丰镇永联村5G基站

10月20日，全国双拥模范城（县）命名暨双拥模范单位和个人表彰大会在北京举行，张家港市被授予“全国双拥模范城”称号。图为“张家港”舰到访

10月29日，“创新张家港”建设大会召开

10月31日，全国文明实践志愿服务工作培训班开办

11月20日，张家港市第六次蝉联全国文明城市。图为文明实践·益空间湖畔书房

2021年

5月8日，张家港市金港街道、后塍街道、德积街道正式挂牌成立。图为金港街道揭牌仪式

5月31日，国家体育总局公布首批101个“全国县域足球典型”，张家港市上榜，成为苏州市唯一获评的县级市。图为2015年9月，贝贝足球队在全国青少年校园足球赛获奖

7月，联合国公布可持续发展目标实践行动优秀案例评选结果，《张家港湾：来自中国的生态修复实践》入选，成为江苏首批入围的案例。图为张家港湾

7月3日，张家港市庆祝中国共产党成立100周年座谈会暨市“两优一先”表彰会议召开

7月17日，张家港市“我为群众办实事”40年主题展览启动

7月25日，在东京奥运会男子10米气步枪决赛中，张家港籍运动员盛李豪以250.9环摘得银牌，为张家港历史上第二枚奥运奖牌

7月26日，中国共产党张家港市第十二次代表大会在沙洲宾馆会议中心开幕

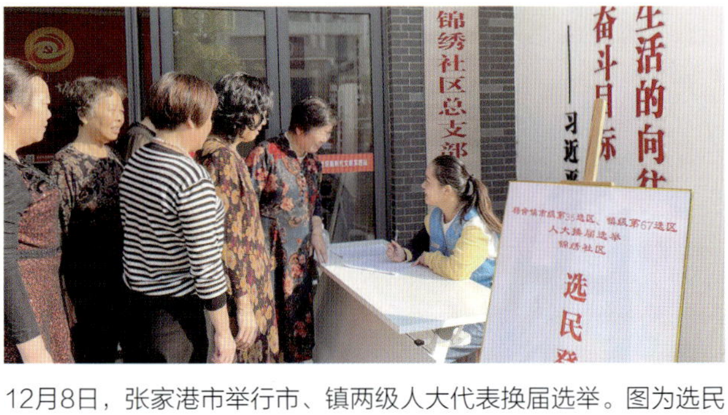

12月8日，张家港市举行市、镇两级人大代表换届选举。图为选民信息登记

2022年

2月8日，张家港市通过国家复审，被授予国家卫生城市“十连冠”称号。图为丽景华都小区分类垃圾投放

4月，全国义务教育优质均衡先行创建县（市、区）名单公布，张家港市被教育部确定为“义务教育优质均衡先行创建县（市、区）”。图为新建成的沙洲小学

6月25日，国家创新人才培养示范基地正式挂牌，全国首家“科技创新研修院”启动运营

7月8日，“红色老圩，美美港城”——全国红色美丽村庄试点建设启动仪式在双山渡江胜利公园举行

8月27日，“辉煌六十年，奋进再出发”首届张家港发展大会举行

9月3日，科技部公布国家首批创新型县（市）验收通过名单，张家港入围，成为首批通过国家验收的47个创新型县（市）之一。图为沙洲湖科技创业园

9月10日，中央广播电视总台中秋晚会在张家港录制播出。图为中秋明月集市

11月18日，《2022年中国中小城市高质量发展指数研究成果》发布，张家港位列《2022年度全国综合实力百强县市》榜单第三。图为善港村农业基地

创新转型

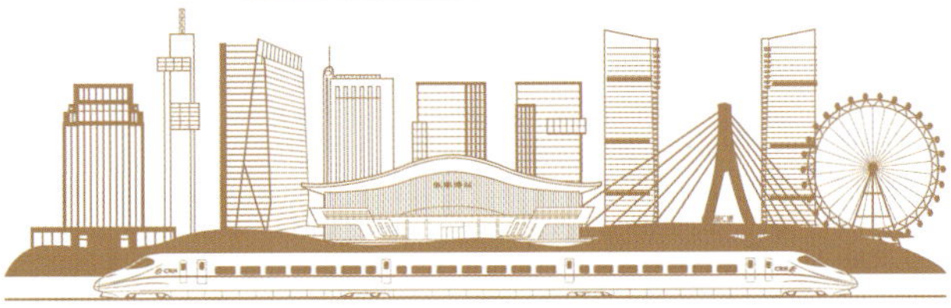

2022年，张家港市坚定不移走科技创新引领产业转型之路，聚焦“调高、调轻、调优”产业结构目标，全力推动产业创新集群高质量发展，高标准获评首批国家创新型县（市）。紧扣“创新转型加速年”工作主题，在全省率先推行产业扶持政策“积分制”管理，完成科技招商项目超1200项，有效高新技术企业达到955家，新开工科创孵化载体累计超200万平方米。全年实现地区生产总值超3302亿元，完成一般公共预算收入219亿元。

3月7日，冶金园（锦丰镇）扬子江科学城开工暨2022年首批科技招商项目集中签约仪式举行（冶金园　提供）

5月11日，乐余镇举办德祺运动科技产业项目签约仪式（乐余镇　提供）

6月20日，大族激光华东区域总部基地项目开工（保税区 提供）

8月18日，采埃孚汽车零部件项目签约仪式举行（经开区 提供）

9月15日，默克张家港半导体一体化基地开工奠基（保税区　提供）

9月，京东长三角智能产业基地项目（一期）开工（乐余镇　提供）

11月11日，高新区（塘桥镇）四季度新能源产业项目推进会暨友诚新能源超级充电及高压连接总成项目开工仪式举行（高新区　提供）

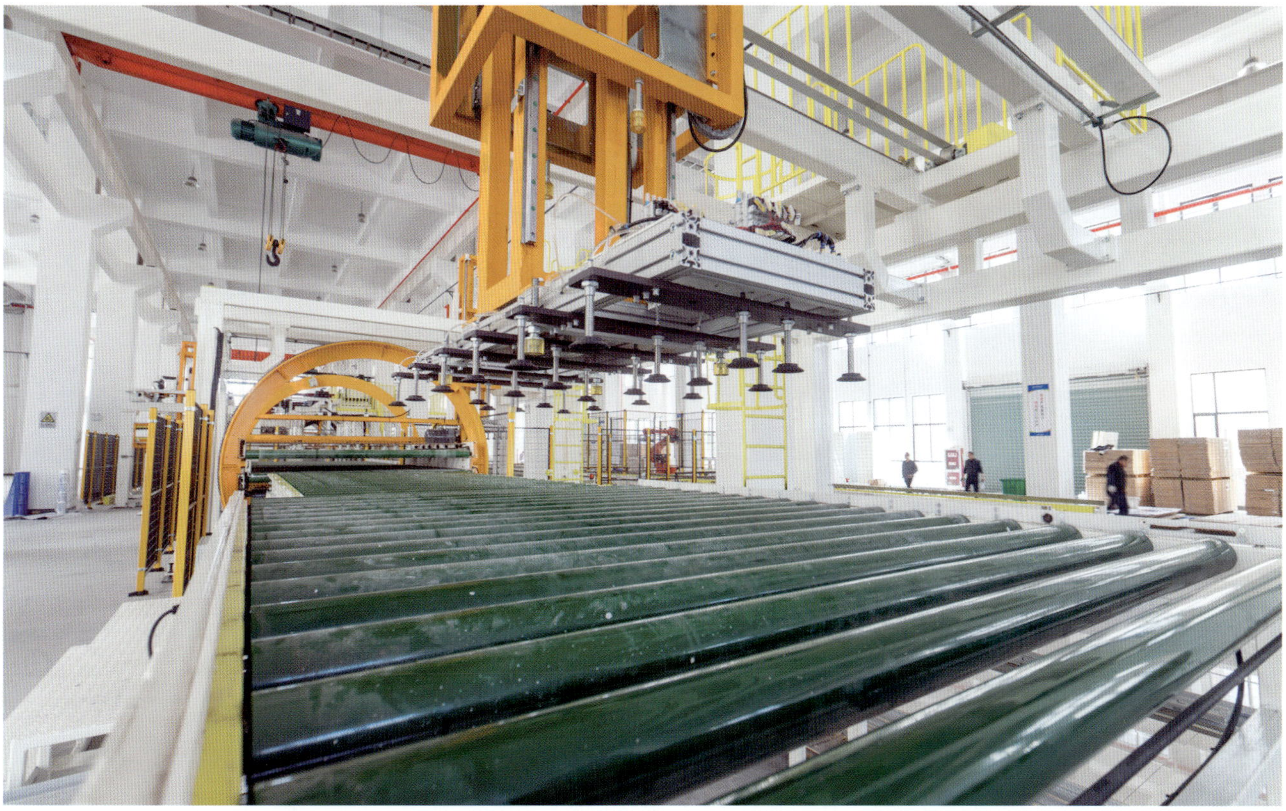

变形积木生产车间（南丰镇　提供）

协同联动

2022 年，张家港市主动策应、抢抓机遇，紧扣“一体化”和“高质量”两个关键，持续放大节点优势，更高质量服务和融入长三角一体化、上海大都市圈、苏州市域一体化发展，释放内外联动、协同发展潜能。全年完成进出口总额 466.7 亿美元、比上年增 7.4%。跨境电商 B2B 出口额居苏州第一，获评国家进口贸易促进创新示范区。完成实际对外投资 7.1 亿美元，总量列苏州第一。

7月18日，张家港经开区—法国益瑞石集团签约仪式举行（经开区　提供）

8月6日，第三届先进材料与智能制造国际学术会议暨第七届中国创新挑战赛(张家港)粤港澳大湾区专场对接会召开（陈佳琪　摄）

8月25日，百胜中国苏南供应链运营中心项目签约仪式举行（保税区　提供）

张家港保税科技（集团）股份有限公司（保税区　提供）

陶氏化学（中国）投资有限公司（保税区　提供）

中科院苏州纳米所张家港研究院（市科技局　提供）

张家港永嘉集装箱码头有限公司（永嘉码头　提供）

文明善治

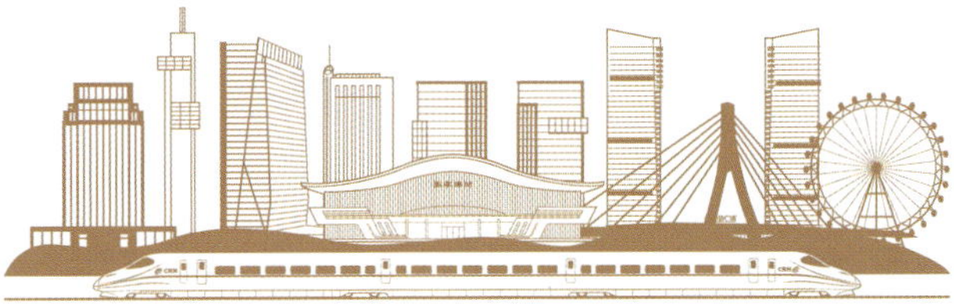

2022 年，张家港市坚持以高质量党建引领精神文明建设，涵养文明基因，激发文明自觉，推动文明善治向更高层次、更高水平迈进，全力打造“物质文明和精神文明相协调”的中国式现代化县域先行区。年内，张家港市高标准承办央视中秋晚会，成功举办首届张家港发展大会，进一步提升城市影响力、美誉度，培育一批富有辨识度的文明新地标，高位推进镇村文明创建，打造全域覆盖的“文明版图”。

塘桥为民服务中心行政审批窗口（高新区　提供）

凤凰镇社会福利服务中心（樊佳伟　摄）

经开区（杨舍镇）“就在杨舍，筑梦未来”高校毕业生专场招聘会（经开区　提供）

冶金园（锦丰镇）海沙二村居民共绘文明楼道（锦丰镇　提供）

8月25日，乐余镇庆丰村村干部走访蔬菜种植大户，抗旱保丰收（乐余镇　提供）

书香塘桥（季奕　摄）

南丰镇“流动读报”志愿服务活动（南丰镇　提供）

大新镇双杏书院（大新镇　提供）

绿色发展

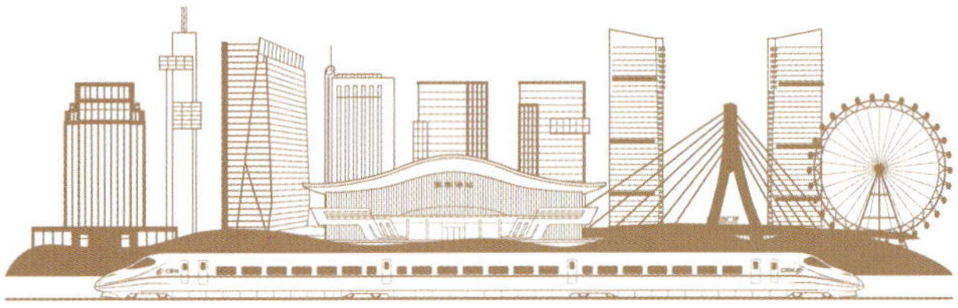

2022年，张家港市持续深化“美丽张家港”建设，坚持山水林田湖草沙一体化保护和系统治理，统筹推进生态优先、节约集约、绿色低碳发展。空气质量优良天数比例、改善率均列苏州第一，地表水水质综合指数位居全省县（市）前列，入选首批国家典型地区再生水利用配置试点城市。盘活存量土地333.33公顷，节约集约利用工作综合评价保持全省领先。

小䴙䴘（徐国忠　摄）

谷渎港清水泛舟（李文红　摄）

沙洲湖（许海斌　摄）

弘吴大道（周东贤　摄）

香山晨雾（朱小清 摄）

大新镇中山村相思湖（大新镇　提供）

滩里湾之晨（陈一凡　摄）

江苏永钢集团有限公司（南丰镇　提供）

共同富裕

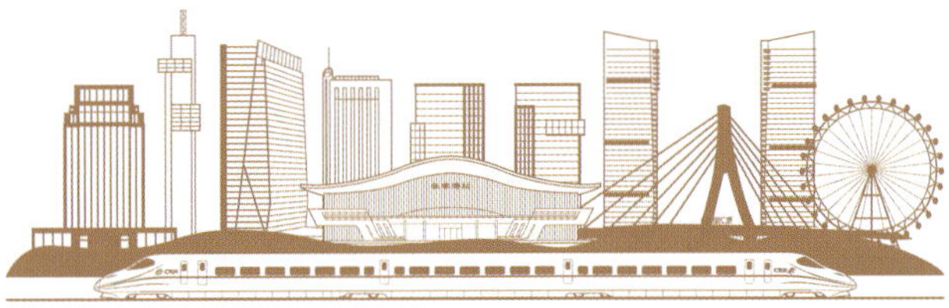

2022年，张家港市始终坚持以人民为中心的发展思想，聚焦港城群众的“急难愁盼”，不断完善公共服务，落细落实惠企利民政策。居民人均可支配收入达到6.9万元，比上年增3.9%。低保对象精准救助率、困境儿童应保尽保率、残疾人“两项补贴”精准发放率100%，24个民生实事项目高效推进，13所新建改扩建学校投入使用。

8月27日，2022年长江文化节开幕（市文体广旅局　提供）

8月27日，农联实验小学落成典礼（经开区　提供）

8月31日，澳洋医院四期开工奠基仪式（经开区　提供）

肖家巷花海音乐趴（杨海平　摄）

繁华小镇（陈东　摄）

晨曦中的凤凰新城（杨海平　摄）

金村村幸福家园（朱小清　摄）

编辑说明

一、《张家港年鉴（2023）》以马克思列宁主义、毛泽东思想、邓小平理论、“三个代表”重要思想、科学发展观、习近平新时代中国特色社会主义思想为指导，坚持辩证唯物主义和历史唯物主义的立场、观点和方法，实事求是地记载2022年张家港市经济建设、政治建设、文化建设、社会建设、生态文明建设等各方面的基本面貌和发展情况，为各界人士了解、研究张家港提供基本信息资料，为编修地方综合志书积累资料。

二、《张家港年鉴》是由中共张家港市委领导、张家港市人民政府主办、中共张家港市委党史地方志办公室负责逐年编纂的张家港市地方综合性年鉴。《张家港年鉴（2023）》为第二十八卷，主体记述时限为2022年1月至12月，人物和宣传画页照片内容适当外延。

三、《张家港年鉴》采用条目式纪事体，分类编纂。基本结构为类目、分目、条目3个层次。《张家港年鉴（2023)》设类目38个，下设分目238个、条目1033个，另有表格122张。

四、《张家港年鉴（2023）》篇首宣传画页展现了张家港在新时代十年实现的跨越式发展；突出张家港2022年“创新转型、协同联动、文明善治和共同富裕”主题，谱写全市现代化建设新篇章的工作举措。篇尾展示“张文明”志愿服务展示交流中心和网络文明素养教育基地，反映了历年张家港市精神文明建设成果。

五、《张家港年鉴（2023）》正文将2022年重点和亮点“张家港市综合实力连续列全国县市前三”“张家港市获评首批国家创新型县（市）”“中国式现代化的县域探索”“三年抗疫纪实”设置为专记，并根据新形势新特点，在纲目和内容上作补充和调整。其中，民主党派·工商联和群众团体分设，工业与建筑业合并，房地产、旅游划归服务业，财政、税务划归综合经济管理，社会类设置居民生活、社会保障、社会治理等类目，概览、市政府、乡村振兴、生态环境、交通·水务、城市建设、农业等增加分目和条目，政治部类相关类目增设综述。

六、《张家港年鉴》数字用法、标点符号用法分别采用国家标准《出版物上数字用法》（GB/T 15835-2011）、《标点符号用法》（GB/T 15834-2011），计量单位采用国家技术监督局1993年12月发布的《量和单位》系列国家标准。

七、《张家港年鉴（2023）》采用的稿件由全市各区镇、各部门提供，并经相关单位领导审核。文中所列数据，原则上依据《张家港统计年鉴（2022）》，统计年鉴中没有的以主管部门统计为准。有些数据因统计口径不同而有所差异，请读者在引用时加以注意。少数分项数据之和不等于总量数据的，是由于数值修约误差所致，未作机械调整。

八、根据行文实际需要，《张家港年鉴（2023）》部分机构使用简称，机构全称与简称对照表列于目录前。文中“年初”“年内”“年末”特指2022年年初、2022年年内、2022年年末，“上年”指2021年。

九、《张家港年鉴（2023）》卷首有总目和详细的中文目录、英文要目，卷末有按汉语拼音顺序排列的主题分类索引，各篇有该篇分目提示，文中信息可由目录、索引、书眉等获得。

十、《张家港年鉴（2023）》有纸质版和网络版两种版本。网络版通过手机微信二维码扫码可实现移动阅读。同时，大部分类目增加视频等资料链接，作为该类目内容的补充，读者可通过二维码扫码实现立体化阅读。

审图号：图苏E审(2023)067号

苏州吴文化地名研究所　江苏图博地理信息科技有限公司 编制

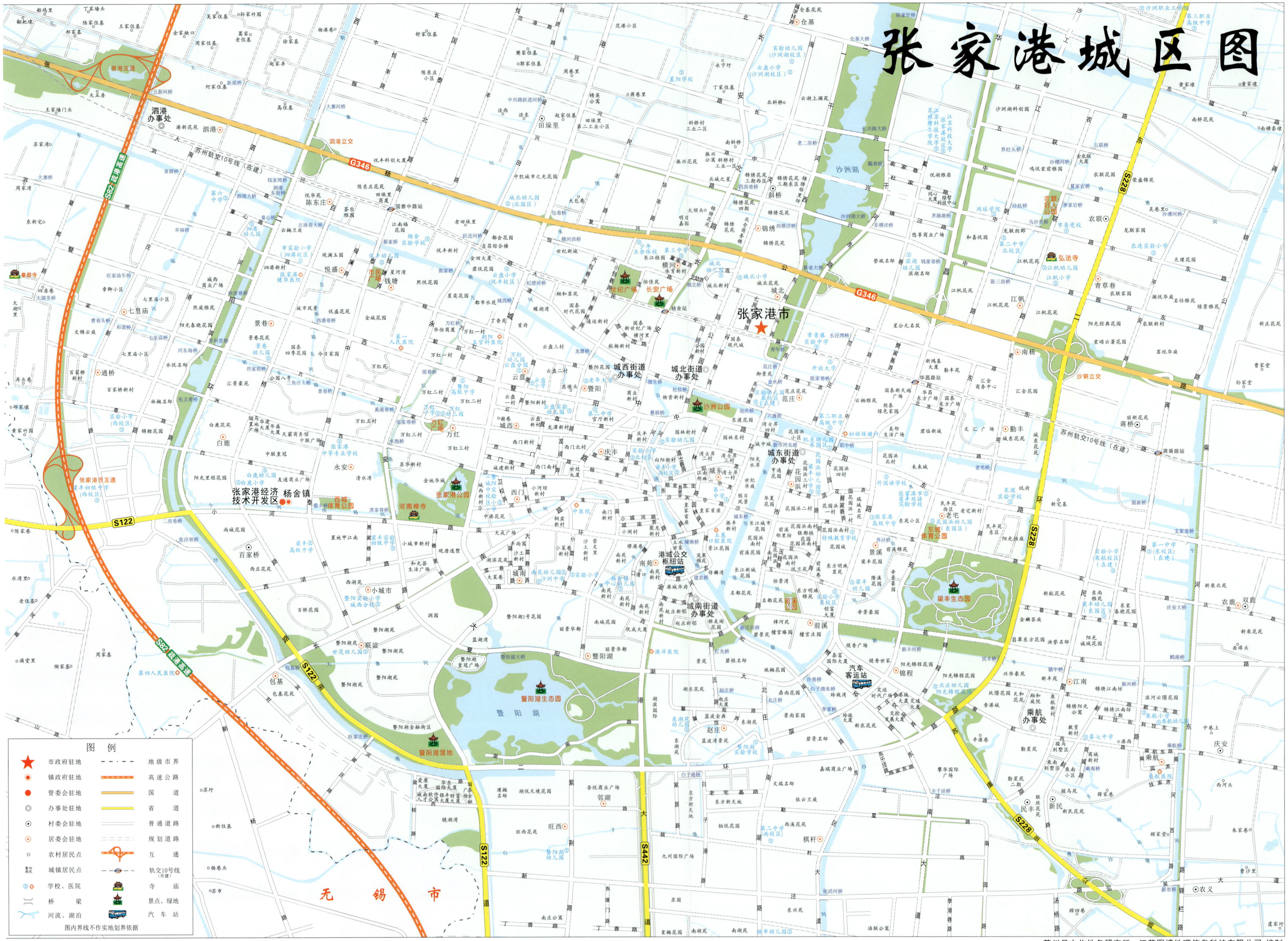

审图号：图苏E审(2023)067号

苏州吴文化地名研究所 江苏图博地理信息科技有限公司 编制

2023年张家港市部分机构简称、全称对照表

简　称	全　　称	简　称	全　　称
市委	中国共产党张家港市委员会	市委编办	中国共产党张家港市委员会机构编制委员会办公室
市人大	张家港市人民代表大会	市资规局	张家港市自然资源和规划局
市政府	张家港市人民政府	市住建局	张家港市住房和城乡建设局
市政协	中国人民政治协商会议张家港市委员会	市城管局	张家港市城市管理局
市纪委监委	中国共产党张家港市纪律检查委员会、张家港市监察委员会	市市场监管局	张家港市市场监督管理局
市委巡察办	中国共产党张家港市委员会巡察工作办公室	市人社局	张家港市人力资源和社会保障局
民革市基层委员会	中国国民党革命委员会张家港市基层委员会	市人武部	张家港市人民武装部
民盟市委	中国民主同盟张家港市委员会	市税务局	国家税务总局张家港市税务局
民建市基层委员会	中国民主建国会张家港市基层委员会	张家港住房公积金中心	苏州市住房公积金管理中心张家港分中心
民进市基层委员会	中国民主促进会张家港市基层委员会	市工商联	张家港市工商业联合会(总商会)
农工党市委	中国农工民主党张家港市委员会	团市委	中国共产主义青年团张家港市委员会
致公党张家港支部	中国致公党苏州市张家港支部委员会	市妇联	张家港市妇女联合会
经开区(杨舍镇)	张家港经济技术开发区(杨舍镇)	市侨联	张家港市归国华侨联合会
冶金园(锦丰镇)	江苏扬子江国际冶金工业园(锦丰镇)	市文联	张家港市文学艺术界联合会
高新区(塘桥镇)	张家港高新技术产业开发区(塘桥镇)	市社科联	张家港市哲学社会科学界联合会
市文明办	张家港市精神文明建设指导委员会办公室	市科协	张家港市科学技术协会
市委统战部	中国共产党张家港市委员会统一战线工作部	市残联	张家港市残疾人联合会
市委史志办	中国共产党张家港市委员会党史地方志办公室	市关工委	张家港市关心下一代工作委员会
市发改委	张家港市发展和改革委员会	张家港边检站	张家港出入境边防检查站
市工信局	张家港市工业和信息化局	张家港引航站	长江引航中心张家港引航站
市科技局	张家港市科学技术局	市人民银行	中国人民银行张家港市支行
市文体广旅局	张家港市文体广电和旅游局	市外汇管理局	国家外汇管理局张家港市支局
市卫健委	张家港市卫生健康委员会	沙钢集团	江苏沙钢集团有限公司
市医保局	张家港市医疗保障局	永卓控股	永卓控股有限公司
市台办	张家港市人民政府台湾事务办公室(中国共产党张家港市委员会台湾工作办公室)	国泰集团	江苏国泰国际集团有限公司
市侨办	张家港市人民政府侨务办公室	骏马集团	江苏骏马集团有限责任公司
市外事办	张家港市人民政府外事办公室	华昌集团	江苏华昌(集团)有限公司

总　目

目　录

宣传画页

专　记

大事记

概　览

中共张家港市委员会

张家港市人民代表大会

张家港市人民政府

政协张家港市委员会

市纪委监委

民主党派·工商联

群众团体

法治·军事

文明张家港

乡村振兴

张家港港

生态环境

城市建设

交通·水务

数字张家港

开放型经济

民营经济

农　业

工业·建筑业

服务业

金　融

综合经济管理

科学技术

教　育

文化·体育

卫生健康

人力资源管理

居民生活

社会保障

社会治理

区镇（街道）

人物·先进集体

媒体聚焦

附　录

索　引

宣传画页

Contents

Mass Organization

Rule of Law & Military Affairs

The Spiritual Civilization of Zhangjiagang

Rural Revitalization

Zhangjiagang Harbor

Ecological Environment

Urban-Rural Development

Traffic & Water Conservancy

Digital Zhangjiagang

Open Economy

Private Economy

Agriculture

Industry & Construction Business

Service Industry

Finance

Comprehensive Economic Administration

Science and Technology

Education

Culture & Sports

Health

Human Resource Management

Resident Affairs

Social Security

Social Governance

Zones and Towns (Streets)

Personages & Advanced Collectives

Media Focus

Appendices

Indexes

Poster Pages

专记

Special Records

大南水街夜景　　（锦丰镇　提供）

张家港市综合实力连续列全国县市前三

张家港市获评首批国家创新型县（市）

中国式现代化的县域探索

三年抗疫纪实

扫码欣赏

2022 年体育馆
方舱关舱

张家港市综合实力连续列全国县市前三

4月，2021年地区生产总值全国前十强县市出炉，张家港市以2021年实现地区生产总值3030.21亿元，成为全国第3个县级地区生产总量突破3000亿元的县市。按可比价计算，比2020年增长8%，人均地区生产总值21.08万元。

6月，壹城经济咨询中心（壹城智库）发布《中国县域高质量发展报告2022》。报告显示，在2022年全国县域高质量发展百强榜单中，张家港市位列第3名。为客观评价县域高质量发展水平，结合指标设置科学性和数据可得性，壹城智库构建了县域高质量发展评价体系。该体系从综合指标、创新发展、协调发展、绿色发展、开放发展等维度，对全国1866个县域进行总体评价。近年，张家港市积极抢抓长三角一体化发展机遇，深度融入长江经济带、长三角区域一体化和“沪苏同城化”发展，坚持优化营商环境。同时，作为连续六届高分蝉联全国文明城市的县级市，坚持在城市发展大事、群众关切小事、社会治理难事等方面出实招、求突破，打造全面综合、优质均衡的现代化文明城市。

11月18日，《2022年中国中小城市高质量发展指数研究成果》发布，张家港位列2022年度全国综合实力百强县市榜单第三。该研究成果同时公布2022年全国千强镇名单前100位，其中杨舍镇位列第2名、锦丰镇位列第9名、南丰镇位列第50名。

张家港市首批获评国家创新型县（市）

8月，科技部公布首批国家创新型县（市）验收通过名单，全国47个县（市）入选，张家港市榜上有名。

2018年12月，按照国务院办公厅《关于县域创新驱动发展的若干意见》要求，科技部启动首批52个创新型县（市）建设，建设周期为3年，力争形成一批创新能力突出、创新辐射引领作用强、经济社会协调发展、城乡融合发展的县域创新驱动发展标杆。这是国家全面实施创新驱动发展战略、推动县域经济创新发展的重要举措。建设主题包括科技支撑产业发展、科技支撑生态文明、科技支撑民生改善三个类别。张家港市根据自身特点和发展定位，选择了“科技支撑产业发展”的建设主题。

近年，张家港市以“打造新时代创新驱动高质量发展的全国县域典范”为总目标，特别是自创建首批国家创新型县（市）起，以“归零再出发”的心态，在全国县（市）率先成立市委创新委员会，常态化开展“厅市会商”“局市会商”，渐次推进产学研预研资金、创新驱动发展（张家港）指数、科技创新研修院等一系列举措，首创的“企业创新积分制”在全国133家高新区推广，科技体制改革和科创孵化载体工作分别于2021年和2022年获江苏省政府督察激励通报表扬，连续两年作为江苏省两家县域之一入围科技部“百城百园”行动。城市的创新基因涌动，城市的创新浓度彰显。

2020年10月29日，江苏省科学技术厅、张家港市政府召开厅市工作会商会议
（市科技局　提供）

创新生态圈加速形成，顶层设计不断完善。张家港成立市委创新委员会并实体化运作，市委、市政府主要领导挂帅，板块及相关部门主要负责人为委员，构建起“一把手抓创新”工作格局。出台《“创新张家港”建设五年行动计划》，将2021年和2022年分别定为“创新提质年”和“创新转型加速年”。几年中，全市可量化的主要发展指标中，科技指标占比近五分之一。在科技部指导下，联合新华社指数中心在全国县（市）中

沙钢集团　　（沙钢集团　提供）

首家发布创新驱动发展指数，对标“全球创新指数”和国家创新型县（市）评价体系，紧扣创新投入、创新主体、创新人才、创新生态、创新产出、创新惠民六个维度，把39项量化指标作为“创新晴雨表”，深度剖析县域创新的内生动力和制约因素等，持续优化科技创新资源配置。体制改革多点突破。创设“企业创新积分制”，采用指标量化对企业创新行为按类打分。近年，累计7000余家次企业获得积分超50万分，发放扶持经费超8亿元。引导形成“四个90%”以上的企业创新格局，即100%的大中型工业企业和规模以上高新技术企业建有研发机构、95%的规模以上高新技术企业开展产学研合作、92%以上的专利申请及授权出自企业、90%的科技人才企业有研发投入。探索以企业先进产品为核心的市级科技计划项目改革，实现产品迭代、提升企业核心竞争力。率先施行“产学研预研资金”政策，合作前期给予高校支持，合作后期给予企业支持，解决校企合作“临门一脚”问题。政策试水之初，就以800万元财政资金撬动3600万元的企业研发投入，开发新品年销售额近13亿元，年均促成产学研项目200余项，柔性引进青年博士专家100余人。

创新主力军竞相崛起，科技招商量质齐升。将科技招商作为“一号工程”，紧扣产业结构“调高、调轻、调优”目标要求，聚焦新能源、智能高端装备、特色半导体、先进材料四大产业创新集群，精准开展科技招商，2021年至2022年引进科技招商项目1779项。搭建总规模20亿元的“沙洲科创C计划基金”和“张家港人才一号母基金”，坚持“投早期、投小微、投科创、投引进”。企业活力全面迸发。完善企业梯队培养机制，建立覆盖企业初创、成长、发展不同阶段的政策支持体系。全市拥有科技型中小企业1038家、高新技术企业955家、入围江苏省“瞪羚”企业16家，沙钢集团、永钢集团、富淼科技等3家企业获评江苏省创新型领军企业。累计建有省级企业研发平台677家，率先启动江苏省企业研究生工作站试点，至2022年年末建站企业345家，连续14年位居江苏省第一。

创新压舱石持续夯实，载体圈层群链发展。在全国县（市）首发《科创孵化载体“十四五”建设发展规划》，根据板块配套能级和承载能力，构筑“一核三环四片区”的载体分布架构。建有国家火炬计划特色产业基地4家、省级科技产业园4家。建成省级以上科创孵化载体42家，其中国家级12家。2022年，国家级科技企业孵化器绩效优秀数量列全国县（市）第一。与清华大学、中科院等一流院校合作建成新型研发机构17家，累计获批国家国际科技合作示范基地2家。作为江苏省两家县（市）之一，获批省级技术创新中心——江苏省氢能技术创新中心。人才引育提质增效。紧扣“支撑产业发展”导向，以“领军人才评审、重点产业专场、重大团队专场赛、品牌创业大赛”四大专项举措，精准引进高层次人才落户创业，优化人才礼遇服务，实现人才“近悦远来”。至2022年年末，共引进市领军人才1189人，自主培育“国家重大人才工程”人才34人、江苏省“双创”人才（团队）184个、苏州姑苏领军人才351人。在科技部人才中心指导下，建设全国首个科技创新研修院暨国家创新人才培养示范基地。

按照首批国家创新型县（市）建设方案，2022年至2024年，张家港市将结合县域创新存在的关键瓶颈问题，通过实施新型体制机制创新、科技创新资源集聚、企业主体地位提升、科技引领产业发展、科技创新成果转化、新型科技开放合作等“六大创新工程”，持续提升创新型县市的首位度、辨识度和显示度，全力打造创新驱动中国式现代化县域典范。

（吴鹏立）

中国式现代化的县域探索

张家港市（沙洲县）建县（市）后，从“农转工”到“内转外”，从“散转聚”到“量转质”，平均经济增速为18.7%，高于同期全国平均数9个百分点；地区生产总值由1978年的3.2亿元增至2021年超3000亿元；自1994年起稳居全国县域经济百强榜前三名。

回首六十年的发展历程，张家港发展的经验可以用“六个坚持”作总结。

坚持和加强党的全面领导。张家港结合自身实际，以提升组织力为重点，以服务型党组织建设为抓手，探索实践“小区域、大党建”党建引领基层治理、区域化+互联网、“红堡”品牌工程等一批创新做法，构建起开放融合的城市基层党建工作新格局。张家港时刻不忘正本清源，不断增强党的创造力、凝聚力、战斗力，夯实党的执政之基。张家港党员干部以不辱使命、自加压力的担当意识，以民为本、共建共享的民本情怀，走在前列、干在实处的务实作风，以无功即过的意识抢抓发展机遇，以超越自我的追求提升发展定位，在团结拼搏的奉献担当中促进了张家港的大发展、大进步。

坚持以人民为中心。六十年中，张家港始终坚持人民主体地位，着力解决发展不平衡不充分问题和人民群众急难愁盼问题，努力打造群众认可的民生强市，致力于让百万市民共享高品质生活。2022年张家港居民人均可支配收入68681元，远高于同期全国居民人均可支配收入36833元；全体居民人均消费支出39660元，远高于同期全国居民人们消费支出24538元。张家港持之以恒大力推进年度民生实事工程，创新实施民生微实事，精准聚焦“关键小事”，认真办好“民生大事”，着力构建多元长效的富民增收体系、均衡优质的公共服务体系、普惠托底的社会保障体系。注重经济发展与改善民生的协调性，注重民生指标与群众感受的一致性，坚定不移壮大中等收入群体，满足多样性的民生需求、解决结构性民生问题，积极引导社会各阶层各展所长、各尽所能；健全幼有所育、学有所教、劳有所得、病有所医、老有所养、住有所居、弱有所扶的全生命周期和健康全过程的服务保障体系；全力打造县域民生幸福标杆，让全体人民体会到“有一种幸福叫作生活在张家港”。

坚持塑造和弘扬城市精神。“团结拼搏、负重奋进、自加压力、敢于争先”的张家港精神，是张家港城市之魂、力量之源。归结起来看，张家港精神是“一种抓住机遇、加快发展、勇创大业的精神，一种敢于竞争、敢创一流、永不满足的精神，一种雷厉风行、脚踏实地、真抓实干的精神”，也是“一种共产党人实践全心全意为人民服务宗旨、对人民高度负责、严于律己、自觉奉献的精神”。植根于改革开放和中国特色社会主义建设实践的张家港精神，经过历届张家港领导班子的薪火相传和全市人民的接续践行，不断传承光大，获得新的发展和升华。张家港永远以第一名作为自己对标、对表的对象。张家港效应再度表明：任何区域实现跨越发展，都离不开一种具有时代特质的超凡精神。新时代的发展更要与时俱进大力弘扬张家港精神，激发张家港人固有的争先作为的张家港精神特质，不断推进张家港发展。

坚持物质文明和精神文明两手抓、两手硬。1995年，《人民日报》总结张家港经验，提出“从社会全面发展的战略高度，把物质文明建设和精神文明建设统一于建设有中国特色社会主义的伟大实践之中，始终不渝地以经济建设为中心，坚持‘两手抓’‘两手硬’”。一方面牢牢抓住经济发展这个“牛鼻子”，另一方面持续擦亮“文明”这个金字招牌，最终做到物质文明和精神文明相互促进、协调发展。正是因为有了精神文明的引领，张家港取得阶段性成绩，在多年稳居全国百强县前三甲之后，自我突破，克服阵痛，主动调整产业结构，推动传统产业转型升级，迈向中高端发展。正是因为张家港是一座有精神的城市，才能做到以“军令状”的方式，自我加压，不断完成这些硬碰硬的工作，创造一个又一个“激情燃烧、干事创业的火红年代”。物质文明和精神文明是相辅相成的。坚持“一把手抓两手，两手抓两手硬”，牢牢锁定“文明标准制定者”的角色定位，是张家港精神文明建设不变的原则。新时代的张家港，一方面，坚持创新驱动战略，进行传统产业的改造提升和新兴产业的培育导入；另一方面，不断提高建设文明水平，争创文明城市典范。

坚持城乡统筹协调发展。六十年中，张家港市按照统筹发展、协调并进的思路，加快城乡资源整合，使城市功能布局更趋合理，农村资源更趋集中，片区中心镇功能提升，区域带动力日益加强。基于早期乡镇企业发展的成果，张家港从20世纪80年代就开始了城乡一体化的总体布局，1995年张家港被建设部确定为“城市现代化、乡村城市化”试点城市，至2005年城市化率达到60%，2006年，农村自来水和卫生厕所普及率达到100%，昔日以农村集镇为主的农业县已具有现代中等城市的框架。2007年张家港农村恩格尔系数为33.6%，城镇居民为31.24%。按照当时联合国粮农组织的标准，张家港城乡居民生活已经进入较为富裕的阶段。“十三五”期间，张家港城镇新增就业7.97万人，居民人均可支配收入年均增长7.9%；至2022年城乡收入比缩小至1.82∶1。近年，张家港一方面以协调推进乡村振兴战略和新型城镇化战略为抓手，努力缩小城乡差距和居民生活水平差距，促进城乡生产要素双向自由流动和公共资源合理配置，率先建立起城乡融合发展体制机制和政策体系，打造城乡融合发展示范区；另一方面突出民生，推动公共服务向农村延伸、社会事业向农村覆盖，健全全民覆盖、普惠共享、城乡一体的公共服务体系。

"庆祝张家港建县(市)60周年"稻田画 （常阴沙现代农业示范园区　提供）

坚持人与自然和谐共生。张家港始终坚持走"生态优先、绿色发展"的现代化道路，把生态文明融入经济社会发展的全过程和各方面，努力探索富有生态文明内涵的"绿色化"发展路径。一方面，以生态倒逼作为企业转型的动力，将人与自然的协调发展，与传统工业转型升级、破除资源环境束缚的经济增长方式以及实现高质量发展联系起来，把资源消耗、环境损害、生态效益纳入经济社会发展评价体系；另一方面，强调制度建设，提升"绿色行政能力"，不辞难、堵源头、治沉疴、建制度、调结构，把生态文明建设工作纳入党政干部绩效综合考核体系。全面推行城乡统一的环保标准，实施城乡兼顾的环境投入，努力构筑全市一体、相互协调的生态环境系统。

张家港发展是在改革开放和社会主义现代化建设的实践中产生和形成的，又在新时代高质量发展的伟大实践中得到发展和升华。它是中国县域现代化的成功模式，是中国特色社会主义成功的县域样本。可以说，张家港是中国特色社会主义道路自信和制度自信的一个证明和缩影。中国特色社会主义发展进程中遇到的种种问题，张家港都遇到过，张家港迎难而上、持续创新、深化改革，探索出了一条具有鲜明张家港印记的社会主义现代化县域发展道路。

张家港经验对中国县域现代化发展具有借鉴推广价值。中国式现代化是一个综合价值取向，实现社会主义现代化，不仅要建设高度的物质文明，还有建设精神文明，实现经济建设、政治建设、文化建设、社会建设和生态文明建设"五位一体"文明协调发展。张家港六十年探索，体现了现代化的整体特征和综合价值取向。张家港抓住发展机遇，从发展乡镇企业、民营经济到发展集群经济、园区经济、开放型经济；从企业产权制度改革，基本建立社会主义市场经济体制到创新驱动传统制造业转型升级，大力发展智能化、数字化新兴产业。张家港在经济发展的同时，高度注重社会主义精神文明建设，张家港是一座有精神的城市，"文明张家港"是其金字招牌。物质和精神协调发展，是张家港干部群众的先知先觉，也是先行先试，不仅促使张家港率先全面建成小康社会，而且指引张家港争当建设社会主义现代化的排头兵。（史　志）

三年抗疫纪实

新型冠状病毒感染的肺炎疫情发生后，全市坚持"外防输入、内防反弹"总策略和"动态清零"总方针，全面贯彻落实国家、省、苏州市关于疫情防控的各项工作部署，坚持守土有责、守土尽责，全力做好疫情防控工作。2022年12月7日，国务院联防联控机制综合组发布《关于进一步优化落实新冠疫情防控措施的通知》（简称"新十条"），全市疫情防控工作重心从"防感染"转向"保健康、防重症、降病亡"，坚持"全市一张网、全院一张床"，实行"三诊合一""多科合一""全市合一"，"压峰转段"总体平稳有序。

2020年起，根据国家、省、苏州关于疫情防控工作相关要求，张家港先后制定《关于印发张家港市新型冠状病毒感染的肺炎疫情防控指挥部预防控制组工作方案的通知》

（张防控预防控制〔2020〕1号）、《关于印发张家港市集中隔离医学观察点工作制度和工作流程的通知》（张防控预防控制〔2020〕4号）、《关于转发〈关于进一步做好国内中高风险地区来苏人员排查和健康管理工作的通知〉的通知》（张防控预防控制〔2021〕1号）、《关于印发张家港市新冠疫情联防联控指挥部办公室、专项组和应急处置专班组成及工作职责的通知》（张防控办〔2022〕1号）、《关于印发张家港市疫情防控"三公"协同大数据核查管控机制实施方案的通知》（张防控〔2022〕14号）、《关于成立张家港市新冠疫情联防联控指挥部封控管控工作专班的通知》（张防控〔2022〕17号）、《关于进一步加强和完善疫情防控应对指挥体系的通知》（张防控〔2022〕18号）、《关于成立张家港市疫情防控一体化平台建设工作领导小组的通知》（张防控办〔2022〕42号）、《关于印发张家港市卫生健康系统新冠疫情流行病学调查分级处置工作方案的通知》（张卫健疾控〔2022〕1号）等文件，成立由市委主要领导任总指挥的应急处置指挥体系，根据防控形势变化动态调整工作组，发生疫情迅速实现平急转换，做到集中办公、统一指挥，切实保障疫情防控各项工作高效有序进行。明确市新冠疫情联防联控指挥部"一办十组七专班"工作职责，巩固市、镇两级常态化工作专班实体化运作成效，健全"露头就打、并联推进"工作机制，确保市级指令执行不过夜、日清日结。优化流调溯源模式，实行公共卫生、公安集中办公、联合流调，按照"公安排查轨迹、疾控分析研判"工作模式，组建精干高效流调溯源队伍，常态化配置270名流调队员，实施"1114"工作机制，确保及时研判、重点排查密接和次密接。启用流调管理系统，整合串联流调、转运、管理、统计等环节，实现源头发现、信息输入、转运申请、核酸检测等全流程精准防控，提升处置效能。2022年先后处置"2·17"庆丰楼、"3·27"八珍食品厂、"4·11"凯博家私、"5·11"、后塍"10·11""11·19"等本土疫情。加强与公安部门配合，全面摸排国内重点涉疫地区到（返）港人员，严格落实医学观察、健康监测措施，居家健康监测、流调管理等11套涉疫业务信息系统基本归集至市政务大数据平台，有效提升溯源和隔离管控效率。疫情发生后，累计居家医学观察16.9万人、集中隔离医学观察5.1万人（其中入境人员8331人），对张家港市排查和上级协查的1.6万名密切接触者开展流行病学调查，全面掌握其行程及接触人员。全市常态化开设14个疫苗接种点，设置122个接种单元，日均最大接种超3万剂次，累计接种新冠疫苗377.93万剂次，完成首针接种147.35万人，接种率103.05%；完成全程接种144.02万人，接种率100.72%；完成加强接种84.03万人；完成3周岁至11周岁人群首针接种13.71万人，接种率104.98%；完成60周岁及以上人群首针接种25.21万人，接种率89.67%。组织各区镇（街道）、各行业部门疫情防控工作人员开展新型冠状病毒感染防控知识与技能培训，累计开展培训8.2万人次，开展各类重大活动疫情防控保障70余次，派驻保障人员854人次。全面压实"属地、部门、单位、个人"四方责任，持续开展新型冠状病毒知识宣传教育，强调每个人是自己健康的第一责任人，倡导公众遵守防疫基本行为准则，自觉提高健康素养和自我防护能力，引导广大市民保持自我健康管理意识，遵守防疫规定，主动配合落实各项防疫措施，切实筑牢全市疫情防控坚固防线。

始终坚持"人民至上、生命至上"，根据国家、省、苏州疫情防控政策的优化调整及医疗救治工作相关要求，张家港市先后制定《关于印发全市医疗机构常态化疫情防控工作方案的通知》（张防控医疗救治〔2020〕35号）、《关于印发医疗机构发热及新冠可疑病例救治流程的通知》（张防控医疗救治〔2021〕7号）、《关于切实做好新冠疫情处置期间封（管）控区域人员医疗服务保障工作的通知》（张防控医疗救治〔2022〕3号）、《关于做好"黄码"人员医疗救治工作的通知》（张防控医疗救治〔2022〕5号）、《关于成立张家港市新冠医疗救治专家组的通知》（张防控医疗救治〔2022〕29号）、《关于印发张家港市以医共体为载体做好新冠分级诊疗工作实施方案的通知》（张防控医疗救治〔2022〕31号）、《关于印发张家港市以专科联盟为载体做好脆弱人群医疗救治工作的通知》（张防控医疗救治〔2022〕32号）等文件，围绕"防挤兑""防重症"，全力做好全市医疗救治工作，保障人民群众生命财产安全。2020年，完成阳性病例转运救治5例。2021年，完成阳性病例转运救治26例。2022年12月7日，"新十条"发布后，全市新冠感染人数不断增加，发热门诊和急诊患者人数急剧攀升，发热门诊诊疗量峰值为12月24日的8666人次，"120"日接警量峰值为12月25日的750起，急诊诊疗量峰值为2023年

市疫情防控指挥部 （市卫健委 提供）

1月2日的4972人次，在院重症患者数峰值为2023年1月9日的877人。市医疗救治组持续优化新冠肺炎分级分类诊疗流程，按照“分类施治、分级诊疗、上下联动、有效救治”原则，实行“三诊合一”“多科合一”“全市合一”。完善三级发热诊疗体系，全市开设发热门诊12个、发热诊室25个、发热诊疗站179个，其中31家医院开设的发热门诊(诊室)实施24小时服务，市第一人民医院、市中医医院、澳洋医院开设互联网医院提供线上问诊和线下药品配送，将5辆健康体检车改造成移动发热诊室，为大型企业提供上门诊疗服务，全市发热门诊、诊室和发热诊疗站配足人员24小时运行，最大日接诊量可达2万人次。提升扩容救治收治能力，通过对普通慢性病人开大处方、择期手术能缓则缓、可并病区能并快并等举措，全力为救治腾出人手和空间，全市二级以上医院启用重症床位(含综合、专科、可转换床位)328张，组建成立市重症救治工作专班，调配专家资源组建综合、重症、中医、儿童、孕产妇等5个市级新冠医疗救治专家组，规范化同质化治疗方案，下沉医务人员、开展全市巡诊，增加基层医务力量，提高治愈率，降低病亡率。保障紧缺药品采购供应，组建由卫健、市场监管、医保、财政、商务等部门组成的市医疗机构药品采购工作专班，设立100万元药品紧急采购备用金，做好紧缺药品采购供应。开展分级分类健康服务，组织28.21万脆弱人群摸底建档和精准管理，开通老年人、孕产妇、儿童就诊快捷通道，开展血透的医疗机构均按要求设立阳性透析区，依托家庭医生团队为居家治疗的无症状、轻症感染者提供抗原检测、健康监测、健康咨询、用药指导等服务，1138个社区网格对有定期就医需求、失能老人、高龄行动不便的感染者，协助提供购药送药等服务，有紧急医疗需求的，做好评估及协调转诊，建立包含19个基层医疗卫生机构的新冠分级诊疗医联体2个，明确外部协作医院，建立全市协作联络图和重症转诊体系。

疫情心理咨询 (市卫健委 提供)

2020—2022年，根据《张家港市“新型冠状病毒感染的肺炎疫情”防控专项资金管理暂行办法》，张家港市做好疫情防控资金的申请、审核及使用，主要用于发热门诊建设、PCR实验室建设、核酸检测基地建设、负压病房改造、隔离点及采样点改造、核酸检测费用支出、新冠疫苗接种相关支出、核酸检测设备采购、救护车及车载设备采购、医废垃圾处理以及疫情防护物资的供给保障等。

2020—2022年，张家港市先后派遣医护人员支援武汉、新疆、河北、天津、南京、苏州、扬州、上海、无锡、四川、北京等地疫情防控工作共52批、累计15497人次。其中，先后两次派出43人次医护救援力量支援武汉疫情防控，支援苏州核酸采样14852人次，支援上海核酸采样66人次(累计完成上海市65万余人次核酸采样任务)。支援南京、昆山、太仓等地核酸样本检测任务39.5万管。支援扬州、上海、江阴、昆山、姑苏区、园区、高新区、苏州大学等地3261人次。2022年，全市常态化开设便民核酸采样点，动态调整便民采样点最多至155个，开展区域核酸检测时扩充至1009个区域核酸采样点，储备核酸采样队伍3508人，完成核酸检测1312.37万管。医务人员参与全市核酸采样75593人次，协助全市高速卡口查验、保障全市29个隔离点隔离管控4265人次，派出人员保障全市人才招聘、高考、中考、体育赛事、“两会”等重大活动疫情防控保障工作50余人次。

(郭红伟　陆小娜　丁玲云　陈　燕)

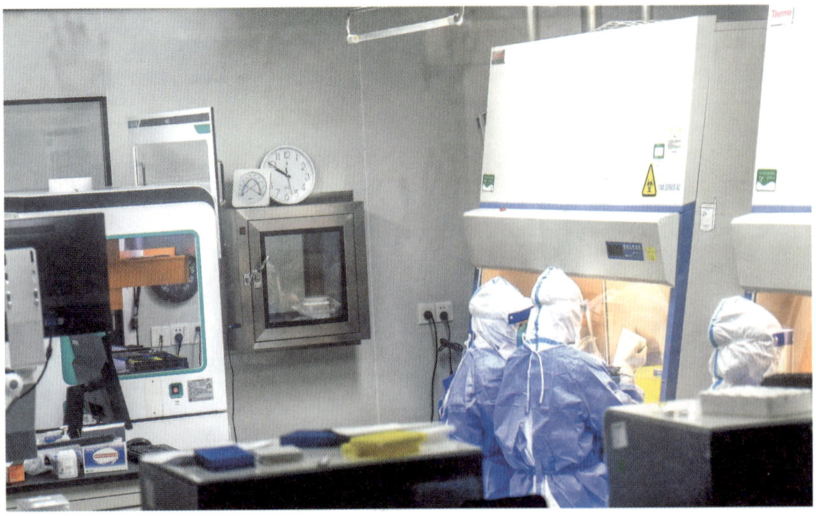

市疾控中心微生物检验科开展核酸检测工作 (市卫健委 提供)

【编辑　朱永平】

大事记

Chronicle of Important Events

12月7日，张家港口岸对外开放40周年座谈会召开，图为口岸单位联动执法机制签约仪式举行　（张家港海关　提供）

1月
2月
3月
4月
5月
6月
7月
8月
9月
10月
11月
12月

張家港年鑑(2023)

1月

6日至9日 政协张家港市第十三届委员会第一次会议举行。

7日至10日 张家港市第十五届人民代表大会第一次会议举行。

12日 张家港高新区科技项目集中签约暨“科技招商举措二十条”发布活动举行，18个科技项目集中签约。

13日 2022年江苏省工业互联网区县行（张家港站）暨“智汇凤凰”项目集中签约仪式举行。14个项目集中签约，总投资88.7亿元。

14日 张家港经开区控股集团有限公司揭牌成立，由原江苏省张家港经济开发区实业总公司改组设立，注册资本84亿元。

15日 “燃情冰雪相约2022”——张家港市“迎冬奥”奥运文化藏品展在金港文化中心开展。

16日 中车氢能产业园入驻仪式举行。

19日 全市党史学习教育总结会议召开。

24日 乐余·净谷综合开发项目合作协议签约仪式举行。项目规划总面积120公顷，总投资50亿元。

26日 2022年IDC亚太区智慧城市大奖（中国区）获奖名单揭晓，“张家港城市智能体”获行政管理领域大奖。

31日 中央电视台新闻频道《新闻直播间》播出《龙腾虎跃中国年》特别节目，聚焦德积街道永兴村过新春。

2月

6日 张家港市“创新转型加速年”动员会议暨科技招商誓师大会召开。

7日 在苏州市2021年度综合考核工作总结暨作风建设大会上，张家港市综合考核获县级市（区）第一等次。

8日 张家港市作风建设大会召开。

是日 张家港市通过国家卫生城市复审，实现国家卫生城市“十连冠”。

11日 张家港2022年第一季度重大项目建设推进会暨新点软件中央研究院开工仪式举行，128个项目开竣工，总投资719.4亿元。

14日 体彩大乐透第22015期开奖，经开区（杨舍镇）塘市东兴苑3205005737体彩网点购彩者一张彩票获奖1.17亿元，刷新张家港市中奖奖金纪录。

28日 张家港高新区2022年第一季度项目集中开竣工活动暨国泰中心·国泰研发中心开工仪式举行，31个项目开竣工，总投资118.67亿元。

3月

3日 张家港保税区2022年第一季度重大项目集中开竣工活动暨江苏德积高端纺织产业园开工仪式举行，22个项目开竣工，总投资195亿元。

5日 江苏省文明办公布2021年度江苏省学雷锋志愿服务先进典型名单和第六届江苏省志愿服务展示交流会获奖项目名单，张家港市的“港城车大夫”车辆义诊志愿服务项目获评“金奖”项目。市图书馆“悦读先锋”阅读推广文化志愿服务队获评省优秀志愿服务组织。

7日 冶金园（锦丰镇）扬子江科学城开工暨2022年首批科技招商项目集中签约仪式举行，36个项目集中签约，总投资103.8亿元。

10日 意大利斯蒂瓦那托集团中国中心项目线上启动仪式举行。项目落户经开区，是意大利在中国单体投资额最大的外商独资项目。

14日 江苏省2022年新能源重大项目——国富氢能装备产业基地（三期）项目开工仪式在经开区举行，总投资15亿元。

15日 张家港市首批入选江苏省生态产品价值实现机制试点。

30日 张家港高新区重大科技项目云上签约仪式举行，签约项目2项，总投资20亿元。

4月

1日 张家港市政府与北京中科院软件中心有限公司合作共建数字乡村研究院“云签约”仪式举行。

11日 张家港市获评2021年度江苏省土地执法模范县（市、区）、江苏省自然资源节约集约利用模范县（市、区）。

24日 张家港市被教育部确定为全国义务教育优质均衡先行创建县（市、区、旗）。

是月 2021年地区生产总值全国前十强县市出炉，张家港市列第三位。

5月

11日 德祺运动科技产业项目签约仪式举行。项目落户乐余镇，总投资10亿元。

17日 术客高端医疗器械项目签约仪式在张家港市举行。项目落户冶金园（锦丰镇），总投资8亿元。

18日 张家港市第四水厂纳滤高品质饮用水提标扩建工程获评“2022全球水奖——年度最佳水项目”。

20日 张家港人才一号母基金发布仪式暨2022苏州·张家港全国创新创业大赛总决赛颁奖典礼举行。基金总规模15亿元，首期出资2.5亿元。

是日 张家港市争创全国文明典范城市工作推进会暨文明提质“五大行动”部署会召开。

22日 埌坤·凤凰南大全球校友会智造社区奠基仪式举行，

凤凰镇科技招商项目集中签约，总投资40亿元。

25日　张家港经开区举行科技招商项目集中开工暨首届“科创大赛”启动仪式，103个项目开工，18个项目签约。

是日　张家港市公安局法制大队被中共中央、国务院授予“全国模范公安单位”称号。

27日　张家港保税区举行第二季度科技招商项目签约暨科创园三期开工仪式，23个项目集中签约，总投资35.5亿元。

28日　《张家港市居民社会心态和心理健康状况调查报告》发布，这是全国首个县域居民社会心态调查报告。

是日　十一圩江边枢纽改建工程开工建设。工程总投资4.73亿元，预计2024年9月竣工。

是日　吉泰汽车增程系统及核心模块产业基地暨南丰镇科技招商项目签约仪式举行，12个项目集中签约。

6月

1日　张家港高新区新能源产业创新集群政策发布会暨泰源新能源汽车轻量化零部件基地项目开工仪式举行。

2日　张家港市入选全国青年发展型县域试点名单。

8日　长华化学科技股份有限公司与英国伊科尼克技术有限公司战略合作云签约仪式举行。

9日　张家港市“智改数转”暨重大制造业技改项目推进会召开。

14日　全国妇联副主席、书记处书记吴海鹰到张家港市调研妇女宣传思想工作。

15日　全省首个书香特色公交枢纽站——港城书香驿站启用。

17日　江苏省政府办公厅印发通报，对2021年落实有关重大政策措施真抓实干成效明显地方予以督察激励，张家港市12项工作获通报表扬，总数列全省各县（市、区）第一。

是日　江苏瑞泰新能源材料股份有限公司深交所创业板上市挂牌仪式在张家港市举行。

18日　江苏建筑职业技术学院张家港城市学院揭牌成立。

是日　凤凰镇在张家港市率先实施房票政策，动迁户可凭票选商品房安置。

20日　大族激光华东区域总部基地开工仪式在保税区举行，总投资100亿元。

24日　国家创新人才培养示范基地挂牌暨“科技创新研修院”启动仪式举行。

25日　张家港市首个应急救援基地在塘桥镇启用，占地5000平方米，总投资500万元。

是日　乐余镇“伙伴共行”科技招商云对接暨长三角项目集中签约活动举行，8个科技招商项目集中签约，总投资10亿元。

28日　张靖皋长江大桥主体工程开工奠基仪式举行。张靖皋长江大桥连接张家港、靖江、如皋三市。路线全长约30千米，总投资312亿元，建设工期6年。

是日　“清风传家，廉润港城”张家港家风教育基地启用仪式举行。基地位于凤凰镇恬庄古街，占地面积4200平方米。

30日　2022年全市金融工作会议暨“融汇盛夏”苏州·张家港政银企恳谈签约活动举行，222个项目融资授信1402.3亿元。35个项目现场签约，签约总金额544.72亿元。

7月

1日　市交通运输、市场监管等六部门执法队伍制式服装换装暨宪法宣誓仪式举行。

3日　由张家港市金城投资发展有限公司等合资建设的姑苏·金城颐和精品酒店项目签约仪式在苏州市姑苏区举行。

5日　善港农村干部学院首批获评江苏省乡村振兴培训基地。

8日　“红色老圩，美美港城”——全国红色美丽村庄试点建设启动仪式在双山渡江胜利公园举行。

9日　壹城经济咨询中心（壹城智库）在北京发布《中国县域高质量发展报告2022》，张家港市列第三。

11日　省政协副主席王荣平一行到张家港市开展专题民主监督调研活动。

是日　中国张家港留学人员创业园启用。

11日至12日　中国文联党组成员、副主席、书记处书记董耀鹏一行到张家港市调研。

13日　江苏华盛锂电材料股份有限公司在上海证券交易所科创板发行上市。

是日　张家港市“颐养港城”养老服务品牌发布暨智慧养老服务平台启动仪式举行。

16日　张家港市第三人民医院与南通大学签约，成为南通大学教学医院。

19日　冶金园（锦丰镇）与永卓控股有限公司、南丰镇永联村战略合作协议签订仪式举行。

是日　新华社围绕“把饭碗牢牢端在自己手中”主题在张家港市进行直播，聚焦亚洲最大的综合性粮油加工基地中粮东海粮油工业园。

28日　静脉产业园垃圾焚烧项目首批垃圾进场，标志着张家港市步入生活垃圾“零填埋”时代。

29日　冶金园（锦丰镇）“三跃一争”行动方案发布仪式暨“3+N”产业发展推进会举行。

8月

1日　张家港市获评“江苏省双拥模范城”。

2日　苏州市“身边的海棠花”电子地图发布暨张家港市新业态新就业群体党建“凝‘新’聚力”行动启动

仪式举行。

3日　2022年《财富》世界500强排行榜发布，沙钢集团以2021年营业收入470.72亿美元、利润22.74亿美元的业绩列榜单第291位。

4日　张家港市婚俗改革实验区建设启动仪式举行。

是日　2022赛季中国三人篮球联赛开幕式在万达广场举行，中国篮协主席姚明宣布比赛开幕。

6日　第三届先进材料与智能制造国际学术会议暨第七届中国创新挑战赛（张家港）粤港澳大湾区专场对接会在广州举行。

8日　中央电视台《新闻联播》栏目点赞张家港，聚焦文明新风吹拂下的幸福生活场景。

是日　在“8·8”全民健身日2022年全国社会体育指导员网络交流展示大会上，经开区（杨舍镇）群星广场舞队获健身技能交流展示（健身操舞类）一等奖和最佳服装奖。

9日　张家港市委十二届三次全体会议暨市委工作会议举行，会议动员全市各级党组织、广大党员和干部群众，与时俱进大力弘扬张家港精神，以实际行动迎接中共二十大，献礼建县（市）60周年。

18日　德国采埃孚集团汽车零部件新项目落户张家港经开区，投资1亿美元。

20日　中共中央宣传部副部长、中央广播电视总台台长兼总编辑慎海雄到张家港调研。

24日　张家港被确定为国家知识产权强县建设试点县。张家港保税区首批入选国家级知识产权强国建设试点示范区。

25日　百胜中国苏南供应链运营中心项目落户张家港市。

26日　在2022年政务服务博览会暨政务服务泰山论坛上，市行政审批局获评全国“政务服务百佳实践单位”。

27日　“辉煌六十年，奋进再出发”首届张家港发展大会举行。

是日　“今朝更好看”2022年长江文化节开幕式在张家港保利大剧院举行，长江文化节至11月3日闭幕。

28日　“中国县域现代化”理论研讨会在张家港市举行。

30日　张家港市文明办获评全国“人民满意的公务员集体”。

是日　国际风景园林师联合会公布2022年亚非中东地区风景园林奖获奖名单，张家港长江滨水岸线绿色发展的景观化途径探索——张家港湾生态整治工程景观设计获经济活力类杰出奖。

31日　曲美思特莱斯品牌亚太区智能生产基地项目签约仪式在南丰镇举行。

是日　自然资源部“节地中国”学术研讨会（2022）在张家港市举行。

9月

2日　张家港市“云上+实体”慈善超市启动仪式暨慈善救助品牌发布会举行。

3日　张家港市首批通过国家创新型县（市）验收。

4日　首届中国葡萄育种大会暨葡萄知识产权研讨会在张家港市举行。

6日　《2021乡镇综合竞争力报告》在北京发布，5个镇入围2021年中国百强镇。其中，杨舍镇列第3位，锦丰镇列第6位，南丰镇列第62位，塘桥镇列第90位，凤凰镇列第97位。

7日　全国工商联发布2022年中国民营企业500强榜单，张家港市9家企业上榜。

是日　汲古为新·当代篆书临创邀请展在金港文化中心开幕，首届江苏省“杨沂孙·书法篆刻作品展”在凤凰镇开幕。

是日　市社会治理现代化指挥中心“12345”热线获评2022年度全国“12345”政务服务便民热线案例专业升维典范。

10日　2022年中央广播电视总台中秋晚会在张家港市举办。

13日　苏州朱玉宝慈善基金会揭牌仪式在大新镇举行。

15日　默克半导体一体化基地开工奠基仪式在张家港市举行，基地位于江苏扬子江国际化学工业园。

24日　大新镇科技招商项目集中签约仪式举行，15个项目签约，总投资31.8亿元。

27日　江苏省网络文明建设工作推进会在张家港市召开。江苏省委常委、省委宣传部部长张爱军出席会议。

29日　2022年张家港市专利特派员服务月活动启动，长三角区域首家专利特派员工作站落户张家港市。

10月

9日　文化和旅游部联合共青团中央推出“乡村四时好风光——稻花香里说丰年”全国乡村旅游精品线路128条，张家港“原味乡村·传奇之旅”主题线路入围。

13日　农业农村部办公厅、国家乡村振兴局综合司发布《关于推介第三批全国村级“文明乡风建设”典型案例的通知》，经开区（杨舍镇）善港村入选。

16日　中国共产党第二十次全国代表大会在北京人民大会堂开幕，全市广大党员干部群众通过各种方式收听收看中共二十大开幕会。

23日　江苏省氢能技术创新中心揭牌仪式暨项目签约活动举行，6个重大创新项目集中签约，总投入1.2亿元。

是日　乐余“江滩羊”养殖基地建成投用，占地面积0.8公顷。

11月

1日　“致敬奋斗者——新时代江苏重大先进典型主题影像展”在南京市规划建设展览馆开展，为期一个月。

吴栋材、郁霞秋、汪明如、吴惠芳4位典型人物先进事迹入选。

是日 市关心下一代工作委员会成立30周年纪念会议召开。

是日 第十二批全国"一村一品"示范村镇名单公示，凤凰镇(水蜜桃)上榜。

2日 江苏省委书记吴政隆一行到张家港市企业、农村围绕贯彻落实中共二十大精神开展基层宣讲和专题调研。

3日 商务部等8个部门决定在全国增设29个国家进口贸易促进创新示范区，张家港市名列其中。

4日至8日 2022年全国女子举重锦标赛暨全国女子举重冠军赛在张家港体育馆举行。

7日 "学习二十大、奋进新征程"全市镇村志编纂文化工程推进会召开。

8日 张家港市"学习贯彻二十大，减负增效促振兴"五级党代表话党建暨新时代加强村、社区党组织书记队伍建设五年行动计划启动仪式举行。

9日 市数字人民币试点工作暨数字政府市域一体化建设目标考核推进会举行。

11日 2022年高新区(塘桥镇)第四季度新能源产业项目推进会暨友诚新能源超级充电及高压连接总成项目开工仪式举行。11个项目开竣工，总投资26.8亿元。

是日 陶氏张家港生产基地20周年庆典活动举行。

14日 张家港保税区、江阴高新区"跨区通办"合作协议签订仪式举行。

16日 市大数据有限公司《张家港智慧城市统一运维解决方案》入选2022年度"数字政府IT运维"典型案例。

17日 沙洲优黄文化园获批国家AAA级旅游景区。

18日 《2022年中国中小城市高质量发展指数研究成果》发布，张家港列2022年度全国综合实力百强县市榜单第三。《2022年全国千强镇名单前100位》公布，杨舍镇列第2名，锦丰镇列第9名，南丰镇列第50名。

19日 经开区(杨舍镇)2022年第四季度开竣工活动暨采埃孚底盘零部件系统及后轮主动转向系统项目开工仪式举行。

是日 张家港恩斯克精密机械有限公司20周年庆典活动举行。

20日 上海市第十人民医院——张家港市第一人民医院科技临床研究院揭牌仪式举行。

21日 国家机关事务管理局、中共中央直属机关事务管理局、国家发展和改革委员会、财政部联合公布全国第二批节约型机关建成单位名单，张家港市教育局、市自然资源和规划局等21个单位入选。

22日 锡剧电影《云海谣》在双山岛开机。

24日 张家港保税区2022年第四季度重大项目建设推进会暨如鲲(江苏)新材料公司新能源材料项目开工仪式举行，12个项目开竣工，总投资56亿元。

是日 张家港基层网格"安家"工程推进会暨预防和处置家庭暴力"三零"联动机制启动仪式举行。

29日 日本置田轴承和汽车零部件项目开工奠基仪式举行，总投资3.3亿元。

30日 通苏嘉甬高铁江苏段开工。该工程工期5年，预计2027年12月竣工。

12月

7日 张家港口岸对外开放40周年座谈会召开。

是日 13只国家一级重点保护野生动物卷羽鹈鹕出现在张家港西水道农场河口，这是张家港首次监测到该鸟种踪迹。

8日 "学习二十大，奋进新征程"张家港市基层党组织书记、人才中共二十大精神专题学习会暨学习贯彻中共二十大精神集中轮训开班式举行。

是日 《中国城市基本现代化监测报告2022》在北京发布，张家港列"2022中国县级市基本现代化指数"榜单第二。

11日至12日 中华全国工商业联合会第十三次全国代表大会在北京召开。沙钢集团党委书记、董事局常务执行董事、有限公司董事长沈彬当选第十三届执行委员会副主席。

12日 中共张家港市委十二届四次全体(扩大)会议举行。全会审议通过《中共张家港市委关于深入学习贯彻党的二十大精神打造"物质文明和精神文明相协调"的中国式现代化县域先行区的决定》。

14日 市残疾人居家就业服务中心揭牌仪式暨残疾人居家就业项目协调会举行。

16日 中郡研究所发布《第二十二届县域经济与县域发展监测评价报告》，揭晓第二十二届全国县域经济基本竞争力百强县名单、全国县域现代化和高质量发展A+优等级县市名单以及全国县域经济和社会综合发展百强县名单等，张家港均上榜。

19日 中央电视台新闻客户端报道《张家港全市推广"共享药箱"，邻里互助加政府统筹缓解用药难》。

23日 张家港金茂览秀城开业典礼暨第三届"双12苏州购物节，嗨购张家港"启动仪式举行。

是日 市社会救助服务中心获评全国社会救助工作先进单位。

25日 浙江大学社会治理研究院发布"2022中国社会治理百强县(市、区)"榜单，张家港市列第九名。

是日 中国工业经济联合会第七届中国工业大奖获奖名单发布，江苏永钢集团有限公司"钢铁产业绿色低碳全链赋能乡村振兴项目"获奖。

27日 张家港市入选国家体育总局公布的第一批全民运动健身模范县(市、区)名单，成为全省唯一获评县市。

【编辑 沈立平】

概览

General Survey

湿地公园秋色　（黄国柱　摄）

自然地理

建置区划

资源物产

人文风情

经济发展

張家港年鑑(2023)

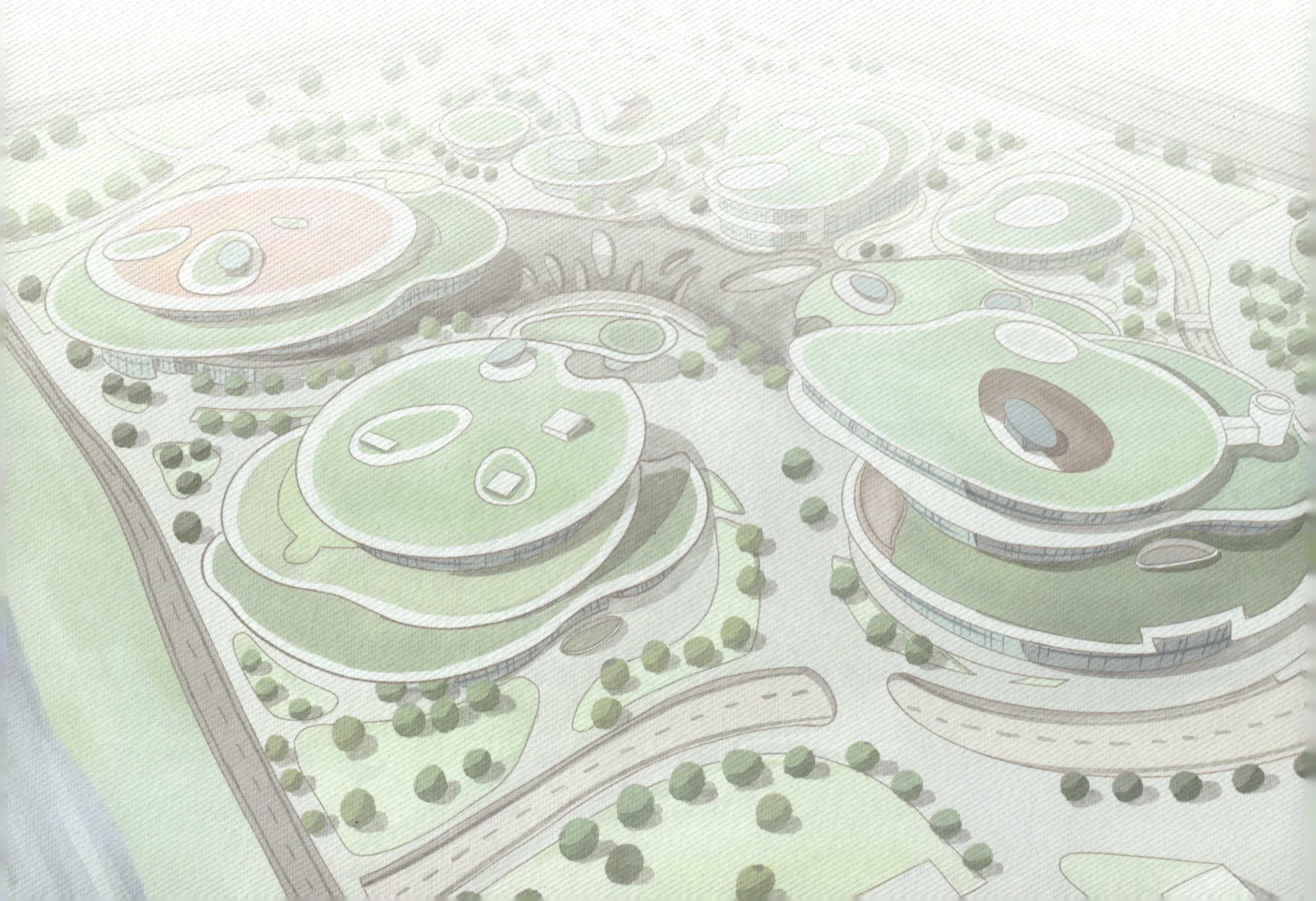

自然地理

【地理位置】 张家港市位于长江下游南岸，江苏省东南部。东、东南连常熟市，西、西南接江阴市，北、东北、西北临长江，是位于沿海和长江两大经济开发带交会处的国际化、现代化港口城市。地理坐标北纬31°43′12″至32°02′，东经120°21′57″至120°52′。东南距上海市98千米；南近太湖，分别距无锡市58千米、苏州市90千米；西距常州市55千米、南京市200千米；北隔江距南通市62千米，是长江三角洲的重要组成部分。全市总面积986.73平方千米，占全省面积的0.92%、苏州市面积的11.62%。其中，陆地面积786.43平方千米，占全市总面积的79.7%；长江水域面积200.3平方千米，占20.3%。陆地东西最大直线距离44.58千米，南北最大直线距离33.71千米。北宽南窄，呈倒三角形。

【地质地貌】 *地层* 张家港境内主要是第四系沉积物覆盖。第四系覆盖层的厚度为90米至240米，是全新统现代沉积。西南零星出露基岩属泥盆系茅山群的紫红色沙砾岩。第四系覆盖层的可耕层为2米至3米，耕层下面是沙质黏土、黏土层，隔水性能较好，厚度为50米至70米；在地面以下70米至150米，有含水性较好、透水性较强的细沙层、黏质沙层、中沙层、砾石层，但中间夹有含砾黏土层、黏土层等不透水层。在地面140米至240米以下是砂岩、灰岩、砾岩层。在第四系覆盖层下有白垩系的杂色砾岩、粉砂岩及灰岩，厚度约210米；三叠系青龙群的灰岩和钙质泥岩，厚600米；二叠系龙潭组的海陆交互相岩层、砂岩、灰岩、泥岩等，厚450余米；石炭系的砂岩、灰岩和泥岩等，厚450余米。

地震地质 江苏省主要的地震带是西北部的郯庐断裂地震带和沿长江的扬州—铜陵地震带。张家港市主要受扬州—铜陵地震带所控制，在大地构造上属扬子准地台下扬子古拗陷的东部，苏锡中台拱的北东部，北邻苏北中新拗陷，南部和东部与钱塘褶皱带相连，西部是常州中拗陷。张家港境内基本构造格架为“二隆二拗”构造形式。“二隆”是段山—张家港褶断束、顾山—铜官山褶断束；“二拗”是祝塘—锦丰拗陷、谢桥拗陷。境内有北北西向、北西向和北东向（华夏）构造发育，形成网络系统。根据可考文字和有关地震研究，张家港市历史上未见强震记载。从地震强度背景值而论，境内所在位置介于强震和弱震的过渡区域。

工程地质 根据市建筑设计院历年工程地质勘探资料，境内的地耐力一般为每平方米10吨左右。其中，南部黏土一般为每平方米20吨左右，亚黏土一般为每平方米18吨左右，轻亚黏土一般为每平方米10吨左右；北部粉黏土一般为每平方米8吨左右。

地貌 张家港市地跨长江三角洲平原的两个地貌副区，即长江南岸古代沙嘴区和靖江常阴古沙洲区。北面临江，双山沙（福姜沙）孑立江中，长江沿岸滩地绵长。古长江岸线把境内陆地分为南、北两个部分，南部属老长江三角洲的古代沙嘴区，成陆8000年以上，地势高亢，高程（吴淞零点，下同）为5米至8米，散落着大小10座山丘；其中，塔山、范山与常熟市的福山交界，长山、香山、阜山、稷山跨张家港、江阴两市；北部属新长江三角洲，由数十个沙洲积涨连接而成，成陆最早的800余年，地势低平，高程为3米至5米。根据地面黄海高程，全境地貌可分为丘陵、高平田、平田、低平田和圩田。其中，南部地区主要为高平田、平田和低平田，北部地区均为圩田，丘陵主要散落在塘桥镇的妙桥地区、金港镇的南沙地区和凤凰镇的少量地区。

【沿江岸线】 张家港市有沿江岸线63.57千米，其中不冻不淤的深水岸线约40千米。依托优越的沿江岸线，建有国际贸易商港张家港港，并由西向东排布着江苏省张家港保税区、江苏扬子江国际冶金工业园等各具特色的专业园区。西北部有江中小岛双山岛，离南岸1千米，是张家港港天然的避风屏障。双山岛与南岸之间的航道为福南水道。双山岛距北岸3千米，之间为福中水道和福北水道。双山环岛洲堤长16.8千米，面积20平方千米，高程4米至5米。

【气候】 境内受季风环流影响较为明显，其中冬季受极地大陆气团主宰，盛行偏北风，寒冷干燥；夏季多受热带海洋气团控制，盛行低纬太平洋的偏南风，温高湿润；春、秋为冬夏季风的更换季节，冷暖气团互相争雄，锋面交错，气旋活动频繁，从而形成四季分明的气候特征。

光照 全年日照时数2232.3小时，比上年多133.9小时，比常年（1991—2020年平均，下同）平均日照1807.2小时偏多425.1小时；年日照百分率（相对日照）为50%。日照时数最多的月份是7月，为252.1小时，占月可照时数的58%；月日照时数最少的月份是2月，为115.5小时，占月可照时数的38%。

气温 全年平均气温17.6摄氏度，比上年低0.2摄氏度，比常年16.5摄氏度高1.1摄氏度，气温偏高，为1966年境域内气象站建站起气温纪录第二。3月气温异常偏高，6月到8月气温持续偏高，3月、6月平均气温均创历史同期最高。8月是全年最热的月份，月平均气温为30.9摄氏度。年极端最高气温40.2摄氏度，出现在8月19日。全年达到35摄氏度的高温日数42天，比常年15天偏少27天，比上年度多31天，为1966年建站以来纪录第二。其中7月10日至15日、8月2日至16日出现两段连续高温。2月和12月并列全年最冷的月份，月平均气温为4.9摄氏度。年极端最低气温零下3.3摄氏度，出现在12月18日。全年日最低气温低于0摄氏度的低温日数20天，比上年少3天。

降水 全年降水量1145.7毫米，比上年少12.3毫米，与常年1192毫米相比少46.3毫米，年降水量正常。全年降水分布不均，5月降水量最少，月降水量12.9毫米；6月降水量最多，月降水量182.1毫米。与常年同期相比，3月降水量145.9毫米、9月降水量178.6毫米异常偏多；5月12.9毫米异常偏少，8月降水量82.9毫米，较常年明显偏少。4月至9月汛期降水

量721.3毫米，与常年同期842.2毫米相比略偏少。全年有2个暴雨日，分别出现在9月13日、9月15日，降水量分别为65.9毫米、68毫米。梅雨期自6月23日至7月7日，历时15天，比常年偏短6天。入梅比常年偏晚，出梅比常年偏早。总梅雨量118.5毫米，比常年偏少。梅雨期特点：梅期偏短、梅雨量偏少且分布不均、梅雨期以过程性降雨为主并有明显的降雨间歇和阶段性高温。

霜、雪、风、霾、雾及台风等灾害性天气　2022年度初霜日为2021年11月24日，终霜日为4月3日，霜期131天，全年无霜期226天，与常年232天相比偏少6天。全年降雪日数8天。年平均风速每秒1.9米，与上年相同，国家气象站监测到8级以上大风3次。受东北冷涡影响，6月6日18时至19时沿江地区和监测站出现8级以上偏北大风，全市最大风力出现在锦丰镇长江防汛处，每秒28.8米（11级）。全年共有29个霾天气，与上年相比增加6天，全年无严重霾天气过程。全年出现大雾11天，比上年减少11天，其中11月10日出现最小能见度76米的浓雾，为全年最低。年内台风影响偏晚，仅受1个台风影响。受第12号台风“梅花”外围和本体影响，9月12日20时至15日12时，全市普降暴雨到大暴雨，最大累计雨量183.9毫米，出现在德积街道，其间，出现陆上阵风7—9级的大风，最大23.2米每秒（9级），出现在乐余镇。10月初出现最晚高温天气。10月3日受副热带高压控制，全市出现晴热高温天气，张家港国家基本气象站出现36.7摄氏度，创历史同期新高，是张家港建站以来最晚出现高温天气。11月28日夜里到30日受强寒潮天气影响，48小时最低气温降幅15.3摄氏度。　（张育萍）

建 置 区 划

【建置沿革】 张家港市历史悠久。8000年前，南部地区就有人类活动。商末，属勾吴之地。春秋时期，属吴国延陵郡。秦代，属会稽郡。西汉高祖五年（公元前202年），建毗陵县暨阳乡，为境内有据可查的最早的乡级行政建制。晋代，置暨阳县，为境内第一个县级行政建制。南朝梁代，在暨阳之墟建梁丰县。唐代以后，分属常熟、江阴两县。清代至民国，常通港以北属南通县（今南通市）。抗日战争时期，中国共产党曾一度在北部沿江地区建立沙洲县，在南部及常熟、江阴两县的边界地区设立虞西县。中华人民共和国成立后，东部属常熟县（今常熟市），西部属江阴县（今江阴市）。1962年，常熟划出14个公社和常阴沙农场，江阴划出9个公社，建立沙洲县，隶属苏州地区。1986年9月，经国务院批准，撤销沙洲县，以天然良港——张家港港命名设立张家港市，隶属于苏州市。2022年，张家港市下设7个镇、3个街道以及张家港保税区、常阴沙现代农业示范园区和双山香山旅游度假区。

【行政区划】 8月，后塍街道成立善政社区。至年末，全市有村144个，与上年持平，有社区121个，比上年增加1个。

【消亡自然村】 2022年，因“三优三保”环境保护项目、项目开发等，全市消亡自然村41个，其中冶金园（锦丰镇）3个、高新区（塘桥镇）15个、凤凰镇22个、金港街道1个。至年末，全市共有自然村1861个，其中经开区（杨舍镇）361个、高新区（塘桥镇）323个、冶金园（锦丰镇）254个、乐余镇124个、凤凰镇405个、南丰镇107个、大新镇80个、金港街道62个、德积街道40个、后塍街道84个、常阴沙现代农业示范园区21个。

表1　　2022年张家港市消亡自然村一览表

区镇	自然村（所属行政村）	消亡原因	区镇	自然村（所属行政村）	消亡原因
冶金园（锦丰镇）	北小圩（向阳村）	预动迁	凤凰镇	乌沙底（杨家桥村）	“三优三保”动迁
	红星港沿（洪桥村）	环境整治		顾家宕（杨家桥村）	“三优三保”动迁
	二百七十亩圩（洪桥村）	环境整治		东巷（杨家桥村）	“三优三保”动迁
高新区（塘桥镇）	大巷（韩山村）	项目动迁		七房庄（杨家桥村）	“三优三保”动迁
	窑上（韩山村）	项目动迁		田垛里（杨家桥村）	“三优三保”动迁
	杨家宕（韩山村）	项目动迁		小杨家宕（杨家桥村）	“三优三保”动迁
	陶家宕（韩山村）	项目动迁		关王村（杨家桥村）	“三优三保”动迁
	郭家宕（韩山村）	项目动迁		曹塘梢（杨家桥村）	“三优三保”动迁
	钱巷（韩山村）	项目动迁		沈巷（杨家桥村）	“三优三保”动迁
	赵家桥（韩山村）	项目动迁		范家宕（杨家桥村）	“三优三保”动迁
	石家宕（韩山村）	项目动迁		赵家宕（杨家桥村）	“三优三保”动迁
	王家宕（韩山村）	项目动迁		高巷湾（杨家桥村）	“三优三保”动迁
	孟家（顾家村）	“三优三保”、项目动迁		邓家宕（杨家桥村）	“三优三保”动迁
	北院（顾家村）	“三优三保”、项目动迁		戴家宕（杨家桥村）	“三优三保”动迁
	西顾（顾家村）	“三优三保”、项目动迁		金家湾（杨家桥村）	“三优三保”动迁
	东陈庄（顾家村）	“三优三保”、项目动迁		周家角（杨家桥村）	“三优三保”动迁
	南陈庄（顾家村）	“三优三保”、项目动迁		姚家宕（杨家桥村）	“三优三保”动迁
	苏家湾（顾家村）	“三优三保”、项目动迁		俞家宕（杨家桥村）	“三优三保”动迁

续表1

区镇	自然村（所属行政村）	消亡原因	区镇	自然村（所属行政村）	消亡原因
凤凰镇	钱家宕（杨家桥村）	“三优三保”动迁	凤凰镇	蒋家宕（杨家桥村）	“三优三保”动迁
	高家巷（杨家桥村）	“三优三保”动迁	金港街道	姜家村（占文村）	申请动迁
	张家巷（杨家桥村）	“三优三保”动迁			

【地名勘界】 市地名办全年完成道路命名51个（含延伸11个），小区命名13个（含住建7个），建筑物（群）命名6个（含住建4个）。会同市住建部门开展住宅区、楼宇复函、备案、公告等工作，持续开展城乡“有地无名”排查整治工作，规范村（居）新设立、变更申报程序。推进平安边界建设，8月，参加在常熟召开的苏通线“第四轮”联检工作总结会议暨平安边界建设联席会议，对主管界桩进行实地踏勘。完成县级行政区域界线矢量化工作。会同市委改革办、市编办等部门组成专项调研组，开展区划调整考察调研及调研评估报告，形成《张家港市调整部分行政区划》重大行政决策后评估报告。完善第二次全国地名普查地名变更和补充登记。开展地名文化遗产评定和示范街区建设，“凤凰”入选2022年省级地名文化遗产的古镇地名，凤凰镇恬庄古镇入选首批苏州市地名文化遗产保护示范街区，凤凰、鹿苑、凤凰镇恬庄村恬庄（恬庄古镇）、塘桥镇金村村入选张家港市第一批地名文化遗产保护名录。继续参与编纂《国家标准地名词典》《国家标准地名志》《国家标准地名录》《江苏省标准地名词典》《江苏省标准地名志》《江苏省标准地名录》张家港部分，核对完善《江苏省张家港市标准地名录》，进入出版程序。　（汤景茹）

资源物产

【土地资源】 据市国土资源局统计，全市实有耕地27150.29公顷、园地3988.68公顷、林地2819.98公顷、城镇村及工矿用地34130.2公顷、交通运输用地4349.4公顷、水域及水利设施用地23601.58公顷、其他土地199.62公顷。

【矿产资源】 张家港境内已发现的矿产品种主要有砂石、砖瓦黏土、地热、高岭土、矿泉水、煤炭、石油、天然气等。2003年建成凤凰地热井温泉，水温45摄氏度，日产地热水624立方米。2021年乐余地热井温泉出水，出水温度42摄氏度。双山岛、香山、南丰等地也发现有地热资源，水温35摄氏度至53摄氏度。2022年8月，凤凰镇莺山桃花源地热井取得江苏省自然资源厅批复的采矿许可证。

【水资源】 张家港境内水资源丰富。地表水中河港蓄水量丰水年为4.74亿立方米，中等干旱年为8624万立方米。据2022年统计，全市沿江各闸共引水26.5亿立方米，排水36.4亿立方米。泵站运行2702小时，引水量1.56亿立方米。全年实际用水量为地表水19.43亿立方米（火电企业用水量为全口径计算）。浅层地下水56.74万立方米、其他水源2500万立方米。全市有市级及以上骨干河道25条，总长365.09千米；镇级河道251条，总长674.05千米，其中跨界河道22条；村级河道7016条，总长3022.25千米。汛期，沿江口门自排水量13.1亿立方米。

【野生动植物资源】 张家港境内有野生动物资源13纲、292种。其中，鱼纲类有刀鱼、河豚、鲫鱼等96种，爬行纲类有龟、鳖、蛇等21种，鸟纲类有野鸡、野鸭、鹰、雀等105种，哺乳纲类有野兔、刺猬、鼠等8种，另有野生无脊椎动物63种。野生植物资源比较丰富，有百余科近500个品种，常见的有24个科、87个品种，分布在田间、山丘、河边、滩地，可用于农、牧、渔业生产，手工编织及疾病治疗。另有常见绿化植物314种。2016年1月，在双山岛发现10只被誉为鸟中“大熊猫”的震旦鸦雀。2021年1月，在常阴沙沿江湿地发现“极危”鸟类青头潜鸭；3月和4月，沿江又先后发现国家一级保护动物中华秋沙鸭和勺嘴鹬。2022年11月，在香山地区发现列入《世界自然保护联盟濒危物种红色名录》的野生马来豪猪在活动。　（钱　利　刘　祺）

【地方特产】 中华绒螯蟹　养殖历史较久，但规模较小。进入21世纪后，在境内沿长江一带发展较快。锦丰镇、乐余镇、常阴沙现代农业示范园区等地均建有养殖基地。该蟹营养丰富，每100克蟹肉含蛋白质14克、脂肪5.9克、碳水化合物7克，维生素A为5960国际单位，热量139千卡，为

鱼鸟共舞春江水　（王永祥　摄）

一般水产品之冠。其所含脂肪为不饱和脂肪,蟹黄中富含卵磷脂。优质的蟹外观表现为青背、白肚、金爪、黄毛,在肉质与口味方面表现为肥、鲜、腥、甜。中华绒螯蟹曾获首届中国“华东杯”河蟹评比大赛“最佳种质奖”和“优胜奖”。

鹿苑鸡　因产于鹿苑而得名,相传已有200年的饲养历史。鹿苑鸡的毛、皮、嘴、脚均为黄色,颈羽、尾羽和翅羽间有稀疏黑毛。公鸡脚杆高壮,傲然挺立,大的体重可达到4千克以上,有“九斤王”之称。母鸡脚杆粗矮,浑重壮实,重2千克以上,年产蛋140个至200个,平均蛋重54克。该鸡肉质细嫩、肥美、香鲜、味浓。民间传说,清代同治、光绪皇帝的老师翁同龢常把鹿苑鸡作为特产,带至京城赠送亲友和同僚。2014年,鹿苑鸡被确定为国家级畜禽遗传资源保护品种。

弄里芹菜　凤凰镇金谷村朱家弄种植的水芹,品质优良,历史悠久。在上海、苏州等地享有盛名,称“弄里芹菜”。相传宋代名将韩世忠和夫人梁红玉带兵驻守庆安,被金兵围困,军中缺粮,梁红玉率部遍寻野菜,至弄里一带见有大片野芹,味清香,采食充饥。以后,人们把野芹移植家种,称为“玉芹”,并精心培育,世代栽种。芹菜品种有大青种、小青种、红种、麻栗等,具有嫩茎(俗称白头)长、叶柄青、质地脆、香味浓、存放时间较久等特点。无论是清炒,或与豆制品素炒,或与肉类混炒,都味道鲜美,各具风味;在开水里稍烫后,浇上酱油、麻油等佐料,拌作冷菜,则香脆、鲜嫩、爽口,能去腻、舒胃。是苏州、无锡、上海一带家庭日常和便宴常用的菜肴。

牛市街草头　草头学名黄花苜蓿,俗称金花菜、秧草。叶片与三叶草相似,小叶倒心形,先端稍圆或凹入,叶面浓绿色,叶柄短,主根长,多分枝。民国时期,凤凰鸷山一带的草头籽名扬沪杭。中华人民共和国成立后,尤其是农业合作化时期,各地均将草头作为绿肥播种在秧田内,并采摘嫩头作为蔬菜食用。改革开放后,农业生产不再积绿肥,草头成为日常蔬菜。锦丰镇以牛市街为中心的常家、南港等村种植的牛市街草头是当地有名的特色农产品之一。牛市街草头叶片鲜嫩,营养丰富,可作新鲜蔬菜炒食、烧汤,味道鲜美,也可作为包子、饺子、汤圆等馅料。有草头干、草头腌菜、草头汁、速冻草头等系列加工产品。草头耐寒、抗旱、抗病虫害能力强,整个生长过程不使用农药,是绿色生态食品。

血糯　又名“呕血糯”,或称“红莲糯”,是一种名贵的糯稻。谷粒皮壳呈浅紫色,其米殷红如鸭血,蛋白质含量高,有强身补血功效,清代列为“御米”,民间视为营养和滋补食品,是制作八宝饭的主要原料。境内塘桥镇金村、凤凰镇一带均有种植。清《常昭合志·物产志》载:“血糯,亦名红莲糯,宜粥。”学者金鹤翀所撰《金村小志》载:“糯米之佳者曰‘落霜青’,曰‘红莲糯’。江阴人亦来购取,云:唯产金村者为佳。”

凤凰稻　凤凰山附近长期培育成的优良粳稻,谷粒基部有双翼(护颖),似凤凰展翅,故名凤凰稻。清代《常昭合志》中列为著名物产。凤凰稻碾成的米,色洁白如珍珠,煮饭烧粥,性黏腻,香软适口,为粳米中的上品,载誉江南。

常阴沙大米　产于常阴沙现代农业示范园区。主栽品种“南粳5055”,产地环境良好,间接引用长江水灌溉,米质优良,谷粒外观饱满,米粒晶莹透亮,整精米率高,蒸煮米饭色泽鲜明,口感较佳。2009年开始试种,株型紧凑,长势较旺,分蘖力较强,叶色较深,群体整齐度较好,穗型中等,偏直立,着粒较密,抗倒性强,产量高,属阴糯类型,为优质食味品种。2010年开始大面积推广试种,在苏州地区上市销售,广受好评,在第三届江苏省优质粳稻新品种食味品尝会上获评第一名。2011年被评为苏州地产大米金奖,在第六届全国粳稻米大会上被评为全国优质食味粳米。2011年和2012年在第十届和第十一届中国优质稻米博览交易会上分别获得“金奖大米”和“优质稻品”称号。2013年在首届江苏好品种评选活动——粳稻优质米品尝评比中荣获金奖,获得国家“大米地产地理标志商标”。2017年常阴沙现代农业示范园区参加第二届江苏优质稻米博览会获“味稻小镇”称号。

常通港紫米　紫米因碾出的米粒细长,呈紫色而得名。境内在锦丰镇常通港北侧的耕余村已有几十年的种植历史。2020年,种植面积30公顷以上。常通港紫米颗粒均匀,颜色紫黑,食味香甜,甜而不腻,每千克含铁16.72毫克,比一般粳米高248.3%,每千克含钙138.55毫克,比一般粳米高116.5%,营养价值和保健价值高,是中老年人、孕妇、婴儿滋补的佳品。近年,周边地区百姓用紫米、粳米等制作成饭团、奶茶、紫米糕和八宝饭等在线下线上出售,提升了农产品附加值。

凤凰水蜜桃　自古凤凰适宜种植桃树,20世纪50年代前农户房前屋后均有种植。在1952年引进无锡水蜜桃品种的基础上,经长期选育,凤凰水蜜桃形成白凤、江花、湖景黄皮、小青等优良主栽品种,皮色有淡黄、乳白、微红色,具有果大、肉嫩、鲜甜、多汁、果皮易剥等特点,受到苏州、南京、上海等地居民喜爱。鸷山和凤凰山山麓是主要产地。2005年,凤凰水蜜桃获农业部签发的绿色食品证书;2010年,“凤凰水蜜桃”成为张家港市地理标志证明商标;2019年12月,凤凰水蜜桃成为张家港市首个“国家地理标志农产品”。

神园葡萄　种植起源于1987年,由杨舍镇农民徐卫东种植发展而成,时种植面积0.13公顷,有品种3种。1993年,葡萄园引进美国、日本等国家10余个葡萄新品种。1998年,成立市神园葡萄科技有限公司,种植面积扩大到3.3公顷,有葡萄品种80多个,被江苏省农林厅确认为省葡萄育种中心。1999年4月,葡萄注册“神园”商标。是年,神园葡萄以色艳、果大、皮薄、汁多、味甜获省优质水果评比金奖,并代表江苏省参加1999年昆明世博会和国庆50周年农业成果展,得到专家好评。2000—2002年,神园葡萄连续三年获省优质水果称号。2002年10月和2003年12月,公司基地先后通过“江苏省无公害葡萄生产基地”“无公害产地”和农业部无公害认证。2003年，获第三届江苏省园艺博览会二等奖。神园葡萄科技有限公司是江苏省最大的优质葡萄品种示范及育苗基地。

张家港绿茶　张家港绿茶产于境内长山、香山、凤凰山一带坡地。1966年，长山坡地开始种植茶树，1972年4月发展到3.3公顷，并建办茶场，当年被列入苏州地区“五大典型茶园”，翌年春建茶厂自己焙炒，1980年茶园扩大到13.3公顷。因地临长江，江雾弥漫，空气清新，气候润湿，土质富含多种人体必需的微量元素，无污染，所产茶叶具有条索紧结、色泽嫩绿、苗秀锋显、质味醇厚、香气袭人的天然品质。每年春秋两季采摘，尤其以谷雨前采摘的最为有名。1986年，长山坡地张家港绿茶在江苏省品茶会上获得第一名。1997年，被评为全国名优茶二等奖。2001年，茶叶年产量达23.68吨。2003年，被农业部产品质量安全中心认证为无公害产品。2004年，张家港绿茶被认定为苏州市名牌产品。2005年，经农业部食品质量监督检测中心检测，被认定为绿色食品。是年，茶园种植面积8公顷，年产茶4000余千克。2008年，通过食品质量安全认证。2021年6月，张家港绿茶获得“中茶杯”第十一届国际鼎承茶王赛绿茶组金奖。

凤凰白茶　凤凰山东麓凤凰山茶园一直以种植绿茶为主，其中碧螺春为主要品种，茶肉质优良，汤色嫩绿。2008年，凤凰山茶园批量引进安吉白茶良种，针对其适应性要求高的特点，改革栽培技术，创新加工工艺，形成“采摘把关、重视萎凋、注重杀青、回潮揉捻、薄摊二青、扬去末子、搓条整形、足干提香”的独特工艺流程。凤凰白茶以“叶白、脉绿、香郁、味醇”独树一帜，营养丰富，药用价值高，氨基酸含量高于普通绿茶2倍至5倍，味鲜爽不苦涩，受到消费者青睐，成为张家港市茶叶新品牌。

高庄豆腐干　凤凰高庄豆腐干始于清咸丰年间，已有100余年的历史。原料选用经精心筛选的地产小黄豆，制法独特，一般要经过磨豆、滤浆、点卤等11道工序，制作精细，风味独特。清末民初，已畅销常熟、江阴、无锡等地。高庄豆腐干有厚型、薄型两种，呈绛色，质地细实，五香佐料渗透入味，闲吃或做下酒菜，均属佳品。

周家桥羊肉　杨舍镇晨新村特产，在周边县市小有名气。烹制手艺独特，除去羊肉膻味的同时，保留羊肉本身鲜美的味道。红烧羊肉色泽红润、香气浓郁；白切羊肉味道鲜美、清淡爽口。20世纪90年代初，五六个个体户把周家桥羊肉做出了名气。1996年，晨新村干部带领羊肉店店主赴苏州藏书镇学习“藏书羊肉”的烹制工艺。是年，晨新村在国家工商行政管理总局注册“周家桥羊肉”商标，免费提供给当地的羊肉经营户共同使用。21世纪，周家桥羊肉四季飘香，打破了20世纪只有冬季才经营羊肉的常规，出现淡季不淡、旺季更旺的势头。

拖炉饼　杨舍、塘桥、凤凰等地的著名传统风味小吃，已有150余年历史。其制作工艺独特，烘烤时需用两口炉，下面为底炉（平底），上面为顶炉（尖顶，呈锥状），烘烤时两口炉同时加热吻合，并以顶炉的热量将饼吊熟，大有顶炉拖底炉之势，故称拖炉饼。拖炉饼采用上等面粉、白糖、净板油（加工过的生猪油）、荠菜、芝麻、桂花等为原辅料。口味油而不腻，甜而不黏，清香可口。集酥、甜、松、脆、香于一体，外形饱满，色泽金黄，酥层清晰。

沙上沙酥　由苏州沙上人家食品有限公司制作生产。从第一代创业者沙学志落户沙洲，经100余年四代人传承探索，将优良的传统苏式手工制饼技艺与地域文化、气候环境、生活习惯等浸染融合而成。“沙上沙酥”保留了老苏式糕点制作工艺，起酥层次分明，触感柔软油润，入口酥香绵细，老少皆宜。酥皮用黄油制成，更香，外观更好看。因为黄油属动物油脂，会加大面皮的延展性，待焙烤静置后，油脂渐渐浸透出来，酥饼泛着浅黄的油润色，形状圆整，光泽明亮。“沙上沙酥”的馅料以绿豆为基底，有坚果、抹茶、蔓越莓三种口味。绿豆去皮、熬沙、洗滤，经过一道道繁杂的工序制成绿豆沙，绿豆沙入口即化、香甜适口。绿豆沙中加入坚果、莓干等，是顺应潮流的创新之举，可令口感层次更加丰富。“沙上沙酥”为纯手工制作，手工酥皮在180度高温烘烤后薄而不裂、酥而不散，起酥彻底，香味浓郁，是几代人通过实践探寻出的制饼精髓。缺点是制作费时、产量小。

梁丰乳制品　系江苏梁丰食品集团公司系列产品中的主导产品。“梁丰”商标为江苏省著名商标。梁丰牌乳制品先后获首届中国食品博览会银奖、首届北京国际博览会铜奖、江苏省第六届轻工业优秀新产品金奖、首届全国部分市场食品卫生质量监评“年年香”金杯奖。并先后获苏州市优良产品、轻工部优质产品、江苏

拖炉饼　（凤凰镇　提供）

省名牌产品、中国名牌产品、绿色食品、国际名牌食品、全国大商场推荐市场名优商品等荣誉称号。其中“金莎”“太阳花”果仁夹心巧克力曾作为国家领导人出访时的国宾礼品走出国门。

沙洲优黄　沙洲优黄（后塍黄酒）始酿于清光绪年间，已有100余年的历史。原料选用优质大米。其制作需经过过筛、浸渍、摊冷、落缸、发酵、压榨、澄清、勾兑、煎酒等十几道工序，工艺精细。所酿黄酒具有色泽金黄、酒体协调、清亮透明、醇厚爽口等特点，不仅营养丰富，而且在文化、工艺、保健和药用等方面有重要价值。产品历经江苏张家港酿酒有限公司数十年开发，已形成沙洲优黄、江南印象、吉星高照、太湖之星等系列150余种黄酒产品，酒龄有2年、3年、5年、6年、7年、10年、15年、20年等不同规格，沙洲优黄被誉为中国半甜型黄酒的典范。产品深受上海、苏州等地消费者欢迎，还远销海外。“沙洲”“沙洲优黄”商标被认定为中国驰名商标。

人文风情

【人口】 2022年年末，张家港市常住人口144.76万人，比上年增加0.5%。户籍登记315795户，总人口927262人，分别比上年减少1377户，减少2077人。总人口中，男性451579人，女性475683人，性别比为94.93。0至17周岁124138人，占总人口的13.39%；18周岁至59周岁530678人，占总人口的57.23%；60周岁及以上272446人，占总人口的29.38%。全市出生人口3863人，出生率4.17‰，死亡人口7708人，死亡率8.31‰，人口自然增长率-4.15‰。全年迁入人口3134人，迁出人口1203人，机械增长1931人。

【方言】 张家港方言主要有虞西话、澄东（澄要）话、老沙话、常阴沙话（崇明话）、江北话五大类。其中，虞西话、澄东（澄要）话、老沙话和常阴沙话分布地域最广、使用人口最多，是境内有代表性的方言；江北话主要有南通话、如皋话和靖江话。其方言具体分区及其人口分布情况：讲虞西话的约有20万人，占户籍人口的21.5%，分布在凤凰镇的全部，塘桥镇塘桥地区全部，鹿苑地区的绝大部分，妙桥地区的大部分，杨舍镇乘航地区全部，杨舍、塘市、东莱地区的绝大部分，南丰镇的小部分地域；讲澄东（澄要）话的约有21万人，占户籍人口的22.6%，分布在金港街道南沙、港区和后塍街道的绝大部分，杨舍镇泗港地区的大部分，杨舍、塘市地区的小部分地域；讲老沙话的约有24万人，占户籍人口的25.8%，分布在德积街道的绝大部分，金港街道、后塍街道的小部分，双山岛的绝大部分，锦丰镇合兴地区的绝大部分，锦丰地区的小部分，大新镇（含晨阳并入部分）的绝大部分，南丰镇的小部分，塘桥镇妙桥、鹿苑地区的小部分，杨舍镇泗港、东莱地区的小部分，晨阳地区的绝大部分，乐余镇和常阴沙现代农业示范园区的小部分地域；讲常阴沙话（崇明话）的约有17万人，占户籍人口的18.29%，分布在锦丰镇锦丰地区的大部分，三兴地区的绝大部分，南丰镇的部分（含东沙地区的绝大部分），乐余镇和常阴沙现代农业示范园区的绝大部分，金港街道、后塍街道、德积街道的小部分，杨舍镇东莱、泗港地区的小部分，塘桥镇妙桥地区的小部分，大新镇的小部分地域；讲江北话的有3万余人，分布在沿江一带，占户籍人口的3.23%。

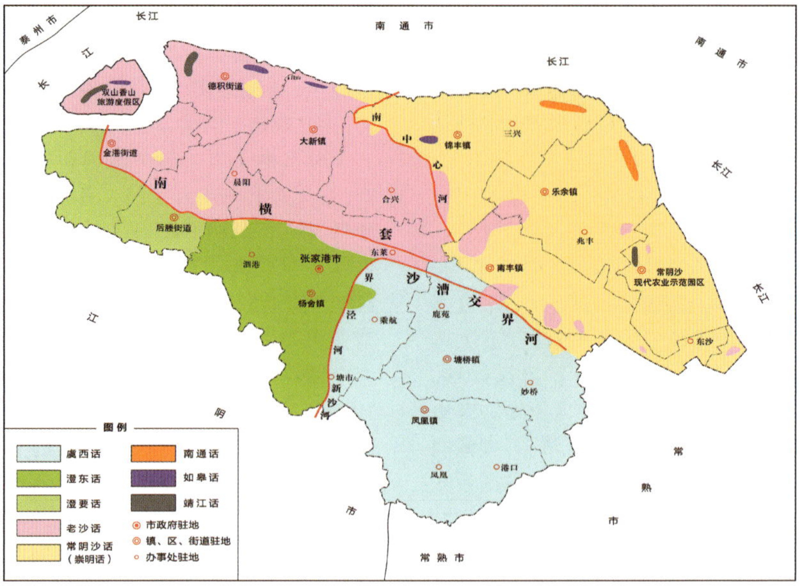

方言区位分布示意图

【历代名人】 据史料记载，自唐宋至清末，张家港境内共出状元、榜眼、探花等进士数百名。唐代状元陆器是苏州范围内最早的状元，章卿赵氏自宋代至清末共出37名进士，鹿苑钱氏在明代有“一门九进士”之誉，港口蒋氏在清康熙、乾隆年间出了蒋廷锡、蒋溥父子大学士。境内官至大学士、尚书、御史、总督、巡抚者代不乏人。张家港人民有着光荣的爱国斗争传统。宋代有抗金名将丘崇；明代有抗倭英烈钱泮、徐督、许蓉、朱贵等，有斗阉直臣缪昌期、黄昭。在文化艺术方面，著述宏富的经学家有北宋职方郎中陆绾、清代国子监纂修庞大堃；享誉文坛的诗人学者有号称东南文宗的钱谦益、近代诗人杨云史、南社诗人庞树柏、新文学家刘半农；史学家有主纂《江阴县志》的北宋进士郭庭坚、纂修《元史》的元末明初学士陈基、主纂《常熟县志》的清代举人钱陆灿、进士庞鸿文；书画篆刻、工艺美术名人有清代篆隶书法家杨沂孙、近代金石篆刻家赵古泥、现代工艺美术家庞薰琹；乐坛耆宿有近代民族音乐家刘天华、刘北茂，古琴学家吴景略；医药名家有明代缪希雍、清代缪柳村，近代名医周憩堂、金兰升、章成器等。在社会主义现代化建设中，张家港涌现出一大批科学家、文学家等，张光斗、钱人元、吴中伟、童秉纲、曹楚南、章申、薛永祺、吴培亨、朱敏、吴剑旗、樊春海11位院士为其中的杰出代表。其中朱敏于2021年11月当选中科院院士，重点研究方向为古鱼类演化生物学。

【名胜古迹】 张家港境内有多处珍贵的历史文化遗产，51处文物保护单位见证着这座城市从新石器时代到近现代以来丰富厚重的人文历史文化。全市现有全国重点文物保护单位3处，分别是东山村遗址、黄泗浦遗址和杨氏宅第；省级重点文物保护单位3处，分别是徐家湾新石器时代遗址、香山石室土墩群和弘济桥。东山村遗址位于市金港街道东山村内，以马家浜和崧泽时期文化遗迹为主，是长江下游重要的史前文化遗址，是目前发现等级最高、保存最完整的崧泽文化遗址，入选2009年度"全国十大考古新发现"。塘桥镇境内的黄泗浦是唐代高僧鉴真第六次东渡日本并获得成功的起航地，20世纪90年代后陆续修建东渡纪念馆、碑亭和东渡禅院。黄泗浦遗址位于张家港市杨舍镇庆安村与塘桥镇滩里村交界处，主要发现了六朝至唐宋的诸多遗迹，出土可移动文物种类丰富，揭示了一处南朝至宋朝时期的港口型聚落遗址，是中国古代海上丝绸之路长江口区域的重要历史见证，且与鉴真东渡这一重要历史文化事件有着密切联系。黄泗浦遗址入选"2018年度全国十大考古新发现"。双山香山旅游度假区香山景区内古迹众多，有梅花堂、桃花涧、圣过潭、藏军洞、香山寺等，其中梅花堂由宋代大文豪苏东坡题写匾额，明代地理学家徐霞客曾在堂内小住并写下6首诗、2篇序文。张家港南部地区的集镇大多是明清以前建成的古镇。其中，杨舍镇是古暨阳、梁丰县的县治，明代多次发生抗倭斗争，当时建造的杨舍堡城是5座城池中规模最大的防御倭寇攻城的堡城；凤凰镇恬庄古镇保留有榜眼府、杨氏孝坊、杨氏南宅以及石板街道等古迹，街两旁建筑大多保留清代、民国时期的原有风貌。塘桥镇有王家花园、园茂里等明清建筑。凤凰境内的永庆寺、塘桥境内的永昌寺均属"南朝四百八十寺"之列，其中永庆寺所在的河阳山（凤凰山）周围有秀峰、醴泉、读书台、红豆树等名胜古迹。北部的乐余镇有保存较为完整的民国时期一条街——乐余民国商贸街。至2022年年末，全市有国家AAAA级旅游景区4个，分别是凤凰山景区、永联小镇景区、香山景区、暨阳湖生态旅游区；国家AAA级旅游景区2个，分别是东渡苑景区、沙洲优黄文化园。省工业旅游区3个，分别是"钢铁是怎么炼成的"工业旅游区、大唐纺织工业旅游区和"酒的故事"沙洲优黄文化园。省级旅游度假区1个——双山香山旅游度假区。省级以上乡村旅游重点村3个，分别是永联村（国家级）、永兴村（省级）、双塘村（省级）。

东渡苑秋色　　（陈东　摄）

【革命传统纪念地】 张家港是一块英雄辈出、风雷激荡的红色热土。在战火纷飞的革命年代，张家港人民在中国共产党领导下，发动沙洲农民暴动起义，开展抗日救国运动，积极配合渡江作战，建立人民民主政权。境内重要的纪念设施有双山渡江战役展示馆、沙洲县抗日民主政府纪念馆、香山烈士陵园、巫山渡江战役登陆纪念碑、学勤广场、毋忘国耻纪念碑亭、南丰之战纪念广场、大新抗战历史纪念园等。其中双山渡江战役展示馆、大新抗战历史纪念园分别于2021年6月、9月正式开馆、开园。双山渡江战役展示馆位于双山岛渡江胜利公园，至年末，已获评江苏省党史教育基地。重要革命机构旧址有1926年中国共产党金村支部旧址、江南人民抗日救国军沙洲县办事处旧址、沙洲县抗日民主政府成立地旧址、蔡悲鸿办公旧址、重建后的沙洲县抗日民主政府活动地旧址、江南保安司令部警卫一团成立地、新四军六师十八旅后方医院第一疗养所旧址、新四军六师十八旅修械所旧址、地下情报站、交通站旧址等。重要历史事件纪念地有农民暴动纪念地（后塍农民暴动纪念地、占文桥农民暴动纪念地、杨舍农民暴动纪念地、店岸福利垦殖公司暴动纪念地）、拦门沙江心遭遇战纪念地、常家埭地洞旧址、恬庄"千人坑"纪念地、谭震林抗战动员讲话纪念地暨年旺街小学党支部旧址、血战南横套纪念地、收缴伪军武装纪念地等。重要人物故居及纪念地有孙逊群烈士纪念地、谢恺烈士故居、茅学勤烈士纪念地、范醒之故居、田平故居、许亚故居、孙洁人故居等。

【张家港精神】 1992年，在改革开放的进程中，张家港人培育、塑造"团结拼搏、负重奋进、自加压力、敢于争先"的张家港精神，实现张家港的大变化、大发展。张家港精神是一种艰苦奋斗的创业精神，是一种科学务实的创新精神，是一种敢争一流的创优精神。1995年5月13日，时任中共中央总书记的江泽民赴张家港考察，并为"张家港精神"题词；是年10月，全国精神文明建设经验交流会在张家港召开，从此张家港精神在全国迅速产生极为广泛的影响，并被时任中央宣传部副部长的刘云山称赞为："张家港精神已经成为我们中华民族精神和时代精神的重要组成部分。"通过深入持久的教育和熏陶，张家港精神成为全市人民的自觉行动和共同追求，成为实现率先发展的强大动力，同时成为江苏"三创三先"（创业、创新、创优，争先、领先、率先）精神的一个生动典型和苏州科学发展"三大法宝"之一。在张家港精神激励下，全市文明城市创建结出丰硕成果，首批荣膺全国文明城市，首批成为江苏省全面小康达标县（市）。2020年11月，实现全国文明城市"六连冠"，成为唯一获"六连冠"的县级市，受到中央文明办通报表扬。2021年，张家港市获国家卫生城市"十连冠"，并被世界卫生组织亚太区健康城市联盟授予健康城市创新发展奖。至2022年年末，张家港市先后获国家级荣誉250余项。

经济发展

【古代经济】 早在8000年前，境域内已经种植水稻和饲养家畜，历代以农业为主。汉高祖十二年（公元前195年），吴王刘濞主持开凿的人工河道盐铁塘，给盐、铁等生活用品的交换带来便利。三国时期，全境属于东吴，孙权实行屯田积谷政策，在沿江地区设置的屯田基地有20余个，其中在境内就有两个。一个是毗陵屯田区，属于军屯性质；另一个是南沙屯田区，也是孙吴政权重要屯田区。由于南沙乡靠江近海，境内河道纵横，土地肥沃，宜农宜渔，加上大力发展农耕经济，因此在确保军队供给的同时，地方经济也得到迅速发展，并由此孕育了一批繁华的集镇，境内的滨江古镇庆安镇就是在那个时候逐步发展兴盛起来的。两晋时期，石头港（今张家港）一度成为大江南北通商大港。唐代，种桑养蚕较为普遍。元初，开始种植棉花。明清时期，境内生产的大米、土布、棉花、蚕茧等农副品在上海、无锡市场上有一定影响。后塍、南沙、塘桥的土布远销京、津、沪、闽、浙等地。

【近代经济】 境内长期是自给或半自给性的农业经济，工业无几，商品生产极不发达，加上日军入侵、战乱不绝，商业发展缓慢。鸦片战争以后，在一百多年的半殖民地、半封建社会里，更是"十年九荒"，广大农民过着"糠菜半年粮"的生活。民国时期，境内第一家织布企业晋裕布厂在杨舍镇创办，有布机50台。焦履瀛在杨舍镇开办振丰染织厂，有手拉织机20台。南沙、后塍一带的雷沟大布销往南洋。1940年冬到1941年6月，沙洲各港口是东路抗日游击根据地的主要交通运输港。港口税收是东路的主要财源，每天税收量有7000元到1万元（法币）。1941年2月沙洲县抗日民主政府成立后，要求各乡"农抗会"普遍筹措信用运销合作社，组织全县数万民工，兴修水利，发展生产。全县以北老套为轴心，东抵一干河，南及南横套，西至长山港，北到金鸡港的港套河道全部疏浚，人称三十六条半，全长100余千米。全县港套畅通，大片农田喜获丰收。1949年，全境农村人均农副业产值114元，人均生产粮食194.5千克，平均每公顷耕地的年产值仅841.35元。有28家小型工厂，主要行业是织布、粮油加工和酿造，产值429.05万元，人均工农产值125.2元。有私营商户3180家，从业人员5100余人，经营商品200余种，社会商品零售额1682万元。公路、电力和科学技术力量几乎一片空白。

【现代经济】 1949年，中华人民共和国成立后，境内组织围垦圩田。1950年4月，闸上供销社、乐余供销社率先筹建和成立，至1951年境内供销社普遍建成。是年6月至8月，后塍和锦丰轧花剥绒厂筹建，这是境内最早的地方国营企业。1962年沙洲建县，由于地理位置偏僻，经济基础较为薄弱，沙洲县人称"苏南的苏北"。全县工农业总产值1.36亿元，财政收入902.9万元，农民人均分配62.02元。沙洲县委紧紧围绕调整和恢复国民经济的中心任务，艰苦创业、治穷致富，在基本解决人民群众温饱的同时，大力发展工业，尤其是社队工业，全县工农业生产得到快速发展。至1978年，全县地区生产总值3.24亿元，比1949年增7.82倍。工农业总产值为6.4亿元，财政收入4959.9万元。社队工业企业达到1493家，产值2.59亿元，首次超过农副业产值和县属工业产值。中共十一届三中全会召开后，全县发扬"四千四万"精神，催生了乡镇企业"异军突起"的发展奇迹。至1985年，全县预算内财政收入1.67亿元，社会生产总值跃升到39.74亿元，比1978年增长4.5倍，年递增27.6%。1986年撤县设市后，张家港市确立"以港兴市、以市促港"的发展战略，工业经济量质并举，对外开放迈出大步。至1991年，全市工农业总产值达到121.46亿元，国民生产总值达到32亿元，综合经济实力在全国百强县（市）中名列第七位。1992年，张家港在发展中塑造了闻名全国的"张家港精神"，提出并实现了"三超一争"的奋斗目标，设立全国首家内河港型保税区，1995年张家港成为全省、全国两个文明建设典型。2000年，全市实现地区生产总值270亿元。2005年，实现地区生产总值705亿元，率先达到省定全面小康社会的指标，创成全国文明城市。中共十八大以后，张家港围绕"强富美高"目标定位，不断推进高质量发展进程，2018年被中宣部确定为"庆祝改革开放40周年'百城百县百企'重大典型"；2022年，全市实现地区生产总值3302.39亿元，比上年增1.3%。按常住人口计算，全市人均地区生产总值6.9万元，比上年增3.9%。其中，第一产业增加值30.6亿元，比上年增2.7%；第二产业增加值1671.11亿元，比上年增0.9%；第三产业增加值1600.68亿元，比上年增1.7%，三次产业比重为0.9∶50.6∶48.5。完成同口径公共预算收入219.07亿元，比上年降17.1%。完成全社会固定资产投资545.08亿元，比上年降1.7%。社会消费品零售总额789.34亿元，综合实力连续多年位居全国百强县（市）"第一方阵"。

（史　志）

【编辑　张　洁　陈佩蕾】

中共张家港市委员会

Zhangjiagang Municipal Committee of the CPC

2月6日，全市“创新转型加速年”动员会议暨科技招商誓师大会召开　（市委办　提供）

張家港年鑑(2023)

扫码欣赏

"学习二十大，奋进新征程"
南腔北调·童谣乡音汇
方言传承活动

综　述

【概况】 2022年，面对严峻复杂的外部环境、超出预期的多重压力挑战，张家港市委常委会坚持以习近平新时代中国特色社会主义思想为指导，深入贯彻上级各项决策部署，团结带领全市广大党员干部群众，高效统筹疫情防控和经济社会发展，统筹发展和安全，推动经济社会各项事业取得积极成效。

坚持疫情防控科学精准。面对新型冠状病毒感染疫情的反复冲击，张家港市委常委会落实"外防输入、内防反弹"总策略，坚定不移贯彻"动态清零"总方针，落细落实第九版防控方案、二十条优化措施、优化疫情防控"新十条"，千方百计做好保民生、稳生产各项工作，最大限度保护人民生命安全和身体健康，最大限度减少疫情对经济社会发展的影响。持续完善疫情防控救治体系，快速有力处置多轮外地输入疫情。加强应急处置能力建设，在全省率先推行药店便民核酸采样点，建成启用金沙方舱医院，坚决打赢常态化疫情防控攻坚战。

把握经济平稳运行第一要务。提出"创新转型加速年"年度工作主题，在全省率先推行产业扶持政策"积分制"管理。有序推进大族激光、默克电子、采埃孚、国信沙洲、信义光伏等重大项目建设。促进跨境电商B2B出口，建设国家进口贸易促进创新示范区。奋力实现"地区生产总值在突破3000亿元的基础上迈上更高台阶，捍卫全国百强县（市）前三甲的位次；实现苏州高质量发展考核第一等次（五连冠）；科技招商项目超1000项，为3年招引5000个项目打下坚实基础"的"351"年度目标。

筑牢和谐稳定安全防线。紧盯重点领域扎实开展安全隐患排查治理。常态化全面排查防范化解政府性债务、金融、房地产等各领域风险隐患，扎实推进社会矛盾风险隐患大排查大起底大化解等专项行动，做好信访、社会治安等工作，确保群众安全感始终保持在99%以上。创新探索新时代行政执法的"张家港样本"。保障粮食和重要农产品持续丰收。空气质量优良天数比例、改善率，地表水水质综合指数提升。第二轮中央、省生态环保督察反馈问题整改有序推进。盘活存量土地，节约集约利用工作综合评价保持全省领先。

坚持民生福祉持续改善。落细落实惠企利民政策，做好全市增值税留抵退税、缓税工作，减免"六税两费"，发放稳岗返还资金，减免企业失业保险费、基本医疗保险费，新增城镇就业。13所学校完成新建和改扩建。推进"15分钟医保服务圈"省级示范县（市、区）建设，建设医保便民服务站106个。完成南沿江城际铁路主体工程建设、通苏嘉甬铁路开工、张靖皋长江大桥施工等项目，城区快速路全面推进。组建城市更新中心、城市保护发展有限公司，实施城市更新计划，改造老旧小区，建设口袋公园。

夯实党的建设坚强保障。以迎接党的二十大、学习宣传贯彻党的二十大精神为主线，创新开展学习研讨、理论宣传等活动，市委常委、副市长带头开展专题调研、基层宣讲，对标对表党的二十大精神完善工作思路举措。创新举办"五级党代表话党建"系列活动，推动基层党组织和广大党员干部学习贯彻党的二十大精神走深走实、见行见效。筑牢意识形态工作坚强阵地，创新实施中层正职干部跨单位交流，优化中青年干部专业研习社运行模式。出台关心关爱"八条举措"，提拔重用一线抗疫干部。发起成立苏州"海棠158·长江党建共同体"，搭建"海棠解忧·暖商惠企直通车"政企对接平台。探索"双引双融、港城善治"特色路径。系统构建村（社区）党组织书记队伍选育管励全链条机制。配合做好省委巡视、苏州市委联动巡察相关工作，深化"廉洁张家港"建设，创新权力运行"链上监督"、年轻干部教育管理监督模式，充盈干事创业的新风正气。

【基层党建"五聚力五突破"提升行动实施】 经十二届市委第45次常委会会议审议通过，8月25日，市委办印发《关于推进基层党建"五聚力五突破"提升行动的实施方案》。方案提出紧贴全市基层党建工作重点难点问题，紧扣"创新转型加速年"工作主题，围绕基本组织、基本队伍、基本活动、基本制度和基本保障5个方面，部署推进"五聚力五突破"，实施32项具体任务。主要包括：聚力建强组织密，在组织覆盖上求突破。持续推进新思想进基层、行动支部扩面提质、党支部"标准+示范"建设，不断加强产业创新集群、两新组织以及新业态新就业群体党建工作覆盖，大力实施"美美乡村"富民强村计划和"组织扎根"专项行动，有效延伸织密党的组织根系，推动党的全面领导坚定有力落实到基层。聚力赋能提优，在队伍能级上求突破。实施区镇（街道）领导班子功能提升工程，深化基层干部队伍专业化体系建设，加强基层带头人、姑苏乡土人才和新生代党员企业家培养，组建海棠先锋队伍，推进发展党员"尖兵计划"、流动党员"融合圆梦计划"，把党员干部人才牢牢凝聚在党的周围，鼓足"挑重担、扛重责"的精气神，推动党的坚强力量充分有效落实到基层。聚力融合开放，在活动质效上求突破。优化"组织生活开放日"组织方式，实施新业态新就业群体党建"凝'新'聚力"行动、互联网企业党建示范培育工程、新型党课示范引领计划，深化"党建惠企"专项行动，建立"先锋代言人"队伍，探索更多党员教育的管用路径，推动党的号召要求全面深入落实到基层。聚力系统长效，在制度效用上求突破。建立党的基层组织建设制度集成落实机制，完善党员干部服务一线、小区治理"四方协同、八责联动"、非公企业党组织"五进"等工作机制，以更加系统完备、科学管用的制度机制，推动党的纪律规矩严格规范落实到基层。聚力集约精准，在保障标准上求突破。实施"美美社区"治理赋能计划，深化党内关怀帮扶行动，开展"海棠花红"先锋阵地融合赋能行动，升级智慧党建平台载体，进一步下移工作重心、下倾保障资源，推动党的关心服务精准持续落实到基层。

市委全会

【市委十二届三次全体会议暨市委工作会议】 8月8日在市馨苑度假村会议中心召开。会议听取和讨论市委书记韩卫代表市委常委会所作的题为《以实际行动迎接党的二十大胜利召开,以拼抢冲刺的过硬实绩献礼建县（市）六十周年》的工作报告,审议通过《中国共产党张家港市第十二届委员会第三次全体会议决议》,讨论通过《关于递补部分十二届市委委员的决定》。会议深入学习领会习近平总书记在省部级主要领导干部专题研讨班上的重要讲话精神。会议肯定市委常委会上半年统筹疫情防控和经济社会发展取得的成效。要求下半年全市要不折不扣落实"疫情要防住、经济要稳住、发展要安全"的重大要求,以"全年目标、半年完成"的决心和勇气,奋力实现"351"年度目标。具体要做到"六个拼抢、六个加快":拼抢科技招商,打造更具竞争力的产业创新集群、更具吸引力的创新人才高地、更具支撑力的创新载体平台、更具影响力的创新生态系统,加快释放创新第一动力;拼抢重大项目,推动招商引资放量突破,释放项目建设强大动能,加快拓展产业转型空间;拼抢政策机遇,在优化服务中稳住预期,在深化改革中释放活力,在区域联动中放大格局,加快优化城市营商环境;拼抢惠民实事,让富民增收提质增效、公共服务提标扩面、城市建设提档升级、乡村振兴提升内涵,加快打造共同富裕典范;拼抢生态建设,推动绿色低碳发展,加强环境综合整治,筑牢长江生态屏障,加快展现滨江靓丽颜值;拼抢文明典范,突出文明创建标杆引领,做优文化建设特色品牌,确保社会大局安全稳定,加快提升和谐善治优势。会议号召,全市上下要更加紧密地团结在以习近平同志为核心的党中央周围,与时俱进大力弘扬张家港精神,以时不我待的奋进姿态、舍我其谁的实干担当,抓住每一天,干好每件事,朝着"351"年度目标任务加压奋进、全速奔跑,以实际行动迎接党的二十大胜利召开,以拼抢冲刺的过硬实绩献礼建县（市）60周年。

【市委十二届四次全体会议】 12月12日在市馨苑度假村会议中心召开。会议听取和讨论市委书记韩卫代表市委常委会所作的题为《深入学习宣传贯彻党的二十大精神,在新征程上全力打造中国式现代化县域先行区》的工作报告,审议通过《中共张家港市委关于深入学习贯彻党的二十大精神打造"物质文明和精神文明相协调"的中国式现代化县域先行区的决定》《中国共产党张家港市第十二届委员会第四次全体会议决议》《中共张家港市委常委会2022年度落实全面从严治党主体责任情况的报告》。会议深入学习宣传贯彻党的二十大精神,肯定2022年市委常委会的工作和全市经济社会发展所取得的成绩。会议指出,2023年是全面贯彻落实党的二十大精神的开局之年,也是张家港打造"物质文明和精神文明相协调"的中国式现代化县域先行区的起步之年。全市上下要紧扣"现代化建设先锋年"工作主题,明确"深入学习宣传贯彻党的二十大精神"这一主线,锁定"巩固提升全国百强县（市）'前三甲'位次,首批成功获评全国文明典范城市"两大目标,聚焦"科技招商、产业招商、人才招引,调高、调轻、调优产业结构,区域协同联动发展"三项重点任务,在新时代新征程上勇当探路先锋,在继往开来的奋斗实践中奋勇争先、先行示范。要敢为创新发展先锋,推动科技招商放量突破,促进人才引育精准高效,强化科创载体多元支撑,实现创新生态持续优化,在"完善科技创新体系"上先行示范。要敢为转型升级先锋,以招商引资积聚转型动能,以重大项目释放转型活力,以产业提质拓展转型空间,以营商环境强化转型保障,在"建设现代化产业体系"上先行示范。要敢为协同联动先锋,充分释放区位优势,全面提高开放水平,持续优化功能布局,推动板块发展各具特色、优势互补,在"促进区域协调发展"上先行示范。要敢为文明创建先锋,让文明创建持续领跑,让城市文化更有内涵,让社会治理更加高效,在"推进文化自信自强"上先行示范。要敢为绿色发展先锋,加快展现滨江靓丽颜值,统筹推进环境综合整治,全面推动绿色低碳发展,在"人与自然和谐共生"上先行示范。要敢为共同富裕先锋,更大力度促进富民增收,更高标准优化公共服务,更实举措推进乡村振兴,在"提高人民生活品质"上先行示范,开启张家港全面推进中国式现代化新实践。

重要决策

【概况】 2022年,市委召开常委会会议41次、全市领导干部会议6次。市委、市政府联合发文12份,市委发文21份。重要决策涉及推进数字经济时代产业创新集群建设2025年行动计划、产业创新集群高质量发展扶持政策、全面推进数字张家港建设、全面推进乡村振兴重点工作率先基本实现农业农村现代化、加强廉洁乡村建设、开展农村人居环境整治提升行动、高质量推进生态宜居美丽乡村建设、深入打好污染防治攻坚战、深化提升安全生产专项整治三年行动、规范民办义务教育发展、建立关心爱护医务人员长效机制、深化拓展新时代文明实践中心建设、加强党的全面领导奋力夺取疫情防控阻击战全面胜利、加强村（社区）党组织书记队伍建设五年行动计划等方面。

【保护关心爱护医务人员长效机制出台】 经十二届市委第31次常委会会议审议通过。4月27日,市委办、市政府办联合印发《张家港市关于建立保护关心爱护医务人员长效机制的实施意见》,提出建立符合张家港市实际的保护关心爱护医务人员的长效机制,切实保障医务人员权益,使他们持续健康投入防控救治工作。主要举措分6个部分、16条,具体包括:保障工作条件,为医务人员提供良好的工作和休息条件,在突发公共卫生事件中加强物资保障和生活服务;维护身心健康,科学统筹医务人员调度安排，加强医务人员心理干预和疏导，在突发公共卫生事件中加强医务人员调度和健康服务；落实待遇职称评聘及人才政策，统筹推进薪酬改革，提高医务人员在突发公共卫生事件期间的薪酬待遇，实行人才人事倾斜政策；加强组织和人文关怀，发挥正向激励作用，做好参与突发公共卫生事件处置医务人员及家属保障工作，对医务人员子女教育给予帮助关爱，对医务人员给予更多的优待优抚；创造安全的执业环境，加强安全防范能力建设，依法严厉打击各类涉医违法犯罪；弘扬崇高职业精神，及时开展奖励，加大先进典型宣传力度。

【数字经济时代产业创新集群建设】 经十二届市委第39次常委会会议和市政府第7次常务会议审议通过。6月30日，市委办、市政府办联合印发《张家港市推进数字经济时代产业创新集群建设2025行动计划》，提出加快构建具有"张家港特色"的产业创新集群，明确张家港要聚焦新能源、智能高端装备、特色半导体、先进材料4个产业进行集群布局。其中，新能源产业创新集群以锂电产业为核心，氢能、光伏、LNG产业协同发展；智能高端装备产业创新集群重点发展汽车整车及关键零部件、高端装备；特色半导体产业创新集群重点发展光电显示、化合物半导体产业；先进材料产业创新集群重点发展冶金新材料、先进高分子材料、高端纺织产业。重点实施数字经济赋能工程、创新主体强化工程、创新人才引育工程、创新载体建设工程、创新网络布局工程、创新环境营造工程等六大工程，具体为：数字经济赋能工程，强调全面深化数字赋能，围绕数字产业化、产业数字化两个方面细化任务举措，凸显数字经济的"新赛道""主赛道"，切实释放数字技术对创新集群的放大、叠加、倍增作用；创新主体强化工程，强调促进大中小企业融通发展、加速科技招商精准落地、推动创新企业梯队培育三个方面；创新人才引育工程，包括加快高层次人才汇聚、加大产业紧缺人才引进培育、完善人才引育生态三个方面，立足产才融合导向，持续优化引才用才留才服务机制；创新载体建设工程，聚焦布局重大创新载体平台、推动新型研发机构集群发展、分类建设企业研发机构、打造科创孵化载体四个方面；创新网络布局工程，从融入区域创新网络、汇聚全球创新资源两个方面，突出加强区域协同和产业开放合作；创新环境营造工程，聚焦金融服务、科技服务和城市服务三个方面，营造良好的创新生态环境，突出推动成立"沙洲科创C基金"，以及打造"六个一"全要素全链条创新生态，打响"港城特色"创新城市品牌。

【深化拓展新时代文明实践中心建设决策】 经十二届市委第40次常委会会议审议通过。7月9日，市委办印发《关于深化拓展新时代文明实践中心建设的实施意见》，提出通过深化拓展新时代文明实践中心建设，用中国特色社会主义文化、社会主义思想道德牢牢占领基层思想文化阵地，不断满足人民日益增长的美好生活需要。明确阵地更全覆盖、活动更富内涵、机制更加健全三个具体目标，五项重点任务，分别是：实施"培根铸魂"行动，推动党的创新理论深入人心；实施"实践为民"行动，发挥文明实践教育服务功能；实施"品牌引领"行动，推动文明实践质效提档升级；实施"固本强基"行动，赋予志愿服务新的时代内涵；实施"机制创新"行动，提升文明实践工作绩效水平。四个方面保障措施，包括加强领导，统筹协调推进；压实责任，多级联动运转；创新实践，形成工作特色；科学评估，落实常态长效。

【推动党史学习教育常态化长效化实施方案出台】 经十二届市委第44次常委会会议审议通过。8月4日，市委办印发《关于推动党史学习教育常态化长效化的实施方案》，从指导思想、主要任务和工作要求等三个部分对推动全市党史学习教育常态化长效化进行部署。在指导思想部分，突出强调要发挥习近平新时代中国特色社会主义思想引领作用，不断巩固拓展党史学习教育成果，勇开发展新局。在主要任务部分，明确"六个坚持不懈"的要求，即坚定历史自信，坚持不懈把党史作为必修课、常修课，把党史学习教育融入日常、抓在经常；增强理论自觉，坚持不懈用习近平新时代中国特色社会主义思想武装头脑，切实做到学思用贯通、知信行统一；提高政治能力，坚持不懈领悟"两个确立"决定性意义，着力增强做到"两个维护"的高度自觉；践行为民宗旨，坚持不懈为群众办实事办好事，用心用情走好新时代党的群众路线；激发昂扬斗志，坚持不懈弘扬伟大建党精神，不断筑牢信仰之基、补足精神之钙、把稳思想之舵；永葆初心使命，坚持不懈推进自我革命，持之以恒推进全面从严治党。同时，针对主要任务，细化明确18项具体工作措施。在工作要求部分，围绕提高政治站位、深化联动贯通、注重实绩实效等3个方面分别提出具体要求。

【开展城市更新行动决策】 经十二届市委第53次常委会会议和市政府第13次常务会议审议通过。11月9日，市委办、市政府办联合印发《关于扎实开展城市更新行动的实施方案》，提出发挥市场在资源配置中的决定性作用，调动发挥产权人的积极性，以多种方式推进城市更新行动，以改善居民基本居住条件、优化调整用地布局、完善城市功能、补齐城市短板、提升城市品质、增强城市活力。重点任务涵盖9个方面：实施城镇老旧小区改造工程，实施区域整体更新工程，实施公共服务设施改善工程，实施城市危旧房治理改造工程，实施老旧厂房和老旧工业区改造提升工程，实施城市基础设施补短板工程，实施城市水环境治理工程，实施传统商圈更新提档工程，实施新城建提升工程。实施步骤按照"立足试点、面向十四五、放眼2035"的总体战略部署，开展城市体检，确定更新需求；科学划分更新单元，编制专项方案；开展排查筛选，建立试点项目库；实施试点项目，推进试点项目评估。保障措施包括：加强组织领导，成立张家港市城市更新工作领导小组，负责决策指挥、统筹推进、组织协调和督促指导工作，下设领导小组办公室和城市更新中心（筹），具体负责张家港市城市更新工作的推进工作；强化政策保障，精简项目审批事项和环节，加大项目用地保障，加快培养一批管理队伍及专业人才；创新融资机制，组建城市保护发展公司（城市更新公司），设立城市更新基金，积极实施符合专项债券发行条件的更新项目，鼓励采用政府和社会资本合作建设模式。

【新时代加强村、社区党组织书记队伍建设五年行动计划出台】 经十二届市委第52次常委会会议审议通过，12月2日，市委印发《张家港市新时代加强村、社区党组织书记队伍建设五年行动计划（2022—2026年）》，提出锻造一支政治坚定、结构合理、素质过硬、作风优良、实绩突出的村（社区）党组织书记队伍，从3个层面明确到2026年的目标任务，制定6个方面的具体举措：常态化综合研判，对全市所有村（社区）发展绩效和书记现实表现每两年完成一轮日常研判“全覆盖”，研判结果作为村（社区）党组织评先评优和书记选拔任用、培养教育、奖励惩戒的重要依据；科学化选拔任用，明确选任村（社区）书记的基本条件，对方案预审、廉政审查等程序进行规范，并按1∶2的比例建立村（社区）书记后备干部库；精准化教育培训，明确常态化举办新任书记任前培训班、村级中青班，创设“头雁学堂”，打造“书记讲给书记听”市镇联动交流平台，全面开展村（社区）书记“擂台比武”；规范化监督管理，明确严格落实岗位目标、日常监督和实绩考核等管理措施，持续完善村（社区）书记“一肩挑”后监督管理机制；人性化激励关爱，明确深化运用“扎根基层”“考核先进”等专项激励，探索建立优秀村（社区）书记退休后“提级”享受待遇保障机制，建立村（社区）书记专项激励“编制池”，定期开展“标杆书记”“优秀书记”评选，精细落实健康体检、日常慰问等制度；项目化培树典型，明确建立村（社区）书记培育对象的先进典型种子库，成立“百名示范”书记工作室并每年配套5万元培育经费，探索培育对象参与市级机关重点部门、区镇（街道）重点项目跟岗学习机制，建立培育对象党建项目专项补贴机制。 （雷作安）

重要活动

【干部学习培训活动】 2022年，全市各单位举办各类培训班516次，完成省、苏州市调训任务31次，参加培训37336人次，其中县处级478人次、科级及以下36858人次。坚持将习近平新时代中国特色社会主义思想列为各级教育培训班次的“必修课”，扎实开展党的十九届六中全会精神轮训，提前谋划党的二十大精神轮训，确保1500余名市管干部第一时间学深悟透党的最新部署、最新要求。以正科职干部和优秀副科职干部为主体，连续第12年赴中央党校举办领导干部研修班。基层干部培训网络课程“乡村振兴的永联实践与探索”被中国干部网络学院录用。组织2022年全国新录用公务员初任培训，设置“全国共上一堂课”张家港市委党校分课堂。承接省委组织部第一期小班化、“拉练式”专题培训示范班（长江经济带生态保护修复与绿色发展）、苏州市第52期县处级领导干部进修班、第49期正科级公务员任职培训班现场教学任务。创办中青年干部“专业研习社”，培养储备372名紧缺专业年轻干部。聚焦改革前沿、发展一线，举办“双循环背景下科技产业招商新思维及案例分析”等10期菜单式讲座、“地方金融稳定与风险防控专题研修班”等18期市级主体班次。加强年轻干部实践锻炼，选派21名优秀年轻干部到苏州市科技局等挂职。明确全市各级干部教育培训班次常态化设置“健康关爱课程”，加强对干部身心健康的关心关爱。

【党政领导考察活动】 8月6日，市委副书记、市长蔡剑峰带队赴广州学习产业园区发展、企业孵化培育以及技术创新等经验做法，并举行第三届先进材料与智能制造国际学术会议暨第七届中国创新挑战赛（张家港）粤港澳大湾区专场对接会。11月8日，市委书记韩卫率队赴宿迁市宿豫区考察交流。

【项目签约、奠基、竣工、开业等活动】 2022年，全市举行16次项目集中签约、开竣工活动，分别是：1月12日，举行张家港高新区科技项目集中签约暨“科技招商举措二十条”发布活动，18个科技项目集中签约，项目涵盖数字经济、高端装备、新能源等多个新兴产业领域；2月11日，举行一季度重大项目建设推进会暨新点软件中央研究院开工仪式，以新点软件中央研究院为代表，总投资719.4亿元的128个项目集中开竣工；2月11日，举行张家港保税区产业创新发展大会暨一季度科技招商项目集中签约仪式，总投资52亿元的16个科技招商项目集中签约；2月28日，举行高新区（塘桥镇）一季度项目集中开竣工活动暨国泰中心开工仪式，以国泰中心为代表，总投资超过118亿元的31个项目集中开竣工；3月3日，举行保税区一季度重大项目集中开竣工活动暨江苏德积高端纺织产业园开工仪式，总投资195亿元的22个项目集中开竣工；3月7日，举行冶金工业园（锦丰镇）扬子江科学城开工暨2022年首批科技招商项目集中签约仪式，总投资103.8亿元的36个科技招商项目集中签约；5月25日，举行经开区科技招商百个项目集中开工暨首届“科创大赛”启动仪式，103个项目集中开工，18个科技招商项目签约，涵盖智能装备、数字经济、半导体、新能源、生物医药等战略性新兴产业；5月27日，举行保税区二季度科技招商项目集中签约暨科创园三期开工仪式，总投资35.5亿元的23个优质项目集中签约；7月28日，举行三季度重大项目建设推进会暨龙蟠科技高镍三元前驱体锂电池材料项目开工仪式，重点推进总投资335.4亿元的49个项目加快建设；7月29日，举行冶金工业园（锦丰镇）“三跃一争”行动发布仪式暨“3+N”产业发展推进会，总投资超100亿元的40个新兴领域项目集中签约；8月11日，举行市政府投资工程集中建设项目成果展暨梁丰高中创江苏省高品质示范高中项目竣工移交仪式；9月24日，举行大新镇科技招商项目集中签约活动，3个重大项目、12个科技招商项目集中签约，总投资31.8亿元；10月23日，举行江苏省氢能技术创新中心揭牌仪式和项目签约活动，总投资1.2亿元的6个重大创新项目签约落地；11月11日，举行高新区（塘桥镇）四季度新能源产业项目推进会暨友诚新能源超级充电及高压连接总成项目开工仪式，总投资24.3亿元的9个项目开工；11月19日，举行“开放创新共赢未来”经开区（杨舍镇）2022年四季度开竣工活动暨采埃孚底盘零部件系统及后轮主动转向系统项目开工仪式，总投资73.9亿元的16个重大项目集中开竣工；11月24日，举行保税区2022年四季度重大项目建设推进会暨如鲲新能源材料项目开工仪式，总投资56亿元的12个项目集中开竣工。项目签约活动主要有：1月24日，乐余·净谷综合开发项目合作协议签约；3月10日，斯蒂瓦纳托集团中国中心项目启动；5月11日，德祺运动科技产业项目签约；5月17日，术客高端医疗器械项目签约；5月31日，德国默克半导体材料一体化基地项目签约；7月3日，“姑苏·金城颐和”精品酒店项目签约；8月18日，采埃孚汽车零部件项目签约；8月25日，百胜中国苏南供应链运营中心项目签约；8月31日，曲美思特莱斯（Stressless）品牌亚太区智能生产基地项目签约。项目奠基开工主要有：6月1日，高新区（塘桥镇）新能源产业创新集群政策发布会暨泰源新能源汽车轻量化零部件基地项目开工；6月20日，大族激光华东区域总部基地项目开工；9月15日，德国默克半导体材料一体化基地项目奠基；11月25日，国信沙洲支撑性电源项目开工。

【文化、教育、科技活动】 2022年，全市共举办文体旅融合、科技教育等领域活动30余次。主要文体旅融合活动有：高标准承办中央广播电视总台中秋晚会，举办2022年长江文化节，保税区成立30周年群众文艺展演活动，“喜迎冬奥”2022年张家港市桌上冰壶球比赛，“奔跑吧我的城”2022年张家港市迎新万人云上健步行活动，中国围棋甲级联赛高新区（塘桥镇）专场赛，“春游沙洲港港好”抖音挑战赛，“长江的邀约，文化的盛宴”新浪大V采风行活动，承办全国女子举重锦标赛、超三联赛、中网巡回赛CTA200等各类赛事活动。主要科教活动有：江苏省氢能技术创新中心揭牌仪式暨第一届理事会，第三届先进材料与智能制造国际学术会议暨第七届中国创新挑战赛（张家港）粤港澳大湾区专场对接会，2022年度火炬科技成果直通车（江苏站·张家港专场）暨江苏省专利（成果）拍卖季新材料产业专场活动，全市“创新转型加速年”动员会议暨科技招商誓师大会，庆祝第38个教师节主题活动，“创业沙洲”投融资对接会，举办国家创新人才培养示范基地挂牌暨“科技创新研修院”启动仪式、科技招商研习社等。

【首届张家港发展大会召开】 8月27日下午，“辉煌六十年，奋进再出发”首届张家港发展大会举行，100余名海内外张家港人和关心支持张家港发展的各界人士应邀参加。省委常委、苏州市委书记曹路宝出席大会并讲话。张家港市委书记韩卫在大会上致辞，市委副书记、市长蔡剑峰主持大会。中科院院士薛永祺，杭州万事利丝绸文化股份有限公司董事长李建华，江苏多维科技有限公司董事长、总经理薛松生，中央音乐学院教授刘育熙，青年作家卢思浩作为乡贤和嘉宾代表，进行现场演讲。大会播放国外友好城市代表、海内外张家港籍人士代表“云祝福”“云探亲”视频。现场，“张家港市城市发展咨询委员会”揭牌，《中国式现代化的县域探索——张家港建县（市）六十年》新书发布、“中国社会科学院新闻与传播研究所国情调研张家港基地”“上海院士专家团张家港分中心”揭牌，张家港市“荣誉市民”和“城市贵宾”获颁荣誉牌，为苏州市跨国公司地区总部和功能性机构授牌，港城“科招宝”特色金融产品上线。与会人员观看专题片《记忆·寻根》，一起感受张家港60年的发展变迁。此次发展大会共签约项目145项，总投资847.6亿元。活动现场，总投资259.2亿元的30个项目进行签约。江苏省人大常委会原副主任、党组原副书记蒋宏坤，江苏省政协原副主席包国新，江苏省政协原常委、苏州市人大常委会原副主任、张家港市委原书记秦振华，中国科学院院士薛永祺、吴培亨、樊春海、朱敏，张家港市委书记韩卫，市委副书记、市长蔡剑峰，张家港原四套班子领导，张家港乡贤代表、企业代表等参加活动。

调查研究

【概况】 2022年，市委办发挥“参谋助手”作用，高质量完成全市“创新转型加速年”动员会议暨科技招商誓师大会等市委主要领导讲话稿，市委第十二届三次、四次全会报告，以及《北京西路瞭望》《江苏通讯》等媒体署名文章、专项或综合汇报材料、致辞、请示等各类文稿材料530余篇、180余万字。编撰完成《张家港政务》月刊12期。紧扣“在习近平新时代中国特色社会主义思想指引下的苏州实践”和张家港市“创新转型加速年”工作主题，聚焦港城高质量发展要求，围绕科技招商、创新转型、绿色发展等选题，撰写《张家港推动“调高、调轻、调优产业结构”的探索与实践》《张家港市汽车产业高端化发展路径研究》《我市科技招商工作中存在“六个欠缺”及相关思考建议》等6篇针对性强、有深度的专题调研报告材料。

【专题调研】 年内，市委办围绕构建科学顺畅的区街管理模式，推动保税区和街道理顺关系、优化机制、双促共赢，联合市政府办、市委组织部、市民政局和市财政局等部门组成调研组，先后赴常熟、吴中、吴江等地学习考察，形成《金港镇撤镇设街道改革推进情况报告》，从三个方面系统总结金港镇撤镇设街道一年多的经验与做法，即市级部门加强指导，全力保驾护航；保税区统筹调度，全力推动改革；街道主动作为，活力持续迸发。深入梳理区街一体化运行中存在的堵点难点，有针对性地提出持续优化完善区街一体化管理体制机制的对策与建议。具体包括：提高政治站位、强化工作协同；优化人员管理、激发队伍活力；优化财政管理、集成使用资金；优化绩效考核、推动高效运行等。围绕强化科技招商，加快推动高质量发展，市委办公室走访调研各板块、部门，与科技招商一线工作人员沟通交流，形成《我市科技招商工作存在"六个欠缺"以及实现"四个转变"的思考建议》，梳理概括全市科技招商工作存在的6个方面问题。具体为：欠缺系统集成的招商政策，欠缺优质充足的承载空间，欠缺高效专业的招商队伍，欠缺资源共享的统一平台，欠缺较长周期的考核评价，欠缺全市统筹的招商合力。并紧密结合制约科技招商工作的"六个欠缺"，从4个方面提出推动科技招商放量突破的对策与建议，即推动科技招商从"各自为战"向"协同作战"转变，从"指标导向"向"目标导向"转变，从"载体数量"向"载体质量"转变，从"被动应接"向"主动发力"转变。围绕推动汽车产业链向高端化、智能化升级，加速向"千亿级汽车产业之城"迈进，市委办公室走访调研各板块、部门，深入相关汽车企业进行沟通交流，形成《四轮驱动，弯道超车，加速驶向千亿级汽车产业之城——张家港市汽车产业高端化发展路径研究》，指出张家港汽车产业起步较早，经过多年的发展，吸引了一批具有国际影响力的企业落户，其中包括采埃孚、宝马、加特可、麦格纳、现代等世界500强企业，众多汽车零部件企业的产品也已进入国际跨国公司配套体系，与丰田、本田、大众、通用等世界著名跨国公司建立配套合作关系，形成初具规模的汽车产业集群，具备绝佳区位优势、坚实产业基础、优越营商环境、雄厚发展后劲等发展汽车产业的基础和优势。但是对标先进地区、对照发展需要，全市汽车产业发展还存在产业布局"散"、产业链条"短"、人才招引"难"、扶持政策"少"等短板弱项。提出从四个层面统筹发力的意见建议，具体包括：完善顶层设计，紧密结合全市汽车产业发展实际，进一步找准定位、明确方向，加快统筹谋划好全市汽车产业发展路径，以"顶层设计"护航产业健康发展；做强项目支撑，坚持以龙头企业为引领、以重大项目为抓手，坚持扩大规模与做优结构相结合、发展整车与强化配套相结合、研发制造与拓展服务相结合，努力抢占汽车产业发展制高点，增强全市汽车产业整体竞争力；优化创新生态，坚持把创新作为引领发展的第一动力，下大力气破除人才、政策、资本等制约创新的束缚，着力打造一流的创新生态，让创新成为全市汽车产业高质量发展的动力源泉；抢抓时代机遇，当前燃油车的市场结构已经相对稳固，新能源汽车和智能网联汽车在未来将会成为两个拥有巨大容量的新兴产业，加大在汽车产业新兴领域的布局，争取形成新的更大发展优势。

【深化改革统筹】 2022年，张家港市以满分成绩通过苏州年度改革考核。"推动外贸稳定和创新发展""深化医药卫生体制改革、城市和县级公立医院综合改革"等12项工作获省政府督察激励通报表扬，位列全省县（市、区）第一。改革推进有力有序。制定出台《中共张家港市委全面深化改革委员会2022年工作要点》，明确6个大类21项改革任务、市领导挂钩联系17项重点改革任务。常态化召开市委深改委会议9次，稳步推进34项承接上级改革的试点任务、33项张家港市自主创新的"微改革"项目，审议通过"数字张家港建设""应急管理综合行政执法改革""城市更新行动"等10份重点改革方案，定期听取智慧城市专班、长三角区域合作专班、数字乡村建设等情况汇报，以制度化形式凝聚改革合力。改革宣传有声有色。开展"在习近平新时代中国特色社会主义思想指引下的苏州实践"主题调研，调研报告获苏州市委书记曹路宝批示。围绕"撤镇改设街道""科技招商"等改革事项开展专题调研，形成对策建议，为推动相关领域改革赋能增力。深入挖掘改革创新的"张家港经验""张家港样本"，"一站式办案"改革案例入选"中国改革2022年度地方全面深化改革典型案例"，得到苏州市委副书记黄爱军批示。"新时代文明实践中心建设"经验做法先后入选《江苏改革年鉴》、《奋楫深水区——江苏全面深化改革十年巡礼》特别节目。改革成效持续彰显。放大国家"两业融合"试点效应，新增省级试点企业3家。"工业互联网+安全生产"获评全国试点优秀建设方案。支持企业组团出海稳订单、拓市场，跨境电商B2B出口额居苏州第一，获批国家进口贸易促进创新示范区。持续深化国资国企改革，组建张家港创新投资集团，市属国有及国有控股企业营收增长20%。扎实推进江苏自贸区联动创新发展区建设和苏州自贸片区联动创新区建设，复制推广19项改革创新成果。133个事项实现"跨省通办"，1283个事项实现"一网通办"。4家国家级科技企业孵化器被科技部认定为优秀等次，数量位居全国县（市）第一。保税区成功入选首批国家级知识产权强国试点园区。持续深化县域医共体建设内涵，获评全省唯一公立医院综合改革示范县（市、区）。 （雷作安）

组 织 工 作

【概况】 2022年年末，全市有基层党组织4460个，其中党委190个、党总支283个、党支部3987个，另有党工委38个。年内，新发展党员755人，转入4692人，减少4768人。至年末，有中共党员72129人。全市共有副科级以上干部1673人，其中女干部319人，占19%；非中共党员74人，占4.4%；全部为大专以上文化。年内，市委组织部加强组织条线信息工作，全年共向上级组织部门和市委办报送组工信息103篇，编印《张家港组工信息》14期，"张家港先锋"微信平台推送信息756条，"人才张家港"微信平台推送信息238条。全年新增国家级人才计划10人（列苏州县市第一），新增江苏省"双创计划"人才13

人、苏州"姑苏计划"人才58人，均创历史新高。全年人才企业销售额达到96.3亿元、纳税3.05亿元，销售超亿元企业21家，超1000万元企业124家。

【领导班子和干部队伍建设】2022年，市委组织部创设"娘家来人了"调研考察品牌，掌握干部"有效信息"148条，有关做法得到《人民日报》和仲组轩署名文章关注。率先探索开展"无任用推荐"工作，对205名干部进行建库管理、跟踪关注。全年选拔2名"60后"、14名"70后"干部担任党政正职，并选拔15名"85后"干部进班子，推动全市75%的班子实现"老中青"合理搭配。从市发改委、工信局等专业部门择优选拔10名干部到板块任职。全面加强干部资源储备，打造正科级建制的"人才创新创业发展中心"，累计引进市委选调生245人，其中8人已提任中层正职，22人已提任中层副职。创新实施"系扣"计划，通过38项举措，护航年轻公务员成长，有关做法得到《光明日报》关注。着眼下次换届，出台梯队建设"121"行动计划，启动20名结构性年轻干部、15名专业型年轻干部统筹选配，安排35名干部到经济、建设领域锻炼。围绕科技招商6个紧缺专业，创办专业研习社，培养储备372名专业型年轻干部。首批推动14名中层正职干部跨单位交流任职，实现在全市树导向、为单位"做加法"、促干部燃激情。出台关心关爱"八条举措"，在防疫一线提拔重用35人、晋升职级50人，有关做法得到苏州市委主要领导批示肯定。为82名余热发挥显著的退出领导岗位干部晋升职级，有效褒奖奉献者。连续第6年开展担当作为好单位、好干部评选。市文明办被党中央、国务院表彰为全国"人民满意的公务员集体"，郁霞秋、黄强当选党的二十大代表。

【基层党组织和党员队伍建设】年内，市委组织部制定《全市基层党组织学习贯彻党的二十大精神实施方案》，将迎接宣传贯彻党的二十大定为贯穿全年的组织生活大主题，举办开放式组织生活760余场，遴选市级优秀案例57件，学习动态连续3次被中组部《组工信息》刊用。11月2日，时任省委书记吴政隆在常兴社区"民声茶馆"先锋阵地宣讲党的二十大精神。实施先锋聚力疫情防控五项行动，出台先锋助力科学精准防控八条举措，组建行动支部1196个，下沉党员干部20.3万人次。专项划拨党费629万元，用于慰问医务人员、基层干部等一线工作者，支持货运、快递和外卖等行业防疫工作。实施先锋阵地融合赋能行动，推行共享计划、周末计划、暖"新"计划、伙伴计划、品牌计划等五项计划。统筹宣传、统战、科技、文体广旅、党史、档案等部门共建鹿鸣初心会客厅。8月2日，举办党建引领加速创新转型攻坚突破行动启动暨鹿鸣初心会客厅启用仪式。紧扣"创新转型加速"工作主题，实施专业化队伍赋能高质量发展"海棠专先锋"工程等10个市级重点项目、"大业海棠"打造服务发展"红色综合体"等13个板块重点项目。梳理《基层党建工作文件选编》，分领域制作《党建工作系列指引》，以图文形式明确基层党建规范要求。5月6日，印发《2022年度全市党的建设考核实施方案》，对接苏州考核方案，优化考核指标体系，改用"双千分制"，强化党建服务保障高质量发展的引领力、撬动力，张家港市年度党的建设考核继续位列苏州各市区第一方阵。以红堡关爱十项制度为主要抓手，深化党内关爱，发放关爱帮扶基金741万元，惠及困难党员群众11578人次，建立村、社区书记"政治生日"关爱行动常态化机制。开展城乡基层党组织建设专项整顿，推动"村村到、户户进、人人访"集中走访，完成525703户常住家庭情况排摸，收集并解决群众反映问题7339个。制定党委村、社区考察评估细则，建立南新村、星火村、港西村、大新社区等4个村、社区党委，全市村、社区党委增加至86个。持续深化"书记讲给书记听"平台，5月10日，市委书记韩卫主持召开全市村、社区书记座谈会，命名吴惠芳、郁霞秋、赵建军、葛剑锋4人"乡村标杆书记"和许文生、赵国忠2人"乡村优秀书记"，明确在岗期间享受区镇科职政治待遇和经济待遇。11月8日，举办"学习贯彻二十大，减负增效促振兴"五级党代表话党建暨新时代加强村、社区党组织书记队伍建设五年行动计划启动仪式，瞄准2026年村、社区党组织换届节点，提出整体结构优化"725"目标、典型培育领先"530"目标、后备力量充足"551"目标。9月21日，召开"党群共建，争创典范"全市党建引领基层治理现场观摩会，探索"党建引领，需求引导；党建网、治理网、服务网'三网融合'，自治、法治、德治、智治'四治融合'"的"双引双融、港城善治"路径，提炼普通商品房社区治理的"区域联动"模式、老街巷社区治理的"资源更新"模式等分类治理八种模式，制定党建引领基层治理"1+N"系列文件，相关经验做

8月2日，苏州市"身边的海棠花"电子地图发布暨张家港市新业态新就业群体党建"凝'新'聚力"行动启动 （市委组织部 提供）

法得到苏州市委领导2次批示肯定，被苏州推广。4月26日，出台《张家港市党建赋能科技招商加速创新转型十条举措》，累计新建、升格党组织39个，帮助企业解决融资难、用工难等转型升级常见问题460余个。8月2日，举行苏州市“身边的海棠花”电子地图发布暨张家港市新业态新就业群体党建“凝‘新’聚力”行动启动仪式，布点建立500余个“海棠·暖新窝”阵地。发起成立苏州“海棠158·长江党建共同体”，促进苏州沿江三市联创联建。推动成立苏州市氢能产业创新集群党建共同体，覆盖81家苏州市域内氢能企业和创新研发机构。永钢集团党委“数字化工厂系统”党建项目获评党建引领长三角G60科创走廊建设科技创新、党建创新深度融合优秀项目。9月1日，召开全市事业单位、国有企业基层党建专项提升行动部署会。党员教育作品《敢为天下先》《村里的青春风暴》获第十六届全国党员教育电视片评比一、二等奖。《村里的青春风暴》获全国“党旗在乡村振兴一线高高飘扬”主题征集活动一等奖，全省唯一。《同“新”同行》获第十六届全省党员教育作品评比一等奖。

【基层干部专业化体系建设省级试点】年内，市委组织部将专业化队伍赋能高质量发展“海棠专先锋”工程列为市委书记包挂的基层党建“书记项目”，高位推进试点建设。4月，围绕锻造勇担当、善作为的“发展尖兵”，成立中青年干部“专业研习社”，创办科技招商、基层治理、乡村振兴等6个研习社，遴选企业、机关部门、知名智库负责人组成“导师团”，创新“攻坚项目+研习清单”模式，建立“项目化、清单化”推进机制，搭建学员展示比拼平台。5月，围绕锻造懂发展、善治理的“基层头雁”，出台《新时代加强村、社区党组织书记队伍建设五年行动计划》，推进村、社区中青班“兴村布谷鸟”培养计划，推进退役士兵（士官）“积分进村、社区”工程，创新实施优秀网格员“遴选直通”、考编未录取者“一考双录”等举措。6月，围绕锻造精党务知企务的“两新红领”，新招聘22名专职党务工作者，制定《区域工作站专职党务工作者绩效考评办法》，依托长江两新党建学院健全“党务+企务”“课堂+车间”培训模式，高质量承办苏州市两新组织党务工作者示范培训班。

【精准引才“贯通工程”开展】年内，市委组织部实施特色半导体产业人才“筑芯计划”，围绕苏州“打造数字经济时代产业创新集群”的目标要求，贯彻苏州“产业创新集群人才倍增计划”的发展规划，紧扣苏州市“1+N”产业人才政策部署，结合自身产业定位和人才供需实际，以特色半导体产业为发力点和突破口，出台《半导体产业人才集聚“筑芯计划”》，加快聚集半导体产业优秀人才，努力建设成为国内一流的半导体产业人才集聚地。创新打造特色半导体产业“引才路径图”，进一步提升特色半导体产业凝聚度和行业影响力，将产业发展的内生需求转化为招才引智的不竭动力，为全市特色半导体产业链关键环节“强链、补链、延链”。6月，在深入调研全市119家半导体企业基础上，收集有效企业投资拓展意愿143条，企业人才需求岗位111个，需求人数近300人，绘制半导体产业“引才路径图”，形成“上下游企业图谱、企业人才需求图谱、合伙人‘朋友圈’图谱”3张图谱。围绕关于构建更加积极、开放、有效的人才工作体制机制，打破人才流动区域壁垒，重点推出“3+3”贯通提速机制，包括“异地贯通、产业转移、资本直通”三项机制，打破人才评定“四唯”倾向，为优质项目搭建广阔舞台。全年新增科技招商（科技人才类）项目293项，占比超科技招商潜力类项目总数60%。

【战略人才“海聚工程”实施】年内，张家港市紧扣苏州市打造“归国人才首选城市”目标，聚焦“新能源、智能高端装备、特色半导体、先进材料”四大产业创新集群，出台《张家港市加快构建国际化人才发展环境助力打造“归国人才首选城市”八条政策》，努力在关键核心技术攻关上抢占“制高点”。3月25日，“赢在苏州·创赢未来”国际创客大赛瑞典赛区决赛在张家港和瑞典斯德哥尔摩两地举行，累计征集50个海外优质项目，主要分布在生物技术与医药、集成电路与软件、装备制造、节能环保等领域。通过前期资格审查和初评、决赛等环节，最终6个项目获奖。9月20日，举办“创业导师走进苏州张家港”活动，7名创业导师走进中国张家港留学人员创业园、凤凰科技创业园，为在港发展的“海归”人才提供创业辅导，协助解决留学人员企业发展和管理的实际问题，搭建与导师合作发展的平台，为企业创新发展“支招”。11月22日，美国斯坦福大学、英国剑桥大学、美国普林斯顿大学等世界知名高校的30余名海外博士走进张家港，参加“百名海外博士江苏行”张家港对接洽谈会。海外博士人才通过走进中国张家港留学人员创业园，实地了解张家港的经济社会发展以及创新创业情况，与企业人才面对面交流，围绕科研成果转化、人才引进、项目合作等方面深入对接洽谈，活动期间达成多项合作意向。实施全球引才“揭榜挂帅”机制，面向全球发布“社会化招才引智‘揭榜挂帅’项目”，重点发布四大榜单，通过“发榜、询榜、揭榜、评榜、奖榜”五大工作流程，征集一流引才机构，扩大招才引智“朋友圈”，形成覆盖全球、聚焦产业的国际化“引才矩阵”。以“推荐项目数量跳一跳，奖励标准也要跳一跳”的预期，实施阶梯式引才奖励政策，对引才成效突出的机构授予“伯乐”称号并给予最高50万元奖励，进一步提高引才合作黏合度，经全球海选，全年与20家知名引才机构合作签约。全年获评国家级人才计划10人，创历年之最，列苏州各县市第一。

（谈果馨）

宣传工作

【概况】2022年，全市宣传思想文化战线突出迎接宣传贯彻党的二十大这条工作主线，坚持围绕中心、服务大局，切实担当举旗帜、聚民心、育新人、兴文化、展形象使命任务，为书写好港城现代化建设新答卷提供坚强思想保证和强大精神力量。结合张家港建县（市）60周年，紧扣“创型转型加速年”工作主题，举办“崛起·辉煌”——张家港建县（市）60周年图片展；小品《打折》问鼎“群星奖”，成为全省唯一获奖作品；2021年度全国文明城市测评成绩居全省县级城市第一，获中央文明办通报表扬。市文明办获评第十届全国“人民满意的公务员集体”，受到党中央、国务院表彰；《积极探索网络文明建设县域路径，奏响创建全国文明典范城市网络强音》获评“2022年苏州市宣传思想文化工作创新成果”，经验做法被新华社、《光明日报》《苏州日报》等媒体报道。

【理论武装】 年内，市委宣传部组织学习习近平新时代中国特色社会主义思想，学习习近平总书记最新重要讲话指示精神，服务市委理论学习中心组开展集体学习13次、举办专题报告会7次。对全市54家乡科级以上党委（党组）理论学习中心组开展巡学旁听工作。组织学好用好《习近平谈治国理政》第四卷和相关权威辅导读本。开展领导干部专题读书调研活动，报送成果79篇。创新开展“暨阳燕语”理论宣传活动，推动基层党员冬训不断提质增效，连续5年获评全省基层党员冬训示范市。把推动党史学习教育常态化长效化与党的创新理论宣传普及结合，开展“礼赞新时代，追梦复兴路”主题宣讲，组织“百姓名嘴”风采展示活动，荣获江苏省三等奖、苏州市二等奖。持续开展“理论氧吧”宣讲活动，创新推出“云党课”、红色广播剧、理论微故事、“红色系列”有声明信片、“张晓理说理”理论动漫等，开展点单宣讲400余场，覆盖群众超2万人。试点建设“求是读书汇”理论学习品牌，深化学习强国“张家港市融媒体中心”县级融媒号建设，5人获评苏州市“学习强国”学习平台优秀供稿员。

【主题宣传】 年内，市委宣传部组织收听收看党的二十大开幕式、中央宣讲团报告会、省委宣讲团报告会。邀请党的二十大代表作专题报告，组织市四套班子党员领导集体参观“习近平新时代中国特色社会主义思想指引下的苏州实践”主题展。举办全市学习贯彻党的二十大精神宣讲工作动员会议，组建市委宣讲团，开展集中宣讲160余场，举办张家港市社科理论界学习宣传贯彻党的二十大精神报告会暨交流研讨会。开展“学习宣传贯彻党的二十大精神”专题组织生活开放日活动760余场。广泛开展“强国复兴有我”群众性主题宣传教育活动，策划推出七大系列活动，总场次达到1.3万场，参与人员超500万人次，相关活动信息稿件入选苏州宣传工作情况“强国复兴有我”专刊。举办“崛起·辉煌”——张家港建县（市）60周年图片展，创新推出“红色沙洲·初心之旅”主题实践、“光影新播课，文明实践行”喜迎二十大新时代文明实践红色印记电影展播等宣传文化系统12项重点活动，将学习宣传贯彻党的二十大精神与快板、歌曲、舞蹈等形式创新融合，以文化文艺形式向基层群众宣传党的二十大精神。制定迎接宣传贯彻党的二十大系列方案，统筹指导、有序推进党的二十大精神宣传。全媒体平台开设“喜迎二十大”“领航中国”“非凡十年”“新时代新征程新伟业”等专题专栏，推出报道1200余篇。策划推出“学习宣传贯彻党的二十大精神——一把手访谈”主题宣传，开设“领导干部学习笔谈”栏目，全面展现各区镇、街道、部门学习宣传贯彻党的二十大精神的创新思路和务实举措。结合张家港建县（市）60周年，紧扣“创型转型加速年”工作主题，开展“砥砺奋进六十载，勇立潮头筑华章”大型融媒新闻行动，推出“航拍村庄”“‘度’量港城”“手绘六十年”等全媒体特别策划，全网阅读量超620万次。围绕科技招商、争创全国文明典范城市等市委、市政府重点工作，推出专题专栏90余个，生产海报1200余幅、短视频2300余条，浏览量超1亿次。组织开展“张家港正青春”网络文化季，唱响网上好声音。整合资源加快推进全媒体传播矩阵建设，打造新闻中央厨房，进一步优化全媒体业务服务流程，推动主力军全面挺进主战场。有效实践“媒体+政务+服务”新路径，“今日张家港”App服务功能模块超100个，下载总量突破80万次。市媒体融合案例入选中宣部“奋进新时代”主题成就展。市融媒中心获2022年长三角广播电视媒体融合先导单位奖。《人民日报》、新华社等主流媒体聚焦“创新张家港”“文明张家港”“生态张家港”，刊发报道400余篇，其中央视新闻联播栏目7次报道张家港。“央视秋晚落户张家港”等内容全网阅读量超86亿次，城市知名度、美誉度、辨识度全面提升。

【版权管理】 年内，市新闻出版局规范开展新闻出版工作，依法依规完成8家印刷企业、30家出版物零售单位及3家影院政务审批服务业务。9家农家书屋建成标准化建设示范点，善港村农家书屋实践路径成功入选全省农家书屋工作创新案例。“江苏省数字农家书屋平台”注册总用户数16.4万个，累计使用人数139万人次，居全省前列。累计完成一般作品著作权登记18543件，位居苏州县市前列。1家企业作品入选2022年江苏省优秀版权作品产业转化重点培育项目；1家企业项目列为2022年度苏州市重大版权推广运用计划项目；2件作品获苏州市优秀版权奖二等奖。市镇两级党政机关正版化率达100%。组织开展“千场优秀电影进基层”“礼赞新时代，奋进新征程”迎接党的二十大优秀影片展映展播等活动，全市放映公益影片4797场，观影群众21.4万人次。

【网络新媒体管理】 年内，市委宣传部围绕统筹疫情防控和经济社会发展加强政策解读、议题设置和科普宣传，建立完善疫情防控宣传工作机制。全媒体推出重点专题专栏、系列报道60余个，发布各类新闻报道、权威信息超3000条，短视频300余条。重点做好党的二十大、中央广播电视总台中秋晚会等重大活动期间的保障工作。持续强化闭环管理，构建全面覆盖的信息网络，编报《网情快报》139期，其中市委主要领导批示12期。组织属地自媒体、网络大V参与网络正能量内容生产，推出多篇爆款作品，持续放大抗疫好声音。高质量承办全省网络文明建设工作推进会。建立健全网络文明建设“1+1+6+N”工作体系，制定《张家港市网络文明建设实施意见》《张家港市网络文明建设三年行动计划（2021—2023年）》，建立完善网络文明建设工作联席会议制度，建成网络文明建设数字展厅，推进“张闻明”网络文明素养实践教育基地建设。加快打造“和美新主播”“V+工作室”等一批特色亮点品牌，不断提升党员群众网络文明素养。

【长江国家文化公园张家港段项目实施】 年内，张家港市委宣传部梳理汇编《张家港长江文化手册》《张家港市建设长江国家文化公园重点实施项目》等，组建成立工作领导小组，编制形成《长江国家文化公园（张家港段）建设规划》初步方案，明确长江文化节、长江数字文化展示馆、东山村遗址博物馆、黄泗浦考古遗址公园、“山岛之恋”文旅综合体、永兴村“江愁田园综合体”、新沙洲江心岛生态湿地、长江沿线全域旅游、沙上文化生态保护实验区等“九大重点实施项目”。长江文化节、黄泗浦考古遗址公园等多个项目被纳入省、苏州市长江国家文化公园建设规划。整体规划长江国家文化公园，确定长江国家文化公园的主题和定位。按功能定位，初步研究确定划分为四大区域：管控保护区，包括建设东山村考古遗址博物馆和黄泗浦国家考古遗址公园；主题展示区，将黄泗浦生态园与东渡苑景区形成联动，建设大河万象文化展示区、风物长江民俗展示区、艺术长江展示体验区和鉴真东渡唐文化展示区，筹建长江文化展示馆和长江流域非遗展示馆等，提升沙上文化印象馆和河阳山歌馆展陈水平；文旅融合区，统筹“张家港湾”和双山香山旅游度假区等资源，建设张家港长江生态旅游度假区，打造更具吸引力的永联江南农耕文化园、凤凰肖家巷吴歌文化文旅融合区等；传统利用区，包括双山岛渡江战役胜利纪念公园和长江湿地保护区、凤凰恬庄古街、常阴沙长江农垦文化区等。长江国家文化公园整体规划初稿完成，后续将根据省、苏州建设规划内容作进一步修改。 （张钰梅）

统战工作

【概况】 2022年年末，全市共有民革张家港市基层委员会、民盟张家港市委、民建张家港市基层委员会、民进张家港市基层委员会、农工党张家港市委、致公党张家港支部、九三学社张家港市基层委员会等7个民主党派组织和无党派人士联谊会，有成员1156人。其中，民革106人、民盟302人、民建153人、民进38人、农工党286人、致公党32人、九三学社129人，无党派人士联谊会110人。有副科职以上党外领导干部43人。年内深入推进政党协商、情况通报、对口联系、特约监督等工作，调整《市委领导与党外代表人士联系交友名单》，推动特约人员工作制度落实。把党外代表人士教育培训工作纳入全市干部人才教育总体规划。继续在各民主党派中推进“四讲四做”活动，围绕“喜迎二十大、献礼六十年”主题，举办篮球友谊赛、读书会等，深化“矢志不渝跟党走、携手奋进新时代”政治交接主题教育。在新加坡国立大学苏州研究院举办民主党派政治交接培训班，对各民主党派领导班子成员及部分党外代表人士进行培训。召开市委双月座谈会4次，征求党外人士意见建议100余条。围绕全市中心工作，与各党派协商研讨确定年度调研课题，组织各民主党派、无党派人士联谊会分别赴泰州市医药高新开发区，南京市江宁区，合肥肥西经济开发区，杭州拱墅区、余杭区，太仓港，温岭市，宁波海曙区等地开展专题调研，形成8篇有质量的调研报告，并召开“同心献智，献礼二十大”——全市民主党派、无党派重点调研课题成果交流会，市委书记韩卫出席会议并作点评。6月起，开展“同心筑梦绘蓝图，携手奋进向未来”张家港统一战线献礼党的二十大暨庆祝建县（市）60周年主题宣传教育，拍摄的《同心港城》微视频在苏州市委统战部“讲多党合作故事、献礼中共二十大”短视频大赛中获一等奖。12月，市委统战部离退休人员党支部获评江苏省“六好”离退休干部示范党支部。充分利用“张家港统战”微信公众号，大力宣传统一战线方针政策、市委决策部署、统战人物风采等，开设“书记谈统战”“同心学院”“五侨之声”“学习贯彻二十大”等10余个栏目。近80篇文章在《中国统一战线》《新华日报》《挚友》等省级及以上媒体发表，50余篇信息被上级录用，其中《关于完善苏州“创二代”民营企业家培养引领机制的建议》被省委常委、苏州市委书记曹路宝批示。

【民族事务】 2022年年末，全市有常住少数民族人口4180人，比上年增加112人，有少数民族38个，与上年持平；有流动少数民族人口19538人，比上年增加2847人，有少数民族46个，比上年多1个。永卓控股（江苏永钢集团）被国家民委命名为第十批“全国民族团结进步示范单位”，被省民宗委命名为第一批“全省民族团结进步示范区示范单位”；张家港市民族团结进步促进会创建为第三批“江苏省红石榴家园”，经开区（杨舍镇）西门社区、高新区（塘桥镇）青龙村、凤凰镇湖滨社区创建为“苏州市民族团结进步示范基地”。1月，市委统战部开展“中华民族一家亲，讲好新年第一课”活动；4月，开展“颗颗红心汇聚抗疫力量——全市各族群众防疫抗疫在行动”；5月，开展“‘传承中华文化，坚定理想信念’小小石榴籽线上读书会”活动；6月，开展“张家港市民族宗教政策法规宣传月暨民族团结进步宣传月”活动；7月，开展“团结奋进新时代，携手共创同心圆”张家港市民族团结进步主题实践活动；8月，开展“石榴花开——民族家庭社会实践活动”暨张家港市民促会永钢分会“红石榴夏令营港城行”；12月，开展学习贯彻党的二十大精神少数民族专场互动宣讲会。全年为1

7月18日，永卓控股公司在新疆乌什县库尔干村援建的村史馆（爱国主义教育基地）开馆剪彩 （市委统战部 提供）

名少数民族群众进行更改民族成分审核。

【宗教事务】 2022年年末，全市有宗教活动场所26个，其中佛教15个、道教1个、天主教3个、基督教7个，有宗教教职人员130人（备案62人），比上年减少5人。1月，市委统战部召开春节期间全市宗教领域疫情防控和安全工作协调会议。2月，对全市26处宗教活动场所的疫情防控工作采取“四不两直”督察。5月，召开2022年度市民族宗教工作领导小组成员单位（扩大）会议。6月，召开宗教领域安全工作汇报暨宗教领域CD类既有建筑整治推进会。6月至7月，邀请安全第三方，联合相关区镇、街道及有关部门对宗教活动场所开展联合检查，对发现的隐患问题当场通报给场所负责人。7月，组织全市民族宗教界人士紧扣“遵守安全生产法，当好第一责任人”召开全市民族宗教领域安全生产专题宣讲和反邪教知识培训。8月，对香山寺、永庆寺、鹿苑天主教堂等12个宗教活动场所开展管道燃气专项执法检查。9月，联合市新闻出版局、市文体广旅局对河南禅寺、东渡寺等26处宗教活动场所开展非法出版物专项检查。组织全市宗教界人士赴中国人民解放军海军诞生地纪念馆、苏州博物馆和沙洲县抗日民主政府纪念馆等地开展“爱党爱国爱社会主义”主题教育活动。10月，组织全市民族宗教界人士开展宗教领域专题培训。11月，组织宗教教职人员和场所工作人员参加苏州市民族宗教系统第二十届消防运动会，获得团体第二名。组织全市民族宗教分管领导、民宗助理和网格员约120人开展宗教工作专题培训。年内，联合相关区镇、街道及有关部门开展春节、中秋、国庆、元旦等节前疫情防控和安全检查。全年累计检查宗教活动场所176家次，发现安全隐患288处，已100%完成整改，形成闭环。

【台湾事务】 年内，全市新批台资企业10家，总投资523万美元。至年末，全市累计建办台资企业901家，注册台资33.08亿美元，全市台资企业实现销售68.16亿元，入库税收2.75亿元。非公职报批赴台5批9人次，协调解决台胞台商子女入学5人。全力做好台企疫情防控和纾困稳产工作，协调解决台企台胞各类求助和困难25起。春节和中秋节期间，市台办先后走访慰问台胞台属和两岸婚姻家庭36户，走访慰问台商40家。持续深化“两岸同行、筑梦未来”品牌，举办“两岸同行、筑梦未来”张家港市台资企业线上人才招聘会，全市12家重点台企提供100余个就业岗位，40余人达成就业意向；联合德积街道永兴村共同开展“两岸同行‘粽’是情、同心筑梦向未来”主题活动；举办“两岸同行、筑梦未来”走进优秀数字化企业、走进台资企业顺德工业（江苏）有限公司送文化等活动。举办政协提案答复见面暨台办、民革市基层委对口联系交流会，做好政协第9号提案《关于进一步推进我市台资企业发展的建议》回复工作。5月31日，全省首家两岸社区治理交流中心建成并正式启用，先后接待省台办主任练月琴和苏州市委常委、统战部部长王飚以及苏州市人大常委会副主任黄靖、苏州市台办主任沈晶等领导考察调研，并获评“苏州市对台交流中心”。6月，举办全市台资企业安全生产主管培训。7月，联合张家港海关举办海关“监管与服务”政策宣讲。8月，“两岸同行，筑梦未来”活动走进张家港市两岸社区治理交流中心和永利村，台湾籍嘉宾陈锦龙和洪宗魁等台商10余人应邀参加。9月，举办全市台资企业合规建设专题讲座。举办“两岸同行，放飞乡村振兴新梦想”2022年两岸青年非遗风筝制作放飞活动，两岸青年代表40余人参加。联合市教育局组织职专学校负责人和就业处主任开展全市台资企业用工需求调研，帮助企业解决“招工难、用工难”问题。10月，组织台胞台属走进鹿鸣初心会客厅和两岸社区治理交流中心。

【侨务】 2022年年末，全市有归国华侨12人，海外华侨华人、侨眷、归国留学生1万余人，侨资企业300余家。侨界有市人大代表2人、市政协委员12人。年内，市侨办承办“海外名校优生江苏行张家港站”“海外华侨华人高层次人才江苏行张家港专场”等招才引智活动，邀请留学博士和侨界人才与张家港相关部门进行对接洽谈和实地考察，其中博士张麟的癌症早期大数据筛查项目成功注册落户。与德中经贸文化促进总会协作，搭建中德线上交流平台，设立视频分会场，组织相关企业、院校与德国企业、院校开展线上交流3次。5月，联合市五侨部门共同开展全市侨法宣传暨侨界人士国情培训活动，并邀请苏州五侨部门相关领导出席。9月6日，开展“月是故乡明”港城侨界人士中秋联谊活动，成立全省首家县级市海外留学生家长联谊会，会员近200人。在中新网上宣传张家港市朱廷刚、李健等优秀侨界人士的奋斗故事，在《英国华商报》刊出专版宣传张家港市经济社会发展成就和创业投资环境，在《华人时刊》宣传张家港市侨企幸运金属的精湛工艺水平。中秋、春节走访慰问全市侨资企业以及困难侨界人士家庭近100家，发放慰问金和慰问品共计10余万元。

【港澳工作】 年内，市委统战部开展“看家乡变化·叙亲情友情·助港城发展”系列活动2次。9月6日，苏州香港同胞联谊会张家港分会成立。春节和中秋节期间，市委统战部两次走访慰问联谊会会员代表、亲属及内地港人，走访慰问港资企业10余家。

【党外知识分子统战工作】 2022年年末，全市有无党派人士联谊会会员110人；具有高级职称的会员29人，具有硕士学位的会员15人；有苏州市人大代表1人、苏州市政协委员1人，张家港市人大代表2人、张家港市政协委员21人。2022年，无党派人士联谊会撰写《科技招商如何平衡产业项目和人才招引项目》《关于进一步加强艺术教育的调研》等调研报告2篇，撰写各类活动信息18条；收集《关于推进我市进口冷链食品疫情防控常态化能力提升工程》《关于聚焦港城科技发展，助力创新能力建设》等30余份提案和社情民意。在组织建设上持续用力，成立联谊会青年工作部；10月12日，成立沙洲职业工学院党外知识分子联谊会；11月12日，成立无党派人士联谊会国企分会。报送作品在江苏省委统战部举办的“榜样引领先行，同心共向未来”主题访谈暨无党派人士风采展示活动中获一等奖。

【新的社会阶层人士统战工作】 2022年年末，新的社会阶层人士联谊会有会员122人。河阳“新动力”新的社会阶层人士统战工作实践创新基地（凤凰镇河阳山歌馆）被第二批评为江苏省新的社会阶层人士统战工作实践创新示范基地。年内，全市新成立7家新联会基层组织。联谊会开展“喜迎二十大”系列活动，先后举办“凝心聚力，成长担当”“勇攀新高峰”“我和祖国一起美”童声音乐会等3场主题活动。开展“汇聚‘新能量’，点亮‘微心愿’”公益活动，聚焦“慰老、携小、助残”，点亮60个微心愿，献礼张家港建县（市）60周年。与中信银行张家港支行签订战略合作协议，设立新联会服务专岗，为新联会会员提供一站式金融服务解决方案。

【归国留学人员统战工作】 2022年年末，市欧美同学会有会员119人。11月19日，张家港成立全省首家县级市欧美同学会青年工作委员会，围绕出国准备—国外在读—就业创业等不同阶段，为留学人员提供全生命周期培养服务工作。年内，市委统战部在留学人员相对集中的国家（地区）、海外侨商社团以及在张家港市跨国企业以及上市公司中选聘10名海外联络员。面向全球归国留学人员，打造“天高地迥，沙洲优请——海归‘背包客’服务计划”，整合各类资源，为海归背包客提供多元化城市体验、实体化驿站服务、联动性政策支持，吸引更多海归人才到张家港观光做客、就业创业、投资兴业。牵头开展贵州省望谟县乡村振兴活动，组织相关人员赴望谟县实地考察，共商以打造统战综合服务体、促进产业就业帮扶、组织教育医疗服务、加强两地文化交流等为内容的合作框架。至年末，张家港—望谟统战服务综合体主体工程完工。 （崔文一）

机构编制管理

【概况】 2022年年末，全市有各级行政机构83个，其中市级73个、镇（街道）10个。行政编制总量为3708名，其中党政群机关行政编制2203名、政法专项编制1505名。有事业单位429个，其中全额拨款356个、差额补贴36个、经费自理37个。事业编制总量为19458名（含参公编制1226名），其中全额拨款14664名、差额补贴4456名、经费自理338名。另有省级统筹教育编制288名、苏州市级统筹教育编制13名。年内，以市委编委、市委编办名义印发机构编制相关文件分别29份、32份。调整科级以上机构3个、更名7个，均按照机构编制管理权限，经张家港市委编委审核后，再报请苏州市委编委或苏州市委编办审批、备案。

【体制机制改革】 年内，市委编办深化基层管理体制改革，加快推进凤凰、塘桥、乐余、大新等镇域的综合执法、审批服务、网格管理、集成指挥体系“提档升级”，研究制定《经济发达镇改革配套支持政策》，巩固提升经济发达镇“1+4”改革和基层“三整合”改革成果。5月，指导大新镇以“优秀”等次高标准通过苏州复评，3个前台职能机构升格为副科级；6月，联合南丰镇召开苏州市基层管理体制改革现场会，推广张家港市改革经验。推进行政执法队伍规范化管理工作，按照“依法合规、统一规范、分类处理、稳慎有序”的原则，全市事业单位共锁定12支行政执法队伍，锁定968名事业编制，重点规范市级应急管理、市场监管、交通运输等7个领域综合行政执法队伍管理工作，加强跟踪问效，保障各类执法人员招录43名；理顺市级部门、综合行政执法队伍与区镇（街道）之间的职能，助推区镇（街道）实行“一支队伍管执法”，指导综合行政执法资源下沉。动态调整市镇两级权力清单，按照一般区镇（街道）、经济发达镇两类，重新制定全市区镇（街道）权力清单，形成一般镇359项、经济发达镇788项两类清单，建立清单动态调整机制，确保基层权力事项相对统一、运行顺畅；规范市级行政权力运行，对23个部门454项行政权力事项进行动态调整。优化区街管理体制，综合考虑保税区和街道的职能任务、编制体量、管理范围等因素，统筹核定区、街股级领导职数，实行“分类管理、总量控制、统筹使用”，夯实干部选用工作基础。加强基层应急管理能力建设，整合应急管理、安全生产、防灾减灾等职能，在区镇（街道）综合行政执法局挂牌设置应急管理局，各区镇（街道）配备不少于5名在编在岗人员，重点从事应急管理执法和监管工作，健全上下联动管理体制，提高防灾减灾救灾能力。

【机构编制资源管理】 年内，市委编办精准实施机构编制监督检查，对应急管理、安全生产、交通运输、农业农村、疾病防疫等重点领域的46家单位开展专访专查，及时掌握机构编制运行效能，听取各方意见建议23条，为优化调整机构编制事项提供一手资料。开展“双随机、一公开”监管抽查，随机抽取15个事业单位对法人监管事项进行实地核查，发现和整改问题12条。持续提升重点领域的保障水平，统筹教育系统资源配置，对上争取政策支持，保障中小学教职工编制7716名，完成中小学教职工编制达国标工作；推进沙洲职业工学院实行高校人员总量管理，重新核定人员总量503名（含282名事业在编人员），更名调整部分教学机构和综合管理机构；新设江苏省梁丰高级中学高新区学校、张家港市农联实验小学等5所学校，解决生源增幅压力。强化卫生领域保障，重新核准市疾控中心使用事业编制171名，在全年招聘用编计划基础上，核增卫生系统50名紧缺急需专业人才计划。提升口岸管理能力，在市政府办公室增设口岸工作协调科，核增行政编制2名，形成口岸协调工作专业专职协调体系。保障“筑巢引凤”高层次人才工程，将“张家港市年轻干部创新创业发展中心”更名为“张家港市人才创新创业发展中心”，对上争取机构规格为正科级，累计安排事业编制270名。加快推进社会矛盾纠纷调处化解中心建设工作，为推进社会治理现代化、打造更高水平的平安张家港提供体制保障。提升事业单位登记管理水平，对466个事业单位完成年度报告公示工作，公示率100%，全年受理事业单位法人设立登记7件次，变更登记220件次，注销登记6件次。

【高质量发展绩效管理】 年内，市委编办发挥高质量发展考核综合协调作用，将55项苏州高质量发展共性指标、15项个性指标以及加减分项目落地至各部门、各板块，对21项全市主要经济指标及42项苏州高质量发展共性指标明确绩效目标、分解考核；组织全市79个部门（单位）梳理职能工作目标1179项，其中特色指标425项、履职指标652项、创新指标102项。优化完善绩效管理措施，综合考虑经济发展水平和资源禀赋实际，探索13个板块分三类实行差异化考核，并建立保税区与金港、后塍、德积3个街道联考机制；将上级考核结果即时运用到全市年度考核中，激发争先进位的活力；创新开展“服务企业高质量发展效能评议”工作，凝聚服务发展的动力。持续加大绩效管理力度，聚焦重点难点问题研究制订39项监测细则，严格落实“月度通报、季度监测、年度考核”的动态监测通报、定期评估制度。完善绩效激励机制，对获得上级考核加分部门，优化设立“先定保底格次”考核规则。通过考核，2022年度市公安局等17个党群及政府部门（单位）、市生态环境局等12家垂直管理单位获评第一等次，市档案馆等24个党群及政府部门（单位）、市气象局等7个垂直管理单位获评第二等次，市社会治理现代化指挥中心等8个党群及政府部门（单位）获评第三等次。 （马睿捷）

老干部工作

【概况】 2022年年末，全市有离休干部51人，比上年减少15人。全市有离退休干部党组织112个，其中党委1个、党总支2个、党支部109个。全市离退休干部党员6100余人。年内，在苏州各区市率先出台《关于加强新时代离退休干部党的建设工作实施方案》《关于加强全市离退休干部党支部书记队伍建设的实施意见》，发布首批36个离退休干部共享式党建阵地，启动市“暨阳银辉”人才库。市委老干部局蝉联“全省老干部工作先进集体”，获张家港市委“综合贡献奖”。市统战部离退休人员党支部被评为全省“六好”离退休干部示范党支部。陆玉生被评为苏州市第三届“最美老干部”。苏惠春、格桑曲宗、瞿国良、谢步时、赵义虎、何永香、陈金祥、许玉良、周洪保、倪永祥、周凤玉、陈品如被评为张家港市首届“最美老干部”。“学习烈士精神，做时代楷模”微视频在学习强国学习平台“银发宣讲微讲堂”专栏刊播。

【离退休干部党建】 2022年，市委老干部局推动离退休干部工委纳入市委党的建设工作领导小组成员单位，融入全市基层党建大格局。在全市离退休干部党组织中部署开展“迎接二十大，学习二十大，当好新征程银发先锋”主题党日活动，征集“喜迎二十大，我想对党说”微视频。1月，举办学习贯彻党的十九届六中全会精神市委宣讲团离退休干部专场宣讲报告会，开展全市离退休干部党员冬训。4月至5月，开展离退休干部“银领悦

12月14日，“学习二十大，接力再出发”张家港市首届“最美老干部”发布暨干部荣誉退休仪式举行
（市委老干部局 提供）

读·书香润初心”云上阅享会。5月，组织部署离退休干部党员“迎接二十大、奋进新征程”线上学习培训班。6月，联合市文体广旅局开展“初心印党旗，银发看港城”离退休干部党员实境教育活动，正式发布5条为离退休干部量身定制的实境教育精品线路。开设“银发书记论坛”。举办全市离退休干部党支部书记培训班，全市离退休干部党支部书记以及市“暨阳银辉”老干部宣讲团成员近100人参加。10月，组织全市离退休干部通过电视、广播、网络等收听收看党的二十大开幕式。11月，组织实地考察申报省级“六好”离退休干部示范党支部单位，复核已获评省级“六有一提升”离退休干部示范党支部；召开市委老干部工作领导小组成员单位联席暨离退休干部党建工作协调议事会议；印发《关于深入组织全市离退休干部认真学习宣传贯彻党的二十大精神的通知》；组织老干部兴趣团队开展“喜庆二十大，银发看港城”主题党日活动。12月，组织“暨阳银辉”老干部宣讲团专题学习宣传贯彻党的二十大精神。

【老干部服务】 2022年，市委老干部局为全市离休干部和市级老领导订阅《银潮》和《老年周报》，免费赠阅、发放学习材料，认真落实文件阅读、听报告、参加重要会议和重大活动制度。全年刊发老干部宣传信息210余篇，公众号平台推送老干部理论学习体会文章155篇。坚持做好经常性上门走访慰问，困难遗属帮扶及易地安置离休干部慰问，在春节、夏季高温、中秋节和重阳节，分片组走访慰问全市离休干部、市级老领导以及遗属。及时看望慰问生病住院老干部，全年走访慰问480余人次。印发《“爱在港城、情暖夕阳”张家港市离休干部精准服务提质行动实施意见》，构建“1+1+3”精准服务机制，联合公益组织为空巢、独居离休干部提供“空巢暖心伴”等服务项目，入户走访慰问120人次，记载服务记录230条，跟踪处理问题75条。深化居家离休干部家庭适老化改造项目，完成改造16户。疫情期间，印发《关于疫情防控期间加强离休干部精准服务管理工作的通知》，组织陪同核酸检测5批600余人次、接种疫苗80余人次、送药上门50余人次、发放防疫物资110余人次。完善老年大学老干部班教学设施，开设书画、声乐等5门课程，招收学员97名。1月，市委老干部局组织市级老领导列席张家港市政协十三届一次会议和张家港市十五届人大一次会议；召开县（处）级以上离退休干部情况通报会，市委书记韩卫向老领导们通报2021年全市经济社会发展基本情况以及2022年工作设想。3月，开展“三八”节慰问活动，通过上门走访、电话慰问等慰问走访部分离休女干部。6月，组织市级老领导健康体检。8月，举行2022年张家港市老干部工作者能力素质提升培训班，各区镇（街道）和部分市级机关单位老干部工作者近30人参加；召开2022年上半年度县（处）级以上离退休干部情况通报会，市委副书记、市长蔡剑峰通报上半年经济社会发展情况和下半年工作打算；组织离休干部健康体检；联合市卫健委在老干部活动中心开展离退休干部健康咨询，举办“预防骨质疏松”老干部健康知识讲座。9月，组织市级老领导25人赴苏州进行保健疗养。6月、9月，分别组织市级老领导赴乐余镇、凤凰镇参观考察。

【老干部发挥作用】 2022年，市委老干部局在全市离退休干部中开展“银发生辉·银龄行动”，制定出台《张家港市老干部志愿服务工作实施办法（试行）》，以全市“银发生辉”新时代文明实践点为中心，在全市设立各类志愿服务团队30余支，注册（登记）志愿者620余人。在微信公众号举办老干部文艺“云”展演，展示抗疫作品470余件。开展“喜迎二十大、献礼六十年”十大主题系列活动，开展“我看中国特色社会主义新时代”专题讨论、“建言二十大”专题调研、“我为港城发展献一计”等活动，做好“我与沙洲共成长”口述历史档案记录。市“暨阳银辉”老干部宣讲团采用线上直播“云宣讲”方式，推出“永远跟党走、奋进新征程”银发微讲堂展播，录制发布视频9个，在线观看1万余人次；开展“讲好沙洲故事，传承精神法宝”主题宣讲活动，累计宣讲70余场，受众超2万人。5月，开展志愿服务周活动，实施“党建+志愿服务”模式，引导老同志开展志愿服务2400余人次，服务群众约8万人。7月，联合团市委开展“忆初心向未来”青老对话活动，邀请市政协原主席顾秉钧、市政协城乡建设委员会原主任朱桂明，张家港酿酒有限公司原副厂长、监事会主席茅永良等3名离退休干部为青年代表讲述初心故事和奋斗历程；开展青少年暑托班特色主题宣讲。8月，联合市关工委、港城爱心社共同组织开展“银发共筑少年梦”为主题的青少年暑期活动，3名银发志愿者和20余名青少年参加。9月，举行张家港市关心下一代工作委员会和市委老干部局联合编印的《五老风采》首发仪式；举办“薪火传承谱华章”纪念干部离退休制度建立40周年主题活动和主题图片展，活动分为“回眸·四十征程”“献礼·甲子芳华”“赓续·百年荣光”3个篇章。10月，组织离退休干部开展“爱心捐助，情暖山区”公益捐赠，募集衣物近1200件，送达四川凉山州。12月，启动市“暨阳银辉”人才库，首批入库银发人才54人；举办“学习二十大，接力再出发”张家港市首届“最美老干部”发布暨干部荣誉退休仪式，活动采取视频展播、现场访谈、文艺表演等形式进行，分为“银发生辉·心向党”“赓续初心·启新程”2个篇章。

【文化养老】 2022年，市委老干部局组织老干部开展各类文体活动30余次，活动人数近1000人次。1月，组织市老干部书画协会写春联送祝福18场，送出春联4000余幅；组织市老干部兴趣团队协会和“暨阳银辉”老干部宣讲团分别召开年终工作交流会。2月，组织“艺”起抗疫市老干部抗疫主题作品线上展6期。4月，组织参加苏州“云端献艺展风采，众志成城战疫情”为主题的老干部线上展示；组织老干部通过歌唱、舞蹈、乐器、诗词等艺术形式开展文艺“云”展演活动。6月，组织市老干部书画协会老同志走上步行街创作节能环保书画作品，开展节能志愿活动；组织参加苏州市“迎接二十大，‘艺’心抗疫争当先锋”书画交流活动；组织参加苏州市老干部“喜迎二十大，奋进新征程”朗诵会；举办“喜迎二十大，乐龄展风采”乒乓邀请赛，有5支代表队40余名老同志参加。7月，组织参加苏州市老干部掼蛋比赛；举办纪念张家港市建（县）市60周年“沙洲记忆”老照片展，展出20世纪60至80年代部分老照片共150幅。8月，联合江阴市委老干部局、常熟市委老干部局举办“长江水·沙洲情”庆祝张家港建县（市）60周年三地老干部书画联展，展出作品90余幅。9月，组织参加苏州市“喜迎二十大，奋进新征程”老干部书画影展；组织参加苏州市老干部乒乓球赛；出版《岁月如歌一甲子》献礼张家港建县（市）60周年摄影纪念册。10月，开设手机摄影短期培训班，50余名老同志参加；组织全市老干部参加“喜迎二十大，献礼六十年”书画影展。11月，承办“喜迎二十大，奋进新征程”2022年苏州市老干部门球友谊赛，有7支代表队80余名老同志参赛；组织参加“迎·学二十大，最美余晖红”苏州市老干部武艺展演活动；组织“喜迎二十大，老干部‘云’上文艺会演”；组织参加苏州市老干部桥牌友谊赛。

（施翠萍）

关心下一代工作

【概况】 2022年，全市有关心下一代工作委员会（简称关工委）组织767个，其中区镇（街道）办事处27个、社区（村）247个、教育系统93个、民企系统387个、市级机关和系统13个。从事关工工作的“五老”（老干部、老战士、老专家、老教师、老模范）及志愿者4936人。年内，由苏州市和张家港市两级财政提供资金，全市对主题教育宣讲员、校外教育辅导员、网吧义务监督员和结对帮教帮扶员等优秀“五老”志愿者以“以奖代补”形式给予工作补贴，全市220名“五老”志愿者每人获500元补贴；由张家港市财政提供资金，对假期到校外教育辅导站志愿服务、经考核优秀的190名在职教师给予“以奖代补”津贴共6.84万元。年内，各有关单位继续推进“三扶两创一促进”工作，市农业农村局组织离退休农业技术专业人员指导青年农民创新创业，全年开展培训6次，受众500余人次；开展“张小农”系列科普活动5次，受众400余人次。市蔬之园农产品有限公司总经理谢高峰被评为江苏省“三扶两创”工作“创业之星”、全国“双带”农村致富青年先进个人。市人社局举办劳动者职业技能培训，受众600余人次。市市场监管局和保税区市场监管局继续落实“党建带关建”工作机制，推动民企关工委做好青工教育、疫情防控和“惠企先锋”进企业活动，继续培育江苏乐建建设有限公司等9家民企关工委工作典型，年内有5家企业推荐成为苏州市民企关工委典型。“张家港关工委”微信公众号每周发布工作信息，市关工委网站全年发稿1359篇，被江苏少年网录用19篇、苏州关工网站录用107篇，月刊《关工简讯》全年刊发稿件583篇；市关工委获评2022年度《中国火炬》宣传工作标兵单位，经验介绍文章《将“五老”关爱工作站功能最大化的三个方法》在《中国火炬》第6期刊发。11月1日，纪念市关心下一代工作委员会成立30周年大会召开，苏州市关工委主任俞杏楠到会并致辞，市委书记韩卫出席并讲话。大会表彰62个优秀集体和122名优秀个人。11月，市关工委副主任兼秘书长陆玉生被苏州市委老干部局、苏州市委离退休干部工作委员会评为苏州市第三届“最美老干部”。

11月1日，市关工委成立30周年纪念大会召开　　（市关工委　提供）

【“老少心向党，喜迎二十大”主题教育活动】 2月，市关工委与市文明办、市教育局、团市委、市妇联联合下发《关于开展“老少心向党、喜迎二十大”主题教育活动的通知》，全市各级关工委通过组织专题讲座、座谈、红色故事会、参观红色基地等方式，将主题教育与“四史”宣讲教育、做美德少年等教育活动有机结合。年内，全市举办主题教育培训班66期，参加培训2701人次；组织“五老”宣讲员614人，编写宣讲材料746篇，开展宣讲526场，受众15万人次。市关工委编写《主题教育宣讲稿选编》作为基层关工委和“五老”宣讲参考材料。9月，由市文明办、市新时代文明实践工作指导中心、市教育局和市关工委主办的全市“老少心向党，喜迎二十大”老少同台主题书画作品展在市少年宫展出。年内，全市有576名“五老”和中小学生参加“喜迎二十大、筑梦向未来”省、市老少同台节目展演活动，其中金港街道关工委选送的情景剧《我的太阳我的母亲》获苏州市老少同台节目展演一等奖。

【校外教育辅导站建设】 全市有校外教育辅导站328家，其中示范辅导站80家；市关工委在全市遴选11家青少年教育活动场所，命名为市校外教育辅导总站实践基地。全市有校外教育工作人员4758人,其中"五老"1935人,在职教师1367人,其他志愿者1456人。各辅导站坚持五育并举,依托新时代文明实践所(站)、党群活动中心等场所,利用双休日和寒暑假,组织青少年学生开展社会主义核心价值观等各类主题教育,将思想道德教育与课业辅导、兴趣拓展、手工制作等活动相结合,增强辅导站的校外教育、才艺拓展和文体娱乐功能。全市校外教育辅导站全年开展活动5802次,参加学生超过10万人次。辅导站建有电子阅览室188个,有电脑1083台,全年利用电子阅览室开展征文比赛等活动1781次,参加学生5.52万人次。在省、市关工委开展的校外教育辅导站优秀活动视频评比中,乐余镇校外教育辅导中心站选送的《老少心向党,足迹伴成长》获省特等奖、苏州市一等奖,杨舍镇校外教育辅导中心站选送的《唱支山歌给党听》获苏州市二等奖。年内,省关工委奖励杨舍镇校外教育辅导中心站和塘桥镇金村村校外教育辅导站各1万元,苏州市关工委奖励乐余镇校外教育辅导中心站1.7万元,奖励金港街道金都社区校外教育辅导站2万元。

【青少年法治教育】 市关工委与政法、教育等部门配合,持续推进"关爱明天,普法先行"青少年普法教育,通过模拟法庭、法律知识竞赛、电子小报、主题征文等形式,开展以宪法为核心的法治宣传教育,帮助青少年增强法治观念,提升法律素养。全市建有法治教育报告团(宣讲团)66个,有"五老"法治宣讲员372人,全年宣讲588场,受众19万人次。建有"五老"关爱工作站251家,参加工作站的"五老"和志愿者1496人,从全市政法系统各部门挑选103名"五老"担任法治副校长,全年为师生开展普法教育近700场,受众18万人次。各基层关工委加强对"五失"(失足、失业、失亲、失管、失学)重点青少年的帮教工作,全市建立帮教小组122个,参加帮教的"五老"413人,112名重点帮教对象中98名有明显转化,转化率87.5%。各级关工委把困境家庭和孤贫残困境儿童作为关爱重点,为全市278名特殊青少年落实帮扶助困措施,全年筹集助学助困资金530余万元,扶贫助学1508人。各基层关工委组织270名"五老"义务监督员,对全市164家网吧等文娱场所常年进行义务监督检查,杜绝未成年人进入网吧。年末,16名"五老"被评为市优秀文化市场义务监督员。

(陆玉生)

党　校

【概况】 2022年,中国共产党张家港市委员会党校(简称市委党校)着力打造红色、活力、智慧、人文、竞先、书香"六个党校",全力推动党校事业内涵式高质量发展。全年举办市科技招商研习社、市经济管理研习社、市党建引领基层治理专题培训班、第三届市委选调生初任培训班、2022全国新录用公务员初任培训班、2022年事业单位工作人员岗前培训班等各类培训班50期,培训学员2.3万人次。依托"理论红色大篷车""红色光影星播客""理论氧吧""苏州市新时代基层理论宣讲名师(张家港)工作站"等项目阵地,面向全市基层党组织和党员、群众开展理论宣讲,累计290场,受众2.8万人次。利用"微党校"微信公众号,围绕喜迎党的二十大、献礼张家港建县(市)60周年等主题,录制并发布"红色"系列之"红色传承"视频微党课20期,播出"故事里的港城"音频课程10期。出版《前沿观察》理论季刊4期,上报《咨政专报》6期,其中《市域一体化:苏州建设综合性全球城市的必由之路》获江苏省委常委、苏州市委书记曹路宝批示。成功立结项江苏省社科联、江苏省委党校等各级各类课题25项。在《苏州日报》开设"崇学信行·青研说"专栏,刊发理论文章12篇。年内获苏州市党校系统第九届优秀科研工作组织奖。"红色传承"微党课项目获评2022年度苏州市社科普及惠民扶持项目、2022年度苏州市社科普及新媒体传播项目、2022年度张家港市社科普及创新引导扶持项目(二类),1名教师获首届全国社科普及基地讲解员大赛一等奖,1名教师获苏州市党校系统教学竞赛一等奖,1名教师获苏州市党校系统教学竞赛三等奖,2名教师入选苏州市委党校"马克思主义青年学者",1名青年教师被团省委聘为"青年讲师团讲师"。工作经验文章《开辟青年教师分类培养"新赛道"》被中央党校(国家行政学院)《党校(行政学院)工作通讯》专版刊发,成为全省近3年首次在该刊物刊发经验做法的县级党校。

【青年教师"青蓝红"培养工程启动】 1月15日,市委党校印发《张家港市委党校(行政学校)关于实施青年教师"青蓝红"培养工程的意见》文件,落实人才强校战略,启动实施"青蓝红"师资培养工程。11月25日,市委党校举办青年教师"青蓝红"工程导师聘任仪式暨第三届"师徒结对"活动,聘请江苏省委党校、苏州市委党校、苏州干部学院有关专家和教授担任青年教师的业务导师,聘请市委党校校领导、中层干部担任青年教师的政治导师,通过个人自觉、科室共助、组织推动、校委结对、专家指导相结合的方式,进一步创新培养机制,加快中青年教师成长成才,不断壮大名师队伍。 (丁志宏)

史　志

【概况】 2022年,市委史志办以庆祝张家港建县(市)60周年为契机,推动党史学习教育常态化长效化,牵头承办"先锋光影60年"项目,完成庆祝张家港建县(市)60周年图片展文案,与市政协文化文史委合作出版《甲子沙洲——口述:张家港六十年》,与市文明办、市新时代文明实践指导中心等合作出版《港城百问——张家港市情概览》。全年赴区镇(街道)、村(社区)开展党史地情宣讲10余次,在微信平台推出党史学习文章,配合中共二十大召开发布历届党代会系列连载。加强红色资源保护利用,7月,组织召开由市文体广旅局、市退役军人事务局等10个单位参加的《苏州市红色资源保护利用条例》立法调研座谈会，组织8家红色场馆申报苏州市党史教育基地，获评5家，包括双山岛渡江胜利公园、永利村党史学习教育沉浸式体验园、沙洲县抗日民主政府纪念馆、张家港市烈士陵园、金村园茂里1926年党支部旧址。其中，双山岛渡江胜利公园先后获评江苏省、苏州市党史教育基地，并推荐参评全国“弘扬老区精神传承红色基因示范基地”。组建“盟以养正”张家港市史志馆联盟，有成员单位56个，包括市史志馆，市青少年史志教育馆，区镇、部门、企业、学校史志场馆25个，村级史志场馆29个，为乡村振兴、青少年教育、党员群众学习提供平台服务，完成史志馆联盟宣传视频拍摄及画册编制。编纂《张家港纪事（2022）》作为会议材料在全市两会发放。完成《中华人民共和国年鉴》《江苏年鉴》《苏州年鉴》张家港内容撰稿。市委史志办获评全省党史部门先进集体，2022年度全省地方志系统政务信息报送优秀单位、方志文化宣传工作优秀单位。

【党史编纂】 年内，市委史志办继续开展党史正本编纂、口述资料编纂及省党史课题丛书编纂工作。《中国共产党张家港市（沙洲县）历史（1978—2012）》继续开展精编、研讨、修改。整理汇总近年征集的口述资料，7月6日，《岁月留声——改革开放新时期张家港口述资料集》在第十二届江苏书展优秀出版作品展台举办新书推介会，11月获2020—2021年度全省党史部门党史优秀成果著作类二等奖；编纂完成《岁月留声——张家港市乡镇企业口述资料集》，年末出版；与市档案馆合作编纂《见证：张家港1962—2012》画册；“沙洲记忆”系列口述历史采访与研究项目获全省市县地方志特色创新项目二等奖。根据省党史工办要求和省专家意见，完成省党史学会课题《江苏十种精神》之《张家港精神》书稿修改稿。

【志书编纂】 年内，市委史志办推进《冶金工业园（锦丰镇）志（1999—2020）》《凤凰镇志（2003—2022）》《双山志》编纂，指导《江苏名村·柏林村志》《江苏名村·善港村志》《横泾村志》《朱家宕村志》《山北村志》出版。4月，市委书记韩卫在《市委史志办“五个率先”有力推进镇村志文化工程建设》专报上作出批示。10月，市政府办转发《关于深化张家港市镇村志编纂文化工程的实施方案》。11月，全市镇村志编纂文化工程推进会召开，动员全市上下协同配合，确保至2025年高质量完成镇村志各项编纂目标。至年末，全市累计编纂出版镇级志书28部、村（社区）志53部，在编区镇志3部、村（社区）志12部。全程指导的《张家港市工会志》《张家港海关志》出版，《张家港妇联志》完成终审，《沙钢志》完成初稿。2022年度全省史志作品质量评定中，《张家港史志图志》获评志类优秀，《江苏名村志·金村志》《江苏名村志·柏林志》《江苏名村志·善港志》获评名镇名村志类优秀。《张家港市对口支援和扶贫协作志》获评苏州市第十六届哲学社会科学优秀成果奖二等奖。

【年鉴工作】 12月，《张家港年鉴（2022）》由方志出版社出版发行。全书彩页突出“辉煌六十年，奋进再出发”主题，前环设置“首届张家港发展大会”专版，回顾张家港（沙洲县）60年蝶变历程，突出张家港继往开来打造“六个城市”，谱写全市现代化建设新篇章的工作举措，篇尾展示各区镇（街道）新时代新面貌及组建的市史志联盟系列馆。正文根据区镇改革实际，调整保税区和3个街道的记载内容；根据群众关心的数据，在附录中增加“社会调查”分目。特载设置《张家港市综合实力列全国县市前三名》《全市广泛开展党史学习教育》《“我为群众办实事”实践活动》。继续推动区镇（街道）年鉴工作，5月，继高新区（塘桥镇）、冶金园（锦丰镇）、凤凰镇、南丰镇后，乐余镇启动年鉴编纂。8月，以张家港年鉴编纂委员会的名义下发《关于切实做好全市区镇、街道年鉴编纂工作的通知》，推动区镇（街道）年鉴工作。至年末，全市出版市、镇、村三级年鉴7部，其中市级1部、镇级5部、村级《永联年鉴》1部。年内，《张家港年鉴（2021）》获评全省一等年鉴，张家港成为全省唯一连续八届获省级年鉴评比最高奖项的单位；《冶金工业园（锦丰镇）年鉴（2021）》《凤凰年鉴（2021）》获评苏州市优秀镇村年鉴。

【南腔北调·童谣乡音汇方言传承活动举行】 11月20日，“学习二十大，奋进新征程”南腔北调·童谣乡音汇方言传承活动决赛在市新时代文明实践中心星海剧场举行。活动由市委党史地方志办公室联合市委宣传部、市文明办、市教育局、市妇联、团市委、市新时代文明实践工作指导中心主办。全市各区镇（街道）共推荐上报

11月20日，南腔北调·童谣乡音汇方言传承活动决赛举行

（市委史志办 提供）

方言节目48个，20个优秀节目进入复赛，其中12组参赛选手（团队）参加现场决赛。选手（团队）围绕强国复兴有我、争做新时代好少年和建县（市）60周年蝶变主题，采用演讲、童谣、山歌、快板、沙上号子等形式，用方言咏诵家乡城市建设、乡村振兴和改革开放成果，体现"爱我港城、建设家乡"的信心与决心。比赛最终决出一等奖2名、二等奖3名、三等奖7名，另有优秀奖8名。该活动获评2022年度市社科普及创新引导扶持项目。

【《岁月留声——张家港市乡镇企业口述资料集》出版】 10月，市委史志办编纂的《岁月留声——张家港市乡镇企业口述资料集》由广陵书社出版。该书收录口述资料22篇，根据沙钢集团、澳洋集团等乡镇企业、民营企业的创始人或知情者口述整理而成，如实记录张家港市乡镇（社队）工业崛起的历史细节，展现乡镇企业创业史和企业家创业的艰辛历程，是研究中华人民共和国成立后特别是改革开放后江南经济发展的参考性著作。全书25万字。

【"先锋光影60年"项目】 2022年，市委史志办牵头承办全市十大党建项目之一"先锋光影60年"，与市委组织部合编《蝶变沙洲·甲子回眸》画册，该画册结合张家港60年发展历程和特点，分为"艰苦奋斗铸基业""奋楫笃行谋发展""敢为人先谱华章""砥砺奋进擘新篇"4个篇章，收录大事件100条，配图163幅，8月2日在全市党建引领加速创新转型攻坚突破行动启动暨鹿鸣初心会客厅启用仪式上发行。4月起，将张家港发展历程和相关知情者的口述资料编辑成连载内容，通过"张家港史志"微信公众号开设"一个甲子的回眸"和"岁月留声"两个系列连载。"一个甲子的回眸"连载6期，"岁月留声"口述连载4期，受众上万人次。9月起，与市博物馆联办"一个甲子的回眸"流动展，制作移动展板15块，依托"张家港新时代文明实践智慧云平台"提供流动展览"线上点单"服务，根据受众需求将展览送进江苏省梁丰高级中学、庆安社区、城北社区等学校、社区，同时为市民群众和青少年学生提供讲解服务。至年末开展活动14次，受众近5000人。

（史　志）

档　　案

【概况】 2022年年末，全市有综合档案馆1个，馆藏档案613076卷、877657件，资料17870万册，全年接收档案2357卷、26350件，接待档案查询9139人次，提供利用13012卷（件）次，办理"长三角"异地查档21例，接入全国档案查询平台，调取利用11例。全市有城建档案馆1个，馆藏档案130370卷；镇（村）级档案馆7个，馆藏档案428731卷、2014319件。有档案研究馆员2人、副研究馆员13人、馆员83人。年内，市档案馆与市人社局、市总工会、团市委联合举办全市首届档案职业技能竞赛。对92个单位开展档案年检，编修审核33家单位的分类方案、文件材料归档范围和保管期限表。举办"五色档案，伴你成长"小课堂实践活动8期。开展手机端查档便民应用开发工作。启动形成满25年档案开放鉴定。征集民间历史档案资料200余件，反映城市变迁、开发建设的照片5166张。在江苏省县（市、区）国家综合档案馆业务建设评价中，市档案馆获评"示范档案馆"。

【档案文化宣传】 2022年，市档案馆组织策划"档案见证：我与沙洲共成长"专题宣传，讲好张家港建县（市）60年故事。口述历史采集131人，形成"历史的回声"口述档案资料专库。开设"港城这些年（1962—2022）"微信栏目。举办"沙洲蝶变、甲子回眸"城市记忆图片巡展、"我们的城市我们的家"摄影大赛。

【档案监督指导】 2022年，市档案馆完成首批22个创省级规范单位档案检查评价工作，5个单位通过"江苏省规范档案室"认定，4个单位成功创评"江苏省示范档案室"。指导交通工程建设服务中心、国富氢能技术装备股份有限公司、华兴电力有限公司等重大建设项目和企业技改项目档案工作并通过验收。强化"四重"档案监管督办，归集疫情防控档案、党史学习教育档案、对口援建档案8447件。

【档案信息化建设】 2022年，张家港市电子档案"单套制"管理在市公共资源交易中心等职能部门多个政务服务事项得到应用，336个交易项目、1238件行政审批类电子文件实现在线智能归集。在全省率先开展人工智能技术辅助档案开放，完成馆藏1992—1998年50余万件档案划控鉴定。年内，全市远程共享查阅点增至168个，服务市民群众5123人次，提供利用1893卷（件）次。（徐　婷）

10月18日，市首届档案职业技能大赛举行　　（市档案馆　提供）

【编辑　黄宏庆】

张家港市人民代表大会

Zhangjiagang Municipal People's Congress

5月12日，常阴沙现代农业示范园区人大（议政）代表走进常西社区江丰乐园 （常阴沙现代农业示范园区 提供）

综　　述

重要会议

依法监督

执法检查

视察调研

代表工作

综　述

【概况】 2022年，市人大常委会积极践行全过程人民民主，深入推进“四个机关”建设，不断推动新时代人大工作开拓创新。全年召开常委会会议10次、主任会议9次，听取和审议“一府一委两院”等工作报告50余项，作出《关于批准张家港市2021年度财政决算的决议》《关于批准张家港市2022年地方政府新增债券预算安排的决议》《关于批准张家港市2022年财政预算调整的决议》《关于推进全市企业合规建设工作的决定》等决议、决定和审议、评议意见29项，组织调研、视察、执法检查等活动100余次，依法任免国家机关工作人员156人次。依法做好信访案件的转办、交办、督办工作，全年处理人民信访45件次。

【人大代表及组织机构】 2022年年初，市十五届人大有代表375人。年内，有11人因工作变动等原因，不再担任该届人大代表。根据《中华人民共和国全国人民代表大会和地方各级人民代表大会选举法》和《中华人民共和国地方各级人民代表大会和地方各级人民政府组织法》有关规定，补选市人大代表10人。至年末，市十五届人大有代表374人。其中，杨舍镇88人、塘桥镇37人、锦丰镇45人、乐余镇29人、凤凰镇26人、南丰镇23人、大新镇15人、常阴沙现代农业示范园区9人、金港街道35人、后塍街道22人、德积街道18人、市级机关27人。张家港市有市、镇两级人民代表大会8个，其中镇人民代表大会7个。各级人大代表共1192人，其中在张家港的全国人大代表2人、省人大代表5人、苏州市人大代表69人、张家港市人大代表374人、镇人大代表742人。张家港市第十五届人民代表大会常务委员会有组成人员39人，其中主任1人、副主任4人、委员34人。设有法制委员会、财政经济委员会、监察和司法委员会、社会建设委员会4个专门委员会；内设办公室（研究室）、人事代表联络工作委员会、监察和司法工作委员会、财政经济工作委员会、城建环保工作委员会、教科文卫（外事民宗侨台）工作委员会、农业农村工作委员会7个工作机构。

【人大任免】 2022年，市人大常委会坚持党管干部和人大依法任免相统一的原则，进一步规范人事任免程序，促使被任命干部强化人大意识、法治意识和责任意识，增强人大人事任免的规范性和严肃性。依法任免国家机关工作人员156人次，其中包括市人大常委会工作人员61人次，市政府工作人员62人次，市监察委员会工作人员1人，市人民法院工作人员25人次，市人民检察院工作人员7人次。接受辞去市第十五届人民代表大会常务委员会委员职务4人，接受辞去市第十五届人民代表大会代表职务8人。接受辞去市副市长职务3人。接受辞去市人民检察院检察长职务1人。

【人大自身建设】 2022年，市人大常委会坚决把中央、省委、苏州市委和张家港市委人大工作会议精神落到实处，创新打造“红哨引擎”党建品牌，推动党史学习教育常态化、制度化；成立市人大机关党总支，首次在全市各区镇（街道）、机关党员人大代表中设立12个“代表小组行动支部”；搭建“初任培训+履职培训+专题培训”的系统化代表培训体系，实现新任人大代表履职培训全覆盖；通过开办市人大网络学院、开设人大代表讲堂、组建人大代表讲师团等方式，探索实现代表履职培训线上线下同步开展，不断提升代表履职意识和能力水平，全年市、镇代表述职累计340余人次；制定、修订人大工作制度65项，不断健全和完善涵盖会议规程、决定权行使、人事任免等各方面制度体系，持续提升人大履职效能；丰富“人大讲堂”等品牌内涵，开展交流研讨、实境研学、履职培训等20余次。

【江苏地方人大干部培训基地张家港分基地揭牌】 11月9日下午，江苏地方人大干部培训基地张家港分基地暨全过程人民民主基层教学点揭牌仪式在南丰镇永联村举行。永联培训中心成立于2012年，位于永联小镇内，是由永联村党委直接领导，市委党校进行业务指导的专业化基层党政干部培训服务机构。建有学员公寓、会议中心、餐饮中心等。其中，会议中心面积7000平方米，餐饮中心面积3000余平方米，有客房300余间、多媒体教室10余间，可同时容纳500余人培训。培训中心秉持“深耕基层，助力现代化”的价值观，以永联乡村振兴经验为基础，整合长三角地区培训资源，构建党组织建设、县域经济、乡村振兴、社区治理、文明创建、人大干部培训等特色专题。2022年，在省人大培训中心的支持下，永联培训中心成为江苏地方人大干部培训基地张家港分基地，并先后承办人大条线培训班6期，学员400余人。中心自成立至2022年年末，累计开设培训班9500期，培训学员40万人，覆盖全国各省、自治区和特别行政区。

11月9日，江苏地方人大干部培训基地张家港分基地暨全过程人民民主基层教学点揭牌仪式举行　（市人大办　提供）

表2　　2022年张家港市人大常委会任免“一府一委两院”及人大机关人员情况表

时　间	会　议	任 免 情 况
1月29日	市十五届人大常委会第一次会议	任命彭炜为市人大常委会办公室主任，任命陈霞为市人大常委会监察和司法工作委员会主任，任命陆一琨为市人大常委会财政经济工作委员会主任，任命顾彩萍为市人大常委会农业农村工作委员会主任，任命钱晓锋为市政府办公室主任，任命沙立平为市发展和改革委员会主任，任命杨志刚为市教育局局长，任命赵瑜为市科学技术局局长，任命曹鹰飞为市工业和信息化局局长，任命钱飞为市公安局局长，任命范一明为市民政局局长，任命曹徐为市司法局局长，任命徐溪椿为市财政局局长，任命张毅为市人力资源和社会保障局局长，任命蒋新峰为市住房和城乡建设局局长，任命殷沪飞为市城市管理局局长，任命李星为市交通运输局局长，任命严栋兴为市水务局局长，任命沈晓波为市农业农村局局长，任命卞春生为市商务局局长，任命孙建忠为市文体广电和旅游局局长，任命於海良为市卫生健康委员会主任，任命李军强为市退役军人事务局局长，任命陈国庆为市应急管理局局长，任命陆小玲为市审计局局长，任命屈荣杰为市行政审批局局长，任命樊建兵为市市场监督管理局局长，任命巫刚为市统计局局长，任命何俊为市医疗保障局局长，任命黄耀平为市信访局局长，任命李秋菊为市地方金融监督管理局局长，任命朱二广为市人民法院审判委员会委员、民事审判第二庭（金融审判庭）庭长，任命钱璐为市人民法院塘桥人民法庭副庭长，任命朱麒达为市人民法院立案庭（诉讼服务中心）副庭长，任命严梅菊为市人民法院立案庭（诉讼服务中心）副庭长，任命陈静超为市人民法院民事审判第二庭（金融审判庭）副庭长，任命刘艺琳为市人民法院知识产权审判庭（道路交通事故审判庭）副庭长，任命陈新为市人民法院民事审判第一庭副庭长，任命宋剑为市人民法院锦丰人民法庭副庭长，任命钱凌虹为市人民法院凤凰人民法庭副庭长；免去徐凤琪市人大常委会办公室主任职务，免去杨建钟市人大常委会监察和司法工作委员会主任职务，免去施向东市人大常委会财政经济工作委员会主任职务，免去徐建龙、陈晓平市人大常委会财政经济工作委员会副主任职务，免去胡燕市人大常委会城建环保工作委员会副主任职务，免去姚金泉市人大常委会农业农村工作委员会主任职务，免去朱二广市人民法院知识产权审判庭（道路交通事故审判庭）副庭长职务；免去钱璐市人民法院刑事审判庭副庭长职务，免去宋剑市人民法院凤凰人民法庭副庭长职务，免去钱凌虹市人民法院锦丰人民法庭副庭长职务
3月22日	市十五届人大常委会第二次会议	任命曹鹰飞为市发展和改革委员会主任，任命周荣兴为市工业和信息化局局长，任命张宇洲为市住房和城乡建设局局长；免去曹鹰飞市工业和信息化局局长职务，免去沙立平市发展和改革委员会主任职务，免去蒋新峰市住房和城乡建设局局长职务
5月24日	市十五届人大常委会第三次会议	接受万资平辞去市人民政府副市长职务的请求，任命何剑为市人民政府副市长，任命周颖为市文体广电和旅游局局长；免去孙建忠市文体广电和旅游局局长职务，免去孙勤芬市人民检察院检察员职务
7月25日	市十五届人大常委会第四次会议	接受张志明辞去市人民政府副市长职务的请求，任命常征为市人民政府副市长，任命薛奇为市科学技术局局长，任命黄晟为市城市管理局局长；免去赵瑜市科学技术局局长职务，免去殷沪飞市城市管理局局长职务，免去丁建勤市人民检察院副检察长职务
8月23日	市十五届人大常委会第五次会议	任命徐龙斌为市人大常委会研究室副主任，任命翟二生为市水务局局长，任命马建新为市人民法院副院长、审判委员会委员、审判员，任命李清泉为市人民检察院副检察长、检察委员会委员、检察员；免去严栋兴市水务局局长职务，免去卞春生市商务局局长职务，免去李清泉市人民法院副院长、审判委员会委员、审判员职务，免去马建新市人民检察院副检察长、检察委员会委员、检察员职务
9月15日	市十五届人大常委会第六次会议	接受秦真智辞去张家港市第十五届人民代表大会常务委员会委员职务的请求，接受季洪良辞去张家港市第十五届人民代表大会常务委员会委员、社会建设委员会委员职务的请求，接受季晓阳辞去张家港市第十五届人民代表大会常务委员会委员、社会建设委员会委员职务的请求，接受龙凤清辞去张家港市第十五届人民代表大会常务委员会委员职务的请求，任命夏立新为市人大社会建设委员会委员，任命何俊为市民政局局长，任命周晓成为市商务局局长，任命秦真智为市医疗保障局局长，任命韩广强为市人民检察院副检察长；免去何俊市医疗保障局局长职务，免去范一明市民政局局长职务

续表2

时　间	会　议	任免情况
9月28日	市十五届人大常委会第七次会议	任命李炳龙为市人民政府副市长，任命陈志勇为市人大常委会财政经济工作委员会副主任，任命董雪明为市人大常委会城建环保工作委员会副主任，任命谢佳桐为市人民法院审判员，任命侯苈芮为市人民法院审判员，任命王建东为市人民法院审判员；免去苏花兰市人大常委会财政经济工作委员会副主任职务，免去朱保明市人大常委会城建环保工作委员会副主任职务，免去陈晓红市人民法院清算与破产审判庭（执行裁判庭）副庭长职务，免去曹建忠市人民法院塘桥人民法庭副庭长职务
11月25日	市十五届人大常委会第八次会议	接受卢懂平辞去张家港市第十五届人民代表大会代表职务的请求，接受何剑、季洪良、龙凤清、季晓阳、秦真智、陈雪明6人辞去张家港市第十五届人民代表大会代表职务的请求
12月20日	市十五届人大常委会第九次会议	接受成家武辞去张家港市第十五届人民代表大会代表职务的请求，接受邓根保辞去张家港市人民检察院检察长职务的请求，任命翟梓均为市人大社会建设委员会委员，任命成家武为市教育局局长，任命周晓东为市人民检察院副检察长、代理检察长、检察委员会委员、检察员，免去杨志刚市教育局局长职务，免去李娟市人民法院塘桥人民法庭庭长职务，免去肖建丰市人民法院民事审判第二庭（金融审判庭）副庭长职务，免去尹明君市人民法院审判员职务

（何开元）

重要会议

【市十五届人民代表大会第一次会议】 1月7日至10日召开。应到代表375人，7日下午第一次全体会议实到365人，9日上午第二次全体会议实到360人，10日下午第三次全体会议实到362人。会议听取和审议市人大常委会工作报告、市人民政府工作报告、市人民法院工作报告、市人民检察院工作报告，审议张家港市2021年国民经济和社会发展计划执行情况与2022年国民经济和社会发展计划草案的报告，批准2022年国民经济和社会发展计划，审议张家港市2021年财政预算执行情况和2022年财政预算草案的报告，审查和批准2021年财政预算执行情况的报告和2022年财政预算，票决2022年张家港市人民政府民生实事项目。会议以无记名投票的方式，选举王亚方为市十五届人大常委会主任，选举黄亚平、王松石、丁学东、卢懂平为市十五届人大常委会副主任，丁萍芬等34人当选为市十五届人大常委会委员。选举蔡剑峰为市人民政府市长，选举张志明、梁曦、翁羽人、万资平、蒋鹏、钱飞、蒋新峰为市人民政府副市长，选举王永学为市监察委员会主任，选举朱劼纯为市人民法院院长，选举邓根保为市人民检察院检察长（须报经苏州市人民检察院检察长提请苏州市人大常委会批准）。69人当选为出席苏州市第十七届人民代表大会的代表（须提请苏州市人大常委会代表资格审查委员会审查通过）。会议表决通过张家港市十五届人大法制委员会、财政经济委员会、监察和司法委员会、社会建设委员会主任委员、副主任委员、委员名单。根据《江苏省实施宪法宣誓制度办法》，新当选人员进行宪法宣誓。会议以举手表决方式通过《关于政府工作报告的决议》《关于张家港市2021年国民经济和社会发展计划执行情况与2022年国民经济和社会发展计划的决议》《关于张家港市2021年财政预算执行情况和2022年财政预算的决议》《关于张家港市人民代表大会常务委员会工作报告的决议》《关于张家港市人民法院工作报告的决议》《关于张家港市人民检察院工作报告的决议》《关于"深度推进制造业智能化改造和数字化转型，进一步加快制造业高质量发展"议案的决议》。此次会议收到代表建议、批评和意见174件。其中，城市建设管理方面35件，交通水利方面14件，教科文卫方面39件，民生保障方面21件，政法公安方面10件，三农方面12件，三产服务业方面4件，工业经济方面10件，生态环保方面7件，财政金融方面3件，其他方面19件。

【市十五届人大常委会会议】 年内，市十五届人大常委会召开常委会会议10次。

第一次会议　1月29日召开。审议有关人事任免事项。审议市人大常委会代表资格审查委员会、各工作委员会委员、法律顾问团成员名单。审议市人大常委会2022年度工作要点和工作安排。

第二次会议　3月22日召开。审议市人大常委会有关规定和制度。审议有关人事任免事项。审议《张家港市人大常委会2022年工作评议实施方案（草案）》。审议《张家港市人大常委会关于推进全市企业合规建设工作的决定（草案）》和《张家港市企业合规建设工作实施办法（草案）》。听取和审议市人民政府关于2021年度全市环境状况和环境保护目标完成情况的报告。

第三次会议　5月24日召开。审议有关人事任免事项。听取市监察委员会专项工作报告。审议《张家港市人大常委会关于在政法系统设立人大代表联络站的实施意见（草案）》。审议《张家港市人大常委会关于进一步加强人大代表履职能力建设的意见(草案)》。审议《张家港市人大常委会关于对法官、检察官开展履职评议的规定(试行草案)》。听取市公安局、市财政局、市城管局、市农业农村局、市市场监管局、市医疗保障局工作情况报告,进行工作评议。

第四次会议　7月25日召开。审议有关人事任免事项。听取和审议市人民政府关于2021年度财政决算的报告,听取市人民政府关于2022年上半年财政预算执行情况的报告,听取和审议市人民政府关于2022年地方政府新增债券预算安排的报告。听取和审议市人民政府关于2021年度财政预算执行、决算草案及其他财政收支的审计工作报告。听取市人民政府关于2022年上半年国民经济和社会发展计划执行情况的报告。听取和审议市人民政府关于贯彻实施《中华人民共和国治安管理处罚法》情况的报告。听取和审议市人民政府关于贯彻实施《中华人民共和国环境保护法》情况的报告。

第五次会议　8月23日召开。审议有关人事任免事项。听取市公安局、市财政局、市城管局、市农业农村局、市市场监管局、市医疗保障局整改情况报告,进行工作评议二次审议。听取和审议被评议"两官"(法官、检察官)履职报告,进行履职评议。

第六次会议　9月15日召开。审议接受有关辞呈。审议有关人事任免事项。听取和审议市人民政府关于张家港市2021年度企业国有资产管理情况的报告。

第七次会议　9月28日召开。审议有关人事任免事项。

第八次会议　11月25日召开。审议接受有关辞呈。审议2022年度优秀代表建议和先进承办单位名单。听取和审议市人民政府关于市十五届人大一次会议代表议案、建议办结情况的报告。听取和审议市人民政府关于贯彻实施《中华人民共和国家庭教育促进法》情况的报告。作出关于召开市十五届人大二次会议的决定。

第九次会议　12月20日召开。审议有关人事任免事项。听取和审议市人民政府关于2022年民生实事项目和"民生微实事"实施情况及2023年民生实事候选项目情况的报告,并对2022年民生实事项目完成情况进行满意度测评。

第十次会议　12月28日召开。听取市十五届人大二次会议筹备工作情况汇报。审议市十五届人大二次会议有关事项。听取和审议市人民政府关于2022年国民经济和社会发展计划执行情况与2023年国民经济和社会发展计划草案的报告。听取和审议市人民政府关于2022年财政预算执行情况和预算调整及2023年财政预算草案的报告。审议市人大常委会工作报告(草案)。审议政府工作报告(草案)、市人民政府关于市十五届人大一次会议代表议案办结情况的报告。审议市人民法院工作报告(草案)、市人民检察院工作报告(草案)。

【市十五届人大常委会主任会议】年内,市十五届人大常委会召开主任会议9次。

第一次主任会议　1月24日召开。研究市人大常委会主任、副主任、党组成员的工作分工。讨论市人大常委会2022年度工作要点和工作安排。听取市十五届人大一次会议代表建议、批评、意见情况的报告。研究讨论市人大常委会代表资格审查委员会、各工作委员会兼职委员、法律顾问团成员名单。研究和部署市十五届人大常委会第一次会议准备工作。

第二次主任会议　3月10日召开。听取市人民政府关于市十五届人大一次会议代表议案建议办理打算的报告。讨论《张家港市人大常委会关于推进全市企业合规建设工作的决定》和《张家港市企业合规建设工作实施办法》。讨论市人大常委会有关规定和制度。讨论《张家港市人大常委会关于2022年市政府民生实事项目联系监督工作实施方案》。讨论《张家港市人大常委会2022年工作评议实施方案》。研究和部署市十五届人大常委会第二次会议准备工作。

第三次主任会议　5月11日召开。听取市人民政府关于全市智慧农业发展情况的报告。听取市人民政府关于全市港口经济发展情况的报告。讨论《张家港市人大常委会关于在政法系统设立人大代表联络站的实施意见》。讨论《张家港市人大常委会关于进一步加强人大代表履职能力建设的意见》。讨论《张家港市人大常委会关于对法官检察官开展履职评议的规定(试行)》和《张家港市人大常委会关于对法官检察官开展履职评议工作的实施方案》。研究工作评议调查报告,讨论工作评议意见。研究和部署市十五届人大常委会第三次会议准备工作。

第四次主任会议　6月23日召开。听取市人民政府关于2021年度财政决算的报告。听取市人民政府关于2021年度财政预算执行、决算草案及其他财政收支的审计工作报告。听取市人民政府关于全市文旅融合发展情况的报告。研究和部署市十五届人大常委会第四次会议准备工作。

第五次主任会议　8月16日召开。听取市人民政府关于市十五届人大一次会议代表议案建议办理情况的报告。听取市人民政府关于医保政务服务体系建设工作情况的报告。听取关于组建代表专业小组的情况汇报。研究和讨论工作评议整改调查报告。研究和部署市十五届人大常委会第五次会议准备工作。

第六次主任会议　9月14日召开。听取市人民政府关于乡村产业用地情况的报告。听取"两官"履职评议结果报告,讨论"两官"履职评议意见。研究和部署市十五届人大常委会第六次会议准备工作。

第七次主任会议　10月26日召开。听取市人民政府关于贯彻实施《张家港市"八五"普法工作规划》情况的报告。听取市人大常委会相关工委室(代表专业小组)关于重点督办代表建议情况的报告。研究和部署市十五届人大常委会第八次会议准备工作。部署人代会筹备工作。

第八次主任会议　11月17日召开。听取市人民政府关于既有多层住宅加装电梯推进工作情况的报告。讨论《关于建立人大监督与纪委监督贯通联动工作机制的实施意见》。研究讨论2022年度优秀代表建议和先进承办单位名单。讨论确定2022年度优秀人大代表小组和优秀人大代表名单。

第九次主任会议 12月14日召开。听取市人民政府关于2022年民生实事项目和“民生微实事”实施情况及2023年民生实事候选项目情况的报告。听取市人民政府关于2022年国民经济和社会发展计划执行情况与2023年国民经济和社会发展计划草案的报告。听取市人民政府关于2022年财政预算执行情况和预算调整及2023年财政预算草案的报告。讨论市人大常委会工作报告。讨论市十五届人大二次会议有关事项。研究和部署市十五届人大常委会第九、第十次会议准备工作。市人大常委会各工委（室）交流2022年工作总结和2023年工作打算。 （何开元）

依法监督

【概况】 市十五届人大一次会议后，市人大及其常委会紧扣全市发展新要求和人民群众新期待，围绕“创新转型加速年”工作主题，对服务张家港创新发展、促进优化营商环境、助力做好疫情防控、民生实事项目实施、代表议案建议办理等开展工作监督，综合运用执法检查、工作评议、视察调研、专题询问等方式方法，聚焦监督重点，统筹推进科学立法、严格执法、公正司法、依法行政等工作，积极践行全过程人民民主，深入推进“四个机关”建设，不断推动新时代人大工作开拓创新，实现该届常委会工作良好开局。加强宣传工作，年内编印《张家港人大信息》12期，在张家港市人大常委会网站刊载信息300余条，在人大微信公众号发布信息350余篇，累计在新华社、中国人大网站、《新华日报》等省级以上媒体刊发各类稿件90余篇；新闻通讯《乡村夜话听民生》获第30届江苏人大新闻奖三等奖，《发生在老年过渡房里的全过程人民民主故事》获苏州人大新闻奖一等奖，《反映民意、集中民智、凝聚民心——张家港市人大常委会创立人大代表之家“一中心多站点”工作体系侧记》《“咚咚咚！”人大代表来敲门》等2篇新闻通讯获苏州人大新闻奖二等奖，《张家港市人大：让代表工作充满“民生温度”》《郁霞秋：带领长江润发走上“医药+医疗”转型之路》《张家港常阴沙：行走乡村网格间，架起为民连心桥》等3篇新闻通讯获苏州人大新闻奖三等奖；市人大常委会办公室获评省人大《人民与权力》杂志宣传通联标兵单位，市人大常委会办公室（研究室）副主任徐龙斌获评省人大《人民与权力》杂志优秀通讯员。

【重大事项决定】 3月中旬，市十五届人大常委会第二次主任会议听取市人民检察院关于《张家港市企业合规建设工作实施办法》起草情况的汇报。根据《市委关于健全人大讨论决定重大事项制度的实施细则》和《市人大常委会讨论、决定重大事项的规定》，经会议讨论，决定提请市十五届人大常委会第二次会议审议并作出决定。3月下旬，市十五届人大常委会第二次会议审议并表决通过《张家港市人大常委会关于推进全市企业合规建设工作的决定》和《张家港市企业合规建设工作实施办法》。会议认为，为深入贯彻习近平法治思想和党中央重大决策部署，落实最高人民检察院、司法部、财政部等九部门《关于建立涉案企业合规第三方监督评估机制的指导意见（试行）》和《苏州市优化营商环境条例》，提高全市企业合规建设工作质效，服务保障经济社会高质量发展，人大作出推进全市企业合规建设工作的决定和出台企业合规建设工作实施办法，将更加有力地支持市企业合规监管委员会依法开展各项工作，有利于促进相关机关单位履职尽责，形成工作合力，有利于进一步优化法治化营商环境、加强法治企业建设，保护企业健康发展，有利于固化改革试点经验做法、提升全市治理体系和治理能力现代化建设水平。

【环境保护工作监督】 3月，市十五届人大常委会第二次会议听取和审议市政府关于2021年度全市环境状况和环境保护目标完成情况的报告。针对产业结构不合理、环保能力建设仍有短板、跨地区与跨部门沟通机制不够完善、生物多样性保护有待加强等问题和不足，要求市政府及相关职能部门要全面贯彻新发展理念，把保护生态环境摆在更加突出的位置，以做好第二轮省环保督察反馈问题整改为契机，着力在生态文明领域打造“张家港样板”；严控源头污染，持续推动产业绿色转型发展，严格生态保护红线和生态空间管控区域保护；落实重点行业许可准入条件，严格实施项目准入，坚决杜绝“两高”项目（高耗能、高排放项目）盲目发展；深入推进生态质量指数体系建设，积极推出一批生态示范创建典型；注重标本兼治，持续推动环境治理能力提升，加强大气污染、水环境综合治理，加强土壤（固废）污染防治，推进“无废城市”建设；提升监管效能，持续推动生态环境风险管控，深入推进“双随机、一公开”环境监管，持续推进“互联网+执法”，不断完善生态环境“智慧平台”；加强云电力等先进技术设备运用，实现污染防治能力系统化、标准化、现代化；强化环境风险管控，深入排查环境隐患；建立完善医疗废物协同应急处置机制；深入推进水源地风险隐患整治。

【财政运行监督】 6月，市十五届人大常委会第四次主任会议听取市政府关于2021年度财政决算情况的报告和2021年度财政预算执行、决算草案及其他财政收支审计情况的报告。7月，市十五届人大常委会第四次会议听取和审议市政府关于2021年度财政决算情况的报告，听取市政府关于2022年上半年财政预算执行情况的报告，听取和审议市政府关于2022年地方政府新增债券预算安排的报告，听取和审议市政府关于2021年度财政预算执行、决算草案及其他财政收支的审计工作报告。针对经济恢复基础尚不牢固、有些项目未实现全过程绩效管理、刚性保障支出压力增大等问题，要求市政府及相关职能部门要聚焦挖潜增效，提升财政综合实力，把加强财源建设作为财政工作的重中之重，释放减税降费红利，抢抓长三角一体化发展机遇，发挥财政政策定向调控的优势，助推产业转型升级。要突出精打细算，健全预算管理体系，牢固确立“过紧日子”的理念，大力压减一般性支出；贯彻落实预算法及其实施条例，增强预算执行刚性约束；完善绩效管理体系，增强绩效对预算的约束作用。要优化支出结构，发挥资金使用效益，健全民生投入机制，着力保障就业等重点民生项目，积极发挥财政资金杠杆撬动作用，引导社会资本参与公共服务领域。要强化审计监督，助推经济平稳发展，加强跟踪督促和监督检查，及时向社会公告问题整改情况；强化被审计单位整改主体责任，落实审计整改挂销号制度；加强对审计查出问题的分析研判，切实发挥审计在促进港城经济社会高质量发展中的重要作用。

【代表议案、建议办理工作监督】 6月，市人大常委会对市十五届人大一次会议代表议案、建议办理情况开展专题督察。8月，市十五届人大常委会第五次主任会议听取市政府关于市十五届人大一次会议代表议案、建议办理情况的报告。11月，市十五届人大常委会第八次会议听取和审议市政府关于市十五届人大一次会议代表议案、建议办结情况的报告。针对议案办理中全市企业“智改数转”总体参与率不高、政策的精准扶持效果不够明显、专业人才相对缺乏等不足，会议要求市政府和各承办单位要坚持提高站位，进一步抢抓“智改数转”发展机遇，加强顶层设计和统筹协调，细化分解“智改数转”工作任务，引导传统工业企业积极参与转型；突出综合施策，进一步推进“智改数转”提质增效，打造“智改数转”的示范标杆企业，聚焦主导产业，以点带面推进全行业“智改数转”，开展“智改数转”诊断咨询服务，为企业提供可操作的解决方案和实施路径；强化要素保障，进一步形成“智改数转”工作合力，提升政策扶持水平，加大政策宣传引导力度，提高广大企业对“智改数转”重要性的认识，加强人才队伍建设，为企业转型升级提供强大智力支撑。针对代表建议办理过程中部门重答复轻落实的现象、少数建议在办理工作中与代表的沟通解释不够到位等不足，会议要求市政府和各承办单位要切实提高认识，不断提升建议办理工作的责任心和使命感。市政府及各承办部门要将办理代表建议作为改进部门工作、接受人民群众监督、为民办实事的重要内容，注重听取代表和群众意见，深入开展调查研究，仔细研究解决问题的有效措施，推动办理工作抓深抓实；加强统筹协调，严格落实代表建议办理制度，市政府要进一步强化跟踪督办，紧盯承诺举措的兑现和答复意见的落实，各主办单位要真正负起牵头责任，严格规范办理程序，按时高质量完成办理任务，各协办单位要进一步明确职责，主动配合，确保在规定时间内高标准、高质量完成各项任务；持续创新举措，不断提高代表建议办理质效，让代表提出的问题得到实质性解决，对一些代表重复提、多年提的建议，要认真做好办结“回头看”工作，使建议办理“代表满意”，更要“群众满意”。

6月21日，市人大常委会对市十五届人大一次会议代表议案、建议办理情况进行督察 （市人大办 提供）

【企业国有资产管理情况监督】 9月，市十五届人大常委会第六次会议听取和审议市政府关于张家港市2021年度企业国有资产管理情况的报告。针对全市国企市场化运作、竞争能力还不够强，产业链有待进一步拓宽，国企人才引进等机制需进一步改革，国资监管力量较为薄弱等问题，会议要求市政府及相关职能部门要支持国有企业着力提升基础产业科技水平和创新能力，进一步优化产业结构、提升产业附加值，助推区域传统产业转型升级和新兴产业培育集聚；夯实监管基础，持续提升国资管理质效，健全完善国有资产配置等配套监管制度，强化对国有资产的清查盘点，强化国资部门综合管理职能和资产所属部门的主体责任，明确相关监管单位的职责职权，建立健全联动监管机制，增强监管合力；筑牢安全防线，持续营造平稳健康环境，重点做好债务风险管控等工作，及时掌握重大投资项目动向，健全国有企业债务风险监测预警机制，充分利用信息化手段加强对各级企业债务风险的动态监测，加强债务管理，合理控制债务规模；深化国企改革，持续增强国有资本活力，切实完善法人治理结构，优化董事会和监事会组成结构，严格人员选聘和履职管理，进一步调整优化国有资本布局结构，建立完善考核制度、用人制度和薪酬制度，提高国有资本配置效率，推动国有资本做强做优做大。

【既有房屋安全保障工作监督】 7月，市人大常委会对全市既有房屋安全保障工作情况开展专题询问。针对既有建筑安全隐患排查质量有待提高、排查任务仍然艰巨、经营许可前置有待加强等不足，要求市政府及其相关职能部门要进一步深化认识，全面把握房屋安全保障工作的重要意义，牢固树立安全发展理念，确保既有房屋安全隐患排查综合整治工作稳妥推进；进一步细化举措，集中攻坚房屋安全保障工作的薄弱环节，市政府要发挥牵头抓总作用，狠抓住房领域安全风险隐患防范化解，消除监管盲区漏洞，补齐短板弱项，提前做好风险防范措施，坚决防范遏制重特大事故发生。相关职能部门要分工协作形成合力，扎实开展隐患整治，强化建筑安全动态管理，聚焦重点领域和关键问题，做到源头严防、过程严管、风险严控。各区镇要严格落实属地责任，做到房屋安全保障"一房一策"，对社会高度关注的经营性自建房开展专项排查，对具有潜在隐患的危房开展全面治理。市政府要进一步强化统筹，合力构建房屋安全保障工作的长效机制，建立健全房屋安全保障长效机制，加强对基层的科学指导和精准服务，下沉监管力量，支持全市既有房屋使用安全信息管理系统建设和维护，不断健全权责匹配、运行有效的工作体系；持续加强宣传引导，多渠道宣传既有房屋安全隐患排查整治的重要性和必要性，广泛普及房屋安全知识，强化对相关政策法规的宣传解读，强化以案释法，开展警示教育，畅通投诉渠道，引导群众积极参与排查整治工作，形成全社会共同关心、共同参与的良好局面。

【交通拥堵治理工作监督】 9月，市人大常委会对全市交通拥堵治理工作情况开展专题询问，针对高峰期局部路段交通拥堵、老旧小区停车难等问题，要求市政府及其相关职能部门要切实深化认识，进一步聚焦交通拥堵治理工作重点，既要立足当前，坚持问题导向，全力抓好城市治堵保畅工作；也要着眼长远，坚持标本兼治，深远谋划系统性、根本性解决方案，让群众在实实在在的变化中享有更多获得感、幸福感、安全感。要采取有效举措，进一步优化交通拥堵治理工作方案，牢固树立"以人民为中心"的发展理念，突出广大群众最关心最关注的交通出行问题，主动扛起城市交通拥堵治理的政治责任，进一步研究部署解决城区堵点具体措施，不断提升城市交通拥堵治理能力和治理水平；不断健全党委领导、政府主导、部门协作、社会参与、群众监督的工作格局，强化整体联动，密切协作配合，系统推进现代交通管理体系建设，打通交通治理"乱点""堵点"，持续巩固交通治理工作成效；进一步加大道路畅通的探索和改革力度，大力发展公共交通，积极倡导绿色出行，优化现有路网交通组织管理，疏解城市道路"毛细血管"，提高城市路网交通效率，让群众出行更快捷、更方便、更舒心。要不断创新思路，进一步凝聚交通拥堵治理工作合力，完善城市规划设计，构建与城市交通综合规划更加协调，与城市交通发展需求更加匹配的城市规划体系；大力提升交通数字化治理水平，以先进信息技术赋能交通运输发展，坚持硬件与软件同步、传统与科技并举，把城市智慧交通建设与数字城市建设更加紧密地结合起来，让交通管理与服务更加有序、高效、顺畅；树立"全民交通"理念，积极发动广大市民群众参与城市交通治理，持续加强宣传引导，通过群众喜闻乐见的形式，多渠道宣传普及交通法规，积极开展警示教育，形成全社会共同关心、共同参与的良好氛围。

【"两官"履职评议】 年内，市人大常委会首次对市人民法院部分员额法官、市人民检察院部分员额检察官的履职情况开展履职评议。5月，根据《张家港市人大常委会关于对法官检察官开展履职评议的规定（试行）》《张家港市人大常委会关于对法官检察官开展履职评议的实施方案》，市人大常委会组织召开"两官"履职评议动员大会，并通过随机抽取方式确定法院卜雪、王烈、周琳、钱璐、钱耀文、唐奇英等6名法官和检察院陆建军、周骐、徐晶等3名检察官作为2022年度评议对象。同时，市人大常委会成立"两官"履职评议领导小组和评议工作办公室，专门组织力量开展"两官"履职评议工作。通过旁听庭审、案卷评查、民主测评、走访调研、征集意见等方式对被评议对象履职情况进行全面了解。赴"两院"及基层法庭开展走访调研，认真听取市人民法院和市人民检察院班子成员、被评议对象科室负责人和同事的意见与建议，认真审阅被评议对象撰写的履职报告。组织市委政法委、市公安局、市司法局和"两院"优秀干警集中开展案卷评查，共抽查被评议对象经办的案件45件，逐卷进行交叉评审，查找问题。专门发函征集市纪委、市委组织部、市委政法委和市信访局等部门对被评议对象的意见，通过设立监督电话和信箱等方式征求市人大代表和社会各界对被评议对象的意见和建议，全面深入掌握真实情况。8月，市十五届人大常委会举行第五次会议，听取被评议法官、检察官履职情况的报告，进行无记名满意度测评。根据评议方案，全面汇总民主测评、案卷评查、满意度测评分值，实事求是得出评议结果。根据得分排序，唐奇英、钱璐两名法官和陆建军检察官获评"优秀"，其余法官、检察官获评"称职"。

【政府工作评议】 年内，市人大常委会组织对市公安局、市财政局、市城管局、市农业农村局、市市场监管局、市医疗保障局6个部门进行工作评议，成立工作评议领导小组和6个调研组，通过深入走访相关部门和服务对象、实地察看、民主测评等方式，广泛听取市人大代表、基层群众、服务对象及条线上级部门的意见。围绕被评议部门依法行政和履职尽责情况，推出整改问题清单：市公安局在工作中存在巡逻防控精准度不够高，多警种联动合成打击力度不够强，遏制网络诈骗等新型犯罪从源头上治理、根本上打击办法不多等问题和不足；市财政局在工作中存在预算管理水平有待进一步提升、经营性债务体量较大、债务风险持续升高等问题和不足；市城管局在工作中存在城管体制改革后条块协调机制尚未完全理顺、城市管理还不够精细、垃圾分类还存在处置能力缺口等问题和不足；市农业农村局在工作中存在农产品质量安全追溯体系建设有待强化、村级经济发展尚不平衡、乡村产业特色品牌竞争力不强等问题和不足；市市场监管局在工作中存在法律法规宣传贯彻力度还不够大、市场监管综合行政执法能力还需进一步提升等问题和不足；市医疗保障局在工作中存在医保改革还不够深入、医保服务能力水平还不够均衡、医保人才队伍建设还不够优化等问题和不足。调研组形成调查报告12篇，提出意见建议58条，先后召开两次常委会会议进行满意度测评，推动被评议部门改进作风，提高行政效能，推进政府依法行政。5月，在市十五届人大常委会第三次会议上，市公安局、市财政局、市城管局、市农业农村局、市市场监管局、市医疗保障局的工作评议满意度测评结果分别为100%、94.8%、94.8%、86.8%、94.8%、92.1%。会后，6个工作评议调研组分别召开通报会，通报评议调查情况和评议意见。各被评议部门按照评议意见，共制定整改措施84条，全力抓好整改落实。8月，在市十五届人大常委会第五次会议上，组织工作评议二次审议和测评。二次测评满意度结果为市公安局100%、市财政局94.6%、市城管局97.3%、市农业农村局100%、市市场监管局100%、市医疗保障局97.3%。（何开元）

执法检查

【概况】 年内，市人大常委会自觉维护宪法和法律权威，发挥法治建设中的职能作用。根据省、苏州市人大常委会统一部署，上下联动开展《中华人民共和国长江保护法》《江苏省长江水污染防治条例》《苏州市生活垃圾分类管理条例》执法检查，同时组织对《中华人民共和国环境保护法》《中华人民共和国治安管理处罚法》《中华人民共和国家庭教育促进法》等法律法规贯彻实施情况进行检查，对《关于在全市公民中开展法治宣传教育的第八个五年规划（2021—2025年）》贯彻落实情况进行督察，共指出问题13个，提出意见14条。

【环保法执法检查】 5月，市人大常委会就全市贯彻实施《中华人民共和国环境保护法》情况进行执法检查。针对贯彻实施中区域性环境空气质量问题依然比较突出、部分市级河道尚未达到功能区水质标准、生活垃圾分类管理还有短板弱项等问题，要求市政府及相关职能部门要切实增强全民环境保护意识，加大对环保法律法规和环保工作的宣传力度，切实增强全民执行《中华人民共和国环境保护法》等法律法规的自觉性。要充分发挥舆论监督作用，积极关注和着力解决社会和群众反映的相关热点、难点问题，广泛调动社会各方面参与环境保护工作的积极性，努力形成人人重视、关心、支持和参与环境保护的浓厚氛围。要持续推动产业绿色转型发展，严格生态保护红线和生态空间管控区域保护；实施严格管理，确保具有重要生态功能的区域、重要生态系统以及主要物种得到有效保护；严格落实重点行业许可准入条件，贯彻落实长江经济带发展负面清单；严控和淘汰“两高”项目，强化建设项目的全过程跟踪管理，确保“三同时”制度落实到位。要把生态文明建设作为倒逼产业转型升级的重要抓手，下大力气优化产业布局；加大政策和资金引导力度，积极推广和使用节能减排的新技术和新设备，加快生产工艺和设备的改进，积极推行清洁生产，大力发展循环经济，推动经济社会生态文明发展；全力提升环境保护水平，坚持系统推进，深入实施大气污染协同治理，有力推进水污染、水生态和水资源共治，持续强化土壤污染管控和修复。要进一步健全挂牌督办制度，逐一明确责任主体、整改时间和完成时限，着力解决好粉尘、异味、噪音等群众反映强烈的突出环境问题；深入打好污染防治攻坚战，对环保督察反馈意见指出的具体问题，要细化责任和措施，确保限时整改到位；认真落实上级决策部署，抓好长江大保护，推动经济社会绿色转型，深化环境治理，推进生态修复和保护，加快环境基础设施建设，持续创新完善环保体制机制，整体提升生态环境保护水平。要严厉打击各类环境违法行为，依法从严从重查处各类破坏生态和污染环境的违法行为；对群众反映强烈影响环境质量的突出问题，要采取挂牌督办、约谈、处罚等综合手段，加大督办力度，确保按时整治到位；积极开展经常性巡查和突击检查，保证治污设施、设备正常运转；加强对重点区域、重点企业的环境监管，严厉打击偷排、直排等严重环境违法行为；加大“铁腕治污”力度，对污染环境严重、治理达标无望的企业应坚决予以关停；发挥司法执法联动作用，提升执法效能，形成震慑威力。

【治安管理处罚法执法检查】 6月，市人大常委会就全市贯彻实施《中华人民共和国治安管理处罚法》情况进行执法检查。针对贯彻实施中宣传的广度深度还不够、社会治安管理仍存在薄弱环节、少数执法人员在执法时存在方式和用语不规范的情况等问题，要求市政府及相关职能部门要进一步加强法律的贯彻实施，加大宣传力度，提升法律社会知晓度；结合“八五”普法工作规划，不断创新和改进宣传的方式方法，广泛深入开展宣传教育；抓好重点区域、重点行业、重点单位、重点人群的普法教育，进一步提高全民法律意识，增强遵法守法观念；织密防控网络，消除社会治安隐患；强化职能部门与板块的联系，实时互通信息、定期联合排查，切实做到情况清、底数明；大力推进新一代雪亮技防工程建设（雪亮工程：以县、乡、村三级综治中心为指挥平台、以综治信息化为支撑、以网格化管理为基础、以公共安全视频监控联网应用为重点的群众性治安防控工程），加强整体布防；加强应急处置体系建设，形成专群结合、共建共治的防控格局；持续加强政治建警，坚定全警理想信念，增强为民服务意识和执法为民理念，培养基层干警的全局观念，提升案件办理的社会效果；持续改进实战练兵机制，构建响应需求、适应实战、全面发展的素质能力培训体系，打造一支政治坚定、业务精通、素质全面的队伍；注重调查研究，总结提炼经验做法；以《中华人民共和国治安管理处罚法》修订为契机，通过开展调研、理论研讨等方式，对全市相关工作进行总结提炼，形成高质量的经验做法，为上级相关法律的修订提供基层建议。

【家庭教育促进法执法检查】 9月，市人大常委会就全市贯彻实施《中华人民共和国家庭教育促进法》情况进行执法检查。针对贯彻实施中对《中华人民共和国家庭教育促进法》的宣传还不够到位，政府部门、区镇、学校、社区的工作合力有待进一步加强，家庭教育师资队伍能力水平有待提升，对特殊家庭的教育指导还需进一步加强等问题和不足，要求市政府及相关职能部门要进一步增强协同工作机制，发挥促进家庭教育事业发展的主导作用，鼓励和支持社会力量参与家庭教育工作，深化“家庭实施、政府推进、学校指导、社会参与”工作格局；市政府妇儿工委、妇联、教育等部门要切实承担起统筹协调职责，加强对家庭教育工作的督导，健全家庭教育工作长效机制；文体、民政、卫健、司法等相关部门要认真履行法定职责，加强协调联动和支持配合，协同推进家庭教育事业健康发展。要进一步加大专业保障力度，要重视专业人才队伍建设，发展壮大家庭教育专家团、讲师团、志愿者等指导队伍；重视专业阵地建设，充分挖掘线上线下各类社会资源，因地制宜创建灵活多样的组织形式，推动家庭教育指导服务站点从“有形覆盖”向“有效覆盖”转变；健全政府购买家庭教育公共服务的机制，重视专业社会组织培育，促进专业化、规范化建设。要进一步提升精准服务水平，要坚持问题导向和需求导向，结合未成年人身心发展的规律和特点，有针对性地开发和提供更加多样的家庭教育公共服务项目，常态化组织开展普惠性、实用性家庭教育指导和帮助；加强疫情之下未成年人的心理健康疏导，强化未成年人心理健康应急制度和工作机制建设，增强防范和处理极端心理事件的能力；加强特需研究和个案辅导，建立对特殊未成年人的关爱机制，保障单亲、留守、贫困、重残等特殊未成年人的家庭教育需求。

【“八五”普法规划督察】 8月，市人大常委会对全市“八五”普法规划落实情况进行督察。针对少数单位对普法重要性认识不够到位、专业普法社会组织有待健全、普法品牌知名度和影响力不足等问题，要求市政府及相关职能部门要提高站位，强化组织领导，严格落实普法责任制，将普法工作纳入各单位、各部门总体工作规划，统一部署落实；优化普法考核评价体系，细化考核内容、加强考核结果运用，通过完善考核体系进一步推动相关部门责任落实。要狠抓落实，不断提高全民法治意识和法治素养，要健全工作机制，继续完善“党委领导、人大监督、政府实施，各部门齐抓共管，全社会共同参与”的普法体制机制。要严格落实人员经费保障，建好用好法治文化宣传阵地；加强普法队伍建设，提升执法人员综合素质，充分调动基层村（社区）普法力量，汇聚普法合力；加强对各类普法社会组织的指导，借力、借智壮大普法力量，共同营造良好的法治氛围，推动全市普法工作再上新台阶。要紧盯重点，全面提升普法工作精准性和实效性，准确把握上级要求和群众需求，有针对性宣传引导法治实践、营造法治环境，提升普法工作的精准性；在普法内容上要紧紧围绕中心工作、社会热点和群众关切，精心设计普法活动；在普法对象上要抓牢领导干部、执法人员、青少年等关键人群，厚植法治思维。同时，要围绕重点领域、重点行业、重点工作进行重点普法，实现普法效果最大化。（何开元）

视察调研

【概况】 年内，市人大常委会先后就文旅融合发展、医保政务服务体系建设、智慧农业发展、港口经济发展、慈善事业发展、乡村产业用地情况、文教卫重点工程项目推进情况、企业国有资产管理情况、生活垃圾分类管理工作等组织调研、视察90余次，撰写《关于文旅融合发展情况的调研与思考——以张家港市为例》《打造践行全过程人民民主的“港城样本”——关于推进基层治理体系和治理能力现代化的探索和思考》《关于我市创新营造市场化法治化国际化营商环境的几点思考》《新形势下开展企业合规建设的探索与思考》等调研报告50余篇。其中，《关于我市智慧农业发展情况的调研报告》《关于我市港口经济发展情况的调研报告》《紧扣中心服务大局，凝心聚力开好新局——市人大常委会今年以来工作综述》获市委主要领导批示，《打造践行全过程人民民主的“港城样本”》获苏州人大优秀调研成果一等奖，《新形势下开展企业合规建设的探索与思考》获苏州人大优秀调研成果二等奖，《探索乡村产业用地新路径，赋能乡村振兴新发展——以张家港市乡村产业用地为例》《以法治思维护航民主监督——关于人大评议“微改革”的实践与思考》等2篇调研报告获苏州人大优秀调研成果三等奖，《关于我市创新营造市场化法治化国际化营商环境的几点思考》获苏州市第十六届哲学社会科学优秀成果三等奖。

【智慧农业发展情况调研】 3月17日，市人大常委会组织对全市智慧农业发展情况开展调研。调研组实地察看江苏善港生态农业有限公司、七彩明珠农业科技专业合作社、大农（苏州）农业科技有限公司，并召开会议听取全市智慧农业发展情况汇报。针对核心技术力量不足、数据集成应用能力较弱、有效运营机制和模式尚未建立、专业人才缺乏等问题，市人大常委会强调，市政府及相关职能部门、各区镇要切实加强领导，注重规划引领，强化宣传营造浓厚氛围，把智慧农业作为推进全市信息化改造、推动农业全产业链升级、深化乡村振兴战略的重要抓手；积极打造智慧农业应用场景，做大做强智慧农业特色品牌，为实现全市农业农村现代化，圆满完成智慧农业改革和数字乡村试点各项任务提供有力支撑；突出综合施策，多措并举破解智慧农业建设难题，建立农业生产、销售、流通等标准化工作流程，为智慧农业发展提供有益指导；着力提升农村信息化水平，注重科研合作与成果运用，强化智慧农业关键技术的创新攻关；集成农业物联网、大数据和区块链等技术，加快构建农业农村数据资源库，实现农业生产“全产业链”数字化管理；加大财政投入和涉农项目资金整合统筹力度，创新撬动更多社会资本投入智慧农业；细化乡村振兴战略，完善智慧农业激励考核机制，进一步优化政策、护航智慧农业发展；坚持辐射引领，以点带面提升数字乡村建设成效，加快数字化技术成果转化，将智慧农业与数字乡村建设相结合，不断激发农业各领域的创新活力；加快培育一批智慧农业示范标杆，归纳可复制、可推广的经验做法，推动实现农业示范基地、示范园进一步提质扩面；突出数字赋能高质量发展，建设智慧农业的"张家港场景"，打造数字乡村的"张家港样本"，全面提升全市农业农村智慧化水平，加快推进乡村全面振兴。

【港口经济发展情况调研】 4月7日至8日，市人大常委会对全市港口经济发展情况开展调研。调研组先后实地察看张家港海进江LNG接收站项目、中东石化、保税科技、港务集团，并听取各区镇和港口企业关于港口经济发展情况的汇报。针对港口岸线布局不尽合理、港口产业层次和效率有待提高、港口经济发展的支持保障体系建设有待加强等问题，市人大常委会强调，市政府及相关部门要坚持统筹规划，有效整合现有资源，强化顶层设计和统筹协调，充分考虑全市港口经济的发展现状及今后发展趋势，切实发挥规划作用，引领全市港口经济稳步增长；优化港口岸线布局，集约利用岸线资源，协调好保护与发展的关系，不断推进绿色、平安、智慧港口建设，促进经济社会平稳、健康、可持续发展；加强港航服务能力建设，打造港口特色服务品牌，加快融入沪苏港航交通组织一体化进程，充分发挥市场自主调节功能，实施分类分级和差异化管理，打造优质的营商服务环境；加快推进智慧平台建设，探索构建全市口岸综合信息服务平台，加强与长三角口岸之间电子口岸平台数据共享，以港务集团港口要素管理系统、保税港务三维信息化管理系统建设为引领，切实提升港口企业智能化生产运营水平；优化产业形态，不断促进转型升级，积极探索港口新业态，加快延伸港口产业链，加强与上、下游企业的深度合作，推动港口由"装卸运输港"向"物流贸易港"转型升级，为各类企业创造更大的发展空间；围绕港口特色货物品种，大力发展数字物流、智慧物流等物流新业态，全面做强产业物流，高水平建设一批高附加值的"两业"融合产业集群，形成具有"张家港特色"的港口经济发展模式，全力构建发展新优势；聚焦重点项目，充分释放发展潜能，在现有基础上，坚持补短板、强弱项，着力培育港口经济发展新的增长点，进一步优化临港产业布局，服务全市重大项目建设，实现港口、产业与城市经济社会的互促共进、协同发展；加快推进LNG项目建设，加快规划审批、航道锚地调整、土地征收及补偿等相关事宜，推进该重点项目尽早落地、早见成效，为临港产业发展注入新的活力，为港口经济发展增添新的动能。

【文旅融合发展情况调研】 4月26日至27日，市人大常委会组织对全市文旅融合发展情况开展调研。调研组实地察看了凤凰镇肖家巷双创中心、常阴沙林里小坐、德积街道永兴村、沙洲优黄文化展示中心等，并召开会议听取市政府关于全市文旅融合发展情况的报告。针对规划实施效果不够理想、资源整合能力有待进一步提升、文旅融合项目产品缺少核心竞争力、专业化运营机制还不够完善等问题，市人大常委会强调，市政府及相关职能部门要以更高站位做好文旅融合发展规划引领，不断健全完善文旅融合发展规划，调整相关政策，完善配套制度，强化超前布局和过程指导，进一步提高顶层设计的科学性、前瞻性、适用性，使其更加符合文旅中长期发展的客观需求。要着力破解旅游资源分散、体制机制受限、管理权限交叉等障碍，进一步加强区域融合互动，盘活特色资源，整合优势资源，打造文旅融合发展核心业务。要深化专题联席会议制度，形成分工协作、合力共推的工作格局，及时研究、协调、解决文旅融合发展中存在的重点、难点、堵点问题。要以更高标准做好文旅融合发展品质提升，以推动新时代文明阵地建设为抓手，将文明实践贯穿于文旅融合发展的全过程、各环节，进一步擦亮文明张家港底色；不断塑造城市文化内涵，实现旅游产业的文化赋能，优化公共文化产品供给。要做大做强文旅融合产业，强化以项目建设带动产业结构调优，聚焦重点示范性项目建设，培育一批市场潜力大、产业化程度高、具有影响力的项目，聚力打造文旅融合全域旅游精品线路、精品文创、精品形象。要持续加强要素保障，不断扩大财政投入的乘数效应，持续做优文化产业发展金融支撑，积极培养、引进、交流文旅融合方面的复合型人才。要推进文旅集团专业化运作，统筹优势文旅资源，壮大文体旅产业市场中坚力量。要以更高水平做好文旅融合发展氛围营造，持续优化营商环境，推动相关惠企纾困政策落实落细，不断加强政企沟通，助力疫情防控和经济社会发展双胜利。要积极营造良好的文旅消费环境，大力提振市场信心，培养文旅产业可持续发展内生动力。要创新打造文化气息浓厚、特色亮点鲜明的文旅融合空间。要着力发展成长度高、灵活性强、带动面宽的行业领域，不断丰富文旅行业消费应用场景。要积极回应数字经济创新要求，强化文化和旅游产业数字化创新驱动力，深度建设城市大数据平台，完善景区数字化基础设施建设，打造兼具文化和旅游特色的数字化新业态、新主体、新模式。

【医保政务服务体系建设工作调研】 7月14日，市人大常委会组织对全市医保政务服务体系建设情况开展调研。调研组实地察看经开区（杨舍镇）政务服务中心、市第一人民医院医保便民服务站、福寿康居家养老服务社、医保局服务大厅，并召开会议听取市政府关于全市医保政务服务体系建设工作情况汇报。针对基层医保力量相对薄弱、服务体系有待进一步完善、服务能力仍需进一步提升等现状，市人大常委会强调，市政府及相关职能部门要聚力优化医保政务服务环境，进一步优化医保大厅服务环境、简化服务流程、提升服务效率。要推行数智医保"1+N"平台建设，打破信息壁垒，探索数据共享、协同运用机制，为医保科学决策、精准治理、高效服务提供数据赋能。要全面落实医保政务服务“好差评”制度，强化评价结果应用，及时公开政务服务情况、评价结果及整改情况等政务服务评价信息，实现激励约束导向；聚力提升医保政务服务质效，将提升医保政务服务水平全面融入“放管服”和医疗保障制度改革发展大局，让医保改革发展的红利真正惠及广大人民群众。要坚持以“创则必成”的信心完成“15分钟医保服务圈”省级示范区创建工作，确保高标准通过验收。要围绕提升群众满意度和获得感，在帮代办服务模式、医保精细便民、慢病用药进社区等方面拓深拓宽，推动更多医保服务延伸基层，提高“身边办”“就近办”服务质效。要聚力完善医保政务服务体系，统筹推进医保政务服务管理体系建设、新时代医保治理能力和治理水平提升两个任务，实现精准服务和精细管理双轮驱动，构筑坚实的医保政务服务支撑体系。要围绕“优结构、强素质、塑形象”要求，通过专业培训、技能练兵、岗位比武等形式，配强配优医保队伍。要积极营造医保公共服务良好氛围，多渠道宣传医保政务服务相关政策和典型案例、听取服务对象的意见建议，广泛凝聚社会共识，积极回应群众关切。

【乡村产业用地情况调研】 7月29日，市人大常委会组织对全市乡村产业用地情况开展调研。调研组实地察看德积街道乡村融合发展中心项目、保税区垃圾分拣中心项目、冶金工业园（锦丰镇）五棵松科技园，并召开会议听取市政府关于全市乡村产业用地情况的报告。针对土地指标向农业农村倾斜力度较弱，设施农业配套、一二三产融合类农业项目难以满足用地需求，乡村产业用地政策难以真正落地等问题，市人大常委会强调，市政府及相关职能部门要切实加强领导，注重规划引领，紧扣乡村产业用地需求，谋划布局乡村产业体系；优化农村生产生活空间，通过村庄整治、土地整理等方式，尽量把节余的农村集体建设用地指标优先向乡村产业项目倾斜，增加乡村产业用地供给；加快确定新的国土空间规划，合理安排农田、建设、设施农业等用地空间，综合供给乡村产业用地；培育优质产业，注重引进农产品精深加工、新形态乡村产业、高技术农业等优质项目，推动农业产业链延伸融合，高质高效利用土地资源；立足特色资源，因地制宜发展多种经营，做优做强乡土特色产业，打造地域特色品牌，构建乡村特色产业体系；统筹城乡产业资源配置，打造一二三产融合发展示范园区和特色优势产业集群，进一步鼓励龙头企业与农户合作，支持村集体通过土地调控拓展增收渠道，让广大农民更多分享产业增值收益；指导各区镇尽快制定“多规合一”实用性村庄规划，合理安排用地空间，有效盘活土地资源；主动下沉对接重点产业项目，督促项目单位加快申报节奏，合理优化用地审批流程，护航乡村产业项目落地；实行分类服务，针对农产品加工业、乡村休闲旅游业、乡村新型服务业等不同项目类型，提供差异化服务，探索最合适、最有效的乡村产业用地途径，切实提高土地利用价值。

【既有多层住宅加装电梯推进工作情况调研】 10月19日，市人大常委会组织对全市既有多层住宅加装电梯推进工作情况开展调研。调研组实地察看通运新村恒丰苑、市增梯办一站式服务窗口、小城市新村、振丰新村，并召开会议听取市政府关于既有多层住宅加装电梯推进工作情况的报告。针对部门职责划分不够清晰、安全管理长效机制不够健全等问题，市人大常委会强调，市政府及相关职能部门要不断完善相关制度、健全管理体系，研究制定更具有针对性和操作性的措施，着力破解全市既有多层住宅增设电梯工作中的难点堵点；加大对既有多层住宅增设电梯工作的宣传力度，特别要注重发挥新媒体的优势，广泛深入开展政策解读宣传，通过解读政策文件、分析典型案例，让更多群众了解政策内容和办理流程；做好增梯发起、解疑释惑、矛盾协调等工作，针对签约难度较大的低层住户群众，通过正向引导和反向分析等方式，逐步消除业主顾虑，进一步提升群众增梯意愿；准确把握增梯工作中的问题和困难，把服务端口前移，把工作责任压实，通过“一站式服务”，变被动受理为主动服务，推进增梯工作提速增效；探索实施长效安全管理机制，落实小型工程属地管理责任，明确物业、社区、街道、市场监管等方面职责，不断提升施工和运维监管水平；进一步调动基层工作积极性，发挥社区在增梯工作中的作用，优先支持老年人、残疾人居住比例高的住宅依法增设电梯，不断改善居民居住条件；统筹推进既有多层住宅成片增设电梯，形成辐射带动示范效应，力争在覆盖面上“更上一层楼”，确保增梯工作继续在苏州稳居第一方阵；创新思维勇于破局，参照新实施的《中华人民共和国民法典》和新版《江苏省物业管理条例》等法律法规精神，借鉴相关城市成功经验，有效解决“增梯工作协调难”等问题；健全矛盾纠纷协解机制，引入人民调解机制参与协调，通过多方合作，逐步消除分歧、达成共识，真正把“增梯工程”做成百姓满意的“民心工程”，不断提升人民群众幸福感。

【防汛排涝工作视察】 5月25日，市人大常委会对全市防汛排涝工作进展情况开展视察。视察组实地察看汇金新城地下车库排涝设施、太字圩港闸站改建工程、拦门沙险工段抛护工程等，并听取相关情况汇报。针对防洪排涝工程体系还不够完善、现代化指挥决策系统尚未建立、统一的应急管理平台和会商机制还不够健全等问题，要求市政府及相关职能部门要坚持问题导向，落实防御措施，加强日常巡查监测和预警预报，实时掌握气候变化趋势，确保险情早发现、早处置，把险情化解在萌芽状态；对防汛薄弱环节、风险部位进行深入细致的再排查、再梳理，确保不留死角，切实消除隐患。要对一时无法消除的问题，落实各项安全措施、增强防御能力；对暂不能整治到位的易涝区段和隐患点，要设立醒目的警示标识，必要时采取人员巡查值守、现场疏导等措施。要深入开展妨碍河道行洪突出问题大排查大整治，将确保河道行洪安全纳入“河长制”目标任务，依法依规严肃处理侵占水域行为，加快清理违规建筑物、阻水障碍等，确保行洪畅通。要对城镇低洼地区、易积水区域、下穿式立交、地下空间、在建工地等重点区域，严格落实应急排涝措施，全力保障城市正常秩序。要高度重视学校、医院、粮库、加油站的应急防御，及时做好预警发布、人员疏散、交通管制等工作。要筑牢安全防线，提升应急能力，严格落实24小时值班制度和领导干部带班制度，及时做好灾情信息收集、报送和灾情数据核查工作。要针对防汛需求，及时补充更新防汛物资，重点提高物资配备的针对性，提升抢险救灾物资保障水平。要强化全市应急救援体系建设，特别是注意医疗、机械、电力、特种设备等方面的专业人才和队伍储备，加强技能培训和实战演练，确保应急队伍关键时候真正拉得出、冲得上。要注重提高人民群众主动防灾意识，加强新闻宣传和舆论引导，一旦有需要，确保预警信号及时传递到每位群众，做到不落一户、不漏一人。要压实工作责任，形成工作合力，市防指要牵头抓总，切实发挥统一指挥、统一调度作用；各区镇（街道）、相关部门要进一步发扬优良传统，坚决服从市防指的调度和指挥，认真履职、密切配合，共同做好预案、预测、预报、预警、响应和处置等工作，切实将防汛排涝各项工作抓实、抓细、抓出成效。

【慈善事业发展情况视察】 6月1日，市人大常委会对全市慈善事业发展情况开展视察。视察组实地察看杨舍镇福新苑老年人助餐点、市老年活动中心城南分中心养老服务时间银行、市慈善总会等，并听取相关情况汇报。针对慈善理念尚未完全普及、慈善筹资渠道有待拓宽、慈善组织自身建设仍需加强等不足，要求市政府及相关职能部门要不断加大政策支持和保障力度，持续健全慈善事业发展机制，完善慈善事业发展措施，进一步激发慈善行业活力和慈善组织生命力，努力在扶危济困、保障改善民生、促进共同富裕等方面发挥更大作用；坚持“政府推动、社会实施、公众参与、专业运作”的思路，坚持政府力量与慈善力量同向发力，确保慈善事业与全市经济社会发展水平相适应、与政府加强和改善民生工作相协调、与社会救助工作相衔接，促进慈善活动专业规范、慈善行为自主高效、慈善理念深入人心，全力构建“组织化、多元化、专业化、智慧化、规范化”的新时代慈善事业发展格局；聚焦社会困难群体、弱势群体，积极打造部门协作、全社会协同参与的“大慈善”格局，推动慈善事业在科教文卫、乡村振兴、城乡融合等领域的拓展和延伸，积极回应群众关切，探索解决发展不平衡不充分问题，全面推动全市民生和社会事业持续进步；健全慈善帮扶长效机制，把发展慈善事业作为社会建设的重要内容，鼓励社会各界以各类社会救助对象为重点，加强慈善与社会救助、社会福利、社会保险等社会保障制度的有效衔接；加大慈善资源向农村地区和城乡低收入群体的倾斜力度，重点解决好特殊困难群体的实际问题，积极培育多元慈善主体，拓宽多渠道参与机制，不断健全民间慈善组织，完善基层慈善综合服务平台，拓宽志愿服务渠道，构建形式多样、内容丰富、机制健全、覆盖城乡的志愿服务体系；积极探索培育“互联网+慈善”、慈善信托、智慧慈善等新的慈善形式，引导和规范其健康发展，为慈善事业发展添加新动能；坚持以社会需求为导向，丰富慈善项目内涵，充分发挥“云上+实体”慈善超市、“扬帆计划”“爱载暨阳”等一批重点项目的社会效应；突出典型引领，通过打造一批社会声望好、专业能力强、治理结构优的现代慈善组织和具有一定影响力的慈善品牌，以点带面推动全市慈善事业持续向好发展；加大慈善事业宣传力度，依托慈善组织和新媒体优势，以群众喜闻乐见的方式，开展形式多样、内容丰富的慈善实践活动和法律宣传，全面展示张家港市慈善事业发展成果，涵养慈善文化，为慈善事业发展营造良好社会氛围。

【“两院”半年度工作情况视察】 7月26日，市人大常委会视察“两院”（市人民法院、市人民检察院）半年度工作情况。视察组实地察看市刑事法律风险防控中心、刑事速裁庭，听取市人民法院关于诉源治理及半年度工作情况报告、市人民检察院关于企业合规改革试点及半年度工作情况报告。针对司法能力有待进一步提升、队伍从严管理有待进一步强化等不足，市人大常委会要求“两院”要紧扣发展“主旋律”，自觉用习近平新时代中国特色社会主义思想和习近平法治思想武装头脑、指导实践、推动工作，增强“四个意识”、坚定“四个自信”、做到“两个维护”，永葆政治机关的鲜明本色；始终坚持党的领导，忠实履行宪法法律赋予的各项职责，服务发展、服务大局，为全市高质量发展提供强有力的司法支撑；坚守司法“主阵地”，始终秉持“司法为民、公正司法”的宗旨，把维护公平正义作为价值追求，充分发挥职能作用，努力让人民群众在每一个司法案件中都能感受到公平正义；继续狠抓执法办案，依法履职尽责，着力打造特色品牌和精品案件，在争先创优上求突破，不断提升工作质效；强化服务意识，始终以人民为中心，充分发挥审判和检察职能作用，不断提高审判质量、法律监督效能和司法公信力；主动融入基层社会治理，精准提供法律服务，促进解决社会治理深层次问题，全力维护社会安全稳定大局；强化司法“主力军”，主动适应司法管理体制改革的新形势新任务，进一步打造信念坚定、清正廉洁、实力过硬、业务精湛的司法队伍；加强“两官”人才培养、专业办案团队建设和先进典型培树，以人大“两官”履职评议为契机，强化内部监督管理，纵深推进从严管党治警，持续加强司法队伍思想政治建设、党风廉政建设、业务能力建设；更加自觉接受人大监督，进一步创新工作思路，努力为人大代表深入了解、广泛参与和有效监督“两院”工作创造条件、提供平台、做好服务。

【率先基本实现农业农村现代化工作视察】 8月29日，市人大常委会对全市率先基本实现农业农村现代化工作情况开展视察。视察组实地察看五棵松科技园、神园葡萄、中山村“稻花乡俚”等，并听取相关情况汇报。针对特色农产品品牌影响力和市场竞争力普遍不够强、农房集中规划建设工作滞后、乡村产业发展用地需求紧张等问题，要求市政府及相关职能部门要对照评价指标体系，认真研究规则要求，找准全市在推进农业农村现代化工作中的薄弱环节，各部门、各板块根据分工主动认领，举一反三抓好整改落实。要积极对上争取，及时对接掌握考核口径，争取在年度综合考评中取得新突破。要确保疫情防控与农业农村工作“两手抓、两手硬”，抓紧把落下的进度补回来，确保按时序进度完成目标任务。要持续推进农业提质增效，严格落实耕地保护措施，加快推进高标准农田建设，推进科技兴农、质量强农和品牌富农，扎实推进重大项目建设，抓住国家数字乡村建设试点契机，大力推动智慧乡村和智慧农业建设。要全面打造百姓点赞的乡村，实施好新一轮农村人居环境整治提升行动，稳步推进特色康居乡村（示范区）建设，聚焦农户个性化建房需求，提供更多更好的政策及配套资源。要全力推进农民农村共同富裕，抓好强村群体建设，力争年底实现村均可支配收入递增；抓好农村集体“三资”监管，推动管理触角向农村集体企业、村级工程延伸；抓好富民增收行动，实施好农民收入倍增计划。要强化基层党组织建设，推动治理重心和服务资源向基层下移延伸，加强乡镇领导班子、村“两委”班子建设。要推进农村基础设施提档升级，加强乡村发展统筹规划，持续加大“三农”投入，进一步盘活农村存量建设用地，优先保障乡村产业发展、乡村建设用地，持续推进城乡公共服务一体化，加快建立健全全民覆盖、普惠共享、城乡一体的基本公共服务体系。

【文教卫重点工程项目推进情况视察】 9月1日，市人大常委会对全市文教卫重点工程项目推进情况开展视察。视察组实地察看精神文明建设张家港研究与交流中心综合项目、市第一人民医院急诊医学中心、市实验小学乘航校区等，并听取相关情况汇报。针对部分项目进度略有滞后、资金缺口较大，文教卫发展不均衡等问题，要求市政府及相关职能部门要进一步深刻认识文教卫重点工程项目建设工作的重要意义，坚持把办好重点工程项目建设作为服务中心大局、贯彻市委决策部署的重要举措，作为保障改善民生、增进群众福祉的具体行动，拿出更实举措，全力加快工程进度。各相关单位要对每个重点项目做进一步梳理，找准当前影响施工进度和投资任务完成的主要问题和关键节点，不断增强项目推进的整体性、系统性和协同性，进一步督促施工单位对照目标，倒排任务和工期，明确时间节点和要求，进一步加强检查和调度，确保达到预期目标。市政府要充分发挥项目建设服务保障职能，围绕项目建设需要，积极做好服务保障工作，突出解决好资金落实不到位、外部条件受限制等困难，确保项目推进到哪里，服务保障就跟进到哪里。市文体广电和旅游局、市教育局、市卫健委作为文教卫重点工程项目管理主体，要切实担负起主体责任，加强对文教卫重点工程项目的全过程管理，强化各个环节衔接、沟通、协调，持续开展跟踪监督，严格把好项目建设防疫关、安全关、质量关，真正把项目建成惠民工程、民心工程、放心工程。

【生活垃圾分类管理工作视察】 9月16日，市人大常委会对全市生活垃圾分类管理工作开展视察。视察组实地察看城北花苑小区、杨舍镇可回收物分拣中心、静脉产业园北控环境再生能源焚烧厂项目等，并听取相关情况汇报。针对部门合力有待加强、财政投入有待加大、终端建设速度有待加快、市民满意度有待提升等不足，要求市政府及相关职能部门要加强宣传引导，垃圾分类市级专班要会同市委宣传部、融媒体、教育局等相关单位建立多层次、广角度的宣传方式，运用多种渠道拓宽宣传受众，切实提高垃圾分类知晓度，真正实现由“要我分”向“我要分”的转变。各区镇要切实把责任分解到村（社区）、细化到基层网格内，打通垃圾分类的“最后一公里”，通过开展入户宣传等一系列的活动，切实把做好垃圾分类工作变成每个市民的自觉行动。要坚持问题导向，按照各类区域不同特点，进一步查漏补缺、消除盲区，重点完善符合农村实际的收运体系。公共区域和相关企业要因地制宜科学设置分类点位，并加强巡查和督导，真正把源头分类工作抓细抓实。要强化监督评估，把执行中央、省有关垃圾分类法律法规与苏州条例结合起来，依法依规履行职责，把法律明确的责任和义务落到实处，增强垃圾分类制度的强制力。要建立健全生活垃圾分类行政执法配套制度，规范执法流程，定期组织教育培训和交流学习，提升相关执法人员的能力水平，统筹开展全市层面的生活垃圾分类执法工作和专项行动，综合评定全市执法效能，协调解决重点、难点执法问题。

【科技创新工作情况视察】 10月18日，市人大常委会对全市科技创新工作情况开展视察。视察组实地察看苏州燎塬半导体有限公司、清控科创创新基地、张家港集成电路产业促进中心等，并听取相关情况汇报。针对科创载体量质仍有缺口、科创服务水平仍需提高等不足，要求市政府及相关职能部门要深刻把握习近平总书记党的二十大报告中关于科技创新的最新精神，始终坚持科技是第一生产力、人才是第一资源、创新是第一动力的重大理念，聚焦市委“创新转型加速年”主题主线，完善科技创新体系，不断塑造发展新动能新优势；全面推动科技合作、科技人才引进、科技孵化载体建设、科技型企业培育等重大工作。要紧盯目标任务不松劲，在优化考核机制、建设人才队伍、完善招商政策等方面持续发力，引入的项目既要有数量上的积累，更要有质量上的提升，为3年招引5000个项目打下坚实基础；在紧盯考核指标的同时，重视科技招商对全市经济长远发展的重要意义，精心组织各项工作，不断提高工作标准，将项目放在产业高质量发展的更高维度下精准研判其行业机会、优势风险，加速落户一批切实优化全市产业结构、兼具科技驱动力和市场潜力、能为未来城市发展带来新动力的优质科技招商项目。要进一步增强全市企业自主创新能力，通过广泛动员、定向辅导、对上争取等方式，加快培育形成科技型中小企业、高新技术企业、“瞪羚”企业、“独角兽”企业组成的多层次科技型企业矩阵。要鼓励企业坚持尊重劳动、尊重知识、尊重人才、尊重创造，加快建设重要人才中心和创新高地，着力形成科技人才竞争的比较优势，把各方面优秀人才集聚到科技创新事业中来。要立足当前谋长远，着眼抢占转型发展制高点，紧紧围绕打造创新驱动高质量发展的全国县域典范总目标，超前布局谋划，继续探索制定一批具有示范推广意义的创新政策和改革举措，努力形成具有全国影响力的“创新张家港”品牌。

【农房集中规划建设推进情况视察】 10月21日，市人大常委会对全市农房集中规划建设推进情况开展视察。视察组实地察看凤凰镇程墩村酒店弄和金港街道长山村新田里、朝东岸，并听取相关情况汇报。针对试点推进进度和示范效应难以达到预期、政策规定难以满足当前建房需求等问题，要求市政府及相关职能部门要高度重视农房集中规划建设工作，贯彻落实好市委关于农村住房改善的决策部署，在土地指标、资金安排等方面预留足够空间用于农房翻建，最大限度满足百姓对改善居住条件的迫切要求；镇村要尽快编制完善“多规合一”的实用性村庄规划，争取尽早实现村庄规划编制全覆盖。要按照村庄发展目标，统筹安排好宅基地、基础设施及公共服务设施、重要产业等方面布局；对农房、宅基地和农房翻建意愿等进行调查摸底，在此基础上制定切实可行的农房翻建五年规划，充分尊重民情民意，引导农民群众原址翻建、组团翻建、整村翻建，争取用3年至5年时间建成一批房屋宽畅整洁，庭院整齐利落，水清岸绿景美，满眼田园风光的张家港特色村落。要加强对百姓的政策宣传，针对集中规建点位的建设情况，深入细致做好广大群众工作，让他们了解村庄规划、建房政策、优惠措施等，不断激发百姓翻建农房的积极性主动性。要加强用地保障，农房翻建以使用存量建设用地为主，盘活的存量用地要优先保障乡村产业发展、乡村建设用地。要加强资金保障，进一步加大涉农资金整合力度，重点支持农房翻建所需基础设施和公共设施配套建设，提高财政资金使用效益。要加大对危房翻建、低收入群体农房翻建的支持力度，加快出台农房组团翻建奖补办法，在公共设施配套资金、农房建设补贴等方面为村、农民提供必要的资金支持；对于已经建成的农房集中建设区，要以城市化社区管理的理念，为农民群众提供更加完善配套的设施和服务，让他们居住更舒适、生活更便利。

【民生实事项目视察】 11月29日，市人大常委会就2022年民生实事项目（含“民生微实事”）实施情况开展视察。视察组实地察看云盘小学悦丰校区儿童友好出行交通设施建设、锦丰镇综合养老服务中心社区养老服务示范工程、市第一中学东校区增加优质教育供给项目、前溪公园“口袋公园”建设、120急救指挥中心智慧急救能力提升工程等民生实事项目，听取市政府关于2022年民生实事项目和“民生微实事”实施情况的报告。针对个别项目事前论证不够充分、少数项目建成后管护不够到位、民生实事项目整体宣传效果还有待加强等不足，市人大常委会强调，市政府及相关职能部门要深入贯彻落实党的二十大精神，高度重视民生实事项目推进落实工作。要统一思想认识，把群众满意作为办好民生实事的出发点和落脚点，进一步增强办好民生实事的紧迫感和使命感，对标对表、查漏补缺，坚持上下联动、协同配合，确保各类民生实事项目按期竣工、早见成效，不断增强广大人民群众的获得感、幸福感。要突出问题导向，及时了解民生实事项目推进过程中遇到的实际困难，采取行之有效的举措加以解决；对个别项目推进过程中存在的难度较大的问题，要及时进行专题研究，找准问题症结，明确推进方案，切实为项目推进创造良好环境。要关注项目进度，各项目承办单位、责任单位以及工程建设实施单位在确保工程质量和生产安全的前提下，严格对照既定时间表、路线图，科学安排施工进度，进一步优化推进民生工程的务实举措，努力以良好的工作成效向人民群众交上满意答卷。 （何开元）

代表工作

【概况】 年内，市人大常委会围绕《2022年度张家港市人大代表在人代会闭会期间开展活动的意见》，持续高质量打造人大代表之家“一中心多站点”工作体系，建设张家港市级人大代表履职中心，系统化展示新时代代表工作，打造全市代表学习交流履职的综合平台。以迭代升级、打造特色亮点为重点，出台《张家港市人大常委会关于在政法系统设立人大代表联络站的实施意见》，在市人民法院、市人民检察院、市公安局设立3个代表联络站，促进代表履职与政法工作深度融合，实现民生和法制领域代表联络站点建设的全覆盖。同时，特色代表联络站点不断涌现，如云上代表工作站、新兴产业人大代表联系点、人大代表连心车等，充分发挥接地气、贴民心、助发展的功能作用，为代表履职持续提供数字化、多元化、便捷化的载体服务。全市11个人大代表履职中心、157个代表联络站点常态化运行，累计1700余人次代表进站接待联系选民3800余人次，收集并答复意见建议1000余条，切实解决了一批群众身边的急难愁盼问题。制定印发《张家港市人大常委会关于进一步加强人大代表履职能力建设的意见》，组织召开代表工作推进会、代表履职培训等，加强对基层人大代表工作的指导，支持和保障人大代表依法履职，进一步提升代表履职能力。

【“主任接待日”活动】 年内，市人大常委会组织开展“主任接待日暨常委会组成人员联系代表和选民”活动，进一步落实“以人民为中心”的发展理念，搭建代表反映社情民意和政府部门接受监督的平台，畅通下情上达与上情下达的绿色通道，突出问题导向、目标导向、效果导向，全面推动人大常委会联系代表、代表联系群众的"双联系"制度走向规范化、常态化。全年开展活动11场，市人大常委会36人参加，听取并收集44名市人大代表、40名镇人大代表和43名选民的建议和意见，共计119条，其中提交市级层面处理77条、镇级层面处理42条。代表和选民的建议和意见主要围绕加大中小企业政策扶持力度、规范充电桩设置和管理、解决停车难问题等方面，年内均已答复办理完成，并通过小组活动、代表联系选民活动等方式召开座谈会，将市、镇两级建议答复办理的情况向代表和选民进行反馈，进一步提高闭会期间意见建议办理成效。

【代表工作推进会】 6月9日，市人大常委会召开全市人大代表工作推进会，听取各镇（区、街道、机关）人大代表工作情况汇报。会前，与会人员实地察看了塘桥镇牛桥村人大代表联系点、塘桥镇人大代表履职中心。市人大常委会强调，要进一步增强做好代表工作的紧迫感，把代表工作放在更加突出的位置，不断加强代表履职能力建设，大力支持代表依法履职；进一步提高塑造代表品牌的使命感，围绕服务中心大局，积极探索创新，进一步扩大代表工作的影响力，着力打造具有张家港特色的代表工作品牌；进一步加强提升履职效能的责任感，深入开展好代表主题活动，把持续推进人大代表之家"一中心多站点"工作体系建设作为践行全过程人民民主的重要抓手，充分发挥代表桥梁纽带作用，共同推动全市代表工作取得新成效、再上新台阶。

【"人大代表助民企"活动】 年内，市人大常委会紧扣"疫情要防住、经济要稳住、发展要安全"重大要求，深入开展"人大代表助民企"主题实践活动，创新打造"张代表"工作品牌，充分发挥全市各级人大代表作用，瞄准全局部署、平台创新、实处落脚"关键词"，聚焦办大事、办实事、办难事，助企纾困，跑出赋能发展"加速度"。组织全市五级人大代表和议政代表1421名，实地走访企业2023家，召开座谈会88次，发放调查问卷2779份，收集协调解决问题300余件，代表注册及帮助企业注册"政策计算器"累计2643家，确保惠企政策落实落细。同时深入企业、调研项目，摸实情、办实事、求实效，在惠企政策的"精准度""覆盖面"和"兑现率"上下功夫，深化"用户思维、客户体验"理念，形成《关于新形势下加快民营企业发展的调研报告》《关于企业提质增效助推高质量发展的实践与思考》《关于德积街道氨纶纱产业集聚发展情况的调研报告》等高质量调研报告15篇以及专报3篇，实实在在助企纾困，助推全市经济高质量发展贡献人大智慧和力量。

【苏州市人大代表"统一接待日"活动】 11月18日，根据苏州市人大常委会统一部署，张家港市人大常委会开展苏州市人大代表"统一接待日"活动，进一步密切人大代表同人民群众联系，更好地察民情、聚民智、惠民生，为张家港代表团出席苏州市十七届人大二次会议提出代表议案、建议，审议各项报告做好准备。全市设置10个会场，共接待群众130余人，收集到群众关于政务服务、城建交通、人才政策、教育医疗等方面提出意见和建议90余条。

【重点督办代表建议】 年内，市人大常委会完善"常委会分管领导牵头、各工委（室）和代表专业小组负责、主任会议督办"机制，坚持突出重点督办、对口联系督办和分类跟踪督办相结合，督促承办单位以实实在在的"办成率"，提升代表和群众的"满意率"。确定《关于积极推动我市电动汽车充换电设施布局规划更好落地的建议》《关于高质量推进垃圾分类收集工作的建议》《关于规范二手车市场经营管理的建议》《关于加强对全市工业地产顶层设计与规范指导的建议》《关于促进张家港生物医药产业发展的建议》《关于重视支持本土企业发展的建议》《关于加快治理老旧小区内"蜘蛛网"的建议》7件关乎民生、质量较高、涉及面广的重点督办建议。此外，市人大常委会会议审议通过10件优秀代表建议和市政府办、市发改委、市教育局、市工信局、市公安局、市住建局、市城管局、市文体广电和旅游局、市卫健委、市市场监督管理局等10家承办代表建议先进单位，引导全体人大代表进一步增强依法履职、为民代言的使命感和责任感，密切联系群众，深入调查研究，提出更高质量的建议；激励各承办单位进一步提高认识、强化责任，加大办理力度，在解决落实问题上下功夫，不断提高建议的办成率和满意度。

表3 2022年张家港市人大代表优秀建议一览表

建议号	建议人	建议事项	承办单位
6	徐　刚	关于积极推动我市电动汽车充换电设施布局规划更好落地的建议	市发改委
15	吴振宇	关于加快治理老旧小区内"蜘蛛网"的建议	市住建局
30	陆晓锋	关于明确征地安置批文下达涉及中间环节办结时间的建议	市自然资源和规划局
90	吴子嘉	关于加强全市校外培训机构监管的建议	市教育局
99	汪皖平	关于加强线上医疗服务渠道建设管理的建议	市卫健委
100	孙跃忠	关于促进张家港生物医药产业发展的建议	市科技局
125	汤卫华	关于重视支持本土企业发展的建议	市工信局

续表 3

建议号	建议人	建 议 事 项	承办单位
126	施一新	关于统筹发展传统支柱产业和新兴产业的建议	市工信局
127	邹　铜	关于加强对全市工业地产顶层设计与规划指导的建议	市发改委
157	黄　毅	关于加快张家港口岸服务中心平台建设的建议	市商务局

【民生实事项目满意度测评】 年内，市人大常委会制定《张家港市人大常委会关于2022年市政府民生实事项目联系监督工作实施方案》，成立6个民生实事项目联系监督小组，每个小组由市人大常委会领导带队、各工委牵头，分别联系3个至4个民生实事项目，组织开展民生实事项目情况督察。12月20日，市十五届人大常委会第九次会议举行，市人大常委会组成人员以无记名投票方式对2022年度23项民生实事票决项目完成情况进行满意度测评。此次会议应到市人大常委会组成人员33人，实到20人，发出测评表20张，收回20张，有效20张。

表 4　　2022年张家港市民生实事票决项目完成情况满意度测评结果一览表

序号	项目名称	测评结果					
		满意票（张）	满意率	基本满意票（张）	基本满意率	不满意票（张）	不满意率
1	城市靓化工程	19	95%	—	—	1	5%
2	“口袋公园”建设	20	100%	—	—	—	—
3	增加停车位供给	16	80%	4	20%	—	—
4	儿童友好出行交通设施建设	17	85%	3	15%	—	—
5	东三环（张杨公路—苏虞张公路）新建工程续建项目	16	80%	3	15%	1	5%
6	治理交通堵点	15	75%	5	25%	—	—
7	老旧小区改造	15	75%	5	25%	—	—
8	小区排水管网养护	18	90%	2	10%	—	—
9	增加优质教育供给	17	85%	3	15%	—	—
10	市特殊教育学校改造提升工程	18	90%	2	10%	—	—
11	健身步道提升工程	18	90%	2	10%	—	—
12	社区养老服务示范工程	19	95%	1	5%	—	—
13	市未成年人关爱保护中心改造工程	20	100%	—	—	—	—
14	残疾人居家就业服务中心建设	19	95%	1	5%	—	—
15	智慧急救能力提升	20	100%	—	—	—	—
16	市第一人民医院病房改造	19	95%	1	5%	—	—
17	疫情防控体系能力提升工程	18	90%	2	10%	—	—
18	名院名医进港城	19	95%	1	5%	—	—
19	电动自行车集中充电场所建设	18	90%	1	5%	1	5%
20	老旧电梯安全评估	18	90%	2	10%	—	—
21	食用农产品质量安全提升工程	19	95%	1	5%	—	—
22	污水处理能力提升	16	80%	4	20%	—	—
23	厨余垃圾处理能力提升	15	75%	5	25%	—	—

（何开元）

【编辑　宋佳辰】

张家港市人民政府

Zhangjiagang Municipal People's Government

市政务服务大厅投资项目一站式服务中心　（市行政审批局　提供）

综　述

重要会议

政府施政

政务服务

外事工作

信访工作

对口帮扶

机关事务管理

張家港年鑑(2023)

综　述

【概况】2022年，市政府全面落实"疫情要防住、经济要稳住、发展要安全"的要求，紧扣"创新转型加速年"工作主题，与时俱进大力弘扬张家港精神，积极应对疫情反复和多重超预期因素冲击，高质量发展在大战大考中取得新的成绩。张家港市连续四年获评省推进高质量发展先进县（市、区），"推动外贸稳定和创新发展"等12项工作获省政府办公厅督察激励通报表扬，总数位列全省各县（市、区）第一。

经济质效并进　市政府坚决贯彻落实中央关于疫情防控的决策部署，准确把握防控形势任务，高效应对处置多轮外地输入疫情。全面加强重症医疗资源储备。经济运行稳中加固，规模以上工业总产值达到5957.82亿元，稳居全国工业百强县（市）前三。细化落实稳住经济一揽子政策措施，为企业办理"缓、减、退"税超100亿元。促进银企深度合作，新增授信金额1442.6亿元。新增上市企业3家，总数达到31家，其中科创板5家。支持企业组团出海稳订单、拓市场，跨境电商B2B出口额居苏州第一。聚焦"4+4"重点产业方向，研究出台《促进有效投资、推动产业用地提质增效工作方案》，创新构建用能权、排污权、用水指标"集中池"，建立健全重大项目"直通车"、领导挂钩服务等工作机制，累计引投超10亿元重要节点项目30项，全年实际利用外资9亿美元。完成工业投资214.13亿元，新兴产业投资占固定资产投产比重提高4.7个百分点。

创新驱动发展　市政府聚焦"调高、调轻、调优"产业结构目标，推动产业创新集群高质量发展，高标准获评首批国家创新型县（市）。在全省率先推行产业创新集群高质量发展扶持政策"积分制"管理，4条新兴产业链营收、利税分别比上年增25%、70%。新增工信部大数据产业发展试点示范项目2项、智能制造优秀场景1个，获评省智能制造示范工厂1家、省"两业融合"试点企业3家。新增国家级专精特新"小巨人"企业13家，获评数超历年总和。完成科技招商项目超1200项，有效高新技术企业955家，新开工科创孵化载体累计超200万平方米。全国首个科技创新研修院启动运营，江苏省氢能技术创新中心落地揭牌。4家国家级科技企业孵化器被科技部认定为优秀等次，数量位居全国县（市）第一。新增省级工程研究中心1家、省级企业技术中心12家，入选省关键核心技术（装备）攻关产业化项目4项。新增国家级人才计划10人、省"双创计划"13人、"姑苏计划"58人、高技能人才7128人。长三角科创企业服务中心苏南中心、光束汽车生产基地等纳入虹桥国际开放枢纽建设（苏州）相关方案。新增对外开放泊位1个，在全省率先探索推行进口转关"离港确认"模式，"水水中转"效率大幅提升，完成进出口总额466.7亿美元、比上年增7.4%，获评国家进口贸易促进创新示范区。完成实际对外投资7.1亿美元，总量列苏州第一。133个事项实现"跨省通办"，1283个事项实现"一网通办"。组建张家港创新投资集团，市属国有及国有控股企业营收增长20%。

城市功能提升　全市完成第三次国土调查，科学划定"三区三线"，编制综合交通规划、轨道交通线网规划。南沿江城际铁路主体工程完工，通苏嘉甬铁路、张靖皋长江大桥开工建设；苏张高速、轨交宜锡张线等研究工作有序推进；城区快速路加快建设，东三环建成通车，G346张家港绕城段改扩建工程全面推进，东二环开工建设，南二环前期工作基本完成，基础设施投资比上年增123%、增速列苏州第一。开展美丽宜居城市建设试点，张家港湾滨江生态廊道建设、凤凰江南桃源小镇获江苏人居环境范例奖。高标准完成率先基本实现农业农村现代化三年行动。编制新一轮镇村布局规划，非搬迁撤并类村庄提升至81%。城市智能体项目获2022亚太区智慧城市大奖，张家港入选全国首批数字家庭试点城市，高标准通过国家数字乡村建设试点验收。组建城市更新中心、城市保护发展公司，标准化改造集贸市场3家，完成老旧小区改造5个，建成"口袋公园"30个。新增城镇污水处理提质增效达标区21个，自来水深度处理率达100%。新增停车位8000余个。建成农村生活垃圾分类省级试点镇1个、省级垃圾分类达标小区96个，生活垃圾实现全量焚烧。探索实施"房票"安置新模式，着力缩短群众在外过渡时间。

减污降碳推进　市政府坚持山水林田湖草沙一体化保护和系统治理，深入打好污染防治攻坚战，第二轮中央、省生态环境保护督察反馈问题整改有序推进。太字圩闸、十一圩枢纽、走马塘泵站等省级重点水利工程全面开工，治理劣Ⅴ类水体91个，建成幸福河湖100条，国省考断面、通江骨干河道水质优Ⅲ比例达到100%。加速推进"无废城市"建设，建成投运小微企业危废"绿岛"1个。全面落实长江干流禁捕退捕各项任务，新增长江湿地保护小区2个，自然湿地保护率提至76.3%，入选国家典型地区再生水利用配置试点城市、全省首批生态产品价值实现机制试点城市。编制碳达峰行动方案，有序淘汰煤电落后产能，非电行业燃煤企业降至4家，关停退出化工企业4家。深入推进产业用地更新"两集聚两提升"行动，盘活存量空间386.67公顷。张家港市获评省自然资源节约集约利用模范县（市、区）、省土地执法模范县（市、区）。

民生事业进步　市政府把稳就业放在更加突出的位置，落实稳岗返还资金1.5亿元，减免企业失业保险费超6亿元、基本医疗保险费1.6亿元。成立全国首家"调裁审执"劳动保障维权一体化服务中心，在全省率先推行工伤保险差别化浮动费率试点，成为全省首个快递企业参加工伤保险全覆盖的地区。智慧养老服务平台建成启用，新建综合养老服务中心6家。低保对象精准救助率、困境儿童应保尽保率、残疾人"两项补贴"精准发放率均保持100%。张家港市入选全国青年发展型县域试点，获评省第十二届双拥模范城（县、区）。24个民生实事项目高效推进。沙洲中学北校区等13所新建改扩建学校投入使用，新增学位1.1万个。高标准通过学前教育普及普惠县（市、区）省级验收评估，获评全国义务教育优质均衡先行创建县（市、区）。张家港市第一人民医院急诊医学中心建成投用。建成医保便民服务站106个，230种慢病用药下沉社区。承办央视中秋晚会，举办首届张家港发展大会。长江文化节列入长江国家文化公园江苏段建设方案。蝉联中国群众文艺领域政府最高奖群星奖，成为全国唯一连续两届获得该奖项的县（市）。获评全国全民运动健身模范县（市、区）。"邻里港湾"项目获评省基层社会治理创新成果奖。同时，全市经济社会发展中还存在一些问题，主要是发展不确定因素增多，消费不振、预期转弱的局面尚未得到根本扭转，市场主体特别是中小微企业生产经营还很困难；传统产业占比偏高、新兴产业规模偏小的问题依然突出，支撑发展的重特大项目还不多；资源空间容量压力较大，存量土地利用效益不高，挖潜盘活力度还要继续加大；深层次融入长三角一体化、苏州市域一体化发展的步伐不快、成果不多，"苏锡通"几何中心的区位优势有待发挥；对标群众新期待，教育、医疗、养老等公共服务优质均衡发展水平有待提升，生态环保、安全生产等领域潜在风险隐患不容忽视；一些政府部门求真务实、创新突破的精气神还需提振，眼界、理念、能力与当前发展要求还不相适应。（陆家成）

【民生实事项目】 2022年，张家港市政府确定实施民生实事项目24项。城市靓化工程、"口袋公园"建设、增加停车位供给、儿童友好出行交通设施建设、东三环（张杨公路—苏虞张公路）新建工程续建项目、治理交通堵点、老旧小区改造、小区排水管网养护、健身步道提升工程、市未成年人关爱保护中心改造工程、残疾人居家就业服务中心建设、疫情防控体系能力提升工程、名院名医进港城、电动自行车集中充电场所建设、老旧电梯安全评估、食用农产品质量安全提升工程、污水处理能力提升、厨余垃圾处理能力提升、实施"民生微实事"等19个当年度项目全部完成；5个跨年度项目中，社区养老服务示范工程提前完成，增加优质教育供给、市特殊教育学校改造提升工程、智慧急救能力提升、第一人民医院病房改造等4个项目结转至2023年。梁丰高中高品质提升工程、建设市一院急诊医学中心、新建沙洲中学北校区、"菜篮子"工程提升、原第四水厂深度处理改造、"公厕革命"等6个往年结转项目完成。（张 芮）

重要会议

【概况】 2022年，市政府召开常务会议17次，先后审议安全生产、应急管理、生态环境保护、帮助市场主体纾困解难、城镇燃气安全、招商引资、农村人居环境整治、对口帮扶、地下市政基础设施建设、教育设施布局、数字经济、医疗保险、重大项目、食品安全、金融发展、城市更新、卫生健康、社会保障、民生实事等年度重点工作事宜。召开全市性会议39次，其中市委、市政府联合召开13次。会议主题涉及创新转型加速、优化营商环境、经济工作推进、重大项目建设、科技招商、金融工作、安全生产等方面。市政府在1月19日召开全体（扩大）会议，紧扣"创新转型加速年"工作主题，推进政府全年各项目标任务。召开专题学习会议14次，专题学习党的二十大精神、习近平总书记重要讲话精神、《中华人民共和国科学技术进步法》《中华人民共和国反电信网络诈骗法》等，收听收看上级电视电话会议40次。

【市政府常务会议】 1月22日，市十五届政府第1次常务会议召开，听取近期全市疫情防控工作情况，研究部署春节期间疫情防控工作，听取关于贯彻落实《关于更加有效发挥统计监督职能作用的意见》的情况汇报，审议《张家港市安全生产"十四五"规划》《张家港市应急管理体系和防灾减灾建设"十四五"规划》《张家港市"十四五"生态环境保护规划》。

3月7日，市十五届政府第2次常务会议召开，听取近期疫情应急处置工作，研究部署下一阶段疫情防控工作，审议《关于进一步帮助市场主体纾困解难着力稳定经济增长若干政策措施的实施方案》《张家港市既有建筑危险住房解危指导意见》《张家港市既有建筑安全动态管理工作机制》《张家港市城镇燃气安全排查整治工作实施方案》《关于深入开展"创新转型加速年"招商引资进阶行动的实施方案》《市人力资源和社会保障局、市财政局关于我市机关事业单位养老保险原有试点期间个人缴费衔接资金的请示》《关于推进考古前置工作的实施意见》。

3月24日，市十五届政府第3次常务会议召开，听取全市安全生产工作情况汇报，部署下一阶段重点工作，学习《中华人民共和国科学技术进步法》，审议《2022年度张家港市重大行政决策目录》。

4月8日，市十五届政府第4次常务会议召开，审议《2022年张家港市生活垃圾分类工作行动方案》《关于"十四五"开展农村人居环境整治提升行动高质量推进生态宜居美丽乡村建设的实施方案》《张家港市全民科学素质行动规划（2021—2035年）》《关于发布张家港市第三次国土调查主要数据公报的请示》《张家港市2022年度对口帮扶支援合作和南北挂钩工作计划》《进一步加强村（社区）劳动保障服务能力建设的实施意见》。

4月24日，市十五届政府第5次常务会议召开，传达贯彻省政府季度工作会议精神，听取全市一季度经济运行情况汇报，研究部署下一阶段工作，听取近期安全生产情况及加强企业复工复产等安全生产工作建议，审议《张家港市加强城市地下市政基础设施建设工作方案》《张家港市"十四五"教育设施布局专项规划》。

5月13日，市十五届政府第6次常务会议召开，学习《中华人民共和国食品安全法》，听取近期城镇燃气安全排查整治工作情况汇报，研究部署下一阶段工作，审议《张家港市人民政府工作规则（修订稿）》《张家港市加强企业技能工匠培育计划（2022—2025年）》。

6月15日，市十五届政府第7次常务会议召开，听取全市城乡生活污水治理工作情况，研究部署下一阶段工作，审议《张家港市"十四五"教育事业发展规划》《张家港市推进数字经济时代产业创新集群建设2025行动计划》《张家港市关于促进商业补充医疗保险发展的实施意见》《张家港市数字人民币场景推广工作方案》。

7月7日，市十五届政府第8次常务会议召开，学习《中华人民共和国审计法》，审议《张家港市自建房安全专项整治实施方案》。

7月27日，市十五届政府第9次常务会议召开，传达学习苏州市林长会议暨申报国际湿地城市动员会精神，研究部署下一阶段工作，听取全市上半年经济运行情况及下一步工作建议的汇报与全市半年度消防安全形势汇报，审议《张家港市住宅室内装饰装修管理办法》《张家港市一刻钟便民生活圈推进实施方案》。

8月26日，市十五届政府第10次常务会议召开，听取全市"散乱污"整治工作开展情况，审议《张家港市促进有效投资、推动产业用地提质增效工作方案》《张家港市重大项目建设推进工作机制》《苏州市创建国家食品安全示范城市张家港工作实施方案》《张家港市金融业发展规划（2022—2025年）》《张家港市开展无证建筑补充办证工作方案》。

9月17日，市十五届政府第11次常务会议召开，审议《张家港市法治政府建设实施方案（2021—2025年）》《关于成立第三届张家港市人民政府行政复议委员会的通知》《张家港市人民政府行政复议委员会工作规则》《张家港市人民政府行政复议委员会案件审议会议议事规则》《关于调整市区禁止使用高排放非道路移动机械有关规定的通告》《关于加强和规范农村宅基地管理工作的通知（试行）》。

9月28日，市十五届政府第12次常务会议召开，传达学习全国安全生产电视电话会议以及省、苏州市续会精神，部署当前及下一阶段重点工作，审议《关于深化全市应急管理综合行政执法改革的实施方案》《张家港市集体土地所有权调整指导性意见》《张家港市相关资源要素协调保障实施方案》。

10月22日，市十五届政府第13次常务会议召开，审议《张家港市安全生产工作职责分工协调办法》，学习《中华人民共和国农产品质量安全法》，听取全市城市更新工作推进情况，审议《关于扎实开展城市更新行动的实施方案》《关于组建张家港市城市更新中心（筹）的建议方案》《关于组建张家港市城市保护发展有限公司的建议方案》。

11月10日，市十五届政府第14次常务会议召开，审议《关于深入打好污染防治攻坚战的工作方案》《张家港市"十四五"卫生健康发展规划》《关于调整城乡居民基本养老保险待遇和被征地农民社会保障相关标准的请示》《关于确定社会保障费用筹资标准和个人分账户余额一次性记入城乡居保个人账户月数的请示》。

11月30日，市十五届政府第15次常务会议召开，传达习近平总书记重要指示精神、吴政隆书记批示精神、全省安全生产电视电话会议及苏州市续会精神，部署下一阶段重点工作，听取近期疫情防控工作及老年人新冠病毒疫苗接种情况，部署下一步工作，审议2023年三级重大项目规划方案、2023年民生实事项目规划、《张家港市"12345"政务服务便民热线公共服务平台运行管理办法》。

12月13日，市十五届政府第16次常务会议召开，审议《关于2022年国民经济和社会发展计划执行情况和2023年计划报告的汇报》《关于主要发展指标2022年完成预计及2023年目标规划情况的汇报》《张家港市推动新兴服务业高质量发展2025行动计划》《张家港市市长质量奖评定管理办法》。

12月21日，市十五届政府第17次常务会议召开，审议《政府工作报告（审议稿）》《张家港市农民收入倍增计划实施方案》《张家港市餐饮场所"瓶改管、瓶改电"集中改造工作实施方案》。 （陆家成）

政府施政

【概况】 2022年，全市制定《张家港市2022年政务公开工作要点》，细化分解全年任务。强化全流程政务公开，不断深化决策、执行、管理、服务和结果"五公开"，增强公开实效、丰富公开内容。全年在市政府门户网站主动公开政府信息11847条，政策解读116条，发布专题专栏9个，网上调查67次，开展在线访谈25次。60个政务新媒体发挥其在政务公开方面全方位、立体化传播优势，形成以"张家港发布"政务微信、政务微博为龙头，整体协同、响应迅速的政务新媒体矩阵体系，提升政务新媒体公信力、影响力。常态化开展政务公开工作培训，进一步规范全市政府信息公开申请受理、审查、处理、答复等程序，全年收到政府信息公开申请539件，均依法按时办结。全年未发生涉及政府信息公开责任追究情况。 （贯 翰）

【市促进有效投资、推动产业用地提质增效工作方案印发】 9月9日，市政府办公室印发《张家港市促进有效投资、推动产业用地提质增效工作方案》，提出进一步选准选好项目，促进产业用地提质增效，充分发挥产业项目"四两拨千斤"的作用，最大限度拉动有效投资。方案要求盘活存量工业用地空间，着力推动各类工业载体提档升级。优化工业载体供地形式，启动产业园区（工业集中区）更新改造，加快产业用地"退二优二"进程，统筹村级经济载体建设规划，规范二级市场监测监管。加快存量产业用地项目建设，"一企一策"推动项目投产达效。加强重大项目推进管理，严格项目开竣工延期管理，健全投产达效跟踪服务。加强产业用地项目准入，数字化推动全生命周期履约监管。严格项目准入评审流程，更新准入评审相关标准，完善项目评价指标体系，充分体现土地价值，报备项目优惠条件，强化监管协议违约责任，加强监督考核，搭建数字化监管服务平台。

【"十四五"教育事业发展规划出台】 9月5日，市政府印发《张家港市"十四五"教育事业发展规划的通知》，提出围绕高质量发展主题，紧扣立德树人根本任务，高站位加强学校思想政治工作,高品质推进教育内涵建设,高水平推动对外合作交流,高效能优化教育治理体系,全力构建高质量教育体系,奋力将张家港教育打造为为国育才阵地、优质均衡高地、人民满意福地,率先建成义务教育优质均衡发展标杆县(市)和教育高质量发展示范县(市),初步建成"扎根港城大地、人民群众认可、同类城市领先"的全国一流"现代化教育名市"。计划到2025年,全市基础教育发展水平、综合实力走在全国前列。基础教育:推进学前教育普及普惠发展,在省、市优质园就读比例达到90%以上,学前三年教育毛入园率达100%,公办园和普惠性民办园在园幼儿比例超90%,创成全国学前教育普及普惠县。推进义务教育优质均衡发展,省定现代化办学标准学校比例达100%,率先通过国家义务教育优质均衡督导评估认定,义务教育巩固率达100%。推进普通高中优质多样发展,高中阶段教育毛入学率超过99%,持续优化普职比。职业与社会教育:推进职业教育优质融合发展,融入苏锡常都市圈职业教育改革,完成职业教育新一轮布局调整,创建国家"优质中职学校",职业教育学徒制人才培养专业(群)覆盖率超75%,不断提升"双师型"教师比例及水平。推进社会教育优质开放发展,创建省"终身教育学习体验基地"1至2家,全市城乡居民社区教育参与率达65%以上,全市新增劳动力人均受教育年限超过15.7年,劳动年龄人口平均受教育年限超过12.55年。高等教育:推进高等教育办学体制改革,建成符合张家港经济社会发展和产业布局特色的应用型本科大学1所,持续推进江苏科技大学张家港校区建设,大力发展研究生教育。加强高等教育专业建设,建设一批符合全市产业发展方向的高水平专业。本科生在校规模规划达到16000人左右,研究生在校规模达到1000人左右。

【"十四五"卫生健康发展规划出台】 11月29日,市政府办公室印发《张家港市"十四五"卫生健康发展规划》,认真落实习近平总书记关于卫生健康工作的重要论述,贯彻新时代卫生与健康工作方针,坚持基本医疗卫生事业公益性,突出高质量发展主题,深化供给侧改革主线,全面推进外引内联、医防融合、平战结合、扬长补短等工作,持续提升区域医疗卫生服务功能和服务优势,建成"健康中国"县级城市标杆。坚持人民至上、健康第一,坚持系统整合、资源共享,坚持政府主导、多元参与,坚持改革创新、提质增效,坚持法治引领、综合治理。计划到2025年,人均预期寿命大于84岁,居民健康素养水平大于等于40%。

【"十四五"民政事业发展规划出台】 1月14日,市政府办公室印发《张家港市民政事业发展"十四五"规划》,牢固树立"以人民为中心"发展思想,突出"高质量"主题、服务"一体化"大局、加快"现代化"进程,深化改革创新、全面提质增效、夯实基层基础、激发内生活力,努力打造全省领先、长三角示范、全国一流的现代民政事业发展典范,奋力开创具有时代特征、张家港特色、一体发展、人民满意的现代民政事业新局面。"十四五"时期,围绕"建设创新转型的实力之城、包容并蓄的活力之城、一体融合的协调之城、文明善治的典范之城、美丽和谐的宜居之城、共建共享的幸福之城,奋力打造全国县域高质量发展示范标杆"的战略部署,坚持目标导向、问题导向和结果导向,全力打造张家港现代民政高质量发展"五大典范"。计划到2025年,张家港民政系统党的建设全面加强,相关制度更加成熟定型,民生兜底保障更精准、更有温度,基层社会治理更高效、更具活力,基本社会服务更专业、更高品质,民政事业现代化建设取得明显进展,整体发展水平继续走在全国全省前列。

【全民科学素质行动规划制定】 4月13日,市政府印发《张家港市全民科学素质行动规划(2021—2035年)》,着力开展青少年、农民、产业工人、老年人以及领导干部、公务员等五大重点人群科学素质提升行动,着力抓好科技资源科普化、科普信息化提升、科普基础设施、基层科普服务能力提升、科学素质开放合作等五大科普基础工程,推动科普理念、科普内容、传播方式和服务模式等全面创新,构建主体多元、手段多样、供给优质、机制有效的全域、全时公民科学素质建设体系。计划到2025年,形成全社会参与、大众化覆盖、全地域行动、全媒体传播的科普工作新格局,全市科学技术教育、传播与普及的基础设施体系更加普惠,公民科学素质建设的组织实施、机制体制、条件保障等体系更加完善,科学精神在全社会广泛弘扬,崇尚创新的社会氛围更加浓厚,"科学普及与科技创新同等重要"的认识更加深入,公民具备科学素质的比例力争达23%,继续保持全国全省前列,全市各板块、各人群科学素质发展更为均衡,带动全社会文明程度实现新提高。 (陆家成)

表5　　2022年张家港市民生实事项目一览表

序号	项目名称	建设内容	投资额(万元)	完成情况
1	城市靓化工程	市区路灯增补工程,对西门北村、范庄新村(杨舍医院西侧)、花园浜三村、铜盆新村等18处照明盲区增设路灯389盏;市区节点夜景灯光改造工程,对世纪大厦、沙洲中路(长安路—港城大道)两侧建筑、沙洲西路及购物公园等部分景观灯具进行改造,全年更换各类景观灯具18148套	941.80	完成

续表5

序号	项目名称	建设内容	投资额（万元）	完成情况
2	“口袋公园”建设	选定30处街角、道旁、老旧小区、学校周边等小微绿地，建设小而精、功能全的“口袋公园”，改造面积约3万平方米；同时选取一批口袋公园增加色彩鲜明、童趣十足的儿童元素	2500.00	完成
3	增加停车位供给	深入推进停车便利化工程，全市改造新增停车位8000个	5600.00	完成
4	儿童友好出行交通设施建设	建设符合儿童需求的道路交通设施，主要包含人行非机动过街设施、右转信号灯、辅助按钮信号灯、发光灯带斑马线、反光标识等内容	300.00	完成
5	东三环（张杨公路—苏虞张公路）新建工程续建项目	建设双向六车道一级公路6.08千米，起于346国道鹿苑互通南侧，终于苏虞张公路，设置南苑路、新泾路、苏虞张公路三处互通	50000.00	完成
6	治理交通堵点	对市区朱港巷路（南门路至长安路段）、泗杨路百桥路口、暨阳湖大道港城大道路口、暨阳湖大道金港大道路口以及国泰路张杨公路路口等5个易堵点进行改造，对市区46处侧分带豁口进行封闭补种绿化	605.00	完成
7	老旧小区改造	对花园浜南村、南苑新村、沙工新村、小河坝新村、万红二村（西区）五个老旧小区部分楼幢实施综合改造，涉及住宅59幢、住户2331户，总建筑面积约17.7万平方米，主要包含雨污分流、外立面刷新、室外停车位、道路及绿化增补、管线整治等内容；对老旧小区5000户住户进行天然气改造	9800.00	完成
8	小区排水管网养护	对城区范围内各类住宅小区开展雨污水管网一体化运维管护工作	1000.00	完成
9	健身步道提升工程	在张家港公园、东横河北侧部分区域，新建和改造面积约14000平方米的塑胶健身步道，同时增添科学指导、绿色人文、红色旋律等氛围	300.00	完成
10	市未成年人关爱保护中心改造工程	选址于市儿童福利院内，利用原有设施综合改造为市未成年人关爱保护中心办公、活动和生活等场所，以及区域性儿童福利机构服务场所，改造面积约2500平方米	750.00	完成
11	残疾人居家就业服务中心建设	建立残疾人居家就业服务中心，通过搭建残疾人居家就业供需平台和资源对接平台，做好残疾人居家就业的招募、培训、上岗等工作；当年培训500人，争取帮助200人居家就业	220.00	完成
12	疫情防控体系能力提升工程	发热门诊和PCR实验室能力提升，标准化救护车辆洗消中心建设和医疗救治隔离病房改造，福前医学观察集中隔离点防控体系建设，卫健系统疫情防控硬件能力提升和规定人群核酸检测、疫苗接种等；冷链食品疫情防控常态化能力提升工程；学校常态化防控能力提升工程	9700.00	完成
13	名院名医进港城	引进长三角优质医疗资源，提升全市医疗卫生技术服务水平，包括长三角医疗合作项目挂牌及运行、苏州大学附属儿童医院张家港医学中心运行	700.00	完成

续表5

序号	项目名称	建设内容	投资额（万元）	完成情况
14	电动自行车集中充电场所建设	在全市主次干道、商业综合体、背街小巷、居住小区新建充电头1.5万个	2500.00	完成
15	老旧电梯安全评估	委托第三方专业机构对投入使用满15年的176台老旧电梯进行安全评估	150.00	完成
16	食用农产品质量安全提升工程	开展以“双落实”（落实食用农产品交易市场开办者、市场内入场销售者主体责任）、“四提升”（提升数据采集、溯源运营、快检扩面、系统集成四方面能力）为主要内容的提升工程，重点解决占全市80%供应量的青草巷批发市场外来农产品质量安全问题，打造“生产有记录、质量有检测、产品有凭证、消费有信心”的张家港市食用农产品质量管理体系	400.00	完成
17	污水处理能力提升	建设金港污水厂二期扩建工程，污水处理规模每天2.5万立方米，总能力达到每日5万立方米；建设城区3个污水处理提质增效达标区	11052.00	完成
18	厨余垃圾处理能力提升	将全市厨余垃圾处理能力提升至每日300吨左右，具体涉及经开区等相关区镇	5360.00	完成
19	实施民生微实事	在全市城市社区开展社区治理、消除安全隐患、整治社区环境、文化体育特色和关爱居民公益等民生微实事项目，充分发挥居民议事会作用，解决社区居民身边的小事、急事、难事	2000.00	完成工程类项目197项、服务类项目156项，社区覆盖率100%
20	增加优质教育供给	相关学校建设工程：市一中东校区新建工程，实验小学乘航校区新建工程，实验幼儿园北园区新建工程	50200.00	市一中东校区、实验小学乘航校区完成主体结构施工并验收，实验幼儿园北园区新建工程完成初步设计方案
21	市特殊教育学校改造提升工程	对市特殊教育学校提档升级，拆除1幢教学楼，新建1幢综合楼，建筑面积5600平方米	4400.00	完成项目手续、方案设计、施工图设计、招标等前期准备工作，完成旧楼拆除以及新楼的桩基施工和土方工程
22	社区养老服务示范工程	建设6家综合养老服务中心，为老年人提供专业养老服务，为辖区内其他居家养老服务设施提供示范功能；建成10家老年人助餐点，扩大全市老年人助餐服务的覆盖范围	3325.00	完成
23	智慧急救能力提升	完善院前急救应用系统，打通院内、院前信息互通，进一步完善急诊、急救平台信息应用，主要包括：院前急救，分站急救接诊，院内急诊、急救，五大中心，以及区域急诊、急救数据底座和急诊、急救应用平台；智慧急救站点信息通过“今日张家港”实时查询	863.00	完成区域急救接诊分诊系统建设，实现120急救与市一院、中医医院、澳洋医院互联互通，并推进区域胸痛、卒中小程序等急诊急救应用开发
24	第一人民医院病房改造	对市一院综合楼改造，面积约35000平方米，包括内部装修、电气工程、给排水改建、空调工程、智能化工程和消防工程等	6900.00	完成EPC招标、定标和施工图设计、初步图审等前期准备工作

（张　芮）

政务服务

【概况】 2022年，市行政审批局持续深化“放管服”改革、优化营商环境，深入推进简政放权、放管结合、优化服务，助力全市重大项目高效落地，推动政务服务改革高质量发展。至年末，市行政审批局政务大厅可办理37个进驻政务服务部门的1362项政务服务事项，政务服务事项进驻实体大厅比例85.98%，其中行政许可类事项625项，即办事项占比75.24%。全年办理各类行政审批服务事项31.6万件，承诺件按期办结率达到100%。市行政审批局获评“2022年度全国政务服务百佳实践单位”。

【“一网通办”平台体系建设】 年内，市行政审批局推进政务服务管理平台（三期）运维运营平台建设，推动政务服务线上线下深度融合，进一步提升政务服务水平，拓展政务服务数据应用，梳理形成“一网通办”情况统计图表，为“一网通办”平台日常运营提供数据报表支撑，完成“一网通办”大屏运营分析功能建设，为各级领导及工作人员提供辅助决策参考。全面落实网络身份认证试点工作，依托省一体化政务服务平台，牵头市自然资源和规划局、市税务局等多个部门完成商品房线上转移登记试点应用总体功能建设，打通不动产登记、税务等系统数据壁垒，实现与国家网络身份认证测试版App对接。通过数据共享和精简材料，商品房线上转移登记申请材料从原先的9份减至0份，基本实现材料“免提交”，不动产登记服务效能大幅提升。稳步推进全市“互联网+监管”平台项目建设工作，牵头市“12345”联动服务中心、市大数据管理局等多个部门，基本搭建完成张家港市“互联网+监管”系统主体功能，完成1个中心（监管大数据中心）、2个门户（服务门户和工作门户）及3个子系统（风险预警系统、综合分析系统和效能评估系统）建设，完成与苏州市“互联网+监管”系统、市投诉举报系统、市公共信用信息系统3个系统对接联动。至年末，初步形成市县互通、全面对接、依法监管、多方联动的监管“一张网”，有效提升全市监管工作整体水平。

【工程建设项目审批制度改革】 7月，投资建设项目一站式服务中心建成运营，通过投资项目报建集中式办理，集中业务骨干，着力打造项目报建“微客厅”，初步实现线上线下融合一体式审批，项目审批服务效能进一步提升。至年末，指导区镇及企业完成建设项目网上申报1648个，涉及审批事项4631个，累计答复咨询325件，事项办理174件。协调推进工改审批全流程线上服务，持续优化工改系统功能，完成工改系统服务界面布局更新，并完善系统模块功能设置，切实增强工改审批服务便利性。推进工改系统与苏州起重机系统、省电力系统、政府投资项目审批等系统平台对接，完成安全备案、质检审查、施工许可并联办理流程设置，减少安全承诺书等申请材料，进一步压缩工程审批办理时限。协调市政报装、保税区施工许可、竣工备案等事项办理纳入工改平台，确保全市建设工程审批全链覆盖，全年新增市政报装办件35个。聚力服务全市重大项目高效落地，以企业需求为导向，大力推行重大项目全程代办服务，对服务成果、服务经验进行提炼总结，指引企业快速理清全链申报流程，全年为268个重大项目靠前服务，为11个重大项目提供全程代办服务。依托市镇帮办代办服务体系及时跟踪项目进度，加强部门联动，强化土地、规划、能耗等相关建设要素协调保障。及时跟进对接企业，持续做好预审服务咨询解答、接件受理、协调处理等工作，累计为185个项目提供预审服务。

【企业登记管理】 年内，市行政审批局全面推广企业开办全程网上办理，实现企业开办线上“全链通”和线下“一窗式”融合发展，至年末，“一窗融合”总办件4088家，线上办理率92%，全量实现一个工作日办结，全流程0.5天办结率位居苏州大市区县板块前列，全年为新办企业减免刻章费用约122万元。全市登记各类新设市场主体24296户。其中，新登记内资企业（非私营）903户，注册资本213.98亿元；新登记私营企业7223户，注册资本380.07亿元；新登记个体工商户16099户，注册资金23.7亿元；新登记农民专业合作社9户，注册资金1110万元；新登记外商投资企业71户，投资总额9.19亿美元，注册资本6.03亿美元，其中外方认缴5.08亿美元；50家外资企业办理增资手续，增加投资2.97亿美元（保税区无数据），新增注册资本4.47亿美元，其中外方认缴2.42亿美元（保税区无数据）；36家外商投资企业办理注销登记手续。至年末，全市登记有内资企业（非私营）7235家，注册资本3481.3亿元；私营企业66528家，注册资本4321.85亿元；个体工商户141948户，资金数额173.48亿元；农民专业合作社406家，资金总额9.6亿元；外商投资企业1269家，投资总额257.43亿美元，注册资本185.69亿美元，其中外方认缴110亿美元。全市市场主体总数216980户，全年发放电子营业执照8197户。

“e沙洲”帮办代办服务团队为企业提供上门服务（市行政审批局 提供）

【政务服务“数字化转型”】 年内，市行政审批局全面落实电子证照创新推广与共享应用，以本级电子证照为基础，积极对上申请省、苏州市电子证照目录资源，实现居民身份证、户口簿、营业执照等31类入库电子证照，在全市1283个政务服务事项中互通共享，支撑政务服务业务办理过程中44.7万次电子证照调用，269项政务服务事项可利用“苏服码”调用，12类电子证照实现材料免提交。继续承接省级“长三角电子证照应用”试点，成为连续2年承接该项试点工作的城市，身份证、户口簿等7类电子证照在21个政务服务事项中实现长三角地区共认共享，长三角地区互通互认程度不断深化，数字化转型步伐持续加快。高质量完成政务服务数字地图建设工作，根据苏州市数字政府“一网通办”工作任务安排，在苏州大市范围内率先完成政务服务数字地图相关数据汇聚、接口对接工作。汇聚市、镇、村（社区）三级政务服务大厅地图信息266处（政务服务中心1处、政务服务分中心6处、便民服务中心12处、便民服务站247处），24小时自助服务区地图信息17处，通过直观展示各级政务服务大厅和其他公共服务场所地理位置、受理事项、排队叫号情况等信息，为企业和群众提供在线预约、就近办事等智能导航服务。

【利企便民服务举措】 2022年，市行政审批局推进企业开办“全城通办”服务，将企业开办专窗服务向乡镇延伸到位，利用“1+6”分布格局实现企业开办业务市、镇两级一体化。依托“证照登记自助服务一体机”，实时调取各审批机关电子印章、一体机刷脸认证等数字资源，实现苏州市营业执照全城通取。推广住所登记申报承诺制和企业“一照多址”备案，提高企业住所登记便利度，减少事项材料、简化办理条件、增加公告途径，便利市场主体准入注销。3月，成功办理江苏首个企业“歇业备案”，在全省率先开启探索企业休眠服务先河，该举措大幅降低疫情期间企业经营成本，受到央视及省级媒体报道。先后协助企业办理浙江省绍兴市、上海市奉贤区对外贸易经营者备案登记及公司变更等事项，跨地区、跨部门审批服务高效运行。开启“企业迁移一件事”办理，全年办理内资企业迁入11家，配合周边县市完成企业迁出7家。社会事业综窗常办业务新增商务局对外贸易经营者备案登记项目，应急管理局事项委托业务试行收件，大厅部门窗口业务分批纳入综窗统一收件，综合窗口服务效能持续提升，至年末，社会事业综窗收件总量5373件，其中咨询357件、办结5016件。

（殷　明）

外事工作

【概况】 2022年，张家港市因公出国（境）9批22人次；初审外国人至中国邀请材料4批9人次；至年末，全市累计申办APEC商务旅行卡524张，为企业在后疫情时代的技术引进、人员交往和对外合作提供必要支持。市政府外事办受理并处置涉外事（案）件7起；接待外宾4批28人次。8月27日，首届张家港发展大会召开，邀请国外友好（交流）城市代表、张家港市外交人士代表发“云祝福”“云探亲”视频，并在大会上举行张家港市2021年“荣誉市民”和“城市贵宾”授予仪式；7月至9月，开展张家港市公共场所外语标识专项整治工作。

【入境人员疫情防控】 年内，市政府外事办秉承“慎终如始”理念，靠前站位，主动作为，常态化做好涉外疫情防控工作，先后紧抓境外返张家港人员信息排摸，强化经上海入境到（返）张家港旅客接驳转运工作管理，合力做好上海入境旅客阳性事件处置，排摸在张家港的外籍人士2000余人、张家港在境外人员5000余人，累计接驳从上海口岸入境到（返）张家港人员291批982人。

【首次外语标识专项整治开展】 为进一步提升张家港市对外形象，优化营商环境，提升国际化水平，7月，市政府办印发《关于张家港市推进公共场所外语标识专项整治工作实施方案的通知》，要求全市各相关单位、各区镇（街道）按照“谁设置、谁整改”原则，自查应急避难场所、高铁站、城市公共交通站点、商业综合体、公园、图书馆、城展馆、行政服务大厅、文化中心等公共场所，对错误的外语标识限期整改到位。同时，通过《张家港日报》、张家港新闻、偶偶张家港、今日张家港等平台制作专题视频对此项工作进行宣传推广，邀请广大市民共同参与。至年末，109处英文标识整改到位。

（姚　佳）

信访工作

【概况】 2022年，市信访局学习贯彻新的《信访工作条例》，科学制定学习方案，组织开展5期轮岗轮训，参与培训300人，全面提升市、镇两级信访干部的岗位业务和群众工作能力。全年受理信访事项6225件，其中受理纸质信件597封，网络信件（含微信信访、网络投诉）1804件，市长信箱2296件，接待群众到访1528批3296人次。接访事项中，市信访局接待到访群众1365批3128人次。省级交办的攻坚事项全部办结，300件国治件全部办结，审核办结率100%。随着遗留积案大量清仓，张家港市持续保持全省信访工作先进行列，被省信访局评为全省信访先进县（市、区），2022年度全省信访工作示范县（市、区），治理重复信访、化解信访积案专项工作先进县（市、区），获“2021年度规范越级进京访专项工作成效显著单位”等称号，市人民来访接待中心获省级“‘人民满意窗口’先进单位”称号，市信访局办信科被市委、市政府表彰为“创新转型加速年”先进集体，副局长陈珍被省人社厅、省信访局表彰为全省信访系统先进工作者。

【市党政领导接访下访工作】 年内，市级党政领导坚持开展“天天听民声”活动，面对面倾听群众诉求，解决群众急难愁盼问题。2022年累计接待到访群众121批124人次，所有信访事项均能及时反馈和有效处置。在高位推动下，信访事项办理质效得到显著提升，及时受理率、按期答复率均为100%，群众满意率达到97%以上，均列苏州地区前茅。

【市信访巡回仲裁庭成立】 6月25日，市劳动人事争议信访巡回仲裁庭暨人力资源服务行业和谐劳动关系工作站成立，实现来访接待、法律援助和人社仲裁院调解、仲裁等工作一体融合，综合运用法律、政策等手段和困难帮扶、教育疏导等方法，引导群众通过法定途径表达诉求，妥善化解劳动纠纷信访积案，为到访群众一站式提供"信访+劳动仲裁"的融合服务，减少群众访累、诉累，打通群众维权"最后一千米"，最大限度将矛盾纠纷就地仲裁、即时调解、就近化解，让"群众来回跑"变成"只需访一次"。至年末，市信访巡回仲裁庭收到符合受理条件的劳动人事争议案件15起，达成案前调解9起，立案处理6起，已全部结案。通过仲裁工作有序开展，为当事人挽回经济损失405.31万元。 （胡士家）

对口帮扶

【概况】 2022年，张家港市继续对口帮扶宿迁市宿豫区，对口支援新疆维吾尔自治区巩留县、重庆市云阳县、西藏自治区林周县。省委组织部、省财政厅、省乡村振兴局"五方挂钩"帮扶单位由徐州市丰县调整为泰州市兴化市。全面完成东西部协作贵州省铜仁市沿河土家族自治县各项工作，继续走实"精准培养、精准资助、精准就业"路径，继续帮助当地学子在沙洲职业工学院就读成长。善港村工作组主动延长驻村帮扶时间，8月撤离沿河县高峰村。除省财政在张家港市统筹的资金（项目）外，全年对上述地区实施对口帮扶项目42项，提供援助资金5040万元，包括市财政出资3763万元、各区镇财政和机关企事业单位及个人对口援助1277万元。其中，援助宿豫区3165万元、巩留县1066万元、兴化市500万元、沿河县188万元、云阳县75万元、林周县46万元。

【对口地区间交流】 年内，张家港市与受援地开展形式多样的交流活动。张家港市领导出访3批。7月6日至7日，副市长蒋新峰率市发改委、市委组织部等部门赴宿豫区协调推进两地合作工作，并出席张家港·宿豫南北结对帮扶合作座谈会。8月3日至4日，副市长何剑率市卫健委、市第一人民医院、市第三人民医院、市疾病预防控制中心、市妇幼保健院等卫生健康单位赴宿豫区开展对口交流，并签订卫生健康南北共建高质量发展合作协议。11月8日，市委书记韩卫率团赴宿豫区，推动南北联动共建。对口地区领导到访4批。7月1日，西藏林周县委常委、政法委书记刘军率团到访，并到永联村考察乡村治理工作。9月1日至2日，宿豫区政府党组成员、张家港宿豫工业园区党工委书记赵国锋率政企代表团到张家港市开展交流，助推两地工商联缔结为友好工商联。9月27日，宿豫区副区长康建平带队到张家港市考察教育事业发展情况，并签订合作共建协议。10月13日，省委驻兴化市乡村振兴工作队队长、兴化市委常委、副市长汪园率队到张家港市交流"五方挂钩"重点工作。

【张家港宿豫工业园区建设】 年内，张家港宿豫工业园区紧扣特色创建，聚焦项目招引，食品饮料、智能制造等产业集群加速发展。全年完成签约项目9项，分别是苏科高新、鼎捷科技、德力丰环保、晶鑫科技、快乐食品、嵘隆紧固件、沐辰科技、云母鹤丝绸、华晶电子项目；新开工项目7项，分别是宁欣龙机械、德力丰环保、鼎捷科技、嵘隆紧固件、沐辰科技、华晶电子、威龙机械项目。园区还盘活闲置低效用地10.8公顷，建设15万平方米标准厂房。张家港市帮助招商落地发展的百威公司获评国家级"绿色工厂"，助力宿豫区实现零的突破。园区新增国家高新技术企业2家，新增规模以上企业2家，实施超1000万元技改项目2项，转化高科技成果5项，推广工业机器人应用10家，新增市级企业研发机构1家，实施产业链核心技术攻关项目1项，新增"上云"企业3家，建设工业互联网标识解析介入企业10家，实施规模以上企业"智转数改"10家，登记科技型中小企业15家。全年科研经费投入2244万元，技术合同交易2.6亿元。年末，经省发改委和省商务厅批复，园区开始建设省级特色园区。园区全年实现一般公共预算收入1.06亿元，比上年增29.58%；完成工业入库税收1.64亿元，比上年增20.59%；工业增值税4706万元，比上年增67.4%。

【援藏援疆】 年内，张家港市与西藏自治区林周县、新疆维吾尔自治区巩留县继续在业务、人才、项目、技术等方面开展全方位协作。援藏方面，塘桥镇继续支援西藏林周县边交林乡建设资金40万元，支援当杰、卡优、色康3个行政村共6万元。援疆方面，根据省财政统筹安排援疆资金20184万元，实施帮扶项目20项，高质高效完成"大援疆"目标任务，并发放"小援疆"资金795万元，做实做细"自选动作"，精准支持当地经济社会和民生事业发展。援建九年一贯制学校、公共文化中心、消防救援综合训练馆、人民医院综合病房等公共服务设施，推动"百名头雁进港城"专项培训工作做优特色，先后举办中青班、高质量发展研修班、教育系统教学骨干能力提升班等培训班9次，帮助提升干部综合素质和履职能力。围绕打造一批专家工作室、特色专科学科，帮助建成"张家港—巩留医学影像会诊平台""卒中中心"和"胸痛中心"，并捐赠200万元为巩留县购置10台新冠疫情防控医学服务车，帮助其提升服务保障能力。按照国家级标准，支持援疆品牌"北纬43°"，实施"一基地三中心"众创空间建设，叠加电子商务公共服务中心、伊犁巩留礼物展示中心、张家港伴手礼展销中心等功能，打造北纬43°线下旗舰店，还新开江苏鸿逸泰农业、张家港酒店集团和张源园3个销售门店，推动巩留特色农副产品进食堂、进商超、进学校，完成销售超5000万元。深化文化润疆，促进民族交流交往交融。张家港锡剧艺术中心与巩留县歌舞团共同创排现代音乐剧《蝶恋天山》，并聚焦援疆团队奉献边疆、造福群众的先进事迹，创拍微电影《云杉谣》。举办“援疆杯”巩留县旅游文创IP设计大赛，助推解析文旅精神、发展文旅产业。围绕弱有所扶、难有所帮、困有所助、靶向救济，积极募集爱心善款，并向当地发放公益关爱基金271万元，其中定向55.92万元为932名生活困难的残疾人提供生活救助，组织“张园红石榴”志愿服务队超200人次参加“民族团结一家亲”系列志愿服务活动，持续擦亮“长江水 天山情”援疆关爱品牌。

【原创音乐剧《蝶恋天山》唱响巩留】 7月29日，由张家港锡剧艺术中心与巩留县歌舞团共同创排的大型现代音乐剧《蝶恋天山》在巩留县首秀。《蝶恋天山》是以一名工程师到巩留出差，与当地哈萨克族姑娘相识、相知并相爱的故事为主线，重点描述了生活在新疆的各族群众和睦相处、团结互助、共同发展的动人画面，生动展现各民族像石榴籽一样紧紧抱在一起的民族大团结景象。剧情生动感人，人物形象刻画典型鲜活，演员们出色的唱段扣人心弦。舞台上，库尔德宁四季风景的呈现也是音乐剧的一大看点。伴随剧情跌宕起伏、场景及音乐不断变化，库尔德宁优美的四季风景得到充分体现。《蝶恋天山》是张家港市与巩留县合作首次搬上舞台的一部大型音乐剧，填补巩留大戏空白。整场节目以歌颂“爱情故事”为主题，以弘扬中华优秀传统文化为核心内容，展现传统文化的魅力以及中华民族的文化自信。 （郑步青）

机关事务管理

【概况】 2022年，张家港市市级机关事务管理中心履行管理、保障、服务职能，为市级机关创造良好办公条件和工作环境，为市级重大活动做好后勤保障。全年安全保障四套班子用车600余车次，抽调专人驻点参与央视中秋晚会、首届张家港发展大会、上级巡视等重大活动用车保障，完成接待1400余车次；完成会议接待2118次、会议音响服务1174次，为5个集中办公区提供设备设施维修5341次，收发信、邮件1万余件，包裹4.2万件，7个机关食堂每天平均为2000余人提供餐饮服务。做好人员转运、核酸检测等疫情防控后勤保障工作，累计出动志愿者1000余人次，完成采样约11万人次，严格落实会务、车辆、物业、餐饮保障等重点领域的防疫措施，全力保障机关正常运转。做好港城大厦、报业大厦、综治大厦的服务外包招标，细化外包物业的采购需求和考核细则，加强对新入驻外包物业的督察与考核，确保外包服务质量不脱节。持续加强集中办公区安保能力建设，通过实施电子门禁、红外线报警设备等安防设施智能化改造，开展常态化、专业化消防维保检查，严格安保队伍考核管理等措施，全面构建机关安全网络。履行公务用车和办公用房管理职责，实施公务用车“智能平台”迭代升级工程，打通与“暨阳明镜”的数据壁垒，助力“链上治廉”；借力江苏省党政机关办公用房管理信息系统，实现张家港市本级办公用房信息的互联互通、动态管理；推进完成8家党政机关办公用房权属统一登记；完成市政府大院停车场改造、市人大工作研究会办公用房维修改造等7项维修工程；制定《工程建设项目管理办法》《安全文明施工管理规定》等，推动工程施工向标准化迈进。积极推进党政机关生活垃圾分类、控烟禁烟等专题督察以及健康教育进机关等活动，围绕爱国卫生运动、世界无烟日、反食品浪费、光盘行动、生活垃圾分类等，在各机关集中办公区、机关食堂各分点开展多形式主题宣传。高标准改造市政府大院垃圾分类收集房，完善党政机关垃圾分类设施，推进垃圾分类落实。

【公共机构节能工作】 市市级机关事务管理中心持续推进节能技改和新能源应用，年内完成市委党校、边检站等单位照明系统LED灯具改造约1万支，累计完成改造27万支；市政府大院、市公安局等5个办公区绿化区喷淋系统建成投用；推动市卫生服务中心等5家公共机构安装屋顶分布式光伏发电站840千瓦，累计安装6.4兆瓦覆盖18个单位。持续推进公共机构能耗监测网建设，能耗检测覆盖132个单位。注重节能示范创建和宣传，冶金园（锦丰镇）获评“江苏省公共机构能效领跑者”，市市级机关事务管理中心获评“江苏省公共机构节能低碳示范单位”，市资规局、张家港海关2个单位节水型机关创建完成申报，66家党政机关创成“节约型机关”；持续开展世界地球日、世界环境日、全国节能宣传周、全国低碳日等主题宣传活动，开展“我与节能共成长”“银发生辉——折扇上的节能”“绿色低碳‘衣’旧换新”“发力新能源 助力降双碳”等宣教活动20余场。至年末，全市创成全国“节约型公共机构示范单位”5个，全国“公共机构水效领跑者”1个，“江苏省公共机构节能低碳示范单位”2个，累计18个，“江苏省公共机构能效领跑者”1个，累计3个，“江苏省节水型机关”2个，累计88个，“节约型机关”14个，累计66个。

【公务用车管理】 市市级机关事务管理中心推进公务用车管理“一张网”建设，规范用车配备、使用、处置，优化资源调配，对公车购置、报废、拍卖实行全周期管理，巩固公务用车制度改革成果。年内，做好新能源车推广应用，调整年初公务用车更新购置计划，全年更新新能源车36辆，完成年度新增和更新车辆中新能源车比例不低于50%的目标。宣教整治并行，持续强化公车使用监管，走进“港城会客厅”，以访谈交流的形式在线解读公务用车管理有关规定，开展“车轮上的清风”专题宣教活动，对公务用车使用管理各环节进行风险提醒和案例警示；开展规范公务用车使用专项治理，围绕不得既领取公务交通补贴又违规使用公务用车、商务车配备使用管理、公车平台使用、公车标识喷涂、定位终端安装等方面进行检查和整改。抓好《张家港市党政机关公务用车管理办法》及配套细则的贯彻落实，严控公车编制、排量和价格，严把车辆标识喷涂、定位安装、旧车拍卖等关口，全年审核报批党政机关公务用车35辆、事业单位保留用车40辆、国有企业19辆、直属企业12辆，累计拍卖车辆20辆，成交额50.38万元。（曹　倩）

【编辑　宋佳辰】

政协张家港市委员会

Zhangjiagang Municipal Committee of the CPPCC

1月6日，市政协十三届一次会议开幕　（市政协办　提供）

恬莊

综　述

【概况】 2022年，市十三届政协常委会紧扣“四个政协”（书香政协、有为政协、智慧政协、活力政协）建设，与时俱进大力弘扬张家港精神，强化政治引领，突出双向发力，充分发挥人民政协作为协商民主重要渠道和专门协商机构的重要作用。全年召开常委会会议5次、主席会议12次，组织专题协商8场，开展视察通报活动20项，形成调研报告8份，立案并交办提案242件。市委、市政府主要领导阅批政协调研报告13次。抓好委员队伍建设的经验做法，在省政协工作会议上交流2次。创新推动界别委员工作室工作，得到省政协主席张义珍批示肯定。全年接待省内外各界政协专题调研团队30批次。推进与新疆巩留、贵州沿河等地政协间的对口交流合作，讲述张家港市减贫事业县域实践与探索的《从“南北挂钩合作”到“东西部扶贫协作”》一书，获苏州市第十六届哲学社会科学优秀成果奖一等奖。

【政协委员及组织机构】 2022年年初，市十三届政协有委员365人。年内，有17人由于工作变动等原因，不再担任该届政协委员。根据《中国人民政治协商会议章程》规定，经市政协十三届一次、二次、三次、四次、五次常委（扩大）会议审议通过，调整增补政协委员20人。至年末，市十三届政协有常委会组成人员61人、委员368人。其中，界别分布为中共13人、民盟12人、农工党12人、工商联18人、无党派人士8人、总工会8人、共青团（青联）6人、妇联9人、科协8人、文艺新闻界12人、科技界22人、经济界54人、农业和农村界12人、教育界17人、体育界6人、医卫界28人、侨联界12人、民族宗教界9人、社会福利和社会保障界36人、社会科学界9人、特邀人士57人。张家港市有各级政协组织机构12个，其中市政协1个、镇（区、街道）政协工委11个；各级政协委员382人，其中苏州市政协委员17人、张家港市政协委员365人。中国人民政治协商会议江苏省张家港市委员会设常务委员会，有主席1人、副主席5人、秘书长1人，常务委员58人。内设办公室、提案委员会、经济科技和农业农村委员会、社会事业委员会、城乡建设委员会、港澳台侨（民族宗教）委员会和文化文史委员会。

【政协自身建设】 2022年，市政协通过党组理论学习中心组引领学、政协大讲堂辅导学、机关干部集中学、委员培训专题学、线上线下读书互动学等举措，武装头脑、凝聚共识、指导实践、推动工作。出台“书香政协·同心筑梦”委员读书活动方案、“建设书香政协，助力文明创建”主题实践活动方案，指导基层在深化委员读书活动中凝聚思想共识。建成张家港市政协书房·顾秉钧藏书室，在镇（区、街道）工委建设标志性“委员书房”，在界别委员之家建设行业性“政协书吧”。开展“沉浸式”委员悦读交流，全年开展线下读书活动60余场。突出“线上读书”特色，运用智慧政协平台，通过“委员读、委员学、委员说”形式，累计推送“书香政协·知行合一”等各类音视频50余期。年内，《以“书香政协”建设推进委员履职能力提质增效的路径研究》课题被列入苏州市社会科学基金项目并通过结项评审。苏州市政协主席朱民对张家港市坚持“线上线下相结合、读书履职相促进，推进书香政协建设”的做法给予充分肯定。委员申帅在苏州市政协系统委员线下读书分享活动中获二等奖。

【团结协作】 2022年，市政协把凝聚共识作为重大政治责任，落实党组成员联系党员委员、党员委员联系党外委员“双联系”制度，开展谈心谈话活动3次。增进同民主党派、无党派人士的团结合作，积极为其履职搭建平台、创造条件。围绕贯彻党的民族政策和宗教政策走访调研，持续深化政治认同。组织开展民族工作情况通报协商活动，“民间信仰场所移风易俗，深化乡风文明建设”协商议事活动，组织少数民族宗教界委员开展“琴韵书香”读书分享活动，全年开展慰问看望、政策宣传、读书交流、文艺会演等活动6次。加强与港澳台侨人士的联系，组织开展全市外事工作情况通报协商活动，走访调研台资企业、侨资企业创业守业和转型升级情况。共同发起“五侨联五洲”联动工程，会同市侨联、侨商会走进相关区镇（街道）调研引智引资工作，组织开展“五侨会客厅”系列活动，包括“创业中华，智汇港城”侨资侨智对接交流、“月是故乡明”中秋联谊会、“同心聚才，侨汇港城”——侨商张家港行等活动。

【《甲子沙洲——口述：张家港60年》出版】 年末，由市政协、市委史志办策划、采编的《甲子沙洲——口述：张

12月19日，市政协召开镇（区、街道）工委、界别委员之家工作座谈会

（市政协办　提供）

家港60年》由古吴轩出版社正式出版发行，旨在加强张家港市建县（市）60年发展历史研究，再现全市创新创业的峥嵘岁月。市委书记韩卫为该书作序。全书聚焦张家港市（沙洲县）60年重大发展进程中的亲历者，以口述史的方式讲述“沙洲记忆”。共分“铿锵起步”“奋力前进”“春风浩荡”“激情岁月”“文明之花”“时代风帆”6个章节，平均每章节10篇文章，总计60篇文章，总字数35万字。该书编辑出版紧扣时代需求，创新和丰富征编方式、表现形式和表达方式。在文章征编方式上，采取“新闻背景+口述人简介+口述文章”的结构，让读者既能看到历史本身，又能了解历史进程中的人物故事；在文章取材上，以人见事，以小见大，与当年的创业者、老领导对话，在点滴细节中彰显城市精神之光；在表达方式上，尝试文史资料的全媒体表达和传播，图文并茂，选用照片261幅。

（谭　晔）

政协会议

【市政协十三届一次会议】 1月6日至9日在市馨苑度假村会议中心举行。应出席委员365人，实到352人。会议审议通过市政协主席黄雪元代表常务委员会所作的工作报告和副主席景惠新代表常务委员会所作的提案工作情况报告。与会委员列席市十五届人大一次会议，听取并讨论市政府工作报告和其他报告。会议收到提案322件，立案242件。

【市十三届政协常委会会议】 2022年，市十三届政协举行5次常委会会议。

第一次会议　2月10日召开。听取全市党风廉政建设情况通报，审议市政协有关人事任免事项，审议市十三届政协常委会关于设置专门委员会的决定（草案），审议市十三届政协副秘书长、办公室及各专门委员会主任、副主任建议名单，审议《政协张家港市第十三届委员会常务委员会2022年度工作要点（草案）》与《关于建立市十三届政协法律顾问团的建议》，传达学习江苏省政协十二届五次会议精神。

第二次会议　5月26日召开。审议市政协有关人事任免事项，听取全市意识形态领域工作情况通报，协商“推进科技招商、加速创新转型”工作，审议市政协常委会工作规则等规章制度修订草案，传达学习全国政协“学习贯彻习近平总书记重要指示，深入开展政协委员读书活动”座谈会精神。

第三次会议　7月29日召开。审议市政协有关人事任免事项，听取市政府关于全市上半年经济社会发展及提案办理工作情况通报，协商“提升城市管理水平、助力文明城市建设”工作。

第四次会议　10月31日召开。审议市政协有关人事任免事项，听取全市政法工作情况通报，协商“以产业用地提质增效推进我市经济高质量发展”工作，传达学习党的二十大精神。

第五次会议　12月22日召开。审议市政协有关人事任免事项，听取市政府关于全市经济社会发展及提案办理工作情况通报，审议市政协常委会工作报告（草案）、提案工作报告（草案），审议市政协十三届二次会议有关事项，审议《关于召开市政协十三届二次会议的决定（草案）》，听取市政协常委代表年度履职报告，传达学习市委十二届四次全会精神，书面审议市政协各专门委员会工作报告。

【市十三届政协主席会议】 2022年，市十三届政协举行主席会议12次。

第一次会议　1月28日召开。审议十三届市政协主席、副主席和秘书长工作分工（草案），审议十三届市政协常委会关于设置专门委员会的决定（草案），审议十三届市政协副秘书长、办公室及各专门委员会主任、副主任名单（草案），审议十三届市政协各专门委员会组成人员建议名单，审议十三届市政协各界别委员之家主任名单，审议《政协张家港市第十三届委员会常务委员会2022年度工作要点（草案）》，审议市政协十三届一次常委（扩大）会议议程（草案），听取关于建立十三届市政协法律顾问团有关事项的说明，听取市政协办公室及各专委会月度工作交流，组织开展集体学习活动。

第二次会议　3月4日召开。听取提案委关于市政协十三届一次会议提案审查情况的汇报，听取市政协参与党的建设考核有关情况的汇报，审议《政协张家港市委员会委员履职工作规则（试行）》《张家港市政协委员履职积分考核办法》《政协张家港市委员会优秀政协委员评选办法（试行）》《关于深入开展“委员联村联企联社区”活动的实施方案》等相关制度文件，组织开展交流发言和集体学习活动。

第三次会议　4月6日召开。听取提案委关于市政协十三届一次会议重点提案分工督办的情况汇报，审议民主评议市行政审批工作实施方案，审议市政协主席会议、常委会会议工作规则等修订事项，听取市政协办公室及各专委会月度工作交流，组织开展集体学习活动。

第四次会议　5月10日召开。协商讨论《当前推动科技招商，创新转型的几点建议》调研报告，审议市政协十三届二次常委（扩大）会议议程（草案），听取市政协办公室及各专委会月度工作交流，组织开展集体学习活动。

第五次会议　6月8日召开。协商“强化市内外交通衔接，缓解交通拥堵难题”工作，学习贯彻江苏省政协主席张义珍在全省市县政协主席培训班上的讲话精神，审议《苏州党的建设考核政协部分主要任务分工方案》《关于开展“专委会建设年”活动的实施意见》《关于进一步加强政协提案办理协商的实施意见》《关于进一步加强社情民意信息工作的意见》《关于统筹建好用好委员工作室的实施意见》《关于创新开展“有事好商量·暨时议”协商议事工作的意见》《关于进一步深化“书香政协·同心筑梦”委员读书活动的实施方案》等相关制度文件，听取市政协办公室及各专委会月度工作交流。

第六次会议　7月5日召开。协商讨论《关于提高城市管理水平，助力全国文明典范城市创建的建议》调研报告，审议《关于组织政协委员赴南京市雨花台干部培训学院培训的建议方案》，审议关于调整“有事好商量·暨时议”协商议事工作指导小组人员名单、领导挂钩联系各界别委员之家、各区镇（街道）政协工委分工名单的建议方案，听取办公室、提案委关于1月至6月宣传信息发稿情况和社情民意信息上报及录用情况的汇报，审议市政协十三届三次常委（扩大）会议议程（草案），听取市政协办公室及各专委会月度工作交流，组织开展集体学习活动。

第七次会议　8月13日召开。协商“长江文化传承与弘扬”工作，传达学习江苏省委、苏州市委工作会议及市委十二届三次全体会议暨市委工作会议精神，听取市政协办公室及各专委会月度工作交流。

第八次会议　9月8日召开。督办重点提案《关于持续深化文明创建，着力打造现代化“文明典范第一城”的建议》，听取关于《2022年度苏州市高质量发展综合考核实施办法政协部分实施方案》的情况说明，听取提案委关于社情民意信息录用情况的汇报，听取市政协办公室及各专委会月度工作交流。

第九次会议　10月11日召开。协商“张家港市解除‘高碳锁定’，全力调高、调轻、调优”工作，审议市政协十三届四次常委（扩大）会议议程（草案），听取市政协办公室及各专委会月度工作交流，组织开展集体学习活动。

第十次会议　10月28日召开。协商“提升法治政府建设水平”工作，协商讨论《关于以产业用地提质增效助推张家港经济高质量发展的调研报告》，审议《市政协十三届二次会议筹备工作方案》，听取市政协办公室及各专委会月度工作交流，组织开展集体学习活动。

第十一次会议　12月15日召开。传达学习市委十二届四次全会精神，审议市政协常委会工作报告（讨论稿）和提案工作报告（讨论稿），审议市政协十三届二次会议议程（草案）及日程（草案），审议关于确定市政协十三届一次会议期间提交的10件有影响力提案，“提案双向评价满意度奖”先进提案人、先进承办单位，提案承办先进工作者的建议方案，审议关于确定市政协反映社情民意信息工作先进个人和先进单位的建议方案，审议关于确定市政协宣传信息工作先进集体和先进个人的建议方案，审议市政协十三届五次常委（扩大）会议议程（草案），听取市政协办公室及各专委会2022年工作情况及2023年工作设想的汇报。

第十二次会议　12月21日召开。听取各筹备工作组关于市政协十三届二次会议筹备工作情况的汇报，审议市政协十三届二次会议大会发言口头发言入选篇目，审议市政协十三届二次会议历次会议主持人、报告人名单，审议市政协十三届六次、七次常委会会议议程（草案）。

表6　2022年张家港市政协人事任免情况表

时间	会议	任免情况
2月10日	市政协十三届一次常委会会议	任命陈飞为市政协办公室主任，匡雄华为市政协提案委员会主任，李笑梅为市政协经济科技和农业农村委员会主任，陈剑浩为市政协社会事业委员会主任，张舟为市政协城乡建设委员会主任，黄蓉为市政协港澳台侨（民族宗教）委员会主任，陈永泽为市政协文化文史委员会主任，周小军、蔡克荣为市政协副秘书长、办公室副主任，焦频频为市政协办公室副主任，朱文焰、张亚萍为市政协提案委员会副主任，纪峰为市政协经济科技和农业农村委员会副主任，张澄为市政协社会事业委员会副主任，李建华、张曲为市政协城乡建设委员会副主任，黄冰青为市政协港澳台侨（民族宗教）委员会副主任，陈丽为市政协文化文史委员会副主任，周文超、邱仲生兼任市政协提案委员会副主任，解志荣、吴彦刚、李刚、孙利婵、叶新、吴建国兼任市政协经济科技和农业农村委员会副主任，钱晓东、赵剑锋、钱洁雅、朱长春、徐牡丹兼任市政协社会事业委员会副主任，秦国平、顾竹江兼任市政协城乡建设委员会副主任，尹洁、谢正国、张耀清、金俊龙、王世芳、周晓成兼任市政协港澳台侨（民族宗教）委员会副主任，汪丽菁、孙丽萍兼任市政协文化文史委员会副主任；免去潘雪平市政协提案委员会主任职务，免去王春松市政协城乡建设委员会主任职务，免去许峰市政协文化文史委员会主任职务，免去葛云芳市政协经济科技和农业农村委员会副主任职务，免去张雅红市政协社会事业委员会副主任职务，免去庞建阳、蒋昊兼任的市政协经济科技和农业农村委员会副主任职务
5月26日	市政协十三届二次常委会会议	任命石建军兼任市政协乐余镇工作委员会主任，刘梦甜兼任市政协凤凰镇工作委员会副主任，杨卫兴兼任市政协常阴沙现代农业示范园区工作委员会主任；免去庞天舒兼任的市政协乐余镇工作委员会主任职务，免去黄博文兼任的市政协凤凰镇工作委员会副主任职务
7月29日	市政协十三届三次常委会会议	任命张曲为市政协副秘书长、办公室副主任，蔡贤兼任市政协社会事业委员会副主任；免去张曲市政协城乡建设委员会副主任职务，免去朱长春兼任的市政协社会事业委员会副主任职务，免去薛奇兼任的市政协凤凰镇工作委员会主任职务

续表6

时间	会议	任免情况
10月31日	市政协十三届四次常委会会议	任命张萍为市政协经济科技和农业农村委员会副主任，李松兼任市政协凤凰镇工作委员会主任；免去纪峰市政协经济科技和农业农村委员会副主任职务，免去吴彦刚兼任的市政协经济科技和农业农村委员会副主任职务，免去谢正国、周晓成兼任的市政协港澳台侨（民族宗教）委员会副主任职务
12月22日	市政协十三届五次常委会会议	任命张玲、苏健兼任市政协经济科技和农业农村委员会副主任，徐高峰兼任市政协社会事业委员会副主任，庞涛兼任市政协港澳台侨（民族宗教）委员会副主任；免去叶新兼任的市政协经济科技和农业农村委员会副主任职务，免去赵剑锋兼任的市政协社会事业委员会副主任职务

（谭　晔）

协商议政

【概况】 年内，市政协组织召开各类专题协商议政会议9次。其中，市政协常委会议分别就强化科技招商、加速创新转型工作，提升城市管理水平、助力“文明典范第一城”建设工作，优化国土空间布局、促进工业用地提质增效工作，经济社会发展及提案办理等议题；市政协主席会议分别就强化市内外交通衔接、缓解交通拥堵难题工作，长江文化传承与弘扬工作，双碳目标下产业布局优化工作，深化依法行政、建设法治政府典范工作，重点提案督办等议题，与市政府及有关部门进行协商，形成《当前推动科技招商、创新转型的几点建议》《关于强化市内外交通衔接、缓解交通拥堵难题的调研报告》《关于提高城市管理水平，助力全国文明典范城市创建的建议》《关于充分发挥先发优势，全面打响张家港“长江文化”品牌的建议》《张家港市解除“高碳锁定”，全力调高、调轻、调优的几点建议》《关于提升法治政府建设水平的若干建议》《关于“以产业用地提质增效助推张家港经济高质量发展”的调研报告》专题调研报告7篇，提出各类意见、建议80余条，专委会分别就税务合规建设情况、外事工作情况、国省考断面纵向生态补偿机制情况、民族工作情况、氢能产业发展情况、土壤污染防治工作情况等课题开展对口通报协商活动6次。

【推动科技招商和创新转型工作协商】 5月，市政协召开常委会会议，就推动科技招商、创新转型工作进行协商，形成《当前推动科技招商、创新转型的几点建议》。调研报告针对招商载体与先进地区相比差距较大，传统产业发展惯性大、转型布局落地较难，创新生态特别是创新气候与土壤涵养不足，科技招商精准度和带动力不足，资本和投资的冲动不大，基金参与度不够等问题，提出要重点做好“两个载体平台”（创新载体和创新平台）建设，发挥“两个主力军”（企业主体和招商主体）作用，激发“两大创新要素”活力（人才活力和资金活力）。加速推进创新载体建设方面，建议发挥“三区一园”的科技招商主阵地作用，提升原有工业地产项目，在镇村联合平台分层次建设各类载体。加速推进科技平台建设方面，建议在完成科创指标方面，启动建设“区域型TTO（Technology Transfer Office）”平台，首批布局1个主平台、2个聚焦细分垂直领域子平台，即大院大所、国家实验室体系的主平台，现有新兴产业的拓展聚焦平台和现有优势产业的横向联系平台，集聚创新资源、提升区域创新能级。充分发挥现有企业的创新主力军作用方面，建议充分利用现有企业的创新溢出效应，注重激活存量企业在招商引资中的作用，帮助现有外资企业、外来企业工程技术总部建设研发平台，赋能传统企业的集群化改造提升。充分发挥现有招商队伍的主力军作用方面，建议科技招商从政策招商向创造比较优势、完善全生命周期的科创服务等要素资源招商模式转变，聚焦链主企业招商，打造比较优势招商，全面提升科技服务质量，强化科技招商绩效评价。精心打造以创新创业人才为本的生活环境方面，建议以建设“青春张家港”为引领，把张家港建设成创新创业人才集聚地、青年创新创业示范区。尽力释放资本助力创新的金融血液活力方面，建议发挥产业资本中心主渠道作用，释放银行“科创贷”活力，活跃“企投家”的集聚氛围。

【缓解交通拥堵难题工作协商】 6月，市政协召开主席会议，协商强化市内外交通衔接、缓解交通拥堵难题工作。会议围绕全市现代化综合交通存在的主城区与各板块联系紧密，主要通道交通压力较大，内外交通衔接有待加强，互联互通水平与综合治理能力有待提升，交通出行软实力有待加强等问题，提出在夯实交通基础设施建设“硬件投入”方面，要构建对外交通大格局体系，实现区域交通一体化发展，从国铁干线铁路、市域郊轨道线、过江通道、高速公路、交通枢纽五方面着手，打造多方式衔接的对外综合交通体系；破除要素制约，加快交通基础设施建设，加大对上争取力度，加大报批力度，加大土地资源整合力度，全力以赴加快项目建设进度；规范农村公路规划和建设，畅通道路“毛细血管”建设，持续推进“四好农村路”建设，提档升级部分联通道路，提高通行效率，形成长效维护管理体系。在提升交通出行“软件实力”方面，要挖掘资源潜力，加强交通出行软实力建设，加强对原有交通路网设施精细化管理，践行公交优先战略；优化组织模式，打造经济高效的货运出行模式，依托城乡客运构建客货同网配送网络，促进经营体系整合共享，探索共同配送模式，合理布局城市配送车辆停靠装卸站点；加强制度顶层设计，建立市级城市道路交通委员会，全盘统筹、规划、运营、管理城市交通；全力推进智慧交通建设，加强科技赋能应用，提高交通一体化效率，促进全市交通行业管理和通行效率同步提升；结合“苏畅工程”，实行精细化管控，全面优化交通设施品质，实施车道级精细化管控，全面优化道路资源时空配置。

【提高城市管理水平工作协商】 7月，市政协召开常委会会议，协商提高城市管理水平、助力全国文明典范城市创建工作。会议围绕城市管理“大格局”亟待优化新机制，精细管理“绣花功”有待对标新追求，顽瘴痼疾“老问题”需要拿出新办法，民意思念“烟火气”呼唤管理新思维等问题进行讨论，在提升“大城管”体制机制的效能方面，建议要升格加持城管委办公室，统筹协调城市管理各类资源要素有效聚合；建立城管局与乡镇双向兼职机制，解决好城管局与各镇及其综合行政执法局之间指挥协调不畅的问题；打通市级数字化城管平台与各镇指挥平台的连接，打造现代化城市管理决策、指挥、监督平台系统；重视并调动基层执法管理人员的积极性，加快区镇（街道）综合执法局配置到位，明确科级或副科级建制，配备专职局领导。在系统性构建“精细化”管理服务新模式方面，建议要补齐城市设施配套短板，更新提升城市部件、城市家具，推进城市资源配置均衡化；依托已有的基础数据，发挥首席数据官制度体系的作用，建立起属于城市管理领域的专业化、实时化的数据基底；构建“全行业覆盖、全时空监管、全流程控制、全手段运用”的高效能管理机制；加强各镇和各行政执法部门的执法主体地位，明晰存在争议的执法权限，强化规范化文明执法。在加快“城市管理”向“城市治理”转变方面，建议要加强宣传引导，持续提升市民的城市意识，充分调动和发挥社会力量参与城市管理；多元化解决管理难题，在依法合理的前提下最大限度方便群众；探索“社区+街区”模块管理，激发社区发展新活力；依托“12345”平台打造全市“市民议事厅·城市会客厅”品牌，进一步拓展延伸“12345”的民生触角。

【长江文化传承与弘扬工作协商】 8月，市政协召开主席会议，围绕长江文化传承与弘扬工作进行协商，形成《关于充分发挥先发优势，全面打响张家港“长江文化”品牌的建议》，调研报告针对“长江文化”品牌打造存在的艺术节整体策划和组织水平有待提高，艺术节的运作方式有待创新，社会关注度、群众参与面有待递增，项目分散、没有形成持续的拳头项目等问题，提出要创新有为，持续办好中国（张家港）长江文化艺术节，加强长江文化理论基础研究和聚合，积淀艺术节办节基础；优化活动流程安排，提升长江文化（艺术）节原生驱动力；注重节庆产业市场的研究和开发，打造一批优质文化旅游线路和产品；深入长江流域沿线城市开展活动，进一步提升长江文化（艺术）节办节层次和水平；拓展办节资金来源，争取上级政策和资金支持，激活长江文化基金会。要抢抓先机，全面推进张家港长江文化公园建设，找准张家港长江文化公园的建设方向，突出规划的本地特色，围绕“沙上文化”主题，深化张家港长江文化公园的顶层设计和重点规划，抓住国家号召建设长江文化公园的契机，尽快启动重点项目建设。要放大效应，全域推进长江文化的传承与弘扬，注重资源整合，建设“农文旅+”新业态，打造一批文体旅融合发展的品牌项目；广泛开展长江文化进校园活动，加强长江文化在青少年群体的学习和传播，充分发挥社会力量和民间资源作用，积极推进长江文化的社会教育；以打造长江文化品牌为平台，深化文明城市创建活动，构建长江文化品牌与张家港城市精神的有效链接，进一步丰盈张家港精神的内涵，增强城市的核心竞争力。

【全力调高、调轻、调优产业低碳运行协商】 10月，市政协召开主席会议，协商“解除‘高碳锁定’，全力调高、调轻、调优”工作。会议围绕全市原有产业构架下经济发展与碳排放高度挂钩，且高耗能行业能耗占比仍有上升，能耗强度下降居苏州前列，但节能空间大幅收窄；能耗强度控制史上最严，但能耗刚性增长需求仍然旺盛；碳排放双控加快行动，但协同机制仍不顺畅；生态文明建设全国领先，但低碳零碳转型信心不足等问题进行讨论，提出解除“高碳锁定”，要以一分为二的思维，厘清四组概念：碳存量压力与碳资产管理、产业低碳和低碳产业、技术减碳与治理减碳、双碳转型与经济稳定运行。根据这一思路，建议张家港在“双碳”问题上双线并行，即产业低碳改造与低碳产业发展并行、技术低碳与治理低碳并行、减碳减排与碳资产管理并行，通过创新碳治理、碳管理解除“高碳锁定”效应，走出具有张家港特色的“双碳”之路。要重塑低碳文明的城市形象，培植低碳文化，探索打造零碳社区，打造重点低碳治理项目；发扬张家港人敢为人先的精神，力争在碳治理、碳服务领域打造国家级平台，提升碳排放领域综合服务实力；争取低碳改革的先行先试，加大双碳改革争取力度，建立区域性能耗集中池、用能权集中池，解决城市产业更新中节约、压降的碳排放出路问题；打造示范引领的低碳产业集群，把氢能、光伏作为能源绿色转型的重要载体，打造具有区域示范引领作用的低碳产业集群；产业低碳持续发力，试点低碳工艺、加强存量减碳，从源头“净化增量”，强化增量控碳，节能提效与末端治理并举，摊薄碳锁定。

【法治政府建设水平提升工作协商】 10月，市政协召开主席会议，就提升法治政府建设水平工作进行协商。会议针对法治示范创建标准不高，法治高质量发展动力不足，法治队伍建设举措不强等制约全市建设更高水平法治政府的问题因素，提出要将法治建设占总体1%的比重逐年增加，更好发挥考核指挥棒作用，将法治政府建设推向更高水平；增加法治专业人员配置，充实法治政府建设领导小组办公室，打造出精通业务、经验丰富、结构稳定的办事队伍；加强法治建设部门工作合力，树立责任共同体意识，发挥各区镇（街道）全面依法治镇（街道）委员会对本区域法治政府建设的主体责任；加强对一线工作人员的资源供给，充实力量解决人手不足难题，增加对一线工作的经费投入，实现以人为本的长效激励机制；在保证严格规范执法力度前提下，不断提高公正文明执法的温度，改进执法人员工作态度和工作方式；加大公共法律服务供给，提升公共法律服务工作群众知晓度，完善市级公共法律服务中心平台建设；推动数字政府与法治政府融合发展，探索形成多部门协同、数据化决策、高效率监管、便捷化服务的新型数字法治政府治理模式；加大涉外法律人才培养引进，为涉外律师提供发挥才干的平台和展现能力的舞台；在法治建设重点领域率先探索建章立规，进一步规范市场行为，创新执法监管方式，积极参与上级立法制规试点，不断更新完善规章制度。

【产业用地提质增效工作协商】 10月，市政协召开常委会议，就全市产业用地提质增效工作进行协商，形成《关于“以产业用地提质增效助推张家港经济高质量发展”的调研报告》。调研报告针对节约集约用地水平有待提高，镇村集体工业用地分散低效，产业新增建设用地空间不足，产业用地供应市场不够健全，产业用地全周期监管需加强等问题，提出要加快组织编制全市未来三年的产业用地更新规划，指导区镇开展村级工业区集中归并，由区镇统一规划建设镇村工业载体；在新增空间不足的大环境下，加快产业用地原地更新，促进低效用地在二级市场流转，解决好产业用地一、二级市场价格倒挂问题，加强规范产业用地二级市场；强化张家港市产业用地项目评审工作领导小组工作职责，将开工竣工、达产达效、履约监管纳入工作范围，区镇定期对项目产出效益进行评估考核，对不能按时达产达效的企业给予惩处，建立市级产业用地全周期监管数据平台，做到数据实时更新，并建立问题预警机制；各区镇统一规划，在工业用地保障线内建设镇村所有的产业载体，加快低效用地更新改造，建设高标准厂房，鼓励产业用地复合利用，尽可能提高土地容积率；市发改委、市工信局等有关部门共同研究，健全全市产业用地提质增效奖惩机制，采用企业申报、政府审核的模式，对充分利用地下空间、共建共享配套服务设施等提质增效行为实行分级奖励，激发企业自主更新动力。

（谭　晔）

民主监督

【概况】 年内，市政协就特色田园乡村建设工作、新联会工作、农村道路建设工作、防汛排涝工作、侨资企业工作、侨联基层组织建设工作、全域旅游推进工作、农田复垦、农业生产工作、民生实事项目建设工作等课题组织开展专题视察活动9次，提出各类合理化意见建议50余条，助推相关部门职能工作。参加全省“政协主席深入走访委员聚共识助发展”专题活动，配合省政协实施“更高质量推进‘一带一路’建设五大计划”三级联动民主监督，配合苏州市政协开展“优化沿江产业布局，推动长江大保护”“法治乡村建设”联动调研。

【提案办理】 市政协十三届一次会议期间，共收到提案322件，其中集体提案79件、个人提案243件。经审查，立案242件，其中经济科技类67件、城乡建设类55件、社会事业和民生保障类112件、其他类8件。市政协坚持提案质量优先，着重引导委员树立“精品意识”，提出务实管用建议，始终把协商民主贯穿提案工作全过程，不断丰富协商层次、拓展协商平台、创新协商形式，增强协商办理质效。持续健全完善提案工作机制，推动提案工作规范化建设。落实市主要领导领办督办重点提案机制，通过市领导领办重点提案，高位推动、示范引领，增强提案办理成效。选取《关于探索招商引智新模式，打造产业发展新高地的建议》《关于多措并举催生村级经济发展新动力的建议》《关于织密基层未成年人保护安全网的建议》《关于进一步优化我市科技孵化器发展的建议》《关于培育“专精特新”小巨人企业集群，提升“张家港制造”核心竞争力的建议》《关于规划建设市区至高铁站直线快速通道的建议》《关于加强交叉路口减速带维护的建议》《关于大力推进数字乡村建设，助力乡村振兴建设的建议》8件提案，合并《关于在碳达峰碳中和新形势下保障我市特色产业和重大项目发展的建议》《关于“双碳”目标下我市经济发展方向的建议》为

6月1日，市政协视察全市防汛排涝工作　　（市政协办　提供）

1件提案，共9件提案作为市委、市政府领导牵头领办督办提案。选取《关于持续深化文明创建，着力打造现代化“文明典范第一城”的建议》《关于推进我市智能制造技术服务能力发展的建议》《关于在幼儿园普遍开设托班的建议》《关于建设张家港长江文化公园的建议》《关于推进我市电动汽车充电桩建设布局的建议》《关于推动我市公立医院高质量发展的建议》《关于加快我市保留村庄美丽乡村建设的建议》7件提案作为市政协主席会议、主席、副主席督办重点提案。同时结合政协专委会工作实际，将《关于进一步促进我市工业地产优质发展的建议》《关于进一步加快我市5G建设和应用的建议》《关于利用“双减”政策契机，推动教育高质量发展的建议》《关于推进电子处方流转平台建设的建议》《关于老旧小区架空线路的清理与整治的建议》《关于更好更快推广便民自助洗车服务平台建设的建议》《关于立足“一米视角看世界”建设“儿童友好型城市”的建议》《关于建设张家港市文化创意产业园的建议》8件提案列入专委会联合督办范畴。

表7　张家港市政协十三届一次会议期间“10件有影响力提案”一览表

提案单位	案　由	主办/协办单位
政协凤凰镇工委	关于探索招商引智新模式，打造产业发展新高地的建议	市科技局/市工信局、市商务局、市人才办、市产业资本投资公司
民盟市委	关于利用“双减”政策契机，推动教育高质量发展的建议	市教育局
政协南丰镇工委	关于“双减”政策下构筑良好教育生态的建议	
政协塘桥镇工委	关于推进三个“又高又新”加快高新区创新发展的建议	高新区（塘桥镇）/市委编办、市发改委、市科技局、市工信局、市商务局、市住建局
政协文化文史委员会	关于建设张家港长江文化公园的建议	市委宣传部/市文体广旅局
政协社会科学界	关于持续深化文明创建，着力打造现代化“文明典范第一城”的建议	市委宣传部
民革市基层委员会	关于聚力推动“中国氢港”落地，加速打造港城氢能社会方向深化的建议	市发改委/市工信局
民建市基层委员会	关于大力发展氢能产业，加快创建“全国氢能示范城市”的建议	
农工党市委	关于在碳达峰碳中和新形势下保障我市特色产业和重大项目发展的建议	市发改委/市工信局、张家港生态环境局
市无党派人士联谊会	关于“双碳”目标下我市经济发展方向的建议	
九三学社市基层委员会	关于整合大院大所资源，赋能本土科技创新的建议	市科技局
政协杨舍镇工委	关于大力推进数字乡村建设，助力乡村振兴建设的建议	市农业农村局
政协锦丰镇工委	关于推进“美丽街区”建设，打造“城市更新”典范的建议	市住建局

【社情民意信息收集】 年内，市政协着眼更好发挥政协联系广泛、渠道畅通的优势，在全市19家单位设立社情民意信息工作联系点，建立社情民意信息员队伍，并在苏州各县（市）区政协中首家成立社情民意信息专门科室。全年向全国、省政协系统报送重要社情民意信息94条，其中民建会员高倩撰写的《关于完善医保药品目录限定支付范围制定的建议》被全国政协《每日社情》录用；包丹华、陈歆玺等特邀信息员撰写的《社交媒体报道灾难“娱乐化”倾向亟需引起重视》《国内版“N号房”被爆，恶魔通过网络围猎未成年人》《“牛磺酸泡腾片”事件折射网络平台“三涉”问题亟待监管》等信息被省政协采用；市政协经科农委、城乡委组织撰写的《基层呼吁普惠性社区托儿所回归》《我国“污染土地”修复治理存在三方面问题亟待重视》被省政协转报全国政协。全年向市委、市政府报送《社情民意信息专报》6期，《关于储备、培训核酸检测志愿者的建议》得到市委书记韩卫重点批示，《关于校园封闭管理期间，完善高三师生就医服务的建议》《关于疫情期间科学调整院感管理风险政策的建议》《关于加强公立医院医用设备内控管理的建议》等信息被市委、市政府采纳研究。

4月29日，市政协召开民主评议行政审批工作动员会　（市政协办　提供）

【行政审批工作评议】 4月至6月，市政协以推动部门改进工作、转变作风为目标，发挥民主监督职能优势，对全市行政审批工作开展民主评议。组成6个评议工作小组，深入市行政审批局机关和各区镇（街道），召开10次座谈会，发放调查问卷323份，广泛征询企业代表和社会各界人士的意见和建议。经总结梳理，市政协围绕优化全市行政审批工作，从加快政务服务数字化转型、深化行政审批制度改革、抓好重大项目审批服务、构建新型审管衔接运行机制、提升政务服务整体水平等5个方面提出15条意见建议，形成对行政审批工作的民主评议意见。市行政审批局迅速研究落实，从建强"一网通办"平台、激发市场主体活力、创新大数据管理体制、推进"放管服"协同落地等6个方面，制定22项改进措施，并全面推进实施，有力促进了全市政务服务环境的新改善。　（谭　晔）

委员之家

【概况】 年内，市政协重视发挥委员主体作用，紧扣新形势新任务新要求，不断提升履职能力和水平。开展"全员培训"活动，组织全体委员，分三批赴南京市雨花台干部学院，参加为期一周的履职能力提升培训。强化质效导向，推进"全员考核"工作，健全委员履职档案，修订委员积分考核办法，既考核委员参加政协活动的次数，更突出考核委员履职活动的实际成效，有效引导委员将质效意识贯穿履职全过程，推动从注重"做了什么""做了多少"，向"做出了什么效果"转变。以"专委会建设年"活动为抓手，推进"全员入委"，顺畅专委会、界别、委员间的关系，为委员更加便捷高效加强与政协联系，参与政协工作创造良好环境。

【"委员三联"活动】 年内，面对疫情对各类市场主体带来的冲击，市政协推进"委员三联"活动，将委员走访联系的范围，由过去的联村联社区，扩大到基层各类中小微市场主体。360多名委员组成59个行动小组，挂钩联系277个村、社区及所属企业，协助党委、政府做好协调关系、化解矛盾、凝聚人心等工作，立足委员自身专业特长，在科技咨询、法律援助、义诊服务等方面各尽其能，综合运用调研、视察、提案、大会发言、社情民意反映等形式建言献策，实现了委员力量下沉和政协工作触角下延。全年按季度围绕常态化疫情防控、助力文明创建、学习宣传党的二十大精神等不同主题，开展四轮"委员三联"活动，走访企业110余家，收集反映群众意见建议700余条，收到委员联村日记40余篇。

【"有事好商量"品牌】 年内，市政协立足"多商量、快商量、好商量"，创设"有事好商量·暨时议"品牌。加强与信访、便民服务中心等部门联动，运用"12345"大数据平台，分析梳理群众关注的急难愁盼事，提高选题精准度。开展"民生专题协商议事月"活动，主席会议成员、各专委会负责人员带头深入基层，调研指导协商议事具体工作。"民生专题协商议事月"期间，开展"有事好商量·暨时议"专题协商活动87场，近1000人次参与，助推解决民生问题140余个，形成了一批高质量的协商议事案例。杨舍镇政协工委开展的"助力破解油烟扰民难题"活动，入选省政协"协商议事月"典型案例汇编，议事成果以苏州市政协办公室社情民意专报形式，报送苏州市委、市政府主要领导；农工党界别开展的"加强非学科类校外培训机构监管"、塘桥镇政协工委开展的"规范拆迁安置小区物业管理"、锦丰镇联兴村开展的"新建府园路停车场，改善菜场周边停车秩序"、赵建民委员工作室开展的"助力背街小巷改造"协商议事活动，获评苏州市政协2022年度协商议事优秀典型案例并受到表扬。

【"委员工作室"建设】 年内，市政协创新推进界别委员工作室建设，推广"秦建忠杰出委员工作室"经验做法，坚持严格标准、严格程序、严格审核，重点培育高倩委员工作室、吴开委员工作室、孙海滨委员工作室等8家界别委员工作室。推进"青蓝结对"工程，专委会导师指导吴开委员工作室开展惠企金融服务、吴晓娟委员工作室开展妇女创业辅导、赵海荣委员工作室开展聚侨引智、赵建民委员工作室开展温暖建筑人等特色鲜明、充满活力的履职活动。界别委员工作室在助力经济复苏、汇集民情民意、激发界别活力、实现力量下沉等方面，发挥了示范引领作用。省政协主席张义珍在张家港市《关于建好用好界别委员工作室、推动委员更好联系服务群众的汇报》上批示，"张家港政协界别工作守正创新，可予以关注"。市政协探索推进界别委员工作室工作的特色做法，获评2022年度全省政协工作创新案例。　（谭　晔）

【编辑　宋佳辰】

市纪委监委

Municipal Commission for Discipline Inspection and Municipal Supervisory Commission

6月28日，张家港家风教育基地启用仪式举行　（市纪委监委　提供）

政治监督

反腐倡廉

正风肃纪

专项监督

巡视巡察

监督治理效能

張家港年鑑(2023)

政治监督

【概况】 2022年，市纪委监委坚持政治机关、监督专责机关职责定位，推动政治监督具体化、精准化、常态化，确保党中央各项决策部署落实落细。推动出台年度全面从严治党党委主体责任清单，研究制定纪委监督责任清单、纪委书记个人清单，加强对各级党组织、党组织班子领导特别是“一把手”落实主体责任情况的监督。用好“两个责任”监督监测平台，常态化督导“两个责任”落实，把“衡镜”系统作为政治生态监测的重要手段，对脱幅工作实时预警、定向整改，从严压实主体责任。制定发布《进一步加强年轻干部教育管理监督实施意见》，创新“833”工作机制，通过明确八大教育管理监督重点举措，发挥“3+N”（市纪委监委、市委组织部、市人社局和全市各级党组织）责任主体职能作用，依托廉政档案、监督对象信息库等信息化平台，借助“成长档案”、廉洁“自画像”“廉勤画像”等3类载体，全方位打造年轻干部健康成长全周期管理的跟踪评价体系，压实年轻干部教育管理监督责任。

【疫情防控督察】 年内，市纪委监委牵头组建6个市级督察组、14个小组开展疫情防控督察工作，制定监督方案4份、问题清单81条，重点围绕交通防控、核酸检测、复工复产、社会面防控等方面明确督察重点、细化督察指引。建立督察发现问题即查即报机制，每日收集并分析市、镇两级督察组督察发现问题，形成工作情况通报74期、问题通报27期，向市疫情防控指挥部提出意见建议200余条，推动提升疫情防控工作。对违规泄露疫情防控信息等问题严肃查处，快查快处并通报曝光，对相关阳性病例进行复盘溯源，对相关责任人问责追责，累计快查快办涉疫信访件10件，问责追责36人，为全市防疫大局守牢作风防线。派出纪检干部投入一线防控3000余人次，驻点职能部门为群众解决问题诉求1295件。常态化疫情防控阶段，在市大数据管理局开发建设的疫情防控数字看板嵌入监督检查模块，凝聚线上线下监督合力。聚焦“平稳转段”跟进监督，为全市医疗资源统筹、群众用药需求、重点人群救治等工作夯实纪律保障。

深入企业调研　　（市纪委监委　提供）

【调研式监督检查机制建立】 年内，市纪委监委围绕科技招商、重大项目建设、文明典范城市创建、城市更新等中心工作，按照一个领域建立一项机制、一项机制解决一个难点堵点的工作思路，创新建立调研式监督检查工作机制，及时查处不担当不作为等方面问题9起11人。以“嵌入式”监督保障346国道、高新区安置房等重大项目，面对面协调建设难题11个，化解廉洁风险97个。把政府性债务管理作为重点监督内容，协同开展追赃挽损专项工作，督促健全融资决策程序，规范资金使用管理，严控债务规模，严肃查处相关违纪违法行为，坚决守住不发生系统性风险的底线。

（尹　喆）

反腐倡廉

【概况】 年内，市纪委监委把不敢腐的强大震慑效能、不能腐的刚性制度约束、不想腐的思想教育优势融于一体，坚决打赢反腐败斗争攻坚战、持久战。全市纪检监察组织接到信访举报189件，其中到信107件、到访9件、电话22件、网络51件。立案456件，比上年增2.9%，其中自办案件367件，查处乡科级及以上干部22人，采取留置措施19人，移送司法机关20人。科学运用“四种形态”处理1127人次，第一、第二、第三、第四种形态分别占63.2%、29.7%、3%和4.1%。加大典型问题查处力度，涵盖科技招商、粮食安全、生态环保、影子公司等重点领域，办理了涉嫌徇私舞弊不征税款罪等新型犯罪案件，查处一批具有影响力的严重违纪违法案件。制定《案件质量循环改进工作指引》，推动出台《市属国企管理人员受处分薪酬扣减暂行办法》，切实维护党纪政务处分的严肃性和权威性。

【帮教治本以案促改】 年内，市纪委监委以“帮教治本六步工作法”优化升级为抓手，深化以案促改、以案促治。坚持查析同步，在查清违纪违法事实、依纪依法精准处置的同时，深入剖析案发规律，查找制度漏洞，检视执行短板，累计制发“两个建议”21份，连续2年获评苏州市精品建议和优秀建议。跟踪督促落实，完善“小特精”制度80余项，覆盖房产交易网签、救助资金发放、国有资产处置等多个领域，公共权力运行机制更优，人民群众获得感、幸福感更强，纪检监察检举控告数连续3年降幅超5%。持续抓好受处分党员干部后续教育监督管理，帮教受处分党员干部175人，对114名干部跟踪回访，助力干部重回干事创业轨道，相关工作受到《中国纪检监察报》等媒体报道。

【廉政宣传教育】 年内，市纪委监委摄制警示教育片《迷途》、作风建设片《持之以恒，正风肃纪》等视频，全年观看超过2万人次。开展纪法教育周线上答题活动，参与超过1.4万人次。丰富廉洁文化产品创作，《温水煮青蛙》获第二届中国·扬州“运河清风”微电影大赛微视频类一等奖，《开业大吉》《余地》获“清风廉韵”微电影展入围作品奖，市纪委监委获优秀组织奖，2篇文章入选“新时代廉洁文化建设在江苏”优秀成果。举办“港城清韵”520（我爱廉）主题宣教月活动，线上线下推动各区镇（街道）、单位开展活动超200场。发挥“清风讲师团”作用，开展党风廉政教育31场，受教育党员干部3173人次。推进阵地建设，整合全市资源，上线廉洁文化地图，推出30个点位6条主题路线，推动“云上走馆、线下访廉”，推出红蓓蕾廉洁口袋公园、“清水廉廊”清廉家风示范埭等特色阵地。

（尹　喆）

【张家港家风教育基地启用】 6月28日，“清风传家，廉润港城”张家港家风教育基地启用仪式举行。苏州市委常委、市纪委书记、市监委主任刘乐明，张家港市委书记韩卫，市委副书记、政法委书记邵军民等出席仪式。张家港家风教育基地位于凤凰镇恬庄古街，由杨氏孝坊、碑苑、榜眼府三处古建筑组成，总占地面积约4200平方米。基地以“注重家庭、注重家教、注重家风”为主旨，集家风教育、文旅体验、文史研习、文明实践等功能于一体，主要展示以恬庄杨氏家风为典型的地方优秀家风。活动现场发布家风教育基地“好风家传、廉洁从政”“崇德向善、文明实践”“文旅融合、阵地研学”“档案传家、弘扬新风”“青廉课堂、创新传播”五大套餐，启动家风教育基地“校地合作”事项，并以短视频形式发布张家港廉洁文化地图。至年末，基地接待参观团队400余批9000余人，接待党员干部群众超3万人次，受到省委常委、苏州市委书记曹路宝充分肯定，入选苏州市第二批新时代家教家风实践基地名录。

（谢凤姣）

正风肃纪

【概况】 2022年，市纪委监委把握党性党风党纪内在联系，持之以恒深化作风整治，密切关注苗头性、倾向性、隐蔽性问题，加大对违规吃喝、违规收受礼品礼金等“四风”问题监督检查力度，持续培土加固中央八项规定精神的堤坝，倡树实干新风。聚焦岁末年初、中秋、国庆等重要时间节点，常态化部署开展“清风行动”专项督察，定期下发节日期间作风建设工作提示、节日廉政短信等，督促各级党组织和党员干部严格执行中央八项规定精神，重点围绕私车公养、公款旅游、公款吃喝、违规收送礼品礼金、违规发放津贴补贴以及欠薪等节点突出问题，统筹开展监督检查。协同开展党员干部、公职人员酒驾醉驾排查整治专项行动。全年“清风行动”共出动监督检查组88个，综合运用明察暗访、实地检查等方式督察点位400余个，查处享乐主义奢靡之风问题40起67人。

【纠治形式主义官僚主义】 年内，市纪委监委针对年初全市作风建设大会曝光的4类22个问题，会同市委办进行责任分解并印发整改通知，跟进问题整改落实情况，运用“第一种形态”处理11人。围绕上级决策部署和市委中心工作，突出整治不担当不作为乱作为假作为问题，共查处形式主义官僚主义问题12起18人，督促市镇两级点名道姓通报曝光典型问题3批14起。进一步完善对制度建设的监督机制，联合市委办、市政府办制定《制度廉洁性审查实施意见》，重点审查权力集中、腐败易发领域和行政审批、行政处罚、行政收费等方面相关制度，提高规范性文件制发质量，实施廉洁性审查备案3例。

【激励干事担当制度体系】 年内，市纪委监委落实“三个区分开来”要求，贯彻激励干事担当“1+5”制度体系。统筹考虑问题性质、主观动机、工作依据等情况，实施容错纠错14人，通过及时纠错，帮助干部改进提高、卸下包袱。注重将风险报备机制与容错纠错机制贯通运用，对各级党组织风险报备中的风险隐患进行科学评估，对党员干部履职过程中的廉政风险进行分析研判，为12起涉及重大项目、惠民富民等领域的事项实施风险报备，有力保障重要决策部署、重要工作落地。从保护激励干部出发，对17名受到不实举报、诬告陷害的干部，按照个人同意、单位申请、市纪委审

张家港家风教育基地　　（杨海平　摄）

批，采取书面澄清、当面澄清、会议澄清、通报澄清等方式进行澄清正名，释放“为担当者担当、为负责者负责”的强烈信号。

【营商环境监督品牌打造】 年内，市纪委监委因地制宜打造惠企廉行、“520”亲清在线、为民益企“1235”等营商环境监督品牌，通过建强廉勤监督队伍、完善诉求处办机制、推动奖补信息公开，使监督更加精准有效，确保“两张清单”（即正面清单和负面清单）落实落细。进一步发挥基层廉勤监督平台、营商环境监督平台载体作用，加强平台推广运用，健全诉求办理机制，全年共推动解决群众和企业诉求1865项。 （尹 喆）

专项监督

【概况】 2022年，市纪委监委以“时时放心不下”的责任感，持续整治漠视侵害群众利益问题，年内开展城镇燃气安全、扫黑除恶、粮食购销领域腐败问题等专项整治9项，累计查处群众身边腐败和作风问题16起25人，以正风肃纪的实际成效不断增强人民群众获得感。

【城镇燃气安全专项督察】 年内，市纪委监委会同市政府办专题研究并起草印发《关于开展全市城镇燃气安全排查整治工作专项监督检查的方案》，每周跟踪工作方案落实情况，推动各级纪检监察组织全过程监督参与城镇燃气安全排查整治工作。以点带面推动全覆盖、拉网式大排查、大整治，对各类伤亡事故开展调查，党纪政务处分3人并在全市范围通报，运用第一种形态处置6人。

【扫黑除恶专项整治】 年内，市纪委监委巩固深化扫黑除恶专项斗争经验成效，提升常态化“打伞破网”工作规范化、法治化水平。精心研判工作方向，紧盯教育、医疗、金融放贷、市场流通新四大行业领域，加强监督检查指导和案件统筹推进。组织开展“一案三查”（既要查办黑恶势力犯罪，又要追查黑恶势力背后的“关系网”和“保护伞”，还要倒查党委、政府的主体责任和部门的监督管理责任），针对新发涉黑涉恶案件开展问题线索深挖彻查，共查处涉黑涉恶腐败、“保护伞”、推动工作不力问题17人，其中第一种形态处置2人、立案查处15人，1人采取留置调查措施并移送司法机关。

物业管理领域专项监督 （市纪委监委 提供）

【粮食购销领域腐败问题专项整治】 年内，市纪委监委严格落实上级纪委关于涉粮专项整治工作部署，召开专项整治工作专题推进会议，推动协调小组成员单位将保障粮食安全纳入常态化工作范畴，党纪政务立案8人，移送司法机关1人，运用第一种形态处理3人。制定《关于进一步推动粮食系统规范管理的纪律检查建议》，推动市粮食购销总公司出台《“三重一大”事项集体决策实施办法》等3项制度。深化巩固自查自纠和巡视巡察成果，按照“落实责任、照单整改、强化督导”总体思路，制定整改方案，逐条逐项对照，逐一明确责任部门、责任人员、整改措施和整改期限，做到即知即改、立行立改、真改实改、全面整改。

【农贸市场检测奖励专项监督】 4月，市纪委监委对2011年起全市农贸市场的检测室奖励发放情况开展专项监督，共排查农贸市场50家，涉及补贴资金580.8万元。采用多组办案人员同时对农贸市场负责人、副负责人、会计、专职检测员开展走读式谈话，谈话对象共80余人次，先后立案查处8人，同步推进追赃挽损，有力净化农贸市场行业风气。

【物业管理领域专项监督】 年内，根据苏州市纪委相关部署要求，张家港市纪委监委围绕物业领域责任、作风、腐败问题加强监督检查，成立纪审联动监督工作组，对国有物业公司2018年起的财务情况进行专项检查，牵头向13个镇（区、街道）纪（工）委制定发布专项整治工作指引并进行实地调研指导，收集整理辖区内使用镇财政资金及村集体资金支付物业费的物业领域招投标、日常考核打分、资金拨付、零星采购四大重点环节公职人员名单，按照权限运用大数据查询、分析研判系统，对上述四类人员有关资金进行梳理排查，至年末，党纪政务立案19人。

【殡葬系统乱象专项整治】 年内，市纪委监委围绕殡葬服务领域价格秩序混乱、公益性安葬设施违规建设经营等问题，以“小切口”理念，纵向对市殡葬协会、8个殡仪服务中心、2处经营性公墓、20处公益性公墓及17处公益性骨灰堂的面上情况开展排查，横向对殡葬补贴发放、收费设施建设等5大重点环节进行分析，梳理出墓

8月12日，市纪委监委召开加强村级工程项目规范化管理监督座谈会

（市纪委监委　提供）

地销售打招呼、殡仪服务乱收费、克扣补贴、截留公款等17类廉政风险点。深化“大数据赋能”，综合运用信息技术，对中共十八大以后的殡葬有关设施设备采购款、工程款以及殡葬领域工作人员银行流水、微信账单开展比对，运用第一种形态处理25人，党政纪立案22人，挽回经济损失60余万元。一体推进查处问题、督促整改、推动治理，以典型案件查处推动体制机制完善，制发纪律检查建议2个，完善有关制度规范3项。

【困难群体救助和妇儿权益保障问题专项排查】　年内，市纪委监委紧盯群众“急难愁盼”问题，开展特殊困难群体救助帮扶和妇女儿童权益保障专项排查整治工作，推动成立以包村干部、村（社区）“两委”成员、网格员、公安民警、精防医生等为主体的268支入户排查小组，梳理排查特殊困难对象1.4万人。督促职能部门落实主动发现机制，升级社会救助管理平台，精准定位困难群众实际纾困需求。推动出台《关于在全市建立预防和处置家庭暴力“三零”联动机制的实施意见》《张家港市严重精神障碍患者服务管理工作指导意见》等制度文件，维护弱势群体合法权益。

【基层综合行政执法领域专项监督】　年内，市纪委监委围绕基层综合行政执法领域“小微权力”运行情况，坚持“查处一批案件、总结一类规律、治理一个领域、教育一方干部”原则，制定专项监督工作方案，对基层执法人员利用“微权力”收受好处、违规插手第三方中介服务敛财谋私等问题进行重点查处。借助信息化手段，先后查处基层安全网格员、环保专职网格员、城管协管员等细分领域系列案件，党纪政务立案53人，给予党纪政务处分37人，第一种形态处置18人，移送司法处理2人。通过办案有效堵塞监管漏洞，优化源头治理，推动基层执法领域权力规范运行，先后制发纪检监察建议2份，推动市社会治理现代化指挥中心全面梳理网格治理262项任务清单，出台《关于进一步加强专职网格员队伍专业化建设的实施方案》等制度规定7项。

【村级工程专项治理】　年内，市纪委监委聚焦人居环境整治、土地复垦、道路维修等施工项目，严肃查处在村级工程建设中搞暗箱操作，通过虚列支出、虚报工程量套取资金问题，共查办违纪违法案件22件。坚持惩防并举，标本兼治，按照系统集成、协同高效理念，聚焦村级工程实施前、中、后关键环节，明确责任主体，重塑监督关系，再造管理流程，形成对村级工程监管的一站式解决方案，至年末，完成对村级工程监管履约管理模块的开发并嵌入市农村集体“三资”智慧监管平台运转。实现对村级工程项目全程留痕，针对工程项目质量、进度、安全、变更、验收、审计等合同后管理制定工作指引和格式化资料，并以此作为工程验收、价款支付依据。实现对村级工程项目线上管理。优化制度衔接，在“四网融合”场景下实现与预决算模块、村级工程发包管理平台的无缝对接。实现对村级工程项目动态评估。对工程项目发包、工程质量、资金使用、村社干部廉洁等情况进行评估，评估结果作为考评承包商、评价村干部清廉度、村级组织评级监管的重要依据，并及时向社会公开。　（尹　喆）

巡视巡察

【概况】　2022年，市委巡察机构贯彻落实巡视巡察相关决策部署，制定印发《市委巡察工作规划》《关于开展市委巡察工作的实施办法》等纲要性文件，明确十二届市委巡察全覆盖目标任务、巡察对象、监督重点、组织方式、成果运用等事项，精准落实巡视巡察工作要求。首次将统战、保密工作纳入巡察监督范畴，并对派驻纪检监察组履职情况进行同步巡察。3月7日，市委巡察机构启动十二届市委第二轮针对9个市级机关、群团组织的常规巡察，共发现86个方面的问题，移交问题线索21件，推动立行立改15件。7月16日、7月23日，先后召开领导小组会议和书记专题会，市委书记对9家被巡察党组织一把手进行集体约谈。7月中旬至8月中旬，对上级巡视巡察反馈问题整改落实情况以及十一届市委巡察反馈意见整改落实情况进行专项督察，并对17个单位进行现场督察，发现81个方面问题。9月2日，召开十二届市委第三轮巡察工作动员会，对20个单位党组织进行常规巡察。10月13日，召开联动巡察高新区（塘桥镇）动员会。12月6日，十二届市委第三轮巡察完成撤点。12月14日，召开巡视巡察上下联动工作联席会暨市委巡察工作领导小组会议，市委巡察工作领导小组听取联动巡察组巡察工作报告。

【张家港接受上级巡视巡察】 10月至12月，省委第八巡视组对张家港市开展为期70天的常规巡视工作。9月30日，市委常委会专题学习巡视工作重要论述及省委巡视工作要求，研究配合省委第八巡视组巡视张家港市有关工作，听取并研究市委综合情况报告。10月9日，召开省委第八巡视组巡视张家港市工作动员会。10月11日，苏州市委第一联动巡察组巡察张家港市纪委监委机关工作动员会召开。10月26日至11月3日，苏州市委巡察工作专项检查组对张家港市巡察工作进行专项检查。巡视组进驻期间，协调组织收听收看党的二十大开幕会、上下联动联席会、追赃挽损工作会等会议共14场，审阅各类材料台账120份。

【巡审协作工作机制建立】 年内，全市建立巡审协作工作机制。市委巡察机构研究制定年度巡审联动工作计划。巡前向市审计局征询被巡察单位审计报告，将审计报告中涉嫌违纪违法问题列入检查重点。巡中强化协查协办，由巡察组协助审计组调阅材料、开展谈话，审计组协助提供政策解释、专业支持。巡后促进成果运用，对巡审发现共性问题进行会商研判，将问题整改落实情况作为重要监督内容。十二届市委第二轮巡察期间，巡审协作推动发现被巡察单位问题线索10件，占移交问题线索总数47.6%。5月，建立健全问题线索会商机制，制定出台《关于进一步提高巡察线索办理质效的相关建议》，有效提升拟移送问题成案率和办结率。全年移交问题线索办结率89.4%，立案率52.2%。推动建立巡察发现问题线索快查快办、优先办理机制，对巡察发现的重要问题线索，进行优先办理，高效结案，努力推动巡中成案5件，涉及党员干部8人。

【巡察"四步工作法"打造】 年内，市委巡察机构深入推进巡察监督与群众监督、舆论监督贯通融合，综合运用微信推送、巡察工作"二维码"、设置专用信箱等多种方式宣传发动群众，深化运用村情民意调查，持续完善"一公开两评议"机制，通过群众评判检验巡察工作成效。在深化成果运用方面，完善优化向市委专题报告重点问题的工作机制，围绕巡察中发现的行业领域普遍性、深层次突出问题，深入分析挖掘体制机制性梗阻，总结形成巡察专题报告6篇报送市委，有效推动专项工作开展。健全巡察整改"四步工作法"，完善巡察整改"责、督、评、用"四步监督全流程工作体系，紧扣整改过程压实责任、督察督办、整改评估、成果运用四个关键点，形成全链条闭环管理。对干扰巡察、整改不力的坚决予以问责处理，全年共对2名干扰巡察工作、3名落实整改要求不到位的干部进行处理，对1家村（社区）党委落实整改不力问题进行通报，对1家镇局室党支部下发纪律检查建议书。 （尹 喆）

10月11日，苏州市委第一联动巡察组巡察张家港市纪委监委机关工作动员会召开 （市纪委监委 提供）

监督治理效能

【概况】 年内，市纪委监委推进纪检监察体制机制创新，不断探索具有张家港特色的纪检监察工作品牌，提升监督治理现代化水平。分层分类推进廉洁张家港建设，推出"一镇一品牌"基层示范项目13项，在行业领域有的放矢鼓励个性化创建，应用"一领域一专项"打造行业廉洁单元11类，制定发布实施方案13个，位居苏州市各板块首位。横向加强与组织、宣传、教育、卫健、民政、农业农村等部门联动协作，纵向加强由镇及村、从部门到行业的督促指导，建立纪企协作机制，签署校地合作事项，打造廉洁工程样板，廉洁建设的覆盖面充分延伸，形成齐抓共管、共治共享的良好氛围。

【廉洁乡村建设】 年内，市纪委监委贯彻关于全面推进乡村振兴决策部署，制定关于加强廉洁乡村建设的实施意见，明确廉洁乡村建设的"四大行动"15项措施，并纳入全市农村工作会议统一部署，同步发布"一镇一品牌"示范建设项目，制定10项工作措施，督促各级纪检监察组织将廉洁乡村建设融入各项监督工作统筹推进，相关工作得到中纪委网站和上级媒体关注，受到苏州市纪委充分肯定，并协助苏州出台廉洁村居建设相关制度文件。持续释放派出监察员办公室制度优势，进一步发挥基层廉勤监督、营商环境监督、"监督一点通"等平台载体作用，将监督融入农村发展治理各方面，推动线上线下监督有效衔接、基层监督和基层治理贯通融合。深化农村集体"三资""四网融合"成效，推动农村集体"三资"智慧监管平台二期项目建设并在全市推广，设计并推广以一套制度体系、三大衔接运行机制为主体构架的村级工程监管模式，形成"四网融合"村级工程治理新路径。基于"三

5月10日，全市农村工作会议暨率先基本实现农业农村现代化推进会召开

（市纪委监委　提供）

资”平台工作成果撰写的《云计算下农村“三资”激励性监管模式研究》被省社科联评为省社科应用研究精品工程优秀成果二等奖。网格员、基层治理等领域多篇做法被国家级媒体报道。《整治拆迁劳务费背后的群体性腐败》《整治集贸市场“微腐败”实现为民服务“大成效”》入选苏州市县级监委派出监察员办公室典型案例汇编。

【“链上监督”治理新模式构建】 年内，市纪委监委以苏州赋予的“权力运行监督信息化建设试点”为契机，深入落实“数字张家港”部署要求，着眼形成发现问题、纠正偏差、推动改革、促进治理工作闭环，在行业主管部门信息化系统里嵌入监督预警模块，打造“实时跟踪、智能预警、高效处置、全程追溯”的权力运行“全周期”风险防控体系，突破事前、事中、事后监督相互割裂的传统模式，探索“权力在线上运行、监督在链上聚焦”、具有张家港特色的权力运行“链上监督”新模式，以符合张家港实际的“数据铁笼”，全面撬动基层廉洁高效治理。年内，搭建起公共资源交易、国有经营性资产、智慧住建、公务用车、政务服务等7个领域监督模块，设定预警指标82个。开发集展示、衔接、处置为一体的暨阳明镜“三不一体”监测评价系统，汇聚对接各监督模块的预警数据，建立“预警、分办、核查、处置、运用、考核”的权力运行“全周期”监督闭环，实现监督数据“一屏总控、全局管理”，打造全市权力风险防控的研判中心和智慧大脑。

【“智慧纪委监委”建设】 年内，市纪委监委围绕“四大平台”框架体系，按照“省级主建、市级辅建、县乡应用”的思路，推动信息技术和信息化平台“全员用”“全面用”。在检举举报平台方面，依托平台功能常态化做好扎口受理、规范录入、收集反馈等工作，形成信访举报闭环，上级转送件及时签收率、去向明确率、扫描上传比例均为100%。在监督办案业务平台方面，贯通嵌入审查调查各环节，实现在线流程全覆盖，立案数、处分数、移送审查起诉数与中央纪委案管系统匹配度均为100%。在办公管理平台方面，全面应用办公OA平台，实现文件横向快速阅办、纵向高效流转。运用电子印章系统实现远程在线用印，使用数量居全苏州前列。全委126名纪检干部常态化使用移动掌上通，办理外出报备、公务出行、日常考勤、财务报销等12类60余项事务。在大数据平台方面，全面推广应用一体化查询模块，连续多月被省纪委通报表扬。常态化开展大数据分析研判，梳理形成20余项研判规则，其中“挂证取酬”模型被吸收至省纪委企业分析研判子系统。创新研发“一站式数据筛查模方”，被省纪委作为省内唯一县级科技装备试点项目向上推介。高标准建成“一室一中心”技术功能场所，新建大数据查询研判中心和电子数据调查室，规范设置6个功能区，设施配套和规范化程度全苏州领先。持续开展监督建模，强化数据筛查比对，以农村二次分配、职业培训补贴等6个数字模型辅助监督办案，提供问题线索128个，助力党纪政务立案53人。　　（尹　喆）

3月11日，全市智慧纪委监委建设应用推进会召开（市纪委监委　提供）

【编辑　朱永平】

民主党派·工商联

Other Parties & Association of Industry and Commerce

月10日，市新一代企业家商会、市青年商会2022联合年会举行　（市工商联　提供）

中国国民党革命委员会张家港市基层委员会
中国民主同盟张家港市委员会
中国民主建国会张家港市基层委员会
中国民主促进会张家港市基层委员会
中国农工民主党张家港市委员会
中国致公党苏州市张家港支部委员会
九三学社张家港市基层委员会
张家港市工商业联合会（总商会）

張家港年鑑(2023)

中国国民党革命委员会张家港市基层委员会

【概况】 2022年年末，中国国民党革命委员会张家港市基层委员会（简称民革市基层委员会）下属支部6个，有党员116人，其中在职党员114人、女党员36人，分别占总数的98%、32%。党员中，本科及以上学历111人，其中硕士和博士研究生24人，分别占总96%、21%。有苏州市人大代表2人、苏州市政协委员1人，张家港市人大代表2人、张家港市政协委员26人，江阴市政协委员1人。全年召开主委办公会议6次、基层委员会中心组成员会议3次，各支部组织活动30次。有20余条信息被《苏州民革》《江苏民革》杂志、民革江苏省委网站和民革中央《团结报》等录用。

【参政议政】 在市政协十三届一次会议上，民革市基层委员会提交集体提案10件、个人提案及联名提案19件，其中《关于加快我市保留村庄美丽乡村建设的建议》被列为主席督办提案。年内，收集社情民意30余条，有29件分别转化为大会发言、集体提案、个人提案和调研报告。其中，《关于管控区医务人员从事本区域核酸采样工作的建议》《关于废止或修改职工探亲待遇规定的建议》等4件被省政协录用，《关于基层医疗机构增加超声诊断专业执业医师范围的建议》被民革中央采用，获民革江苏省委嘉奖。

【社会服务】 年内，围绕金融防诈、疾病预防、家电维修、科普讲座等项目，民革市基层委员会组织党员在金港街道金都社区先后举办志愿服务10次，受益居民约160人次。组织律师党员赴市法治文化中心、杨舍镇新时代文明实践基地等单位举办“法教同行”讲座2次，听讲座人数100余人。赴凤凰镇养老中心、农联小学等单位开展“健康科普知识讲座”活动3次。疫情防控期间，向高速卡口和封控区捐赠“暖宝宝”（自发热暖贴）5000余片。组织10位民革党员企业家向贵州望谟扶贫项目捐款5万元。

（蔡克荣）

中国民主同盟张家港市委员会

【概况】 2022年年末，中国民主同盟张家港市委员会（简称民盟市委）下属支部11个，盟员302人，平均年龄51.53岁，其中行政单位57人，教育界122人，科学技术界54人，文化艺术界122人，新阶层44人，公有制经济界10人。盟员中，有高级职称162人、中级职称76人，分别占53.64%和25.17%；有苏州市人大代表2人、苏州市政协委员1人，张家港市人大代表9人、张家港市政协委员32人。全年召开主委会议、扩大会议、专题学习会议、支部学习会议22次。在《中国统一战线》《人民日报》《人民政协报》《群言》《新华日报》，以及“中国统一战线”“江苏民盟”微信公众号等平台刊发文章简讯281篇次。撰写多党合作、统战理论72篇，其中《民主党派自我提升的现实困境及突破路径》等3篇分获省委统战部、省社会主义学院“多党合作与中华民族伟大复兴”理论研讨会二、三等奖。微视频《追光前行》获苏州市委统战部“献礼中共二十大”微视频大赛三等奖、民盟江苏省委最佳创意奖。民盟张家港市委获民盟江苏省委宣传工作先进集体一等奖、社会服务工作特别贡献奖及民盟苏州市委“地方组织模范集体”等17项集体奖项。盟员个人获盟内奖项159项，136人次盟员在张家港市级以上获奖、发表、展出作品及举行公开课，14人次盟员获省级以上奖项。

【参政议政】 2022年，民盟市委举办“盟员说”微沙龙2期，参政议政骨干培训班1期。围绕家庭教育协同推进、村级经济多元发展、再生包芯纱产业升级、加速直播经济发展等课题，开展调研11次，撰写调研报告9篇，其中《长江文化保护、传承及利用的途径选择》获江苏民盟主题论坛二等奖。完成与市委统战部合作调研课题《关于进一步推进我市产业用地提质增效的建议》。市“两会”期间，提交人大代表建议6件、集体提案（含界别提案）11件、个人提案28件，其中《关于加强交叉路口减速带维护的建议》《关于推进我市电动汽车充电桩建设布局的建议》等6件提案获副市长、政协副主席等领办督办，《关于利用“双减”政策契机，推动教育高质量发展的建议》被列为市政协“10件有影响力提案”。反映社情民意信息186篇，其中《关于当前疫情影响下社会心理及舆论动向若

8月4日，民盟市委赴费孝通江村纪念馆现场学习　（民盟市委　提供）

干问题的反映及对策建议》《当前俄乌战争等国际情势下我国应转危为机、主动作为》被全国政协采用，《关于净化网络舆论环境，遏制性别对立等舆论歪风的建议》等3篇被民盟中央采用，省委统战部采用1篇，江苏民盟采用25篇。

【社会服务】 2022年，民盟市委为抗击疫情捐款捐物17.8万元，其中为福前隔离点"定制"捐赠物资9700元，为高三闭环教学的盟员教师、坚守岗位的盟员医生送上关爱物资8000元。为推动贵州沿河、望谟两县乡村振兴，14人次盟员企业家捐款捐物12.2万元。开展"爱心济民、送医利民、法律助民、教育惠民、文化润民"社会服务15次，服务群众5000余人次，其中送春联2次，送出春联400余对。捐资助学、扶贫帮困4次，捐款捐物25.8万元。举办高招咨询会、民盟教育讲堂、"校企直通车"3次，服务学生及家长3000余人次。开展义诊进社区、普法讲座、法律咨询5次，惠及群众300余人次。联合金茂公司党委，与德积小学达成"厚德积学·向阳向行"共建，为该校师生赠阅100份2023年度《张家港日报》。

【"矢志不渝跟党走、携手奋进新时代"主题教育】 年内，按照"矢志不渝跟党走、携手奋进新时代"政治交接主题教育要求，民盟市委成立主题教育领导小组，制定实施方案，细化活动清单，结合"融入'六个城市'建设，献礼建县（市）60周年"自有主题教育，组织盟员50余人次先后赴吴江费孝通江村纪念馆和柳亚子纪念馆、昆山顾炎武纪念馆、盐城新四军纪念馆、常州张太雷纪念馆等地开展现场教学，近100名盟员听取中共党史、民盟盟史专题讲座，下发《中国共产党简史》《苦难辉煌》《觉醒年代》等100余册，与民进市基层委员会、市评弹艺术传承中心联合举办"喜迎二十大、同心永向党"红色文艺作品演出。组织盟员收听收看中共二十大开幕会直播，召开专题学习会，下发《二十大报告学习辅导百问》等学习资料300余册。组织中共二十大及中共党史、统一战线发展史、民盟盟史知识竞赛，参与民盟苏州市委、中共张家港市委统战部举行的中共二十大专题知识竞赛，分别获得优秀组织奖、集体一等奖。

（朱敏娟）

中国民主建国会张家港市基层委员会

【概况】 2022年年末，中国民主建国会张家港市基层委员会（简称民建市基层委员会）下属6个支部和青年工作委员会、妇女工作委员会，有会员153人，比上年增加8人。会员中，本科及以上学历占89.5%，经济界人士占77.8%。有苏州市人大代表1人、苏州市政协委员1人，张家港市人大代表1人、张家港市政协委员24人。全年召开班子（扩大）会议3次，组织和参加履职能力提升、中青年干部培训等活动30余次。推进"矢志不渝跟党走、携手奋进新时代"政治交接主题教育，集中收看中共二十大开幕会，组织会员参观建县（市）60周年图片展。新增会员之家3个，发挥青工委、妇工委作用，成立文体社、读书社，开展篮球、羽毛球、乐队全练合唱、读书及分享活动。4月8日，张家港民建微信公众号上线，先后刊发信息30条，被民建苏州市委和张家港统战微信公众号录用信息31条。6月，以民建会员、张家港市政协委员、市医保中心基金结算科科长高倩命名的高倩委员工作室挂牌成立。9月2日，民建市基层委员会联合上海交通大学安泰经济与管理学院在市馨苑度假村举办"智改数转谱新篇，合作共赢谋发展"活动。民建张家港市基层委员会获民建苏州市委参政议政先进集体一等奖。

【参政议政】 在苏州市人大十七届一次会议和苏州市政协十五届一次会议上，民建市基层委员会提交人大代表建议1件、政协委员提案1件。在张家港市人大十五届一次会议上，提交人大代表建议2件。在张家港市政协十三届一次会议上，提交集体提案7件、个人提案20件。其中，《关于进一步优化我市科技孵化器发展的建议》被列为市长领办提案，《关于推进电子处方流转平台建设的建议》《关于更好更快推广便民自助洗车服务平台建设的建议》《关于建设张家港市文化创意产业创业园的建议》等3件提案被列为市政协专委会联合督办提案。《关于大力发展氢能产业，加快创建"全国氢能示范城市"的建议》被列为市政协"10件有影响力提案"。提交的《优化平台经济发展环境，助力产业创新转型加速》调研报告获市领导肯定。组织会员参加民建苏州市委和张家港市委统战部举办的社情民意信息培训班。7月，邀请民建江苏省委调研处处长吴孟珏做参政议政专题讲座。年内，民建市基层委员会上报社情民意信息30余篇，被全国政协采用1篇，省政协采用6篇，民建中央采用10篇，民建省委采用13篇，省委统战部采用3篇。

【社会服务】 2022年，民建市基层委员会持续打造"张家港民建·春雨计划"公益品牌，持续关爱长期帮扶对象朱蕴红老人，帮助老人做好动迁安置工作。1月，向长期帮扶的5名困难家庭学子捐赠善款和年货大礼包，联合乐余镇党委、政府举办春雨计划2022年度定向捐赠仪式，向乐余镇10户贫困户送上每户3000元的慰问金。5月，由妇委会牵头组建的民建"社会妈妈"志愿服务团启动仪式举行，6位"社会妈妈"代表与6位家庭困难、品学兼优的学生结对，现场捐赠1.2万元及学习用品。7月，组织会员参与民建苏州市委帮扶宿迁花园村梨树项目，为贵州望谟县乡村振兴项目捐款12.7万元。全年企业家会员捐赠抗疫物资85万元。坚持会员企业走访联系制度，走访会员企业10余家。

（马　福）

中国民主促进会张家港市基层委员会

【概况】 2022年年末，中国民主促进会张家港市基层委员会（简称民进市基层委员会）发展会员4人，累计有会员38人，在职37人，其中女会员14人。会员中，有张家港市人大代表2人、张家港市政协委员6人。年内，民进市基层委员会以“喜迎二十大，献礼六十年”为工作主线，召开会议6次，组织活动8次。副主委李晓华参与创作的文艺作品《打折》获第十九届“群星奖”。副主委李晓华，会员迟红梅、杨泳参与创作的文艺作品《村口有一尊雕像》《一点都不贵》获第十五届江苏省“五星工程奖”。1人获评民进苏州市委会宣传思想工作先进个人和苏州市统战信息工作优秀信息员。

【参政议政】 在市政协十三届一次会议上，民进市基层委员会提交集体提案3件、个人提案5件。其中，集体提案《关于城市文化品牌创建与本土文艺人才专项创作扶持的若干建议》作为大会书面交流发言，集体提案《关于培育专精特新“小巨人”企业集群，提升“张家港制造”核心竞争力的建议》被列为分管副市长督办提案。组织上报10余篇社情民意信息，其中《关于推动长三角区域核酸检测报告互认的建议》被苏州市政协采用。参加张家港市委双月座谈会4次，发言2次，分别题名《优化农村水环境，助力乡村振兴高质量发展》《关于着力打造我市创新型产业集群的建议》。《张家港中小企业智能化改造和服务化转型的实践与思考》被民进苏州市委会列入重点关注课题。

【社会服务】 2022年，民进市基层委员会持续打造“彩虹行动”社会服务品牌。1月19日，“结对互补、共同发展”——民进市基层委员会、塘市初级中学党建共建签约仪式举行。1月23日，与市金厦房地产开发有限公司共同举办“2022福虎生威——春联万家·推动共同富裕”写春联送祝福活动，送出春联200余副。6月2日，联合对口联系单位市文体广电和旅游局走进市第四人民医院阳光残疾人之家，开展关爱残疾人活动，送去粽子、饮料食品和生活用品等。

（蒋 恒）

中国农工民主党张家港市委员会

【概况】 2022年年末，中国农工民主党张家港市委员会（简称农工党市委）下属支部11个，有党员288人，其中在职党员197人，退休党员91人，平均年龄54岁。包括医药卫生、人口资源和生态环境等主界别158人，文教界59人，经济界28人。具有高级职称135人，中级职称120人。有苏州市人大代表2人、苏州市政协委员2人，张家港市人大代表6人、张家港市政协委员28人。年内，农工党市委学习宣传贯彻中共二十大精神，开展“矢志不渝跟党走、携手奋进新时代”政治交接主题教育，组织专题学习会、报告会、宣讲会及主题悦读等系列活动。发挥“新党员成长营”培养作用，首次开展为党员共过“政治生日”主题活动。新建医卫五支部“农工之家”“农工党界政协委员之家”，更新医卫一支部“农工之家”，实现支部“农工之家”全覆盖，全年开展各类活动30余次。分层次、分阶段对市委委员、监委会委员、支部委员及新党员进行专题培训，举办主委讲党课、参政议政培训、党内监督工作讲座等。发挥张家港农工微信公众号的作用，全年编发信息95篇，总浏览量超8万次。短视频《同心战疫，守护家园》获农工党江苏省委短视频大赛二等奖，视频《读红色经典，守履职初心》作为开播篇在农工党苏州市委微视频展中播出。年内，农工党市委对外投稿190篇次，在苏州市级以上媒体刊登55篇。农工党市委获评农工党江苏省委组织建设先进集体，4项履职成果分别获农工党苏州市委“十大宣传成果”“十大调研成果”“十大服务项目”和“十大特色活动”表彰。获评农工党中央“先进个人”1人，获评农工党江苏省委参政议政、思想建设工作先进个人各1人。

【参政议政】 苏州市和张家港市“两会”期间，农工党市委提交大会口头、书面发言各1件，集体提案立案8件，个人提案立案44件，代表建议4件。其中，《关于高度关注和统筹解决全市工业废污水处理排放出路难的建议》被评为苏州市政协十五届一次会议优秀提案。《关于“社区—居家—机构融合式养老”模式的思考与建议》被评为苏州市民最满意的人大代表建议。《关于在碳达峰碳中和新形势下保障我市特色产业和重大项目发展的建议》被列为张家港市政协十三届一次会议“10件有影响力提案”。《关于规划建设市区至高铁站直线快速通道的建议》被列为张家港市委、市政府领导牵头领办督办提案。《关于推进我市电动汽车充电桩建设布局的建议》（合并提案）、《关于在幼儿园普遍开设托幼班的建议》被列为张家港市政协主席会议、主席、副主席督办重点提案。《关于统筹规划实施弯背塘区域综合整治提升城市南大门形象的建议》《优化涉企服务监管平台，助力“证照分离”改革高效运转》

6月11日，农工党市委首期主委讲党课活动举行　（农工委市委　提供）

分别被作为张家港市政协十三届一次会议口头发言、书面发言。调研报告《强化顶层制度设计，完善约束激励机制，全面提升我省再生水优化配置利用水平》获农工党江苏省委“长江生态环境保护”全省联合调研征文一等奖、农工党苏州市委2022年调研课题评审一等奖。《关于进一步加强非学科类校外培训机构监管的建议》获农工党苏州市委区域组织调研论坛二等奖。《关于推动全市医疗器械产业高质量集聚发展的建议》得到张家港市委书记肯定。上报社情民意150余篇，其中苏州市级以上采用45篇，被农工党中央采用2篇并上报全国政协。

【社会服务】 2022年，农工党市委及下属支部到塘桥镇花园村、港口医院、乐余镇兆丰社区等地开展健康服务活动10余次，参与党员200余人次，服务群众3000余人次，持续扩大“健康服务行”品牌影响力。开展各类“同心助学”“类家庭”陪伴行动、“爱心慰问”等活动10余次，帮扶弱势群体。120余名党员投入疫情防控一线、志愿服务工作，捐助抗疫物资资金35万元，助力贵州乡村振兴6.3万元，向农工党苏州市委爱心公益基金捐款3万元。（陈莎莎）

中国致公党苏州市张家港支部委员会

【概况】 2022年年末，中国致公党苏州市张家港支部委员会（简称致公党张家港支部）有党员32人，其中海归、侨眷和有其他海外关系的人士占81.25%。有苏州市政协委员2人，上海普陀区政协委员1人，张家港市政协委员7人，张家港市人大代表2人。6月18日，开展“矢志不渝跟党走、携手奋进新时代”政治交接主题教育活动。11月，举行“致爱·致远”书友社第四期读书分享会。“致爱·致美”微信公众号全年发布信息43条。

【参政议政】 张家港市两会期间，致公党张家港支部提交人大代表建议1件，政协提案6件，其中集体提案3件；向苏州市政协十五届一次会议提交个人提案3件、联名提案2件。提案《关于在城市更新中加强老旧小区管理的建议》作为张家港市政协大会书面发言。年内赴对口联系单位市商务局等开展专题调研，完成年度调研报告《进一步提升我市港口能级推动港口经济高质量发展》。

【社会服务】 年内，致公党张家港支部打造“致爱·致美”社会服务品牌。六一前夕，与市妇联、高新区（塘桥镇）党群工作部共同举办“海棠花红，致爱同行”爱心结对帮扶活动，党员肖晓阳、徐磊、孙祺以支部名义共同出资与10名困难学生长期结对助学。8月，为后塍街道中心社区2名结对学生送上助学金，党员李键长期参与归国留学生扶贫项目。党员孙祺受邀出席市“12·5”国际志愿者日主题活动，现场签约新一轮公益志愿服务伙伴计划，获2022年度张家港市青年志愿服务特殊贡献奖。

（温　虹）

九三学社张家港市基层委员会

【概况】 2022年年末，九三学社张家港市基层委员会（简称九三学社市基层委员会）有下属支社6个，社员129人。社员中，具有高级职称的73人、中级职称的28人。有苏州市人大代表1人、苏州市政协委员1人，张家港市人大代表5人、张家港市政协委员20人。组织社员10余人次参加统战信息宣传员、民主党派政治交接培训班。9月3日，100余名社员、积极分子赴凤凰镇参加“喜迎二十大，献礼六十年”九三学社创建77周年庆徒步活动。年内，九三学社市基层委员会获九三学社江苏省委优秀基层组织奖、九三学社苏州市委组织建设先进集体奖。1人获评九三学社省委宣传思想标兵；1人获评九三学社苏州市委组织建设先进个人，2人获参政议政先进个人二等奖，1人获评宣传工作先进个人。

【参政议政】 苏州市和张家港市“两会”期间，九三学社市基层委员会提交苏州市政协个人提案1件、苏州市人大代表建议2件，张家港市政协集体提案6件、个人提案26件。集体提案《关于整合大院大所资源，赋能本土科技创新的建议》被选为张家港市政协大会发言并获“10件有影响力提案”。集体提案《构建应急救援体系，全面提升防灾减灾能力》被选入大会书面材料汇编。徐雯菁的《关于强化智能技术应用，促进我市传统建筑产业改造升级的建议》中标张家港市委统战部课题。鲁怀敏的《“双减”政策下义务教育面临的困境和改革思路》、张星星的《关于加大知识产权行政保护力度，优化营商环境的调研报告》中标九三学社苏州市委课题。

9月3日，“喜迎二十大，献礼六十年”九三学社创建77周年庆徒步活动举行

（九三学社市基层委员会　提供）

【社会服务】 2022年，九三学社市基层委员会助力疫情防控，3名社员入驻集中医学观察隔离点担任行政点长，9名社员志愿者投入抗疫第一线，全体社员累计捐款捐物超过3万元。持续开展社会公益活动，8月，联合南丰镇开展“爱的助力”捐资助学活动，并助力贵州望谟县乡村振兴，累计捐款5.56万元。11月，为纪念第34届“国际科学与和平周”，在沙洲湖社区卫生服务中心义诊。

（黄　河）

张家港市工商业联合会（总商会）

【概况】 2022年年末，按照省工商联专项清理安排，张家港市工商业联合会（简称市工商联）下辖各类商会37家。其中，区镇商会9家、街道商会1家、行业商会16家、异地商会6家、新一代商会1家、市场商会1家、村级商会3家。有工商联会员单位4041个，其中企业会员3741个、团体会员37个、个人会员263个。年内，市工商联持续建优商会组织网络，成立暖通商会，乐余镇商会成立科技人才分会，大新商会、常阴沙现代农业示范园区商会、棉花商会、石化业商会、香港城商会等完成换届。4月，全市商会会长述职会暨商会工作推进会召开，8家优秀商会分享经验，发布《关于加强“四好”（政治引领好、队伍建设好、服务发展好、自律规范好）商会建设的若干意见》，逐步建立科学的商会考核机制。大新镇商会获评全国“四好”商会，高新区（塘桥镇）商会等4家商会获评省“四好”商会，常阴沙现代农业示范园区商会、江北企业家联谊会等17家商会获评苏州市“四好”商会。7月，市工商联举办“提升能力素养，助力创新发展”商会干部能力提升培训，50余人参加。引导各商会发挥宣传政策、提供服务、反映诉求、维护权益作用，结合地域和行业特点开展活动，全年37家商会组织各类活动150余场，参加人数500余人。安徽商会、商业供配商会开展法企、银企交流对接，香樟文化产业联盟举办文化集市，高新区（塘桥镇）商会针对纺织产业集聚特点，定期组织产业分析研讨。大新镇商会主动对接政府，承办疫情期间物流货车的申报手续，为企业分忧解难。江北企业家联谊会多批次赴江北八市考察交流，为南北挂钩和对口协作出谋出力。

表8　2022年年末张家港市工商联（总商会）下辖商会一览表

序号	商会名称	商会类别	序号	商会名称	商会类别
1	张家港保税区商会	区镇商会	20	张家港市文化艺术业商会	行业商会
2	张家港经济技术开发区（杨舍镇）商会	区镇商会	21	张家港市棉花商会	行业商会
3	张家港冶金工业园区（锦丰镇）商会	区镇商会	22	张家港保税港区羊毛商会	行业商会
4	张家港高新区（塘桥镇）商会	区镇商会	23	张家港市商业供配商会	行业商会
5	张家港市乐余镇商会	区镇商会	24	张家港市集集智慧合作商商会	行业商会
6	张家港市凤凰镇商会	区镇商会	25	张家港市总商会压力容器商会	行业商会
7	张家港市南丰镇商会	区镇商会	26	张家港市防火板商会	行业商会
8	张家港市大新商会	区镇商会	27	张家港市香港城商贸商会	市场商会
9	张家港市常阴沙现代农业示范园区商会	区镇商会	28	张家港市安徽商会	异地商会
10	张家港市凤凰镇港口商会	街道商会	29	张家港浙江商会	异地商会
11	张家港市装修装饰行业商（协）会	行业商会	30	张家港市河南商会	异地商会
12	张家港市塑料饮料机械协会	行业商会	31	张家港市江西商会	异地商会
13	张家港市电子商务商会	行业商会	32	张家港市江北企业家联谊会	异地商会
14	张家港市香樟文化产业联合会	行业商会	33	张家港市兴化商会	异地商会
15	张家港市分离机械行业商会	行业商会	34	张家港市新一代企业家商会	新一代企业家商会
16	张家港市氨纶纱行业商会	行业商会	35	张家港市乐余镇永利商会	村商会
17	张家港保税区石化业商会	行业商会	36	张家港市凤凰镇双龙商会	村商会
18	张家港市五金商会	行业商会	37	张家港市凤凰镇魏庄商会	村商会
19	张家港密封件行业商会	行业商会			

【会员服务】 2022年，市工商联实施政企同行“三项制度”（民营企业大走访、市领导挂钩联系民营企业、“暨阳面对面”民营企业沙龙）。有效引导和服务民营企业防疫情、稳生产、谋发展，第一时间发出《汇聚港城民企磅礴力量、共筑疫情防控坚实屏障——致全市商（协）会和民营企业的动员书》。领导班子带队走访企业200余家，收集问题、建议，协调解决防疫、生产、融资方面问题51项。开展民营企业减税降费，中小企业“智改数转”，疫情环境下企业物流通道畅通，外贸企业、建筑行业企业面临困难等专题调研。举办“暨阳面对面”市领导与企业家交流系列活动外贸专场和重大项目专场，书记、市长与20余家民营企业家面对面交流。举办企业家沙龙活动，邀请市发改、科技和人社等部门传递惠企政策。针对会员企业普遍反映的劳动用工问题，组织劳动法进民企暨企业合规用工“云”讲堂。针对减税降费热点，举办“税费优惠促发展、惠企利民向未来”——企业家沙龙暨组合式税费优惠政策宣讲活动。组织10家基层商会与市税务局分局联合共建“纳税人之家”，推动税企沟通。组织企业家参与全市城乡建设、教育改革、科技招商、文明典范城市创建、党风廉政和反腐败建设调研，积极参政议政。组织42家企业参与2022年全国工商联上规模民营企业调研和全国民营企业履行社会责任调研，入围江苏省民营企业200强11家，入围苏州民营企业100强15家，入围全国民营企业500强9家，均列苏州第一。

【企业家精神培育】 2022年，市工商联开展学习中共二十大主题教育活动，在会刊和微信公众号设立“学习宣传贯彻二十大精神”专刊，连续刊发“二十大报告学习”“党代表手记”。10月，举办“民企心向党、奋进新征程”学习贯彻中共二十大精神暨民营企业理想信念教育报告会，邀请中共二十大代表、市工商联副主席、长江润发董事局主席郁霞秋作专题报告，各商会联动组织20余场宣讲会、座谈会，组织40名企业家参加学习贯彻中共二十大精神座谈交流会。发布“党建外联、商会搭桥”强磁引商行动，以缔结友好商会，异地、行业、新一代企业家党建联盟为平台，与上海张家港商会、南京张家港商会及省外友好商会开展“点面结合”的交流活动20余次。同时，弘扬优秀企业家精神，引领民营企业在抗击疫情、慈善公益等方面担当新作为。年内，永卓控股有限公司捐助款项和物资累计价值2378万元。长江润发集团向市红十字会捐赠抗菌口腔喷雾、杀菌消毒剂等价值100万元的防疫物资。攀华集团先后向大新镇、冶金园（锦丰镇）、经开区（杨舍镇）乘航办事处等捐赠50万元爱心物资。经开区（杨舍镇）商会、常阴沙现代农业示范园区商会、新一代企业家商会、商业供配商会、河南商会、安徽商会、江西商会、江北企业家联谊会等商会组织捐资捐物超500万元。商业供配商会协调市商务局、经开区（杨舍镇）申报“白名单”，申领“应急通行证”，装修装饰商会全力保障隔离酒店建设。

7月6日，市企业事前合规建设一周年总结大会暨2022年企业合规专题培训举行 （市工商联 提供）

【企业合规建设推进】 2022年，市工商联围绕九部委联合下发的《关于建立涉案企业合规第三方监督评估机制的指导意见》，完善配套机制措施，承办苏州市合规第三方监管委员会第一次会议，联合市检察院制定第三方监督评估经费管理办法、合规监管人遴选管理办法等10套系列配套文件。持续开展涉外合规、事前合规、合规业务宣传，举办各类专题培训11场，培训1000余人次。遴选35家企业和1家商会纳入2022年企业合规第二批试点单位，至年末，32家企业通过合规初审，建成5家合规示范点。某贸易公司及其负责人销售假冒注册商标的商品案、某化机公司及其负责人污染环境案作为典型案例在最高人民检察院发布的检察机关推进涉案企业合规改革试点工作情况展示片进行展播。企业合规专项资金管理和第三方组织建立管理两项工作先后在全国工商联和第47期德胜门大讲堂上作专项交流，市工商联与检察院共建沟通联系机制做法入选全国典型。

【新一代企业家培养培育】 2022年，市工商联持续加快新一代企业家培养，启动思想引领、团队打造、能力提升、政治关爱、宣传推介“五大工程”，举办新一代企业家商会疫情下春季复工复产交流座谈会，围绕疫情下企业运营现状、后疫情时代下商会会员企业互助共赢等专题开展座谈交流。发布新一代企业家“筑梦·启航”公益项目，与市志愿者协会和市爱心义工协会结对联动，创建会员企业供应链“白名单”，启动商会合作内循环，定期开展“WE TALK”头脑风暴系列专题沙龙活动，共同探讨复工复产痛点难点、破局良策。开展调研并上报关于加强年轻一代企业家教育培养专项调研报告，获苏州市委书记曹路宝批示肯定。 （庞 鹏）

【编辑 沈立平】

群众团体

Mass Organization

苏州市职工书屋——张家港市港城公共交通有限公司书香驿站　　（市总工会　提供）

张家港市总工会
中国共产主义青年团张家港市委员会
张家港市妇女联合会
张家港市科学技术协会
张家港市归国华侨联合会
张家港市文学艺术界联合会
张家港市残疾人联合会
张家港市红十字会
张家港市哲学社会科学界联合会

张家港年鑑(2023)

扫码欣赏

传承劳模精神
接续奋斗力量

张家港市总工会

【概况】 2022年年末，市总工会下辖13个区镇街道工会、8个系统工会、35个直属工会。全市单独建会3054家，其中区域性、行业性工会381家，涵盖单位16253个，有会员近52万人。年内，市总工会规范推进全市工会组织基础工作，加强100人以上企业、“三新”（新技术、新业态、新模式下的从业人员）领域、小微企业建会工作，持续开展新业态劳动者群体建会入会专项行动，拓展网上入会渠道，强化会员实名制数据库管理。全市新建基层工会88家，新增基层工会涵盖单位304个，新增会员10390人。

【职工宣教】 年内，市总工会以学习宣传贯彻中共二十大精神为重点开展主题宣传教育，收到“喜迎二十大·献礼六十年”征文210篇、“强国复兴有我”朗诵视频67个。开展“劳模精神‘四进’、思政教师进企业”活动，举办集中宣讲100场。加强工会重点时段、重大工作、重要内容的宣传报道，发布推文433条，其中原创269条，阅读量164万人次。加强职工书屋建设，新增“全国职工书屋示范点”1个、“苏州市职工书屋”4个、“苏州市最美职工书屋”3个。开展“共读一本书”“好书荐读·心愿书单”等读书活动，网络直播“沙洲60年，我们与你共读”读书沙龙，实时在线观看近3万人次。举办“唱响劳动美·喜迎二十大”职工好声音大赛，137名个人、14个组合参赛。常态化开设“职工才艺小课堂”，设置课程57门次，培训学员近2万人次。

【劳动竞赛】 2022年，市总工会建成“普工英学堂”40家、“普工英职业技能竞赛基地”15家。搭建系统化、集成化竞赛体系，探索常态化运行机制，在交通、金融、质量三大领域开展立功竞赛；结合重大项目、民生工程，组织“六比六建”（比工程质量，建精品工程；比工程进度，建规范工程；比安全节约，建安康工程；比文明施工，建绿色工程；比技术创新，建科学工程；比廉洁稳定，建和谐工程）劳动竞赛60场；在市级层面开展快递行业、客运行业等技能竞赛10项，在区镇工会开展各类竞赛89场，“行行出状元”职业技能大赛推选技能状元7人；结合全市“4+4”产业链，评选职工科技创新之星10人、职工科技创新成果10项。

【劳模管理】 2022年，市总工会按照各级评选要求，做好先进典型选树工作，推荐产生全国五一劳动奖章1人，省五一劳动奖状1个，苏州市五一劳动奖章25人、苏州市五一劳动奖状7个、苏州市五一劳动荣誉奖章1人；评选命名张家港市五一劳动奖章60人、张家港市五一劳动奖状18个；推选苏州市、张家港市工人先锋号44个。拍摄主题宣传片，推出劳模整点报时公益广告、“劳模榜样说”等专题专栏110期。开展“劳动印记”“我和我的工人父辈”等征集活动，共征集作品20件。“五一”前夕，市委书记韩卫以《劳动谱新篇，阔步向未来》为题，发表致敬“五一”国际劳动节全市广大劳动者的慰问信。

【民主管理】 年内，市总工会加强企事业单位民主管理制度体系化和规范化建设，组织民主管理自检工作，对发现的问题及时督促整改落实，做好苏州市优秀职工代表大会提案征集工作，建立健全职代会、厂务公开、职工董监事等制度，全市独立建会企业建制率95%以上。以疫情影响下的劳动关系稳定、产业工人薪酬激励、新业态劳动者权益保障等为重点，集中开展集体协商，全市集体协商建制率、集体合同签订率动态保持在95%以上。深化劳动关系“和谐同行”能力提升三年行动计划，新增和谐劳动关系创建国家级荣誉企业1家、省级荣誉企业2家、苏州市级荣誉企业19家、张家港市级荣誉企业93家，张家港市和谐劳动关系示范企业10家。

【职工维权】 年内，市总工会深化“阳光法律”服务项目，整合专业资源，组建由10名律师组成的志愿者队伍。持续推行法律体检，开展阳光预警和风险隐患排除，为30余家企业摸排和解读法律问题，发现和化解矛盾纠纷。实施以“安全”为主题的“同安行动”，开展“安全文化行”云上嘉年华，组织安全政策“云宣讲”、安全知识“云科普”、劳动保护“云课堂”、安全生产“云倡议”、安全作品“云展览”、事故隐患“云曝光”、安全能力“云竞赛”等系列活动35次。推进职工法治宣传教育，张家港市职工法治教育基地挂牌开放，永钢集团职工法律援助站获评全省第二批“三化”（实体化、规范化、网络化）建设成效明显职工法律援助站。“快递小哥‘零跑腿’成功申领互助保障金”入选全国“互联网+工会”维权服务优秀案例。

【职工帮扶】 年内，市总工会服务疫情防控和实体经济发展，落实对小微企业工会经费的支持政策，向14818家次小微企业返还经费4754.25万元，帮助43家小微企业申请工会创业贷2041万元，为36家小微企业贴息42.76万元。完善帮扶机制，“工会常伴·贴心送暖”活动慰问困难职工、劳模、工会干部以及医务人员、新就业形态劳动者等群体4089人次，发放慰问款物320余万元，“微心愿”活动帮助159个困难职工家庭实现暖心愿望。疫情期间，组织开展防疫一线工作人员专项慰问5次，结合困难群体需求发放一次性特别补贴，覆盖对象225人。互助互济新增企事业单位119家，为74名职工申领互助保障金107.75万元。实施以“关爱”为主题、“圆梦、暖心、幸福、护航”为内容的品牌服务，开展“我们的节日”“庆五一”普惠专场等活动，举办“区镇月月礼”普惠活动6期。

【工会重要改革事项机制建设】 年内，市总工会推进工会领导干部牵头联系重要改革事项机制建设，建设以“一个项目池、一张任务图、一份评估表”为主要架构的标准化推进体系，构建“规划生成、实施推进、总结推广”全周期闭环管理链条，创设“重要改革项目纳入党的建设、工会绩效等考评体系”“开展优秀村（社区）工会创评、改革创新优秀实践项目评选”

11月4日,市首届无人机驾驶员职业技能竞赛举行　（市总工会　提供）

等机制,引导和保障改革项目落地见效。设置首批工会系统重要改革项目6项,均顺利推进。其中,"深化推进新时代张家港产业工人队伍建设改革"项目新增试点企业39家,经开区(杨舍镇)全面升级"金牌蓝领"赋能计划,累计有2100名技术工人通过赋能计划成长为企业骨干能手。市总工会制定实施《关于进一步加强企业基层班组建设的意见》,开展班组立功竞赛,选评优胜企业9个、优秀班组18个、优秀班组长18人、优质案例10个。"工会组织建设提质行动"项目集中攻克建会难点,落实职工之家建设工作意见,命名张家港市模范职工之家(小家)85个、优秀工会工作者45人。"数字赋能,提档升级,建设'智慧工会'"项目搭建形成以"张家港职工之友"微信公众号、张家港工会网、"张家港工会通"云平台为主体的"一微一网一平台"网上工会矩阵。"职工服务中心赋能创优"项目自主设计"需求、推进、满意"三大创建指数体系,开设6个功能窗口,配备6支服务专班,加强线下服务阵地、线上服务平台融合。"工会财务'云管理'"项目探索工会财务网络化管理新路径,加强基层工会预决算编制审批以及工会财务管理,年内注册上线启用664家基层工会单位。以"建功十四五·奋进新征程"为主题,开展市级以上立功竞赛、劳动竞赛、安全竞赛、创新竞赛30余场,建立高质量劳动和技能竞赛长效机制。"工会领导干部牵头联系重要改革事项机制建设"做法在2022年全省深化工会改革重点机制建设会议上作经验交流。

（吴　吉）

中国共产主义青年团张家港市委员会

【概况】 2022年年末,中国共产主义青年团张家港市委员会(简称团市委)下辖团(工)委233个,团总支293个,团支部4128个,有团员50902人。全市有各级少先队组织125个,少先队员112987人,少先队辅导员2723人。年内,出台《张家港市共青团基层组织改革实施方案》,实施"先锋领航"等四大工程,发展团员2019人,新建社会领域团组织510个。召开共青团张家港市委十六届五次、六次全体(扩大)会议,市青年工作联席会议第三、四次全体(扩大)会议,少先队市工作委员会八届二次全体会议,青年发展型城市建设座谈会,市青年联合会五届二次常委会会议等。团市委在2021年度苏州市共青团工作考核中,获评苏州共青团工作先进单位标兵、苏州市共青团系统宣传思想文化工作先进集体。

【青年思想引领】 1月,团市委举办学习贯彻中共十九届六中全会精神市委宣讲团报告会(共青团和青联专场)。6月,开展"'青年学习社'开讲啦"云接力活动。7月,开展"青春礼赞新时代、青年追梦复兴路"主题宣讲暨"青春苏州说"张家港赛区选拔赛,联合市委宣传部、市文明办等开展"书香港城,青春阅享"主题活动。9月,联合市委网信办、市青联共同举办首届市"青年好网民"评选表彰及青春故事分享活动。11月,承办学习宣传贯彻中共二十大精神江苏青年讲师团示范宣讲走进苏州活动。年内,团市委围绕学习宣传贯彻中共二十大精神和习近平在庆祝中国共产主义青年团成立100周年大会上的重要讲话精神开展集中学习,召开全市各界青年座谈会,累计开展专题学习会8400余场,覆盖青年团员17.2万人次。策划实施原创漫画网络征集、短视频征集、征文等活动,并完成"青春张家港"IP形象"张小团"发布。开展"团干部上讲台"、百行青年说讲师团宣讲活动18场。依托"红色印记"等青年学习社研学线路,开展学习社活动181场,参与团员青年7900余人。"青年大学习"覆盖青年177万人次。"青春张家港"微信公众号年度累计阅读量破128万次。发布"青联榜样说"24期。年内,团市委评选出市级青年文明号30家,青年安全生产示范岗10家,青年岗位能手40人,五四红旗团(工)委10个、五四红旗团(总)支部25个、优秀共青团员35人、优秀共青团干部25人,命名"十佳青年学习社""青年学习社线路"12个。

【青年联系服务】 1月,团市委开展"暖暖春节、青春在岗"张家港青年学子寒假实践、"团团陪你过新年——这个春节,看你晒!"照片视频征集、"青春留港·安全同行"快递行业团工委迎新春等活动。2月,开展"社区有我,青春报到"行动、青春冬令营活动。10月,承办"青年发展型城市,苏州听你说"高校专场座谈会。11月,持续开展"青年优享计划",推出14项公益课程,200名青年参与。年内,全市建成"青年人才驿站"10家。新增上云"青年之家"5家,23个市级"青年之家"累计开展活动2331场,服务团员青年5.4万人次。举办市第四届青年体育运动会、第五届青年歌手大赛等。

实施“1010”创新创优工程(我为青年做件事)项目60项。举办“青联大讲堂”3场。开展“团代表联络站”“联青服务站”等常态联系青年工作活动312场,直接联系服务青年286人。

【青年创新创业】 年内,团市委持续推动“新青农计划”,提供见习岗位25个,发放“新农菁英贷”41笔5380万元,寻访“新农菁英”人才15人,入库人才122人。6月,团市委联合市委人才办开展人才打卡活动,联合市科技局发布“‘青’我所能,智汇港城”科创项目青年招募令。9月,启动“智汇港城,众创未来”第六届苏州·张家港全球创新创业大赛青年专项赛项目征集。10月,承办苏州市青年联合会——韩国西全州青年会议所第35次工作会议,举办“校园苏州日”吉林大学、东北大学专场活动。11月,联合市台办举办“深化两岸融合,共推高质量发展”——张台青年企业家交流活动。12月,举办第六届苏州·张家港全球创新创业大赛青年专项赛,参赛项目50余项,获奖11项,落户12项。

【青年干部培养】 7月,团市委联合市委组织部、市人社局开展2022年知名高校大学生在市实习活动,参与学生48人。联合市委老干部局、市委离退休干部工委举办市“忆初心,向未来”青老对话活动。年内,团市委开展团干部轮训班2期、少先队辅导员培训班1期、中学中职团组织书记培训班1期、青干讲堂1期。召开年轻干部座谈会2场,并选拔6名优秀青年到团市委挂职。

【青年志愿者行动】 1月,团市委开展春节志愿服务关爱行动系列活动。2月,组织青年志愿者安全防护专题培训。3月,开展“青春战疫,志愿同行”学雷锋日活动,并联合市委宣传部、市文明办等单位开展“青春有你,志愿同行”青年学雷锋系列活动。4月,联合中国邮政集团有限公司江苏省张家港市分公司开展志愿者爱心慰问活动。6月,市青年志愿者协会受邀参加中国青年志愿者协会第五届常务理事会第五次(扩大)会议。8月,组织100名青年志愿者服务中央电视台中秋晚会。年内,团市委发布《“汇聚青春力,共创文明城”张家港市青年助力创建全国文明典范城市行动方案》,实施重点活动36项,成立“青年文明巡查团”。组织青年突击队431支,7541名青年突击队员赴一线抗疫,累计提供志愿服务29.6万人次,发放“青享惠”防疫青年志愿者礼遇卡700余张。持续开展垃圾分类宣讲活动,“河小志”巡河护河志愿活动。承办苏州市大学生志愿服务乡村振兴计划出征仪式,联合张家港市委组织部、市农业农村局印发“躬耕计划”乡村振兴大学生志愿者培养方案,招募19名优秀应届毕业生服务乡村。开展“清凉益夏”公益活动,发放“张小团”纳凉包500个。开展温暖补给站活动,送出暖“新”包560份。

【青少年权益维护】 2月,团市委开展“青春自护·平安春节”主题活动。4月,开展“‘疫’路‘童’伴,同向而行”云支教活动,为24名青少年提供服务近100次。5月,联合市青年商会举办“点亮童心,与爱同行”六一慰问活动。6月,举办青少年“法治公开课”教育活动,联合市司法局开展特殊人群未成年子女“喜迎二十大,护苗共成长”主题日活动。7月至8月,开展青少年暑托班,设置办班点187个,累计服务6.6万人次。9月,联合市委“两新”工委、经开区(杨舍镇)开办“暖新雏鹰”周末放心班。年内,团市委开展“12355”普法卫生、自护安全、中高考减压等主题活动59场,覆盖青少年2400余人。持续优化“立体关护”服务体系建设,动态监测重点青少年群体服务管理366人。实施“成长护航”工程,完成青少年关爱项目29项。组织认购青少年公益服务项目25项,募集项目金额42.75万元。联合葵芝家青少年服务社等社会组织开通心理援助专线,接待求助50余次。

【少先队工作】 5月,团市委联合市文明办、市教育局、市少工委举办“喜迎二十大、永远跟党走、奋进新征程”——2022年度张家港市离队入团“云观摩”活动。8月,联合市教育局、市少工委举办“喜迎二十大,争做好队员”市第六期红领巾成长营。10月,联合举办“喜迎二十大,争做好队员”主题队日活动暨市少先队新队员入队仪式。年内,团市委组织实施“红领巾相约2035”“回信记心间,争做好队员”“红领巾寻访二十大代表”“红领巾巡讲”等系列主题教育活动500余场,覆盖少先队员、辅导员12万人次。建立社区少工委运行机制,区镇(街道)少工委实现全覆盖,辖区内有中小学的村(社区)少工委建设率30%。选树“江苏好少年”150人、“苏州好少年”125人。寻访“最美中学生”“最美中职生”73人。

【青年商会建设】 2月,团市委开展“抗疫有我、传递温情”青商送暖活动,筹集、分发防疫物资总价值超220万元。6月,举办集体生日会。9月,举办“青聚中秋·情牵港城”中秋茶话会,开展“对话青商——走进人社局”活动。10月,开展“对话青商——走进中国银行”活动。11月,联合市工商联举办“新青益+踔厉奋发跟党走,勇立潮头向未来”2022年市新一代企业家商会、市青年商会联合年会。年内,市青年商会召开六届三次理事会议,六届四次、五次会长办公会及联络员工作会议。开展专题党建活动2场。举办创二代“新菁英计划”线上集中授课6次。

【“希望之光”助学工程】 1月,团市委联合市人民法院、市青年商会开展“希望之光”春季慰问活动,走访慰问42名困难学生。开展“暖冬行动”,走访慰问82名困境青少年,收集认领微心愿79个。年内,团市委结对新疆巩留县开展帮扶支援,捐献爱心资金和物资共计26万元。开展“希望之光”等爱心助学行动,累计发放奖助学金37.5万元。实施“梦想改造+”关爱计划,通过建设一间“梦想小屋”、落实三项结对机制、实施六个关爱项目,探索物质帮助和精神关爱有机结合的“1+3+6”帮扶模式,精准服务困境青少年健康成长。同时减免水、电、燃气费,全市装修改造小屋29户。

8月23日，市青年工作联席会议第四次全体（扩大）会议暨青年发展型县域建设试点工作部署动员会召开（团市委　提供）

【张家港市入选全国青年发展型县域试点】 6月，张家港市入选“全国青年发展型县域试点”，获市委主要领导批示。年内，团市委围绕试点工作，印发《张家港市青年发展型县域试点工作实施方案》，“建设青年发展型城市”内容纳入市委全委会报告和市政府工作报告，试点工作纳入市委深改委改革试点项目。试点聚焦“让城市对青年更友好，让青年在城市更有为”两个维度，建立“预期成果”“政策举措”“实事项目”三张青年发展重点清单，实施教育均衡发展、身心健康呵护、城市氛围活跃、人才就业统筹、创新转型助推、宜居生活舒心、权益保护安心、理想信念教育、社会治理助力、文明典范创建十大精品工程，试点打造“YOUNG舍活力区”“东渡人才港”“凤凰大道”“乐余镇青年福地”四个青年发展型街（区）。全年实施“加强青少年生命健康关爱工作”、大学生志愿服务乡村振兴“躬耕计划”等与青年工作生活契合度较高的13项政策文件，有序推进“5+2”馆校研学、“文体旅惠青”系列行动等9项青年重点实事项目。重点推动四个引领示范区建设：打造青年发展活力引领区，举办首届青年科学脱口秀大赛，建成开放鹿鸣初心会客厅、沙洲湖益空间·源书房等青年关注、服务青年的“网红打卡点”。打造青年创新创业示范区，在领军人才项目、创新创业赛事、金融服务产品中增设青年专项，扶持优秀青年创客，发放青年专项贷款5160万元；升级打造智慧人力资源市场，开辟零工专区；创新“人才夜市”“直播带岗”“网络双选会”等招聘模式，为2000余家企业提供网络招聘服务。打造青年宜居幸福品质区，共筹建保障性租赁住房2001套，新建青年人才驿站9家，升级改造房管中心公租房；开设青少年暑托班点位187个，实现建制乡镇普惠托育机构全覆盖，成立梁丰高级中学青年党校；开展“阳光乐童”“模拟法庭思政课堂”等青少年法治宣传教育品牌活动，实施新业态新就业群体未成年子女“暖新雏鹰”项目。打造青年共建共享标杆地，出台青年助力文明城市创建行动专项方案，实施重点活动36项；深化“枢纽型”青年阵地建设，新建“360度青年之家”100家；开展青少年网络文明素养提升、“张家港好网民”培育行动等18个特色活动；全市青年志愿者人数19.2万人，市青年志愿者协会受邀参加中国青年志愿者协会第五届常务理事会第五次（扩大）会议并作发言。（陈宇峰）

张家港市妇女联合会

【概况】 2022年年末，全市有区镇、街道妇联13个，系统妇联34个，市级机关工委妇联1个，村（社区）妇联组织251个，建成区域联合妇联、行业妇联、非公企业妇联等新兴领域妇联组织82个。年内召开市妇联第十一届六次、七次、八次执委（扩大）会议。5月，下发《关于进一步推进各级妇联执委履职工作的通知》。6月，保税区妇联、金港街道妇联、后塍街道妇联、德积街道妇联和金港海关妇联成立。6月至9月，区（镇）、街道妇联，市级机关工委下属妇联组织，系统妇联完成妇联换届选举。7月，市快递行业妇联成立，张家港海关妇联成立。7月至9月，市妇联联合市委组织部举办“暨阳玫瑰，先锋引航”优秀青年女干部训练营（第二期）。8月，开展“妇联邀您‘回娘家’”活动。9月，在江苏省妇联系统深化改革推进会上，市妇联作题为《全力打造“张家港她说”品牌，创新开展妇女思想政治引领工作》的交流发言。10月，市外卖配送行业妇联成立。11月，市社会组织行业妇联成立。12月，举办“学习二十大，巾帼绽芳华”市女干部培训班。命名市优秀基层妇联执委100人。

【女性思想引领】 2022年，市妇联深化“张家港她说”妇女宣传思想品牌，创新开展妇女思想政治引领工作。组织参加第四届江苏女性融媒体创意大赛，获评女性融媒体创意基地1个，获二等奖、三等奖、优秀工作案例各1个，优秀奖2个；参加苏州女性融媒体创意大赛，获一等奖1个、二等奖3个、三等奖1个。1月，举行学习贯彻中共十九届六中全会精神市委宣讲团报告会（市妇联专场）。3月，发布市巾帼志愿服务卡通形象、市新媒体卡通形象“张小玫”及系列表情包。5月，与市文明办、市新时代文明实践工作指导中心联合下发《关于开展“暨阳玫瑰 在你身边”文明实践巾帼志愿阳光行动的通知》。举办“翰墨芳华”市女性书法篆刻作品展。7月至8月，举办“喜迎二十大，芳华六十年”“张家港她说”微宣讲大赛。11月，召开全市妇联系统学习贯彻中共二十大精神会议。年内，市妇联开展“巾帼心向党、喜迎二十大”“巾帼心向党、奋进新征程”主题宣教活动300余场。“暨阳玫瑰”微信公众号发布信息276条，关注人数16.8万人次，市妇联入选《中国妇女》宣传舆论阵地建设奋进榜。市妇联“暨阳玫瑰”文明实践巾帼志愿阳光站获评全国文明实践巾帼志愿"阳光站",黄艳获评第四届全国巾帼志愿服务征集展示活动"十大感动人物",《暨阳格格就是这个范儿》获评首届全国巾帼志愿服务关爱行动微电影大赛"十大优秀作品",全市获评省"在你身边"文明实践巾帼志愿阳光站1个,苏州市文明实践巾帼志愿阳光站2个,苏州市巾帼志愿服务"十大感动人物"2人、"十佳组织"1个、"十大优秀项目"2项、"十大优秀社区"1个。命名张家港市文明实践巾帼志愿阳光站12个,命名巾帼志愿服务"十大感动人物""十佳组织""十大优秀项目""十大优秀社区"各10个。培育全国三八红旗手1人,省三八红旗手1人,苏州时代新人1人,张家港市"最美巾帼奋斗者"30人、市"巾帼好网民"20人,打造三八红旗手工作室3个。

【女性创业创新】 2022年,市妇联实施女企业家领跑助力、女科技工作者攀登支持、初创女性成长助力、女大学生创业就业支持"四大计划",举办活动21场,巾帼科创贷、乡村振兴巾帼贷发布,授信4200万元。实施农村妇女素质提升计划,推进"暨阳玫瑰,美家美院"庭院提升行动,举办活动8场。1月,召开市女企业家协会年会,举办"每个她都了不起"木兰对话主题论坛。2月至3月,举办市第23届女性人才专场(线上)招聘会,发布岗位108个。6月,举办"WE启创"初创女性成长课堂——咖啡沙龙暨婚姻家庭案例分享活动。6月至10月,实施"木兰启航"苏州市女大学生创业就业实践行动,28家企业提供暑期实习岗位51个。7月,启动"暨阳玫瑰科创+"科技创新支持行动,成立市女科技工作者联盟。组织市女企业家代表团走进新疆巩留县开展"长江水,天山情"爱心共建计划,举办专题宣讲、爱心包裹捐赠仪式、两地女企业家座谈交流会,开展"石榴花开"编织工作室现场教学。8月,举办巾帼优质农产品展销活动。9月,举办市农村妇女劳动力转移(月嫂)培训班2期,培训妇女79人。9月至12月,实施"暨阳玫瑰,心悦心晴"职场女性心理减压项目,开展活动9场。10月,召开"巾帼心向党,科创'她'力量"市科技创新巾帼行动推进会,发布《张家港市推进科技创新巾帼行动的实施意见》,成立3家女科技工作者服务站。10月至12月,开展市首届"阳台变形计"活动,打造市级最美阳台16户。11月,举办巾帼新农人素质提升计划启动仪式暨首场一日研学主题活动。年内,全市获评省女大学生创业就业实践基地1个,获第七届苏州市女性创业创新大赛初创型赛道一等奖、优秀奖各1个,成长型赛道优秀奖1个,苏州市科技创新巾帼行动示范项目1项,苏州市科技创新巾帼行动示范企业1个;获评省乡村振兴巾帼行动案例3个,省级巾帼新业态助农创新基地1个,省级巾帼示范家庭农场(种粮大户)1个,美丽家园省级示范点1个,苏州市"美丽庭院"示范村1个、"美丽庭院"250户;获评省巾帼文明岗1个、省巾帼建功先进集体1个、省"十行百星"巾帼创业创新典型(巾帼公益之星)1个、苏州市巾帼文明岗4个、苏州市级巾帼建功标兵1个。

【妇儿权益维护】 3月,市妇联举办女性权益保护普法特辑公益(线上)讲座。5月起,开展"三访三察三送"大走访,至7月累计走访63个村(社区)、232户家庭。联合市司法局等举办"依法带娃"家庭教育促进法——以案说法线上公益普法讲座。6月至12月,实施"暨阳格格"(基层网格服务队伍)赋能计划,命名市"最美暨阳格格"15人,开展活动20期。7月至12月,在16个村(社区)推进"一户一策微关爱"项目。8月,联合市司法局成立市法律援助中心妇女儿童法律援助工作站,组建14人的巾帼维权律师团。10月,下发《关于在全市建立预防和处置家庭暴力"三零"联动机制的意见》。11月,市委常委、组织部部长、统战部部长朱艳为全市年轻干部初任培训班学员作题为《学习贯彻党的二十大精神,大力落实男女平等基本国策》的专题讲座。市基层网格"安家"工程推进会暨预防和处置家庭暴力"三零"联动机制启动仪式举行,反家暴联调室成立,市首家反家暴社会驿站签约。年内,市妇联深化基层网格"安家"工程,常态化开展"走亲"行动,跟踪服务隐患家庭162户,开展家事调查130份。扩容"安家"大数据平台,实现623条困境儿童数据的开发联动。开展"安家驿站"扩面行动,"安家"婚调室劝和夫妻30对,建成标杆家事调解社区工作室15家。推出"安家"云上微课堂7期,组建133人的反家暴"三员"队伍,代为申请人身安全保护令3份,张家港市妇联"母亲的怀'暴'——基层网格'安家'工程下的家暴案例危机干预及支持服务"获苏州市未成年人保护优秀案例专业社工类优胜奖。开展特殊困难群体救助帮扶和妇女儿童权益保障问题专项排查整治行动,全年累计排查重点家庭1783户、妇儿4090人,上报侵害线索16条。

【妇儿民生服务】 2022年,市妇联高标准实施"十四五"妇儿发展规划,开展"我为妇女儿童办实事"实践活动。3月至5月,开展"暨阳玫瑰、阅享童年""我和我的书房"作品征集活动,评选优秀作品68幅。4月至10月,举办"暨阳玫瑰、悦享书香"女性阅读项目,开展活动8期。6月至8月,实施"书香有'她'"困境儿童阅读提升计划,开展活动6期。7月,召开99公益"幸福港湾"项目动员会。8月,举办"少年儿童心向党、用心用情伴成长"市儿童关爱服务项目推介会暨"社会妈妈"爱心助学主题活动,命名市第19届"十佳社会妈妈"。实施"爱的行李箱"公益项目,为126名贫困女大学生发放行李箱,为16名新入学贫困女大学生发放助学金。8月至11月,启动"儿童友好小小观察员"项目,开展活动5期。9月至12月,举办第八期"我爱我家"女性健康营养公益课堂,开展活动8次。11月,召开市妇女儿童工作会议暨儿童友好城市建设工作领导小组会议。联合市住建局、市文明办举办前溪儿童友好公园开园仪式。全年开展"暨阳玫瑰、守护童心"儿童防性侵教育行动,授课327场。募集妇儿公益项目善款45.98万元。市、镇两级妇联执委自办领办服务妇儿家庭的公益项目445项，命名张家港市优秀妇女儿童家庭公益服务项目20项。加大女性社会组织培育，指导创投承接省妇联、苏州市妇联公益项目各2项，获评苏州市优秀女性社会组织1个。市政府妇儿工委协调推进儿童友好城市建设，开展儿童友好公园、场馆、医院、出行系统等试点建设，在13个社区开展儿童友好社区试点建设，全市建成儿童友好出行系统5处、儿童友好口袋公园3个，苏州市儿童友好社区2个。获评省妇女儿童工作先进个人1人，苏州市妇女儿童工作先进集体3个、先进个人3人，命名张家港市妇女儿童工作先进个人30人、先进集体25个。

（周菊花）

张家港市科学技术协会

【概况】 2022年年末，张家港市科学技术协会（简称市科协）下辖区镇（街道）科协12个、企业科协12个、高校科协3个，市级学会19个，科普志愿者团队51个，有科技、科普志愿者13875人，科普信息员16311人，科普讲师团成员135人。全市有科普场馆103家，科普教育基地64个，其中国家级1个、江苏省级10个、苏州市级16个。有科学教育特色学校24所，其中江苏省级5所、苏州市级8所。市科技工作者之家，完成科技查新125例，服务企业100余家次。年内，市科协围绕"四服务一加强"（简称"4+1"，即服务科技工作者、服务创新驱动发展战略、服务公民科学素质提高、服务党委政府科学决策，加强自身建设）职能，组织全国科技工作者日系列活动，邀请市领导走访慰问张家港籍院士、"最美科技工作者"典型代表，牵头成立张家港市生物医药和高端医疗器械产业创新联盟，以市政府名义印发《张家港市全民科学素质工作规划纲要（2021—2035）》，举办系列科普活动500余场。市科协被省科协评为全省"4+1"工作质效评估优秀单位。

【全域科普】 2022年，市科协以创建"全国科普示范市"（2021—2025）为契机，高层次推动县域科普建设，出台《张家港市村（社区）高位均衡科普服务指导标准》《张家港市关于推进全域科普工作的实施意见》，在金港街道金都社区、南丰镇永合社区试点推进"六有"（有科普领导机构、有科普工作计划、有科普活动阵地、有科普活动内容、有科技志愿服务组织、有科普信息员队伍）科普样板社区建设，相关工作经验在省科协官网首页头条推广。并以此为课题，申报的城镇社区科普场景创新试点项目被省科协唯一推荐，获中国科协2022年度推动实施全民科学素质行动第一批15个项目立项。围绕"喜迎二十大，科普向未来"主题，举办"走进科技、你我同行"2022年全国科技活动周暨张家港市第三十四届科普宣传周线上活动、2022年全国科普日张家港主场活动暨第四届家庭创客大赛线上启动仪式。持续打造"科普细胞工程""菜单式科普讲座""流动科技馆巡展"等志愿服务品牌，开展各类志愿服务超600场。在中国科协"科技志愿服务"平台上注册科技志愿者4700余人、科普信息员16261人。会同市教育局举办市第十一届青少年科技创新小发明比赛、市第十二届青少年科技运动会、市第十一届科普剧比赛、2022年张家港市第二届青少年创意编程大赛等竞赛，举办"强国复兴有我"青年科学脱口秀大赛，承接中国空间站"天宫课堂"分课堂，举荐参加苏州市青少年科技创新大赛等，参与青少年4260人次，激发青少年对科技创新的兴趣。

【学术交流】 2022年，市科协促进学会活动联办，各学会举办专业技术培训80余场，学会科技工作者进社区、进农村等活动100余场，开展各类学术交流、科普宣传等活动50余场。促进学会工作向联合联办延伸，发挥科技社团党建专委会作用，组织学会党员开展党建活动，市农学会、市农业机械学会、市畜牧兽医学会、市农业技术推广协会共同助力农民增产增收。市科协与中国生物医学工程学会合作，成立市生物医药及高端医疗器械产业创新联盟并举办专项系列活动，邀请中国工程院院士顾晓松及学会专家到场作报告，调研相关医疗器械企业。邀请中国光学工程学会、中国计算机学会等专家到相关区镇企业开展专项对接，组织企业赴中国科学院苏州生物医学工程技术研究所开展专项对接。与冶金园（锦丰镇）、乐余镇共同举办"智汇港城、众创未来"2022年苏州·张家港全国创新创业大赛2场，会同中国科协比利时海智基地收集并推荐科技人才项目信息50余项参赛。在首届张家港发展大会期间，邀请张家港籍院士薛永祺、吴培亨、樊春海、朱敏参加"院士家乡行"科技科普主题活动，聘请薛永祺为市城市发展委员会主任。活动中，薛永祺赴后塍中心学校，吴培亨赴梁丰高级中学，朱敏赴梁丰初级中学（西校区）分别作弘扬科学家精神主题讲座。樊春海团队3位专家赴市第一人民医院和市中医医院开展转化医学专项调研。

（许航溶）

张家港市归国华侨联合会

【概况】 2022年年末，张家港市归国华侨联合会（简称市侨联）下辖"侨胞之家"19个、市新侨服务中心1个，有侨联委员36人、海外顾问11人。全年接待参观考察的海内外侨胞18批108人次。逢春节、元宵、端午、中秋等传统节日，为全市80余户归侨及困难侨眷发放慰问金和物资超5万元。1月，开展学习贯彻中共十九届六中全会精神宣讲会统战系统、侨界专场。举办"港之湾"阵地揭牌仪式暨市侨商会一届二次理事会议。4月2日，召开市侨联六届四次全委（扩大）会议。5月11日，主办"五桥会客厅"启动仪式暨经开区（杨舍镇）"同心桥"揭牌仪式，5个涉侨单位打造"五桥联五洲"工作品牌。5月20日，开展"抗疫情、保运行、稳增长"企业大走访。5月25日，在大新镇举办"书香侨界·阅享人生"读书交流会。5月26日，在北京盈科（张家港）律师事务所成立"五桥"法律顾问团，为

"五桥会客厅"盈科站授牌。6月，开展社情民意信息专题学习交流，组织市侨商会会员赴鸷山生态公园开展拓展交流活动，举办"筑梦·成长·起航"——出国留学专场活动。7月15日，在张家港高新区举办"创业中华，智汇港城"江苏侨商张家港行活动，会上签署省、市、县三级侨商会互联互通的三级联动机制合作协议。7月16日，启动"五桥文化大使"项目，聘请5人为首批"五桥文化大使"。9月20日，在荣昌涤纶毛条有限公司举行市侨商会"侨商之家"揭牌仪式暨一届三次理事会议。是月，市侨联承办"侨见苏州"2022年"亲情中华·水乡吴韵"海外华裔青少年网上特色夏令营，举行"书香琴韵"喜迎二十大读书分享会，开展"爱在重阳，情暖侨心"联谊活动，开展"侨商看家乡，五侨话发展"活动。11月，举办"凝聚侨力量，奋进新征程"——2022年度侨联干部、侨联委员培训班，40余人参训。

【市侨联青年委员会成立】 11月25日，"创业中华，侨汇港城"——侨资侨智张家港对接交流活动暨市侨联青年委员会成立大会在张家港保税区举行，江苏省侨商总会、省侨青会、苏州市侨青会的专家及企业家30余人应邀参加。现场启动"同心聚才、侨创未来"项目，为保税区"人之峰"侨胞之家揭牌，并进行侨创项目路演对接洽谈。市侨联青年委员会是由市侨联领导的，归侨、侨眷、海外侨胞中的优秀青年及侨界相关人士组成的联谊性组织，有会员76人。大会听取筹备工作报告，审议通过《张家港市侨联青年委员会章程（草案）》，市梁丰双语实验学校董事长乔杨当选为会长。

（李进达）

张家港市文学艺术界联合会

【概况】 2022年年末，张家港市文学艺术界联合会（简称市文联）下设作家协会、书法家协会、摄影家协会、美术家协会、戏剧家协会、音乐家协会、舞蹈家协会、影视家协会、曲艺家协会、民间文艺家协会10个专业协会，19个二级文艺家分会，1个艺术指导委员会，1个事业单位市书画院和塘桥、锦丰、南丰、凤凰、乐余、永联6个镇（村）文联。有国家级会员106人，比上年增4人；省级会员268人，比上年增16人；苏州市会员340人，比上年增22人；张家港市会员1313人，比上年增48人。年内，市文联及各协会打造"我们的中国梦"文化进万家等文艺志愿服务品牌，开展"喜迎二十大，献礼六十年"主题公益文艺惠民活动，承办村村演、周周演、江南小书场演出等文化惠民活动超过100场，举办"我们的节日"诗词评品鉴大会3次，组织书法进万家活动3次，组织"翰墨送文明，妙笔迎新春"新时代文明实践送春联系列活动10场，举办"美术大课堂"4期、"书画院开放日"活动4次、"戏曲进校园"活动4次。7月，中国文联党组成员、副主席、书记处书记董耀鹏一行到市调研。其间，中国文联调研座谈会在暨阳湖大酒店举行，各有关设区市文联负责人、基层文联负责人、文艺评论工作者代表进行交流发言。8月，市文联邀请董耀鹏为市文艺家读书班作题为《深刻理解和科学把握习近平总书记关于文艺的新思想新论断新表述新要求》的专题讲座。

【文艺活动】 1月，市文联组织10名书画艺术家走进市金城投资发展有限公司，开展"同心共筑中国梦，墨韵书写新未来"主题活动；市书法家协会承办的2022年春联大放送活动历时12天，赴9个区镇送出"福"字、春联3000余件；东渡印社壬寅新春网络展在市书法家协会微信公众号发布，展出17位社员的37方印作。2月，在市书法家协会微信公众号推出抗疫主题书法作品网络展，收到作品68件。组织"防疫抗疫"专题文学作品创作，收集作品20余篇。6月25日，"爱满港城"市书画艺术慈善行动启动仪式暨2022年书画慈善拍卖活动在市报业大厦举行，邀请15位当地知名书画家创作45幅作品，筹得善款21.72万元捐献给市慈善总会。7月3日至4日，作家徐玲在浙江少年儿童出版社出版的"徐玲亲情小说·浓情版"系列新作《江豚男孩想回家》在第十二届江苏书展展出。7月6日，"金城杯"张家港市民书法百强榜作品展在金城大厦举行。7月31日，市东渡诗社成立，会员近50人。9月6日，"火树银花耀暨阳"中央广播电视总台中秋晚会烟花摄影专题作品展在暨阳湖中秋晚会舞台游园现场展出，展出作品60幅。9月8日，云在山上·安昌礼中国画作品展在市书画院美术馆举行，展出作品58幅。9月21日，"时空印记"陈金学中国画作品展在市书画院美术馆举行，展出作品42幅。9月28日，"新时代颂"江苏美术摄影主题联展暨张家港建县（市）60周年创作工程作品展在苏华美术馆开幕，遴选书法、美术、摄影作品各60幅。9月28日至10月15日，第五届中国简帛书法研创高级培训班在市永联小镇举行，50名学员参加。12月15日，"见山见水"江苏油画名家作品展在苏华美术馆开幕，遴选展出17位艺术家50幅作品。年内，全市书画考级10个科目，共有4867名考生参加，通过率100%。

【文艺创作】 市文联下属专业协会会员创作的大型原创锡剧《雪宦绣谱》参加展演（江苏艺术基金2022年度舞台艺术创作资助项目），锡剧《双推磨》获"江苏省文艺大奖·第十届戏剧奖"器乐（团体）类节目银奖。戏剧作品《打折》获第十九届中国文化艺术政府奖·群星奖、第十五届江苏省"五星工程奖"（戏剧类第一名），入选第九届苏州市文学艺术奖。原创中篇苏州评弹《暗战双山岛》巡演，祁晔获第十二届中国曲艺牡丹奖全国曲艺大赛（金山赛区）新人奖提名，评弹《张桂梅看病》获江苏省"五星工程奖"（曲艺类）。小品《村口有一尊雕像》、音乐《沙海遗珠》分获第十五届江苏省"五星工程奖"戏剧类、音乐类第一名。陈宇篆刻作品获2022年"中国书法·年展"全国篆书、隶书、篆刻作品展共同展览资格，袁志伟楷书作品入展2021年"中国书法·年展”全国楷书作品展。9人入展江苏省第十三届新人书法篆刻作品展，其中张卫中获优秀奖。在江苏省“杨沂孙·书法篆刻作品展”中，陈健、肖永录作品获优秀奖，陈宇等8人作品入展。赵继作品《何不秉烛游》入选第七届全国青年美术作品展览，8人作品入展第四届苏州市“文华奖”艺术展演季优秀美术展品展。2幅摄影作品入围第24届江苏省摄影艺术展。张言纶木雕作品《担当》获评第五届苏州市民间文艺（民间工艺类）创作推优活动一类优秀作品，任鲁蓝印花布作品《鱼跃龙门》、钱轶春扎染刺绣作品《茶席》获评优秀作品。市作协会员在县市级以上发表文学作品200余篇，其中获评年度市文学艺术优秀成果66篇（本）。会员在苏州市级以上征文大赛上获奖25项，出版作品集12部，入选57项。其中钱欣葆出版寓言集《魔法神奇果》、科学童话集《奇妙的拐棍》、童话绘本《不怕输的黑马》、寓言《鸡妈妈的新房子》、幻想小说《W星球历险记》，寓言入选《百年百篇中国儿童文学经典文丛·蜗牛的奖杯》。孙丽萍出版长篇童话《轻轻的梦》、童话集《在雨中游泳的鱼》、童话《你好，书先生》，获首届中国校园文学年度童话奖。徐玲出版长篇小说《长大后我想成为你》、长篇小说《红藤椅》，长篇小说《许你一个未来》获苏州市文联“三霞”人才资助项目。宋浩浩出版长篇小说《青春盛开如歌》。周清出版长篇小说《金鑫大酒店》。丁品森出版散文集《香山，教我如何不爱您》。周成新散文作品《故乡的炊烟》再次入选小学语文教材，《东渡码头再扬帆》入选省作协2022年重大题材项目，散文集《人间清欢》入选苏州市文学创作推优，散文《围墙》入选江苏散文精选。编剧刘子轩创作的广播剧《琥珀星球》完成录制。

【首届江苏省杨沂孙·书法篆刻作品展】 9月7日，汲古为新·当代篆书临创邀请展、首届江苏省杨沂孙·书法篆刻作品展分别在金港文化中心、凤凰镇恬庄古街巡检司开幕。中国书协主席、江苏省文联副主席、江苏省书协主席孙晓云，中国书协分党组书记、驻会副主席李昕，中国书协副主席、篆书委员会主任张继，江苏省文联党组书记、副主席水家跃等出席。临创邀请展共展出书法精品100件，其中临摹、创作作品各50件。历时60天，有4000余名市民和书法爱好者参观。首届江苏省杨沂孙·书法篆刻作品展自4月开始征稿，至7月20日截稿，共收到各类投稿作品1611件。其中，江苏省投稿878件，全国其他28个省市、自治区投稿733件。经过初评、终评、文字审读及媒体公示环节，确定入展作品200件，其中优秀作品20件。该展览持续至10月31日，有3000余名市民参观。

（翟　诚）

张家港市残疾人联合会

【概况】 年内，张家港市残疾人联合会（简称市残联）下属残疾人协会1个，包含肢残人协会、盲人协会、聋人协会、智力残疾人及亲友协会、精神残疾人及亲友协会5个专门协会。有区镇（街道）残联11个、村（社区）残疾人协会250个。至年末，全市有持证残疾人21706人，占户籍人口的2.34%。其中，肢体残疾11328人，占持证残疾人的52.19%；视力残疾2042人，占9.41%；听力残疾2121人，占9.77%；言语残疾139人，占0.64%；智力残疾2771人，占12.77%；精神残疾2422人，占11.16%；多重残疾883人，占4.07%。全国助残日期间，市委、市政府主要领导分别带队走访部分残疾人服务机构和康复机构、残疾人集中就业企业、残疾人家庭等，全市各媒体对残疾人居家就业、无障碍环境提升等工作进行宣传；表彰2021年度市“最美残疾人”“优秀残疾人工作者”“最美康复师”等先进个人29人，“优秀助残社会组织”“扶残助残爱心企业”“五星助残服务机构”等优秀单位、组织13个。

【残疾人康复与救助】 年内，市残联规范和提升残疾儿童康复机构建设，新认定2家儿童康复定点机构，完成4家儿童康复机构教育备案工作，常态化开展康复机构安全风险排查和指导。11月，市残疾人康复协会成立，首批登记会员75个，其中单位会员38个、个人会员37人。落实残疾人康复等政策保障，为541名残疾儿童发放康复救助661.6万元，为130余名成人肢体残疾患者发放康复补贴40万元，为1548名残疾人适配辅具补贴268万元。会同市文体广旅局实施“残疾人康复体育关爱家庭”项目，为275户残疾人家庭配发总价值15万元的康复健身器材343件。制定实施残疾预防行动计划，结合残疾预防日、爱眼日等节点开展残疾预防宣传教育，发放宣传册10万余份。推进残疾人托养工作，全市有日间托养对象300人，居家托养13人，寄宿制托养8人。全年新增持证残疾人975人。市残联全年为215名残疾人发放社会保险补贴167.11万元，为1320名听力、言语及视力残疾人发放通信（流量）补贴42.2万元，为2.6万人次购买团体商业保险120余万元，为涉险残疾人理赔52万余元，为409名残疾学生及贫困残疾人家庭子女发放助学金60.24万元。

【残疾人就业服务】 年内，市残联在市人才网、微信公众号等平台发布残疾人岗位500余个，线上线下举办专场招聘会6场，达成意向就业55人。全市新增残疾人实名制就业307人。优化按比例安排残疾人就业用人单位年审流程，年审325个用人单位；对49家超比例安排残疾人就业的用人单位给予奖励94.8万元。举办残疾人就业创业优惠政策宣传活动12场，发放残疾人自主创业补贴3.5万元。提升残疾人职业技能水平，组织10人参加苏州市残疾人职业技能比赛，获团体总分第二名。实施并完成市政府民生实事项目“残疾人居家就业中心建设”，培训残疾人具备从事电话客服、文字客服和手工制作等适合居家就业的技能实现就业增收，全年培训507名残疾人，200人实现居家就业。“推进居家就业服务，拓展残疾人就业”模式获评全省残联系统创新创优示范项目。

【残疾人之家建设】 年内，全市加大对“残疾人之家”辅助性就业的支持，市残联会同民政、财政等部门，联合出台“残疾人之家”建设实施意见、考核管理办法，并通过一次性建设补贴、日常运行补贴、基本公共服务补贴等形式加强经费保障。年内新建7家“残疾人之家”，对已建“残疾人之家”根据服务辐射范围进行点位调整，全市累计24家。225名残疾人实现辅助性就业，年人均收入6000元以上。市残联全年发放“残疾人之家”日常运行补贴127.54万元和考核资金117.48万元。经开区（杨舍镇）悦杨残疾人之家、乐余镇乐江残疾人之家完成苏州市星级达标创建。开展第二届“残疾人之家”优秀管理员、优秀学员和康复之星的评选活动，评选出优秀管理员4人、优秀学员10人、康复之星7人。

【残疾人文体活动】 年内，市残联在微信公众号上举办以周胜宇作品为主的“筑梦一甲·丹青一生”美术作品主题展，展出作品100件。依托残疾人服务机构等阵地开展“读书迎盛会·一起向未来”残疾人读书活动50场，1000余人参与。开展社区（小组）残疾人文体活动兴趣团队展评、主题征文等活动，举办残疾人板铃球、门球、钓鱼和掼蛋等比赛。组织106人次参加上级残疾人组织的线上歌咏比赛、特殊儿童绘画比赛、文艺爱好者书画展、排舞、乒乓球和聋人篮球锦标赛等活动，组织6名运动员参加全省第十一届残运会，获3金4银。

【社会助残服务】 年内，市残联实施“乐施护五官”公益助残项目，为80余名就诊残疾人患者免除诊疗费用；征集并实施“残疾人游港城”“‘我是你的眼’盲人看电影”等16个市级助残服务项目。会同市文明办、市新时代文明实践工作指导中心制定《关于推动全市扶残助残新时代文明实践工作的实施方案》，全社会开展各类扶残助残文明实践活动1500余场，惠及残疾群众1.2万人。发挥党建引领作用，组织23个残工委成员单位与15家残疾人之家和5个定点康复机构开展结对走访活动。凝聚社会慈善力量，“99公益日”助残活动期间，市残联完成圆梦“微心愿”项目和市慈善总会“智慧助残服务”项目网络募捐，募集善款33.9万元。

【残疾人无障碍环境建设】 年内，《张家港市困难残疾人家庭“幸福亮居”工程实施方案》出台，将五类困难残疾人家庭纳入政策保障范围。市残联常态化开展困难残疾人家庭“幸福亮居”工程，为13户符合改造条件的残疾人家庭投入改造费用41.3万余元；为89名残疾人实施家庭无障碍改造服务，补贴24.1万元；新建30个共享辅具服务站点。会同市住建、城管等部门制定城区无障碍设施排查整改工作方案，对全市公共卫生间、公共停车场、便民服务中心、金融服务窗口、残疾人之家等400余处场所进行无障碍设施专项排查和体验。在公共场合设置“滴语7655”信息标识牌和电子设备，为听力、言语残疾人提供实时在线翻译服务；在市镇道路、部分重点公共场所及残疾人活动场所室内区域设置无障碍地图，为轮椅者、视障人群提供无障碍指引服务。实施无障碍阅读项目，通过慈善募集20万元，对市图书馆无障碍阅览室进行功能升级，增加有声阅读区域和活动（观影）区域；为全市200名视障群体发放盲文书籍、大字书籍、听书机和“喜马拉雅”小程序会员，助其在家便捷阅读。

【市残联第七次代表大会】 11月25日，市残疾人联合会第七次代表大会在馨苑度假村召开，117名代表参会。大会审议通过曹跃飞代表市残联第六届主席团作的《踔厉奋发新时代、勇毅前行向未来，为推进残疾人事业现代化进程而努力奋斗》工作报告，选举产生市残联第七届主席团委员33人，梁曦当选主席，9人当选副主席，推举执行理事会成员3人，曹跃飞当选理事长，王新法、姚红梅当选副理事长，大会通过出席苏州市残疾人联合会第七次代表大会代表20人。

（赵丹萍）

张家港市红十字会

【概况】 2022年年末，全市共有红十字会基层组织135个，其中学校红十字会73个、红十字会团体会员单位62个（其中红十字冠名医疗机构3个）；有红十字志愿者1876人，红十字会员69646人。市红十字会召开六届四次理事会议及六届六次、七次监事会议，调整优化红十字会卫生健康工作委员会。全年接收捐赠款物283.4万元，捐款使用440万元。开展“5·8人道公益日”募捐活动，“张家港市救在身边”项目获评省红十字会“‘5·8人道公益日’公众筹款十佳项目”。长江润发集团有限公司获“江苏红十字奉献奖”。年内，新增金港街道、后塍街道、德积街道、冶金园（锦丰镇）永新社区等6个基层红十字会，建成启用永新社区博爱家园。大南邻里中心博爱家园和花园浜社区博爱家园获评江苏省优秀博爱家园。

【救护服务】 年内，市红十字会开展“红十字博爱送万家”、六一儿童节慰问、关爱特殊困难儿童、“粉红守护520”等人道救助项目，对全市3000户非特定困难家庭发放防疫生活补助。实施重大疾病困难家庭救助5人，发放救助金1.6万元；实施特殊困难儿童救助19人，发放救助金6.1万元。推进实施省政府“公益性应急救护百万培训项目”，完成普及性培训223场13516人次、初级救护员培训69场2464人次，其中重点对企业职工开展应急救护技能培训47场2632人。联合市邮政管理局开展“关爱‘两新’在行动——流动救护侠培训”项目，为快递企业和快递员培训急救知识，配备急救箱、急救包。提升市蓝天救援队、猎鹰救援队应急救援能力，组织红十字救援队为学校活动提供安全应急保障，全年开展集训演练2次。坚持“按专业、分领域”发展红十字志愿服务队伍，对6个专业志愿服务队进行调整优化。市外国语学校实习教师陈翔宇获江苏省红十字“最美救护员”称号，1名成功捐献造血干细胞志愿者被评为2022年度“苏州好青年”称号，1名红十字志愿者获张家港市“最美志愿者”称号。组织基层红十字会做好疫情防控工作，发动会员和志愿者参与核酸检测、交通卡口执勤、物资搬运等工作，常态化开展“健康守护，‘疫’路有你”——新冠疫苗集中接种志愿服务项目，累计开展活动18期，725人次参与，服务时长1.15万小时，并对36名优秀志愿者进行表彰。在新时代文明实践云平台推出“红十字博爱送健康”项目，开展活动27场，受益群众800余人。结合文化科技卫生“三下乡”、世界献血者日、安全生产月、“张闻明”夜市及世界急救日等活动，开展志愿服务集市8次。合兴小学六年级学生徐奥纤获中国红十字会“会员之星”称号。依托“博爱家园”，招募红十字青少年志愿者，开展“小桔灯”护童救援成长营项目、红十字青少年夏令营——红十字生命教育科普之旅活动。

【“三献”工作】 年内，克服疫情期间血源紧张的压力，全市无偿献血1.46万人次，献血量431.7万毫升。市红十字造血干细胞登记服务站成立，全市新增血样入库298例，入库总数3473人；新增成功捐献志愿者2例，为沙钢集团员工何伟刚、黄佳宏，累计25例。优化器官捐献工作志愿报名登记、信息管理和缅怀纪念等工作，全市新增遗体捐赠登记点1个，累计10个；新增遗体捐献登记919例，成功捐献3例；器官捐献登记750例，成功捐献4例；眼角膜捐献登记1016例，成功捐献3例。加强对“三献”(无偿献血、无偿捐献造血干细胞、无偿捐献遗体和器官)捐献者及其困难家庭的人道关怀，组织走访慰问5人次。年末，全市有4个单位、5名志愿者分别获评苏州市造血干细胞捐献工作先进单位、先进个人。

【红十字博爱周】 为纪念第75个“世界红十字日”，5月8日至15日“红十字博爱周”期间，市红十字会开展“红十字博爱送万家”防疫生活补助发放活动，对全市受疫情影响的3000户非特定困难家庭发放防疫生活补助，并组织走访慰问。各基层红十字会利用橱窗、展板、电子屏等开展宣传，组织56782人次参与微信公众号上举办的全市“红十字生命教育防灾避险”知识竞赛。开展人道资源动员活动，发起“5·8”人道公益日、“张家港救在身边”项目，以“情暖白血病患儿家庭”为主题向爱心人士发起众筹，完成10万元的筹款目标。 (孙 雯)

张家港市哲学社会科学界联合会

【概况】 年内，张家港市哲学社会科学界联合会(简称市社科联)下属社科类学会(协会、研究会)25个，有理事39人，其中常务理事15人。围绕学习宣传贯彻中共二十大精神、张家港建县(市)60周年等重大主题和重要节点组织举办理论研讨会、学习交流会。5月26日，召开市社科联第三届理事会第七次全体会议。8月27日，在张家港发展大会上，举行《中国式现代化的县域探索——张家港建县(市)六十年》新书首发式，该书被列入2022年苏州艺术基金扶持项目。9月17日，举行市第十七届社科普及宣传周开幕式暨乐余镇乡村复兴少年宫启用仪式，活动持续1个月，开展“喜迎二十大，奋进新征程”社科宣讲进基层、社科夜市等45个项目，近1万人参与。年内出台《张家港市哲学社会科学课题管理办法》，把好课题申报立项、组织实施、评审结项、资助奖励关，完成张家港市级课题立项173项，江苏省和苏州市级课题立项14项。《以系统观念推进新时代文明实践中心建设路径研究》获评中国思想政治工作研究会2021年度一类优秀研究成果，10项成果分别获江苏省、苏州市哲学社会科学优秀成果奖，评选张家港市级哲学社会科学优秀成果奖24项。建立健全决策咨询制度，创新推出社科资政专报《决策参考》，紧扣科技招商、转型升级、文明城市创建等中心工作，加快成果转化应用，首期专报即获市委主要领导批示。推动社科理论刊物《暨阳论丛》改版升级，年内编发4期，刊发各类文章142篇。与中国社科院新闻传播与研究所开展专家挂职交流，与沙洲职业工学院马克思主义学院签署“携手同行，互助共进”共建合作协议，评选出10位张家港市首批社科专家，开展“社科学者走基层”活动4期。建立全市社科普及工作联席会议制度，张家港博物馆等7家基地入选苏州市社科普及示范基地(2022—2023年)，东渡苑等4家基地入选苏州市“走看聚”社科普及基地专线，云端相见、体验不变——“数字基地”社科普及共建项目等4个项目入选江苏省社科联社科普及项目，16个项目入选苏州市2022年度社科普及惠民扶持项目，确定15个张家港市级社科普及创新引导扶持项目。举办首届市社科普及场馆讲解员大赛，秦锁英《张家港湾，等你来》获首届全国各省(市、区)社科普及基地讲解员大赛一等奖。制定《张家港市哲学社会科学界联合会学会规范化建设考核评估办法(试行)》，市图书馆学会等10家学会获评优秀学会，“共读张家港”智慧云阅读活动等10个项目获评社科工作创新案例。参加省社科联九届二次理事会，市社科联主席陈刚当选江苏省社科联第九届理事会理事。

【“中国县域现代化”理论研讨会】 8月28日，“中国县域现代化”理论研讨会召开，中国社会科学院，江苏省、苏州市社科联，国家主流媒体等学术界、理论界、新闻界专家学者共20余人参加。中国社科院新闻与传播研究所党委书记方勇介绍《中国式现代化的县域探索——张家港建县(市)六十年》内容及编撰出版过程。该书先总括张家港建县(市)60年的发展成就，再回望取得成就的具体原因和举措，最后对照“争当率先、争做示范、走在前列”的要求，在比较视野中分析张家港在新时代与新格局中的位置和优劣势，总结张家港探索中国式现代化的可复制、可推广的经验启示，全书27.6万字。会上，8位专家学者分别从不同角度深入研究探讨“中国县域现代化”的理论模式和实践路径。 (张佳音)

【编辑 沈立平】

法治·军事

Rule of Law & Military Affairs

市公安局民警在校园开展国家安全教育　（市公安局　提供）

法治综述

公　　安

检　　察

法　　院

司法行政

人民武装

武　　警

退役军人事务

張家港年鑑(2023)

扫码欣赏

法治张家港
六十年再出发

法治综述

【概况】 2022年，全市政法系统全面贯彻《中国共产党政法工作条例》，制定加强政法系统政治建设实施办法，强化政治建设、平安建设、法治建设和队伍建设，为“护航二十大，献礼六十年”创造安全稳定的政治社会环境。全年开展2个政法单位的政治督察和纪律作风督察巡察，组织1445名政法干警政治轮训。挂牌督办20个重大群体性风险，指导实施征地动迁、楼盘新建、施教区划分等202个社会稳定风险评估，捣毁邪教组织1处，抓获嫌疑人30人。全市群体性事件比上年下降42.3%。开展群众安全感“百日提质”专项行动，完成社会治安重点地区和突出问题排查整治17个。常态化开展扫黑除恶斗争，组织夏季治安打击整治“百日行动”、打击整治侵财犯罪“冬季攻势”，梯次提升面上巡防勤务等级，全市违法犯罪警情连续15年下降，刑事案件破案率连续3年苏州第一、全省领先。政法文化建设经验被中央政法委宣教局肯定推广，全市政法系统获评苏州市级以上表彰先进集体67个、先进个人116人，人民群众对政法机关和政法队伍满意率达到97%，位居苏州区县板块前列。

法治政府建设　年内，全市围绕9个方面35项重点工作，加快推动法治政府建设。落实习近平法治思想专题学习、专题报告、专题研讨、专题培训“四个专题”活动，将学习贯彻习近平法治思想情况纳入拟提拔干部任前法律知识考试，强化领导干部法治思维和底线意识。制定《张家港市法治政府建设实施方案（2021—2025年）》，完成中央法治建设督察任务。市法治宣传教育领导小组办公室实施“八五”普法规划，组建“八五”普法讲师团、民法典宣讲团、企业合规宣讲团，重点培育“法润沙洲”普法特色品牌，创新推出八大主题普法项目。打造市、镇、村三级全覆盖法治文化阵地集群，新建苏州市级法治文化阵地5家。依托张家港市法治宣传教育中心，建成未成年人、职工法治教育基地和法律明白人培育实训基地。深入推进基层依法治理，新增“法律明白人”1000人，新建省级民主法治示范村（社区）11个，实现基层民主法治动态管理。检察、司法行政、水务、农业农村、生态环境、海事、新时代文明实践等九大职能部门联合制定《张家港市关于〈中华人民共和国长江保护法〉主题学习宣传的活动方案》，推动长江保护法普法工作转化为治理实效。开展“精准普法月月行”活动，组织“长江大保护”典型案例现场听证会，提升沿江村民保护长江法治理念。

行政执法监督　全市扎实开展省市县乡四级行政执法协调监督工作体系建设试点工作，构建“司法行政+主管部门+镇（街道）”多维执法监督模式，编制《行政执法协调监督工作规范》，探索“全面监督、反馈通报、督促整改”的“沉浸式”执法监督模式。做深做实企业合规，制定4批18个领域278项企业行政合规指导清单助力优化营商环境。重点执法领域推行“一案一卡”制度，加大执法案卷评查力度，组织开展农业农村、交通运输、应急管理、市场监管、生态环境等领域执法专项督察，进一步规范行政执法。建立行政规范性文件合法性自查自审制度，提升文件管理标准化水平。

行政复议　全市完成行政复议委员会换届，优化行政复议配套机制，深化行政复议规范化建设。全面推进行政诉讼案件“两降一升”（案件量下降、败诉率下降，出庭应诉率上升）工作，印发《关于全面推进诉源治理的实施意见》，组织召开行政复议行政应诉与行政审判联席会议，加强重大疑难案件分析研判，统一裁量标准，为行政机关依法行政提供法律支撑。年内，受理行政复议案件152件，办理市政府作为被告的行政诉讼案件50件，行政机关负责人出庭应诉率保持在100%。

【“创新探索新时代行政执法的张家港样本”获评全国示范项目】 11月28日，中央全面依法治国委员会办公室印发《关于第二批全国法治政府建设示范地区和项目命名的决定》，张家港市申报项目“创新探索新时代行政执法的张家港样本”获评全国法治政府建设示范项目。张家港市运用标准化、流程化原理方法，率先编制《行政执法工作规范（行政处罚篇）》，为基层执法提供清晰、具体的实务操作指引，证据规则在全省推广。创新运用“互联网+大数据”，积极试点推进“区块链+公证”，实现全市执法信息跟踪记录、实时留痕和可回溯管理，大力推行政许可审批服务事项“一网通办”，积极引入AI智能导服和AI辅助审批，为广大市民提供高效便捷的审批服务。

【扫黑除恶专项斗争】 2022年，全市以《中华人民共和国反有组织犯罪法》颁布实施为契机，以“无黑城市”建设为抓手，推进常态化扫黑除恶斗争不断向纵深开展，群众满意度94.83%。4月，组织《中华人民共和国反有组织犯罪法》集中宣传月活动，通过微信有奖竞答、情景短视频、专题学习讲座等多种形式开展集中宣传；6月，组织召开全市扫黑除恶斗争领导小组会议暨反有组织犯罪法宣传贯彻推进会；8月，组织开展涉黑恶财产处置工作专项检查。年内，共收到群众各类举报线索42件，苏州市扫黑办流转线索13件，全国扫黑办“12337”智能化举报平台线索12件，核查成案16件，发放举报奖励4人次1.4万元；累计破获涉黑涉恶“九类”（聚众斗殴、强迫交易、寻衅滋事、敲诈勒索、非法拘禁、组织卖淫、强迫卖淫、开设赌场、故意损坏财物）罪名案件100件，“钟某某等人犯罪团伙案件”被列为苏州市级挂牌督办案件。市外国语学校、南丰集贸市场分别获评“无黑城市”建设示范校园、示范市场。

【法治化营商环境打造】 年内，全市制定《张家港市人民代表大会常务委员会关于推进全市企业合规建设工作的决定》《张家港市企业合规建设工作实施办法》，率先将企业合规建设工作纳入人大常态化监督范畴。创新发布涉企行政合规指导清单，涉及部门16个、领域18个、事项278项，实现重点领域全覆盖。严格执行涉企“免罚轻罚”清单，构建以“双随机、一公开”为基本手段、以重点监管为补充、以信用监管为基础的新型监管机制，创新构建“6+6”多类别检查对象库体系，提升监管精准度，打造“无事不扰”执法环境。创新多维度信用分级评价，开展涉企违规收费专项整治，培育“港城通·最舒心”营商服务品牌，探索实施“免诉保”机制，依法保障资信良好企业正常经营，打造法治化营商环境。

（李春辉　查　孜）

公　安

【概况】 2022年，市公安局聚力争当公安工作现代化先行示范区排头兵，抓好战疫情、防风险、保安全、护稳定、促发展各项措施，社会治安和公安队伍满意度实现新提升，市公安局在市人大评议中获评100%满意率。5月，市公安局法制大队被党中央、国务院授予“全国模范公安单位”称号，成为长三角地区唯一获评单位。年内，市公安局完成中共二十大、中央广播电视总台中秋晚会录制、张家港首届发展大会等重大安保任务，创新重点人员分类分级联动管控机制，全市群体性事件比上年下降35%；有效抵御多轮疫情的急性冲击，240万条涉疫数据核查率始终保持100%，创新建立异常混管快速联动处置机制获苏州发文推广。

打击和预防犯罪　年内，市公安局推进智慧刑侦建设，建设数据赋能、技术保障、勤务调度、基础管理、效能监管五大中心，塑造警种融合、手段叠加、机制互补的刑事侦查新格局，全年抓获刑事作案成员4313人，“八类”案件（放火、爆炸、劫持、杀人、伤害、强奸、绑架、抢劫）破案率97.2%，4起现行命案均在24小时内破案。破获电信网络诈骗案件339起，电信网络诈骗案件公诉人数比上年上升210%，跨境网络赌博案件侦破数、抓获人头数、打击支付平台数苏州第一；国家移民局督办“7·9”骗办出售证件案等大要案件告破，破获的公安部督办毒品目标案获公安部部长通令嘉奖。常态化推进扫黑除恶斗争，开展打击拐卖妇女儿童犯罪、打击整治养老诈骗犯罪专项行动，养老诈骗案件破案率100%。

交通管理　年内，市公安局以“事故少、秩序好、人民群众满意”为目标，有序推进“苏安·护行”专项行动，开展源头隐患排查、挂牌道路整改、交通违法整治、文明交通宣传等集中治理行动，共查处交通违法行为75万余起，其中饮酒驾驶机动车违法行为950起、醉酒驾驶机动车违法行为760起。排查整改交通安全隐患600余处，2条苏州市挂牌隐患道路和6条张家港市挂牌隐患道路全部完成整改摘牌，交通事故死亡人数比上年下降23.08%，连续18年保持下降。在全省率先建成基层大队“执法管理中心”，通过现场掌上速裁办理的行政案件占案件总量比例45%，整体案件24小时办结率提升至80%以上，月办结率99%以上。在384个路口设置大型车辆“右转必停”配套交通设施。全年发生交通事故6633起，其中一般以上交通事故378起，死亡64人、伤359人。年内，办理汽车注册登记39683辆，核发车辆检验合格标志236972辆。

治安管理　年内，市公安局全面强化社会面治安管控，严格落实驻点武装巡逻、突发事件处置、大型活动安保等各项安保措施；升级完善立体化信息化社会治安防控体系，重点区域和重点部位感知设备智能围闭率达100%；根据省公安厅部署要求，在重要时间节点落实危险物品特别管控措施；开展枪爆违法犯罪专项整治行动，破获公安部督办的一起线上销售、线下发货的非法经营烟花爆竹案件，涉及全国28个省市；疫情期间，按照市疫情防控指挥部要求，围绕重点地区人员查验、重点行业场所疫情防控，共检查旅馆、棋牌室、洗浴足浴等重点场所1.3万家次，核查重点地区到市住宿旅客2.2万人次。年内，查破各类治安案件19882起，查获违法人员26782人，收缴各类枪支111支、子弹703发、非法烟花爆竹3000余箱。

“110”接处警工作　年内，市公安局指挥中心受理报警64.49万起。其中，违法犯罪警情4.29万起、火灾警情2353起、交通警情11.45万起、纠纷警情4.67万起、群众求助警情13.64万起、其他警情30.21万起。通过快速指挥调度，直接抓获违法犯罪嫌疑人196人。

公安“放管服”改革　全年完成公安审批服务事项统一受理集中办理工作，县级35个审批事项进驻政务服务部门实体窗口“一窗通办”，7件群众和市场主体关注度高、办理量大的

交警指导市民正确佩戴头盔　（市公安局　提供）

"一件事"改革事项全程网办；首次申领居民身份证实现"跨省通办"，高考、中考学生身份证件制作专用通道全面推开；120余项公安业务实现在线预约办理，30项高频服务事项实现"不见面"审批，证照办结时限、审批环节压缩30%，实现与周边四地部分政务服务事项的"跨域通办"，公安政务服务满意率达到99.6%。

【市警务中心投用】 7月，位于人民西路288号的市公安局警务中心建成并投入使用，治安、巡特警、刑警、禁毒、经侦、网安、食药环侦、技侦大队8个实战警种入驻办公，集合各警种实战平台、实战资源和实战手段，融合侦查、情报、数据、行动资源无延时响应效能凸显，全年全市刑事案件破案率比上年上升150%。警务中心由侦查楼、实验楼、生活楼三个主体建筑构成，实验楼设有刑事技术中心，设置DNA、法医、痕迹、理化、微量物证、声像检验、文件检验、电子物证、痕迹综合研判等实验室区间。DNA实验室分案件检验区、建库区、科研区，建库区以六轴协作柔性机器人为牵引，进行专业建库工作，8小时可完成200人份样本检验，建成全国首家县级公安机关DNA机器人智能建库实验室，同时完善比对机制，打通全国库比对通道；联动现场勘查与指纹比对，达到即勘即比秒级响应，刑事技术中心获评全国示范刑事科学技术室。

【"924"国家机制办挂牌督办跨境网络开设赌场案破获】 经过近一年的深度经营和缜密侦查，5月，在上级公安机关统一组织协调和直接指挥下，市公安局组织开展"924"国家机制办挂牌督办跨境网络开设赌场案件集中收网行动，专门抽调100余名警力组成多个抓捕组，分赴福建厦门、漳州、泉州、福州等地开展集中收网行动，一举捣毁一个租用境外云服务器开设赌博网站的犯罪团伙，抓获涉案人员38人，查明涉案金额10亿余元，全案退赃1亿余元。该案系国家打击跨境赌博专项行动取得的又一重大战果，得到公安部和江苏省领导的批示肯定。

【"一站式"刑事速裁中心启用】 年内，市公安局建成并启用"一站式"刑事速裁中心。在全省公安机关率先成立侦查监督与协作配合办公室，健全公安、检察、法院、司法"一站式"办理刑事速裁案件工作机制，公安法制部门和检察院10余名检察人员常态入驻，开展组织协调、监督落实、咨询指导、检查考核等工作。与市检察院、法院联合出台《张家港市刑事诉讼涉案财物跨部门统一管理工作实施办法》，规范刑事案件涉案财物管理流程。相关案件速裁通道全面打通，刑事案件速裁率67.8%，办案周期缩短20%。刑事案件速裁率保持苏州第一，相关经验获《法治日报》《人民公安报》等中央级媒体宣传报道。

【农村道路交通安全管理精细化提升专项行动推进】 年内，市委、市政府部署开展农村道路交通安全管理精细化提升专项行动，市公安局以预防和减少农村道路交通事故、提升农村道路交通安全保障水平为目标，在11月、12月开展农村道路交通安全集中攻坚"双月"提升行动，实体化运作工作专班，高标推进农村道路隐患排查整改、重点违法查处、安全宣传教育等工作，专项行动期间排查农村道路交通隐患1192处，开展路面交通违法整治行动106次，查处各类违法行为7.1万余起，组织宣传活动96场，走访、约谈交通运输企业46家，全市农村道路一般程序交通事故、亡人事故数分别比上年下降33.9%、55.6%。相关经验获《人民公安报》"交汇点"等媒体宣传报道。 （杨柳青）

检　察

【概况】 2022年，市检察院全面履行法律监督职能，争当服务大局、司法为民、客观公正的示范，5项做法在全国检察系统会议上作专题交流；5项获省检察院推广；获评最高检典型案例5项、省检察院典型案例5项；研究课题得到最高检立项2项、省检察院立项1项。"合规护企"办案团队获评全国优秀检察办案团队；2人入选全省检察机关专门人才库；20余人次获全国检察宣传先进个人、全省检察机关大数据法律监督建模活动先进个人等荣誉。市检察院首批入选全省"五好"基层检察院。年内，市检察院深化与网格化信息平台、"12345"热线平台等主管部门协作，针对群众投诉排查公益诉讼线索300余条，调查70余次、立案22件。督促治理某镇垃圾中转站污水外排案获评最高检典型案例，办理的最高检长江污染治理专案获省检察院领导批示肯定。

刑事检察　市检察院全年批准逮捕221件290人，提起公诉1445件2060人。监督侦查机关立案15人，监督撤案17人，纠正遗漏罪行38人，对涉案财务处置不规范等问题发出纠正违法通知书42份。深化检调对接，化解各类风险36起。与公安、法院、司法等部门建立涉案财物处置联动管理、"案—件比"指标全流程应用等机制，推动提升全市刑事办案质效。深化落实认罪认罚从宽制度，以无逮捕必要不逮捕49人，以犯罪情节轻微不起诉455人，认罪认罚从宽制度适用率、速裁程序适用率分别达到90%和70%，有效保障人权、分化犯罪、促进社会内生稳定。

民事检察　市检察院全年受理各类民事诉讼监督案件88件，经审查提请上级院抗诉4件，提出再审检察建议15件，审批程序违法检察建议17件、执行监督检察建议22件，终结审查8件，决定不支持监督申请10件。针对破产程序中债权人恶意申报虚假债权的现象，联合市公安局、法院建立防范和打击虚假债权协作机制，协同查处、剔除虚假债权2000余万元，移送犯罪线索4条、立案查处2件。大数据赋能法律监督工作取得突破，"破产领域虚假劳资债权监督模型"在全国近600个参赛模型中，获全国大数据法律监督模型竞赛一等奖并在最高检工作会议上展示。

行政检察　市检察院全年受理行政生效裁判监督29件、行政非诉执行监督23件、审判程序活动违法监督1件，经审查发出检察建议16件，化解争议22件。推动建立行政处罚信息和企业注销信息共享机制，避免12家问题企业逃避行政罚款360余万元，得到省检察院推广，获评最高检典型案例。与苏州市检察院联合化解一起长达3年、涉5件关联案件的招投标行政争议，使相关企业主消除误解、重拾经营信心。针对违法占用土地情况制发检察建议10件，推动拆除违建10725平方米，1.07公顷的土地得以恢复原有用途。

公益诉讼检察　市检察院全年受理各类公益诉讼线索100件，立案审查125件，向行政机关发出检察建议48件；提起刑事附带民事公益诉讼案12件。办理的疏港高速公路桥下空间监管案，促进联合执法和综合治理，得到苏州市委主要领导批示，获评省检察院典型案例。参与自建房、危化品、燃气等领域专项整治，办理相关案件10件，促进防患未然、抓源治本。针对预付卡支付纠纷、户外健身设施不安全等群众关心的热点难点问题，推进落实监管责任，有效增进群众幸福感、获得感、安全感。

未成年人检察　市检察院办理侵害未成年人犯罪案件56件、涉未成年人公益诉讼案件3件，支持未成年人提起撤销监护权、追索抚养费等民事诉讼2件。创设"爱立方·未心驿站"工作品牌，携手市民政局、市社会心理协会，签订"爱立方"涉案未成年人心理服务项目，以"检察官+专家督导+家庭指导师+心理咨询师+志愿者"五位一体的组合模式，为涉案未成年人提供帮教、心理疏导等服务50余次，发出全市首例"督促监护令"。以融合履职推动入职查询、从业禁止和强制报告制度落地落实，未成年人个人信息保护做法获评最高检典型事例。

【合规"企"航品牌获评全省优秀检察文化品牌】 年内，市检察院持续探索检察职能与合规整改相结合的办案模式，指导3家大型企业开展涉外法律风险领域事前合规建设，联合市工商联举办企业事前合规建设1周年大会，完成首批14家试点企业合规验收、分级评定，引导31家企业和1个商会参与第二批试点，入选全国工商联与检察机关沟通联系机制典型事例。整体工作获评法治苏州建设创新项目，入选全省第一批基层检察院建设典型事例。"合规'企'航"文化品牌获评全省优秀检察文化品牌。市检察院编写出版《企业合规实务》，受邀参加企业刑事合规高端论坛作经验交流，为全面推开企业合规改革提供可复制可借鉴的试点经验。

【速裁程序推动简案快办】 年内，市检察院依托侦查监督与协作配合办公室，完善提前介入、引导侦查等协作制度12项，实现简案快办、繁案精办。与公安、法院、司法等部门建立涉案财物处置联动管理、"案—件比"指标全流程应用等机制，推动提升全市刑事办案质效。深化落实认罪认罚从宽制度，出台《关于刑事速裁案件被告人权利保障工作的若干意见》《关于认罪认罚案件准确认定"认罚"的意见》，认罪认罚从宽制度适用率、速裁程序适用率分别达到90%和70%。相关做法获评苏州市检察机关"特色建院、品牌强院"第三季度典型事例。

（翟晓冬）

法　院

【概况】 2022年，市法院围绕公平正义目标，执法办案、司法改革取得新成效，服务营商环境、社会治理、乡村振兴取得新进展。年内，全院受理案件38617件，办结35038件，员额法官人均结案412件。有9个集体、43人次获苏州市级以上表彰；1篇裁判文书、3场庭审分别入选全省法院"百篇优秀裁判文书""百场优秀庭审"。

刑事审判　市法院全年受理刑事案件1448件，审结1348件1753人，其中审结危害公共安全罪607件610人，破坏社会主义市场经济秩序罪48件130人，侵犯公民人身权利、民主权利罪111件122人，侵犯财产罪397件512人，妨害社会管理秩序罪171件365人，贪污渎职犯罪14件14人。

民商事审判　市法院全年受理民商事案件18696件，审结16822件。其中，人格权纠纷181件，婚姻家庭、继承纠纷1546件，物权纠纷184件，合同、无因管理、不当得利纠纷10799件，知识产权与竞争纠纷494件，劳动争议、人事争议1096件，与公司、证券、保险、票据等有关的纠纷968件，侵权责任纠纷1196件，非诉讼程序案件283件，特殊诉讼程序纠纷38件，赔偿纠纷3件，其他34件。

执行工作　市法院全年受理执行案件18265件，执结16668件，执行标的金额135.16亿元，执行标的到位金额58.17亿元，执结率98.23%。其中，执结刑事案件429件、民事案件6843件、行政非诉审查与执行案件375件，仲裁313件，保全案件8325件，执行异议案件346件，执行监督案件37件。

审判监督和行政审判　市法院受理再审案件12件，审结11件，受理申诉、申请再审案件42件，审结40件。受理行政案件52件，审结47件，其中判决15件、裁定驳回起诉11件、准予撤诉4件、不予受理16件，按撤诉处理1件。受理行政非诉审查案件102件，审结102件。

【服务创新型城市建设十项措施出台】 年内，市法院围绕"创新张家港"建设，出台《关于服务港城创业人才、科创企业保障创新集群发展的十项措施》，包括创新优化诉讼服务、依法打击破坏新技术新产业发展的各类犯罪、依法保障重点产业发展、聚力制造业"智改数转"、坚持最严格的知识产权保护、发挥破产程序救治功能、推进善意文明司法、推行科创企业信用修复"暖企"行动、设立"院领导挂钩服务科创企业联系点"、加强科创和法治人才交流等十个方面。开展院领导挂钩服务科创企业联系点"五个一"调研走访活动，实现30家主要科创企业实地调研全覆盖。坚持"保护知识产权就是保护创新"理念，加大知识产权侵权违法行为惩治力度，林某等27人侵犯"大话西游"网络游戏著作权案、钱某诉某文化公司侵害作品信息网络传播权案入选苏州市版权保护十大典型案例。联合市市场监督管理局对严重侵害知识产权行为的市场主体进行惩戒，建立"黑名单"制度和数据共享平台，实现司法审判与行政执法的协同联动，合力打击严重侵害知识产权行为。

【"四庭协同"案例研究中心设立】 9月1日，苏州市中级人民法院"四庭（苏州知识产权法庭、破产法庭、国际商事法庭、劳动法庭）协同"案例研究中心在张家港市法院成立，并聘任苏州大学王健法学院教授董炳和、张利民、沈同仙，副教授刘思萱为首批案例研究中心特邀专家。"四庭协同"案例研究中心集中对重大复杂疑难案件、新类型案件、社会广泛关注案件以及具有法律适用指导意义的案例开展研究，通过专家讲座、专题研讨、编发案例等形式，培育一批在全省乃至全国具有指导性和影响力的经典案例，打造全省领先、全国率先的"苏州案例品牌"。同时，发挥司法案例的行为指引和价值导向作用，引导市场主体诚信经营、规范管理，维护公平竞争的市场交易秩序，助力苏州打造更具有吸引力的投资环境和发展环境。

【"非诉无声"工作室推动矛盾纠纷诉前化解】 锦丰法庭诉讼（非诉讼）服务中心和"非诉无声"工作室自2021年10月成立起，打造诉讼与非诉讼相融合的矛盾纠纷一站式化解平台。与辖区镇、村（社区）两级人民调解委员会实现互联互通，为辖区矛盾纠纷化解、群众诉求保障、法律风险预判提供法治智库服务。以工会、商会、妇联等组织为支撑，以类型化纠纷为重点，以特邀调解员为主体，"非诉无声"工作室稳妥化解劳动争议、买卖合同、婚姻家庭等矛盾纠纷。推行"1+1+N"非诉解纷机制，以法官和调解员为主体，邀请行政机关、人大代表、政协委员、基层老党员等，合力化解重大疑难和有社会影响的矛盾纠纷。2022年，诉前分流案件1083件，分流率86.43%，诉前成功化解457件，其中申请司法确认209件。"非诉无声"品牌获评2022年度苏州市域社会治理创新案例，锦丰法庭被评为苏州法院诉源治理示范法庭。

【"926"特大跨境网络开设赌场案审结】 11月17日，市法院公开宣判黄某法等41名被告人开设赌场罪、掩饰隐瞒犯罪所得罪案，认为被告人黄某法等38人共同以营利为目的，开设赌场，其行为均已构成开设赌场罪；被告人周某洁等3人明知是犯罪所得，掩饰隐瞒，其行为均已构成掩饰隐瞒犯罪所得罪，根据各被告人的犯罪事实、情节和社会危害程度的不同以及宽严相济刑事政策，分别判处主犯黄某法有期徒刑七年四个月，并处罚金人民币300万元；判处其他被告人有期徒刑或缓刑，并处罚金人民币1万元至300万元不等。有22人被判处实刑，19人被判处缓刑。经审理查明，2015年至2019年间，被告人黄某法等41人，利用互联网网站、手机软件等互联网平台开设赌场，组织他人赌博，涉案赌资共计350亿余元，非法获利共计人民币11亿余元。

（何　薇）

司法行政

【概况】 2022年，市司法局以全面推进依法治市为引领，司法行政各项职能工作取得新成效。年末，市司法局实有公务人员42人。全市有执业律师415人，公职（公司）律师104人，援助律师1人，基层法律服务工作者74人，公证员8人。年内，市公证处办理各类公证6707件；市中医医院司法鉴定中心和新锐环境监测司法鉴定中心办理各类鉴定1510件。市司法局获江苏省司法行政系统高质量发展先进单位等荣誉。

人民调解　市司法局优化人民调解运行机制，夯实市、镇、村三级人民调解工作平台，推广"苏解纷"微信小程序，建立"7+1"非诉化解模式。启动"百名调解人才"培养计划，培养首批30名人民调解骨干人才。推动行政机关建立行政调解委员会，制定行政调解职责清单，推进行政调解委员会规范化建设。针对民商事、人力资源、合规管理、金融证券、公司法等涉企矛盾相对集中的领域，遴选10名专业律师、6名公证员、4名司法鉴定人，组成涉企矛盾纠纷调解专家库，为涉企矛盾纠纷快速、有效调处提供法律、政策支持。命名张家港市第二批15家标准化家事调解工作室，指导各标准化家事调解工作室主动参与社区治理，化解基层矛盾。

社区矫正和安置帮教　市司法局借助国家级"智慧矫正中心"争创契机，打造"社区矫正执法规范化"品牌。严控特殊人群管理风险，开展社矫安帮提质专项行动，在春节、两会、清明、国庆等重要节点期间，设立重点人群工作协调小组，组织开展协调小组全体会议，筑牢重点人群安全稳定防线。开展"平安关爱"行动，落实精准帮扶措施，提升后续照管工作质效，后续照管率和操守保持率达到100%。开展未成年社区矫正对象暑期专场活动，修复家庭关系。"托起明天的太阳""护苗行动"等帮困活动累计帮扶困难特殊人员家庭及其未成年人子女31人，发放应急救助金4.79万元。做好在监服刑人员关怀工作，组织监狱远程视频会见359起。

法律援助　市司法局聚焦房地产、加工制造等欠薪易发多发的重点领域重点行业，确保欠薪法律援助案件快立快处。深入开展"法援惠民生，倾情保稳定"专项宣传活动，针对老年人、未成年人、残疾人、农民工、低收入家庭等特定困难群体，展播优秀法律援助电影、开展专项讲座、解答法律援助咨询，提高法律援助知晓率。新建成妇女儿童法律援助工作站、退役军人法律援助工作站等6个站点，全市共有法律援助站22个。组建"安家"巾帼维权律师团队，为未成年人提供及时高效的法律援助。组建33人法律援助律师团，构建基层法援无障碍通道。年内，共受理法律援助案件1722件，常住人口法律援助受援率1.2‰。接待现场咨询4358件，接听"12348"电话咨询11185个，受理案件1834件，其中民事案件1470件、刑事案件364件，占常住人口的1.28‰。

【"律管家"志愿法律服务推出】 市司法局创新推出"律管家"志愿法律服务，开设"律管家"涉企法律咨询综合服务平台，深化“万所联万会”服务机制，提供专业涉企法律服务。联合苏州大学开展市律协、律所、律师3个规范化建设体系和1个监管体系的研究制订工作，推动律师行业发展。年内，10家基层法律服务所共担任各类法律顾问522家，代理各类案件1342件，参与仲裁案件372件，办理非诉讼法律事务338件；24家律师事务所共担任各类法律顾问1439家，代理各类案件4395件，办理非诉讼法律事务211件。深入实施“公共法律服务进网格”工程，网格员兼职人民调解员、“法律明白人”和法律顾问队伍覆盖全部村（社区），制定服务事项清单，匹配群众法律需求。市司法局制定帮助企业解难纾困8项举措、成立涉企矛盾纠纷专家库，为企业复工复产、健康发展排忧解难。

【市“智慧矫正中心”投用】 2022年，张家港市先后投资180余万元对社区矫正中心提档升级，建成“智慧矫正中心”并全面投入使用，设置报到大厅、集中宣告室、信息采集室、心理咨询室、视频会见室、谈话教育室等功能室，配备自助矫正终端、人证识别仪、执法记录仪、查询触摸屏等信息化设备。“智慧矫正中心”配备智慧矫正装备，建设实战型、智慧型指挥中心，通过无障碍报到、实时监控、远程督察、无感签到、信息交互等功能运用，贯穿“入矫”至“解矫”全过程，实现社区矫正全流程统一管理。以“红黄蓝绿”四色挂图作战，对重点对象、重点工作进行分类标识，红色为近期重点关注、需进一步研判跟进处理的事件；黄色为高风险需加强管控的重点对象情况；蓝色为全市重点对象动态摸排情况；绿色为全市基础数据收集分析情况。“智慧矫正”运用声纹查验、信息化核查等方式抓好日常监管，利用网络视频、微信等通信手段及时了解掌握社区矫正对象思想、工作、生活等状况。年内，全市不假外出人次比上年下降46%，受到训诫或警告人次比上年下降35%，提出异议复核零人次，有效防范社区矫正对象脱管漏管、再犯罪等现象的发生。

【纪念宪法施行40周年主题活动】 12月8日，张家港市开展纪念现行宪法公布施行40周年主题活动，市四套班子分管领导，法治宣传教育领导小组成员单位主要领导，以及各区镇（街道）主要领导、分管领导、司法所所长120余人参加活动。活动首先集体观看学习中共二十大报告《坚持全面依法治国，推进法治中国建设》专章。通过视频《宪法这一路》，回顾了解《中华人民共和国宪法》的发展历程，以及现行宪法经历的5次修订历程。邀请老、中、青三代政法人和执法人员，介绍张家港市如何在宪法的引领下开展法治工作。现场放映《法治张家港，六十年再出发》沙画视频，演绎张家港建县（市）60周年法治建设发展、成就。选取市公安局法制大队、市检察院企业合规建设工作、市法律援助中心、市水务局守护长江母亲河、“全国模范人民调解员”倪永祥等6个在执法司法以及法律服务中的先进人物和事例典型，以“现场演绎+情景讲述”形式展示。最后由市委政法委书记带领政法部门及全市各行业人士共同录制视频《奋进新征程，我们在行动》，全体参会人员向宪法庄严宣誓。

（查 孜）

人民武装

【概况】 2022年，市人武部贯彻落实上级党委制定的“破平创优，争先创优”总目标，严密组织战备拉动演练，修订完善各类演训方案，加强机关军事理论、业务技能学习和体能训练。10月，省军区副政治委员、少将江静，苏州市委常委、军分区政治委员董晟大校陪到市调研人民武装及国防后备力量建设情况。12月，市人武部全体干部和文职人员参加江苏省军区、苏州军分区集训考核，总评成绩良好。年内，市人武部被苏州军分区表彰为全面建设先进人武部。

战备训练　年内，市人武部持续规范战备制度，修订完善《张家港市国防动员行动方案》及20个专项行动方案。针对地方人事调整变动，及时会同公安、消防完善人武部兵器室“军警民联防”和“营区防袭扰”行动预案，并依案组织2次演练。参加苏州市军地联合指挥演练，并结合演练，组织全市重要目标联合地面防卫实兵实装拉动，进一步熟悉方案预案，实际检验了民兵分队任务处置能力。突出抓好民兵实战化训练，完成基干民兵应急连和应急排轮训备勤和支援分队基地化专业集训。7月，基干民兵王涛代表苏州军分区参加省军区民兵“四会”（会讲、会做、会教、会做思想政治工作）教练员比武，被评为省军区“四会”教练员。10月，苏州市基干民兵无人机操作手技能资格认证考核在张家港市民兵军事训练基地进行，张家港市24名基干民兵无人机操作手参加并通过资格认证考核。

国防教育　市人武部组织干部、文职人员、职工、专武干部和全体民兵全面深入学习军委国防动员部、江苏省军区和苏州军分区党委扩大会议精神，建立“月读一书”和周四“小夜校”学习制度。组织开展“忠诚拥护核心、矢志奋斗强军”和“三心两争”主题教育，号召广大民兵深入开展向“时代楷模”张连印学习活动。开展战备形势、网络安全教育，组织观看《铁纪强军》《莫让微信成“危信”》《不堪回首的“网”事》等警示教育片。八一建军节前夕，市委召开常委议军会和党政领导过军事日活动。全年在省级以上新闻媒体刊登稿件19篇，其中5篇被《解放军报》《中国国防报》头版刊登。

双拥共建　年内，市人武部协调教育部门，较好解决11名现役军人子女入学入托，解决军人后顾之忧。《带编入伍后顾无忧，积分进村前路畅通》被《解放军报》《中国国防报》头版头条刊载，并被东部战区公众号等媒体转载。持续开展双拥共建，与后塍街道新塍村党支部结对军地党建共建。年内，金港中心小学被教育部、中央军委政治工作部评为全国国防教育示范学校，合兴小学“少年军校”建设受到省军区首长肯定。8月至9月，市人武部与市教育局完成全市14所高中、9000余名学生军训任务。

兵役工作 年内，市人武部以提高征兵质量为指引，把更多优秀兵员输送到部队，通过电话联系、上门走访、组织工作人员走访高校征兵宣传等形式，开展征兵工作。分别召开市征兵工作领导小组会议和全市征兵工作会议。突出大学生征集、征兵信息化建设、廉洁征兵"三个重点"。8月，市人武部承担苏州军分区试点先行任务并承办全市积分定兵培训会议，细化量化积分定兵9个实施步骤，并拍摄制作流程示范录像片，为军分区量化积分定兵探索可借鉴的模式样板。注重整合军地力量，联合市委宣传部超前进行征兵宣传部署，各区镇（街道）、高校均在各自公众号上进行征兵宣传内容推送，在市主要干道、繁华场所悬挂征兵宣传横幅，电子显示屏全天候滚动播放征兵公益广告及宣传标语，张家港门户网站首页采用浮动点击式广告形式，链接征兵广告、政策咨询电话。兵员整体质量较上年稳中有进。9月，役前训练期间，成立役前教育训练疫情防控工作领导小组，明确人员组成和具体分工。严格按照一日生活制度，采用连队式编组、军事化训练，分别从政治教育铸军魂、体能训练强体魄、军事训练焠意志等方面对"准新兵"进行一次全面洗礼。市征兵办纪检组全程参与征兵工作各环节，征兵工作人员逐级签订廉洁征兵责任书，发放廉洁征兵监督卡，公布举报电话和信箱，保证依法征兵、廉洁征兵。10月，各区镇（街道）人武部开展2022年度新兵回访工作，通过电话回访、入户走访等形式，及时了解新兵的思想动态。

【文艺会演节目获省军区一等奖】 为迎接中共二十大召开，8月，省军区组织开展"颂党恩、赞时代、迎盛会"文艺会演活动，市人武部党委组织协调相关部门开展参演人员的选拔和节目内容进行审核确定，通过层层把关、遴选，最终张家港市选送舞台剧《村口有一尊雕像》。该作品主要是讲述第八批在韩烈士遗骸回国之际，报社举办寻找抗美援朝老兵的活动，通过采访，得知当年战争中许多惊心动魄的细节以及战友之间感人的情感故事。9月，该节目代表苏州军分区参加省军区组织举办的大型文艺会演获一等奖。（陈 航）

武 警

【概况】 武警张家港中队主要担负张家港市看守所外围武装警戒任务。2022年，中队党支部狠抓经常性基础性工作落实，实现任务与建设双促进，保证部队的安全稳定和执勤目标的绝对安全。年内，市政府拨款用于中队建设训练馆及科技强勤设施，提高中队执勤目标的安全系数，保障中队官兵日常战备训练和生活。中队被武警苏州支队表彰为"四铁"（铁一般信仰、铁一般信念、铁一般纪律、铁一般担当）先进单位，2人荣立三等功，1人成功考学提干。中队与市政府机关、企事业单位、医院、中小学结对共建，先后组织图书进军营、"八一"联欢、国庆大合唱、国防知识宣讲、专题党团课等系列活动。同时开展宣讲国防知识，组织慰问贫困家庭、看望残疾儿童、义务献血等活动，被张家港市评为双拥工作先进单位。

【武警中队获评执勤先进单位】 为深入贯彻武警部队新时代执勤安保规范化网上集训精神，武警张家港中队坚持任务牵引，及时完善各类战备预案，充实战备物资，落实战备制度，扎实做好春节、两会、国庆、中共二十大会议期间战备工作，同时结合国际国内形势进行形势任务、职责使命等教育，铸牢官兵"险情就在身边，战斗随时打响"的忧患意识，针对天气实际加强战备演练，严密组织开展抗洪抢险演练，检验方案、明确分工、熟悉任务、磨合协同，增强中队遂行多样化任务的能力。2月，协同公安成功救助一名跳河轻生女子。10月，1人参加武警江苏省总队教练员集训，被评为优秀"四会"教练员。2022年，中队共配合公安机关和有关部门完成处置任务10余次，被武警江苏省总队评为执勤先进单位。

（戴威龙）

退役军人事务

【概况】 2022年，市退役军人事务局在双拥、优抚、移交安置等工作中提升服务保障效能，营造全社会对退役军人的尊崇尊重氛围。6月，张家港市印发《2022年张家港市双拥工作要点》。7月，调整市双拥工作领导小组组成人员和市拥军支前军地协调小组组成人员，在双山岛建成市双拥公园、市军人荣誉馆。8月，印发《关于健全完善军地互办实事"双清单"制度的通知》。9月，出台《2022年度张家港市军地互办实事"双清单"》，公布7个军地互办实事项目。12月，召开市双拥工作领导小组会议。年内，张家港市优秀退役军人"积分进村"工程入选江苏省退役军人工作创新创优活动优胜项目。张家港市再次获评江苏省双拥模范城，江苏华昌（集团）有限公司获评江苏省双拥模范单位。

【双拥工作】 1月，苏州市退役军人事务局到张家港市走访慰问"最美退役军人"、现役军人家属代表，及立功、困难退役军人代表。8月，张家港籍将军一行4人到市调研双拥和退役军人事务工作。年内，张家港市继续发挥"退役军人帮扶关爱专项基金"作用，为全市退役军人和优抚对象购买2022年度"苏惠保"团体保险。春节、建军节期间，市委、市政府走访慰问驻军单位，并赠送慰问物资。继续推进"走边防看亲人""关爱边海防官兵"拥军优属活动。为全市立功受奖军人家庭送喜报。协调解决现役军人、军转干部及因公牺牲军人子女入学、转学问题。"港城·戎保1号"保险项目完成续保。持续开展"感恩功臣，关爱行动"，走访慰问抗美援朝老兵。市人武部、某部队张家港站、武警张家港中队等驻军勇于承担抢险救灾等急难险重任务，妥善处置突发事件，参与疫情防控和志愿服务；某部队张家港站与常阴沙现代农业示范园区常东社区结对，定期走访慰问困难群众，军警民联防联治，开展植树造林、义务献血、爱心捐赠等活动；市退役军人事务局继续推进“戎耀之家”阵地建设。9月,张家港出入境边防检查站、市消防大队、江苏华昌(集团)有限公司获评苏州市优秀“戎耀之家”;12月,江苏华昌(集团)有限公司、江苏海狮机械股份有限公司获评江苏省优秀“戎耀之家”。

【优抚工作】 年内,市退役军人事务局采集全市退役军人及其他优抚对象优待证申领数据,并发放优待证;新增审批各类优抚对象事务,包括伤残人员、因公牺牲军人遗属、病故军人遗属、部分农村籍退役士兵、企退“两参”(参战、参试)专项慰问人员、优抚对象遗属等。对全市享受国家抚恤补助的优抚对象开展年度确认,完成确认工作。为享受国家抚恤补助的优抚对象发放抚恤补助经费,发放生活用水电燃气费、临时物价补贴、节日慰问金,为优抚对象遗属发放生活补助费,为企业退休“两参”退役人员发放专项慰问金。为义务兵家庭发放优待奖励金,为荣立军功的张家港籍现役军人家庭发放奖励金。年内,组织重点优抚对象赴江苏省荣军院开展短期疗养。安排2名抗美援朝志愿军烈士的9名亲属参加DNA信息采集,做好亲缘关系比对准备。组织开展“传承是最好的纪念”关爱烈属主题活动,走访看望烈士遗属家庭,赠送慰问物资,帮助解决烈士遗属实际困难。

【退役军人移交安置】 年内,市退役军人事务局完成转业军官和符合政府安排工作条件的退役士兵接收安置工作,帮助解决子女入学、随军家属就业、随迁入户、社保接续等实际困难。完成自主就业退役士兵接收工作,开展退役士兵返乡接站活动,开展补贴性教育培训工作,做好退役军人就业适应性培训,帮助自主就业退役士兵提升职业特长和学历技能。做好退役军人就业创业指导和服务,组织4场退役军人专场招聘会。组织退役军人参加苏州市第二届退役军人创业创新大赛,获一等奖1个、三等奖2个。

【烈士陵园管理】 4月,市退役军人事务局在市烈士陵园举行“缅怀革命英烈,传承红色基因”代为祭扫烈士活动。9月,组织“9·30”烈士纪念日公祭活动。加强陵园内烈士纪念设施改造提升,实施渡江烈士之墓重修和烈士忠骨存放室修缮改造工程。高标准通过苏州市联合工作组对张家港市烈士纪念设施整修工程验收。举办2批6处烈士墓集中迁移入园安放仪式。市烈士陵园全年接待机关、企事业单位、部队和学校等团体奠扫活动85批4000余人次。年内,市烈士陵园被苏州市委党史工作办公室首批命名为苏州市党史教育基地。

【军休工作】 年内,张家港市军队离休退休干部休养所组织军休支部26名党员集中学习12次,研讨交流5次,发放各类学习书目270余本。投入2万余元开展“助学送上门,心系老党员”“四史闹元宵,欢乐猜灯谜”“军休老兵话端午,习俗变迁心相聚”“喜迎二十大,奋进新征程”“初心印党旗,银发看港城”“光荣在党50年”、携手走进红色教育基地等主题的共建活动。组织军休干部(军士)棋牌竞技、书画创作、理疗健身等活动12次,200余人参与。在重大节日走访慰问军休干部(军士)及遗属5次,慰问183人,发放慰问品及慰问金约16万元;疫情期间发放防疫物资400余件、防疫药包30余份。年内继续实施军休干部(军士)居家养老“三道门”(幸福来敲门、健康送上门、守护进家门)项目。其中,为8名年满60周岁军休干部家庭改造厕所、加装扶手、添加防滑垫等居家设施,为23名军休干部(军士)开展个性化体检、健康知识讲座、专家巡诊,为19名军休干部(军士)开展家政保洁240次。

【退役军人服务保障体系建设】 年内,全市持续开展退役军人服务保障体系建设。在市级层面,市退役军人事务局联合市司法局成立市退役军人法律援助工作站,集老兵调解、法律援助、心理咨询功能为一体;7月,在市报业大厦辅楼一楼市退役军人服务中心建成军人荣誉室、退役军人志愿服务大队部。区镇层面,区镇、街道退役军人服务站初步完成“标杆型”退役军人服务站建设。村(社区)层面,全市162家服务对象100人以上的村(社区)服务站,除11家因搬迁升级改造外,其余151家创建“示范型”退役军人服务站达标,达标率93.2%。高校层面,在江苏科技大学苏州理工学院成立江苏省首家高校退役军人服务站。年内,经开区(杨舍镇)等8个区镇、街道和冶金园(锦丰镇)悦来村(社区)等8个村(社区)退役军人服务站获评2022年度“五星级”退役军人服务站。

【“戎耀沙洲”退役军人志愿服务】 年内,市“戎耀沙洲”退役军人志愿服务大队新增1家志愿服务分队,为华昌集团退役军人志愿分队,累计拥有20支服务分队。志愿服务队全年开展“红旗飘扬”退役军人国旗护卫队、“红色故事”退役军人讲师团、“长江卫士”退役军人志愿者联盟、“红色先锋”退役军人疫情防控突击队等志愿服务428次,参与活动的志愿者5680人次,人均服务时长19.2小时,服务群众3万余人次。“戎耀沙洲”退役军人志愿服务入选张家港市新时代文明实践工作案例汇编,入选第七届江苏志愿服务展示交流会展示项目。

【退役军人服务保障与基层人武工作融合机制】 年内,《张家港市退役军人服务保障工作与基层人武工作融合试点方案》出台,方案明确将退役军人服务保障工作与基层人武工作融合发展的举措,通过共建服务保障机制、共搭服务保障平台、共享服务保障资源,形成参军入伍到退役返乡全流程服务保障工作闭环,探索建立“退役军人服务站+人武部——打造全生命周期服务保障体系”的新型服务模式。市退役军人事务局与市人武部开展党建共建、队伍整合、场所融合等资源互补措施。至年末,杨舍镇、锦丰镇、乐余镇、凤凰镇、大新镇、金港街道和德积街道两项工作分管领导为同一人、办公场所为一体,占比63.6%。(钱秋仪)

【编辑 张 洁 陈佩蕾】

文明张家港

The Spiritual Civilization Of Zhangjiagang

7月27日，"艺'述'新时代，奋进新征程"文艺思政课项目启动仪式现场　（市新时代文明实践工作指导中心　提供）

文明创建

文明培育

文明实践与志愿服务

扫码欣赏

让文明直抵
民心最深处

文明创建

【概况】2022年，张家港市文明办以争创全国文明典范城市为龙头，统筹推进文明村镇、文明单位、文明校园、文明家庭等群众性精神文明创建活动。5月20日，召开争创全国文明典范城市工作推进会暨文明提质“五大行动”部署会，会上发布文明提质“五大行动”，重点围绕环境卫生大扫除、公共秩序大整治、基础设施大改造、公益广告大提升、城乡文明大融合等五大方面。通过召开市深化文明典范城市常态长效建设工作推进会、市文明楼道建设工作推进会，出台机关（单位）、区镇（街道）争创“全国文明典范城市”督察考核办法，完善市领导挂钩联系文明创建工作机制，组建“市民巡查团”，广泛开展“洁美港城”同创共建活动，承办“长江杯”2022年全国公益广告设计征集大赛，集中解决一批影响文明城市形象的“脏乱差”“老大难”问题，文明创建展现新面貌、制度机制建设迈出新步伐。12月2日，成立全市争创全国文明典范城市工作指挥部，由市委、市政府主要领导担任总指挥，下设办公室及基础设施组、市容秩序组、治安交通组、市场监管组、宣传发动组和督察考核组，高标准承担全国文明典范城市创建试点任务。8月，市文明办获评全国“人民满意的公务员集体”。

【全国文明典范城市创建试点工作组到市测试】1月12日至14日，中央文明办一局局长薛松岩带领全国文明典范城市创建试点工作课题组到张家港市开展综合测试，并召开座谈会。省委宣传部副部长、省文明办主任葛莱，苏州市委常委、宣传部部长金洁，以及张家港市委书记韩卫，市委副书记、市长蔡剑峰等参加活动。课题组一行先后到精神文明建设张家港研究与交流中心、沙洲湖科创园、江帆小学、张家港博物馆、暨阳高中幸福家长驿站、养老志愿者协会等地和单位开展现场调研。座谈会上，课题组通报综合测试相关情况，指出张家港市创建工作的优势特色，分析存在的短板问题。薛松岩对张家港市文明创建工作给予充分肯定。

【“长江杯”2022全国公益广告作品征集大赛在市举行】6月25日，由中国广告协会、长江文化促进会、苏州市文明办共同主办，中共张家港市委宣传部、市文明办、市新时代文明实践工作指导中心、市市场监督管理局、市融媒体中心共同承办的“长江杯”2022年公益广告作品征集大赛启动。此次公益广告大赛围绕迎接党的二十大工作主线，突出“公益传播，文明同行”理念，面向全社会征集积极向上、直抵人心的优秀公益广告作品，坚定文化自信，增强文化自觉，讲好长江故事，彰显时代风貌，推进社会公德和良好社会风尚建设。至9月，共征集到作品1077件，平面和网络类作品近2000幅，视频类作品280余个。经过海选、复评、终评三轮专家评审，最终评出获奖作品61件。其中，平面和网络类金奖2件、银奖4件、铜奖7件、优秀奖19件，视频类金奖1件、银奖2件、铜奖9件、优秀奖17件。

【善港村入选全国村级“文明乡风建设”典型案例】10月23日，农业农村部、国家乡村振兴局组织评选并公布第三批全国村级“文明乡风建设”典型案例，经开区（杨舍镇）善港村入选，系苏州市唯一入选的村。近年，善港村大力实施乡村振兴战略，弘扬“知善、向善、行善、扬善”的“善文化”，制定和睦乡亲好乡风等“十个坚持”和抵制封建迷信等“十个反对”的村规民约及其实施细则，做到“大事依章，小事依规”；实施“善文化”红色行动，以党员、老干部、退休教师为骨干设立宣教岗、爱心岗、服务岗、文体岗、志愿岗等开展志愿服务；深化“书香善港”建设，依托善港村“麦田花舍”村民书屋，定期开展“品味阅读、慧享生活”等主题活动，积极挖掘宣传“身边好人”，革新生活理念和方式；在全市率先成立村民议事会，打造村民议事中心阵地“船坞里议事堂”；打造文化阵地，成立特色文体团队，编纂《江苏名村·善港村志》，开办道德书场；与全国五省六村结对开展“整村帮扶”，成立善港农村干部学院，挂牌江苏省党支部书记学院农村分院，培训全国学员2.2万人。善港村先后获全国脱贫攻坚先进集体、全国民主法治示范村、全国乡村治理示范村、全国一村一品示范村、江苏省文明村等称号。

【晨阳村获评2019—2021年度江苏省文明村】近年，晨阳村着力推进“美丽乡村示范点”建设，按照“绿化生态美、居住环境美”装扮美丽乡村，先后投资1700余万元，以道路亮化、美丽河道、特色田园为重点，对长埭村、晨港路以南建设，助推农村人居环境再上新台阶。按照生活垃圾治理“年年有变化、三年大变样”的目标，为每家每户发放垃圾分类桶并做好垃圾分类宣传工作，垃圾分类有序实施。全村推进截污纳管，晨西河护坡绿化焕然一新。晨阳村先后获江苏省卫生村、江苏省生态村、江苏省和谐社区建设示范村、苏州市文明村、“三星级康居乡村”等称号。该村调动村民开展清洁行动，参与“美丽菜地”“洁美庭院”建设，号召党员、乡贤、妇女对自家闲置地、自留地等进行集聚整合，规范菜棚搭建。通过宣传栏宣传和图集发放，对村民进行润物无声的引导教育，让群众在潜移默化中接受文明新风。深入开展“文明村”“最美家庭”“身边好人”等群众性精神文明创评活动，涌现出魏爱华、薛淑英、钱玉勤、张生才等一批道德模范、先进典型，并通过道德讲堂、善行义举榜宣传，引导村民见贤思齐，让群众在耳濡目染中深受教育和启发。以群众需求为导向，链接社会资源，围绕理论宣讲、教育服务、文化服务、科技与科普、健身体育五大主题，依托晨阳村新时代文明实践站常态化开展“舞动夕阳”“红色影院”“长幼学堂”“梦想剧场”“晨红先锋”“庭院课堂”“健康义诊”“心灵氧吧”等活动项目，搞好家庭文明建设，营造文明乡风。让文明实践站成为村民早晚锻炼身体、学习科学文化知识、休闲娱乐的重要场所。完善志愿者管理制度、积分激励制度，常态化开展“24小时图书驿站”“文明劝导”“洁美港城”“快乐读报”“邻里守望”等志愿服务项目。2022年晨阳村开展志愿服务194场，参加活动2885人次，服务时长12440小时。

（徐丽阳　邱晓华　虞科娜）

文明培育

【概况】 2022年，张家港市重点从加强理想信念教育、加强主流价值引领、加强公民思想道德建设、加强青少年思想道德建设等方面，深化文明培育，培养担当民族复兴大任的时代新人。深入贯彻《新时代公民道德建设实施纲要》，组织开展2022年度“身边好人‘张闻明’”先进典型遴选宣传工作，第七届张家港市道德模范授奖仪式，第三届“童话里的世界”童话故事创作大赛优秀作品分享展示活动，举办道德模范与身边好人现场交流活动。举行市乡村“复兴少年宫”建设工作交流现场活动暨云上“复兴少年宫”上线仪式，推动首批34家乡村“复兴少年宫”项目成果展示。深化未成年人“八礼四仪”教育，打造“童”字系列美育品牌，持续推动开展“三色花开，快乐成长”未成年人社会实践活动，倡导劳动创造幸福理念。推进诚信长效机制建设，持续开展诚信缺失突出问题专项治理。持续深化移风易俗，大力培育时代新风，聚焦“身边的文明”，推进文明餐桌、文明交通、文明旅游、文明礼仪、文明上网等系列专项行动。

【“身边好人‘张闻明’”先进典型遴选宣传】 为深入贯彻落实中央《关于新时代加强和改进思想政治工作的意见》以及《新时代爱国主义教育实施纲要》《新时代公民道德建设实施纲要》，张家港市进一步深化道德风尚塑造，大力培育和选树各类身边好人，特别是基层一线的助人为乐、见义勇为、诚实守信、敬业奉献、孝老爱亲等先进典型，用身边事教育引导身边人。同时注重挖掘新典型，不断充实全市先进典型资源库，为打造更具影响力、辐射力、引领力的“文明高峰”提供强大的精神力量和丰润的道德滋养。1月，启动2022年度“身边好人‘张闻明’”先进典型遴选宣传工作。遴选类别聚焦于月度重点人物和身边好人系列。其中，月度重点人物结合各部门单位遴选宣传各行各业“最美人物”、优秀代表等要求，在重大主题纪念日、节庆日前后遴选发布“巾帼人物”“青年人物”“一线职工”“生态环保人物”“基层共产党员”“退役军人”“医护人员”“教师”“双创人物”“记者”“消防战士”“法治人物”等各行各业长期在基层一线默默坚守、不忘初心、服务人民、成绩突出、作风过硬的优秀代表。身边好人系列围绕创建全国文明典范城市目标，结合文明城市测评体系要求，遴选发布基层一线的助人为乐、见义勇为、诚实守信、敬业奉献、孝老爱亲等“身边好人”。至年末，新增“中国好人”1人、“江苏好人”5人、“苏州时代新人”7人、新时代苏州好少年2人，评选张家港市级“身边好人‘张闻明’”70人。同时依托市属各类新闻媒体，加大先进典型的对外宣传和推广力度。依托“张家港发布”“文明张家港”等媒体平台，开设“身边好人张闻明”“港城雷锋”等专题栏目，公布“好人榜”246人。在《张家港日报》开设“身边好人——张闻明”专栏，入榜82人。制作先进事迹“微视频”，在抖音等平台浏览量30余万次。各区镇（街道）、各部门实地跟踪采访，适时开展典型选树工作培训，依托各类社会宣传阵地，常态化做好“身边好人”宣传工作。

【乡村“复兴少年宫”建设工作交流会举行】 根据中央文明办《关于开展乡村“复兴少年宫”建设的通知》文件精神，2021年7月，张家港市正式启动乡村“复兴少年宫”建设工作，并结合实际试点建设首批乡村“复兴少年宫”34处。2022年7月，为进一步推动乡村“复兴少年宫”取得实效性进展，全力助推乡村振兴和农村文明进步，进一步提升全市未成年人思想道德建设水平，举行市乡村“复兴少年宫”建设工作交流现场活动暨云上“复兴少年宫”上线仪式。该平台依托新时代文明实践三级网络，建成市级“复兴少年宫”1个、镇级“复兴少年宫”10个、村（社区）级“复兴少年宫”11个以及乡村学校“复兴少年宫”12个。在“文明张家港”网站首页呈现张家港市乡村“复兴少年宫”专题栏目，下设活动动态、课程计划、最新活动、活动公示以及复兴少年宫5个专栏，内容包括道德培育、劳动实践、文体娱乐三个方面。结合农村少年儿童学习成长需求，每周每个阵地至少发布1次活动，项目内容在首页“专栏”中显示。线下统计各站点志愿者数量，根据项目排定课程表，前往指定的“复兴少年宫”开展授课。线上则由各“复兴少年宫”发布活动，经审核同意，学生进行线上预约报名，活动结束后记录志愿服务时长和参与课程的学生人数。志愿者将上课图片及实际到课学生数据上传至平台，学生通过微信端对课程进行评价。平台还对志愿者队伍进行管理，统计点位开展情况及学生参与情况，提升乡村“复兴少年宫”资源的覆盖面。

【张家港市承办省第三届“童话里的世界”童话故事创作大赛优秀作品分享展示活动】 江苏省第三届“童话里的世界”童话故事创作大赛于4月启动。活动立足江苏、面向海内外，共征集作品10万余篇。经过三轮评审，评选出获奖作品295篇，其中一等奖15篇、二等奖30篇、三等奖50篇、优秀奖200篇。其中，张家港市实验小学学生戴芊果投稿的《多多的奇幻之旅》获二等奖，张家港市白鹿小学学生潘梅天奕投稿的《“发现”地球》获三等奖，张家港外国语学校学生张子琰投稿的《在有星星的路上》获优秀奖。10月至12月，张家港市筹备并承办省第三届“童话里的世界”童话故事创作大赛优秀作品分享展示活动。活动围绕“童话中国，童梦未来”主题，以童话为主题，从孩子的视角，通过故事讲述形式，融合音乐、舞蹈、情景剧等元素，引导广大青少年从小争做德智体美劳全面发展的圆梦接班人。11月25日，童话故事创作大赛优秀作品分享展示活动在市精神文明建设张家港研究与交流中心（职工文体中心）大剧场举行。大赛各主办、承办单位负责人员、获奖者代表以及近100名少年儿童参加活动。结合疫情防控形势，张家港市重点打造童趣书屋——本土童话故事汇编、乡村“复兴少年宫”展陈、童真里的色彩童画展示、各童话校园特色项目展陈等项目，营造浓厚童话氛围，展现“童”字系列美育活动成效。

（刘　晴）

文明实践与志愿服务

【概况】 2022年，市新时代文明实践工作指导中心围绕“凝聚群众、引导群众、以文化人、成风化俗”目标要求，印发《关于深化拓展新时代文明实践中心建设的实施意见》，制定15个行业部门文明实践工作实施方案，牵头实施“文明提质五大行动·城乡文明大融合行动”，启动“人人都是‘张闻明’”市民文明实践修身行动，发布全国首个县域居民社会心态调查报告——《张家港市居民社会心态和心理健康状况调查报告》。7.3万名志愿者参与疫情防控，累计服务时长超400万小时，全市累计注册志愿者超28万人，志愿团队1390支，总服务时长超1000万小时。9月21日至23日，苏州市城区新时代文明实践中心（所、站）负责人现场教学活动在张家港市开展。年内，“虹筑之家·工友驿站”关爱建筑工友志愿服务项目获评“江苏慈善奖”最具影响力慈善项目；市银龄互助志愿服务项目获评2022年度江苏省学雷锋志愿服务先进典型；“港城车大夫”车辆义诊志愿服务项目获第六届江苏志愿服务展示交流会金奖。

【“求是读书汇”理论学习品牌建设】 年内，全市深化拓展新时代文明实践中心建设，启动“求是读书汇”理论品牌建设试点工作，开展理论学习、理论宣传、理论研究、阵地打造、队伍建设等各项工作，着力建强基层思想工作阵地、建设政治素养过硬的人才队伍。至年末，全市有39个单位申报“求是读书汇”试点，改造提升沉浸式学习空间69个，成立“求是读书汇”学习型小组79支，选拔推荐76名业务骨干组建市级“求是读书汇”学习辅导员队伍，初步形成“导学、讲学、研学、比学、践学、督学”六位一体的学习体系。

【“先锋‘微志愿’服务‘零距离’”入选市级重点党建项目】 “先锋‘微志愿’服务‘零距离’”党建项目立足“党建集智打造更高水平文明城市”奋斗方向，着力推动党建工作和志愿服务深度融合，以党建引领为突破口，以志愿服务为切入点，通过清单化管理、项目化推进、品牌化打造，发挥“党建+志愿服务”叠加优势，推动成立“新时代·最先锋”“理论先锋+”“心树林”“五彩先锋”“健康YI起来”“律管家”“红色引擎”“企业绿管家”等8个攻坚行动支部，实施“张闻明1号”“心树林家庭教育”“科学先锋·协心为民”“生态惠企”“律管家”“健康‘益’起来”“五彩先锋党建惠民”等党建品牌。探索健全党员带头参与文明实践志愿服务长效机制，从理论宣传、文体娱乐、卫生健康、便民利民、家庭教育、科学普及等七个方面开展志愿服务活动，构建以党组织为核心、文明实践为纽带、党员干部为骨干、全社会共同参与的志愿服务新格局，创新打造党建引领文明实践志愿服务、助力基层社会治理的张家港样本。该项目入选张家港市2022年市级十大重点党建项目。全年团队人数635人，走访企业1633次，惠及市民超30万人次。

【“人人都是张闻明”市民文明实践修身行动】 7月9日，市委宣传部、市文明办、市新时代文明实践工作指导中心联合举办“人人都是张闻明”市民文明实践修身行动启动仪式，成立市民巡察团。该行动聚焦加强思想引领与满足实际需求的结合点，涵盖个人文明、家庭文明、社会文明三个层面，重点开展“文明出行，有你才行”“文明养宠‘益’起来”“网聚正能量，争做好网民”“美丽庭院打造计划”等十大行动，旨在提升城市文明程度和市民文明素养。至年末，共有超10万市民参与相关行动。该项目获评2022年度苏州市精神文明建设“十佳新事”。

【防疫志愿者“礼遇6条”推出】 5月25日，市文明办、市新时代文明实践工作指导中心、市志愿者协会联合推出防疫志愿者“礼遇6条”，关心关爱疫情防控志愿者，致敬激励广大志愿者在疫情防控中挺身而出、敢于担当。在原有《张家港志愿者礼遇办法》的基础上，防疫志愿者可额外享受涵盖志愿培训、生活消费、公共交通等6个方面的优待举措，获取电子证书及专属勋章。

【市“12·5”国际志愿者日主题活动举办】 12月5日是张家港市系统化推进志愿服务，正式上线运行“友爱港城网”10周年。10年中，志愿服务事业发展与精神文明建设同步，与社会治理创新相联系、相融合，形成了一批可持续、有影响的志愿服务品牌。为庆祝第37个“12·5”国际志愿者日，12月5日，由市新时代文明实践中心、市新时代文明实践志愿服务总队、市委宣传部主办的“追光十年，友爱港城”张家港市“12·5”国际志愿者日主题活动在星海剧场举行，80位累计志愿服务时长超5000小时的志愿者获“终身成就奖”，企业代表、志愿项目代表现场进行伙伴计划签约，为“播散暖阳·牵手成长”寒门学子关爱计划、“流动体检·关爱工友”建筑工人健康服务10个志愿服务项目赋能助力。

【新时代文明实践站“站长PK赛”举行】 6月，市新时代文明实践站“站长PK赛”线上活动启动，35个新时代文明实践站参与，以“比武”促提升，围绕各实践站阵地建设、志愿团队培育孵化、文明实践项目策划实施等，全面宣传展示文明实践站建设成效。决赛于12月14日以视频直播方式在星海剧场举行，15万人次观看直播。经开区（杨舍镇）花园浜社区和锦绣社区、高新区（塘桥镇）韩山村、乐余镇扶海村、凤凰镇程墩村和湖滨社区、南丰镇永合社区、大新镇中山村、金港街道金都社区和金香社区的10位站长，通过主题分享、知识问答和创意展示，充分诠释了基层站点在文明实践项目品牌内涵、志愿服务专业化建设以及文明实践阵地创新打造等方面的特色亮点。

【"艺'述'新时代，奋进新征程"文艺思政课开课】 7月27日，"艺'述'新时代，奋进新征程"文艺思政课在张家港保利大剧院启动。项目创新引进话剧《四世同堂》《路遥》、舞剧《朱自清》、音乐剧《速记员》、儿童剧《报童》等20台旗帜鲜明、艺术精湛的精品演出，以直抵人心的舞台表演、丰富多元的艺术形式、广为流传的经典旋律，讲述生动磅礴的中国故事、阐释中国文化的时代篇章、再现英雄人物的光辉形象。至年末，累计开展演出活动17场。该项目被纳入市"强国复兴有我"群众性主题宣传教育12项重点活动之一。

【红色电影展播活动举办】 "光影新播课"作为喜迎中共二十大的文明实践品牌项目，精选12部新时代主旋律电影，生动、全面地展现党和国家在各个历史时期的奋斗历程，组建超100人的"红色光影"微宣讲志愿服务队，通过文明实践智慧云平台"点单""派单"等模式，走进全市各新时代文明实践所、站、点开展红色电影展播活动，并提供影片导赏、讲授解读、交流互动等服务。活动自6月启动起，至年末点单60场，受众超3000人次。

【《港城百问——张家港市情概览》出版】 10月，市新时代文明实践工作指导中心联合市文明办、市社科联、市委史志办等单位共同组织编纂的《港城百问——张家港市情概览》，由中国书籍出版社出版发行。全书近20万字，包括地理篇、历史篇、政情篇、经济篇、环境篇、民生篇、文旅篇、文明篇、人物篇9个篇章242个条目，用问答的形式，全面介绍张家港市历史、现状，系统展示全市文明进程和建设成果，融思想性、综合性、知识性、趣味性、可读性、权威性等于一体，既是一部对外宣传和推介张家港的工具书，也是一部广大市民群众了解张家港的资料书，更是一部面向未成年人开展爱国主义和乡土文化教育的教科书。该书被市社科联评为2022年度社科普及创新引导扶持项目一类项目。

【"七彩的夏日"暑期系列活动暨"科技馆里的科学课"文明实践活动启动】 为促进未成年人健康成长、全面发展，引导广大未成年人"扣好人生第一粒扣子"，7月6日，张家港市启动"七彩的夏日"暑期系列活动暨"科技馆里的科学课"文明实践活动，依托科技馆展品、场景及教学资源，以融合互动的教学模式，探索推出"人体之谜""声音之奇""物理之美""幻影之光""色彩之魅""中国之智"等六大主题线路，通过科学表演秀、科学实验、手工DIY、科普课堂等多种形式，为广大未成年人带来"沉浸式""探究式"的学习体验。活动累计开展7场，服务青少年500余人。

【张家港首届青年科学脱口秀大赛活动举办】 为弘扬科学家精神，重点扶持培育青年科普创作人才，自6月起，市新时代文明实践工作指导中心在全市范围内推出"强国复兴有我——张家港首届青年科学脱口秀大赛"，吸引各行各业科普工作人员深入研究创作优质科普内容资源，以脱口秀形式形象诠释社会科学热点，传播基础科学科普知识。大赛收到优秀作品29部，其中《"瓜嫂"徐维维：科学种瓜，种出"甜日子"》获一等奖，并评出二等奖2个、三等奖3个、优秀奖5个。选送11部优秀作品参加"全国青年科学脱口秀"，6部作品取得优异成绩，其中《腕部外伤，教你一招》作品获全国一等奖。此外，中心发挥平台阵地优势，创新成立新时代文明实践科学家精神志愿宣讲队，开展文明实践、科普志愿活动3场，营造讲科学、爱科学、学科学的良好氛围。

【全国首个县域居民社会心态调查报告发布】 5月28日，张家港市联合中国科学院心理研究所正式发布全国首个县域居民社会心态调查报告——《张家港市居民社会心态和心理健康状况调查报告》。该调查报告依托线上30590份数据收集、线下111人次个体访谈、专家综合分析评价等权威性数据报告，反映出张家港社会心态主流积极健康、理性平和、向上向好；居民对幸福感、获得感、安全感、公平感、信任感、信心感的评价处于较高水平；在社会情感层面，居民对张家港建设和发展信心最高。中科院心理研究所还考察了市青少年群体社会心态和心理健康状况，填补国内对青少年社会心态关注和研究的不足。报告精准反映了居民社会心态的特点、影响因素及相关建议，为全市进一步优化居民社会心态、完善社会心理服务体系、打造"共建共治共享"的社会治理格局提供了方向和依据。

【"益心科普'双百行'"志愿服务活动开展】 6月，市社会心理服务指导中心发动全社会心理专业力量，组建由心理咨询师、医院精神科医生、学校心理辅导老师等为骨干的心理科普志愿服务团队，常态化开展益心科普"双百行"志愿服务系列活动。项目聚焦"体验"与"互动"，涵盖"百场心理科普社区行"和"百场心理科普体验行"两个板块，采用"线上+线下""请进来、走出去"等方式，开展心理科普讲座进社区、进学校、进机关。年内开展相关讲座52场。利用张家港全民健心云、社会心理协会公众号等平台定期推送心理科普知识和心理科普测试内容，编写和发放《张家港市民心理健康核心知识》手册5000余本，切实提升市民心理健康素养。（陈玉珠）

【编辑　陆雨亭】

乡村振兴

Rural Revitalization

美丽江村德积街道永兴村　（市农业农村局　提供）

富民强村

农村资产管理

乡村产业

美丽乡村建设

全国贫困村创业致富带头人（善港）培训基地

張家港年鑑（2023）

扫码欣赏

常阴沙现代农业示范园区

富民强村

【概况】 2022年，市委、市政府先后召开全市农村工作会议暨率先基本实现农业农村现代化工作推进会、全市秋收秋种暨乡村振兴重点工作推进会等，印发《关于做好2022年乡村振兴重点工作，加快率先基本实现农业农村现代化的实施意见》，出台《张家港市"十四五"全面推进乡村振兴，加快农业农村现代化规划》，明确全市农业农村现代化的时间表和路线图。同时，将乡村振兴和率先基本实现农业农村现代化重点工作纳入板块绩效考核，形成可操作、可监督、可考核的责任清单。全市粮食种植3.14万公顷，产量22.14万吨，实现面积、总产、效益"三增"。全市完成高标准农田示范点建设86.67公顷，启动改造提升1266.67公顷，累计改造高标准池塘200.33公顷，按期完成533.33公顷"菜篮子"工程绿色蔬菜保供基地建设。召开首届中国葡萄育种及知识产权保护研讨会，推进农业农村部绿色种养循环农业试点项目。粮食生产全程机械化水平达到99.29%，特色农业机械化水平达到77.54%。创建江苏省蔬菜生产全程机械化典型园区3家、苏州粮食生产"全程机械化+综合农事"服务中心10家、苏州市机械化示范基地3家。获评苏州市级农业种质资源保护单位3个。完成现代农业科技示范园PPP项目、"数字乡村"一张图平台等重点工程建设，创建苏州市"智慧农村"示范村8个，培育苏州市"智慧农业"品牌3个。神园耘农平台、善港善"智"解锁农业发展新模式等3个案例入选省农业数字化标杆案例。新增苏州市乡村休闲旅游农业精品村2个、省级乡村休闲旅游农业特色模式（项目）和乡村休闲运动基地5家、省级家庭示范农场3家。

张家港市实施农村人居环境整治提升五年行动，获评苏州市农村人居环境整治提升工作评估第一等次。创建苏州市农村人居环境整治提升工作示范镇1个、示范村10个，长效管护先进村4个。全市农村生活垃圾分类达标率100%，农村无害化卫生户厕普及率100%，农村生活污水治理率96%，农村生态河道建成77.76千米。"张家港湾滨江生态廊道建设"和"'古镇新韵 · 美丽凤凰'——江南桃源小镇"2个项目获"江苏人居环境范例奖"。凤凰镇获评2022年度江苏省生态宜居美丽示范乡镇；经开区（杨舍镇）福前村、百家桥村，冶金园（锦丰镇）建设村，凤凰镇杏市村、魏庄村，南丰镇建农村、新套村，常阴沙现代农业示范园区常东社区、常北社区，金港街道长山村，后塍街道朱家宕村等11个村（社区）获评2022年度江苏省生态宜居美丽示范村（社区），凤凰镇双塘村获评"美丽家园"省级示范点。张家港市建成苏州市特色康居乡村60个，串点连线成片打造苏州市特色康居示范区4个。不断完善乡村基础设施建设，全市村5G通信网络覆盖率达到97.3%。不断完善党建引领、"自治、德治、法治、智治"相结合、村级经济充分发展的"1+4+1"乡村治理体系，区镇（街道）、村（社区）推广运用"积分制""清单制"实现全覆盖。《张家港市全域全面一体推进乡村治理数字化》入选第二批全省乡村治理典型案例。

张家港市全面完成土地确权、股权固化、政经分开等改革任务，率先启动省级农村集体经营性建设用地入市试点，全年累计成交26宗45.73公顷，成交金额2.39亿元。全面做好宅基地管理工作，上线"张家港市宅基地审批管理系统"平台。探索集体经济发展新模式开展富民强村帮促行动，接续推进乡村全面振兴成效明显，获省级督察激励，并获得省级财政衔接推进乡村振兴补助资金600万元。深化主动发现精准救助机制，发挥"大数据+网格化+铁脚板"作用，探索"物质+服务"模式，满足农村困难群体多元化需求。举办就业困难人员专场招聘会、高校毕业生专场招聘会等招聘活动37场，提供就业岗位4.2万个。凤凰镇《河阳山下唱新风》入选第三届"县乡长说唱移风易俗"优秀节目展演。持续深化文明村镇创建，善港村入选第三批全国村级"文明乡风建设"典型案例。持续优化统筹城乡、覆盖全民的社会保障体系，五大保险参保率均保持在99.5%以上。全市乡村全科医生拥有量达标率、养老服务设施覆盖率、综合性文化服务中心标准化覆盖率均达到100%。9所新建学校和4所改扩建学校投入使用，新增学位11380个。新启动新时代加强村（社区）党组织书记队伍建设五年行动计划，努力建设具有新时代张家港精神特质的基层干部队伍。加大财政支持力度，2022年公共预算农林水支出预算数（不含上级转移支付）为173812万元，支出预算和占公共预算支出的比重实现双增长。土地出让收入用于农业农村比例达到5%。推进农村普惠金融，全市

《河阳山下唱新风》节目展演 （市农业农村局 提供）

行政村“整村授信”实现全覆盖。在全省率先推出农村版“鼓励激励、容错纠错、能上能下”三项机制，创新推出“提级保障、扎根基层、激励先进”村干部专属“奖金池”，命名“标杆书记”4人、“优秀书记”2人。2022年，全市村均可支配收入超1600万元，农村居民人均可支配收入达到44244.8元。张家港市在全省乡村振兴实绩考核和苏州市率先基本实现农业农村现代化实绩考核中均位列第一等次。

【乡村治理“积分制”“清单制”推广】 为健全乡村治理工作机制，完善党建引领、自治法治德治智治融合、村级集体经济充分发展的“1+4+1”乡村治理体系，激发村民参与乡村治理的积极性和创造性，营造出共治共建共享的良好氛围，6月，市农业农村局印发《关于在乡村治理中推广运用“积分制”“清单制”的通知》，在全市范围推广运用“积分制”“清单制”。村和涉农社区通过设置“党员积分”“环境整治积分”“乡风文明积分”等特色积分管理方式，调动村民参与积极性，进一步提升乡村治理效能。通过制定“村级小微权力清单”“公共服务事项清单”等，将村级管理服务事项以及农民群众关心的事务细化为清单，从而解决基层组织服务事项不清、村级权力运行不规范、责任不清等问题。至年末，全市村和涉农社区推广运用“积分制”“清单制”基本实现。（向晓蕾）

【经开区智慧农业平台项目入选省级典型案例】 8月8日，省通信管理局、省委网络安全和信息化委员会办公室、省农业农村厅联合发文，公布2022年江苏省信息通信业助力乡村振兴十大典型案例，经开区智慧农业平台项目入选。经开区（杨舍镇）按照“政府开放引导、社会企业参与、涉农主体共建共享”的原则，以“一个中心、三个应用平台、六大智慧场景”为建设思路，形成智慧农业发展的“杨舍方案”。构建农业农村基础数据中心，打通数据采集渠道，将不同来源、不同类型、不同应用的数据进行规范、整合、挖掘、展示，形成“智慧农业”数据资源体系，对外提供统一的数据共享和信息服务。推进农业生产方式智慧升级，围绕农作物生产，运用高空近地空遥感、智能算法等数字技术手段，构建“天空地”一体化农业智慧大脑的技物支撑场景。加快物联网设备应用，实时采集农情信息，打通“耕、种、管、收”全程信息数据流。应用现代信息技术探索农产品质量安全智慧监管创新手段，通过生产过程中监管预警、数据采集、实时分析，实现监管的全链追溯。提升农业农村管理决策效能，建设智慧农业决策体系，提供领导决策支持服务，涵盖土地、农业人口、农业生产等基础数据，以及两区划定、高标准农田、质量安全、农业信息服务、农村经营主体等行业业务，结合查询统计、动态图表、专题报告、风险预警等功能，构建农业农村大数据“一张图”，成为经开区农业生产的定位仪、农业市场的导航灯和农业管理的指挥棒。（虞科娜）

经开区智慧农业管理平台 （经开区　提供）

【“富民合伙人”点燃乡村振兴“红色引擎”】 年内，后塍街道党工委围绕“党建+发展”凝聚基层合力，开展“‘富民合伙人’点燃乡村振兴‘红色引擎’”党建项目，实现集群党建、抱团发展、美美与共的“富民合伙人”工作新路径。建立一支党建富民合伙先锋队。街道党工委与张家港农商行党委组织共建，以“美美乡村”金融特派委员驻村为契机，合力打造“富民合伙金融先锋队”，研发符合实际的专项金融产品，实现与银行资源的精准对接，制定“月月走，企企到”走访清单，定期走访村属企业，寻访发展需求，为企业生产发展提供金融服务，金融特派员累计走访企业34家；围绕“科技招商”主要目标，与科技、发改等部门联动完成科技招商项目15项。打造一批党建富民增收重点项目。以党建“搭桥”高质量打造村级经济抱团发展联合体，增强村级经济发展内生动力。三村抱团建设的学田村建筑垃圾分拣中心项目，计划投入1.9亿元，2023年正式运营，项目落成后预计年产值超5亿元；四村抱团建设的三角滩村“文昌两校一场”项目（文昌小学、幼儿园和综合市场），计划投入1.8亿元，两校将于2023年9月开学，项目落成后预计年化收益率8%；七村抱团建设的高桥村精密部件产业园项目，落地后可实现7个村可用财力增幅超15%。形成一套党建富民长效保障机制。建立健全联席会议制度、完善风险管控和资金审批机制，全面启用“三资”智慧管理平台，对农村集体资产资源的增减变动，做到实时更新，动态预警。发挥“党建+金融”优势，结合村（社区）、企业需求，实现结构性融金授信1.6亿元。研发符合实际的专项金融产品，实现与银行资源的精准对接。与保税区管委会、区属国资企业保持良性资金运转，建立非自主经营项目兜底收益机制，保障集体资产保值增值。（邱晓华）

冶金园（锦丰镇）福利村网格先锋便民服务点——海棠暖心亭

（市农业农村局　提供）

【“双引双融”筑牢基层治理组织基石】 为加强基层治理体系和治理能力现代化建设，张家港市坚持以党建引领乡村治理，探索深化党建引领、需求引导，党建网、治理网、服务网“三网融合”，自治、法治、德治、智治“四治融合”的“双引双融”乡村治理路径，全面推动组织扎根、资源下沉、服务进门、幸福提升，建设充满活力、和谐有序的乡村社会，为乡村振兴筑牢基层治理组织基石。市委将党建引领基层治理列为市级重点党建项目高位推进，下发系列文件，架构基层治理体系。市委组织部门领衔编制党建工作指引，定期开展党组织“组织力体检”，全面建强领导基层治理的战斗堡垒。搭建“村级中青班”“履职资格认证”等培养平台，认定的“标杆书记”“优秀书记”享受科职干部待遇，持续为基层干部减负赋能，建强精党建、懂发展、善治理的“头雁”队伍。推动治理重心下移、力量下沉。全市机关事业单位、国有企业与273个村（社区）逐一结对，形成“平时常态服务、战时迅即响应”的党员干部下沉一线机制。2022年疫情防控中，党员干部参与村（社区）志愿服务17.4万人次。在热心居民、五老乡贤、“两员两司机”中遴选聘任海棠先锋5000余人，常态化入户走访、采集群众诉求。每年以“民生微实事”的形式，解决基层“小急难”问题300余个。各区镇以小区（自然村）为基本单元科学划分网格，推进党建网、治理网、服务网“三网合一、一网融通”，实现1038个基础网格党组织全覆盖。划分党建区域112个，由辖区内各类组织党组织负责人担任“兼职委员”，进行“轮值主持”，实现互联互通、共驻共治。融合条线资源统筹建成“香邻客厅”“民情小店”“党群睦邻坊”等“海棠花红”先锋阵地500余个。协调并用自治、法治、德治、智治，因地制宜打造“百姓茶馆”“板凳夜话”“遇‘4’说事”等议事平台，实现“代表大会议大事、党群议事议难事、楼栋小组议琐事”，有效解决毁绿种菜、僵尸车、小煤炉整治等难题。广泛开展“晴雨表”“红黑榜”“工分制”等群众性评比活动，将法律法规和公序良俗转化为群众的自觉行动。全市建成覆盖市、镇、村三级的一体化平台，实现59个高频公共服务事项“一网通办”。

（谈果馨）

农村资产管理

【概况】 2022年年末，全市农村集体资产总额887.21亿元，负债672.8亿元，净资产214.41亿元。其中，镇级集体资产总额530.71亿元，净资产73.86亿元；村级集体资产总额356.5亿元，净资产140.55亿元。5月，市农村集体“三资”智慧监管平台二期村级工程管理模块在保税区试点上线。7月，村级工程管理模块在全市范围内推广运行，至年末，全市有980个村级工程项目纳入市农村集体“三资”智慧监管平台线上管理。市农村集体“三资”智慧监管平台实现174个村和涉农社区农村集体资产管理全覆盖，村集体应收款清缴率达到97.39%，资产上线交易应进必进率95.89%。6月，市农业农村局出台《张家港市农村集体经济组织与关联方对账管理办法（试行）》，要求每月对村集体经济组织与被投资企业、各被投资企业之间发生的交易对账。村集体经济组织财务人员应每月末与关联方单位财务人员主动核对往来余额，做到账账相符。6月，市农业农村局修订印发《张家港市农村集体产权流转交易管理实施细则（2022年修订）》，进一步规范农村集体资产资源交易行为，实现“三资”平台与江苏省农村产权交易信息服务平台、苏州农村产权交易中心精准对接，保障资产上线交易“应进必进”。张家港市农村产权交易在省、苏州平台交易11.7亿元。年内，市农村集体“三资”智慧监管平台开发集体企业模块，推广运用集体企业资金收付、财务管理和风险预警三大功能，通过实时关注集体企业经营状况，对企业进行跟踪管理，防范资金风险，实现村级集体企业监管由事后监管向实时监管的转变。全市172个村级集体企业进入平台运行。12月，市农业农村局与张家港农村商业银行联合召开农村集体“三资”领域数字人民币推广会议暨数字人民币应用实验室揭牌仪式，打通数字人民币在农村集体“三资”领域应用的“最后一千米”。年末，全市开展2022年村级集体资产清查，进一步厘清村集体各类资产负债，明晰产权权属管理，夯实农村集体管理工作基础；开展全市村集体经济组织资金外借情况自查，对部分外借资金逐步清缴；开展2022年度农村集体“三资”评级监管，共评出五星级村132个、三星级村40个、无星级村2个。

【土地承包管理】 年内，全市持续深化农村承包地“三权”分置改革，规范土地承包经营权流转，巩固农村土地规模经营发展成果。理顺农村承包土地收益分配、完善农村土地承包经营纠纷仲裁，化解农村土地矛盾，维护农民合法权益。开展农村土地流转及经营情况专题调研，督促指导土地通过农村产权交易平台进行流转。2022年，市农村产权交易中心共成交土地承包经营权流转2326起，流转土地面积11561.8公顷，成交金额23462万元。

【农民合作社】 年末，全市有进行工商登记的各类农民合作社406个，其中土地股份合作社116个、其他农民专业合作社290个。年内，全市新增省级农民合作社示范社4个，累计16个；获评省级家庭农场典型案例1个，新增省级示范家庭农场3个，累计23个；新增苏州市级示范家庭农场16个，累计34个。创建苏州市“十佳农民合作社”2个、“十佳家庭农场”2个。完成28个苏州市级示范社创建和复核监测。全市累计培育张家港市级示范家庭农场368个、示范农民合作社87个。

【阳光惠民】 年内，“阳光惠民”系统内共监管资金43343.07万元，其中惠民资金37474.74万元，涉农资金5868.34万元。进一步开展阳光惠民帮扶走访工作。1788名正股职及以上干部与1788户困难家庭结对帮扶，按照每季度至少进村入户走访一次的要求，完成走访任务。完成庙港村、桥头村、新闸村、蒋家村、东港村、新德村6个苏州市级集体经济相对薄弱村的帮扶转化工作，拨付帮扶资金612万元。

【村级集体资产清查】 6月，为厘清村集体各类资产，明晰产权权属管理，夯实农村集体资产管理工作基础，市农业农村局印发《张家港市2022年度村级集体资产清查实施方案》，借助市农村集体“三资”智慧监管平台“资产管理”模块，在全市范围内开展2022年度村级集体资产清查工作。清查对象是村级集体经济组织和村属企业（包括村联合发展公司、投资公司、土地股份合作社等），清查内容包括固定资产等实物的清查、银行存款和有价证券的清查、各种往来款项等。清查工作按照“规范、准确、完整、及时”的原则，对各类资产进行初盘、复盘，发现差异数并及时处置，做到账实、账证、账账相符。各区镇（街道）先后成立资产清查小组，召开专题会议，部署相关工作。至10月30日，各区镇（街道）完成清查工作汇总，向市农业农村局提交资产清查数据和总结报告。全市共清查村集体经济组织（不含滩上村）173个、下属全资集体企业108家、联合发展公司51家。经过清查，处置账实不一致资产2.6亿元、负债2.1亿元。

【农村集体资产管理专项审计】 2021年12月15日至2022年2月28日，市审计局对全市农村集体资产管理情况开展专项审计调查，重点调查农村集体资产监管、信息化管理等情况，并对部分区镇农经管理部门、村集体经济组织开展延伸调查。审计人员通过查看资金管理、财务管理、产权交易管理、“三资”评级等九大模块功能，分析系统的查询统计、数据监测、预警机制等运行效果，并就平台的数据更新时效、内部监管机制、模块功能使用等方面提出审计建议。4月，市审计局出具《全市农村集体资产管理情况专项审计调查报告》。6月，市农业农村局对相关政策执行、农村集体资产管理、农村集体资产产权交易、工程建设管理、财务管理、信息化管理、重大事项管理等7个方面20个问题进行整改，并向市审计局提交《农村集体资产管理专项审计调查报告的整改报告》。

（孙畅慧　钱益萍　施金琦　薛怡瑶）

乡村产业

【概况】 年内，张家港福吉佳食品股份有限公司、市沙洲绿农业科技发展有限公司、不二制油（张家港）有限公司、市苑味斋卤味食品有限公司等4家企业晋升为苏州市级农业产业化龙头企业。市沙洲绿农业科技发展有限公司牵头成立产业化联合体，与农民合作社、家庭农场（专业大户）建立稳定利益联结机制，共同推动农业

凤凰镇千亩桃园　（凤凰镇　提供）

产业化健康持续发展。市苑味斋卤味食品有限公司挂牌江苏省股权交易中心"农业板",累计16家,总量位居苏州市前列。至年末,全市有各级农业产业化龙头企业82家,其中国家级2家、省级9家、苏州市级22家、张家港市级49家,累计培育农业产业化联合体15家。常阴沙现代农业示范园区联农农产品专业合作社、凤凰镇飞翔土地股份专业合作社、乐余镇乐源农业社会化服务合作联社、塘桥镇金博园种养植专业合作社被认定为省级示范社;杨舍镇善港农民专业合作社,塘桥镇金村农机服务专业合作社、启园农业专业合作社,乐余镇永利土地股份专业合作社、乐源农业社会化服务合作社联社,凤凰镇夏市润众粮食种植专业合作社、杏市土地股份专业合作社、高庄果品专业合作社,南丰镇永联菜篮农业专业合作社,金港街道长江土地股份专业合作社,常阴沙现代农业示范园区联农农产品专业合作社被评为苏州市三星级示范社;杨舍镇丰绿农业专业合作社、丰源石斛种植专业合作社,凤凰镇山田心农业专业合作社,南丰镇永联村劳务专业合作社,常阴沙现代农业示范园区旺农水产养殖专业合作社、瑞元康虫草灵芝专业合作社被评为苏州市二星级示范社;锦丰镇益农农机专业合作联社、西界港土地股份专业合作社、新港土地股份专业合作社,乐杨农机服务专业合作社、向阳土地股份专业合作社、丰盛农副产品农民专业合作社,塘桥镇金村土地股份专业合作社、镇欧桥土地股份专业合作社,大新镇桥头土地股份专业合作社、埭上老家休闲农业农民专业合作社,常阴沙现代农业示范园区瑞和种养专业合作社被评为苏州市一星级示范社。金港街道长江土地股份专业合作社、南丰镇永联菜篮农业专业合作社获评苏州市"十佳"农民合作社。杨舍镇丰源家庭农场有限公司、南丰镇梨园春家庭农场、常阴沙现代农业示范园区旭鑫家庭农场被评为省级示范家庭农场。锦丰镇港有耕香家庭农场入选省级家庭农场典型案例。锦丰镇西界港鑫丰家庭农场、定凡家庭农场、登丰家庭农场、留福家庭农场,乐余镇彩虹家庭农场,凤凰镇建良家庭农场,南丰镇凯渌米业家庭农场、源缘家庭农场,后塍街道录堂家庭农场、顾建明家庭农场、学为家庭农场、穗华家庭农场、泓香家庭农场,大新镇老马家庭农场,金港街道尹标家庭农场,常阴沙现代农业示范园渼宇家庭农场被评为苏州市级示范家庭农场。锦丰镇港有耕香家庭农场、南丰镇绿缘家庭农场被评为苏州市"十佳"家庭农场。全市评选张家港市示范家庭农场103家。后塍街道朱家宕村、杨舍镇南新村获评苏州市乡村休闲旅游农业精品村,苏州花美兰现代农业有限公司、苏州三亩良铺农业科技有限公司获评省乡村休闲旅游农业特色模式,永联共享农庄、福前共享农庄、永兴共享农庄获评省乡村休闲旅游农业乡村休闲运动基地,"长江非遗乡村主题游线路"获评苏州乡村旅游精品线路,苏州三亩良铺农业科技有限公司和金沙洲壹号庄园获评"苏韵乡情"休闲农业与乡村旅游星级企业(园区),善港共享农庄和双山岛渡口乡村获评苏州市共享农庄(乡村民宿)。7月,市农业农村局举办"才聚港城"张家港市农村创业创新大赛,评出一等奖1名、二等奖2名、三等奖3名、优秀奖4名。在第五届苏州市农业农村创业创新项目创意大赛中,苏州丰倍生物科技有限公司的"植物油工厂固体废弃物无害化还田技术的研究开发项目"获成长组一等奖,张家港善港农村干部学院的"农村双带人才3.0培育项目"获初创组一等奖。威胜医药(苏州)股份有限公司张梅获"大国农匠"全国农民技能大赛(创业创新类)三等奖。

梨园春家庭农场水梨丰收　　(南丰镇　提供)

【省农业农村领域重大项目推进】 张家港市共有省级入库项目15项,其中新建项目11项,续建已完工项目4项。2022年度重大项目总投资额17.83亿元,年度计划完成投资10.56亿元,实际完成投资11.04亿元,年度投资额完成率104.55%。全市入选省级农业农村重大典型项目2项,分别为青草巷企业用房及配套项目和乐余乡村振兴产业园项目。青草巷企业用房及配套项目由锦丰镇洪桥村等13个"十三五"期间经济一般村共同投资成立的联合发展公司——张家港洪桥企业管理发展有限公司统一建设及运营。项目位于锦丰镇兴南路北侧、青草巷东侧,占地面积4.32公顷,计划投资约3亿元,总建筑面积8.39万平方米,建设6幢3—4层农产品物流配送仓储用房,1幢8层办公用房。乐余乡村振兴产业园项目由市乐新农业科技发展有限公司投资建设,占地面积5.09公顷,计划投资2.35亿元,总建筑面积6.6万平方米，建设4栋2层的标准型厂房、1栋6层的配套辅助用房。

【凤凰镇上榜全国“一村一品”示范村镇名单】 11月1日，第十二批全国“一村一品”示范村镇名单公示，张家港市凤凰镇（水蜜桃）榜上有名，成为苏州市唯一上榜的示范村镇。水蜜桃是凤凰镇的传统特色产业，已有100余年的种植历史。2020年，“凤凰水蜜桃”获国家农产品地理标志登记证书。凤凰镇建有核心种植区域连片面积达到200公顷（3000亩）的凤凰水蜜桃产业园。产业园辐射面积400余公顷（6000余亩），带动农户1150户，每公顷效益达到19.5万元，桃产业已成为农业增效、农民增收的特色产业和重要支柱。

【4家农场获评省级示范和典型】 8月，省农业农村厅公布省级示范家庭农场和家庭农场典型案例。市丰源家庭农场有限公司、市旭鑫家庭农场、南丰梨园春家庭农场3家农场获评省级示范家庭农场，锦丰镇港有耕香家庭农场获评省级家庭农场典型案例。市丰源家庭农场成立于2014年，位于经开区东莱村，占地总面积2.76公顷，主要从事铁皮石斛的种植与销售。农场依托江苏省农科院、南京林业大学等科研单位，实现铁皮石斛的科学化、标准化、集约化种植。市旭鑫家庭农场成立于2015年，位于常阴沙现代农业示范园区常北社区，占地总面积26.67公顷，主要从事稻麦种植及农户社会化服务，2021年通过抖音等电商平台销售大米200余吨，提供社会化服务面积300余公顷。市梨园春家庭农场成立于2017年，位于南丰镇永丰村，占地总面积20余公顷，主要从事苏翠1号梨、翠冠梨、阳光玫瑰、“大五星”枇杷、红美人柑橘等金牌农产品的种植与销售。锦丰镇港有耕香家庭农场创办于2017年，位于冶金园（锦丰镇）耕余村，主要从事稻麦种植，特别是紫米种植及其衍生产品的开发与销售，并开设紫米创意饮食小店2家。2021年，港有耕香农场被评为省级示范家庭农场，农场主张晟睿先后获评“苏州市农村青年致富带头人”“苏州市十佳新型职业农民”。

【双山岛渡口乡村、善港共享农庄入选苏州共享农庄】 12月26日，苏州市农业农村局、苏州市文化广电和旅游局公布2022年度苏州共享农庄（乡村民宿）名单，张家港市双山岛渡口乡村和善港共享农庄入选。双山岛渡口乡村位于双山岛，生态条件优良，山水文化氛围浓厚，旅游产品丰富多样。双山岛渡口乡村依照“田园+旅游”模式，着力发展民宿集群特色产业，结合双山岛优质的生态环境、良好的农业基础、独到的沙上文化，以康养慢生活和科普展示为特色，打造集观光赏景、种养加工、住宿餐饮、科普教育、康养为一体的江岛乡村慢生活共享农庄。善港共享农庄位于经开区善港村，建有266.67公顷现代农业基地。农庄依托“水、林、田、村”等自然景观资源，贯彻“乐植有机，知善乡村”的理念，展现“上善若水，临港而居，赏花品果”的诗意田园生活。各功能分区环绕村庄布局集中连片，区域内休闲娱乐、民宿餐饮等公共服务与基础设施配套逐步完善。农庄以有机农业为核心，着力发展有机水稻、有机蔬菜、高架草莓等特色产业，拓展现代农业、休闲观光、文化传承、农事体验等新型功能，打造“有机水稻种植区、规模化果蔬种植区、民宿文化体验区、田家烟火菜园区”等兼具现代性与传统特色的田园风情区。至年末，张家港市累计创建苏州共享农庄（乡村民宿）11家。

【2家企业入选苏州市“独角兽”培育企业】 7月，苏州市人民政府办公室公布2021年度苏州市“独角兽”培育企业名单，张家港威胜生物医药有限公司、苏州丰倍生物科技有限公司2家企业入选。张家港威胜生物医药有限公司位于张家港保税区，是省级农业产业化龙头企业，主要从事青蒿的育种种植、青蒿素的提取合成及制剂的研发与生产，是国内外抗疟疾药物研发与生产的领军企业。威胜生物坚持采用“公司+科研机构+基地+农户”的合作模式，推行“订单农业”，带动农户种植青蒿，为农户提供优质种苗和技术指导。威胜生物是联合国和世界卫生组织指定的青蒿素类抗疟疾药物的供应商，是全球唯一一个从青蒿育种到青蒿素类药物全产业链生产运营的单位，对全球青蒿素及其衍生物具有定价权。苏州丰倍生物科技股份有限公司位于张家港保税区，是张家港市级农业产业化龙头企业，是以油脂副产品为原料，开发资源循环利用，节能减排的高新技术企业，主营产品有油酸甲酯、甲酯化大豆油、包裹料等产品。至2022年，丰倍生物建成省级研究生工作站、省级工程技术研究中心、市级企业技术中心，申请国家专利100余件，获得授权专利58件，其中发明专利授权17件。

（陈远志　谢凤姣）

经开区（杨舍镇）善港村　　（市农业农村局　提供）

美丽乡村建设

【概况】 全市以建设"农业强、农村美、农民富的新时代鱼米之乡"为目标，落实农村人居环境整治提升五年行动和乡村建设行动，打造"生态美、环境美、人文美、管护水平高"的"三美一高"生态宜居美丽乡村。年初，市政府召开全市农村工作会议暨率先基本实现农业农村现代化工作推进会，印发《关于"十四五"开展农村人居环境整治提升行动高质量推进生态宜居美丽乡村建设的实施方案》，明确年度重点任务，并将特色康居（宜居）乡村建设纳入市级督察检查考核内容。召开美村建设项目推进会，定期组织市美村办成员部门召开工作例会，交流项目进展情况，协调解决推进过程中的困难和问题，并会同市财政落实特色康居乡村建设市级奖补资金8000万元。把特色康居乡村（示范区）建设纳入乡村振兴总体布局，聚焦乡村产业发展，完善基础设施配套，加强对实地建设的指导，邀请专家开展业务培训，上门辅导，广泛征求资规、文体广旅、水务、城管、财政等意见，在形成共识的基础上完善设计方案，切实提高示范区创建质量。每月调研点位推进情况，实时跟踪调度项目进展，及时发现并会商解决工程建设中遇到的问题。10月，组织有关部门开展市级预验收，并提请苏州市级验收认定。把农民群众生产生活需要作为建设的出发点，辐射完善周边健身步道、公共建设场地、邻里空间等设施设备，同步推进宜居生态、文明乡风、乡村治理，推动农村风貌与文化底蕴、文明新风有机融合，严格把控建设质量。凸显美丽乡村辐射带动效应，放大农业特色产业优势，发挥龙头企业带动作用，将国家农业产业化龙头企业张家港酿酒有限公司、中新莺山桃花源、凤凰镇万亩桃园、金沙洲壹号等纳入示范区建设范围，将农产品加工销售、工业旅游、黄酒文化、农耕文化、水蜜桃特色文化一体打造。借助农文旅融合发展大趋势，助推乡村新业态发展，带动并促进农村土特产品销售，提升村级经济收入，激活乡村发展活力。全年建成特色康居示范区4个，完成项目47项，惠及农户10232户；建成特色康居乡村60个，完成项目349项，惠及农户3901户。年内，凤凰镇被评为省生态宜居美丽示范乡镇；杨舍镇福前村、百家桥村，锦丰镇建设村，凤凰镇杏市村、魏庄村，南丰镇建农村、新德村，后塍街道朱家宕村，金港街道长山村，常阴沙常东社区、常北社区等11个村（社区）被评为省生态宜居美丽示范村（社区）。至年末，全市累计建成苏州市特色康居示范区22个、特色康居乡村624个，认定并命名特色宜居乡村1026个，特色康居（宜居）乡村建设比例超99%；累计建成苏州市人居环境整治提升工作示范镇6个、示范村54个，获评苏州市农村人居环境整治典型案例5个、优秀案例4个、典型案例提名奖2个。

省生态宜居美丽示范村凤凰镇魏庄村 （杨海平 摄）

【3个镇村项目获评苏州"十佳"农村人居环境整治提升典型案例】 11月，在苏州市委农办、苏州市人居办、苏州市发改委和苏州市农业农村局联合举办的2022年度苏州市农村人居环境整治提升典型案例现场发布会上，冶金园（锦丰镇）《"琴棋书画"为美丽锦丰赋予乡村新韵》获评"十佳"镇级典型案例，后塍街道朱家宕村《寻古换新，留住人居》、经开区（杨舍镇）南新村《"工分宝"实现环境智理，走出"慧治南新"新路子》获评"十佳"村级典型案例。另外，高新区（塘桥镇）《"一户一档"全覆盖，乡村环境焕新颜》、德积街道《"一村一策"打造人居环境新名片》获典型案例提名。冶金园（锦丰镇）以弹奏"文明实践琴"、下好"联动一盘棋"、写实"为民服务书"、绘就"乡村振兴画"为抓手，全域推进美丽乡村建设。全区镇划分卫生网格289个，党员志愿者、综合执法力量、人大代表进入网格联动，开展人居环境整治、垃圾分类、河道水体治理等工作。朱家宕村将农村特色和美丽乡村建设相融合，尊重历史本色，重塑古村风貌，通过多元共治、共同参与，重构人居环境治理体系，推动三产融合发展，构建新时代人居新典范。南新村围绕"稻香人和·蕙质南新"村域品牌，创新"党建+"工作模式，实行农户门前三包制，村域河道、乡村道路、农村垃圾三位"一体化"的综合管理和社会化管护模式，构建农村人居环境"五有"长效管护机制，并引入"工分宝"积分制模式，构建法治、德治、自治"三治"联动的乡村数字治理格局。

（谢 秋）

【金村村入选中国传统村落】 10月26日，住房城乡建设部公布拟列入第六批中国传统村落的1352个村落的名单，金村村榜上有名。金村村旧称慈乌村，位于高新区（塘桥镇）东南端，与常熟毗邻，拥有走马塘、妙丰公路

金村牌楼　　（高新区（塘桥镇） 提供）

等水陆交通优势，拥有1500余年历史，文化底蕴深厚。这里有1926年中共金村支部旧址“园茂里”、江南园林“王家花园”、赵古泥故居“长春堂”等文物古迹。清代乾隆年间，这里有著名的“金村八景”——南浦归帆、徐塘泛月、荷塘渔唱、古园乔木、曲桥流水、古寺晚钟、西泾垂钓、暗泾归鸦。作为金村地标的永昌寺是“南朝四百八十寺”之一，初建于南朝梁代普通三年（522年），香火旺盛。金村庙会因永昌寺而兴，2011年被列入省非物质文化遗产名录，2014年又被列为国家级非物质文化遗产代表性项目扩展项目。近年，金村坚持“党建领村、经济强村、文化立村、旅游兴村、生态美村”之路，致力于塑造成为千年古村在现代化发展中的先锋典范。

（卢嘉辉）

全国贫困村创业致富带头人（善港）培训基地

【概况】 善港培训中心前身为善港农村干部学院，位于经开区（杨舍镇）善港村，成立于2018年5月，是全国贫困村创业致富带头人培训基地、江苏省党支部书记学院农村分院，2022年首批获批江苏省省级乡村振兴培训基地，成为苏州市新型职业农民教育培训中心。学院建筑面积近1万平方米，拥有教学楼、学员公寓及会议、食宿、休闲等综合配套设施，可同时容纳450名以上学员学习培训。中心以“农字头”为底色，以助力创业致富、助推乡村振兴、助燃基层党建为己任，打造创业致富带头人和基层党建带头人的“双带培训”品牌，突出“农民是教员，田园是课堂，合作为纽带，共富为目标”的办学特色，融“扶志、扶智、扶市、扶管”四位于一体，设置“理念革新、模式推广、党建引领、项目扶持、专技讲堂”等5个模块、80余个专题，针对不同培训对象，量身定制培训“套餐”。中心由全国劳动模范、全国脱贫攻坚奖创新奖、全国农业劳动模范、全国岗位学雷锋标兵等称号获得者、善港村党委书记葛剑锋任院长，聘请全国脱贫攻坚楷模、著名三农专家、时代楷模赵亚夫任名誉院长。建立以赵亚夫团队、赵亚夫农业农村研究院专家为主体，全国各类科研院校专家为补充的专家库；组建以全国脱贫攻坚奖获得者为主体，以国内外优秀创业致富带头人为补充，“既能说给学员听，又能做给学员看，还能领着学员干”的创业导师库，入库各类专家和创业导师500余人。整合长三角地区丰富的教育资源、改革开放与现代化建设实践资源，开发形成1500余个“一点多题”和“一题多点”、点面结合、模块组合的现场教学点。全年举办培训93期，参训7473人。其中，创业致富带头人培训班17期，635人；基层党建带头人培训班30期，1689人；空中课堂5期，2786人；研学31期，1498人；合作班17期，865人。

【全省村党组织书记示范培训班开班】 7月18日至20日，为深入学习习近平关于乡村振兴、基层治理的重要论述和重要指示精神，整体优化提升村党组织带头人队伍政治素质和履职能力，推动巩固拓展脱贫攻坚成果、全面推进乡村振兴、加强乡村治理等重大任务落实，由省委组织部举办的全省村党组织书记示范培训班开班。全省100余名村党组织书记及各设区市委组织部相关负责人代表参加培训。培训班邀请省政府、省政府研究室、省委宣传部、省委党校、南京师范大学等机关部门、高等院校专家专题授课，并进行经验交流、现场教学等。经开区（杨舍镇）善港村党委书记、村委会主任葛剑锋和淮安市淮安区车桥镇丰年村党总支书记、村委会主任卢攀峰分别作《乡村振兴的善港实践》和《勇做乡村振兴的“急先锋”》的专题报告。

【省派驻村第一书记培训班开班】 9月7日至9日，为深入学习习近平关于“三农”工作的重要论述，贯彻落实全国驻村帮扶工作视频推进会精神，加强驻村第一书记履职能力建设，由江苏省委组织部、江苏省乡村振兴局主办的江苏省派驻村第一书记培训班开班。第五批101名省派驻村第一书记及13个设区市委组织部联络员参加培训。省委“两新”工委副书记季振华出席开班仪式并作动员讲话。培训班围绕习近平新时代中国特色社会主义思想、乡村振兴、基层治理、美村建设、群众工作等主题，结合理论和实践，通过集中授课、现场教学、经验分享、研讨交流等形式，切实提高驻村第一书记贯彻执行党的农村政策、推进乡村全面振兴、带领群众增收致富、维护农村社会稳定的能力和水平。

（王　斌）

【编辑　陆正芳】

张家港港

Zhangjiagang Harbor

海力码头 （沙钢集团 提供）

港口航运

张家港海关

金港海关

海　　事

边防检查

长江引航

长航公安

港口配套服务

張家港年鑑(2023)

扫码欣赏

张家港海关

港口航运

【概况】 张家港港建于1968年，1982年对外开放，作为苏州、无锡、常州地区对外开放的重要门户，拥有富庶的经济腹地和区港一体的自然条件，是长江内河流域第一批对外开放的国家一类口岸。张家港港东距上海吴淞口146.5千米，西离南京港219.4千米，南与杭嘉湖地区相连，北通苏北各港。根据苏州港总体规划意见，张家港港是苏州港3个港区之一，以服务长江中上游地区物资转运和张家港市临港产业开发为主，重点发展煤炭、铁矿石、粮食等大宗散货和集装箱、液体化工品、件杂货运输。岸线西起长山（与江阴交界），东至东沙（与常熟接界），全长80.4千米，其中长江岸线63.6千米。张家港港规划建设港口岸线40.1千米，已开发利用27.6千米，剩余12.5千米。港口主要由长山、张家港、化学工业园、段山港、冶金工业园、东沙6个作业区组成。

2022年，张家港口岸完成货物吞吐量2.44亿吨，比上年降5.28%。其中，金属矿石7850.56万吨、煤炭及制品6191.67万吨、钢铁2487.54万吨、矿建材料1545.99万吨、化工原料及制品1597.94万吨、粮食1241.52万吨、木材504.26万吨、化肥及农药205.37万吨、石油天然气及制品207.77万吨、水泥130.53万吨、机械设备223.41万吨、其他1623.76万吨。外贸运量6427.68万吨，比上年降2.52%，其中外贸进口5164.5万吨，比上年降5.37%。集装箱吞吐量84.54万标箱，比上年降2.65%。张家港保税港区进出口汽车317辆，其中进口317辆。8月，保税港务码头开通1条“张家港—韩国釜山—俄罗斯符拉迪沃斯托克”集装箱航线，至年末，张家港口岸已开辟集装箱班轮航线44条，其中外贸近洋航线8条、外贸内支线21条、内贸航线15条。

【码头泊位】 2022年，长江下游福南水道-12.5米进港航道进行常态化维护。在《苏州港总体规划修订》通过交通部、江苏省联合审查基础上，张家港市交通运输局配合苏州市交通运输局加快推进总体规划环境影响评价报批进度，开展东沙作业区专项规划研究。东沙作业区进港航道、锚地工程完成交工验收。海力2号码头及浦沙码头改扩建工程取得交通运输部岸线许可。张家港港有大新专用航道、东沙专用航道，以及张家港海轮锚地、8号锚地、危险品锚地3个锚地。有码头企业26家，建有泊位146个，其中万吨级以上泊位78个。拥有对外开放泊位86个，其中万吨级对外开放泊位74个。

【长江航道管理】 2022年，长江张家港航道处完成计划航标维护51136座次，完成计划的99.9%；航道维护尺度保证率100%；航标维护正常率100%。完成维护性测量652.52换算平方千米，完成计划的100%。航道维护船舶开航482航次，恢复失常航标11座次，设置航标15座，调整航标32座次，无撤销航标，福姜沙南水道完成疏浚土方量21.2立方米。

（房舟彤）

表9 2022年张家港口岸码头泊位一览表

作业区	码头单位	码头泊位名称	泊位个数	主要用途	前沿水深（米）	码头长度（米）	靠泊能力（吨级）	投产年月	开放时间
长山作业区	久盛船业	舾装码头	2	船修	-8.00	300.00	1个30000 1个50000	2008年12月	2009年9月
	圣汇装备	舾装泊位	2	船舶装备	-7.00	300.00	2个3000	2009年12月	—
	锦隆重件	锦隆重件	4	重件 件杂货 件杂货	-8.00	540.00	1个8000 2个5000 1个2000	2011年8月	3号5000 2016年3月
	上海港机	港机厂码头	1	港机发运	-9.00至-7.50	84.00	10000	1997年12月	1998年5月
张家港作业区	港务集团	1号泊位	1	散杂货	-11.00	185.00	50000	2012年	1983年5月
		2号泊位	1	散杂货	-11.00	185.00	50000	2012年	1983年5月
		4、5号泊位	2	海轮泊位（可散货）	-11.85	581.00	100000	2016年	1983年5月
		6号泊位	1	件杂货	-10.50	180.00	10000	1985年12月	—
		7号泊位	1	件杂货	-10.50	180.00	10000	1985年12月	—
		8号泊位	1	海轮泊位（可散货）	-11.62	203.00	70000	2014年	1994年12月
		9号泊位	1	海轮泊位（可散货）	-11.62	185.00	70000	2014年	1994年12月
		10号泊位	1	液体化工	-11.62	196.00	25000	1993年8月	1994年12月
		13号泊位	1	件杂货	-11.68	180.00	30000	2009年	1988年12月
		14号泊位	1	件杂货	-11.62	195.00	40000	2009年	1992年12月

续表9

作业区	码头单位	码头泊位名称	泊位个数	主要用途	前沿水深（米）	码头长度（米）	靠泊能力（吨级）	投产年月	开放时间
张家港作业区	永嘉码头	15号泊位	1	集装箱	−11.62	255.00	25000	1992年10月	1992年12月
		16号泊位	1	集装箱	−11.62	250.00	25000	1997年10月	2015年12月
		17号泊位	1	集装箱	−11.90	217.00	30000	2006年10月	2019年2月
	江海粮油	1号泊位	1	粮油	−9.80	180.00	50000	2016年	1987年12月
		2号泊位	1	粮油	−10.00	220.00	70000		1991年11月
		3号泊位	1	粮油	−10.00	210.00	70000		1996年9月
		4号泊位	1	件杂货	−13.10	200.00	70000		2007年1月
	保税港务	保税港务	2	集装箱 多用途	−13.00	470.40	50000	2014年	2007年7月
化工园作业区	长江国际	1号泊位	1	化学品	−13.00	170.00	30000（借用3号泊位）	2016年	1993年7月
		2号泊位	1	化学品	−13.00	280.00	50000（借用3号泊位）		2002年9月
		3号泊位	1	化学品	−13.00	40.40	3000		2006年8月
	东海粮油	1号泊位	1	海轮泊位（可散货）	−11.00	284.00	70000	2016年	1995年7月
		2号泊位	1	杂货	−11.00	96.00	10000	2016年	1995年7月
		改扩建码头	1	散货	−11.00	290.00	50000 (70000)	2004年2月	2004年9月
		3号泊位	1	杂货	−7.50	120.00	10000	2016年	—
	陶氏化学	陶氏化学	1	液体化学品	−14.00	244.25	25000 （40000）	2002年7月	2002年6月
	孚宝仓储	孚宝码头	2	液体化工	−12.50	461.00	2个 50000	2013年	2008年1月
		内港池	2	液体化工	−4.0	195.40	1000	2015年	—
	东华能源	东华能源	1	液化石油气	−14.00至 −11.00	280.00	54000	2013年	1999年11月
		东华能源	1	液体化工	−14.00至 −11.00	217.50	20000	2012年	2011年11月
	双狮物流	液化泊位	1	液体化工	−14.90	312.00	50000	2005年2月	2005年6月
		散货泊位	1	散货	−15.20	275.00	50000	2005年2月	2005年6月
		内港池	5	液体化工	−4.05	403.60	500	2005年2月	—
段山港作业区	港新重装基地	长江泊位	5	重件 件杂货	−9.84	898.00	3个8000 2个5000	2017年	3个8000 2016年1月
		内港池泊位	5	件杂货	−4.2	455.00	5个2000		—
	华达码头	华达码头	5	散杂货 杂货	−10.50	908.00	3个20000 （其中2个可70000） 2个10000	2016年 2007年11月	2008年7月
	中油泰富	1号码头	1	油品	−12.50	195.00	50000	2014年	2007年12月
		2号码头	1	油品	−12.50	72.00	50000		1995年2月
		内档待泊泊位	3	—	−5.00	196.00	300	2011年	—
	永恒码头	永恒码头	2	散货	−11.50	369.45	50000 50000	2014年	2003年12月

续表9

作业区	码头单位	码头泊位名称	泊位个数	主要用途	前沿水深（米）	码头长度（米）	靠泊能力（吨级）	投产年月	开放时间
段山港作业区	过产业重机	过产业码头	1	件杂货	—	115.00	3000	2003年12月	2004年5月
		2号码头	1	原材料	-7.90	46.00	5000	2005年11月	2006年2月
		过产业扩建码头	1	重建泊位	-7.50	202.00	10000（30000）	2014年12月（未竣工验收）	2020年10月
	海螺水泥	海螺水泥	1	散货	-6.30	137.00	5000	2002年7月	—
		海螺水泥	1	散货	-14.50	274.00	20000	2005年10月	2005年10月
	浦项码头	浦项码头	3	废钢、成品钢	-14.50	546.00	1个35000（50000）2个10000	2006年9月	2006年12月
冶金工业园作业区	沙钢集团海力码头	浦沙码头	1	件杂货	-11.50	144.50	5000	1998年7月	1998年7月
		海力0号码头	1	散货	-12.50	289.00	50000	2007年	2009年12月
		海力1号码头	1	件杂货	-14.20	234.00	30000	2003年4月	2003年12月
		海力2号码头	3	钢铁码头 件杂货	-11.20	237.00	5000	1998年1月	2010年10月
							30000		1998年11月
						275.00	50000	2015年	2013年9月
		海力3号码头	1	钢铁辅料	-12.00	238.00	30000	2003年	—
	沙钢集团海力码头	海力4号码头	2	件杂货	-12.00	450.00	2个70000	2016年	2000年8月 2001年11月
		海力5号码头	2	原料、散货	-12.00	388.00	50000 5000（可100000）	2017年	2005年6月
		海力6号码头	2	散货	-11.00	453.50	50000 5000（可120000）	结构加固改造待竣工验收	2006年2月
		海力7号码头	2	散货	-11.00	313.50	2个70000	2016年	2004年8月
		海力8号码头	2	煤炭 辅料	-12.00	398.00	5000 50000（2个70000）	2017年	2010年2月
		海力9号码头	2	散货	-13.00	640.00	40000（2个70000）	2017年	2007年
		宏源1号浮码头	2	重油	-5.50	80.00	3000	1997年3月	—
		宏源2号浮码头	2	钢铁	-5.50	96.00	3000	2000年4月	—
		宏源3号浮码头	2	钢铁	-5.50	97.00	1000	2001年1月	—
		润忠三线码头	5	件杂货	-3.45	258.00	1000	2001年2月	—
		九龙港池码头	14	散货	-2.70	1600.00	1000	2001年	—
		奔辉码头	2	通用	-16.00	481.00	2个50000（100000）	2018年	2000年1月
	沙洲电力	重件码头	1	件杂货	—	97.00	3000	—	—
		煤炭码头	1	散货	-15.00	275.00	50000	2016年	2016年11月
		二期码头	1	煤炭	-15.00	325.00	100000	2018年	2021年10月

续表9

作业区	码头单位	码头泊位名称	泊位个数	主要用途	前沿水深（米）	码头长度（米）	靠泊能力（吨级）	投产年月	开放时间
冶金工业园作业区	中东石化	石化码头	1	化工品	-11.00	96.00	5000（20000）	2003年2月	2003年8月
	越洋码头	越洋A码头	1	化学品	-18.00	90.00	30000	2014年	1999年4月
		越洋B码头	1	化学品	-14.00	90.00	10000		1999年4月
		越洋C码头	1	化学品	-9.00	23.00	300		—
东沙作业区	宏顺仓储码头	散货泊位	6	散货	-6.00	385.00	300	2014年	—
	宏泰物流码头	通用泊位	2	散货	-13.00	356.00	50000	2015年	2006年8月
	宏泰港务码头	通用码头	2	散货	-13.60	464.00	70000	2015年	2009年9月
	盛泰港务码头	通用码头	3	杂货 散货 通用	-13.00	808.00	40000 50000 50000 （可100000）	2014年	2014年6月
	合计		146						

说明：对外开放时间为对外籍船舶开放时间，投产年月比对外开放时间晚的是重新改建的码头泊位

【港务集团打造“光伏+港口”模式】 张家港港务集团有限公司（简称港务集团）是苏州市境内历史最久、开放最早、规模最大、功能最全的社会公共码头企业，有员工近1800人。港务集团经营范围包括货物装卸、仓储、中转、驳运；理货；船舶拖带服务；港口机械制造维修、电器设备维修、安装；船舶代理、货运代理，货运经营（危险货物除外）；港湾疏浚、船舶供应，房地产开发、物业管理；国内贸易、港口工程开发建设、工程监理服务、混凝土连锁块制造，疏港车辆停放，港口服务以及港口信息业、租赁业务；货物或技术进出口（国家禁止或涉及行政审批的货物和技术进出口除外）。拥有长江岸线3353米，江心浮筒12个，建有16个万吨级以上长江泊位，最大可停靠15万吨级船舶；内河港池岸线235米，建有9个内河泊位。起重、装卸等大型港口作业专用设备300余台，库场面积181.2万平方米，年吞吐能力7000万吨以上。近年，港务集团加快发展方式绿色转型，综合运用“工艺改造、设备升级、能源替代”等举措，创新改造年限长、排放不达标的49台燃油港作机械，建成2套变频岸电系统和8套市电岸电供电箱，运用“油气回收”技术改造加油站，引进混合动力轮胎式起重机、电动通勤车等清洁能源车辆，对17台门机改造后年节电150万千瓦小时。2022年，打造“光伏+港口”模式，利用两座仓库顶部，建设装机容量2.7兆瓦的分布式光伏发电站，年发电量约300万千瓦小时，平均每年可节约标准煤约820吨，减少二氧化碳排放约2200吨。是年，完成货物吞吐量7371万吨，其中外贸吞吐量1720万吨。主要货种吞吐量，其中木材251万立方米、煤炭4007万吨、金属矿石2795万吨、钢材70万吨、化肥15万吨。（王嘉伟）

【永嘉码头危险货物集装箱堆场升级改造】 张家港永嘉集装箱码头有限公司（简称永嘉码头）成立于1992年5月，1992年10月正式营运，由上海国际港务（集团）股份有限公司与张家港港务集团有限公司合资经营，股权分布为51%和49%，有职工224人。永嘉码头承接集装箱装卸、堆存、货物拆装、冷藏箱和危险货物集装箱的运营管理以及船舶供水、船舶污染物接收和岸电接入等相关业务，公司公共驳船网络已覆盖苏南地区90%以上区域，开辟日本航线、韩国航线、长江内支线、沿海内贸线等航线，通过中转，集装箱可运抵世界各地。码头有3个万吨级泊位，拥有5万吨级集装箱船舶靠泊能力，码头岸线长722米，陆域面积48万平方米，集装箱堆场面积35万平方米，堆箱容量4万标箱，泊位设计年吞吐能力100万标箱。码头拥有2.57万平方米的专业化危险货物集装箱堆场以及冷藏箱堆场、冷危箱堆场和CFS仓库等各类专业设施；有3.1万平方米的口岸集装箱集中查验中心，配置组合移动式集装箱货物检查系统，具备快捷便利的查验通关能力。有桥吊6台、场吊18台、空箱堆高机7台、集装箱正面吊3台，码头牵引车26台和各类叉车20余台。2022年，投入约1600万元对危险货物集装箱堆场的软硬件设施进行系统性升级改造，大幅提高危险货物集装箱作业的风险防范和应急处置能力，并于11月中旬恢复危险货物集装箱的运营作业。公司全年完成集装箱吞吐量65.08万标箱，比上年降4.41%。公司入选“江苏港口企业20强”，被认定为“沿江沿海集装箱7强”。

（龚华斐）

【海力码头散货、件杂货单船作业水平国内领先】 张家港海力码头有限公司（简称海力码头）为沙钢集团成员企业，成立于1997年8月，位于长江下游浏海沙水道南岸，拥有7.8千米长的码头岸线，主要功能是解决沙钢集团各成员分厂生产所需的铁矿、煤、焦炭和辅料的上卸及其冷热轧卷钢、超薄带、宽厚板、螺纹钢、线材等产成品的装船。公司在册员工1400余人，下设办公室、生产调度科、安全科、设备技术科，另设装卸、运输、汽修3个公司保证码头前沿的生产、管理和后勤保障工作。有万吨级以上码头12座，1000吨级至3000吨级岸壁式码头7座，千吨级港池码头4座，其中对外开放码头12座，泊位20个。设施配备有40吨至60吨门座式起重机13台，每小时300吨至1800吨的桥式卸船机30台，45吨、75吨桥式装船机5台，每小时3000吨链斗卸船机2台，每小时1000吨螺旋卸船机1台，同时配备25吨至45吨卡尔玛及海斯特进口大型叉车12台，130吨移动式起重机2台，装载机31台，8吨至10吨叉车46台，码头实际吞吐能力8000万吨。公司吸取和借鉴国内外码头先进管理经验，挖掘潜力，装卸作业量和装卸效率不断攀升。海力码头卸废钢最高单船班产6000吨，卸17万吨大轮日作业量突破6万吨大关，8.5万吨矿粉仅用32小时就完成卸货任务，卸煤炭日产达到24050吨，装线材单机最高班产1800吨，出口线材单船最高日产9000吨，卷钢单机最高班产4365吨、出口卷钢单船最高日产13470吨，成品钢材装船最高日产56000吨，散货、件杂货单船作业水平达到国内领先水平。2022年，海力码头实现货物吞吐总量7182万吨，其中外贸吞吐量958万吨，实现营业收入2.51亿元。入选“江苏港口企业20强”，被认定为“沿江沿海干散货8强”。 （江传磊）

【东沙作业区进港航道交工验收】 位于东沙作业区的江苏宏泰港务有限公司（简称宏泰港务），隶属永卓控股有限公司，拥有宏泰物流码头、宏泰港务码头、盛泰港务码头、宏顺仓储码头、永丰内河码头5个码头。其中，宏泰物流码头于2005年投产，拥有2个5万吨级散货泊位，占用长江岸线356米，设计年吞吐能力440万吨；有卸船、输送、起重等大型专用装卸设备48台，堆场面积30万平方米。宏泰港务码头于2009年投产，拥有2个7万吨级通用泊位，占用长江岸线464米，设计年吞吐量为300万吨；有装卸、输送、起重等大型专用装卸设备60台，库场面积10万平方米。盛泰港务码头于2014年6月投产，拥有5万吨级散货和散杂泊位各1个，4万吨级件杂泊位1个；码头结构兼顾10万吨级散货船，设计年吞吐量884万吨，占用长江岸线808米，有装卸、输送、起重等大型专用装卸设备52台，库场面积8.5万平方米。宏顺仓储码头于2014年10月投产，码头长度为385米；拥有6个300吨级散杂货通用泊位（水工结构兼顾500吨级），有装卸、输送、起重等大型专用装卸设备8台，堆场面积5.8万平方米。永丰内河码头于2015年11月投产，占地面积6万平方米，采用挖入式港池形式，利用与走马塘相通的东滨河拓挖形成，先后建成3个2000吨级散货装卸泊位，设计年吞吐量为550万吨。2022年，宏泰港务加强码头主体结构检测及修复工作，完成3座长江及料仓的修复、加固工程；推进设备运行状态及能耗监测系统、宏泰港务三维数字孪生系统等建设；优化通航线路，全年靠泊开普型船69艘次，比上年增25%；降低设备能耗，码头空压机能耗降低约35%，吨耗下降超30%。东沙作业区进港航道疏浚工程通过验收，工程总投资6333万元，吹填上岸23.9万立方米，疏浚外抛6.7万立方米；推进锚地系船浮筒的设置施工，总投资440万元。5座码头全年完成货物吞吐量3229.67万吨，其中外贸货物吞吐量734.46万吨，实现营业收入4.28亿元。 （吴阳舒）

【长江国际加快智慧物流转型】 张家港保税区长江国际港务有限公司（简称长江国际）系张家港保税科技（集团）股份有限公司控股子公司，下辖张家港保税区长江国际扬州石化仓储有限公司和张家港保税区华泰化工仓储有限公司两个子公司。公司成立于2001年4月，注册资金11.8亿元，建有3万吨级、5万吨级2个散装液体化工产品专用码头。公司专业从事乙二醇、二甘醇、甲醇、甲苯、二甲苯等散装液体化工产品的码头接卸、保税仓储和分拨转运服务，同时为区内仓储、生产企业提供码头中转和管道物流配送服务。2022年，长江国际加快智慧物流转型，至年末，公司自主研发的集网上下单、费用结算、自助查询、提货预约、易交割等功能于一体的网上仓储智慧物流服务平台线上注册客户超2.4万家，客户线上操作占比100%。携手上海清算所，进一步拓展多渠道支付、供应链金融等服务，持续深挖大宗商品交易“清算通”功能，打通多银行支付的“清算通”业务模块，已上线4个大类15个交割品种，覆盖化工、纺织、黑色、有色等行业，累计交割量超1.3亿吨，清算金额超6600亿元。全年码头累计接卸船舶473艘次，接卸货物总量339.6万吨，码头吞吐量372.1万吨，进入储罐的货物总量达到323.2万吨。公司实现营业收入3.96亿元，利润总额2.1亿元。获化工物流行业百强企业、省物流行业先进集体、省质量信用A级企业、省三星“上云”企业等荣誉。 （黄莉婷）

【保税港务吞吐量超300万吨】 张家港保税港区港务有限公司（简称保税港务）于2001年9月成立，系由张家港保税科技（集团）股份有限公司持股、张家港保税区金港资产经营有限公司控股的国有企业。公司注册资本4.7亿元，在册职工230人。码头拥有长江岸线532米，靠泊装卸平台432米，2个万吨级泊位，最大靠泊能力5万吨级，陆域总面积55万平方米，其中堆场面积20万平方米、仓库面积5万平方米。配备各类机械设备70余台，散杂货年吞吐量近400万吨、集装箱年吞吐量20万标箱。公司配备有标准化的进口汽车检测线、H986集装箱检查系统、进口肉类查验储存一体化查验仓库等先进设施，以及3200平方米的危险品集装箱专用堆场，开展危险品等级为3、4、6、8、9类的进出口危险品集装箱业务。2012年11月批准成为江苏省唯一的汽车整车进口口岸,已累计完成汽车进出口10万余台。2022年,完成散杂货自然吨324.65万吨,散杂货吞吐量395.44万吨,分别比上年增32.85%、43.36%;完成集装箱吞吐量19.46万标箱,比上年增3.56%;实现营业收入4445万元,比上年增2.64%;实现利润3110万元,比上年增11.07%。

(张 华)

张家港海关

【概况】 2022年,张家港海关征收税款221.49亿元,居南京关区第二位。其中,关税36.09亿元,比上年增6.87%;代征进口环节税190.89亿元,比上年增14.5%。涉税商品1453种,其中矿产品、农产品、化工品3类为主要税源货物,实征税款占比在77.46%左右,税源企业主要集中在钢铁、粮油、化工等当地生产型和贸易型企业。监管进出口货运量6726.1万吨,比上年增4.6%;货值242.6亿美元,比上年增5.2%;监管进出境集装箱41.8万标箱,比上年增1.3%;监管国际航行船舶5900艘次,验放进出境人员6.4万人次。全年截获进境植物检疫性有害生物571种、49761种次,其中全国首次截获5种,分别为巴绿新虎天牛、沟翅尾吉丁、竖纹网胸天牛、单色小蜡天牛、阿根廷梳小蠹,截获成效居南京关区前列。口岸主要监管货物包括整车、化工品、油脂、羊毛、棉花、肉类、木材、大豆、粮食、矿产品等。推进张家港地区海关验估作业集约化改革试点,年内审价补税3.37亿元。全年报送统计监测预警信息50篇,江苏省海关分析30篇。

【口岸监管】 2022年,张家港海关守牢国门生物安全防线,构建全链条风险防控体系。全年截获医学媒介生物58批,海关系统首次检出绵羊痘和山羊痘病毒阳性。开展供船物料企业专项治理行动,坚决打击大宗资源型商品短重贸易欺诈行为,检出短重8.07万吨,为企业挽回损失2406万美元。探索全业务领域一体化改革,探索构建风险管控闭环体系,紧盯重点监控指标,推动多部门联合细化查验指令,人工布控查获率居南京关区口岸海关前列。持续推进改革,全年“两步申报”(概要申报及完整申报两步分别申报)8955票,参与企业数170余家;推进“船边直提”“抵港直装”试点,累计为企业节约货物装卸等费用2100余万元;在南京关区首批探索进口转关“离港确认”业务,每批次货物物流中转时间缩短12小时。木材实验室获评世界海关组织区域实验室,全年接收全国海关系统送样570批,检出濒危木材229批,自主研发的“木材AI系统”获海关总署肯定。坚持“人、物、环境”同防、多病同防织密防控网,防控指挥体系高效运转,全年2个专班共运行36组169人次,检疫进出境船舶3325艘、船员6.4万人,妥善处置船员阳性9例,监管进口冷链食品6990吨、货值4199万美元,三级监控指挥中心远程视频监控督查1001次。

10月23日,张家港海关查验人员在进境大麦中检出小麦线条花叶病毒

(张铮 摄)

【“国门利剑”打击走私专项行动】 2022年,张家港海关缉私分局立案侦办刑事案件19起,其中海关总署缉私局一级挂牌督办案件1起,案值2.05亿元,涉嫌偷逃税额1104万元,抓获犯罪嫌疑人30人,逮捕4人,移送起诉6人;立案查办行政案件162起,其中一般案件26起、简易程序和快速办理案件136起,案值6766.97万元、涉税172.26万元;罚没缴库675.4万元,补缴税款1.95万元。与张家港海事局、张家港边检站、长航公安苏州分局共同签订《口岸单位联动执法机制合作备忘录》,开展“国门利剑2022”联合专项行动,推进夏季治安打击整治“百日行动”,全年立案侦办走私武器、弹药案9起,抓获涉枪人员12人,查获疑似枪支48支、枪支散件524件;立案侦办走私毒品案件1起,查获含有γ-羟基丁酸成分的“迷奸药”37.29克;立案侦办低报价格走私进口木材案件1起,查证走私进口木材5069.05立方米,案值8200万元,涉嫌偷逃税款400万元;立案侦办低报价格走私进口自动车床案4起,查证走私进口车床2321台,案值1.16亿元,涉嫌偷逃税款705万元,并对该案中侦查发现的2起涉嫌洗钱犯罪行为立案侦办,涉案金额2584万余元;立案侦办走私国家禁止进口货物案1起,查证涉嫌伪报品名走私进口旧发动机162吨,案值200万元;立案侦办逃避商检案1起,查证涉嫌伪报品名逃避商检出口农业氯化铵3850吨,案值540万元。

【海关促外贸20条措施推出】 2022年,张家港海关联合金港海关推出促进外贸保稳提质20条措施,助推张家港市获批国家进口贸易促进创新示范区。疫情防控期间，海关党委带领突击队保障口岸通关顺畅，帮助SK海力士公司打通半导体原材料国际直航应急通道，SK海力士公司已决定将物流基地迁移至张家港。深入企业开展关税政策调研，提出的“调整执行炼焦煤、无烟煤零进口暂定税率”建议被国务院关税税则委员会采纳。帮助麦格纳电子（张家港）有限公司纳入海关总署高新技术货物一体化布控查验模式试点名单。推进RCEP（区域全面经济伙伴关系协定）政策落地，相关企业享受税收优惠1480万元。强化统计监测分析，开展口岸重点货物产业链、供应链、物流链研究，为全市升级产业布局提出海关解决方案。

（刘　玉）

金港海关

【概况】 2022年，金港海关受理保税区进出口报关单13649份，比上年降32.9%。征收税款5.49亿元，比上年增4%。加工贸易进出口金额33.5亿美元，比上年增7.7%；签发原产地证书25391份、货值30.1亿美元，分别比上年降0.9%和增16.7%，其中优惠原产地证20015份、货值20.2亿美元；审批减免税货值1100万美元，累计减免税款620万元。监管进出辖区货物31.89万吨、货值14.84亿美元，分别比上年降45%和降14.3%；监管进出口集装箱20627标箱，比上年降28.5%。保税仓库入库货运量35.9万吨，出库货运量36.1万吨。完成入境检验检疫876批、货值1.9亿美元，分别比上年降47.5%和降57.6%，检出不合格货物205批；完成出境检验检疫10481批、货值21亿美元，分别比上年降46.4%和增73.4%。完成危险货物包装使用鉴定和性能鉴定6232批，比上年增5.4%。完成进口棉花监管4.6万吨，检出不合格187批；完成出口食品（化妆品）检验317批、金额2757万美元；完成进口食品（化妆品）检验8批、金额403万美元。开展安全生产专项行动，发放安全生产告知书96份、重点巡查危险品企业40家次，缩减危险品罐容5万立方米，排查“滞留”危险品情况1001家次，完成危险化学品及危险货物包装监管9333批，辖区内无安全事故发生。查办“两简”案件（简单案件和简易程序案件）25起，移交违法案件线索2起。开展普法宣传活动26次，征集立法建议28条，被上级录用3条。

【海关企业管理和稽查】 2022年，金港海关辖区新增企业备案683家、信息变更397家、注销330家，企业报告审核411批。开具信用证明53份，企业信用修复4家，新增海关高级认证企业2家。开展稽查作业38家，主动披露作业10家，追征税款312万元。办结核查作业106个，查找发现问题和线索72起，移交缉私部门5起。设立加工贸易手册686份，手册核销结案878份，完成作业中心指令验核16次，追缴内销申报问题税款差异3起，规范企业申报13起。

【海关服务地方经济发展】 2022年，金港海关应对疫情不利影响，促进地方汽车产业链发展，实施预约查验、远程查验，开展长三角一体化海关真空包装货物布控查验协同试点，保障进口零配件“零延时”投产，为12家重点汽车配件企业开展属地查验99批。开展RCEP培训和政策解读，签发RCEP原产地证书4885份，金额2.4亿美元。推广“两步申报”“提前申报”等业务改革，出口提前申报率超95%，压缩进出口通关时长。办理减免税项目确认2批，货值1074万美元。落实加工贸易内销暂免征收缓税利息政策，推广企业集团保税政策，企业享受保税金额1.9亿元。推动张家港保税区、保税港区转型升级，建设保税区智慧物流平台，构建液体散化、散杂货、口岸集装箱三大数据池，实现粗放式账册管理向精细化电子实货数据管理的转变，内外贸物理隔离向网格化电子库位的信息化监管转变。参照海关总署“船边直提”模式，开展张家港保税港区“口岸直提”业务，全年开展“口岸直提”货物6425吨，为企业节省经济成本约128万元。

（缪宏伟）

海　事

【概况】 2022年，张家港海事局发挥口岸查验牵头单位作用，完善口岸查验单位联动协调机制，强化国际航行船舶进口岸审批、出口岸查验，助力口岸大通关。全年维护船舶进出港26.8万艘次，其中国际航行船舶5764艘次。保障2171艘次大型受限船舶、584艘次开普型船安全抵港，未发生一般及以上等级事故，未发生人员伤亡事故，事故四项指标实现全面下降。开辟绿色通道，保障6208.6万吨煤炭、149.5万吨液化石油气等重要物资的运输供应。连续36年获评江苏省文明单位，获评江苏海事局第九届“安全畅通文明航区”先进单位，1名职工获评“全国海事系统十佳政务服务之星”，1名职工获评“直属海事系统优秀青年”。

【水上交通安全监管】 2022年，张家港海事局推进全要素水上“大交管”标准化建设，实体化运行风险管控中心、数据管理中心，增设张靖皋长江大桥快反处置中心。构建水上交通一体化组织指挥体系，动态管控与港航调度、信用管理加速融合。推广应用“智汇江海”大数据管理平台，建成福南水道、久盛港池、大新水道、九龙港港池等12处智能化卡口系统，实现8类违法行为自动识别预警。创新建立船舶安全等级标识机制，强化船舶分类分级监管。实施安全生产强化年和安全生产大检查，开展“克服麻痹思想、杜绝侥幸心理、提升本质安全”百日攻坚行动，建立“三级”风险隐患排查治理机制，实施“一渡一策”“一企一策”“一桥一策”，有效遏制重特大事故风险。开展水上突出违法行为专项治理，落实长江“十年禁渔”，强化“三无”（无船名船号、无船舶证书、无船籍港）船舶长效治理，内河船舶配员不足、涉海运输、无线电使用不合规等水上突出违法行为保持动态“清零”。保障张靖皋长江大桥建设，不间断开展安全监管维护5100余小时，保障大桥施工通航“两安全、两不误”。加强寒潮大风、能见度不良等恶劣天气预警预控，应对台风“梅花”“轩岚诺”过境，完成春运、全国两会、中共二十大等重点时段水上安保工作，水上交通安全形势持续稳定。

【水上搜救】 2022年，市水上搜救办公室加强水上搜救能力建设，持续提升水上突发事件应急处置能力，动态完善“一案三制”（应急预案、应急体制、应急机制、应急法制），实时更新长江张家港段搜救资源“一张表、一张图”。组织开展防污演练、渡船应急演练、无脚本事故应急演练、沪苏通桥区防碰撞综合演习、船员染疫处置应急演练、内港池水域船岸应急联合演习等各类演练10次。开展搜救行动11次，营救“10·13”双山岛丁坝水域4名被困群众，主动发现、及时处置“4·14”沙钢内港池“豫长泰1599”轮涉疫事件，保障港口正常运转和沙钢集团正常生产。全年救助遇险人员138人、遇险船舶10艘，人员救助成功率100%。

【船载危险货物安全监管】 2022年，张家港海事局紧扣“人、船、货、环境、管理、应急”六要素，升级船载危险货物安全监管体系，构建船载危险货物联合管控、全程风险预控、分级分类监管机制和应急联防体模式。联合张家港海关签订集装箱危险货物查验合作备忘录，在集装箱开箱检查、监管信息通报、业务能力提升等方面建立“六联工作法”（智慧联选、信息联通、执法联动、资源联享、决策联议、联学共建）。落实危化品码头（货主）高质量选船机制3.0版，开展高质量选船评估3179艘次，实施第三方选船检查54艘次，比上年增125%。保障危化品船舶6249艘次、危险货物3640.5万吨安全进出港，未发生船载危险货物污染水域事故。（陈有为）

边防检查

【概况】 2022年，张家港出入境边防检查站（简称张家港边检站）全年查验入出境（港）船舶5000余艘次、人员11万余人次，办理边检行政许可近2万份，边检行政许可审批事项按时办结率100%，提前办结率90%，船舶检查验放时间比上年缩短30%，维护口岸安全稳定。推动全国首个“沿江党建带”提档升级，经验做法被国家移民管理局刊载推广，勤务改革方案获江苏出入境边防检查总站领导批示肯定，被国家机关事务管理局、中央直属机关事务管理局、国家发改委、财政部授予“节约型机关”称号。市委、市政府主要领导7次批示肯定边检工作，年终考核获全省边检机关站级单位党委优秀等次。年内，2人获评全省边检机关“五一”成绩突出个人，1人获评全省边检机关成绩突出青年个人。在中共二十大安保工作中，1人立三等功；2个集体获评全省边检机关“四强”党支部。

【口岸安全管控】 2022年，张家港边检站以中共二十大安保为主线，围绕口岸安保任务，明确涉恐、涉疫、涉偷渡、涉赌诈、涉毒、涉违禁品6类风险评估项目，细化多条研判指标项，制定分类监管措施，联合海事局、水上派出所等单位开展江面联合巡查，多次开展应急处突拉动演练和桌面推演。开展打击妨害国（边）境管理“獴猎”行动、“三非”（非法入境、非法居留、非法就业）外国人专项治理、夏季治安打击整治“百日行动”等专项行动，排查整改口岸限定区域9类75项问题隐患，发现并通报相关部门案（事）件线索100余条，查处案件10余起。贯彻落实疫情防控部署要求，研究制定6类高风险勤务实操指引，完善协调指挥、信息报送、检查督导三项制度，核查推送涉疫重点船舶1173艘次、船员23781人次，办理中国籍船员换班手续2468人。

【全省边检队伍正规化建设推进会在市召开】 11月10日至11日，全省边检队伍正规化建设暨港口边检勤务改革研讨推进会在市召开。与会代表围绕队伍正规化建设和港口边检勤务改革进行分组讨论，实地参观张家港边检站执勤三队、长江国际警务室、执勤四队、老沙执法基地并观看正规化建设示范片，9个站级单位作交流发言，其中张家港边检站作了《守正创新促规范，试点突破谋发展，以队伍正规化建设为抓手推动队伍提质强能》的发言。2022年，张家港边检站聚焦口岸能级提升，指导24家码头智能升级改造工作和码头智能改造规划工作，建立健全信息报送机制，定期向市委、市政府报送边检数据分析专报。坚持“企呼我应、事不过夜、服务闭环”，按照“一企一策、分类施策”原则，依托边检警务室搭建“一对一、点对点”警企结对服务模式，打造“主动边检”，以“五大系统”为支撑推动“窗口前移”和“服务前移”，建立“提前收集、提前研判”的事前评估机制，实现行政许可“随时申请、立即办理、精准审批”、船舶“到港零等待、离港零延时”工作目标。（刘传业）

长江引航

【概况】 2022年，长江引航中心张家港引航站创新党建品牌建设，提炼“罗经花12345”党建工作法（坚持一个方向，守好两条线，落实三项机制，打造四支队伍，推动党建和业务工作五大融合），全年引领中外籍船舶7547艘次，比上年减15.9%；总吨位18328万吨，比上年减8.4%；净吨位10309万吨，比上年减7.5%；载重吨31788万吨，比上年减7.6%。其中，引领国际航行船舶6544艘次，引航总吨位17328万吨，净吨位9760万吨，载重吨30213万吨。引领受限船舶1725艘次，危化品船舶2865艘次，开普型船舶686艘次。包括夜航船舶2727艘次，占引航总数的36.1%。全年引航船舶运输货物6721万吨。

【引航精准服务保通保畅】 2022年，张家港市十大重点企业中有7家是引航站直接对口服务企业，为加强与重点企业沟通协调，提高引航服务针对性，引航站定期开展辖区港口产业链摸底调研，及时了解民生企业和地方支柱型企业生产运行和物流供应链情

6月17日，张家港引航站引领“百安海”轮靠泊奔辉码头
（张家港引航站　提供）

况，全面把握地方重大发展战略和重点企业引航需求。强化科学调派，有效应对恶劣天气影响，针对11号台风“轩岚诺”和12号台风“梅花”，引航站多措并举保障港口正常运转，未造成压船压港现象。开辟“绿色通道”，保障民生重点物资运输船舶“优先安排计划、优先实施引航”。精准服务企业重点项目“个性化”需求，使进江靠泊东海粮油、江海粮油码头的船舶吃水11.8米常态化，为企业节省物流成本。5月8日，引领装载6万吨大豆的“新涟漪”轮及时进江靠泊东海粮油码头，事迹获《朝闻天下》《新闻30分》《新闻直播间》专题报道。6月17日，引领装载8万吨铁矿的开普型“百安海”轮连夜进江靠泊奔辉码头，为企业节约物流成本20余万元，直接经济效益160万元。（陈玉海）

长航公安

【概况】 2022年，长江航运公安局苏州分局严厉打击辖区非法采矿、非法捕捞水产品、非法运输成品油等各类违法犯罪行为，为保障长江经济带发展创造安全稳定环境。全年破获刑事案件74起，打击处理196人，涉案价值970万元。坚持“全面控制、重点防范”的原则，围绕立体化、信息化治安防控体系建设要求，对辖区进行全时空、全方位的治安管控和巡逻防范，全年查处治安案件128起，行政拘留56人，办理内部报案案件24起。开展消防检查679次，检查陆域单位147个次，检查船舶2382艘，发现并整改消防隐患735起。开展消防培训107次，培训人数2787人；举办消防演练46次，演练1180人，及时妥善处置船舶火灾1起。年内，1个集体被评为江苏省优秀公安基层单位，1人被公安部直属机关党委表彰为“巾帼建功个人”，1名家属被公安部表彰为“全国公安机关好警嫂”。全年累计对外宣传报道484篇，其中中央级16篇。

【夏季治安打击整治“百日行动”】 2022年，长江航运公安局苏州分局坚持把开展好夏季治安打击整治“百日行动”作为中共二十大安保的重要内容，打击涉江违法犯罪，整治辖区治安突出问题。结合实际，制定“1+3”行动工作方案，聚焦公安部专项督察要求，印发工作提示清单，先后6次集中开展专项督导，开展集中清查行动3次，发起集群战役3次。“百日行动”期间，共侦破刑事案件27起，抓获犯罪嫌疑人102人，打击处理113人，打掉犯罪团伙3个，查处治安案件58起，治安处罚47人，行政拘留17人，救助群众12人，施救溺水人员4人，收到锦旗3面。

【“情指勤舆”一体化建设】 围绕深化改革强警这一主线，长江航运公安局苏州分局持续推进“情指勤舆”一体化建设。持续运用“苏州分局线索举报平台”小程序、“长江警务基础信息”应用程序，接入地方公安机关13个公安应用平台和相关职能部门视频资源，发挥情报引领效能。全年通过视频巡检发现相关线索1095条，经线上研判与现场核查共破获刑事案件17起，打掉犯罪团伙2个，抓获犯罪嫌疑人30人，向渔政部门移交违法线索633起，涉及违法行为人640余人。持续深化基层派出所勤务制度改革，实体化运作张家港派出所三兴警务室和太仓派出所长江禁捕联合执法趸船，加强一线警力，推进水上卡口建设。组建成立长江张家港水上特勤大队，发挥24小时全天候备勤优势，作为辅助视频线上巡检开展线下巡查的重要补充力量，全年特勤大队破获刑事案件17起，抓获犯罪嫌疑人25人，移交涉渔行政案件30起。

（李泽宇）

港口配套服务

【概况】 2022年年末，张家港口岸有各类口岸、港口服务企业110家，包括船舶代理、货运代理企业47家，理货企业3家，船舶港口服务企业60家。代理企业主要有中国张家港外轮代理有限公司、张家港保税区瑞创国际物流有限公司、张家港船务代理有限公司、张家港海德国际船务代理有限公司、张家港航姆国际船舶代理公司等。理货企业分别为张家港中理外轮理货有限公司、张家港中联理货有限公司和张家港检验认证有限公司。船舶物料和生活品供应企业主要有张家港保税区长航船舶燃料供应有限公司、张家港市昌隆船舶服务有限公司、张家港保税区益嘉船务有限公司等。船舶油料供应企业主要有江苏省中油泰富船舶燃料有限公司、江苏中石化长江燃料有限公司张家港保税区分公司、中石化浙江舟山石油有限公司张家港分公司等。围油栏供应企业主要有江苏海宇航务工程有限公司张家港分公司等。提供船舶污染物接收服务的企业主要有张家港沿江港务服

务有限公司、张家港市通江船舶服务有限公司等。经营港口拖轮业务的企业主要有张家港港务集团有限公司船务分公司、张家港保税区港鑫船务有限公司等。3月，张家港市口岸技术服务有限公司成立，负责检验检测服务、医疗服务、出入境检疫处理等。

（房舟彤）

【电子口岸推进智慧港口建设】 张家港电子口岸有限公司承担张家港电子口岸的建设、维护和运营任务，构筑跨部门、跨行业、跨地区的口岸公共信息平台，提供口岸通关、物流贸易的信息化服务，是全国第一批地方电子口岸，全国第一个三级电子口岸。公司是长江港口服务平台联盟理事长单位、国家物流公共服务区块链供应商、江苏省智慧物流降本增效主体培育试点单位、江苏省重点物流企业、江苏省大数据企业、江苏省工业互联网服务资源池、苏州市服务业创新型示范企业、张家港市电子商务协会秘书长单位。近年，依托智慧港口建设，先后推广应用系统至常熟、江阴、珠海、武汉、泸州等口岸。2022年，建立电子运抵报告协同申报作业模式，大幅压缩张家港口岸的进出口通关时效。开发进口危化品下厂查验协同系统，建立进口危化品“船边直提”“下厂查验”等通关模式。打造海关液体散化全生命周期信息化监管系统，实现对液体化工品实施全过程、全方位、全业态监管；打造固体仓库联网管理系统和智慧云仓系统，实现仓储企业数字化转型。网络货运平台于2019年4月获批无车承运试点资质后，2020年3月取得网络货运资质和江苏省税务委托代征试点单位资质，2022年平台营业收入2.47亿元，纳税2449万元。

（张春雨）

【张家港中外运驰援应急物资运输】 中国外运长江有限公司张家港分公司（简称张家港中外运）是中国外运长江有限公司在张家港的分支机构，在张家港口岸已有45年的历史，总部设在金港街道，有员工260人，有先进的海运、仓储、物流信息、GPS车辆调度系统、钉钉办公管理系统、i-SCP智慧供应链平台，有卡尔玛大型设备、多台集装箱拖车和各种吨位的叉车、吊车，有3.5万平方米仓库和4.5万平方米集装箱堆场。公司保税区仓库被评为“五星级保税仓储”，面积为2000平方米。海运货代方面，公司依托驳船洋山线，自营日本、韩国航线和内贸航线，全年完成代理集装箱125825标箱；船代方面，全年完成自揽船634艘次，自揽船净吨694.1万吨，自揽船货吨409.2万吨；仓储方面，仓储吞吐量62.78万吨；空运业务方面，完成空运快件18042票，空运散货910.54吨。4月1日，张家港中外运得知市政府驰援上海应急物资运输需求后，协调7个集装箱高柜，历时16小时于4月2日上午8时到达上海静安区分发物资，完成40吨新鲜时蔬运输任务。

（成媛怡）

【张家港外代助力“一带一路”建设】 中国张家港外轮代理有限公司（简称张家港外代）隶属中国远洋海运集团，始建于1980年5月20日，是张家港口岸最早从事船舶代理的企业。公司先后获评江苏省文明口岸先进单位、苏州市重点服务贸易企业、AAAA级物流企业、海关AEO高级认证企业，已成为张家港口岸综合物流及供应链服务的重要企业。2016年，张家港外代抓住共建“一带一路”倡议契机，助力企业“走出去”，成为青山钢铁、德龙、振石等企业的合作伙伴。7年中，张家港外代操作印度尼西亚项目船舶逾350艘次，货量760万立方米，涉及散货物流、集装箱物流、仓储物流等，操作出口货物包含基建物资、电厂物资、酒店物资、码头建设等，大到码头门机，小至牙刷、床单，包揽印度尼西亚人民生产生活所需各种物资，进一步改善印度尼西亚当地人民生活质量。2022年，公司全年实现营业收入10.5亿元，代理船舶1075艘次，完成船舶代理量950万吨，代理出口8.4万标箱。

（王华龙）

【中理理货推进港口理货智慧升级】 张家港中理外轮理货有限公司（简称中理理货）前身为1980年7月成立的中国外轮理货公司上海分公司第七理货队，1983年5月正式成立，有员工170余人，内设5个部门和1个分公司，在张家港口岸设有7个办事处，投资设立1个检验检测公司，设有1个专业检测实验室。公司通过ISO 9001：2015质量管理体系认证，业务管理信息系统与张家港电子口岸、南京海关物流信息化管理系统联网。推进港口理货智慧升级，“件杂货智能理货系统”在张家港港实现全货种全覆盖，同时在口岸各码头推广应用。该项目获中国港口协会科技创新成果三等奖、江苏省港口集团科技重点项目三等奖。年内，公司检验检测业务持续升级，通过CNAS（中国合格评定国家认可委员会）资质复审；实验室于6月28日通过CMA（中国计量认证）资质认证，正式启动运营。公司全年受理船舶2531艘次，完成理货量2159万吨，被江苏省政府授予“重合同守信用企业”“劳动关系和谐企业”称号。

（胡杨杨）

【中联理货检验、理货齐发展】 张家港中联理货有限公司（简称中联理货）由中联理货有限公司控股、张家港港务集团有限公司和张家港市金城港口服务有限公司参股组建成立。2022年，公司通过GB/T 19001：2016质量管理体系监督评审。贯彻中联理货有限公司打造“最具公信力第三方公正行”的总要求，理货主业实现永嘉码头集装箱智能理货全覆盖，宏泰、港新等件杂货码头理货实施无纸化签证并且信息化操作试运行；检验业务开发煤炭检验、化工罐箱清洁检验、船舶生活污水水样化验检测、全国口岸PET（聚对苯二甲酸乙二醇酯）出口监装、集装箱监装、货物残损鉴定、大宗设备及各类海事检验等业务。依托中理检验品牌，该品牌取得CMA和CNAS认证，2022年检测液化品、油品、煤炭、矿产品等5801个样品，出具品质检测报告；全年受理船舶理货5893艘次、件杂货理货182.27万吨；受理集装箱理箱63.27万标箱。

（李　健）

【编辑　沈立平】

生态环境

Ecological Environment

6月1日，2022年张家港生态环境日主题活动暨环境宣传月启动仪式举行　（市生态环境局　提供）

扫码欣赏

央视网——江苏张家港

“江海绿湾”颜值变产值

综　述

【概况】2022年，张家港市按照生态优先、绿色发展新要求，以深入打好污染防治攻坚战为抓手，秉持“绿水青山就是金山银山”发展理念，优化生态空间管控，加强生态基础建设，提升生态文明意识，改善生态宜居环境。

生态空间管控　年内，全市对市域生态保护红线和生态空间管控区域进行优化调整，第三自来水厂饮用水水源保护区、双山岛省级湿地公园、暨阳湖省级湿地公园3处被列为国家级生态保护红线范围，总面积6.21平方千米；凤凰山风景区、双山香山旅游度假区香山片区和双山片区、长江（张家港市）重要湿地空间、一干河清水通道维护区、一干河新港桥饮用水源保护区、暨阳湖公园7处被划定为江苏省生态空间管控区，总面积146.2平方千米。为落实长江大保护战略，依据《张家港市沿江生态保护规划》《通洲沙江心岛生态湿地总体规划》，分别划定沿江区域国家级生态保护红线514.87公顷（市第三自来水厂171.8公顷、双山岛343.07公顷）、省级生态空间管控区12640公顷（长江水面12354公顷、一干河清水通道150公顷、一干河饮用水源保护区136公顷）。为进一步加强生态空间管控，分别对双山岛旅游度假区架空小木屋、大新镇重装工业园富瑞重装南侧地块2个省长江岸线生态破坏问题和暨阳湖省级湿地公园游船栈桥1个苏州市遥感监测人类活动变化问题进行整改督察，确保不发生破坏生态保护红线、侵占生态管控区域现象。

生态基础建设　张家港市全面落实“河长制”，在全省率先推行排水设施一体化管护，年内疏浚镇村河道337条，拆坝29座、建桥（涵）19座，建成幸福河道100条，香山湖获评年度苏州市最美幸福河湖。全年完成152个长江入河排污口、223个太湖入河排污口整治，创新引入国省考断面纵向生态补偿机制，有效实现“双向补偿”。建设高标准农田示范点86.67公顷，启动改造提升1266.67公顷，累计改造高标准池塘200.33公顷，建成苏州市级以上绿色防控示范区10个，获评国家级生态农场1家。切实做好农药化肥减量、秸秆综合利用、废旧农膜回收、畜禽粪污资源化利用等工作，主要农作物测土配方施肥技术覆盖率96.5%，化肥使用量较2020年削减1.2%，农作物病虫绿色防控技术覆盖率67%，农用化肥农药使用量较2020年下降1%，农作物秸秆综合利用率超98%，废旧农膜回收率96.6%，畜禽生态健康养殖占比100%，畜禽粪污综合利用率99%以上，获评农业农村部绿色种养循环农业试点示范区。深化绿色港口建设，到港船舶污染物接收率99%、码头岸电设施覆盖率100%。城乡生活垃圾无害化处理率100%，涉及498个居民小区和133个行政村、2284个自然村的22万户农户的生活垃圾分类投放设施基本实现“全覆盖”，静脉科技产业园每日2250吨生活垃圾焚烧发电项目和北控环境再生能源（张家港）有限公司日处理能力200吨厨余垃圾处置项目年内投运。开展“三优三保”专项行动，在沿江2千米范围复垦建设用地324.4公顷，其中涉及工矿仓储用地183.8公顷、农村宅基地135.13公顷、其他用地5.47公顷，完成长山宕口、老沙码头、长明船厂、滨江公园4处生态修复工程，涉及面积56.67公顷。加强生物多样性保护，全面落实长江禁渔，长江张家港段建成4个湿地保护小区，定期开展湿地巡查、鸟类观测，年内观测到鸟类213种，占苏州市鸟类种数86.95%，累计下拨沿江生态湿地生态补偿资金315万元。

生态细胞创建　全市城乡联动开展生态文明宣传教育活动，持续开展生态细胞创建活动，张家港经济技术开发区获评国家级生态工业示范园区，3家工业企业入选江苏省绿色工厂，锦丰镇、乐余镇和杨舍镇南新村、晨南村，大新镇桥头村获评江苏省生态文明建设示范镇（村）。实施农村人居环境整治提升五年行动，张家港市获江苏省农村人居环境整治提升工作评估第一等次，建成苏州市农村人居环境整治提升工作示范镇1个、示范村10个、先进村4个，获评苏州农村人居环境整治典型案例5个、优秀案例4个。年内建成苏州市特色康居乡村60个，打造苏州市特色康居示范区4个。持续开展节水型社会建设，年内完成15家省级节水载体、5家苏州市级节水载体创建，全市节水型学校、节水型市级机关建成率分别为99%和100%，规模以上工业用水重复利用率95.8%，再生水利用率22.7%，张家港入围国家典型地区再生水利用配置试点城市。倡导绿色出行，全年淘汰国Ⅲ及以下排放标准营运中型及重型柴油货车703辆，新增新能源公交车40辆，其中30辆为纯电动公交车、10辆为氢燃料电池公交车，新能源公交占比69%。邮政快递行业新增、更换新能源汽车47辆，货运行业新增氢能源车辆10辆。

【静脉产业园垃圾焚烧项目首批垃圾进场】7月25日，垃圾转运车驶入市静脉产业园垃圾焚烧项目卸货平台，这是静脉产业园垃圾焚烧项目首批垃圾进场，标志全市步入生活垃圾“零填埋”时代。静脉产业园位于南丰镇东福路，垃圾焚烧项目占地6公顷，总投资14.3亿元，配置3条日处理750吨的炉排炉焚烧生产线及相应的烟气处理等环保设施，项目完工后全面实现全市垃圾处理的无害化、减量化和资源化。项目采用炉排炉及配套烟气处理工艺，焚烧垃圾产生的烟气全部达到欧盟2000的标准后才排放，渗滤液、炉渣等废料均进行处理回收后再利用。项目建成后全市生活垃圾日处理能力将由原来的900吨提升至2250吨，每年可实现节约标准煤超过12万吨，节约填埋用土地6.67公顷，减少二氧化碳排放超过30万吨。9月，项目正式建成投产。

（何嘉佳　胡宇航）

环境质量

【概况】2022年，张家港市提升环境监管水平，解决群众环境诉求，较好完成各项环保目标任务。全年细颗粒物浓度为每立方米28.7微克，改善幅度位列苏州大市第四；空气优良率82.5%，改善幅度位列苏州大市第二；13个国省考断面及19条主要通江支流水质优Ⅲ比例均达到100%，位列苏州第一梯队；全市无受污染耕地、污染地块开发利用，重点建设用地安全利用率100%，土壤环境质量总体保持稳定。环境γ辐射空气吸收剂量在江苏省天然背景值水平正常范围之内，未出现异常。电磁辐射环境质量符合相应标准限值要求。

【空气质量】 年内，全市城区$PM_{2.5}$浓度均值为每立方米28.7微克，达到国家环境空气二级标准。空气质量优天数为126天，良天数为175天，优良天数共计301天，优良率为82.5%。城区环境空气全年超标天数64天，其中首要污染物为$PM_{2.5}$的，有15天，占23.4%，比上年增加5天；首要污染物为臭氧的，有48天，占75%，比上年增加5天；首要污染物为可吸入颗粒物（PM_{10}）的，有1天，占1.6%，比上年减少4天；首要污染物为二氯化氮的，为0天，比上年减少2天。细颗粒物比上年下降3.3%；可吸入颗粒物年均浓度为每立方米47微克，比上年下降16.1%；二氧化氮年均浓度为每立方米29微克，比上年下降14.7%；二氧化硫年均浓度每立方米9微克，与上年持平；臭氧特定百分位数浓度为每立方米171微克，比上年上升3.6%；一氧化氮特定百分位数浓度为每立方米1.2毫克，比上年上升9.1%。酸雨发生率为11.1%，比上年下降0.9个百分点；降水pH年均值为5.65。降尘均值为每月每平方千米2吨，比上年下降16.7%。

【水环境质量】 2022年，全市地表水环境质量继续实现“四个百分百”，即1个国考断面优Ⅲ比例100%，12个省考断面优Ⅲ比例100%，19条通江支流优Ⅲ比例100%，2个集中饮用水水源地类型均为地表水，年均水质优Ⅲ达标率100%。CWQI（城市水质综合指数）由上年的4.24下降为3.83，下降比例9.7%，在全省63个县（市、区）中，排名由上年的第四位，升至第二位，创历史最佳。长江干流排污口数量为5个，与上年持平；长江支流排污口数量为28个，与上年持平。

【声环境质量】 年内，张家港市区域昼间声环境质量为较好，平均等效声级为54.3分贝，比上年下降0.5分贝，处于区域环境噪声二级水平。影响区域昼间声环境的主要声源是社会生活噪声，所占比例达82.9%；其余依次为交通噪声、工业噪声和施工噪声，所占比例分别为10.4%、5.5%和1.2%。道路交通噪声昼间平均等效声级为65.2分贝，比上年降低0.3分贝，交通噪声强度为一级，声环境质量为好。监测路段23.97千米，平均等效声级均达到道路交通噪声强度昼间一级限值68分贝。声功能区1类、2类、3类、4a类区昼间和夜间达标率均为100%，声环境质量总体保持稳定。

【生物多样性】 2021年9月，张家港启动生物多样性本底调查。调查结果显示，发现维管植物802种，哺乳动物5种，鸟类99种，鱼类73种，两栖动物4种，爬行动物5种，底栖动物22种，浮游动物81种，浮游植物125种。2022年11月，小蝗莺在张家港首次被观察并记录。该鸟种主要繁殖于东北和西北，迁徙经过华东、华中等地，在苏州属于过境的候鸟。近年，除小蝗莺，还有许多珍稀动物过境张家港，例如中华秋沙鸭、白鹤、勺嘴鹬、江豚、青头潜鸭等国家一级和二级保护动物出现在张家港沿江，经过调查发现的鸟类达到213种。近五年，苏州市发现的51个鸟类新纪录中，有21个均出自张家港沿江。这表明张家港湿地建设保护管理成效明显。

（胡宇航）

自然资源保护

【概况】 2022年，市自然资源和规划局持续发挥资源规划作用，连续四年在苏州市条线综合考评和张家港市绩效考核中位居第一等次，被表彰为第三次全国国土调查先进集体、全省自然资源系统先进集体。张家港市首批创成全国自然资源节约集约示范县（市），获评省土地执法模范市、省自然资源节约集约利用模范市。年内，市资规局依需求动态开展土地指标有偿交易活动，市场化配置土地指标72.93公顷，形成土地和资金要素城乡间双向良性流动，促进土地资源高效节约利用。全年对上报批36个批次，总面积287.9公顷，346国道张家港绕城段、南沿江站后工程等重点项目成功落地。全市落实供地344宗，面积786公顷。其中，国有建设用地出让133宗400公顷，出让金额1001493万元，划拨147宗302公顷；集体建设用地出让27宗47公顷，出让金额24411万元，划拨37宗37公顷。国有建设用地出让供地中，工业（仓储）用地71宗236公顷，出

白琵鹭　（王永祥　摄）

让金额141478万元；房地产项目用地27宗58公顷，出让金额651835万元；安置房用地31宗102公顷，出让金额205763万元；公共管理与公共服务用地4宗4公顷，出让金额2417万元。国有建设用地划拨供地中，公共管理与公共服务用地16宗16公顷，交通运输用地75宗245公顷，公园与绿地49宗18公顷，水工建筑用地7宗23公顷。集体建设用地出让供地中，工业用地24宗45公顷，出让金额21867万元（均为集体经营性建设用地入市）；商业服务业用地2宗1公顷，出让金额2016万元；教育用地1宗1公顷，出让金额528万元。集体建设用地划拨供地中，公共管理与公共服务用地7宗1公顷，交通运输用地26宗31公顷，公园与绿地2宗3公顷，水工建筑用地1宗1公顷，特殊用地（殡葬用地）1宗1公顷。

【耕地资源保护】 全市严守31735.23公顷耕地保护目标和28299.22公顷永久基本农田保护红线，推进数量、质量和生态"三位一体"保护。年内，坚持早发现、早制止、早报告和早查处联动，立案查处违法用地1宗，处罚款16771元，没收建筑面积1813平方米。同时，按照行政处罚权下放要求，市资规局对通过巡察、信访、季度卫星图片、专项行动等途径新发现的21宗违法线索，依法依规移送属地人民政府，同时移送市农业农村局11宗违法线索，合力推进违法状态的消除。全市经批准的12个使用计划指标的批次占用耕地80公顷（其中水田60公顷），按照"占一补一、占优补优、占水田补水田"的原则，全部严格落实耕地占补平衡。严格落实省级耕地质量提升指导意见，土地整治项目拆旧复垦后，提请市农业农村局对涉及项目开展耕地质量评定工作，确保耕地质量达标后方可申请市级验收，确保耕地质量。

【集约用地】 年内，市资规局落实产业用地全周期监管，参与前期新增用地工业项目准入评审99项，化工项目建设联合会商、化工重点监测点年度评估、高端纺织项目认定，挂牌出让会审76宗；供地时全面采用"出让合同+投资发展监管协议"的"双合同"监管模式；强化用地供后监管，共收储、收回国有土地31宗80.93公顷。完成低效用地再开发2022年度实施计划编制，通过工矿废弃地复垦、城乡建设用地增减挂钩、收回重新供应、提高容积率、增资技改项目、已有存量建设用地转让等多种方式，合计盘活存量建设用地259.2公顷，其中产业用地原地更新202.87公顷，完成苏州下达任务的213%。8月，承办自然资源部"节地中国"学术研讨会。年内，张家港市获评2022年度江苏省自然资源节约集约利用资金奖励地区。

西水道沿江绿廊 （市长江生态保护发展公司 提供）

【土地储备交易】 2022年，市土地储备中心严格按照土地储备管理"五统一"机制（统一计划编制、统一验收入库、统一配套要求、统一出让标准、统一市级收储），强化对全市经营性用地储备出让的统筹管理。全年储备经营性用地46宗，总面积169.16公顷，按收储区域划分，市区储备18宗，面积79.70公顷；镇区储备28宗，面积89.46公顷。全年储备产业用地67宗，总面积243.33公顷。全年出让经营性用地28宗，总面积47.84公顷，成交总价55.31亿元，规划总建筑面积95.69万平方米。其中，市区出让6宗，面积16.35公顷，成交价32.30亿元，规划总建筑面积33.84万平方米；镇区出让22宗，面积31.49公顷，成交价23.01亿元，规划总建筑面积61.85万平方米。全年出让安置房用地24宗，总面积79.62公顷，成交总价26.48亿元；另通过公开挂牌、拍卖的方式出让产业用地65宗，总面积235.78公顷，成交总价14.12亿元。通过举办"古韵臻沙洲，活力新港城——2022年经营性用地招商推介会"、参加南京土地展会，深化与专业媒介平台合作，拓展线上宣传渠道，提升张家港土地市场的关注度，推动土地市场的稳健发展。

【全市土地利用调查完成】 年内，市资规局完成2022年度产业园用地状况调查，全面摸排全市9个二类产业园（大新重型装备工业配套区、张家港医疗器械高新产业园、南丰镇冶金新材料产业园、张家港高新技术产业园、江苏张家港精密机电产业园、扬子江国际机电工业园、张家港市东沙物流园、张家港市静脉科技产业园、乐余染整工业区）和7个三类产业园（张家港大新科技创业园、张家港塘桥新能源装备产业基地、张家港塘桥新能源汽车装备产业园、张家港乐余置信智能制造产业园、中昊港创VOC科技创新产业园、张家港市乐创工业园、金海岸工业园）的社会经济发展、土地利用和存量用地空间盘活利用情况，为产业园整治提升和土地集约利用提供数据支撑和决策依据。完成园地、林地、草地分等工作，掌握全市4453公顷园地（二等至五等）、2900公顷林地（三等至六等）和917公顷草地(二等)资源的质量分布情况,促进园地、林地和草地资源保护与合理开发利用。

【锦阳工业园节地模式被省自然资源厅评为典型案例】 锦阳工业园位于冶金园(锦丰镇)北部工业集中区,由锦丰片区行政村成立的张家港锦阳企业发展有限公司对园区进行统一开发、租售、管理。2020年3月启动更新,通过腾退原市锦联制砖厂及周边相关堆场,拆除清理原有建(构)筑物(建筑面积800余平方米),统一规划设计建设10幢高标准厂房,配套1幢工业邻里中心,5.67公顷的土地上建成8.4万平方米建筑物,容积率1.71,每公顷投资强度约5100万元。2021年10月,锦阳工业园建成使用,不仅盘活存量低效土地,推动产业转型升级和企业提质增效,也整体提升该区域生态环境,通过载体建设壮大村级经济,使该项目成为全市产业用地更新的成功实践。2022年4月14日,锦阳工业园"两集聚两提升"节地模式被江苏省自然资源厅评为2022年度工业用地节地模式(技术)典型案例。 (钱 利)

污染防治

【概况】 2022年,张家港市坚持目标导向和问题导向相结合,解决影响经济社会发展和损害群众健康的突出环境问题,开展环境质量"对标进位""提质增优"专项行动,全力推动第二轮中央、省生态环境保护督察交办问题整改销号及第一轮中央、省督察问题成效巩固。第二轮中央、省生态环境保护督察累计交办的59件信访问题(中央督察35件、省督察24件),全部完成整改。同时,对照督察反馈意见排查整改关联性、衍生性问题,有力有序落实整改,按期完成283台印染行业染缸等落后设备淘汰工作并通过省级销号验收。市污防攻坚办被省生态环境厅、省人力资源社会保障厅评为江苏省打好污染防治攻坚战先进集体。"东沙化工区整区关停转型"入选省级环保督察整改典型案例汇编。年内,排定年度7个大类100项攻坚工程项目,落实投资超23亿元。全面完成钢铁行业超低排放改造及评估监测工作,其中永钢集团成为江苏省首家完成全流程超低排放改造评估监测中国钢铁工业协会公示的钢铁企业;提前一年完成辖区内199个长江入河排污口、255个太湖入河排污口整治任务;完成14个"两高"(高耗能、高排放)项目问题整改,完成新金龙、菱苏化工、一星日化3家化工企业关停认定;完成87条劣V类水体、570户农村生活污水农户治理,农村生活污水自然村治理率达到97%;"一零两全四免费"(船舶污染物"一零两全",即靠港和锚泊船舶污染物零排放、全接收,在航船舶污染物排放全达标;内河船舶"四免费":即免费生活垃圾接收、免费生活污水接收、免费水上交通、免费锚泊)治理机制有效落实,到港船舶污染物实现"零排放"。提升安全供水能力,完成第四水厂深度处理改造工程,新增深度日处理规模40万吨;完成晨丰污水处理厂建设并投运,新增工业废水日处理规模1万吨;强化污染物排放监测监控,全市4个工业园区累计新增4个气站、4个VOCs(挥发性有机物)站及83个空气微站;完成20家内河码头岸电设施标准化改造,船舶靠港岸电使用率不断提升;完成金港片区污水处理厂扩建工程,新增城镇污水日处理能力2.5万吨。

【水污染防治】 2022年,张家港生态环境部门针对汛期、高温季节水质波动问题实施精准化治理,编制张家港闸、大义光明村、五干河闸、海力大桥4个断面溯源整治工作方案。对国省考断面关联的273条支流支浜,加强汛期的全覆盖多轮次监测,对连续劣V类关联水体信息通告市河长办,协同推进整治。完善断面绩效考核,考核断面由80个增加至120个,办法覆盖面更广,考核点位更加突出问题导向和国省考断面水质保障;创建乡镇绩效指标动态考核体系,采取基础分和动态加减分机制,拉开考核差距。创新出台《张家港市国省考断面纵向生态补偿办法(试行)》,应用好生态补偿机制,压实区镇地表水环境质量保障的主体责任。强化水质自动监控。深化三联动一执法信息化平台应用。利用平台实现对企业、运维单位和监理单位的自动考核评价,提升运维单位运维水平和质量,优化对监管企业的服务,加强与监管企业的互动。重点污染源自动监控全部对标整改到位,质控样比对合格率95%以上,实样比对合格率90%以上,报警处理率达到100%。全市地表水环境质量排名位居全省第二、苏州第一。

【大气污染防治】 2022年,张家港生态环境部门强化大气污染联防联控,重点实施$PM_{2.5}$和臭氧浓度"双控双减"。推进沙钢集团、永钢集团、浦项公司超低排放改造与评估。结合沙钢无法建设实体料仓的实际,推行"电子大棚",实现料场的环保化综合管控。向重点排放大户派驻工作人员,确保企业排放持续达标。同时,不断开展有机废气深度治理。年内,40家采用单一光氧、活性炭等非高效治理设施的企业增加处理设施;18家企业有机液体储罐完成呼吸废气接入后道处理设施;37家工程机械及钢结构涂装企业达到新标准排放;14家铸造企业废气治理达新标。加强生活源治理,完成环境监测站餐饮行业高效油烟净化装置试点。全面开展在用柴油车等各类机动车监督抽测和非道路机械入户检测工作,严控高排放车辆。完成柴油车路检505辆,入户检测柴油车119辆,入户抽测非道路移动机械88辆,有1703辆柴油车淘汰申请补助。全年非道路移动机械上牌8335辆,柴油叉车淘汰860辆。

【土壤污染防治】 2022年,张家港生态环境部门强化土壤污染防治监管,按照"控源头、防新增、重监管、保安全"的思路,加大重点单位监管力度。动态更新土壤污染重点监管单位名录,全市有216个单位被列为土壤污染重点监管单位。推进12个纳入全国土壤环境管理系统地块、37个高风险遗留地块的场地调查工作。加大地下水保护力度,实施地下水环境分区管理、分级防治,明确环境准入、隐患排查、风险管控、修复等差别化环境管理要求。全市有26家企业列入地下水污染防治重点排污单位。开展地下水环境监测，强化防渗措施。推进农业农村污染治理，明确畜禽养殖污染防治目标任务，推进畜禽养殖污染减排，督促指导畜禽规模养殖场严格制定年度畜禽养殖资源化利用计划。编制完成《张家港市畜禽养殖污染防治规划（2021—2025年）》，已完成专家评审，待通过省生态环境厅组织的技术审核后，正式公布实施。

【工业固废污染防治】 2022年，张家港生态环境部门加强危险废物全生命周期监管系统运用。全市1903个单位纳入江苏省危险废物全生命周期监管系统。通过现场检查等方式督促企业做到“三个必须”（危废产生、储存、利用处置设施必须建立并粘贴二维码，危废产生必须生成并粘贴二维码，危废储存、转移、签收、利用、处置各环节必须通过扫设施二维码后再按包装物扫码进行）。重点做好危险废物等安全生产三年专项整治行动收官。三年专项整治行动中，全市出动检查人员4866人次，检查企业2418家次；发现环境问题1611个，全部完成整改，安全问题移交235个。结合国家、省和苏州“十四五”期间“无废城市”建设工作要求和张家港市实际，印发《张家港市“无废城市”建设工作方案》，全力打造“无废城市”建设示范样板。

【“散乱污”企业（作坊）专项整治】 为持续巩固和深化“散乱污”企业（作坊）治理成效，不断优化发展空间，2022年，市主要领导、分管领导分别就深化“散乱污”整治工作召开专题会议部署推进。全市摸排发现“散乱污”企业（作坊）260家，均完成整改，其中整治提升139家、关停取缔121家。针对“散乱污”企业（作坊）隐蔽性强、难监管等特点，市污防攻坚办、供电公司联合制定印发《关于强化“散乱污”整治电力大数据应用的工作意见》，构建“电力大数据分析+治污攻坚”的“散乱污”排查整治新模式。全年通过电力大数据排查疑似“散乱污”企业（作坊）121家，发现整治问题30个。借助“污染防治攻坚”曝光机制，引导全社会力量共同参与、共同监督，进一步营造严厉打击“散乱污”企业（作坊）的社会氛围。利用张家港电视台《污染防治攻坚在行动》栏目及“张家港治污攻坚”微信公众号等平台，曝光“散乱污”问题8期，涉及问题点位20个。在对所曝光问题梳理后，形成督办单下发各有关单位，限期进行整改，并持续对问题整改情况进行跟踪督察，做到交办问题事事有着落、件件有回音。

（胡宇航）

环境监管

【概况】 2022年，张家港生态环境系统建立大案要事查办专项工作机制，以“组建一支工作专班、查办一批重点案件、严惩一批违法主体、曝光一批典型案例、推动一批行业治理”的“五个一”工作法，集中全市各领域执法精锐，专案办理期间实体化办公，重点打击12类群众反映强烈、影响经济社会高质量发展的各类突出环境问题。至年末，依托该机制，已查办4件大案要事，有关案例通过微信公众号发布，全年环境投诉持续下降。年内，累计检查企业6075家次，实施行政处罚339件，罚款3239.6万元。全市环境信访总量516件，与上年820件相比下降37.1%，其中省级以上信访总量34件，与上年79件相比下降57%。深化“放管服”改革，依法加快环评审批，将环境影响报告书、报告表项目审批时间，分别由法定的60个和30个工作日，缩短至27个和15个工作日。试点开展“打捆环评”，对同一园区、同一类型的项目，统一提出污染防治要求，单个项目不再重复开展环评。对配套沪苏通铁路的10条道路以及闸上工业园11家化纤企业试点打捆环评，相关企业环评所需费用及时间均减少近三分之二。

【环境监测能力建设】 2022年，全市不断强化环境质量监测、执法监测、应急监测能力建设，充分发挥环境监测作用，为深入打好污染防治攻坚战提供技术保障。全年获手工监测数据28483万个、自动监测数据305万个，出具分析报告428份、监测报告926份，合计1354份。紧盯国省考断面监测，按标准开展集中式饮用水源地、5个市考及9个市控断面地表水、26个苏州市控以下断面地表水、34个城市建成区水体消劣提质、80个区镇绩效考核断面、13个水功能区断面、农村环境、声功能区、区域环境噪声和道路交通噪声等例行监测。在汛期对全市273条国省考断面支流支浜、泵站及闸坝开展溯源监测，9月对东横河六渡桥省考断面上下游进行溯源监测。抓好全市水质自动站和空气自动

环境监测 （杨海平 摄）

站的运维，开展生物多样性监测，在张家港湾设置观测站，开展鸟类多样性和水生生物多样性观测各1次。完成275个重点排污单位全年监督性监测、34个长江经济带规模以上入河排污口水质监测、22家涉固废处置重点监控企业监督性监测、104家土壤污染重点监管单位土壤与地下水监督性监测。按照“随机抽查时间、随机抽查对象”的模式，对相关企业开展排污单位自行监测评估，进一步规范排污单位的自行监测。对42家重点排污单位进行自行监测检查，企业自行手工监测核减后填报率93.98%。有序推进工业园区监测监控建设，明确各园区监测监控系统建设内容，经开区和高新区建设2个气站、2个VOCs站和31个空气微站；保税区和江苏扬子国际化学工业园建设2个气站、2个VOCs站、50个空气微站和2个恶臭站。

【核与辐射安全管理】 2022年，张家港生态环境系统持续开展核与辐射专项整治。对照核与辐射安全风险隐患排查治理三年行动方案要求，对全市19家Ⅴ类放射源使用单位和37家重点Ⅱ类射线装置使用单位开展安全风险隐患排查，排查出安全风险隐患问题34个，全部完成整改。与市公安局、卫健委开展涉源单位核与辐射联合执法检查，检查涉源单位35家次、废旧金属熔炼企业4家次。加强核技术利用单位日常监管，开展疫情期间非现场执法检查企业4家次，开展一般辐射单位“双随机”执法检查69家次，开展移动源异地使用作业专项检查4家次。全面推进废旧、闲置放射源级放射性废物送贮工作，组织全市涉源单位开展废旧、闲置放射源排查工作，排查出废旧、闲置放射源18枚，在600千克废钢中检出放射性废物，督促相关涉源单位规范做好送贮前安保和准备工作。

【环保宣传】 2022年，全市持续加强环保宣传阵地建设，推动生态环境保护全民行动。投资200万元建设张家港市生态文明暨环境教育中心，打造习近平生态文明思想宣讲阵地。以“张家港生态环境”微博、微信公众号平台为主体，发布信息1901条。5月，拍摄《环保人之歌》音乐短片，在生态环境部微信公众平台、《人民日报》新媒体平台、新华网客户端、学习强国学习平台等推送。8月，拍摄《张家港：“江海绿湾”颜值变产值》宣传片，向央视网推送。6月1日，围绕“共建清洁美丽世界”主题，举办2022年张家港六五环境日主题活动暨环境宣传月启动仪式。此次活动采用“线下+线上”的方式，通过“今日张家港”App直播，2.2万人观看直播。生物多样性日活动期间，策划“港城精灵”征集活动，在“张家港生态环境”微信公众号推出“港城精灵”9期。举办“共建清洁美丽世界”摄影作品征集活动，收到1400余幅摄影作品，评选出58幅获奖作品。推进环保设施向公众开放工作，举办公众开放日5场，其中张家港环境监测站实现云开放。全年开展生态环境志愿服务活动299场，受众人数73174人次，参与志愿服务人数3644人，志愿服务总时长8312.5小时。10月，举办“喜迎二十大，奋进新征程”环保宣讲进基层活动，围绕习近平生态文明思想与张家港绿色发展之路主题，走进村、社区开展主题宣讲6场；“生态环境80、90宣讲团”走进村、企业开展主题宣讲活动14场。 （胡宇航）

长江生态保护

【概况】 年内，张家港市深入推进“美丽张家港”建设，深化沿江污染防治，拓展修复生态岸线，规划沿江张家港段生态岸线占比不低于50%。统筹划定“三区三线”方案，划定耕地保护目标2.56万公顷、永久基本农田2.3万公顷、生态保护红线3处621.48公顷、城镇开发边界3.3万公顷。推进河湖“四乱”（乱占、乱采、乱建、乱堆）整治，完成年度846处市级河道历史存量问题整改，建成幸福河湖100条，创成省级幸福河道示范工程1个、苏州市级幸福河湖7条。张家港世茂小学获批苏州首家以学校为主的“苏州市湿地自然学校”。张家港湾滨江生态廊道建设获江苏人居环境范例奖。建成“江海交汇第一湾——张家港湾”特色精品示范区。组织“2022清风行动”打击野生动植物非法贸易联合行动，深入开展长江禁渔系列执法行动，全市违法捕捞案件查处率100%，违法捕捞涉刑案件移送率100%。开展国家重点保护人工繁育水生动物长江资源增殖放流活动，放流中华鲟300尾、胭脂鱼3.45万尾。张家港入选首批生态产品价值实现机制省级试点。推动生态资源权益交易，在全省率先研究制定《张家港市相关资源要素协调保障实施方案》，构建用能权、用水指标、排污权“集中池”，优化资源配置效率。强化用水总量和强度双控，完成33个取水工程规范化建设，压减取水许可量449.32万立方米，入选首批国家典型地区再生水利用配置试点城市。新建散货码头抑尘防尘设备覆盖率100%，沿江港口累计建成岸电设施115套，到港船舶使用岸电3.75万艘次。组织开展“呵护长江”主题活动和“同护母亲河，共享一江美”线上法治征文、法治演讲活动。落实生态环境分区管控要求，划定13个优先管控单元、41个重点管控单位、10个一般管控单元。市长江生态保护发展公司制定长江大保护行动计划，围绕建设生态长江、绿色长江、幸福长江，制定六大类22项任务。编制完善《新沙洲生态修复规划》，统筹规划“新沙洲”相关区域的生态保护修复提升建设工作。启动长江疏浚砂综合利用试点工作，明确新沙洲生态资源有限公司作为试点主体，开展前期实施方案调研、砂石质量取样化验、场地选址等工作。

【沿江生态修复】 年内，市长江生态保护发展公司投资1.3亿元，基本完成天生港灰场生态修复项目，修复土地8公顷。与长江委河口局共建西界港水文站，与市资规局共建虫情观测点，埋设湿地小区界桩和公示牌，完成长江生态管理信息系统一期工程，实现生态环境监测数据共享，开展长江生态监测。开展沿江高标准农田建设，修缮灌排设施，进行河道清淤，治理芦苇，建设绿色农业示范方66.67公顷。流转乐余镇齐心村优质农田141.73公顷，与西水道农田形成连片规模效益。完善灌排设施、增施1.37万吨有机肥和加强田间肥水管理，收获小麦1700余吨，收获水稻5500余吨。完成1666.67公顷的秸秆离田，实现秸秆再利用3500吨。自主创立“浩香”“滨江西水道”两个大米品牌，完成绿色食品认证，通过有机种植转换期复评检测并取得相应证书。

【西水道圩区建设管理】 年内，市长江生态保护发展公司投资500万元，开展西水道全域圩堤、农田、水利岁修工程，维修加高加固渠道3435米。做好一至四圩区江堤封闭管理工程，统一管理进出圩堤车辆及行人，减少人为因素干扰。聘请专业绿化养护队伍管护西水道186.67公顷绿廊，提升江堤绿化管护水平。在五圩区种植林下绿化10万平方米，治理一枝黄花133.33公顷。提升圩区管护水平，常态化开展西水道生态资源巡察，成立专职巡察队伍，配备巡察车辆、快艇和无人机，全方位监管公司管理的33平方千米土地。发现并处理铁黄沙废土违法倾倒等问题。在五干河外侧应急抛石500吨，确保防汛成效。开展汛后圩堤巡察工作，安全度过6月梅雨季节和9月“梅花”台风。

【长江禁渔】 全市成立“长江禁渔联合工作组”，建立“警长+河长+网格员”日常巡控责任体系，形成1个市级专班、9个区镇专班、2个渔警联动中心、12个镇级护渔站点和9支镇级护渔队伍的三级长江禁渔网格，开展“岸线+码头+水面”全领域护江行动。年内，创新搭建“长江大保护指挥平台”，新建、整合沿江视频监控，完善长江禁渔视频监控网络，初步建成实时场景抓捕、实时数据分析、实时派单处置的智防体系。先后开展打击以长江刀鲚为重点的非法捕捞专项整治行动、长江禁捕执法“春季百日攻坚”行动、长江禁渔夏秋季专项执法行动等，配合长航公安苏州分局破获2022年长江江苏段首起非法捕捞长江刀鲚案件，查获长江刀鱼30余尾。全年累计出动执法人员3634人次、执法车辆1276车次、船艇174艘次，查处非法捕捞、垂钓案件167起（垂钓128起、捕捞39起）。全年违法捕捞案件查处率、涉刑案件移送率均为100%。市农业综合行政执法大队因在长江禁渔工作中成绩突出，受到省渔业执法监督中心书面表扬，在苏州市禁捕退捕工作考核中，考核结果为第一等次。

【船舶污染防治】 2022年，张家港海事局全面落实长江保护法，以市深入打好污染防治攻坚战指挥部办公室名义印发《张家港市船舶和港口码头污染防治联合检查办法》，一站式监管服务船舶垃圾转运、污水纳网、联单闭环和岸电使用，实现干散货码头联合检查全覆盖。压实企业主体责任，严管船舶“假接收、少接收”等违规行为。打通含油污水上岸处置通道，实现船舶含油污水本地预处理。新增生活污水铅封船舶373艘次，监管船舶生活垃圾235.68吨、生活污水2.35万立方米上岸处置。首次将非法排放油污水和供受油冒舱纳入黑名单管理，所有非危化品码头实现污染物智能化接收，船舶含油污水实现当地预处理。开展燃油快检943艘次、无人机遥测尾气125艘次。到港船舶使用岸电3.75万艘次、用电200.17万千瓦小时，比上年分别增96.58%、41.96%，岸电使用率居全省前列。

（海事局）

【湿地保护】 年内，市林业部门严格依法全面保护湿地资源，对湿地进行日常巡察工作，全年巡察12次。新建张家港市长江江心沙、江联沙2个湿地保护小区，自然湿地保护率提升到76.3%。多措并举探索湿地宣教，在第26个世界“湿地日”首次组织线上有奖问答活动，访问量达到16583次，参与15111人次，知识传播数32902个。在城市重要节点投放巨幅广告牌，宣传“长江大保护”“湿地日”主题。湿地日宣传信息被苏州市林业局、省林业局网站录用。深入探索“学校+湿地”模式，支持世茂小学获得苏州市林学会批复，成为苏州首家以学校为主的“苏州市湿地自然学校”。学校联合共建基地——暨阳湖省级湿地公园开展各类自然教育活动80余次。全面落实生态补偿，张家港市全年下拨湿地村生态补偿资金315万元。

（钱 利 俞 静 詹舒惠 孙玉会）

绿化造林

【概况】 2022年，全市投资建设重点绿化项目37项，总建设资金1.4亿元，涉及新增、改造绿化面积约100万平方米。“张家港湾滨江生态廊道建设”项目获2021年“江苏人居环境范例奖”称号，此项目景观设计获2022年度国际风景园林师联合会亚太、非、中东地区（IFLA AAPMEAwards 2022）景观设计杰出奖。至年末，城市建成

张家港湾生态建设 （葛志文 摄）

区绿地率为38.27%,绿化覆盖率为43.11%,人均公园绿地面积为15.22平方米。全市投入造林资金约1000万元,完成造林26.78公顷,实施森林抚育面积300公顷。全市林木覆盖率20.36%,位居苏州四县市之首。

【绿化工程建设】 年内,市财政投资3200万元,新建、改造各类绿化工程23个,建成南沿江城际铁路两侧绿化带工程一标段、港城大道(晨丰公路立交)绿化修复工程,新增、改造绿化面积10余万平方米。东渡游园景观绿化提升改造工程、"张家港湾"生态提升工程(江滩湿地修复提升)项目A区景观绿化工程等3个项目获评2022年度苏州市"园林杯"示范工程,东湖苑小区东侧地块公园(休闲公园)工程、梁丰初中西校区项目景观绿化工程等5个项目获评2022年度苏州市"园林杯"优秀工程。市林业局坚决执行制止耕地"非农化"、防止耕地"非粮化"要求,不违规占用耕地和永久基本农田开展绿化造林。围绕长江沿岸造林绿化行动,深挖造林潜力,切实抓好未利用地、边角地、废弃地、建设储备地、污染风险地,以及沿路、沿水、沿城、沿村、沿厂、沿田等十边隙地绿化,稳步增加森林资源总量。新建大新镇中山村伏兴三圩埭、四圩埭1个省级绿美村庄。

【绿地养护】 2022年,市住建局城区公共绿地养护面积678万平方米,四季草花养护面积2.3万平方米,养护行道树3.8万棵、景观造型树369棵、雕塑72个,管理考核13家绿化养护企业、5家草花养护企业、1家雕塑养护企业。结合张家港建县(市)60周年、张家港发展大会、长江文化艺术节、中共二十大等系列活动,在人民路、文化中心、沙洲公园等14个城市重要节点,采用绿雕、花境、护栏花箱等摆花设景形式,实施绿化节点改造提升,增设公益景观小品。结合文明城市创建,对公园、广场、道路隔离带等区域补缺12万余平方米,绿地内增设园路、汀步等560平方米,安装各类护栏1300余米,一干河西路、南苑路、长安北路等增补行道树69棵。做好绿化民生服务,全年办理社会综治网格化平台派单1586件,办结"12345"便民服务转办绿化求助事项284起,开展园林绿化沉积工单清理处置专项行动,30件沉积工单全部办结。市林业局农村市属绿化管护面积2512万平方米,全年拨付绿化土地租金5350.31万元,绿化养护资金3484.51万元。全年开展冬季片林清杂、交通安全隐患整治和小苗空缺补种专项整治工作,清理园林绿化垃圾822.5吨。7至9月,配合市交警大队、市交通局对G204、S604、G346等国省道进行绿化遮挡视线问题点位的排查并开展相应的修剪工作,主要是绿化遮挡指示牌、路口及中间隔离带通视三角绿化遮挡的问题,共排查修剪点位276个。对张杨公路、华昌路、滨江公园等绿地中小苗空缺地块进行补种,补种面积7400余平方米。市林业局坚持农村绿化管护月度考核制度,全年开展农村市属绿化养护考核12次,召开养护例会4次,办结"12345"便民服务转办绿化求助事项30起。

【林长制工作】 年末,全市有市级林长4人、镇级林长30人、村级林长472人。年内,组织市、镇两级林长巡林48次,召开林长会议22次,报送苏州信息67条,印发《张家港市林长巡林制度》,发布林长制年度工作计划要点,明确年度工作目标,压实各级党委、政府保护发展林业资源的主体责任。开展13个区镇(街道)林长制考核工作,提高镇级林长工作成效。3月11日,第一总林长、市委书记韩卫带领3名市级林长在香山开展巡林,了解林长制推进情况。7月,张家港市总林长、市长蔡剑峰主持召开全市林长会议暨申报国际湿地城市动员会,学习苏州市林长会议暨申报国际湿地城市动员会精神,研究部署林业工作。完成造林绿化26.78公顷、森林抚育300公顷。完成整改审计省级公益林问题图斑316个。新建长江湿地保护小区2个,自然湿地保护率达到76.3%。结合"湿地日""植树节""爱鸟周"等重要时间节点,开展各类宣传活动,受众人数8.5万人次。因森林资源和湿地资源管护成效明显,张家港市林长制工作获评省政府办公厅2022年督查激励和苏州市林长制激励县级市(区)。

(施卫东 钱 利)

【编辑 张 洁 陈佩蕾】

梁丰生态园 (许海斌 摄)

城市建设

Urban - Rural Development

市康养乐园　（市住建局　提供）

張家港年鑑(2023)

城市规划

【概况】 2022年，市自然资源和规划局履行规划职能，完成规划编制42项。编制完成《张家港市预支空间规模指标落地上图方案》《张家港生态空间管控区域调整方案》以及《张家港市加氢站布点及控制性详细规划（2021—2035）》《张家港市镇村布局（2021版）》2项专项规划。加快编制市国土空间规划总体规划，推动各区镇开展镇级国土空间总体规划编制。指导区镇完成《江苏扬子江国际冶金工业园（锦丰镇）总体规划（2016—2030）（2022年修改）》《张家港市金港街道长山周边地块控制性详细规划》《张家港市德积街道高端纺织材料产业园控制性详细规划》《张家港市塘桥老城区（TQTQ-05-07基本控制单元）控制性详细规划调整》等27项镇总体规划、控制性规划编制（调整）工作。指导区镇组织编制完成《张家港市大新镇新凯村村庄规划》《张家港市乐余镇九七圩村庄规划（2020—2035）》《张家港市德积街道永兴村村庄规划》等12项村庄规划。

【规划管理】 市自然资源和规划局贯彻落实《中华人民共和国城乡规划法》和《江苏省城乡规划条例》，严格执行规划委员会制度、规划公示制度、技术论证会制度等。加强规划实施的过程监督，做好规划批中、批后管理。全年完成规划验线103个、规划核实100个，发现和处理违法违章建设案件2起，实施行政处罚4000元。出具规划认定函移交市城管局248份，配合市综合行政执法局出具规划认定函123份，配合市行政审批局发放工商行政许可经营场所认定10份。做好信访工作，全年受理各类信访599件，接待到访群众93批151人次。加强信息公开工作，及时按照法律法规对各类规划进行公示、公开。在“张家港市人民政府”网站发布信息1087条。在“张家港自然资源和规划”网站发布信息270条（不含链接至征地信息公开平台和市政府网站的栏目）、不动产公告2250条。办理群众政府信息依申请公开169件。主办市人大代表建议6件、政协委员提案6件（其中市领导领办建议1件、政协集体提案2件），协办建议5件、提案17件。

【重点项目规划服务】 年内，市自然资源和规划局做好国泰中心、特殊教育学校、江洲饭店、电信乘航支局等项目规划服务工作。积极为京东长三角智能产业基地、江苏联峰实业、永钢集团80兆瓦发电、海锅新能源、变形积木新材料、苏州志益医疗、苏州众犇汽车部件、恒迪机械等重点项目提供全程规划指导服务，确保项目提前落地，尽早投产。对小型低风险项目免于方案审查，直接办理建设工程规划许可证。做好通苏嘉甬铁路地方道路配套工程、蒋农路、长兴路、兴联路新建工程选址，苏虞张轨道先导段规划选址初审。做好10千伏巷洲线48号—51号、杨锦公路—东二环（城区段）快速化改造10千伏线路、110千伏沙梁线8号—10号迁改工程规划管理工作。

【城市测量】 年内，市自然资源和规划局对江苏联峰实业有限公司、张家港华兴电力有限公司等331处的地形图进行修测和新测,保证地形图的现势性，为规划管理和规划设计提供翔实的科学数据。对市粮食供销总公司沙洲中心库三期扩建项目、福前村特色田园乡村配套用房、市教育局高新区小学、教师发展中心新建工程等132个建设项目进行建设项目竣工验收阶段的联合测绘，为规划核实和绿化验收以及后期的领取不动产证提供翔实的数据支持。完成垠坤凤凰南大全球校友会智造社区项目（11号—12号）、欧桥产业园一期工程等229个项目的规划放样测量，作为建设单位基础放样和细部放样依据。开展永兴热电蒸汽管道经开区线（凡润潞能）项目、正创新零售长三角数字产业基地项目等74个项目的控制点布设任务，为项目的精确定位提供控制基准。另外，全年共完成全市273个管线项目的规划监督测量，保证地下管线信息系统中数据的现势性。

【“三区三线”划定成果启用】 年内，张家港市“三区三线”划定成果（生态空间、农业空间、城镇空间，永久基本农田控制线、生态保护红线、城镇开发边界，这是调整经济结构、规划产业发展、推进城镇化不可逾越的红线）通过自然资源部审查并正式启用。全市划定耕地保护目标2.56万公顷，永久基本农田2.3万公顷、占稳定耕地的86.86%。生态保护红线共3处621公顷，包括市第三水厂饮用水水源保护区、双山岛省级湿地公园、暨阳湖省级湿地公园。城镇开发边界3.3万公顷，城镇建设用地扩展系数为1.2。

【《江苏扬子江国际化学工业园总体规划》通过评审】 6月20日，《江苏扬子江国际化学工业园总体规划》经过中国科学院南京地理与湖泊研究所、南京大学城市规划设计研究院、南京市规划设计研究院、中海油安全技术服务有限公司等部门的专家深入审查论证，通过评审。按照规划产业发展和空间布局的思路，园区总体产业规模、科技创新水平、智慧安全绿色生产等指标锚定全国化工园区前列的目标，产业规模和质量将实现全方位跨越。以新一代信息技术和智慧应用为支撑，整合园区内外资源，实现人、物、园区功能系统之间无缝衔接与协同联动，形成具备可持续生命力的安全、便捷、高效、绿色、低碳的园区形态。规划2020年至2025年（近期）为化工园区转型发展期，力争实现主营业务收入1000亿元、利税300亿元；2026年至2035年（远期）为化工园区高质量发展期，到2035年力争实现主营业务收入2000亿元、利税约600亿元。

（钱　利　苏栋汇）

城区建设

【概况】 年内，市建筑工务处承担集中建设项目32项，总建筑面积59.39万平方米，投资概算40.85亿元。梁丰高级中学创建“江苏省高品质示范高中”项目、沙洲中学北校区新建工程、南苑幼儿园北园(暂定名)新建工程、市公安局业务技术用房新建工程(警务中心建设工程)、实验幼儿园斜桥园区新建工程、市第一人民医院急诊医学中心、市未成年人关爱保护中心改造工程、市犬类留验所易地新建工程、沙洲中心库三期扩建、云盘小学沙洲湖校区和教师发展中心新建(一期、二期)10个项目竣工。梁丰幼儿园南园区新建工程、高职园区中专学校新建工程、特殊教育学校改造提升工程、市总工会综合楼改建工程项目、万红小学综合楼新建工程、实验小学南校区综合楼重建工程、武警张家港中队训练馆、实验幼儿园北园区新建工程等实事工程、重点工程按计划推进。科普路、镇中路等15项市政项目新建，里程8.27千米，面积14.9万平方米；泗闸路、小河坝路等3项市政项目改造完成，里程2.2千米，面积5.7万平方米。科普路、镇中路、小河坝路等5条城区道路先后竣工通车。新改建公厕41座，“港城e停车”智慧收费管理系统不断完善，有59个停车场3327个泊位纳入规范化管理。

表10　　2022年张家港城区部分重点工程建设情况表

项目名称	工程概况	进展情况
市公安局业务技术用房新建工程(警务中心建设工程)	占地2.33公顷，工程概算14260万元(不含征地及设备设施费用)	2020年3月开工，2022年11月竣工
梁丰高级中学创建“江苏省高品质示范高中”项目	新建课程综合实践中心(综合楼)、体育运动综合馆，改建图文信息楼、实验楼、艺术楼、会议中心及宿舍楼	2020年11月开工，2022年7月竣工
南苑幼儿园北园(暂定名)新建工程	占地5667平方米，办学规模4轨12班，建筑面积5500平方米(含地下停车场)，工程概算3000万元(不含拆迁征地费用和内部设施费用)	2021年2月开工，2022年11月竣工
实验幼儿园斜桥园区新建工程	占地8000平方米，办学规模6轨18班，建筑面积6500平方米，工程概算3000万元(不含内部设施设备及征地费)	2021年6月开工，2022年12月竣工
市未成年人关爱保护中心改造工程	利用市儿童福利院原有设施综合改造为市未成年人关爱保护中心办公、活动和生活等场所，以及区域性儿童福利机构服务场所，改造面积2500平方米，工程概算750万元	2022年7月开工，2022年12月竣工
云盘小学沙洲湖校区、教师发展中心	占地3.8公顷(含教师发展中心用地1公顷)，办学规模6轨36班，建筑面积2.7万平方米(含教师发展中心用房7000平方米)，工程概算1.35亿元(不含内部设施设备及征地费用)	云盘小学沙洲湖校区、教师发展中心B：2021年3月开工，2022年12月竣工；教师发展中心A：2022年7月开工，计划2023年8月竣工
市第一人民医院急诊医学中心	市第一人民医院东南角，占地3653平方米，建筑面积1.6万平方米，工程概算1.13亿元	2021年8月开工，2022年12月竣工
高职园区中专学校新建工程	占地22.67公顷，建筑面积21万平方米，工程概算17.3亿元(含征地拆迁费及设备设施费)	2021年5月开工，计划2023年7月竣工
梁丰幼儿园南园区新建工程	选址于暨阳湖大道北侧，赵庄路东侧，占地6667平方米，办学规模5轨15班，建筑面积6850平方米。工程概算3950万元(不含内部设施费)	2022年7月开工，计划2023年12月竣工
特殊教育学校改造提升工程	拆除1幢教学楼，新建1幢综合楼，建筑面积5600平方米，工程概算4400万元(不含内部设施费用)	2022年10月开工，计划2023年12月竣工

【城市更新】 3月，市政府办印发《张家港市既有建筑危险住房解危指导意见》。11月，市委办印发《关于扎实开展城市更新行动的实施方案》。是月，市城市更新工作领导小组成立，同时市城市更新中心(筹)成立，作为城市更新工作常设机构，具体负责相关工作。成立市城市保护发展公司，进一步整合资源，对接社会资本，作为城市更新的重要市场主体之一，开展城市更新体检和城市更新专项规划编制工作。对接金融机构、国资平台，启动城市更新基金成立工作。广泛收集民意、明确需求，对城中村更新、危旧房解危、老旧工业区改造提升等城市更新方案进行深化设计，探索形成适合张家港实际的城市更新模式和路径。试点推进以老旧小区综合改造、口袋公园建设、背街小巷改造等为代表的城市更新项目，2021年、2022年，对花园浜南村、南苑新村、沙工新村、小河坝新村、万红二村5个小区的部分区域实施改造，涉及住宅楼59幢，住户2331户，总建筑面积17.7万平方米，总投资7300万元；建设30个口袋公园，总面积约6万平方米，总投资2500万元；对百灵弄、体育弄、

“橙”趣无限口袋公园 （市住建局 提供）

拾房园路、桂花路、龙须弄、范庄路6条背街小巷进行改造，总投资1500万元。

【新区建设】 年内，城东新区不断刷新颜值提升功能，以“化茧成蝶”为设计主题打造的张家港站前广场蝴蝶天幕实现展翅亮灯，完成广场周边景观绿化工程。发挥黄泗浦生态公园地理、资源优势，重点打造黄泗浦鹿鸣初心会客厅。市实验小学乘航校区、市第一中学东校区实现主体封顶。做好医养产业前期筹备工作，深化市区人民路两侧健康养老公寓、老年病专科医院设计方案，优化市中医医疗中心基础设施功能配置。城西新区持续升级配套设施，全面推进城西文体广场一期项目（精神文明建设张家港研究与交流中心）扫尾、验收工作。市第六中学易地新建项目开工建设。城北新区不断完善生活服务设施，天然气东莱门站扩建工程全面竣工，信义光伏、杨锦公路（东莱门站—兴南路）高压燃气管道工程实现通气。

（童 惠 姚亚运）

集镇建设

【概况】 年内，世界级跨江工程张靖皋大桥全面开工，总投资9000万元的澄杨路改造工程接近尾声，乐橙商业广场等商业综合体开业，静脉产业园垃圾焚烧项目建成投产。锦丰镇完成各类城市基础设施维修100项。塘桥镇安置房建设累计建筑面积143万平方米，总投资额72.24亿元。乐余镇持续加快总建筑面积82万平方米的临江福苑安置房建设，1114套面积18万平方米的扶海花苑三期和乐江花苑三期二标段安置房竣工并通过验收。凤凰镇投资7500万元新建徐市幼儿园，投资3500万元建设恬庄农贸市场，投资1600万元对凤凰农贸市场进行标准化改造，投资2900万元建设新凤社区青少年活动中心，投资2980万元建设凤凰中学体艺楼项目。南丰镇总投资7.5亿元的瑞丰小区（年丰新村安置房三期）进入主体结构施工，学校基础设施提升改造纳入政府实事工程。大新镇总建筑面积44.9万平方米的2848套安置房依期推进建设。常阴沙现代农业示范园区投资1.1亿元、总建筑面积4.3万平方米的禾丰佳苑五期（5号至11号）安置房项目完成土建及室外配套施工，投资5500万元的常顺和常瑞标准型厂房项目完成建设。金港街道建成区建设总投资19.31亿元，其中市政公用设施投资1.11亿元。后塍街道学勤广场景观改造工程完成。德积街道江苏德积高端纺织产业园项目一期交付使用。

【锦丰镇建设】 锦丰镇有集镇6个，建成区面积26.53平方千米，其中中心镇区建成区面积15平方千米、沙洲新城建成区面积7.65 平方千米。全年有环境整治、二干河驳岸改造、规划建设等动迁项目5项，投入动迁资金1.67亿元，其中企业动迁补偿9300万元。完成签订企业动迁协议8家，拆除厂房4家4.52万平方米；完成农户动迁协议签订107户，拆除农房104户2.16万平方米；安置动迁户1634户2084套房，主要安置在悦兴花苑、合兴花苑、悦来五村、悦来六村、永盛花苑、大南六村等小区。星火村安置小区、大南六村二期、永盛花苑三期竣工交付，港邻花苑、悦隆花苑安置房建设有序推进，竣工交付安置房713套。锦丰第二中心小学、锦丰初级中学改扩建和沙洲初级中学一期启动筹建，永盛幼儿园主体施工中，五棵松科创园二期进入收尾阶段。完成各类城市基础设施维修100项。投入267.16万元，新建供水管道14.03千米。全年供水1370万立方米。新建各类排水管道19.97千米，其中污水管道长度19.85千米、雨水管道120米。完成集贸市场雨污管网升级改造工程。污水处理厂一期改造完成，二期投入使用，污水处理装置年处理能力6万立方米，比上年翻一番。新建停车场3000平方米，停车位1418个。打通合兴横套，铺设暗管，完成水系循环，有效解决北侧河道末端“脏乱差”问题。“退二还一”低效企业复垦10.07公顷，锦丰镇获评苏州市美丽宜居乡镇。锦乐路改造、信义光伏西侧道路工程、锦丰镇区老城区配套停车场竣工，杨锦公路快速环线衔接线快速推进。投入197万元，对149.71千米农村公路路面路基、沿线附属设施及45座乡村道桥梁开展小修保养，维修路面1.2万平方米。投入26.3万元，聘请专业第三方单位开展乡村道技术状况自动化检测，全镇乡村道综合优良路率95.1%，创业路获评“苏州市美丽农村路”。投入169.33万元，实施锦绣路跨一干河拱桥见新工程，对锦绣路一干河大桥、五棵松大桥、郁家桥3座三类桥进行维修加固，6月27日加固工程全部竣工恢复通车。全镇45座农村公路桥梁技术状况均保持在二类及以上等级，完成桥跨二干河通航桥梁防撞整治。投入超1亿元完成63号、64号、66号3个达标区建设任务，对油车港、合兴横套等劣V类水体实施治理。完成67条道路、4694杆路灯智慧化改造，实行能源托管。加快推进特色康居示范区建设，完成金沙洲特色康居示范区项目、临江福地特色康居示范区项目建设，金沙洲特色康居示范区通过苏州市验收，新增特色康居乡村14个。开展以“四清一治一改”（清理常年积存垃圾、清理河塘沟渠、清理无保护价值的残垣断壁、加大乡村公共空间治理、加快改变农民生活习惯）为重点的村庄清洁行动，新增苏州市农村人居环境整治提升工作示范村3个、省生态美丽宜居示范村1个。完善垃圾分类基础设施建设，常态化推进垃圾分类星级小区建设，新增苏州市三星及以上垃圾分类星级小区12个。投入246万元，疏浚镇村河道55条，覆盖全镇13个行政村，疏浚长度53.5千米，完成土方32万立方米。投入123万元，完成拆坝8条，建桥8座。开展镇级河道整治民生实事环境提优项目，投入332万元整治南中心河、老悦来横套、老三干河、常通港等镇级河道4条。改造护岸2.4千米，绿化完成1.12万平方米，治理总长度3.1千米。投入520万元完成耕余、新港区域水系连片治理项目，采取河道疏浚、水岸清障等综合整治措施，完成2个片区整治，建成生态幸福河湖14条。投入72万元改造排涝站26座、圩口闸提标10座，实施南中心河二干河西排涝站、牛市排涝站等36处小农水设施的整修及提标改造。 （茅　华）

【塘桥镇建设】 塘桥镇有集镇7个，建成区面积15.68平方千米，其中中心镇区面积10平方千米。年内，安置房建设累计建筑面积143万平方米，总投资额72.24亿元。新开工建设胡同新村西B区、韩山花苑五期、巨桥花园一期等3个安置房项目，共36.8万平方米2077套。竣工妙景小区三期B区、妙景小区三期C区、韩山花苑三期东区、华芳老铜厂地块安置房，共17.3万平方米1033套。持续推进青葵雅苑、花园小区三期北区、花园小区五期北区、胡同新村西A区、韩山花苑四期等11个安置房建设。九年一贯制学校项目、鹿苑中学综合楼交付，稳步推进蒋家村教育用房、金村村教育用房工程建设。完善民生工程建设，开展福善堂二期、妙桥卫生服务中心二期、王家花园二期等工程建设。优化市政路网及景观环境建设，继续推进荟萃路等城市道路框架搭建，完善AI城际空间站配套基础设施建设，启动豪群河、星弈河等河道改造项目。投资约3000万元建设完成何桥村农村生活污水治理工程，新建农村生活污水管网19.3千米，治理407户农村生活污水。改造道路2.07千米，新增各类绿化1.87公顷。拆除违章搭建面积51.64万平方米。治理劣V类河道27条，疏浚河道49条，拆坝建桥5座，新建引排闸站1座。建设生态美丽河道10条，加高加固永南河圩堤850米，新建四干河临时防洪排涝泵站1座。新建四分类房15个，添置分类垃圾桶150余个。改造提升公厕25座，新建“无废新城”综合处置中心，实现“前端分类投放、中端分类收运、末端分类处置”的完整闭环。完成18个垃圾分类星级小区创建，其中一星级17个、四星级1个，拆除不规范户外广告318处。优化38个公共自行车站点、875个投放桩位、700余辆公共自行车及1200余辆哈啰共享助力车220余个借还车点位，实现城镇通借通还。 （卢嘉辉）

【乐余镇建设】 乐余镇有乐余、兆丰2个集镇，建成区面积8.7平方千米，中心镇区建成区面积5.8平方千米。年内，持续加快总建筑面积82万平方米的临江福苑安置房建设，1114套18万平方米的扶海花苑三期和乐江花苑三期二标段安置房竣工并通过验收。改造老旧小区15个，建设口袋公园2处，恢复绿化12万平方米，更新26套汽车道闸和17套人行门，增设停车位1680个。推进净谷区域永乐路、永兴路项目建设，完成永兴路建设并通车。在兆丰办事处开展排水达标区创建工作，对兆丰办事处零星沿街住宅楼、小散乱排水户进行截污纳管工程配套，对劣V类水体周边未截污纳管开展截污纳管治理。完成星辰花苑污水管道改造、兆丰教堂周边老旧小区污水管网改造。完成双桥工业安装有限公司厂区及周边人民路雨水管网系统疏通、清洗，厂区雨污分流施工。完成快乐新村等530户天然气管道的主管道铺设，并陆续开展入户管道施工作业。完成全镇479家非居民燃气用户排查工作，完成82家非居民燃气用户的“瓶改管”“瓶改电”工作。投入1461万元新建的生活垃圾中转站正式运行，乐余商贸街建成全市首条垃圾分类示范街，乐余镇获评

塘桥镇花园村安置房建设 （苏玉琦　摄）

农村生活垃圾分类省级试点乡镇。建成江豚湾生态乐园、乐利开心农场等农文旅项目，高标准建成乐港河健身步道。建成省级生态河道3条、污水提质增效达标区3个。加快美丽乡村建设，永乐村获评省级生态宜居美丽乡村示范村。 （孙雁群）

【凤凰镇建设】 凤凰镇有集镇6个，建成区面积16.6平方千米，其中中心镇区面积7.37平方千米。年内，恬庄花苑5幢安置房、鸷山花园一期保障安置房共4.25万平方米、280套住宅完成建设并交付。便民服务中心辅助用房、凤凰医院发热门诊用房、港口学校二期工程、黄泗浦巡检司等项目建成投用。投资7500万元建设徐市幼儿园新建工程，投资3500万元建设恬庄农贸市场，投资1600万元对凤凰农贸市场进行标准化改造，投资2900万元建设新风社区青少年活动中心，投资2980万元建设凤凰中学体艺楼项目。投资5521万元创建凤凰、港口办事处共2.57平方千米污水处理提质增效达标区。完成桃园路1.23千米改造，对全镇27座城镇桥梁、143座市政桥梁和4座农路桥梁定期检测。新增成片林1.6公顷，新增城镇绿化约3公顷。天然气接管居民用户2266户、工业用户3户、商业用户5户。打造"康居"品牌，建成涉及13个行政村18个点位的苏州市特色康居乡村，"桃花源"特色康居示范区通过苏州验收。"古镇新韵，美丽凤凰——江南桃源小镇项目"获江苏人居环境范例奖。持续做大肖家巷特色田园乡村农文旅融合优势，双塘村入选2022年江苏省乡村旅游重点村。启动山甸巷特色田园乡村建设。提升河长制改革工作，创建省级农村生态河道10条、市级幸福河湖13条。推进产业用地更新，完成"退二优二"14公顷、"退二还一"12公顷。 （谢凤姣）

【南丰镇建设】 南丰镇有集镇7个，建成区面积7.8平方千米，其中镇区建成面积4.32平方千米。年内，年丰新村安置房二期B区完成房建收尾、室外配套管网及道路施工，建筑面积9.1万平方米，房屋10幢568套。总投资7.5亿元的瑞丰小区（年丰新村安置房三期）进行主体结构施工，建筑面积20.1万平方米，房屋19幢1367套。总投资12亿元的泗兴佳苑安置房五期完成桩机打桩，建筑面积23.66万平方米，房屋17幢1467套。动物防疫站改造、泗兴佳苑卫生服务站、环卫工作站等工程竣工交付使用。学校基础设施提升改造纳入政府实事工程，投入1000余万元完成南丰中学管弦乐团训练教室、食堂、校园绿化、自来水和消防用水管网、雨污分流、厕所、教室照明等基础设施改造提升以及智慧校园、智慧安防、升降课桌椅等设施装备优化。投入230万元完成南丰小学智慧教室、智慧安防和空调等设施装备优化。投入480万元完成南丰幼儿园室外活动场地、厕所、屋面等基础设施改造提升。投入100余万元改善南丰实验幼儿园教学环境和设施装备。疏浚镇村河道20条，对3座排涝站、3座圩口闸更新改造，完成和平村、永丰村等10条村组河道幸福河湖改造工程，完成镇级河道洞子港北段、北中心河东段、市级河道五干河岸坡河道综合整治工程。完成南丰南路沿街、民丰南路沿街、民丰一期、民丰二期、金陵小区等区域雨污分流改造。完成101.62千米雨水管网、91.63千米污水管网实时影像检测，并同步推进管网修复。完成新德村、建农村农村生活污水设施改造。完成兴丰路南延（南丰东路—建工大道）项目主体施工。开展东沙常福路及跃盛路道路维修、景观绿化、沿线围挡工程、张家港高新区江南智能制造产业园立标工程、路灯改造工程及零星整治工程。完成年丰新村二期B区景观绿化工程，新增造林1.15公顷。 （徐永方）

【大新镇建设】 大新镇有集镇2个，建成区面积13平方千米。年内，全面启动城镇和低效产业用地更新，科学划定国土空间总体规划"三区三线"，建设先进制造业特色园区，打造高质量项目承载地。总建筑面积44.9万平方米的2848套安置房依期推进建设。打造无违示范路，共治违4.34万平方米，其中西南片区治违2.7万平方米。兴联路新建工程、新乐路拓宽改造工程、平凝路污水管网改建项目等市政、绿化、污水工程有序实施。金海岸工业园一期、新联先进制造产业园全面投用，新港工业园竣工交付，丰泰加油站、乐橙商业广场开业运营。中山村"稻花乡俚"特色康居乡村建设项目加速推进，苏州市级康居示范区通过验收。生态治理成效显现，$PM_{2.5}$平均浓度每立方米26微克，比上年减11.6%，地表水达到或好于Ⅲ类水体比例100%，朝东圩港沿江公路桥断面进入苏州国省考断面月度红榜名单。完成劣Ⅴ类水体整治2条，建设生态美丽河湖6条。精准攻坚"333"行动，深入创建卫生城镇，获评国家卫生镇（2022—2024年），建成苏州市农村人居环境整治工作提升示范镇，中山村建成苏州市农村人居环境整治示范村。 （钱芳瑜）

【常阴沙现代农业示范园区建设】 常阴沙现代农业示范园区有集镇1个，建成区面积2.2平方千米。年内，完成国土空间规划中"三区三线"划定工作，完成常兴社区村庄规划修编工作。投资 1.1亿元、总建筑面积4.3万平方米的禾丰佳苑五期（5号至11号）安置房项目完成土建及室外配套施工。投资800万元、总建筑面积3000平方米的珠江小区二期按期交付分房。开展既有建筑安全大排查大整治专项行动，排摸既有建筑10084幢，总建筑面积264.57万平方米，形成隐患清单并录入苏州市房屋安全使用平台。园区创成苏州市"江畔田园"特色康居示范区。投资5500万元的常顺和常瑞标准型厂房项目、投资435万元的常阴沙农业综合服务中心室内装饰项目、投资120万元的常阴沙农村生活污水治理项目、投资100万元的常兴社区智慧乡村项目完成建设。投资1300万元、总面积1618平方米的常阴沙客运中心完成土建施工。实施高标准农田改造提升86.67公顷，养殖池塘生态化改造项目12.47公顷。持续发展循环农业，总投资5000万元的地和循环农业有机废弃物综合再生利用项目建成投产，年内收贮水稻秸秆超1000吨。以庆祝张家港建县(市)60周年和“乡村振兴、筑梦田园”为主题,继续打造常北社区两幅稻田画。疏浚河道47条,完成土方13.3万立方米。提标改造6座排涝站和22座圩口闸,整治河道13条,新建护岸5.7千米,整坡5.8万平方米,建成生态美丽河道12条。新增绿化面积1.18公顷,拆旧复垦土地2.4公顷。（陈佩蕾）

【金港街道建设】 金港街道有集镇3个,建成区面积29平方千米,村庄建设用地面积1362公顷。年内,建成区建设总投资19.31亿元,房屋投资18.2亿元。其中,住宅投资17.93亿元、公共建筑投资1700万元、生产性建筑投资1500万元,房地产开发13.23亿元,市政公用设施投资1.11亿元。建成区住宅实有建筑面积403.98万平方米,公共建筑实有建筑面积49.66万平方米,生产性建筑实有建筑面积84.66万平方米。建成区供水管道319.1千米,用水、用气人口66554人。道路长度300.75千米,道路面积320.4万平方米。污水年排放总量1601万立方米,污水处理厂日处理能力5万立方米,年污水处理总量1580万立方米,排水管道长度166千米,排水暗渠长度40.2千米。绿化覆盖面积1085公顷,绿地面积1085公顷。设生活垃圾中转站4座、公共厕所20座,有环卫专用车辆17辆。年生活垃圾清运量、处理量4.3万吨。村庄住宅实有建筑面积135.6万平方米,公共建筑实有建筑面积5.37万平方米,生产性建筑实有建筑面积96.2万平方米。村庄供水管道长度121千米,用水、用气人口111422人。村庄内道路长度262.5千米,道路面积103.6万平方米,排水管道沟渠长度63.2千米。使用无害化卫生厕所12569户,年生活垃圾清运量7.28万吨。完成中德社区、中南社区、长欣社区、长江路等区域1.05万平方米绿化补种工作,完成天台北路、蟠港北路、长江路、南沙大街等区域530棵树修剪工作。投资400万元完成港西中路路面改造、天永路路面维修、三甲里南路道路坑槽填补及南延安全隐患部位水泥路面整修、石头港路路面坑槽填补、港阳路水泥路面修补、江海南路水泥路面及道板修补、东港路路面坑槽沥青填补、三甲里路道板维修,长江路、镇山路、中圩路、黄泗浦路侧石修补等修补工程,路面修复面积1万平方米,侧石2900米,道板4800平方米。整改“小散乱门面店整治工程”点位23个。拆除违建点位65个,拆除违建面积12.9万平方米。排查126户“三类人员”及4200户2000年以前建成老旧小区瓶装气用户燃气隐患,并更换问题灶管阀。投资259.17万元改造供水管道226.9米,新建供水管道7891米。投资538.93万元改造户表1230组,投资79.72万元周检更换水表3002组。投资10万元拆坝1条,建桥涵1座。投资680万元建生态河道22条,新建生态砌块挡墙1.1千米、木桩挡墙1.2千米。投资300万元整治张家港河坡岸坍塌,新建生态石笼600米。（邱亚峰）

金港街道办公区域无障碍设施（金港街道　提供）

【后塍街道建设】 后塍街道有集镇1个,建成区面积4平方千米。年内,组织村、社区持续开展既有建筑安全隐患排查,排摸房屋建筑15010栋,其中城镇3246幢、农村11764幢,并完成平台数据输入。总投资9000万元的澄杨路改造工程接近尾声;总投资200万元的人民路沥青路面完成改造,铺设沥青路面8085平方米。完成学勤广场景观改造工程,对原广场南侧向外扩9.5米,增加广场面积。完成集镇区主干道燃气管网铺设(含中华路、东隆西路、东隆东路、塍南路、人民南路、文星路),总长度3.95千米,总投资550万元。完成新塍菜场雨污分流改造,改造雨水管300米、污水管440米,完成达标区小散乱门店水环境综合治理工程,整治雨污混流点位21处。完成3条劣V类河道销号,2条河道通过“生态河道”验收。完成对辖区12家涉挥发性有机物企业源头替代、活性炭更换、废气处理设施提标升级改造专项整治工作。开展辖区内18家涉磷企业规范化整治,涉磷企业按照分级分类,优化生产工艺,完善治污设施。（邱晓华）

【德积街道建设】 德积街道有集镇1个,建成区面积5.7平方千米。年内,江苏德积高端纺织产业园项目一期12月27日交付启用,世界级跨江工程张靖皋大桥全面开工。推动法治广场改造、学前路拓宽、老菜场雨污分流、德丰小区三期安置房建设等一批民生实事工程。维护区域内市政设施,共维修混凝土路面2770平方米、道板650平方米,更换破损井盖1258个,维修树围94个,投入160余万元增设主次干道与居民小区车位722个。投入265.6万元,进行安置小区房外立面零星修缮、屋面防水、公共部位涂料、公共楼道内楼道灯修缮。开展安全生产百日攻坚,查改工业企业、九小场所等各类隐患4644处,移送违法行为28起。检查(群)租房、“9+1”场所3200余户,整改隐患1800余个。纠治千禧南路违章建筑等涉违点位338个,共18.35万平方米。推进行业企业消防通道专项整

德积街道永兴村风貌 （德积街道 提供）

治行动，排查企业281家，拆除影响消防通道违章建筑8000平方米，整改安全隐患298处。推进“德美共创”大环境提升提质专项行动，清理农村道路、河坡沿岸各类垃圾超2700立方米，归整乱堆乱放近6000处，提升村组河道149条。完成7条幸福河湖建设，其中永兴村8号河、朝南村45号河成功创建为苏州市级幸福河湖。

（张 翼）

公用事业

【概况】 2022年，全市继续推进以供电、供水、供气、污水处理等设施建设为重点的公用事业基础设施建设。张家港电网完成北控环境再生能源（张家港）有限公司新建垃圾焚烧发电项目送出工程、永河变1号主变扩建工程。新建供水管网101.8千米，改造供水管道37.8千米，新增天然气管道118千米。金港污水处理厂二期扩建项目建成投运。市政服务中心新安装路灯1400余盏、景观灯2.3万套。市公用事业管理处翻修沥青及水泥混凝土路面1.3万平方米，新增及翻铺人行道1.6万平方米，维修游园广场道板及木地板1600平方米、油漆1380平方米。5个海绵化改造工程被评为2022年度苏州市海绵城市建设示范项目。

【供电】 2022年，全市全社会用电量321.79亿千瓦小时，比上年增0.02%；日最高网供电量9600万千瓦小时（8月3日），比上年日最高网供电量下降424万千瓦小时。最高用电负荷472.53万千瓦（8月5日12时42分），比上年最高用电负荷下降26.97万千瓦。年平均负荷率90.68%，比上年增0.23个百分点；线损率0.95%，比上年降0.26个百分点。农网电压合格率为99.999%，城市、农村供电可靠率分别为99.9956%、99.9935%。全市平均电价为每1000千瓦小时711.6元，比上年增76.92元，回收各类电费194.37亿元。全年完成业扩报装户数4.79万户，完成容量152.8万千伏安。至年末，全市拥有500千伏变电站3座，主变6台，容量550万千伏安；220千伏变电站16座，主变37台，容量768万千伏安；110千伏变电站43座，主变88台，容量471.7万千伏安；35千伏变电站5座，主变10台，容量18万千伏安。至年末，35千伏及以上线路233条，共计1675.68千米。其中，220千伏线路64条，长度629.03千米，架空长度624.1千米、电缆长度4.93千米；110千伏线路108条，长度735.79千米，架空长度621.37千米、电缆长度114.42千米；35千伏线路61条，长度315.79千米，架空长度257.25千米、电缆长度58.54千米。10千伏变压器10191台，容量531万千伏安，线路949条，总长度6480.19千米，其中电缆长度3265.37千米；20千伏线路19条，回路长度71.09千米，电缆长度40.24千米。380伏线路7172.82千米，其中电缆长度3976.9千米；220伏线路8.95千米，其中电缆长度1.87千米。

【供水】 全市有地面水厂2座，日供水能力80万立方米；应急备用水源厂1座，日取水能力30万立方米。年内，加强供水能力建设，自来水深度处理项目建设全面完成投入运行，自来水深度处理率100%。推进老旧供水管网改造，新建供水管道101.8千米，改造供水管道37.8千米，全市内径75毫米以上供水管道总长达到4404千米。全市年总供水量1.66亿立方米，总售水量1.5亿立方米，最高日供水量53.41万立方米，水质综合合格率100%，管网漏损率8.99%。年末，全市有自来水用户652488户。

【供气】 全市有大型液化石油气中转站1家、管道燃气公司1家、民用液化石油气储罐场7家、工业液化石油气储罐场1家、汽车液化石油气加气站1家、LNG汽车加气站7家、瓶装液化石油气供应站点23家。全年新增天然气管道118千米,新增投资6671.87万元,累计天然气管网长度2238千米;新增工商用户260户,累计签约2412户;新增居民配套用户2.3万户,全市累计配套用户36.5万户。全年天然气供应总量5.65亿立方米,比上年增1186.4万立方米。全市天然气日均用气量154万立方米,日高峰用气量202.14万立方米。

【污水处理】 年内,金港片区污水处理厂二期扩建项目建成投运,全市新增污水日处理能力2.5万立方米。至年末,全市有城镇生活污水处理厂9座,污水日处理能力35.5万立方米。其中,市区4座,污水日处理能力17.5万立方米,分别为第一污水处理厂、第二污水处理厂、第三污水处理厂和城南污水处理厂;镇区5座,污水日处理能力18万立方米,分别为金港片区污水处理厂、锦丰片区污水处理厂、塘桥片区污水处理厂、乐余片区污水处理厂和常阴沙污水处理厂。全年处理城乡生活污水8409万立方米,平均进水化学需氧量浓度每升244毫克,尾水排放合格率100%,处置污泥6.93万吨,污泥无害化处置率100%。

【路灯管理】 2022年,市市政服务中心以城市照明专项规划为指导,持续创新"掌灯人"特色服务品牌,高质量完成民生实事项目——城市靓化工程,根据建设计划有序推进照明工程建设,包括老旧小区改造工程,道路及游园广场大中修工程,城区背街小巷改造工程,公园城市与城市微更新项目一、二、三期照明工程等,共安装路灯1400余盏、景观灯2.3万套。年内处理数字化案卷、"110"转接报修、市民电话报修等400余起,维修路灯3800余盏、景观灯1.6万套,辖区道路照明设施平均亮灯率99%,事故及时处理率100%。抽查区镇道路209条,抽查路灯22614盏,及时通知相关区镇排除照明安全隐患。

【市政养护和管理】 市公用事业管理处全年翻修沥青及水泥混凝土路面1.3万平方米,完成沥青路面灌缝2.6万米,新增及翻铺人行道1.6万平方米,维修游园广场道板及木地板1600平方米、油漆1380平方米。结合更高水平文明城市创建,修复破损沿街门店台阶560处,整改无障碍设施749处、路名牌410处。开展桥梁日常养护工作,对159座城市桥梁进行常规定期检测,维修桥梁病害问题430余处,完成桥梁信息牌制作安装工作。及时接处各平台市民求助3168件。开展第二批城市道路塌陷隐患排查工作,排查城区道路73条、278千米车行道,发现各类地下病害问题23处,全部落实相应措施。完成《张家港市城市桥梁应急预案》《张家港市地下市政管线应急预案》《张家港市城市道路、游园广场突发塌陷事件应急预案》的编制及专家评审工作。开展城区市政道路、广场现状调查,编制市政道路及广场大中修、改造四年计划。全年养护工程资金投入1500万元。通过网上审批系统,及时受理市政设施建设类(城市道路、城市桥梁)审批195份,发放许可证176份。发现处置市政违章行为为29起,落实临街开放式场地管护责任主体5家。牵头开展城市地下管网安全生产专项整治工作,协调管线单位完成隐患点位整改981个,启动第四轮城市地下管网窨井盖提升整治工作,各管线单位累计查改地下管网窨井盖问题610件。严格市政工程施工企业及监理企业市场行为考评,累计开展市场行为交底34次、现场考评68次、标后合同履约考评46次,发出整改通知书4份。开展市政项目防疫专项检查2轮,共检查在建项目40余项。全域化推进海绵城市建设,将海绵城市建设纳入质监范畴,全市新增海绵城市建设项目18项,总面积89万平方米。张家港百桥路(泗杨路—梁丰路)海绵化改造工程、万红小学南侧广场及周边道路海绵化改造工程、青少年社会实践基地2号楼南侧广场海绵化改造工程、城区背街小巷改造工程、新建赵庄小学5个项目获评2022年度苏州市海绵城市建设示范项目。牵头集贸市场周边老旧小区通信线路整治,完成12个小区、478幢房屋、1.3万户住户的架空管线梳理规整工作。完成城区部分道路大修(背街小巷改造)、道路及游园广场大中修、城区交通拥堵点改造等工程,提升基础设施功能。

【绿化行业管理】 年内,市绿化部门完成新建居住区及商业项目的配套绿地率方案审查10个、项目配套绿化竣工验收备案24个,总计新增绿地面积35.83万平方米。办理涉绿行政许可事项57件,其中涉及树木搬迁24件,临时占用15件,永久占用18件。更新完善《张家港市市区园林绿化应

街头绿化　　（市住建局　提供）

急抢险预案》，常态化组织开展园林绿化安全生产大检查，对绿化养护管理、绿化工程施工、园林机械操作、人员安全保护、扬尘防治、防台抗汛、新冠防疫等组织专项检查。投资140万元，对张家港建成区及周边共计69平方千米范围内的园林绿化数据进行采集更新，并对普查成果进行入库存储，为园林绿化日常精细化、标准化、科学化管理提供数据支撑。制定《张家港市园林绿化企业信用评价日常考核方案（试行）》，配合苏州市园林局，完成全市绿化企业信用信息系统中相关资料审核工作，并开展在建园林绿化项目的日常考核，完成属地主管部门的日常检查分录入。依托市风景园林学会平台，开展“盆景绑扎”、农药使用安全、供电安全等技能培训，提升绿化行业队伍技能水平。组织开展2022年度张家港市花境制作比赛、花箱制作竞赛。推荐选手参加全国“福菊杯”花卉园艺职业技能竞赛、苏州市绿化工职业技能竞赛、盆景工职业技能竞赛等活动，陈铭辉、张丰获全国“福菊杯”花卉园艺职业技能竞赛二等奖、徐敏丰获苏州市绿化工职业技能竞赛三等奖。陆洪鑫劳模创新工作室成立，围绕园林绿化新材料、新工艺、新品种运用推广、园林工艺工法创新、设施设备研发等主题，开展技术攻关、课题研究等实践创新工作，年内，陆洪鑫创新工作室开展光伏景观廊架、屋顶智慧管养、城市更新实践等园林绿化科研项目探索，获苏州市劳模创新工作室。

【人防建设】 2022年，市人民防空办公室组织人员参与国防动员委员会组织的演习和保障任务，参加苏州统一组织的区域联动训练、“苏锡常”人防办机动联训，先后组织3次三级指挥信息系统联训。开展准军事化训练，完成人防专业队整组、资料收集上报等工作。完成医疗救护专业队、抢险抢修专业队带装备进人防专业队工程实地演训活动。完成苏州试点任务《指挥所保障方案》编写，完成新增警报的布点和年度警报巡检工作。常态化推进重要经济目标防护建设，完成“9·18”防空警报试鸣任务，全市各类警报以及450块公共电子屏、4098台应急广播播放警报信号，警报鸣响率100%。在云盘小学悦丰校区开展人防疏散演习暨人防宣教馆开馆仪式，1200余人参加演练。在阳光锦程、美辰壹号、航杨小区组织人防警报试鸣暨人口疏散演习、人防知识广场宣传及机动警报车鸣放活动，500余人参加活动，动用各类装备及设备近100台（套）。开展国际民防日、全国防灾减灾日、国家宪法日等广场宣传活动，先后8次组织人防志愿者参加社区开展的人防应急宣传、人防法规知识宣传和应急知识技能现场演示活动，参与群众5000人次，发放宣传手册1万余份。全年办理完成新建民用建筑建设防空地下室审批事项；完成人防建设经费征收、人防易地建设费收缴工作。在苏州市典型人防惠民项目评选中，某中学公共人防工程、妙桥疏散基地被评为“十大典型人防惠民项目”。年内，市人民防空办公室被江苏省人民防空办公室评为县（市、区）人防工作先进单位，被苏州市人民防空办公室评为综合性工作先进单位、人民防空训练先进单位和人防宣传教育先进单位。

【2个电力工程投运】 8月5日，北控环境再生能源（张家港）有限公司新建垃圾焚烧发电项目110千伏送出工程投运，该期主要新建2回110千伏线路，线路总长31.1千米，同时与110千伏农场变进线互换一条通道，提高常阴沙现代农业示范园区变供电可靠性，为全市垃圾焚烧发电项目并网发电打下坚实基础。12月14日，江苏苏州张家港永河变1号主变扩建工程投运，工程将永河变1号主变由3.15万千伏安增容至5万千伏安，满足南丰片区用电负荷快速增长的需求。

（童　惠　何嘉佳　赵宇光）

城市管理

【概况】 年内，市城管局紧扣更高水平全国文明城市创建目标，将群众反映强烈的市容环境问题和短板，作为城市管理工作的出发点和落脚点，项目化、清单化推进城乡环境综合治理，常态化、持续化开展城乡环境督察检查，优化提升城市环境质量。12月14日，张家港市城市管理服务站沙洲新城服务站和永联服务站通过苏州市城管局验收，揭牌投入使用。河东路站、香山站、乐余站、南丰站和大新站被列为城市管理行业新时代文明实践分中心和首批文明实践点。覆盖全市的14座城市管理服务站运行良好，全年处置各类问题9500余次（件），接待服务市民1.33万人次，开展活动200余次。

【市容管理】 市城管局锚定打造“精细管理、科技赋能、服务民生”目标，以“建机制、严监管、强队伍、创品牌、

城市管理服务站　　（市城管局　提供）

树标杆”为实现路径，全面提升城市精细化、科学化、长效化管理水平。发挥城管委办公室职能，定期召开工作部署、现场办公、专题协调等会议，以“四不两直”、暗访视频等形式，协调解决城市管理领域突出问题。修订出台《2022年度张家港市城市管理工作督查考评细则》，实体化运行市城乡环境督察考核专班，常态化排查主次干道、街巷新村、居民小区等区域的环境突出问题，全年通报各类环境问题4.1万起，整改率超99%。牵头开展环境卫生大扫除行动、城市管理十项专项整治，创新实施沿街商户“三色评价”分级分类管理，分批次对全市112条重点道路逐条开展整治提升。建成一批精细化管理道路、城商协作道路，着力打造杨舍老街美丽街区。会同市文明办、杨舍地区城管委开展“洁美港城”同创共建、“烟头不落地，港城更美丽”等志愿服务活动，助力更高水平全国文明城市创建。

【城管执法】 市城管局严查流动摊贩、占道经营、渣土车违章等，全年教育查处占道经营、流动摊贩1.56万起，查处渣土车抛撒泄漏、偷倒乱倒建筑垃圾等违规案件904起，查处机动车和非机动车违停16.36万起。持续开展小广告联动治理，违规小广告移交三大电信运营商停机3批1579个、查处1089起。年内，城管条线查处一般程序6327起、简易程序13.66万起，处罚金额559万元。拆除各类户外广告设施（店招标牌）1500余处，拆除面积1.5万平方米，其中高立柱广告设施9处，楼顶广告（包括楼顶镂空字广告）设施96处，建筑物墙面广告设施178处，独立式户外招牌设施58处，店招标牌532处。

【智慧城管】 市智慧城管应用平台于2020年12月10日启用，将全市综合行政执法、市容管理、垃圾分类、智能停车、户外广告等监管考核职能项目化、流程化、具象化，提高城市管理和综合执法的指挥协调和指导监管能力。视频监控系统采用人工智能技术，针对城市违法违规行为第一时间进行自动识别和告警，并派遣责任单位处置。自动抓拍如店外经营、占道经营、门前（三包）脏乱、乱堆物堆料、机动车乱停放、非机动车乱停放等城市管理违法违规事件，提高城市管理效能，弥补传统执法管理过程中存在的巡查人力不足、执法取证困难、执法人员选择性执法、信息不对称等问题，为探索快速处置、非现场执法等新型执法模式提供有力支撑。2022年，在1200余路城管视频监控基础上，新增30路移动摄像头，重点加强对城区主要道路和重点区域的覆盖。依托值班长带班制，加强移动监控的人工巡检，经智慧城管平台派遣至责任部门处办，有效提升城区市容秩序。至年末，受理视频监控案件6.8万起，结案率超99%。

垃圾分类宣传 （市城管局　提供）

【垃圾分类】 2022年，全市践行生活垃圾分类治理，持续刷新生活垃圾分类工作成效。分类投放基础不断完善，至年末，498个小区实现“三定一督”四分类，建设分类亭房1811座，配套洗手池、灭蝇器等服务设施5000余套。132个行政村、2362个自然村庄设置农村垃圾分类收集亭，10万余户农村家庭配套厨余垃圾和其他垃圾二分类桶。1159家公共机构（公共场所）分类投放设施基本全覆盖。116个小区通过省级达标小区验收，南丰镇、大新镇、乐余镇农村生活垃圾分类试点镇项目通过省级验收。13个小区获评苏州五星级小区，30个小区获评苏州四星级小区，14个村庄获评苏州农村生活垃圾分类示范村。分类收运体系不断完善，配备1400余辆分类收运车辆。终端处置能力不断提升，稳定运行年处理140万吨的建筑垃圾处置终端和日处理2250吨的市级焚烧终端，全市迈入生活垃圾“零填埋”时代。年内，全市处理餐厨垃圾4.93万吨、建筑（装修）垃圾130.62万吨、园林绿化垃圾20.45万吨、大件垃圾9.63万吨、农贸市场有机垃圾2.37万吨、有害垃圾48.57吨、可回收物11.45万吨、家庭厨余垃圾6.57万吨，焚烧和填埋其他垃圾47.13万吨，比上年减11.34万吨，生活垃圾回收利用率42%。

【市首条垃圾分类示范街开街】 6月1日，在《苏州市生活垃圾分类管理条例》实施两周年之际，乐余镇在商贸街举办垃圾分类示范街开街仪式，副市长蒋鹏参加开街仪式。活动现场，为垃圾分类优秀商户颁授“流动红旗”，商户代表宣读垃圾分类倡议，与会领导现场参观垃圾分类示范街。示范街全长400米，有商户81家，涵盖餐饮、服装、娱乐等行业。商贸街通过垃圾分类示范街建设，放大垃圾分类示范性和引领性，让垃圾分类成为商户新风尚。（何嘉佳　孙雁群）

【编辑　朱永平】

交通·水务

Traffic & Water Conservancy

沪苏通长江公铁大桥　（市交通运输局　提供）

交通建设　　交通管理

交通运输　　水务建设

物　　流　　水务管理

張家港年鑑(2023)

扫码欣赏

张家港市河长制工作回眸

2022年交通工作掠影

交通建设

【概况】 2022年，市交通运输部门在常态化做好疫情防控的同时，持续优化出行条件，不断完善农村基础设施，公共交通服务水平进一步提升。年内，《苏州港张家港港区东沙作业区规划（修订）环境影响报告书》取得相关批复，《张家港市支线航道定级论证研究》《张家港市内河港口规划（修编）》通过专家审查。全年完成交通工程建设总量47.05亿元，其中道路建设34.67亿元、铁路建设9.41亿元、港航建设2.97亿元。至年末，东三环建成通车，南沿江城际铁路主体工程及轨道铺设基本完成，张家港海进江LNG接收站配套码头工程岸线报批推进，上塘桥重建工程和袁家桥东侧引桥尾留工程顺利完工。

【铁路建设】 全市在建铁路里程70.2千米，其中南沿江铁路38.5千米、通苏嘉甬铁路31.7千米。年内，南沿江城际铁路主体工程及轨道铺设基本完成，并在全线率先启动沿线环境综合整治工作。南沿江场增设动车存车线方案，获国铁集团和省政府批复，成为全国首个县（市）级中间站利用综合维修工区设置存车线的案例。张家港北站通场道建设基本完成。东站房实施方案和初步设计审查完成，桥下空间报批、站区配套项目设计等相关工作启动。至年末，全市铁路通车里程30.3千米。

【公路建设】 年内，346国道张家港绕城段改扩建工程全面推进，杨锦公路—东二环快速化改造工程城区段完成省天然气管道迁改，推进桥梁下部结构施工；锦丰段推进桥梁下部结构和上部结构施工。西二环—杨新公路快速化改造工程初步设计获批，项目进入施工图设计阶段。东三环（张杨公路—苏虞张公路）新建工程完成建设，并获评2022年第二十一届“苏州十大民心工程”。全年公路养护资金投入2.25亿元。其中，国省干道公路整治投入4600万元，市域一级主干道大中修投入1500万元；小修保养投入2308万元，修补路面159597平方米。乡村道路大中修改造投入1.23亿元，改善道路7.13千米。乡村道小修保养投入1755万元，改善道路10.87千米。市交通运输局完成604省道二干河桥应急养护工程，改造加固三类桥梁3座，并完成204国道、346国道、228省道、442省道、604省道以及13条县道的日常隐患排查整改。至年末，境内国省干线公路MQI（路况综合指数）为96，优良路率100%；县道MQI为93，优良路率96.85%；乡村道MQI为90.8，优良路率90.7%，比上年提高0.6%。农路实现五个100%（县道三级以上等级公路100%，农村公路三类及以上桥梁100%，农村公路安全隐患治理率100%，农村公路政府财政稳定投入100%，路长制镇、村实施率100%）。至年末，境内公路总里程1614072米（含农村公路总里程1355180米）。其中，国省干线公路186527米、县级公路265361米、镇级公路639876米、村级公路449943米，公路密度每平方千米1968米。按技术等级分，高速公路72365米、一级公路256310米、二级公路731253米、三级公路138715米、四级公路415429米。

【港航建设】 年内，海进江LNG接收站配套码头工程岸线报批推进顺利，码头岸线报批涉及的航道、海事部门评价报告通过专家审查。东沙作业区进港航道工程完成基础建设并通过交工验收，进入试运行。东沙作业区锚地工程位于进港航道上游，设计水深为10.5米，锚地水域长、宽均为522米，设置1个锚位，满足船舶应急锚泊要求。市交通运输局与多部门签订合作备忘录，常态化做好福南水道12.5米进港航道维护。加快推进码头泊位改扩建及智能化改造升级，苏州港张家港港区冶金工业园作业区浦沙码头和海力2号码头改造工程取得交通部岸线批复，并开展施工设计。申张线凤凰段航道整治工程完成建设用地、环境影响报告和林地征占用批复，并完成房屋拆迁、管线迁改和地面附着物清理。10月，张家港船闸船舶临时停泊区工程正式开工，总投资475万元，至年末基本完成。上塘桥重建工程和袁家桥东侧引桥尾留工程顺利完工，周家码头桥改建工程项目设计和征地动迁等前期工作启动。

【场站枢纽建设】 年内，全市新建农村公交候车亭49座，其中锦丰镇30座、南丰镇17座、金港街道2座。至年末，全市有铁路客运站1个、一级汽车客运站1个（张家港汽车站）、公交场站52个，有公交候车亭1579个、公交站牌1145个。公交场站中，有公交

东三环新建工程 （市交通运输局 提供）

停车场7个、公交枢纽站2个、公交中转站1个、公交首末站42个。国省干线公路有桥梁107座(含互通立交桥梁),农村公路有桥梁583座。

【东三环新建工程完成】 东三环(张杨公路—苏虞张公路)新建工程是城区快速路的东线南段,北起346国道与张杨公路互通,向南跨越三干河,分别与南苑路、新泾路、杨塘路交叉,跨越华妙河,南至苏虞张公路,全长6082米,总投资26.9亿元。主路按照一级公路标准设计,双向六车道,设计时速为每小时80千米。全线设南苑路互通、新泾路互通、苏虞张互通3个互通。工程于2020年12月开工,2022年12月27日完工。东三环是张家港市城区快速路的重要组成部分,对于缓解城区交通压力,优化市域客货运输的组织,完善高铁站集疏运体系,提升公路网整体服务水平,加强与上海等中心城市的快速连接具有重要意义。年末,东三环新建工程获评“苏州十大民心工程”。

【通苏嘉甬铁路江苏段开工建设】 11月30日,通苏嘉甬铁路江苏段开工建设,张家港先行段动迁工作启动。通苏嘉甬铁路是长三角城际轨道交通网的重要组成部分,全长310.11千米,设计时速为每小时350千米,建设工期为5年,设车站10座。其中,张家港段长31.7千米(含大桥段3.4千米)。至年末,张家港先行段动迁及清障工作有序推进。

交通运输

【概况】 2022年,全市营业性交通运输完成公路、水路客运量386.9万人次,比上年降58.12%。其中,公路客运量284.6万人次,比上年降35.83%;水路客运量102.3万人次,比上年降34.97%。完成公路、水路客运周转量3182611万人千米,比上年降42.2%。其中,公路31418.5万人千米,比上年降42.25%;水路407.61万人千米,比上年降34.54%。完成公路货运量4498.6万吨,比上年降13.13%;公路货运周转量663846.9万吨千米,比上年降14.83%;完成水路货运量76.4万吨,比上年增12.02%;水路货运周转量22219.1万吨千米,比上年增10.13%。完成公交运量1977万人次、周转量20798万人千米,分别比上年降39.8%、40.7%。张家港站完成铁路客运量177.79万人次,比上年降44.96%。张家港船闸全年开放闸次20068次,比上年降9.44%;放行船舶9.71万艘,船队770拖,分别比上年降18.81%、15.45%;实现船舶通过量9526.76万吨,比上年降13.17%;征收过闸费3446.5万元,比上年降13.34%。

【铁路客运】 全市有铁路枢纽站1个(张家港站),日停靠61.5对列车,其中上行56列、下行67列,直达全国16个省(自治区)、4个直辖市,82个地级市。全年发送旅客177.79万人次。其中,日最高发送旅客6201人次,到达旅客7622人次。

表11　2022年张家港站可达全国省市一览表

省(自治区)、直辖市	地级市
北京市	—
天津市	—
河北省	廊坊
山西省	晋城、长治、晋中、太原
上海市	—
江苏省	南通、泰州、扬州、南京、盐城、连云港、徐州、淮安、宿迁
安徽省	亳州、滁州、阜阳、合肥、淮南、黄山、六安、宿州、宣城
浙江省	杭州、嘉兴、金华、丽水、宁波、衢州、绍兴、台州、温州
山东省	日照、青岛、烟台、威海、潍坊、淄博、济南
江西省	南昌、萍乡、上饶、宜春、鹰潭
福建省	福州、宁德、泉州、厦门、漳州、莆田
河南省	商丘、郑州、焦作、洛阳、三门峡
湖北省	恩施、黄冈、荆州、武汉、宜昌
湖南省	郴州、衡阳、长沙
广东省	潮州、广州、惠州、汕尾、揭阳、韶关、深圳、中山、珠海
四川省	成都、广元、绵阳、德阳、内江
重庆市	—
陕西省	渭南、西安、汉中
甘肃省	庆阳
宁夏回族自治区	银川

【公路、水路客运】 年内,全市新增、更新客运车辆20辆,其中氢能源公交车10辆。氢燃料电池公交车共70辆,占公交车总数的9.7%,使用氢燃料电池公交车的线路达到7条,占公交车总线路的10.1%。全年引导发展巡游新能源出租汽车14辆,占全年更新总数的46.7%。至年末,全市有客运车辆1903辆,其中公交车859辆(含学生公交专线车106辆)、

出租车557辆、长途班车114辆、旅游客车(省、市际)165辆,有客运船舶7艘。全市有客运企业(含旅游包车企业)17家,其中公交企业1家、长途客运企业2家、出租客运企业5家、水路客运企业2家。开通长途客运省际班线42条,市际班线37条,县际班线4条。全年新增、优化公交线路10条,累计开通公交线路70条(均为无人售票线路),日发班次4236班,日接送旅客5.4万人次。打造首条"退役军人示范线路"和2条敬老爱老公交示范线,分别是222路(客运站—南丰停车场)和6路(包基—福前公交首末站)、18路(第四人民医院—公交城北停车场)。开通1条张家港至江阴的毗邻公交线,累计开通市域毗邻公交2条、跨市毗邻公交2条。实行60至69周岁老年人持尊老卡乘坐公交车享受5折优惠、70周岁及以上老年人免票的政策,落实"苏周到"一码通乘坐公交车享受8折优惠政策,为全市70周岁及以上老年人投保公交车意外伤害险。高铁无锡东站以及硕放机场定制快车服务延伸至保税区、冶金工业园(锦丰镇)。全市有汽渡口3个。2022年,通沙汽渡有大型汽车渡轮9艘,日渡运各种机动车辆2000余辆、人员3000余人;张皋汽渡有渡轮3艘,日渡运车辆700余辆、旅客1000余人次;双山渡运有渡轮4艘,日渡运各种机动车辆200余辆、人员1500余人次。

【公路、水路货运】 年内,全市新增、更新货运车辆1702辆,其中危化品运输车辆151辆,引导淘汰国Ⅲ及以下排放标准营运中型和重型柴油货车703辆。至年末,有各类货运车辆15748辆,其中,集装箱车1999辆、危险品运输车辆1381辆;有船舶5艘,载重吨位10753吨,其中,液货运输船舶4艘,载重吨位2933吨;道路货物运输业户(企业)5654户(家),其中个体运输业户3538户、专业运输企业733家(含集装箱运输企业289家、道路危险品运输企业41家);道路运输服务(含代理、装卸、仓储等)企业60家;水路货物运输企业2家,水路运输服务业户57户,内河港口码头企业62家。

【汽修及驾驶员培训】 年末,全市有机动车维修企业842家。其中,一类维修企业50家(含品牌4S店29家、客车维修企业6家、危险品车辆维修企业4家),二类维修企业117家(含品牌4S店17家),三类维修业户675家。全行业实现年产值50亿元,年维修能力超150万辆次。全市有驾校8家,有教练车624辆,教练员1083人,全年学员报名人数23339人,培训量17911人,培训各类道路运输从业人员29人。

【首条微循环公交线路开通】 9月,为提高公共交通吸引力,满足市民短距离、便捷、点到点的出行要求,全市首条微循环公交线路22路开通。22路公交,以汇金中心为始末站,途径东苑路、人民东路、蒋乘路、蒋锦公路、振兴路、江帆路、中兴中路、戴巷路、农联路等,全程设20个站点,分东、西线运营(环行),单程8.3千米,投入运营车辆4辆,日发班次36班,班次间隔22至80分钟,全程票价1元。首班发车时间为6:00,末班发车时间为18:00。微循环公交线串联起商贸中心、文化中心、住宅小区、学校,为周边群众提供便捷、优质的公交服务。

【全省首个书香特色公交枢纽站建成】 为推广全民阅读,助力书香城市建设,并进一步优化乘车环境,2021年10月,市交通运输局启动"书香驿站"项目建设。2022年6月15日,首个"书香驿站"对外开放,成为全省首个具有书香特色的公交枢纽站。驿站位于港城公交枢纽站(原港城车站),融入"公交、书香、志愿"三大元素,设有候车大厅、图书陈列区、特色阅读区、服务中心、主题车厢(公交微红堡和人大连心车)。其中,图书陈列区有图书5000余册,涵盖党建、国学、历史、人文、交通、亲子等主题。市民通过市民卡、身份证、微信自助阅读,便可借书还书,并实现全市图书系统通借通还。站内以"全国巾帼文明岗6路"和"全国安康杯竞赛优胜班组228路"命名的特色书亭,用"退役"公交车改造的亲子书屋、以安检仪改造的书架和爱心母婴室,为市民带来"绿色出行+全民阅读"新体验。公交K8快线作为"书香驿站"的延伸配套,乘客在乘车时,可用手机扫描车厢内"共读张家港"小程序二维码,免费阅读电子书或聆听有声图书。

(房舟彤)

物　流

【概况】 2022年年末,全市有AAA级以上物流企业43家。其中,有张家港港务集团有限公司、玖隆钢铁物流有限公司AAAAA级物流企业2家;江苏澳洋顺昌股份有限公司、江苏高兴达物流有限公司、张家港保税区金港物流中心有限公司、张家港震宇物流仓储有限公司、江苏正大富通股份有限公司、华润张家港百禾医药有限公司等AAAA级物流企业24家;有江苏宏泰物流有限公司、大正信(张家港)物流有限公司、张家港保税区沿江仓储有限公司等AAA级物流企业17家,其中江苏沙钢物流运输管理有限公司、张家港玖隆运输管理有限公司、江苏永捷工程物流有限公司为年内新增AAA级物流企业。全市有邮政企业1家,为中国邮政集团公司有限公司江苏省张家港市分公司,有邮政普遍服务营业场所34处,直接通邮建制村144个。有持快递业务许可企业7家、快递品牌21个、品牌分支机构10家、备案末端网点283个。共有快递从业人员2654人(不含邮政EMS),快递车辆1000余辆。2022年,市邮政行业业务收入(不包括邮政储蓄银行直接营业收入)12.4亿元,比上年增5.78%;邮政行业业务总量13.33亿元,比上年增19.74%。全年全市快递业务出件量11468万件,比上年增32.42%,进件量12457万件,比上年降1.29%,邮件快件处理场所安检机配备覆盖率100%。快递业务收入9.41亿元,比上年增3.81%。

表12 2022年张家港市快递企业一览表

类别	企业名称	经营品牌	网点（个）	通信地址
省邮政局发证企业	市明俊中通速递服务有限公司	中通	41	杨舍镇东电大道西200米
省邮政局发证企业	张家港江通速递有限公司	圆通	30	杨舍镇民营科技园中房路6号
省邮政局发证企业	市申通快递有限公司	申通	28	杨舍镇悦丰路11号龙翔服饰内
省邮政局发证企业	市好韵达快件有限公司	韵达	51	杨舍镇长兴路25号长兴机械厂内
省邮政局发证企业	张家港寒西物流有限公司	极兔	13	锦丰镇钢贸楼1号楼北侧101-106及二楼201、202
省邮政局发证企业	市天森快运有限公司	极兔	13	凤凰镇长江路1号
省邮政局发证企业	市港城驿站供应链有限公司	港城驿站	120	杨舍镇农联金街3号M10商铺
分支机构	厦门雅顺达国际物流有限公司张家港分公司	—	—	杨舍镇香蜜湖公馆116幢M7商铺
分支机构	苏州顺丰速运有限公司	顺丰	18	杨舍镇华昌路16号
分支机构	江苏德邦物流有限公司张家港长山分公司	德邦	15	金港街道长山路2号普洛斯物流园内B3库
分支机构	南京跨越速运有限公司张家港金港分公司	跨越	4	金港刘家巷小区（滕南路中华路路口东50米）
分支机构	上海放飞国际物流有限公司张家港分公司	FLY	—	杨舍镇攀华国际广场15幢M101商铺
分支机构	中国邮政速递物流股份有限公司江苏省张家港市分公司	EMS	9	杨舍镇人民西路
分支机构	中外运—敦豪国际航空快件有限公司张家港分公司	DHL Express	—	杨舍镇新泾西路5号
分支机构	中国外运长江有限公司张家港分公司	—	—	杨舍镇悦丰新村32栋M12-13门面
分支机构	江苏京讯递供应链管理有限公司张家港分公司	京东	9	杨舍镇悦丰新村北区58幢M2-3
分支机构	联邦快递（中国）有限公司张家港分公司	联邦	—	杨舍镇塘市金塘中路320号
分支机构	南京晟邦物流有限公司苏州二分公司	晟邦	5	杨舍镇塘市镇中路125号
网点	欧西爱司物流（上海）有限公司苏州分公司张家港营业点	OCS	1	杨舍镇华塘路1号
网点	上海翼速国际物流有限公司公司苏州分公司张家港港城大道网点	翼速	—	杨舍镇港城大道168号
网点	菜鸟驿站	菜鸟驿站	153	—

【邮政服务】 2022年，中国邮政集团有限公司江苏省张家港市分公司（简称市邮政分公司）下设营业网点34处、营投部9个，全年实现邮政业务总量13.33亿元。1月5日，市邮政分公司与市委宣传部、市文明办、市教育局等部门在大新实验学校联合举办“我们的节日·春节”——张家港市“全民阅读春风行动”生肖主题阅读活动暨“华泰杯”市第八届青少年个性化邮票（附票）设计大赛。大赛收到全市65所学校、925名学生的参赛作品，评出特等奖1名、一等奖10名、二等奖15名、三等奖20名、优秀奖186名。9月26日，为庆祝张家港建县（市）60周年，让青少年充分了解张家港市（沙洲县）的发展历程，市邮政分公司集邮与文化传媒部联合市教育局、市委党史地方志办公室在徐市小学举办“方寸记事，甲子回眸”纪实邮戳展集邮文化进校园活动启

动仪式。展览以邮戳为媒，选取张家港市（沙洲县）60年发展中的重点事件和历史图片，围绕“港城回眸”“港城印象”“港城纪实”“港城文明”四大主题，讲述全市人民艰苦创业、开拓创新的奋斗历程。至年末，先后在徐市小学、市实验小学北校区、大新中心小学、世茂小学、乐余中心小学、梁丰小学东校区等9所学校举办。年内，市邮政分公司先后与市应急管理局、市烟草专卖局开展党建结对，并联合邮储银行张家港市支行与乐余镇人民政府签署“乡村振兴，乐余邮你”战略合作协议，与凤凰镇政府联合启动“邮爱先锋”党建项目，2022年累计收寄水蜜桃邮件2.97万件。年末，市邮政分公司获2019—2021年度江苏省文明单位、张家港市服务地方奖、张家港市优秀书香企业、张家港市双拥模范企业等荣誉。

（周敏洁）

【东沙物流园】 东沙物流园2013年7月获市政府批准设立，2015年3月成立东沙物流园管理委员会。园区位于长江黄金水道下游南岸，地处南丰镇东部，东起长江码头前沿线、西至沿江公路延伸段，南靠张家港与常熟分界线、北邻七干河河口，规划面积10.98平方千米，拥有长江岸线4.36千米。园区码头前沿为水深超过12.5米的东沙公用航道，满足5万吨级以上船舶全天候通航。园区建成永泰、宏泰、盛泰三座长江码头和一座内河码头(永丰码头)。2022年，园区3座长江码头靠泊船舶1431艘次，完成货物吞吐量1727万吨；永丰码头靠泊船舶11096艘次，完成货物吞吐量1492万吨。长江码头最大靠泊船舶为21.1万吨的“摩尔多瓦”轮。东沙物流园以“前港中园后产业”为发展目标，全面落实四大战略定位：以LNG接收站、燃气发电、冷能利用等项目为核心，建设LNG新能源产业链基地；建立为周边钢铁企业配套的钢材、废钢、铁矿石、煤炭、木材等大宗商品进出口交易中心；打造集展示、信息、交易、仓储、运输、加工、配送等功能于一体的区域生产资料集散中心；充分利用公路、铁路、水路多种联运平台，建设成为全市东部最具竞争力和发展活力的综合货运枢纽。

【“药速达”网上药品配送】 年内，由于疫情形势复杂，买药成为市民最关心的事情之一，为充分发挥邮政快递业对维护社会正常生产生活秩序、服务疫情防控大局的重要作用，张家港邮政管理局、市快递服务行业党委指导快递公司拓展“药速达”网上药品配送项目，成立“海棠花红·苏递先锋”张家港市快递行业药品配送行动党支部，优先保障药品、防疫物资配送服务。快递行业药品配送行动党支部由顺丰、邮政等公司的行业党员先锋、业务骨干组成，通过医寄通系统与医院系统对接，开展“药速达”网上药品配送寄递服务，实现市民在线问诊、医生云端开药、小哥快速送药一站式服务，以“半个工作日”为时限要求，全力保证药品快速安全配送到患者手中。日均配送药物量600余件。 （房舟彤　徐永方）

交通管理

【概况】 年内，市交通运输部门办理各类交通行政许可2643件，比上年减少24.13%。办理“不见面”业务17922件，窗口办理各类业务40922件，按时办结率100%。其中，办理道路运输经营户的经营许可证、营运车辆的道路运输证审验21543件，比上年增4.91%。继续实行交通行政执法网上公开透明运行，全年办理各类交通运输行政处罚案件3518件。其中，通过简易程序办结2559件、一般程序办结959件，全部通过统一信用数据库和信用数据交换平台公示执法信息。全面实行交通运输行政执法“三项制度”，推进说理式执法文书工作，并加强行政执法人员法律知识学习培训，提升执法人员执法能力和业务水平。

【交通工程质量安全管理】 年内，交通工程质量监督站受理重点交通工程质量监督项目5项、区镇项目10项、安全监管项目7项，道路总里程约20千米、工程概算约77亿元。经现场评审核发工地试验室备案1个，全年开展工地试验室专项检查2次、质量综合督察2次、专项行动和检查15次，中间检测72次，下发各类通报15份、抽查意见通知书2份。累计排查隐患（问题）914处，整治隐患（问题）914处。全年在质量管理中实行定人、定点、定线的“三定”管理，监督覆盖率100%。开展交工核验项目3项，竣工鉴定项目1项，合格率100%。东三环作为全市首个城区快速路PPP项目顺利建成并入选“苏州市十大民心工程”。晨丰公路五标、六标2个交通建设工程项目获2022年度“姑苏杯”优质工程奖。年内，会同上海工务段、沿线区镇开展铁路沿线外部环境摸排4次，进行现场确认6次，召开沪苏通、江苏南沿江城际铁路沿线安全隐患整治协调会6次。

【运政管理】 市交通运输综合行政执法大队全年办理道路运输许可件1512件，查处道路运输违法行为1540起。其中，非法运营行为（黑车）191起、客运违法行为42起、货运违法行为919起。查处一、二类维修企业违法经营案件5起，检测营运车辆17307辆次。治理列入淘汰范围的营运黄标车853辆，引进LNG清洁能源货运车辆3辆。开发“汽修行业管理系统”，搭建掌上执法记录平台，创新信息化举措。开展汽修行业危险废物处置专项整治行动6次；推进机动车检测机构改革，新建“三检合一”机动车检测站2家，检测评定营运车辆1.7万辆次。深化运输市场诚信体系建设，至年末，全市有信用维修企业141家，其中AAA级企业23家，占一、二类维修企业总数的16.3%。

【路政管理】 市公路管理部门全年办理国省道路行政许可14件、县乡道路行政许可36件。市公路事业发展中心坚持国省干线日巡察全覆盖制，县道每周不少于2次巡察覆盖制，乡道每周不少于1次巡察覆盖制，全年巡查里程82006.28千米。实施并干线公路交通环境大整治，组织进行专项检查1次，清除障碍物22立方米，清除摊点等214处。实施国省道中分带防护完善提升工程，完成G204、S228、S442上下行立柱打桩约44千米、挂板约25千米。深化“四好农村路”示范县创建成果，推进三级路长制实施，完成农村公路提档升级工程10.61千米，改造桥梁1座，建成“美丽农村路”29.28千米、“平安放心路”5.22千米。交通运输综合行政执法大队现场查处超限超载车辆838辆，卸驳载货物7142.02吨；非现场查处超限超载案件117件。实施“一超四罚”（对超载行为的运输车辆、驾驶人、货运企业、承运人或企业进行处罚）84件，年度超限率0.09%。年末，全市有路面货车动态监测设施20套。

数智、绿色、平安、文明“四型”港口建设　　（市交通运输局　提供）

【内河航政管理】 市港航事业发展中心全年巡航里程6930千米，现场维护航标49座次，遥控遥测3650座次，收取航道赔（补）偿费21.59万元，干线航道清障扫床141千米，干线航道通航保证率100%，完成航道通航条件影响评价审核21件。张家港船闸管理处全年开展专项隐患排查19次，落实整改项目18项。开展诚信管理工作，全年采集过闸船舶信用信息记录113021条，其中有108356艘次船舶因遵守船闸管理规定、见义勇为等行为得到加分，4665艘次船舶因退费、过号、延时、不服从指挥、抢档、标志标识不清等被扣分。

【港口管理】 年内，《苏州港张家港港区东沙作业区规划修订方案》经交通运输部、省政府联合审查并形成评审意见，《苏州港张家港港区东沙作业区规划（修订）环境影响报告书》通过生态环境部审查会议待批复。张家港海进江LNG接收站配套码头工程岸线报批涉及的航道通航安全影响评价取得江苏海事局意见，航道通航影响评价通过长航局专家审查。东沙作业区进港航道工程完成基建交工验收，进入试运行期，东沙作业区锚地工程完成交工。海力2号及浦沙码头改扩建工程取得交通部岸线批复、苏州市交通运输局初步设计和施工图设计批复。全市深化港口危化品企业安全联盟建设，依托平台建立联盟第三方动火审批人资源库和动火监火员资源库，实现一、二级重大危险源区域内一级或特殊动火作业的第三方监火要求。开展危化品安全专项整治行动，组织开展港口危险货物集中区域安全风险评估工作。市交通运输局强化港口污染治理，与市生态环境部门联合开展全市港口污染防治“回头看”检查，做好中央环保督察迎检和省第二轮环保督察整改工作。推进建立港口码头长效管理机制，全面提升船舶水污染物接收转运处置能力建设。全年沿江收集船舶生活垃圾227.6吨、生活污水22784.3吨、油污水11195.4吨、洗舱水922吨。到港作业船舶使用岸电3.04万艘次，用电量230万千瓦小时。内河62家码头企业完成岸电设施改建56家。

【内河水上交通安全管理】 2022年，市交通运输综合行政执法大队全面落实污染防治攻坚战专项行动，实施船舶污染物治理，促进辖区水域环境保护。全年上航1078艇次，出动4401人次，巡航里程25207千米，检查船1826艘次，查处各类船舶违章运输行为1305起。全市实施交通管制1起，发布航行通告11次。处置“110”处警及船舶报警149次，出警336人次，救助船舶105艘，挽回直接经济损失5.5万元，内河水上搜救成功率提升至99.8%。

【邮政管理】 年内，张家港邮政管理局应对疫情防控的复杂形势，加强邮政普遍服务监督，强化快递市场监管。开展邮政普服网点日常检查，扫黄打非、邮票发行等专项检查工作，完善社会监督，开展平信测试，开展疫情防控、安全生产、寄递服务保障等重大活动期间寄递渠道安保管理工作，保障邮政普遍服务规范安全稳定。实施快递末端整合，指导开展区域末端共配。全市264家快递末端网点接入网上综合监管平台，201个农村地区快递便民服务点投入运营。全年对寄递企业开展日常监管246次，完成信报箱验收项目26项，为14171户家庭设置信报箱。在全省率先开展快递企业合规建设，成立合规委员会。指导中通快递升级生产设施设备，实现自动化分拣。建成港城驿站（凤凰）共配集散中心，进一步指导实施区域共配。推广“寄递+产地仓+电商”模式，全面服务农特产品销售运输，推出“药速达”网上药品配送服务项目，保障医疗和生活物资的寄递。

【美丽农村路建设】 年内，全市探索实施“农村公路+特色产业+乡村旅游+电商物流”富民新模式，将农村公路与农村产业基地、旅游景区、田园综合体、特色小镇、乡村旅游等产业项目组合开发，鼓励和引导各区镇（街道）因地制宜建设资源路、旅游路、产业路。全年建成苏州市级“美丽农村路”29.28千米、“平安放心路”5.22千米。其中，塍东路、晨德线、海坝路、跃进路、祥云路、彩虹路、创业路、永利路、望湖路、育才路、映山路、兴南路等12条农村公路被评为苏州市“美丽农村路”,凤凰大道、新湖南路2条农村公路被评为苏州市“平安放心路”。位于南丰镇的兴南路为二级乡道,全长2004米,全路段可绿化里程1953米,绿化覆盖率100%。兴南路标志标线齐全,周边区域公交、物流等配套设施齐全。南丰镇先后在该路段修建观景台、居民娱乐场所、林间道路和沿河护栏等,提升道路形象。位于凤凰镇的望湖路为二级村道,全长1.2千米,路域环境优良,绿化覆盖率100%。望湖路将凤凰湖景区、凤凰生活广场、贝贝足球公园串联,是凤凰镇居民休闲、旅游、购物的必经之路,也是一条具有足球特色的景观道路。

【“1+5+N”交通综合执法体系建成】年内,全市以市交通运输综合行政执法大队为核心,将辖区分成塘桥片区、锦丰片区、乐余片区、保税区片区及城区5个片区,每个片区由2个陆上中队和1个水上中队组成,形成网格化管理体系。副大队长下沉到片区,统一协调片区执法力量,以片区为单位集中开展执法工作。组织实施“两客一危”顽疾整治、出租汽车净网、汽修环保提升、运输企业全链监管、水上交通平安、群众满意度提升、严厉打击超限超载、交通执法“五提升五强化”等8项专项行动,在工程建设、港口环保、道路损坏污染处罚上实现零的突破,执法处罚类别实现全覆盖。全年查处各类违法违章行为3111起,其中实施道路运输违章处罚1431起、路域环境违章处罚118起、水路违章处罚1548起、工程建设环保扬尘处罚3起、港口环保扬尘处罚11起。 (房舟彤)

水务建设

【概况】 2022年,市水务部门有序推进水务工程建设,项目进度实现预期目标,完成水务投资11亿元,其中水利工程3.9亿元、排水工程6.8亿元、供水工程3000万元,加快补齐水务基础设施短板,提升防汛保障能力,改善水生态环境和水务民生福祉。11月,农场河生态美丽河道开工建设。年内,投资1700万元完成市级河道岸坡整治工程,整治岸坡3处,新建护岸5708米,包括东横河段483米、十太港段3855米、五干河段1370米。投资7271万元实施15个项目区水系连片整治,建设幸福河湖100条、县乡生态河道77.76千米,疏浚镇村河道341条、总长184千米,拆坝建桥37处,新建排涝站2座、圩口闸1座。

【防洪治涝工程】 上半年,受疫情影响,太字圩港闸站改建、走马塘江边泵站、十一圩江边枢纽改建和十一圩港河道整治4项重点水利工程整体进度略有滞后。市水务部门通过抢抓用地、水保、环保、绿化迁移等各类前期手续,十一圩江边枢纽改建工程、走马塘江边泵站工程、十一圩港河道整治工程分别于5月、8月、10月实现开工。同时,通过协调和增配参建各方施工力量,优化施工流程和关键工序,保障工程建设有序推进。年内完成实际建设投资2.97亿元,超额完成年度省级下达重点水利项目建设投资2.75亿元目标任务。至年末,全市有长江堤防103.26千米,其中主江堤88.12千米(含双山岛洲堤16.34千米)、闸外港堤15.14千米;有沿江节制闸23座,出江(港)涵洞20座;有内河水闸43座;有防洪圩区74个,排涝站357座,排涝流量每秒860立方米,装机总功率4.19万千瓦,有圩口涵闸409座。

【水环境治理】 7月,投资590万元的农场河生态美丽河道建设项目立项,11月开工。主要建设内容包括河道疏浚4.5千米,堤防改造1000余米,护坡(挡墙)修复100余米,新建格宾网箱护岸250余米、景观节点4处等。年内,投资1700万元完成市级河道岸坡整治工程,整治岸坡3处,新建护岸5708米,包括东横河段483米、十太港段3855米、五干河段1370米。投资7271万元实施15个项目区水系连片整治,建设幸福河湖100条、县乡生态河道77.76千米,疏浚镇村河道341条、总长184千米,拆坝建桥37处,新建排涝站2座、圩口闸1座。全年完成劣V类水体治理91条,2021年度已治理劣V类水体有39条通过销号,销号率87%。

【县乡生态河道建设】 根据《张家港市“十四五”农村生态河道建设规划》,按照“功能达标、水流通畅、水清岸洁、生态良好、管护到位”标准,张家港市结合水系连片治理和幸福河湖建设,完成33条河道建设工作,共77.76千米,超额完成上级下达任务,生态河道覆盖率达到57.7%,位列苏州第一。33条河道分别为华塘河、庆丰河、东千泾、万红港、扁泾浜、河头浜(杨舍镇)、南中心河、老一干河、横港(锦丰镇)、新泾塘、小奚浦塘、沙田中心塘、老顾先塘、北小塘(塘桥镇)、新西河、黄莲塘、夹江塘、居墩河、蟹婆塘、八仙浜、河泾塘、杨木塘、安徽洞(凤凰镇)、老四干河、朝东港、恤济港(乐余镇)、三兴支港(南丰镇)、大新横套、界港(大新镇)、北闸港(双山香山管委会)、晨西河、学田河(后塍街道)、缪家港东段(德积街道),其中7个河道综合整治工程列入2022年度省级民生实事工程,分别为锦丰镇南中心河、塘桥镇沙田中心塘、塘桥镇新泾塘、凤凰镇新西河、乐余镇恤济港、南丰镇三兴支港、大新镇大新横套综合整治工程。

【太字圩港闸站改建工程主体完成】太字圩港是江苏省骨干河道名录中的重要县域河道,南接东横河,北通长江,全长13.9千米。太字圩港闸位于德积街道太字圩港与长江交汇处,是张家港市西部片区重要控制口门。该闸始建于1997年,三孔12米(3米+6米+3米),因建设年代较久,不能满足地区发展要求。为增强区域排江能力,根据《江苏省武澄锡虞区水利综合规划》,市政府投资1.48亿元实施太字圩港闸站改建工程。设计防洪标准为100年一遇高潮位,300年一遇高潮位校核;排涝标准为20年一遇24小时降雨雨后24小时排除。建设内容包括拆除老闸、新建节制闸和泵站。新建闸站选址位于老闸下

新建的太字圩港闸站 （市水务局　提供）

游180米处，闸站结合并平行布置于入江口。节制闸孔数3孔，总净宽28米（6米+16米+6米），中孔兼做通航孔。泵站设计流量为每秒30立方米，设计净扬程为3.14米，安装2台2200ZGB15—3.14竖井式贯流泵，单台配套800千瓦电机，总装机功率为1600千瓦。工程于2021年12月开工，至2022年年末，完成泵闸站主体建设和水泵及电机安装调试工作，通过水下工程阶段验收。太子圩闸站改建工地获评苏州市文明工地。

【自来水深度处理项目获评全球水奖】 为落实省政府提出的“合格水”向“优质水”转变工作要求，张家港市先后实施并完成市第四水厂每天20万立方米扩建深度处理工程、第三水厂每天20万立方米深度处理改造工程和第四水厂每天40万立方米深度处理改造工程建设。全市日供水能力达到80万立方米，自来水深度处理率达到100%，供水安全保障能力进一步提高。其中，第四水厂扩建项目每天20万立方米深度处理工程位于第四水厂西侧，占地6.73公顷，2020年6月建成，是纳滤膜组合工艺首次在国内大规模以地表水为水源的饮用水深度处理项目，可在高效去除水中微污染物、保留水中对人体健康有益矿物质的同时，根据需要选择性去除硫酸盐、硝酸盐、部分钙镁硬度和氯化物，改善水的感官指标，出水更健康、口感更好。该工艺自运行后，出水水质稳定，自来水中的COD、铝离子、硫酸根离子、电导率、溶解性总固体、钙镁离子等指标均优于江苏省城市自来水关键水质指标控制标准和苏州高品质水质指标限值。该项目获评2022年全球水奖——年度最佳水项目，并入选2022年度中国城镇供水排水协会典型工程项目案例库。

【金港污水处理厂二期扩建项目建成投运】 金港污水处理厂位于金港街道江海南路东侧、张杨公路北侧、香山河南侧，占地面积2.4公顷，日处理能力2.5万立方米，总设计日处理能力为5万立方米。一期工程设计日处理能力2.5万立方米，于2012年建成，采用“厌氧—缺氧—好氧法处理（AAO）+膜生物反应器（MBR）”组合工艺，是江苏省首座全地下污水处理厂，服务区域覆盖金港街道、后塍街道等。2020年，金港污水处理厂完成管理提标，出水水质达到“苏州特别排放限值”标准。为提升区域污水处理能力，助力改善区域水环境质量，2021年11月，二期扩建项目开工建设。2022年6月，建成投运。该项目采用“厌氧—缺氧—好氧法处理（AAO）+移动床生物膜反应器（MBBR）+膜生物反应器（MBR）”组合工艺，主要建设内容包括细格栅及精细格栅改造、沉砂池改造、二期生化池设备安装、二期MBR膜池设备安装、鼓风机房改造、药库及加药系统改造、污泥脱水机房改造、二期除臭系统设备安装及部分土建改造等。

（刘　祺）

水务管理

【概况】 2022年，市水务部门办理行政许可177件，水利工程管理、水资源管理、河道管理、供排水管理等工作有序推进，落实最严格水资源管理制度，全年审验取水许可证126份，占发证总数的100%，其中地表水105份、浅层水19份、地热水2份，办理取水许可申请审批7件，压减取水许可量450万立方米，征收水资源费4602万元、水利工程水费1150万元，减征水资源费120万元。推行节水型社会建设，至年末，全市累计建成各级节水型学校112所，其中部级节水型学校2所、省级节水型学校31所、苏州市级节水型学校79所；建成省级节水型企业53家、省级节水型单位56家、省级节水型社区15个。10月，张家港市入围水利部等六部委联合公布的典型地区再生水利用配置试点城市名单。

【水利工程管理】 年内，市水务部门投入954万元，完成堤防及泵闸站建筑物维修养护、泵闸站金属结构机电设备维修养护、白蚁普查治理、泵闸站电气设备预防性试验、防雷检测、水下检测、安全鉴定等项目，完成常沙河泵闸站、三干河江边枢纽、朝东圩港水利枢纽3座泵站的拦污栅增补，实施九五圩段江堤路面翻修，提升沿江防洪保安能力。常态化开展江堤巡查，全年当场制止违法违章行为18起，开展行政指导15次，清理违章占用堆放1100平方米，拆除违章建筑330平方米，铲除违章种植310平方米，完成堤防绿化建设1.75万平方米。优化引排调度管理，全年沿江泵闸站共计引水26.5亿立方米、排水36.4亿立方米，其中汛期排水13.1亿立方米，有效应对“梅花”台风。入汛后，长江流域出现阶段性干旱，为保障农业灌溉和工业生产需求，7至8月，沿江各闸引水1360小时，引水量4.34亿立方米；泵站引水147小时，引水量1460万立方米。

【长江水文勘测】 年内，市水务部门完成老海坝节点（段山港至越洋码头段）水下地形监测（1∶2000）3次，累计面积26.1平方千米；完成双山小北五圩（双山沙左侧段）测量（1∶2000）2次，累计面积6.5平方千米；完成福姜沙右汊凹岸段水下地形监测（1∶2000）2次，累计面积5.6平方千米；完成张家港湾（拦门沙）重点段区域水下地形监测（1∶1000）3次，累计面积3.75平方千米；完成通州沙西水道四干河至五干河段水下地形监测（1∶2000）1次，面积1.9平方千米。

【河道管理】 年内，市水务部门常态化规范化推进“清四乱”工作，完成2022年度疑似违法图斑复核，整改长江碍洪问题、长江违章搭建各1处，并通过长江委及省水利厅现场复核。整治市级河湖“四清”存量问题800余项，并实行动态管理，整治乱堆放3633处，清理岸坡垃圾4703处、地笼网簖2315口、水生植物及漂浮物8857吨，发现和制止涉河违章行为30余起，送达水事巡察警示书3份，督促3个建设项目办理行政许可，通过无人机巡河、陆上巡察、水质检测等方式对河道管护状况进行监管，并通过网上平台交办问题，编发巡察通报12期督促整改落实。农村河道管护工作在省级绩效考评中获第一等次。年内，完成张家港市涉河建设项目技术审查意见书起草27件，苏州市管河道涉河建设项目初审意见45件，主动对接快速环线、张靖皋过江通道等重点工程，保障项目建设需求及河道防洪安全。全年收缴河道堤防工程占用补偿费430.5万元。

【供排水管理】 年内，市水务部门制定《张家港市城市内涝治理系统化实施方案（2021—2025）》，健全应急排水机制，提升城市内涝防治水平。加强供水行业监管，持续开展供水企业出厂水、管网水、管网末梢水、二次供水水质监管，全年在张家港市政府网站公开饮水安全状况4次。组织行业专家开展公共供水安全检查评估2次，促进供水企业提升自来水厂建设运行、供水服务、水质检测与应急保障管理水平。加强排水行业监管，全方位开展污水处理厂站运行管理、出水水质、污泥处置、管网运维等行业监管考核，每半年组织省、苏州行业专家对全市9座污水处理厂、55座污水提升泵站以及55座市政污水泵站、45处市政管网以及65个自然村、103座农污泵站运维情况进行考核，市第二污水厂、市第三污水厂、塘桥污水厂获评苏州市年度考核优秀等次。城镇和农村排水管网运维专业化覆盖面达到100%，运维经费3901万元，比上年提升16%。开展排水许可下放专题培训，累计办理各类排水许可539件。水务部门先后联合生态环境部门开展工业企业排水专项行动，规范企业污水排放行为，完成60家工业废水接入评估；联合住建、交通、生态环境部门开展全市建筑工地排水整治行动，完成373个工地排水整治，其中建筑工地361、交通工地9个、水利工地3个。规范排水设施接入事前、事中、事后全过程管理，依法开展30宗土地排水规划审批，“双随机、一公开”抽查排水户60家，完成冶金、纺织、印染等75家重点排水户证后监管。排水GIS系统入库管网3932千米。

【水土保持】 年内，市水务部门开展水土保持书面检查、遥感监测和项目现场跟踪检查，全年检查生产建设项目178项，其中现场监管37次、书面监管137次、“双随机、一公开”检查4次，实现在建项目全覆盖。自主验收项目85项，现场验收核查项目8项；完成2021年70个部、省级图斑销号，完成2022年度部、省级57个图斑现场核查。全年受理水土保持方案审批178个，收缴生产建设项目水土保持补偿费776.69万元，减征水土保持补偿费78.04万元。保税区、高新区、经开区3个开发区完成水土保持区域评估。

【水行政执法】 市水务部门全年组织日常水事巡察196次，出动执法人员498人次，巡察河道长度3220千米，巡察水域面积1535平方千米。开展针对长江非法采砂的水上巡航56次，其中专项行动11次，出动执法人员200人次。依法处置涉砂船舶3艘，其中港口综合保障基地停泊点内涉砂船舶1艘，公安部门委托拍卖处置刑事案件涉砂船舶2艘，拍卖金额76.4万元，均上缴国库。创新采用云监管模式，运用GPS定位、电子围栏等科技手段智慧监管疏浚采砂项目，全年完成8个疏浚工程监管。下放行政处罚权工作有序开展，指导杨舍镇、塘桥镇、大新镇、乐余镇综合执法局办理涉水案件7起。开展水土保持、水利工程安全、疏浚项目、砂石资源监管、招投标等专项行政指导约谈12次。办理行政许可177件，其中河道管理范围内建设项目工程建设方案审批27件，生产建设项目水土保持方案审批123件，取水许可审批7件，城镇污水排入排水管网许可10件，水工程规划同意书审查3件，因工程建设需要拆除、改动、迁移供水或排水与污水处理设施审核7件，按时办结率100%。

【河湖长制】 河湖长制工作以建设造福人民的幸福河湖为总体目标，推动河长履行巡河、治河、管河、护河职责。10月21日，市政府召开全市总河长会议暨城乡污水处理提质增效精准攻坚“333”行动推进会，阶段性总结分析年度治水成效和面临问题，推动年度任务冲刺收官。年内，441名市、镇、村三级河长累计巡河1.2万次，完成市级河湖“一事一办”清单任务150项，签发工作交办单125份，推动解决河道问题3926项，保障张家港市地表水环境质量位列全省第二、苏州第一。深化联合河长和“河长+检察长”“党建+河长制”“河长办+污防办”等联动机制，开展线上线下宣传，全年发布河长制工作信息151条。大新镇河道管护积分制受到省河长办推广肯定，《江景高颜值，发展高质量——张家港市以河长制为抓手践行长江大保护》入选2022年度江苏省河长制工作案例。朝东圩港水利风景区、凤凰水利风景区入选江苏省水利风景区精品线路。一干河工程获评江苏省幸福河道（段）建设示范工程，香山湖获评苏州最美幸福河湖，凤凰湖、常兴支港获评苏州市级示范幸福河湖，善港河、交通村南中心河、大寨河、东

苏州最美幸福河湖香山湖　（市水务局　提供）

港村30号河获评苏州市级幸福河湖。“河小志”“小小河长”“村民河长”等团队开展活动200余次，4名河长获评苏州红榜河长、最美基层河长。

【防汛抗旱】 4月18日，全市防汛工作会议召开，市政府与各区镇（街道）、8个重点成员单位签订防汛工作目标责任状，全市重点水利工程“三个责任人”全部落实到位。汛期（5月至9月）总降水量607.7毫米，与常年同期763.8毫米相比偏少；日照时数1100.6小时，与常年同期相比偏多。6月23日入梅，7月8日出梅，梅长15天，比常年偏短6天；梅雨量118.5毫米，比常年偏少55.2%。6月29日，自动站最大降雨量198.4毫米，出现在常阴沙现代农业示范园区。入汛后，长江流域出现阶段性干旱，为保障农业灌溉和工业生产需求，水务部门增加沿江闸站引水的时间频次，保障内河维持正常水位。7月至8月，沿江各闸共计引水1360小时，引水量4.34亿立方米；泵站引水147小时，引水量1460万立方米。与此同时，全市2466座电灌站投入运行，保障农田充足灌水；市给排水公司对长时间运行的泵机进行温度监测，并在室内投放大量冰块，给整个泵房降温，保证设备正常运转，保障全市正常供水。针对台风暴雨等各种情况，市水务部门有序调度各方力量，实现“不亡人、不伤人、少损失”目标。组织成员部门参加3次上级视频调度会，召开3次部署会议，发布3次防御通知，启动3次防台应急响应，其中“梅花”防台响应从Ⅲ级提升到Ⅱ级。依据调度方案，执行上级防汛指令13次，下达调度指令60次，十一圩港、张家港河、走马塘的排水总量6.11亿立方米，其他沿江口门自排水量7.03亿立方米。各部门、各区镇、市融媒体中心等以多种形式向社会宣传预警，组织人员避险撤离、停工和隐患整治。全市组织巡堤查险3768人次，回港避风船只628条，转移人员1825人，停工工地300个，停工企业78家，拆除、加固广告牌16个，修剪、加固树木45棵。各区镇（街道）、市防汛指挥部各成员单位、“12345”便民服务热线、“110”指挥中心、市消防救援大队等发挥应急联动机制，及时处置有关问题，有效保障防汛形势平稳可控。

【张家港市入选国家典型地区再生水利用配置试点城市】 张家港市因地制宜制定再生水利用规划目标，提出“集中配置有创新、分散配置有特色、长效机制有保障”的“3+N”再生水利用配置试点建设方案，规划“一核、三地、四园、多点”的再生水利用配置布局。6月16日，省水利厅、省发改委、省住建厅、省工信厅、省自然资源厅、省生态环境厅在南京市组织召开张家港市再生水利用配置试点实施方案审查会。张家港市编制的试点实施方案通过省级审查。7月6日，省水利厅印发《关于典型地区再生水利用配置试点建设设施方案的复函》，明确张家港市作为国家典型地区再生水利用配置试点城市。10月10日，张家港市入选水利部、国家发展改革委、住房城乡建设部、工业和信息化部、自然资源部、生态环境部联合公布的典型地区再生水利用配置试点城市名单，是江苏省唯一全市域、多领域探索再生水配置利用的城市。10月28日，市政府办公室印发《张家港市国家典型地区再生水利用配置试点城市创建工作推进方案》，细化并明确各项试点任务的责任部门、工作目标和时限要求。年内，市水务部门启动《张家港市非常规水资源利用规划》《张家港市再生水利用及设施布局规划》编制工作，并围绕用水指标有偿使用和水权交易总体方向，制定《张家港市用水指标集中池指导意见（试行）》，将再生水作为重要水资源之一，细化用水指标认定、收储、交易和价格管理，为再生水管理和推广利用提供机制保障。　（刘　祺）

【编辑　陆正芳】

数字张家港

Digital Zhangjiagang

张家港城市数字展厅　（市大数据局　提供）

张家港年鉴(2023)

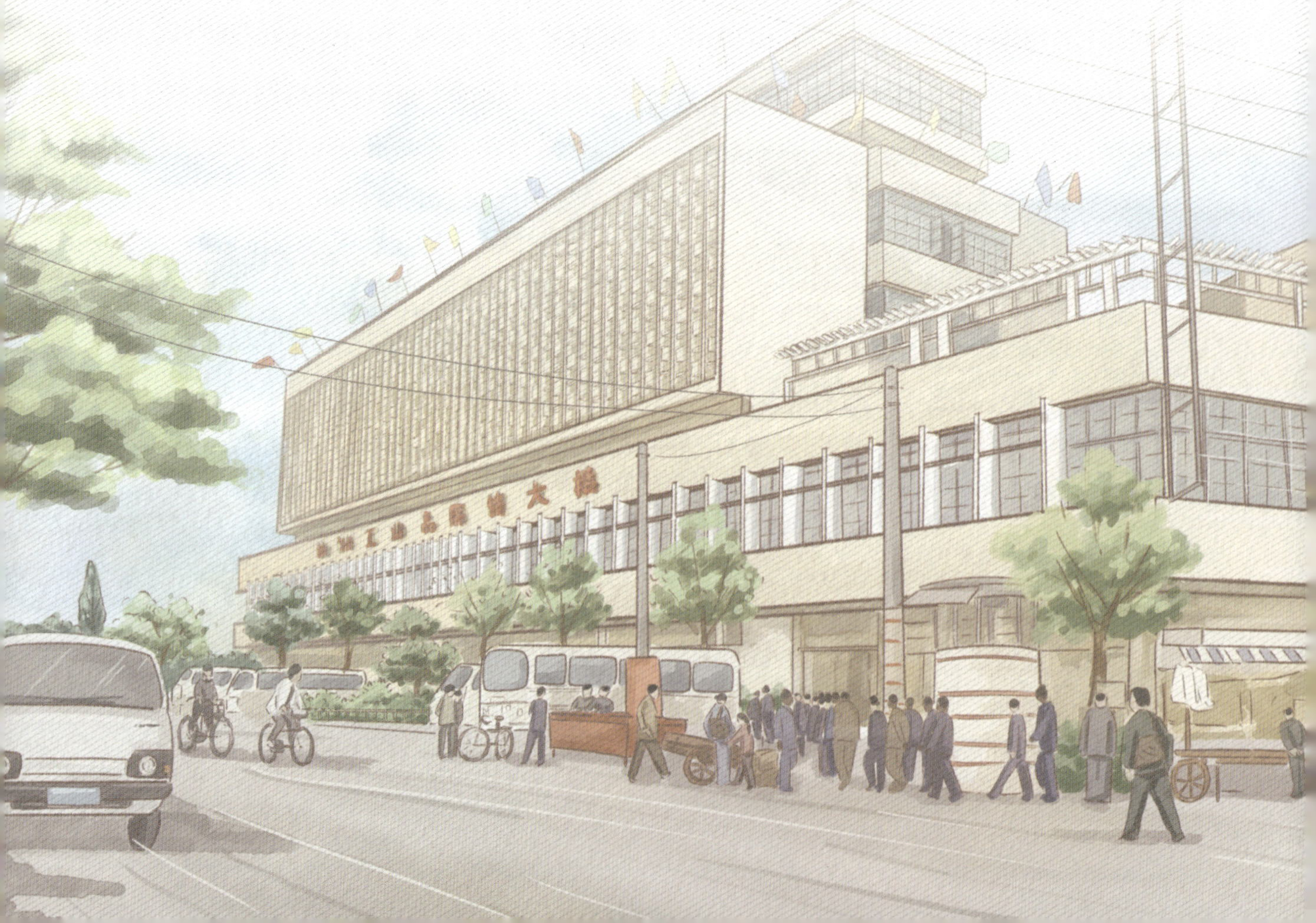

信息基础设施建设

【概况】 2022年，全市投入信息化基础设施建设资金2.55亿元，新增光缆2731皮长千米，累计16.98万皮长千米。新建各类基站1487个，累计9940个。

电信网建设 年内，中国电信股份有限公司张家港分公司（简称电信张家港分公司）持续加快数字化转型，对内全面提升数字化运营管理水平，提升营销服务、云网运营及管理能力数字化水平，对外积极推进5G（第五代移动通信）网络建设，打造全面定制、深度融合、安全可信的5G定制网，助推数字经济。至2022年年末，累计建成5G基站1286个，室分258个，其中年内建设完成基站251个，室分144个。开通双山岛5G信号，5G网络基本实现全市全覆盖。5G建成区网络覆盖率达到99.8%，平均单用户下载速率达到680兆比特，峰值下载速率超1000兆比特，5G用户体验优良率99.45%。

移动网建设 年内，中国移动通信集团江苏有限公司张家港分公司（简称张家港移动公司）全面建设4G、5G移动通信网络，新建5G站点561个，总数1701个；新建4G站点62个，总数2202个；新建通信管道40沟千米；新敷设光缆1100皮长千米。完成驻地网小区覆盖1.7万户，三线业务接入5100条，商务宽带2.3万条，提升全业务网络容量。面向企业打造OTN全光传送网，全年建设OTN节点22个；千兆光纤网络实现全覆盖，部署10GPON（千兆无源光纤网络）端口3256个，10GPON端口占比32%；推进IPV6（互联网协议第六版）网络规模部署和应用，全年有70家单位部署IPV6网络。

联通网建设 年内，中国联合网络通信有限公司张家港市分公司（简称张家港联通公司）网络建设投资5000余万元，重点开展4G、5G无线网络和驻地网建设。全年新开通4G站点120个，累计1120个；建设开通5G站点349个，累计1317个；新建光缆918皮长千米，累计8918皮长千米；新增完成近20万户的家庭宽带用户覆盖。年内完成所有驻地网用户网络的升级改造，实现光纤网络覆盖率100%，新增40台千兆设备，实现城区和乡镇千兆网络全覆盖。

广电网建设 年内，江苏有线网络发展有限责任公司张家港分公司（简称江苏有线张家港分公司）部署广电光纤薄覆盖网络工程改造，全年实现光纤接入网建设覆盖住户9万余户，累计完成接入网总覆盖住户31.5万户。公司保持传统业务，加快应急广播增点扩面，完成1200路应急广播建设及验收；新增垃圾分类监控点位500余个、“明厨亮灶”校园点位30余个、社会面餐饮监控200余路；跟进全市公安技防3.0雪亮工程项目，新增治安监控全结构化相机600余台。

【电信线路整治】 年内，中国电信张家港分公司配合政府相关部门开展线路整治工作，协调组织维护条线管理人员以及各区镇维护站人员120名组成专业团队，重点对菜场及周边开放式老旧小区的钢绳线缆、跨楼飞线、楼道网络箱开展专项整治。投入资金180万元，完成整治主城区胜利新村、庆丰新村、南门新村、铜盆新村、龙潭新村、万红新村等202幢5600户，完成区域通信线缆整治82千米。通过通信光缆整治、光纤改造入户及移动通信基础设施改造，解决小区内通信线路乱及因线路凌乱产生的安全隐患等问题，实现千兆光网和5G信号覆盖。

（祁静娜 顾 玥 陈 莹 李怡玮）

通 信

【概况】 2022年，全市各通信运营商完成业务总量23.78亿元，主要经营范围包括移动通信业务、固话业务、宽带业务、互联网专线、数据通信等综合业务。至年末，全市有固定电话用户16.38万户，移动电话用户196.35万户，宽带用户77.73万户，有线电视和天翼高清用户55.2万户。

电信张家港分公司 下设办公室、销售部、政企客户部、渠道运营中心、维护安装部、产数运营中心、重点项目中心及16个分局，有员工354人。2022年公司经营收入9.06亿元。至年末，有固定电话用户16.2万户，移动电话用户73.55万户，宽带用户33.91万户，天翼高清用户26.2万户。年内，公司持续加快5G建设，加速产品和服务迭代，全面推进云、网、大数据、人工智能等多种数字要素布局、升级与融合集成创新，获评2019—2021年度江苏省文明单位，李刚劳模创新工作室获中国国防邮电产业示范性劳模和工匠人才创新工作室称号。

张家港移动公司 下设综合部、市场经营部、集团客户部和技术业务支撑中心4个部门及保税区、城北、城东、城南、城西、大新、凤凰、锦丰、乐余、南丰、高新区11个网格，有员工240人。2022年公司经营收入10.7亿元，年末有用户101.04万户，其中5G用户数48.9万户，家庭宽带30.3万户。年内，公司先后获全国工会职工书屋示范点、2019—2021年度江苏省文明单位、苏州市消费者满意单位、张家港市先进文明单位等称号。

张家港联通公司 下设综合支撑中心、网络综合运营室、公众4个营服中心和政企5个客户部，有员工73人。2022年公司经营收入1.97亿元，年末有移动电话用户21.76万户，互联网用户3.52万户。年内，推进“我为群众办实事”活动常态化，开展多元化敬老适老服务，全年累计开展50余次银龄公益大讲堂活动，服务群众超1000人。公司先后获评2019—2021年度江苏省文明单位、苏州市消费者满意单位、张家港市先进文明单位等。

江苏有线张家港分公司 下辖综合管理部、党群工作部（纪委办公室）、公众客户部、政企客户部、安播运维部、技术工程部6个部门及杨舍、城区、塘桥、凤凰、锦丰、乐余、大新、南丰、常阴沙9个广电站和1个保税区广电中心，有员工358人。2022年公司经营收入2.05亿元。至年末，有网内有线数字电视注册用户29万余户，其中在网高清互动用户21.5万户，宽带用户10万户。10月，在中国广播电视网络有限公司、江苏有线网络公司的规划推进下，江苏有线张家港分公司对外启动张家港地区广电5G网络服务，推出固定移动网络融合产品，向市场发放广电192移动电话卡。

【智慧广电项目建设】 2022年，江苏有线张家港分公司加强智慧广电项目创新开发，参与数字乡村建设，试点建设金港街道柏林村、凤凰镇西参村等多个数字乡村平台，探索“应急广播+视频监控”在数字乡村建设中的场景应用和业务延伸，组织实施大新镇龙潭村、德积街道朝南村和凤凰镇夏市、支山、双塘村等“监控+广播”项目建设。探索业务的跨界和延伸，组织实施“云上+实体”慈善爱心超市及余量食品处置、渔政航道监管、进口冷链追溯系统项目、南丰镇车辆管理系统项目及叉车安全作业AI监管平台项目等新型重点项目建设。张家港市智慧广电乡村工程被省广播电视局、省工业和信息化厅评为2022年度江苏省智慧广电示范项目。

【电信助力精准防疫】 年内，中国电信张家港分公司针对疫情常态化防控、复工复产复学等方面的需求，以数字化手段助力精准抗疫，做好通信服务保障。累计为集中隔离点、居家隔离点设置门磁9300余套；为重点管控场所、出入闸口提供应急监控、防疫扫码手持终端500台、立柱道闸63套，向社区派出核酸检测志愿服务人员100余人次。在全民核酸检测期间，提供4G、5G信号保障，保证检测点核酸检测服务流畅进行。在上级分公司的技术支持下，为市工信局定制“苏链通”平台，确保全市产业链、供应链平稳运行。年初，开发“瑞翼港码通”平台，为全市公共重点场所提供扫码记录，做到快速溯源。

【“爱心翼站”服务暖人心】 年内，中国电信张家港分公司发挥营业厅便利服务作用，在各主厅建设“爱心翼站”，为老年人、户外劳动群体提供休息补给、便民服务、手机辅导、手机充电、无线网络、餐食加热等服务。2022年新建塘市营业厅、东莱营业厅、塘桥营业厅、南丰营业厅、国泰路营业厅等5个“爱心翼站”，累计建成8个“爱心翼站”，实现镇爱心驿站全覆盖。“爱心翼站”结合5G、VR等技术，实施多样化服务。与美团联动，面向外卖小哥开展暖冬行动、夏日送清凉活动，组织知识科普微讲堂。“5·17”世界电信日期间，“爱心翼站”向环卫工和快递小哥开展防范通信网络诈骗专题宣讲。赴街道、村、社区开展便民服务，先后走进民丰村、城北街道“青春情暖 喜闹元宵”集市、城西街道暖“新”集市，为市民提供5G及反诈知识科普、VR眼镜体验、手机贴膜等服务。持续关爱困难群体，“爱心翼站”志愿者上门慰问残疾人困难家庭、锦绣社区困难青少年家庭。累计开展慰问活动10次，惠及群众500人次。

（祁静娜　顾　玥　陈　莹　李怡玮）

中国电信工作人员调测交付立柱设备　　（电信张家港分公司　提供）

信息技术应用

【概况】 2022年，全市信息工作响应打造“数字苏州”号召，瞄准“十四五”数字政府建设方向，继续围绕“打造全国智慧城市的县域标杆”目标，进一步放大数字政府基础设施能力优势，着力推动全市数字政府建设和数字经济发展。全市加快工业企业智能化改造和数字化转型步伐，稳步推进工业互联网建设，深化制造业与互联网融合发展。张家港党政通网注册人数1900人，点击率932万次，公务邮件收487万份、发104万份，公文交换收260403份、发9582份。“今日张家港”客户端、“张家港在线”网站共发布新闻信息8.76万条、图集707个、短视频1667个、专题120个，进行网络直播155场，至年末，“今日张家港”客户端下载量80万次，注册用户58.6万人。“今日张家港”客户端同步设立“网上市民诉求中心”。至年末，累计受理市民各类诉求29616余件，涉及政府求助诉求类工单办结率99.96%，回访满意率100%。全市金融系统取款机减少21台，累计26台；存取款一体机减少23台，累计607台；自助终端减少29台，累计448台。

【电信助力企业智慧云平台建设】 年内，中国电信张家港分公司协助35家企业申报企业星级上云，其中23家获三星级评定，2家获四星级评定，进一步带动头部企业在设备上云、平台上云、存储上云效能。建设30个5G专网，覆盖企业工业互联等场景，其中在沙钢冷轧车间、富瑞特装公司等企业部署专网用于生产线。扬子江5G智慧化工园区项目获工信部“光华杯”千兆光网应用创新大赛全国二等奖和“绽放杯”5G应用征集大赛全国三等奖，协助沙钢集团和永钢集团公司5G全连接工厂申报。联合张家港联通公司发布“港贸通”数据专用通道，从张家港点对点直连中国香港，大幅提高企业网络访问速度，降低企业网络使用成本。至年末，有爱丽家居、伊萨焊接、富淼科技等20余家企业接入“港贸通”平台，享受高速服务。

【数字永联项目建设】 2022年，在数字永联5G专网的基础上，张家港移动公司进一步推进数字永联5G定制频道项目和永联一张图项目的落地。数字永联5G定制频道，是中国首个村级5G融媒体平台。项目包括永联频道定制、统一信息发布、永联直播集成三部分，有效提升永联农村生活智慧化、基层工作数字化、农业生产智能化水平。永联一张图项目，采用数据集成和数据交换的方式，整合对接各系统（视频、道闸、气象、水利等）相关数据资源，建设数据中台，实现永联小镇态势的一体化呈现和一站式指挥。数字永联项目被评为2022年数字江苏建设优秀实践成果，并获第五届“绽放杯”5G应用征集大赛乡村振兴专题赛一等奖。

【移动助力智慧冶金项目建设】 2022年，张家港移动公司启动沙钢5G+智慧冶金项目。项目采用MEC下沉部署建设沙钢5G专享专网，2.6G+4.9G AAU（远端射频单元）多频段错频组网，保障容量覆盖需求。对沙钢集团中美超薄带生产车间实现5G专网信号全覆盖，以满足5G+AI视频安防、5G无人天车等应用需求，同步对原料运输通道海力码头实现5G船舶监测管理。根据永钢集团棒材厂无人行车应用和设备检修现场的视频监控应用需求，考虑厂房环境高温、高粉尘的特点，张家港移动基于数字永联5G专网，在永钢棒材厂采用爱立信64TR AAU覆盖。同时采用2.6G和4.9G AAU设备进行错频组网，确保容量需求，也可避免厂房内小区间干扰。至年末，该项目运行稳定，无线视频回传清晰流畅。

【联通助力数字乡村建设】 年内，张家港联通公司依托云网资源优势，融通5G+平台基座能力，打造了数字乡村服务云平台，以卫星遥感、视频AI、5G+、数字孪生等信息化手段进行助农，结合区镇经济业态，实现数字乡村基层应用场景全覆盖。针对全市农村国家级改革试点树立目标，着力打造高新区（塘桥镇）、经开区（杨舍镇）、保税区等数字化管理系统。为全面提升乡村网络设施水平，张家港联通公司做好农村偏远区域的4G网络补盲，累计新建4G基站150个、5G基站350个，基本实现4G网络的全域覆盖及5G网络在市区、乡镇、部分村域覆盖。加快农村区域有线光纤宽带网络布局，累计覆盖农村宽带2万余户。2022年，张家港联通公司自主研发数字乡村服务云平台，实现数字乡村基层应用全覆盖。平台搭建镇、村两级人员管理体系，建立农户基础信息库；通过村级三务公开、书记信箱、随手拍、村长广播等，及时倾听群众心声，接受群众监督；通过党群服务中心、网上办事处等应用打造一体化政务服务体系，提供村民便捷的日常生活类事项办理服务；通过小程序端，村民可以享受租房管理、敲章预约、打印机预约等服务；通过绘制数字平安一张图，做好域内企业的消防管理工作。

（汪皖平　陈　莹　李怡玮）

信息化管理

【概况】 2022年，张家港市立足大数据发展新局面，不断推进数字变革创新。张家港市以第一名成绩获“2022年亚太区智慧城市大奖（中国区）”“行政管理”领域大奖，智慧城市建设获2022年（第十二届）智慧城市发展水平“特色突出奖”。年内，推进企业“两化融合”（信息化和工业化的高层次深度结合）工作，新增国家级两化融合管理体系贯标认证企业37家；新增省级工业互联网标杆工厂1家；新增省5G全连接工厂1家；新增苏州市级工业互联网典型应用企业1家；新增苏州市级工业互联网专业服务商1家；新增省级示范智能车间19家；新增省级星级上云企业132家，其中五星9家、四星15家、三星108家。累计创建国家级“两化融合”管理体系贯标认证企业216家、省级工业互联网标杆工厂4家，5G全连接工厂1家；创建苏州市级工业互联网典型应用企业15家，苏州市级工业互联网专业服务商16家，省级示范智能车间97家。

【数字政府建设】 2022年，张家港市以数字政府“十四五”规划和数字苏州建设相关实施方案为指引，制定《2022年张家港市数字政府建设工作要点》，明确全市数字政府建设时间点、路线图。印发《张家港市首席数据官制度建设实施方案》，高位推动数据治理、共享、开放和开发利用。修订《张家港市级信息化项目管理办法》及实施细则，通过联审联评联验机制和标准化项目申报模板，从严规范信息化项目建设流程。制定《张家港市政务网络和信息系统安全管理办法》，进一步完善项目端网络安全建设规范。调整成立由市长任组长的数字政府建设领导小组，召开数字政府建设推进会，将数字化转型工作提升为事关城市发展的基础性、战略性、全局性工程。印发《张家港市关于加强数字政府建设推进数字化转型的实施方案》，形成政府数字化转型7个目标任务24项任务清单，强化全市数字化转型意识。统筹推动总投资6100万元的52个重点项目建设。坚持“管行业也要管行业数字化转型”的原则，统筹指导32个部门、13个区镇和街道确定首席数据官。推动市教育局等10家数字资源密集型部门明确专门的大数据管理科室，具体承担数字建设管理职能，形成上

张家港市社会治理现代化指挥中心“数字张家港驾驶舱”平台

（市大数据局　提供）

下分工明确、齐抓共管的数字政府建设领导格局。

【张家港市入选全国数字家庭建设试点】 9月6日，住建部办公厅、工信部办公厅联合发布《关于开展数字家庭建设试点工作的通知》，公布数字家庭建设试点名单（全国19个县区），张家港市入选。数字家庭是以住宅为载体，利用物联网、云计算、人工智能等新一代信息技术，实现系统平台、家居产品互联互通，满足用户信息获取和使用的数字化家庭生活服务系统。自2019年起，张家港市连续3年获“中国领军智慧城市”称号。通过完成张家港市智慧城市能力底座平台建设、张家港市密码资源统一服务平台建设、智慧社区综合服务平台和物业管理平台建设，为推动数字家庭建设提供良好数字底座基础。年内，全市有物业公司70余个、住宅小区379个，全部实现千兆光纤接入，其中92个住宅小区达到5G信号深度覆盖，基本具备有线+无线的数字家庭基础通信能力。

【2个项目入选工信部大数据产业发展试点示范项目】 9月，新点城市数字驾驶舱平台和大数据驱动的钢铁企业产销质财创新应用2个项目入选工信部2022年大数据产业发展试点示范项目，苏州全市获此荣誉的企业共3家，其中张家港市占2家。国泰新点软件股份有限公司建设的新点城市数字驾驶舱平台项目主要以建设的大屏数字驾驶舱平台，支持各类场景下的动态感知与智能决策。依托大屏数字驾驶舱平台，建设大数据示范应用，包含民生保障、公共安全、经济运行、党建引领、社会治理、城市管理、政务服务等专题版块。支撑各单位围绕部门业务需求快速开展大数据专题分析应用，提供直观、体系化的信息服务，辅助部门实时全面感知经济社会运行态势，深度研判发展趋势。江苏永钢集团有限公司建设的大数据驱动的钢铁企业产销质财创新应用项目主要围绕高效协同的“智能制造”体系，在多个板块实施“智改数转”项目，打通企业活动价值链的各类资源，以精益生产为基础，贯穿工业数据流、生产工艺流、商业信息流。项目分两期建设，一期搭建设备运维、云销售、全流程质量管控、业财一体化、供应链金融等系统平台的建设，完成数据在各方面的融合应用；二期计划构建数据中台，以数据驱动生产计划管理的动态排程和销售物流的智能管理，让OT（运营技术）数据与IT（信息技术）数据融合，完成端到端业务流程和BI（商业智能）分析决策，助力永钢集团上下游生态繁荣，推动产业生态的整体协同。

【腾讯云（张家港）工业云基地项目获评工信部信息技术与制造业高融合发展试点示范项目】 11月，腾讯云（张家港）工业云基地项目获评工信部2022年新一代信息技术与制造业融合发展试点示范项目。项目由张家港市政府、经开区、腾讯云和江苏腾瑞智联数字科技有限公司四方共建，2019年11月开始建设。2020年6月，瑞联工业互联网平台正式上线；2020年12月，获江苏省重点工业互联网平台认定；至2022年12月，腾讯云（张家港）工业云基地已接待中国中小企业协会等省市级领导、行业专家及企业参观超1500人次。腾讯云（张家港）工业云基地全面推进“1125”发展计划，通过创建一个长三角重点工业互联网样板平台，打造一个腾讯云城市工业云标杆基地，构建“智能制造加速器、数字经济发展新引擎”两大核心功能，着力建设集应用体验、成果展示、创新孵化、培训教育、工业大数据五大中心于一体的张家港工业互联网创新发展基地。2022年，腾讯云（张家港）工业云基地持续深化全覆盖网格化运营服务模式，与乐余镇、大新镇等8个区镇签署战略合作协议，为属地企业提供“政策+解决方案+应用落地”一站式智能化改造和数字化转型服务，先后组织工赋大讲堂、惠企政策进企业等活动10场，提供智能制造咨询诊断服务168家、星级上云服务108家，为企业提供信息安全管理、3D实体设计软件应用等培训200余人次；持续导出数字化项目，签约江苏扬子江化工园区智慧园区管理、企业安全生产管理、纺织供应链协同云平台等数字化项目69项，其中面向化工行业的“工业互联网+安全生产”整体解决方案入选工信部2022年工业互联网平台+安全生产试点示范，中小企业安全生产管理信息化平台入选工信部第一批财政支持中小企业数字化转型试点服务平台名单。

（汪皖平　陈　玲）

【编辑　张　洁　陈佩蕾】

开放型经济

Open Economy

埃塞俄比亚东方工业园　　（市商务局　提供）

招商引资

进出口贸易

对外及对港澳台经济技术合作

江苏国泰国际集团

張家港年鑑(2023)

招商引资

【概况】 2022年，市商务局统筹应对疫情防控与招商工作，通过“线上+线下”相结合的形式开展云招商。4月，组织全市相关跨国公司驻沪高管参加全省外资项目“云签约”暨外资总部企业“云授牌”活动。7月，组织举办“水韵港城，投资沃土”跨国公司高管对话会，解读相关政策，增强企业投资信心。8月上旬，在上海疫情解封第一时间举办2022年张家港（上海）中日产业合作投资说明会，吸引在沪日企选择投资张家港。8月，在首届张家港发展大会期间，组织相关区镇、部门开展系列招商活动，宣传张家港市优越的投资环境。大会期间，共有145个项目签约，总投资847.6亿元。全市新设外资及港澳台资投资项目62项，新增注册外资及港澳台资6.97亿美元，实际利用外资及港澳台资9.08亿美元。全年增资项目39项，新增注册外资及港澳台资3.4亿美元，占全市总额的49.1%。新设服务业外资及港澳台资项目54项，新增注册外资及港澳台资3.6亿美元，实际利用外资及港澳台资3.3亿美元。新设投资总额超1000万美元项目15项，新增注册外资及港澳台资6.7亿美元，占全市总额的96.1%。伊萨焊接公司获评江苏省跨国公司功能性机构。至年末，全市共有外商投资企业1082家，其中世界500强投资企业67家。

表13 2022年张家港市主要新设（含增资）外资及中国香港地区项目一览表

项目（企业）名称	投资方	所属行业	投资总额（万美元）	注册资本（万美元）	注册外资及港资（万美元）	外资或港资比例（%）	备案时间
中鑫汽配（张家港）有限公司（增资）	韩国	机械制造	9000	3000	3000	100	7月
置田精密锻造（张家港）有限公司	日本	机械制造	5000	3000	3000	100	8月
采埃孚汽车系统（张家港）有限公司	德国	机械制造	15000	5000	5000	100	10月
京东惠品（张家港）供应链有限公司	中国香港	服务业	15000	5000	5000	100	3月
宝熙供应链管理（张家港）有限公司	中国香港	服务业	5000	5000	5000	100	6月
信义供应链管理（江苏）有限公司	中国香港	服务业	2500	1000	1000	100	9月
传胜供应链管理（张家港）有限公司（增资）	中国香港	服务业	3803	3803	3803	100	10月
稻兴科技（苏州）有限公司	中国香港	服务业	7000	7000	7000	100	11月

【开发区外资和港澳台资招引】 年内，张家港保税区、经开区、高新区、冶金园三区一园共完成注册外资及港澳台资5.3亿美元，实际利用外资及港澳台资8亿美元。保税区全年新设外资项目23项，新增注册外资及港澳台资3.3亿美元，实际利用外资及港澳台资3.1亿美元，分别占全市的47.5%和34.2%。其中新设投资总额超1000万美元项目8项，新增注册外资及港澳台资2.5亿美元。全年增资项目16项，新增注册外资及港澳台资1.1亿美元。新设置田精密锻造、宝熙供应链管理等项目，传胜供应链管理、安泰半导体科技等企业增资扩股。经开区全年新设外资及港澳台资项目21项，新增注册外资及港澳台资6000万美元，实际利用外资及港澳台资2亿美元，分别占全市的8.5%和22.1%。其中新设投资总额超1000万美元项目2项，新增注册外资及港澳台资1.3亿美元。全年增资项目10项，新增注册外资及港澳台资8000万美元。新设采埃孚汽车系统、铃研精密制造等项目，中鑫汽配、凯得力耐火材料等企业增资扩股。冶金园全年新设外资及港澳台资项目4项，新增注册外资及港澳台资1.3亿美元，实际利用外资及港澳台资2.1亿美元，分别占全市的18%和23.2%。其中新设投资总额超1000万美元项目2项，新增注册外资及港澳台资9000万美元。全年增资项目4项，新增注册外资及港澳台资4000万美元。新设稻兴科技、业晟新材料等项目，恒乐新型建筑材料等企业增资扩股。高新技术产业开发区全年新设外资及港澳台资项目3项，新增注册外资及港澳台资1000万美元，实际利用外资及港澳台资8000万美元，分别占全市的1.5%和8.3%。新设信义供应链管理等项目。

【镇外资和港澳台资招引】 年内，乐余镇、凤凰镇、南丰镇、大新镇共完成注册外资及港澳台资1.7亿美元，实际利用外资及港澳台资7522万美元。其中，乐余镇新设外资项目1项，新增注册外资5000万美元，实际利用外资1194万美元；凤凰镇新设外资项目3项，新增注册外资7997万美元，实际利用外资2792万美元；南丰镇新设外资及港澳台资项目5项，新增注册外资及港澳台资4417万美元，实际利用外资及港澳台资3057万美元；大新镇新设外资项目1项，实际利用外资479万美元。

【高新区18个科技项目集中签约】 围绕市委“创新转型加速年”工作部署，高新区（塘桥镇）聚焦科创资源、科创载体、科创生态、科创服务四大主题制定20条科技招商举措，率先奏响科技招商“进行曲”，加速构建“科创雨林”，力争在“十四五”期间，新增科技招商项目1000项，拥有省级高新技术企业200家，引进培育产值超1亿元科技型企业30家以上。1月12日，张家港高新区科技项目集中签约暨“科技招商举措二十条”发布活动举行，18个科技项目集中签约，分别是中航超能超低排放环保设备研发生产项目、老虎工业云平台项目、双迦生物细胞培养产品总部基地项目、国嘉柔性铝合金电缆项目、哈工大机器人项目、可再生能源制氢研发项目、工业自动化装备研发生产项目、电子线束研发生产项目、非标工业机器人研发生产项目、自动化测量系统解决方案项目、免疫细胞技术平台及药物研发项目、航空产业深度定制PLM流程解决方案项目、智能化AGV的SLAM自然导航与控制模块项目、人工智能在线教育开发平台项目、一次性内窥镜手术系统研发中心及生产基地项目、特种材质微细尺度多孔材料制备及开发应用项目、盘点机器人项目、生物安全检测监测装备及试剂体系项目。项目涵盖数字经济、高端装备、新能源等多个新兴产业领域。

（许柏宏　卢嘉辉）

进出口贸易

【概况】2022年，全市完成进出口贸易总额466.72亿美元，比上年增7.4%。其中，进口总额262.8亿美元，比上年增5.2%；出口总额203.93亿美元，比上年增12%。贸易逆差58.87亿美元。一般贸易进出口仍占主导地位，共计409.91亿美元，比上年增8.99%，占全年进出口总额的87.9%。张家港保税区、张家港经济技术开发区、扬子江国际冶金工业园进出口额分别为231.36亿美元、100.63亿美元和72.25亿美元，其中出口额分别为47.64亿美元、89.88亿美元、28.33亿美元。

表14　　2022年张家港市十大进出口企业一览表

出口前十强名单	进口前十强名单
江苏国泰国际集团股份有限公司	中粮四海丰（张家港）贸易有限公司
江苏沙钢集团有限公司	江苏沙钢集团有限公司
江苏永钢集团有限公司	江苏永钢集团有限公司
江苏一达通企业服务有限公司	东华能源股份有限公司
浦项（张家港）不锈钢股份有限公司	张家港联合铜业有限公司
张家港市易华润东新材料有限公司	浦项（张家港）不锈钢股份有限公司
陶氏化学（张家港）有限公司	张家港孚宝仓储有限公司
易高生物化工科技（张家港）有限公司	陶氏化学（张家港）有限公司
江苏骏马集团有限责任公司	江苏国泰国际集团股份有限公司
索尔维（张家港）精细化工有限公司	张家港保税区阳州国际贸易有限公司

表15　　2022年张家港市主要进出口商品一览表

商品名称	出口（亿元）	比上年增长率（%）	商品名称	进口（亿元）	比上年增长率（%）
机电产品	306.30	19.00	大豆	680.50	61.30
服装及衣着附件	218.80	-4.10	铁矿砂及其精矿	355.70	-22.50
钢材	211.60	41.00	基本有机化学品	109.30	-8.80
纺织纱线、织物及其制品	211.30	10.30	机电产品	78.10	22.10
基本有机化学品	67.80	16.80	纺织原料	63.70	-22.20
塑料制品	58.70	-11.80	食用植物油	59.00	-49.80
食用油	31.40	32.40	未锻轧铜及铜材	39.90	103.60
纺织原料	23.80	47.00	初级形状的塑料	34.50	-1.00
未锻轧铝及铝材	13.00	27.20	煤及褐煤	19.90	-29.80
橡胶轮胎	9.90	-0.90	木及其制品	13.70	17.00

表16　　2022年张家港市主要进出口贸易国家（地区）一览表

国家（地区）	出口（亿元）	比上年增长率（%）	进口（亿元）	比上年增长率（%）
RCEP	475.20	26.20	611.00	-11.70
其中：东盟组织	271.50	36.20	161.20	-17.20
澳大利亚	30.40	17.70	336.40	-13.10
韩国	95.70	16.00	66.60	11.70
日本	74.90	12.80	41.80	-5.70

续表16

国家(地区)	出口(亿元)	比上年增长率(%)	进口(亿元)	比上年增长率(%)
新西兰	2.70	9.00	5.00	-20.00
巴西	29.50	31.00	527.90	37.00
美国	202.80	-7.80	252.80	38.30
欧盟组织(除英国)	224.60	23.90	55.60	4.30
印度	45.00	21.80	9.40	-63.20
加拿大	21.90	9.90	30.90	111.70
孟加拉国	52.10	9.40	0.10	10.10

【货物贸易进出口】 2022年,张家港市有进出口记录的企业3895家,其中进出口值超100亿元企业2家,在50亿元至100亿元区间的企业6家,在10亿元至50亿元区间的企业30家,超1亿元企业累计257家。从商品类别来看,出口量排名前五名的分别为机电产品、服装及衣着附件、钢材、纺织纱线和织物及其制品、基本有机化学品,出口额分别为306.3亿元、218.8亿元、211.6亿元、211.3亿元和67.8亿元,比上年分别增19%、减4.1%、增41%、增10.3%和增16.8%。进口量排名前五名的分别是大豆、铁矿砂及其精矿、基本有机化学品、机电产品、纺织原料,进口额分别为680.5亿元、355.7亿元、109.3亿元、78.1亿元和63.7亿元,比上年分别增61.3%、减22.5%、减8.8%、增22.1%、减22.2%。从进出口主要国家看,进出口排名前五名的国家或地区是巴西、美国、东盟组织、澳大利亚、欧盟组织(除英国),进出口额分别是557.4亿元、455.6亿元、432.7亿元、366.8亿元、280.2亿元,比上年分别增36.7%、增13.1%、增9.8%、减11.2%和增19.4%。对RCEP成员国进出口额1086.2亿元,比上年增1.6%。

(许柏宏)

对外及对港澳台经济技术合作

【概况】 2022年,全市新增境外投资项目24项,中方协议投资额3.72亿美元,完成实际对外投资额(含再投资)7.09亿美元,继续稳居全省县市第一方阵。其中对"一带一路"沿线6个国家进行非金融类10个投资项目,中方协议投资额超3亿美元,占同期中方协议投资额80.82%,主要涉及新能源、冶金、纺织服装业。围绕国际产能合作和海外并购,全市企业积极响应国家"一带一路"倡议,不断加强对外投资力度。蔚蓝锂芯公司围绕供应链布局,顺应欧美等主流市场近年实行供应链多元化趋势,在马来西亚投资2.8亿美元建设锂电池生产项目;杉金光电公司为进一步整合偏光片产业链投资5000万美元并购LG持有的台湾杉金光电股份有限公司100%股权;国泰华荣公司为贴近欧洲客户抢占欧洲市场,延伸新能源产业链,在波兰投资1.2亿美元,建设年产4万吨锂离子动力电池电解液生产基地;苏州熹联光芯微电子科技有限公司联合合肥熹联光芯科技有限公司出资2.04亿美元并购德国斯科雅有限公司,从事硅光芯片、光引擎和光模块的设计与研发。市商务局关注和服务推动好张家港市境外经贸集聚区平台和载体建设不断升级提高,吸引更多的企业入埃塞俄比亚东方工业园和国泰缅甸服装工业园。

表17　　2022年张家港市对外及对中国香港、台湾地区投资企业(项目)一览表

投资企业(项目)	投资目的地	投资总额(万美元)	中方出资额(万美元)	投资行业	投资主体
卡莱罗公司	美　国	250.00	250.00	批发业	江苏多维科技有限公司
美国兴业工程公司	美　国	100.00	100.00	技术服务业	江苏兴业联合装备技术有限公司
美国地板有限责任公司	美　国	1400.00	714.00	建材	爱丽家居科技股份有限公司
长华美洲有限责任公司	墨西哥	300.00	300.00	化工	长华化学科技股份有限公司
维希有限公司	意大利	103.26	103.26	批发业	张家港市鸿源机械锻造有限公司
埃塞俄比亚鑫鑫铸造有限公司	埃塞俄比亚	150.00	150.00	金属冶炼	江苏华金元投资有限公司
华嘉铝业有限公司	埃塞俄比亚	250.00	250.00	建材	张家港市华嘉投资有限公司
汉邦建筑材料有限公司	埃塞俄比亚	300.00	300.00	建材	江苏华尔达国际贸易有限公司
天鹏电源(马来西亚)有限公司	马来西亚	28000.00	28000.00	新能源	江苏蔚蓝锂芯股份有限公司
安瑞森电子材料(泰国)有限公司	泰　国	300.00	300.00	化工	江苏安瑞森电子材料有限公司
缅甸华盛锦泰服饰有限公司	缅　甸	300.00	300.00	纺织服装	江苏国泰华盛实业有限公司
优蓓特(缅甸)服饰有限公司	缅　甸	250.00	250.00	纺织服装	江苏国泰国绵贸易有限公司

续表17

投资企业(项目)	投资目的地	投资总额(万美元)	中方出资额(万美元)	投资行业	投资主体
越南锦顺责任有限公司	越 南	100.00	100.00	纺织服装	江苏国泰国盛实业有限公司
JJL全球国际服装有限公司	越 南	378.00	264.60	纺织服装	苏州金嘉乐投资管理有限公司
柬埔寨盈星服装有限公司	柬埔寨	150.00	150.00	纺织服装	江苏国泰国盛实业有限公司
锦运企业有限公司	中国香港	5.00	5.00	纺织服装	张家港保税区华通国际贸易有限公司
易汇资源(亚洲)有限公司	中国香港	1.27	1.27	纺织服装	张家港保税区易汇国际贸易有限公司
香港生物密码科技有限公司	中国香港	150.00	150.00	批发业	江苏澳洋生物科技有限公司
国泰华泰(香港)有限公司	中国香港	200.00	200.00	纺织服装	江苏国泰华泰实业有限公司
新宝行2015有限公司	中国香港	300.00	300.00	批发业	艾斯贝(江苏)投资有限公司
未来城服饰有限公司	中国香港	10.00	10.00	纺织服装	江苏国泰国贸实业有限公司
台湾杉金光电股份有限公司	中国台湾	5000.00	5000.00	电子器件	杉金光电(苏州)有限公司

【埃塞俄比亚东方工业园】 由江苏永元投资有限公司于2007年在商务部境外经贸合作区中标创建。2015年4月,埃塞俄比亚东方工业园通过商务部、财政部考核,成为江苏省第二个国家级境外经贸合作区。经过不断开发建设,工业园成为江苏乃至中国在埃塞俄比亚的形象工程,中国企业走进非洲的良好平台,国内产业转移的优良载体。2022年,新增入园企业7家,完成产值2.13亿美元。园区二期开工建设,四通一平工作有序推进。至年末,埃塞俄比亚东方工业园累计完成基础设施投资2.8亿美元,建成40万平方米标准型厂房,1.85万平方米员工住宅楼,3000平方米综合办公及生活服务用房,12千米园区主干道、20万平方米绿化,每小时600吨供水系统、日处理1.3万吨污水站、25.2万千伏安总降站。累计有127家企业入驻,主要涉及建材、鞋帽、纺织服装、汽车组装和金属加工等行业。园区有员工总数约2万人,其中中方人员约1200人。

【国泰缅甸服装产业园】 由江苏国泰全资下属公司江苏国泰海外技术服务有限公司投资设立,2017年1月开工建设,园区定位为各类纺织服装的加工、生产和销售,产品主要出口欧洲、日本,一期占地面积8.33公顷,实际经营面积8.75万平方米。2018年8月,产业园二期批准设立,投资总额约3700万美元,计划建设各2万平方米的厂房8幢,约1万平方米的宿舍楼及相关生产、生活配套设备和设施。至2022年年末,一期项目区内9家企业正常运营,订单较为充足,产能正逐步恢复至正常水平。二期项目已建成12万平方米6栋厂房,1.2万平方米宿舍楼及相关生产、生活配套设施。3家工厂入驻,合计用工人数2000人,另有1家正在装修以待入驻。 (许柏宏)

江苏国泰国际集团

【概 况】 2022年,江苏国泰国际集团全年实现全口径营业收入725亿元,比上年增6.9%,全口径进出口总额61.1亿美元,比上年增8.5%,其中出口54.9亿美元,比上年增11.9%,张家港本地纳税13.4亿元,比上年增16.4%。在“2022中国企业500强”中,国泰集团列332位;在“2022年的《财富》中国500强排行榜”中,国泰集团位列318位。集团旗下拥有江苏国泰国际集团股份有限公司(股票名称“江苏国泰”,股票代码“002091”)和江苏瑞泰新能源材料股份有限公司(股票名称“瑞泰新材”,股票代码“301238”)两家上市公司,分别运营集团供应链服务和化工新能源两大业务板块。2022年,江苏国泰国际集团向“爱满港城”活动捐赠慈善款项100万元,用于帮扶张家港市困难群众,开展以助医、助学、助孤、助老、助残、助困等为重点的慈善项目;捐赠设立“国泰公益冠名基金”,定向用于大新镇新闸村“331”消防安全一体化改造项目。10月,集团获评苏州市人民政府颁发的第五届苏州慈善奖“最具爱心慈善捐赠企业”。集团始终坚持履行企业的社会责任,在企业发展的同时,积极保障利益相关者的权益,持续不断投身社会公益事业。

【国泰中心及国泰研发中心开工仪式举行】 2月28日,国泰中心及国泰研发中心开工仪式在高新区(塘桥镇)举行。国泰研发中心项目总投资10亿元,占地面积5.73公顷,建筑面积14万平方米,其中地下39110平方米、地上100890平方米,最高地上33层,地下2层,檐高148.8米。7月,项目正式开工建设。至年末,完成投资2.38亿元,商业地块主楼基坑支护中,研发地块处于重新修改设计方案中。项目致力于构建集研发设计、大数据中心、职工中心、办公集群等为一体的一站式平台。国泰集团将依托高新区、高铁枢纽产城融合发展机遇,推动转型升级新步伐,实现在“坚守和创新中建设百年国泰”的战略目标,打造集贸、工、技、金融资本品牌为一体的,人才和资本高度集聚的一流国际化综合商社。

(施 宇)

【编辑 黄宏庆】

民营经济

Private Economy

12月13日，国泰君安证券张家港营业部启动仪式举行　（市金融监管局　提供）

综　　述

私营企业与个体工商户

资本市场

張家港年鑑(2023)

综　　述

【概况】 2022年，全市规模以上民营企业完成总产值3905.56亿元。其中沙钢集团（本部）全年完成营业收入1161.69亿元，比上年减21.07%；实现利税37.27亿元，比上年减78.44%。沙钢集团以营业收入超470亿美元、利润超22亿美元的成绩连续第14年入围世界500强榜单，位列第291位，较上年递进17位。9家企业入围中国民营企业500强，入围企业数连续多年位居苏州之首。7家企业入围中国民营企业制造业500强。1家企业入围中国服务业民营企业100强。全市新增国家专精特新“小巨人”企业13家。新增省级专精特新中小企业77家，创历史新高，全市累计创建省级专精特新中小企业126家。4家企业入围“2022年江苏民营企业创新100强”，分别是沙钢集团、华灿光电公司、永钢集团、新美星公司。市工业和信息化局继续引导企业向特色产业基地集聚发展，全市建成国家级新型工业化产业示范基地1家、省级新型工业化产业示范基地2家，以政府购买服务方式，发挥市中小企业发展与服务联盟作用，整合优质资源，创新服务内容，为中小企业提供融资服务、法律咨询、财税指导等服务。注重发挥展会的渠道作用，组织企业参加广交会、西博会等国内知名展会，并按照要求帮符合条件的企业申请展位费补助，为63家企业申请展位费用补助122.01万元。

表18　　2022年张家港市企业入围中国民营企业500强情况表

企业名称	营业收入（亿元）	排名	企业名称	营业收入（亿元）	排名
江苏沙钢集团有限公司	3027.56	19	澳洋集团有限公司	295.87	418
江苏永钢集团有限公司	1205.61	70	长江润发集团有限公司	273.50	478
江苏国泰国际集团股份有限公司	678.52	142	江苏东渡纺织集团有限公司	270.32	488
攀华集团有限公司	402.30	283	东华能源股份有限公司	263.67	500
华芳集团有限公司	320.78	360			

表19　　2022年张家港市企业入围中国民营企业制造业500强情况表

企业名称	营业收入（亿元）	排名	企业名称	营业收入（亿元）	排名
江苏沙钢集团有限公司	3027.56	13	澳洋集团有限公司	295.87	257
江苏永钢集团有限公司	1205.61	39	长江润发集团有限公司	273.50	293
攀华集团有限公司	402.30	182	江苏东渡纺织集团有限公司	270.32	300
华芳集团有限公司	320.78	226			

表20　　2022年张家港市特色产业基地情况表

类型	基地名称	公布时间
国家级新型工业化产业示范基地	张家港经济技术开发区现代装备制造业（石化）产业基地	2014年
省级新型工业化产业示范基地	张家港保税港区环保新材料产业园	2010年
	江苏・钢铁（精品钢材）产业基地	2012年

【多家企业上榜省民营企业榜单】 9月23日，江苏省工商联在南京举办2022年江苏民营企业百强发布会。会上发布“2022年江苏民营企业200强”“2022年江苏民营企业制造业100强”，并与省科学技术发展战略研究院联合发布“2022年江苏民营企业创新100强”。2022年江苏民营企业200强入围门槛达到67.43亿元，比上年增加8.83亿元；民营企业制造业100强入围门槛达到96.2亿元，比上年增加20.2亿元。张家港市有11家企业入围“2022年江苏民营企业200强”，分别是江苏沙钢集团有限公司、江苏永钢集团有限公司、江苏国泰国际集团股份有限公司、攀华集团有限公司、华芳集团有限公司、澳洋集团有限公司、长江润发集团有限公司、江苏东渡纺织集团有限公司、东华能源股份有限公司、江苏华昌化工股份有限公司、江苏骏马集团有限责任公司。沙钢集团位列第3位。7家企业入围“2022年江苏民营企业制造业100强”，分别是江苏沙钢集团有限公

2月28日，高新区（塘桥镇）2022年一季度项目集中开竣工活动暨国泰中心·国泰研发中心开工仪式举行（国泰集团 提供）

司、江苏永钢集团有限公司、攀华集团有限公司、华芳集团有限公司、澳洋集团有限公司、长江润发集团有限公司、江苏东渡纺织集团有限公司。前10强张家港市占2席，为沙钢集团和永钢集团。4家企业入围“2022年江苏民营企业创新100强”，分别是沙钢集团、华灿光电公司、永钢集团、新美星公司。

【13家企业入围第四批国家级专精特新“小巨人”企业】 专精特新“小巨人”企业是坚持专业化发展战略，长期专注并深耕于产业链某一环节或某一产品，能为大企业、大项目提供关键零部件、元器件和配套产品，或直接面向市场供给具有竞争优势的自有品牌产品。企业具有持续创新能力和研发投入，有一定的示范推广价值；重视并实施长期发展战略，具备发展成为相关领域国际知名企业的潜力。8月10日，工业和信息化部对第四批专精特新“小巨人”企业名单进行公示，张家港市13家企业入围，分别是江苏华盛锂电材料股份有限公司、江苏国泰超威新材料有限公司、苏州同大机械有限公司、苏州锴威特半导体股份有限公司、苏州丰倍生物科技股份有限公司、江苏宏宝锻造股份有限公司、江苏长隆石化装备有限公司、张家港中环海陆高端装备股份有限公司、江苏金帆电源科技有限公司、江苏宏宝工具有限公司、江苏薪泽奇机械股份有限公司、江苏银河数字技术有限公司、张家港威胜生物医药有限公司，获评数创历史新高。至2022年年末，全市累计创成国家级专精特新“小巨人”企业21家。

【民营企业家培训】 2022年，市工业和信息化局依托中小企业服务联盟开展“专精特新发展之路”和江苏省专精特新“小巨人”中小企业申报辅导讲座2次，参训企业200余人次。在保税区、经开区、乐余镇、凤凰镇组织开展“千企入库”填报培训会4场，有100余家企业参加，同时组织线上“千企入库”填报培训会，200余家企业参加，从“千企升级”的重要性、填报指南以及填报规范性等方面对企业进行指导。推荐沙钢集团等8家企业参加苏州市工信局举办的2022工信部制造业单项冠军企业（产品）申报线上辅导会；推荐永钢集团等7家企业参加中国工业经济联合会2022年制造业单项冠军培训班（线上）；推荐苏州飞驰环保科技股份有限公司参加国家级专精特新“小巨人”企业与重点公共平台交流对接活动；推荐天齐锂业公司等企业14名高管参加“英才名匠”产业人才培训项目领军企业家专题培训班；推荐苏州丰倍生物科技股份有限公司总经理参加苏州市企业高级职业经理人培训班；推荐江苏浩泰毛纺织染有限公司领导等2名企业家参加苏州科技商学院高级科创人才研修班。（黄种灿）

私营企业与个体工商户

【概况】 2022年，全市新注册登记私营企业7114家，比上年增11.21%。新增注册资本391.02亿元，比上年增9.77%。累计注册私营企业70553家，累计注册资本4391.55亿元。根据市行政审批局、保税区市场监督管理局统计结果，按照企业性质分类，全市有独资企业2016家、注册资本11.76亿元，有合伙企业1077家、认缴出资金额874.88亿元，有有限责任公司63413家、注册资本3435.23亿元，有股份有限公司22家。按行业分类，从事农、林、牧、渔业222家、注册资本6.53亿元，从事采矿业2家、注册资本675万元，从事制造业15645家、注册资本728.6亿元，从事电力、热力、燃气及水生产和供应业53家、注册资本9.77亿元，从事建筑业4946家、注册资本335.69亿元，从事批发和零售业23517家、注册资本848.38亿元，从事交通运输、仓储和邮政业2576家、注册资本168.68亿元，从事住宿和餐饮业246家、注册资本4.88亿元，从事信息传输、软件和信息技术服务业758家、注册资本31.46亿元，从事金融业109家、注册资本134.31亿元，从事房地产业899家、注册资本85.16亿元，从事租赁和商务服务业5455家、注册资本1089.59亿元，从事科学研究和技术服务业9958家、注册资本831.18亿元，从事水利、环境和公共设施管理业136家、注册资本6.14亿元，从事居民服务、修理和其他服务业919家、注册资本19.24亿元，从事教育286家、注册资本2.82亿元，从事卫生和社会工作186家、注册资本3.35亿元，从事文化、体育和娱乐业624家、注册资本16.02亿元。

年内，全市新注册个体工商户16095户，比上年增11.62%，新增注册资本23.7亿元，比上年增14.51%。至年末，累计注册个体工商户154563户，累计注册资本186.98亿元。全市经市行政审批局、保税区市场监督管理局登记的个体工商户按行业分类，从事农、林、牧、渔业878户、注册资本3.3亿元，从事采矿业4户、注册资本70万元，从事制造业16048户、注册资本26.1亿元，从事电力、热力、燃气及水生产和供应业10户、注册资本50万元，从事建筑业5219户、注册资本11.84亿元，从事批发和零售业65541户、注册资本69.75亿元，从事交通运输、仓储和邮政业11047户、注册资本10.89亿元，从事住宿和餐饮业15267户、注册资本21.27亿元，从事信息传输、软件和信息技术服务业1252户、注册资本1.07亿元，从事金融业2户、注册资本20万元，从事房地产业636户、注册资本7247万元，从事租赁和商务服务业6958户、注册资本6.76亿元，从事科学研究和技术服务业847户、注册资本1.2亿元，从事水利、环境和公共设施管理业117户、注册资本1835万元，从事居民服务、修理和其他服务业15838户、注册资本16.68亿元，从事教育624户、注册资本1.05亿元，从事卫生和社会工作162户、注册资本2655万元，从事文化、体育和娱乐业1705户、注册资本2.74亿元。

（朱敏雯　陈彬彬）

【澳洋集团多产业突破】 2022年，澳洋集团以“做大增量、做优存量、做强总量”为目标，实现多产业突破和创新。医疗产业实现历史新高。全年医疗产业板块完成营收9.99亿元，利润9273万元。澳洋医院启动三乙创建工作，启动4期专家楼工程建设，推进区镇基层社区卫生服务医共体项目，挂牌成为“互联网医院”，内分泌科、妇科通过市重点专科评审。澳洋医院获“苏州市质量奖”，跻身“中国医院竞争力县级医院100强”第98位，比上年上升2名。完成营收6.87亿元，利润7339万元，完成目标任务的131%。港城康复医院与苏州市立医院签约，挂牌医联体单位；推动社区康复项目落地，与南丰镇开展社区康复对接，入选张家港市残联康复协会副会长单位，全年完成营收8363万元，利润438万元，比上年增60%。澳洋护理院面对8个月全封闭管理状态，及时改变经营策略，强化“医养结合、专科照护”模式，全年完成营收1987万元。顺康医院借助一体化优势，在业务建设、经营利润、学科发展、优质服务、品牌形象等方面稳定提升，实现营收3549万元。三兴分院着力打造肿瘤、疼痛和中医3个特色专科，与南通市肿瘤医院、南京鼓楼医院保持专科合作，全年完成营收3090万元。健康管理及唯恩公司加大营销宣传，全年非医保业务完成1.27亿元，比上年增16.5%，利润1454万元，比上年增13.9%。医药物流终端业务超上年同期。营收首次突破15亿元，比上年增25%，利润1430万元，比上年增56%。南通市场布局取得成效，客户总数1390家；苏州市场医院业务方面客户数和业务量大幅提升，全年实现苏州公立、民营医院开户基本全覆盖；推进线上线下融合发展，9月启动线上布局，澳洋健康大药房成为物流新的增长点，12月成交订单超过4万笔，销售超200万元，利润55万元，综合成交量在平台内位居苏州区域第一，多款药品“登顶”平台月销冠军榜。贵玺系列产品全面上市，实现自主品牌产品零的突破。2022年是生物科技板块发展的起点，传统滋补产品线布局完成，功能性食品试验成功，线上线下营销体系初见雏形，贵玺体验店投入运营。在集安成立吉林澳洋贵玺药业有限公司，启动以人参为核心的饮片及颗粒产品生产线的布局。元旦、春节期间，贵玺伴手礼系列产品在张家港市全面铺开，获得认可。纺织产业发展稳定。2022年是澳洋纺织改为经营承包制以后自主经营的第一年，管理团队以服装厂、精纺厂两个生产主体为核心，降本节支成效明显。由精纺厂研发的两项精品面料入围中国流行面料优秀奖。澳洋纺织全年总经营收入比上年减8%，完成销售近5亿元。生态产业变革转型。澳洋生态公司紧盯云南项目去库存工作，把应收款的回收作为首要工作。加大对张家港市场的开拓力度，推进塘桥生活污水达标区建设项目、张家港站配套设施PPP项目海绵城市土方工程、张家港湾特色精品示范区等重点项目建设。以澳洋环境科技有限公司为主体，推进苏州弘毅环境科技有限公司和环境检测公司的股权收购工作。康养产业承压前行。优居壹佰旗下三家养老机构全部通过四星级养老机构评定，完成营收2659万元；山参市场探索电商直播业务，人参电商产业园基本雏形打造完成，为申请省级创业孵化产业园奠定基础。与吉林当地最大的国资企业信通投资控股集团签订合作框架协议，加快和国有企业的融合步伐；集美江南康养项目一期于10月30日交付，二期工程在10月末完成结构封顶，项目累计销售住宅47

中国500强企业、中国民营企业500强——澳洋集团有限公司总部

（澳洋集团　提供）

套，累计销售金额2868万元。投控公司寻求突破。如意通年度内完成两部原创动画片制作，《小猴眯乐之环保危机》获江苏省广播电视少儿精品奖三等奖。加速产业转型，搭建直播运营团队，签约同城商户累计100余家，位列张家港同城业务板块第一梯队，在团队组建3个月内实现盈亏平衡。持续推进新媒体业务的收购，同苏州今日视界多次洽谈，准备把流量业务主体引入澳洋，为打造直播平台打好基础。如意通全年完成营收2089万元。海纳电商园在园企业数量103家，实现开票收入8亿元，入库税金3000万元，到账房租370万元，物业费用73万元。蒲公英孵化器创成国家级众创空间，累计孵化张家港市领军人才企业16家，连续五年实现分红。不良资产处置加快。集团资产盘活领导小组成立，完成无锡项目出售，推进昆明螺蛳湾项目以房抵债工作，海南龙湾港项目回收3600万元往来款，昆山中川项目完成清算和资金回收。此外，澳洋集团突出降本节支，澳洋健康完成吉凯基因股权出售，回笼资金3300余万元；澳洋纺织将纺纱大楼空置房间改为150名员工单身宿舍，每年可节省对外租金108万元；医药物流开展合理化建议专项行动，收到建议超100条，发挥了员工的主动性，推进精细化管理，仓库破损率比上年减60%。全集团对上争取超4400万元。 （何晓璞）

【吴毅获苏州光彩事业杰出贡献奖】吴毅是永卓控股党委书记、总裁，中国青年企业家协会副会长、江苏省总商会副会长、江苏光彩事业基金会第三届理事会副理事长等。吴毅一直认为光彩事业是民营经济人士的崇高事业，坚持实业报国，以良好的发展业绩赓续和弘扬光彩精神是新时代企业家的责任担当。在吴毅的带领下，永卓控股秉持“用心谋发展，用爱做慈善”理念，积极承担社会责任，发展企业的同时，不忘参与光彩事业，与社会共享发展成果。企业在新疆库尔干村开展“石榴籽扶贫帮困工程”，带动当地村民增收，帮扶库尔干村推进乡村振兴；依托产业、资金、人才等优势，帮助新疆巩留县、贵州沿河土家族自治县销售当地农产品，吸纳人员就业。企业自成立起恪守“强企富民”初心，坚持给永联村集体保留25%的股权，打造助力乡村振兴、实现共同富裕的长效模式。至2022年年末，累计向永联为民基金会捐款2.4亿元，助力地区基础设施建设、民生改善、弱势群体帮扶等事项，让“共建共享”真正走进百姓心坎上。企业先后获“中华慈善奖”“全国民族团结进步示范单位”“江苏慈善奖”“苏州光彩事业突出贡献奖”“社会责任优秀企业”等荣誉。吴毅还关心支持教育事业，在多所院校设立奖学金、助学金。积极参与疫情防控工作，对接苏州市青商会、张家港市青商会、张家港新一代企业家商会、上海临港方舱等，捐款捐物。他曾获江苏青年五四奖章、江苏省“我们身边的好青年”、江苏青商“2019年度人物”“苏州市优秀共产党员”等荣誉。2022年，吴毅获苏州市光彩事业杰出贡献奖。

（永联村）

资本市场

【概况】2022年，全市新增上市企业2家。至年末，全市共有上市企业30家，募集资金总额734.39亿元，其中，保税区10家，上市股票名称为保税科技、东华能源、华昌化工、长江健康、天沃科技、海易森汽车、利柏特、灿勤科技、瑞泰新材、华盛锂电；经开区（杨舍镇）10家，名称为江苏国泰、澳洋健康、蔚蓝锂芯、海陆重工、富瑞特装、新美星、张家港行、金鸿顺、苏州龙杰、新点软件；冶金园（锦丰镇）5家，名称为沙钢股份、格兰奇、爱丽家居、江苏博云、中环海陆；凤凰镇2家，名称为广大特材、富淼科技；高新区（塘桥镇）1家，名称为银河电子；南丰镇2家，名称为金陵体育、海锅股份。年内，4家“新三板”挂牌企业完成融资，募集资金4600万元。至年末，全市“新三板”存量企业30家，其中，保税区9家，名称为物润船联、汉龙科技、江苏神农、浦士达、骏昌通讯、福吉佳、奥斯佳、中天行、信东股份；经开区（杨舍镇）9家，名称为远大信息、瑞铁股份、耐维思通、爱上网、如意通、丰亿港营、固耐特、宏基铝业、金新城；冶金园（锦丰镇）2家，名称为保丽洁、荷普医疗；高新区（塘桥镇）2家，名称为索尔科技、友诚科技；凤凰镇4家，名称为先锋股份、华创特材、薪泽奇、天乐橡塑；乐余镇3家，名称为飞驰环保、富丽华、迪威高压（注册地由锦丰镇搬迁至乐余镇）；常阴沙现代农业示范园区1家，名称为赛康医疗。

表21 2022年张家港市企业在国内上市情况表

上市公司	证券代码	主行业归属	主营构成	上市时间	累计募资总额（亿元）	总股本（万股）	12月31日股价（元）	市值（亿元）
保税科技	600794	交通运输业	码头仓储业务、智慧物流电商平台和供应链金融服务	1997年3月	16.17	121215.22	3.91	47.40
沙钢股份	002075	黑色金属业	优特钢产品的生产与销售	2006年10月	24.84	220677.18	3.93	86.73
江苏国泰	002091	商业贸易业	外贸和化工新材料	2006年12月	127.51	156353.66	8.50	138.35
澳洋健康	002172	化工业	健康医疗	2007年9月	21.74	77648.14	4.13	31.62

续表21

上市公司	证券代码	主行业归属	主营构成	上市时间	累计募资总额（亿元）	总股本（万股）	12月31日股价（元）	市值（亿元）
东华能源	002221	化工业	生产、销售液化气并提供相关售后服务	2008年3月	77.66	164902.28	7.63	120.26
蔚蓝锂芯	002245	交通运输业	金属物流配送、LED芯片、新能源锂电	2008年6月	37.49	115204.65	14.88	171.42
海陆重工	002255	机械设备业	余热锅炉、大型及特种材质压力容器和核电产品的制造销售	2008年6月	29.11	84227.11	4.57	38.49
华昌化工	002274	化工业	化工原料、化工产品、化肥生产	2008年9月	18.98	95236.46	7.29	69.43
长江健康	002435	制造业	医药产品研发、生产和销售	2010年6月	48.12	123598.30	4.67	57.72
银河电子	002519	家用电器业	数字电视智能终端、智能机电设备和电动汽车关键部件	2010年12月	29.84	112643.09	4.55	51.25
天沃科技	002564	机械设备业	压力容器设备制造和电力工程EPC业务	2011年3月	37.81	86937.53	4.74	41.21
富瑞特装	300228	机械设备业	液化天然气（LNG）的液化、储存、运输及终端应用全产业链装备制造	2011年6月	16.95	57540.63	5.44	46.72
新美星	300509	机械设备	液态食品包装机械的研发、生产与销售	2016年4月	2.64	29640.00	5.50	16.30
张家港行	002839	金融业	公司、个人、金融市场业务	2017年1月	32.90	180795.78	4.61	100.02
金陵体育	300651	制造业	体育器材和场馆设施的研发、生产、销售及赛事服务	2017年5月	5.10	12874.68	22.31	28.72
金鸿顺	603922	制造业	汽车车身和底盘冲压零部件及其相关模具的开发、生产与销售	2017年10月	5.61	12800.00	21.18	27.11
苏州龙杰	603332	化学纤维制造业	化学纤维及化学纤维品制造	2018年12月	5.78	11893.80	10.68	17.78
广大特材	688186	金属制品业	特种材料的制造、加工、销售	2020年2月	35.80	21424.00	24.32	52.10
爱丽家居	603221	橡胶和塑料制品业	PVC塑料地板的研发、生产和销售	2020年3月	7.74	24000.00	8.06	19.34
富淼科技	688350	化学原料及化学制品制造业	功能性单体、水溶性高分子、水处理膜及膜应用的研发、生产和销售	2021年1月	4.15	12215.00	16.44	20.08
江苏博云	301003	橡胶和塑料制品业	改性塑料产品的研发、生产和销售	2021年6月	8.14	9905.33	54.78	22.39
利柏特	605167	机械设备	工业模块的设计和制造	2021年7月	5.43	44907.00	8.42	37.81
中环海陆	301040	通用设备	工业金属锻件研发、生产和销售	2021年8月	6.40	10000.00	19.12	19.12

续表21

上市公司	证券代码	主行业归属	主营构成	上市时间	累计募资总额（亿元）	总股本（万股）	12月31日股价（元）	市值（亿元）
海锅股份	301063	机械设备制造	大中型装备专用锻件的研发、生产和销售	2021年9月	3.66	8424.00	34.02	28.66
灿勤科技	688182	通信设备	微波介质陶瓷元器件的研发、生产和销售	2021年11月	10.50	40000.00	11.48	45.92
新点软件	688232	软件开发	软件开发、运营维护	2021年11月	40.00	33000.00	57.06	188.30
瑞泰新材	301238	电力设备	锂离子电池电解液、各类添加剂、新型锂盐生产和销售	2022年6月	35.16	73333.33	22.49	164.93
华盛锂电	688353	电力设备	锂离子电池电解液添加剂的研发、生产和销售	2022年7月	27.54	11000.00	64.72	71.19

表22　　2022年张家港市"新三板"挂牌企业情况表

公司名称	证券简称	证券代码	主营业务	挂牌时间	总股本（万元）	营业收入（万元）
江苏物润船联网络股份有限公司	物润船联	831096	物流运输服务、在线船舶视频监控服务、撮合交易服务	2014年8月21日	4091.69	24049.55
江苏索尔新能源科技股份有限公司	索尔科技	831486	锂电池组件及管理系统的研发、生产和销售	2014年12月9日	10946.00	2152.27
张家港汉龙新能源科技股份有限公司	汉龙科技	831521	太阳能铝合金边框的研发、生产和销售	2014年12月16日	3360.08	40353.21
张家港天乐橡塑科技股份有限公司	天乐橡塑	831555	汽车用橡胶、塑料产品的开发、生产和销售	2014年12月19日	5101.20	11562.56
苏州飞驰环保科技股份有限公司	飞驰环保	831846	水面清洁船及相关配件的研发、生产和销售	2015年1月21日	2639.72	15722.93
江苏远大信息股份有限公司	远大信息	831897	监控系统软件和数据采集设备的研发、生产和销售	2015年1月28日	2900.00	10275.24
江苏神农灭菌设备股份有限公司	江苏神农	832369	消毒灭菌设备产品的研发、生产及销售	2015年4月16日	1045.00	8809.02
江苏保丽洁环境科技股份有限公司	保丽洁	832802	静电式空气净化设备的研发、生产和销售	2015年7月24日	5210.00	18205.00
江苏瑞铁轨道装备股份有限公司	瑞铁股份	833120	铁路轨道产品及装备的设计、制造、加工、销售和售后服务	2015年8月5日	5600.00	37376.85
江苏耐维思通科技股份有限公司	耐维思通	836373	研发、生产和销售航海电子产品及数字化港口系统集成服务	2016年3月10日	2145.00	—
江苏浦士达环保科技股份有限公司	浦士达	836440	净水用椰壳活性炭及其相关产品的研发、生产及销售	2016年4月14日	3500.00	22023.65
苏州爱上网络科技股份有限公司	爱上网	837312	网上广告发布业务 、线下活动服务	2016年5月9日	100.00	492.36

续表22

公司名称	证券简称	证券代码	主营业务	挂牌时间	总股本（万元）	营业收入（万元）
江苏如意通动漫产业股份有限公司	如意通	837083	动漫作品的制作与授权，动漫衍生品和衍生产业、动漫制作软件	2016年5月16日	5000.00	541.20
江苏迪威高压科技股份有限公司	迪威高压	837289	高档建筑五金件、水暖器材及五金件的研发、制造、销售	2016年5月18日	4743.83	14662.30
江苏荷普医疗科技股份有限公司	荷普医疗	839926	骨科医疗植入材料的研发、生产、销售	2016年11月14日	4800.00	3824.72
苏州丰亿港口运营股份有限公司	丰亿港营	839879	港口、码头运营管理及配套服务	2016年11月24日	2500.00	14521.51
苏州骏昌通讯科技股份有限公司	骏昌通讯	839982	连接器组件、手机天线等通信产品零配件的研发、生产与销售	2016年11月28日	2000.00	4782.13
江苏赛康医疗设备股份有限公司	赛康医疗	870098	医疗设备相关的设计、研发、制造、销售、服务	2016年12月16日	2480.00	20039.45
苏州华创特材股份有限公司	华创特材	870365	工业用冷拔无缝异型钢管制造、加工和销售	2016年12月29日	1858.62	16099.40
张家港福吉佳食品股份有限公司	福吉佳	871782	面包、蛋糕等西式烘焙类食品的生产及销售	2017年8月28日	3800.00	3597.73
江苏固耐特围栏系统股份有限公司	固耐特	872291	安防系统、周界围栏系统及应用材料的研发、生产及销售	2017年11月8日	2020.82	5127.48
江苏富丽华通用设备股份有限公司	富丽华	872473	空压机用风机、商用空调风机的设计、生产及销售	2017年12月19日	1000.00	8671.28
江苏奥斯佳材料科技股份有限公司	奥斯佳	872534	聚氨酯用改性有机硅、聚氨酯用催化剂、水性胶黏剂、纺织助剂、水性树脂等各类特种助剂的研发、生产和销售	2018年1月24日	4020.00	17963.07
江苏宏基铝业科技股份有限公司	宏基铝业	872588	铝制品的生产及销售	2018年1月24日	2580.00	50261.39
江苏金新城物业服务股份有限公司	金新城	873058	为住宅、商业物业等提供专业物业管理服务	2018年11月13日	2250.00	18637.78
张家港保税区中天行进出口股份有限公司	中天行	873142	进口房车底盘、房车专用零配件的经销业务	2019年1月7日	3056.74	4207.63
张家港友诚新能源科技股份有限公司	友诚科技	873087	新能源电动汽车充电连接装置、电源连接器的研发、生产及销售	2019年2月11日	8291.36	63053.03
信东仪器仪表（苏州）股份有限公司	信东股份	873137	流量仪表、液位仪表等测量仪器仪表及自动化控制系统产品的研发、制造、销售与综合服务	2019年2月25日	3542.44	2303.86
张家港先锋自动化机械设备股份有限公司	先锋股份	873529	一次性手套自动化机械设备及配件的研发、生产及销售	2020年10月28日	3138.00	5423.16
江苏薪泽奇机械股份有限公司	薪泽奇	873713	金属加工机械和纺织机械的研发、制造和销售	2022年6月1日	6900.00	24905.12

7月13日，华盛锂电在上交所科创板上市　　（市金融监管局　提供）

【企业上市培育】 2022年，"瑞泰新材"在深交所创业板上市，创江苏资本市场两项第一，为江苏省"分拆上市第一股"，募资35.16亿元创江苏企业创业板首发募资纪录。"华盛锂电"在上交所科创板上市，成为境内"电解液添加剂第一股"，"保丽洁"成为张家港首家北交所上市过会企业；"协昌科技""长华化学"深交所创业板上市成功过会；"锴威特"上交所科创板上市成功过会。年内上市挂牌企业首发募资及再融资规模108.26亿元，为港城企业产业创新转型，持续释放资本动能。市金融监管局全面优化"港城上市通""线上+线下"综合服务体系，探索推进服务升级及"链上监督"工作，全年为44家上市及拟上市企业办结常规核查864项。动态完善全市上市后备企业库，持续开展"企业上市百企行"活动，创新"云走访"服务，年内联合上交所、深交所、北交所及专业中介机构走访企业超60家次，"一企一策"提供精准服务和专业指导。举办"港城上市通"之"知识产权贯标业务"线上培训会；举办"同鼎资本，帷幄未来"——2022年张家港市企业上市战略研修班，紧扣需求导向，向上市企业主要负责人传达最前沿的资本市场政策。联合江苏股交中心举办"张家港市中小企业江苏股权交易中心挂牌及融资推介会"，会同区镇开展挂牌推进系列活动，全年实现新增挂牌企业57家，创单年历史新高，实现新增挂牌企业区镇"满堂红"，完成股权融资9100万元。高质量运行上海长三角科创企业服务中心苏南中心，走访服务张家港企业16家次，精准提供投融资和上市培育服务，助力1家企业科创板上市、2家企业完成科创板上市申报，为科创企业提供全生命周期高品质、综合性"金牌保姆"服务。推动规模3亿元的苏南中心配套基金——临碳股权投资基金落地张家港；组织开展"融在港城、才遇苏南"融资对接会等投融资对接活动，与一批企业达成合作意向，资本赋能张家港企业发展。

【瑞泰新材在深交所创业板上市】 6月17日，江苏瑞泰新能源材料股份有限公司在深交所创业板上市，证券简称"瑞泰新材"，股票代码"301238"，注册资本7.33亿元，市值22.49亿元，为江苏省"分拆上市第一股"，募资35.16亿元创江苏企业创业板首发募资纪录。瑞泰新材主要产品为锂离子电池电解液及硅烷偶联剂等。在研发、生产、销售等方面，瑞泰新材具有先入者优势，通过在行业内多年的技术积累，掌握了锂离子电池电解液及相关材料的制造生产所需的主要核心技术，并已与下游主要厂商建立了长期密切的合作关系。根据伊维经济研究院的统计，瑞泰新材锂离子电池电解液出货量最近3年皆位列国内前三。瑞泰新材锂离子电池电解液添加剂产品在质量和技术层面处于领先水平，制定国内首个超级电容器材料的行业标准《超级电容器用有机电解液规范》(SJ/T 11732—2018)。

【华盛锂电在上交所科创板上市】 7月13日，江苏华盛锂电材料股份有限公司在上交所科创板上市，证券简称"华盛锂电"，股票代码"688353"，注册资本1.1亿元。此次共发行2800万股，发行价格每股98.35元，募集资金27.54亿元，用于科学研发、生产建设等多个领域。江苏华盛锂电材料股份有限公司创立于1997年，是一家专注于锂电池电解液添加剂研发、生产和销售的高新技术企业。至2022年年末，公司已取得多项国内外专利，同时建成江苏省锂电池材料工程技术中心、江苏省博士后创新实践基地、江苏省省级工业企业技术中心等多个科研平台，是一家专注于锂电池电解液添加剂研发、生产和销售的高新技术企业，是境内"电解液添加剂第一股"。　（朱乾元）

【编辑　黄宏庆】

农业

Agriculture

经开区（杨舍镇）葡萄设施栽培基地　　（市农业农村局　提供）

综　述
种植业
养殖业
农产品质量建设
农业机械化

扫码欣赏

2022年张家港市沙洲有果夏季系列果品品鉴会

综　述

【概况】2022年，全市完成农、林、牧、渔业总产值56.82亿元，比上年增长3.23%；实现农、林、牧、渔业增加值34.75亿元，比上年增长3.12%。农、林、牧、渔业总产值中，农业产值36.01亿元，林业产值5.54亿元，牧业产值3.54亿元，渔业产值2.78亿元，农、林、牧、渔服务业产值8.95亿元。全市累计建成高标准农田2.8万公顷，全市粮食生产耕种收机械化水平99.64%，特色农业机械化水平77.54%。全市农产品质量安全水平保持在98%以上，年内新增“三品一标”农产品20种，累计159种；新增“二品一标”农产品基地面积2566公顷，累计5280公顷。“苏州大米”区域公用品牌使用企业有9家。在省、市果品品鉴会中，张家港市共获特等奖7个、金奖12个。累计建成省级园艺作物标准园8个、苏州市高标准蔬菜生产示范基地8个。巩固全国农作物病虫害绿色防控示范县建设成效，推广应用“生态调控+生物防治+化学防治”等集成绿色防控模式，建设省级绿色防控示范区8个、苏州市级绿色防控示范区2个。张家港市获批江苏省首批“省级农作物病虫害监测预警标准化区域站”和“省级农作物病虫害绿色防控县”。完善1个归集转运中心和23个回收点构成的废旧农膜回收利用体系，完成15个农膜残留点位采样监测，废旧农膜回收利用率95.5%。开展农药包装废弃物回收工作，农药包装废弃物回收率108%（供销社配送农药包装废弃物回收率100%，社会回收农药包装废弃物回收率8%）。优化以秸秆机械化全量还田为主的利用方式，水稻秸秆离田面积1666.67公顷，全市秸秆离田率10%。畜禽粪污综合利用率99.85%，农田灌溉水有效利用系数69.2%。创建苏州市美丽生态牧场3家，实现规模化牧场创建苏州市美丽生态牧场全覆盖。推进省级农业生产全程全面机械化示范县建设，创建江苏省蔬菜生产全程机械化典型园区3个、苏州粮食生产“全程机械化+综合农事”服务中心10家、苏州市机械化示范基地3家，1人获评全国“最美农机推广员”，1人获聘江苏省产业教授。全年重大项目总投资额17.83亿元，年度计划完成投资10.56亿元，实际完成投资11.04亿元，年度投资额完成率104.55%。青草巷企业用房及配套项目、乐余乡村振兴产业园项目入选省级农业农村重大项目。全市有农业产业化龙头企业82家，年末资产总额202.88亿元，全年实现销售收入473.68亿元。新增苏州市共享农庄（乡村民宿）2个，累计11个。新增苏州市乡村休闲旅游农业精品村2个、乡村休闲旅游农业特色模式（项目）和乡村休闲运动基地5家、乡村旅游精品线路1条。新增国家级农民合作社示范社2家、省级示范家庭农场3家、苏州市级示范家庭农场16家，新增苏州市“十佳合作社”和“十佳家庭农场”各2家，新增苏州市级农业产业化龙头企业4家、张家港市级农业产业化龙头企业10家。鼓励农村创业创新，包揽第五届苏州市农业农村创业创新项目创意大赛2个一等奖，威胜生物医药（苏州）股份有限公司张梅获“大国农匠”全国农民技能大赛（创业创新类）三等奖。苏州顺泰元虫草生物科技有限公司总经理吴秋锂获评“2022年度苏州十佳高素质农民”。全市获评2022年苏州市农村人居环境整治提升示范镇1个、示范村10个，苏州市农村人居环境整治提升典型案例“十佳”镇级案例1个、“十佳”村级案例2个、镇级典型案例提名奖2个。新增苏州市“智慧农村”示范村8个，累计18个；新增苏州市智慧农业生产示范场景3个，累计7个；新培育苏州市“智慧农业”品牌3个，累计6个。2022年，全市实现农、林、牧、渔服务业产值8.94亿元，比上年增加1100万元，增长1.25%，占农、林、牧、渔业总产值的15.73%。

农业基本建设　年内，全市加快“旱涝保收、稳产高产”高标准农田建设，实施示范点建设86.67公顷，启动改造提升126.67公顷，完成“菜篮子”工程绿色蔬菜保供基地建设537.47公顷。加强稻麦新品种综合测试，夯实种业振兴基础。完成新品种展示20种，建设苗头性品种示范点13个。强化稻麦品比试验示范，完成23个水稻杂交配组的海南加代繁殖工作，实施鹿苑糯玉米的提纯改良和保护。全年新增各类农机具813台，报废农机50台。全市粮食生产耕种收机械化水平99.64%，特色农业机械化水平77.54%。

农产品生产　年内，全市建设0.2公顷以上集中育秧点289个，育秧面积118.6公顷，集中育供秧比例超过73%。建设水稻机插缓混一次施肥示范点116个，示范面积1913公顷。水稻播种面积16240公顷，总产量14.7万吨，每公顷产量9053千克；小麦播种面积14010公顷，总产量7.06万吨，每公顷产量5040千克；豆类播种面积690公顷，总产量1766吨，每公顷产量2559千克；蔬菜播种面积

常阴沙智能蔬菜工厂　（常阴沙现代农业示范园区　提供）

水稻病虫害绿色防控　　（市农业农村局　提供）

8927公顷，总产量26.33万吨；瓜果种植面积740公顷，总产量3.89万吨，其中西瓜1.65万吨、桃5700吨、梨2483吨、葡萄3220吨。

绿色种养　全年水稻统供良种995吨，小麦统供良种2975吨。农药使用量460.25吨，化肥实物量2.16万吨，农膜使用量45.28吨。供应商品有机肥1220公顷，推广测土配方肥1.46万吨。继续实施“统一收集、集中发酵、定向配送、机械施用”的粪污还田绿色种养循环农业试点，实施面积6250公顷，施用腐熟粪肥2.16万吨、沼液15.63万立方米，畜禽粪污综合利用率达到99.8%。

科技兴农　全年举办农民培训23期，培训1894人。22名新型职业农民通过苏州农业职业技术学院成人大专学历招生考试。新认定新型职业农民390人，累计2013人。获新型职业农民证书的人数占农林牧渔从业人员的12%。培育农业科技示范户320户。常阴沙现代农业示范园区常北社区、张家港启园农业专业合作社2个农业科技示范基地入选“全国基层农技推广体系改革与建设补助项目”。首次开展“十佳新型职业农民”评选。市金鑫家庭农场负责人唐培鑫、锦丰镇港有耕香家庭农场负责人张晟睿、塘桥镇金村农机服务专业合作社理事长吴健、乐余镇齐心家庭农场负责人王勇、凤凰镇千桃汇家庭农场负责人何键、南丰绿缘家庭农场负责人陆伟中、市蔬之园农产品有限公司总经理谢高峰、市乐华家庭农场负责人李金华、双山香山旅游度假区种植大户陈路、市藏联生物研究所有限公司总经理沙叶涛等10人被评为2022年度“张家港市十佳新型职业农民”。

奖农惠农　年内，全市发放实际种粮农民一次性补贴1330.96万元，补贴面积3.62万公顷，惠及农户6661户；发放生态畜牧业建设补贴资金4.01万元，惠及农户4户；发放经营主体评定奖励319.5万元，涉及农户91户；发放农产品展示展销奖励27.5万元，涉及农户21户。发放农机购置补贴1315.87万元，其中中央、省农机购置补贴507.69万元、苏州市级“一项行动、两大工程”农机化奖补51.75万元、张家港市级农机购置补贴756.425万元。支持高效设施建设及农村一二三产融合共经营主体14家，发放补贴310.3万元。为8名符合条件的新型职业农民发放社保补贴8.56万元。

【农业行政执法】 市农业综合行政执法大队全年立案查处各类违法违规案件209件，罚没金额14.05万元。其中，各类涉渔违法违规案件167件、经营依法应当检疫而未经检疫动物等畜产品质量违法案件11件、农产品质量安全案件12件、农业投入品违法违规案件5件、无证驾驶拖拉机或联合收割机案件12件、非法出售购买利用野生动物及其制品案件1件、未取得农药生产许可证生产农药及生产未依法取得农药登记证的农药案件1件。全年发放农产品质量安全法、种子法等法律法规读本和技术资料3000余份，累计检查农资经营单位、畜禽养殖场（户）、兽药饲料生产经营企业、生鲜乳收购站、生猪定点屠宰企业、动物诊疗机构、水产养殖企业（户）351家次。同时，根据食用农产品“治违禁，控药残，促提升”三年行动方案，结合全市食用农产品和农业投入品的实际，抽检农药86批次，肥料15批次，饲料9批次，种子12批次，兽药4批次，蔬菜、水果、稻谷等农产品537批次，畜禽产品175批次，水产品74批次。完成拖拉机年检631台、联合收割机年检345台，农机年检率93%；办理新增拖拉机注册登记94台、联合收割机注册登记47台，完成驾驶证核发、换发121人次。　（孙畅慧）

种　植　业

【概况】 全市主要种植的粮食作物有水稻、小麦和大豆，经济作物主要有油菜、蔬菜和果品。2022年，水稻种植总面积16240公顷，主栽品种均为优良食味品种，包括“南粳5055”“南粳3908”“南粳46”和“宁香粳9号”4种。小麦种植总面积为14010公顷，主栽品种为“镇麦12号”“镇麦15”“扬麦16号”“扬麦23”“扬麦29”。果品以桃、梨、葡萄、柑橘、枇杷、草莓等为主，少量种植猕猴桃、无花果、莲雾、火龙果等，栽培方式以露地栽培为主，智能化设施栽培比例不断提高。

粮食作物　年内，张家港市粮食增产贡献突出，获省农业农村厅通报表扬。夏粮实现面积、单产、总产、效益“四增”，秋粮生产克服罕见高温干旱天气影响，实现丰产丰收。2022年，全市粮食作物播种面积31420公顷，比上年增加1411公顷，增幅4.7%；总产量22.14万吨，比上年增加6734吨，增幅3.14%。水稻播种面积16240公顷，比上年增加86公顷，增幅0.53%；总产量14.7万吨，比上年减少330吨，降幅0.22%；每公顷产量9053千克，比上年减少68千克，降幅0.75%。小麦播种面积14010公顷，比上年增加1391公顷，增幅11.02%；总产量7.06万吨，比上年增加7915吨，增幅12.63%；每公顷产量5040千克，比上年增加72千克，增幅1.45%。豆类播种面积690公顷，比上年增加50公顷，增幅7.81%；总产量1766吨，比上年减少57吨，降幅3.13%；每公顷产量2559千克，比上年减少151.5千克，降幅5.59%。围绕优质粮食安全工程，稳步优化稻麦品种布局，组织稻麦新品种展示20种，示范种植"宁香粳9号""镇麦15"等苗头性新品种，开展"南粳5055""扬麦23"等推广品种风险跟踪评价6种，培育科技示范户13户。年内，全市优良食味水稻品种覆盖率达到99%以上，优质专用小麦品种覆盖率达到86%以上。经开区（杨舍镇）农义村水稻绿色高质高效创建超高产攻关示范基地种植的杂交水稻"甬优1540"攻关田每公顷产量达到15028.5千克（亩产1001.9千克），自2019年后再次实现单季亩产超吨。开展部级粮食绿色高质高效行动示范县创建，建设万亩示范片5个和千亩示范方20个。筛选的稻麦新品种"宁香粳9号""镇麦15"两熟丰产稳产特征明显，示范田稻麦周年测产每公顷18396千克，每公顷增产1500千克。

经济作物　2022年，全市蔬菜播种面积8927公顷，比上年增加13公顷，增幅0.13%；总产量26.33万吨，比上年增加2100吨，增幅0.8%；实现蔬菜产值14.3亿元。全市创建苏州市高标准蔬菜生产示范基地2个，12公顷；累计8个，68公顷。创建苏州市"美丽菜园"3个，累计8个；创建张家港市"美丽菜园"20个，累计35个；累计建成省级园艺作物标准园8个。与省内外科研单位和院校开展合作交流，解决连作障碍、绿色防控等方面的问题。果品产品结构不断优化，产业发展向新、精、优转变。先后引进"新玉"梨、"红宝石"青柚、"软枝大红"火龙果、"奥尼尔"蓝莓等新品种5种，引进"Y型棚架标准化修剪""生物质碳基肥料土壤改良""桃标准化大树型培养"等先进技术3项，完善梨、葡萄现代农业体系，创建苏州市园艺作物标准化示范园1个、美丽果园示范村2个。举办2022年张家港市"沙洲有果"夏季果品品鉴会1次，组织企业参加省、市果品品鉴活动，获特等奖10项、金奖15项、银奖20项。

【种质资源保护】　年内，市农业试验站被认定为苏州市农业种质资源保护单位，通过制定和实施相关保护标准，继续开展鹿苑糯玉米、山北香丝瓜、南丰盘香豇等地产种质资源的保护工作。通过广泛搜集，收集到鹿苑糯玉米种质资源4种、山北香丝瓜种质资源3种、南丰盘香豇种质资源2种，进行扩繁和提纯复壮，记载植物学和生物学性状，包括株高、抗病性、抗逆性、熟性等，并对特征特性进行评价。同时到海南南繁育种基地进行提纯复壮，选出抗病性好、种皮薄、适口性更佳的品种。鹿苑糯玉米获江苏省特粮特经优质产品推荐会金奖。2022年，市农业试验站在全市建立种质资源保护核心基地1个、示范点3个，全市鹿苑糯玉米种植面积35公顷，总产量236吨，每公顷产量6.75吨。

2022年"沙洲有果"夏季果品品鉴会　（市农业农村局　提供）

【水稻试验育种】　年内，市农业试验站承担省种子站、省农科院、里下河农科所等单位各类水稻新品种（系）区域试验、生产试验共13组，其中生产试验5组、区试及鉴定试验8组，试验示范新品种（系）225种；引进示范应用水稻机插缓混一次施肥技术，通过基地示范、农户观摩，辐射带动全市现代农业发展。开展水稻自主育种试验工作，完成52个水稻杂交配组的海南加代繁殖工作，为参加省联合体区域试验打好基础。同时，对自主选育出的"张农粳807"进行新品种权申请。

【善港村、永利村入选苏州市"十大美丽果园示范村"】　11月，经苏州市农业农村局专家组评定，经开区（杨舍镇）善港村、乐余镇永利村入选苏州市首届"十大美丽果园示范村"。善港村总面积9.07平方千米，果园面积80公顷，其中连片面积20余公顷，主要种植葡萄，其他水果种植品种涵盖无花果、石榴、梨、柑橘等。全村葡萄种植面积65.67公顷，年产值3155万元，占农业经济总收入的58%。为培育村庄特色果品，善港村打造"善港"牌区域公共品牌，发展主题农庄模式，以葡萄为主题贯穿，为游客提供农事活动体验、农业文化欣赏、居住、游乐、休闲、养生、养老等功能服务一体化休闲农业开发模式，带动发展村集体经济实力，提高从业农民收入。永利村总面积4平方千米，其中果园基地面积约23公顷。自2009年起，永利村发展水蜜桃、翠冠梨、枇杷、葡萄等品种水果种植，果园建有500平方米的包装车间、30平方米的冷库及50平方米的办公区，并注册"乐利源"商标。永利村还依托果园基地，结合团建、亲子活动、果园探险等活动，配套建设农耕器具展示区、土灶野炊区、帐篷体验区、摸鱼钓虾区，推动农文旅融合发展，促进农户增收。

（何　丹　贾庆虎　吴晓燕）

养殖业

【概况】 全市养殖的畜禽主要有外三元猪、黑白花荷斯坦奶牛、山羊、绵羊、鹿苑鸡、鹌鹑等，养殖的水产品有鱼、虾、蟹、甲鱼等。2022年，实现养殖业总产值6.32亿元，占农林牧渔总产值的11.12%。其中畜牧业产值3.54亿元，占农、林、牧、渔业总产值的6.23%；渔业产值2.78亿元，占农、林、牧、渔业总产值的4.89%。农林牧渔增加值3.48亿元，其中畜牧业增加值1.34亿元，渔业增加值1.41亿元。

畜牧业　全年生猪出栏29714头，年末存栏3.98万头，其中能繁母猪3600头；羊出栏2800只，年末存栏3700只；家禽上市25.33万羽，年末存栏21.49万羽；奶牛存栏3494头。积极发展生态健康养殖，对林地养鸡等生态畜牧业给予补贴，共补贴4家，林地养殖面积29.73公顷，发放生态畜牧业建设补贴资金4.01万元。

水产业　全年水产养殖总面积680公顷，水产品总产量9550吨，其中淡水养殖产量9250吨。主要养殖品种有青鱼、草鱼、鲢鱼、鳙鱼、鲫鱼、鳊鱼、青虾、小龙虾和河蟹。特种养殖品种有鳜鱼、鲈鱼、甲鱼等。多采用河蟹与青虾、河蟹与鳜鱼、工厂化大棚饲养鲥鱼等模式。至年末，全市完成高标准池塘改造100公顷。有省级示范家庭农场2家，为张家港市建科家庭农场、市长兴家庭农场；有苏州市高标准水产养殖示范基地2家，为市鸿屹水产养殖有限公司、市宏润水产科技有限公司。

【苏州市美丽生态牧场创建实现“满堂红”】 年内，为推进畜牧业绿色发展，市农业农村局按照“场区布局合理、设施制度完善、生产全程清洁、产出安全高效、资源循环利用、整体绿化美化”的思路，结合实际、因场而宜、一场一策，推进美丽生态牧场创建。5月、10月，张家港鸿志农业科技有限公司、市花盛生态养殖有限公司和市乐禾生态农业发展有限公司分别通过苏州市农业农村局、苏州市生态环境局组织专家组现场验收，创建成苏州市美丽生态牧场。张家港鸿志农业科技有限公司位于常阴沙现代农业示范园区常东社区，占地面积6公顷。2022年，出栏家禽20万羽，年末存栏36万羽。市花盛生态养殖有限公司位于冶金园（锦丰镇）光明村，占地面积42.3公顷，2022年出栏生猪1004头，年末存栏1327头。市乐禾生态农业发展有限公司位于乐余镇齐心村，是当地特色品种长江三角洲白山羊保种繁育基地，占地面积7867平方米，建有羊舍2栋1235平方米。至年末，市荣德利农牧科技有限公司、梁丰机械化奶牛场、瑞康牧业（张家港）有限公司、张家港枫华投资管理有限公司、金港街道健康猪场、市畜禽有限公司等9家规模养殖场全部创建成苏州市美丽生态牧场。

【梁丰机械化奶牛场通过国家级布鲁氏菌病净化场现场考核】 江苏梁丰食品集团有限公司机械化奶牛场（简称梁丰奶牛场）位于常阴沙现代农业示范园区，始建于1968年，占地面积20公顷，先后获评农业部奶牛标准化示范场、中国学生饮用奶奶源基地、江苏省畜牧生态健康养殖示范基地、江苏省出口食品牛奶原料示范基地、苏州市美丽牧场。多年来，奶牛场高度重视布鲁氏菌病、结核病等人畜共患病的净化工作，专门组建专业化的疫病净化管理团队，所饲养的奶牛连续十余年未检出布鲁氏菌病、结核病阳性，有力保障全市地产奶产品的质量安全。8月24日，农业农村部国家级动物疫病净化场考核专家组一行5人对梁丰奶牛场申报的国家级动物疫病净化场（奶牛布鲁氏菌病）进行现场验收。专家组对奶牛场开展现场评估，分别对净化场必备条件、人员管理、结构布局、栏舍设置、卫生环保、无害化处理、消毒管理、生产管理、防疫管理、种源管理、监测净化、场群健康等12个方面进行全面细致的现场审查。经过评审，专家组认为梁丰奶牛场符合创建各项要求，同意通过现场验收。张家港市实现了国家级动物疫病净化场创建场零的突破。

【乐余“江滩羊”养殖基地投用】 10月28日，总投资430万元的乐余“江滩羊”养殖基地一期项目建成投用。该项目由乐余镇齐心、闸西、东兴、登全四村股份经济合作社联合组建的市乐禾生态农业发展有限公司投资建设，按照苏州市美丽牧场和标准化养殖基地的要求，打造生态养殖模式。乐余“江滩羊”养殖基地占地面积0.8公顷，分两期建设，规划用2年至3年时间，形成年存栏2000头、出栏3000头的养殖规模。基地按生态化养殖模式，配备52.3平方米的堆粪棚和66.67公顷稻麦种植大田，养殖粪污通过集中存放堆粪棚并经充分发酵后，撒施于配套农田。通过生态循环生产方式，可大大降低成本，减少污染，增加效益。除进一步打响“乐余羊肉”特色农产品品牌，基地力争利用3年时间，通过自繁自养、品种选育，建成

梁丰奶牛场　（市农业农村局　提供）

"长江三角洲白山羊"的保种场。至年末，基地养殖山羊200只，有波尔山羊和"长江三角洲白山羊"。基地将依托市首条羊肉美食文化街区，打通产销供应链，将"江滩羊"打造成当地致富的"领头羊"。

（郭烨星　李会峰　孙雁群）

农产品质量建设

【概况】年内，市农业农村局做好农产品质量抽检、日常巡查、质量认证等工作，推进食用农产品"治违禁，控药残，促提升"三年行动，全市农产品质量安全水平保持在98%以上。推行农产品质量"三定一考核"（定监管人员，定监管对象，定监管任务，年终考核）网格化监管模式，实现农业基地监管巡查全覆盖。全年开展日常监管巡查8374次。全市纳入省农产品质量安全追溯平台的规模生产主体有2100家，使用承诺达标合格证897万张。开展农产品质量安全风险监测1870批次，监督抽查620批次，农药残留快速检测12869批次。杨舍、塘桥、乐余、大新4个区镇监管站获评苏州市四星级农产品质量监管站。全市新增绿色食品10种、有机产品3种，绿色食品种植面积5193.3公顷、有机农产品种植面积180公顷、省绿色优质农产品基地1.49万公顷，绿色食品、有机农产品总数达到168种。全市绿色优质农产品比重为71.7%。

【农作物病虫害绿色防控】2022年，全市在开展稻麦、果蔬绿色防控技术集成研究的基础上，利用项目技术成果，加大病虫害绿色防控示范力度，重点建设水稻、蔬菜、桃和梨等8个省级病虫害绿色防控示范区和水稻、蔬菜等2个苏州市级病虫害绿色防控示范片，各区镇（街道）因地制宜建设张家港市级水稻病虫害绿色防控示范点18个。全市新建水稻绿色防控示范区面积400公顷以上，辐射带动4000公顷以上；新建蔬菜、桃树、梨树等绿色防控示范区面积30余公顷，辐射带动300公顷以上。水稻上采用"种苗处理+生态调控+科学用

桃树病虫害防控　　（市农业农村局　提供）

药"，蔬菜、桃树、梨树上采用"清园控害+综合诱杀+生物防控+科学用药"绿色防控技术模式，实现节本增效、减量增效和提质增效。示范区内绿色防控产品使用面积均为100%，全市主要农作物病虫害绿色防控覆盖率为67.5%，其中水稻51.6%、桃66.7%、蔬菜75%、梨53.9%。全年农作物农药商品用量460.5吨，降幅0.54%。年末，张家港市被评为江苏省首批"省级农作物病虫害绿色防控县"，市植保植检站获评江苏省首批"省级农作物病虫害监测预警标准化区域站"和全省植保植检工作先进单位。

【水稻绿色高质高效创建示范】年内，张家港市获批全国绿色高质高效行动示范县，承担部、省两级粮食绿色创建项目。市农业农村局以项目创建为抓手，强化科技示范引领，推广水稻集中育秧技术及机插缓混一次施肥技术，推广面积1913公顷。市财政下发水稻基质育秧、机插缓混一次施肥、病虫草害绿色防控等配套奖补资金517.75万元。全市开展优质水稻高产攻关竞赛活动，形成争高产、创纪录、当典型的良好氛围，辐射带动粮食大面积均衡增产。以示范片（方）建设为纽带，培育典型示范主体，推进优质稻米产业化开发，培育润众、永联、文华、乐源、善港、华田、君兆丰、联农、鱼米家、陶然等10余家产业化典型，辐射带动全市水稻产业提质增效。项目共建设部、省两级万亩示范片5个，千亩示范片25个，示范总面积5313公顷。涉及49个村（社区）、252个农户（家庭农场、合作社、公司）。10月9日至10日，由省农业技术推广总站、省种子管理站组织的全省水稻绿色高质高效创建示范现场观摩培训会在张家港市召开。全国政协常委、中国工程院院士万建民和省农业农村厅、南京农业大学有关专家及苏南片区种植条线100余位农技人员参加会议，并参观市常阴沙现代农业示范园区常东社区、经开区（杨舍镇）南新村"宁香粳9号"绿色高质高效示范田。

【"张家港大米"区域公用品牌建设】张家港市不断深耕大米产业高质量发展，多措并举筑牢粮食安全屏障，不断提升大米产业综合竞争优势。全市加快推进高标准农田建设，基本实现"两区"内高标准农田动态全覆盖。2022年，实施示范点建设86.67公顷，启动改造提升1266.67公顷。全市形成较为成熟的良种统一供应模式，有效调动农民选用优良品种的积极性，水稻统供良种覆盖率95%以上。2022年，全市共创建部省级水稻绿色高质高效示范片30个，示范面积5313公顷。全面推广水稻集中育秧、机插缓混一次施肥、质产效协同提升、病虫草害绿色防控等先进技术，以及灯诱、性诱、香根草、显花植物、稻田综合种养等绿色防控综合措施，粮食生产不断向轻简化、绿色化、优质化方向发

展。全市有绿色大米种植面积4760公顷，有机水稻167.6公顷，省级绿色优质农产品基地1.49万公顷。全市有规模化大米生产企业7家，大米品牌33种。市农业农村局全方位推进“苏州大米”和“张家港大米”区域公用品牌建设。围绕水稻产业化发展，全市推广优质品种，形成南粳、宁香粳等优质食味品种合理搭配的品种布局。抓好产业化引导，全市从事稻米产业化开发的经营主体有70余家，种植面积占全市水稻种植总面积的20.7%。“润众”“常阴沙”“常绿”“金村”“善港”等品牌在苏州周边具有一定的知名度，有9家企业获准使用“苏州大米”区域共用品牌。10月，在苏州市农业农村局组织开展的“苏州大米”品牌十强企业及优秀企业评选活动中，张家港市获奖企业数量居各市（区）第一。其中，江苏鸿逸泰生态农业科技有限公司和常阴沙粮油贸易有限公司获评“苏州大米”十强企业，市现代农业示范园区联农农产品专业合作社、市永联米业有限公司、江苏善港生态农业科技有限公司、南丰绿缘家庭农场、市文华家庭农场、市华田家庭农场6个单位获评“苏州大米”优秀企业。（补记：2023年1月18日，“张家港大米”区域公用品牌正式发布，江苏善港生态农业科技有限公司、张家港市华田家庭农场、张家港市现代农业示范园区联农农产品专业合作社、张家港市西张粮油购销有限责任公司、张家港市永联米业有限公司5个单位成为首批被授权使用单位。）

（何　丹　徐明华
韩　瑞　朱　慧）

农业机械化

【概况】 2022年，全市新增各类农机具813台，总投入3026.67万元。新增农机具中，拖拉机90台、联合收割机46台、乘坐式高速插秧机150台（其中带侧深施肥功能的136台）、自走式喷杆喷雾机20台、植保无人机50台、粮食烘干机20台。报废农机50台，其中拖拉机18台、联合收割机13台、插秧机19台。年末，全市农机总动力30.11万千瓦，粮食生产耕种收机械化水平为99.64%，特色农业机械化水平为77.54%。全市创建苏州市级粮食生产“全程机械化+综合农事”服务中心10个、苏州市级机械化示范基地3个。组织成立江苏省农机应急作业服务总队苏州支队张家港大队，组建3个片区农机应急作业服务队，实现全市农机应急作业全覆盖。开展张家港市农机信息化管理平台（三期）建设，建设“无人化”农场2个，筹建挂牌“苏州农业职业技术学院蔡亮大师工作室”。组织开展各类农机培训23期，培训843人次。其中，农机技术网上培训4期，联合收割机、拖拉机驾驶技术培训4期，林果生产全程全面机械化技术培训班1期，稻麦“地面—航空”施药协同高效技术培训1期，新型职业农民农机经营主体负责人培训班1期，基层农机人员培训班1期，农业生产全程全面机械化技术培训班1期，秋收秋种机收减损与农机安全生产培训10场。举办、承办农机技能竞赛4场，其中，张家港市农机维修技能竞赛1场、张家港市水稻机收减损技能大比武1场、张家港市水稻机插秧比赛1场。组织开展农机推广田间日活动4场、农机科普进校园活动2场、农机作业现场演示会4场，展示各类新型农机具44台（套）。全市农机志愿者队伍全年志愿服务次数480余次，出动志愿者1200余人次，发放宣传资料2300余份，服务农机手、农户等各类生产经营主体2150余人次，指导维修各类农机具2750余台次。7月，《聚焦聚力科技强农，提档升级农机装备，全力打造农业机械化高质量发展的“县域样板”》在江苏省农业农村厅《农业农经工作简报》第41期上专刊发表。11月，《塑料大棚直播类绿叶菜全程机械化生产模式》入选农业农村部农业机械化总站2022年设施蔬菜机械化生产7个先进模式之一，在全国推广应用。

【机械化示范基地创建】 2022年，张家港市创建江苏省蔬菜生产全程机械化典型园区3家，认定苏州市级粮食生产“全程机械化+综合农事”服务中心、机械化示范基地等18家。其中，永联菜篮农业专业合作社、市蔬之园农产品有限公司、江苏善港生态农业科技有限公司创建为江苏省蔬菜生产全程机械化典型园区，市文华家庭农场、塘桥镇鹿苑牛桥农机专业合作社、凤凰镇杏市土地股份专业合作社、凤凰镇清水村股份经济合作社、双山农业投资发展有限公司、后塍尚农农机维修中心、大新镇龙潭村股份经济合作社、常阴沙雪祥农民种粮专业合作社、锦丰镇星火村土地股份经济合作社、锦丰镇益农农机专业合作联社等10个单位创建为苏州市粮食生产“全程机械化+综合农事”服务中心，市沙洲绿农业科技发展有限公司、市松田创新农业科技有限公司、锦丰镇协仁村土地股份经济合作社3个单位创建为苏州市级机械化示范基地，塘桥镇金村农机服务专业合作社创建为苏州市智能农机装备应用示范基地，江苏梁丰食品集团有限公司机械化奶牛场创建为苏州市优势产业机械化示范园，江苏善港生态农业科技有限公司创建为苏州市果蔬生产农机社会化服务中心，张家港市农业机械技术推广站创建为苏州市农机行业职业技能实训基地和苏州市农机质量投诉示范点。

【苏州市农机维修技能竞赛在张家港市举行】 7月28日至29日，由苏州市农业农村局主办，苏州市农业机械技术推广站、张家港市农业农村局承办的2022年苏州市农机维修技能竞赛在南丰镇永联村举行。苏州各区（市）农机维修网点、农机专业合作社、农机生产与经销企业等企事业单位的27名选手参加竞赛，张家港市有5名选手参加。7月28日，通过理论竞赛与两个单项操作技能竞赛，总成绩排名前八的选手晋级决赛。高新区（塘桥镇）季志豪、南丰镇孟青峰、冶金园（锦丰镇）张晓清入围决赛。7月29日，决赛选手进行大型拖拉机、联合收割机综合修理技能竞赛。久保田农业机械（苏州）有限公司的沈宇获一等奖。高新区（塘桥镇）农机维修中心季志豪、南丰镇建禾农机维修中心孟青峰分别获二等奖、三等奖。（赵占春　秦　洁）

【编辑　陆正芳】

工业·建筑业

Industry & Construction Business

ZHANGJIAGANG · SUZHOU

苏州·张家港

沙钢集团铁前管控中心　（沙钢集团　提供）

張家港年鑑(2023)

扫码欣赏

华昌集团
“疫”线送温暖

综　述

【概况】 2022年，张家港市高效统筹疫情防控和经济社会发展，以“推进新型工业化，建设制造强市”为主线，推动产业链、创新链深度融合发展，重点支持制造业智能化改造数字化转型、产业绿色转型，赋能专精特新中小企业高质量发展，全市工业承压向上、稳中见韧。全市规模以上工业企业（全部国有及年主营业务收入500万元以上非国有企业，下同）1550家，完成工业总产值5957.82亿元，比上年降0.3%，主营业务收入7337.97亿元，完成利税总额379.89亿元。规模以上工业企业按轻重工业分，轻工业企业629家，主营业务收入1243.1亿元；重工业企业921家，主营业务收入6094.86亿元。按企业规模分，大型企业19家，主营业务收入3489.48亿元；中型企业131家，主营业务收入1631.59亿元；小型、微型企业1400家，主营业务收入2216.91亿元。按登记注册类型分，国有企业2家，完成主营业务收入7.88亿元；集体企业1家，完成主营业务收入2947万元；股份合作制企业1家，完成主营业务收入2099万元；联营企业1家，完成主营业务收入9516万元；有限责任公司87家，完成主营业务收入2220.66亿元；股份有限公司14家，完成主营业务收入89.51亿元；私营企业1188家，完成主营业务收入3053.6亿元；港澳台投资企业68家，完成主营业务收入473.85亿元；外商投资企业188家，完成主营业务收入1491.02亿元。全市工业用电量283.25亿千瓦小时，比上年降1.2%。全市有建筑业资质企业580家，建筑业企业完成建筑业总产值241.91亿元，比上年增9.4%，其中建筑、安装工程产值240.99亿元，比上年增9.4%。竣工产值152.14亿元，比上年减5.6%，竣工率62.9%。

表23　　2022年张家港市九大工业集团一览表

序号	企业名称	所在地	序号	企业名称	所在地
1	江苏沙钢集团有限公司	冶金园	6	天齐锂业（江苏）有限公司	保税区
2	永卓控股有限公司	南丰镇	7	浦项（张家港）不锈钢股份有限公司	冶金园
3	陶氏化学（张家港）有限公司	保税区	8	华芳集团有限公司	高新区
4	中粮东海粮油工业（张家港）有限公司	保税区	9	江苏骏马集团有限责任公司	经开区
5	江苏华昌（集团）有限公司	保税区			

表24　　2022年张家港市75家重点工业企业一览表

序号	企业名称	所在地	序号	企业名称	所在地
1	采埃孚汽车科技（张家港）有限公司	经开区	17	张家港市易华润东新材料有限公司	经开区
2	索尔维（张家港）精细化工有限公司	保税区	18	双狮（张家港）精细化工有限公司	保税区
3	佐敦涂料（张家港）有限公司	保税区	19	江苏蔚蓝锂芯股份有限公司	经开区
4	华芳集团有限公司	高新区	20	霍尼韦尔特性材料和技术（中国）有限公司	保税区
5	江苏蔚蓝锂芯股份有限公司	经开区	21	泰柯棕化（张家港）有限公司	保税区
6	长江润发集团有限公司	保税区	22	张家港华兴电力有限公司	经开区
7	张家港沙洲电力有限公司	冶金园	23	瓦克化学（张家港）有限公司	保税区
8	江苏长顺集团有限公司	保税区	24	索尔维（张家港）精细化工有限公司	凤凰镇
9	江苏赛宝龙石化有限公司	保税区	25	江苏张家港酿酒有限公司	保税区
10	泰柯棕化（张家港）有限公司	保税区	26	PPG涂料（张家港）有限公司	保税区
11	采埃孚汽车科技（张家港）有限公司	经开区	27	张化机（苏州）重装有限公司	保税区
12	东华能源股份有限公司	保税区	28	江苏银河电子股份有限公司	高新区
13	张家港市国泰华荣化工新材料有限公司	保税区	29	益江（张家港）粮油工业有限公司	保税区
14	佐敦涂料（张家港）有限公司	保税区	30	张家港沙洲电力有限公司	冶金园
15	攀华集团有限公司	保税区	31	苏州罗伦士汽车制造股份有限公司	保税区
16	张家港市苏闽金属制品有限公司	冶金园	32	力文特锂业（张家港）有限公司	保税区

续表24

序号	企业名称	所在地	序号	企业名称	所在地
33	江苏爱康实业集团有限公司	经开区	55	信义玻璃（江苏）有限公司	冶金园
34	长江润发集团有限公司	保税区	56	江苏金帆电气集团有限公司	经开区
35	江苏长顺集团有限公司	保税区	57	南港（张家港保税区）橡胶工业有限公司	保税区
36	江苏鹿港科技有限公司	高新区	58	张家港联合铜业有限公司	冶金园
37	江苏七洲绿色化工股份有限公司	乐余镇	59	张家港长力机械有限公司	乐余镇
38	江苏赛宝龙石化有限公司	保税区	60	麦格纳电子（张家港）有限公司	经开区
39	加特可（苏州）自动变速箱有限公司	经开区	61	华奇（中国）化工有限公司	保税区
40	江苏华盛锂电材料股份有限公司	保税区	62	江苏东渡纺织集团有限公司	经开区
41	张家港广大特材股份有限公司	凤凰镇	63	江苏博云塑业股份有限公司	冶金园
42	盛禧奥聚合物（张家港）有限公司	保税区	64	苏州爱得科技发展股份有限公司	冶金园
43	澳洋集团有限公司	经开区	65	江苏协昌电子科技股份有限公司	凤凰镇
44	森田新能源材料（张家港）有限公司	保税区	66	张家港海螺水泥有限公司	大新镇
45	科波西电子材料张家港有限公司	保税区	67	润英联（中国）有限公司	保税区
46	天宇羊毛工业（张家港保税区）有限公司	保税区	68	张家港扬子纺纱有限公司	经开区
47	江苏梁丰食品集团有限公司	经开区	69	江苏新芳科技集团股份有限公司	大新镇
48	丰田合成（张家港）科技有限公司	保税区	70	张家港天铭纺织印染有限公司	保税区
49	苏州海陆重工股份有限公司	经开区	71	张家港海锅新能源装备股份有限公司	南丰镇
50	张家港中集圣达因低温装备有限公司	保税区	72	张家港中环海陆高端装备股份有限公司	冶金园
51	张家港富瑞特种装备股份有限公司	经开区	73	江苏富淼科技股份有限公司	凤凰镇
52	江苏宏宝集团有限公司	大新镇	74	江苏华伟特种薄板有限公司	凤凰镇
53	张家港保税区长源热电有限公司	保税区	75	张家港恩斯克精密机械有限公司	经开区
54	江苏现代威亚有限公司	凤凰镇			

【产业投入】 2022年，张家港市全年完成固定资产投资545.08亿元，其中工业投资214.13亿元，比上年增0.8%。全年实施工业项目602项。其中，制造业完成投入工作量204.04亿元，占全市工业投入总量的95.29%；电力热力燃气及水的生产和供应业完成投入工作量10.09亿元，占全市工业投入总量的4.71%。在建1亿元以上项目217项，完成投入工作量171.3亿元，占全市工业投入总量的80%；在建5亿元以上项目80项，完成投入工作量123.6亿元，占全市工业投入总量的57.7%。在建技术改造项目509项，计划总投资1107.2亿元，完成投资123.2亿元，占工业投资的57.5%；非技改类项目93项，完成投资90.9亿元。保税区、经开区、冶金园、高新区投资占全市投资的比重超75%，其中工业投资162.52亿元，占全市投资的75.9%；新兴产业投资166.48亿元，占全市投资的75.25%。全年保税区、经开区、冶金园、高新区实施超1亿元项目181项，其中保税区63项、经开区59项、冶金园40项、高新区19项，占全市超1亿元项目总数的83.41%；完成投资额128.55亿元，其中保税区36.74亿元、经开区43.58亿元、冶金园38.49亿元、高新区9.74亿元，占全市超1亿元项目投资额的75.04%。

【转型升级】 2022年，张家港市制造业完成规模以上产值5697.24亿元，占规模以上工业总产值的96.1%，全市制造业增加值占地区生产总值比重的45.4%。完成工业投资214.13亿元，比上年增0.8%，其中高技术制造业完成投资40.15亿元，比上年增27.5%。工业技术改造投资完成123.2亿元，比上年增114.9%，占工业投资比重57.54%。冶金、机电、化工、纺织、食品五大行业合计完成规模以上产值5452.64亿元，占规模以上工业总产值的91.98%。其中，冶金行业完成规模以上产值2517.76亿元，占比42.47%；机电行业完成规模以上产值1216.83亿元，比上年增18.2%，成为全市第二个超1000亿元产业；化工行业完成规模以上产值868.54亿元，比上年降0.8%；纺织行业完成规模以上产值496.49亿元，比上年降3.9%；食品行业完成规模以上产值353.02亿元，比上年增3.1%。6月，召开市“智改数转”暨重大制造业技改项目推进会。推进“引增量、锻长板、补短板、强企业”四项工程，全年引进投入产业链重要节点项目超1亿元200项、超10亿元30项、超100亿元3项。其中，沙钢集团超薄带、永钢集团高炉产能置换等项目推动冶金产业集群做强做大；天兵科技运载火箭及发动机智能生产基地等项目填补高端装备领域短板；信义光能、潞能光伏组件等项目延伸新能源产业链。全市重点产业链8条，实现营业收入正增长2条，其中新能源产业链营业收入增幅49.89%，营业收入总额447.44亿元；冶金新材料、智能高端装备、先进（高分子）材料产业链持续强势，营业收入总额分别为3729.93亿元、724.23亿元、718.1亿元。年内，12家企业创建成省级企业技术中心，2家企业创建成省级工业设计中心；22家企业创建苏州市企业技术中心，6家企业创建成苏州市工业设计中心。新增绿色设计产品11种，累计获评国家级绿色园区1家、绿色供应链1家、绿色工厂4家、绿色设计产品26种。江苏扬子江国际化学工业园入选中国石油和化学工业联合会公布的“绿色化工园区名录（2022年）”。塘桥镇被中国纺织工业联合会授予“中国精纺·毛衫名镇”称号。江苏永钢集团有限公司项目获中国工业经济联合会发布的第七届中国工业大奖。

【智能制造】 2022年，张家港市加快推进制造业智能化改造和数字化转型，扎实推进产业基础高级化、产业链现代化。4月，出台《张家港市制造业智能化改造和数字化转型2022年工作要点》。全年完成智能化改造、企业上云、示范标杆、管理基础能力提升、智能制造诊断等数字化改造项目1322项，涉及企业1056家，其中规模以上工业企业839家，实现全市规模以上工业企业数字化改造全覆盖。突出示范引领，打造标杆项目，带动更多企业提高数字化改造意愿。江苏永钢集团有限公司“污染监测与管控”场景获评国家级智能制造优秀场景，联峰钢铁（张家港）有限公司“建筑和冶金固废循环利用智能”工厂入选江苏省智能制造示范工厂名单，新增省级示范智能车间19家、苏州市级示范智能车间32家，累计获评省级智能制造示范工厂5家、省级示范智能车间97家、苏州市级示范智能车间161家。永钢集团的“永钢5G全连接智慧工厂”入选省级5G全连接工厂项目名单，爱丽家居科技股份有限公司获评省级工业互联网标杆工厂；新增省星级上云企业132家，累计获评省星级上云企业372家，其中五星级上云企业20家。

【“工业互联网区县行”张家港站活动】 1月13日，江苏省工业互联网区县行（张家港站）暨市智能制造创新发展论坛举行。活动围绕“工业互联，智改数转”主题，设置项目签约、成果展示、前沿分享、授牌仪式等环节。11月18日，苏州市“工业互联网区县行”暨“标识解析区县行”专题活动张家港站举行。活动中，张家港市首个工业互联网标识解析二级节点（登云智造）平台上线应用，实现与国家顶级节点的对接。自此，形成“国际根节点、国家顶级节点、二级节点、企业节点”的四级架构，其中二级节点是标识解析体系中承上启下的关键环节。现场还进行登云智造工业互联网标识解析二级节点相关签约和主题分享。2018年，工信部启动国内工业互联网标识解析体系建设，通过标准化标识命名方式，为物理实体与虚拟数据赋予通用唯一“数字身份证”。工业互联网标识解析体系作为工业互联网关键基础设施，是支撑工业全要素、全产业链、全价值链互联互通的神经枢纽。

（秦嘉伟　赵学琳　吴金阔）

冶金工业

【概况】 2022年，张家港市规模以上冶金工业企业完成工业总产值2511.46亿元，占全市规模以上工业总产值的42.15%，比上年减8.51%。其中，黑色金属冶炼及压延加工企业64家，完成工业总产值2274.75亿元；有色金属冶炼及压延加工企业55家，完成工业总产值236.71亿元。全年销售收入超100亿元的企业4家。沙钢集团本部全年完成销售收入1161.69亿元，比上年减21.07%；实现利税37.27亿元，比上年减78.44%。永卓控股有限公司完成销售收入1452.25亿元，比上年增20.46%；实现利税42.74亿元，比上年减43.32%。张家港浦项不锈钢有限公司完成销售收入219.67亿元，比上年增3.97%；实现利税-2.68亿元，比上年减121.54%。张家港联合铜业有限公司完成销售收入170.28亿元，比上年减11.61%；实现利税6亿元，比上年减21.35%。全年冶金工业累计完成投资37.25亿元，比上年增2.14%，投资额占全市工业投资的17.4%。

表25　2022年张家港市规模以上冶金工业企业主要产品产量情况表

产品名称	年产量（万吨）	比上年增长率（%）
钢材	3861.08	-7.50
其中：冷轧薄宽钢带	146.67	-56.50
线材（盘条）	766.68	-6.10
钢筋	1001.89	-17.60
铜材	0.84	-23.70
十种有色金属	27.43	-6.70
铝材	9.77	-13.70

表26　2022年张家港市冶金工业企业投入1亿元以上竣工项目情况表

企业名称	项目内容	项目类别	总投资（万元）	竣工时间
江苏沙钢集团有限公司	钢渣综合处理项目	内资技改	348000	9月
江苏沙钢集团有限公司	东区煤筒仓焦炭筒仓项目	内资技改	58338	12月
江苏沙钢集团有限公司	环保治理6料场大棚项目	内资技改	141630	12月

【永钢集团项目获中国工业大奖】 2021年12月31日，永卓控股有限公司成立，是一家产业多元化企业，业务涵盖钢铁、新能源、新材料、物流、建筑、金融贸易等，旗下有江苏永钢集团有限公司、江苏永联精筑建设集团有限公司、江苏象石实业有限公司、上海永骁企业发展有限公司等实体公司10余家，员工1万余人。2022年，面对市场波动、行业竞争加剧等经济形势，公司深挖潜力，启动系列管理变革，深化管理体系建设，完善企业体制机制，全年实现营业收入1452.25亿元，比上年增20.46%。永卓控股有限公司列中国企业500强第211位，列中国民营企业500强第70位。子公司江苏永钢集团有限公司有员工近8000人，年生产钢产品1000万吨，其中优特钢产销比70%，国内市场覆盖30个省、自治区、直辖市，国际市场覆盖113个国家和地区，营业收入450亿元。自主研发的高性能大规格直接切削贝氏体材料、马氏体耐热焊丝钢SA335P91热轧盘条等填补国内空白。5月27日，在上海证券交易所发行全国首单绿色碳中和科技创新公司债"GC永钢K1"，规模1亿元。9月，江苏永钢集团有限公司通过工业和信息化部"两化融合"管理体系升级版（AAA级）贯标认证。子公司苏州骐骥焊接材料有限公司主要生产高强钢焊材、耐高温焊材、耐低温焊材等产品，年产量3万吨。子公司苏州昆仑重型装备制造有限公司拥有自主研发的3万吨模锻液压机，年产模锻件2.5万吨，产品有风电齿轮锻件、高温合金涡轮盘、发动机机匣等。近年，为钢铁企业实现绿色发展形成良好的示范效应，江苏永钢集团有限公司建成从供应链端、制造链端、消费链端的绿色低碳产业链，投资60亿元推进环保综合治理，率先完成超低排放改造，近5年减少二氧化碳排放量1200万吨。同时，集团在厂区推进绿化固碳工程，累计建绿、增绿超290万平方米，厂区绿化覆盖率37%以上，获工业和信息化部绿色工厂和绿色供应链管理示范企业认定。永钢集团将钢铁生产中产生的蒸汽循环利用于农业生产和农民生活。建设的循环经济产业园是国家发改委、工业和信息化部批准的首批50个大宗固废基地之一，探索以产业化推进固废治理的实践，并将钢渣3D打印的固废循环产品运用到乡村治理，为工业与农业农村和谐共生提供现实范本。为实现乡村振兴和农民共同富裕，集团坚持将25%股权由永联村持有，村企形成清晰的产权关系，使村集体年均获得近2亿元收益。集团还利用自身优势，2010年发起成立永联为民基金会，12年累计捐款3亿元，其中2022年捐赠2700万元；帮助永联村培育壮大集体企业，提升村集体经济自身造血能力，永联村5家实体企业总营业收入5.8亿元。10月，获评第五届"苏州慈善奖"最具爱心捐赠企业。年末，其"钢铁产业绿色低碳全链赋能乡村振兴项目"获第七届中国工业大奖，成为全市首个工业大奖获奖项目。

【联合铜业公司入选再生有色金属企业营收20强】 11月8日，张家港联合铜业有限公司入选中国有色金属工业协会2021年度再生有色金属企业营业收入20强名单，列第五位。2022年，公司生产阴极铜27.43万吨、阳极铜14.21万吨、阳极泥1202吨、粗硫酸镍1377吨。实现销售收入170.28亿元，利润1273万元，入库税金4535万元，是苏州市最大的再生有色金属加工利用企业，并被苏州市认定为"废杂铜综合利用工程技术研究中心"。公司加快环保技改升级，提出"打造现代化铜精炼工厂，再造一个联合铜业"的发展目标。2020年，公司通过能源管理体系认证，被工信部列为第一批符合铜冶炼行业规范条件的企业。2022年6月，总投资3500万元、一期投资1300万元的电解一系统Ⅰ期、Ⅱ期智能化机组改造完成并建成投产，实现阳极自动整形、导电棒智能运转、阴极铜自动洗涤打包，达到无人值守、远程控制和自动化操作的目标。围绕技术改造、节能降耗、工艺改进、挖潜创效等重点攻关课题，与江苏科技大学合作，借助江苏省研究生工作站平台，近5年，共获10项新型实用性专利和2项发明专利授权。

（何增丁　黄伟城　吴阳舒
杨学文　徐永方）

纺织工业

【概况】 2022年，张家港市规模以上纺织工业企业完成工业总产值506.39亿元，比上年减2.74%，占全市规模以上工业总量的8.5%。其中，棉纺织、毛纺织、丝织、印染等纺织企业273家，完成工业总产值311.95亿元；纺织服装、服饰制造企业60家，完成工业总产值74.89亿元；化学纤维制造企业37家，完成工业总产值119.54亿元。全年销售收入超10亿元的企业6家，其中江苏骏马集团有限责任公司完成销售收入82.13亿元，居榜首；其次，天宇羊毛工业（张家港保税区）有限公司销售收入20.98亿元、江苏鹿港科技股份有限公司销售收入18.75亿元、江苏东渡纺织集团有限公司销售收入13.34亿元、张家港新东旭纺织印染有限公司销售收入12.03亿元、苏州龙杰特种纤维股份有限公司销售收入10.66亿元。全年纺织行业累计完成投资6.65亿元，比上年减5.37%，投资额占全市工业投资的3.1%。11月，工信部发布《重点培育纺织服装百家品牌名单（2022版）》，江苏东渡纺织集团有限公司、江苏联宏纺织有限公司入选"制造品牌"名单。

表27　2022年张家港市规模以上纺织工业企业主要产品产量情况表

产品名称	单位	年产量	比上年增长率（%）
化学纤维	万吨	43.30	−20.60
纱	万吨	30.37	−10.90
布	万米	7293.85	−17.70
印染布	万米	16048.00	−19.90
帘子布	万吨	8.12	−5.40
毛机织物（呢绒）	万米	6452.99	22.60
服装	万件	17218.86	16.20

【骏马化纤公司帘子布入选国家制造业单项冠军企业（产品）名单】 年内，骏马化纤股份有限公司帘子布第七批入选国家制造业单项冠军企业（产品）名单。该公司是国内轮胎骨架材料最大的生产基地，也是行业内产品品种最齐、规格最多的生产企业，年生产帘子布20万吨。其中，锦纶帘子布产量居全球首位，涤纶帘子布综合实力列国内同行业首位。公司制定并发布国家标准及行业标准14项。公司是中国唯一被普利司通公司、固特异公司认可的锦纶6浸胶帘子布供应商。“骏马”牌锦纶6浸胶帘子布连续四届被评为“江苏省名牌产品”，并被国家行业协会推荐为信得过使用品牌。

【5种纺织产品获评国家级绿色设计产品】 年内，全市有3家纺织企业5种产品获评国家级绿色设计产品，分别是江苏东源纺织科技实业有限公司的针织印染布，张家港市普坤纺织实业有限公司的羊毛粗纺针织纱线、羊绒粗纺针织纱线，张家港三得利染整科技有限公司的生态涂料染色纱线、生态涤纶染色纱线。江苏东源纺织科技实业有限公司的针织印染布在设计中引入生态设计理念，已成为阿迪达斯、Hanes、彪马、Polo、Caters、冠军、巴拉巴拉等国内外著名服装品牌的指定优质面料供应商，全年针织印染布产品产量8500吨，销售收入4.4亿元。张家港市普坤纺织实业有限公司生产的粗纺羊绒、混纺纱等纱线及哔叽、花呢、贡丝锦、凡立丁、板司呢五大类配套面料，供给雅戈尔、杉杉、罗梦、大维等国内服装厂家，同时产品远销50余个国家和地区，外贸出口量占80%，全年产品产量265吨，销售收入1.6亿元。张家港三得利染整科技有限公司生态涂料染色纱线、生态涤纶染色纱线采用集成10余项授权发明专利的自主核心技术生产，染色全过程（含前处理在内）用水量、废水产生量、化学需氧量分别仅为每吨纱0.45吨、0.16吨、0.16千克，且最终产生的微量废水经蒸馏后全部回用于生产，实现了源头节水和废水零排放。产品还具有轧染、段染和喷染相组合的特点，形成个性化、差异化品种系列。全年产品产量95吨，销售收入276万元。

【印染行业发展趋势报告会举行】 11月20日，张家港印染行业发展趋势报告会举行。纺织行业是张家港市的重要支柱和传统优势产业，全市集聚3100余家企业，拥有澳洋集团、华芳集团、东渡集团等骨干企业，花式纱、包芯纱、针织服装等享誉国内外。年内，张家港贯彻落实国家纺织工业“十四五”发展规划，编制印发印染行业发展规划及实施方案、纺织印染技改项目审批规则等政策文件，80%的规模以上纺织企业生产装备达到先进水平，累计拥有6个省级示范智能车间、11个苏州市级示范智能车间。纺织企业申报高端纺织认定重大项目规划投资超70亿元。报告会现场，部分专家和企业负责人围绕印染行业现状、运行趋势、绿色低碳发展等进行探讨交流。

（何增丁 黄伟城
苏园圆 虞科娜）

机电工业

【概况】 2022年，张家港市规模以上机电工业企业完成工业总产值1226.82亿元，比上年增18.41%，占全市规模以上工业总量的20.59%。主要涉及化工压力容器制造、锅炉及锅炉附件制造、汽车及零部件、输变电设备、机床及精密机械制造、建筑机械、吊装机械、环保机械、洗涤及分离机械制造、纺织机械、医疗机械、电子类等众多门类。全市机电行业建有以保税区与经开区（杨舍镇）为中心的高端机械制造工业园，以乐余镇为中心的汽车及汽车零配件生产集群地，以冶金园（锦丰镇）三兴办事处为主的塑机、饮机生产集群地，以大新镇为中心的五金工具生产集群地和以高新区（塘桥镇）为中心的纺机生产集群地等。全年销售收入超10亿元的企业有6家，其中张家港广大特材股份有限公司25.3亿元，苏州海陆重工股份有限公司18.8亿元，丰田合成（张家港）科技有限公司18.08亿元，江苏长江润发集团有限公司14.45亿元，江苏现代威亚有限公司10.94亿元，张家港中环海陆高端装备股份有限公司10.64亿元。全年机电行业累计完成投资98.63亿元，比上年增10.09%，投资额占全市工业投资的46.06%。

表28 2022年张家港市规模以上机电工业企业主要产品产量情况表

产品名称	单位	年产量	比上年增长率（%）	产品名称	单位	年产量	比上年增长率（%）
金属集装箱	万立方米	8.37	8.50	滚动轴承	万套	11074.20	−9.40
锂离子电池	万块	34911.11	−9.50	医疗仪器设备及器械	万台	9.08	4.10

表29 2022年张家港市机电工业企业投入1亿元以上竣工项目情况表

企业名称	项目内容	项目类别	总投资（万元）	竣工时间
张家港市申联建设机械有限公司	大型塔式起重机结构件电控和精密传动部件项目	内资非技改	10590	9月
澳普托自动化技术（江苏）有限公司	OPT机器人末端技术生产基地项目	内资非技改	15000	12月
张家港市金帆箱柜有限公司	精密钣金数控机床部件生产项目	内资技改	25000	12月
苏州晶台光电有限公司	照明灯具研发生产项目	内资技改	30000	12月

续表29

企业名称	项目内容	项目类别	总投资（万元）	竣工时间
江苏多维科技有限公司	磁传感器晶圆制备及智能传感器模组产线技术改造	内资技改	28000	12月
张家港世珍集装箱部件有限公司	智能模块化装备生产项目	内资技改	20000	12月

【2家企业获评省级工业技术中心】 7月，张家港中集圣达因低温装备有限公司、江苏保丽洁环境科技股份有限公司获评省级工业设计中心。张家港中集圣达因低温装备有限公司成立于1999年，专业从事各类低温液体储罐、槽车、罐箱、气瓶等低温工程，是全球领先的低温装备制造商和系统解决方案提供商。公司工业设计中心近三年投入7162.05万元，占企业研发支出的43.17%，累计实现工业设计产品销售收入38亿元，利润2.21亿元。与上海交通大学开展低温绝热技术、新产品技术研究；与浙江大学开展奥氏体不锈钢应变强化技术研究；与深圳中集智能科技公司、中国安全生产科学研究所、西安交通大学等单位合作开发出罐箱卫士智能系统；与上海威曼工业产品设计公司合作，提升基础性能升级、产品外观及人机界面美化。江苏保丽洁环境科技股份有限公司成立于2004年，是一家专业从事餐饮和工业油烟治理设计、研发、生产、销售于一体的公司，拥有全国最大的静电油烟净化设备生产基地。其在国内市场占有率10%，中高端商用油烟净化设备市场占比近30%。2014年公司成立工业设计中心，实现从产品的单一设计到多元化设计、从外观设计到整机提升等突破，推出多种款式的油烟净化处理设备，至2022年年末累计实现工业设计产品销售收入13.9亿元，利润3.8亿元。公司产品在国内各省均有营销网络，还远销东南亚、北美、欧洲、澳洲等30余个国家和地区。

【海狮牌洗衣龙获紫金奖·工业设计奖】 年内，2022年“紫金奖·工业设计大赛”工业设计奖获奖名单公布，江苏海狮机械股份有限公司的海狮牌SDX60-16工业用高效节能隧道式洗衣龙获产品组优秀奖，实现全市该奖项零的突破。该产品创新设计下传输自动传送主笼结构及大跨度主笼连接密封技术，解决了布草易堵卡以及链接密封不可靠、易老化、更换困难等技术难题。紧凑多样化的产品组装方式，能满足不同场景的安装和使用。设计采用可回收金属材料，并配套回用水处理设备，解决洗涤污水直接排放造成的浪费和污染问题，降低清水用量和洗涤剂用量，降低洗涤成本。采用水循环利用和过滤技术，极大降低水和蒸汽的消耗，与传统洗涤设备相比，节水70%，节能30%，节约洗涤剂消耗30%。江苏海狮机械股份有限公司是国内规模最大、品种最全的洗涤机械专业生产企业，年生产能力1.2万台（套），年销售额5亿元，年出口1200万美元，产品远销90余个国家和地区。近年，公司开发连续大型洗涤机组及后整理设备12个系列、30余个品种、100余种规格。海狮牌洗衣龙获中国驰名商标、中国名牌及中国名优品牌奖。

获工业设计奖的海狮牌SDX60-16工业用高效节能隧道式洗衣龙

（江苏海狮机械股份有限公司　提供）

【采埃孚汽车零部件项目开工】 8月18日，德国采埃孚集团投资1亿美元的底盘零部件系统及后轮主动转向系统项目落户经开区，11月19日举行项目开工仪式。采埃孚汽车科技（张家港）有限公司是由世界500强、国际知名汽车配件龙头企业德国采埃孚集团2014年投资设立，总投资4.3亿美元，注册资本1.45亿美元，占地22公顷，公司主要生产乘用车主动和被动安全系统、电子助力转向系统、集成刹车控制系统、底盘零部件、后轮主动转向系统等产品。2022年，公司实现销售额64亿元，纳税1.48亿元，是采埃孚集团在亚太区规模最大的生产基地，被誉为“采埃孚全球灯塔工厂”。

【置田轴承和汽车零部件项目开工】 11月29日，日本置田轴承和汽车零部件项目开工奠基。项目计划总投资33650万元，注册资本3000万美元。项目建设完成后，预计每年新增精密轴承锻件、汽车零部件3.9万个套。日本株式会社置田铁工所成立于1963年9月，总部位于日本大阪，是一家车用轴承、汽车精密部件（主要为转向节轴承、底盘轮毂轴承、变速箱齿轮等）的专业制造商，为丰田、本田等日本汽车企业提供高端车用锻件产品，其产品和技术在行业内处于世界领先地位。

（何增丁　黄伟城
虞科娜　苏栋汇）

化学工业

【概况】 2022年，张家港市规模以上化学工业企业完成工业总产值871.3亿元，比上年减1.2%，占全市规模以上工业总量的14.62%。其中，石油、煤炭及其他燃料加工企业2家，完成工业总产值7.91亿元；化学原料及化学制品制造企业86家，完成工业总产值709.6亿元；橡胶和塑料制品制造企业89家，完成工业总产值140.23亿元；医药制造企业13家，完成工业总产值13.55亿元。全年销售收入超10亿元的企业12家，其中江苏华昌化工股份有限公司108.82亿元、东华能源股份有限公司60.35亿元、陶氏硅氧烷（张家港）有限公司47.79亿元、佐敦涂料（张家港）有限公司33.69亿元、索尔维（张家港）精细化工有限公司29.26亿元、陶氏有机硅（张家港）有限公司29.18亿元、泰柯棕化（张家港）有限公司27.18亿元、江苏七洲绿色化工股份有限公司26.71亿元、瓦克化学（张家港）有限公司23.57亿元、陶氏化学（张家港）有限公司23.16亿元、双狮（张家港）精细化工有限公司17.16亿元、索尔维—恒昌（张家港）精细化工有限公司11.92亿元。全年化学工业累计完成投资32亿元，比上年减0.2%，投资额占全市工业投资的14.94%。

表30　　2022年张家港市规模以上化学工业企业主要产品产量情况表

产品名称	单位	年产量	比上年增长率（%）
硫酸（折100%）	万吨	137.88	-6.00
碳酸钠（纯碱）	万吨	68.80	-0.50
合成氨（无水氨）	万吨	57.91	7.20
农用氮、磷、钾化学肥料（折纯）	万吨	38.06	11.10
化学农药原药（折有效成分100%）	吨	7028.00	-7.70
塑料制品	万吨	19.47	-28.20
水泥	万吨	312.31	-3.80
商品混凝土	万立方米	423.80	-27.40

表31　　2022年张家港市化学工业企业投入1亿元以上竣工项目情况表

企业名称	项目内容	项目类别	总投资（万元）	竣工时间
江苏开米科思化学有限公司	年产26万吨新型环保制冷材料生产项目	内资技改	100000	12月
梅塞尔气体产品（张家港）有限公司	年产高纯液氮及配套管网项目	外资技改	33100	12月
PPG涂料（张家港）有限公司	年产14.5万吨高性能涂料和5000吨PVC密封胶	外资技改	49000	12月

【华昌集团科技助力创新驱动】 2022年，江苏华昌（集团）有限公司全年实现销售收入185.12亿元，外贸出口38.88亿元，自营出口4.51亿美元，实现利税33.56亿元，利润29.66亿元，入库税金7.86亿元。华昌集团下属成员企业把创新驱动作为核心竞争力，落实国家“双碳”（碳达峰、碳中和）战略，加快实施“双碳”行动方案，稳步推进转型项目。下属核心企业江苏华昌化工股份有限公司全年销售收入108.82亿元，利润总额11.74亿元。扩建年产3万吨新戊二醇及10万吨聚酯树脂项目进入冲刺阶段，市重大项目扩建年产30万吨丁辛醇、异辛酸项目加快推进实施；“1,3-丁二醇中试生产技术”通过省科技成果鉴定，年产200吨的中试生产线实现工艺流程贯通，产品1,3-丁二醇纯度达到99.5%以上，完成工业化生产工艺技术包的开发，获国家发明专利1件，填补国内空白，产品性能指标达到国际先进水平；完成市重大项目复合肥煤改气节能环保技术改造、氨合成生产装置智能化技术改造。8月15日至16日，下属苏州市华昌能源科技有限公司承办全国氢能重卡生态大会，首批投资近1300万元的10辆氢能重卡落地运行，公司入选国家科技型中小企业，创建成江苏省氢能技术创新中心。下属江苏七洲绿色化工股份有限公司全年销售收入46.98亿元，利润总额11.88亿元。完善产业链布局，洪湖市一泰科技有限公司甲基亚磷酸二乙酯二期、三期产能并线生产；七洲绿色化工（济宁）有限公司与山东亿盛实业股份有限公司合作生产草铵膦，成为全球产能最大、供应链最完整的草铵膦供应商；内蒙古海泰科技有限公司CP酮项目、内蒙古利沙科技有限公司对氯苯甲醛和对氯氯苄项目投产，完善三唑类产品的产业链。下属索尔维—恒昌（张家港）精细化工有限公司全年销售收入11.89亿元，利

润总额3.4亿元。继续实施生态环保项目，打造资源循环利用产业体系，加快推进数字化和智能化车间改造。下属张家港市华瑞危险废物处理中心有限公司全年处置各类危险废物60476吨，处置总量名列全省前茅，销售收入2.43亿元，利润总额1.12亿元。开展技改扩能，全面提升装置焚烧处置能力，在疫情期间公司医疗废物日均收集量近120吨，是平时日收集量的8倍，最多时日收集量近200吨。下属江苏江锅智能装备股份有限公司全年承接合同10.17亿元，实现销售收入6.89亿元，利润总额8060万元，通过苏州市工业设计中心认定和民营科技企业认定。下属苏州利玛特能源装备有限公司全年销售收入3.08亿元，利润总额1950万元，完善双重预防机制建设，“创蓝行动”获得蓝码。华昌集团全年获得授权发明专利15件、实用新型专利2件，申请发明专利4件、实用新型专利1件、外观设计专利1件，获得注册商标32件。

【贝内克—长顺公司产品获评国家级绿色设计产品】 2022年，贝内克—长顺汽车内饰材料（张家港）有限公司Xpreshn（TPO laminate）产品获评国家级绿色设计产品。公司成立于2005年，由德国康迪泰克（ContiTech）股份有限公司与江苏长顺集团有限公司合资投建而成，主要从事设计开发与生产高性能复合装饰性表皮材料，是国家高新技术企业、江苏省外资研发机构、企业研究生工作站、博士后实践基地。Xpreshn产品是一种高性能汽车内饰表面材料，集装饰性和功能性于一体，广泛用于车舱内饰表面的包覆，包括仪表板、门板、地板、座椅后背等。Xpreshn在产品结构和配方设计上考虑环保属性，在高温下可以像热塑性塑料一样加工，为零部件成型带来便利，且为可回收使用产品，回收利用率100%，具有低二氧化碳排放、超低挥发性有机物排放及轻量化等特点。产品已广泛应用于宝马、奔驰、大众、特斯拉、长城、吉利等中高端款车型的内饰表面。全年产品产量301万平方米，销售收入1.9亿元，占公司销售收入的24%。

（许　强　何增丁　黄伟城　陈饶忠　苏栋汇）

食品工业

【概况】 2022年，张家港市规模以上食品工业企业完成工业总产值353.35亿元，比上年增3.19%，占全市规模以上工业总量的5.93%；完成营业收入372亿元，比上年减7.6%，实现利税12.7亿元，利润9.62亿元。其中，规模以上农副食品加工企业9家，完成工业总产值337.36亿元；食品制造企业8家，完成工业总产值7.77亿元；酒、饮料和精制茶制造企业2家，完成工业总产值8.22亿元。全年营业收入超1亿元的企业8家，其中超10亿元的企业5家。中粮东海粮油工业（张家港）有限公司营业收入243.22亿元，路易达孚（霸州）饲料蛋白有限公司张家港分公司营业收入40.46亿元，益江（张家港）粮油工业公司营业收入41.64亿元，江苏梁丰食品集团有限公司营业收入14.27亿元，阿胡斯卡尔斯油脂（张家港）有限公司营业收入10.38亿元。

表32　2022年张家港市规模以上食品工业企业主要产品产量情况表

产品名称	单位	年产量	比上年增长率（%）
精制食用植物油	万吨	158.43	−18.40
小麦粉	万吨	22.27	−2.20
饲料	万吨	302.33	−4.30
乳制品	万吨	3.86	7.10
饮料酒	千升	49881.00	−9.00

表33　2022年张家港市食品工业企业投入1亿元以上竣工项目情况表

企业名称	项目内容	项目类别	总投资（万元）	竣工时间
中粮东海粮油工业（张家港）有限公司	饲料蛋白加工项目	外资技改	10310	12月

【梁丰食品集团年产2万吨巧克力制品项目开工】 江苏梁丰食品集团有限公司是一家涵盖奶牛养殖、乳制品深加工、巧克力糖果制造、进出口贸易、印刷包装、商业地产等领域的综合性企业集团。有员工1400余人，专业技术人才362人。公司总建筑面积近6万平方米。拥有国内一流的机械化奶牛场，有8条进口巧克力自动生产线、8条瑞典利乐超高温瞬时灭菌及无菌灌装生产流水线、1条进口饼干生产线、3条自动化糖果生产流水线、5条固体饮料生产流水线。2022年，年产2万吨巧克力制品智能化升级改造项目开工，总投资1200万元。公司利用自有3.5万平方米厂房，在已有生产线上改造，淘汰以手工为主的生产线，新增淀粉模软糖浇注机、巧克力精磨缸、烤炉线改造、自动集料配料系统，生产原料为巧克力浆料、奶油、奶粉、坚果等，主要工艺流程为配料、精磨、保温、涂衣或浇注、检验。

【啃馋你食品公司技改升级】 张家港苑味斋卤味食品有限公司是一家专业研发、生产、销售鸡鸭类休闲肉制品的企业。2011年创立于塘桥镇，旗下“啃馋你”品牌系列产品于2012年8月上市。2013年9月，迁址至凤凰镇双龙村工业园区，持续扩大产品线，公司二期新厂房在烤制技术工艺上推出充氮包装风干鸭脖系列，无额外添加防腐剂，通过国际标准化厂房设备配置，年最高产量2万吨。2018年11月7日，江苏啃馋你食品有限公司成立并启动项目建设，占地1.47公顷，总投资1.1亿元。2021年7月，完成整体车间内部设计装修，新增专业生产自动化设备。2022年，江苏啃馋你食品有限公司车间加大智能化改造，完成车间升级。同时，发挥短视频平台带货优势，在抖音平台旗下“啃馋你”系列产品全年销售额超2000万元。（李闻笛　郎子贤）

其他工业

【概况】 2022年，张家港市工业除冶金、纺织、机电、化学、食品行业外，有其他行业类别规模型企业194家，全年完成工业总产值488.51亿元，占全市规模以上工业总量的8.2%。其中，皮革、毛皮、羽毛及其制品和制鞋企业4家，完成工业总产值2.38亿元；木材加工和木、竹、藤、棕、草制品企业2家，完成工业总产值4447万元；家具制造企业1家，完成工业总产值9967万元；造纸和纸制品企业8家，完成工业总产值14.11亿元；印刷和记录媒介复制企业36家，完成工业总产值39.56亿元；文教、工艺美术、体育和娱乐用品制造企业17家，完成工业总产值41.83亿元；非金属矿物制品企业86家，完成工业总产值123.29亿元；废弃资源综合利用企业10家，完成工业总产值28.5亿元；电力、热力生产和供应企业11家，完成工业总产值117.85亿元；燃气生产和供应企业7家，完成工业总产值105.83亿元；水的生产和供应企业4家，完成工业总产值6.92亿元；金属制品、机械和设备修理3家，完成工业总产值3.2亿元；其他制造企业5家，完成工业总产值3.6亿元。全年其他工业累计完成投资39.36亿元，比上年减16.31%，投资额占全市工业投资的18.5%。

表34　　2022年张家港市其他工业企业投入1亿元以上竣工项目情况表

企业名称	项目内容	项目类别	总投资（万元）	竣工时间
江苏金城永联环保科技有限公司	建筑垃圾资源化综合利用项目	内资技改	20642	10月
七星瓢虫环境科技（苏州）有限公司	年产2500台工业级环境监测设备新建项目	内资技改	55000	11月
江苏美东环境科技有限公司	新建污盐危废制精制工业盐炭黑及活性炭项目	内资非技改	13500	12月
江苏德丰建设集团有限公司	新建混凝土及混凝土管桩方桩项目	内资技改	65000	12月

【电力工业】 2022年，全市有省调电力生产企业2家，装机运行容量4918.48兆瓦；地方（热）电力生产企业12家，装机运行容量1055.3兆瓦；分布式光伏发电容量506.42兆瓦。运行的2家省调电力生产企业中，张家港沙洲电力有限公司2台630兆瓦机组完成发电量63.46亿千瓦小时，上网电量59.86亿千瓦小时，供电标准煤耗为每千瓦小时305.53克，2台1000兆瓦机组完成发电量106.94亿千瓦小时，上网电量101.72亿千瓦小时，供电标准煤耗为每千瓦小时285.04克，实现售电收入66.72亿元，利润-14.42亿元，入库税金0.53亿元。张家港华兴电力有限公司2台390兆瓦燃气机组完成发电量7.92亿千瓦小时，上网电量7.75亿千瓦小时，实现售电收入6.34亿元，净利润0.9亿元，入库税金1.08亿元。2台439.24兆瓦燃气机组完成发电量26.45亿千瓦小时，上网电量25.95亿千瓦小时，实现售电收入14.85亿元，净利润3100万元，入库税金5700万元。全市地方热电生产企业拥有供热管网266千米，供热量2588.79万吉焦，发电量56.84亿千瓦小时（含分布式光伏发电项目），其中上网电量6.73亿千瓦小时，自发自用电量42.04亿千瓦小时，综合厂用电量8.07亿千瓦小时。其中，1月28日，江苏华昌化工股份有限公司热电厂2号25兆瓦机组停运并销户。6月13日，根据省发改委通知，张家港骏马涤纶制品有限公司煤电机组正式认定关停，获市财政关停补助资金1.04亿元。10月28日，江苏国信沙洲发电有限公司2台100万千瓦机组扩建项目获省发改委批复核准。

表35　　2022年张家港市（热）电力企业基本情况表

序号	（热）电厂名称	发电机组			锅炉		
		单机功率（兆瓦）	台数	合计（兆瓦）	额定蒸发量（吨/小时）	台数	合计（吨/小时）
1	张家港沙洲电力有限公司	630.00	2	3260.00	1913.00	2	3826.00
		1000.00	2		3100.00	2	6200.00
2	张家港华兴电力有限公司	390.00	2	1658.48	364.00	2	728.00
		439.24	2		434.00	2	868.00
3	张家港保税区长源热电有限公司	35.00	2	70.00	220.00	4	1030.00
					75.00	2	
4	张家港永兴热电有限公司	15.00	2	30.00	100.00	3	300.00
5	张家港市印染厂	6.00	2	12.00	65.00	1	115.00
					50.00	1	

续表35

序号	(热)电厂名称	发电机组			锅炉		
		单机功率(兆瓦)	台数	合计(兆瓦)	额定蒸发量(吨/小时)	台数	合计(吨/小时)
6	江苏沙钢集团有限公司	50.00	4	200.00	220.00	4	880.00
		50.00	4	200.00	78.00	4	312.00
		135.00	2	270.00	400.00	2	800.00
		16.20	2	32.40	120.00	2	240.00
7	江苏富森科技股份有限公司	4.50	1	4.50	75.00	2	150.00
8	双狮(张家港)精细化工有限公司	50.00	2	103.00	165.00	2	330.00
		3.00	1				
9	江苏永钢集团资源综合利用电厂	80.00	1	80.00	265.00	1	265.00
10	江苏华昌化工股份有限公司热电厂	15.00	2	30.00	130.00 260.00	2 2	260.00 520.00
11	北控环境再生能源(张家港)有限公司	6.00	2	12.00	22.80	3	68.40
12	江苏碧康环保能源有限公司	1.10	4	4.40	—	—	—
13	张家港博丰新能源科技有限公司	5.50	1	5.50	—	—	—
14	信义玻璃(江苏)有限公司	7.50	1	7.50	16.50 12.50	2 1	45.50

【新型墙材生产】 2022年,全市新型墙体材料生产企业8家,分别为江苏亿大新型墙体材料有限公司、张家港市华恒新型建筑材料有限公司、江苏德丰建设集团建筑科技有限公司、张家港市永茂住宅工业有限公司、宝治永联(江苏)建筑科技有限公司、苏州新城万斯达住宅工业有限公司、张家港市苏房墙体材料有限公司、张家港市新乘建材制造有限公司。墙体材料年生产能力6.63亿块标砖,实际产量3.35亿块标砖,其中新型墙体材料产量3.35亿块标砖,占墙材总量的100%。生产新型墙体材料与生产传统的烧结黏土砖相比,相当于节约土地36.87公顷,节约能源2.08万吨标煤,减少二氧化硫排放4159吨。全年生产新型墙体材料利用工业固体废渣13.86万吨。全年城镇房屋使用新型墙体材料建筑竣工面积400万平方米,新墙材建筑比例为98%。

【爱丽家居公司获评省工业互联网标杆工厂】 年内,爱丽家居科技股份有限公司入选2022年度省工业互联网示范工程(工业互联网标杆工厂类)名单。该公司于1999年成立,是国内领先的PVC(聚氯乙烯)塑料地板生产及出口企业之一。PVC塑料地板是新兴的地面装饰材料,具有安全环保、耐磨耐腐蚀、铺装及维护方便、行走舒适、装饰效果好等特点。公司建立的PVC弹性地板智能化标杆工厂,利用大数据、网络、人工智能等新技术,在各个生产环节中对步骤的精确度有所要求,减少工业自动化生产差错,保证产品质量,减少生产材料浪费,提高生产效率。

(姜丽丽　赵宇光　茅　华)

新兴产业

【概况】 2022年,全市实现战略性新兴产业产值2432.26亿元,比上年增8%,占规模以上工业总产值的比重为41%,高于上年同期2.4个百分点。全年新兴产业完成投资221.24亿元,比上年增11.1%,占全市固定资产投资的40.6%,比上年提高4.7个百分点。电子及通信设备制造业、新能源制造业增势强劲,分别增长47.8%和46.8%,两大领域合计产值占比为14.2%,比上年同期提高4.3个百分点。全市巩固提升冶金新材料、智能装备、化工新材料、高端纺织4个主导产业,培育壮大新能源、生物医药及高端医疗器械、先进特色半导体、数字经济4个特色新兴产业。4条特色新兴产业链全年实现营业收入595.8亿元,比上年增27%。

表36　2022年张家港市新兴产业分行业投资完成情况表

产业分类	投资额(亿元)	比上年增长率(%)
新材料	49.15	6.10
新能源	24.60	9.00
高端装备制造	53.74	30.00
智能电网和物联网	18.88	56.30
生物技术和新医药	10.74	98.90
新型平板显示	15.57	5.50
软件和集成电路	16.92	204.60
节能环保	31.65	−38.00

【大族激光华东区域总部基地开工】 6月20日，大族激光华东区域总部基地奠基仪式及大族激光智能装备集团华东区域总部基地揭牌仪式在保税区举行。项目总投资超100亿元，规划用地53.33公顷，分两期建设，被列入2022年江苏省重大项目。大族激光科技产业集团股份有限公司是一家提供激光、机器人及自动化技术在智能制造领域的系统解决方案的高端装备制造企业，业务包括研发、生产、销售激光标记、激光切割、激光焊接设备、印制电路板专用设备、机器人、自动化设备及为上述业务配套的系统解决方案。华东区域总部基地生产产品以高功率激光装备、新能源装备、激光及自动化配套设备、显示面板装备、半导体及光伏产业装备等五大类为主。项目全部建成后，基地产能达到公司总产能的60%至70%，可缓解国内对智能制造装备升级换代需求压力，成为世界一流的激光产业基地。

【爱得公司入选苏州市生物医药产业潜力地标企业名单】 年内，苏州爱得科技发展股份有限公司入选苏州市2022年生物医药产业潜力地标企业培育名单，这是张家港唯一入选企业。该公司位于冶金园（锦丰镇），主要从事以骨科耗材为主的医疗器械的研发、生产与销售，产品包括脊柱类、创伤类、运动医学等骨科医用耗材以及用于伤口疗愈的创面修复产品，掌握椎体成形手术系统、髓内钉系统、外固定手术系统、负压引流系统等核心技术，涉足关节、运动医学等相关领域研发。公司先后获得全球骨科医疗器械公司100强、江苏省高新技术企业及四星级上云企业、苏州市级企业技术中心等荣誉。医疗器械产业是冶金园优势特色产业，冶金园有企业79家，形成以骨科新材料、微创介入、体外诊断、手术机器人、医美等医疗器械高端产业为主体，以骨科类创伤、脊柱、关节和相关医疗设备产业为配套的产业发展格局。5月17日，术客高端医疗器械项目落户冶金园，总投资6亿美元，规划用地3.33公顷。项目主要研发生产低频低温等离子凝切系统、宫颈病变检测仪、拉曼+OCT内镜系统、一次性内窥镜等产品。

【高新区新能源产业创新集群政策发布会举行】 6月1日，高新区（塘桥镇）举行新能源产业创新集群政策发布会暨泰源新能源汽车轻量化零部件基地项目开工仪式。活动现场发布《高新区（塘桥镇）培育和发展新能源产业创新集群实施意见》，明确到2025年，高新区（塘桥镇）新能源产业总产值规模达到100亿元，成为其支柱产业。高新区（塘桥镇）新能源产业创新集群发展联盟同时揭牌。此次开工的泰源新能源汽车轻量化零部件基地项目，投资15亿元，在高新区打造以新能源汽车零部件和电池包为主要产品的生产基地，实现全产线的自动化和智能化。

（赵学琳　苏栋汇
茅　华　卢嘉辉）

建　筑　业

【概况】 2022年，全市建筑业企业完成建筑业总产值241.91亿元，竣工产值152.14亿元。全市具备资质的建筑业企业房屋施工面积1737.31万平方米，比上年增7.5%；其中新开工房屋建筑面积556.32万平方米，比上年减8%。江苏德丰建设集团有限公司、张家港市双山建筑工程有限公司、江苏鹿苑建设集团有限公司、张家港市建业建筑安装工程有限公司、张家港市后塍建筑安装工程有限公司获评2022年苏州市建筑业优秀企业。全市受理各类企业资质事项申报379家次。至年末，全市具有建筑业资质企业总数580家，比上年增62家。其中，施工总承包企业229家，专业承包企业415家，劳务分包企业136家，企业主、兼营（增项）涉及专业32个。全市有建设工程勘察甲级资质企业1家；有建筑设计资质企业3家，均为甲级；有工程监理企业14家、包含甲级6家、乙级8家，监理从业人员1034人；有工程造价咨询企业14家，造价咨询专职人员243人，其中一级、二级注册造价师174人。建筑业企业从业人员6.3万人，其中专业技术人员1.52万人，有国家一级注册建造师963人、二级注册建造师2236人，有国家注册监理工程师315人，有国家一级注册结构师10人、一级注册建筑师13人，有注册岩土工程师3人、注册设备工程师4人。市实验小学西校区、市第二集贸市场等16个项目获评苏州市“姑苏杯”（房建等类）优质工程。

【建筑市场管理】 全年住建部门办理各类审批事项1261件，办件零差错、零投诉。实行施工图审查容缺预审政策，对暂未取得工程规划许可证的重点项目，实施技术性预审，出具预审查意见，全年预审受理100余个民生实事项目和三级重大项目；实行豁免审查政策，对满足条件的工程项目，推行“自审承诺制”，全年累计豁免审查项目120余项。整合优化招投标环节，持续推行不见面开标，全年累计不见面资格预审71个标段，不见面开标225个标段，不见面率100%。抓好房屋建筑和市政基础设施工程联合验收工作落实，完成首批“联合验收”线上办件。强化招投标诚信体系建设，强化重要节点监督，查处18起涉及14个投标单位的投标人涉嫌串通投标行为；做好代理机构及代理行为的规范化考评，对招标代理单位进行累计15分的考核扣分。全年完成建筑工程发包411个标段，建筑面积376.64万平方米，总合同金额111.86亿元。其中，招标发包222个标段，建筑面积136.83万平方米，中标金额60.82亿元，价格平均下浮率为13.9%。深化建筑行业诚信体系建设，全年在苏州市公共资源交易平台的张家港频道录入企业及人员黑名单88家（人）次，其中企业黑名单84家次、人员黑名单4人次；开展建筑业企业信用评价，核发企业年度信用管理手册140件；向市文明办报送红榜信息48项、黑榜信息23项。加强建筑市场源头治理，实行项目开工前集中交底告知管理制度，推行用工管理台账格式文本使用，签订项目主体责任承诺，推广监理嵌入式班前教育交底创新应用，对违法违规行为项目，通过约谈、发放警示告知书的形式及时告知，完成市场行为交底300余项次，约谈企业57家次。通过常态化日常巡查、高比例专项排查、不间断系统预警等方式相结合，打击“三包一靠”（分包、转包、内包、挂靠），推动实名制考勤、农民工工资支付等工作落实。全年开展各项检查2500余项次，开具责令整改通知单122份，移交处罚40项。加强造价咨询企业事中市场主体监管，强化以双随机为主要形式的监督检查，检查企业33家，抽查咨询项目48项，检查结果总体情况较好。全年发布材料信息价12期，发布人工工资指导价2期，组织开展造价网络培训2期，完成计价解释105起，争议调解10起。依法查处建筑领域违法违规建设行为，受理各类移交案件214起，立案258起，作出行政处罚决定225起，收缴罚没款1036.07万元。贯彻落实《保障农民工工资支付条例》和上级关于根治欠薪工作的要求，全年受理、调处清欠投诉事件783起，涉及农民工10734人，金额30814.88万元。

【工程建设管理】 市建筑行业管理部门以工程质量提升为目标，推进工程质量差异化管理，完善分类监管架构，全年在建监督项目1045项，监督面积2327万平方米，新受理质量监督项目374项，面积589万平方米；累计开展质量监督抽查2187次，签发质量问题整改通知363份，处理各类质量投诉497起，消防验收项目100项，消防备案项目279项（含备案抽查25个）；开展结构实体抽测1022次，合格率87.06%，与上年持平。推动质量标准化建设，对预拌混凝土、钢筋、墙体（砖）、保温材料等建筑原材料进行集中专项抽检4次，组织优质工程线上观摩、质量安全手册宣讲、观看安全警示教育片等活动。全年受监房屋建筑（市政）项目526项，开展建筑施工安全专项整治，对177个超过一定规模的危险性较大的分部分项工程进行专家论证，并在实施过程中跟踪管理。开展建筑施工安全生产大检查，严厉打击“三抢”（抢时间、抢工期、抢进度）等行为，全年累计巡查工程1352次，签发建设工程施工（局部）停工整改通知书31份、建设工程施工安全隐患整改通知书272份，移交实施行政处罚68起。强化建筑工地扬尘管控和环境整治，督促施工单位落实“6个100%”措施，按要求开启高杆喷淋、雾炮等装置。规范建筑工地围挡公益广告设置，加强市政工程现场文明施工管理工作，全市获评省级标准化文明示范工地14个、苏州市级标准化文明示范工地6个。开展监理人员专题培训2次，开展监理企业资质动态核查，14家监理企业均符合要求。组织监理履职、冬季施工监理安全管理履职行为专项检查，全年检查项目280余项次，责令整改24项次，通报项目11项，约谈企业8家，移交调查处罚6项次。推进建筑产业现代化，在土地出让环节明确建筑产业现代化相关要求，出具项目建设条件意见书18份，涉及建筑面积151.21万平方米。6月，召开全市建设工程BIM（建筑信息模型）技术应用交流会，梁丰高中创建江苏省高品质示范高中项目等7个工程获评2022年度苏州市BIM技术应用示范项目。全年新开工装配式建筑面积61.39万平方米。新建民用建筑绿色建筑占比100%，年内创二星级绿色建筑设计标识项目8项，总面积90.32万平方米；三星级绿色建筑设计标识项目1项，面积30.86万平方米。

【建筑装饰装修】 2022年年末，全市在市场监管部门登记注册的装潢企业有490余家。市装饰装修行业协会（商会）有会员108个。会员企业中，装饰企业79家（公装42家、家装37家），装饰材料生产与经销商27家，室内环境检测单位1个，院校1家。当地会员施工企业中具有国家施工资质43家，其中具有一级施工资质9家、二级施工资质34家。据不完全统计，全年会员企业完成设计、施工产值16.4亿元，与上年基本持平。其中，公装13.2亿元（含幕墙），比上年增10.9%；家装3.2亿元，比上年减27%。建材生产经销商销售额近5亿元。5月，协会组织开展张家港市“梁丰杯”优质（建筑、幕墙、景观）装饰工程奖和市“家庭装饰示范”优质工程奖评选活动。经专家考评，17项工程获“梁丰杯”优质（建筑、幕墙）装饰工程奖，17项家庭装饰工程获“家庭装饰示范”优质工程奖。协会推荐的江苏豪斯建设工程有限公司、江苏创佳装饰设计工程有限公司、张家港美芝建设工程有限公司、深圳远鹏装饰集团有限公司张家港分公司等4家企业的5个装饰工程获苏州市“姑苏杯”（装饰类）优质工程奖。10月，协会组织市第十六届“菊花杯”室内外装饰优秀设计奖大赛，经设计师现场答辩，专家考评，最终评出一等奖1个、二等奖2个、三等奖3个、表扬奖9个。11月，与沙洲职业工学院建筑工程系联合举办“九洲杯”设计精英选助手暨沙工装饰、室内与艺术设计专业学生职业技能大赛，评出一等奖1人、二等奖2人、三等奖3人、优秀奖19人。协会会员企业江苏豪斯建设工程有限公司、江苏创佳装饰设计工程有限公司、江苏时代金承工程有限公司3家企业的5个装饰工程获2021—2022年度中国建筑工程装饰奖。

【建筑工程承发包专项行动】 2022年，张家港市住建局贯彻落实《苏州市建筑工程承发包专项治理行动方案》《苏州市建筑工程发包与承包违法行为专项整治实施方案》，围绕“零事故”目标行动要求，在投入全市建筑工地疫情防控基础上，加强项目排查，深入摸排违法违规线索，推进承发包专项治理。6月末前，对全市房屋建筑和市政设施工程建设项目开展承发包行为“拉网式”全面排查，紧盯人员社保、材料采购、款项收付等工程建设重点环节，加大执法检查力度，深入摸查违法违规行为线索。对违法发包、转包、挂靠、违法分包、串标围标等违法行为，依法给予顶格处罚，并应用约谈、通报、典型案例曝光等形式，严肃问责问效，达到“查处一案，警示一片”的目的。全年累计开展线上、线下集中交底15场，涉及新开工项目249项，发放行政合规指导清单680余份，排查在建房屋建筑和市政基础设施项目716项次，累计查实处罚项目24项。

【“虹筑之家”提升行动】 2022年，市建筑业管理部门实施“虹筑之家”提升行动，探索“党建+行业发展”新模式，以“城建提升党建、党建推动城建”为宗旨，根据资源共享、优势互补、共同发展的总体思路，提高行业管理、企业经营服务水平。发挥建筑行业党建联盟作用，建立联动机制，加强流动党员管理，实现行业管理部门与建筑企业结对共进，共同研究推进全市建筑行业发展年度工作重点。实施“先锋助建”行动，引导和推动32家建筑企业在工程建设一线成立行动支部，开展“红色引领”“行业标尺”等先锋行动。11月，位于高新区中交集团一公局张家港项目部，集VR体验、实景教学于一体的“虹筑之家”建成开放运营，建筑面积近500平方米，设置组织功能区、文化休闲区、文体娱乐区和技能提升区。全年依托“虹筑之家”累计开展活动20余场，服务行业从业人员1000余人次。

（黄梦娇　秦亚琴）

江苏沙钢集团

【概况】 江苏沙钢集团总资产超3000亿元，职工4万余人，年产钢能力超4000万吨。沙钢集团在做精做强钢铁主业的同时，围绕产业链条纵向延伸、横向拓展，大力发展资源能源、金属制品、金融期货、贸易物流、风险投资、大数据等多元产业，配套提供仓储配送、延伸加工、电子商务、保税物流、融资担保、综合服务等功能平台，积极培育新的战略支撑点和效益增长点，已成为跨行业、跨地区和跨国界的企业集团。2月，完成对藏格矿业股份有限公司和江苏藏青新能源产业发展基金合伙企业（有限合伙）“藏青基金”战略投资，成员企业成为藏格矿业的战略股东和藏青基金的重要合伙人。集团先后获评“中国钢铁行业改革开放40年功勋企业”“全国用户满意企业”“中国质量服务信誉AAA级企业”“中国诚信企业”“国家创新型企业”“中国环境保护示范单位”“国家能效四星级企业”“全国钢铁行业清洁生产先进企业”“中华慈善奖企业”“中国钢铁‘A+’级竞争力极强企业”“全国质量诚信标杆企业”等荣誉。主导产品涵盖普钢、优钢和特钢各大类，形成150余个系列，1.4万个品种，6000余个规格，广泛应用于航空航天、国防军工核电、石油化工、轨道交通等领域。其中，优钢产品应用于沪苏通大桥、平潭大桥、港珠澳大桥、“西气东输”等重点工程项目以及中老铁路、克罗地亚佩列沙茨大桥等“一带一路”项目。产品远销至全球90余个国家和地区。2022年，面对国内疫情反复、节能环保管控、供销两头受压等影响，沙钢集团全年完成铁、钢、材产量分别为3287万吨、4145万吨、3891万吨，实现营业收入2865亿元、利税130亿元，分别比上年降5.38%、62.75%，利润居国内同行第3位。在世界500强企业排行榜中列第291位，实现14年蝉联榜单。在《环球钢讯》全球钢企排名中，居第5位；在中国民营企业500强、中国企业500强排名中，分别列第19位、第87位。

虹筑之家·工友驿站　（市建筑业管理处　提供）

【沙钢集团本部研发新品55种】 2022年，沙钢集团钢铁研究院研发新品55种，包括板带材17种、棒线材15种、冷轧15种、超薄带8种，其中40种产品已实现批量化生产。全年新品累计销售超338万吨，开发创效超4亿元。其中直径7毫米、强度2100兆帕桥梁缆索镀锌钢丝用盘条96Si-TP突破全球最高等级，沙钢集团成为世界上唯一通过该产品千吨试制并实现批量生产供货的企业。超大线能量焊接船板EH40-W600将焊接线能量提升至最高每厘米700千焦以上，服役性能达到国际领先水平，产品填补国内空白，并通过挪威船级社认证。液化天然气储运装置用9Ni钢完成特种设备检测研究院实地评价，国内最大厚度液化石油气船用VL4-4钢研发成功。5种管线钢产品入选国家级绿色设计产品，其中国内率先完成大口径1422毫米、高钢级、低温服役用管线钢制造技术研发，应用于特宽幅X80低温管线钢钢板制造。沙钢集团与全球最大的钢丝和钢丝制品制造商贝卡尔特公司合作研发出国际领先的LX92A高强帘线钢和最细帘线钢用盘条。沙钢集团本部多个产品应用于国内外重特大工程。其中，1月21日，2万余吨大线能量焊接钢板用于第三艘世界独创的Fast4Ward“通用型”海上浮式生产储油船；11月，沙钢集团供川藏铁路大渡河特大桥首批钢板发运，项目所用4.47万吨高性能桥梁钢板全部由沙钢集团独家供货；12月1日，沙钢集团3.5万吨桥梁钢首批钢板发运至张靖皋长江大桥工程，主要用于索塔、钢梁部位建设。

【沙钢集团本部环保技改升级】 4月，沙钢集团投资6500万元，将氧化法脱硝工艺改造为“SDA+SCR”工艺，烟气二氧化硫、氮氧化物及炼钢颗粒排放浓度等指标均好于国家排放标准。5月，总投资1400万元的冷轧电镀钝化废水零排放项目竣工投运。沙钢集团成为国内首家针对电镀钝化废水实现零排放、结晶盐产品化的钢铁企业。项目创新性提出四单元协同净化废水工艺，通过“预处理+深度处理+超纯水处理（EDI）+蒸发结晶”技术，实现含铬废水处理后全部高标准回用、分盐结晶产品100%无害化处理，并完成结晶盐制商业芒硝，彻底解决含铬废水处理和排放难题。9月，与柏美迪康环境科技（上海）有限公司经现场勘查，率先在钢铁行业环境治理中提出“防尘电子大棚”方案，通过对料场外围空间监控和内部场景治理实现料场综合管控。项目具备料场内部情况真实还原、空间粉尘分布精确感应、产尘行为及动作识别、监控治理一体化联动、实时天气预警系统等特点，能有效监控料场周边粉尘浓度情况，识别料场内产尘行为，做到“生产—监控—治理”整体闭环。10月15日，6号C型料棚主体结构完工，标志沙钢集团原料堆场全面进入“全封闭”管理模式。料场总投资4.55亿元，占地面积34.5万平方米，可储存各类矿粉、混匀矿200余万吨，是国内最大的全封闭式料棚，采用三连跨封闭组合，将原料存储转化为现代化钢结构室内堆放，全面达到国家超低排放要求。

【智慧沙钢建设】 2022年，沙钢集团有限公司将智能化改造和数字化转型作为推动企业高质量发展的核心举措，按照“总体规划、分步实施、需求驱动、效益优先”原则，推进智慧沙钢建设。6月，公司全流程质量检验监督中心全面运行。该中心总投资150万元，将公司内网涵盖大宗原辅材料检验的自动取样机、固定点监控、车载监控、执法记录仪以及在线工艺质量信息监控等数据进行采集汇总，实现质量报验、取样、检验、报告全过程数字化管控。7月，海力码头岸线一期近10套低压小容量智能岸电上线运行，为靠港船舶提供“自助式、零接触、全流程、智慧化”岸电服务，满足江轮及小海轮靠港用电需求。9月，废钢一站式服务系统与沙钢集团船运废钢智能定级系统同步上线，实现废钢业务预报、入厂、确报、计量、定级、结算等环节线上化全过程动态跟踪和废钢实时自动评级。10月24日，工信部发布《关于公布2022年全国质量标杆典型经验遴选结果的通知》，沙钢集团有限公司“构建工装件管控平台稳步提升产品质量的实践”入选。工装件动态管控平台的建立属行业首创，实现了对工装件的“方法（标准）—运行—改进—评价”全生命周期管理。该平台对沙钢集团有限公司冷轧所有产线工艺工装件实施集中扁平化动态监控和数字化管理，同时通过工装件使用情况大数据分析，建立工装件关键工艺参数与产品质量的对应关系，实现工装件升级改进和供应商协同管理，助力生产线高效生产和产品稳定性提高。年内，沙钢集团有限公司入选2021年度“江苏省工业电子商务应用示范企业”，获评江苏省工业互联网标杆工厂。其中，下属张家港中美超薄带科技有限公司获评江苏省智能示范工厂，张家港扬子江冷轧板有限公司获评苏州市智能工厂，沙钢集团宏昌钢板有限公司炼铁一车间、热处理车间、钢板总厂热卷板一车间与宽厚板二车间分别获评江苏省、苏州市、张家港市级智能制造示范车间。

【沙钢集团本部企业文化建设】 1月，沙钢集团董事局主席沈文荣获评“苏州市优秀慈善家”，沙钢集团有限公司捐赠爱心善款1000万元。4月，沙钢集团有限公司获“2021年度江苏省青年志愿服务事业贡献奖”，公司团委获评“江苏省五四红旗团委”。5月，学习强国学习平台、《人民日报》、新华网、新华财经客户端、《中国冶金报》同步刊登《沙钢：“创中国品牌造世界精品”》。玖隆钢铁物流有限公司获苏州市总工会授予的“五一劳动奖状”。6月，沙钢集团有限公司开展2021年度劳模先进事迹宣讲活动，被苏州大学授牌为就业实践基地。7月，举行“红色基因共传承、感恩奋进跟党走”主题党建活动，组织“永葆初心、逐梦前行”红色参观学习主题活动。8月，举行2022年高考优秀职工子女奖学金颁奖活动。在苏州市工商联发起举行的爱心民营企业捐赠活动上，沙钢集团有限公司捐赠100万元，用于驰援西藏林周县抗击疫情。9月5日，获评第六届“江苏慈善奖”最具爱心慈善捐赠单位。9月7日，举行“弘扬沙钢精神·奋进再立新功”演讲比赛。9月8日，在沙钢宾馆举行冶金工业园（锦丰镇）庆祝第38个教师节座谈会暨第五届“沙钢教育发展基金”颁奖活动。9月16日，举办第20届“沙钢杯”职工篮球赛，100余人参赛。10月8日，举行“弘扬沙钢精神、奋进共谱新篇”文艺会演。10月31日，新华社刊登《二十大精神在基层：江苏沙钢多措并举，推动长江大保护》一文。11月4日至7日，沙钢集团有限公司举行第八届“沙钢杯”职工足球赛，16支队伍参赛。11月21日，在张家港市“行行出状元”第十届职业技能大赛中，沙钢集团有限公司获评“高技能人才培养先进单位”，4名职工分获职工组焊工一等奖、计算机程序设计员二等奖和三等奖。12月12日，沙钢集团党委书记、董事局常务执行董事、沙钢集团有限公司董事长沈彬当选中华全国工商业联合会第十三届执行委员会副主席。12月23日，在第十一届钢铁行业职工培训和职业教育优秀多媒体课件大赛中，沙钢集团获优秀组织奖，18个参赛课件中获二等奖1个、三等奖4个、优秀奖7个。

（王　杰）

【编辑　沈立平】

服务业

Service Industry

肖家巷文创店　（市文广体旅局　提供）

張家港年鑑(2023)

综　　述

【概况】 2022年，全市高位谋划新兴服务业发展，深入推进“两业融合”（先进制造业和现代服务业融合），支持促进服务业困难领域恢复发展，全市服务业质效进一步提升。产业地位稳定提升，全年完成服务业增加值1600.68亿元，比上年增1.7%，高于全市地区生产总值增速0.4个百分点，服务业增加值占地区生产总值比重为48.5%，较上年提高0.7个百分点。完成服务业投资329.76亿元，比上年减3.4%。社会消费品零售总额789.34亿元，比上年减1.3%。完成商品市场成交额超5100亿元，其中成交额超100亿元市场5家，超1亿元市场15家。内部结构优化升级，全市规模以上服务业核算行业营业收入比上年增1.8%，规模以上高技术服务业营业收入比上年增4.4%，其中信息传输、软件和信息技术服务业，科学研究和技术服务业营业收入分别增3.5%和2.7%。高技术服务业营业收入占规模以上服务业比重为17.8%，比上年提高1.4个百分点。随着数字化信息技术蓬勃发展，规模以上服务业数字经济核心产业营业收入比上年增6.8%，占规模以上服务业比重为16.6%，比上年提高1.6个百分点。企业实力不断增强，入围全国服务业500强企业13家，入选企业数量位居全国县（市）前列。江苏沙钢物流运输管理有限公司等3家企业被评定为AAA级物流企业，江苏物润船联网络股份有限公司获评首批江苏省现代服务业高质量发展领军企业，苏州良辰生物医药科技有限公司获评第三批苏州市生产性服务业领军企业。国泰新点软件股份有限公司等3家企业获得苏州市总部企业认定。张家港市协调规划引领，深入研究分析服务业发展新态势，紧跟上级最新部署要求，贯彻落实新兴服务业高质量发展系列政策体系，制定《张家港市推动新兴服务业高质量发展2025行动计划》，召开全市新兴服务业高质量发展推进会，就新时期做好全市服务业发展工作提出新思路、新要求、新举措。发挥龙头骨干企业示范作用，扩大“两业融合”试点覆盖范围，培育一批“两业融合”发展标杆典型，新增物润船联、玖隆物流、富瑞特装3家省“两业融合”试点企业，数量位居苏州各板块前列。系统梳理“两业融合”试点相关情况，提炼新业态、新模式、新路径、新经验和新举措，为全国县域经济“两业融合”发展提供张家港样板。

【服务业分行业情况】 据市行政审批局数据，至2022年12月31日，全市（不含张家港保税区）服务业分行业发展状况良好，继续呈现健康、规范、有序的发展态势。其中，交通运输、仓储、邮政业有在册企业（含个体工商户）10422家，比上年增12家，注册资金140.11亿元，从业人员20704人。信息传输、计算机服务业有在册企业（含个体工商户）1683家，比上年增119家，注册资金25.57亿元，从业人员4519人。批发和零售业有在册企业（含个体工商户）64012家，比上年增1643家，注册资金544.45亿元，从业人员149903人。住宿和餐饮业有在册企业（含个体工商户）11778家，比上年增245家，注册资金28.69亿元，从业人员30004人。金融保险业有在册企业（含个体工商户）500家，比上年增38家，注册资金365.36亿元，从业人员796人。房地产业有在册企业（含个体工商户）1528家，比上年少81家，注册资金436.01亿元，从业人员6511人。租赁和商务服务业有在册企业（含个体工商户）9723家，比上年增1068家，注册资金1895.14亿元，从业人员31702人。其他服务业有在册企业（含个体工商户）25825家，比上年增2024家，注册资金1139.07亿元，从业人员91142人（2022年从业人数普遍减少是因为4月起，从业人员数不再作为登记必输项）。

【星级饭店和民宿】 2022年，全市有星级饭店8家，其中五星级3家、四星级3家、三星级2家。有旅游民宿16家，分布于冶金园（锦丰镇）、凤凰镇、常阴沙现代农业示范园区、双山香山旅游度假区、金港街道和后塍街道。8家星级饭店全年累计接待宾客22.07万人次，比上年减18.51%；营业收入总额39404.77万元，比上年减6.76%；客房平均出租率46.2%，比上年增14.6%。根据《关于印发〈张家港市贯彻落实苏州市文旅和体育服务业纾困和恢复发展政策意见的实施方案〉的通知》，8家星级饭店获纾困补助16.59万元。国贸酒店宋阳获2022年江苏省星级饭店从业人员职业技能竞赛西餐服务三等奖、苏州市“吴地工匠”职业技能系列竞赛——2022年苏州市星级饭店从业人员职业技能竞赛西餐服务一等奖。馨苑度假村陈敏华获2022年江苏省星级饭店从业人员职业技能竞赛客房服务三等奖、苏州市“吴地工匠”职业技能系列竞赛——2022年苏州市星级饭店从业人员职业技能竞赛客房服务一等奖。

国贸酒店　　（市文体广旅局　提供）

表 37　　2022年张家港市星级饭店一览表

单位名称	类别	地址	总经理	联系电话
国贸酒店	五星级	杨舍镇人民中路42号	孙岩纹	18962287988
馨苑度假村		杨舍镇长安南路279号	金建亚	13606223198
华芳金陵国际酒店		杨舍镇长安路388号	张　燕	13906249968
沙洲宾馆	四星级	杨舍镇暨阳中路170号	许洪平	13921955800
江南花园酒店		金港街道长江中路132号	毛惠成	18913601888
长江国际大酒店		金港街道长江西路99号	陈秋霞	18962267280
景海宾馆	三星级	杨舍镇海关路2号	陶卫军	15895689575
汀悦酒店		金港街道江海北路5号	李俊达	18962207312

表 38　　2022年张家港市旅游民宿一览表

名称	地址	联系人	联系电话
沙洲壹号庄园休闲度假有限公司	冶金园(锦丰镇)南港村(金沙洲壹号庄园)	周　跃	18862610918
棠果北府海棠	凤凰镇恬庄北弄15号	陈　健	15298810475
凤凰花田美宿旅游民宿	凤凰镇双塘村26组28号	肖建花	13962276661
常阴沙现代农业示范园一苇轩民宿	常阴沙现代农业示范园区通江路3号	褚丽丽	13921970733
常阴沙现代农业示范园二风亭民宿			
常阴沙现代农业示范园三江院民宿			
常阴沙现代农业示范园四和楼民宿			
常阴沙现代农业示范园五福苑民宿			
常阴沙现代农业示范园六顺阁民宿			
常阴沙现代农业示范园七陌轩民宿			
江来小筑	金港街道双山金岛路23号	徐佳成	18915715369
山岛小筑	金港街道双山金岛路20-1号		
圃舍有光	双山香山旅游度假区双山岛乡伴理想村6号	施晓花	17751222697
从前慢	双山香山旅游度假区双山岛乡伴理想村36号		
江上渔歌	双山香山旅游度假区双山岛乡伴理想村44号	何　龙	15962379227
栖嬉精品民宿	后塍街道高桥村李家巷4组122号	华丽娜	18662575822

【13家企业位列中国服务业企业500强】 9月,由中国企业联合会、中国企业家协会按国际通行方式,经专家委员会审定后排出的2022年中国服务业企业500强公布,全市有13家服务业企业入选。分别为:江苏国泰国际集团有限公司(第120位)、市沃丰贸易有限公司(第153位)、张家港保税区彬鹏贸易有限公司(第208位)、张家港保税区立信投资有限公司(第218位)、张家港保税区昌荣贸易有限公司(第237位)、东华能源股份有限公司(第263位)、张家港保税区旭江贸易有限公司(第248位)、张家港保税区日祥贸易有限公司(第286位)、苏州裕景泰控股有限公司(第337位)、玖隆钢铁物流有限公司(第351位)、江苏易汇聚软件科技有限公司(第431位)、江苏张家港农村商业银行股份有限公司(第464位)、张家港银贝贸易有限公司(第491位)。

(崔婷婷　毛志龙　殷　明)

商贸·市场

【概况】 2022年,全市商贸业呈现整体平稳发展态势,分布有万达广场、曼巴特购物广场、吾悦广场、金茂览秀城、购物公园、杨舍老街、中骏·世界城、五月花购物广场和凤凰生活广场等集餐饮、购物、娱乐于一体的大型购物场所,有大润发、麦德龙、百信生活广场、永辉超市等大型超市,有香港城小商品市场、梁丰五金机电城、九洲家居装饰城、保意建材城、红星美凯龙、月星家居等专业类市场,有49家经市市场监督管理局核准登记在业的农贸市场,商品种类丰富,满足居民消费需求。属全省50强商品交易市场的5家市场实现成交额5458.87亿元,比上年增4.03%。张家港保税区各类专业市场完成商品销售总额8827.66亿元，其中名贵木材市场交易额16.71亿元、汽车口岸交易额24.73亿元。全年保税区专业市场完成税收20.41亿元。市技术市场全年认定备案技术合同699项，技术合同成交额122.69亿元，其中涉外73.96亿元。市房管部门办理二手房交易备案15463笔，成交面积1468847万平方米，分别比上年减13.5%和22.3%。市人力资源市场全年举办固定人才集市166场（现场79场、网络招聘87场），进场设摊单位5435个（现场2462个、网络招聘2973个），提供就业岗位132827个（现场95750个、网络招聘37077个）。全市实现社会消费品零售总额789.34亿元，比上年减1.3%。年末，全市有国家级农村文明集市（市场）1家，为塘桥综合市场；省级文明诚信集市（市场）4家，为塘桥综合市场、万红新区集贸市场、南丰集贸市场、市人才市场；苏州级文明诚信集市（市场）20家。

表39　2022年张家港市列入全省50强商品交易市场成交额情况表

单位：万元

市场名称	2022年成交额	比上年增长额
玖隆钢铁物流园	22500000	−5300000
江苏化工品交易中心有限公司	12132433	107246
张家港保税区粮油交易市场有限公司	2438300	−304808
张家港保税区纺织原料市场有限公司	14134215	5637166
张家港保税区进口消费品展示交易中心有限公司	3383788	79488
合计	54588736	219092

【“寻味沙洲”餐饮行业品牌】 年内，市商务局密切联系市烹饪技术协会、餐饮行业协会，引导餐饮企业健康发展，建立品牌意识，提升服务质量。坚持打造地方特色，继续擦亮“寻味沙洲”美食品牌。先后举办“寻味沙洲·时令菜”秋冬篇推选活动、“寻味沙洲”第二届羊肉美食文化节。10月起，举办“寻味沙洲·时令菜”秋冬篇推选活动，组织各餐饮商家推出具有“沙洲”特色的秋冬季时令菜进行推送发布，经专家评审，共推选出“秋冬头道菜”“柿饼雪媚娘”“沙宾粉蒸肉”等30道秋冬季特色时令菜肴。11月11日，“寻味沙洲”第二届羊肉美食文化节开幕，11日至13日，乐余镇江豚湾乐园广场设置自助羊肉美食集市、“羊了个羊”儿童主题游乐园、江滩羊打卡点等不同类型主题专区，通过美食、娱乐、文化等全方位展现张家港羊肉美食文化。年内，江南花园酒店、长江国际大酒店、暨阳湖大酒店、沙洲湖酒店、沙钢宾馆、妙桥大唐食府、金凤凰温泉度假管理有限公司、江苏永联小镇度假酒店、大新天达酒店、农业示范园源源大酒店10家酒店还在强化管理和推广“光盘行动”上下功夫，获评“苏州光盘行动示范店”。

“寻味沙洲”第二届羊肉美食文化节现场　　（市文体广旅局　提供）

【金茂览秀城开业】 12月23日，位于市区沙洲湖畔的金茂览秀城开业。该项目总体量20万平方米，其中商业部分12.5万平方米。以“城市悠享生活中心”为主题定位，场内布局方面设有“沙洲食刻”美食街区、“拾光”儿童主题街区、“城市会客厅”互动空间三大主题场景，可满足不同客群的差异化需求。首进张家港品牌超40%，共引进300余家知名品牌，在品牌业态、服务提供、文化艺术导入等方面独具特色。创新性引入众多未来感极强的科技手段，配有张家港首块裸眼3D大屏和首个城市艺术IP雕塑，着力打造文化艺术新地标。开业盛典上，第三届“双12苏州购物节：嗨购张家港”活动一同启幕。

【凤凰镇两家酒店开工】 2020年10月，凤凰镇引进托尼洛·兰博基尼酒店项目，酒店规划占地1.3公顷，总建筑面积1.5万平方米，总投资2亿元。2021年投资方变更设计文案，总投资2.69亿元，占地1.33公顷，总建筑面积1.65万平方米，房间数100间，配备健身房、游泳池、中餐厅、大型宴会厅、室外婚礼草坪、米其林餐厅等。2022年10月开工建设，预计2024年5月开业。2021年3月30日，凤凰镇引进雷迪森温泉度假酒店项目，总投资1.2亿元，占地1.13公顷，建筑面积1万平方米，客房数量70间，位于凤山桃花源田园综合体内，利用凤山及温泉等优势资源，打造以温泉康养为主题的休闲度假酒店。

【百胜中国苏南供应链运营中心落户】 8月25日，百胜中国苏南供应链运营中心落户张家港保税区签约仪式举行。百胜中国是《财富》美国500强全球跨国上市公司，旗下拥有肯德基、必胜客和塔可贝尔3个品牌独家运营和授权经营权，以及小肥羊、黄记煌等连锁餐厅品牌。为响应长三角一体化发展战略，百胜中国将在张家港保税区建设全国旗舰型供应链运营中心项目。近年，张家港市大力推进现代供应链创新应用，持续夯实载体支撑、强化服务赋能，成为唯一首批获评"全国供应链创新与应用示范城市"的县级市。

（张祺欢　苏栋汇
邵纪东　谢凤姣）

供　销

【概况】 市供销合作总社下属基层社9家。市新农合供销集团有限公司下属全资子公司1家（市青草巷农副产品批发市场有限公司）、控股企业2家（市惠农物资有限公司、市新供鲜生鲜配送有限公司）、参股企业4家（市供商烟花爆竹贸易有限公司、市乐源农业社会化服务合作联社、市常久投资有限公司、江苏省三宏企业管理中心）。2022年，全系统实现销售收入257亿元、消费品零售额180亿元，实现利润总额2421.04万元、农副产品市场交易额87.24亿元。市供销合作总社综合实力首次跻身全省同类供销社20强"三甲"行列，获苏州市供销社综合目标考核第一名。

【供销综合改革】 年内，市供销合作总社持续深化综合改革，努力锻造社企发展实力。推进市新农合供销集团实体化运作，社有企业股权注入集团，内设部门和人员逐步到位，集团员工职级薪资管理办法、企业年金方案等管理制度不断完善，逐步实现社企分离，形成总社机关主导行业管理，集团公司负责社有企业经营活动的双线运行机制与新型社企关系。为推动市惠农物资有限公司长远健康发展和规范集体资产管理，由总社对市惠农物资有限公司增资扩股，注册资本从200万元增加到500万元，总社持股比例增至80.4%，为企业扩大生产经营、提升信用等级、增加竞争力创造了有利条件。制定《关于深化基层供销社工作人员薪酬改革的方案（试行）》，经济指标权重增加到50%，强调了基层社盘活低效资产、优化社有资本投资运营、加强社有资产保值增值的重要性。建立工资增减机制，对资产租赁收入高的、积极参与项目建设、积极参与组织创建的基层社加大奖励额度，最大限度调动基层社员工的积极性、创造性。调整薪酬构成，适当提高基础工资以适应基层社发展需求。

【农资配送】 年内，市供销合作总社不断巩固农药配供网络，提升为农服务能力。全年完成农药集中配送销售5100万元，测土配方肥配送14606.65吨，回收农药包装废弃物622万件，分别比上年增4.1%、7.06%和6.3%，农药配送率、测土配方肥配送率分别超95%、90%，农药包装废弃物回收率108.1%。服务项目再拓展，通过招投标形式把农膜回收纳入农资配供体系，依托农资配供网点，建设布局合理的回收和加工利用网络。对留存废弃农膜的回收处置与正常回收工作同步进行，完成留存废弃农膜处置192.28吨。农资网点再升级，对凤凰、鹿苑2家网点进行标准化改造升级，统一门牌和标识，规范管理体系，提升供销形象，完善农资配送服务能力。加强网点监管，在农资销售旺季，采取定期检查与突击抽查相结合的方式，确保农资网点质量安全，诚信经营，切实维护农民权益。每季度开展废弃物回收数量抽检，共检查废弃物30批，抽检合格率100%。

【青草巷农副产品供应】 年内，市青草巷农副产品批发市场一手抓疫情防控，一手抓保供稳价，坚决守护防疫"民生线"，市场经济总量稳步增长。实现农副产品成交额75.78亿元，比上年增3%，其中冷冻品成交额11亿元、水产成交额11.2亿元、蔬菜成交额14.75亿元、鲜肉成交额7.03亿元、家禽成交额1.12亿元、副食成交额13.79亿元、粮油成交额6.85亿元、水果成交额7.38亿元、日用百货成交额1.95亿元、冷库成交额7100万元。实现收入6073万元，比上年降4.6%。立足防疫大局，筑牢筑稳防疫底线。通过设立专用通道、闭环管理、压缩经营时间、减少人流等措施，确保市场经受住疫情大考。坚持加大采购、建立储备、把控质量、对点配供，确保疫情期间农产品有效供应，物价平稳。立足食品安全，检测能力不断提升。全年市场检测样品108440批，其中快速仪器检测51935批、速测灵检测56505批，合格率99.99%，销毁不合格农副产品553千克。完成市食品安

农资配送　（市供销合作总社　提供）

全办公室下达的各项指标任务，有效防止不合格农产品流入消费者餐桌。

（朱晓琳）

粮食和物资储备

【概况】 年内，张家港市先后高标准通过国家、江苏省和苏州市政策性粮油库存交叉检查，粮食安全根基更加牢固，疫情期间粮油、猪肉和应急救灾物资保供成效显著。全市涉粮问题专项联动巡察反馈问题整改工作基本完成。粮食系统实现政企分开，并按照“两分离、四分开”（地方储备粮政策性职能和经营性职能分离，实行政企分开、储备与经营分开、中央与地方责任分开、新老粮食财务挂账分开）要求组建市储备粮管理有限公司，两家国有粮食企业实现平稳运转。下半年省政府通报张家港市2021年粮食安全工作获省政府办公厅督察激励。全市粮油工业列入统计的企业14家，其中省级龙头企业4家、外商投资企业3家、苏州市级龙头企业4家。全市粮油企业实现工业总产值323.6亿元，完成销售收入339.97亿元，实现利润8.67亿元。全年大米总产量6.12万吨，面粉总产量16.19万吨，油脂总产量102.51万吨，豆粕总产量302.3吨，饲料总产量10.16万吨。

【粮食收购储备】 2022年，全市粮食和物资储备系统严格执行国家和地方粮食收购政策，依质论价、优质优价，继续全面实施价外补贴粮食收购政策，两季粮食收购总量超14万吨，其中小麦6万吨、稻谷8万吨，收购量稳居苏州各市（区）第一。12月，根据苏州市人民政府办公室《市政府办公室关于落实苏州市地方政府储备粮计划的通知》中“成品粮储备中，静态储备占比不低于50%”的要求，张家港市成品粮储备规模为5012吨，需落实静态储备2506吨，即在原来1003吨的基础上需新增静态储备1503吨，12月新增部分落实到位。

【粮食民生工程】 年内，沙洲中心粮库三期工程建设顺利竣工，12月通过验收并投入使用。市粮食和物资储备部门根据年度监督检查计划，定期和不定期开展专项检查，经查，地方储备原粮、成品粮油、冻猪肉和应急救灾物资数、质量常态化落实到位，储存安全。下属国有粮食企业充分发挥与行业顶级科研院所——国家粮食和物资储备局科学研究院紧密合作特色优势，借助国家粮食和物资储备局科学研究院专业力量，落实国家粮食和物资储备局“绿色储粮标准化试点”工作，打造张家港的绿色储粮技术试点示范样板。

（陆　海）

专营专卖

【烟草专卖】 2022年，市烟草专卖局（苏州市烟草公司张家港分公司）致力于营销服务、市场监管、内部管理，获评苏州市和谐劳动关系创建先进会员单位、苏州市消费者满意单位、张家港市文明机关、张家港市慈善捐赠先进企业。全年实现卷烟销售5.9万箱，比上年增1.08%，单箱销售额4.87万元，比上年增7.49%；实现销售收入28.75亿元，比上年增8.65%，上缴税收首超1.2亿元，比上年增11%。严厉打击涉烟违法行为，查获涉烟违法案件433起，查获各类违法卷烟1353.94万支，总案值1584.9万元。其中，假烟案件110起，查获假烟194.34万支，标值179.96万元；5万元以上案件80起，100万元以上案件2起。查获全省首起无证无照销售非法生产的电子烟产品、雾化物、电子烟用烟碱案件，查获苏州首起“上头电子烟”案件。行政拘留2人、取保候审17人、逮捕4人、判刑8人。上报网络案件1起，完成重大案件1起。共处理“12313”平台信息457条，“12345”平台信息136条。围绕精准研判、精确打击、多网融合、智慧监管，促进专卖监管方式转变，多网融合工作向纵深推进，完成市、镇、村三级阵地建设，推动卷烟市场治理体系和治理能力现代化。优化“放管服”，增强为民服务意识，完善便民服务措施，严格执行新的《苏州市烟草制品零售点布局管理规定》，全年核查新办申请1851份，其中准予许可627份（包含电子烟许可证49份），不予许可213份。延续许可证1731份，变更许可证786份。全年注销许可证1027份，其中主动歇业546份、审批注销481份。

（查怡婷）

【盐业经营】 2022年，市盐业有限公司围绕国务院盐业体制改革方案，以食盐市场安全、食盐质量安全为指导思想，建立健全食盐安全消费网络，配合市市场监管局对大型企业食堂、农贸市场、餐饮公司等开展巡查，对盐业违法案件进行打击。全年走访食盐市场1604家次，其中商超780家次、餐饮520家次、食品加工用盐单位32家次、小作坊120家次、农贸市场152家次。主动对接北方天普纤维素有限公司、联峰钢铁有限公司、陶氏有机硅有限公司等企业，加强对工业副产盐的再利用，处置工业副产盐9503吨，未发生工业副产盐流入食用盐市场情况。积极参加“5·15”防治碘缺乏病日等相关活动，发放各类宣传资料1090份、低钠盐170包。全年实现销售收入5629万元，实现利润315万元，销售食盐13253吨，销售工业盐10800吨。

（缪雯炜）

【石油经营】 2022年，全市有中国石化销售股份有限公司江苏苏州张家港石油分公司、中石化壳牌（江苏）石油销售有限公司张家港经营部、中国石油天然气股份有限公司江苏苏州张家港分公司、江苏中油泰富石油集团有限公司等成品油零售经营加油站（点）共102个，其中加油站87个、水上加油站点15个，正常营业加油站82个、水上加油点7个，停业、歇业加油站（点）13个。中国石化销售股份有限公司江苏苏州张家港石油分公司和中石化壳牌（江苏）石油销售有限公司张家港经营部有加油站47家（其中2家歇业），其中自有经营站25家、社会租赁和轻资产合作经营加油站22家，全年实现成品油销售总量25.64万吨，比上年减8.53%。实现非油品销售总额8779万元，比上年增15.09%。中国石油天然气股份有限公司江苏苏州张家港分公司有加油站7个，其中租赁经营2个，实现成品油销售总量2.91万吨，非油品经营收入1017万元。江苏中油泰富石油集团有限公司有加油站11个，其中合资经营1个，实现成品油销售总量3.98万吨，其中汽油3.26万吨、柴油7200吨，比上年减17.7%。非油品经营收入1826万元，比上年增7.8%。

（张祺欢）

电子商务

【概况】 2022年，依托港口、产业和政策优势，全市电子商务产业发展规模不断扩大，应用能力持续提高，发展环境进一步优化，产业发展氛围浓厚，载体平台建设持续完善，电子商务企业实现快速发展。张家港保税科技集团电子商务有限公司的"苏交网"实现交割量10041.77万吨，交割金额4682.69亿元。玖隆电子商务平台实现钢材在线交易量271万吨，比上年增14.2%，交易额116.57亿元，比上年降6.4%，平台累计会员单位2.44万个。B2C网络零售持续发展，全市网络零售量超1亿件，零售总额82.68亿元，比上年增14%。

【市电子商务产业园】 作为全市电子商务产业发展的重要载体，市电子商务产业园2014年8月获批成立，累计入驻电子商务企业400余家。2022年，市电子商务产业园增设C区场地，新增面积1.3万平方米，企业入驻率稳定在85%左右，入驻企业涵盖电子商务服务、跨境电子商务、B2C电子商务、B2B电子商务、垂直细分电子商务平台等各类电子商务业态。园区年实现开票销售收入超10亿元、入库税金超3800万元，成功举办"海纳讲堂"系列沙龙12场、第六届苏州张家港全球创新创业大赛智能高端装备选拔赛经开区专场，共同举办4期沙洲创客投融资对接会、4期"投资人已就位"活动，累计为70余家创业企业提供100余次创业辅导、资源对接以及政策申报服务。园区参与投资的市出海孵化中心项目开业，为全市外贸企业及跨境电子商务企业提供一站式海外营销解决方案，至年末，市出海孵化中心同谷歌中国合作举办各类培训活动20余场，服务张家港工厂及外贸企业30家，促成企业出口总额4500万元，同张家港电子商务商会、张家港塑料饮料机械行业协会等行业组织建立良好合作关系。

【跨境电子商务】 2022年，根据苏州跨境电子商务综合服务平台统计，张家港市完成跨境电子商务B2B出口47.17亿元，总量列苏州大市第一，在海关备案的跨境电子商务企业有70家。10月，江苏红人实业股份有限公司向市商务局、张家港海关申请备案位于美国洛杉矶的海外仓，成为全市首家跨境电子商务海外仓企业。9月，金秋经贸周"跨境出海，互联全球"跨境电子商务论坛召开，市商务局会同海关、税务等部门，联合跨境电子商务平台阿里巴巴国际站，对跨境电子商务政策和跨境电子商务业务进行宣讲介绍，有近百家企业到场参会。

【张家港·京东产业带直播基地和联宏数字经济产业园直播基地启用】 7月15日，张家港·京东产业带直播基地首次亮相第十一届苏州文博会。张家港·京东产业带直播基地2021年成立，为全国第二家京东官方授权的产业带直播基地，由江苏创和文化传播有限公司运营。创和文化公司在文博会现场搭建直播展示平台，在给线下观众展示带货流程的同时，进行同步线上直播，全方位带领线上观众"云游"文博会。8月28日，在高新区数字经济产业投资推介会上，联宏星选直播基地、创和文化数字产业电商平台揭牌。12月2日，联宏数字经济产业园直播基地正式启用，成为苏州地区最大的数字经济直播基地之一，也是张家港唯一的抖音、快手电商及短视频全案运营服务商。该基地建筑面积超1万平方米，有多功能直播间40余间，致力于为客户提供数智化营销服务，业务涵盖品牌全案运营、品牌店播、广告投放等。至年末，有12家企业入驻该直播基地。

（张祺欢）

房地产

【概况】 2022年年末，全市有房地产开发企业165家，其中一级资质企业1家、二级资质企业164家。年内，全市完成房地产开发投资108.02亿元，比上年降59.35%；商品房施工面积738.81万平方米，比上年降19.05%。新开工面积18.06万平方米，比上年降93.98%。竣工商品房面积246.76万平方米，比上年增3.58%。市区预销售面积87.55万平方米，比上年降37.54%。新核准预售商品房9131套、149.5万平方米，比上年降80.19%。新建商品房成交10476套、153.41万平方米，比上年降28.64%。

表40　　2022年张家港市主要竣工楼盘一览表

区域	楼盘	坐落位置	开发企业
经开区（杨舍镇）	滨河云璟花园1至10幢，12至16幢	杨舍镇蒋乘路东侧、新丰路北侧	张家港融辉房地产开发有限公司
	滨湖名邸10至13幢，15幢，二号地下车库	市张杨公路北侧、戴巷路东侧	张家港慧茂置业有限公司
	滨湖名邸1至3幢，5至9幢，三号地下车库	市张杨公路北侧、戴巷路东侧	张家港慧茂置业有限公司
	崇文里1至3幢	杨舍镇南环路137号	张家港嘉达置业有限公司
	鼎尚花园28幢	杨舍镇暨阳湖大道南侧、河西南路西侧	张家港市中梁轩置业有限公司

续表40

区域	楼盘	坐落位置	开发企业
经开区（杨舍镇）	和光荟生活广场1至3幢，地下车库	杨舍镇永安路西侧、西湖苑路南侧	张家港世茂新纪元房地产开发有限公司
	和玺悦园1至3幢，5幢，6幢，8幢，9至11幢，13幢，15至21幢，23幢，25至27幢，29至31幢	市中兴路南侧	张家港建禧房地产开发有限公司
	和樾花园1至17幢，地下车库	市新丰河中路南侧、沙锡公路西侧	张家港新城鸿泽房地产开发有限公司
	湖悦天境花园（B地块）19幢，25幢，31幢，37幢，38幢，49幢，50幢	市南二环以南、紫荆路以西、旺西路以北	张家港锦裕置地有限公司
	暨阳湖苑1至9幢，12至19幢，25至32幢，38至42幢	市港城大道暨阳湖苑	张家港世茂房地产开发有限公司
	锦鲤花园1至13幢，地下车库	市泗港路东侧、白鹿西路北侧	张家港星辰房地产开发有限公司
	隆溪花园1至4幢，地下车库	市玉兰路北侧、梁丰幼儿园东侧	张家港市悦丰投资开发建设有限公司
	鸣悦棠前雅园1至7幢，21幢，一号地下车库	市长兴路北侧、江帆路东侧	张家港科茂置业有限公司
	鸣悦棠前雅园8至20幢，22至24幢，二号地下车库	市长兴路北侧、江帆路东侧	张家港科茂置业有限公司
	璞樾名邸1至3幢，5至12幢，16幢，20幢，23幢	市南二环南侧、旺西路北侧、港城大道东侧	张家港青禾置业有限公司
	璞樾名邸4幢，13至15幢，17至19幢，21幢，22幢，地下汽车库	市南二环南侧、旺西路北侧、港城大道东侧	张家港青禾置业有限公司
	棠颂云著花园1至6幢，8至15幢	市张杨公路北侧、平安路西侧	苏州正冠房地产开发有限公司
	棠颂云著花园16至19幢，地下车库	市张杨公路北侧、平安路西侧	苏州正冠房地产开发有限公司
	熙庭雅苑1至3幢，5幢，6幢，9幢，10幢	市泗港路东侧、暨阳西路南侧	张家港市国泰景云房产置业有限公司
	熙庭雅苑7幢，8幢，地下汽车库	市泗港路东侧、暨阳西路南侧	张家港市国泰景云房产置业有限公司
	新谊商务楼	市长安南路及旺西路交叉口处	张家港金福地置业有限公司
	阳光经典花园1至3幢，5至13幢，15至23幢，A区地下车库，商业地下车库	杨舍镇振兴东路9号	张家港市金厦房地产开发有限公司
	云栖雅苑1至4幢，S1，地下车库	市职中路东侧、一支河南侧，东至朗诗国泰城，南至市疾控中心	张家港市国泰景云房产置业有限公司
	云樾兰庭	杨舍镇泗杨路北侧	张家港城西碧桂园房地产开发有限公司
	中凯城市之光花园17至20幢	市港城大道600号	张家港嘉凯城房地产开发有限公司
	中凯城市之光花园21至24幢，26至29幢	市港城大道600号	张家港嘉凯城房地产开发有限公司
保税区	璟悦澜庭1幢，10幢，13幢，15幢，19幢，20幢，27幢	金港街道中港南路西侧、镇山路北侧	苏州骏凯房地产开发有限公司
	璟悦商业广场25幢	金港街道中港南路西侧、镇山路北侧	苏州骏凯房地产开发有限公司
	玉璟雅苑1幢，2幢，5至8幢，一号、二号地下车库	金港街道江海路东侧、镇山路北侧	张家港保税区鑫悦房地产有限公司
冶金园（锦丰镇）	清源名邸3幢，4幢，6幢，7幢，9至14幢，16至18幢	锦丰镇清源路东侧、书院路北侧、华山路南侧	苏州新赫房地产开发有限公司
	润锦花苑13幢	锦丰镇兴业路1号	张家港玖隆房地产开发有限公司
高新区（塘桥镇）	云筑2幢，4幢，6幢，北区地下车库，南区地下车库	塘桥镇富民路北侧、维达路西侧	张家港弘盛置业有限公司

续表40

区域	楼盘	坐落位置	开发企业
大新镇	乐橙商业广场1幢，2幢	大新镇海坝路西侧、新湖北路南侧	张家港合信置业有限公司
	新湖花园2幢，3幢，6幢，12幢，14幢，15幢，17幢	大新镇海坝路西侧、新湖中路南侧	张家港天润士林房地产开发有限公司
	新湖花园4幢，7至9幢，11幢，地下车库	大新镇海坝路西侧、新湖中路南侧	张家港天润士林房地产开发有限公司
	新湖花园1幢，13幢	大新镇海坝路西侧、新湖中路南侧	张家港天润士林房地产开发有限公司
凤凰镇	长寿路9号1幢，2幢	凤凰镇金谷路东侧	张家港双龙房地产开发有限公司

【房政管理】 2022年，市房管中心建立“府院联动、属地联审、银政联防”三重机制，落实与司法、属地政府、金融监管的信息共享、联查共处，做到“预防在先、发现在早、处置在小”。推出“预售资金第三方安全账户、增加预售资金释放节点、建立预售资金提前使用评估机制、在建项目的留抵退税全额进入预售资金监管账户”四项举措，阶段性缓解9个在建项目的资金压力。在全力防风险的同时，着力“稳市场、促销售”。多次召开联席会、座谈会，为企业送政策、解难题；推行报建指引服务、负面事项提醒“两张清单”，制定落实7项惠企措施，优化营商环境、切实助企纾困。在苏州率先举办房地产展示交易会。年内，张家港市商品房销售面积增速位列苏州十个板块第三，五县市第一。为提升房产交易服务水平，市房管中心从流程再造入手，优化二手房交易网签备案。将二手房交易网签备案审核的权限下放到各房地产中介，缩短交易双方办理过户的时间，提高效率，实现二手房交易网签“秒备案”。创新二手房“带押过户”试点，联合相关商业银行、不动产登记部门完成苏州首笔二手房“带押过户”业务。拓宽交易资金托管服务渠道，托管银行由16家增加到18家，有银行服务网点42个。

【物业管理】 2022年，市房管中心做好疫情防控期间物业管理区域的防控工作，开展疫情防控工作督察，通报督察情况，及时完成整改，织密疫情防控防护网，保障业主的健康安全。根据《中华人民共和国民法典》《苏州市住宅物业管理条例》，修订《关于进一步加强全市物业管理工作的意见》，调整物业管理单位职责分工，修订业委会有关条款、表决事项、招投标，增加老小区物业管理全覆盖等内容；完成物业服务收费调价标准制定，分级分类服务标准制定。制定《张家港市推进老旧小区物业管理全覆盖工作实施方案》，摸排城区无物业小区数量，城区共有开放式小区69个，建筑面积4047377平方米，3216幢，38745户。办理35笔物业项目的承接查验备案手续。办理“乐橙商业广场”“暨阳湖苑”等28个物业用房的产权明晰工作，项目建筑面积370.26万平方米，物业用房面积42606.83平方米。汇金花园、景苑报名评比省示范物业管理项目，澜悦华庭、凤凰春晓等9个项目获评苏州市示范物业管理项目。实施物业服务质量“红黑榜”评价办法。根据《张家港市商品住宅小区物业服务质量“红黑榜”评价办法(试行)》，定期开展物业服务质量评价。推进物业小区“海棠管家·住区驿站”新时代文明实践点建设，制定发布《张家港市物业行业新时代文明实践工作的实施方案》，并在君临新城进行试点。

玉璟雅苑 （市房管中心 提供）

【不动产登记】 2022年，市资规局办理不动产登记14.22万件，其中产权登记7.42万件、抵押权登记2.97万件、查封登记30183件、集体土地所有权登记25390件。推广“互联网+不动产抵押登记”方式，与建行、农行等36家商业银行开展“互联网+不动产抵押登记”业务，群众可直接在银行不动产登记便民服务网点，一站式办理线上抵押登记和抵押注销登记，构建“线上申请、即时审核、立等可取”的不动产抵押登记模式，办理线上抵押登记17374笔，发放电子登记证明29696笔，缩短企业融资时间，降低融资成本。与市法院联动开展“互联网+不动产查控”业务，实现司法查询、查解封业务线上办理，全年线上平台办理法院查解封登记7147笔。联合市税务局创新推出不动产交易登记综合缴费服务，统一出具综合受理单，全年不动产交易纳税登记综合缴费服务办理8621笔，为企业和群众节省大量时间。严格落实预告登记制度，联合工行、建行、农行、邮储银行32家商业银行，常态化开展双预告和预转本登记银行一站式服务，成功办理业务973笔，实现购房人、售房人、银行三方共赢。常态化推进“交房（地）即发证”，全年完成交地即发证98笔，土地面积3017832.22平方米，出让（租赁）金37.55亿元，交房即发证1503套（包括车库、车位），房屋面积35042.73平方米。整合多方数据构建智能平台，设立EMS水电气网联办窗口，开展二手房过户登记、水电气网有线电视过户及不动产证书EMS邮寄业务联合办理，全年办理16099笔相关业务，邮寄证书3858份，实现多个事项“一个窗口、一次办结”“一次收费、后台分账”同时，依托“江苏省自然资源”微信公众号，实现不动产申请电子材料下载、登记费用支付、办件进度查询、证书真伪查询“一条龙”服务，通过政务集成平台和“苏易登”App提供不动产登记信息、不动产登记证明实时查询、二手房交易登记等功能。完成全市首笔高速公路发证业务，常态化开展“换款即解押”服务。张家港市不动产登记在营商环境指数测评中蝉联全省前列。

【《张家港市住宅装饰装修管理办法》实施】 为规范全市住宅装饰装修活动，保护公共安全、公众利益和当事人的合法权益，10月，市政府公开发布《张家港市住宅装饰装修管理办法》。办法指出，在住宅装修活动中禁止拆改房屋的基础、墙、柱、主梁及屋架等主要承重构件，或者超过房屋原设计承载力增加荷载；将没有防水要求的房间或者阳台改为卫生间、厨房间；扩大承重墙上原有的门窗尺寸，拆除连接阳台的砖、混凝土墙体；损坏房屋原有节能设施或者降低节能效果；侵占公共空间或者损害公共部位和设施；其他影响建筑结构安全和使用安全以及影响建筑外貌的行为。此外，对不需要申领建筑工程施工许可证的房屋结构改造，涉及在楼面结构层开凿、扩大门洞，拆除或者部分拆除房屋中抗震、防火措施以外的非承重墙体的，装修人应当在施工前向住建部门申请房屋结构改造安全行政许可。装修人未经批准，不得搭建建筑物、构筑物；不得改变住宅外立面，在非承重外墙上开门、窗；不得拆改燃气管道设施。管理办法还明确管理机构、管理制度和法律责任。

【“张家港智慧物业”管理服务平台上线】 7月，张家港市上线“张家港智慧物业”管理服务平台，投诉报修、物业投票、维修资金申请等相关业务均可通过平台“一键”完成。智慧物业是在智慧社区和智慧城市建设的基础上，市住建局物业管理处探索和创新推广的项目。“张家港智慧物业”的上线，实现物业小区管理专业化、智能化、现代化，提升基层管理水平。前期，市物业管理处以小区为单位，整合全市范围内与物业管理相关的信息资源，建立住宅小区物业管理基础数据库，为物业服务监管提供基础信息支持。通过全覆盖的物业基础信息采集，建成“张家港智慧物业”平台。该平台涵盖全市690个物业小区。具有四大应用场景，电话维修资金交款、续筹、资金退款，投诉、报修事件上报并评价处置情况，物业事务投票（物业九大类投票），物业考核。平台还将根据业主的实际需求，开发社区养老、社区团购等生活服务模块，让应用场景更广泛、更实用。市物业管理处大力提倡各物业企业，建设开发各自的物业服务平台，与“张家港智慧物业”平台进行对接，更加广泛地拓展停车管理、线上缴费、居家养老、社区医疗等更多应用，为广大居民提供一站式服务，满足居民生活的需求。

【既有多层住宅增设电梯近百台】 2022年，市房管中心继续推进既有多层住宅增设电梯工作，通过电视台、报纸、微信公众号等渠道对指导意见进行广泛宣传，持续推送政策原文、政策解读、专家解读等信息推进试点工作。至年末，共组织可行性论证40处，专家组论证31处，联合审查38处，核发施工告知书29张，已完工31台（其中29台已投入使用），63台电梯正在施工。创新加装思维，推动成片加装。中心指导推进钢村嘉园成片加装电梯试点工作，有3台电梯完工，17台通过专家组论证，进入招投标阶段。探索小型电梯（450千克）的加装，针对有地下室或人防工程的房屋开展专家论证，邀请南京专家对万红五村某单元增设电梯方案进行评审，该台电梯已开工建设，这也是苏州地区第一台人防加装电梯案例。

（戴高乐　钱　利）

旅　游

【概况】 年末，张家港市有国家A级旅游景区6个，其中国家AAAA级旅游景区4个、国家AAA级旅游景区2个。国家、省级乡村旅游重点村3个，其中国家级乡村旅游重点村1个、省级乡村旅游重点村2个，省级旅游度假区——双山香山旅游度假区，省级工业旅游区3个。有旅行社46家，其中国际旅行社7家。星级旅行社6家，其中省四星级旅行社2家，省三星级旅行社4家。有持证导游255人，其中中级导游17人。全年累计组团人数3.2万人次，接待游客3.66万人次，营业总收入4786.32万元。全市实现旅游总收入115.65亿元，接待国内外游客598.83万人次。年内，全市完成旅游资源普查工作，形成《苏州市张家港市文化和旅游资源普查报告》。全面提升全域旅游宣传阵地形象，完成全域旅游微展架设计、安装，开展“文明旅游美沙洲”手机摄影比赛，扩大张家港旅游城市的影响力。8月，长江文化节子活动之一2022年“长江文化之旅”采风活动于张家港湾首站启动，现场发布了《长江流域精品路书》，内含105条精品旅

恬庄古街　（市文体广旅局　提供）

游线路。9月，三亩良铺四季农乐园科技研学项目（科普教育模式）、花美兰创意兰苑休闲茶吧项目（创意休宿模式）被认定为江苏省乡村休闲旅游农业特色模式（项目），永兴共享农庄休闲运动基地（四分马、垂钓）、福前村休闲运动基地（桌式足球、棋牌）、江南农耕文化园休闲运动基地（垂钓、棋牌）被认定为江苏省乡村休闲运动基地。10月，“原味乡村·传奇之旅”主题线路入选“乡村四时好风光——稻花香里说丰年”全国乡村旅游精品线路，为苏州市唯一入选线路，线路串联永联村、常阴沙生态农业旅游区和凤凰镇，涵盖苏州江南农耕文化园、常北稻麦乐园、三亩良铺、闲心公社、肖家巷等特色点位；“长江非遗主题游”入选2022年度苏州市乡村旅游精品线路，线路利用河阳山歌、河阳烙画、苇编、棕编等非遗文化资源，串联肖家巷、恬庄古街、稻麦乐园、闲心公社、Woll森林自然营地等精品点位。年内，沙洲优黄文化园获批国家AAA级旅游景区，双塘村创成省级乡村旅游重点村，永联小镇景区入选江苏省文化和旅游市场红名单，常阴沙“户外美学餐厅”入选2022年度苏州市旅游创新产品（业态）。

表41　2022年年末张家港市省级以上旅游景区一览表

类别	景区名称	景区级别	地址	电话
国家A级旅游景区	凤凰山景区	国家AAAA级	凤凰镇恬庄古街兴隆路北停车场	58429926
	永联小镇景区	国家AAAA级	南丰镇永联村	58906060
	香山景区	国家AAAA级	金港街道望江路1号	58379500
	暨阳湖生态旅游区	国家AAAA级	杨舍镇金港大道	35023000
	东渡苑景区	国家AAA级	塘桥镇202县道与346国道交会处	58112400
	沙洲优黄文化园	国家AAA级	后塍街道塍东路	55611070
江苏省工业旅游区	大唐纺织工业旅游区	省工业旅游区	塘桥镇花园开发区	58351128
	“钢铁是怎么炼成的”工业旅游区	省工业旅游区	南丰镇永联村	58906060
	“酒的故事”沙洲优黄文化园	省工业旅游区	后塍街道塍东路	55611070
乡村旅游重点村	永联村	国家级	南丰镇永联村	58906060
	永兴村	江苏省级	德积街道永兴村	80618771
	双塘村	江苏省级	凤凰镇双塘村	58429926
省级旅游度假区	双山香山旅游度假区	江苏省级	金港街道长江中路	58305066
省级非遗旅游体验基地	凤凰山景区	江苏省级	凤凰镇恬庄古街兴隆路北停车场	58429926
省级文明旅游示范单位	香山景区	江苏省级	金港街道望江路1号	58379500

【旅行社】 年内，全市新增3家国内旅行社。至年末，全市有旅行社46家，其中，国际旅行社7家；在册导游255人，其中，中级导游17人。有星级旅行社6家，其中，省四星级旅行社2家、省三星级旅行社4家，永联国际旅行社为年内新增三星级旅行社。全年旅行社累计组团人数3.2万人次，比上年减60.87%；接待游客3.66万人次，比上年减69.56%；营业总收入4786.32万元，比上年减42.32%。指导符合条件的旅行社申报各类奖补，根据《江苏省财政厅、江苏省文化和旅游厅关于下达2022年度江苏省文化和旅游发展专项资金（第七批）的通知》，1家旅行社获创新发展奖补资金20万元；根据《关于开展2022年度张家港市文体旅产业发展专项资金项目（奖励类）申报工作的通知》，5家旅行社获地接奖补155万元；根据《关于印发〈张家港市贯彻落实苏州市文旅和体育服务业纾困和恢复发展政策意见的实施方案〉的通知》，40家旅行社获纾困补助30万元。

表42　　2022年张家港市星级旅行社一览表

名称	星级	地址	法人代表	联系电话
国泰国际旅行社有限公司	江苏省四星级	杨舍镇人民中路国泰时代广场底楼	邱　敏	18606288666
华泰旅行社有限公司		杨舍镇人民中路50号恒隆大厦	张德华	13862215888
环宇旅行社有限公司	江苏省三星级	杨舍镇港城大道150号	刘碧云	13915710017
永安旅游有限公司		市沙洲宾馆有限公司宴杨楼707室	季德元	18915681889
康辉旅行社有限公司		杨舍镇南环路115号	朱敏华	18852448642
永联国际旅行社		南丰镇永联村	卢海涛	18962200215

【凤凰山景区】 1月至2月，凤凰山景区在做好疫情防控的前提下，为留在张家港的人员提供景区门票服务，感受江南年味。6月28日，“清风传家，廉润港城”张家港家风教育基地启用仪式举行，该基地坐落于凤凰山景区恬庄古街，由恬庄古镇内的三栋古建筑（榜眼府、杨氏孝坊和碑苑）构成。根据三处建筑的原有功能、布局，整合凤凰家风家训资源要素，挖掘凤凰历史文化特色内涵，在还原、复原古建筑历史风貌的基础上，增加现代科技要素，通过多媒体设计和展陈设计，最大限度地打造出沉浸式家风文化体验感。8月，景区配合开展“甜蜜一夏”美好生活节暨“美凤凰”文明市集活动。9月，联合市锡剧艺术中心、京剧票友开展“锡剧周周演”和七彩京剧沙龙·第二届中秋联谊会活动。10月，推出“吴苑丝韵”民乐雅集、“景仁廉风”沉浸式戏剧、河阳赛歌会、亲子非遗研学体验和鹭山桃花源“趣玩Fun空”等活动。11月16日，凤凰镇在上海虹桥站“文明有源，沙洲等你”张家港文旅主题展厅亮相，以专题海报、现场推介等形式集中展示镇区旅游资源、研学体验项目，吸引大批游客参与、互动。12月，凤凰文化旅游公司被评为江苏省放心消费创建示范单位。2022年景区接待游客54.66万人次。

【双山香山旅游度假区】 年内，双山香山旅游度假区启动老圩村全国红色美丽村庄试点，双山岛渡江胜利公园获评苏州市社科普及示范基地。深化“山岛之恋”文旅综合体建设，完善旅游配套，提升旅游沉浸式体验，新增“洛丽塔的花园”、欢喜咖啡、香山湖游船、奈思堡儿童游乐项目等，形成更多旅游打卡点。打造特色品牌，拓展亲子游、红色游、研学团建市场，丰富一日游、两日游等产品供给。开展旅游IP形象网络征集活动，开发系列文创产品。利用高标准鱼池、农田落地生态种养殖项目，推进农旅融合。双山朋来馆多次组织人员商讨本土特色菜品的开发和筹划，制定迎合市场需求的新菜单。组织梅花节、樱花节、“国潮灯光游园会”“金秋夜游季”等特色文旅活动，激活文旅动能。推进体旅融合，承办女子中巡职业联赛——张家港双山挑战赛、全国青少年高尔夫比洞赛等国家级体育赛事，加快提升双山岛露营基地、拓展基地、风旅飞行中心品质，香山“探古寻香”之旅获评苏州市体育旅游精品线路。围绕“生态”“文化”两大标识，双山推出两条红色旅游线路，以重温伟大渡江精神为主题，开展红色研学课堂沉浸式体验，感受“寻渡江胜利印记，走江岛生态之旅”；以学习鸟类科普知识为主题，演绎江岛生活的“山岛之恋，三色之旅”。2022年双山香山旅游度假区接待游客73万人次。

【永联小镇景区】 年内，永联小镇开展江南农耕文化园一期、二期工程改造，主要包括森林木屋改造和绿化景观改造等。增加旅游商品种类，提高旅游商品质量，农耕园北门推出早餐及熟食销售服务，完善酒坊粮食酒及花露酒的包装，改进牛肉酱热灌装技术。在做好疫情防控的前提下，举办“芦苇艺术节”“萤火虫节”“永联烟花狂欢节”以及“中秋天灯节”等多样活动，加强和抖音以及“达人”的合作，进行视频拍摄、推广和产品销售。春节期间推出“疯狂萌宠乐园”“趣永联——寻找熟悉的年味”等欢乐庆新春主题活动；秋季推出农事体验之腌萝卜、种植采摘等劳动体验课程；创新推出森林烧烤、天幕露营套餐、暑期陶艺文化研学活动等；配合市文体广旅局开展“红色沙洲·初心之旅”活动。景区成功挂牌苏州职工疗休养基地，持续开展疗休养业务的推广；与金恪集团艳阳度假达成战略合作，打造候鸟式旅居目的地。2022年景区接待游客76.35万人次。

【暨阳湖生态旅游区】 年内，暨阳湖生态旅游区对湖滨广场东厕所进行整体改造，增设化妆室、第三卫生间和母婴室，安装智能监测系统和智能控制系统，湖滨广场东厕所获评苏州市2021年度“建设最美”旅游厕所。全力保障央视中秋晚会顺利录制。前期，对景区假日广场区域进行封闭管理，为舞台改造搭建提供保障；录制期间，保障夜间舞台的供电和灯光，加大对周边环境的巡查、巡逻力度，及时清运垃圾，保障录制现场整洁；后期，配合好巨星公司对舞台区域进行拆除，尽快恢复原样后对游客开放。先后开展“浓情端午”“欢乐世界10周年庆”“工会杯职工皮划艇桨板挑战赛”“育苗杯皮划艇比赛”“2022暨阳湖穿越星际HIGH啤制爆节”“穿越侏罗纪恐龙嘉年华”等9次活动。配合文明城市创建，开展“暨阳湖天使”志愿服务活动，组织开展文明引导、疫情防控志愿服务活动，年内开展活动228次，参与702人次、4844小时。2022年景区接待游客88.24万人次。

【东渡苑景区】 年内,东渡苑景区对内部的道路、木桥、场馆等基础设施加以改造完善,更新指示牌、标识牌、公益广告等,完善旅游厕所配套设施设备,为游客提供更好的服务。5月19日举办“东渡华裳”文旅创意短视频挑战赛活动,8月4日举办东渡七夕游园会活动,10月1日举办“同升国旗,同唱国歌”强国复兴有我主题宣传教育活动等。组织志愿者常年开展文明旅游宣传活动,共开展20期(80次),200余名志愿者参与。2022年景区接待游客5万余人次。

【公园管理】 2022年,张家港市公园管理不断探索“公园+”模式,丰富公园内涵以满足市民游客的多元化需求,着力在公园硬件设施建设、内部管理、服务功能提高方面下功夫,张家港公园获2022年苏州市体育旅游示范基地称号。10月至11月,在沙洲公园枫华园举办“旧貌新颜,壮阔征程”主题的张家港建县(市)60周年精品小型菊花展,用各种菊花打造孔雀、花篮、花艺等菊花造型,展出品种菊330余种3500余盆,各类菊花盆花栽培形式6种700余盆。同时加强菊花文化科普知识宣传,在沧江书社举办“兰菊纷相伴”雅集活动,文人雅士品鉴菊花酒、菊花茶及美食,深入互动体验,全方位多角度地展示菊花魅力。沙洲公园还开展城建老照片展、兰花展等活动,不断丰富市民的精神文化生活。投入700余万元开展系列民生工作。更新梁丰生态园夜间照明和全方位监控,实现24小时全面开放。公园内增设各类游憩场地及设施、新增塑胶健身跑道、打造沙滩北侧3000平方米“童梦森林”、完善公园内无障碍设施等,不断优化“公园+健康”“公园+体育”“公园+童话”“公园+科普”“公园+文化”模式。充分发挥志愿团队力量,利用公园公益平台,多元化角度开展梁丰生态园森林书屋和张家港公园童话书屋的全民阅读及各项公益活动,全年组织开展各类公益活动近200场。

【沙洲优黄文化园获批国家AAA级旅游景区】 沙洲优黄文化园依托江南水乡资源和黄酒文化,以塑造“新江南人文产品内涵”为理念,打造集文化、研发、休闲于一体的综合工业旅游项目,传承中国黄酒文化,挖掘黄酒手工技艺,展示黄酒生产和发展,于2021年被列入江苏省重点文化和旅游项目,是年被评为江苏省工业旅游区,其设计获2021年度美国AIA建筑卓越设计最高奖。2022年,沙洲优黄文化园获批国家AAA级旅游景区,并获2022年度最佳商业类工厂和仓库特别提名奖。文化园位于后塍街道,占地5.53公顷,建筑面积3万平方米,在粉墙黛瓦、小桥流水的江南元素基础上,融合新中式建筑风格。有沙洲优黄博物馆、黄酒小镇、陈年酒库、年产3000吨的传统酿造车间、水戏台、卡通园、黄酒研究院等28个功能区与景点。为更好地服务游客,文化园不断提升公共服务配套设施,完善游客中心咨询处、临时休息区、宣传展示、特殊人群服务等功能布置。园内旅游厕所提档升级,自配停车场面积达到1280平方米。年内,文化园配合开展“5+2馆校研学”“初心印党旗,银发看港城”等多条活动线路,吸引大批游客参观和互动,接待游客61万人次。

【双塘村创成江苏省乡村旅游重点村】 6月30日,2022年全省乡村旅游重点村名录公布,凤凰镇双塘村入选。继南丰镇永联村获首批全国乡村旅游重点村、德积街道永兴村获批江苏省乡村旅游重点村之后,双塘村成为张家港市第3个省级以上乡村旅游重点村。近年,依托凤凰山、三干河的生态环境优势,双塘村以深化“河阳”文化、“非遗民俗”文化为主线,发展田园乡村观光旅游项目,逐步构建起餐饮、茶旅、民宿、农业及文创融合的“旅游+产业”发展体系。2017年,村下辖肖家巷自然村庄被首批列入苏州市特色田园乡村试点。2020年,肖家巷入选江苏省第三批次特色田园乡村。双塘村的凤凰山花海、凤凰山茶场以及农家乐集群声名在外,乡村双创中心、非遗文化广场、研竹大舞台等配套设施陆续建成。赏梦幻花海、品非遗特色、听河阳山歌、尝农家美味,慕名而来的游客流连忘返。2022年游客量约60万人。

【“红色沙洲·初心之旅”研学活动开展】 2022年,张家港市坚持党建引领,推动农文旅深度融合,通过建强红色文旅特色阵地、丰富“艺述党史”内容形式、创推“一镇一品”红色线路、优化红色文旅发展业态等方式,构建“点、线、面”沙洲红色旅游立体化发展路径,创新打造“红色沙洲·初心之旅”主题研学品牌。聚焦“一镇一主题、一镇一特色、一镇一品牌”,探索区镇(街道)区域特色与红色旅游融合发展路径,创新打造“红色旅游+城市印象”“红色旅游+亲子成长”“红色旅游+东渡文化”“红色旅游+非遗体验”等“一镇一品”十大红色文旅特色研学线路,推出寻访一段“初心之旅”、体验一次别样的组织生活、点播一个红色有声故事、充实一本电子“研学护照”、品味一餐“忆苦思甜饭”、珍藏一套特色“红色文创”的“六个一”系列品牌活动。同时精准对接青少年、中老年等特殊群体需求,创推个性化红色旅游定制线路,邀请主流媒体KOL作为“城市形象推介官”,深度体验红色旅游线路,并在“微博”“五彩沙洲”等线上平台广泛宣传。全市各红色旅游阵地全年接待市民和游客近30万人次。

【中国农民丰收节庆祝活动举办】 9月23日,“庆丰收迎盛会”张家港市2022年中国农民丰收节庆祝活动在乐余镇永利村举行。市委副书记、政法委书记邵军民等参加活动。活动现场,表彰2022年度“张家港市十佳新型职业农民”,启动“2022年张家港市绿色种养循环农业试点项目”,上线五彩乡村乐享旅游“沙洲农旅”小程序,同时开展农产品展销、助农电商直播、掼蛋、拔河等活动。丰收节期间,各区镇(街道)均举办趣味运动会、优质农产品展销、助农电商直播等系列活动。 (毛志龙)

【编辑 朱永平】

金融

Finance

11月9日，全市数字人民币试点工作暨数字政府市域一体化建设目标考核推进会在南丰镇永联议事厅召开　（市金融监管局　提供）

金融监管　　证券·期货

银　　行　　其他金融机构

保　　险

張家港年鑑(2023)

金融监管

【概况】 2022年，全市有市地方金融监督管理局（简称市金融监管局）、中国人民银行张家港市支行（简称市人民银行）、中国银行保险监督管理委员会苏州监管分局张家港监管组（简称苏州监管分局张家港监管组）、国家外汇管理局张家港市支局（简称市外汇管理局）4家金融监管机构，有从业人员57人，其中市金融监管局19人、市人民银行35人（含市外汇管理局）、苏州监管分局张家港监管组3人。各金融监管机构以更实举措引领金融服务实体经济提质增效。全市新增社会融资1404.28亿元，年末存量6602.7亿元；银行业本外币存贷款加权平均增速20.74%，高出苏州市6.3个百分点，存贷款加权平均增速列苏州四县（市）一区第一；金融业增加值319.08亿元，占地区生产总值的9.7%；普惠型金融领域贷款余额544.2亿元。保险机构保费收入增速9.67%，列苏州四县（市）一区第二。全市农业保险保费3363.85万元，为5179户次农户、农业企业及专业合作社提供价值8.34亿元的风险保障。疫情期间，组织全市银行机构全力保生产、保稳定，至年末帮助企业完成贷款周转6574笔、435.49亿元，贷款平均利率降至3.95%。

【市金融监管局】 年内，市金融监管局举办“融汇盛夏”政银企恳谈会及人才企业、智改数转专题融资对接会等系列活动，促成228个项目签约落地，达成授信合作意向1442.64亿元。深入实施“港城金融服务万企百亿融通工程”“港城普惠金融专员万企万户行”普惠服务双驱通道，建立“市领导重点挂钩、部门行长精准问需、金融顾问专员走访+政银企专场对接”的“3+1”联动工作机制，全年走访企业36027家，其中小微企业24497家，达成授信1015.37亿元。当地企业在苏州综合金融服务平台、苏州股权融资服务平台累计注册25380家，获得授信4128.54亿元、放款2743.87亿元，列苏州各县市（区）第一。加快数字人民币试点建设，累计开通数字人民币个人钱包129.38万个、对公钱包11.72万个。加快不良资产处置，落实季度统计、预测机制，年末不良率0.45%。成立市金融风险化解委员会，严防非法金融活动风险“反弹”。依托“部门+区镇”一体协作机制，开展涉及1万余家企业3轮拉网式排查；在苏州大市范围内先行先试“无非法集资示范区镇”建设，开展基层“无非法集资基层细胞”建设引导工作；全省首创金融普法“服务型”主题园林，新建“金融惠民之家”示范点11家，叠加升级普惠金融服务站5个，培育“金融惠民宣讲先锋队”，年内平安金融“八进”宣讲累计800余次，覆盖群众11万余人次。持续发挥港城“融之汇”党建联盟凝聚力，推出“暖新直通车”等专项金融服务；会同市总工会开展全市金融系统“金融助力创新转型发展”立功竞赛；充实“金融先锋”志愿者团队，疫情期间，组织超800人次金融志愿者支援村社区疫情防控工作。

【市人民银行】 年内，市人民银行落实稳健货币政策，强化信贷支持，牢牢稳住宏观经济大盘。推动政府出台《关于进一步帮助市场主体纾困解难着力稳定经济增长若干政策措施的实施方案》文件，印发《中国人民银行张家港市支行关于进一步做好2022年货币信贷工作的指导意见》，督导银行机构围绕“扩增量、优结构、降成本、强服务”四个方面，谋划制定工作清单，细化具体落实措施，确保“金融23条”相关政策顺利有效实施。督促银行业金融机构持续加大金融纾困支持力度，制定金融纾困专项金融服务方案、安排专项信贷额度、开通业务应急通道、提供优惠利率（费率）、灵活调整还款安排等差异化服务，满足受疫情影响行业、企业、人群等的合理资金需求，着力打通企业“贷款难”和银行“难贷款”的传导梗阻。年内，督导张家港农商行累计为9431户普惠小微企业延期贷款本息120.61亿元；累计发放普惠小微企业信用贷款99.02亿元。协助人民银行苏州市中心支行指导张家港农商行用好新增6亿元支小再贷款，支小再贷款余额26亿元，惠及小微企业1351户，加权平均利率4.65%。年内聚焦普惠金融，引入“活水”润泽实体经济。指导银行机构深入开展小微企业金融服务能力提升工程、“贷动小生意、服务大民生”金融支持个体工商户发展专项行动。建立普惠小微贷款“三张清单”服务机制，通过“今日张家港”App宣传“三张清单”有关政策，向社会完成“授权清单”和“授信清单”首次公示，明确30家银行机构关于普惠型小微企业、个人经营性贷款授信审批的权限设置、客户准入条件、申请资料、办理流程、最长办理期限等，形成持续优化普惠小微金融服务的良性循环。至年末，全市普惠小微贷款余额494.17亿元，比上年增长26.88%，高出本外币各项贷款增速8.72个百分点；普惠小微贷款余额占本外币各项贷款余额11.92%，比上年提高0.82个百分点；普惠小微贷款发放户数38648户，比上年提高22.25个百分点。全市12月发放小微企业贷款的加权平均利率为4.27%，比年初下降46个BP。用好支持工具，激励普惠小微信贷投放。督促法人银行规范普惠小微贷款业务流程，强化风险管理，确保普惠小微贷款数据真实准确。开展法人银行普惠小微贷款季度余额增量数据的审核工作，及时向上级人民银行报送审核结果。配合人民银行苏州市中心支行向张家港农商行、张家港渝农商村镇银行分别发放普惠小微贷款支持工具激励资金8493.18万元、61.16万元。张家港农商行在普惠小微贷款支持工具的激励下，12月末普惠小微贷款余额达到364.89亿元，比年初增加52.46亿元；普惠小微贷款户数达到42741户，比年初增加7872户；12月普惠小微贷款加权利率与上年末相比下降0.27%。服务乡村振兴。联合市农业农村局印发《金融服务乡村振兴示范区建设考核评估办法》，开展2021年度金融服务乡村振兴示范区建设工作考核评估工作，梳理2022年度全市13个农业农村重大项目年度投资计划新建项目向银行机构推介，提出“突出产品创新、提升

9月25日，第十届张家港市银行业金融机构反假货币业务知识和技能竞赛举办 （市人民银行 提供）

金融服务质效，强化跟踪问效、夯实融资对接措施”的对接服务要求，推动银行机构持续加大涉农贷款投放力度，重点强化对粮食等重要农产品全产业链信贷支持。至年末，全市涉农贷款余额2510.61亿元，比年初增加395.88亿元，涉农贷款增长额占贷款增长额比重达到62.15%，位列苏州四县一区第1位。借力移动终端，推动金融服务端口前移。主导研发“码上贷”微信小程序，并上线运行。指导首家参与机构张家港农商行，在“码上贷”小程序上发布“创业贷”“助农贷”“富民贷”“市民贷”等信贷产品，确保疫情期间信贷供给“不断档”，至年末，为1374户客户进行授信，授信总金额1.66亿元，贷款余额1.42亿元。打造县域样本，深化农村信用体系建设。联合市社会信用体系建设领导小组办公室、市农业农村局共同印发《张家港市深化农村信用体系建设实施方案》文件，指导建设银行、张家港农村商业银行作为首批参与行在永联村试点建设农户信用信息平台，推动农村信用体系建设和乡村振兴有效融合。牵头联合张家港社会信用体系建设领导小组办公室、张家港农村商业银行、建设银行张家港分行、建信金融科技（苏州）有限公司在永联村签署市农户信用信息平台永联试点项目六方合作协议。维护群众利益，开展“征信修复”乱象治理。联合市市场监督管理局对全市企业名称或经营范围中带“征信”字眼的企业进行逐一排查。通过电话联系、现场走访、发放《告知书》等形式要求该类企业经营者至企业登记机关变更企业名称或经营范围。排查该类企业47家，发放《告知书》44份。其中，30家企业完成变更工商信息；14家企业签署情况说明及保证书，确保公司不从事“征信修复”相关业务；1家企业完成注销；2家企业注册地址虚假、联系方式异常被市市场监督管理局纳入异常经营名录。面对国家大规模组合式减税降费政策，安排精兵强将全力保障大批量退税业务，实时监测各级财政库款余额，按日做好异常情况统计，及时向财政反馈余额变动情况，按照“即来、即审、即办”原则，确保惠民政策落到实处。2022年，累计退税业务36.52万笔、203.2亿元，其中个税汇算清缴退税21.02万笔、1.52亿元，增值税留抵退税1.26万笔、66.24亿元。系统推进财政预算管理一体化系统上线运行。配合财政部门开展测试。利用元旦假期试运行，为市财政局成功清算2笔合计35万元的集中支付业务。全年累计为市财政局办理集中支付业务48714笔、金额240.44亿元。做好非税收入征管职责划转工作，持续推行非税收入收缴电子化。配合市财政部门确定全市四项非税收入的征缴流程和要求，明确职责分工，完善信息共享机制，研究职责划转有关应急预案，确保征管职责划转平稳过渡、有序进行。同时，以一体化系统上线为契机，指导业务系统改造成熟的代理银行开展非税收入收缴电子化测试及上线工作，实现缴库信息在财政部门、代理银行和国库业务系统之间的“秒传”。2022年，累计有12家代理银行实现非税收入电子化缴库，累计办理265笔、35.28亿元。

【苏州监管分局张家港监管组】 年内，苏州监管分局张家港监管组持续加强风险监测，稳妥处置大额信用风险，帮助欣欣高纤等企业完成大额贷款续贷工作，协调远程化纤贷款风险分类调整工作；持续推动银行争取上级支持，压降不良贷款，年末全市银行机构不良贷款率0.45%，基本与上年持平。开展走访调研，定期监测保费增速指标，4次走访调研6家主要保险机构；走访巡查2家专业中介机构，摸清经营情况和风险底数；参加数字人民币工作专班，稳步推动数字人民币在张家港地区的创新运用。推进普惠金融发展，督导相关机构加大普惠贷款投放力度；指导机构开展走访对接活动，按季统计分析南丰镇金融服务情况；联合市应急管理局改进安责险投保方式，提升第三方监管质效，共同促进安责险健康有序发展。配合政府做好疫情防控，常态化开展非法集资风险排查，派员参加电信反诈专班；联合“12345”热线，协调处理消费者咨询和投诉14起，参加张家港扶持个体工商户发展主题活动，指导相关银行机构做好优惠政策宣传工作。

【市外汇管理局】 年内，市外汇管理局对20家银行的42家网点进行暗访，对其中1家出现明显问题的银行进行现场督导。提升新型离岸国际贸易跨境资金结算便利化水平，全年辖区内累计发生新型离岸国际贸易涉外收支13.9亿美元，其中委托境外加工13.22亿美元、离岸转手买卖6800万美元。推动交通银行张家港分行首创委托境外加工模式项下出口发票融资，拓展境内境外融资链、延长跨境融资产品线，累计发放6笔融资款、合计269.8万美元。推进贸易外汇收支便利化试点增量扩围，新增3家试点银行、35家试点企业，累计有6家银行、50家企业纳入试点，全年办理试点业务27046笔、160.47亿美元，比上年分别增长289.32%、181.48%。率先落地企业汇率风险管理奖补措施，对56家中小微外贸企业首办户发放专项补贴，累计奖补金额4.95万元，是江苏省分局辖内首家制定并将该方案落地的支局。推进高新技术和“专精特新”企业跨境贸易融资便利化试点政策，为辖区内一家高新技术企业办理外债便利化额度登记，成功借入外债170万美元；支持企业以线上方式申请外债登记，全年为7家企业线上办理14笔外债登记业务；加大贸易融资惠企支持力度，通过跨境金融服务平台为企业提供更便捷的核验服务，扩大上链融资规模，全年上链融资3517笔、合计13.6亿美元，累计服务企业217家；持续推动张家港农商行试点跨境金融服务平台白名单管理，全年有2家企业纳入白名单管理，累计发放融资款67笔、合计1560万美元，上链报关单达到1006张。开展事中事后监管工作，全年完成13次上级下发的异常线索排查，累计对77条异常线索进行非现场分析；开展货物贸易现场核查29家，完成12家B、C类企业到期评估；对服务贸易及个人外汇业务的可疑线索加大非现场监测分析力度；针对个别银行的漏申报事项，对银行相关负责人进行约谈；按月完成66家企业的贸易信贷调查及24家银企的对外金融资产负债及交易统计申报工作；合理布局国际收支现场核查，全年对9家机构开展现场核查。全年撰写各类信息和调研文章38篇，其中国家外汇管理总局录用2篇，《金融时报》客户端录用1篇，张家港市委采用2篇，《张家港日报》录用3篇；参与完成苏州市中心支局“房企与政府融资平台海外发债的风险、问题及应对研究”“江苏省外保内贷实践现状及政策管理研究”等调研课题的撰写，独立完成“地缘政治风险与汇率波动、跨境资本流动的关系及应对策略研究——基于TVP-VAR模型的分析”课题。

【“资金链”治理】 年内，市人民银行加强“资金链”治理，守护百姓“钱袋子”。成立电信网络诈骗和跨境赌博“资金链”治理工作专班，持续开展账户风险排查，有效预警和防控账户涉案风险，至年末，累计筛查新开个人账户52.04万个，锁定可疑开户人员175人。与市反诈中心、各银行建立“双向移送、双边核查”机制，及时对可疑账户采取管控措施，会同市公安机关建立迅速预警、快速出警警银联动机制，稳妥处置异常开户行为。6月，协助警方成功打掉全国流窜办卡团伙，抓获嫌疑人4人，查获银行卡41张及多个伪造印章。对涉案账户3个以上的网点进行现场监督检查，进一步压实银行主体责任。全年，组织现场督察银行网点6家。据统计，2022年张家港涉案账户485户，在苏州全辖10个板块中排名最低。建立已故存款人账户查询工作机制，解决账户查询不便难题。主动与市司法局公证处对接，将“已故存款人银行账户查询”作为“我为群众办实事”重点项目推动，在与市司法局公证处、各商业银行沟通对接的基础上，研究制定《中国人民银行张家港市支行关于已故存款人银行账户查询项目的实施方案》，搭建账户查询便利通道，有效解决已故存款人银行账户查询不便难题。全年办结查询业务29笔。

【数字人民币试点推广】 年内，市金融监管局聚焦金融业高质量发展，开展数字人民币试点推广工作。成立张家港市推进数字人民币试点工作领导小组，联动推进数字人民币试点工作，印发《张家港市数字人民币场景推广工作方案》，将“数字人民币试点发展指标”纳入部门、区镇年度绩效考核体系。9月，在苏州各区（市）最早实现机关、事业单位、国资公司在编在职员工全额工资以数字人民币形式发放，全年累计发放金额列苏州各区（市）第一位；奖补资金发放等财政经费数币支出达到46.5亿元；开立对公钱包11.72万个，对公累计交易量达到580亿元。全市累计以数字人民币发放中小微企业贷款17.68亿元。创新首批数字人民币货币桥业务结算、跨境业务结算，“苏交网”平台数字人民币大宗交易结算场景，永联数字乡村信用体系，数字人民币对公钱包开立纳入企业注册一站式办理流程，房票安置系统应用数字人民币兑付场景共5项全国首创场景。水、电、有线电视、移动缴费、大型商圈等民生场景基本实现数字人民币支付全覆盖。全市8家星级酒店、旅游民宿、国家AAAA级旅游景区、影剧院、文博场馆等文旅场所实现数字人民币支付全覆盖。年末，张家港市获评苏州市数字人民币试点工作先进板块，杨舍老街获评“十大数字人民币使用示范商圈”，张家港农村商业银行获评先进银行机构。

（王 洵 戴莹杰
赵 静 徐 伟）

8月15日，全市数字人民币试点工作推进会议召开

（市金融监管局 提供）

银　行

【存贷业务】 年末，全市银行业金融机构本外币各项存款余额5205.85亿元，比上年增22.8%。其中，人民币各项存款余额5006.5亿元，比上年增23.27%；外币各项存款余额28.62亿美元，比上年增2.53%。在本外币存款余额中，住户存款余额2088.68亿元，比上年增20.15%；非金融企业存款余额2467.42亿元，比上年增30.09%；机关团体存款余额422.63亿元，比上年增2%；财政性存款余额40.1亿元，比上年增27.26%；非银行业金融机构存款余额164.43亿元，比上年增33.86%。全市银行业金融机构本外币贷款余额4144.37亿元，比上年增18.16%。其中，企（事）业单位贷款增长较快，全市企（事）业单位贷款余额3014.84亿元，比上年增22.6%；人民币各项贷款余额4086.58亿元，比上年增18.95%；外币各项贷款余额8.3亿美元，比上年减26.35%；票据融资余额300.49亿元，比上年增70.72%；本外币中长期贷款余额2404.18亿元，比上年增13.33%；短期贷款余额1401.7亿元，比上年增19.46%；购房贷款持续增长，全市购房贷款余额712.24亿元，比上年增0.51%。

表43　　2022年年末张家港市银行机构网点一览表

序号	名称	分行（家）	一级支行（家）	二级支行（家）	分理处（家）	储蓄所（家）	邮储营业所（家）	小微支行（家）	社区支行（家）	合计（家）	编内人数（人）
1	农发行	—	1	—	—	—	—	—	—	1	14
2	工商银行	1	—	24	—	—	—	—	—	25	434
3	农业银行	1	—	26	4	—	—	—	—	31	607
4	中国银行	1	—	20	—	—	—	—	—	21	449
5	建设银行	1	—	22	2	1	—	—	—	26	442
6	交通银行	1	—	8	—	—	—	—	—	9	135
7	中信银行	—	1	1	—	—	—	—	—	2	59
8	民生银行	—	1	2	—	—	—	—	2	5	68
9	招商银行	—	1	1	—	—	—	—	1	3	54
10	浦发银行	—	1	1	—	—	—	2	—	4	57
11	光大银行	—	1	—	—	—	—	—	2	3	37
12	华夏银行	—	1	1	—	—	—	—	1	3	41
13	兴业银行	—	1	—	—	—	—	—	—	1	26
14	恒丰银行	—	1	—	—	—	—	—	—	1	22
15	广发银行	—	1	—	—	—	—	—	—	1	14
16	平安银行	—	1	—	—	—	—	—	1	2	19
17	浙商银行	—	1	—	—	—	—	—	—	1	36
18	江苏银行	—	1	4	—	—	—	—	—	5	76
19	苏州银行	—	1	6	—	—	—	—	—	7	110
20	上海银行	—	1	—	—	—	—	—	—	1	24
21	南京银行	—	1	—	—	—	—	—	—	1	52
22	泰隆银行	—	1	2	—	—	—	1	—	4	68
23	宁波银行	—	1	1	—	—	—	—	—	2	83
24	江西银行	—	1	—	—	—	—	—	—	1	13
25	张家港农商银行	—	—	25	50	—	—	—	—	76	1425
26	常熟农商银行	—	1	—	2	—	—	—	—	3	82

续表43

序号	名称	分行（家）	一级支行（家）	二级支行（家）	分理处（家）	储蓄所（家）	邮储营业所（家）	小微支行（家）	社区支行（家）	合计（家）	编内人数（人）
27	无锡农商银行	—	1	—	—	—	—	—	—	1	9
28	江南农商银行	—	1	—	—	—	—	—	—	1	12
29	渝农商村镇银行	—	1	—	—	—	—	—	—	1	20
30	友利银行	—	1	—	—	—	—	—	—	1	14
31	汇丰银行	—	1	—	—	—	—	—	—	1	6
32	邮政银行	—	1	6	—	—	32	—	—	39	107
33	沙钢财务公司	—	1	—	—	—	—	—	—	1	35
34	国泰财务公司	—	1	—	—	—	—	—	—	1	24
	合计	5	28	150	58	1	32	3	7	285	4674

说明：此表中张家港农商银行机构总数另包含总行1家

表44　　2022年年末张家港市银行机构存款情况表

类别／单位	人民币存款		其中				外币存款	
			单位存款		个人存款			
	年末余额（万元）	比上年增长率（%）	年末余额（万元）	比上年增长率（%）	年末余额（万元）	比上年增长率（%）	年末余额（万美元）	比上年增长率（%）
农发行市支行	42008.80	−24.40	42008.80	−24.40	—	—	—	—
工行市支行	4499164.75	35.45	2794486.14	64.29	1489218.80	28.86	74295.71	27.93
农行市支行	8208016.00	18.17	4171219.00	25.51	4036797.00	11.44	30627.00	−9.53
中行市支行	3889106.00	15.85	2169508.00	16.95	1702745.00	14.29	48130.00	−6.96
建行市支行	4037085.00	27.75	2356155.00	34.85	1680930.00	18.98	15199.00	4.17
交行市支行	1700286.00	21.50	1061440.00	15.60	634017.00	33.05	16183.00	86.15
中信银行张家港支行	1178456.15	13.09	1055879.30	12.34	122576.85	19.89	3383.49	−46.44
民生银行市支行	959067.24	30.62	804365.01	37.69	154702.23	3.09	1396.00	60.45
招商银行市支行	686681.00	11.96	527848.00	1.39	158748.00	71.28	3062.00	9.75
浦发银行市支行	1270613.00	14.40	1057048.00	13.39	212597.00	19.60	1134.00	17.03
光大银行市支行	1126257.44	19.54	979382.58	18.21	146874.86	29.27	564.01	43.07
华夏银行市支行	824370.00	36.52	644598.00	41.36	179772.00	21.58	2299.00	60.99
兴业银行市支行	499807.00	−12.78	420482.00	−18.80	79183.00	43.87	935.00	20.87
恒丰银行市支行	542634.09	19.17	506591.05	31.33	36043.04	−48.21	29.69	86.14
广发银行市支行	198648.00	−4.25	162765.00	−6.08	35883.00	4.99	57.00	111.11
平安银行市支行	286156.40	123.38	167700.51	−62.55	118455.89	42.17	78.55	−24.04
浙商银行市支行	515716.00	0.32	350424.00	7.68	85650.00	−4.94	999.00	88.40
江苏银行市支行	1054465.00	45.37	804146.00	32.55	250319.00	36.81	1006.00	−23.44
苏州银行市支行	802175.00	39.14	556289.00	37.12	245438.00	43.90	12.00	−92.00

续表44

单位 \ 类别	人民币存款		其中 单位存款		其中 个人存款		外币存款	
	年末余额（万元）	比上年增长率（%）	年末余额（万元）	比上年增长率（%）	年末余额（万元）	比上年增长率（%）	年末余额（万美元）	比上年增长率（%）
上海银行市支行	335830.00	14.94	307273.00	14.89	28223.00	15.60	534.00	5.36
南京银行市支行	1097280.00	60.00	923782.00	61.00	173498.00	55.00	87.77	168.00
泰隆银行市支行	149332.52	43.68	70118.62	35.22	79213.90	52.11	1377.83	13.91
宁波银行市支行	912429.11	61.55	791867.45	63.72	120561.66	48.62	20387.10	−13.43
江西银行市支行	139887.35	22.82	92970.08	16.26	46917.27	38.28	—	—
张家港农商银行	13479605.48	15.29	5547137.60	8.33	7828502.22	23.03	21601.06	4.93
常熟农商银行	256421.82	45.70	114376.27	58.07	142045.56	37.07	—	—
无锡农商银行	110920.00	19.67	100944.00	14.47	9976.00	121.25	—	—
江南农商银行	102298.11	7.16	87910.51	4.51	14387.60	26.84	—	—
渝农商村镇银行	9216.70	−19.65	1933.72	−64.76	7282.98	21.72	—	—
友利银行市支行	30205.54	−16.31	22517.79	−18.90	7687.75	−7.68	1903.75	129.03
汇丰银行市支行	19803.47	−8.37	19803.47	−8.37	—	—	1087.46	17.55
邮储银行市支行	1785369.85	14.85	258194.39	19.46	1500153.16	14.01	58.2926	−21.95
沙钢财务公司	1202458.00	54.54	1202458.00	54.54	—	—	25198.00	−5.06
国泰财务公司	649584.89	126.89	649584.89	126.89	—	—	14493.72	−34.89

表45 2022年年末张家港市银行机构贷款情况表

单位 \ 类别	人民币贷款		其中 短期贷款		其中 中长期贷款		外币贷款	
	年末余额（万元）	比上年增减（%）	年末余额（万元）	比上年增减（%）	年末余额（万元）	比上年增减（%）	年末余额（万美元）	比上年增减（%）
农发行市支行	771816.36	110.49	383119.36	1118.93	388697.00	15.94	—	—
工行市支行	4848842.52	31.21	792754.99	62.43	3818850.07	19.50	1141.21	−73.07
农行市支行	5717732.00	14.47	1865513.00	15.76	2944048.00	2.48	6036.00	−33.76
中行市支行	4387817.00	7.79	1081859.00	10.80	3103041.00	2.82	1120.00	−59.80
建行市支行	4610830.00	15.88	1399730.00	34.81	3211101.00	9.20	4888.00	−44.34
交行市支行	1106771.00	13.50	284960.00	−29.06	815739.00	43.95	864.00	−52.67
中信银行张家港支行	1287401.33	5.89	333835.34	38.68	953565.99	−23.71	42023.55	−2.48
民生银行市支行	646775.00	15.60	239671.00	−9.68	407104.00	38.42	—	—
招商银行市支行	952048.00	29.32	544543.00	55.90	407505.00	5.33	118.00	−36.90
浦发银行市支行	852227.00	5.02	274632.00	−22.83	577595.00	26.78	303.00	−54.16
光大银行市支行	1226405.24	15.47	638850.24	20.01	587555.00	10.90	—	—
华夏银行市支行	554667.00	19.37	100038.00	−37.80	454629.00	49.63	823.00	−64.06

续表45

单位＼类别	人民币贷款 年末余额（万元）	人民币贷款 比上年增减（%）	其中 短期贷款 年末余额（万元）	短期贷款 比上年增减（%）	中长期贷款 年末余额（万元）	中长期贷款 比上年增减（%）	外币贷款 年末余额（万美元）	外币贷款 比上年增减（%）
兴业银行市支行	586876.00	13.71	284626.00	7.33	231495.00	21.55	—	—
恒丰银行市支行	722495.87	121.43	259950.30	122.01	462545.57	121.10	—	—
广发银行市支行	226933.00	93.97	122961.00	253.73	53928.00	-4.58	—	—
平安银行市支行	114797.46	48.25	43239.20	442.70	71740.26	3.27	—	—
浙商银行市支行	237264.00	-9.08	134847.00	-11.68	96140.00	-7.56	—	-100.00
江苏银行市支行	957284.00	21.07	414252.00	43.49	543032.00	8.21	417.00	62.89
苏州银行市支行	879483.00	28.12	344377.00	31.37	427386.00	21.63	506.00	44.5
上海银行市支行	405378.00	-10.49	79728.00	-28.93	325650.00	-4.43	—	—
南京银行市支行	647436.00	29.00	248712.90	30.00	398723.50	28.00	—	—
泰隆银行市支行	184190.98	5.93	155156.10	-0.59	27755.67	78.08	1672.21	11.31
宁波银行市支行	564808.27	45.71	160870.06	18.78	403938.21	60.17	11412.63	58.97
江西银行市支行	154457.14	10.23	130208.28	13.89	21212.98	-15.23	—	—
张家港农商银行	11138576.16	15.53	5213814.65	12.43	4813554.15	15.07	10487.99	27.60
常熟农商银行	552987.90	20.09	302051.82	23.49	250936.08	16.24	—	—
无锡农商银行	109640.00	5.74	13532.00	-21.83	78956.00	-8.60	—	—
江南农商银行	32781.57	64.61	29886.87	74.42	2894.70	4.11	—	—
渝农商村镇银行	41663.28	12.43	30454.75	30.12	11208.53	-17.90	—	—
友利银行市支行	49369.65	-15.07	27505.34	-14.57	21864.31	-15.69	489.70	68.86
汇丰银行市支行	33563.32	85.82	33563.32	85.82	—	—	548.14	-5.61
邮储银行市支行	1397809.56	11.84	427799.17	21.20	970010.39	8.16	—	—
沙钢财务公司	370000.00	3.31	367050.00	3.06	2950.00	47.50	—	—
国泰财务公司	—	-100.00	—	-100.00	—	—	—	—

【政策性银行】 全市有政策性银行1家，为中国农业发展银行张家港市支行。2022年，该行牢记“支农为国，立行为民”的使命担当，发挥“当先导、补短板、逆周期”职能作用，拓展支农领域，服务乡村振兴。全年投放支农资金贷款49.11亿元，年末贷款余额77.18亿元，其中投放收储贷款5.32亿元，完成粮食储备17.72万吨；支持粮食市场化收购，累计投放贷款35亿元，支持企业进口大豆超80万吨；支持城乡融合发展，投放城乡一体化建设贷款7.3亿元；提升乡村土地资源效能，投放农地贷款1.49亿元；成功办理国际结算业务6.78亿美元。年内获评市级“服务乡村振兴最佳机构”。 （侯新亚）

【国有商业银行】 2021年，全市有5家国有商业银行（工商银行、农业银行、中国银行、建设银行、交通银行）的分支机构。机构网点112家，从业人员2067人。

工商银行 中国工商银行股份有限公司张家港分行（简称市工行）年内围绕“稳中求进、改中向好”总目标，落实服务实体经济、助力乡村振兴等政策要求，统筹疫情防控和经营发展。年末本外币各项贷款余额485.68亿元，比上年增30.47%，增量居四大国有银行首位。支持服务制造业发展，年末本外币制造业贷款余额130.66亿元，比上年增44.57%；支持民营企业发展，年末本外币民营企业贷款余额194.47亿元，比上年增34.71%；助力乡村振兴，年末银保监口径普惠贷款余额31.74亿元，为51个村级经济融资，融资金额3.97亿元；发展绿色金融，年末绿

3月28日，市工行走进凤凰水蜜桃种植示范基地，现场讲解工银“兴农通”App功能 （市工行 提供）

色贷款余额100.86亿元，比上年增179.31%；落实数字化转型，创新数字人民币全国首创场景5个、苏州首创场景3个。全年实现中间业务收入4.06亿元，实现拨备前利润11亿元、比上年增7.63%。年内，市工行获评苏州金融系统优秀青年集体、张家港市拥军模范企业和服务乡村振兴最佳银行。

农业银行 中国农业银行股份有限公司张家港分行（简称市农行）全年全行本外币各项存款、贷款余额分别为842.13亿元、575.98亿元，总量均居四大国有银行首位。推广线上融资产品以及供应链融资模式，银保监口径普惠贷款余额57.01亿元，比上年增35.09%，总量、增量均居四大国有银行首位。积极做好数字人民币试点工作，在全国首创线上申领、更换三代社保卡联动开通数字人民币功能场景，成功办理苏州首笔数字人民币个人助农贷款。

中国银行 中国银行股份有限公司张家港分行（简称市中行）年内坚持“稳中求进、稳中求精、稳中求新、稳中有为”的发展思路，坚守服务实体经济初心，绿色贷款余额77.8亿元，比上年增45.17亿元；民营贷款余额141.98亿元，涉农贷款余额228.77亿元，较年初新增31.95亿元。积极服务“走出去”企业，为相关集团公司核定1亿元总量并实现投放。抢抓城市能级和产业能级提升机遇，分别实现15.5亿元城市更新与21.78亿元安置房项目投放；实现3日内相关上市企业90亿元非融资保函批复，成功获批48亿元并购贷款。为烟草零售商纾困解难，“烟商贷”户数239户，贷款余额4365万元。疫情期间，累计派出防疫志愿者超150人次。积极搭建银企交流合作桥梁，举办“对话青商——走近中国银行”暨战略签约仪式。与农联村开展结对共建。践行金融企业脱贫攻坚责任担当，全年开展各类定点帮扶活动累计捐款金额42.65万元；帮助脱贫地区解决农产品滞销难卖问题，参与新华社在“快手”App上开展咸阳北四县消费帮扶直播带货活动；与兴化市周庄镇开展“城乡结对、文明共建”活动，制定形式多样的帮扶举措，为结对单位在发展过程中排忧解难。全年实现拨备前利润9.86亿元，比上年增12.17%。年内，市中行获评市“先进文明单位”；在“普及金融知识，舞出精彩人生”广场舞大赛系列活动歌曲评比中获金奖；公司业务部主任朱丹获评全国金融五一劳动奖章、江苏省五一巾帼标兵。

建设银行 中国建设银行股份有限公司张家港分行（简称市建行）聚焦先进制造业、绿色信贷、科技创新等重点领域，发挥渠道与产品优势，“普惠+”助企显实效，年末普惠金融贷款余额50.37亿元，当年新增13.3亿元，其中制造业普惠贷款新增占比近50%。聚焦“生态场景”建设，为打造高质量发展的“数字张家港”贡献建行方案，为江苏某技术装备股份有限公司发放数字人民币基本建设贷款1200万元，是数字人民币在银团模式下基本建设贷款的全国首次运用；同时，在区域内创新首推“信保贷+绿色信贷+数字人民币”“村级经济贷款+厂房快贷+数字人民币”等模式，为支持实体经济拓宽思路。发挥“建行生活+数字人民币”平台优势，在“汽车促销，惠民嗨购”及“双12苏州购物节，嗨购张家港”两大活动中独家承揽发放数币消费红包420万元，配合线上、线下推广活动为百姓提供更高效、更便捷的消费体验，全年“建行生活”平台注册客户新增超7万户。适应市场变化，聚焦便民利民创新提升贷款客户综合服务能力，成功办理苏州市首笔存量房“带抵转让”登记和按揭贷款业务。着力探索绿色金融发展新模式，《绿色金融支持钢企环保技改提升》创新案例获国务院国资委碳达峰碳中和优秀案例三等奖。至年末，各项存款余额414.29亿元，比上年增27.36%；各项贷款余额464.49亿元，比上年增15.12%，实现利润总额84215.76万元。

交通银行 交通银行股份有限公司张家港分行（简称市交行）年内坚持“服务三农、服务地方、服务小微”。贯彻落实金融服务实体经济，年末本外币存款余额181亿元，比上年增24%，其中人民币存款余额170亿元，公司类授信业务总余额169.87亿元。落实金融支持制造业，制造业中长期贷款余额22.91亿元，较年初增长14.81亿元。践行普惠金融，年末普惠两增贷款余额11.49亿元，较年初增长4.03亿元，普惠两增客户数718户，较年初增长341户，年内为21家小微企业投放小微贷1.41亿元。创新科技金融，推广科技金融特色产品苏州E贷，为61家科技型企业申请苏州E贷1.08亿元。强化绿色金融，年末绿色信贷余额7.95亿元，较年初增长2.72亿元，增幅52%。

（储成飞 汪少波 冯玉姣 黄雯 戴雅平）

【股份制商业银行】 2022年全市有12家全国性股份制商业银行（中信银行、民生银行、招商银行、浦发银行、华夏银行、光大银行、兴业银行、恒丰银行、广发银行、平安银行、浙商银行、江西银行）的分支机构。机构网点27家，从业人员446人。

中信银行　2022年，中信银行股份有限公司张家港支行围绕实体需求，紧密银政企合作，成功为本土高新技术企业投放“小微贷”实现首破冰、成功审批并投放分行首笔由当地政府参与并支持的民营工业园区贷款；着力业务创新，率先落地分行首单“充电宝”大单品产品，为5家客户开展业务并缴纳电费超过1亿元，成为落地总分行创新产品首单业务最多的支行；围绕区域内核心企业供应链融资需求，率先落地分行首笔“科创e贷”和“商票e贷”等产品，扶持小微企业发展。

民生银行　中国民生银行股份有限公司张家港支行坚持服务地方实体经济发展职能，年内新增实体客户开户超200户。拓展资本市场业务，实现投债4笔，中标6.2亿元。创新服务产品，以无还本转贷方式为120户企业进行转贷，为100户小微企业降低贷款利率。多举措发展普惠贷款业务，年末普惠金融贷款余额为11.8亿元，比上年增11.83%，超额完成全年指标。全年实现利润2亿元，计划完成率100%。

招商银行　招商银行股份有限公司张家港支行年内全力支持小微企业和企业重点项目，全年人民币存款余额68.67亿元，比年初净增7.34亿元；人民币贷款余额95.2亿元，净增21.58亿元，增幅29.31%；普惠贷款余额9.56亿元，净增1.24亿元，比上年增14.9%；零售信贷余额31亿元，市场份额在全市股份制银行中排名第一。设立张家港市首家私人银行中心——招商银行私人银行（苏州张家港）中心，为百姓提供优质服务，年内获评招行苏州分行“服务先进支行”。

浦发银行　上海浦东发展银行股份有限公司张家港支行年内坚持服务实体经济，支持普惠金融、科创金融等领域。年末总存款余额127.85亿元，比上年增14.48%；各项贷款余额85.43亿元，比上年增4.73%。其中，中小微企业贷款余额49.36亿元，领军人才贷款余额4.72亿元，科技企业贷款余额7.77亿元；普惠金融贷款余额7.81亿元。提供金融创新产品，支持地方经济发展，年末承销债务融资工具12.8亿元。年内联合省生产力促进中心、市科学技术局及各区镇举办多场高企融资服务直通车活动，至年末，对接企业122家，授信获批48家，授信获批金额24.73亿元。

华夏银行　华夏银行股份有限公司张家港支行秉承“诚信、规范、高效、进取”的价值理念，不断完善金融产品创新和服务。年内，制造业贷款投放13.87亿元，科技型企业贷款投放5.42亿元，小微企业贷款投放2.32亿元，涉农贷款投放2.54亿元。该行定位“中小企业服务商”，走访民营和小微企业，深入了解客户融资需求。为降低企业融资成本，运用房贷通、循环E贷、网络贷等贷款产品，提供“随借随还”的信贷服务。履行社会责任，组织开展金融知识进校园、进社区、进企业等活动；利用电子显示屏等宣传阵地发布公益广告，提醒广大市民注意防范非法集资、金融诈骗等。至年末，该行实现一般存款余额84.02亿元，贷款余额56.03亿元。年内，获评华夏银行苏州分行先进单位、张家港市文明单位等。

（蒋愫雯　赵鸣雷　杨福男　赵　璇　赵晓娟）

【城市商业银行】 2022年，全市有6家城市商业银行（江苏银行、苏州银行、上海银行、南京银行、宁波银行、泰隆银行）的分支机构。机构网点20家，从业人员413人。

江苏银行　年内，江苏银行股份有限公司张家港支行推动新一轮转型升级，将服务实体经济作为首要任务，全力推进拓客强基工程，实现本外币存款、贷款规模双提升。重点领域投放持续扩大，全年实现制造业贷款新增10.24亿元；民营企业贷款新增18.93亿元；绿色贷款余额新增12.49亿元，其中清洁能源贷款新增1.98亿元。创新产品持续推进，其中“智数宝”产品已累计服务“智改数转”企业11户，提供授信8.55亿元；结合区域发展特色创新推出“科招宝”产品，突破银行融资对企业成立年限、销售规模等要求，年度内落地7户，提供授信2300万元。落地辖内首笔校外培训机构数字人民币学费缴费业务。小微科创服务持续增强，普惠贷款新增3.05亿元，新增领军人才企业贷款余额4100万元。同时运用人才贷产品赋能科技创新，助力人才企业发展。全力擦亮“苏银融”党建品牌，试点开展“金融专员驻村社”活动，落地首笔数字人民币农担贷款，为乡村振兴注入金融活水。年内，获2022年度金融系统绩效考核综合贡献奖、存贷款增长先锋奖、智能制造最佳合伙人荣誉，并在2022年度人行考评中获得A级评价。

苏州银行　苏州银行股份有限公司张家港支行坚持“以小为美、以民唯美”的发展战略，在民生金融、科技金融等领域不断发展，打造本土银行品牌形象。年内，作为张家港市第一批三代卡发卡银行之一，持续做好社保三代卡发卡业务，年度发卡完成率位列苏州银行全辖第一名；持续做好保障性安居工程、租赁住房等民生工程项目。持续强化创新驱动，推出全国首单绿色碳中和债券、全省首单数字人民币形式发放的“苏质贷”；发放科技类贷款8.6亿元，帮助市企业智能化改造和数字转型。全年投放普惠金融贷款15.5亿元，占全行货款余额17.55%，位居各银行前列；疫情期间主动为人才企业增加临时信用额度，且实现全流程线上化操作，缓解企业燃眉之急；推出支持困难企业发放员工工资的专项贷款——“薪金云贷”；主动授信支持企业完成健康驿站施工，保障疫情防控。

（宋张婷　王　坤）

【农村商业银行】 2022年，全市有4家农村商业银行（张家港农商银行、常熟农商银行、无锡农商银行、江南农商银行）及其分支机构。机构网点81家，从业人员1528人（不含异地机构网点及人员）。

9月29日，常阴沙“金秋乡村欢乐游”暨数字人民币场景应用启动仪式在常北稻麦乐园拉开序幕　　（张家港农商银行　提供）

张家港农商银行　江苏张家港农村商业银行股份有限公司下辖3家分行，1家营业部，42家支行，51家分理处，机构网点总数97家。2月10日，获批参股江苏太仓农村商业银行股份有限公司。2月25日，各项存款规模超1000亿元。2月至4月，推出15亿元专项信贷额度和8项惠企措施，助力各类市场主体应对疫情影响。5月，与市委组织部联合开展“美美乡村”金融特派员派驻专项活动，74名党员干部、业务骨干进驻全市64个党委村、10个党委社区。5月25日，成功中标全国首单绿色碳中和科技创新公司债“GC永钢K1”——江苏永钢集团有限公司2022年面向专业投资者公开发行绿色科技创新公司债券（专项用于碳中和）。10月25日，发行10亿元绿色金融债，发行利率2.65%。11月27日，举行成立21周年“大家欢乐跑”活动；同日，通过市慈善总会捐赠10万元，为全市3252名弱势群体投保“江苏医惠保1号”商业补充医疗保险。至年末，全行资产总额1875.33亿元，比上年增13.95%；本外币各项存款余额1395.84亿元，比上年增15.23%，本外币各项贷款余额1150.28亿元，比上年增15.24%。其中，涉农贷款余额562.64亿元，比上年增10.24%。拨备覆盖率521.09%，较上年末上升45.74个百分点，不良贷款率0.89%，比上年下降0.06个百分点。全年实现归母净利润16.82亿元，比上年增29%。在英国《银行家》杂志发布的2022年全球商业银行1000强中排名第526位，比上年上升88位。年内，位列2022年中国银行业200强第115位。

常熟农商银行　常熟农商银行股份有限公司张家港支行贯彻落实“普惠金融”政策，立足“三农”“两小”，以服务实体经济、小微企业、个体工商户为目标。年内各项贷款余额55.3亿元，比上年增20.09%。其中，普惠贷款37.98亿元，较上年新增6.87亿元；中小微贷款19.84亿元，制造业贷款19亿元，科技型企业贷款1.83亿元。创新服务产品持续聚焦“三农”“普惠”，陆续推出“苏科贷”“小微贷”等产品；通过乡村党建建立金融普惠进乡村特色主题活动，支行涉农贷款日均新增7238万元。（沈　阳　宋晓蕊）

【村镇银行】2022年，全市有村镇银行1家。江苏张家港渝农商村镇银行股份有限公司在夯实资产质量的同时，实现业务稳步发展，打造“小而美”的村行。年内，该行新投放各项贷款265户，金额1.6亿元。年末各项贷款余额41663.28万元，较年初增加4606.29万元，比上年增12.56%；其中普惠小微贷款余额26442.2万元，较年初增加4557.85万元。通过科技赋能提升客户体验感，推进线上无还本续贷、线上申贷、自主支用、还款等功能开通；积极对接苏州市资规局开通互联网+线上抵押登记及查询等功能，减少客户往返银行与登记中心时间的同时，降低疫情影响，增加客户“一次性办结”的良好体验。

（李　丹）

【外资银行】2022年，全市有2家外资银行（友利银行、汇丰银行）的分支机构。友利银行（中国）有限公司张家港支行在维系韩国客户的基础上，积极发展中国客户。针对受疫情影响企业在采购设备、生产方面提供资金援助。全年韩国独资企业贷款客户11户，中资企业贷款客户4户，贷款业务均服务于实体经济。年末本外币贷款余额5.28亿元，比上年减12%，其中制造业贷款余额3.25亿元，全年发放1.27亿元流动资金贷款支持企业生产经营；本外币存款余额4.35亿元，比上年增5%；资产总额6.52亿元，比上年减0.15%；负债总额6.45亿元，比上年减0.62%。汇丰银行（中国）有限公司张家港支行侧重对公业务，为中外资企业提供国际化的金融解决方案，向中国市场提供全面广泛的金融服务。年末，各项贷款余额为37380.91万元，比上年增71.75%；各项存款余额为27377.21万元。表外业务项下，全年办理融资性备用信用证1笔，金额10万美元；办理保函业务2笔，金额61.9756万美元。（苏　南　王亚超）

【邮储银行】2022年，中国邮政储蓄银行股份有限公司张家港市支行结合“港城金融服务万企百亿融通工程”“领军计划”“百行千人进万企”等活动，贯彻落实“稳企业”“保就业”决策部署。年末，普惠贷款余额21.74亿元，净增6.24亿元。持续聚焦基础设施建设、产业结构战略调整、大中型企业等领域，投放贷款16.82亿元，投资债券6.3亿元。实现全市AA+平台授信全覆盖，累计授信金额34.5亿元。成立绿色金融服务中心，累计投放绿色贷款4.5亿元。为经开区城市更新项目授信24.5亿元，实现投放2.33亿元。承销市城投公司、经开区首笔超短融8.5亿元。与张家港广大特材股份有限公司签订“科技人才企业融资项目”，授信8亿元。坚持资源整合，融入乡村振兴。累计为地方农村输入贷款36.5亿元，为各乡村经济增授信用7.08亿元。通过与基层政府签订战略合作协议，纾解农户“贷款难”、银行“难贷款”问题，累计建设信用村85个，信用户近5000户。与凤凰镇合作开展“数字凤凰”活动，开通农村支付数字场景，引导农村数字人民币消费活动。与乐余镇庙港村开展结对共建，通过加大强村项目资金支持力度、拓展农产品销售渠道、共建党建宣传阵地等方式，共建美丽乡村。2022年，实现营收3.71亿元，利润2.6亿元，均列全省县（市、区）支行第二位。存款余额178.54亿元，年净增23.08亿元。贷款余额173.17亿元，年净增17.43亿元。存贷比为97%。其中，零售信贷余额（含小企业）112.77亿元，比上年净增12.56亿元。　（张春晴）

【财务公司】 全市有财务公司2家。沙钢财务有限公司于2010年登记成立，注册资金10亿元，2022年年末本外币存款余额137.8亿元，本外币贷款余额37亿元。江苏国泰财务有限公司由江苏国泰国际集团有限公司和江苏国泰国际集团国贸股份有限公司共同出资成立，注册资金5亿元。年末本外币存款余额75.05亿元。

（王　洵）

保　险

【概况】 2022年，全市有保险公司45家，其中财险公司22家、寿险公司23家。年内，全市保险机构实现标准保费收入73.72亿元，赔付支出19.62亿元，保险深度2.23%。全年为全市437家企业提供贷款保证保险，帮助企业获得20.73亿元“信保贷”授信。苏州地区首单住宅工程质量潜在缺陷保险（IDI）成功签约，切实发挥住宅工程质量潜在缺陷保险制度对住宅工程的保障作用；落地张家港首单高标准农田IDI项目，“保险+服务”助力农田保障及管护；落地张家港首单农民工工资支付履约保证保险，减轻施工企业负担的同时为农民工工资提供支付保证。

【财产险公司】 全市有中国人民财产保险股份有限公司张家港中心支公司、中国太平洋财产保险股份有限公司张家港中心支公司、中国平安财产保险股份有限公司张家港支公司等财产险公司22家。

人保财险　2022年，中国人民财产保险股份有限公司张家港中心支公司下设7个营业部和15个营销服务部，从业人员202人。年内，新增电梯安全责任保险、侵犯专利权责任保险、知识产权海外侵权责任保险、水稻完全成本保险、螃蟹养殖气温指数保险、小麦价格损失补偿保险、水稻倒伏损失保险、羊肚菌种植保险8个险种，累计设险种10个大类200余个。全年完成保费收入85859万元，比上年增8.63%。其中，车险收入59111万元、非车险收入24365万元、农险收入2383万元。保险收入中，车险占比最大，为68.85%。全年累计处理赔案30.4万件，理赔支出45755万元，赔付率53.29%，其中车险理赔支出32011万元、非车险理赔支出13050万元、农险理赔支出694万元。

太平洋产险　2022年，中国太平洋财产保险股份有限公司张家港中心支公司下设总经理室、综管部、财务部、团客发展部、个客发展部、共享作业服务中心、团客客服理赔部、业务部等部门，下辖1个支公司、8个营销服务部，从业人员245人。年内，公司中标“房安保”项目、全市国省道公路公众责任险等重大项目，落地苏州市首单房屋质量缺陷保险（IDI）、张家港首单高标准农田IDI保险、张家港高铁站一揽子保险、东二环工程险、光束汽车等重特大项目；独家承保2022年央视中秋晚会的特定场所意外险和团体人身意外保险；推出“检测无忧”综合保障。全年完成保费收入7.75亿元，比上年增13.9%。其中，非车险收入2.28亿元、机动车辆险收入5.47亿元。保费收入中，机动车辆险占比最大，为70.58%。全年累计处理赔案302498件，理赔支出39635万元，比上年增1.1%，赔付率51.3%。理赔支出中，非车险支出7823万元、机动车辆险支出31812万元，机动车辆险占比较大，为80.3%。公司市场占有率32.7%。

（苏莉娜　姜鹏程）

【人身险公司】 全市有中国人寿保险股份有限公司张家港支公司、中国太平洋人寿保险股份有限公司张家港中心支公司、中国平安人寿保险股份有限公司张家港支公司等人身险公司23家。

人保寿险　2022年，中国人寿保险股份有限公司张家港支公司下设营销发展部、收展发展部、个险培训部、团体业务部、银行保险部、综合部、客户服务中心7个部门，下辖4个营业部和7个营销服务部。有从业人员937人，比上年减94人。累计设险种3个大类256种。全年完成保费收入117558.42万元，比上年减0.92%。处理赔案16859件，理赔支出5558.1万元，比上年增3.14%。

太平洋人寿　2022年，中国太平洋人寿保险股份有限公司张家港中心支公司下设个险业务部、雇员福利部、营运部、综管部，其中个险业务部下辖市区营业部和金港、塘桥、凤凰、乐余、杨舍5个营销服务部，塘桥营销服务部为四级机构。从业人员578人。公司践行国家“数字化”战略，以“长航行动”为指引，瞄准“后疫情”时代客户痛点，探索保险窗口服务模式创新突破，将消费者权益保护融入公司经营，为消费者提供“在你身边”、高质量的保险服务解决方案。全年完成保费收入77845万元，比上年增3.06%。其中，个险期缴收入8407万元、意外险收入1669万元、续期收入60361万元。全年累计处理赔案10096件，理赔支出5650万元。其中，团险理赔4408件，赔付1173万元；营销险种理赔5688件，赔付4477万元。　（曹影珂　周　霞）

证券·期货

【概况】 全市有东吴证券股份有限公司张家港分公司及杨舍镇、锦丰镇、金港街道证券营业部，华泰证券股份有限公司张家港杨舍东街、金港街道长江中路证券营业部,南京证券股份有限公司张家港东环路证券营业部、中原证券股份有限公司张家港建农路证券营业部、中信建投证券股份有限公司张家港人民中路证券营业部等证券公司营业部24家。

【东吴证券】 2022年,东吴证券股份有限公司张家港分公司下设总经理室、综合部、财务部、信息技术部、机构业务部、零售业务部6个部门,下辖杨舍、金港、锦丰3个证券营业部。从业人员66人。分公司提供IPO、中小企业私募债、财务顾问、"新三板"等综合金融业务。各营业部开设沪深A股、B股、权证、期权、港股、期货、国债、企业债券、国债回购、封闭式基金等交易品种,提供融资融券、股票质押回购、小贷宝等融资服务,提供网上交易、手机炒股等交易方式,并与中国银行、农业银行、工商银行、建设银行、交通银行等13家银行建立客户保证金三方存管业务。营业部客服中心实行客户经理制,为客户提供一对一服务,并提供电话咨询、短信、盘中提醒等多种咨询服务,帮助投资者把握投资方向。全年完成交易额2101.18亿元,实现利润5858.99万元。 (肖 贝)

【华泰证券】 2022年,华泰证券股份有限公司有张家港杨舍东街、金港街道长江中路2个证券营业部。杨舍东街证券营业部有在职员工25人,开设A股、B股、债券、基金、权证、新三板、H股、融资融券、个股期权、港股通IB业务等交易品种,提供网上交易、电话委托、磁卡委托、手机炒股、网上页面委托等交易方式,与工商银行、农业银行、中国银行、建设银行、交通银行、浦发银行、招商银行、中信银行、农商行等多家银行建立三方存管业务。年末,华泰公司总部推出涨乐财富通App8.0版,营业部每日平均约有3.3万名客户使用该App交易,覆盖率98.59%。年内,股基证券开户3311户,有效户877户,新增融资融券客户639户。全年实现交易额310.5亿元,理财产品销售额46.2亿元,其中私募基金销售占比提升209%。实现利润3082.3万元。营业部在全国1.2万家营业部中综合排名列第107位,在张家港市场份额排名第一。 (夏良亮)

【南京证券】 2022年,南京证券股份有限公司张家港东环路证券营业部设有多媒体展示区、客户体验区、客户区及贵宾区、期货交易专区,从业人员11人。营业部承揽A股、B股、港股通、沪伦通、债券、基金、"新三板"、科创板等传统通道业务以及期货IB、融资融券、股票质押式回购融资、专项融券业务、各类金融产品代销、股票期权等创新业务。提供现场开户、见证开户、网上开户、手机开户多种开户方式,以及现场交易、电话委托交易、网上交易、手机委托交易等交易方式,与工商银行、农业银行、中国银行、建设银行、交通银行等多家银行建立三方存管转账业务。营业部依托公司的"快乐阳光"网上营业厅、金罗盘掌厅、微信微厅等客户服务平台以及"95386"全国统一客服热线,为客户提供更便捷的服务。2022年完成交易量361.74亿元,实现收入1108.72万元,实现利润总额799.67万元。 (钱文娟)

【东华期货】 2022年,江苏东华期货有限公司张家港营业部有从业人员6人,均持有期货从业资格证书。公司业务范围包括商品期货、金融期货、资产管理等。至年末,拥有固定客户1140人,年成交额360亿元,实现客户保证金规模4600万元。

(陆丽华)

其他金融机构

【小额贷款公司】 全市有小额贷款公司13家,分别为张家港昌盛农村小额贷款有限公司、市华芳农村小额贷款有限公司、张家港保税区锦泰农村小额贷款有限公司、市国泰农村小额贷款有限公司、市广大农村小额贷款有限公司、市沙钢农村小额贷款有限公司、市南丰农村小额贷款有限公司、市亚泰农村小额贷款有限公司、市中昊农村小额贷款有限公司、市金生科技小额贷款有限公司、市长江农村小额贷款有限公司、市金城泰农村小额贷款有限公司、苏州港口张家港保税区科技小额贷款有限公司。年内累计发放贷款36.22亿元,融资余额8.42亿元,年末贷款余额37.77亿元。

【融资租赁公司】 全市有融资租赁公司4家,分别为江苏金茂融资租赁有限公司、华晟融资租赁股份有限公司、马尼托瓦克(中国)租赁有限公司、江苏万盈融资租赁有限公司。其中,江苏金茂融资租赁有限公司是由国有股东张家港市金茂集体资产经营管理中心控股,华晟融资租赁股份有限公司是境内法人及自然人出资成立的内资融资租赁公司,马尼托瓦克(中国)租赁有限公司为外国法人独资,江苏万盈融资租赁有限公司为香港企业独资。至2022年年末,融资租赁资产总额21.11亿元,客户数100户。

【担保公司】 全市有融资性担保公司4家,再担保公司1家,分别为张家港市金港投融资担保有限公司、张家港市金港投融资担保有限公司科创分公司、张家港市农业融资担保有限公司(承担政府性融资担保公司职能)、苏州市住房置业融资担保有限公司张家港分公司、张家港市信用再担保有限公司。年内,融资性担保公司累计担保49.03亿元,担保户数833户;再担保公司未开展业务。

【典当公司】 全市有典当公司9家,分别为江苏广聚源典当有限公司、张家港市锦泰典当有限公司、张家港市鸿笙典当有限公司、张家港保税区宝盛典当有限公司、张家港市铭达典当有限公司、苏州华富典当有限公司、苏州鼎丰典当有限公司、苏州东鑫典当有限公司、苏州亿通典当有限公司。年内,开展典当业务1827笔,累计典当额5.08亿元。

【保理公司】 全市有商业保理公司2家,分别为江苏金茂商业保理有限公司、江苏华程商业保理有限公司,资产总额6.72亿元。年内,2家商业保理公司发放保理融资款本金5.35亿元,客户数40户。 (王 洵)

【编辑 陆雨亭】

综合经济管理

Comprehensive Economic Administration

4月17日，市市场监管局工作人员在第二集贸市场采集监测蔬菜价格　（市市场监管局　提供）

宏观经济管理

财　　政

税　　务

国有资产经营管理

市场监督管理

质量管理与检验检测

知识产权保护

审　　计

统　　计

張家港年鑑（2023）

宏观经济管理

【概况】2022年，市发改委围绕“创新转型加速年”工作主线，统筹推进疫情防控和经济社会发展，聚焦转型核心要求，聚力提升发展品质，全市实现地区生产总值3302.39亿元，比上年增1.3%。其中，服务业增加值占地区生产总值比重为48.5%。全社会固定资产投资545.08亿元，其中服务业投资329.76亿元。全社会用电321.79亿千瓦小时，其中工业用电量283.25亿千瓦小时。年内，市发改委获评全省发展改革系统先进集体，粮食安全、生态文明体制改革2项工作得到省政府办公厅真抓实干督察激励表彰，市发改委位列市级机关单位绩效考核“第一等次”。

规划编制与实施　统筹推进“十四五”规划实施，完成“十四五”规划后评估工作，关注全市经济社会发展各重点领域，督促落实各专项规划。编制印发《张家港市推进数字经济时代产业创新集群建设2025行动计划》，前瞻性、高水平构建具有数字经济时代特征的“港城特色”产业创新集群。制定出台《张家港市推动新兴服务业高质量发展2025行动计划》，探索新兴服务业支撑产业集群发展的新路径。围绕新变化、新风口、新赛道加大研究力度，开展“疫情对张家港市经济运行的影响与对策分析”“民生实事：提升高品质公共服务供给水平”“张家港构建生态产品价值实现机制的思考”“张家港加快数字经济核心产业发展对策研究”等多项课题研究。剖析发展前沿热点，开展重大信息参考服务，全年编辑《发展改革专刊》7期、《发改资讯》48期。做好月度经济数据监测工作，横向掌握全国县域经济领跑县（市）政策、经济数据，取长补短，纵向分析经济运行总体态势，做到研判准确、预警及时、分析透彻、策略得当，为全市经济提供保障。

政策制定与推进　面对多轮疫情冲击，聚焦市场主体困境，制定落实《关于进一步帮助市场主体纾困解难着力稳定经济增长若干政策措施的实施方案》《关于贯彻落实苏州市人民政府支持服务业相关领域纾困和恢复发展政策意见的实施方案》等惠企政策。编制印发《张家港市稳住经济大盘工作方案》，全力保障经济稳定。修订出台《张家港市产业创新集群高质量发展扶持政策》，率先推行产业扶持政策“积分制”管理。研究制定《张家港市深化农村信用体系建设实施方案》，赋能乡村振兴，推动农村经济健康持续发展。深化供电行业“放管服”改革，建立健全供电行业可持续发展长效机制，制定《张家港市电力接入工程政企共担管理机制》。探索出台企业用能、用水、排污指标“1+3”政策体系，制定推行《张家港市促进有效投资、推动产业用地提质增效工作方案》《张家港市相关资源要素协调保障实施方案》，提高全市要素资源协同配置效率。加速数字技术与实体经济深度融合，扎实推进《全面推进数字张家港建设的实施方案》。推动长江大保护工作，印发实施《2022年张家港市推动长江经济带发展工作要点》。融入长三角一体化发展，积极参与虹桥国际开放枢纽北向拓展带建设，上海长三角科创企业服务中心苏南中心、光束汽车生产基地等纳入虹桥国际开放枢纽建设（苏州）相关方案，5个项目列入《虹桥国际开放枢纽建设第一批重大项目（苏州）》。推进“两业融合”试点工作，扩大“两业融合”试点覆盖范围，培育一批“两业融合”发展标杆典型，新增物润船联、玖隆物流、富瑞特装3家省“两业融合”试点企业，数量位居苏州各板块前列。推进碳达峰碳中和，起草《张家港市碳达峰行动方案》，启动重点领域、园区、企业碳达峰方案编制。有序淘汰煤电落后产能，全市非电行业燃煤企业减至4家。构建绿色低碳循环发展经济体系，总投资283.11亿元的48个绿色低碳建设项目启动建设。2021年长江经济带生态环境警示片披露问题全面整改到位、验收销号，国家警示片以正面典型案例形式宣传张家港整改效果。张家港推动长江经济带相关经验被《新华日报》等主流媒体宣传报道。做好生态产品价值实现机制试点工作，重点围绕沿江保护修复和绿色发展完成系列项目建设，创新构建以“生态积分”为核心的生态资源权益交易机制等，研究制定实施方案。成立市对口帮扶支援合作和南北挂钩工作领导小组，投入2.29亿元对外援助资金，有序推进42个援建项目，持续加强新疆伊犁巩留县对口支援，深化宿迁市宿豫区南北挂钩合作。

服务深化与创新　成立重大项目服务专班，组织重大项目现场观摩会，启动“土地、能耗、环保”对上争取服务专班，畅通“重大项目直通车”和“企业纾困解难”政企沟通渠道，营造全市重大项目建设大干快上拼抢氛围。规划实施市级重大项目265项，其中大族激光华东区域总部基地、国富氢能装备生产基地、沙钢超薄带二期、海进江LNG接收站等4个项目列入省重大项目；天兵科技火箭及发动机智能生产基地、泰源汽车零配件张家港生产基地、京东长三角智能产业基地等43个项目列入苏州重点项目，三级重大项目完成投资超500亿元。广大鑫盛（一期）、信义光伏等项目竣工投产，大族激光、默克半导体等项目开工建设。实施《张家港市优化营商环境重点工作2022》，营商环境继续领跑全省县市“第一方阵”，创新企业开办线上“全链通”和线下“一窗式”融合发展方式，提升项目验收审核、规划环评等举措服务效率，提高不动产登记、纳税、电子签章等政务服务能力，一般登记业务当日办结率95%以上，位居苏州前列。成立运行“保生产、稳发展”工作专班，公布24小时助企纾困解难服务热线，多措并举帮助市场主体纾困解难，编发《保生产稳发展领导小组简报》13期。科学调度疫情防控期间煤、水、电、气、热力及粮油供应。落实社会救助和保障标准与物价上涨挂钩联动机制，向困难群众发放一次性特别补贴及物价补贴407.19万元，惠及困难群众18315人次。高标准推进民生实事项目建设，24个民生实事项目完成年度投资14.45亿元，19个当年度项目顺利完成，1个跨年度项目提前完成。落实富民增收举措，2022

年居民人均可支配收入68681元，比上年增3.9%。加强信用监管工作，对300家企业进行公益性信用修复培训，上报信用承诺信息60.3万条，全市58家企业通过省信用管理培训，1家企业获评江苏省信用示范企业，7家企业获评苏州市信用示范企业。

对上衔接与报批　张家港市成功入选江苏省首批生态产品价值实现机制试点城市。13家企业入选中国服务业企业500强，数量列全省县（市）第一。物润船联获评省首批服务业高质量发展领军企业，新点软件中央研究院等3个项目入选省服务业重点项目，华云数谷数字经济产业园等13个项目入选苏州市服务业重点项目，驰乐汽车配件仓储物流中心获得省级现代服务业发展专项资金160万元。国泰新点软件等3家企业获得苏州市总部企业认定，累计12家。江苏国富氢能技术装备股份有限公司加氢站关键装备技术研发及产业化项目获得中央预算内投资补助4350万元，江苏省氢能制储装备工程研究中心获评2022年省级工程研究中心，兑现市级氢能产业、提高工业用地容积率、省级工程研究中心等各类奖补资金1744.12万元。国信沙洲项目被纳入国家规划的支撑性煤电项目。落实国家粮食和物资储备局“绿色储粮标准化试点”工作，打造张家港的绿色储粮技术试点示范样板。

【价格管理】2022年，市发改委扎实做好“六稳”“六保”工作，着力加强价格调控和服务，坚持市政府领导下的价格调控目标责任制，列入价格调控的12种主要商品价格和服务收费水平低于预期目标，完成价格调控任务。积极贯彻落实上级部署的各项价费优惠措施，清理规范涉企收费，全年为企业减负1711.44万元。落实社会救助和保障标准与物价上涨挂钩联动机制，向困难群众发放一次性特别补贴及物价补贴407.19万元，惠及困难群众18315人次。继续贯彻落实全省交通船闸过闸费、水利船闸过闸费（不含经营性船闸）分别在原有征收标准上给予20%、10%的优惠政策。自4月1日起，免征医院电梯、锅炉、压力容器定期检验和监督检验费用，减半收取餐饮住宿业的电梯、锅炉、压力容器定期检验和监督检验费用，按现行标准80%收取水土保持补偿费，对水资源费省级部分减按80%收取，将防空地下室易地建设费标准下调20%。10月1日至12月31日期间，贯彻落实水资源费、水土保持补偿费等14项行政事业性收费项目缓缴政策。据统计，全年减少企业支出1749.09万元。严格履行定价程序，审慎出台价费政策，对相关价格进行制定和调整。开展全市交通物流、水电气暖、行业协会商会、中介机构重点领域涉企违规收费专项整治工作。通过自查自纠、联合检查等方式，清退违规收费51.65万元。开展清理规范转供电环节不合理加价回头看工作。严格执行收费目录清单和动态管理制度，会同市财政部门公布《张家港市行政事业性收费项目目录（截至2022年6月30日）》。会同财政等部门编制公布《张家港市口岸收费目录（截至2022年9月30日）》。强化疫情期间农副产品价格监测，3月下旬至4月末，农副产品价格情况每日直报市防控指挥部。4月12日至23日，把农贸市场供需和价格情况形成价格专报一日一报上报市政府，实行预警预报。加强全市粮油、肉禽蛋菜等与群众生活密切相关的主副食品以及钢铁、木材、成品油、化肥、粮食、生猪等重要商品价格动态监测。全年上报各类常规价格监测表格772篇，监测分析12篇，公示各类民生信息8.4万条。办理各类价格咨询回复29件，及时为群众答疑解惑。开展小麦和水稻成本收益调查及分析，针对农民节本、稳价、增收提出对策建议，为上级农产品价格管理提供基础数据。

（董淑月　刘　姗）

财　政

【概况】2022年，全市财政部门围绕“擦亮一个品牌、打赢两场硬仗、建设五型财政”的工作主线，加力提速保障收支平衡、防范债务风险、增进民生福祉，为市现代化建设筑牢财力支撑。还原留抵退税后，全年完成同口径一般公共预算收入254.78亿元，比上年降5.8%，税收占比75.2%，收入总量位列苏州各市县区第三。年内，市财政局建立“财税银”增值税留抵退税协调机制，贯彻落实组合式税费支持政策，全年办理“缓、减、退”税超100亿元，深度释放减税降费红利，夯实经济税源发展基础；完善重点企业服务机制，开展“阳光财政，暖心惠企”春日大走访活动，促进经济企稳向好。全年对上争取到位新增债券32.39亿元。落实减费降负政策，公布政府性基金项目7项、行政事业性收费项目33项、考试考务费项目69项，其中，新增1项特种作业人员安全技术考试考务费，职业与技能鉴定等考试考务费20项，确保清单之外无收费。紧扣“创新转型加速年”工作主题，聚焦科技招商“一号工程”，全年安排科技招商专项经费680万元，设立“沙洲科创C计划”基金，采用拨改投、投贷联动等形式，为科创企业落地和发展提供全生命周期的支持。新兴产业投资基金向张家港人才一号母基金和沙洲科创C基金分别认缴7500万元和1.6亿元。为培育产业集群、扶持企业发展打出财政“组合拳”。配合市发改委制定《张家港市产业创新集群高质量发展扶持政策》，将此前各部门出台的50余个产业扶持政策文件梳理、整合、精简为6个大类136条，包括贡献激励、产业投入、创新投入、营收增长、荣誉激励、金融支持等内容，并在全省率先推行政策兑现“积分制”管理方式。4月末上线运行“惠企政策一点通”平台，完成首批“张家港市工业和信息化产业转型升级专项资金”15个子项目的申报审批与资金拨付工作。落实市政府“稳岗惠企十条措施”，发放稳岗返还资金15041.03万元，惠及企业2.6万户，发放一次性留工培训补助15588.75万元，一次性扩岗补助545.25万元，失业补助金224.07万元；对受新冠疫情影响严重的262家服务业企业、载体发放补助505.69万元；出台《关于减免2022年承租国有物业租金的通知》，减免国有物业租金9400万元；发放企业贷款周转金52亿元，办理

"小微贷"35.81亿元，助力解决中小企业融资难、融资贵问题。全年兑现企业扶持资金超20亿元。

【政府采购管理】 年内，市财政局持续深化政府采购制度改革。出台市政府采购正面清单和负面清单。"双清单"由33项正面事项和53项禁止事项组成，除涵盖《中华人民共和国政府采购法》《政府采购法实施条例》和政府采购招标投标、非招标采购等法律法规外，还收录落实节能环保、扶持不发达地区和少数民族地区、促进中小企业发展、支持监狱企业、促进残疾人就业等政府采购政策的最新要求。"双清单"内容分为资格条件、采购需求、评审因素、采购程序四大类，贯穿政府采购从意向公开到合同签订及履行的全流程，并对负面清单禁止事项增加示例进行补充说明，即将财政部指导性案例、政府采购行政诉讼案例以及日常处理政府采购投诉、开展监督检查的监管成果与各禁止事项一一对应，增强其针对性和可操作性。"双清单"执行情况纳入财政监督检查和绩效评价考查范围。对全市使用财政资金采购疫情防控相关货物和服务的各级机关事业单位和团体组织开通政府采购"绿色通道"。支持消费扶贫，鼓励、指导各预算单位使用"扶贫832"和"鲜丰汇"等平台开展采购活动、帮扶贫困地区。年内，政府采购（货物类、服务类）合同金额18.51亿元，比预算金额节减资金1.03亿元，全市节约率5.27%。

【公共资源交易】 年内，苏州市公共资源交易中心张家港分中心全年完成交易项目1041项，交易总额231.82亿元，节约国有资金14.27亿元。其中，工程建设项目322项，交易总额72.74亿元，节减资金13.11亿元，节减率15.27%；政府采购项目581项，中标金额20.78亿元，节减金额1.16亿元，节减率5.29%；产权交易项目1项，交易总额11万元；完成政府和社会资本合作（PPP）项目1项，投资总额40.75亿元；土地交易完成136宗，交易金额97.55亿元。6月，协助安徽芜湖完成市首个跨省远程异地评标项目，并于9月签署远程异地评标合作协议，标志着市跨区域专家资源共享升级、远程异地评标常态化机制进一步完善。8月，与张家港农村商业银行举行推广使用数字人民币座谈交流会，探索数字人民币在公共资源交易领域的应用。9月，完成首个产权交易项目的"不见面"线上竞拍，溢价率达到191.5%。12月，修改完善《开标室使用管理制度》等制度规定7项，并组织集中学习和领学解读，促进公共资源交易活动规范高效运行。

市国库收付中心"四点半课堂"　（市财政局　提供）

【财政管理】 年内，市财政局对上争取再融资债券资金26亿元。细化隐性债务化解方案，压实各级主体化债责任，超额完成化债任务，达成"债务率不倒涨和债务风险等级不返色"的目标，推动1个区镇风险等级"消红"。将债务管理、债务化解、债务风险防范等情况纳入区镇绩效考核和各财政分局（财政所）年度考核内容。多次开展政府性债务风险等级评定和风险评估，对风险偏大的区镇和企业进行预警提示，督促其落实风险防控措施。健全经营性债务管理机制，明确全市经营性债务管理工作责任单位及任务分工，推动成立市融资平台公司经营性债务管理工作专班，强化组织保障；落实公益性项目市场化融资提级管理制度；对市经营性债务规模管控目标进行总量控制，同时制定融资平台公司资产负债率年度目标，实现对融资平台公司债务规模和资产负债率的"双管控"；分类制定市场化转型及整合、撤并方案，完成融资平台公司数量压降任务；推动高成本债务压降，协调金融机构对接相关单位，缓释其偿债压力。日常开展地方政府性债务管理系统、监测平台、综合监管系统3个债务系统填报和监测工作。"沪通铁路张家港站客运枢纽配套设施PPP项目"入选财政部提升城镇化发展质量良好实践案例。其中，全长约6千米的东三环南段道路子项于12月建成通车，成为全市首个采用PPP模式实施并建成通车的环线项目。总投资40.75亿元的"张家港市智慧交通及周边配套设施PPP项目"年内完成社会资本方采购工作，并于8月落地组建项目公司，东二环快速化改造项目正式开工。为促使项目管理更规范、更高效，印发《政府和社会资本合作（PPP）项目管理适用规范汇编》，启动《张家港市政府和社会资本合作项目管理办法》修订程序，编写《张家港市政府和社会资本合作（PPP）项目工作简报》9期，动态提供最新资讯。张家港市连续三年获省政府办公厅"推广PPP模式成效明显的地方"督察激励。专项债券工作方面，全年发行专项债券3批，使用专项债券资金29.08亿元。借助财政投资评审业务管理信息化平台——"阳光E审"完成117个项目的概预算、标底、决算审核工作，全年审减、节约资金5.17亿元。制定《关于全面实施预算绩效管理的实施意见》，出台《张家港市市级财政支出项目绩效评估管理暂行办法》，推出“N”个绩效管理操作规范，进一步理顺机制、压实目标、规范操作。至年末，市本级已基本建成全方位、全过程、全覆盖的“三全”预算绩效管理体系。市国库收付中心深化国库集中支付改革，将财政专户全面纳入省预算管理一体化平台。推行工资授权支付，仅保留工资核查等业务。加强财政资金监管，定期对全市200余个预算单位的财务管理、内部控制等情况进行核查，并对发现的问题开展一对一辅导。依托省预算管理一体化平台，探索建立财政支出数据分析机制。内部开展“四点半课堂”、业务点评、案例研讨等活动，学习最新财会制度、交流分享工作经验；面向全市预算单位，继续开展“东财在线”线上财会业务培训。印发《张家港市市级行政事业单位国有经营性房产集中统一监管实施方案》，采用转让盘活、统一拍租、调剂使用等模式，推进市级党政机关和事业单位经营性国有房产纳入集中统一监管，建立健全安全规范、节约高效、公开透明、权责一致的行政事业单位资产管理体系。

表46　2022年张家港市还原留抵退税后同口径公共预算收入一览表

项目	同口径实绩（万元）	比上年同口径增长额（万元）	同口径增长率（%）
税务部门（不含保税区）	1476975	−330179	−18.27
财政部门（不含保税区）	514861	136296	36.00
保税区	555992	36417	7.01
合计	2547828	−157466	−5.82

表47　2022年张家港市公共预算支出一览表

项目	实绩（万元）	比上年增长额（万元）	增长率（%）
一、一般公共服务	184123	−8308	−4.32
二、国防	3368	−7202	−68.14
三、公共安全	117403	−8835	−7.00
四、教育	369293	5063	1.39
五、科学技术	184488	−47523	−20.48
六、文化旅游体育与传媒	34257	−9101	−20.99
七、社会保障和就业	252380	10713	4.43
八、卫生健康	204316	27993	15.88
九、节能环保	72248	−9016	−11.09
十、城乡社区	362286	−108357	−23.02
十一、农林水	171353	−14106	−7.61
十二、交通运输	75859	−12604	−14.25
十三、工业商业金融等事务	52053	32531	166.64
十四、债务付息、债务发行费用	23606	367	1.58
十五、其他支出	194501	5947	3.15
合计	2301534	−142438	−5.83

【会计管理】 年内，市财政局深化会计管理“放管服”改革，推动会计代理记账机构设立行政许可服务“不见面”审批改革，强化对会计代理记账机构资质抽查及年度备案等日常监督，办理代理记账许可8家，完成年度备案74家。完成2021年度全市365家行政事业单位内部控制报告编报汇总工作。开展会计人员信息采集，至年末，全市有20774人进行会计信息采集申请，审核通过19762人。继续开展网络化会计人员继续教育培训，全年有13196人次参加继续教育。组织3532人参加全国会计初级职称考试，2704人参加会计中级职称考试，分别通过741人和362人。分别组织12人和1人完成2022年度高级、正高级会计师考评材料初审和上报，11人获高级会计师资格、1人获正高级会计师资格。

【财政惠民】 年内，市政府出台一系列惠农政策，市财政做好相关涉农资金保障。配合市农业农村局做好长江干流禁捕退捕及稳定生猪生产保障市场供应，全年承担农业保险财政补贴2051.12万元，发放耕地地力保护、农机购置、农药配送等惠民补贴10791.54万元。为筑牢粮食安全屏障，安排储备粮贷款贴息、保管费、稻谷和小麦价外补贴及收购费等5300余万元；开展涉粮专项资金绩效重点评价，加强经费监管，保证专款专用；计划投资9826万元建设沙洲中心粮库三期，健全粮食应急保障体系。全年安排疫情防控资金7.78亿元。着力构建突发公共卫生事件财政应急和常态化管理机制，在全省率先出台《新冠肺炎疫情防控财政应急保障预案》，提请以市政府办公室名义印发《新冠肺炎疫情防控紧急采购内部控制指导意见》和《新冠肺炎疫情防控专项资金管理办法》。为关爱帮扶困难弱势群体，会同市残联出台《张家港市关于对取得国家职业资格证书或职业技能等级证书残疾人给予奖励的实施细则》《张家港市困难残疾人家庭"幸福亮居"工程实施方案》，会同市民政局出台《关于2022年深入推进全市老年人家庭适老化改造的通知》《张家港市基层社会工作站（室）评估及奖励办法（试行）》，联合市民政局、市医保局出台《关于实施张家港市低收入人口医疗费用支出帮扶项目的通知（修订）》。

【财政助推公共文化服务】 年内，市财政局安排公共文化服务体系建设经费6930万元，用于实施文化惠民工程，树牢县域群众文化旗帜标杆。张家港市推出"一镇一品"十大红色文化旅游精品线路，长江文化节入选长江国家文化公园江苏段建设推进方案，小品《打折》获第十九届群星奖。此外，为落实文化产业高质量发展行动计划，创新财政投入方式，推出"文产贷"，至年末，已与张家港农村商业银行等多家银行签订业务合作协议。

（朱郑琳　张甜甜）

税　务

【概况】 2022年，全市税务系统在张家港市委市政府的坚强领导下，坚持强党建与抓税收并重、减税费与优服务并行、带队伍与提效能并举、严纪律与正风气并济，全年工作有序开展、有力推进、有效落实。全年，共计组织收入580亿元，比上年增4.9%。其中税收收入320亿元，比上年降24.9%；非税收入131.8亿元，比上年增910%。完成公共财政预算收入166.6亿元，比上年降25.3%；完成中央级收入152.9亿元，比上年降24.5%。

表48　2022年张家港市入库税收一览表

项目	金额（万元）	比上年增长率（%）
收入合计	5798573	4.87
一、税收收入	3195376	−24.90
其中：增值税	1192201	−45.76
企业所得税	1131527	0.25
个人所得税	327909	14.29
其他各税	543739	−15.17
二、非税收入	2603197	104.25
其中：社会保险费	1249038	12.11
教育费附加	48612	−24.38
地方教育费附加	32416	−24.39
其他基金（费）	1273132	2290.37

说明：以上数据含张家港保税区税务局

【税收治理】 年内，市税务局组织税源排查，开展税收预测，每月召开收入分析会，开展经济税收运行常态化分析、聚焦主体税源的专题性分析、重要行业的差异化分析，以及上下游企业关联性分析。为相关部门提供数据26项共7.2万条，撰写30余篇各类涉税分析报告，利用税收大数据，精准研判税收走势，客观分析全市经济税源变动情况及增减收因素，不断提高税收预测质量，发挥以税资政作用。

【依法治税】 年内，市税务局开展税务行政处罚辅导培训，梳理处罚自查工作指引，成为苏州市局处罚案卷评查中唯一获满分的单位。规范实施"首违不罚"清单，推行柔性执法，在苏州市率先试点"首违不罚"线上办理，实现征纳"双减负"。"首违不罚"的做法作为行政执法亮点，为全市获评"全国法治政府建设示范项目"贡献了税务智慧。

【税费征管改革推进】 年内，市税务局建立"政府领导、财税牵头、部门配合、信息共享"的综合治税工作模式，定期召开联席会议。建立人社、医保、税务投诉上访联合处理机制，在催缴税款的同时催缴社保欠费，把握社保欠费主动权。加强与资规局、财政局沟通，优化财政互联互通平台与金三系统、电子税务局的衔接，平稳有序推进土地出让金划转征收。做好"全省通办"张家港试点，率先实现市域涉税事项同城通办，为平稳有序推进全省区域通办提供有益借鉴。至年末，累计办理同城通办业务20项5048户次。

【兑现税收优惠近200亿元】 年内，市税务局在收入形势最严峻的时期，守牢"不收过头税"底线，通过减免退缓等各种方式，兑现各项税收优惠198.6亿元。其中办理留抵退税71.4亿元，列居苏州各板块第二，同比多退58.6亿元；落实制造业中小企业缓缴部分税费工作，缓缴税收25.9亿元，减免地方"六税两费"3.2亿元，办理出口退税98.1亿元。

【税收服务优化】 年内，市税务局优化线上与线下的衔接，窗口受理业务量减少13.6%。优化市场主体设立与注销的衔接，节约办税缴费时间成本，办税厅业务办理等候平均时长6.3分钟，缩短4.5%。出口退税实现全流程无纸化，一类、二类出口企业平均办结时限不超2个工作日。优化评价与改进的衔接，有效提升纳税人满意度，全年热线接听量16.15万次，比上年上升8.4%。与银行信贷部门联动对接，开展纳税信用等级评定，完成5.78万户纳税信用评价，帮助守信企业授信4479笔，授信金额41亿元。

（杨　光）

国有资产经营管理

【概况】2022年，市国资系统聚焦“服务大局、服务城市、服务产业、服务民生”职责，统筹推进稳增长、促改革、调结构、严监管、防风险各项工作。推进国企改革三年行动，实施企业党组织前置研究讨论重大事项制度。加快市属国企董事会建设，促进市属国企形成权责透明、协调运转、有效制衡的法人治理机制。推动员工公开招聘、中层管理人员竞争上岗、经理层任期制和契约化管理、全员绩效考核等各项制度在国企落地落实，全面完成市给排水公司、金厦房地产开发公司、粮食购销总公司公司制改制工作。优化国有资本布局，推动成立张家港创新投资集团、城市保护发展有限公司，完成市储备粮管理公司组建工作，理顺水务集团产权关系。推动国企聚焦主责主业，制定市国资国企改革发展“十四五”规划，明确全市国资国企未来发展策略和产业布局，对市属国企的主责主业进行审核确认。支持区镇国企集团化发展，研究制定《区镇国有企业实行集团化发展的指导意见》，指导经开区、冶金园、保税区、乐余镇、凤凰镇组建国有集团公司，推动区镇国有企业从投融资平台向集团化、实体化、市场化转型发展。市属国企全力抓防疫、稳供应、保生产，突击完成集中隔离医学观察点改造任务，为全市集中隔离医学观察点后勤保障提供专班服务，全力做好疫情防控期间农副产品保供稳价工作，有力保障燃气、电力供应稳定和供水安全。推广“政银担”合作的“小微贷”“科创贷”等产品，为小微企业融资开辟“低利率、高效率”绿色通道。建立重大特别监管类投资项目“双重论证”机制，对重大投资项目实行“清单化”管理，指导市属国有企业开展项目后评估工作。规范市属国企管理人员受处分决定执行工作，出台《张家港市市属国有企业管理人员受处分（处理）薪酬扣减暂行办法》，提升纪律处分和处理的惩戒效果。印发《关于加强市属国有企业资产出租管理的通知》，全面开展市属国有经营性房产（土地）资产清查统计工作，搭建国有经营性资产管理信息平台，促进资产出租管理规范透明，防范廉政风险。出台《张家港市市级国有资本经营预算管理办法》，加强国有资本经营预算和收益收缴管理，加强国有资本收支管理，完成国有资本经营收益收缴4.27亿元，比上年增429%。加强市属国企债务管控，制定偿债风险准备金工作方案，建立市属国有企业债务偿付专项“资金池”，提升防范和化解风险能力。年末，全市有一级国资公司15家、二级国资公司59家，总资产2837.35亿元、净资产1073亿元，实收资本308.65亿元。全年市国资公司总营业收入514.56亿元，营业利润29.4亿元，实现净利润26.48亿元。（邓　妮）

表49　　2022年张家港市一级国资公司主要经济指标一览表

单位：亿元

企业名称	资产总计期末余额	所有者权益	实收资本	营业总收入	营业利润	净利润
江苏华昌（集团）有限公司	8.04	7.48	0.94	2.45	1.89	1.91
市交通控股有限公司	67.43	43.36	4.44	0.08	0.30	0.27
市暨阳湖开发发展有限公司（集团）	134.07	75.26	6.30	3.92	0.95	0.61
市金城投资发展有限公司	153.83	88.45	36.97	21.58	2.73	2.31
江苏国泰国际贸易有限公司	448.90	204.19	8.00	405.85	27.29	21.08
市金茂投资发展有限公司	84.59	36.69	8.00	16.91	2.56	1.46
市粮食产业发展有限公司	7.38	3.94	1.00	6.04	−0.32	0.02
市国有资本投资集团有限公司	270.68	61.12	16.46	0.14	−5.93	−5.75
市酒店管理集团有限公司	20.40	16.92	2.00	2.31	−0.16	−0.13
市水务集团有限公司	58.29	31.21	14.85	6.22	0.02	0.03
市城市投资发展集团有限公司	646.34	200.68	50.00	14.91	−1.83	−2.04
市长江生态保护发展有限公司	60.97	14.60	7.20	0.17	−3.61	0.45
市悦丰投资开发建设有限公司	53.34	20.45	10.00	4.11	−0.72	0.18
张家港经开区控股集团有限公司	258.74	89.33	84.00	0.43	−1.11	−0.78
张家港保税区金港资产经营有限公司	564.33	179.32	58.50	29.44	7.33	6.86

【城投集团完成城建投资19亿元】 2022年，市城市投资发展集团有限公司（简称城投集团）完成投资19亿元。城西文体广场一期项目精神文明建设张家港研究与交流中心完成扫尾、验收工作。投资建设的实验小学乘航校区、市一中东校区实现主体封顶，市六中易地新建项目稳步推进。重点打造黄泗浦鹿鸣初心会客厅。持续打响城投"圆梦安居"品牌，新乘北苑三期安置房竣工分房，266户动迁家庭实现安居梦。用于安置城东5号、6号及黄泗浦地块内动迁居民的新乘北苑四期项目，占地12.17公顷，建筑面积30.3万平方米，共1674套房，年内平均10层主体建筑完成。持续优化路网结构，推进科普路、泗闸路、沈巷路等市政项目18项，总里程10.47千米，面积20.6万平方米。其中，科普路、镇中路等新建项目15项，里程8.27千米，面积14.9万平方米；泗闸路、小河坝路等改造项目3项，里程2.2千米，面积5.7万平方米。年内，科普路、镇中路、小河坝路等5条道路竣工通车。（姚亚运）

【金茂公司入库税金1.14亿元】 2022年，市金茂投资发展有限公司（简称金茂公司）聚焦主业发展，全年合并利润1.84亿元，实现入库税金1.14亿元。创投风投考察走访项目141项，新增投资2亿元，回笼资金1.6亿元，新增人才企业投资2010万元，完成定增项目出资1.02亿元，创投风投在投直投项目39项，投资金额4.56亿元，在投私募基金26个，出资总额9.62亿元，管理运营基金6个，实缴规模9.49亿元。融资担保立稳政府性担保平台职能，切实减费让利，护航中小微企业、实体经济发展，下属2家担保公司年末在保单位928个，在保余额53.5亿元，完成代偿清收8211万元，实现收入6750万元。租赁保理公司年末资产余额19.79亿元，实现营业收入1.51亿元，净利润3777.97万元。供应链贸易完成销售7亿元，净利润超1300万元。做好疫情期间下属8个集贸市场农副产品的稳价保供工作，推动市级畜禽屠宰场如期投用。开展安全大巡查21次，排查整改安全隐患1040余项，整改集贸市场、物业小区、在管资产存在的文明创建各类问题1200余项。贯彻租金减免政策，为700余户市场主体减免租金超2100万元。保障国有资产收益，收取各类资产租金超5000万元。持续加强法务和风控部门专业化及合规性建设，落实省委巡视要求，审慎推进出险追讨工作，完成出险追讨3100万元。决胜收官国企改革三年行动，实现系统各单位董事会成员"外大于内"（国有独资公司、国有全资公司要求外部董事人数超过董事会全体成员的半数），推行集团层面经理层成员任期制和契约化管理。（王炯业）

【金城公司实现利税3.79亿元】 2022年，市金城投资发展有限公司（简称金城公司）新增投资1.73亿元，实现利税总额3.79亿元，上缴国资收益4994万元。能源基石不断巩固，华兴金城热电联产项目年发电26.45亿千瓦小时，供热100.23万吨。总投资82.4亿元的江苏国信沙洲高效清洁燃煤发电项目11月末开工建设。联合江苏华鑫永南能源科技有限公司、中国石化天然气有限责任公司、江苏苏城能源有限公司共同投资建设的张家港海进江LNG接收站项目，完成首期出资500万元。港华燃气全年完成居民用户配套2.3万户，其中老住宅区天然气改造配套5370户，签约工商业用户300户，实现销售气量5.6亿立方米。东莱门站扩建工程全面竣工，信义光伏、杨锦公路（东莱门站—兴南路）高压燃气管道工程实现通气。城市建设运营不断深入，全市56个停车场点3327个泊位纳入"港城e停车"智能收费管理，停车费收缴率得到提升。与金厦房产合作开发的高铁新城阳光锦上、乘航阳光诚域项目建设有序推进。金城永联建筑垃圾资源化综合利用项目收纳处置建筑垃圾47.8万吨，市场规范处置和社会效益初步显现。金源环保污泥干化项目投产，成功申报国家节能减排专项补助。投资建设苏州姑苏金颐松茂居项目，完成首期出资650万元。投融资平台方面，新增股权投资项目1项，完成项目退出2项。完成暨阳壹号基金出资4000万元。兴联城基金落实定增项目1项，投资金额7350万元。累计监管沙洲电力、华兴电力及周口电厂资金往来335.25亿元，为沙洲电力提供流动资金2亿元。发行债券5.2亿元，按期还本付息11.9亿元，提前收回对外借款2900万元。承接市属国资公司借款、委托贷款及统筹调度资金28亿元。继续为双山债务周转提供担保，年末担保余额30.2亿元。（钱 慧）

【张家港产业资本投资公司项目投资11.3亿元】 2022年，张家港产业资本投资公司推进各项投资，获评"融资中国2021年度中国最佳私募股权投资机构TOP100""2021年度中国最佳政府引导基金TOP50""投资中国2021年度中国最具成长潜力私募股权投资机构TOP10""母基金研究中心2021最佳国资市场化母基金TOP20""2022最受青年投资人欢迎的母基金机构TOP20"等10余项荣誉。年内公司投资项目20项，投资总额11.3亿元。其中，张家港基金投资项目13项，投资总额7.8亿元；公司直投项目7项，投资总额3.5亿元。至年末，张家港基金总规模156亿元，一期规模43亿元，共投资47个项目，顺利完成一期基金投资。张家港基金二期加快推进，产业基金二期规模10亿元，投资7个项目，投资总额3.19亿元。新兴产业基金（引导基金二期）规模8亿元，投资4个项目，投资总额3.85亿元。投资能力取得新提升，张家港产业资本投资基金（跟投基金一期）投资4个项目，投资金额5100万元。至年末，跟投基金一期规模1亿元，完成投资10个项目，基本完成一期投资，投资项目中3个项目（莱特光电、柳工、天德钰）完成上市。人才一号母基金、沙洲科创C计划基金、文化产业母基金等基金成功设立并开始运行，暨阳基金、金沙江基金等基金组建中。直投项目取得新进展，产业资本投资公司直接投资3个子基金项目，投资总额3亿元。产业投资管理公司直接投资4个优质企业项目，投资总额4100万元。招商引资方面，围绕全市“4+4”产业链规划及区镇产业发展规划，挖掘管理人及合作机构资源，共推荐36个项目至各区镇对接，其中3个项目成功落地，投资总额14亿元。新增入驻企业79家，新增管理基金规模135亿元。至年末，累计引进入驻企业244家，管理基金规模1200亿元。助力当地经济方面，会同市科技局设立总规模5亿元的沙洲科创C计划基金，10个项目通过立项，其中4个项目通过投决会，投资总额1650万元。设立总规模15亿元的人才一号母基金，投资3个项目，投资总额5600万元。设立总规模3亿元文化产业母基金，投资2个项目，投资总额1.2亿元。基金返投成效显著，产业基金投资3个市内项目，投资总额5720万元。吉泰汽车项目落户南丰镇，项目总投资额10亿元。常态化走访市内企业60余家，了解企业发展需求。会同市科技局、市人才办等举办“创业沙洲”“资本直通月班车”等活动，开展“暨阳湖投融资路演汇”专项路演活动，利用“线上+线下+实地”方式，为全市44个优质项目举办路演活动60场。

（冯忆晨）

【酒店集团8家酒店营收2.93亿元】 2022年，市酒店管理集团有限公司（简称酒店集团）8家酒店实现营收2.93亿元，毛利2733万元，与上年基本持平。金厦房产所属美致风尚酒店经营权、管理权移交集团。参与长安路85号等不动产法拍，江洲饭店完成公司制改革、理顺党组织关系。农副产品公司申报大米、糯米和鸭血糯米3个“君兆丰”品牌绿色食品。金沙洲物业管理公司签约沙洲电力、高新区（塘桥镇）食堂餐饮管理服务项目和沙洲湖会议中心物业保洁项目。南园宾馆联名苏州博物馆开设“蔡贞坊七号”店铺，成为南师大实验学校早餐供应商。沙洲宾馆宴杨楼签约职工文体中心宴杨楼茶餐厅项目。集团供应链、办公自动化、银企联等信息平台上线。南园宾馆西餐厅、明轩改造升级工程完工，江南大厦改造工程、金水源酒店主楼大堂和客房改造工程，江洲饭店和豪苑大酒店整体改造工程有序推进。高质量完成张家港发展大会、中央广播电视总台中秋晚会录制、省委巡视等500余次接待保障任务。苏州南园宾馆接待省医疗专家、苏州五院医护等5批闭环团队。集团支持市疫情防控指挥部将所属沙洲宾馆等5家酒店作为集中隔离点和专班闭环服务点，全力做好市福前人才公寓、振兴路健康驿站等5个隔离场所的服务保障。落实租金减免政策，为12家服务业小微企业和24家个体工商户减免房租金约240万元。开展市委巡察整改落实情况、二级公司财务内控情况、应收账款挂账清理、贵重食材单独采购情况、财务内部审计等5个年度专项督察项目，巡察整改落实完成率100%。

（王梦超）

市场监督管理

【概况】 2022年，市市场监督管理局优化营商环境，坚守安全底线，突出民生保障，提升执法效能，获2021年省政府办公厅落实有关重大政策措施真抓实干成效明显地方督察激励，张家港市成为苏州唯一获评市县。丰富执法监督形式，率先在全市推行“一案一卡”监督制度，推动监督关口向立案阶段前移，全年发放监督卡410张。创新推行案件交叉互审，强化基层执法监督职责履行，审核案件1504件，完成重大法制审核30件，组织召开案审会23次，提请案审会审核研究案件267件。发生行政复议31件，行政诉讼24件，依申请组织召开听证会3场。开展“法治大风车，送法零距离”活动，整理编制《市监法治大风车专刊》3期。围绕监管执法重点、民生关切热点，制定28项食品生产经营领域企业行政合规指导清单，推动市场主体诚信自律机制建设。

市场主体事中事后监管　推动企业落实主体责任，拓展年报宣传方式，2021年度企业年报公示率96.5%，位列苏州各县区第一。2022年，全市32个部门参与“双随机、一公开”抽查工作，梳理双随机抽查事项306项，执法人员库录入执法人员1376人，参与双随机任务520个，检查主体数11237户，其中30个部门参与部门联合检查任务213项，检查主体数5272户，覆盖教育培训、公共娱乐场所、旅馆业、粮食收购等领域。

网络交易及合同管理　依托省、苏州市两级网络交易监测中心系统，对互联网领域不正当竞争、侵权假冒、不履行信息公示义务等违法行为加大检查力度，完成对辖区电商平台、自建交易网站的全覆盖巡查，完成苏州市市场监管局部署的巡查、挂标任务。元旦、春节、“6·18”、国庆、“双11”期间开展网络交易集中监测，规范网络商品和服务集中促销活动。针对社会关注的热点、消费痛点开展专项监测，规范网络市场经营秩序，全年监测网络交易数据12363条，其中网站3327条、网店4559条、微信4381条、其他App应用程序96条。围绕群众关注热点、难点问题开展合同格式条款专项整治，针对校外教育培训、商品房销售和其他投诉举报的热点行业，部署开展合同格式条款侵害消费者权益的违法行为专项整治行动。年内办理合同格式条款违法案件4件，罚款1.8万元。

商标和广告管理　年内新增国内商标申请8083件、商标注册4729件，马德里国际商标申请43件。创新开展商标预警监测服务，结合复产复工形势特点，将品牌企业、规模以上企业、高新企业及进出口企业商标纳入监测范畴。强化广告导向监管，发挥广告监测平台功能，重点监测通过网络、媒体发布虚假、不实广告或变相广告、夸大宣传广告等违法违规行为，及时发现、核查、分流各类线索。检查互联网广告12859条、媒体广告1354条、户外广告1588条，查处各类广告违法案件立案124件。组织实施整治借重大活动从事违法违规商业广告宣传、整治借党的二十大进行商业炒作、非法金融广告清理整治、整治规范医疗美容行业秩序等专项行动，排查广告违法线索，查处各类违法广告资讯。协调、指导辖区广告企业参与苏州市广告项目激励申报，其中柒壹工坊第一批获评苏州市广告产业示范园，为县级唯一，融媒体中心、新形象广告分别获得苏州市广告项目激励。参与“长江杯”公益广告大赛组织工作，组织引导辖区广告企业、融媒体、高校师生参与江苏省“紫金奖”、苏州市“金桂奖”等公益广告大赛。全市有32件作品获“紫金奖”；在苏州市“金桂奖”公益广告大赛上，视频类广告作品获银奖2件，平面类广告作品获铜奖1件、优秀奖1件。

【药品、医疗器械安全监管】 市市场监督管理局开展药品医疗器械日常检查，年内检查零售药店653家次，医疗器械经营企业905家次，医疗机构237家次，疾控机构、疫苗接种单位36家次，摸排检查新冠病毒抗原检测试剂经营企业64家次，对7家新冠病毒核酸检测机构、2家一次性病毒采样管生产企业开展现场检查。严格落实疫情防控相关要求，组织监管人员督察零售药店落实进店测温查码、扫场所码、员工健康监测、店堂消杀、“四类药品”销售等情况，指导“四类药品”、新冠抗原实名销售及从业人员“应检尽检”核酸检测工作，定期摸排健康码异常、行程码带星及发热购药人员信息。检查零售药店5708家次，发现问题167个并全部整改到位，出动检查人员11679人次，疫情防控工作落实不力停业整改的零售药店有65家次。收集“四类药品”购药登记信息日均1.5万条，上报疾控黄码购药人员信息207条、发热购药人员信息896条。出台《张家港市药品零售企业药品安全信用分级监管实施方案》，融入医保定点零售药店考核标准。对2021年评级为一般失信的29家药店开展药品安全专项整治行动。对43家经营生物制品的零售药店、经营含冷藏体外诊断试剂医疗器械经营企业安装温湿度监测系统，共布控68个温湿度监控终端，实现对冷藏设备的温湿度实时监测。摸排、建立化妆品经营使用本底清单，结合化妆品经营使用环节“双随机、一公开”监督抽查化妆品经营使用单位244个次。开展药品质量抽检80批、化妆品质量抽样20批。加强药品、医疗器械、化妆品不良反应（事件）监测，全年完成药品不良反应上报初审2551例。推进家庭过期药品定点回收工作，调整优化回收点点位，回收过期药品4267件。年内办理药品零售经营许可事项199件，其中换证17件；第三类医疗器械经营事项143件，其中延续20件；第二类医疗器械经营备案事项343件，医疗器械网络销售备案36件。办理医疗器械出口备案2种产品，一类生产备案49件，一类产品备案437件；发放自动售药机备案1台，自动售械机备案1台。疫情期间畅通“绿色通道”，对企业递交申报材料推出体检报告、社保证明“容缺后补”，人员“远程视频连线考核”，提升惠企服务加速度。打造“双证”联办微改革，将第一类医疗器械产品备案和生产备案融合办理，利用江苏政务服务网实现全程网办，惠及2家医疗器械生产企业半日取得“双证”。引导推进“药店一件事”，实现3家新办药店快速取得证件。

市市场监管局开展特殊食品经营质量提升行动　（市市场监管局　提供）

【食品安全监管】 10月，张家港市成功承办全省企业落实食品安全主体责任现场推进会。年内，全市新增建成江苏省“名特优”食品小作坊8家（含保税区1家）、省级食品安全示范小作坊4家、苏州市“名优”小作坊7家（含保税区1家）。14个食品经营单位创建成2022年度苏州市级高质量发展单位（其中苏州市精品食品安全工作站2家、苏州市食品安全放心学校食堂10家、苏州市精品食用农产品集中交易市场2家），21个特殊食品经营单位通过苏州市特殊食品诚信经营（示范）单位初评。助力昊盛生物的铁皮石斛茎饮料成为省市场监督管理局“既是食品又是中药材物质”首批试点生产食品。升级提档40家农产品快检室硬件设施。开展进口冷链食品监管及溯源，督促外卖骑手等重点人员落实核酸“应检尽检”45万人次。落实安全配送，建立疫情期间配送查验机制，推动2979名外卖骑手申领“电子上岗证”。开展食品安全“守底线、查隐患、保安全”专项行动、食用农产品“治违禁、控药残、促提升”三年行动、打击整治养老诈骗专项行动等，对19810家食品主体检查全覆盖、12万个问题隐患整改全闭环。持续重点监管198家学校、419家校园周边店、14家养老机构、2065个特殊食品生产经营单位，推动校园食品安全质量提升和养老助餐点标准化建设。加强重点时段食品安全保障力度，全年监护中高考、中秋晚会录制等14个重大活动，监护35154人饮食安全。联合市民政局建设“云上+实体”慈善超市5家，授牌梁丰食品等5家企业为首批余量食品合理化利用试点企业，承接苏州市余量食品合理化课题研究，有效探索余量食品合理化利用途径。试点推进“仅销售预包装食品”食品许可改备案35件、“60平方米以下”小餐饮备案77件。对80家食品企业开展“风险隐患排查、评估和技术帮扶服务”以及检验质量提升行动。指导信义光伏公司食堂许可办理事例入选省市场监管系统“助企纾困稳企强链”措施落地实例。实施食用农产品质量安全提升民生实事工程，实现青草巷350家入场销售者进场申报备案和“快检+法检”联动，推进下游单位使用农产品溯源系统，打通食用农产品溯源链条。打造冷链食品智慧监管平台，对经营单位的冷链设施数字化改造170件，提升冷链食品监管效能。拓展“互联网+明厨亮灶”，建成覆盖学校食堂、养老机构食堂、中央厨房及集体用餐配送单位、商圈等“互联网+明厨亮灶”食品经营单位565个，安装探头1572路，构建“以网治网”远程监管工作模式。

【市场执法与维权】 2022年，市市场监管局紧盯知识产权保护、反不正当竞争、食品药品安全、特种设备安全、产品质量、价格收费等重点领域，坚决守牢市场底线，全年查办各类案件1504件，罚没入库1951.87万元，涉嫌犯罪移送公安机关案件16件。开展“331”电动自行车专项整治，查办违法案件28件。开展燃气具专项整治，查办违法案件3件。开展房地产广告集中执法行动，查办违法案件4件。开展酒吧、歌厅等娱乐场所洋酒集中执法行动，查办违法案件7件，开展五金工具商标侵权集中执法行动，查办案件12起。开展物业企业侵犯业主权益专项整治，查办违法案件3件，督促违法企业完成退费25.34万元。开展扫黑除恶、打击整治养老诈骗专项行动，查办违法案件4件。开展打击无证生产经营医疗器械和药品专项执法行动，查办违法案件12件。疫情期间，开展民生价格专项执法行动，查办违法案件15件。全年受理咨询、投诉、举报13570件，为消费者挽回损失425.1万元。建立线下购物无理由退货机制，9906户商家签订无理由退货加盟协议，受理无理由退货1285件，涉及金额109.49万元。

【价格监督检查】 2022年，市市场监管局开展疫情期间市场价格检查，运用提醒告诫、行政约谈等手段加强事前监管，通过微信公众号、融媒体等渠道宣传保供稳价措施释放监管信号。对涉疫药品、蔬菜、水产、肉禽蛋等民生商品进行每日价格监测和分析研判。全年出动执法人员17150人次，检查市场主体19149家次，发放提醒函4079份，1件哄抬价格案件入选市场监管总局典型案例。开展元旦、春节、五一国际劳动节、端午、中秋、国庆节日市场价格检查，开展“雪糕刺客”价格检查，出动检查人员1382人次，检查各类市场经营主体1009家，发放价格提醒函1196份。开展教育收费检查，检查民办幼儿园和中小学3家、公办职业学校3家、非学科类校外培训机构1家，对学科类校外培训机构进行全覆盖检查，立案调查1家。开展夏粮和秋粮收购价格专项检查，对辖区内8家企业19个库点进行两轮全覆盖检查。开展商品房价格双随机检查，配合依法调查处理房产领域涉及鸣悦棠前雅园、阳光锦上花园、中锐星未来、万和源花园等项目的投诉举报。调研超市蔬菜及肉类价格，约谈港华燃气和相关物业公司，妥善处置多起停车收费、民用燃气工程安装费和物价水平的信访及投诉。开展涉企违规收费专项整治，核查市水资源费等4项行政事业性收费减免政策落实情况，对行业协会及中介机构收费情况开展检查，抽查9个行业协会收费情况，抽查苏地行房产评估公司中介服务收费情况，加强煤炭价格检查，对水电气暖等公用事业收费情况开展检查。召开转供电政策宣传会，发放转供电价格提醒函和政策告知书，做好转供电价格政策的宣传和解读工作。检查转供电主体18家，立案调查2件，办结1件，退还企业25.34万元，没收27.42万元。创新价格政策宣传途径，编制市民价格手册，在“五一”期间通过“叮咚买菜”App向市民发放5000份，线上解读《明码标价和禁止价格欺诈规定》，多渠道开展明码标价政策宣传。

【特种设备安全生产三年行动】 市市场监管局开展特种设备安全生产专项整治三年行动，2022年全年开展现场监察1894家，出动检查4288人次，实际检查在用特种设备10654台，签订安全生产主体责任书5956份，整改闭环安全隐患1123起。对逾期未整改安全隐患及使用未经检验特种设备的61家企业进行立案查处，共罚没147.2万元。落实隐患溯源“清零”，在苏州率先实现超期未检特种设备“动态清零”（连续六个月），持续保持特种设备事故起数、死亡人数“双为零”的良好态势。电梯无纸化维保率93.9%，电梯安全责任险落地8972台，完成目标参保数170%，均位列苏州第一。实现特种设备“一码一设备”管理模式，完成特种设备赋码47705台，占在册特种设备96.46%。落实“部门抓监管、专家查隐患、企业抓落实、执法促整改”的工作机制，推动在用桥式、门式起重机械使用单位落实“双限位”装置整改12212台，推进辖区内854.97千米城镇燃气管道全部完成法定检验。依托省市场监管局智慧服务平台，实现特种设备安装告知、使用登记、变更注销等业务全部网上办理，全市使用单位云平台开户6511户，开户率85.57%。开发叉车物联网智慧监管终端，实现动态管控车辆未检、人员无证等违章作业行为，在全市安装叉车物联网智慧监管终端2154台。加强气瓶充装单位安全监管，推进辖区内3家液化石油气充装单位安装“液化气阳光充装”系统，防范和打击充装过期瓶、报废瓶等违法违规行为。年内办理特种设备作业人员资格许可2127人次，受理特种设备安装开工告知5339份，完成对特种设备使用单位责任告知3700家，办理新增特种设备注册使用登记5116台。结合特种设备“安全生产月”“百团进百万企业千万员工”、安全宣传“五进”等宣教活动，开展现场宣教活动1087场，参加人员9595人。编辑《开工第一课》《复工复产安全培训提醒》微视频，累计观看3.8万人次。

【反垄断调查和反不正当竞争】 年内，市市场监督管理局开展"助老护苗"、打击整治"养老诈骗"等专项执法行动，查办的杨舍西城诺康保健品经营部虚假宣传案，入选省市场监督管理局打击整治养老诈骗典型案例。围绕民生重点，针对房地产、食品、汽车销售领域、校外培训机构开展专项执法行动，检查经营单位108个，查办违法案件5件；针对互联网领域、平台经济领域、直播带货领域开展执法行动，检查经营单位122个，查办违法案件9件。持续推进全市商业秘密保护示范点、指导站和示范基地建设，培育建设5家商业秘密保护示范点。培育建设的苏高新科技节能环保创新园商业秘密保护示范基地，11月通过苏州专家组现场验收。加强侵犯商业秘密违法案件查办研究，查办张家港市首起侵犯商业秘密违法案件，该案例在苏州市市场监督管理局反不正当竞争调研课题汇报会上汇报交流，并作为侵犯商业秘密典型案例上报省市场监管局。引入第三方评估机构开展公平竞争审查抽查工作，自我审查与外部监督结合，并出具书面评估报告。开展公平竞争审查交叉检查工作，抽查情况在年度联席会议全体会议上进行通报。组织政策措施清理评估工作，评估清理政府部门各类政策措施167件，其中涉及市场主体经济活动的41件，适用例外1件；加上2022年前清理的累计评估清理政府部门各类政策措施1115件，其中涉及市场主体经济活动的234件，废止3件。组织开展竞争政策宣传周活动，加强新《中华人民共和国反垄断法》《中华人民共和国反不正当竞争法》和《公平竞争审查制度实施细则》等法规政策的宣传力度，编印公平竞争操作指南，邀请上海高校专家，对区镇（街道）、部门审查人员进行视频培训辅导。打击非法传销，排查各类涉及传销投诉举报19件。规范直销行为，对广东九极生物科技有限公司在国贸酒店举行的直销会议进行现场监管。开展"打击传销进校园"宣传活动，向苏州理工学院、沙洲职业工学院发放5300份宣传材料。组织执法人员参加苏州市反垄断与反不正当竞争执法骨干培训、国家市场监督管理总局主办的"2022年全国打击传销规范直销普法大讲堂"活动。组织大型民营企业参加经营者集中合规培训，推荐沙钢等6家企业加入苏州市反垄断与反不正当竞争联盟。

【"互联网+政务服务"体系建设】 年内，市市场监督管理局共65项政务服务事项、13个服务窗口100%入驻政务服务中心。推进便利店"一件事"改革试点工作，会同市行政审批局对市场主体开便利店审批服务事项进行流程再造，在经开区市民广场设立开便利店"一件事"专窗。贯彻"证照分离"，在审批流程和材料上，对食品经营许可证、药品经营许可证到期换证、变更实行并联审批。药品零售企业实现全程网上申办，一窗受理，创新探索第一类医疗器械产品备案、生产备案并联审批微改革新模式。全年优化许可准入管理2695件，惠及企业2705家。创新外资"容缺登记"审批。因疫情耽误的公证材料，由区镇招商局出具证明，可先行办理，成功帮助京东惠品（张家港）供应链有限公司等6家外资企业在张家港落地投产，注册资本7890万美元。办理外商投资企业新证51家，变更补正等业务288家次。推进"互联网+政务服务"体系建设，受理政务服务事项10842件，政务服务咨询10950件，落实政务服务"好差评"工作，政务服务满意率100%。9月，广泛开展"个体工商户服务月"活动，在杨舍老街开展扶持个体工商户发展联合宣传活动。12月，召开29个部门组成的市扶持工商户发展联席会议，结合实际，推动各项纾困政策落地落实。全市开展宣传活动150余场，各部门走访个体工商户10228户，发放各类宣传资料超4万份，覆盖个体工商户超5万户。

（钱裕超）

质量管理与检验检测

【概况】 市市场监督管理局强化质量品牌建设，以各级质量奖申报为抓手，唱好"孵化、培优、示范"三部曲。2022年，江苏国泰国际集团股份有限公司获苏州市市长质量奖，江苏华伟特种薄板有限公司等11家企业获苏州市质量奖。组织完成品牌认证培育工作，3种产品获"江苏精品"品牌认证，7种产品获"苏州制造"品牌认证。发动企业积极参与省级企业质量信用AA级及以上等级核定，1家企业获评质量信用AAA级认定，4家企业获评AA级认定，质量信用AA级及以上认定企业数位列苏州第一。实施"三同"认证赋能企业计划，助力企业内外贸一体化发展，全市新增三同认定企业8家。深度融入长三角一体化发展，立足长三角冶金行业质量提升示范试点项目建设，推动2项省级质量攻关项目落地验收，对20家企业产品进行能力验证比对，形成改进方案15个，举办长三角冶金行业质量提升微创新成果竞赛，形成创新成果15项，作为江苏省唯一代表在四省一市长三角质量提升示范试点项目建设会议上作经验交流，并成为全省首个通过省市场监督管理局验收的示范试点项目。

【标准化工作】 年内，市市场监督管理局指导完成市行政审批局"'一站式'精准政务服务标准化试点"、苏州永联天天鲜配送股份有限公司"区域化生鲜全产业链标准化试点"等3项省级标准化试点项目申报工作，市行政审批局"'一站式'精准政务服务标准化试点"获立项。市市场监督管理局"县级市场监督管理局监管服务标准化试点"项目被省市场监督管理局评估为优秀标准化试点示范项目，获省质量强省奖补专项资金奖励20万元。启动技术标准战略资助申报工作，全市企事业单位参与制修订国际标准8项、国家标准33项、行业标准39项、省地方标准2项，标准化战略资助677万元，获江苏省标准创新贡献奖二等奖1项。推动部门标准化试点建设，协助市司法局聚焦全面规范和保障行政执法工作开展标准化建设，制定《行政执法工作规范行政处罚》《行政执法协调监督工作规范》2项司法行政标准。

【计量工作】 市市场监管局完善量传溯源体系，年内完成38项社会公用计量标准、17项企业最高计量标准到期考核工作。针对实施强制管理计量器具目录的调整，新建电动汽车充电桩社会公用计量标准。指导苏州科莱特检测校准技术有限公司新建企业计量标准8项。以“5·20”世界计量日为契机，组织召开“数字时代的计量”主题研讨会，为企业提供具有针对性的计量指导服务，夯实企业计量基础。组织分局执法人员赴眼镜制配场所、加油站、集贸市场、商场等人员相对密集场所，开展计量普法宣传。突出重点领域计量监管，开展粮食收购企业、加油站、眼镜制配场所计量专项检查，并结合夏粮收购工作对粮食收购企业检定有效期内的电子汽车衡（地磅）开展监督抽查，确保计量器具在定有效期内的稳定性和可靠性。开展计量精准监管服务，推进“计量服务中小企业行”活动，宣传贯彻计量法律法规，引导企业提高计量意识，完善企业测量管理体系，走访企业59家，帮助企业解决计量难题13个，上报典型案例5个。启动重点用能单位能源计量审查工作，计划利用3年时间对全市重点用能单位开展全面审查，参照市工信局提供的2021年度企业综合能源消费量排名情况，选取第一批18家审查企业名单。

【检验检测】 2022年，市检验检测中心完成业务收入3420万元，承接政府部门委托检测任务近3000批、质量强市及执法抽查任务379批，完成强制计量器具检定4.3万余台（件），完成企业委托检验检测服务21.6万台（件），对95份企业产品标准开展监督评价工作，主动承接市民生实事工程（食用农产品质量安全提升工程），为全市食品安全、质量强市、农产品溯源、强制检定、提升企业产品标准水平等工作提供技术支撑。受行政主管部门委托，对5家液化石油气充装站的液化石油气质量进行抽检，对管道天然气电磁切断阀进行抽检。受企业委托，对全市在用的18710个各类气体报警器进行计量检定。围绕政府监管和地方产业特点，新建电动汽车交流充电桩、电动汽车直流充电机、直读光谱仪3项计量标准，完成医疗、热工等领域40项社会公用计量标准复查考核。围绕健康计量，建成血透仪、呼吸机、心脏除颤仪等医疗类计量项目17项，服务医疗机构和卫生服务站34个，服务眼镜店130余家，涉及计量器具1.1万台（件）。实施“新能源计量管家”服务品牌，推进“初心百分百·惠企面对面”政企对接，开展面对产业集群领域的“质量一站式”惠企服务，为规模以上企业产品转型、质量控制、标准建设提供技术支撑。做强“红心e检测”党建品牌，实施“甲醛检测进万家，健康生活有保障”市级重点实事项目，全年服务近100家，满意度测评100%。创建“健康计量卫士”微改革项目，开展家用血压计、眼镜验配仪器免费检定惠民“微实事”行动。

【产品质量监管】 年内，市市场监督管理局强化产商品质量安全监管，编制年度质量监督抽查工作计划，对654批产商品进行监督抽查，其中生产领域199批、流通领域455批，涉及相关商品种类83种，范围涵盖日用消费品、重点工业产品及特色产业产品等，发现处理不合格产商品125批。围绕认证认可、检验检测、工业产品许可等重点领域，以“双随机”检查计划为基础，专项治理为补充，对151家各类获证企业及36家检验检测机构展开检查，重点打击出具不实、虚假检验检测报告及对列入目录内产品未经认证擅自出厂、销售，伪造、冒用、买卖3C标志和证书等违法违规行为，并实现对工业产品生产许可证获证企业的全覆盖监管。结合各类专项整治，先后开展重点工业产品质量安全排查治理、燃气具安全专项检查、电动自行车专项整治、塑料污染治理专项行动、防疫物资监督抽查、消防产品获证组织检查等系列质量安全专项整治行动，检查各类机构、企业近1000家次，出动执法人员1100余人次。

（钱裕超　沈春琰）

知识产权保护

【概况】 年内，全市新增专利授权11010件，其中发明专利授权1747件，比上年增81.98%，有效发明专利拥有量9715件，万人发明专利拥有量67.45件，高价值发明专利拥有量3352件，比上年增43.06%，万人高价值发明专利拥有量23.27件。新增国内商标申请5722件，国内商标注册5037件。开展知识产权“育鹰”行动计划和苏州强企培育工程，新增知识产权“雄鹰”企业1家、雏鹰企业15家、培育库企业54家，知识产权强企培育工程成长型企业33家、优势型企业10家和引领型企业8家。新增知识产权贯标备案企业116家，通过贯标绩效评价及第三方认证企业26家。新增苏州市登峰行动计划、高价值专利培育、商标品牌培育等知识产权项目6项。新增第二十三届中国专利奖3项，累计46项。新增苏州市优秀专利奖二等奖2项，累计34项。举办知识产权贯标业务、知识产权质押登记业务、专利快速预审等17场宣讲培训，参训1200余人次。查处知识产权案件108件，其中商标59件、专利49件，罚没款314.45万元。开展三批次非正常专利申请核查整治工作，核查涉嫌非正常专利申请1137件，撤回率94.5%。加强知识产权协同保护，与市法院签订《对严重侵害知识产权相关主体开展联合惩戒的合作备忘录》。发布商标预警监测报告11期，发放商标、专利预警提醒1579份，惠及企业391家。指导16家企业纳入苏州第二批知识产权重点企业保护名录，支持5家企业纳入苏州知识产权海外预警项目，帮助4家企业有效应对美国“337调查”，7家企业被确定为2022年度江苏省“正版正货”承诺企业。张家港市首批入选国家知识产权强县建设试点县，张家港保税港区首批入选国家级知识产权强国建设试点园区，经济技术开发区获批江苏省知识产权建设示范园区。推动长三角区域首家专利特派员工作站揭牌运行，在经开区、高新区设立知识产权工作站。

表50　　2022年张家港市专利授权及拥有情况表

单位：件

区镇名	授权专利	授权发明专利	有效发明拥有量
保税区	1777	341	2397
经开区（杨舍镇）	3234	487	3148
冶金园（锦丰镇）	1492	290	1224
高新区（塘桥镇）	969	147	491
乐余镇	1073	98	689
凤凰镇	1097	163	658
南丰镇	678	128	755
大新镇	423	72	237
常阴沙现代农业示范园区	255	21	116
其他	12	—	—
合计	11010	1747	9715

【商标专利质押融资总额居全省县区市第一】 年内，市市场监管局在政策引导、资源运用、服务优化、平台建设方面精准发力，开展知识产权金融入园惠企活动，大力实施知识产权金融赋能“强基工程”，探索“知识产权质押+保险+证券”的融资新模式。2022年，成功发放全国首笔数字人民币知识产权质押贷款和苏州首笔商标专利混合质押贷款，“华泰—张家港金茂租赁知识产权1—5期资产支持专项计划”获上海证券交易所批复，推动全市首单知识产权海外侵权责任保险顺利落地。帮助32家企业获得知识产权质押融资30.56亿元，比上年增24%，其中，1000万元以下普惠性贷款企业占72%，质押融资额连续两年位居全省县区市第一。

【《张家港市知识产权保护和运用“十四五”规划》发布】 3月，《张家港市知识产权保护和运用“十四五”规划》发布。规划阐述了“十三五”时期全市知识产权工作取得的成绩，明确“十四五”时期全市知识产权的发展思路、主要目标、重点任务和保障措施。规划提出，要坚持率先引领、质量取胜、系统协同原则，实施知识产权高标准保护，推动知识产权高质量创造，促进知识产权高效益运用，做好高水平知识产权服务，打造知识产权人才高地，加强知识产权文化建设。规划目标至2025年，全市知识产权保护社会满意度超90%，每1万人口高价值发明专利拥有量25件，海外发明专利授权量累计300件，马德里国际商标注册量累计230件，知识产权质押融资金额30亿元，各级专利奖数量100项，全市知识产权保护水平显著提升，知识产权与现代产业体系建设的融合度进一步提升，知识产权对经济社会发展的支撑作用显著增强。　　（钱裕超）

审　　计

【概况】 2022年，市审计局开展审计计划项目28项，完成各级领导交办项目9项，查出管理不规范金额8.76亿元，审计发现问题347个，提出审计建议98条，出具审计决定书7份、案件移送书3份，促进相关单位制定整改措施222条，建章立制47项，增收节支8037万元，形成揭示问题、规范管理、促进改革的工作闭环。市审计局获评江苏省文明单位、市落实网络安全工作责任制先进单位，经济责任审计中心创建成市青年文明号，1个审计项目获评省优秀大数据审计项目和苏州市优秀审计项目。

财政审计　组织实施2021年度市财政同级审，运用“数据分析+现场核查”的大数据审计模式，对全市222个预算单位的预算编制、预算执行、财务核算、绩效管理等情况进行全覆盖审计，同时融合审计科技创新专项资金、财政涉粮专项资金等11个审计专题，推动行政事业单位加强国有资产管理和经营性资产处置，保障财政资金科学管理和高效运行。

经济责任审计　对南丰镇、双山香山旅游度假区、市法院、市检察院、市交通局、市水务局、市融媒体中心、华昌集团、张家港产业资本公司、城投集团等14个单位17位党政主要领导干部实施经济责任审计，结合部门职能特点，对领导干部履职情况进行客观评价。审计发现和查处问题205个，推动8个单位建立健全多项内控制度，进一步优化财务和招投标管理。

工程审计　跟进重大民生工程和重要基础设施建设，组织对市职工文体中心、康乐医院（市第四人民医院）易地新建项目等实施竣工决算审计，对高标准农田建设情况开展专项审计调查，推动相关部门出台《张家港市农田水利工程设施长效管护考核办法》《张家港市高标准农田改造提升实施意见》等制度文件。市基建审核中心重点开展农村生活污水治理项目、张家港湾百年一遇江堤工程、东三环新建工程电力线路迁改、沿江公路改造工程等复审项目。全年完成工程造价复审项目350项，送审金额32.09亿元，复审核减金额8912万元。

专项审计　开展市第四人民医院运行管理情况专项审计调查，推动该院建立健全6项管理制度，促进医院规范管理，提升患者就医体验。开展养老服务体系建设政策落实情况专项审计调查，全面摸排机构养老、社区养老、适老化改造、医养结合等政策执行和设施建设情况，促进全市养老事业高质量发展。开展市农村集体资产管理专项审计调查和公共交通发展专项资金审计，督促相关部门完善制度、强化管理。开展市级和部门信息化平台建设管理情况专项审计调查，摸清全市信息化建设方面人员、资金、资产三本账，形成审计专报和报告5篇，获市委、市政府主要领导批示7篇次。

【市“十四五”审计工作发展规划出台】 1月26日，市委审计委员会办公室、市审计局出台《张家港市“十四五”审计工作发展规划》。规划由总体要求、工作重点和保障措施三部分组成，主要阐明政策落实跟踪审计、财政审计、国资国企审计、重大公共工程投资审计、领导干部经济责任审计、自然资源资产审计、民生审计等7个类别的重点工作，明确了加强党的领导、构建全方位审计监督体系、健全全流程审计管理机制、加快推进信息化建设、加强审计干部队伍建设等五方面的目标任务。

【“巡审联动”工作机制创新构建】 2022年，市审计局创新审计监督模式，在领导干部经济责任审计中实施“巡审联动”，建立审计与巡察计划互联、工作互动、问题共商、成果共享的良性工作机制。年内开展“巡审联动”项目5项，审计和巡察部门相互移交《发现问题疑点清单》5份，涉及审计疑点111个、巡察问题106个，共同向市纪委移送案件线索2条。市审计局还配合市纪委监委、财政部门等完成殡葬系统专项整治、物业管理领域专项督察、津补贴核查等专项监督工作，抽调4人配合参与市委巡察工作，不断提升监督治理综合效能，共同维护风清气正的政治生态。

（尚静怡）

统　计

【概况】 2022年，市统计部门扎实推进统计改革，强化经济运行监测研判，拓展统计服务职能，夯实统计基层基础，不断提高统计数据质量和服务水平。执行联网直报各项规定，按时完成各项年报任务，如期公布各项统计资料。市统计局被人力资源社会保障部和国家统计局表彰授予“全国统计系统先进集体”称号，是全省唯一入选的县级统计机构。

统计监测　强化统计监测、预警、分析，从经济增长、结构调整、质量效益等方面加强对经济形势的专题研究和深度探讨，及时准确反映经济形势和政策执行情况。聚焦重点行业重点指标，对重点企业进行走访调研，关注房地产、文化产业、核心增加值率等行业及指标。重点监测地区生产总值（简称GDP）运行，建立重点行业、重点指标预报制度，动态监测核算指标变化情况，结合专业和部门数据完成GDP测算、分析和预判工作。紧扣高质量发展，加强对高质量指标体系共性指标的监测和跟踪。创新统计产品，依托“数据张家港”平台，将地区生产总值等主要指标体系纳入数据系统，进一步拓宽统计服务领域。按季召开新闻通气会，通过政府门户网对外发布。全年撰写各类统计分析、专题材料、信息动态200余篇，多篇分析引起市委、市政府主要领导重视并批示，《张家港市城市商业综合体发展问题研究》获苏州市（区）优秀统计分析报告三等奖。

依法治统　年初制定《全市统计法治工作要点》和《统计行政执法检查计划》，部署全年统计法治工作，落实统计系统涉企轻微违法行为不予行政处罚制度。根据《2022年度全省统计执法检查工作计划》，组织开展“双随机”统计执法检查工作，全年对50家批发零售业、住宿和餐饮业、建筑业等企业进行统计执法检查。常态化开展各专业数据质量核查100余次，规范企业统计台账，确保上报数据有据可依、有证可查。结合“12·4”全国法制宣传日和“12·8”《中华人民共和国统计法》颁布纪念日等重要宣传节点，开展统计法律法规进党校活动；将法制宣传与报表布置、业务培训、数据核查、执法检查、行政指导等有机结合，营造依法统计浓厚氛围。

统计基层基础建设　推进基层统计机构“八有八化”建设（即有编制、有人员、有经费、有场地、有设备、有网络、有制度、有培训，实现统计管理制度化、统计人员专业化、统计报表标准化、统计台账电子化、统计资料档案化、统计工作法治化、统计信息网络化、统计宣传常态化），探索从向社会力量购买统计外包服务、设置公益性岗位等方面增强基层统计力量。加强基层统计业务培训，注重制度学习全覆盖，依托统计教育培训讲师团，运用定期授课培训、专题视频讲解、小班互动讨论等多种形式深入开展学习，提高基层统计人员业务素质。推进“四上”企业绩效考核，提高基层统计工作效能，提升企业统计数据上报时效和质量。

【GDP统一核算改革推进】 年内，全市建立推进GDP统一核算改革部门联席会议制度，每月召开联席会议，为相关部门提供业务指导，开展GDP预算和监测分析工作，全年市统计局共撰写10余篇GDP相关汇报材料，着力发挥好统计的监测预警功能。同时，推进区镇地区生产总值统一核算工作，按照上级统一核算方案，结合工作实际，于11月印发《张家港市区（镇）季度地区生产总值统一核算方案》，进一步明了数据来源和计算方法。加强业务培训，召开区镇地区生产总值统一核算业务培训，详细讲解年度、季度、普查核算方法和关注重点。根据支撑度合理核定各区镇地区生产总值最终数，提高区镇对“四项构成”指标（即劳动者报酬、生产税净额、固定资产折旧、营业盈余）的重视度，确保全市数据全面真实反映。

（毛　盘）

资料链接

美国“337调查”：根据美国《1930年关税法》，美国国际贸易委员会可以对进口贸易中的所谓不公平行为发起调查并采取制裁措施。由于其所依据的是《1930年关税法》第337节的规定，因此，此类调查一般称为“337调查”。

【编辑　朱永平】

科学技术

Science and Technology

清控科创创新基地（张家港）　（市科技局　提供）

科技创新

科技载体

科技项目

科技成果

气象科技

扫码欣赏

科学引领　与光同行

——张家港院士

科技创新

【概况】 2022年，张家港市聚焦科技体制机制改革，持续优化顶层设计，首批获评国家创新型县（市）。市委创新委员会召开工作例会3次，出台《张家港市科技支撑碳达峰碳中和三年行动计划（2023—2025年）》。张家港市连续两年入围科技部、财政部“百城百园”行动，被江苏省政府办公厅表彰为“科技企业孵化器运行成效明显且地方财政给予资金安排的地方”。举办中国创新挑战赛（张家港）、火炬科技成果直通车（江苏站·张家港专场）等活动，推动科技成果供需精准对接。市科技招商中心实体化运作，优化科技招商认定标准，建立市级科技招商项目库，全年认定项目1256项。市财政科技支出18.45亿元，占市级财政支出的8%。净增高新技术企业103家，高新技术产业产值占规模以上工业总产值比重达到38.94%。入库科技型中小企业1038家，入围苏州独角兽培育企业4家。新增国家级众创空间2家，新增苏州市级科技企业孵化器1家、省级科技企业孵化器1家，获得国家级科技企业孵化器绩效评价“优秀”等次4家，获得江苏省工程技术研究中心绩效考评“优秀”等次7家。新增自主培育国家级重大人才工程10人、江苏省高层次创新创业人才引进计划13人、姑苏创新创业领军人才计划58人。新增张家港市企业主持完成的省科学技术奖4项，其中二等奖1项、三等奖3项，累计124项。新增产学研合作项目258项，新建成各类政产学研联合体44家。8月，第十四批科技镇长团挂职结束。挂职期间，走访企业687家次，挖掘企业各类需求近200项，牵线促成合作协议与合同34项，签约合同总金额超1000万元，指导企业申报省级以上科技项目13项，推荐各级人才计划项目33项，举办、协办各类对接路演活动12场，邀请近100名专家教授到张家港开展交流对接。至年末，“张科贷”（张家港市科技企业贷款风险补偿）在库企业264家，累计72家次企业获批贷款2.4亿元。“苏科贷”（江苏省科技企业贷款风险补偿）完成放贷业务6笔，累计2050万元，惠及6家企业。科技招商直投基金——沙洲科创C计划基金成立，完成首批6个项目出资审议。

【张家港创新周】 7月11日，2022年（第十四届）苏州国际精英创业周张家港分会场暨第二届张家港创新周开幕。开幕式上，中国张家港留学人员创业园启用，发布高品质人才社区系列政策；开展国家级科技企业孵化器绩效评价优秀、江苏省科技企业加速器申报工作，举办江苏省留学人员之家、江苏省博士后创新实践基地授牌仪式；发布“创新驱动发展（张家港）指数2021”、2021年度企业创新积分榜单；为张家港市4家企业颁发2021年度省科学技术奖；举办人才服务“在你身边”专项行动发布仪式；举办市人才工作先进地区、进步地区授牌仪式；11项科技招商及人才项目、10项产学研合作项目、5家科技招商服务机构签约。创新周期间，以“1+4+N”的形式，举办1场开幕式和峰会讨论、载体建设、主题大赛、合作交流四大主题共22场系列活动。

【火炬科技成果直通车（江苏站·张家港专场）】 9月28日，2022年度火炬科技成果直通车（江苏站·张家港专场）暨江苏省专利（成果）拍卖季新材料产业专场活动举行。活动现场，金属新材料创新联合体成立，苏州·张家港全球创新创业大赛半导体赛、海外赛、青年赛三大专项赛启动，10个项目集中签约，合作金额超2000万元，江苏银行张家港支行与威胜生物医药（苏州）股份有限公司等9家企业签署金融合作协议，授信额度超1亿元。

【中国创新挑战赛（张家港）】 7月14日，第七届中国创新挑战赛（张家港）新闻发布会举行，张家港作为全国唯一县级市继续承办该项赛事。赛事从科技招商、资源链接、沪苏同城三个方面发力，赛期6个月，主要分为需求征集、需求发布、方案征集、现场大赛4个环节。围绕新材料产业链，定向邀约相关行业专家，走访对接企业302家，挖掘企业技术需求133条，其中有效需求109条。活动期间，举办启动仪式、粤港澳大湾区专场对接会、需求分析论证会、34场技术需求精准对接会和现场赛。累计征集解决方案101条，现场签约合作项目15项。（吴鹏立）

【高新技术企业】 2022年，张家港市新认定高新技术企业344家，净增高新技术企业103家。至年末，有效高新技术企业955家。高新技术产业产

9月28日，2022年度火炬科技成果直通车（江苏站·张家港专场）暨江苏省专利（成果）拍卖季新材料产业专场活动举行（市科技局 提供）

值占全市规模以上工业总产值比重达到38.94%。全年新确认苏州燎塬半导体有限公司、苏州晶台光电有限公司、江苏派恩新型材料有限公司、科堡科技(江苏)有限公司、苏州沃美生物有限公司、苏州恒嘉晶体材料有限公司、苏州良辰生物医药科技有限公司、苏州爱上网络科技股份有限公司、苏州东大金点物联科技有限公司等省民营科技企业170家。新增苏州润邦半导体材料科技有限公司、苏州丰倍生物科技股份有限公司、苏州体素信息科技有限公司、江苏普达迪泰科技有限公司4家省潜在独角兽企业;新增苏州锴威特半导体股份有限公司、威胜生物医药(苏州)股份有限公司、苏州润邦半导体材料科技有限公司、江苏国富氢能技术装备股份有限公司4家苏州市独角兽入库培育企业。组织1038家企业开展科技型中小企业备案,比上年增14.82%;16家企业列入省瞪羚企业,比上年增23%;47家企业列入苏州市瞪羚计划,比上年增27%。

表51　2022年张家港市新认定高新技术企业一览表

序号	企业名称	序号	企业名称
1	张家港孚冈汽车部件有限公司	31	苏州北极光汽车零部件有限公司
2	江苏新泰克软件有限公司	32	江苏宏宝优特管业制造有限公司
3	张家港新正重工机械制造有限公司	33	江苏方圣机械有限公司
4	张化机(苏州)重装有限公司	34	江苏宝德新材料有限公司
5	张家港市博格机械有限公司	35	长华化学科技股份有限公司
6	江苏欣荣普尔斯机械有限公司	36	江苏奥斯佳材料科技股份有限公司
7	江南载福粉末涂料(张家港)有限公司	37	江苏绿普资源利用开发有限公司
8	苏州博立联信息技术有限公司	38	苏州润邦半导体材料科技有限公司
9	苏州骏昌通讯科技股份有限公司	39	张家港世恒实业有限公司
10	江苏沙洲电气有限公司	40	张家港朗亿机电设备有限公司
11	江苏艾迪尔医疗科技股份有限公司	41	张家港伟宇工艺玻璃制品有限公司
12	张家港市环宇制药设备有限公司	42	苏州芯海半导体科技有限公司
13	张家港市金麦穗离心机有限公司	43	江苏宏宝工具有限公司
14	张家港众辉医用塑料科技有限公司	44	张家港市东方高新聚氨酯有限公司
15	江苏宏基铝业科技股份有限公司	45	张家港市联鑫塑料机械有限公司
16	苏州上舜精密工业科技有限公司	46	张家港市贝司德机械有限公司
17	苏州科灵医疗科技有限公司	47	江苏鑫州耐磨科技有限公司
18	张家港市蓝鸟机械有限公司	48	张家港市格雷斯机械有限公司
19	苏州名创医疗科技有限公司	49	张家港市沃尔特精密机械有限公司
20	张家港市兰航机械有限公司	50	优标环保设备(张家港)有限公司
21	张家港奥特威自动化设备有限公司	51	江苏天翔电气有限公司
22	江苏博云塑业股份有限公司	52	江苏富丽华通用设备股份有限公司
23	舒马克电梯(张家港)有限公司	53	苏州四方智电能源科技有限公司
24	盈泰(苏州)医疗科技有限公司	54	张家港新雪峰机械有限公司
25	张家港市锦明环保工程装备有限公司	55	信义光伏(苏州)有限公司
26	张家港市恒乐阳方高温材料有限公司	56	张家港富瑞重型装备有限公司
27	江苏多维科技有限公司	57	苏州汉酶生物技术有限公司
28	苏州凡赛特材料科技有限公司	58	张家港中环海陆高端装备股份有限公司
29	江苏新特变科技股份有限公司	59	张家港市新华化工机械有限公司
30	张家港市科达化纤有限公司	60	苏州莱能士光电科技股份有限公司

续表51

序号	企业名称	序号	企业名称
61	张家港市大数据有限公司	97	张家港市中南化工机械有限公司
62	苏州赛森电子科技有限公司	98	苏州东大汉森冶金实业有限公司
63	江苏爱吉亚电子科技有限公司	99	张家港玉成精机股份有限公司
64	苏州苏南捷迈得医疗器械有限公司	100	格兰尼特（苏州）工业科技有限公司
65	苏州顺创智能电子科技有限公司	101	江苏中科晶元信息材料有限公司
66	张家港杰德机械有限公司	102	苏州顶创新材料科技有限公司
67	张家港市固铝金属制品有限公司	103	张家港扬子江冷轧板有限公司
68	张家港金典软件有限公司	104	张家港扬子染整有限公司
69	江苏佳恒化纤有限公司	105	张家港保税区宇联羊毛工业有限公司
70	江苏赛瑞迈科新材料有限公司	106	张家港保税区亚鑫精密制管有限公司
71	张家港衡业特种树脂有限公司	107	张家港市永和金属制品有限公司
72	江苏培达塑料有限公司	108	江苏梵爵机械制造有限公司
73	竑昌兴业（张家港）织染有限公司	109	张家港神鹿机械有限公司
74	苏州友恒橡塑制品有限公司	110	江苏清能新能源技术股份有限公司
75	苏州众邦轨道交通科技有限公司	111	苏州倍爱尼生物技术有限公司
76	张家港市科达超声有限公司	112	江苏索利得物联网有限公司
77	苏州双象光学材料有限公司	113	苏州和春信息技术有限公司
78	张家港市吉宇机械制造有限公司	114	中科院大连化学物理研究所张家港产业技术研究院有限公司
79	江苏赛康医疗设备股份有限公司	115	麦特勒智能科技（张家港）有限公司
80	江苏亚力防爆电机有限公司	116	雅涂科技（张家港）有限公司
81	苏州莱博瑞汽车部件有限公司	117	张家港市华天药业有限公司
82	张家港洁利环保科技有限公司	118	中科军联（张家港）新能源科技有限公司
83	江苏保丽洁环境科技股份有限公司	119	张家港海的动力传动科技有限公司
84	江苏旭龙环境科技有限公司	120	张家港市华申工业橡塑制品有限公司
85	苏州圣汇装备有限公司	121	博瑞德（张家港）环保科技有限公司
86	张家港市黎伟汽车内饰配件有限公司	122	江苏智能星装备科技有限公司
87	张家港市科华化工装备制造有限公司	123	张家港飞腾复合新材料股份有限公司
88	苏州凯祥生物科技有限公司	124	张家港保税区佳瑞德机械设备有限公司
89	江苏佳成科技股份有限公司	125	张家港保税区华瑞工程有限公司
90	张家港检验认证有限公司	126	张家港保税区天翔电气有限公司
91	张家港坦力机电设备有限公司	127	张家港市昌源氨纶制造有限公司
92	张家港市华辰塑粉有限公司	128	张家港市荣达建筑机械制造有限公司
93	张家港市家州机械有限公司	129	江苏新苏承环保设备有限公司
94	张家港市鑫杰铸锻有限公司	130	霍夫勒（苏州）汽车制造有限公司
95	张家港市仁达金属制品有限公司	131	张家港市弘扬机械设备有限公司
96	江苏丰智物流科技有限公司	132	张家港市富雅玻璃制品有限公司

续表51

序号	企业名称	序号	企业名称
133	张家港市盛运机械有限公司	169	张家港科杰机械装备有限公司
134	苏州艾赛林特环境工程有限公司	170	苏州矩阵光电有限公司
135	张家港市弘扬金属制品制造有限公司	171	江苏利多电机有限公司
136	苏州柔触机器人科技有限公司	172	张家港市通达电梯装璜有限公司
137	张家港市黎明化工有限公司	173	张家港奥得森机电设备有限公司
138	张家港市科元高分子材料有限公司	174	苏州翔力包装有限公司
139	苏州普兆农业科技有限公司	175	张家港大裕橡胶制品有限公司
140	江苏日升恒隆科教设备有限公司	176	苏州益诚隆纺织科技有限公司
141	苏州新之彩机电设备有限公司	177	张家港市益成机械有限公司
142	万物生（苏州）环境科技有限公司	178	张家港市得道电子有限公司
143	张家港卡福新材料有限公司	179	苏州沃美生物有限公司
144	张家港市惠邦机械制造有限公司	180	江苏天昇光伏科技有限公司
145	张家港市联通化机有限公司	181	张家港市品杰模塑科技有限公司
146	江苏若焱环境设计有限公司	182	张家港天乐橡塑科技股份有限公司
147	张家港市飞浪泵阀有限公司	183	张家港神港医疗用品有限公司
148	张家港市美安金属制品科技有限公司	184	江苏飞鸽友联机械股份有限公司
149	张家港安博雷德五金工具有限公司	185	江苏达丽建筑材料有限公司
150	苏州紫光伟业激光科技有限公司	186	张家港羽成机械有限公司
151	张家港市双银医疗器械有限公司	187	江苏钰特耐磨科技有限公司
152	江苏普格机械有限公司	188	苏州普来安高分子材料有限公司
153	张家港市卓华金属科技有限公司	189	张家港市意久机械有限公司
154	张家港科伦斯汽车配件有限公司	190	苏州博铭晟新材料有限公司
155	苏州耐德新材料科技有限公司	191	苏州德费尔自动化设备有限公司
156	苏州先准电子科技有限公司	192	张家港市江能仪表机械设备有限公司
157	江苏金鹰流体机械有限公司	193	阳地钢装配式建筑（张家港）有限公司
158	张家港欧思瑞医疗科技有限公司	194	张家港市佳晟机械有限公司
159	江苏建鸿环保材料科技有限公司	195	张家港华程机车精密制管有限公司
160	张家港市科宇信超声有限公司	196	张家港市民华塑胶有限公司
161	张家港市萱达纺织有限公司	197	张家港市博强机械制造有限公司
162	江苏富淼科技股份有限公司	198	张家港市塘桥镇污水处理有限公司
163	苏州尚驰机械有限公司	199	张家港市华天电子科技有限公司
164	苏州友得利金属制品有限公司	200	张家港市华奥特种制冷设备有限公司
165	张家港凯诚软件科技有限公司	201	张家港南源光电科技有限公司
166	张家港倍恩特磁塑科技有限公司	202	威鉌（苏州）智能科技有限公司
167	张家港市海润电器仪表设备有限公司	203	苏州市快易联射频技术有限公司
168	张家港华程特种材料股份有限公司	204	张家港梦康生活家居科技有限公司

续表51

序号	企业名称	序号	企业名称
205	苏州山禾环保科技有限公司	241	苏州弘毅环境科技有限公司
206	苏州齐物智能装备有限公司	242	江苏朗信电气有限公司
207	奇点创新(江苏)智能科技有限公司	243	张家港乔昇精密机械制造有限公司
208	张家港市天力达机电有限公司	244	张家港马提亚科技有限公司
209	苏州铭辰无纺布有限公司	245	张家港市海达金属制品有限公司
210	苏州德瑞姆超声科技有限公司	246	苏州斯马拓智能化装备有限公司
211	江苏赫夫特齿轮制造有限公司	247	张家港幸运金属工艺品有限公司
212	苏州如德科技有限公司	248	博裕纤维科技(苏州)有限公司
213	苏州迪天机器人自动化有限公司	249	诺博汽车科技有限公司
214	张家港中天精密模塑有限公司	250	张家港海运金属冷挤压有限公司
215	张家港市惠氏电器有限公司	251	苏州恒嘉晶体材料有限公司
216	江苏金帆新动能源科技有限公司	252	路沃特(张家港)动力再制造科技有限公司
217	澜智集成电路(苏州)有限公司	253	苏州六度设计研究院有限公司
218	张家港海扬超声清洗设备有限公司	254	江苏氢港新能源科技有限公司
219	苏州芯控达电子科技有限公司	255	苏州凯特信息科技有限公司
220	苏州广汇祥精工科技有限公司	256	张家港派恩信精密配件制造有限公司
221	苏州波力斯医疗科技有限公司	257	张家港戴恩机械有限公司
222	张家港市德昶自动化科技有限公司	258	张家港黎顺科技有限公司
223	江苏双羊医疗器械有限公司	259	苏州橙柳电子精密有限公司
224	苏州通和景润康复科技有限公司	260	张家港海锐达模压装备有限公司
225	江苏中能赛创智能装备科技有限公司	261	苏州市华昌能源科技有限公司
226	张家港意发功率半导体有限公司	262	尖刀视智能科技(苏州)有限公司
227	江苏澳洋生态园林股份有限公司	263	苏州慧思腾科技有限公司
228	张家港协鑫集成科技有限公司	264	张家港市绿沁环保科技服务有限公司
229	江苏沙洲阀门有限公司	265	张家港艾普能源装备有限公司
230	张家港百盛新材料有限公司	266	水立通建设(江苏)有限公司
231	苏州蓝柯新能源科技有限公司	267	苏州金鸿顺汽车部件股份有限公司
232	江苏联芯半导体科技有限公司	268	张家港智能电力研究院有限公司
233	江苏国瑞检测技术有限公司	269	江苏腾瑞智联数字科技有限公司
234	江苏富钧电子科技有限公司	270	苏州世椿新能源技术有限公司
235	张家港市佳旭金属材料有限公司	271	江苏富瑞能源服务有限公司
236	江苏上云物道智能物联科技有限公司	272	江苏绿亿医疗科技有限公司
237	苏州港芯科技有限公司	273	杰莱特(苏州)精密仪器有限公司
238	张家港市海星集装箱制造有限公司	274	江苏迷你光电有限公司
239	苏州巴科光电科技有限公司	275	西麦克(张家港)机械科技有限公司
240	苏州泊讯物联网技术有限公司	276	张家港二米田动画制作有限公司

续表51

序号	企业名称	序号	企业名称
277	上海电气集团（张家港）变压器有限公司	311	张家港美斐电梯导轨有限公司
278	张家港市阿尔泰钢管制造有限公司	312	张家港市清源水处理有限公司
279	张家港市和恒精工机械有限公司	313	江苏峰超泵业有限公司
280	江苏红人实业股份有限公司	314	张家港市友胜机械制造有限公司
281	张家港市港一超声电器有限公司	315	江苏永道科技有限公司
282	张家港鼎力科技有限公司	316	张家港市众兴成特种装备有限公司
283	苏州新马力电机制造有限公司	317	苏州虎伏新材料科技有限公司
284	苏州市吉拓机械有限公司	318	恒创数字科技（江苏）有限公司
285	众申机械（苏州）有限公司	319	张家港市隆旌汽车零部件有限公司
286	江苏捷达离心机制造有限公司	320	江苏联峰能源装备有限公司
287	张家港市斯佰特包装机械有限公司	321	江苏合泰机械科技有限公司
288	苏州致邦能源装备有限公司	322	张家港市威尔马精密工具有限公司
289	苏州荣冠锻造有限公司	323	中科探海（苏州）海洋科技有限责任公司
290	苏州厚发精线有限公司	324	联峰钢铁（张家港）有限公司
291	张家港乐达汽车电器有限公司	325	苏州羿驰辉科技有限公司
292	张家港市远创塑料机械有限公司	326	张家港市雪松精工科技有限公司
293	张家港市邦诚环保机械科技有限公司	327	苏州福格纳机电有限公司
294	张家港市越丰化工机械有限公司	328	江苏艾斯瑞特机械有限公司
295	张家港兆恒机械有限公司	329	张家港市丰港模塑科技有限公司
296	张家港市昕烨日化喷雾器有限公司	330	张家港市帝达机械有限公司
297	安玖丰（苏州）环境工程有限责任公司	331	江苏蒙苏自动化系统工程有限公司
298	苏州俊特机械科技有限公司	332	戈顿（张家港）机电制造有限公司
299	江苏友邦精工实业有限公司	333	张家港市北七星塑料机械有限公司
300	张家港市耀隆金属制品有限公司	334	江苏轻跃气体科技有限公司
301	苏州生光塑料机械有限公司	335	爱丽家居科技股份有限公司
302	苏州普洽吹瓶科技有限公司	336	苏州合符智能医疗器械有限公司
303	苏州新云腾包装材料有限公司	337	张家港市宏顺输送设备有限公司
304	张家港长力机械有限公司	338	苏州宇川光学科技有限公司
305	张家港市立业机械有限公司	339	瑞欧刀具（江苏）有限公司
306	张家港市万事达电教科技有限公司	340	张家港华日法兰有限公司
307	张家港市华晟净化设备有限公司	341	信义电源（苏州）有限公司
308	张家港鑫峰机电有限公司	342	苏州晶煊光电有限公司
309	张家港市华为电子有限公司	343	苏州东宝海星金属材料科技有限公司
310	江苏恒阳制管有限公司	344	信华智能装备（江苏）有限公司

（梁玉笛）

科技载体

【概况】 年内，全市新增国家级众创空间2家，累计拥有苏州市级以上众创空间29家，其中国家级7家、省级21家、苏州市级1家。新增省级科技企业孵化器1家、苏州市级科技企业孵化器1家，累计国家级科技企业孵化器5家、省级7家、苏州市级1家。张家港市高新技术创业服务中心、凤凰科技创业园、沙洲湖科创园、张家港保税区科技创业园在科技部火炬中心国家级科技企业孵化器绩效评价中获“优秀”等次，列全国县（市）第一。获评江苏省技术创新中心1家。新增省企业研究生工作站8家，累计345家。新增省工程技术研究中心7家，累计117家。江苏省国泰新点软件工程技术研究中心、省高光效LED外延与芯片工程技术研究中心、省（海陆）环形锻件工程技术研究中心、省工业废气处理设备工程技术研究中心、省砷化镓半导体芯片工程技术研究中心、省（天鹏）高功率锂电池工程技术研究中心、省电站锅炉烟气脱硫工程技术研究中心获省工程技术研究中心绩效考评优秀。新增省级企业研发平台28家，累计667家。新增苏州市新型研发机构2家，累计12家。新增苏州市工程技术研究中心22家，累计318家。

表52　　2022年张家港市新增科技载体平台一览表

类别	载体平台名称	承担单位
国家众创空间	澳洋蒲公英众创空间	张家港澳洋蒲公英孵化器管理有限公司
	清控科创创新基地（张家港）	张家港清控科创科技服务有限公司
江苏省技术创新中心	江苏省氢能技术创新中心	苏州市氢能产业创新中心有限公司
江苏省科技企业孵化器	张家港保税区梵创产业园孵化器	张家港保税区梵创产业发展有限公司
江苏省工程技术研究中心	江苏省（富瑞特装）船用新能源装备工程技术研究中心	张家港富瑞重型装备有限公司
	江苏省油脂加工副产品综合利用工程技术研究中心	苏州丰倍生物科技股份有限公司
	江苏省贵金属催化剂工程技术研究中心	江苏欣诺科催化剂有限公司
	江苏省LED新型显示工程技术研究中心	苏州晶台光电有限公司
	江苏省高性能晶体生长炉热控电源工程技术研究中心	江苏东方四通科技股份有限公司
	江苏省再生医学物理因子工程技术研究中心	苏州爱得科技发展股份有限公司
	江苏省（赛康）智能医疗康复设备工程技术研究中心	江苏赛康医疗设备股份有限公司
江苏省企业研究生工作站	苏州南洋电缆有限公司研究生工作站	苏州南洋电缆有限公司
	江苏广川超导科技有限公司研究生工作站	江苏广川超导科技有限公司
	张家港意发功率半导体有限公司研究生工作站	张家港意发功率半导体有限公司
	江苏红人实业股份有限公司研究生工作站	江苏红人实业股份有限公司
	张化机（苏州）重装有限公司研究生工作站	张化机（苏州）重装有限公司
	江苏爱康能源研究院有限公司研究生工作站	江苏爱康能源研究院有限公司
	江苏永钢集团有限公司研究生工作站	江苏永钢集团有限公司
	江苏绿普资源利用开发有限公司研究生工作站	江苏绿普资源利用开发有限公司
苏州市科技企业孵化器	张家港保税区梵创产业园孵化器	张家港保税区梵创产业发展有限公司
苏州市新型研发机构	奥斯佳新材料技术研究院	奥斯佳新材料技术研究（江苏）有限公司
	中科纳米张家港化合物半导体研究所	中科纳米张家港化合物半导体研究所
苏州市工程技术研究中心	苏州市生物药技术服务工程技术研究中心	苏州良辰生物医药科技有限公司
	苏州市氮化镓器件工程技术研究中心	江苏能华微电子科技发展有限公司

续表52

类　别	载体平台名称	承担单位
苏州市工程技术研究中心	苏州市空调换热器用微通道铝扁管工程技术研究中心	张家港市宏基精密铝材科技有限公司
	苏州市燃料电池工程技术研究中心	苏州市华昌能源科技有限公司
	苏州市铁歌高密芯片显示工程技术研究中心	铁歌科技（张家港）有限公司
	苏州市多腔多层共挤吹塑成型工程技术研究中心	苏州星贝尔中空成型设备有限公司
	苏州市核苷类工程技术研究中心	苏州华赛生物工程技术有限公司
	苏州市工业互联网工程技术研究中心	江苏腾瑞智联数字科技有限公司
	苏州市轻量化铝合金汽车零部件工程技术研究中心	张家港市博格机械有限公司
	苏州市智慧市政设施低碳建设工程技术研究中心	江苏永联精筑建筑集团有限公司
	苏州市亲水性高分子分离膜工程技术研究中心	苏州富淼膜科技有限公司
	苏州市超薄带工程技术研究中心	张家港中美超薄带科技有限公司
	苏州市爱吉亚多频复合天线工程技术研究中心	江苏爱吉亚电子科技有限公司
	苏州市金盾智慧城市监管平台工程技术研究中心	江苏联峰金盾智能科技有限公司
	苏州市切割钢丝工程技术研究中心	张家港市苏闽金属制品有限公司
	苏州市高分子材料应用工程技术研究中心	爱丽家居科技股份有限公司
	苏州市电梯导轨专用设备工程技术研究中心	张家港市张运机械制造有限公司
	苏州市三维激光扫描检测工程技术研究中心	张家港保税区金港建设工程质量检测有限公司
	苏州市工业激光3D动态聚焦工程技术研究中心	苏州菲镭泰克激光技术有限公司
	苏州市高品质PVC糊树脂工程技术研究中心	江苏康宁化学有限公司
	苏州市清洁能源装备应用工程技术研究中心	张家港市江南利玛特设备制造有限公司
	苏州市高性能墨粉树脂工程技术研究中心	张家港威迪森化学有限公司

【新型研发机构】 2022年，张家港市新增新型研发机构2家，为奥斯佳新材料技术研究院、张家港长三角生物安全研究中心，2021年3家入培育库单位中科纳米张家港化合物半导体研究所、上海大学高品质特殊钢冶金与制备国家重点实验室张家港产业中心、苏州市产业技术研究院绿色制造熔接技术研究所进入新型研发机构名录，累计建成新型研发机构17家，涵盖冶金新材料、智能装备、化工新材料、新能源、生物医药及高端医疗器械、先进特色半导体六大产业链。这些研发机构累计申请发明专利1076件，授权发明专利447件，孵化企业126家，引进研发人才595人，其中全职300人，培育国家重大人才工程人才3人，省“双创计划”人才17人。

表53　2022年张家港市新型研发机构一览表

序号	新型研发机构名称
1	中国科学院大连化学物理研究所张家港产业技术研究院
2	张家港智能电力研究院
3	奥斯佳新材料技术研究院
4	哈尔滨工业大学（张家港）智能装备及新材料技术产业化研究院
5	南京工业大学张家港产业学院
6	张家港氢云新能源研究院
7	苏州市氢能产业创新中心
8	张家港市集成电路产业促进中心
9	西北工业大学（张家港）智能装备技术产业化研究院
10	张家港江苏科技大学产业技术研究院
11	苏州大学张家港工业技术研究院
12	苏州大学化学电源研究所

续表53

序号	新型研发机构名称
13	江苏冶金技术研究院
14	中科纳米张家港化合物半导体研究所
15	上海大学高品质特殊钢冶金与制备国家重点实验室张家港产业中心
16	苏州市产业技术研究院绿色制造熔接技术研究所
17	张家港长三角生物安全研究中心

【科创孵化载体建设】“十四五”期间，张家港聚焦“4+4”产业链（冶金新材料、智能装备、化工新材料、高端纺织四大主导产业，新能源、数字经济、生物医药及高端医疗器械、先进特色半导体四大新兴产业），规划新增科创载体超260万平方米，总投入超200亿元。2022年，张家港已投用科创孵化载体面积235.9万平方米，新开工科创孵化载体面积61.96万平方米，其中32万平方米竣工投用。制定出台《张家港市科创孵化载体建设三年行动计划》《张家港市星级科创孵化载体认定管理办法》。围绕“四有”（有产业方向、有专业运营、有投资基金、有创新平台）标准，对科创孵化载体进行星级评定，改革原有科创孵化载体的绩效考评体系，从专业化运营、产业方向、投资基金、创新平台建设、项目培育、知识产权、融资对接、孵化收入等维度进行绩效考评，推动载体建设量质齐升。

【两单位入选国家级众创空间】年内，张家港市新增2家国家级众创空间。澳洋蒲公英众创空间位于澳洋国际广场B座17楼，总面积1360平方米，由澳洋集团、“中国十佳孵化器”蒲公英孵化器及江苏省创业投资优秀团队共同投资设立，是“投资驱动+产业导向型”众创空间，服务企业累计获得投融资超2亿元，共孵化服务企业70余家，毕业企业17家，在孵项目16项，协助申报10余家张家港市领军人才企业。清控科创创新基地（张家港）由张家港市与清控科创联合共建的人才功能载体，至年末，在孵项目35项，毕业企业26家，孵化项目累计获得投融资3020万元，培育高新技术企业2家，引育各级人才41人次，其中江苏省高层次创新创业人才3人、苏州市姑苏领军人才11人、张家港市领军人才27人。

【省氢能技术创新中心获省碳达峰碳中和科技创新专项】6月10日，江苏省科技厅对2022年度省碳达峰碳中和科技创新专项资金（第三批）拟立项目进行公示，由张家港市申报的江苏省氢能技术创新中心成为此批碳达峰碳中和专项中唯一立项公示的省技术创新中心。该中心由市政府牵头主导，突出“小核心、大协同”，按联合共建模式运行。围绕制氢、储氢、运氢、加氢以及燃料电池领域的装备制造等主线，通过平台共建、技术入股、兼职创业等市场化途径和方式，解决氢气储运、加氢站、燃料电池等方面“卡脖子”问题；瞄准世界先进水平，开展氢能产业技术攻关、工程放大和产品开发，产出一批重大创新成果，实现核心技术的自主可控发展，培育和集聚具有核心竞争优势的氢能骨干企业，推动建设专业化人才队伍，吸引更多的人才、技术、信息、资源等高端要素，共同打造具有国际影响力的氢能产业创新集群。中心于10月23日举行揭牌仪式，至年末，完成一期研发场地建设，面积4000平方米，组建20人的研发团队，在氢燃料电池领域拥有12项发明专利，启动“揭榜挂帅”项目3项。

【扬子江科学城项目开工】3月7日，冶金园（锦丰镇）扬子江科学城开工暨2022年首批科技招商项目集中签约仪式举行。36个项目集中签约，总投资103.8亿元。其中，扬子江科学城项目总投资10亿元，占地2.11公顷，规划建筑面积7.2万平方米，建成后围绕高端医疗器械、智能制造、数字经济等产业引入科技招商、科技人才项目，力争在3年到5年间，培育一批“专精特新”小巨人企业、独角兽企业等有影响力科技企业。中韩（张家港）创新合作园于1月设立，内部规划有新型制造业基地、产业配套生活区和现代服务业发展区，累计入驻韩国投资企业18家，引进以冶金新材料、金属制品、新型建材等产业链上下游延伸项目为主的外资企业71家。南岸创新社区众创空间以高端医疗器械、智能制造、新能源、新材料等产业方向为主，通过“基础服务+创业辅导+孵化加速”的服务模式，已引育创业团队和企业项目16项，获评张家港市领军人才计划5项、苏州市级以上人才项目6项，入选张家港市“攀峰计划”企业1家、苏州市独角兽培育企业1家，培育高新技术企业2家。

（马玉琳　茅　华）

科技项目

【概况】年内，张家港市18个项目列入省级科技计划，其中，省产学研合作项目11项、省国际科技合作计划项目1项、省基础研究计划1项、省科技成果转化专项资金项目1项、省碳达峰碳中和科技创新专项资金（产业前瞻与关键核心技术攻关）项目3项、省碳达峰碳中和科技创新专项资金（重大科技成果转化）项目1项。组织实施张家港市级科技计划项目186项，其中，产业链创新产品攻关计划立项17项、医疗卫生科技创新指导性项目立项60项、产学研预研资金立项109项（分为预研阶段和后补助阶段）。

【两项目列入省科技成果转化专项资金项目】年内，华灿光电（苏州）有限公司“基于第三代半导体微显示Micro-LED外延与芯片技术研发及产业化”项目获省科技成果转化专项资金项目立项，获省拨经费资助1500万元。该项目主要应用于智能硬件设备、车用面板以及笔记本等终端显示产品，具有高清晰、高对比度、微显示等特点。目标产品处于中国高技术半导体产业链中的重要环节，既满足终端智能硬件、互联网、车载显示、数字显示等显示产业的需求，也能够带动上下游产业的技术发展，提升中国微发光显示技术的竞争力，是具发展前景的第三代半导体显示芯片。张家港中环海陆高端装备股份有限公司“超大功率直驱式海上风电机组转子房环构件研发及产业化”项目是全市首次获得省碳达峰碳中和科技创新专项资金（重大科技成果转化）项目立项，获省拨经费1500万元。超大功率直驱式海上风电机组转子房环构件用于6兆瓦至15兆瓦超大功率直驱式海上风电机组，是风机承力与连接的关键构件。项目开展数字化智能化轧环成形、高强韧高效节能形变热处理、复杂缺陷智能无损检测等关键技术研究，填补直驱式海上风机国内市场大型环构件关键材料的空白，实现中国向10兆瓦以上海上风电领域的跨越。

【三项目列入省碳达峰碳中和科技创新专项资金产业前瞻与关键核心技术攻关项目】 年内，张家港市3家企业项目获省碳达峰碳中和科技创新专项资金（产业前瞻与关键核心技术攻关）项目立项。其中，江苏爱康实业集团有限公司“超高效异质结晶硅太阳能电池及组件的研发”项目针对HJT异质结电池现阶段存在的实验室效率与产线效率差距较大、相比PERC背面电池成本偏高、组件封装及可靠性需改善三大瓶颈问题，设立4个课题，研制超高效异质结晶硅太阳能电池及组件，达到降低异质结晶硅太阳能电池平准化度电成本。江苏国富氢能技术装备股份有限公司“安全可靠高密度绿氢储供加注关键技术研发”项目从可再生能源出发，解决氢能在车上应用时涉及的储运、加注、终端的效能与安全问题，结合装备远程监控及智能调控等先进技术，能够提高氢能产业链的整体效率。江苏国泰超威新材料有限公司“低成本高性能混合电池电容关键材料研制”项目突破正极材料复配关键技术，明晰容电协同储能机理，阐明影响负极专用碳容量等性能关键制备因素，筛选新型电解液添加剂，突破宽温域、高电导电解液配方及制备技术，解决正极、负极、电解液三大关键材料有效匹配难题。

表54　　2022年张家港市新增省级科技计划项目一览表

项目类别	项目名称	承担单位
省国际科技合作计划项目	连续玻璃纤维增强热塑性复合管材生产线的合作研发	江苏贝尔机械有限公司
省产学研合作项目	面向冶金炉料的高集成化智能系统研发及产业化	张家港市博力特冶金炉料有限公司
	一种基于边缘计算的多功能数据采集控制器的研发	苏州弈智微智能科技有限公司
	高精度金属线材制造关键技术研究及装备研发	苏州厚发精线有限公司
	基于企业云平台HR管理系统权限研究	张家港富朗特重工有限公司
	电液执行器高精度嵌入式控制系统研究	张家港市艾罗执行器有限公司
	激光切管机的整机设计及切割质量控制研究	张家港市越泰精密机械有限公司
	LCD液晶站节屏研发与规模化生产	张家港市华天电子科技有限公司
	清肺排毒方剂抗新冠配伍研究	苏州禾研生物技术有限公司
	mRNA疫苗制备用体外合成关键工具酶开发与制备技术研究	苏州沃美生物有限公司
	小型电动拖拉机传动系统优化设计	张家港市宏顺输送设备有限公司
	多源冶金固废高效资源化利用的研究	江苏绿普资源利用开发有限公司
省基础研究计划	聚焦“基因调控—炎症反应—胰岛素信号转导”探讨补肾调癸化痰法调控miRNA改善多囊卵巢综合征伴胰岛素抵抗的机制	张家港市中医医院
省科技成果转化专项资金项目	基于第三代半导体微显示Micro-LED外延与芯片技术研发及产业化	华灿光电（苏州）有限公司
省碳达峰碳中和科技创新专项资金（产业前瞻与关键核心技术攻关）项目	超高效异质结晶硅太阳能电池及组件的研发	江苏爱康实业集团有限公司
	安全可靠高密度绿氢储供加注关键技术研发	江苏国富氢能技术装备股份有限公司
	低成本高性能混合电池电容关键材料研制	江苏国泰超威新材料有限公司
省碳达峰碳中和科技创新专项资金（重大科技成果转化）项目	超大功率直驱式海上风电机组转子房环构件研发及产业化	张家港中环海陆高端装备股份有限公司

（吴鹏立）

科技成果

【概况】 年内，全市新增张家港市企业主持完成的江苏省科学技术奖4项，其中二等奖1项、三等奖3项，累计获奖124项。全年新增产学研合作项目258项。包括二氧化碳聚醚、活性炭原料、高端化学催化剂、大功率燃料电池电堆及系统、树脂材料、高端隔热膜、膨胀机叶轮、全新半导体设备、超临界火电机组高温高压超静音控制阀关键技术、连续玻璃纤维增强热塑性复合管材生产线等的合作研发。

【中科探海公司主持项目获省科技奖二等奖】 年内，中科探海（苏州）海洋科技有限责任公司主持完成的“海洋全景实时三维智能探测装备关键技术及产业化”项目获江苏省科学技术奖二等奖。该项目成果打破国外长期技术垄断，实现市场占比超65%，在国家海洋局、上海打捞局、长江水文局、中国海洋石油集团、中国兵器工业集团、华电集团、三峡集团等单位取得丰富应用业绩，应用于国家重大工程北部湾油田勘测、中国水下考古重大项目长江口二号沉船考古工程等，推动国家水下探测技术迈入到悬浮、沉底和掩埋的全景三维智能探查高度。项目整体技术及产品自2016年起陆续研制完成并投入应用，至2022年年末已为相关企业新增销售额15亿元，新增利润4亿元。

【沙钢集团两项目获省科技奖三等奖】 年内，江苏沙钢集团有限公司主持的两项目获江苏省科学技术奖三等奖。其中，“钢铁流程固废高效资源化利用技术研究及近零排放实践”项目形成多项具有完全自主知识产权的关键技术，解决了钢铁流程固废处理的国际性难题。项目创新开发转底炉高效协同处理钢铁尘泥、铁矿尾矿及农林固废技术，建成全球最大的转底炉处理固废示范工程；研发高炉渣制备矿渣微粉及协同处理冶金固废技术，建成全球最大的高炉水渣制备矿渣微粉生产线；发明钢渣高效处理及道路工程高值化应用技术，建成全球最大的钢渣处理生产线；建立钢铁流程固废循环利用综合管理平台，实现钢铁流程固废资源精细化、高效化处理。“精品冷轧带钢智能高效生产核心技术研发及应用”项目通过产学研协同攻关，发展轧制过程的尺寸与稳定性控制理论，引入数据驱动方法提升了模型精度与适应能力，设计工艺及质量参数协调控制方法，开发三维尺寸高精度控制、表面质量检测与调控、薄硬带钢高速稳定轧制、组织性能一体化调控等系列智能化创新技术，生产出系列高质化冷轧产品。项目实现从智能化技术自主研发到引进系统升级优化、再到关键技术输出的跨越，保障高品质电工钢、食品级镀锡板、高档汽车和家电板等精品冷轧带钢自主供给，产品广泛应用于交通、能源、国防军工等重点领域。

【中集圣达因公司项目获省科技奖三等奖】 张家港中集圣达因低温装备有限公司主持完成的“船用LNG动力系统成套装备关键技术研发及产业化”项目获江苏省科学技术奖三等奖。创新研发船用LNG供气系统及液相管道和泵池内低温液体自动回收技术，实现零挥发气排放的技术突破。该项目技术已在公司实现应用，累计定制相关产品74台套，其中90.75%的产品出口海外。新增销售额3.21亿元，利润4815万元，税收780万元，并为LNG水上应用发展探索新理念，引领中国船用LNG技术的长足进步，对于国家碳达峰碳中和目标实现、促进船用LNG发展、推进交通领域消费结构绿色转型升级等具有重大意义。

表55 2022年张家港市获省级科学技术奖励情况表

序号	获奖项目名称	申报（参与）单位	获奖类别	等级	授奖部门
1	海洋全景实时三维智能探测装备关键技术及产业化	中科探海（苏州）海洋科技有限责任公司、南京工程学院、江苏科技大学、河海大学、江苏中海达海洋信息技术有限公司、渤海石油航务建筑工程有限责任公司	江苏省科学技术奖	二等奖	江苏省人民政府
2	钢铁流程固废高效资源化利用技术研究及近零排放实践	江苏沙钢集团有限公司、北京科技大学、东南大学、江苏科技大学、江苏省沙钢钢铁研究院有限公司	江苏省科学技术奖	三等奖	江苏省人民政府
3	精品冷轧带钢智能高效生产核心技术研发及应用	江苏沙钢集团有限公司、东北大学、北京科技大学、江苏省沙钢钢铁研究院有限公司、南京工程学院	江苏省科学技术奖	三等奖	江苏省人民政府
4	船用LNG动力系统成套装备关键技术研发及产业化	张家港中集圣达因低温装备有限公司、南京理工大学	江苏省科学技术奖	三等奖	江苏省人民政府

（白佳胜）

气象科技

【概况】 年内，市气象局统筹做好气象服务、防雷安全监管等工作。1月16日，完成智能台站项目中的JITON-AMS计算机集中监控。3月31日，地面综合观测业务软件（ISOS）升级为3.0.4.215版本。4月15日，完成气象宽带网络升级改造，由省、市、县三级调整为省、市（县、站）两级网络架构。5月10日、11月9日分别对能见度仪器进行现场标较维护。5月17日，完成国家站主站风向风速、温度、湿度、气压传感器的更换。10月12日，完成常阴沙自动气象站升级改造。11月15日，对称重式降水传感器进行现场标校。12月1日，新建后塍街道自动气象站，开始采集数据。12月24日，安装雪深观测仪DSS1，并投入使用。参加苏州市气象行业综合气象业务职业技能竞赛，市气象局获团体第二名，3人次获个人单项奖。全年地面综合观测质量99.96%，列苏州市第一。推进防雷安全监管工作，全年气象窗口受理雷电防护装置设计审核许可37件，雷电防护装置竣工验收26件，升放无人驾驶自由气球活动审批11件，气象灾害性质等级确认58件。3月18日，召开全市防雷安全工作推进会。3月21日，张家港市"新一代天气雷达系统工程"建设项目获批，项目总投资1000万元。7月12日至15日，市气象局联合市应急管理局、公安局对6个防雷安全重点单位和1个升放气球单位开展"双随机、一公开"联合检查。8月11日，在陶氏化学（张家港）有限公司开展"百团进百万企业千万员工"安全生产专题宣讲活动。12月7日，参加2022年苏州市较大以上生产安全事故暨张家港市危险化学品事故应急救援综合演练。全年对重点监管企业按照风险等级进行精细化管理，推进"苏雷码平台+监管"工作，累计检查防雷重点监管单位222个，现场检查开具防雷整改意见书113份，发现防雷安全隐患127条，全部完成闭环整改。年内，市气象局被评为苏州市气象部门防雷安全专项整治三年行动先进集体，1人被评为先进个人。1人被江苏省气象局评为防雷安全管理工作先进个人。

张家港国家基本气象站 （市气象局 提供）

【气象宣传普及】 3月23日，市气象局开展"早预警、早行动气象水文气候信息助力防灾减灾"主题线上有奖问答等活动。5月10日，气象科普视频《防雷重点单位如何防雷？》在"张家港气象"新浪微博、气象多媒体显示屏、融媒体等平台上进行宣传。7月至8月，气象科普讲师团成员为青少年暑托班举办气象科普特色课程讲座7场。10月13日，市气象局参加市应急管理局在经开区（杨舍镇）河北村组织的国际减灾日主题宣传活动。11月18日，举办基层气象服务工作站信息员培训讲座。全年累计组织科普馆参观16次、研学活动1次、进学校2次、进村（社区）7次，受益群众超8000人次，发放宣传手册600册。

【气象保障服务】 年内，市气象局做好灾害性天气监测预警服务及汛期气象服务、重大活动气象保障，强化乡村振兴、沿江企业、城市交通等气象保障服务。累计制发重要天气报告7期、专题气象服务41期、乡村振兴气象服务专报6期、夏收夏种和秋收秋种气象服务24期，发布预警信号107次，外部启动终止应急响应8次，内部启动终止应急响应15次。7月至8月，全市遭遇自2013年起最强高温天气，连续高温日数达到42天，仅次于2013年的48天。市气象局及时发布预警信号，加强"气象+网格""气象+融媒"的气象灾害预警传播合作。9月，第12号台风"梅花"给张家港造成严重风雨影响，市气象局严密监视台风"梅花"移动位置，研判风雨影响，准确发布预报预警，滚动播报台风实时动态，同时与水务、应急、海事等部门保持应急联动。市防汛抗旱指挥部办公室呈报市委、市政府《防御台风"梅花"行动专报》，肯定气象部门防台风保障服务。7月12日至8月22日，中央广播电视总台中秋晚会节目录制期间，制作气象服务专报并全天候不间断发布录播场地天气提醒130余条，提供录制时间段17时至次日凌晨3时的逐2小时天气预测信息，全程提供精准、及时、贴心的气象服务。

（张育萍）

【编辑 沈立平】

教育

Education

沙洲中学北校区　（锦丰镇　提供）

综　　述

基础教育

职业教育

高等教育

社会教育

教师队伍

扫码欣赏

2022年港城
教育事业改革
发展回眸

综 述

【概况】 2022年，全市有各级各类学校182所，其中高等院校3所、普通高中10所（含完全中学2所）、职业院校5所（含开放大学）、初中35所（含国际学校1所、民办新市民子女学校4所）、小学40所（含民办新市民子女学校3所）、幼儿园88所、特殊教育学校1所。另有市级老年大学1所、社区教育中心9个。全市招收新生5.69万人，毕业学生5.44万人，年末在校学生（幼儿）22.56万人，比上年增加2100人。在校学生（幼儿）中，中小学、幼儿园20.89万人（其中新市民子女学生10.45万人），高校1.67万人。2022年全市教育经费总投入57.01亿元，比上年增加2.38亿元，增长4.36%。包括国家财政性教育经费（一般公共预算安排的教育经费、政府性基金预算安排的教育经费）47.2亿元，比上年增加2.53亿元，增长5.67%。其中，一般公共预算教育经费36.23亿元，比上年增加0.23亿元，增长0.64%。年内，张家港市获评全国义务教育优质均衡先行创建县（市、区）、江苏省高质量平安校园建设市、江苏省学前教育普及普惠县（市、区），市教育局获评全国节约型机关、江苏省推动基础教育高质量发展实验区。

教育体制改革　2月，市教育局印发《关于进一步深化教育评价改革推进教育高质量发展的实施方案（试行）》，从水平指数、发展指数两个维度系统构建全市中小学、职业教育、社区教育高质量发展评价体系，以教学质量、内涵建设、师生发展等为重点，完成对全市中小学教育高质量发展的中期和学年评估，形成“看起点、比进步”的鲜明导向，更大程度激发学校提升办学质量的主动性、积极性和创造力。3月，市委办公室、市政府办公室联合印发《张家港市规范民办义务教育发展实施方案》，建立张家港市规范民办义务教育发展联席会议机制。5月，市教育局制定《民办新市民子女学校专项治理工作方案》和“一校一策”工作方案，完成红蕾学校、阳光学校巨桥分校终止办学工作流程。6月，启动规范外国语学校（本部小学部和初中部）体制机制工作，明确转公时间和过渡期，制定并启动事业编制教师退出相关民办学校方案，推进民办学校管理进一步升级。8月，市政府办公室印发《关于政府购买民办义务教育学校学位的实施方案》，为实现控制占比5%以内的目标提供政策依据和工作机制。

优质资源配置　5月，市政府办公室印发《张家港市“十四五”教育设施布局专项规划》，推进学校工程建设，沙洲中学北校区等13所新建和改扩建学校正式投用，新增学位11380个；23个新建改扩建项目按时序推进，16个项目前期筹备工作落实。年内，累计投资2.2亿元，新增微机3947台，新增和改造班级多媒体设备1115套，新建云机房1间、未来教室2间，添置升降课桌椅28982套，新建改建实验室72间、其他专用教室140间，采购图书39万册。智慧校园建设稳步推进，省中小学智慧校园合格学校创建率达到86%，其中建成示范学校1所、苏州市智慧校园四星级学校15所、苏州市人工智能教育实验学校19所。依托集团（联盟）化办学机制和“沪苏同城·学在港城”长三角一体化合作项目，全面提升品质内涵，学校呈现多元化、特色化、品牌化发展趋势。

“五育”并举　坚持德育为先，突出育人阵地建设，推进学校“课程、教师、项目、载体”协同发展。8月，市政府办公室印发《张家港市关于加强青少年生命健康关爱工作的实施方案》，建立张家港市关爱青少年生命健康工作联席会议机制，为全方位关爱青少年生命健康安全提供技术保障。是月，市教育局印发《张家港市中小学全员导师制工作方案》，构建“学生人人有导师、教师人人是导师”制度体系。学前教育继续全面落实课程游戏化建设，不断提升课程实施质量。学前教育普及普惠县创建工作高标准通过省级实地核查，全市普惠性幼儿园覆盖率91.35%，公办园覆盖率77.65%，均大幅超过国家、江苏省相关评估标准。义务教育5个项目被立为江苏省基础教育内涵建设项目，梁丰初中“至美少年自主养德学习小组的构建行动”获评省级精品项目。高中教育2022年高考实现平安高考并再获丰收，本科达线率90.9%，继续稳居苏州前茅，高出全省平均35个百分点。职业教育对口单招成绩再续辉煌，本科达线人数连续22年位居苏州榜首，全国职业院校技能大赛金牌总量继续位居苏州首位。体育美育扎实推进，深入实施全国青少年校园足球“满天星”训练营项目，在苏州“市长杯”青少年校园足球联赛上勇夺三项冠军，在“省长杯”笼式五人制足球比赛中获高中男子组亚军。在2022年省运会青少部比赛中，张家港市青少年运动员获得65金35银31铜。舞蹈学校“锦瑟年华”舞蹈团被首批评为江苏省高水平中学生艺术团。南丰小学校长俞亚萍在由人民美术出版社主办的“人美年度教育人物——百佳美育校长”全国评选中获“百佳美育校长提名奖”。劳动教育走出新路径，积极探索“劳动+基地+学校”共建模式，常阴沙学校获评“全国首批劳动教育实验学校”，12所学校成立校外劳动教育实践基地，所有中小学均建立校内劳动实践场所。年内，全市实施劳动教育类省级课程4项、苏州市级课程9项，其中3项获评江苏省中小学劳动教育和综合实践活动优秀课程。

师资队伍建设　全年招录新教师885人，乡镇学校补充新教师264人。持续加大教育人才高地建设力度，有序推进“四有”好教师培育团队建设，建成苏州市“四有”好教师重点建设团队2个、张家港市级重点培育团队8个。继续实施“港城教育人才5151计划”，新增引进人才5人，累计引进35人。加速本土人才培育，新评正高级教师6人，苏州市级及以上骨干、人才99人，张家港市级骨干1039人。坚持党管干部原则，强化干部监督管理，深入一线考察识别干部，确保全市教育条线干部工作始终沿着正确政治方向前行。2022年提拔76人，2021—2022年通过高层次教育特聘人才工作引进副校长4人。全面加强师德师风监管，建立健全师德师风负面清单制度，常态化开展中小学有偿补课、教师违规收受礼品礼金及家长反应强烈、社会关注度高的违反师德师风行为的突出问题专项整治，并将检查结果作为文明校园考核、学校班子考评的重要依据。建立健全师德失范行为问责典型案例和信访举报办理结果通报警示机制。加大师德师风建设典型宣传，深入开展"师者同行"师德师风专题教育、"苏州师说"等系列专题教育，充实完善师德宣讲资源库，评选和表彰师德先进典型，激励教师见贤思齐。

教育服务惠民　市教育局科学组织线上教育，制定完善《全市中小学线上教学工作指引》《暂缓开学期间幼儿居家生活建议》等文件，形成学校兜底、班级包干、直播与录播相结合的线上教学模式，全市中小学生参与人数累计超过14.92万人，参与率超过98%，满意率超过95%。搭建"名师在线"平台，将辅导范围延伸到课后及假期，满足不同学生多样性需求，为解决家长学生的切实问题提供最优质的资源。严格执行"双减"政策，落实课后服务，义务教育参与课后服务学生总数达到13.3万人，参与率95.63%，在苏州各县市区中名列前茅。根据教育部反馈数据，98.18%的学生和98.21%的家长对课后服务工作非常满意或比较满意。乐余中心小学作为苏州市唯一代表，在省落实"双减"工作提升义务教育质量推进会上作经验交流。实验小学入选江苏省"双减"工作典型案例，并被《人民教育》官微推介。常阴沙学校课后服务经验做法得到省教育厅"环省看双减"栏目专题报道。创新实施"5+2"馆校研学项目，共设置亲子游研学点位50个，下发研学护照18万余份，累计84万人次到访各文化场馆开展相关学习，主要经验被《中国文化报》刊载报道。规范学生资助管理，全市资助家庭经济困难中小学生、幼儿园儿童11394人次，资助总金额1002.27万元。落实中等职业学校全日制正式学籍学生免除学费政策，累计免学费22330人次，补助金额2525.04万元。对普高建档立卡等家庭经济困难生免收学费616人次，免费金额50.93万元。推进"阳光午餐"工程，资助特困生1330人，资助金额256.88万元。

教育党建联盟　10月，市委教育工委印发《关于进一步落实意识形态工作责任制的实施方案》等文件，进一步健全组织运行、常态长效和督察考核三项机制，构建并形成从局机关到学校、从领导干部到一线教师、从管理领域到专业领域全覆盖的意识形态工作责任网络。理顺中小学校党组织隶属关系，完成100个区镇（街道）中小学校党组织隶属关系转接工作，指导116家一级党组织完成集中换届，实现全市教育系统241个基层党组织、4670名党员一体化管理。落实中小学校党组织领导的校长负责制，做好张家港高级中学、梁丰初级中学、世茂小学3所学校的试点工作，推动建立党组织统一领导、党政分工合作、协调推进的学校工作机制。10月，市委教育工委发布"党建领航·共育共进"党建联盟三年行动计划，创新成立11个教育党建联盟工作站，持续打造"一校一品"党建文化品牌雁阵，丰富"阳光校园·初心育人"党建品牌内涵，培育基层党组织特色品牌38个。经验做法被学习强国学习平台、《人民教育》《人民日报》新媒体平台"人民号"、《新华日报》及新华社客户端等省级以上媒体推广报道超50次。

【外国语学校体制机制规范工作启动】　为贯彻落实中央、省关于规范民办义务教育发展工作的要求，6月20日，市教育局发布《关于规范张家港市外国语学校（本部）体制机制的公告》，按照规范"公参民"义务教育学校体制机制相关政策和工作安排，启动规范外国语学校体制机制工作。自2023年8月1日起，市外国语学校（本部小学部和初中部）转为市属公办学校办学，校名为张家港市实验学校，学制为九年一贯制，办学地址为杨舍镇暨阳东路518号。为有序推进规范工作，设过渡期一年。2022年秋季学期，外国语学校（本部小学部和初中部）按原方式招生，2022—2023学年按原标准收取学费。市财政对市外国语学校（本部小学部和初中部）购买学位一年。从2023年秋季学期起，学校执行公办义务教育收费管理，学校办学经费全额纳入财政预算予以保障，招生工作纳入公办义务教育招生工作管理，施教区另行划定。

【张家港市通过江苏省学前教育普及普惠县（市、区）评估认定】　根据《教育部关于印发〈县域学前教育普及普惠督导评估办法〉的通知》《省政府教育督导委员会办公室关于印发〈江苏省县域学前教育普及普惠督导评估实施方案〉的通知》等文件精神，张家港市积极申报学前教育普及普惠县（市、区），5月通过省级材料评审，6月接受省级实地核查，并得到专家组充分肯定。市政府将幼儿园建设纳入公共设施配套建设规划，加快小区配套幼儿园建设，持续扩充学前教育资源。新建园严格遵循国家设计标准和省优质幼儿园标准并适度超前，全市建立以公办园为主体、普惠性民办园为补充、非普惠性民办园提供选择性服务的学前教育办园体制。至2022年年末，全市公办幼儿园覆盖率达到77.65%，普惠性幼儿园覆盖率达到91.35%。全市省、苏州市优质幼儿园覆盖率达到85.8%。9月，江苏省教育厅发文确认张家港市达到申报国家学前教育普及普惠县（市、区）督导评估认定标准，提请国务院教育督导委员会办公室对张家港市开展国家级评估认定。

【省第五届中小学生品格提升工程主题研讨活动在梁丰初级中学举行】　11月25日至26日，江苏省第五届中小学生品格提升工程主题研讨暨项目培训活动在梁丰初级中学举行。活动由江苏省教育厅主办，苏州市教育局承办，张家港市教育局、梁丰初级中学协办，采用线上线下相结合的方式进行。省教育厅副厅长顾月华，苏州市教育局、张家港市教育局有关领导及第五批、第六批省级项目单位代表，2023年项目培育单位代表，各市基教负责人、德育教研员、德育骨干

江苏省第五届中小学生品格提升工程主题研讨会在梁丰初级中学举行

（市教育局　提供）

近500人参加活动。活动聚焦“学生品格提升”，以中小学生品格锤炼与核心素养的全面养成为目标，旨在构建充满生机活力的教育生态，是全省基础教育落实“立德树人”根本任务的创新手段和重要举措。18所项目学校在现场进行经验介绍和成果展示。至2022年年末，张家港市累计建成“品格提升工程”省级项目3项、苏州市级5项、张家港市级28项，各学段实现全覆盖，省、市、县“三位一体”的建设网络初步形成，为全市广大学生健康幸福成长发挥了积极作用。张家港市高度重视中小学生品格提升工程建设，通过聚合家庭、学校、社会“三方资源”，确保品格提升“有基础”。以家校社优质资源整合为驱动，成立首个县域家庭教育服务中心，建成全国唯一主要面向青少年学生的党建教育基地——“阳光之路”，建设“幸福家长驿站”139个，助力学生品格提升渠道不断拓宽，获评首批全国家校社协同育人实践基地，其中“家—校—社协同育人体系的建设研究”入选江苏省教育科学“十四五”规划重大课题。紧扣学生、教师、家长三个元素，通过在全市中小学实施“校园引领文明工程”，创新推广全员导师制改革，多渠道搭建家长成长桥梁等途径，学生品格提升工作的合力不断增强。通过聚焦“三个阵地”，确保品格提升“有平台”。通过建立大中小学一体化的思政课程体系、创新有感染力的课堂范式、打造有特色的课后服务等途径，校内校外、课内课外、线上线下相结合，形成全过程的学生品格提升环节。“5+2”馆校研学项目受到中国教育电视台及新华报业传媒等媒体宣传报道，《指向有大爱大德大情怀的新时代高中生培养的红色教育》《“思政课程”引领“课程思政”》等项目被《中国教育报》报道。

（徐晓艳）

基础教育

【概况】 年末，全市有基础教育类学校174所（含特殊教育学校1所），比上年增加4所，其中新增6所、撤销2所。年内，新增江苏省优质幼儿园2所，累计51所；新增苏州市优质幼儿园2所，累计77所。新增全国围棋特色学校1所、全国围棋特色幼儿园2所、江苏省棋类（国际象棋）特色学校1所、江苏省棋类（围棋）特色幼儿园2所、中国书法（写字）特色学校1所、全国国防教育示范学校1所、全国新劳动教育实验学校1所、全国科普教育基地1所、全国营养与健康示范学校2所，年末有中美“千校携手”项目学校1所、全国青少年校园足球特色学校37所、全国足球特色幼儿园7所、全国足球特色幼儿园示范园3所、全国青少年校园足球工作典型学校1所、全国青少年校园篮球特色学校4所、全国排球特色学校3所、全国青少年校园网球特色学校1所、全国手球体育传统项目学校3所。新增江苏省“十四五”基础教育职业教育对外合作交流重点建设项目学校2所，累计5所；新增江苏省中小学思政育人特色学校1所，累计2所；新增江苏省心理健康特色学校1所、江苏省中小学劳动教育与综合实践优秀基地1个、江苏省劳动实践基地1个、江苏省品格提升工程精品项目学校1所、江苏省优秀家长学校2所。累计有江苏省中小学思政育人特色学校3所、江苏省校园足球工作先进学校4所、江苏省足球后备人才示范学校4所、江苏省示范校体育传统项目学校1所、江苏省体育传统项目学校3所、江苏省体育特色学校7所、江苏省体育特色幼儿园2所、江苏省艺术教育特色学校4所、江苏省绿色学校51所、江苏省规范汉字书写教育特色学校1所、江苏省科技教育特色学校5所，累计有苏州市科技教育特色学校10所、苏州市科学教育综合示范学校9所、苏州市青少年数字公民培育计划项目学校13所、苏州市艺术教育特色学校47所、苏州市艺术教育项目学校7所、苏州市特色体育项目学校8所、苏州市体育传统项目学校25所、苏州市德育先进学校68所、苏州市绿色学校102所、苏州市中华经典诵读基地学校8所、苏州市中华经典诵写讲基地1个、苏州市语言文字推广基地1个、苏州市国际理解教育项目实验学校9所、苏州市健康单位15所、苏州市近视防控示范学校5所、苏州市公共机构生活垃圾分类示范点1个。

【学前教育】 年内，全市新增西溪幼儿园、乐余实验幼儿园、锦阳幼儿园、梁丰贝灵幼儿园，城北幼儿园北园区建成启用。年末，全市有幼儿园88所，在园幼儿40764人（含新市民子女18971人),比上年减少3473人。其中,0周岁至3周岁婴幼儿入园(所)人数558人。适龄幼儿入园率100%。新南幼儿园、新塍幼儿园创建为江苏省优质幼儿园,省市优质园在园幼儿占比达到85.8%。实验幼儿园的“基于游戏的课程:支持幼儿主动学习的行动研究”项目获评苏州市基础教育前瞻性教学改革实验项目;塘市幼儿园的“幼儿园户外游戏资源的开发与利用”项目、梁丰幼儿园的“生活育人:儿童立场下幼儿园生活环节的价值挖掘和组织实施”项目获苏州市教育教学成果一等奖,张家港市获评江苏省学前教育普及普惠县(市、区)。

【小学教育】 年内,全市新增农联实验小学,暨阳实验小学城中校区建成启用,撤销红蕾学校、阳光学校巨桥分校。年末,全市有小学40所(含村校1所),在校学生100562人(含新市民子女51901人),比上年增加1762人。小学适龄儿童入学率、巩固率、跟踪毕业率、升学率均为100%。金港中心小学获评全国国防教育示范学校,实验小学获省基础教育教学成果奖二等奖、苏州市基础教育教学成果特等奖,城北小学、金港中心小学、世茂小学获评全国青少年校园足球特色学校,大新中心小学、实验小学、常阴沙学校、梁丰小学、城北小学、德积小学获评全国项目式学习一等奖项目学校,实验小学、乐余中心小学获评全国营养与健康示范学校,实验小学、塘市小学、江帆小学获评2019—2021年度省文明校园,常阴沙学校获评省“双减”示范创建学校,港口学校获评省中小学思政育人特色学校,沙洲小学李云华网络名师工作室获评第三批江苏省中小学网络名师工作室;白鹿小学、世茂小学立项省中小学课程基地与学校文化建设项目,乘航小学立项省中小学生品格提升工程项目,白鹿小学立项苏州市基础教育前瞻性教学改革实验项目,暨阳实验小学立项苏州市中小学生品格提升工程项目,暨阳实验小学、城南小学、实验小学成功立项苏州市中小学课程基地和学校文化建设项目。在苏州市组织的2021年立项的省、苏州市级课程基地项目现场视导调研中,梁丰小学“项目化学堂:综合实践活动的课程基地”获示范等第,实验小学“综合育人理念下‘劳动+’课程建设”、云盘小学“小学科学‘向自然’特色课程建设”、塘桥中心小学“承创围棋文化,培育有格儿童——塘桥中心小学‘童弈’课程文化”获优秀等第。

【中学教育】 年内,江苏省梁丰高级中学高新区实验学校、沙洲中学北校区建成启用。年末,全市有中学45所,其中初中35所、普通高中10所(含完全中学2所)。在校学生57075人,其中初中生39865人(含新市民子女21731人)、高中生17210人(含新市民子女6077人);开设班级1211个,其中初中班级862个、高中班级349个。初中生年度巩固率和毕业率均为100%,升学率为99.88%。梁丰初级中学“至美少年自主养德学习小组的构建行动”获评江苏省中小学品格提升工程精品项目,市第一中学“课程思政引擎:初中道德与法治课程基地”立项省中小学课程基地与学校文化建设项目。江苏省梁丰高级中学、市外国语学校、港区初中获评苏州市初高中课程基地与学校文化建设项目,张家港高级中学、梁丰初级中学立项第五批苏州市基础教育前瞻性教学改革实验项目。在苏州市组织的2021年立项省、市级课程基地项目现场视导中,梁丰高级中学“‘阳光足球’校园足球课程基地”、常阴沙学校“田园记忆:耕读教育课程基地”获示范等第,塘市初级中学“天文特色课程基础建设与探索”获优秀等第。江苏省梁丰高级中学“聚合·生长:‘县中’全面落实立德树人的梁丰路径”获江苏省基础教育教学成果奖二等奖、苏州市教育教学改革成果一等奖,东渡实验学校“从‘语’出发,以‘言’育人:语言类课程十年耕耘”获苏州市教育教学成果奖特等奖。

【特殊教育】 年内,全市有融合教育资源中心42个,实现各区镇(街道)、各学段融合教育资源中心全覆盖。年末,市特殊教育学校有教职工60人,设班级数19个,在校学生257人,并在市未成年人保护中心(福利院)设立特殊教育学校办学点。全市义务教育适龄残疾儿童少年入学率100%,并向学前教育和高中教育延伸。乐余中心小学“融合教育背景下专属课程建设及实施”项目,获评2022年江苏省特殊教育发展工程项目。

【4所公办幼儿园建成开园】 9月,西溪幼儿园、乐余实验幼儿园、锦阳幼儿园、城北幼儿园北园区4所公办幼儿园建成开园。西溪幼儿园位于杨舍镇勤星路162号,总投资6500万元,建筑面积11200平方米,设计规模6轨18班,设专用教室7个,有教职工30人。乐余实验幼儿园位于乐余镇乐向路8号,总投资6500万元,建筑面积11541.84平方米,设计规模为6轨18班,设有宝葫芦童书苑等游戏活动场8个,有教职工43人。锦阳幼儿园位于锦丰镇锦中路138号,总投资5000万元,建筑面积8360平方米,设计规模为6轨18班,设有生活室、阅读馆等专用活动室8个,有教职工26人。城北幼儿园北园区位于杨舍镇金田路东侧,为万科公园大道楼盘配套幼儿园,总投资2500余万元,建筑面积2500余平方米,设计规模为3轨9个班,设有贝优读吧、贝优星空、贝优艺术、贝优建构等5个功能室,户外设有攀爬、骑行、涂鸦、沙水、山坡等活动区,有教职工9人。

【农联实验小学建成启用】 9月,农联实验小学建成并投入使用。学校地处经开区(杨舍镇)农联村,位于中兴东路2号,占地面积3万平方米,建筑面积3.97万平方米,其中地上2.77万平方米、地下1.2万平方米,设计规模为8轨48个班。学校于2021年7月开工建设,总投资2.5亿元。建有综合楼1幢、教学楼4幢、艺体食堂综合楼1幢和1个地下超大型停车场及1个300米8道田径场。学校布局清晰合理,设计风格简约现代。2022年

张家港市农联实验小学　（市教育局 提供）

秋季，招收一至六年级14个班，学生554人。年末，学校有教职工42人，其中专任教师39人。

【暨阳实验小学城中校区建成启用】9月，易地新建的暨阳实验小学城中校区建成并投入使用。学校位于杨舍镇小河坝路300号，占地面积2.15万平方米，建筑面积2.01万平方米，设计规模为6轨36个班。学校于2017年2月开工建设，总投资8000万元。学校建有多多剧场、半亩塘图书馆、天放美术馆、红领巾电视台、日记长廊、向日邮局等极具暨阳特色的场馆。2022年秋季，招收一至六年级32个班，共1459人。年末，学校有教职工97人，其中专任教师85人。

【梁丰高级中学高新区实验学校建成启用】9月，江苏省梁丰高级中学高新区实验学校建成并投入使用。学校位于高新区（塘桥镇）界山路1号，占地面积7.8万平方米，建筑面积7.9万平方米，是一所九年一贯制义务教育公办学校。学校设计规模为小学10轨60个班，初中10轨30个班。学校于2020年7月开工建设，2022年6月竣工。总投资4亿元，由区镇财政承担。学校建有现代化的教室、智能图书馆、多功能会议中心、400米8道田径场及其他专用教室。2022年秋季，招收一年级和七年级各6个班，共472人。年末，学校有教职工31人，其中专任教师30人。

【沙洲中学北校区建成启用】9月，沙洲中学北校区建成并投入使用。学校位于锦丰镇环新西路101号，占地面积8万平方米，建筑面积4.8万平方米，设计规模为16轨48个班。学校于2019年11月开工建设，总投资2.23亿元。学校建有现代化的教室、实验室、3D智能打印室、400米标准化田径场及其他专用教室。2022年秋季，招收高一年级12个班，共588人。年末，学校有教职工60人，其中专任教师47人。

【张家港市教育局成为江苏省“推动基础教育高质量发展实验区”】8月29日，“江苏基础教育高质量发展体系的内涵、重点及实现路径研究”前瞻性教改重大项目启动会在南京召开。张家港市教育局被省教育科学研究院列入“推动基础教育高质量发展实验区”，重点承担“家校社协同育人”理念下张家港市未成年人心理健康家庭教育研究。该研究以江苏省教育科学“十四五”规划重大课题“家—校—社协同育人体系的建设研究”为依托，侧重厘清、打通“家校社协同育人”模式与未成年人心理健康家庭教育的内在关联性，立足内涵意义、实施策略、活动设计等维度，探索张家港市未成年人心理健康家庭教育的深远价值、现实意义，形成基本的操作路径、指导策略，开发并建设优质的未成年人心理健康家庭教育资源，借助“全员导师制”的推行研究，“幸福家长驿站”的建设研究，“家庭教育服务”的闭环研究等途径，有效构建区域家校社协同育人新模式。9月20日，由江苏省教科院基础教育研究所和张家港市教育局联合主办的“指向基础教育高质量发展的‘家—校—社’协同育人研讨会”在市实验小学南校区举行。

【2022年高考和竞赛获双丰收】2022年，全市统筹疫情防控和科学备考，高考再创佳绩。4月6日至6月2日，全市858名教职员工守护考生在校实施闭环管理58天，护航4324名高三考生顺利完成高考。全市高考特殊类型招生（包括强基计划、综合评价、高校专项、地方专项、高水平艺术团及军校等类别招生）上线人数2099人，上线率53.19%，本科上线人数3795人，上线率90.9%，继续名列苏州市前茅。梁丰高级中学钱若阳、董秀实、张佳怡，张家港外国语学校许佳娱4人进入全省前100名。全市进入省前500名有27人，全省前1000名有44人，省前1万名有209人，600分以上高分有249人，高分段学生人数再创历史新高。梁丰高级中学钱若阳、董秀实、花叶果被清华大学录取，张家港外国语学校许佳娱被北京大学录取。全市有48人被C9联盟高校录取，474人被985、211高校录取。2022年，全市高中学生在数、理、化、生、信息技术五大学科全国奥林匹克竞赛中获银牌2人，获全国一等奖10人，获省级以上奖项300余人次。在“海亮杯”地球科学奥赛中，1人获金奖；在江苏省首届中小学生实验操作大赛中，2人获特等奖（占全省20%，包揽苏州市全部特等奖）；在全国中小学信息技术创新与实践（NOC）大赛中，2人获全国一等奖，8人获全国二等奖。2022届高三学生有54人获得省、苏州市三好学生和优秀学生干部荣誉称号。梁丰高级中学、常青藤实验学校、市外国语学校和梁丰双语实验学校的国际部共有248人被境外大学录取，其中223人被录取到英国剑桥大学等世界百强名校。

（杭 铁 吴一红 钱品红 缪 宏 陈晓芳 陆梁豪 佟慧颖 朱晓岚）

职业教育

【概况】 全市有职业类学校5所，其中公办职业学校4所（张家港开放大学、张家港中等专业学校、市第二职业高级中学、市第三职业高级中学）、民办职业学校1所（市舞蹈学校）。2022年，职业学校招收新生88个班3996人，毕业学生2735人。年末，全市在校中高职学生13860人，其中五年制高职（含高技）6953人、三年制中职（含中技）6907人。职业学校开设装备制造类、电子信息类、财经商贸类等11个大类53个专业。在校学生中，装备制造类专业学生4590人，轻工纺织类专业学生538人，交通运输类专业学生439人，电子信息类专业学生2444人，财经商贸类专业学生3295人，生物化工类专业学生506人，土木建筑类专业学生271人，旅游类专业学生598人，文化艺术类专业学生811人，教育体育类专业学生46人，新闻传播类专业学生322人。电气、机电、机械、计算机、软件、服装、机器人、数控、汽车、会计、烹饪、物流等专业开展“3+3”中职高职衔接项目，项目学生1447人。服装等专业开展“3+4”中职本科衔接项目，项目学生29人。全市职业学校有698名学生参加江苏省职教高考，本科达线506人，达线率72.49%，本科达线人数连续22年位居苏州市第一。全市职业学校中，有省现代化示范学校1所、省级智慧校园1所、省级优质特色学校1所、省级现代化专业群7个、省级现代化实训基地4个、省示范性职业教育集团（联盟）培育单位1个。年内，新增苏州市中小学生职业体验中心2个（“智造未来”、舞蹈表演）、江苏省中等职业教育优质专业2个（机械制造及自动化、机电一体化技术）、江苏省高水平中学生艺术团建设单位1个（市舞蹈学校锦瑟年华舞蹈团）、五年制高等职业教育专业2个、现代职教体系贯通培养项目13项、江苏省示范性虚拟仿真实训基地培育项目1项，获评首批苏州市职业学校班主任名师工作室2个，获江苏省教育教学成果奖一等奖1个、二等奖2个。在2022年江苏省职业院校师生技能大赛中，获一等奖10个、二等奖15个、三等奖23个；在2022年全国职业院校技能大赛中，获6金1银，位居江苏省中职学校第一；在2022年江苏省职业学校创新创业大赛中，获一等奖4个、二等奖5个、三等奖3个，获评创新启蒙之星1个，获奖总数及成绩均列苏州各县市（区）第一。（张 斌）

【江苏城市职业学院张家港办学点】 江苏城市职业学院张家港办学点又名张家港开放大学。2022年设专业34个，有各类学历教育班174个，其中全日制班48个。年内招收新生1301人，其中全日制新生434人；毕业学生843人，其中全日制毕业生234人。年末，有在籍学生5168人，教职工189人，其中专任教师152人。有副教授、高级讲师、高级教师58人，讲师61人，助教28人。全年开展社会培训4485人次。学校申报的“‘千名教师进社区’——张家港市社会教育公共服务创新路径探索10年”获第三届“江苏省社区教育（教学）成果奖”一等奖，“社区英语大家学”被评为苏州市社区教育优秀课程，并获“省级精品课程”立项。2名教师获评苏州市学科带头人、1名教师获评张家港市学科带头人，4名教师获评张家港市教学能手。5名青年教师参加张家港市爱岗敬业教学比赛，获二等奖1个；3名教师参加市基础课教学比赛，获一等奖1个、二等奖2个。在“学在港城·致敬课堂”第二十四届中小学、幼儿园课堂教学改革经验交流会中，2名教师参加名师展示，9名教师参加中青年及团体展示。学校完成工程造价专业、电子商务专业张家港市学徒制培养标准、教学标准、课程标准、企业师傅标准及质量监控标准制定；电子商务专业被评为张家港市学徒制示范专业，电子商务专业梁丰现代学徒制项目获批苏州市学徒制项目；物流专业合作企业澳洋医药物流首批获批张家港市职业学校优质校外生产性实习实训基地；工程造价、物流专业会同合作企业成功申报张家港市“双师型”教师实践基地。制定《毕业生实习工作实施方案》《学生实习三方协议》等12个相关管理办法和规定，规范毕业生校外实习工作。12月中旬，开展实习就业“云端”双选会，52家企业参会，285名应届毕业生填报实习意向、207名学生填报就业意向。组织学生参加维修电工和车工职业技能认定，中级工合格率94.8%，高级工合格率90%。在各级各类技能比赛中，沙盘、无人机、机器人、工程算量、器乐等17个技能俱乐部获一等奖15个、二等奖21个、三等奖26个；在创新创业大赛中，获苏州市级以上一等奖3个、二等奖3个、三等奖9个，其中创新作品获全省唯一的创新启蒙之星单项奖；在张家港市状元赛中，4名教师获评优秀指导老师，5名学生在3个项目中获一等奖。年内启动航拍工作室和书画工作室，开设啦啦操、篮球社等15个社团，在第十三届苏州文明风采大赛中获一等奖1个、二等奖2个、三等奖9个；在“市长杯”篮球总决赛中，学校篮球社获二等奖；在张家港市啦啦操比赛中，获二等奖1个、三等奖2个。全年发布志愿活动99次，参与活动累计943人次，志愿服务时长1373小时。1名学生获评张家港市“十佳青年志愿者”、1名学生获评张家港市“优秀青年志愿者”、1名老师获张家港市“青年志愿服务特殊贡献奖”。学校获评张家港市高技能人才培养先进单位、张家港市先进文明单位。（叶 虹）

【职业教育活动周】 5月9日，2022年张家港市职业教育活动周启动仪式暨现代职业教育高质量发展研讨会举行。活动采用线上线下相结合的方式，在市教育局设主会场，各职业学校和相关企业设分会场。副市长梁曦，市教育局、市发改委、市工信局等市职业教育工作联席会议成员单位，市冶金行业协会和永钢集团、易华润东等企业，全市职业院校相关负责人、毕业生代表30人在主会场参加活动，5所职业学校和江苏沙钢集团有限公司、江苏澳洋医药物流有限公司、苏州弘晖工程造价咨询有限公司、市馨苑度假村有限公司等8家企业在分会场参加活动。5月8日至14日，全市开展新职业教育法学习、职业教育办学成果展览、职业教育征文、职教高考学生关爱、“双师型”教师培养培训基地遴选、职业启蒙体验、劳模宣讲、“最美职教人”评选等活动。各职业学校组织优秀毕业生云讲座、名师大讲堂、创新作品展示等线上活动，展示职业教育办学特色和发展成果。

【“行行出状元”职业技能大赛】 9月24日，由市政府主办，市教育局承办的“行行出状元”张家港市第十届职业技能（学生组）大赛在张家港开放大学、张家港中等专业学校、市第二职业高级中学、市第三职业高级中学4个赛点分别举行。大赛设装备制造类、电子与信息类、财经商贸类3个专业类别，WPS办公软件应用、制图与计算机绘图、数字影音后期制作技术、电子商务、数控车与车工组合5个竞赛项目，全市6所大中专院校的142名学生参赛。张家港开放大学薛涵璐、张家港中等专业学校张艺钧等8人获一等奖，张家港中等专业学校毕文阳、沙洲职业工学院袁宗媛等13人获二等奖，市第二职业高级中学庞乐乐、市第三职业高级中学宋彤浩等15人获三等奖。张家港开放大学、张家港中等专业学校、市第三职业高级中学被市政府授予高技能人才培养先进单位称号。

【校企合作】 年内，全市职业学校主动对接产业结构，实现教育力量和产业力量在产教融合中的合力，在校企合作育人方面争创一流。江苏扬子江职业教育集团被评为2022年江苏省示范性职业教育集团（联盟）培育单位，广大特材企业学院获评第五批苏州市职业院校优秀产业（企业）学院。全市新增五年制高职现代学徒制示范专业点2个（机械制造及自动化专业、机电一体化专业群）、苏州市职业教育现代学徒制建设项目2个（梁丰现代学徒制、中西面点现代学徒制）、苏州市职业学校“双师型”教师培养培训基地2个（永钢集团、馨苑度假村）、江苏省第四批产教融合型试点企业3个（广大特材、易华润东、上海电气）。《中国教育报》刊发专题报道《“三元二区”为区域经济发展创造人才红利》，介绍张家港中等专业学校以“三元二区”（“三元”指学校、企业、国外职教集团，“二区”指校区、厂区）产业学院为新载体，深化产教融合协同育人的做法。张家港中等专业学校机械制造产业学院对接市机械装备产业集群，与江苏永钢集团有限公司、张家港广大特材股份有限公司、江苏攀华集团有限公司、德国爱科特教育集团（Eckert Schulen）合作共建，在学校内设立机械制造实训基地，建有装配钳工实训室、机加工实训室、数控技术实训室等。师资由学校和德国外教为主。企业师傅定期赴学校进行基础技能培训。学校根据企业生产的相关项目，采用德国爱科特教育集团教学标准，对学生进行理论基础知识教授和基础技能的训练。

“行行出状元”张家港市第十届职业技能（学生组）大赛电子商务赛项比赛现场

（市教育局 提供）

【张家港中等专业学校获黄炎培职业教育优秀学校奖】 3月，中华职业教育社公布全国第七届黄炎培职业教育获奖名单，张家港中等专业学校获优秀学校奖。黄炎培职业教育奖是由中华职业教育社创立、经国务院专项审核通过的职业教育领域重要奖项，每两年评选一次，是中国职业教育的最高荣誉。作为张家港市职业教育的代表，张家港中等专业学校坚持“培养实用技术人才，服务港城经济建设”的办学宗旨，形成“阳光德育强素养、校企合作促发展、技能大赛育工匠、中外联合提质量”的办学特色，先后获全国教育系统先进集体等30余项省级以上荣誉，并于2020年成为江苏省领航职业学校建设单位。2022年年末，学校有专任教师406人，在校学生5079人。年内，学校在全国技能大赛上获金牌6块、银牌1块，在江苏省创新创业大赛上获一等奖1个、二等奖5个、三等奖2个，成绩位居苏州县市前列。

【扬子江职教集团获评省示范性职业教育集团（联盟）培育单位】 年末，江苏扬子江职业教育集团（简称扬子江职教集团）被省教育厅评为2022年江苏省示范性职业教育集团（联盟）培育单位。扬子江职教集团由张家港中等专业学校于2006年牵头成立，是省内最早成立的职教集团之一。2022年，集团有成员单位101个，其中中职学校34所、高职学校3所、行业协会5个、规模型企业59家，分布在江苏、陕西、贵州、新疆、安徽、四川、广西等地。集团为不同区域校际间、校企间交流合作提供平台，既解决企业用工难的问题，又解决经济欠发达地区职业学校学生就业问题。2022年，集团举行各类教学研讨活动40场，直接参与教师620人次，开展校际间联合课题研究6项，联合申报教学成果奖2项。集团发挥沟通桥梁作用，推动中西部结对帮扶工作，特别是积极帮扶广西、新疆、贵州等地多所职业学校，助力国家脱贫攻坚。2022年，集团接待陕西、广西、新疆、贵州等地职院校120名教师到市跟岗访学，派出4名骨干教师到贵州、新疆等地职业学校进行支教支管，帮助打造省级优质示范专业2个、指导修订人才培养方案5项、开发课程9个，捐赠机电与汽修实训设备价值300万元。集团的“中德合作化工人才培养”项目，引进德国BBIW职教体系并进行本土化改造，在张家港保税区管委会的推动下，共为全市重点化工企业培养5批化工人才。“中德合作化工人才培养”项目被省教育厅首批认定为“十四五”基础教育职业教育对外合作交流重点建设项目。

（张　斌）

高等教育

【概况】 2022年，全市有沙洲职业工学院（简称“沙工”）、江苏科技大学张家港校区（简称江科大张家港校区）、江苏科技大学苏州理工学院（简称江科大苏州理工学院）3所高校。其中，江科大张家港校区与江科大苏州理工学院实行统筹管理，即两块牌子、一套班子。年内，3所高校毕业学生4563人，招收新生5148人。年末，3所高校有教职工754人，其中教授24人、副教授215人、讲师229人、助教66人。

【沙洲职业工学院】 设建筑工程、纺织工程、电子信息工程、机电工程、经济管理、基础科学、马克思主义学院7个系（院）35个招生专业。2022年，学院录取新生2645人，毕业学生2051人，毕业生就业率95.32%。年末，学院有教职工348人，其中教授13人、副教授138人、讲师99人、助教27人；在校学生8082人，其中普通专科生6313人、成教生1769人。年内，“机械工程力学”获评国家在线精品课程，8部教材入选江苏省“十四五”首批职业教育规划教材，“县域‘中高本’统筹、双主体分层教学与差异化培养技术技能人才的探索与实践”获苏州市教育教学成果二等奖，智能装备产学研合作服务基地获评苏州市职业院校产学研合作示范基地，国泰新点软件学院获评苏州市职业院校优秀产业（企业）学院，并成为江苏省职业教育数字经济产业链校企合作示范组合。全年有2340人次参加各类职业技能等级证书考核，其中“1+X证书”项目试点专业数量占学院专业总数的57%以上。在省高等职业院校技能大赛中，学院获一等奖2项、二等奖2项、三等奖7项；在其他省级专业类比赛中，获一等奖25项、二等奖14项、三等奖5项。年末，学院入选江苏省第二批“红石榴家园”，并再次获评“江苏省文明校园”“苏州市文明校园”，“对口帮扶助力沿河籍学子成长成才”案例入选《江苏省高等职业教育质量年度报告（2022）》。

【江科大张家港校区和江科大苏州理工学院】 设二级学院7个。江科大张家港校区有冶金工程一级学科硕士点1个、材料与化工专业硕士点1个，本科专业13个；苏州理工学院有本科专业23个。2022年，江科大录取新生2503人，其中江科大张家港校区720人、苏州理工学院1204人、专转本579人。2022年毕业学生2512人，其中江科大张家港校区499人、苏州理工学院2013人。年末，学校有教职工406人，其中教授11人、副教授77人、讲师130人、助教39人。年内，开展“校长书记访企拓岗促就业”活动，举办人才供需对接交流会10余场。江科大张家港校区、苏州理工学院2022届毕业生就业率分别为96.9%、92.01%。完成新能源汽车工程、智能装备与系统2个新专业申报，江科大张家港校区国贸专业及7个专转本专业首次完成招生。1门课程获批江苏省产教融合型一流课程，2门课程列入江苏科技大学在线开放课程建设项目、1门课程列入江苏科技大学教学方法改革示范课，1门课程获评“专创融合”示范课程，获批苏州高校马克思主义学院扶持项目1项。在全国大学生英语竞赛中获特等奖1项、一等奖13项，在全国大学生数学建模竞赛中获国家级二等奖1项、省一等奖6项、省二等奖4项。在江苏省大学生“互联网+”比赛中获二等奖1项、三等奖1项。江科大张家港校区引进博士8人、入职博士5人，苏州理工学院入职硕士16人。校区1名教师晋升正高级职称，7名教师晋升副高级职称。全年科研到款981万元，发表高质量论文53篇，申请发明专利55件，专利转让15件，获省部级科研奖励3项、地市级奖励31项，申报自然科学项目143项、立项17项，其中国家自然科学基金项目1项。深化与张家港市科技局、科协、各区镇及行业协会的合作，与江苏永钢集团有限公司、江苏广川超导科技有限公司共建省级研究生工作站，与苏州天奇自动化机械制造有限公司、地立（苏州）智能装备有限公司共建“智能包装设备技术研究所”，与钢研昊普科技有限公司共建精密成形技术联合研发中心。市妇联在校区挂牌成立妇联女性科技工作者服务站。入选省科技副总4人。加强面向政、企、协会的教育培训服务，开展合作项目18项，累计培训720人。全年申报各级各类社科项目103项，立项43项，获评省社科联应用研究精品工程项目2项、省一般立项资助项目1项。

【“全员健心”心理健康教育】 沙工坚持“全员健心”理念，构建教育教学、实践活动、咨询服务、预防干预“四位一体”的心理健康教育工作格局，形成规范、务实、有效的心理健康教育工作常态，助力学生成长成才。年内，出台《沙洲职业工学院大学生心理危机干预实施办法（试行）》，落实“宿舍—班级—系部—学院”四级预警机制，全院联动、共同参与，筑牢学生生命防线。新生入学后，开展“地毯式”全员谈心谈话，给予生活和心理上的人文关怀，了解学生的过去和现在，并对存在的困惑尽可能提供资源和帮助。实行心理气象报告制度，在校园网上开发“心理气象”端口，每个班级的心理气象员周周上报学生心理动态，做到早发现、早报告、早判断、早预防、早控制，避免重大心理危机事件的发生。在春季、秋季进行心理危机排查，新生入学开展心理普测与回访工作，对危机特殊学生群体给予特殊的关心关注，为在校生全年提供多种渠道提供咨询服务，包括个体咨询、团体辅导、24小时心理热线、网络咨询等。学院心理教师团队积极参与心理健康教育课题研究，年内，“家校医联动背景下高职院校大学生心理危机预防与干预研究”获江苏省“十四五”教育规划课题青年专项立项,“青少年家庭教育现状及对策研究”列入苏州市社会科学基金项目(妇儿专项)重点课题。学院撰写的《关于青年大学生心理健康教育服务的对策思考》,获苏州市委副书记、政法委书记黄爱军批示。

(陈 琛 陈 敏)

社会教育

【概况】 年末,全市有社区教育中心9家、市级老年大学1所、区镇(街道)老年大学24所、村(社区)市民学校245所、村(社区)老年大学办学点147个,社区教育工作形成行政和业务两条线,市、镇、村三级管理网络的格局。行政的三级管理网络由分管市领导兼任主任的市终身教育促进委员会、由分管镇领导兼任主任的区(镇)终身教育促进委员会、村(社区)市民学校校务委员会组成。业务三级管理由市开放大学(市社区培训学院)、区(镇)社区教育中心、村(社区)市民学校组成。年内,全市统筹发展城乡社区教育,社区教育市级财政投入262.5万元,区(镇)配套投入500余万元,有250余个社区教育项目进入村(社区),开展社区教育活动的行政村(社区)覆盖率超过58%,社区教育活动覆盖人口近44万人,参与社区教育活动近14万人,居民社区教育活动参与率35%以上,满意率98.7%。保税区、冶金园(锦丰镇)、南丰镇3个区镇社区教育中心获评江苏省社会教育百强单位。保税区社区教育中心、南丰镇社区教育中心被确定为首批苏州市示范性社区教育中心;冶金园(锦丰镇)社区教育中心被认定为苏州市示范性社区教育中心建设立项单位。为更好地提升社会组织参与社区教育的专业能力,进一步规范社区教育项目的承接与实施,根据市终身教育促进委员会2020年发布的《张家港市社区教育专业社团星级评估标准(暂行)》,组织在全市范围内开展社区教育专业社团的星级评估工作,共评出四星级专业社团2家、三星级专业社团24家。

【社区居民教育】 年内,推进“美在港城”游学定制项目、“心树林·社区行”家庭教育项目、“扬帆‘企’航”教育惠企项目及“乡村振兴·港城社教答卷”教育惠农项目4个市级精品项目建设,其中“心树林·社区行”家庭教育项目获评2022年江苏省社区教育、老年教育特色品牌培育项目。12月,聘请专家团队对各区镇(街道)社区教育项目进行评估,遴选保税区“助老‘智慧享学’金夕行”、锦丰镇“跨越‘数字鸿沟’提升生活品质”、凤凰镇“‘心所向·‘耀’生活’女性成长教育”、杨舍镇“马兰花开老来学——心树林祖辈成长项目2.0版”等201个项目作为2022年度张家港市级社区教育项目。保税区社区教育中心的“心灵氧吧”家庭教育项目获评江苏省社区教育品牌项目,“丁老师心灵氧吧”名师工作室的探索与实践获省第三届社区教育(教学)成果奖二等奖。保税区社区教育中心和张家港开放大学联合申报的“县域社区教育项目化改革与实践”获苏州市教育教学成果奖。张家港开放大学和市终身教育促进委员会申报的“‘千名教师进社区’——张家港市社会教育公共服务创新路径探索10年”获省社区教育(教学)成果奖一等奖。南丰镇社区教育中心与开放大学共建的“江南农耕文化游学”项目获评江苏省社区教育游学项目。张家港保税区社区教育中心的“心灵氧吧”家庭教育项目、大新镇社区教育中心的“幸福夕阳”移动课堂、凤凰镇社区教育中心的“凤凰花开”父母成长学堂等获评苏州市社区教育特色品牌。南丰镇社区教育中心的“严老师带您玩转手机”获评省级“智慧助老”典型课程,并被教育部评为“智慧助老”优质课程资源。张家港开放大学的“社区英语大家学”被列入2022年度江苏省社区教育精品课程。保税区社区教育中心陆海荣入选江苏省社区教育领军人才培养工程。

【成人高考和自学考试】 2022年,全市报名参加全国成人高校招生考试4170人。其中,免试(含二学历、成绩互认、推荐考核、退役士兵)430人,占10.31%;统一考试人数3740人,占89.69%;专科起点升本科2102人,占50.41%;高中起点升本科5人,占0.12%;高中起点升专科2063人,占49.47%。全市设张家港中等专业学校、暨阳高级中学2个考点,共127个考场。全年报名参加江苏省高等教育自学考试社会考生4617人,毕业194人。毕业生中,中专科毕业75人、本科毕业119人。全市参加全国计算机等级考试4151人,参加教师资格考试(笔试)5340人,参加教师资格考试(面试)1822人。

【青少年校外教育】 深入贯彻落实中共中央办公厅、国务院办公厅印发的《关于进一步减轻义务教育阶段学生作业负担和校外培训负担的意见》,全市开展学科类校外培训机构专项治理行动,强化日常监管,完成有证学科类培训机构资金监管开户。协助完成“苏培宝”开发,并组织学习功能应用及宣传推广;组织学科类培训机构参加全国校外教育培训监管与服务综合平台管理培训2次,组织专项、“双随机”及联合执法检查18次,对20家违规机构进行教育提醒,发出整改通知单4份。邀请苏州格尔斯计算机信息技术有限公司及江苏银行人员对学科类培训机构进行资金监管平台管理培训5次,并开展教育行政执法培训交流。年末,全市有持“办学许可证”的高中学科类培训机构4家,分别是市慧众培训学校、市大先生教育培训中心、市学思堂教育培训中心、市立升教育培训中心。

【老年教育】 年内,市终身教育促进委员会在全市范围内开展镇(街)老年大学、村(社区)老年大学办学点星级评估和复评工作。38个单位参加星级评估或复评工作,36个申报单位获评星级称号或复评合格,其中区镇(街道)老年大学13所、社会力量举办老年大学1家、村(社区)老年大学办学点22个。8个单位四星级复评合格,15个单位三星级复评合格,4个单位晋级四星级,7个单位晋级三星级,2个单位新评二星级。年末,市老年大学获张家港市社区教育机构年度考核优秀指导奖,张家港保税区、大新镇、南丰镇、塘桥镇、凤凰镇、乐余镇等6个区镇社区教育中心在江苏省“智慧助老·赋能银龄”社区教育专项行动中获评先进集体。

【保税区社区教育惠民项目获评全国助力乡村振兴品牌项目】 9月，中国成人教育协会公布“助力乡村振兴品牌项目”，保税区社区教育中心选送的“聚焦社区教育惠民项目，助力乡村振兴”入选。保税区社区教育中心遵循“学习让乡村更美好”理念，通过品牌项目建设推动学习型社会建设，丰富社区教育服务供给，打造多样化的全民学习和终身学习服务平台，让社区教育惠民项目的精准实施，激发乡村发展的内生动力与创造活力。中心从主体、内容、表现手法、覆盖人群等方面不断推陈出新、持续提升品牌公益价值和社会价值，先后组织“教育惠老”“教育惠少”“教育惠社”“教育惠企”“教育惠特”“教育惠农”六类教育惠民项目，直接投入经费243.7万元，累计开展活动2707场，直接受益16.35万人，带动社会资本投入近150万元。

【南丰老年大学课程获评教育部“智慧助老”优质课程资源】 2021年，南丰老年大学启动“智慧助老”教育项目，利用《张家港市老年人智能手机使用普及培训》教材，组织教师及志愿者参与教育教学培训。学校根据老年学员智能手机使用学习需求，以“教育菜单”形式，围绕智能应用、手机安全、智能购物、智能医疗、智能学习、智能出行等生活场景，依托“幸福银龄大讲堂”，实施“智慧助老”进社区，开展智能手机使用教学活动，为老年学员学习智能手机提供便利。为推进“智慧助老”线上学习，学校自主制作“严老师带您玩转手机”系列视频课程，以短视频的形式，上传至南丰社区教育中心微信视频号和南丰老年大学抖音号，引导社区老年人和老年大学学员通过手机线上学习。2022年7月，在江苏省社区教育“能者为师”特色课程和“智慧助老”优质工作案例教育培训项目及课程资源第二批推介工作中，南丰镇社区教育中心“智慧助老”老年人智能手机普及教育案例获评省级“智慧助老”专题典型工作案例，“严老师带您玩转手机”系列课程获评省级“智慧助老”典型课程，并被教育部评为优质课程资源。“严老师带您玩转手机”系列视频课程累计播放超过3万次。 （张　斌　王惠新）

教师队伍

【概况】 2022年，全市新增事业编制教师761人、备案制教师124人，新增引进人才5人。年末，累计有事业编制教职员工11308人、备案制教师861人，其中普通高中1637人、职业学校1036人、初中2683人、小学4685人、幼儿园1866人、特殊教育学校49人、市少年宫及青少年社会实践基地等校外教育机构213人。新增正高级职称教师7人，累计34人；新增副高级职称123人，累计2469人；新增中级职称286人，累计5083人。年末，全市幼儿园专任教师大专及以上学历比例为100%，小学、初中专任教师本科及以上学历比例分别为94.85%和99.77%，高中专任教师中具有研究生学历、教育硕士学位的比例为31.09%。年内，新增江苏省教学名师2人；新增省“333高层次人才培养工程”培养对象2人，累计11人；新增“姑苏教育人才”19人，累计53人；新增苏州市学科带头人73人，累计308人；新增苏州市名教师3人，累计43人；有特级教师32人，“江苏省人民教育家培养工程”培养对象4人，苏州市名校长5人。张家港市教坛新秀、教学能手、学科教改带头人及以上骨干教师有3880人，占在编教师总数的32.54%。职业类学校“双师型”教师占专业专任教师的79.52%。

【名师队伍建设】 年内，市教育系统开展2021—2022年度名师工作室考核评审工作，有48个名师工作室参加考核，王宝斌名师工作室等15个工作室考核优秀，33个名师工作室考核合格。组织2022年张家港市级骨干教师评审工作，新评教坛（德育）新秀204人、教学（德育）能手567人、学科带头人259人、德育带头人8人、学术带头人1人。新评中小学、幼儿园正高级职称7人、副高级职称112人、中级职称266人，新评职教副高级讲师11人、讲师20人，获评姑苏教育领军人才5人、青年拔尖人才14人、苏州市名教师3人、苏州市学科带头人73人、苏州市教坛新秀“双十佳”6人。凤凰高级中学吴建忠、合兴初级中学周文忠获评江苏省教学名师。继续开展优质师范生签约与培养工作，2022年签约优质师范生16人，累计签约154人。

【援疆援宿支教】 年内，8名高中教师赴新疆巩留支教，2名高中教师赴新疆霍尔果斯支教，3名高中教师、1名初中教师赴新疆阿图什支教，2名职业学校教师分别赴新疆伊犁、巩留支教；8名退二线校领导在巩留柔性援疆1个月。9月，张家港市教育局与宿豫区教育局签订合作办学协议，推进南北挂钩合作项目、结对学校合作交流、合作办学等事项，3所结对学校签订了合作协议，推动两地在教育领域的深入合作交流；11月，3所结对学校副校长、骨干教师及退二线校级领导等24人，赴宿豫区开展交流活动，全面推动教育对口帮扶支援合作和南北挂钩工作向纵深发展。

【“守望田园最美教师”评选】 8月，2022年“守望田园最美教师”评选启动，评选范围为市区二环路以外中小学校、幼儿园从事教育教学一线工作10年及以上的教师。通过学校初评推荐、专家评审等环节，全市选出“守望田园最美教师”10人，分别为恬庄小学王建国、崇真小学刘文彪、南丰幼儿园刘娟、塘市幼儿园严丽珠、凤凰高级中学吴建忠、锦丰初级中学吴顺其、大新实验学校陈琦、乐余中心小学高克勤、鹿苑小学潘洁、南沙中学瞿春芳。另有10人获“守望田园最美教师”提名奖，分别为新塍幼儿园支晓娟、南丰小学朱卫忠、三兴学校李怡、塘桥中心幼儿园沙树红、常阴沙学校张萍、塘桥高级中学庞建新、港口幼儿园恬庄分园高姗姗、第六中学展凤峰、晨阳学校黄亚忠、乐余高级中学程建权。 （殳德明）

【编辑　陆正芳】

文化·体育

Culture & Sports

1月1日，“奔跑吧！我的城”2022年张家港市迎新万人云上健步行启动仪式举行　（市文体广旅局　提供）

張家港年鑑(2023)

扫码欣赏

《心感受·新港城》发现—张家港

文化综述

【概况】 2022年，市文体广旅系统推进文化事业繁荣、业态创新和产业融合。全市文艺工作者全年在市级以上报刊发表作品2000余件（幅），省级以上发表、入展（选）、展演、获奖100件。出版文艺图书及画册25部，发表、出版总字数约300万字。创作的小品《打折》获第十九届“群星奖”，张家港市成为唯一蝉联中国群众文艺最高奖的县级市，小品《村口有一尊雕像》、音乐《沙海遗珠》、评弹《张桂梅看病》分别获省“五星工程奖”戏剧类、音乐类、曲艺类第一名。《村口有一尊雕像》并获第十六届“华东六省一市”戏剧小品大赛大奖。锡剧《玲珑女・行路》入选2022年全国戏曲表演领军人才优秀剧目展演。小品《这赞点不点》、评弹《沙洲第一枪》入围第十二届中国曲艺牡丹奖节目奖。锡剧《云水谣》获江苏省第十二届精神文明建设“五个一工程”优秀作品奖。锡剧《雪宦绣谱》入选2022年江苏艺术基金大型舞台艺术资助项目，中国画《刀锋上的舞者》入选美术创作资助项目。中国画《衣被天下・盛泽丝绸》获“新时代颂”2022年江苏美术摄影主题联展优秀奖。中国画《嘘，别吵醒他们》获2022年江苏省文艺大奖・第四届美术奖。美术作品《春山可望》《似水年华》《忙碌的日子》入选“青春百年心向党——2022年江苏省青年美术书法作品联展”。赵继美术作品《何不秉烛游》入选第七届全国青年美术作品展览，陈宇篆刻作品获2022年“中国书法・年展”全国篆书、隶书、篆刻作品展共同展览资格。全市新增24小时图书馆驿站3家，累计53家。人均公共文化设施面积0.63平方米，人均接受文化场馆服务5.4人次，排名苏州大市前列。有市锡剧艺术中心、市评弹艺术传承中心、市文化馆东方艺术团3个专业艺术团体。市锡剧艺术中心被评为江苏省一级院团，董红受邀参加中央电视台《角儿来了》节目录制，入选2022年全国戏曲表演领军人才培养计划。市评弹艺术传承中心被评为江苏省二级院团，祁晔获第十二届中国曲艺牡丹奖全国曲艺大赛（金山赛区）新人奖提名，戴芳受邀参加中央电视台综合频道《经典咏流传》节目录制。市文化执法大队连续11年获全国查处侵权盗版案件有功单位奖项，市文体广旅局连续4年获评全省境外卫视传播秩序专项整治工作先进单位。

【群众文化】 全市有专兼职群众文化工作人员300余人，业余创作骨干200余人，业余演出骨干600余人，群众文艺团队800余个。年内，组织开展“沙洲之春”群众文艺大展演、“强国复兴有我”张家港市文艺宣讲进基层、“云上阅读”、云工坊、“线上观展”、全民艺术普及线上微视频、“各美其美”公益云课堂等群文活动60余项。各区镇举办文化活动超过3500余场，服务群众超过510万人次。张家港市爱乐合唱团、田汉剧社入选2022年度江苏省优秀群众文化团队培育对象名单。

【公共文化服务】 年内，市文体广旅系统推进智慧云场馆、24小时图书馆驿站、“最美公共文化空间”等文化设施建设，完成“人均接受文化场馆服务次数”高质量绩效考核工作。开展2022年张家港市最美公共文化空间评选，全市有37家公共文化空间报名参赛，最终评选出最美公共文化空间优秀案例16个。肖家巷双创中心、城市益空间・竹林童话树屋、永联小镇文旅客厅入选2022年度江苏省“最美公共文化空间”打造对象名单，肖家巷双创中心和永联小镇客厅入选2022年全国乡村公共文化空间创新案例。全市举办“村村演”221场、“周周演”85场。至年末，有文化馆、图书馆、美术馆等市级公共文化场馆7个，镇级、办事处级文化中心19个，村（社区）综合性文化服务中心标准化建设率达到100%。

【物质文化遗产保护利用】 年内，市文化部门紧抓物质文化遗产保护利用工作。扎实推进黄泗浦遗址保护利用，完成黄泗浦遗址东部发掘区保护工程，提升遗址展示与保护利用水平。配合推进黄泗浦遗址范围内预动迁工作，黄泗浦遗址范围内第二批预动迁52户，委托庆安村对部分建筑进行保养修缮，保留传统村落风貌。会同保税区推进东山村遗址博物馆项目，优化《张家港东山村遗址保护与展示设施设计方案》，协调项目实施范围内用地，纳入新国土空间规划统筹，保障建设用地。紧跟上级关于长江国家文化公园建设的工作部署，抓好两大遗址资源优势，组织申报长江国家文化公园重点项目。全市有全国重点文物保护单位3处、省级文物保护单位3处和市级文物保护单位45处，与上年一致。市文化部门常态化进行安全检查和隐患整治工作，全年开展文物安全巡查5轮次，排查整治安全隐患72处。开展省级以上文保

8月28日，凤凰村举办“多彩非遗进万家，文化传承润童心”主题活动

（凤凰镇　提供）

单位安全评估与监测工作。联合市住建部门，开展伍厢庵、钱昌照故居、梅花堂等市级文保单位的白蚁防治行动。完成国保单位杨氏宅第榜眼府、杨孝子祠展陈提升工程，打造家风教育基地；完成塘桥镇王家花园修缮（二期）及周边环境整治工程，通过专家验收；召开市保单位永昌寺、沧江书舍修缮方案论证会。高效助推考古前置工作落实，助力文物保护和经济发展协调共赢。会同市资规局起草《关于推进考古前置工作的实施意见》，3月21日由市政府办印发实施。成立考古前置工作推进专班，建立考古前置月报制度，指导各区镇、建设单位进行考古前置工作申报，实时了解考古前置推进动态及存在问题。全年开展考古前置专题培训3次。与各方积极沟通协调，配合考古队督促申请单位履行相关工作程序，完善考古地块进场条件，确保考古工作顺利高效进行。至年末，有26宗考古勘探用地项目通过省文化和旅游厅（省文物局）验收并获得批复。

表56　　2022年张家港市文物保护单位和控保建筑情况表

区域	名称	时代	地点	保护类别
杨舍镇	太平桥	清	杨舍镇百家桥村	市保
	焦家老宅	民国	杨舍镇向阳弄	市保
	北新桥	明	杨舍镇西新村	市保
	塘市长春堂	民国	杨舍镇河北村	市保
	沧江书舍	清	杨舍镇沙洲公园	市保
	黄旂桥	清	杨舍镇李巷村	市保
	“八不准”碑	清	杨舍镇谷渎港	市保
	东风桥	现代	杨舍镇双鹿村	市保
	黄泗浦遗址	南朝至宋	杨舍镇庆安村、双鹿村，塘桥镇滩里村、花园村	国保
锦丰镇	锦丰碉堡群	近现代	锦丰镇常家村、悦来村、明星村、星火村、登瀛村等	市保
塘桥镇	弘济桥	明	塘桥镇鹿苑办事处	省保
	徐家湾新石器时代遗址	新石器时代	塘桥镇花园村	省保
	嘉荫堂兰石轩丛帖刻石	清及民国	塘桥镇镇中社区	市保
	若瑟堂	清	塘桥镇滩里村	市保
	萧家桥	明	塘桥镇周巷村	市保
	方桥	清	塘桥镇滩里村	市保
	徐塘桥	民国	塘桥镇金村村	市保
	西资桥	清	塘桥镇韩山村	市保
	嘉荫堂后厅	清	塘桥镇镇中社区	市保
	永昌寺	南朝	塘桥镇金村村	市保
	王家花园	清	塘桥镇金村村	市保
	钱昌照故居	清	塘桥镇鹿苑办事处	市保
	伍厢庵	元	塘桥镇牛桥村	市保
	园茂里	清	塘桥镇金村村	市保
	鹿苑抗日碉堡群	民国	塘桥鹿苑办事处	市保
乐余镇	乐余民国商贸街	民国	乐余镇	市保
凤凰镇	杨氏宅第	清	凤凰镇恬庄村	国保
	红豆树	南朝	凤凰镇支山村	市保

续表56

区域	名称	时代	地点	保护类别
凤凰镇	富民桥	清	凤凰镇清水村	市保
	恬庄古镇	清	凤凰镇恬庄村	市保
	永庆寺	南朝	凤凰镇凤凰山	市保
	蒋廷锡墓葬遗址	清	凤凰镇双塘村	市保
	黄家新桥	清	凤凰镇魏庄村	市保
	蒋宅	清	凤凰镇恬庄村	市保
	仿苏式粮仓	1958年	凤凰镇港口社区	市保
	徐宅	清及民国	凤凰镇高庄村	市保
	港口蒋宅	民国	凤凰镇港口社区	市保
双山香山旅游度假区	香山石室土墩群	春秋	双山香山旅游度假区香山	省保
	桃花涧	春秋	双山香山旅游度假区香山	市保
	采香径	春秋	双山香山旅游度假区香山	市保
	烽火台	元	双山香山旅游度假区香山	市保
	香山寺	东汉	双山香山旅游度假区香山	市保
	梅花堂	宋	双山香山旅游度假区香山	市保
	双山渡江战役纪念碑	现代	双山香山旅游度假区双山岛	市保
金港街道	东山村遗址	新石器时代	金港街道东山村	国保
	毗陵寺井	汉	金港街道长山村	市保
	烈士陵园	现代	金港街道	市保
	六朝古井	南朝	金港街道东山村	市保
	巫山渡江战役登陆纪念处	1949年	金港街道巫山村	市保
	占文农暴旧址	民国	金港街道占文村	市保
后塍街道	钱家祖宅	清	后塍街道后塍中心社区	市保
塘桥镇	钱宅	明	塘桥镇周巷村	控保
	陈厅	清	塘桥镇妙桥办事处	控保
	王宅	清	塘桥镇金村村	控保
凤凰镇	张宅	清	凤凰镇恬庄村	控保
	陈宅	清	凤凰镇恬庄村	控保
常阴沙现代农业示范园区	知青下乡居住点	现代	常阴沙现代农业示范园区	控保
金港街道	蔡悲鸿办公旧址	近现代	金港街道长江村	控保

【非物质文化遗产保护利用】2022年，张家港市新增苏州市级非遗名录项目5项，分别为苏州道教音乐（香山正一道教音乐）、苏州剪（刻）纸（沙洲对称剪纸）、蒸菜烹饪技艺（塘桥蒸菜技艺）、豆腐干制作技艺（高庄豆腐干制作技艺）、苏式糕点制作技艺（后塍梅花糕制作技艺）。年末，全市有非遗名录项目92项，其中国家级项目4项、省级项目11项、苏州市级项目25项。有非遗项目代表性传承人103人，其中去世15人、健在88人。年内，全市开启新增非遗项目保护单位、第七批非遗代表性项目和代表性传承人申报工作。完成尹丽芬申报国家级非遗代表性传承人相关工作。完成第五批省级非遗代表性项目申报相关工作。开展2022年苏州市非物质文化遗产代表性项目保护单位申报工作，5个单位入选新增保护单位名单。创新举办“金色之光——2022年长江流域非遗金属工艺主题展”，汇集长江流域各省、自治区、直辖市37项金属类非遗代表性项目的179件（套）作品参展。活动期间，通过国家公共文化云、江苏公共文化云等平台举行云观展活动和线上分享会，总在线观众29.6万人次。承办2022年张家港市“文化和自然遗产日”非遗主题活动。协助双塘村和永兴村打造为首批张家港市非遗艺术乡村。参与组织“印象·非遗”画信征集活动。参与组织苏州市非遗办主办的第八季“触动”——市民走进非物质文化遗产公益体验（张家港线）相关活动。深入景区景点举行非遗文创集市活动。协助办好第二十届苏州市民间艺术节开幕式及民间工艺精品展。文化传播扎实稳健。举行“时光宝盒”非遗大课堂讲座4期，开展“玩转文化馆，非遗伴国庆”国庆非遗体验活动5次。“非遗流动展”走进区镇（街道）、市图书馆、东渡实验学校、江帆小学、城南小学、暨阳实验小学（南校区）、塘市小学等地，推动非遗融入市民生活。

表57　　2022年张家港市非物质文化遗产代表性项目情况表

项目名称	类别	层级	保护单位
苏州评弹	曲艺	国家级	张家港市评弹艺术传承中心
宝卷（吴地宝卷）（河阳宝卷）	曲艺	国家级	凤凰镇文化体育服务中心
吴歌（河阳山歌）	民间文学	国家级	凤凰镇文化体育服务中心
庙会（金村庙会）	民俗	国家级	塘桥镇文化体育服务中心
风筝制作技艺(沙洲风筝)	传统技艺	江苏省级	乐余镇文化体育服务中心
酿造酒酿造技艺（后塍黄酒酿造技艺）	传统技艺	江苏省级	江苏张家港酿酒有限公司
竹编（后塍竹编）	传统技艺	江苏省级	后塍街道封庄村村民委员会
传统棉纺织技艺（雷沟大布制作技艺）	传统技艺	江苏省级	张家港市金陵纺织有限公司
儿科疗法（塘桥陆氏中医儿科）	传统医药	江苏省级	鹿苑医院
锡剧	传统戏剧	江苏省级	张家港市锡剧艺术中心
宝卷（吴地宝卷）（沙上宝卷）	曲艺	江苏省级	锦丰镇文化体育服务中心
摸壁鬼	传统舞蹈	苏州市级	乐余镇文化体育服务中心
手工弹棉絮技艺	传统技艺	苏州市级	张家港东好床上用品厂
顾氏中医内科	传统医药	苏州市级	张家港市中医医院
香山石锁	传统体育、游艺与杂技	苏州市级	金港街道东山村民委员会
吴歌（沙上山歌）	民间文学	苏州市级	大新镇文体服务中心
施耐庵传说	民间文学	苏州市级	张家港市文化馆、市民间文艺家协会
苏派酿酒技艺（菊花酒酿造技艺）	传统技艺	苏州市级	凤凰文化旅游发展有限公司
古琴艺术	传统音乐	苏州市级	沙洲琴社
金属抬凿錾刻	传统技艺	苏州市级	张家港幸运金属有限公司
苏州道教音乐（香山正一道教音乐）	传统音乐	苏州市级	金港街道占文村村民委员会
苏州剪（刻）纸（沙洲对称剪纸）	传统美术	苏州市级	杨舍镇文化体育服务中心
蒸菜烹饪技艺（塘桥蒸菜技艺）	传统技艺	苏州市级	塘桥镇文化体育服务中心
豆腐干制作技艺（高庄豆腐干制作技艺）	传统技艺	苏州市级	凤凰镇文化体育服务中心
苏式糕点制作技艺（后塍梅花糕制作技艺）	传统技艺	苏州市级	后塍街道后塍中心社区居民委员会

【文化志愿服务】 全市有文化志愿者团队96个，注册文化志愿者7500余人。年内，实施新时代文明实践文化文艺志愿服务项目580余项，推动文化志愿服务精准化、常态化、便民化、品牌化发展，全年开展活动1000余次，惠及群众10万余人。开展"爱心悦享会"走进特殊教育学校、艺书云悦读、科惠行动等志愿服务项目，围绕汉文化、科学锻炼、古琴赏析等内容，开展"各美其美"志愿服务公益课堂50余期。市图书馆"悦读先锋"文化志愿项目获评江苏省优秀志愿服务项目。

【原创小品《打折》折桂全国"群星奖"】 9月19日，由市文化馆和大新镇文体服务中心共同打造的小品《打折》获中国文化艺术政府奖——第十九届群星奖，拿下戏剧门类仅有的五席之一，也是该届群星奖江苏省唯一获奖作品。《打折》创排于2019年，讲述一个关怀环卫工人的故事。"打折"过程中产生的"误会"与"错怪"，体现"商品能打折，人心不打折"。作品的创作灵感源于编剧在生活中的一次真实经历，向劳动者致敬，弘扬正能量。"群星奖"是文化和旅游部为繁荣群众文艺创作、促进社会文化事业繁荣发展而设立的全国社会文化艺术政府最高奖，代表中国群众文化创作的最高成就、最新成果，每三年评选一次。第十九届群星奖共评选出音乐、舞蹈、戏剧、曲艺、广场舞、群众合唱团队六大门类30个获奖作品，获奖率仅为3%。

【《关于推进考古前置工作的实施意见》印发】 为加强张家港市文物保护与利用管理，3月21日，《关于推进考古前置工作的实施意见》由市政府办公室印发实施。该实施意见旨在协调文物保护与经济建设的矛盾，进一步优化全市营商环境，减少建设项目前期运作成本，加快项目建设进度，是推动文物保护和城市建设发展协调共赢的重要举措。意见明确了实施范围，全市符合规定的用地供应，都应依法进行考古调查、勘探；规范工作流程，考古调查、勘探工作实行分类管理，按照国家、江苏省、苏州市相关规定由相应的文物行政主管部门组织实施；细化职责分工，土地储备主体、建设单位应依法履行考古前置工作职责，在土地供应前主动对接相关文物行政主管部门，按规定程序申请文物考古调查、勘探。市文物局、市自然资源和规划局做好相关指导、协调工作，为地下文物保护与项目建设工作有序进行提供保障，共同推进文物事业和社会经济高质量发展。

【中央广播电视总台中秋晚会在张家港录制】 9月10日，CCTV-1、CCTV-3、CCTV-4（亚洲版、欧洲版、美洲版）、央视频、央视网等新媒体平台、融媒体终端及海外社交平台面向全球同步播出2022年中央广播电视总台中秋晚会。中秋晚会的舞台设在张家港暨阳湖公园，无论是象征团圆的360度圆形主舞台，绿树环抱、小桥池塘的外围布景，还是包含"望江亭""秋意沙洲""梅花堂"的置景，都充分展示了江南水乡的中秋氛围。晚会同时配合焰火表演，主阵地在距离圆形主舞台150米外的水面上，燃放各类烟花产品10个场次10万发。整场焰火表演以"月"为纽带贯通上下，诗情随着月亮升落而起伏，银色的"月亮"、齐放的"花林"、南飞的"鸿雁"组成了完整的诗歌画面印象，有"团圆"的情感表达，演绎出中国式的中秋浪漫。2022年中秋晚会有多个技术应用上的"首次"出现：首次采用超高清和三维声制作播出，首次通过"百城千屏"超高清公共大屏传播体系播出，首次开启中国自主研发的三维声技术示范应用。全新推出360度圆形舞台，将外景拍摄、虚拟XR技术与实景山水巧妙融合。观众不仅可以看到绚丽多彩的8K超高清视频，还能通过总台"云听"客户端同步收听双耳渲染的三维"菁彩声"，身临其境感受晚会现场的震撼效果。

（毛志龙 钱芳瑜）

文化场馆

【文化馆】 2022年年末，全市有1个市文化馆总馆、10个镇级分馆、14个镇办事处分馆、8个社会分馆、300个村（社区）支馆和1015个文化网格服务点。年内，完成2022年文艺公益巡演"村村演"演出121场、"周周演"演出32场；完成年度少儿公益艺术培训三期39次课，惠及学员3300人次；在老年大学开课两期21次，累计受益700人次；开展分馆长助理培训辅导101次；举办"暨阳艺术大讲堂"讲座6次；完成"沙洲故事汇"培训课程27次，惠及学员1890人次；开展"小牡丹曲艺团"快板培训5次，培训学员40人。创新推出"'艺'犹未尽——让你秒懂的艺术"系列全民艺术普及线上微课堂，陆续上线古琴、

原创小品《打折》剧照 （大新镇 提供）

漫画、中阮等14个艺术门类的公益课程。市文化馆、市万红小学联合创排的原创少儿群口快板《长大后我想成为你》作为优秀节目入选第十届全国少儿曲艺展演，并获评第九届江苏省少儿曲艺展演优秀节目、江苏省第四届快板大赛少儿组一等奖。“叮咚”民族吹管乐团开设64节课，培训学员150人，“叮咚”民族吹管乐团培育计划项目被评为2021年度张家港市优秀文体旅志愿服务项目。开展“戏剧进校园”文化志愿服务40期，受益学员30人。市文化馆、世茂小学联合创排的原创童话剧《多多的奇幻之旅》参加“童话里的世界”第三届江苏省童话故事创作大赛优秀作品分享展示活动。“5+2”馆校研学课堂全年开展定制公共文化主题课程11次，举行国庆系列活动5次，文化展览送至7所学校，寒暑假文化馆数字馆探秘活动累计入馆12.4万人次，以寓教于乐的方式开展艺术普及，传播优秀文化。竹笛《大青山下》、箜篌《清明上河图》、琵琶《十面埋伏》演奏获“乐享国乐风华”全国群众性民族器乐交流展示活动优秀作品奖。双人故事《不吃你吃谁》参加第二届江苏省故事会评选活动现场终评，于天泊获“金牌故事员”称号。歌曲《初阳里的茉莉花》和话剧《我要见市长》入选第四届苏州市“文华奖”艺术展演季舞台艺术剧（书）目展演。歌曲《中国今天最美》入选苏州市第十三届精神文明建设“五个一工程”。话剧《大梦香甜》、器乐合奏《沙海遗珠》入选苏州艺术基金扶持项目。在2022年苏州市优秀舞蹈作品展演暨舞蹈艺术发展交流会中，张家港市“繁花之舞”群文舞蹈创作研修活动孵化成果女子群舞《江河之畔》获线上组优秀作品奖，群舞《社区活动室》和女子群舞《织·梦》获得线上组节目奖。文化馆指导的广场舞作品《山歌代代唱不完》和《长江之光》在2022年苏州市民广场舞大赛中分获“十佳团队”奖和优秀团队奖。市文化馆获评2022年度市先进文明单位。

【图书馆】 年末，全市有市级公共图书馆1个、市少年儿童图书馆1个，藏书304.88万册（含分馆）；有镇、村公共图书馆（室）248个。年内，市图书馆采购新书26.53万册，收集地方文献118种496册。新办借阅证8702张，有效持证读者总数23.65万人，到馆读者140.8万人次。市图书馆和少儿图书馆年举办各类读书活动464场，基层图书馆年举办各类读书活动1604场。沧江市民大讲堂举办讲座55场。编印《决策参考》12期、《张图视窗》6期、《静观》4期。“科技工作者之家”为企事业单位提供科技查新服务210例。全年完成作品版权登记952件。“悦读先锋”文化志愿服务队和少年儿童图书馆志愿服务队开展志愿活动121场。向全市征集并确定流动车定点服务点位15个。2个课题获省级立项，3个课题结项，发表专业学术论文4篇。市少年儿童图书馆获评2022年度影响力绘本馆，市图书馆获评“阅书香，绘梦想”第二届长三角亲子绘本插图创作大赛优秀组织奖、张家港市文明单位标兵、敬老文明号单位等。

【美术馆】 年内，市美术馆策划开展2022年新时代颂——“桃坞镌印”长三角版画艺术新锐展、方寸之间——2022年庆祝张家港建县（市）60周年市民藏书票作品展、“张家港建县（市）60周年图片展”等展览13场，推出公共教育活动65场，编印《张家港美术》2期。市美术馆有注册志愿者324人，亲子志愿者41组，全年累计服务时间2938.5小时，服务次数673次。12月，市美术馆“‘未来非遗’：当代视觉艺术展”社区项目入选“2022风自海上——蝶变宝武与艺术社区场域”，亮相中华艺术宫，成为该展唯一县级美术馆参展项目。“‘未来非遗’：当代视觉艺术展”入选2021年度江苏美术馆馆际联盟优秀展览项目提名。课题“苏州版画60年（1960—2020）艺术家群体发展与口述史研究”成功申报2021年“江苏省社科应用研究精品工程”课题，获重点项目资助并结项。“苏州版画60年（1960—2020）艺术家群体发展与口述史研究”项目获“张家港市第十次哲学社会科学优秀成果奖”一等奖。徐华翔艺术工作室创作美术作品近100件，作品入展或获奖20余次，其中省级12次、苏州市级5次。徐华翔艺术工作室成员陈三石入选2022年《艺术百家》江苏省优秀青年美术家提名展，作品《刀锋上的舞者》获2022年度江苏艺术基金美术创作资助项目，作品《衣被天下·盛泽丝绸》获“新时代颂2022年江苏美术摄影主题联展”优秀奖，作品《烈日里》获第四届苏州市“文华奖”艺术展演季·优秀美术作品展文化美术奖，并在江苏省美术馆举办“多元∞计划：2022第二回‘平行线——赵怡文·陈三石双个展’”；陈三石、安昌礼、韦金料3人作品入选“青春百年心向党——2022年江苏省青年美术书法作品联展”；学员陈金学、安昌礼分别在市书画院美术馆举办“时空印记——陈金学中国画作品展”“云在山上·安昌礼中国画作品展”。

【博物馆】 年内，张家港博物馆通过考古发掘、政府采购的方式征集文物15件（套），至年末有藏品5904件（套），其中一级文物1件、二级文物8件、三级文物588件。全年举办特色临展8个，接待观众18.8万人次。承办国家级展览“考古里的长江文明——新时代·新发现”1个，全年引进“郑和时代特别展”等省级展览6个。结合庆祝张家港建县（市）60周年，与市委史志办联合推出“一个甲子的回眸——张家港建县（市）60周年图片展”。开展“流动博物馆”送展18次。开展社教活动350次，受众25376人。其中，“我们的节日”系列活动50次，“博物知旅”馆校研学活动48场，展览配套活动30次，特色主题活动27次，志愿服务195次。开展线上教育活动12场，新媒体访问27435人次。召开安全工作会议20次，开展安全检查12次。年内，张家港博物馆获评苏州市社会科学普及示范基地。

【锡剧艺术中心】 2022年，市锡剧艺术中心重点创排大型原创锡剧《雪宧绣谱》、小锡剧《就想请你吃顿饭》、小话剧《小站》，打磨提升锡剧《云水谣》《江姐》《东渡纪》等作品。锡剧《雪宦绣谱》入选2022年江苏艺术基金舞台艺术创作资助项目、2022年苏州艺术基金扶持项目，获第四届苏州市“文华大奖”“文华导演奖”“文华荣誉奖”“文华音乐设计奖”；大型原创锡剧《云水谣》，参加第四届中国苏州江南文化艺术·国际旅游节优秀剧目展演，并获江苏省“五个一工程”优秀作品奖。根据锡剧舞台剧《云水谣》创作改编的锡剧电影《云海谣》被纳入中国戏剧梅花奖数字电影拍摄工程并完成前期拍摄。市锡剧艺术中心与新疆巩留县歌舞团合作，创排原创音乐剧《蝶恋天山》，在巩留县融媒体中心完成首演和巡演；江苏艺术基金传播交流推广资助项目——大型红色经典锡剧《江姐》，在巩留县蝶湖广场上演，为当地百姓送上了一堂生动的艺术党课。中心常态化开展“强国复兴有我”新时代文明实践活动，开展“弘扬民族文化·传承戏曲精髓”主题戏曲进校园活动，2022年辅导创排原创少儿锡剧《唱支山歌给党听》、少儿锡剧《沙家浜·朝霞映在阳澄湖上》《海岛女民兵·碧海蓝天》、器乐节目《京调》《姑苏行》等，在第二十六届“中国少儿戏曲小梅花荟萃”终审中，获“小梅花”称号5个，获评“小梅花集体节目”2个。年内，市锡剧艺术中心完成各类演出207场，获评第二十六届“中国少儿戏曲小梅花荟萃”优秀组织单位。

【评弹艺术传承中心】 年内，市评弹艺术传承中心全新创排中篇苏州评弹《暗战双山岛》及评弹表演唱《党旗飘飘演兵场》、吴韵说唱《打造文明典范第一城》和《苏州健康公约》等一批紧贴时代脉搏的曲艺精品。其中，中篇苏州评弹《沙洲第一枪》获第十二届中国曲艺牡丹奖节目奖入围，微型弹词《张桂梅看病》获第十五届江苏省五星工程奖，中篇苏州评弹《暗战双山岛》入围第四届苏州市文化奖展演季相关展演活动并入选2022年苏州艺术基金扶持项目；苏州评弹《故乡行》《红蓝绿黑》参加第十届全国少儿曲艺展演，苏州评弹《故乡行》《红蓝绿黑》《沙洲星火》参加第九届江苏省少儿曲艺展演；完成2020年度国家艺术基金资助项目——中篇苏州评弹《血粮》的相关结项工作。由季静娟与苏州评弹团蔡玉良合作演出的苏州评弹《闹严府，盘夫》受邀赴京参加“喜迎二十大，说唱新时代”全国优秀曲艺节目展演。季静娟获第四届苏州市文华奖艺术展演季舞台艺术类文化荣誉奖，被评为苏州市德艺双馨文艺工作者（2018—2021）；陈美东入围第十二届中国曲艺牡丹奖表演奖；青年演员祁晔获第十二届中国曲艺牡丹奖新人奖提名，被评为姑苏宣传文化人才（青年拔尖人才）。全年完成长篇演出“天天说”840余场，“喜迎二十大，献礼六十年”精彩文艺周周演活动21场，文明百村欢乐行公益文艺巡演19场，长春园“31”书会（包括线上）7期，“暨阳海棠红”曲艺党课串讲活动10场，惠及群众20余万人次。

【新华书店】 市新华书店设中心门店1家，塘桥、乐余、金港、后塍集镇网点4家，校园书店7家，联营书店1家。2022年，完成营业收入14790万元，利润2238万元。全年发行理论读物11.13万套（册）。落实“党的领导”进校园，通过“打开一本书”“在党旗下，星星火炬”“在党旗下，邀约青春”党的二十大报告读本学生用书推荐发行等活动，拓宽学生阅读品类。与市关工委联合开展的中小学《勋章》《筑梦九天》党史阅读分享活动，吸引全市70余所中小学参与。通过部门联动，打造“在职领导干部自学”品牌活动，激发在职领导干部阅读需求，征订图书7000余册。市两会期间，组织人大代表、政协委员优惠购书服务6次。擦亮“江苏书展”品牌，书展期间张家港分会场日均接待读者超3000余人次，举办各类阅读活动20余场。其中，市委党校秦锁英“人与自然和谐共生”的宣讲被推荐到苏州主展场，并获评江苏省阅读推广人，张家港分会场被评为全省优秀分展场。通过“云端”平台，延伸服务触角。为市电教馆、图书馆提供12万条线上图书采集数据；助力学校“人工智能”实验室建设，完成185万元电教产品服务工作；通过商品上架“政府采购云平台”，首次实现新疆巩留图书馆1.6万册图书政府采购上平台采购服务。疫情期间，参与志愿服务活动40余次，服务136人次，志愿服务时长816小时；参与市文明实践志愿者爱心奉献活动，为志愿者免费提供1万元书券；向文明实践益空间源书房捐赠图书464册；向步行街青年志愿者协会捐赠图书80余册。市新华书店先后获评2021年度张家港市文明单位、2019—2021年度江苏省文明单位、张家港市模范职工之家等，在2021年度新华书店社会效益考核中获优秀等第。

【“郑和时代特别展”在张家港博物馆展出】 9月16日，由江苏省文物局、南京市博物总馆主办，南京市博物馆策划的“郑和时代特别展”在张家港博物馆开展。此次展览被列为“2022年江苏省馆藏精品巡回展”项目，张家港博物馆为巡展首站。展览分为“郑和使团”“宝船遗踪”“盛世华彩”3个部分，展出南京市博物馆收藏的南京明代郑和宝船厂遗址出土的造船用具、宝船构件以及明初瓷器、金银玉器、墓志、生活用品等文物127件（套）。展品精致细腻，展现了郑和下西洋时的盛况和明初鼎盛时期的社会风貌、对外交流与贸易状况，让观众从展品中感知“郑和时代”和“郑和精神”。展览历时46天，有1.6万人次参观。（毛志龙）

媒 体

【概况】 2022年，市融媒体中心（传媒集团）利用“报、台、网、端、微、屏、抖、户外”等平台，全媒体开展“奋进新征程，建功新时代”主题宣传，启动“砥砺奋进六十载，勇立潮头筑华章”大型融媒新闻行动，推出41集大型融媒体新闻访谈节目《学习宣传贯彻党的二十大精神——一把手访谈》；围绕张家港建县（市）60周年，推出60集“航拍村庄——飞跃六十年，飞越新农村”全媒体特别策划，总点击量超600万人次；借力中央广播电视总台中秋晚会录制，实现大平台与小平台合作，大屏与小屏联动，各类信息全网总阅读量超86亿次。全年推出专题专栏90余个、短视频2300余条、融媒报道1.5万篇次，策划开展大型商业活动50余个，"全民带货"等各类直播近180场。年内，中心（集团）被省级以上媒体录用稿件260余条，其中《新闻联播》录用稿件8条、新华社录用3条，中央级媒体共录用稿件71条。有137件创优作品获奖，其中获国家级荣誉29件，获省级及省级协会奖项29件。短消息《一张"身份证"引来9.85亿贷款》获评2019—2020年度广播电视节目奖广播消息类提名，成为省内唯一获此荣誉的县级作品。"学习强国"全国平台录用稿件64条，江苏平台录用稿件196条，其中全国平台录用量在苏州各区市名列前茅。中心（集团）作为全国县级融媒体优秀案例入选"喜迎二十大，奋进新时代"主题成就展，获评第二届长三角广播电视媒体融合先导单位，成为2022年江苏省唯一获此荣誉的县级融媒体中心。田艳、黄佳媛、周锁峰获评苏州市优秀新闻工作者。

【广播】 2022年，市融媒体中心广播平台重点开设《张广102新闻》《102顺风车》《有啥说啥》《时光里的城》《律师说法》等品牌节目15档。9月13日起，早晚高峰节目《102顺风车》《有啥说啥》视频直播登陆"今日张家港"App，广播直播节目实现在"今日张家港"App平台上融合播出。全年公益广告累计播出10390分钟、20782条，累计安全优质播出6500余小时。广播平台获省级奖项1件；苏州级奖项17件，其中一等奖2件、二等奖4件、三等奖9件、优秀栏目2个。

【电视】 2022年，市融媒体中心电视节目部引进电视剧46部1839集，其中多部电视剧紧跟各大卫视，如《装台》《扫黑风暴》《突围》《不惑之旅》等。全年下载江苏省内容共享平台9部电视剧386集，外引动画片36部1382集，外引电视栏目4个。

【《张家港日报》】《张家港日报》全年出版301期，每期4个版面（周五8个版面），日发行量3.4万份。年内，重点打造22个专栏，发稿量520余篇。重点栏目包括"非凡十年""领航中国""喜迎二十大""党代表话十年""新时代，新征程，新伟业""二十大精神在基层""我为群众办实事""创新转型开新局""度量港城""文明张家港样本观察"等。2022年报纸平台获国家级奖项11件，其中一等奖1件、二等奖1件、三等奖8件、最佳专栏1个；省级奖项16件，其中一等奖3件、二等奖3件、三等奖9件、优秀案例1件；苏州级奖项6件，其中二等奖2件、三等奖2件、好版面1个、好摄影1件。（金　叶）

【电影】 2022年，全市新增3家影院，分别是乐余镇人民路东侧的联和影城、杨舍镇大成广场的上影国际影城和杨舍镇戴巷路金茂览秀城购物广场的蓝海影城。拥有加盟全国11家院线的25家影院、159个影厅、20258个座位，平均每10万人拥有屏幕数11.1块、座位1414.6个。全年实现票房收入4892.93万元，放映17.8万场，观众117万人次。票房收入比上年减少35.96%。落实各级有关纾困政策，累计发放电影院纾困补贴资金31.7万元，助推电影事业稳步复苏。组织开展"千场优秀电影进社区"活动及"礼赞新时代、奋进新征程"迎接党的二十大优秀影片展映展播活动，在全市242个村（社区）、80所中小学校、9个区镇文化中心及敬老院等放映点免费放映公益电影4808场，观影21.4万人次。联合市消防大队在沙洲湖影院布置消防主题影厅，通过"科普+娱乐""光影+实体"，打造学习消防的"流动课堂"。（卢本胜）

【网络新媒体】 2022年，市融媒体中心（传媒集团）利用"偶俚张家港""遇见张家港"微信公众号、"今日张家港"客户端"两微一端"，围绕党的二十大、创新转型加速年、疫情防控、重大项目建设、创建更高水平全国文明城市等重大主题以及张家港发展大会、长江文化节、中央广播电视总台中秋晚会等阶段性重点工作，推出全媒体重点专题专栏、系列报道120余个，融媒报道1.5万条。重点围绕党的二十大召开前后部署主题宣传，开设"奋进新征程，建功新时代""喜迎二十大""非凡十年""强国复兴有我""领航中国""大美中国""学习宣传贯彻党的二十大精神""学习二十大，奋进新征程"等20余个重点专题专栏；全年制作海报1200余幅，围绕疫情防控、文明创建、传统文化生产的"疫情之下，每一颗都是最亮的星""60周年手绘""二十四节气"等主题系列海报广泛传播。"今日张家港"App紧扣疫情防控工作，配合公安、卫健等职能部门，研发"来港申报查报""外卖骑手上岗证"等高频特色服务12项，平台常用服务月平均使用超14万人次。12月，因时因势推出"发热诊疗地图""儿科门诊就诊导图"等应用，数字赋能提升为民服务温度。至年末，"今日张家港"App服务功能模块超100个，下载总量突破80万人，占全市常住人口的56%，比上年新增下载用户16万人；用户启动次数超1000万人次，访问总量超4800万人次。加大新媒体IP打造，推出"媒商号""四季江湖味——送你一碗面""融媒看房团""姐姐开整了"等创新产品。加大App平台融合开发，上线金融地图、证券行情、"港城金融马上贷"等金融功能。利用线上平台及融媒体·京东直播基地，全年谋划融媒网上年货节、房展会、"多彩夜沙洲·融媒YE精彩"等品牌活动50余场。配合中央广播电视总台中秋晚会开展探班直播，开展建县（市）60周年、长江文化艺术节、全民带货、消费帮扶等各类直播近180场，超800万人次观看。"偶俚张家港""遇见张家港"微信公众号"粉丝数"超67万人，"偶俚张家港"微信公众号"粉丝数"在江苏省县级融媒体中心传播力指数排名中位列第一方阵，抖音号全年"涨粉"超10万人。年内，新媒体平台获国家级奖项10件，其中二等奖2件、三等奖8件；省级奖项9件，其中一等奖1件、二等奖2件、三等奖6件；苏州市级奖项17件，其中一等奖1件、二等奖7件、三等奖9件。

表58 2022年张家港市融媒体中心(传媒集团)主要获奖情况表

作品名称	荣誉名称	颁发机构	主创单位(人员)
一张"身份证"引来9.85亿元贷款	2019—2020年度广播电视节目奖广播消息类提名	中国广播电视社会组织联合会	姜蓉 董平 陈惠
"小步慢跑"张家港从田间地头"捡"回1200吨粮	中国县市区域报新闻奖广播消息一等奖	中国县市报研究会	任黎明 房吉 闵京
夜空中最亮的星	中国县市区域报新闻奖报纸通讯一等奖	中国县市报研究会	曾钦 钱超新
张家港在全国率先发布123条企业"知道清单"	中国县市区域报新闻奖报纸消息二等奖	中国县市报研究会	顾珊珊
	2021年度江苏省县市好新闻一等奖	江苏省县市报(融媒)研究会	
百个瞬间见百年·张家港	中国县市区域报新闻奖创意互动二等奖	中国县市报研究会	任黎明 顾珊珊 胡浩 陆佳楠 陈晨
在张家港,有群特别的书记!	中国县市区域报新闻奖融合创新二等奖	中国县市报研究会	吴思晔 缪宇欢
建党百年专栏"触摸"	2021年度全国报纸副刊最佳专栏	中国报纸副刊研究会	曾钦 钱超新
创新驱动发展(张家港)指数为县域创新"精准画像"	2021年度江苏省科技好新闻一等奖	江苏省科学技术厅、省记协	周锁峰 李敏 余继峰
港城250亿元农村集体资产"云"上监管	2021年度江苏省县市好新闻二等奖	江苏省县市报(融媒)研究会	李燕 余继峰 王会信
张家港含"新"量年报	2021年度江苏省县市好新闻一等奖	江苏省县市报(融媒)研究会	李燕 顾珊珊 缪宇欢 房吉
2021年7月2日头版	2021年度江苏省县市好新闻报纸版面类	江苏省县市报(融媒)研究会	朱茂华 包丽芬
张家港小将盛李豪获男子10米气步枪银牌	2021年度江苏省县市融媒优秀作品奖二等奖	江苏省县市报(融媒)研究会	黄佳媛 李敏 李燕 陈璐
黄汉兵:有一种人生叫永不言弃	2021年度江苏省县市好新闻二等奖	江苏省县市报(融媒)研究会	钱超新 张楚
《阳光、运动、活力》组照	2021年度江苏省县市好新闻二等奖	江苏省县市报(融媒)研究会	褚珊珊
"长江的邀约,文化的盛宴"2021长江文化节	2021年度江苏省县市融媒优秀作品奖一等奖	江苏省县市报(融媒)研究会	陆锦芳
莫让"外卖"成为生活方式	2021年度江苏省县市融媒优秀作品奖二等奖	江苏省县市报(融媒)研究会	余继峰 陈型 赵一蓉
信仰之路	2021年度江苏广播电视播音与主持作品奖广播播音社教类二等奖	江苏省广播电影电视协会	庞玲
新闻直播节目《春天里》	2021—2022年度抗疫融合传播优秀案例——抗疫融合传播赋能优秀案例	江苏省报协	集体

(金 叶)

全民健身

【概况】 2022年,市文体广旅系统实施《张家港市全民健身实施计划(2021—2025)》,编制《2022年张家港市全民健身工作意见》《张家港市推进运动促进健康机构试点工作实施方案》《2022年张家港市体医融合工作计划》和《2022年度张家港市体育协会综合考评细则》,推进高水平全民健身公共服务体系建设。市全民健身公共服务体系案例被国家体育总局作为全国全民健身典型案例在全国推广。张家港市首批创成全国运动健身模范县(市)(全省唯一),建成长三角一体化全民健身示范区联盟创新发展研究中心,市文体广旅局获评“2018—2021年度江苏省群众体育先进单位”，并作为全省唯一先进集体代表在江苏省群众体育先进表彰大会作交流发言。张家港市获评省体系化建设运动促进健康机构试点县（市）（全省唯一县级市），实现江苏省县级体育重点工作督察四连冠，市体育总会被授予“2022年度苏州市体育社团工作示范单位”称号。全年在《学习时报》《中国体育报》、新华社、学习强国学习平台刊发张家港市群众体育工作10次，在上级官方网站和微信公众号等平台投送发表张家港市全民健身稿件80余篇。在张家港市级媒体和微信公众号等平台发表全民健身稿件200余篇。

【群众体育】 2022年，市文体广旅系统以创建全国运动健身模范县（市）和建设新时代体育强市为目标导向，按照建设公共体育服务均等化、全民健身指导精准化、全民健身治理现代化的目标，全力构建更高水平的全民健身公共服务体系。年内新建健身步道33条，合计27.3千米，新建七人制足球场3片，新建和更新室外健身路径160套、乒乓球台50套、篮球架40副。完成张家港公园1.5千米和东横河1.2千米塑胶健身步道建设。实现全市室外健身设施与省室外健身设施管护平台对接，可扫描二维码在线查看安装时间、巡检记录、维管单位等信息，实现在线一键报修。全市有体育场地面积816.82万平方米，人均体育场地面积5.67平方米。锦丰镇滨河公园获评2022年度江苏最美乡村健身公园（广场），南丰镇“魅力永合”健身公园、常阴沙现代农业示范园区常兴社区WOLL森林自然营地获评2022年苏州市美丽乡村健身公园。年内张家港市承办中国围棋甲级联赛高新区（塘桥镇）专场，“国际志愿者日”全民健身志愿服务主题示范活动（江苏会场），江苏省健身气功大赛，江苏省少儿门球比赛，江苏省社会体育指导员技能展示交流大赛，江苏省拔河、门球一线社会体育指导员技能再培训，第二届苏州市农民体育文化节系列活动，长三角全民健身大联动苏州市传统体育项目展示暨“金港杯”石锁邀请赛等苏州市级以上比赛20余项。举办“奔跑吧，我的城”2022年市迎新万人云上健步行、“喜迎冬奥”市桌上冰壶球比赛、第十四届“人社杯”太极拳（械）比赛、市2022年中国农民丰收节拔河及掼蛋比赛、市“人社杯”首届健康工程太极系列（32式太极剑）展示交流比赛、市第三届极限飞盘分组邀请赛、“珂亦新能源杯”市首届网络跳绳和踢毽挑战赛等张家港市级群众赛事100余项。围绕红红火火过大年、激情五一、欢乐端午，组织各体育协会开展群众性体育赛事活动100余项，继续举办张家港市全民健身大联赛、大展示、大比拼等市级品牌赛事。组队参加中国健身龙狮大赛获团体最具活力奖；参加江苏省第二十届运动会职工部排舞（广场舞）比赛获规定曲目第一名，广场健身舞第四名，自选曲目和串烧曲目第七名；参加江苏省第二十届运动会拔河比赛，获混合600千克级第二名，女子540千克级第三名；参加第二届江苏省健身气功·八段锦网络公开赛获评优秀组织奖等。年内建成新时代文明实践健康促进与体育志愿服务研究中心，精准对接群众需求，开展“你点我送”全民健身惠民工程；新增市级体育社团1家、民办非企业俱乐部3家，6家市级体育社团获评3A等级社团，2家体育俱乐部获评2A等级俱乐部；编印《张家港市健身气功锻炼指导手册》，录制教学视频并制作U盘，在全市各全民健身站点普及推广；开展6000人国民体质测试；组织体育社团开展各类志愿活动200余次，服务人群20万人次。围绕“老有所学、老有所乐、老有所为”老年体育工作方针，进一步优化老年体育大学服务功能，建成二室、三部、四系组织构架，开设21个专业项目，推进全市各区镇、街道设立老年体育大学分校，全年开办各项目培训班60余期，培训人数超2万人次；组织开展各类老年人赛事展演活动20余期，参与人数超1万人次。 （毛志龙）

【长三角全民健身大联动传统体育项目展示暨“金港杯”石锁邀请赛举办】 9月24日，2022年“庆丰收，迎盛会”长三角全民健身大联动传统体育项目展示暨“金港杯”石锁邀请赛在香山风景区举行，也标志着金港街道第二届民俗运动会正式启动。启动现场，6支队伍分别展示少儿武术、打连厢等传统文化（非遗）项目，东山故事文创街区农文旅项目签约，为金港街道新型职业农民带头人、“创优赋能”优秀农业企业、优秀社会体育指导员和优秀农民体育健身团队进行了颁奖。运动会设置拔河、跳长绳、滚铁环、负重跑、舞龙比赛、石锁邀请赛6个比赛项目。其中，石锁运动是中国古代练武和锻炼身体的一种文化运动，是一项民间体育传统项目，2020年“香山石锁”被评为苏州市非物质文化遗产项目。“金港杯”石锁邀请赛分为男子组和女子组，设石锁技巧、石锁花样等12个赛项。经过为期3个月的角逐，东山村获村（社区）组拔河比赛一等奖，江南舞龙团获社会组织组一等奖；巫山村获跳长绳第一名；魏海平获滚铁环第一名；徐鹏获负重跑第一名；精英队获舞龙比赛一等奖。邬建超获男子架肘（+75千克）一等奖，漆德意获男子架肘（−75千克）一等奖，沈美容获女子石锁技巧一等奖，胡芳红获女子石锁功力赛一等奖，诸葛勤获男子石锁技巧赛一等奖，杨照兵获男子石锁花样赛、男子推笼（+75千克）一等奖，王栋获石锁霸王举鼎（+75千克）、石锁霸王举鼎（−75千克）、男子石锁上拳（−75千克）一等奖，许华获男子石锁上拳（+75千克）一等奖，罗鹏程获男子推笼（−75千克）一等奖。 （邱亚峰）

【江南水乡风筝邀请赛开幕】 9月24日，“乡村振兴杯”第二届苏州市农民体育文化节系列活动之江南水乡风筝邀请赛暨“两岸同行，放飞乡村振兴新梦想”2022年两岸青年非遗风筝制作放飞活动在乐余镇举行。江苏省农民体育协会副主席兼秘书长张毅，省风筝协会秘书长谢小丽，苏州市台湾事务办公室、苏州市农业农村局等相关领导出席活动。开幕式后，两岸青年听取非遗传承人讲述沙洲哨口板式风筝的故事，并参与现场风筝制作。此次农民风筝邀请赛设8个比赛项目,吸引了苏州市的各支风筝代表队参赛。经激烈角逐,评出最佳放飞奖、最佳人气奖和最佳创新奖,并进行颁奖。市乐余风筝协会获“最佳放飞奖”。

(陈 忠 孙雁群 袁 钢)

体育竞赛

【概况】 年内,张家港市利用防疫窗口期,举办中国三人篮球联赛(张家港赛区)、全国女子举重锦标赛及全国女子举重冠军赛、中国网球巡回赛CTA200张家港站等多项上级赛事。向省优秀运动队输送正式运动员1人,向省优秀运动队输送试训运动员1人,向省体校输送正式运动员8人,向苏州市优秀运动队输送运动员73人。张家港籍射击运动员盛李豪在2022年射击(步手枪)世锦赛上获1银2铜。在男子10米气步枪团体金牌赛中,由杨浩然、盛李豪、宋布寒组成的中国队获银牌;在男子10米气步枪个人比赛中,盛李豪获铜牌,并获奥运会参赛资格;在10米气步枪混合团体铜牌赛上,由张雨、盛李豪组成的中国二队击败法国一队夺得铜牌。在2022年男排亚洲杯总决赛上,俞元泰助力中国男排时隔十年重夺亚洲杯冠军。

【青少年体育比赛】 张家港市全年承办江苏省青少年网球锦标赛、江苏省青少年女子举重锦标赛、江苏省青少年壁球U系列比赛、省长杯足球赛、苏州市长杯足球赛等赛事,举办市“育苗杯”系列11项赛事以及在疫情期间举办市中小学生云上冬季三项比赛、市青少年线上啦啦操和少儿竞技体适能三项赛事。通过赛事带动青少年体育项目普及推广,鼓励社会力量承接承办青少年体育服务,逐步建立形式多样、覆盖面广、满足不同需求的青少年体育竞赛体系。组队参加苏州市级以上青少年体育竞赛,全年有386人次参加省级竞赛,包含田径、手球、网球、游泳等20个项目。

【张家港在省运会青少年部比赛中创历史最好成绩】 9月5日,江苏省第二十届运动会于泰州市闭幕。在该届省运会青少年部的比赛中,张家港运动健儿获65金35银31铜,创历史最好成绩。张家港市获县组体适能比赛团体总分第二、县组游泳比赛团体总分第五、县组羽毛球比赛团体总分第六的成绩,并获县(市、区)优秀组织奖、县(市、区)人才输送奖。张家港市“市县联办”女子丙组手球、网球、0506男子足球、少儿体适能(趣味田径)4个项目在省运会取得8.5枚金牌,超额完成任务。其中,女子丙组手球获3金2银,0506男子足球获第五名(0.5金),网球获5金4银1铜,少儿体适能(趣味田径)获3银4铜。

【中国三人篮球联赛在张家港开幕】 8月4日,2022赛季中国三人篮球联赛开幕式在市万达广场举行。中国篮球协会主席姚明到现场宣布比赛开幕。现场,江苏省体育局副局长王伟中,深篮体育(北京)有限公司董事长徐济成,苏州市体育局局长阚明清,张家港市委副书记、市长蔡剑峰,副市长梁曦等出席。中国三人篮球联赛由中国篮球协会与深篮体育(北京)有限公司联合主办,是被中国篮协唯一认证为国内最高水平的三人篮球赛事。新赛季联赛将在全国各地展开12轮次的激烈比拼。张家港是比赛首站。该站比赛于8月4日至7日举行,41支联赛队伍分别参加中国男子三人篮球超级联赛(简称超三联赛)、中国男子三人篮球超级联赛卫星赛(简称超三卫星赛)及中国女子三人篮球联赛(简称3WL),经过角逐,常州有迈、北京北控、四川远达美乐分别位列超三联赛、超三卫星赛、3WL该站积分榜第一名。

【全国女子举重锦标赛暨全国女子举重冠军赛在张家港举行】 11月4日至8日,2022年全国女子举重锦标赛暨全国女子举重冠军赛在市体育馆举行。国家体育总局举重摔跤柔道运动管理中心举重部部长何一群,江苏省体育局副局长王伟中,江苏省体育局二级巡视员、竞技体育处处长陶新,市政府副市长梁曦等出席。此次比赛是年度国内举重项目最高级别的赛事,有26支队伍参加,由国家体育总局举重摔跤柔道运动管理中心、中国举重协会、中央广播电视总台体育青少节目中心主办,江苏省体育局、张家港市人民政府承办,赛事持续5天,产生30枚金牌。湖南中联重科代表队、广西壮族自治区代表队、江西省代表队、广东省代表队、四川省代表队、北京市代表队获得团体前六名。三位运动员创造了新的纪录,湖南向林香以挺举115千克的成绩改写49千克级全国青年纪录,湖南张海琴以

8月4日,2022赛季中国三人篮球联赛开幕式在市万达广场举行

(市文体广旅局 提供)

挺举130千克的成绩创造新的世界纪录，江苏的吴艳以抓举119千克、挺举150千克、总成绩269千克的成绩四破81千克级全国成年纪录。中央电视台体育频道、奥林匹克频道对10场赛事进行直播。（毛志龙）

文体产业

【概况】 2022年，全市新增许可和备案登记文体经营单位24个。其中，新增娱乐场所经营单位6个，高危险性体育项目经营单位13个。审批内地营业性演出125件。至年末，经市文体广旅局许可或备案登记的文化市场、体育经营单位280个。其中，全市有互联网上网服务营业场所66家，歌舞娱乐场所100家，游艺娱乐场所43家，文艺表演团体13个，演出经纪机构4家，演出场所经营单位1个，艺术品经营单位21个，高危险性体育项目经营场所32家。市文体广旅局统筹协调应急管理、住建、市场监管、消防、卫健等成员单位对重点景区、乡村旅游区、星级酒店、旅行社开展4轮专项安全隐患排查、4轮联合检查、3轮专项检查，排查隐患数413个，下发安全提示函8份，约谈企业3家。

【文化产业】 年末，全市有上市文化企业3家、规模以上文化及相关产业单位120个，文化产业实现增加值155.2亿元，比上年增19.4%。国泰新点软件有限公司被认定为苏州市总部企业，国泰新点软件股份有限公司、苏州中细软知识产权运营有限公司入围苏州市首届文化产业“东吴奖”。国泰新点中央研究院、乡伴双山岛理想村等3个项目入选省“十四五”文化产业重点项目，“酒的故事”沙洲优黄文化园入选江苏省重点文化和旅游产业项目，稻兴科技8K超高清视频产业基地、箭牌京东直播基地等5个项目入选苏州市重点文化产业项目。柒壹文创集市获评2022年苏州市夜间文化和旅游消费示范项目。江苏鸿逸泰生态农业科技有限公司获省旅游产业发展基金贴息。市顾乐仕生活家居科技有限公司等6个项目获评苏州市文化产业发展专项资金扶持项目。

【体育产业】 年末，全市有江苏金陵体育器材股份有限公司、固耐特系统围栏、双山运动休闲俱乐部等体育装备制造与销售、体育休闲旅游等体育产业单位1106个，其中规模以上企业73个。据2021年统计，全市体育产业实现总产出218.1亿元，比上年增17.2%；创造增加值56.92亿元，比上年增14.1%。市居民消费总规模约为44.8亿元，人均体育消费支出为3108元。2022年，双山香山旅游度假区获评2022年江苏省体旅融合示范基地。江苏金陵体育器材股份有限公司的休闲娱乐型篮球架的研发及产业化项目获2023年度江苏体育产业发展专项资金支持。双山岛飞行营地获评2022春节假期时尚体育好去处。张家港市都市运动休闲用品有限公司获评苏州市体育产业示范基地。张家港体育公园、中国足球协会“贝贝杯”青少年男子足球赛等4个项目获评苏州市体育旅游精品项目。

【体彩销售】 2022年，市体彩中心全年体彩销量5.34亿元，比上年增16.82%。其中，乐透型玩法销量1.22亿元，竞猜型玩法销量3.74亿元，即开型玩法销量3800万元，筹集公益金3683万元，代缴个人偶然所得税636万元，销量排名居全省第七位，苏州第三位。全年获3个1000万元以上大奖。其中，2月张家港体彩1.17亿元大奖吸引全媒体宣传。年内，全市新建实体网点18家，升级全玩法网点16家，新拓行业网点35家。5月，完成实体网点的电子代销合同签订工作。9月，完成网点终端机三级保养、店内走势图更新，完成网点老旧设备更新换代41家，完成全玩法网点世界杯主题包装131家，为世界杯期间销量迅速攀升奠定基础。全年组织网点联谊活动1次。持续开展“冬季送温暖，夏季送清凉”等活动，为销售网点调配防疫物资6次，统一制作场所码并指导监督疫情防控。优化网点考核机制，申请9万余元专项资金对各优秀网点实施奖励。全年开展各类业务培训会15场，印发预防非理性投注行为提示、网点销售员销售须知、实体店应对非理性购彩指南、购彩风格测试、疫情防控手册等宣传品1万余册。世界杯期间，严格落实国家体育总局体彩中心加强网点安全监管，配合省体彩中心开展合规销售纠察和高销量预警填报4000余次。全年未发生违规销售行为。通过体彩新春季“虎虎生威”主题票、“大乐透上市15周年”、“传统足球”2.6亿元大派送等主题营销活动，加大宣传推广力度。通过“三下乡”、夏天旅游季等全市各类文化体育活动开展10余场即开票地推活动。通过与市棋类协会联合开展民间体彩棋王争霸赛、“6·16”江苏彩民节、“小足球大梦想，体彩公益行”世界杯嘉年华、“童心向悦，足梦前行”等主题活动，深化公众对体育彩票的认识，提升体彩公益活动参与度。与分众传媒合作，开辟部分高档小区及写字楼电梯广告作为常年发布阵地，适时开展产品销售推广和公益体彩宣传。开展“致敬最美逆行者，共庆‘三八’女神节”——慰问隔离酒店志愿者、“端午粽飘香，端午微光行”——走进阳光残疾人之家、“公益体彩，微光助学”——为家庭困难学生送关爱、“燃情世界杯，体彩公益行”——送体育器材进校园等活动，进一步宣传体彩公益形象。

【文旅集团】 市文旅集团有限公司成立于2021年7月，是市属国有全资有限责任公司，注册资本5亿元。集团下属全资子公司4家、有限合伙企业1家，分别是市体育文化有限公司、市五彩沙洲文化艺术发展有限公司、市暨阳安全生产培训有限公司、市漫居酒店管理有限公司、市文化产业发展母基金（有限合伙）。特许经营管理东城体育公园、西城体育公园、城南文体中心，以及市委宣传部下属精神文明建设张家港研究与交流中心培训业务。经营范围包括文化体育旅游项目投融资、建设、运营；承办或承接展览展示、演艺演出、体育健身、文体活动及赛事、文化艺术、休闲旅游、策划咨询、各类培训等业务。集团作为全市文体旅产业开发商和运营商，主要承担市文化产业发展的战略研究、文化产业项目的开发运营、文化产业品牌的建设打造等职能，统筹优势文旅资源，丰富文旅产品，完善服务体系，推动文体旅产业融合发展，提升城市“软实力”。2022年，集团设立全市首个文化产业发展母基金，基金总规模3亿元，首期规模1.21亿元。集团打造首个市民捐赠图书馆——沙洲湖益空间·源书房，市体育场馆营业收入2100万元。

【柒壹文创集市】 柒壹工坊因位于市国贸弄71号而得名，建筑面积3000平方米，2020年4月建成。原址为张家港市网眼布厂废弃厂区。柒壹工坊众创空间的青年根据消费者和大数据反馈，学习借鉴国内外优秀文创市集经验，策划了具有创意、文化特色的经济主题市集。集市有竹编、剪纸、芦苇编织等传统非遗，有手工草木染、原创饰品、情怀老物等文创杂货，还有传统美食和西式餐点，集中展示、展销各具特色的文创产品。柒壹工坊定期举办“柒壹文创市集”，每期消费者超3000人，并参与每一季“多彩夜沙洲”非遗文创夜市，成为助推张家港“夜经济”的重要力量。柒壹工坊2018年获评省级众创空间，2022年被苏州市文化广电和旅游局评为2021年度苏州市“最江南·公共文化特色空间”。

【鸿运科技公司服务美国三大联赛】 鸿运科技（张家港）有限公司成立于2000年，主要生产鞋帽服装、箱包等配套装饰材料，是集研发、设计、生产、服务于一体的高新技术企业。2009年5月起，成为NEWERA唯一辅料指定供应商。NEWERA是全美最大的运动时尚品牌，是棒球联盟MLB、美式橄榄球联盟NFL、美国职业篮球协会NBA官方帽款提供商。2016年10月起，鸿运科技公司成为196个球队体育用品材料的指定全球唯一供应商。2017年，公司与东华大学时尚创意学院合作设立时尚色彩创意中心，与材料系合作设立材料应用研发中心，并成立专项实验室，开展产学研合作。至2022年年末，公司拥有专利技术32项，与国内知名品牌企业波司登、海澜之家、罗兰家纺等开展深度战略合作，年销售额达到1.7亿元。

【文化市场管理】 2022年，市文化市场综合执法大队以坚守文化安全和意识形态安全为核心，以维护市场健康有序发展为目标，各项工作取得新成绩。市文体广旅局和市文化市场综合执法大队均获国家版权局2021年度查处重大侵权盗版案件有功单位，市文体广旅局获评2021年全国“扫黄打非”先进集体，执法大队获文旅部2021—2022年度全国文化市场综合执法重大案件办案单位、2020—2021年度全省打击非法境外电视接收设备（软件）和卫星地面接收设施专项整治行动成绩突出集体、2021年度苏州市文化市场综合执法标杆集体、第三届苏州市文化市场综合执法岗位练兵技能竞赛团体一等奖、2018—2021年度扫黑除恶工作优秀集体等荣誉。市文化市场综合执法大队作为江苏省唯一县级执法机构入选，查办的某机构未经批准擅自开办艺术考级活动案入选2021—2022年度全国文化市场综合执法重大案件。查办的张家港“3·18”网络游戏私服案获评“2021年江苏省网络市场十大典型案例”和“2021年苏州市版权保护十大典型案例”。

【18条文体旅服务业纾困政策出台】 6月21日，全市组织召开市文化产业工作会议。7月18日，出台《张家港市文体旅服务业纾困政策18条》，对旅行社、重点旅游企业、星级饭店、剧院、娱乐场所、影院6个重点行业102家企业，发放纾困资金115万元，暂退旅行社“质保金”1317万元。加强金融定向支持，宣传推广“文产贷”定制产品，全年实现资金投放680万元。持续发挥文化产业发展母基金招商工作机制，母基金完成首个子基金项目和直投项目投资决策。

【查办的文物行政处罚案卷入选全国十佳案卷】 年内，国家文物局下发《关于公布2022年度全国文物行政处罚“十佳案卷”的通知》。市文化市场综合执法大队作为江苏省唯一县级执法机构入选，查办的某工程队擅自在全国重点文物保护单位黄泗浦遗址建设控制地带内违法施工案入选国家文物局2022年度全国文物行政处罚十佳案卷。这是张家港市首次在文物执法领域获得最高荣誉。2021年12月，市文体广旅局执法人员对全国重点文物保护单位黄泗浦遗址保护区巡查时，发现该文物保护区外围建设控制地带内的一处有2台挖掘机正在作业。经查，某工程队未经文物行政部门同意，擅自在全国文物保护单位黄泗浦遗址的建设控制地带内挖掘了长约10米、宽约4米、深约4米的深坑。该范围内土地使用性质具有文化资源保护特性，其任何活动均应满足文物保护要求，依据考古研究成果，土层扰动深度不得超过0.3米。当事人的行为违反《中华人民共和国文物保护法》第十八条第二款，根据文物保护法第六十六条，市文体广旅局责令改正违法行为，做出罚款5万元的行政处罚。 （毛志龙）

长江文化节

【概况】 8月27日，2022年长江文化节开幕。该文化节由中共江苏省委宣传部、江苏省文化和旅游厅、苏州市人民政府主办，张家港市人民政府、苏州市文化广电和旅游局承办并具体实施。开幕式以“今朝更好看”为主题，分为“长江万古情”“乘风千帆起”“追梦未来行”3个篇章，以长江流域山歌号子为主线，运用多媒体技术，搭配情景演艺、灯光秀等，为观众呈现了一台主题鲜明、特色浓郁的精彩演出。艺术节陆续开展“最美风景在路上”系列活动——“长江文化之旅”主题线路采风活动，“考古里的长江文明——新时代·新发现”主题展览，金色之光——2022年长江流域非遗金属工艺主题展，“长江颂”长江流域优秀曲艺节目展演，“长江杯”2022年公益广告作品征集大赛，第十一届江苏文学评论奖、第十届扬子江诗学奖颁奖仪式暨第十届“诗歌里的城”朗诵会等活动，11月3日闭幕。据不完全统计,累计超过9万人次走进2022年长江文化节活动现场,线上受众突破2500万人次。2022年长江文化节入选“百姓大舞台”全国群众文化活动品牌计划“区域联动品牌活动”,获评第四届中国苏州江南文化艺术·国际旅游节“最受欢迎的活动”。

【“考古里的长江文明——新时代·新发现”主题展览】 为推进长江文化遗产保护传承,挖掘长江文化的多重价值,传播更多承载长江文化的价值符号和文化产品,8月28日,由江苏省文化和旅游厅、江苏省文物局指导,中国文物报社、张家港市人民政府、苏州市文化广电和旅游局(苏州市文物局)共同主办的“考古里的长江文明——新时代·新发现”主题展览在张家港博物馆开幕。此次展览作为2022年长江文化节的重点文化活动之一,是张家港市第三次举办以长江文化为主题的全国性文化展览。该展览以习近平总书记关于中华文明探源和中国考古学发展的重要指示为统领,展览内容基于列入2021年、2022年由中国考古学会、中国文物报社遴选推介的“百年百大考古发现”以及“新时代百项考古新发现”名单的长江沿岸重要考古遗址展开,包含东山村遗址、睡虎地秦墓、隋炀帝墓、黄泗浦遗址、江口沉银遗址等近20个考古新发现。展览设“江源寻悠”“巴蜀根脉”“荆楚沧桑”“吴地风华”“风起黄泗浦”5个部分,向观众全景展现新时代长江考古与文明研究的壮阔画卷。展览期间,张家港博物馆开展“古浦新匠”“科技考古迷”“风起黄泗浦”“5+2——课后趣看展”“我和国宝交朋友”“宝贝来‘港’——小小历史讲解员培训”等系列线下体验活动95场。同步上线虚拟展厅,让观众在线沉浸式观展,聆听讲解,用通俗易懂、幽默风趣的语言帮助观众理解文物内涵,并推出“一分钟趣看展”短视频和“寻爱知旅”爱的故事征集活动,提升观众观展参与度。观展人数超6万人次。

【金色之光——2022年长江流域非遗金属工艺主题展】 8月28日,金色之光——2022年长江流域非遗金属工艺主题展在张家港博物馆开幕。该展览采用情境式展览方式,通过“生活之光”“艺术之光”“创新之光”三大板块,全面、立体、多方位展示长江流域金属技艺、文化的非凡魅力。首次集中展出长江流域179件(套)非遗金属工艺精品,其中包括18项国家级项目的67件(套)展品和15项省级项目的63件(套)展品。策展人戴珩以现场直播方式,全方位解读灿若星辰的长江文明和生生不息的非遗技艺,带领全网观众云游展厅,感受非遗魅力。展览期间,线下观众4196人次,线上活动总在线观众29.6万人次。

【“长江文化之旅”采风活动启动】 8月28日,由文化和旅游部指导,中国文化传媒集团、中共江苏省委宣传部、江苏省文化和旅游厅主办,张家港市人民政府、苏州市文化广电和旅游局、中传环球(北京)新媒体科技有限公司承办的“最美风景在路上”系列活动之2022年长江流域主题线路发布暨“长江文化之旅”采风活动在张家港湾启动。文化和旅游部资源开发司普查处二级调研员倪灵,中国文化传媒集团纪委书记兼监事会主席刘苹,江苏省文化和旅游厅副厅长、党组成员、江苏省文物局局长拾峰,张家港市人民政府副市长梁曦等出席活动。启动仪式上,《长江流域精品路书》发布,内含“长江古文明探秘之旅”“新时代长江奇迹之旅”“红色长江薪传之旅”等十大主题105条精品旅游线路。现场还邀请不同领域的“微博大V”、旅游达人以及全国重点媒体团队共同参与,从张家港湾首站出发,通过自驾游、乘高铁等形式,深度体验源远流长的长江文脉。

【长江文化节首批“数字文创”发布】 9月10日晚,长江文化节张家港首批“数字文创”发布仪式在暨阳湖生态园区举行。“数字文创”利用互联网平台,依托5G、人工智能、大数据、区块链等技术,对文化创意内容进行深度融合、加工,能给用户带去更好的精神娱乐体验,从而建立起长期的情感连接。此次“数字文创”藏品以“佳佳”为核心,发布了射击小将、足球精英、戏曲传承人、评弹新秀和旅行官5款共3500份“佳佳”盲盒,集齐全部5款“佳佳”可以合成一款60周年特别版“佳佳”。以江豚为原型创作的“IP”吉祥物“佳佳”取自张家港市“家”字的谐音,被赋予家的含义,是对于长江流域“家”文化、家风家训的传承,蕴含着对于长江文化节越办越好、长江文化传承越来越佳的美好期许。 (毛志龙)

【江苏文学评论奖和扬子江诗学奖在张家港颁奖】 诗刊社第十三届“青春回眸”全国诗会、第十一届江苏文学评论奖、第十届扬子江诗学奖颁奖仪式暨第十届“诗歌里的城”诗歌朗诵会在张家港颁奖。江苏文学评论奖是由江苏省委宣传部指导支持,江苏省作家协会、张家港市政府共同设立的省级文学评论奖,由张家港市委宣传部、张家港市文联承办。作为江苏省文学评论的专项奖,江苏文学评论奖前后有180人次获奖。此次评奖,谈凤霞的《场域与格局:江苏儿童文学新版图》获一等奖,刘浏的《报告文学创作论》等4篇作品获二等奖,任竹良的《文本内外:〈平原〉与当代文学经典化问题》等5篇作品获三等奖,王正宇的《高扬文学的人民性大旗》等2篇作品获短评奖。扬子江诗学奖由江苏省作家协会和张家港市人民政府联合主办,《扬子江》诗刊、张家港市委宣传部、张家港市文联承办。该奖设立于2013年,每年评选一次。该届扬子江诗学奖在奖项设置上仍兼顾诗歌和诗歌评论,评选过程重视诗评家、诗人、编辑的多种诗学审美标准的参与,突出扬子江诗学奖的权威性、包容性,彰显江苏的诗歌襟怀,为中国诗歌和诗歌批评提供了权威样本。其中,周庆荣的《人间十影》、艾蔻的《夜巡》(组诗)、盘妙彬的《风是有根的》、汗漫的《散步记》(组诗)获诗歌奖,卢桢的《域外行旅要素与胡适白话诗观念的生成》获评论奖。 (瞿 诚)

【编辑 张 洁 陈佩蕾】

卫生健康

Health

苏州大学附属儿童医院张家港医学中心（市第一人民医院妇儿楼）　（市卫健委　提供）

扫码欣赏

健康益起来
——杨舍老街活动剪影

综　述

【概况】2022年，市卫生健康系统围绕“办人民群众满意的卫生健康事业”总目标，统筹推进新冠肺炎疫情（12月27日更名为新冠病毒感染）防控和卫生健康事业发展。年内，最大核酸检测能力由每日8.7万管提高至18.2万管，累计完成核酸样本检测1.31亿管，排查密接1.57万人次，集中隔离观察3.5万人次，接种新冠疫苗62.24万剂次。60周岁及以上人群新冠疫苗全程接种率位居苏州各板块第一。县级公立医院综合改革获省政府办公厅表彰激励，获批国家自然科学基金项目数（8项）位列全国县级市第一。市中医医院国家三级中医医院绩效考核成绩位列江苏省县级中医医院第一（A等）。全市新增省级普惠托育机构2家、苏州市级5家，新增江苏省社区医院1家（南丰医院）、江苏省甲级村卫生室6家。6家基层医院达到国家推荐标准，8家社区卫生服务中心达到国家基本标准。

医药卫生体制改革　年内，张家港市持续完善医改顶层设计，调整市医改领导小组成员，由市委、市政府主要领导任“双组长”，建立健全医改联席会议制度。推进人事薪酬改革，完善公立医院“双千分”考核机制，考核结果与公立医院绩效工资总额挂钩，合理体现医、护、技、药、管岗位差异。儿科、感染科等紧缺专业医师和低年资医师的薪酬增长幅度比医师总体高3.2个百分点。加强公立医院经济运行管理，推进现代医院管理制度建设。国家三级公立医院绩效考核实现新突破。2021年市第一人民医院考核成绩为666.65分，列第486名，提升83个名次，跨入B+等级；市中医医院考核成绩为779.75分，列第69名，提升30个名次，跨入A等级，位列全省县级中医医院第一。优化医疗资源布局，研究编制《张家港市医疗机构设置规划（2021—2025）》，推进市第一人民医院急诊医学中心、综合病房楼改造等一批卫生基建项目，推进“名院名医进港城”“智慧急救能力提升工程”等政府民生实事项目。推进医共体建设，医共体信息化建设经验入选《国家紧密型县域医共体信息化建设指南及评价标准》。市临检中心承接基层检测量比上年增30%，胸痛联盟、卒中联盟会诊服务数分别比上年增20.5%、5.6%。推进医保多元复合支付方式改革，深化清单式按病种付费工作，全面启动二级以上定点医院DRG医保支付方式改革。加强药品耗材招、采、配、用、管全链条闭环监管，开通“医企直通车”服务。

社区卫生　全市基本公共卫生服务项目人均补助标准提高至100元。编制《2022—2024年张家港市医疗卫生机构设置规划（社区卫生篇）》，推进东城社区卫生服务中心服务区划调整，妙桥社区卫生服务中心二期工程建成投用，推进凤凰镇社区卫生服务中心和新乘北苑、新丰、瑞丰等11家社区卫生服务站新改扩建工程，设置中南、新湖、洪桥3个家庭医生工作室（累计27家）。全市14个临床科室被评为“苏州市基层医疗卫生机构特色科室”，7个临床科室被评为“苏州市基层医疗卫生机构特色科室建设单位”。开展“优质服务基层行”，6家基层医院达到国家推荐标准，南丰镇人民医院建成江苏省社区医院，8家社区卫生服务中心达到国家基本标准，冶金园（锦丰镇）悦来、高新区（塘桥镇）刘村、乐余镇乐江、凤凰镇安庆、大新镇新南、金港街道金都6个社区卫生服务站建成江苏省甲级村卫生室。开展2022年度基层卫生骨干人才遴选，遴选市基层卫生骨干人才65人、江苏省基层卫生骨干人才38人。推进经开区（杨舍镇）、保税区、高新区（塘桥镇）、冶金园（锦丰镇）、大新镇社区卫生服务中心与辖区医院新一轮托管制运行。市社区医疗质量管理控制中心开展三轮医疗质量督察与指导，随机抽查103家次社区卫生服务机构。对89家社区卫生服务站“6S”精益化管理进行验收，其中44家达到合格标准，45家达到优秀标准。继续将高血压、高血脂、糖尿病、支气管哮喘、慢阻肺、慢性乙肝、骨质疏松、慢性胃炎8类慢病作为下沉社区病种，优化下沉社区慢病患者用药，实行慢病患者用药进社区推荐目录（药品品规230个）、优选目录（药品品规107个），实现用药目录市级医院与基层社区相融。在凤凰镇社区卫生服务中心开展“慢病患者用药配送到家”试点推广工作，解决配药难问题。继续做好家庭医生签约服务工作，开展第12个世界家庭医生日主题宣传活动，利用各类媒体传播平台，宣传签约服务政策和优秀家庭医生事迹，增强群众对家庭医生的信任度。

科教兴卫　年内，市卫健委制定《张家港市卫生健康系统“科教兴卫”三年行动计划（2022—2024年）》，加

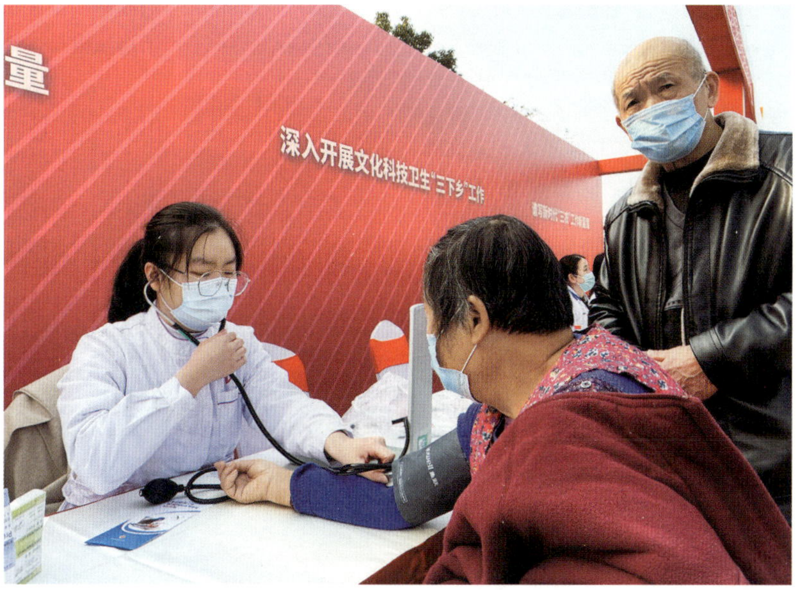

卫生下乡　（市卫健委　提供）

强全市各级各类医疗机构医学专科建设、人才队伍培养、科技创新。全市新增重点专科6个，其中苏州市级1个、张家港市级5个。申报国家、省级科研项目100余项，立项9项，其中国家自然基金项目8项（面上项目1项）、省科技厅项目1项，市厅级项目立项27项（苏州市政府项目22项、省卫健委项目5项）、苏州市卫健委项目立项3项。组织申报省市级医学新技术引进奖项目128项，通过初审26项，立项13项，其中省级5项、苏州市级8项。全年发表SCI论文48篇，发表中国科技核心论文75篇，获专利授权112项。全市举办省级及以上继续教育项目18项。完成苏州市“科教强卫”项目考核验收1项，完成苏州市青年骨干人才“全国导师制”项目年度考核工作。完成市中医医院实验室改造搬迁工作，将该实验室更名为中医医院转化医学创新中心，并成功建成苏州市重点实验室。

公共卫生　加强疾病预防控制体系建设，提升公共卫生应急处置能力，加强重大传染病防控，完成苏州市目标任务。加强疫情监测、预警，做好新冠疫情防控工作，规范处置学校流感、手足口病等传染病疫情。推进健康“531”系列行动计划，开展心脑血管高危人群筛查2.93万人，适龄儿童水痘疫苗免费接种2.27万人，65岁以上户籍老人肺炎疫苗免费接种0.5万人，初中学生麻腮风疫苗免费接种1.11万人。

党建服务　全系统分层分类开展理论教育活动120场，举办“请党放心，抗疫有我”卫生健康大思政课巡讲28场，并获评市级理论宣教优秀特色活动和精品课程。推进“我为群众办实事”实践活动，组织“健康益起来”大型志愿服务集市11场，推出“医路护‘新’”党建服务项目。打造开放式、服务型党建阵地，市第一人民医院“健康壹空间”和市中医医院“第一线”被纳入市级海棠花红先锋阵地。深化基层党组织“一支部一品牌”建设，“红领YI家”党建品牌被省级媒体关注报道。开展公立医院基层党建提升行动，基层党支部党建业务“双带头人”书记配备达到85%。实施清廉文化强基工程，开设线上“清廉文化”专栏，广泛开展廉政答题、知识学习，传播卫生健康清廉文化。对5家二级公立医院首次开展巡察，累计发现并整改六类问题114个。基本完成市委巡察专项督察四方面16个问题的整改，认真梳理系统廉政风险点850条，运用“第一种形态”谈话提醒23人。策划庆祝“5·12”国际护士节、“8·19”中国医师节活动，指导制作《卫你，我在》《追光者》卫生健康宣传片，讲好卫生健康故事。张家港市卫健委获张家港市级青年志愿服务突出贡献奖，被评为2022年度苏州市卫生健康系统新闻宣传先进集体。健康“益”起来党员志愿服务集市获中国卫生健康思政工作优秀案例及张家港市最佳志愿服务项目。

【医疗长三角一体化工程推进】 2022年，“名院名医进港城”民生实事落地见效，全市引进名医工作室15个，每月有近100位上级医学专家到市开展诊疗活动。举办“畅叙桑梓共襄发展”张家港市卫生健康事业高质量发展主题论坛，邀请14位医卫界杰出乡贤为全市卫生健康事业发展把脉开方。苏州大学附属儿童医院张家港医学中心完成升级改造。苏州专家门诊累计接诊2094人次，儿外科住院病人达到950人次。张家港市第三人民医院签约成为南通大学教学医院。全市二级及以上医院“长三角高级专家诊疗中心”全面运行，累计提供诊疗服务133523人次，会诊手术677台，住院3540人次。

【区域医共体建设】 年内，市卫健委制定《张家港市进一步推进紧密型区域医共体建设三年行动计划（2022—2024年）》，常态化运行市第一人民医院和市中医医院两大医共体，定期派专家至成员单位进行帮扶，持续加强基层医院医疗服务能力和专科建设水平。启动医共体“共享中药房”和“云会诊”平台建设工作并投入使用。建立全市院前院内一体化协同救治平台，实现医共体内和医共体间院前院内急救信息互联互通。年内，市第一人民医院、市中医医院为区镇医院提供医务人员下沉服务，下沉医务人员159人，教学培训1622人次，诊疗34801人次，会诊病例521例，会诊手术134例；为全市医院提供心电、影像远程服务，开展远程影像会诊20081例。推进胸痛、卒中和血栓防治联盟工作，建成国家级静脉血栓防治中心优秀单位3个，全市胸痛联盟会诊2177人次，转诊343人次，急诊PCI手术296人次；市卒中联盟会诊3163人次，转诊193人次，溶栓374人次，急诊取栓手术77人次。

【市第一人民医院急诊医学中心建成】 12月25日，市第一人民医院急诊医学中心完工并投入使用。中心位于市

市第一人民医院长三角高级专家诊疗中心　（市卫健委　提供）

第一人民医院东南角，占地面积3653平方米，总建筑面积171780平方米，其中地下室面积4204平方米。项目为2022年张家港市民生实事项目，总投资1.93亿元，由市建筑工务处代建，2021年7月开工，2022年12月装修工程竣工。中心共设4层。一层为急诊、急救区域，设有抢救大厅（设置抢救床位22张）、抢救指挥室、危化品抢救室（设置床位4张）、危化品冲淋区、急诊手术室、DSA导管室。二层为EICU（急症重症监护室）、输液留观区，设EICU床位20张、留观病房床位31张。三层南侧为日间诊疗中心，设床位36张；东侧为急诊综合病区，设床位40张。四层南侧为预留病房，设床位36张；东侧为手术室，设有手术室4间。急诊医学中心投入使用后，不仅解决市第一人民医院应急救治容量不足、应急救治功能不足等问题，而且带动全市医疗急救能力整体提升，满足新形势下急救体系建设要求。

【妙桥社区卫生服务中心二期启用】妙桥社区卫生服务中心位于高新区（塘桥镇）吹鼓路169号，于2019年4月启用运行，服务人口3.3万人。中心分2期建设。一期占地面积6400平方米，建筑面积4850平方米，投资4000余万元；二期于2022年7月完成建设，占地面积1660平方米，建筑面积1860平方米，投资700万元。中心建成启用后由市第三人民医院托管，挂牌“张家港市第三人民医院妙桥分院”。中心设有健康管理科、全科诊室、专家诊室、妇科诊室、中医诊室、综合康复病区及检验、生化、心电、B超、数字DR等辅助科室，辅房设有计划免疫和儿童保健门诊。

（郭红伟 林小龙 丁玲云 丁 玲 郭 浩）

疫情防控

【概况】2022年，全市组织建立56个隔离点9042个隔离房间的储备和梯次启用机制，全年启用常态化隔离点2个、储备隔离点4轮103个，105个隔离点累计落实集中隔离观察任务3.5万人次。单日最大隔离房间数4796间，最大在隔人数3833人。建立隔离点点位长负责、感控专员、定期点调、工作人员全员培训等制度，编印《集中医学观察工作手册》（第一、二版），制定突发事件应急预案、线上和线下求医问药等工作机制，妥善处理各类诉求800余次，支援上海、江阴、昆山、姑苏区、苏州工业园区、苏州高新区、苏州大学等地，援助工作得到昆山等地疫情防控指挥部点名表扬和高度肯定。全力处置各类疫点，完成终末消毒面积33.98万平方米，空气消毒12.29万立方米。开展疫情心理危机干预服务，市第四人民医院开通24小时心理援助热线，累计服务181人次；开展疫情心理健康筛查218人次，危机干预22人次。开展预警监测，做好进口冷链货物（食品）、环境及从业人员监测，共计采集检测各类样本8.6万份，防范进口冷链货物（食品）新冠病毒污染风险。抽调全市社区卫生服务中心、市直医疗卫生单位和第三方力量，调整充实市级环境消杀等疫情处置应急队伍，同时扩充常态化疫情防控流调、消杀、采样和检测4个工作组。全市累计60余人参与应急流调处置工作。卫健、公安系统协同配合，开展集中办公、联合流调，采取公安排查轨迹、卫健分析研判的工作方法，摸索建立“1114”工作机制（即“围绕一个病例，卫健、公安临时成立1支流调队伍，组建1个微信群，1小时内完成病例核心信息排查，4小时内排摸出病例初步行程轨迹”，及时研判、重点排查密接和次密接）。制定印发学校（幼儿园）春季、秋季开学新冠疫情防控专项督察方案，对2所高校、50余所直属学校开展现场督察和反馈指导。派出618人次做好全市人才招聘、高考和中考、体育赛事、两会等重大活动期间的疫情防控保障工作。

医疗救治　年内，市卫健委制定《关于切实做好新冠疫情处置期间封（管）控区域人员医疗服务保障工作的通知》《关于成立张家港市新冠医疗救治专家组的通知》《关于印发张家港市以专科联盟为载体做好脆弱人群医疗救治工作的通知》等文件，全力保障居民在疫情期间就医需求。“4·11”某家具厂疫情期间，共为群众提供外出就医服务1396人次，住院147人，其中，血液透析337人次，肿瘤放化疗56人次，急诊手术10人次，5名孕妇顺利分娩，成功救治急性心肌梗死、重度哮喘、重症脑出血等多名病危患者。12月7日，国务院联防联控机制综合组发布《关于进一步优化落实新冠疫情防控措施的通知》（简称“新十条”）后，全市疫情防控工作重心转向医疗救治。发热门诊和急诊患者急剧攀升，发热门诊日最高接诊量8666人次，急诊日最高接诊量4972人次。市医疗救治组持续优化分级分类诊疗流程，按照“分类施治、分级诊疗、上下联动、有效救治”的原则，坚持“全市一盘棋，全院一张床”，做好医疗资源统筹调配，强化医疗物资和药品供应保障，加强二级以上医院救治能力建设，提升急诊和重症病例收治效率，下沉医务人员到基层开展全市巡诊，增加基层医疗救治力量，提高治愈率、降低病亡率。全市新冠疫情医疗救治工作总体平稳有序。

流行病学调查　年内，全市配齐三级流调队伍力量参与应急流调处置工作，其中一级流调队伍45人、二级流调队伍105人、三级流调队伍120人，开展全市流调队伍应急处置培训2场，参加国家、省、苏州市培训3场。累计对287例新冠病例（其中18例为境外输入病例）开展流调溯源并撰写流调报告，累计排查密接15654人（其中参照密接管理2584人）、次密接9574人（其中参照次密管理959人），均按照相关要求落实管控。处理新冠预警216次，完成相关处置报告211份。

防疫督察　全年开展18轮医疗机构防控督察，出动督察人员960人次，督察医院540户次，抄送整改通报19次。开展7轮社区卫生服务机构和护理院疫情防控督察，随机抽查社区卫生服务机构124家次、护理院54家次。组建集中隔离医学观察点督导组，组织卫生监督、院感控制等20名业务骨干闭环管理，提出或指导销号问题2847个，保障市指挥部常态开设的2个和应急改造投用的103个集中隔离点安全运行。审查或指导学校、托幼机构、生产企业、医疗机构复业（复学）720户次。

防疫信息化　年内，新建“新冠流调管理系统”等，完成疫情防控数据中台。维护好苏州东软全场景疫情病原体检测信息系统、隔离系统、居家健康管理系统、流行病学问询、电子陪护证系统、隔离点核酸采集系统、临床检验数据仓库、影像会诊等疫情防控相关系统，利用信息化“组合拳”支撑保障疫情防控。完成市第三人民医院、张家港健华医院、张家港张检医学检验实验室、张家港和合医学检验实验室等新建实验室的检测系统与苏州市核酸检测平台的对接，保障区域内核酸检测报告数据及时上传苏州市级平台。组织校园、护理院、药店、社会志愿者等各类核酸采样操作培训，维护采样系统操作员账户22977人次，更新维护9类采样点信息670个。开发实时核酸采样数据看板，完善核酸报告互联网查询服务。

防疫物资、资金保障　根据《张家港市新冠疫情防控专项资金管理办法》落实新冠疫情防控资金保障。做好区域核酸检测采样物资、市级隔离点和接种点防疫物资及相关调拨防疫物资的保障。制定《新冠疫情防疫物资应急采购工作方案》，规范疫情防控物资采购流程。建立健全物资保障机制，做好防疫物资采购、储备、领用、发放、统计等工作。对委托百禾医药公司储备的政府应急物资，定期与百禾医药公司沟通，了解储备物资情况，对部分适用于新冠疫情使用的设备及物资进行调拨使用，对临期无法流转的药品，会同工信、财政等部门进行报废处置。

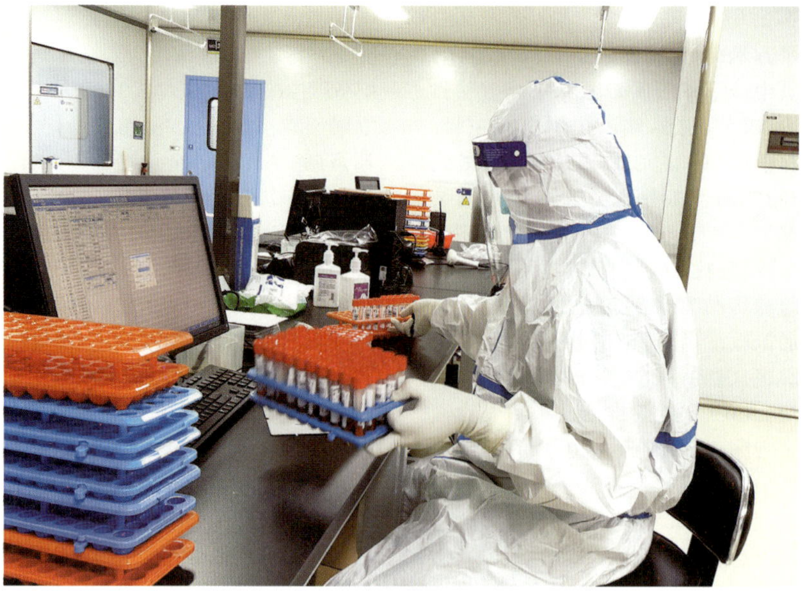

市核酸检测基地　（市卫健委　提供）

【新冠疫苗接种】　年内，全市组建市新冠疫苗接种评估专家库，先后举办培训班6期，开展4轮新冠门诊全覆盖督导。全年接种新冠疫苗62.24万剂次，累计接种377.93万剂次，首针接种率103.05%，基础全程接种率100.72%，加强针接种率61.19%，3周岁至11周岁儿童首针接种率104.98%，60周岁及以上人群首针接种25.21万剂次。

【发热门诊建设】　年内，张家港市建成苏州市示范发热门诊8家，其中张家港市第一人民医院、市中医医院、澳洋医院、市第三人民医院、市第六人民医院建成江苏省示范发热门诊。对照国家最新发热门诊要求，全市二级以上医院配备留观室5间，三级以上医院配备留观室10间，均配备核酸快检设备，统一安装防护服穿脱实时监控，由各单位分管领导直接监管，确保医务人员职业防护到位。开设社区发热诊室6家、社区发热诊疗站179家、社区氧疗站177家，免费发放抗原试剂45万人份、解热镇痛药70余万粒，储备指氧仪7878个、制氧机174台、氧气罐495瓶。

【新冠病毒核酸检测】　年内，市第三人民医院基因扩增检验实验室、张家港健华医院核酸检测实验室、张家港和合医学检验实验室依次建成投用，逐步形成全市核酸检测网。全市有核酸检测实验室8家，最大检测能力为每天18.2万管，分别为市核酸检测基地每天9万管、市中医医院每天1万管、市疾控中心每天7000管、市第三人民医院每天3000管、澳洋医院每天1万管、健华医院每天8000管、张检医学检测实验室每天4000管、张家港和合医学检验实验室每天5万管。动态开设便民采样点最多至155个，全年完成核酸检测1.31亿管。储备核酸采样队伍3508人，市核酸检测基地全年从全市各医疗机构分批次抽调检验和临床人员282人次。

（丁玲云　曹玲燕　刘　彬
葛柯健　袁　骥　陈　燕）

医疗卫生

【概况】　年末，全市有医疗卫生机构508个，其中医院38个（综合医院20个、中医医院1个、中西医结合医院1个、专科医院10个、护理院6个），基层医疗卫生机构458个（镇公立医院7个、社区卫生服务机构194个、门诊部29个，卫生室、诊所、护理站228个）、专业公共卫生机构5个（卫生监督所、疾病预防控制中心、妇幼保健所、健康促进中心、红十字血站），其他卫生机构7个（卫生发展服务中心、医事联络服务中心、120急救指挥中心、健康体检中心和医学检验所3个）。2022年，全市医疗机构总诊疗量1014.69万人次，比上年减少3100人次，降幅0.03%。其中门诊急诊1007.12万人次。全市医疗机构入院

26.23万人次，比上年增3400人次，增幅1.31%。全市核定床位数9699张，常住人口千人床位数6.73张。全市医疗机构病床使用率为70.37%，其中市级医院72.83%、镇公立医院58.67%。全市医疗机构出院患者平均住院日9.4天，其中市级医院9.9天、镇公立医院7.1天。全市医院门急诊均次医疗费用278元，比上年增加3.5元，增幅1.28%；出院病人均次医疗费用10451.3元，比上年增加335.5元，增幅3.32%。

医疗队伍　全市医疗卫生机构人员总数13897人，比上年减少15人，降幅0.11%。其中卫生技术人员11746人，占84.52%。卫生技术人员中，医疗人员4763人，注册护士4876人，药剂人员640人，医技人员721人。按常住人口计算，每千人口卫生技术人员8.16人，执业（助理）医师3.31人，注册护士3.38人。全市注册全科医生660人，每万人口全科医生4.58人。加强各类优秀人才培养，获评江苏省第六期“333高层次人才培养工程”4人，其中市中医医院党委副书记、院长王利红获评第二层次人才，为全市卫生领域首名。新增苏州市“姑苏卫生人才”重点人才2人、青年拔尖人才3人、高层次柔性人才1人。启动第五届张家港市名医、新一轮学科带头人评选，共评出名医8人、学科带头人12人。分层分类开展卫技人才招引工作，全年招录高层次人才40人（含博士1人）、实用型卫技人才189人。坚持实施“1+2”省、苏州市两级医学生定向培养政策，全年签约定向培养人才91人，签约人数创历史新高。

医疗设施设备　年内，全市各公立医疗机构采购医用设备307台。年末，全市共拥有CT、磁共振等大型乙类医用设备31台，其中64排以上CT13台、PET/CT1台、1.5T以上磁共振11台、伽马刀1台、直线加速器5台。

重点学专科、自然基金项目　年内，市第六人民医院消化内科创建成苏州市临床重点专科，市第二人民医院消化内科、市第三人民医院皮肤科、市第六人民医院神经外科、澳洋医院内分泌科、香山医院骨伤科5个专科创成市级临床重点专科。年末，全市有各级重点专科85个，其中国家级1个、省级7个、苏州市级21个、张家港市级56个；重点学科30个，其中苏州市级9个（重点扶持学科4个）、张家港市级21个。全市有国家自然基金青年项目7项，国家自然基金面上项目1项；省科技厅项目1项，省卫健委项目4项，省中医药管理局项目1项；苏州市科技项目17项，苏州市卫健委临床重点病种诊疗专项3项，苏州市“科教兴卫”青年科技项目5项；张家港市科技计划项目61项，张家港卫生健康青年项目57项。年内，全市获评江苏省医学新技术奖5项，苏州市医学新技术奖8项，张家港市医学新技术奖41项，中国中医药研究促进会科学技术进步奖1项，江苏中医药科学技术奖1项。

行业监管　年内，市卫健委制定《张家港市医疗质量控制中心管理规定》和考核标准，规范医疗质量控制中心管理。组织市级质控专家开展各项质控培训和督察，开展全市医疗机构麻醉精神类药品、肿瘤和抗菌药物合理使用专题培训，强化合理用药和重点管控麻醉精神类药品规范使用宣传。试点运行全市医疗机构特殊药品监管平台，推动实现市级层面重点药品使用情况监管和院级层面处方信息互联互通。开展全市医疗机构“三合理”和麻醉精神类药品专项督察，规范诊疗行为，促进合理用药。委托苏州市医疗质量控制中心专家开展第三方医疗质量专项督察，持续改进医疗质量，规范诊疗行为，提高服务能力。落实国家基本药物制度，每双月对公立医院基本药物配备使用情况进行监测通报。根据《全市医院医疗费用不合理增长三年行动计划实施意见（2021—2023）》要求，每季度印发医疗费用监测通报，督促医院强化内控制度，严控医疗费用不合理增长。全年医疗总费用45.59亿元，比上年增4.81%；门诊均次费用270元，增幅5.0%；住院均次费用7103元，增幅2%。增幅均在控费目标限值内。推行不良执业行为“双记分”制度，医疗机构不良执业行为记分23户次、89分，医务人员不良执业行为记分18人次、100分，行政约谈记分8分以上的医务人员6人次，实施行政处罚27家。向社会公布2021年度个体诊所依法执业诚信服务信用等级结果，其中A级11家、B级66家、C级8家，未予评定29家。

【中医药服务】 年内，市卫健委制定《张家港市中医药事业发展“十四五”规划》和《张家港市中医药事业发展专项资金管理意见（试行）》，加大中医药事业发展资金保障力度。市中医医院启动“共享中药房”建设，依托信息化手段，实现中医药协定方、

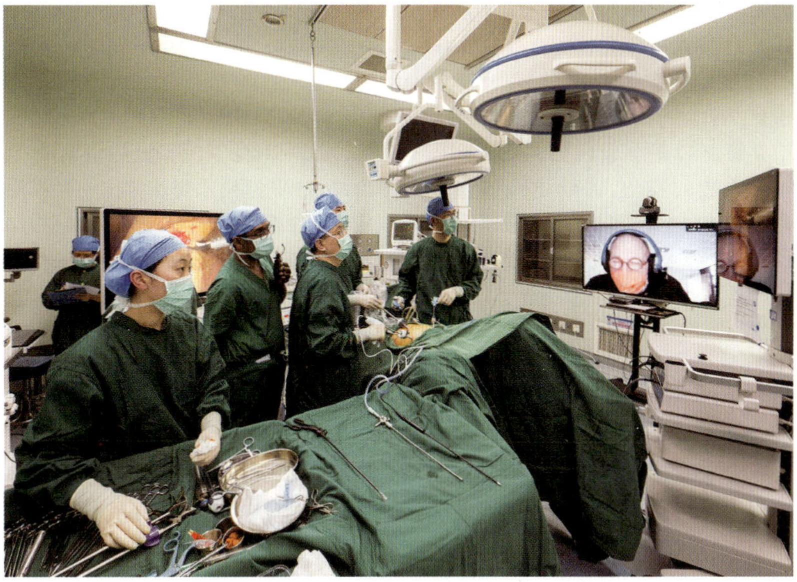

市第一人民医院参加意大利消化外科年会手术直播　（市卫健委　提供）

养生膏方下沉基层医疗卫生机构，通过互联网中药调配中心，实现中药处方代配代煎、当日配送到家的特色服务，全面满足区镇居民对中医药服务的需求。年内，东城社区卫生服务中心、金港社区卫生服务中心和南丰医院“共享中药房”正常运行，月均处方约400张。大新医院通过苏州市四级中医馆评审。12家医院的32名中药师参加苏州市中药鉴定技能竞赛，其中5名中药师代表张家港市参加决赛，获优秀组织奖。市中医医院获评江苏省“333高层次人才培养工程”3人、姑苏卫生人才2人。组织150名基层卫生技术人员参加中医适宜技术培训，提升基层中医适宜技术水平。联合市教育局走进全市16所学校共同举办“中小学生中医药文化科普及健康促进系列活动”，捐赠中医药特色图书500余册，组织100名小学生进行“识药、采药”“我是小郎中”等中医药体验活动，帮助2所小学完成中医药特色校园的建设。市中医医院药学部出版《张家港地产中草药彩色图谱》科普书，近47万字，被列为第四次全国中药资源普查张家港地区普查成果之一。全年开展中医义诊服务20场、中医科普讲座15场，发放中医宣传资料2000份，受益3100人次。

【青少年脊柱侧弯筛查】 年内，市卫健委与市教育局联合印发《关于开展2022年度青少年脊柱侧弯筛查工作的通知》，委托港城康复医院开展全市初一学生的脊柱侧弯筛查工作。全市共筛查37所学校14192人。其中，正常人数8318人，占60.2%；体态异常人数5202人，占37.7%；需治疗干预人数287人，占2.1%。对筛查异常的学生，做好专病门诊及随访、指导工作。

【家庭医生签约服务】 年内，全市继续实施家庭医生签约服务工作，老年人、0至6周岁儿童、孕产妇、高血压、糖尿病、结核病、严重精神障碍患者等重点人群签约率为77.28%，大病困难群众、计生特殊困难家庭家庭医生签约率为99.5%，白血病儿童、住家离休干部、军休干部、重疾劳模签约率100%。社区医生开展家庭访视20468户次，提供健康咨询服务28939人次，提供常见病多发病诊断指导28065人次，发放健康科普读物16237份，提供常规检查12688项次，提供转诊服务81人次。二级以上医院专科医生提供面对面服务5733人次，提供健康咨询5584人次，开具个性化健康处方3202张；优先预约就诊3716人次，检查1329人次，住院25人次，健康服务卡刷卡10597次，发生费用215.76万元。

【医疗信息化建设】 年内，全市推进智慧急救能力提升项目建设，完成区域院前急救、区域急救接诊系统、急诊急救数据基座、急诊急救应用平台等基础应用功能。推进“互联网+医疗健康”，整合市第一人民医院、市中医医院、澳洋医院等在线预约、在线复诊、在线咨询、处方流转等诊疗资源，优化“健康张家港”微信公众号服务，落实长三角专家坐诊儿科就诊信息实时查询等便民惠民举措。推进区域心电系统升级，完成市第一人民医院和市中医医院区域心电诊断中心建设，建立心电图远程诊断流程及规范，实现三级医院对基层卫生服务中心、民营医院远程心电诊断。

（陆小娜　郭　浩　葛柯健
刘　彬　袁　骥）

疾病防控

【概况】 2022年，全市人均期望寿命82.92岁，甲、乙类法定传染病总发病率（除新冠病毒感染外）96.69/10万人。开展65周岁及以上老年人健康体检16.68万人，高血压健康管理14.33万人，糖尿病健康管理4.78万人。扩大免疫规划疫苗免费接种20.99万人次，组织全市中小学校开展学生体检17.6万人。开展孕产妇抑郁筛查5547人次，干预742人次。开展65周岁及以上老年人痴呆筛查2912人次，干预277人次。组织开展健康教育“五进”（进家庭、进社区、进学校、进企业、进机关）活动，开展《健康“翎”距离》专题直播节目194期，开展健康大讲坛161场。2022年严重精神障碍管理核心指标在苏州市名列前茅。

疾病预防控制　全市全年报告乙、丙类传染病（除新冠病毒感染外）5510例，发现活动性肺结核268例，报告伤害监测病例44906例，报告肿瘤6932例、慢性病27725例、死亡8843例。65周岁及以上老年人接受健康体检16.68万人，高血压健康管理14.33万人、糖尿病健康管理4.78万人。对40周岁及以上常住居民开展慢阻肺高危人群规范化筛查，完成65280人的筛查工作。组建30个预防老年人跌倒项目管理小组，开展老年人跌倒干预工作。全市完成扩大免疫规划疫苗免费接种20.99万人次，免疫规划接种率99.61%，新生儿乙肝疫苗及时接种率94.78%。完成2006—2021年期间161例职业病病例、4例职业病死亡病例的调查，无根本死因为尘肺、间皮瘤和肝血管肉瘤的病例。完成175例尘肺病例的随访，完善16例尘肺病人信息（其中3例为新增尘肺病人）。开展生活饮用水采样监测，全年共监测生活饮用水水样304份、9330项次，水样检测合格率100%。组织开展张家港市中小学生“环境健康杯”征文绘画比赛，收集到优秀作品541份。开展医院消毒质量监测，监测39家，合格率为95.79%。监测托幼机构16家，合格率91.64%。开展食品污染物有害因素监测，累计完成137份食品采样和75份样品重点微生物理化项目实验室检测，其中5份样品阳性。开展食源性疾病主动监测，全市完成采样871份，其中阳性143份（阳性率16.42%）。处置食源性疾病暴发5起，原因查明率100%。组织各区镇开展社区居民的食物暴露谱调查，完成346人次的问卷调查。组织全市中小学校开展学生体检17.6万人，规范学生因病缺课监测网络直报工作，监测学校、学生覆盖率100%。继续实施江苏省儿童口腔疾病干预项目，2021—2022学年共完成12所小学三年级学生口腔检查2725人，窝沟封闭牙齿5526颗。全年检测HIV抗体37.4万人次，新发现HIV感染者或病人118例。管理存活感染者或病人737例，在治病人702例，治疗覆盖率95.25%。对1277人次娱乐场所女性从业人员、1394人次男男性行为者实施行为干预，采集1179份血样进行HIV和梅毒抗体的检测。组建成立防艾滋病宣讲团，在全市范围对学生、老年人、流动人口等重点人群开展宣教活动38场，覆盖5765人。全市全年报告性病1017例。利用“携手医访”平台开展艾滋病、性病健康教育，全年面向就诊人群发放“艾滋病性病电子干预服务包”2371人次。所有二级及以上医疗机构、妇幼保健所、疾病预防控制中心及其他承担性病诊疗工作且具备梅毒特异性抗体及非特异性抗体等性病检测能力的机构定期参加检测能力验证或室间质量评价，梅毒特异性抗体及非特异性抗体检测能力验证参与率100%、合格率100%。加强重点人群的梅毒筛查工作，扩大筛查覆盖面，2022年筛查18.2万人次。

健康教育　全面开展健康教育“五进”巡讲活动，全年发放健康教育宣传资料159种，播放健康教育视频5.7万次，开展公众咨询活动141场，举办健康知识讲座1155次；开展《健康“翎”距离》专题直播节目194期，其中《长三角张家港籍名医访谈》专题节目开展12期。开展世界无烟日主题系列活动、健康“益”起来——全民健康生活方式宣传月志愿服务集市活动、第五届“我眼中的健康城市”青少年绘画大赛、健康科普演讲比赛等活动。开展居民健康素养与烟草流行入户监测，共调查9个区镇22个村（社区）1012户。其中，经开区（杨舍镇）、保税区、乐余镇3个区镇作为国家监测点完成276户健康素养监测工作。实施健康素养网上学习评估8.7万人次。在健康科普馆开展青少年健康科普寒假实践活动3期，60名青少年参加活动。

【常见肿瘤综合筛查】　年内，全市多次召开常见肿瘤筛查工作协调会，制定具体实施方案与流程。肿瘤筛查项目承担医院市中医医院，为临床筛查开设绿色通道，通过一站式服务中心指导患者就诊全过程，及时解决肿瘤筛查患者的就诊问题。全年以社区为单位，完成肿瘤登记随访27541人，通过流行病学问卷调查，联合胃幽门螺杆菌、乙肝表面抗原、粪便隐血等相关标志物检测，对一般人群进行风险评估，筛选出肿瘤高危人群，分别通过低剂量螺旋CT、结肠镜、胃镜、腹部彩超以及指示性活检病理检查，进行肺癌、结直肠癌、食管癌、胃癌、肝癌的免费筛查，提高癌症的早发现、早诊断和早治疗的比例和效率。全年完成问卷调查及高危人群评估2978份，其中肺癌高危1927人、上消化道癌高危1810人、肝癌高危737人、结直肠癌高危1520人。分病种进一步筛查，发现肺癌或疑似肺癌12人，胃癌1人、癌前病变1人，结直肠癌3人、癌前病变7人，疑似肝癌1人、肝内占位性病变4人。

健康“益”起来——全民健康生活方式宣传志愿服务集市

（市卫健委　提供）

【精神卫生综合管理】　2022年，全市登记在册严重精神障碍患者6475人，报告患病率4.52‰，规范管理率96.15%。开展全市严重精神障碍患者服务管理专项排查整治工作，共排查精神行为异常人员线索6624条，确诊281人。加强严重精神障碍患者信息管理，上报出院确诊患者信息416条。落实贫困精神障碍患者家庭医生签约服务政策，惠及232人。落实严重精神障碍患者免费服药、免费体检等优惠政策，其中免费服药5815人、免费体检3812人。开展疫情心理危机干预服务，市第四人民医院开通24小时心理援助热线，累计服务181人次，开展疫情心理健康筛查218人次，危机干预22人次。疫情期间，面访严重精神障碍患者12418人次，隔离点、封管控区送药上门94人次。对严重精神障碍患者开展危险性评估581例，与公安等部门交换信息748例，接收公安送治患者107人次。推进心理健康促进项目，举办讲座2场，开展孕产妇抑郁筛查5547人次，干预742人次；开展65周岁及以上老年人痴呆筛查2912人次，干预277人次。

（丁玲云　吴亚红）

妇 幼 健 康

【概况】　2022年，全市户籍人口出生3619人，出生率3.9‰，人口自然增长率−5.75‰，出生性别比104.93，孕产妇死亡率0/10万，婴儿死亡率1.47‰。持续实施“妇幼健康惠民工程”“出生缺陷综合防治民生实事项目”等惠民政策，推行母婴安全五项制度，规范0至6周岁儿童保健工作，实施“一区镇一街道一普惠”托育服务项目，探索医育结合模式促进儿童健康管理融合发展。依法实施三孩生育政策，提倡适龄婚育、优生优育，实行生育登记服务制度，做好国家人口监测点工作。落实计划生育各项奖扶工作，优化审验制度，执行特扶金提标发放，加强资金保障，实施信息核查长效机制。深入开展计划生育特殊家庭“暖心行动”，持续做好计划生育特殊家庭“三个全覆盖”专项行动，落实节日扶弱帮困和重点人群特色帮扶制度。

母婴安全　年内，全市加强妇幼健康服务行业监管，强化母婴危急重症多学科联合救治，加强医疗机构和从业人员的技术服务能力、孕产妇新生儿危急重症救治能力建设。落实母婴安全五项制度，规范孕产妇高危因素筛查和分类管理。全年筛查发现并规范管理高危孕产妇9620人次，组织新生儿死亡、危重孕产妇和出生缺陷案例评审2次。组织“疫情防控下的母婴安全”妇幼健康服务技能比赛，并在苏州市级竞赛中获团体优秀奖。

妇幼健康　年内，全市完成妇女“两癌”（乳腺癌和宫颈癌）筛查43463人，确诊34例，发现癌前病变373例。开展全市孕产妇抑郁症和焦虑症的筛查干预，各围产保健门诊和区镇社区产后访视机构开展孕早期、孕晚期和首次产后访视时心理筛查，建立“筛查—诊断—干预—随访”的闭环管理模式。落实0至6周岁儿童全程13次眼保健和视力检查服务，建立学龄前儿童视力健康电子档案42501份，建档率95.18%。开展避孕药具“四进”工作，与高校青春健康教育宣传互联互动，形成110台发放机、308个村（社区）卫生服务站、医疗机构组成的发放网络，构建“15分钟免费避孕药具服务圈”。全年完成避孕药具不良反应监测上报720例，达国家优秀标准。

托育服务　规范托育机构备案升级，年内新增苏州市级普惠托育机构5家、省级普惠性托育机构2家、省级示范托育机构1家、省级示范社区托育机构1家，每个区镇（街道）至少建成1家普惠性托育机构，实现建制区镇（街道）普惠托育服务机构全覆盖。年末，全市有涉托服务机构91家，已备案托育机构34家（普惠托育机构11家），可提供托位数4980个，每千人口托位数达到3.5个。落实疫情期间托育机构一次性纾困政策，实行备案机构用水用电用气按民用价格执行机制。探索医育结合模式，组建健康宣教团队，建立“市区—区镇”辖区内拉网式服务，指导冶金园（锦丰镇）、经开区（杨舍镇）等有条件的社区服务中心开设医育结合点。

【出生缺陷综合防治】　持续实施《江苏省出生缺陷防治办法》，健全出生缺陷防治网络，深化出生缺陷综合防治民生实事项目，推行三级预防措施，完善三级预防体系，落实涵盖婚前、孕前、孕产期、新生儿和儿童各阶段的全程出生缺陷防治服务，扩大新生儿疾病筛查病种范围，推动围产期、产前产后一体化管理和多学科诊疗协作，促进早筛早诊早治，提高出生人口质量，实现常住人口产前筛查、新生儿疾病筛查全覆盖。年内完成孕前优生健康检查1079对，农村妇女补服叶酸项目发放叶酸2290人，产妇孕前和孕早期服用叶酸6613人，免费提供孕产妇艾滋病、梅毒、乙肝检测6000余人。完成血清学免费筛查5765例、先天性心脏病免费筛查6675人、新生儿代谢性疾病免费筛查3481人，新生儿听力免费筛查6609人，耳聋基因检测5681人，分别对筛查阳性人员做好宣教指导。开展出生缺陷防治系列宣传活动，包括健康起航义诊活动、专家现场技能培训、“健康‘益’起来——红韵手拉手，同频向未来”大型义诊集市，参与300余人。持续实施优生优育保险制度，投入21.5万元为4300户符合条件的育龄群众投保优生优育保险，目标人群覆盖率100%。

（徐　辉　吴亚红　杨增芳　薛　峰　黄　丽）

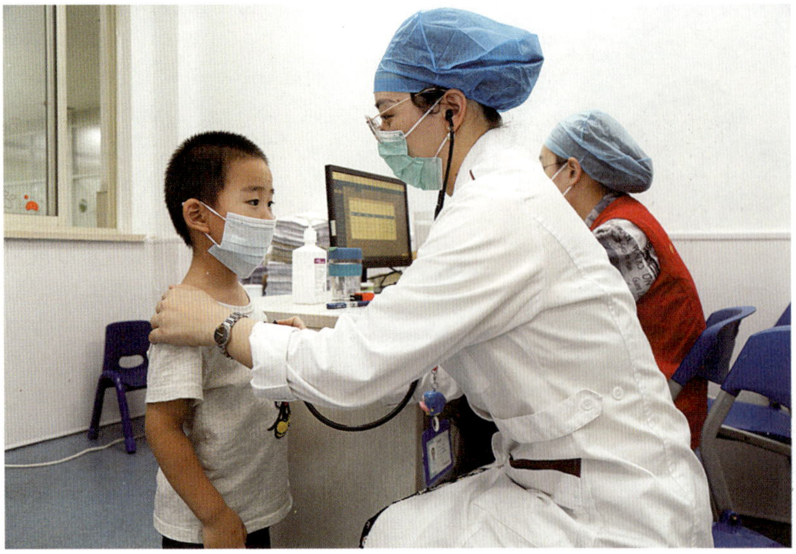

儿童保健　（市卫健委　提供）

卫生监督

【概况】　2022年，全市卫生健康领域行政审批（备案）2705件次，行政处罚356户次、罚没144.35万元。市卫生监督所突出“创新率先”“争先进位”“补短强弱”导向，打造“健康港城·蓝盾护航”卫生监督品牌，组织“蓝盾”专项执法行动13次、临时性检查38次、“双随机”抽查332个，监督检查4454户次，处置投诉举报74起，移送区镇案件或线索159个，移送公安部门涉嫌非法行医罪1人，向法院申请行政强制执行并结案3起，行政诉讼再审应诉1起。全年无行政复议和行政诉讼败诉案件。在全市试点启用AI智能审批系统，全市公共场所承诺制审批685件次、“不见面”审批217件次、中医诊所备案8件次。市卫生监督所相关案例获江苏省2021年度卫生健康执法优秀案例二等奖、

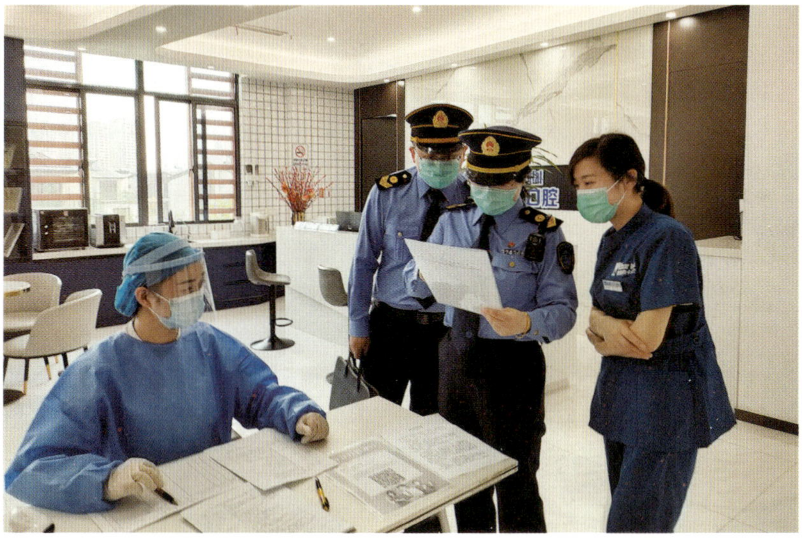

口腔诊所执法检查　　（市卫健委　提供）

2021—2022年度苏州市卫生健康系统优秀案例、2022年苏州市卫生健康行政执法案卷许可类第一等次和处罚类第二等次等荣誉，"筑牢防治职业病防治屏障"成为苏州市卫生健康系统和张家港市唯一的2022年苏州市"关爱民生法治行"优秀项目，市卫生监督所获评2022年度张家港市先进文明单位。

医疗卫生监管　深化医疗机构"首评"制度，组织新设医疗机构运行满月首次监督检查和行政指导23户次（含中医备案诊所8户次）。"新形势下凝聚打击非法行医工作合力的实践和思考"课题被市法学会评审立项，结合课题内容修订《张家港市卫生监督所查处非法行医工作规程》，对在打击非法行医过程遇到的实际问题提出解决路径。

职业卫生监管　职业健康综合监管平台建成投用，在"今日张家港"App开设职业病危害项目申报、在线培训等服务功能，用人单位"免跑腿"线上报告法定材料4825条。分类监管模式覆盖面扩大到用人单位1739家，合规检查提出整改意见1397条，实施"免罚轻罚"2户次。完善风险隐患排查化解机制，排查化解和跟踪督导苏州市级挂牌督办风险隐患用人单位35个、市卫健委督办风险隐患用人单位28个。

公共场所监管　年内，市卫生监督所推进全国文明城市常态长效管理，巡查"四小"行业2262户次，出具行政提示书991份、监督意见书267份，落实文明天气云图问题整改40个。检查学校、托幼机构370户次，首次行政处罚学校4户次、托育机构55户次。探索公共场所诚信体系建设，实施游泳场所信用评价37家。

【医疗污水在线监测系统建成】 7月，市级医疗污水在线监测系统建成，共享环保监控数据，实时监测全市18家一级以上医院的医疗污水排放情况。建成卫生监督在线监测系统，覆盖六大领域近700个监管对象，全年及时处理在线监测异常告警534条。首次建立放射诊疗机构辐射在线监测预警信息处置通报机制，依托医疗废物在线监测系统实现运用非现场监管手段查处违法行为零的突破，监测并处罚违法行为1起。　　（葛柯健）

健康促进

【概况】 2022年，市城乡环境卫生指导中心坚持以爱国卫生运动开展70周年为契机，深化巩固卫生城市创建成果，加快推进健康城市建设，推动爱国卫生运动从环境卫生治理向全面社会健康管理转变。市政府主要领导受邀在国家卫生健康委主管的《健康中国观察》杂志上发表署名文章。市城乡环境卫生指导中心获评江苏省爱国卫生70周年表现突出集体。在苏州市病媒生物防制职业技能竞赛上，张家港市代表队包揽团体和个人一等奖。陆海涛获评全国爱国卫生运动70周年先进个人。

卫生城市创建　2022年是爱国卫生运动70周年暨张家港市创建卫生城市30周年。市城乡环境卫生指导中心会同市文明办、市卫生健康委、市城管局等成员部门以及各镇（区）、街道开展"文明健康，绿色环保"第34个爱国卫生月活动、爱国卫生70周年征文、"讲述爱卫故事，致敬爱卫人"、"苏十条"健康城市趣味定向赛等系列活动，张贴各类宣传海报1.5万张，发放健康大礼包等各类宣传品2万余份。围绕城乡环境卫生薄弱环节，结合疫情防控相关要求，多轮次组织开展爱国卫生运动，动员单位、村（社区）和家庭开展环境卫生大扫除活动，持续加强环境卫生综合整治力度，据统计，全市累计出动人力4.6万人次，开展环境卫生综合整治近900次，清除卫生死角4200余处，清理各类垃圾6800余吨，清理河道沟渠500余千米。6月，招募首批爱卫督察员，以集贸市场、开放式小区、城中村、背街小巷等区域为重点，采取交叉互评等方式，开展半年度爱国卫生工作专项督察，并纳入"联动张家港"平台化管理。督察中发现问题312处，整改率100%。推进农村"厕所革命"，落实农村公厕新（改）建任务，完成新（改）建农村公厕50座。

健康城市建设　2022年，全市结合爱国卫生月、世界无烟日、健康城市月等重要时间节点，开展形式多样的健康宣传活动。市城乡环境卫生指导中心会同市卫生健康委、市级机关事务管理中心等部门开展健康教育"五进"巡讲活动超100场。5月，张家港市代表苏州市参加"健康中国行动知行大赛医疗机构专场江苏选拔赛"，1人获江苏省第二名，代表江苏参加全国总决赛；7月，开展第二届"艺荟港城 书画健康"健康城市月暨第五届"我眼中的健康城市"青少年绘画比赛；是月，代表苏州市参加"健康江苏，给你骨力"健骨操比

健康“益”家活动现场　　（市城乡环境卫生指导中心　提供）

赛，获优秀奖；1名健康管理师获江苏省“健康达人”称号；8月，会同市教育局、公安局、交通运输局、卫生健康委、市场监管局、文体广旅局、市级机关事务管理中心等部门组成督察组，对全市681个单位开展控烟督察，发放禁烟标识2万余份。推行社会健康管理，开展健康“管”家、健康“益”家、健康“卫”家三大创新服务项目。启动41家村（社区）健康“管”家项目，对被管理对象1230人开展健康风险评估并提供个性化健康指导；完成12个健康“益”家服务项目，组织开展健康教育和健康促进活动近200场，直接受益人群3万人次；实施健康“卫”家项目，围绕居民关注的健康问题，开展慢阻肺筛查等5项课题和优质睡眠推广行动等五大行动。高质量推进健康镇村建设，塘桥镇建成江苏省健康镇，杨舍镇庆安村、晨南村、暨阳社区、福新苑社区，锦丰镇店岸村、常家村、合兴社区，塘桥镇横泾村，凤凰镇程墩村，金港街道金香社区，后塍街道朱家宕村，德积街道福民村12个村（社区）建成江苏省健康村（社区）；杨舍镇徐丰村等23个村（社区）建成苏州市健康村（社区）；市总工会、市第六中学、市城南小学、锦丰镇市场管理有限公司、杨舍镇泗港办事处等5个单位建成苏州市健康单位。

病媒生物防制　2022年，市城乡环境卫生指导中心组织开展春季灭鼠及露头蚊蝇消杀、“健康港城灭蚊行动”等专项行动，落实病媒生物防制规范化管理，全市鼠药及消杀药品均纳入全市农药集中配送平台。年内，投放溴鼠灵、溴敌隆等毒饵约3吨，各类菊酯类药剂800余千克，张贴灭鼠、灭蚊蝇告知书5000余份，布放捕蝇袋8000余个。推进区镇级病媒生物监测评估点建设，新增金港、后塍、德积3个街道监测点，全市城乡实现全覆盖，发布蚊密度参考信息5期。继续推进“健康进万家”公益灭蟑行动，升级完善公益灭蟑套装，面向城区老旧小区，发放灭蟑套装2万份，邀请苏州市基层卫生协会同步开展项目培训和评估。在杨舍镇城东、城南、城西、城北4个街道试行老旧小区爱卫公益小药房，服务群众病媒生物防制需求。完成8家病媒生物预防控制服务机构备案登记。组建成立“1+11”病媒生物应急处置队伍，开展线上、线下病媒生物防制知识专题培训10余次，发放病媒生物防制业务指导书，推进应急队伍职业化建设。10月，在苏州市“吴地工匠”职业技能系列竞赛——2022年苏州卫生健康系统“健康苏州杯”病媒生物防制职业技能竞赛中，张家港市代表队获团体和个人一等奖。

【健康“管”家城市公益服务】 年内，为推进“健康张家港”建设，全方位实施社会健康管理，市城乡环境卫生指导中心组织优秀健康管理师结对村（社区）开展健康城市公益服务项目——健康“管”家。项目以培育居民“文明健康，绿色环保”生活方式为主要目标，通过入户走访，开展慢性病、常见病、职业相关疾病等调研，掌握群众基本健康状况，确定被管理人群，制定个性化健康管理方案，实施健康干预措施并开展成效评估，提升群众的健康自我管理能力和健康素养水平。项目有6家社会组织，34名健康管理师参与。被管理者通过“今日张家港”App以及智能手环将每日饮食、运动、睡眠、服药、心率等情况上传至“健康管家”云平台，健康管理师从后台查看上传情况并反馈个性化健康指导意见。至年末，杨舍镇福前村、锦丰镇常家村、塘桥镇横泾村、乐余镇向群村、凤凰镇魏庄村、南丰镇东港村、大新镇中山村、常阴沙常南社区、金港街道长山村、后塍街道朱家宕村、德积街道福民村等41个村（社区）开展健康“管”家项目，被管理对象1230人。

【“健康进万家”公益灭蟑】 2021年至2022年，市城乡环境卫生指导中心面向城区老旧小区和城中村受蟑螂侵扰的家庭户，实施“健康进万家”公益灭蟑两年行动。项目依托街道、社区网络，采取窗口发放、上门服务等形式，向居民免费发放灭蟑套装（包含2个蟑螂屋，2盒灭蟑方便贴，1袋杀蟑饵剂，配套使用说明书），传播蟑螂防制知识，提升居民自己动手灭除蟑螂的能力。市城乡环境卫生指导中心多轮次专题召开业务培训会议，提升街道、社区一线发放人员的业务能力，并设计制作灭蟑科普展板，拍摄实地实景使用教学视频，方便群众了解掌握防制蟑螂的科普知识和科学手段。至2022年年末，全市累计发放灭蟑套装3.2万份，受益群众7万余人。11月，项目通过苏州市基层卫生协会评估，居民反响良好，蟑螂密度控制水平达到最新国家卫生城市标准要求。　（吴　燕）

【编辑　陆正芳】

人力资源管理

Human Resource Management

7月11日，苏州·张家港全球创新创业大赛举办　（市人社局　提供）

人事人才

劳动就业

劳动维权

扫码欣赏

“人社成荫
润泽港城”

人事人才

【概况】 2022年，市人社局、市人才办做好人事管理、人力资源管理、人才服务等工作，为全市提供人才保障和智力支撑。完成年度事业单位招录工作，持续完善公益性岗位用工管理"1+N"制度体系，开展各级各类职称评定、专业技术人员管理和人才企业服务等工作；承办苏州·张家港全球创新创业大赛、第十四届苏州国际精英创业周张家港分会场活动、人社部2022年"创业导师走进苏州张家港"活动、"百名海外博士江苏行"张家港对接洽谈会；"赢在苏州·创赢未来"国际创客大赛瑞典赛区在张家港和瑞典斯德哥尔摩跨境举行，征集高层次人才创新创业项目50项，其中6项获奖，张家港市人社局获优秀组织奖。以全球引才"揭榜挂帅"机制，优选具备全球创新创业项目资源的引才机构建立合作关系。

【人事管理】 2022年，市人社局组织开展普通事业单位招聘、专业化青年人才定岗特选、青年党政人才选调、海外留学回国人员选调等各类招聘，年内普通事业单位招聘73人、定岗特选7人，选调青年党政人才80人、海外留学回国人员12人。指导教育、卫健、文广系统及沙洲职业工学院开展专场招聘，录用工作人员1296人，其中，教育系统录用874人（事业编制748人、备案制126人），卫健系统录用225人（校园招聘27人，公开招聘65人，省级农村订单医学生3人、疾病预防控制中心紧急招聘1人，长期公开招聘博士研究生1人，定向招聘疫情防控一线编外医务人员7人，编外合同制卫技人员121人），文广系统录用2人，沙洲职业工学院录用23人。持续完善公益性岗位用工管理"1+N"制度体系，在已建立用工指标核定、公开招聘规程、人员过渡登记、年度考核、继续教育等配套制度基础上，以市委办、市政府办名义印发《关于进一步加强全市公益性岗位（编外）用工管理的意见》，完善和细化用工指标管理、人员分类管理和薪酬总额管理等内容，为推动公益性岗位（编外）用工全过程管理更加科学、规范提供制度保障。推动基层专业技术人员"三定向"（定向设岗、定向评价、定向使用）政策落地实施，全市纳入"三定向"政策实施范围的基层事业单位共计102个（其中教育系统68个、卫生系统13个、农林水利系统21个）。有2人被确认具备专业技术二级岗位聘用资格。至年末，全市事业单位专业技术人员1.65万人，聘任专业技术高级岗位3873人，占专技人员总数的23.34%。其中，专业技术正高级岗位334人（专技二级2人、专技三级15人、专技四级317人）。

【职称评定】 2022年，全市评定各级各类职称4637人，其中初级职称2665人、中级职称1203人、高级职称769人（其中正高级职称24人）。核发技能等级证书15323份，其中特级技师2人、高级技师70人、技师805人、高级工6251人、中级工5922人、初级工2273人。至年末，全市有管理类人员和专业技术人员527667人。其中，研究生24572人，本科生201148人，大专生206107人，中专生、高中及以下人员95840人；高级职称19115人，中级职称80728人，初级职称189655人。

【领军人才项目】 年内，张家港市组织3批市领军型创新创业人才项目评审、2批特色半导体人才项目专项评审，组织市领军上海专场人才项目评审会1场、"你好，张家港"创业体验营2场，年内引进人才项目161项，累计超1200项。其中，重大团队项目2项，累计引进重大团队项目15项。新增自主培育国家级重大人才工程10人，累计33人；新增江苏省高层次创新创业人才引进计划13人，累计184人；新增姑苏创新创业领军人才计划58人，累计351人。至年末，全市领军人才企业实现销售89.1亿元，纳税2.68亿元，销售收入超1000万元的领军人才企业117家，销售收入超1亿元企业19家。

【人才服务】 2022年，市人社局在"12345"便民服务热线开通"港城'尚贤'人才服务专席"，为全市人才提供24小时电话服务，解答人才政策类问题；实施"人才服务专员"制度，组建6人服务团队，为高层次人才提供政策咨询、政策兑现等服务，落实高层次人才生活待遇。全年服务高层次人才14405人次，其中业务办理8712人次、咨询服务5693人次。开展"惠企助才"政策宣讲系列活动，年内服务企业506家，人才8541人次；开展新落户人才项目"互学互访"活动，常态化走进人才企业、骨干企业宣讲人才政策，年内走访调研企业152家；开展"人社直播间"高层次人才相关政策解读专场活动，参训人员近6000人；开展苏州"惠企助才"人才政策宣讲张家港专场活动、苏州市"百名局长百场宣讲"活动乐余镇专场政策解读等活动。围绕"引才、育

"港城'尚贤'人才服务专席" （市人社局 提供）

才、留才”工作重点，发布《张家港市2022—2024年度重点产业紧缺专业人才需求目录》，修订《张家港市人才礼遇分类认定实施细则》《张家港市人才医疗保健礼遇实施细则》。组织领军人才服务联盟成员单位开展“人才企业赋能课”“人才咖啡荟”品牌活动12期，行业交流活动12次，促进人才间交流互动。根据《“攀峰计划”培育库企业柔性引才补贴实施细则》《“攀峰计划”培育库企业全职引才补贴实施细则》，向苏州矩阵光电有限公司等6家企业发放引才补贴59万元。通过一系列人才政策发放及行业交流活动，为企业发展注入人才动能，助力江苏国泰超威新材料有限公司母公司等化工、新能源领域3家企业上市；协助成立市生物医药及高端医疗器械产业创新联盟，推动产业前沿技术与企业、医疗机构无缝对接；定期组织领军人才服务联盟19个成员单位走访人才企业，服务人才企业1000次。推进“G42⁺”重点民营企业人才人事综合改革，争取省人社厅资源，协助沙钢集团在人才引进、人才扎根等方面取得突破性成绩，9人入选江苏省第六期“333工程”培养对象。

【苏州·张家港全球创新创业大赛】2022年苏州·张家港全国创新创业大赛改名为第六届苏州·张家港全球创新创业大赛，该大赛一阶段赛由张家港市委、市政府主办，市委组织部(人才办)、市科技局、市工信局、市人社局、团市委及相关区镇共同承办，以“智汇港城，众创未来”为主题，聚焦张家港市“4+4”(冶金新材料、智能装备、化工新材料、高端纺织4条特色优势产业链，新能源、数字经济、生物医药及高端医疗器械、先进特色半导体4条新兴领域产业链)产业领域，分上半年、下半年两个阶段，在北京、上海、深圳、西安等城市举办36场选拔赛，累计报名项目1020项，其中205个项目参加总决赛，83个项目获奖，115个项目落户张家港市。

【苏州国际精英创业周张家港专场】7月11日至31日，2022年(第十四届)苏州国际精英创业周张家港分会场活动举办。此活动以“人到苏州才有为，相遇港城共未来”为主题，以“1+4+N”的形式，举办一场开幕式和“峰会研讨”“载体建设”“主题大赛”“合作交流”四大主题22场系列活动。邀请朱位秋、刘科2名院士参加精英周开幕式，活动累计邀请嘉宾1000余人，线上观看量114.4万次，认定落户项目217项。

【全球发榜招才引智】2022年，市人社局以全球引才“揭榜挂帅”机制征集一流引才机构，发布A、B、C、D四大榜单，榜单吸引近40家海内外引才机构揭榜。其中，A榜需推荐符合张家港市领军人才计划申报、注册落户条件的人才项目落户不少于10项；B榜需推荐符合上述条件的项目落户不少于5项；C榜需符合上述条件的项目落户不少于3项；D榜需推荐人才项目不少于10项且完成注册落户不少于1项。市人社局在榜单中优选出20家具备全球创新创业项目资源的中介机构合作，形成覆盖全球、聚焦产业的国际化“引才矩阵”；并于协议期内计划引进科技招商项目超200项，其中领军人才项目超50项。

11月22日，“百名海外博士江苏行”张家港对接洽谈会举行

(市人社局　提供)

【“百名海外博士江苏行”张家港对接洽谈会召开】11月22日，市人社局举办“百名海外博士江苏行”张家港对接洽谈会，对接海外博士项目67项，美国斯坦福大学、英国剑桥大学等世界知名高校的30余名海外博士走进张家港，了解张家港经济发展、创新创业环境等情况。全年有15名博士后引进到张家港，分别出自北京科技大学、南京理工大学等10余所高校，涉及材料工程、冶金工程等专业。

【沙洲智慧城高品质人才社区试点建设】年内，冶金园(锦丰镇)依托沙洲新城，整合高层次人才创新创业要素，建设集成果转化、研发孵化、产业加速、商住休闲于一体的高品质人才社区沙洲智慧城，打造“一个创新中心、两个赋能基地、三大产业集群、四个科创平台”的发展格局。作为生活服务与产业转型示范区，沙洲新城创新生态中心以港丰公路以南、晨丰公路以北为界，科学布局，为高端人才提供办公、住房、教育、医疗、商业、娱乐等高品质社区服务。两个特色赋能基地分别为建筑面积1000平方米的南岸创新社区党建人才综合体和总建筑面积4388平方米的沙洲菁英人才公寓展示馆。三大产业集群为依托当地企业及相关研究院、产业园，打造国内领先的绿色智能冶金产业基地、生物医药产业基地和光伏能源产业集群。四个科创平台指为助力科技人才项目加速转化，在南岸社区、沙洲大厦等科创载体基础上，配套锦丰科创园国家级孵化器、扬子江科学城等加速器载体，锦阳科创园、五棵松科创园等产业化载体，构筑“研发孵化—加速—产业化”的载体闭环，为高端人才项目落地储备空间。至年末，沙洲智慧城45个重点项目建设有序推进，总投资近722亿元。

表59　　2022年张家港市新增苏州市级高层次创新创业人才一览表

类别	姓名	公司名称
姑苏创新创业领军人才计划	许旭旭	苏州惠中生物科技有限公司
	徐　堤	江苏天净沙基因诊断技术有限公司
	张　灿	苏州康铂达半导体科技有限公司
	张苍南	张家港玉川新材料有限公司
	于海鸥	苏州净涵新材料科技有限公司
	陈　俊	瑞元隆航天航空新材料（张家港）有限公司
	王　力	苏州市力仓生物科技有限公司
	韩　伟	高道密封科技（苏州）有限公司
	周文海	苏州森斯缔夫传感科技有限公司
	林跃生	江苏赛瑞迈科新材料有限公司
	李金阳	湃方科技（苏州）有限责任公司
	刘镇硕	苏州爱可尔智能科技有限公司
	黄勇刚	苏州海旭科技有限公司
	袁永军	苏州湛云科技有限公司
	茆亮凯	苏州汉浩分离技术有限公司
	林世响	苏州马赫环动科技有限公司
	李政涛	江苏氢港新能源科技有限公司
	于菲菲	江苏睿家铂睿思楼宇智能科技有限公司
	肖　辉	张家港航宇检测技术有限公司
	洪绍景	亿创氢能源科技（张家港）有限公司
	奥　飚	张家港马提亚科技有限公司
	钱逸泰	东储泰能（江苏）能源科技有限公司
	殷　敏	苏州华勤源微电子科技有限公司
	吴　烨	江苏优升泰环保科技有限公司
	黄　勇	苏州晶歌半导体有限公司
	史　娟	江苏协鲲生物技术有限责任公司
	李传军	炬炼金属张家港有限公司
	张海波	张家港市纳能电子科技有限公司
	孙祥坤	苏州相华精密金属材料科技有限公司
	周　蕾	苏州中科苏净生物技术有限公司
	韩　军	欧电云信息科技（江苏）有限公司
	王立奇	仪酷（苏州）智能科技有限公司
	陈　晓	奇点创新（江苏）智能科技有限公司
	李邦怿	苏州六晶医疗科技有限公司

续表59

类别	姓　名	公　司　名　称
姑苏创新创业领军人才计划	吉恩才	苏州密尔光子科技有限公司
	杨　君	时空经纬（张家港）信息技术有限公司
	郑　杨	苏州科灵医疗科技有限公司
	杨乐宝	张家港莱拓新材料科技有限公司
	曲振东	江苏鸿昌高端装备有限公司
	戴仕勇	苏州轩途信息技术有限公司
	袁　雷	苏州海卓伺服驱动技术有限公司
	吴凌天	苏州苏克生物科技有限公司
	党一纵	苏州拓瓷科技有限公司
	方　聪	苏州谱融传感科技有限公司
	黄　鑫	江苏雅泰歌思通讯技术有限公司
	奚衍罡	苏州冠岚新材料有限公司
	胡　征	张家港守正通信技术有限公司
	易真翔	张家港美姆斯智能传感技术有限公司
	练小正	苏州燎塬半导体有限公司
	杨　刚	苏州晶睿半导体科技有限公司
	张　聪	苏州松德激光科技有限公司
	余林颇（创新）	张家港市国泰华荣化工新材料有限公司
	李国栋（创新）	江苏东方四通科技股份有限公司
	张　慎（创新）	江苏博云塑业股份有限公司
	刘　文（创新）	苏州思萃熔接技术研究所有限公司
	郭军霞（创新）	张家港广大特材股份有限公司
	邹　昊（创新）	江苏富淼科技股份有限公司
	宋　亮（创新）	江苏能华微电子科技发展有限公司

（龙宣好　黄　健　茅　华）

劳动就业

【概况】 2022年，全市城镇新增就业22595人，新增公益性岗位安置就业困难人员57人，高校毕业生就业率99.23%（其中特困家庭毕业生就业率100%），就业困难人员实现就业3835人，全市新增创业3546人，带动就业8224人。年内发放稳岗返还补贴1.49亿元、留工补助1.64亿元，发放失业保险（补助）金4727.11万元。落实就业创业扶持政策，向用人单位发放吸纳就业困难人员社保补贴503.23万元，发放灵活就业补贴1.11亿元、创业社会保险补贴804.11万元、公益性岗位社保补贴192.98万元、公益性岗位补贴171.96万元、一次性扩岗补贴547.35万元、职工技能补贴175.55万元，发放富民创业贷420万元。

【毕业生就业服务】 年内，市人社局对5739名张家港市籍应届高校毕业生实行实名制管理，动态掌握毕业生就业创业情况。依托毕业生就业岗位信息采集机制，定期通过人才网、微信公众号等渠道发布适合毕业生的就业岗位29282个。开展高校毕业生就业创业百日服务行动，至年末，累计举办14场各类型高校毕业生就业双选会，572个单位提供岗位2867个。全年发布1351个就业见习岗位，组织174名青年(含高校毕业生)参加就业见习,149人通过见习实现就业。举办2022年第三届长三角(张家港)校政企合作联盟论坛和“莘莘学子看港城”活动,组织50余所院校192名师生代表参加活动。围绕当地重点产业,组织50个单位,线上举办2022年“校园苏州日”吉林大学、东北大学专场活动,为企业引进优秀高校毕业生搭建对接平台。实施2022年校园引才计划,在省内5所高校举办宣讲会及招聘专场,211个用人单位提供4740个就业岗位。开展“就业援助月”“春风行动”“民营企业招聘月”“公益网络招聘专项行动”“金秋招聘月”等主题招聘活动,至年末,累计举办线上线下招聘会152场,直播带岗22场,有3779家次企业提供岗位152266个。开展劳务协作对接活动,包车引进61名贵州沿河应届毕业生到东渡纺织集团顶岗实习,赴河南省许昌等地引进2000名河南籍员工到张家港市就业。赴安徽省阜阳市、太和县、阜南县,湖南省汨罗市,云南省昆明市等地开展人力资源交流协作,签订劳务合作协议。

【产业人才就业基地培育】 年内,全省首家“双高”(中国特色高水平高职学校和专业建设)院校城市学院在江苏建筑职业技术学院成立,首期12家共建企业与该校9个二级学院对接,就人才引进、产学研合作等方面达成多个合作意向。市人社局举办首届张家港市“最佳雇主”评选活动,活动被列为市委创新委员会2022年重点工作之一。7月,张家港市举办2022年第三届长三角(张家港)国际氢能产业人才峰会,与北京大学、中国科学技术大学、南京大学、东南大学有关院系(研究机构)签署共同培养氢能人才合作备忘录,中车氢能、国富氢能等张家港市4家企业与相关高校、科研机构分别签署共建氢能人才培训实习基地协议,会上对“最佳雇主”等单位进行颁奖,沙钢集团等10个单位获评“最佳雇主”,保税科技股份有限公司等18个单位获“最具发展潜力雇主”“最具社会责任感雇主”等单项奖。

【人才落户服务】 年内,市人社局推进人才落户服务,升级“人才落户直通车”申报系统,在中国矿业大学、江苏科技大学(张家港校区)开展人才落户直通车活动,赴光束汽车开展人才落户政策解读活动。实施“档案港湾”计划,为张家港外国语学校海外留学高中毕业生建立个人学籍档案50份。全年办理人才落户、毕业生落户371人,新增人事代理单位67个,开具调档函901份,出具档案存放证明577份,接收档案6570份,转出档案2393份。

【“燃情创业,汇聚港城”大学生创业大赛举办】 1月至4月,市人社局举办“燃情创业,汇聚港城”2022年度张家港大学生创业大赛暨第五届“创响江苏”大学生创业大赛苏州市赛张家港选拔赛。4月29日通过线上方式举行决赛,评出一等奖1个、二等奖2个、三等奖3个、优秀奖4个。其中,张家港市企业参赛的项目“全生物基可调控降解新材料的关键技术与产业化”“工业设备智能预测性维护平台”被选送参加第五届“中国创翼”创业创新大赛江苏省选拔赛暨“创响江苏”创业创新大赛苏州市初赛本地青年赛,获二等奖和三等奖,前者晋级2022年度“中国·苏州”大学生创业创新竞赛总决赛并获二等奖。“燃料电池动力系统的产业化应用”等7个项目获评江苏省大学生优秀创业项目。

劳动维权

【概况】 2022年,市人社局书面审查用人单位6600个,“双随机”(随机抽取检查对象、随机选派执法检查人员)抽查用人单位2021个。受理各类投诉、举报2749件,其中工资纠纷2476件,占比90.1%,立案查处违法企业142家,行政处理处罚22件,追发拖欠工资4856.75万元,涉及职工7204人,向公安机关移送欠薪类案件8起。发布劳动关系预警简报8期,其中红色预警企业20家次、黄色预警企业12家次。全市有A级以上劳动保障诚信企业1074家,其中A级997家、AA级49家、AAA级18家、AAAA级4家、AAAAA级6家。

【和谐劳动关系构建】 2022年,根据《“十四五”时期张家港市构建和谐劳动关系发展规划》和《劳动关系“和谐同行”能力提升三年行动计划实施方案》,市人社局持续开展省级深化构建和谐劳动关系综合配套改革试点建设,探索基层劳动关系公共服务经验,创新研究基层劳动关系公共服务规范。发布《张家港市电子劳动合同适用指引》,打造“互联网+劳动关系”人力资源管理新模式;发挥和谐劳动关系先锋驿站和行业调解组织作用,通过集体协商等方式维护新就业

“燃情创业,汇聚港城”大学生创业大赛决赛现场 (市人社局 提供)

形态劳动用工合法权益。统筹开展新时期劳动关系和谐构建。加强劳动关系队伍能力建设，通过培训、比武等形式提升劳动关系协调员队伍能力素质，市劳动监察大队印武、薛毅等4人获评2022年江苏省金牌劳动关系协调员，全市有16人获评2022年苏州市金牌劳动关系协调员。推进和谐劳动关系创建活动，永钢集团有限公司获评“全国和谐劳动关系创建示范企业”，成为继张家港酿酒集团有限公司之后全市第二家获评单位；全市建成各级“劳动关系和谐园区”5家，717家企业获评省、张家港市“劳动关系和谐企业”，累计选树56家“和谐劳动关系示范企业”，占全市已建工会且运行正常企业数的80.56%。

“调裁审执”一体化服务窗口　　（市人社局　提供）

【劳动人事争议调解仲裁】 2022年，市劳动人事争议仲裁院接到劳动争议案件2741起，立案前达成调解958起，立案处理1783起，总调解率86.03%。其中，集体争议案件9起，比上年减60.87%，涉及劳动者148人。1月至4月，在疫情防控期间现场办理受限的情况下，依托江苏智慧人社平台，提供“全程在线”仲裁服务。群众诉求响应率、解决率均为100%。针对部分当事人无法现场开庭的情况，增设线上庭审模式，下发《互联网庭审操作手册》并开展培训。全年通过线上模式开展庭审，调解1000余次。5月17日，全国首个仲裁庭审直播平台“张仲在线”上线。6月25日，在市信访局揭牌成立全国首家信访巡回仲裁庭，同步成立人力资源服务行业和谐劳动关系工作站，开辟劳动保障维权“一站式”服务新阵地，对涉及劳动关系的到访，在市信访局就地调解、仲裁委开庭审理，缩减当事人办事时间，推动实现“裁访分离”，构建劳动争议“分类分层递进”处理机制。年内，冶金园（锦丰镇）劳动人事争议联合调解服务中心获评江苏省金牌劳动人事争议调解组织，市快递行业劳动争议调解委员会、金港街道劳动人事争议调解中心、乐余镇劳动争议人民调解委员会3个单位获评苏州市级金牌劳动人事争议调解组织。提升网上调解平台服务能力，陆政龙调解专家团队蝉联调解平台质效考评全省第一，实现三连冠。年内，市人社局成立全国首家“调裁审执”劳动保障维权一体化服务中心，将调解、仲裁、立案起诉、强制执行等10余项业务集成为劳动者视角的“一件事”，实现减材料、减环节、减跑动，劳动者只需提交一次材料，在市人社局和法院内部即可完成材料移送和立案事宜。至年末，一体化服务中心的诉执综合窗口受理各项劳动人事争议审理、执行案件302件，诉讼保全62件，发出支付令19件，实现群众“只进一扇门，办成所有事”。

【农民工工资支付保障】 年内，市人社局发挥市根治拖欠农民工工资工作领导小组办公室牵头作用，常态化开展欠薪信息共享和形势研判，推动解决重点难点问题。组织实施全市2021年度保障农民工工资支付工作专项考核，压紧压实属地责任，督促整改存在问题。开展全国平台欠薪线索核处工作，接收欠薪线索3140条，办结率100%，周办结率在苏州市连续73次排名第一。贯彻落实《苏州市工程建设领域农民工工资保证金管理实施细则》要求，理顺相关行业主管部门职责分工，制定农民工工资保证金内、外部办理流程，推进工资保证金管理办法有效实施。开展工程建设领域农民工工资月结月清覆盖率提升专项行动，全市183个项目月结月清覆盖率100%。强化行政执法与刑事司法协作联动机制，与市检察院签署《关于追索劳动报酬加强协作配合的实施意见》，对恶意欠薪“零容忍”，全年以涉嫌构成拒不支付劳动报酬罪向公安机关移送案件8起。加强数字赋能和风险防范，在苏州地区率先推出“张家港护薪码”，为农民工扫码维权提供平台；借助“大数据”打通部门壁垒，运用信息化手段排查欠薪线索，实现工程建设领域农民工工资支付实时监管，将欠薪纠纷由事后被动执法转为事前主动预防。全年未发生50人以上的群体性事件或有重大影响的个人极端事件。

【全国首个仲裁庭审直播平台上线】 5月17日，全国首个仲裁庭审直播平台“张仲在线”上线。该平台是市劳动人事争议仲裁院提升硬软件设备，在原科技仲裁庭网站内开通的独立直播平台。平台同时具备直播和录制保存功能，可实现实时观看和案件回放。公众无须下载任何直播软件和注册信息，即可通过电脑或手机登录“庭审直播”平台，随时观看仲裁庭审全流程，既满足公众观摩和监督的需求，提升了仲裁服务水平和公信力，也实现了庭审旁听人数从传统庭审最多三五十人到在线观摩不设限的突破。至12月末，庭审直播累计观看数1857次，该工作经验被省人社厅收录。　（龙宣好）

【编辑　陆文琰】

居民生活

Resident Affairs

市民政局婚姻登记处西式颁证厅　（市民政局　提供）

扫码欣赏

“颐养港城”
未来可期

高新区(塘桥镇)
《新愿》

居民收入与消费

【概况】 2022年，全市有城镇非私营单位从业人员21.05万人，其中制造业从业人员10.78万人，占比最大。从业人员平均工资12.38万元。按行业分，金融业从业人员平均工资最高，为20.19万元；公共管理从业人员其次，为18.24万元，居民服务、维修等行业收入最低，为3.86万元。

【居民可支配收入】 2022年，全市城镇居民人均可支配总收入80511元，比上年增3.3%。其中，工资性收入51578元、经营净收入7597元、财产净收入9854元、转移净收入11483元，分别比上年增3.05%、1.55%、1.41%、7.41%。农村居民人均可支配总收入44245元，比上年增5.7%。其中工资性收入24891元、经营净收入8095元、财产净收入4572元、转移净收入6686元，分别比上年增6.9%、2.38%、2.49%、7.72%。

【居民生活消费支出】 2022年，全市城镇居民人均消费支出44924元，比上年增1.6%。其中，食品烟酒支出12018元、衣着支出2355元、居住支出9918元、生活用品及服务支出2376元、交通和通信支出9251元、教育文化娱乐支出5940元、医疗保健支出1867元，分别比上年增0.52%、减1.88%、增8.74%、增2.46%、增2.87%、减8.71%、增2.19%。农村居民人均消费支出28786元，比上年增5.7%。其中，食品烟酒支出7754元、衣着支出1522元、居住支出5821元、生活用品及服务支出1857元、交通和通信支出4815元、教育文化娱乐支出3938元、医疗保健支出2276元，分别比上年增5.3%、2.22%、7.96%、2.54%、7.86%、0.9%、9.63%。

【居民耐用消费品拥有量】 2022年，张家港市每百户居民拥有家用汽车92辆，其中城镇居民拥有104辆、农村居民拥有69辆。拥有电冰箱（柜）111台，其中城镇居民拥有108台、农村居民拥有119台。拥有洗衣机107台，其中城镇居民拥有108台、农村居民拥有103台。拥有空调293台，其中城镇居民拥有306台、农村居民拥有266台。拥有彩色电视机182台，其中城镇居民拥有181台、农村居民拥有186台。拥有移动电话281台，其中城镇居民拥有278台、农村居民拥有287台。拥有空气净化器（含新风系统）18台（套），其中城镇居民拥有25台（套）、农村居民拥有4台（套）。城镇和农村居民耐用消费品拥有量均与上年持平。 （统计局）

人口与家庭服务

【概况】 2022年，市民政局围绕省婚俗改革实验区创建、丧葬礼俗改革试点等工作，以点带面深化移风易俗。按照国家AAAAA级婚姻登记机关标准建成婚姻登记处，8月，举办婚俗改革实验区建设启动暨“爱载暨阳”婚姻家庭服务品牌发布仪式；开展殡葬基础设施建设、殡葬服务市场专项整治工作、做好清明节祭扫服务保障。市卫健委依法实施三孩生育政策，提倡适龄婚育、优生优育，实行生育登记服务制度，做好国家人口监测点工作。落实计划生育各项奖扶工作，优化审验制度，执行特扶金提标发放，加强资金保障，实施信息核查长效机制。深入开展计划生育特殊家庭“暖心行动”，持续做好计划生育特殊家庭“三个全覆盖”专项行动，落实节日扶弱帮困和重点人群特色帮扶制度。

【人口】 2022年，全市有居民315795户，比上年减0.4%；户籍总人口927262人，比上年减0.2%。其中，有女性475683人，在校学生225570人，60周岁及以上老年人272472人，持证残疾人21706人。有常住人口144.76万人，其中城镇人口107.67万人，另有外来暂住人口733959万人。全市户籍人口出生3863人，出生率4.17‰，人口自然增长率-4.15‰，出生性别比104.93，孕产妇死亡率0/10万，婴儿死亡率1.47‰。户籍人口死亡7708人，死亡率8.31‰。疾病死亡人口中，脑血管病占比最高，为28.26%，其次为恶性肿瘤，占比27.88%。平均期望寿命82.92岁，其中男性80.32岁、女性85.59岁。

【婚姻登记服务】 2022年，市民政局婚姻登记处办理结婚登记4262对、离婚登记1173对，补发婚姻登记证908对，完成查档服务1161件，全年登记合格率100%。开展婚姻家庭辅导介入48对，有效调解28对，劝和率58.3%。7月18日，婚姻登记处搬迁至暨阳湖生态景区，新登记场所集婚

市民政局婚姻登记处婚俗展示区 （市民政局 提供）

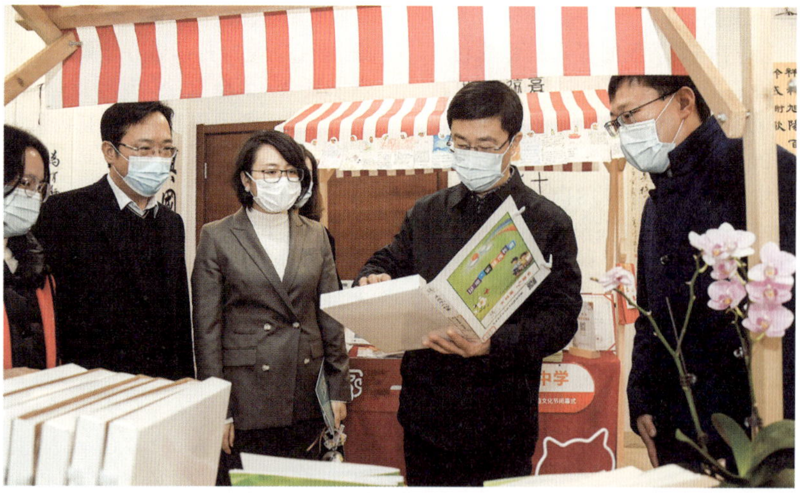

在乐余镇新时代文明实践所举办家庭教育公益市集　　（乐余镇　提供）

市妇联、市家庭教育协会开展家庭教育指导骨干培育项目

（市妇联　提供）

姻登记、结婚颁证、婚姻家庭辅导、婚俗文化体验等为一体，实现从登记服务到人文关怀的深层次拓展。9月1日起，实施离婚登记省内通办，至12月末，办理苏州市域离婚登记37对，省内跨市离婚登记13对。9月9日起，开展常态化婚礼式颁证服务，聘请道德模范、金婚夫妇等作为特邀颁证员，每月举办两次公益集体颁证，服务新人77对。11月，婚姻登记处联合市慈善总会打造“结婚吧”慈善空间，通过设置慈善捐赠角、爱心互动屏、公益咖啡吧等形式，将慈善元素融入婚姻登记流程，至12月，共接收新人爱心捐赠1945.65元。引入第三方社会组织及公益红娘团，全年开展“爱载暨阳·甜蜜有约”公益相亲交友活动4场，服务未婚青年160余人，现场成功配对11对，线上线下同步开展“爱载暨阳·港城良缘大家谈”家庭教育活动8场，用真实案例讲述婚姻家庭生活技巧，受众1.55万人次。

【生育服务】 年内，全市依法实施三孩生育政策，落实和优化生育登记服务制度，265个村（社区）生育登记服务网络全覆盖，通过“苏服办”App平台，实行线上线下同步办，同时生成电子联系单实时推送至医保部门，做好与生育保险、产假、护理假等待遇的衔接。全年办理生育登记服务6358件，其中线上生育登记服务4837例，约占登记总量的76.1%。市卫健委依托市委宣传部“千场优秀电影进社区”活动和市妇联“幸福建设”活动，开展“最美家庭”表彰活动，提升家庭健康素养水平。落实生育假期用工成本合理分担机制，实施生育信息部门联审模式，10月起，对每月女职工生育二孩、三孩信息进行审核。作为苏州市唯一的国家人口监测点，按指定县、镇、村三个层次样本点，就基层人口家庭行政管理机构设置和人员情况等四个方面进行调研汇报。1月1日起，“农村部分计划生育奖励金”和“特别扶助金”两项行政赋权事项由区镇（街道）全流程承接，落实资金提标发放，实施信息核查长效机制。全年发放农村部分计划生育家庭奖励扶助金1556.15万元、持证企业退休人员一次性奖励金3022.56万元、计划生育特别扶助金3225.4万元、独生子女伤残死亡家庭社会救助金19.3万元、生育关怀基金327.82万元。规范托育机构备案升级，年内新增苏州市级普惠托育机构5家、省级普惠性托育机构2家、省级示范托育机构1家、省级示范社区托育机构1家，每个区镇（街道）至少建成1家普惠性托育机构，实现建制区镇（街道）普惠托育服务机构全覆盖。年末，全市有涉托服务机构91家，已备案托育机构34家（普惠托育机构11家），可提供托位数4980个，每千人口托位数达到3.46个。成功申报和承担中国计划生育协会（简称计生协）项目3项，建成家庭健康服务中心1家（塘桥镇胡同社区），创成苏州市暖心家园示范点1家（凤凰镇湖滨社区），出台《张家港市计生协改革实施意见》。市卫健委获江苏省计生协家庭健康保险工作一等奖、苏州市计生协创新发展奖；冶金园（锦丰镇）计生协获评全国计生协先进单位。

【家庭发展】 年内，市妇联围绕家庭发展组织各项活动。1月，市家庭教育协会二届六次理事会召开。2月，市妇联参加江苏省贯彻落实《中华人民共和国家庭教育促进法》《江苏省家庭教育促进条例》推进会，作题为《多元协调，全域推进，不断深化家庭教育的张家港实践》的交流发言。3月，全市86个社区入选2022年全省新建“三全”（社区全域、家长全程、家庭全类型）示范社区名单。5月，

《张家港市社区（村）家庭教育指导服务工作三年行动计划（2022—2024年）》发布，举办“文以化人，家和业兴”市家庭文化节（线上）开幕式，召开市社区（村）家庭教育指导服务工作推进会。6月，市政府妇儿工委成员单位家庭教育工作座谈会召开。6月至9月，市妇联开展“惠聚你我”家庭教育骨干培育项目，培育社区家庭教育骨干153人。7月，承办苏州市妇联贯彻落实“一法一条例”推进会暨“三全”社区家庭教育业务培训班。9月，接受市人大常委会对市政府妇儿工委贯彻实施《中华人民共和国家庭教育促进法》情况的执法检查。组织3户家庭参加“全家人人参与、秀秀我家文化”苏州市家庭才艺大赛，获一等奖1个、三等奖2个。12月，市家庭教育工作推进会暨2022年家庭文化节闭幕式举办。全市选树各类“最美家庭”“文明家庭”285户，培育省级典型家庭8户，苏州市级“最美家庭”10户、健康家庭20户，张家港市级“文明家庭”50户、“优秀书香之家”12户。获评全国家庭工作先进个人1人，“江苏十佳社区支持案例”1个、第二批“苏州市新时代家教家风实践基地”2个，苏州“童声议未来”优秀作品3件。

【殡葬管理】 3月，由市民政局起草、市新冠肺炎疫情联防联控指挥部下发《张家港市关于清明祭扫有关事项的通告》，指出疫情防控期间暂停开展现场祭扫活动，殡葬服务机构可组织开展集体代为祭扫，倡导群众网上祭扫。清明期间，各公墓、骨灰堂（塔园）等殡葬服务机构累计开展集体代为祭扫12场，市民群众网上祭扫累计40余万人次。“互联网+殡葬服务”新模式逐步被群众接受。推进殡葬设施建设，南丰镇静安园二期项目进入装修阶段，塘桥镇滩里福善堂二期主体扩建及殡仪服务中心新建工程有序推进；锦丰镇永安园、塘桥镇安乐苑、凤凰镇金谷墓区完成除尘设备安装，实现祭扫无烟、无尘、无污染处理。6月，张家港市被列入江苏省丧葬礼俗改革试点地区，在全市选取“一镇两村”（南丰镇、杨舍镇农联村、金港街道长山村）为试点推进丧葬礼俗改革。开展殡葬业价格秩序、公益性安葬设施建设经营专项整治、医疗机构太平间管理专项排查整治等，整肃殡葬服务市场秩序。全年集中文明办丧709例。市财政下发殡葬改革补贴99.72万元，免除基本殡葬服务费1050.25万元，惠及8072人。推行“互联网+殡葬”服务，11月，市民政局会同市大数据局、市公安局、市人社局、市卫健委、市行政审批局、市医保局及市残联等部门，制定下发《关于印发张家港市自然人“身后一件事”一网通办项目建设工作方案的通知》。

【市家庭文化节闭幕】 12月9日，市家庭教育工作推进会暨2022年市家庭文化节闭幕式在乐余镇新时代文明实践所举行。市家庭文化节由市委宣传部、市文明办、市教育局、市妇联、市卫健委、市司法局、市新时代文明实践工作指导中心联合举办，以“秀家庭”“传家教”“扬家风”为主题组织系列活动，从5月10日启动至12月闭幕。其中，乐余镇妇联选树江苏省第五届“书香家庭”——俞亮家庭、2021年度市全民阅读优秀书香之家——顾芸芸、陈杰家庭和2022年度张家港市文明家庭标兵户、文明家庭——蒋德明家庭等家庭典型；推荐3人参加市妇联“因为爱你”婚恋指导项目；在乐江社区、乐海社区、兆丰社区构建“三全”社区家庭教育支持模式，并于8月19日在镇妇女儿童活动中心成立乐余镇首家“家庭教育指导站”。闭幕式上，市委宣传部、市文明办等7个举办单位部署全市学校家庭教育指导工作和家庭文明建设工作，表彰2022年度市“文明家庭”标兵、市中小学家访工作先进学校、市家庭教育指导服务优秀社区、市美丽楼道，并为乐余镇首届家庭教育指导师培训班优秀学员、“心树林”志愿服务团队项目负责人颁发证书。

【大新镇启动全市首家婚俗改革试点乡镇建设】 10月29日，大新镇举行婚俗改革试点乡镇建设启动暨“爱由‘新’生”婚姻家庭服务品牌发布仪式。近年，大新镇在弘扬婚俗新风、推动移风易俗等方面持续探索，弘扬“和谐美满”“和睦美行”“和洽美质”的“和美”婚俗文化，至2022年年末，开展活动26场，累计2031人参与。活动以多种形式，让移风易俗婚俗改革宣传走入村、社区，弘扬新时代简约文明办婚的理念，将婚姻家庭“微治理”嵌入基层治理体系，并探索建立“婚前、新婚、瓶颈期、破裂期”覆盖婚姻全生命周期的婚姻家庭辅导全链条新模式，筑牢家庭根基。

（汤景茹　吴亚红　周菊花
孙雁群　钱芳瑜）

12月9日，市家庭教育工作推进会暨2022年家庭文化节闭幕式举行

（乐余镇　提供）

养老服务

【概况】 年末，全市户籍人口中有60周岁及以上老年人272472人，比上年增10311人，占全市户籍总人口的29.38%。其中，70周岁及以上老年人146899人，比上年增8642人，占全市老年人口的53.91%；80周岁及以上老年人44958人，比上年增1510人，占全市老年人口的16.5%；90周岁及以上老年人6370人，比上年增146人，占全市老年人口的2.34%；100周岁及以上老人144人，比上年增21人。年内，市卫健部门推进全国示范性老年友好型社区创建，冶金园（锦丰镇）悦来村获评2022年全国示范性老年友好型社区；全市开展第四届"敬老文明号"创建，23个单位创成市级"敬老文明号"；开展2022年度"积极应对人口老龄化"优秀实践案例评选，市卫健委《"苗"入心田，筑牢老年人健康屏障》、市民政局《养老服务"时间银行"银发互助新模式》等10个案例获评全市"老龄工作十佳优秀案例"，经开区（杨舍镇）《乐当银龄"大保姆"》等9个案例获评全市老龄工作优秀案例，张家港市《推进老年健康服务体系建设，筑牢"幸福颐养"健康屏障》获江苏省老年健康服务案例二等奖和苏州市老龄工作优秀案例。市卫健委等七部门联合开展老年人运用智能技术专项普及培训，培训8800人次。市老年协会编印《老年协会工作手册》，指导市、区镇（街道）、村（社区）三级老年协会加强组织建设，市老年协会撰写的《关于我市老年大学的调查报告》得到市委书记批示，为市政府及有关职能部门制定出台关于老年教育的政策提供依据。

【养老服务体系建设】 全市年末有各类养老床位14512张，千名老人拥有各类养老床位数53.3张，其中养老机构42个，总床位10102张，均为护理型床位。年内，凤凰镇区域性养老服务中心建成投运。2022年市级民生实事项目"社区养老服务示范工程"实施，全市新建综合养老服务中心6家、标准型老年人助餐点10家，累计建成城区综合性老年人活动中心4家、标准型老年人助餐点30家，有居家养老服务中心（点）255家，居家养老服务中心（点）实现村（社区）全覆盖率，社会化运营率100%。市、镇两级联合验收新建住宅区配套建设养老服务用房8处，总面积2500平方米。全市新建住宅区配套建设养老服务用房累计备案总数110处，总面积2.7万平方米；养老服务用房累计联合验收通过69处，总面积1.81万平方米。全市有接受上门服务的居家老年人49045人，占比18%；市亲情（虚拟）养老院总服务1319万人次，综合满意度99.93%。江苏澳洋优居壹佰养老产业有限公司被首批评为省级养老服务高质量发展示范企业。

金港街道中南社区老年人助餐点 （市民政局 提供）

【养老服务保障】 年内，全市每月向65周岁及以上老年人发放尊老金，惠及215721人，发放总金额14327.25万元。由苏州市统一招标、张家港市民政局承担保费支出458.62万元，为张家港籍60周岁及以上老年人投保"苏州市老年人人身意外伤害保险"，年内理赔1708起，赔付金额484.56万元。市养老志愿者协会继续开展养老志愿服务培训，孵化专业团队和优秀项目。实施银龄互助志愿服务项目，至年末，该项目有2337名服务对象，1260名低龄老年志愿者和86个志愿服务团队参与，完成志愿服务52016次，发放"时间豆"25.47万个。银龄互助志愿服务项目获评第五届"苏州慈善奖"最具影响力慈善项目、苏州市第二届"慈善同心·志愿同行"一类项目。市民政局继续免费组织全市养老护理员培训，培训初级持证养老护理员222人，自2010年累计培训初、中、高级养老护理员2538人次。根据《张家港市养老从业人员入职奖励管理细则（试行）》，市民政局年内对符合条件的37名养老服务从业人员发放奖励53.56万元。同时还向养老机构发放疫情纾困补贴260.2万元。

【老年健康服务体系建设】 年内，市卫健委继续推进全市老年健康服务体系建设。市第一人民医院、澳洋医院、市第三人民医院、市第五人民医院等二级及以上综合性医院设置老年医学科的比例为85.7%，设置康复医学科的比例达到100%；组织532名医护人员参加医养结合、安宁疗护、老年人健康管理等业务培训，市第一人民医院因其《老年综合评估技术》获批江苏省老年医学临床适宜技术推广运用单位。全市持续开展老年友善医疗机构建设。6月，市卫健委发函明确新一轮27个创建单位和时序进度。7月，组织相关医疗机构负责人参加市老年友善医疗机构建设工作推进会暨业务培训班；组织专家对申报单位进行督导，督导组深入门诊大厅、科室、病房，对老年人预约挂号、门诊、住院、规范诊疗、后勤保障及医患沟通等方面进行现场指导，从专业角度查漏补缺。9月，市卫健委组织市第一人民医院、市中医医院、澳洋护理院老年医学科专家，对全市经自评符合标准的27家医疗机构进行现场综合评审，25家通过评审。10月，苏州市卫健委专家对25家医疗机构进行线上评审验收，24家通过评审。11月，省卫健委评审复核组采用“实地走访+线上评审”相结合的方式进行复核，对沙洲医院、永联社区卫生服务中心、东城社区卫生服务中心3家基层医疗机构开展现场复核，对经开区（杨舍镇）社区卫生服务中心等21家医疗机构进行线上评审。经开区（杨舍镇）社区卫生服务中心、永联社区卫生服务中心、东城社区卫生服务中心等5家医疗机构被评为江苏省优秀等级老年友善医疗机构，其余19家医疗机构建成江苏省老年友善医疗机构。至年末，全市医疗机构累计创成省级老年友善医疗机构45家，创建成功率93.8%。

【孝老敬老活动】 10月1日至31日，第13个敬老月期间，各老龄委成员单位和区镇（街道）筹措资金开展走访慰问，市领导和各相关部门负责人分别带队慰问百岁老人。全市投入资金867万元，发放物品293906件，44261人参与走访慰问和为老服务志愿活动。市民政局开展“九月九，爱在重阳”“爱在重阳，情暖中秋”等活动，市人社局开展“岁月流金光影沙洲，夕阳正好红心向党”主题摄影活动，市委老干部局开展“长江水，沙洲情”书画影展，市公安局开展“初心印党旗，银发看港城”实境教育活动，市金融监管局开展“老有所享，盈暖金融”金融茶馆活动，市法院开展“金秋送温暖，送法进社区”敬老主题活动。各区镇（街道）均开展健康知识讲座、文娱演出、趣味运动会、法律咨询、送戏下乡、义诊、重阳节茶话会、集体生日会、知识竞赛等活动。市卫健委开展“改善老年营养，促进老年健康”老年健康宣传周活动、健康“益”起来——敬老爱老主题志愿服务集市等活动50余场，开展以“反诈防骗，敬老助老”为主题的敬老月系列活动，举办庆祝第35个老年节文艺演出、“第十一届重阳健康养生文化节”主题活动、《梁山伯与祝英台》《装台》《珍珠塔》老年人戏剧专场、大型健康义诊、“健康杯”门球赛等老年人体育和文化交流活动；与市老年协会联合举办敬老月文艺演出进社区、老年防诈维权宣传百村巡展、“喜迎党的二十大，六十年巨变看港城”征文和《笔墨光影描绘六十年，夕阳丹心喜迎二十大》书画影作品征集等活动20场，与市退休教师协会联合举办“老少同乐绿茵场”“老少同乐炫舞台”活动，与市老年体协联合举办“老龄杯”快乐老人中秋大联欢、桌上冰壶球交流大会活动，与市老年公寓联合举办“敬爱致恭，情暖桑榆”敬老月主题活动，与市融媒体中心开展“快乐香山”登高比赛、健康养生大讲堂、“中国梦我的梦——重阳圆梦微心愿”活动、“凤凰湖慢步跑”活动。28家医院、200余家基层医疗机构电子显示屏滚动播放健康宣传标语、老年健康科普视频3500余次。

【中南社区居家养老服务中心开放】 7月12日，金港街道中南社区居家养老服务中心正式对外开放。该中心总建筑面积约500平方米，设置标准型老年人助餐点、日间照料区、多功能区、放映室、巧手乐坊、康复理疗区、轻舞飞扬活动室、健康运动区、精神关爱区九大功能区。其中，老年人助餐点的食品加工区面积近100平方米，具备每餐300份的食品加工能力，能同时满足中南社区老年人用餐需求和周边其他社区老年人送餐服务。养老服务中心把老年人助餐点和医疗服务这两项功能整合，60周岁及以上老人只需花费5元即可享用一份两荤一素一汤的饭菜，省去自己做饭或子女送饭的不便；用餐后既可在中心享受由社会组织提供的养老服务，也可到社区卫生服务工作室接受医疗服务，形成医养结合新概念。

（李卫军　瞿一嵩　邱亚峰）

新市民服务

【概况】 年末，全市登记出租房屋8.51万户，流动人口（新市民）73.4万人，其中就业人数50.7万人，党员1238人。年内新增登记流动人口21.57万人，变更55.37万人次，注销77.93万人次。1月，市新市民事务中心联合市保利大剧院开展“留港过年‘剧’有意思”新市民公益观剧活动，组织110名新市民观看儿童剧1部、锡剧2部。1月至6月，联合市空竹运动协会开展“竹舞飞扬，传承非遗”新市民空竹训练班，走进锦丰镇三兴社区、西界港村、南港村及南丰镇永丰村教授新市民学习抖空竹。6月起，实施“心连新”新市民融入共建工程项目，组织流动党员代表、少数民族新市民代表及新市民工友代表等，开展党性教育、法治教育、乡村特色文化体验、慰问等活动4期。7月至11月，联合市融媒体中心开展“书香少年，阅见美好”新市民子女主题阅读项目，以亲子阅读、有声朗读、绘本阅读等形式开展活动7期。在全市区镇新市民积分管理受理窗口开通新市民积分入学“全城通办”服务，年内有4459名新市民子女获积分入学准入资格，690名新市民子女获积分入医准入资格，178名新市民获积分落户准入资格。继续发挥特困新市民救助政策和新市民意外保险作用，救助特困新市民13人，发放救助金10.6万元；新市民意外保险成功理赔35例、赔付84.6万元。制作并在市新市民事务中心微信公众号推送“法护青春”新市民青少年普法安全课堂有声系列读物，发布青少年网络安全风险防范、国家安全、新冠肺炎疫情下青少年心理危机干预等读物10期。8月起，试点开展“心暖‘新’护青苗”——特困新市民家庭困境儿童关爱服务项目，针对在特困新市民家庭临时救助过程中发现的3名困境儿童，引入第三方机构，开展儿童心理健康服务与干预，以开展个案服务、融入小组活动及走访慰问等形式，为其提供精神关爱、心理辅导等。项目至次年5月止，历时10个月。

表60　　2022年张家港市流动人口分布情况表

单位:人

区镇名	流动人口登记数	16周岁及以上男性登记数	16周岁及以上女性登记数	未满16周岁人数	就业总人数	第一产业人数	第二产业人数	第三产业人数	投资经商人数	无业人员数
保税区	153263	77186	52478	23599	106030	573	73275	26678	5504	2257
经开区(杨舍镇)	267865	131505	99272	37088	177279	645	104549	64412	7673	1628
冶金园(锦丰镇)	86265	46856	26270	13139	61360	1015	44580	12941	2824	57
塘桥镇	78850	38461	28340	12049	59820	585	47132	10816	1287	89
乐余镇	23632	12108	7520	4004	15438	951	11425	2564	498	12
凤凰镇	54364	27048	19453	7863	38857	426	31689	5546	1196	48
南丰镇	29032	15297	8773	4962	19760	439	15480	3304	537	431
大新镇	36450	18113	12289	6048	24883	355	20122	3551	855	43
常阴沙现代农业示范园区	4238	2225	1373	640	3598	332	2462	688	116	—
合计	733959	368799	255768	109392	507025	5321	350714	130500	20490	4565

【新市民流动党员积分激励机制】 年内,市新市民事务中心为增强新市民流动党员的党性观念,发挥先锋模范作用,研究制定新市民流动党员积分激励机制。该机制包括学习教育和社会贡献两类内容,设置“理论学习、参加活动、捐赠、无偿献血(造血干细胞)、志愿服务、表彰奖励”六项积分指标,根据党员总积分情况排名定级,评定若干“三星”党员、“二星”党员、“一星”党员,作为向上推优的重要参考,并给予一定奖励。有99名流动党员通过新市民事务中心微信公众号平台申请积分,有5名流动党员被评定为“一星”党员。

“心暖‘新’护青苗”特困新市民家庭困境儿童关爱试点项目开展

(市新市民事务中心　提供)

【新市民服务管理实践项目评比】 年内,市新市民事务中心推进新市民服务管理工作特色品牌建设,首次启动优秀新市民服务管理实践项目评比,通过申报,全市19个项目参评。经评定,保税区“流动党员‘幸福家园’进行时”、经开区(杨舍镇)“七里庙房屋租赁管理服务站”、冶金园(锦丰镇)“沙钢集团流动人口‘筑巢’安家”、凤凰镇“心新相印,智慧管理”、大新镇“‘阳光e行·幸满新镇’关爱系列项目”、南丰镇“‘数’智效能,链接新市民管理”6个项目被评为优秀新市民服务管理实践项目。

(王　依)

【编辑　陆文琰】

社会保障

Social Security

在市第一人民医院建成全省首个医院内“医保便民服务站”　（市医保局　提供）

社会保险　　社会福利

社会救助　　住房保障

社会保险

【概况】 年内，全市持续抓好养老保险、工伤保险、失业保险、医疗保险和女职工生育保险五大保险机制，各项保险参保率均在99.5%以上，基金收缴率99.2%以上。市人社局通过阶段性降低失业保险费率为企业减负6.31亿元；贯彻执行社会保险费缓缴政策，为442家困难企业审核相关材料，缓缴金额1267万元。开展市机关事业单位养老保险改革试点参保改制人员企业年金筹建工作，根据国家和省有关规定，出台《关于印发张家港市企业人才参加企业年金集合计划办法（试行）的通知》。做好退捕渔民参保动态信息的跟踪服务，引导退捕渔民持续缴费、长期缴费；及时维护退捕渔民安置保障实名制动态帮扶信息系统，动态关注退捕渔民的就业意愿、就业情况变化以及到龄退休情况。市医疗保障局统筹疫情防控和医保发展，在优化待遇保障质量、推进重点领域医保改革、从严监管医保基金、打造医保公共服务样板、加强医保品牌建设等方面开展工作。以“家在港城，圆在医保”为主题，启动“医保家圆”品牌建设，年内成立全国医保系统首家政协委员工作室——高倩委员工作室，搭建形成民意收集、协商议事、互动交流、服务群众的新平台，该创新模式获省政协主要领导批示肯定。6月，2021年度张家港市医保管理服务工作被省政府办公厅通报予以督察激励。年内，张家港市实现住院、门诊异地就医直接结算全国无障碍，在全省首批建成“15分钟医保服务圈”示范县（市、区），南丰镇行政审批局、乐余镇便民服务中心、锦丰镇政务服务中心、大新镇便民服务中心被评为“省级示范点”，全市建成市级医保便民服务站106个。

【养老保险】 2022年，市人社局为企业退休人员、城乡居民保险参保人员、机关事业单位退休人员、被征地农民等类别共37.88万人调整待遇。1月1日起，为27.7万名企业退休人员调整养老金，调整后人均养老金水平为每月2189.24元；完成11433名机关事业单位退休人员基本养老金调整，平均每人增资228.96元，合计补发1822万元；为5.37万名城乡居保待遇领取人员调整基础养老金，调整后人均待遇水平为每月531元；为3.58万名征地保养金领取人员调整征地保养金，调整后标准为每月500元，如调整后征地保养金和其他养老待遇的合计数低于每月1112元的，补足至1112元；为908名征地补助金领取人员调整征地养老补助金，调整后的标准按满60周岁、75周岁、80周岁分别为每月920元、925元、930元，与省定最低基础养老金合计为每月1112元、1117元、1122元。

【工伤保险】 2022年，张家港市在全省率先探索工伤保险差别化费率试点工作，试行灵活就业人员职业伤害保险。实施工伤预防“同安行动”，全市工伤保险参保单位75398个，参保人数608324人。全年完成工伤认定4118人次，组织劳动能力鉴定31场3824人次，有162人次完成工伤康复，3961人次享受工伤保险待遇。6月起，试行《张家港市灵活就业人员职业伤害保险办法》，灵活就业人员只需每人每年缴纳保费150元，即可享受医疗费赔付、伤残补助、伤残津贴赔付等多重保障，维护灵活就业人员劳动保障权益。市人社局联合市应急管理局、市总工会三部门开展工伤预防宣传培训“同安行动”，全年完成52家企业、1个乡镇工伤预防宣传培训改善项目，免费辅导10家“安全生产标准化”企业创建，培训5731人次，发放工伤预防手册3689册。

【失业保险】 2022年，张家港市继续执行1%的失业保险总费率，减免企业失业保险费4.72亿元，新增审核失业保险待遇2959人，发放失业保险（补助）金3311.45万元，支付在领失业金人员医疗保险费643.6万元。将小微企业和个体工商户稳岗返还标准从60%提高至90%。全年采用“免申即享”的经办模式发放失业保险稳岗返还1.49亿元，对应对疫情防控需要停工停产的参保单位发放留工补助1.64亿元。

【医疗保障】 2022年，市医疗保障局完成基本医疗保险和生育保险苏州市级统筹，实现基本政策、待遇标准、基金管理、经办管理、定点管理、信息系统“六统一”。落实灵活就业人员参保新政，推动非当地户籍灵活就业人员、新业态从业人员参加职工医保，将医保征缴扩面纳入区镇绩效考核体系，实现应保尽保，基本医疗保险扩面新增5.94万人。开展待遇对比分

在“高倩委员工作室”协商慢病患者用药下沉社区优化工作

（市医保局 提供）

析、重点人群排查、信息系统改造等工作，确保职工医保门诊共济保障机制、社会基本医保门诊慢性病和特殊病政策以及重特大疾病医疗保险和救助制度等医保新政有序落地。全市基本医疗保险参保人数113.6万人，其中职工80.1万人、居民33.5万人，参保率99%以上；职工和居民医保住院政策范围内医疗费用报销比例分别为93.34%和79.66%；对低保、特困供养等人员实施医疗救助，年内累计救助12.7万人次，支出2008万元；大病保险实现一单式结算，发放大病保险补偿款1.2亿元，惠及1.3万人；推进长期护理保险工作，享受长护险待遇的有5430人，支出3726万元。根据防范化解因病致贫返贫长效机制，继续对低保、低保边缘等重点救助对象和罕见病患者器官移植患者等拓展救助对象实施精准救助，为4141人发放救助金713.02万元，实现托底保障功能。推进商业补充医疗保险发展，"江苏医惠保1号" 投保人数16.33万人，位居全省县市第一。助力企业复工复产，减免企业职工基本医疗保险费1.6亿元。

【医保基金监管】 年内，市医保局在苏州市率先建立市级医保基金监管联席会议制度，成员单位包括26个相关部门及各区镇（街道），召开联席会议1次，商议行刑衔接、联合执法等议题，加强信息互通和协调配合，形成监管合力。向相关部门移交个人违规使用医保卡5人次，通报7批次154家定点医药机构违规行为。在全国率先建成特殊人群医保待遇实时监管系统，监管参保人员死亡后是否产生医保费用，实现实时停卡、及时清卡，该系统被纳入市纪委监委"链上治廉" 六大系统之一。针对死亡人员划卡结算、交通事故人员重复享受待遇、公职人员个人违规使用医保卡等监管重点开展专项整治，约谈定点医药机构308家次，暂停医保服务59家，终止协议1家，退回违规金额1489.34万元；约谈参保人员30人，暂停医保卡实时划卡结算17人，追回个人违规金额24.62万元；行政处罚3件，失信等级认定3例，发放举报奖励400元。首次建立由基础管理指标、业务运行指标、改革重点指标、特色创新指标组成的"百分制" 医保综合绩效指标考核体系，医保基金合规使用率的考核权重为20%，促进医保管理从单一控费向综合绩效评价转化。年内通报2批定点医院合规使用医保基金情况。开展"织密基金监管网，共筑医保防护线" 集中宣传月活动，原创微电影《织密基金监管网，共筑医保防护线》在苏州市医保局基金监管宣传比赛、张家港市第二届"法治的力量" 法治文化作品创作征集大赛中均获一等奖。依托市医保局微信服务号、移动通信运营商、党政通政务系统、"叮咚买菜" App等平台，发布警示视频10条、曝光典型案例342例、短信提醒69万条、发布公开信2.4万封、投递宣传海报4万户、网上诚信接力6000人次，营造诚信医保氛围。严格执行医保定点医药机构准入履行及退出机制，组织全市"两定" 单位法定代表人、医务工作人员线上签订防范欺诈骗保承诺书3924份，保持医保基金运行环境良好。

【医药价格和药品耗材招采监管】 年内，市医保局指导医疗机构强化药品耗材采购内控机制，全市公立医疗机构药品、医用耗材省平台网采率分别为99.8%、98.8%。对全市24家医疗机构参加国家、省共16批药品和10批耗材集中带量采购情况开展督导，落实资金预付、结余留用等政策，引导采购单位优先使用中选产品，节省医疗机构药品耗材采购资金近2亿元，减少医保基金和患者支出。构建医保局、医疗机构、医疗器械生产企业之间交流沟通的"医企直通车" 机制，服务医疗器械产业，助力康力医疗等企业的38个医用耗材品规纳入苏州医保报销范围。继续扩面优化"慢病患者用药进社区" 服务，将230个药品下沉到全市188家医疗机构，覆盖慢病患者80%的用药需求。会同卫健、邮政等单位探索完善社区医疗机构间处方流转、快递与处方系统对接等流程，在凤凰镇各社区卫生服务站试点慢病用药配送到家服务。"慢病用药进社区" 相关情况被国家卫生健康委员会《健康报》刊发。

【多元复合式医保支付方式改革】 年内，市医保局推进总额控制下的多元复合式医保支付方式，提高医保基金使用绩效，助推"三医联动"（医保体制改革、卫生体制改革与药品流通体制改革联动）。参与医疗服务价格改革国家试点工作，组织二级以上公立医疗机构开展复杂型项目报价，参与制定苏州深化医疗服务改革试点实施方案，首轮调价涉及全市10家公立医院57个项目，经测算可增加医疗服务收入1763万元。实施医疗服务项目价格动态调整，调整完善269项临床诊疗类医疗项目，新增新型冠状病毒抗原检测收费，3次降低新型冠状病毒核酸检测价格。出台《张家港市2022年度定点医疗机构预决算办法》，探索以"服务人头点值" 为核心的"总额预算" 管理模式。做好DRG支付方式（按疾病诊断相关分组付费）改革的基础工作，印发《医疗保险清单式按病种付费病种目录和结算标准（2022版）》，该做法被《健康报》刊发。实施《张家港市支付方式改革能力提升培训工作方案》，推动二级以上定点医院DRG医保支付方式改革，组织专家参与DRG权重论证，开展DRG基础知识培训，加强医疗机构病案质量管理，提高数据完整度、合格率、准确性。

【医保公共服务优化】 年内，市医保局在全市推广使用医保电子凭证，935家定点医药机构实现医保电子凭证购药扫码结算，覆盖率100%。在全省率先实现基本医疗保险医疗费用手工（零星）报销业务5个工作日办结，市医保服务大厅启动3个工作日办结业务试点。健全国谈药"双通道" 管理机制，建立责任医师备案信息"先通后审" 机制，优化单独支付药品办理流程，全年惠及参保人员1.4万人。"张家港市医疗保障局" 微信服务号对接"江苏医保云" App，实现医保高频事项网上"即查即办"。在医保基金结算、违规费用缴款等方面推进数字人民币支付场景应用。

表61　2022年张家港市社会保险情况表

项　目	参保单位数（个）	参保人数（人）	人员参保率（%）	基金收缴率（%）	保险支付情况（万元）
机关事业单位养老保险	579	24081	100.00	100.00	222116.00
企业养老保险	39909	530038	99.51	99.29	774773.00
工伤保险	41229	659995	100.00	99.78	25805.00
失业保险	40664	473663	99.75	99.52	46697.01
职工基本医疗保险	40478	801131	99.80	99.77	256450.00
居民基本医疗保险	—	335081	99.80	100.00	63925.00
生育保险	40478	482611	99.80	99.77	15314.00

说明：支付情况为基金支出，不含上解支出；机关事业单位养老保险含机关试点数据；工伤保险参保单位数含建筑业农民工单位数1053个，参保人数含建筑业农民工130239人　（龙宣好　韦　苇）

社会救助

【概况】 2022年，张家港市持续开展困难救助和慈善事业。构建“弱有众扶”社会救助格局，为各类困难群众、低保对象发放救助款和生活补贴。市民政局推进低收入人口认定和动态监测工作，修订低收入人口医疗费用支出帮扶项目等系列政策，落实城乡低保和特困供养标准自然增长机制。年内，市社会救助服务中心获评全国社会救助工作先进单位。

【困难救助】 2022年，市民政局组织春节慰问19个大类近12万户（人）困难群众，发放慰问金1.22亿元；在劳动节、国庆节前，为6154人次困难对象按每人100元标准发放慰问金，发放61.54万元。配合市委组织部对2058户低保户、低保边缘重病困难对象发放党员关爱基金341.4万元。至年末，全市有在册低保对象1479户2078人，特困对象362户362人，低保边缘家庭388户875人，其他困难家庭247户658人。全年发放低保（含低保边缘、特困人员）生活救助金3341万元，为临时救助对象157户339人发放临时救助金111.5万元。为低保对象发放水电气电视补助150.5万元。1月，《关于实施张家港市低收入人口医疗费用支出帮扶项目的通知（修订）》印发，进一步扩展项目帮扶对象，提高补贴标准，缓解张家港市患病低收入人口的医疗费用支出负担和家庭经济压力。3月至12月，根据省、苏州市统一部署开展全市特殊困难群体专项排查整治。5月，全市开展社会救助宣传月活动。6月，《关于规范开展张家港市困难家庭学生“共享阳光，慈善助学”项目的通知》印发，进一步拓展助学对象范围，提升助学标准，年内发放助学金180.3万元，书卡25.8万元。8月，向全市困难群众发放一次性防暑降温生活补贴25.82万元。10月，开展单人户低保对象生活自理能力评估。市民政局社会救助服务中心落实经济状况核对机制，年内核查新增（在册）低保、低保边缘、特困人员、重残、特残、廉租房等各类救助申请7626户13101人，产生预警818户，预警率10.73%。依托市社会救助管理平台，扩大主动发现风险预警范围并优化预警条件，将13类基本生活高风险人群纳入监测范围，一旦出现大病、大灾、重大事故或医疗费用支出过大等情况即时触发预警，第一时间将预警转办救助部门。全年发出各类预警297人次，发放医疗支出型生活补贴28万元。继续实施困难群众安居工程，为全市21户困难家庭补助安居资金76万元。疫情期间为全市救助对象、民政服务机构发放防疫“爱心包”，发放物资折合30余万元。推动社会力量参与社会救助关爱援助项目，第四期37个关爱援助项目由15家社会组织承接，累计投入356.77万元，受益6.41万人次。市救助管理站举办“救助，让弱有所扶更温馨”开放日活动，聘请人大代表、公安系统及定点医疗机构人员共3人作为救助管理服务质量监督员，使救助管理工作与社会监督评价体系相衔接；通过走访调研，将原有30个依托福利彩票销售点设立的救助引导点优化整合为25个，均为市区、镇和街道人流量较大的福彩销售点，形成城乡联动；与公安部门联合开展“送爱回家”专项救助项目，送返5名居无定所、无正当工作的非当地户籍人员。全年救助流浪乞讨人员102人。对口帮扶新疆巩留县、宿迁市宿豫区、锦丰镇西界港村80万元。

【慈善事业】 年内，全市继续开展“爱满港城”慈善募捐活动，全年累计募捐9567.75万元，其中“99公益日”募捐1044万元，83001人次参与，位列苏州第一。6月，举办“爱满港城”张家港市书画艺术慈善行动启动仪式暨2022年书画慈善拍卖会，义卖所获21.72万元均用于慈善文化主题展览、宣传推广等公益事业。7月，市慈善总会设立市医疗专项救助慈善基金200万元，对在当地三级医院引进市外定点医疗机构专家实施会诊手术的特定患者，给予专项补助，减轻患者医疗负担。9月，举行“云上+实体”慈善超市启动仪式暨“善助乐享”慈善救助品牌发布会，5家实体

永联村工作人员为居民介绍“福村宝”医疗互助项目

（市民政局　提供）

超市落地运营。年内，结合“中华慈善日”“江苏慈善周”和“苏州慈善月”开展慈善图片展、慈善义卖、《中华人民共和国慈善法》普法宣传等活动。推进慈善校园文化建设，将课堂教育与慈善体验项目等相结合，在2所学校以及青少年实践基地开展试点推广。市慈善总会年内支出善款7130.55万元，其中，“爱满港城”支出2723.48万元，专项、冠名基金支出762.66万元；定向捐赠支出4226.3万元，包含江苏七洲绿色化工100万元用于乐余镇村（居）民医疗互助项目，苏州同大机械100万元用于助老救助帮困，张家港农村商业银行100万元用于智慧医疗建设、医疗人才培养等；全市对开展“村级医疗互助”的经济一般村发放补助金153.9万元；开展慈善对口帮扶，市慈善总会为沭阳县困难家庭捐赠价值80万元小家电。年内，市慈善总会、江苏沙钢集团有限公司、“虹筑之家·工友驿站”关爱建筑工友志愿服务项目分别获评第六届江苏慈善奖“最具影响力慈善组织”“最具爱心慈善捐赠企业或单位”和“最具影响力慈善项目”；市慈善总会、市志愿者协会获评第五届苏州慈善奖“最具影响力慈善组织”，江苏永钢集团有限公司等10家企业获评“最具爱心慈善捐赠企业或单位”，“村级医疗互助项目”和“张家港市银龄互助志愿服务项目”获评“最具影响力慈善项目”，顾秉钧和徐光获评“最具影响力慈善楷模”、谭超获评“优秀慈善工作者”。市婚姻登记处、市第一中学等5个单位（机构、设施、场所）被认定为慈善空间和慈善实体。

【“云上+实体”慈善超市】 为更好发挥慈善在第三次分配中的作用，年内，张家港市实施“云上+实体”慈善超市融合项目。上线慈善超市小程序，涵盖商品销售、微心愿捐助模块，整合原有“互联网+慈善超市”功能，通过困难群众需求申请、专人审核、统一发布、在线捐赠、上门取件、免费派送6项流程，实现点对点捐赠。线下在杨舍镇、塘桥镇、乐余镇、南丰镇、金港街道试点建设5家实体慈善超市，以社会公众自愿无偿捐助为基础，借助超市运作模式，涵盖款物募集、困难群体救助、商品销售、慈善文化宣传、便民服务、志愿服务6个基本功能，以及余量食品合理化利用、慈善项目孵化培育、慈善产品开发、专业慈善服务等多个综合功能。依托“云上+实体”慈善超市，成立首批30家爱心企业联盟，爱心企业向慈善超市捐赠物品，供困难群众低价获取。“云上+实体”慈善超市自9月2日正式运营，至年末，线下销售5602笔，销售额19万元；线上帮捐物品1154件，940名求助者收益。

【“苏州朱玉宝慈善基金会”成立】 9月13日，由江苏宏宝集团有限公司创始人、名誉董事长朱玉宝发起的“苏州朱玉宝慈善基金会”在大新镇揭牌成立，成为全市第一个由个人名义发起成立的慈善基金会。基金会注册资金200万元，以朱玉宝每年在宏宝集团的个人股份分红进行持续注资，并接受社会捐赠。基金会以扶贫济困和促进科教文卫事业发展为目标，成立后签订捐赠协议320万元，用于大新镇教育事业发展。同时，基金会依托大新商会发展会员单位，推动更多企业家投入公益慈善事业。

【“扬帆计划——低收入家庭青年就业促进”项目实施】 年内，市民政局联合市人社局、市慈善总会，首次实施“扬帆计划——低收入家庭青年就业促进”项目，助推低收入家庭青年就业，帮助其家庭早日走出困境。该计划实施对象为张家港市在读中专、大专、本科及以上的低收入家庭青年，项目助其从自我分析、学业发展、技能提升、实习体验、职业发展等方面进行系统的生涯拓展，协助合理制定学业规划，为未来职业发展奠定基础。年内，该项目建立“梦杨帆”品牌并注册商标。项目服务全市低收入家庭青年453人，进行个案服务153次，开展小组活动36次，各类参与活动的企业、社会组织及群众累计受益15894人次，83名低收入家庭应届毕业生实现100%就业。

（汤景茹　钱芳瑜）

社会福利

【概况】 年内，市民政局加强特殊群体关爱保障，探索构建未成年人保护体系，完善儿童福利和残疾人福利保障政策，提升社会福利保障水平。全市有在册困境儿童558人，其中社会散居孤儿9人、事实无人抚养儿童126人、重病重残儿童423人。有特困对象362人，其中集中供养356人，分散供养6人。有在册享受困难残疾人生活补贴5309人，享受重度残疾人护理补贴9447人。

【福利发放】 全市特困对象供养标准每人每月1533元，机构孤儿基本生活费标准每人每月2750元，社会散居孤儿、事实无人抚养儿童基本生活费标准每人每月2450元，重病重残儿童基本生活费标准每人每月1225元。全年发放困境儿童基本生活费补贴744.85万元。实施“明天计划”项目，投入资助金4.57万元，惠及7名困境儿童。落实“福彩圆梦·孤儿助学工程”，为5名孤儿发放资助金5万元。全年办理收养登记23例。全年发放残疾人两项补贴6242.42万元，其中困难残疾人生活补贴4649.76万元、重度残疾人护理补贴1592.66万元。

【福彩建设】 2022年，张家港市福利彩票销售额2.3亿元，完成苏州下达年度目标任务的116.8%，筹集本级福彩公益金2407.9万元。继续开展“福彩图书室”公益活动，列支福彩公益金10万元购置3000余本书籍，在未成年人保护工作站、养老服务中心等10家机构建设“福彩图书室”并挂牌。参与全省福彩系统“百日竞赛活动”，获评“全省福彩系统百日竞赛活动先进集体优胜县（市、区）”。市福彩中心连续第四年开展“以奖代补”扶持福彩站点，对单机电脑票销量在综合绩差线以上的站点每季度发放奖励性补贴900元，全年发放49.23万元；在商圈、超市投放辅助销售设备，增设福彩兼营店，年内净增25家福彩销售点；建立动态管理机制，优化销售网络，对销量持续落后的站点及时调整辅助销售设备；开展站点帮扶、培训，多次组织站点销售员参加线上、线下培训，组织站点间实地参观、交流学习，提升销售水平和服务能力；常态化落实疫情防控、安全防范措施。11月，6家福彩销售点通过升级改造门头、背景墙、销售桌、走势图等举措，提升服务、亮化形象，创成省级福利彩票销售示范点。

【未成年人保护】 年内，市民政局专项投入750万元，将市未成年人关爱保护中心改造工程列入全市民生实事项目。通过购买服务为全市困境未成年人提供危机介入、个体增能、家庭辅导、资源链接等专业服务，开案632例，提供专业服务3886人次，实现困境未成年人个案管理分级服务全覆盖。实施突发困境未成年人干预保护，接收转介个案45例，提供专业服务275人次。指导区镇、街道未成年人保护工作站（儿童“关爱之家”）建设，累计开展服务3.4万人次。为12家市级儿童“关爱之家”发放补助金35万元，建成省级示范性未成年人保护工作站（关爱之家）2家。实施未成年人保护专业能力提升项目，研发家庭教育课程6节、儿童社工线上课程6节和个案督导课程6节，开展专题培训26场、91课时、1166人次参与，7名儿童社工通过个案服务督导考核。开展2022年“未成年人保护工作宣传月”活动，成立未成年人保护专家库，未成年人保护热线接收报告42例。

（汤景茹）

南丰镇未成年人保护工作站开展学雷锋主题活动　（市民政局　提供）

住房保障

【概况】 年内，市房管中心继续推进以公租房、保障性租赁住房和共有产权住房为主体的住房保障体系建设。全市棚户区改造各项目标完成率均为100%以上，审核发放各类住房保障资金，加强公租房安全巡查和租住人员资格检查，成立保障房管理公司专业管理公租房。全年完成维修资金归集124255万元；受理维修资金使用390起，使用维修资金2775.33万元，其中房改房维修2起，14591.5元。做好白蚁防治工作，预防受理建筑面积202.1万平方米，白蚁预防施工建筑面积246.4万平方米。苏州市住房公积金管理中心张家港分中心稳步推进制度覆盖，打造“最美窗口”，精准优化服务供给，推动公积金保障“住有所居”走深走实。年内，苏州市住房公积金管理中心张家港分中心被国家机关事务管理局等四部委授予“节约型机关”称号，获评2021年度江苏省住建系统“工人先锋号”。

【保障性住房管理】 2022年，全市棚户区改造新开工目标任务1600套，实际开工1612套，完成率100.75%；棚户区改造建成目标任务1000套，实际建成1364套，完成率136.4%。城镇住房保障家庭租赁补贴发放目标任务100户，实际发放户数157户，完成

小菜巷新村人才公寓样板间　　（市房管中心　提供）

率157%。保障性租赁住房目标任务2000套间，实际筹集2001套间，完成率100.1%。6月，年度住房保障申请审核工作启动，市房管中心收到170余户初审合格的申请家庭材料，其中申请购房补贴11户（包括消防大队申请购房补贴3户），申请租房补贴162户；发放各类住房保障资金220万余元，其中购房补贴发放5户、128万余元，租赁补贴发放157户、92万余元。全年办理64户经济适用房、5户共有产权房上市销售审批手续。中心管理的896套公共租赁住房，已出租670套，剩余210套中有36套在装修中，空置174套。年内对公租房开展安全巡查，及时处置安全隐患，更新和补充消防设施，对符合通气条件的老住宅全部开通天然气。基本完成年内到期公租房的合同续签和租金收缴工作，收取租金406万元。结合市检察院的检察建议和市委巡视组整改要求，加大对租住人员资格的检查力度频次；成立保障房管理公司进行专业化管理，对公租房进行智能化改造，开发信息管理平台，集人员资格审核与入住管理一站式服务，进一步规范租赁合同签订。

【住房公积金管理】 2022年，全市新增住房公积金开户职工3.67万人，新增缴存单位5676个，净增缴存职工1.02万人。年末缴存人数33.44万人。全年归集住房公积金55.57亿元，年度住房公积金基数调整率72.17%，通过基数调整增加月缴存额3470万元。苏州市住房公积金管理中心张家港分中心深化自愿缴存实施试点，强化“以用促缴、以缴促用”，个体工商户缴存净增586人，自由职业者缴存净增33人；指导灵活就业人员使用数字人民币办结缴存业务2笔，为灵活就业人员提取公积金96.6万元，发放公积金贷款1030.25万元，推动形成自愿缴存、提取、贷款完整闭环运行机制。落实帮助市场主体纾困解难的政策措施，全年累计为221家企业办理降低缴存比例，月均减少经营成本324.21万元，16家企业获准缓缴，月均延迟支付96.54万元。优化企业上市合规证明申请和审批流程，全年受理审核缴存证明申请134家，助力营商环境优化。挖掘小微企业扩面潜力，选定冶金园（锦丰镇）作为网格化管理试点对象，在苏州大市范围内率先构建五级治理体系，拓宽缴存扩面新路径。全年发放住房公积金贷款3222笔、18.01亿元，历年累计发放贷款72686户、229.11亿元，累计支持购房面积885.46万平方米。加快楼盘备案进程，全年办理楼盘备案60批、159幢。执行贷款提额降息新政，全年贷款平均额度55.86万元，较上年上升11.68%。全年提取住房公积金35.95亿元，历年职工累计提取294.78亿元。加大租房提取支持力度，全年租房委托提取金额402.24万元，比上年增151.81%。支持老旧小区改善居住环境，办理加装电梯提取15笔，合计59.48万元，提取规模位居苏州大市首位。依托全国一体化服务平台推进“跨省通办”和“长三角一网通办”，实现“零跑腿”和“网上办”。落实基层“三整合”改革，在经开区（杨舍镇）行政服务中心设立全业务窗口，打造住房公积金“便民服务圈”。

【住房公积金政策调整】 自4月21日起，市住房公积金个人住房贷款最高限额上调。首次办理住房公积金贷款，借款申请人及共同借款申请人中有两人（含）以上共同参与计算可贷额度的，贷款最高限额从70万元调整为90万元；仅借款申请人参与计算可贷额度的，贷款最高限额从45万元调整为60万元。自7月1日起，全市住房公积金缴存基数调整及缴存单位基础信息核对工作启动。缴存基数按职工本人2021年度月平均工资收入（工资总额）核定，最高不得超过31600元，最低不得低于市社保最低缴费基数。住房公积金缴存比例为单位和职工各5%—12%。参加住房公积金制度的自由职业者，住房公积金结算年度月缴存额最低为每月500元，每增加500元为一档，最高不超过每月5000元。自10月1日起，同步中国人民银行决定，下调首套个人住房公积金贷款利率0.15个百分点，5年以下（含5年）和5年以上利率分别调整为2.6%和3.1%。第二套个人住房公积金贷款利率保持不变，即5年以下（含5年）和5年以上利率分别不低于3.025%和3.575%。自11月1日起，全市住房公积金租房提取额度调整，职工租赁自住住房（不含公租房）的，在住房公积金个人账户扣除规定的留存额后的可用余额内，每月提取额度不超过房屋租赁合同（协议）载明的月租金且不超过最高限额。

（戴高乐　缪怡佳）

【编辑　陆文琰】

社会治理

Social Governance

月12日，2022年度全市化工企业安全生产工作会议举行　（市应急管理局　提供）

社会治理现代化建设

社会调解服务

应急管理

社区治理

消　　防

张家港年鉴(2023)

扫码欣赏

精网微格
治理新路径

社会治理现代化建设

【概况】 年内，市社会治理现代化指挥中心创新基层网格化治理，拓展集成指挥功能，强化网格员队伍建设。对全市基层综合网格的设置进行调整，划分三级综合网格1038个，同时设立行政机关、企事业单位、医疗卫生机构等专属网格377个。配备专职网格员1357人，配备率100%。打造“精网微格”新模式，在基层综合网格基础上，依托小区、楼栋、村民小组、街边商铺等，细分“微网格”2750个，配备“微网格”联络员5999人。报道网格创新工作及相关工作经验文章52篇，《数字化智能化社会治理体系精细感知城市“脉搏”——张家港练就智治“最强大脑”》被《新华日报》刊登。“联动张家港”微信公众号、视频号、App，“12345”微信公众号累计粉丝关注26万余人。“12345”热线获评“2022年江苏省工人先锋号”“2022年度全国‘12345’政务服务便民热线案例专业升维典范”“2022年度全国政务热线服务质量评估服务群众优秀单位”，市指挥中心获评“人民网网上群众工作民心汇聚单位”。市社会治理现代化指挥中心与市委政法委、市委编办、市民政局等单位申报的党建项目《党建引领基层治理“根须工程”》入选市级“揭榜挂帅”党建项目。结合“十个现代化”要求，推动2022年新一轮“八心工程”40+项目在张家港落地落实，精心打造10项特色亮点工作。年内，社会心理服务指导中心建设项目和企业刑事合规项目入选苏州新一轮“八心工程”40+示范项目；市公安局交警大队“掌上行政速裁”、市人社局“‘调裁审执’劳动保障维权一体化服务中心”、市法院锦丰法庭“非诉无声”、锦丰镇政法办“推行‘三四五’模式，构建‘三个六必’机制，争创苏州社会治理样板”等4个项目获评2022年度苏州市市域社会治理创新案例。

【网格员队伍建设】 年内，市社会治理现代化指挥中心制定《张家港市社会综合治理网格化联动机制“一案一奖”实施办法》，对表现突出的网格员，开设区镇机关、村（社区）自用人员定向招录岗位，畅通网格员晋升通道，共有75名专职网格员完成“身份转变”。制定完善《专职网格员工作职责负面清单》《张家港市网格责任倒查事项清单》《张家港市专职网格员岗位廉政风险点及防范措施清单》，进一步明确职责。采用云培训形式，举办“张家港网格学院”全市第三期专职网格员培训班，培训网格员1362人；组织全市骨干网格员专题研修班集中培训，培训骨干100人。开展2022年张家港市专职网格员职业技能竞赛，并组织参与苏州市专职网格员职业技能竞赛，获团队三等奖和个人三等奖。开展2021—2022年度全市“先锋网格员、最美网格员、优秀网格员”评选表彰活动，表彰先锋网格员12人、最美网格员30人、优秀网格员100人。

【“文明协管员”队伍组建】 年内，市社会治理现代化指挥中心采取服务外包模式组建成立“文明协管员”队伍，结合“同创共建”“啄木鸟行动”，采集上报城市管理领域的相关问题，共上报案件近6万起，办结率99.83%。疫情期间，组建248人的“网格防疫专员”队伍，开展专题业务培训。累计投入网格力量27905人次，为群众提供服务44393次，参与核酸采样点服务148382人次，排查走访营业场所3.6万家，配合相关部门对违规经营或者人员聚集的场所采取劝离等措施，开展防疫宣传活动4万余场，发放防疫宣传册24万份；在社会矛盾纠纷隐患排查、重点人员走访服务、既有建筑安全隐患排查等工作中，充分发挥“大数据+网格化+铁脚板”治理机制优势，及时发现隐患线索2.4万余条；打造“沙洲网事”民生服务平台，帮助解决各类困难58件，成立“一网情深”网格志愿服务总队，开展志愿服务560次。

【“12345”便民服务热线】 “12345”热线是代表市委、市政府为群众提供政策咨询、监督投诉、市民求助的非紧急类政务服务热线。年内，累计受理市民有关涉疫诉求55万余件，整理更新信息630版，向市委、市政府报送涉疫专报120期，市主要领导批示12次。利用“12345”热线平台优势，将群众反映的涉及网格清单事项交办至镇网格分中心。通过“12345+网格”快速联动模式，提高居民群众对网格员的知晓率和满意率。年内，处置任务单500余件。全面启动“12345提质增效”行动，“12345”热线沉积工单处置率91%，处办工单回访满意率95%以上。与市人社局共同设立“港城尚贤”人才服务专席，至年末，专线受理处办相关诉求391件。

（金成玮）

【平安张家港建设】 2022年，张家港市持续深入推进平安张家港建设，提升社会治理现代化水平，护航经济社会高质量发展。1月，启动维护公共安全、社会矛盾化解两个专项行动。2月，部署春节、两会、冬奥会期间社会平安稳定工作；组织开展社会治安重点地区和突出问题排查整治。3月，部署推进全市特殊困难群体救助帮扶等相关工作；制定出台平安张家港建设协调机制配套文件，建立健全相关组织架构，在领导小组办公室下设8个协调小组，明确职责分工和工作规则。4月，部署推进市域社会治理现代化新一轮“八心工程”40+项目。5月，启动打击整治养老诈骗专项行动；部署开展社会矛盾风险隐患排查相关工作；举办“5·26我爱路”系列宣传活动。6月，深入推进诉源治理工作；启动“枫桥式村（社区）”创建。7月，开展全市校园安全风险大排查大整治工作；完善法官、检察官、警官和律师进网格工作机制。9月，全面推进市、镇、村三级社会调解服务中心建设；开展群众安全感百日提质专项行动。11月，制定印发《张家港市严重精神障碍患者服务管理工作指导意见》，健全严重精神障碍患者服务管理工作联动机制，推进以奖代补政策；开展下半年提升群众安全感行动。全年排查整改社会治安重点地区和突出问题17个，特殊精神障碍患者以奖代补签约率达到84.95%，省委政法委组织第三方测评的群众安全感达到99.5%,位居苏州第三。

(丁洪军)

【四大领域消防安全治理】 年内,市消防安全“331”机制办继续围绕出租房(群租房)、电动自行车、“三合一”和小餐饮场所四大领域开展消防安全治理。开展隐患排查整治,共整治出租房(群租房)1.7万家、小餐饮场所819家、“三合一”场所27家;对34处重点隐患实施三级挂牌督办,11月完成摘牌销号。加大执法力度,查处出租房、电动自行车违法案件441起,涉及出租房屋租赁违法案件和消防违法案件、非法生产销售改装电动自行车的单位违法案件、履行电动自行车停放管理职责不到位的物业企业违法案件、违规停放电动自行车个人违法案件等五类。新建电动自行车集中充电头2.34万个,提档升级3201个,回收老旧电动自行车4289辆,在居民小区安装智能梯控设备和AI智能识别系统608套,智能识别电动车入电梯行为并自动播放警示语音。加强智慧监管,在锦丰、大新等镇推广使用物防技防工具24处、数据赋能模型12处,物防技防工具库和数据赋能模型库入库工具或模型共3项通过苏州评审。年内新增老旧小区、商业街区、村(社区)消防安全创建示范点11处。深化群租房火灾隐患整治“2+N”(“2”指两种集宿区建设模式,“N”指鼓励各地创新,完善租房疏导安置“工具箱”)疏导安置模式,在重点企业、工人集中区建设5884个床位。聚焦重点场景,按照“模块化+组合式”方式开展消防安全宣传教育,发放宣传资料近16万份,发送短信20万条,制作推出“电动自行车整治6个决不允许”警示教育片;以沟通、宣传、互动、传授为主题开展消防安全“心防工程”建设,全市中小学校园、村(社区)分别完成79.2%、59.8%。年内,市“331”机制办的“工作质态‘红黑榜’制度”“电动自行车充电设施建设‘1443’工作法”被评为苏州市“十佳优秀机制战法”,在苏州市范围内推广;张家港市“331”工作在苏州高质量发展绩效考核中位列第三。

【电动自行车集中充电场所建设】 年内,市消防安全“331”机制办申报的“电动自行车集中充电场所建设”被列为全市24个民生实事项目之一。该项目在综合考虑市容市貌、方便群众及安全等因素的基础上,在机关、企业、居民小区、主次干道、商业综合体、背街小巷等地选取合适的电动自行车停放点位,新建电动自行车集中充电头2.34万个,解决电动自行车“充电难”问题,有效预防和遏制电动自行车火灾事故等。该项目被市人大评定为满意项目。 (王 依)

应急管理

【概况】 2022年,市应急管理局贯彻落实习近平总书记关于安全生产、应急管理的重要论述和重要指示批示精神,扎实推进安全生产专项整治,不断夯实安全生产基层基础,有力做好防灾减灾各项工作,全市安全生产形势持续向好。与2021年相比,各类安全生产事故起数和死亡人数实现“双下降”,未发生较大及以上事故。年内,市应急管理局获江苏省安全生产行政执法工作先进集体、苏州市安全生产先进集体、苏州市“安全生产月”活动先进单位、苏州市第七届安全生产综合执法比武竞赛优秀组织奖、张家港市文明机关、张家港市五一劳动奖荣誉。

【安全监察】 年内,市应急管理局强化精准执法,持续推进四个专项执法行动(“一带一帽”专项执法、安全生产培训“走过场”专项执法、安全生产风险管控专项执法、动火等特殊作业及委外作业专项执法),常态化开展夜查,将18类违法行为(隐患管理、重大危险源管理、教育培训、安全设备使用维护等)作为重点执法案由,立案处罚949起,处罚金额2205万元。在危化领域,推进危化品安全风险集中治理,对高危细分领域企业、老旧装置、中小型油气储存基地、重大危险源企业开展安全风险评估,累计查治隐患3265条;开展醇基燃料专项整治,对违规储存、使用醇基燃料坚决取缔。在冶金领域,开展冶金领域“321”安全服务工程(3家大型联合钢铁企业对标“双一流”服务、20家冶金有色企业“全身式”诊断服务、近100家机械铸造企业安全“托管式”服务),督促企业排查各类隐患2040项,其中重大隐患21项,全部完成整改;深化全市金属冶炼企业安全规范化建设,推动沙钢、永钢持续同中钢武汉安环院、杜邦合作,建强安全管理体系;严格对照“钢8条”“铝7条”等要求,对81家冶金企业全覆盖检查。在一般工贸领域,持续紧盯粉尘涉爆和重工重装企业,开展“一企一策”专项治理;深化工贸企业使用危化品专项治理,累计整治隐患2800余条;开展镇村工业集中区和出租厂房规范化管理深化提升工作,打造一批示范样板;会同市住建、市场监管、消防等部门对集中区重点企业开展联合执法检查。在综合监管领域,制定各区镇(街道)、相关责任部门年度“重点工作任务清单”和“负面清单”,并对触碰“负面清单”的区镇(街道)进行约谈。在年度考核的基础上制定季度监测实施办法,实施每月调度统计分析、每季度监测排名、年度综合考核评定,考核结果纳入全市高质量发展综合考核体系并与绩效挂钩。出台《张家港市安全生产工作职责分工协调办法》,明确新业态和职责交叉领域安全监管责任(首批明确分布式光伏发电项目、飞行营地等13个领域的安全监管责任),消除监管盲区。成立8个市级安全生产督导组,围绕党的二十大期间安全生产、百日攻坚等重点工作,每月对区镇(街道)、部门开展督导,累计督促整改问题隐患543条。建立重大隐患动态挂牌督办机制,对日常排查发现的各类新增重大隐患每季度动态挂牌督办,并建立重大隐患“一案一档”台账。开展“零事故”区镇和“零伤害”企业创建,会同市人社部门开展“同安行动”(包含“同安领航”“同安起航”“同安助航”“同安护航”4个子活动,旨在实现全市工伤发生率和工伤保险支缴率双下降、生产安全事故起数和死亡人数双下降的总目标，全速打造长三角区域工伤预防标准化特色品牌样板），将企业安全生产状况与工伤费率浮动挂钩；针对全市各行业领域生产经营过程中的安全风险，制定发布防范“十条红线”（分析10年来全市高处坠落、机械伤害、起重伤害、物体打击等排名前十位的生产安全事故类型，提炼出《张家港市防范生产安全事故十条红线》），及时采取有效措施消除事故隐患。制定安全生产举报奖励办法，强化安全生产领域社会监督，倒逼企业落实安全生产主体责任。

【安全宣传教育】 年内，市应急管理局组织开展全市应急管理和安全生产监管专题培训班18期，组织安委会成员单位分管负责人、各板块分管负责人和安监办主任进行脱产培训。组织全市金属冶炼企业主要负责人、金属冶炼岗位班组长安全业务培训班8场次，培训人员近900人。组织60家金属冶炼企业人员赴常熟理工学院开展8期集中培训。深入开展“安全生产月”系列活动，组织实施“百团进百万企业千万员工”专题宣讲，全年开展57场，覆盖企业3962家。组织实施“一季一课”（企业每季度开展1次全员安全培训，授课人为企业主要负责人和其他分管负责人）和“班前班后五分钟”安全教育培训，全面推行“不安全不生产”制度，提升企业员工安全意识。

【应急救援和防灾减灾】 年内，市应急管理局完成市级专项应急预案修编46件，乡镇应急预案修编223件，村（社区）现场处置方案558件，重点企业应急预案283件。市、镇两级应急预案修编率均达100%。定期开展应急预案演练，市级层面开展特种设备、防汛防台等应急演练9场，区镇（街道）累计开展应急演练357场。承办苏州市较大以上生产安全事故暨张家港市危化品事故应急演练，围绕企业自救、化工园区响应、张家港—苏州两级政府处置、现场综合救援、响应终止等31个科目进行演练。健全部门协调联动应急机制，与市气象、水务等部门组织各种类型会商13次，其中气象灾害黄色预警以上会商率100%。对突发短时强对流天气、台风、内涝、雨雪冰冻天气等极端气象过程，累计发出各类风险提示单、预警通知29份，做好台风“梅花”应对工作。强化防灾减灾宣传，开展“5·12”全国防灾减灾日线上宣传系列活动，组织防灾减灾线上有奖竞答活动，总浏览量61374人次，参与答题人数34846人。组织“市—镇—村”三级灾害信息员开展线上培训3场、线下培训1场，全市273名灾害信息员参训。

【安全生产专项整治】 年内，市应急管理局在深化提升专项整治方面，明确11个专题42项150条工作任务，每月调度全市工作情况并编发工作简报，全年编发40期。截至2022年年末，全市安全生产专项整治三年行动累计排查各类隐患45万余项，隐患实行动态清零，其中重大隐患96项，已全部完成整改，停产停业整顿违法违规企业152家，关闭取缔违法违规企业2家，移送司法机关423人，约谈警示企业365家，联合惩戒失信企业34家，罚没金额10610.97万元。开展安全生产大检查方面，聚焦国务院安委会15条硬措施，明确全市大检查工作54项任务措施。推动各区镇（街道）、各部门累计排查隐患4万余项，停产停业整顿违法违规企业23家，处罚1467万元。推进百日攻坚行动方面，明确10个领域79项重点整治内容，推动全市相关领域累计排查并督促整改各类隐患3607项，实施处罚179万余元，停产停业整顿违法违规企业3家，关闭取缔违法违规企业3家。

（侯　燕）

【全市首个应急救援基地启用】 6月25日，高新区（塘桥镇）应急救援基地正式启用。该基地总投资约500万元，占地面积约5000平方米，是全市首个集综合性应急救援物资仓库、智能化管理、宣传教育培训于一体的应急救援基地。基地围绕“一库一馆一中心”的建设理念，将区镇原先散落于各条线、部门的防汛防旱、疫情防控、后勤保障等物资进行分类整理逐一入库，建设应急物资系统管理平台，与市级大数据平台进行对接。同时，面向广大企事业单位和社区群众，广泛开展各类救援知识培训，通过走出去、引进来等多种方式，加强应急救援知识技能的科普与传播。

（卢嘉辉）

消　防

【概况】 2022年，市消防救援大队深入贯彻落实“疫情要防住、经济要稳住、发展要安全”的重大要求，履行消防工作职责，重点工作有序推进，有力促进全市消防安全形势稳定向好。年内，全市消防救援队伍处置火灾1475起（含户外电气、草坪垃圾730起），抢险救援和社会救助1131起，疏散营救被困群众202人。全年火灾次数比上年下降9.12%，抢险救援和社会救助次数比上年下降6.29%，实现全年火灾事故“零亡人”。编制《张家港市“十四五”社会消防救援事业发展规划》，指导大部分区镇（街道）完成新一轮城乡消防规划编修。市消防大队被全国创建青年文明号组委会办公室评为“一星级全国青年文明号”，被江苏省消防总队评为“全省火灾防控专项整治先进大队”，被张家港市文明委评为“2022年度张家港市先进文明单位”，获苏州支队“政先锋”岗位练兵比武竞赛团体二等奖，获得苏州支队“喜迎二十大，护航新时代”主题文化作品展团体一等奖，选送作品《冲锋》获得摄影金奖。1名消防员被中国消防救援学院录取，1名干部获评“张家港市社区教育优秀志愿者”，2名消防员获张家港市优秀团员和优秀青年志愿者等荣誉。

【消防安全保障】 2022年，市消防救援大队固化发展多种形式消防救援力量，推动北二环路消防救援站、步行街消防救援站纳入2023年城建计划，新建鹿苑消防救援站、妙桥消防救援站，完成德积消防救援站（暂定名）建设，开展化工专业消防救援站内装修工程，新招录120名政府专职队员并完成集训工作后，基层一线消防执勤备战人数达到462人，有效缓解消防救援力量缺口。新建市政消火栓92个，督促相关部门根据《张家港市消火栓维护和管理办法》落实管理维护制度，确保消火栓完好有效。在全市推广安装独立式感烟火灾探测报警器3300余个，安装电动自行车智能充电装置790余套。全年开展高层建筑、大型商业综合体、化工企业、大跨度厂房等针对性演练30余次，各类随机拉动检查和测试70余次，完善二级重点单位预案修订43份，开展典型案例战评6次，开展"三个一百"和化工灭火救援"五知五会三能"专项活动，推动化工企业开展三维建模57家，完成全市重点单位、高层建筑全影图718家，对金茂大厦、滨江大厦、汇金商务中心等8家超高层建筑开展消防设施调查测试，整合建立大队级灭火救援预案库，对95家化工企业建立专家信息底册。

【消防安全整治】 年内，市消防部门摸排纺织企业1435家，整改隐患2313处；排查镇（村）工业集中区111个，整改隐患2035处；排查商业综合体13家，整改隐患25处；排查高层建筑2992幢，整改隐患1903处；排查住宿人数10人以上自建房2851个，整改隐患3079处；排查居民小区501个，整改隐患737处。联合相关职能部门合力推动4家重大火灾隐患单位完成整改。对"三合一"场所、群租房、电动自行车、"九小场所"等火灾防控薄弱领域开展集中排查治理，接受公安派出所移送出租房违法行为线索211起，查处履行电动自行车停放管理职责不到位的物业企业案件27起、违规停放电动自行车个人案件93起。加强集中隔离点消防安全管理服务，督促隔离点消防安全管理人每日开展消防安全自查，强化全市集中隔离点检查指导。围绕党的二十大安保，牵头开展纺织企业、镇（村）工业集中区、居民住宅小区消防安全治理"百日攻坚行动"、冬春火灾防控等专项行动，推进高层建筑、电动自行车、大型商业综合体和商场市场综合治理，剧本杀、密室逃脱、电化学储能等新业态治理，化解突出消防风险。疫情期间，对大型商超、企业、农贸市场终末消毒，对阳性人员涉及居所包括集中隔离场所、单位、公共场所等区域开展消杀23批次，对全市境内高速公路10个出入卡口、路面、护栏及绿化带全面消杀15次，累计消杀里程1739千米。组织62名党员成立"火焰蓝"防疫志愿服务队，进驻全市15个卡口、19个核酸检测点位，开展志愿服务440人次，消毒160余次，搬运物资1000余件。

11月9日，"119消防宣传月"活动启动，消防指战员给市民发放消防知识手册并讲解防火常识 （市消防救援大队 提供）

【消防主题宣传】 年内，市消防部门持续开展消防宣传"五进"工作，开展"防灾减灾宣传日""119消防宣传月"等系列活动，举办活动902场、培训讲座194场、疏散演练227次，发放宣传资料8万余份。依托社会单位、公共场所楼宇LED显示屏，高频次播放消防公益广告和消防宣传标语。利用消防宣传车持续开展"送消防安全进千家万户"主题宣传活动，居民小区宣传覆盖率达到85%。建设完善步行街消防文化主题广场、沙洲湖影院消防主题影厅和科技馆消防科普阵地。依托王府广场消防志愿者服务站，全年发动发生火灾的相关单位员工争当消防志愿者，参与人数约110人。开展"打铁趁热"式"面对面"警示宣教活动，组织疏散演练328场，培训讲座530场，受教人数11万余人。在市消防救援大队开设全市首个"市民工具箱"文明实践站，14类91种工具总计802件套均可无偿借用，利用家庭防火常识、"消防蓝码"等海报，将消防知识科普宣传与便民服务有机结合，融合"应急、便民、宣传"等元素，提升全民消防安全意识。

（陆炜佳）

社会调解服务

【概况】 2022年，市社会调解服务中心接待到访群众163批163人次；直接调处社会矛盾纠纷25起，受益当事人100人，涉案金额471.1万元；市医患纠纷调解办公室接待调处医患纠纷10起，涉及金额150万元。

【触电死亡事件调解】 1月，张家港籍工人缪某在工作时不慎触电身亡，因事故涉及3家公司，情况较复杂，缪某家属到市社会调解服务中心申请调解。市调解中心联系当事人家属面谈，了解具体诉求后与3家公司沟通，涉事企业同意先由缪某所属公司出面解决赔偿问题，后续再处理3家公司间的问题。但受疫情影响，该公司效益不好，企业主陈某资金紧张。市调解中心经六天五轮的协调沟通与反复商议确认，陈某按《江苏工伤工亡赔

偿标准》以分期支付的形式赔偿缪某家庭118万元。 （胡士家）

社区治理

【概况】 8月，后塍街道成立善政社区。至年末，全市有村委会144个，与上年持平；有社区居委会121个，比上年增1个。年内，市民政局推进基层民主协商工作，加强社区工作者队伍能力建设，优化社区治理模式，举办年度“全员全科社工”业务培训班，评选全市首批优秀“微自治”案例，深化“微自治”“民生微实事”“邻里港湾”“全员全科社工”等社区治理特色品牌。推选出第二批“邻里港湾”点位23个，其中农村社区点位11个；“张家港市打造‘邻里港湾’新型城乡社区综合服务模式”获2021年度江苏基层社会治理创新成果奖。1月，民政部委托省民政厅组织专家就“全国农村社区治理实验区”建设结项评估进行远程复核，张家港市交流农村社区治理方面的创新做法和典型案例。

【社区协商工作机制实施】 社区协商是实现多方主体参与社区居民自治的工作机制，年内，全市推行以“村（居）民议事会”为主要形式的城乡社区协商。在村（社区）党组织领导下，通过村（居）民大会或代表大会选举产生党员比例超过50%的村（居）民议事会，建立“基层党组织领导—议事会民主协商—村（居）民代表大会民主决议—村（居）委会组织实施—村（居）务监督委员会民主监督”自治机制；科学制定议事制度，村（居）民议事会按照“先急后缓、先易后难、公开透明、找到群众利益最大公约数”原则，对村（居）务管理中的急事难事，通过“建议、提议、决议、备案、公开、实施”六个步骤商议解决；探索“微自治”模式，指导各村（社区）划分微单元、成立微议事会、探索议题分级制度、开展微协商，建立协商成果采纳、落实、反馈机制，使社区协商取得实际成果。7月至10月，面向全市各区镇（街道）征集基层“微自治”优秀案例，杨舍镇锦程社区“党建引领‘微自治’推动老小区电梯加装迅速破题”、锦丰镇沙洲社区“一米‘小书架’撬动基层‘大治理’”等15个案例获评全市首批优秀“微自治”案例。

【社工队伍建设】 年内，据不完全统计，全市有294人通过全国社会工作者职业水平考试。至年末，全市有持证社会工作者3695人。市民政局、市社区发展基金会开展社会组织公益创投活动，福彩公益金投入217.63万元资助22个项目，分为推广类、创新类、培育类三类，包括未成年人心理健康教育、丧偶长者关爱、困境女性增能支持等主题。实施社会工作督导人才能力提升计划，面向62名本土社工督导开展培训，通过团体授课、小组探讨、以老带新等方式提升督导服务能力。1名社工督导获评第三届江苏省“最美社工”。推进基层社工站（室）建设运营，年内11个社工站全部实现落地运营，建成社工室265个，实现区镇（街道）社工站、村（社区）社工室全覆盖。1家社工站入选苏州市优秀“红色社工站”，2家入选苏州市“红色社工站”；17名社工入选苏州市“红色社工”。11月，线上开展年度“全员全科社工”业务培训班，全市265个村（社区）均设分会场收看，4030名村（社区）工作者参训。市民政局指导各区镇、街道开展年度全科社工上岗考试和资格复评，年末全市有“全员全科社工”2239人。

【社会组织管理】 2022年，全市新增社会组织29家，其中社会团体11家，民办非企业单位18个；注销社会组织51家，其中社会团体11家，民办非企业单位40个。打击整治非法社会组织，取缔1家。至年末，全市有登记注册的社会组织895家，其中社会团体475家（行业性社团80家、学术性社团40家、联合性社团49家、专业性社团306家，行业性社团中包括苏州市下放登记管理权限的2家异地商会）、民办非企业单位419家（教育类59家、卫生类7家、文化类9家、科技类8家、体育类50家、人社类22家、社区服务类123家、其他类141家）、基金会1家。全市有备案的社区社会组织2455家，每1万名户籍人口拥有登记社会组织10家；有等级社会组织394家，等级社会组织数占应评总数的48%；有新成立或已认定慈善组织17家。年内，市民政局组织开展社会团体分支（代表）机构专项整治行动，发现6家社会团体存在授权任务、宗旨使命、名称带有地域性特征等问题；开展社会服务机构（民办非企业单位）非营利性监管专项行动，发现8家机构存在账务往来、投资收益核算等问题，均已完成整改。下半年，对50家社会组织进行抽查，发现少数社会组织存在到期未换届、未办理税务登记等问题，发出《行政提醒书》5份。开展社会组织廉洁合规建设，召开社会组织廉洁合规建设工作会议，社会组织均签署《张家港市社会组织廉洁合规建设承诺书》。

表62 2022年张家港市新核准登记社会团体一览表

社会团体名称	法定代表人	业务主管单位	登记日期
市江北企业家联谊会	支海波	市工商联	1月13日
市毽球跳绳运动协会	卢毅强	市体育总会	3月29日
市侨商联合会	赵海荣	市侨联	5月5日
市硬笔书法家协会	韩　松	市文联	7月15日
市东渡诗社	屠　峰	市文联	8月15日

续表62

社会团体名称	法定代表人	业务主管单位	登记日期
市暨阳书画社	崔　航	市文联	9月14日
市金港街道慈善会	李秋香	市民政局	9月20日
市德积街道慈善会	朱桂芬	市民政局	10月31日
市后塍街道慈善会	孙黎黎	市民政局	11月22日
市残疾人康复协会	吴　健	市残联	11月28日
市南丰镇永联体育协会	毛水才	市体育总会	12月2日

表63　　2022年张家港市新核准登记民办非企业单位一览表

单位名称	法定代表人	业务主管部门	登记日期
市长江社会工作事务所	王　伟	市民政局	1月24日
市益善汇社会工作发展中心	邵秋艳	市乡村振兴局	2月7日
市蓝天救援队	肖俊杰	市应急管理局	4月11日
市天长地久掼蛋俱乐部	缪国良	市文体广旅局	5月6日
市江南香山舞龙健身俱乐部	刘志芹	市文体广旅局	5月6日
市龙腾乒乓球俱乐部	黄无畏	市文体广旅局	6月9日
市孝德养老服务中心	周佳钰	市民政局	6月10日
市诺奖大核酸研究院	黄　莉	市科技局	6月16日
市猎鹰救援服务队	王冬银	市应急管理局	8月1日
市暨阳湖皮划艇运动俱乐部	秦　峰	市文体广旅局	8月1日
市新志网格治理服务中心	肖云星	市社会治理现代化指挥中心	8月24日
市江南香家庭农场联合发展服务中心	瞿玉艳	市农业农村局	9月14日
市大先生教育培训中心	朱梅芳	市教育局	9月20日
市学思堂教育培训中心	尹思华	市教育局	10月9日
市城乡社区体育俱乐部	李　岩	市文体广旅局	12月5日
市汇爱家庭教育服务社	丁　燕	市妇联	12月5日
市杨舍镇群星艺术团	周娉婷	市文体广旅局	12月27日
市康益盟社会工作事务所	戴丽花	市民政局	12月27日

【数字化社区治理】 年内，全市各村（社区）因地制宜探索符合自身的智慧社区模式，打造数字化服务阵地。南丰镇永合社区依托数字永联数据中台，通过“永联一点通”App实现社区治理向数字化、信息化、智能化转变，实现对生态、治理、产业、民生等指标精准管理；金港镇马桥社区“互联网+5G智慧社区综合管理平台”集成智能医护设备、“互联网+”医疗服务，开启新型社区养老模式。推行“全员全科社工”模式，全市通过上岗考试累计产生全科社工2239人，依托基层“互联网+政务服务”平台，构建“全员全科、综合服务、一口受理”的社区政务服务模式。

【“民生微实事”项目实施】 2022年，全市继续征集和实施“民生微实事”项目。11个区镇（街道）121个城市社区征集项目建议388个，产生项目355个，包括工程类项目199个、服务类项目156个，资金预算2006.42万元，社区覆盖率100%，预算完成率超100%。年内，市民政局联合派驻纪检监察组开展“民生微实事”项目督察，以“四不两直”的形式走访查看11个工程类项目，了解项目实施情况，收集意见建议，对个别项目问题督促整改。市民生微实事部门联席会议成员单位每半年度抽查一次“民生微实事”项目，年内抽查7个，项目质量较前两年有所提升。市民政局委托专业审计公司，随机抽取21个2021年度“民生微实事”项目进行审计，总体情况良好；委托专业调研机构，面向居民群众，开展2022年度“民生微实事”项目满意度调研，满意度95%。

（汤景茹）

【编辑　宋佳辰】

区镇（街道）

Zones and Towns (Streets)

ZHANGJIAGANG · SUZHOU

苏州 · 张家港

张家港站“日出大蝴蝶”　（杨海平　摄）

保税区

经开区（杨舍镇）

冶金园（锦丰镇）

高新区（塘桥镇）

乐余镇

凤凰镇

南丰镇

大新镇

常阴沙现代农业示范园区

双山香山旅游度假区

金港街道

后塍街道

德积街道

扫码欣赏

凤凰镇

保税区

【概况】 张家港保税区含保税港区、扬子江化工园、扬子江装备园、环保新材料产业园等多元载体。2022年，按照“区街一体”模式代管金港、后塍、德积3个街道，总管理面积131.6平方千米。年末，有户籍64024户、户籍人口177897人，另有外来暂住人口153263人（含金港、后塍、德积街道）。全年管辖区域实现地区生产总值934.42亿元。一、二、三产业增加值分别为3.62亿元、444.41亿元、486.38亿元。完成全口径财政收入116.5亿元，其中公共财政预算收入60.28亿元，比上年降5.7%，在全市占比27.5%。完成固定资产投资93.33亿元。其中，工业投资49.06亿元，比上年降3.9%，在全市占比22.9%，服务业投资44.27亿元；新兴产业投资49.84亿元。社会消费品零售总额77.61亿元。

经济建设　全区有企业19994家，其中工业企业2189家。426家规模以上工业企业全年实现总产值1630.96亿元，比上年增5.5%，在全市占比27%，实现营业收入1859.43亿元，利润总额133.56亿元。有全年纳税超2000万元企业73家、5000万元企业44家，其中超1亿元企业19家、5亿元企业4家，规模以上工业企业占全市一半。天齐锂业（江苏）有限公司纳税15.02亿元，创保税区历史新高。全区进出口总额231.36亿美元，在全市占比49.6%，其中出口总额47.64亿美元。注册外资及港澳台资3.31亿美元，实际利用外资及港澳台资3.11亿美元，在全市占比34.4%。年内，保税区召开产业创新发展大会，出台“一年1个亿、三年3个亿”产业扶持政策，确定新材料、新能源、新装备、新经济“四新”产业发展方向。开展各类招商活动，全年引进科技招商项目244项，其中潜力类90项、重点类20项；签约落地德国默克半导体、美国百胜供应链、日本置田精密部件等优质产业项目24项，其中超1亿美元项目6项。推行重大项目并联审批机制，承接苏州安全审批全链赋权，大族激光等33个计划新开工项目三季度全部开工，19个在建项目竣工投产。科学谋划5个重点产业载体，完成半导体材料、智能高端装备产业规划编制。首批获评全省化工中试基地，入选首批国家级知识产权强国试点园区。盘活低端低效产业用地33.33公顷（500亩）。3家企业入围中国民营企业500强，4家企业入围江苏省民营企业200强。新增国家专精特新“小巨人”企业4家、省专精特新中小企业22家、省潜在独角兽企业3家、省级以上人才7人、上市企业2家，累计获评省级智能制造示范车间30个。全区域实现农、林、牧、渔业总产值8.43亿元，粮食、油菜籽和水产品总产量分别为19412.6吨、212吨、1383吨。

社会事业　年内，保税区推进全域文明创建，把创建工作与城市更新有机融合，组织编制后塍街道、德积街道更新提升规划。举办保税区成立30周年系列活动，金港文化中心建成启用。港区初中等3所学校改扩建工程完成并投用，新增学位1225个。建成投用南沙小学新教学楼、文昌小学及幼儿园，开工建设香山小学，持续深化“131”卓越教师培育工程。保税区落实新冠病毒感染防控举措，深化医共体建设，提升基层医疗服务水平。肩负长江大保护政治责任，完成第二轮中央、省环保督察反馈问题整改销号，国省考断面优Ⅲ比例100%，扬子江化工园获评“国家级绿色化工园”，“张家港湾”获评省人居环境范例奖。全区开展安全隐患排查整治，生产安全事故起数、死亡人数相比上年实现“双下降”，“工业互联网+安全生产”获评全国试点优秀建设方案。抓好年度民生实事项目，有序推进文昌小区北侧、中原制管一期、三欧地块等安置房建设，全面完成存量安置房办证扫尾，交付安置房650套，完成安置房办证5100套。严格落实“防风险、守底线”要求，开展重点行业领域安全生产专项整治，确保不发生较大以上安全生产事故。

管理创新　全区实施村级经济五年行动计划，村均可用财力突破1500万元，比上年增15.7%。加快德积高端纺织产业园、后塍精密部件产业园、长山科创园等村级载体规划建设，因地制宜推进“一村一品”，培育扶持“致富带头人”，树立一批经济强村典范，确保村均可用财力保持稳定增长。持续深化“放管服”改革，提高“一次办结”比例。与江阴高新区实现12项政务服务事项“跨区通办”。创新基层社会治理，金都社区入选“全国先进基层群众性自治组织”。全区突出党员先锋模范作用，组织73支先锋队、600余名党员干部下沉参与疫情防控。持续探索“党建惠企”新路径，实施“大业海棠”党建项目，打造服务发展“红色综合体”。配合做好上级巡视巡察工作，扎实开展基层党组织体检。设立化工新材料等6个产业链党委，完成101家党组织换届工作。

【“迎冬奥”奥运文化藏品展开展】 1月15日，距离北京冬奥会倒计时20天之际，“燃情冰雪，相约2022”——张家港市“迎冬奥”奥运文化藏品展在金港文化中心开展。此次活动由省体育局、苏州市体育局指导，张家港市政府主办。江苏省体育局副局长熊伟，省体育装备中心主任汪泳，省体育局群体处副处长周玲美，2008年北京奥运会蹦床冠军陆春龙，苏州市体育局副局长李镔，张家港市领导陆崇珉、陈卫兵、梁曦，2012年伦敦奥运会举重亚军陆浩杰等参加活动。启动现场，熊伟、陈卫兵分别致辞。2022年北京冬奥会火炬亮相，该火炬出自自由式滑雪世界冠军、北京冬奥会中国第二棒火炬手——李妮娜。陆崇珉、梁曦为陆春龙、陆浩杰授予“张家港市奥运文化宣传大使”称号，李镔和市委宣传部副部长李忠影为“小小冬奥推荐官”颁发聘书。展览分七个展区，包括历届中国参奥藏品区、冬奥藏品区、奥运藏品区以及邮票、摄影等展区，藏品达到600余件。其中包括1896年第一届雅典奥运会的总结报告和1932年中国第一次参加奥运会中国代表团总结报告（中文版），1984年至2016年历届中国参加奥运会的全套9把火炬，1924年夏慕尼冬季奥运会（第一届冬季奥运会）海报

金港文化中心　　（保税区　提供）

以及32幅北京冬季奥运会申报海报等珍贵藏品。展览现场特别设置有冰雪运动体验区，观众借助场地设施，可亲身体验冰壶、桌上冰球、滑雪等项目，真实感受到冰雪运动的乐趣与魅力。市轮滑协会的教练和小学员还开展了轮滑教学和表演活动。该藏品展登上了央视直播间，在抖音发布当日即收获41.9万个喜欢。展览历时60天，现场观展人数达到4万余人。

【德国默克先进半导体一体化基地项目签约】 5月31日，"云链默克·创芯港城"默克先进半导体一体化基地项目签约仪式在苏州以视频连线方式举行。德国驻上海总领事贺德满，默克电子科技业务首席执行官毕康明，默克集团中国区总裁安高博，苏州市委副书记、苏州市市长吴庆文，苏州市政府秘书长陈羔，张家港市和保税区领导韩卫、蔡剑峰、陆崇珉、翁羽人、顾卫彬等出席视频会议。默克集团是一家拥有350余年历史、全球领先的跨国高科技公司，专注于医药健康、生命科学和电子科技三大领域，是全球半导体制造行业拥有最广、最全材料产品线的电子材料供应商之一，实际运营企业近650家。基地项目将聚焦半导体产业链，在江苏扬子江国际化工园投资建设半导体薄膜材料和电子特种气体的量产工厂、化学品仓库和运营中心，进一步优化在地生产和供应链布局，服务中国芯片制造业。该项目是默克电子科技业务中国区"向上进击"计划的核心组成部分。

【世拓新材料科技公司高分子材料项目开工】 10月16日，江苏世拓新材料科技有限公司功能性高分子材料项目举行开工奠基仪式。世华科技董事长兼总经理顾正青，华泰联合证券投行部总监吴学孔，保税区领导陆崇珉、顾卫彬、沈琳、刘东兴等出席活动。江苏世拓新材料科技有限公司主要面向新能源汽车、汽车电子及消费电子领域，将建设以动力电池密封胶、电动汽车结构密封胶、汽车电子密封胶、电子产品用丙烯酸密封胶、光学丙烯酸密封胶为主的4.12万吨功能性高分子材料生产平台，属于战略性新兴产业。世华科技选择在保税区投资建厂，并把江苏世拓定位为世华科技布局电子行业的重要生产基地，不仅为世华科技的后续发展增添新动能，也为保税区新材料产业创新提质加注新活力。

【庆祝保税区成立30周年活动】 9月22日晚，"逐梦绽芳华，奋楫再扬帆"——庆祝张家港保税区成立30周年群众文艺展演在滨江大厦南广场举行。保税区是张家港改革开放的重要缩影，也是弘扬张家港精神的鲜活范例。1992年，张家港人拼抢保税区，拉开了江边滩涂建设产业高地、农田阡陌崛起滨江新城的序幕。21世纪，保税区扩大对外开放，链接国际产业资本，累计获省级以上荣誉50余项。张家港市委书记、保税区党工委书记韩卫在活动中讲话，市长蔡剑峰为7位保税区成立30周年"最美奋斗者"颁奖。文艺演出在合唱《时代号子》中拉开序幕，保税区、3个街道和区内企业的演出者先后表演了舞蹈《江花胜火》、歌伴舞《我奋斗！我幸福》、快板说唱《大江儿女谱新篇》等节目。

（苏栋汇）

经开区（杨舍镇）

【概况】 经开区（杨舍镇）位于市域西南部，是市委、市政府所在地。总面积153.08平方千米，耕地面积2604公顷。年末，辖5个城郊办事处和4个城区街道，23个行政村、51个社区。有常住人口42.9万人，其中户籍97105户，户籍人口285046人。另有外来暂住人口267865人。年内，经开区（杨舍镇）把握"高质量发展和精细化管理"工作主线，聚焦"汽车及零部件、新能源、智能装备、光电和半导体、航天航空、数字经济、生物医药”等主导产业，集中力量精准招商。全年实现地区生产总值995.5亿元。一、二、三产业增加值分别为3.94亿元、320.14亿元和671.42亿元。完成全口径财政收入91.27亿元，其中公共财政预算收入40.57亿元，入库税收88.71亿元。完成全社会固定资产投资162.74亿元。其中，工业投资52.55亿元、服务业投资110.19亿元，新兴产业投资52.18亿元。社会消费品零售总额502.37亿元。经开区获评国家级生态文明建设示范区、省知识产权建设示范园区，杨舍镇获评省生态文明建设示范镇。张家港经开区排名全省经济开发区科学发展综合考核评价第8位，杨舍镇位列为全国综合实力千强镇第2位。

经济建设　年末，有企业29815家。379家规模以上工业企业全年实现工业总产值958.56亿元，营业收入1006.44亿元，利润35.05亿元。有销售收入超1亿元企业165家，其中10亿元至50亿元企业18家、50亿元至100亿元企业2家。区（镇）完成进出口总额100.63亿美元，其中出口总额89.88亿美元。新批外资及港澳台资企业21家，注册外资及港澳台资5940万美元，实际利用外资及港澳台资2.01亿美元。国泰集团、澳洋集团、东渡纺织集团跻身“2022年中国民营企业500强”，骏马集团等3家企业入围“江苏民营企业200强”，华灿光电、新美星公司入围“江苏民营企业创新100强”。采埃孚、麦格纳、揖斐电公司被表彰为苏州市贡献突出外资企业。聚焦科技招商“一号工程”，全年招引科技项目290项，其中潜力类项目100项，数量位居全市前列。围绕主导产业引进采埃孚底盘零部件及后轮转向系统、中鑫汽配新能源汽车轻量化部件、麦格纳汽车电子等项目。伊萨焊接公司被认定为省级跨国公司地区总部和功能性机构，芬兰佩克建筑公司获批苏州市跨国公司地区总部，国泰新点软件公司获评苏州市级总部企业。总投资580亿元的66个三级重大项目加速推进，光束汽车、长城领诚领诺等已具备生产条件，国富氢能、天兵科技、安迈机械公司等36个新项目开工。全年认定高新技术企业91家，累计达到269家，获批国家科技型中小企业276家、国家级专精特新“小巨人”企业3家。骏马化纤“帘子布”获评国家制造业单项冠军产品，国富氢能项目获评省核心技术攻关项目，方兴信息产品入选省人工智能融合创新产品名单，均为全市唯一；登云智造获评工业互联网标识解析二级节点，填补全市空白。锴威特公司完成上市过会，实现领军人才企业上市突破，弗莱明磁力、良辰生物、华赛生物等人才项目产业化进程提速。区（镇）有5人（项目）获评“省双创”人才项目、4个项目获评省大学生优秀创业项目、18人（项目）纳入“姑苏计划”人才项目，均位居全市前列。新增国家级众创空间2家、省企业研究生工作站4家、省工程技术研究中心2家。深化国企改革，实体化运作经开区控股集团，建立“资管、城建、金融”三大主业板块，全年实现净收入2.58亿元。总投资17亿元、张家港市最大体量的商业综合体金茂览秀城项目开业。区（镇）全年水稻种植1173.33公顷，小麦种植1196.67公顷，有常年蔬菜种植地406.67公顷，绿色优质比89%，居全市第一。农、林、牧、渔业总产值5.47亿元。梁丰机械化奶牛场获评张家港市首个“国家级动物疫病净化场”，经开区智慧农业平台项目入选“省级信息通信业助力乡村振兴十大典型案例”。

社会事业　年末，有镇管公办中学8所，教师803人，在校学生10615人；公办小学9所，教师1171人，在校学生21283人；公办幼儿园17所，教师465人，在园幼儿8573人。杨舍教育“3310”工程深入推进，打造10所特色学校、10个教育共同体、10类教育榜样，2所学校特色学习案例获评全国优秀项目式学习案例，2所学校特色项目获评省教育厅重点项目。“暨阳学堂”开展教学活动384场，惠及群众近1万人。农联实验小学等5所新建学校投入使用。有苏州市美丽乡村健身公园1个，健身广场51片，室外篮球球场54片，门球场1片，网球场5片，健身路径302套，健身步道44千米，影院11家，剧场1座，图书馆68个，24小时图书室9个。年内打造善港麦烟花舍、沙洲湖云帆空间等公共文化优质点位。区（镇）新时代文明实践站获评苏州市“江南公共文化特色空间”。杨舍镇原创广场舞蹈《推呀拉呀》入围全国第十九届群星奖，《意外》《相约相守》分获张家港市“繁花奖”金奖、银奖。开展“戏曲大舞台”“杨舍故事汇”等群众性文化活动，年人均接受公共文化服务10次，杨舍镇群星艺术团获评苏州市“优秀群众文化团队”。杨舍镇获评全国农民体育健身活动基地、苏州市“十佳”农民体育基地。新增规模以上文化企业4家，登记版权作品4600余件，江苏远大信息股份有限公司获苏州市重大版权推广运用推进计划项目资金扶持。区（镇）有医疗卫生机构250个，其中医院20所、社区服务中心2个、社区卫生服务站51个（含6家全科工作室），有执业（助理）医师2634人，核定床位5350个。社区卫生服务门诊量384955人次。新增预防接种证2210份，全年0至6周岁儿童预防接种74713人次，强化免疫224人。新建居民电子健康档案67373份，累计建档435646份。年内有产妇2834人，新生儿2850人，早孕建卡率90.07%。打造“15分钟医保服务圈”，试点推行“家庭医生点单式签约”服务，家庭医生签约51666人，困难群众家庭医生签约率达到99%。建立健康管理综合服务包（含点单式家庭医生签约服务等），至年末累计签约健康综合服务包1191人次。糖尿病筛查站筛查出糖尿病患者6631人。创建20家6S社区卫生规范化服务站。新冠疫苗累计接种140.9万剂次，首剂接种55.55万人，首剂接种率超96.72%；其中60周岁及以上老年人首针接种73314人，首针接种率84.06%。加快江苏自贸区联动创新发展区建设，开展“跨省通办”“大数据+AI智能”等审批改革。承接“一般建设项目环境影响评价审批”等赋权事项，推进“告知承诺制”改革，环评审批时限压缩至1天。启用经开区市民广场，对外办理各类事项199项。推出全市首个限额以下电子招标采购平台，公共资源交易实现标准化、规范化、智能化。安全生产专项整治三年行动收官，排查整治隐患问题5.6万个，48个村级工业小区年内累计打通消防安全通道超10万平方米，430余家企业全部落实安全生产规范化管理，10个三级政府挂牌督办重大隐患项目100%整改。开展消防安全“百日攻坚”专项行动，整治隐患9000余处。完成整治交通安全隐患260余处，交通事故比上年下降11%。深化防范非法集资、电信网络诈骗和养老诈骗宣传，实现社区禁毒（社区康复）A类工作站全覆盖，区（镇）获评苏州市“无毒社区”示范单位。完成重大执法决定法制审核128件，处理政府信息公开申请23件。推进“社会矛盾风险隐患拉网式大排查大起底大化解”专项行动，“解除沙洲湖直播扰民烦心事”纳入苏州首批社会综合治理网格化联动机制“一案一奖”典型案例。接受人大监督、舆论监督和群众监督，办理落实人大代表意见建议50件、办结满意率100%，处理“12345”平台工单1.68万件、群众满意率99%。全域推进文明城市创建“六大工程”，打造苏州市级城市客厅示范区5个，打造“暨阳客厅”4个，拓展54条市容精细化管理道路范围，机械化保洁道路达到90%。统筹落实“公厕革命”和垃圾分类，完成新改建公厕41座，城乡垃圾分类集中处理率100%。完成14家企业挥发性有机物（VOCs）深度综合治理，完成劣V类河道整治16条，省考水质断面达标率100%。加速美丽乡村建设，建设幸福河道11条。

福民工程　区（镇）全年村级可支配总收入突破10亿元，村均超2600万元，比上年增8.8%。新建特色康居乡村点位12个。百家桥再头巷特色精品乡村建设通过验收，创建南新村等4个智慧农村示范村。农联村入股华盛锂电登陆科创板，善港村入选全国村级“乡风文明建设”典型案例，福前村获评省乡村休闲运动基地。城西悦杨居家养老服务中心建成，汤联、河南社区建成2个老年人助餐点，5个社区居家养老服务站点完成功能升级。区（镇）新增社工41人，累计达到314人。开发公益性岗位462个，其中新安置就业困难公益性岗位12个。举办“春风行动”等线上招聘活动9场，提供岗位数3500余个，涉及企业200余家，通过搭建交流平台，满足用工与求职的双向需求。全年举办各类技能培训班20场。积极走访失业人员并提供就业援助，鼓励用人单位录用就业困难人员。完成民生微实事项目160项。完成社保扩面新增人数22470人，住房公积金新增开户数2391家4574人。居民基本医疗保险参保97097人。全年发放救助金2982万元，实施群体帮扶慈善项目16项。年内募集慈善捐款538万元，“慈善超市”建成投用。区（镇）有烈士遗属28人。退役军人就业安置率达到100%。发放享受国家定期抚恤补助优抚对象定期抚恤补助，有线电视、水电气补贴，义务兵家庭优待金，大学生参军奖励金。开展走访慰问和拥军活动。扩大“幸福杨舍·文明有你”品牌效应，全年开展新时代文明实践志愿服务9000余次，服务时长110万小时。全年发放涉农补贴资金984.29万元；耕地地力保护补贴面积1598.11公顷，金额287.66万元。全年虚拟养老服务34.9万人次，涉及服务资金363.67万元。发放尊老金3552万元，惠及5.5万人。江苏澳洋优居壹佰养老产业有限公司首批获评“江苏省养老服务高质量发展示范企业”。年内需救助的低保对象有118户150人，低保边缘重病困难对象53户61人，特困人员（原五保户）30人，残疾人两项补贴2950人（其中困难残疾人生活补贴979人、重度残疾人护理1971人），累计发放救助金1569.92万元。对179名残疾学生和15名困难残疾人家庭子女发放助学金19.87万元。

表64　　2022年张家港经济技术开发区（杨舍镇）办事处和街道办事处基本情况表

名称	所在集镇（街道）面积（平方千米）	党工委书记	办事处主任	党工委副书记	办事处副主任
塘市办事处	2.50	张耀军	—	陈韵红（女）　陈　云	王同海 查　英（女）
乘航办事处	1.50	唐　宏	—	毛建芳（女）　李雪东	季浩锋　唐厉兵
东莱办事处	2.00	邓衍子（兼）	—	王　蕾（女，3月免）	谢建彪　沈　波 季利本
泗港办事处	2.10	钱海峰	—	徐　一	程　亚（女） 徐　平（4月任）
晨阳办事处	0.80	惠　荣	—	黄　琴	卢向华
城东街道办事处	12.23	沈　敏（女）	—	杨荣华　钱得栋	张晓红（女）　葛春峰
城南街道办事处	18.40	邹丽萍（女）	—	徐海栋　孙春霞（女）	郭新辉
城西街道办事处	6.30	金　忠	虞宁漪（女）	蔡　健（兼） 虞宁漪（女，兼）	丁伟民　黄　英（女）
城北街道办事处	18.20	施　律（兼）	—	陆　豪	陈丽萍（女） 任建刚　朱　军

表65　　2022年张家港经济技术开发区（杨舍镇）村（社区）基本情况表

村（社区）	面积（平方千米）	户数（户）	人口数（人）	集体经济总收入（万元）	可用财力（万元）	总资产（万元）	村（社区）党委（总支、支部）书记	村（社区）主任
李巷村	7.20	1314	6672	5941.00	2276.00	16822.00	陈　云	章国峰（1月免） 陈　云（1月任）
河北村	5.29	776	2324	1861.15	1754.33	11393.26	孙　滟（5月任）	孙　滟（11月任）
芦庄社区	0.62	3800	11400	—	—	—	葛蒙娜（女）	葛蒙娜（女）
塘市社区	0.74	3894	11257	—	—	—	陈瑞虎	陈瑞虎
南庄社区	3.50	3205	11998	1740.97	1641.54	11134.19	戴　宇	戴　宇
棋杆社区	3.00	8194	8878	2399.63	2383.66	12643.54	陈　勇	陈　勇
汤联社区	2.50	906	2945	1385.29	809.64	6889.98	蔡文娅（女）	蔡文娅（女）
河南社区	3.00	529	2207	1187.00	1182.00	8420.00	徐岳云	徐岳云
善港村	9.07	1195	8214	3680.40	2228.00	20784.15	葛剑锋	葛剑锋
闸上村	2.41	631	2634	2468.59	1758.63	11914.52	王建军	王建军
章卿村	4.50	1240	4910	3546.20	1903.71	17205.80	吴　坚	吴　坚
百家桥村	4.71	1435	5077	2502.47	2502.47	15624.55	王利明（5月免） 徐　平（5月任）	王利明（5月免）
七里庙社区	1.05	5487	12000	4670.65	3636.60	42295.47	杨爱华	杨爱华（11月任）
通桥社区	2.70	1617	4338	—	—	—	李春燕（女）	李春燕（女）
泗港社区	2.00	1458	4620	—	—	—	潘　黎（女）	潘　黎（女）
农联村	7.30	1835	6850	11409.35	11318.46	159423.81	赵建军	赵建军
东莱村	11.50	2249	6805	3318.84	2680.00	23515.64	刘　兵	刘　兵
福前村	8.00	1926	6068	3300.78	3126.77	27796.12	赵国忠	赵国忠
徐丰村	1.00	338	1270	1693.83	1385.06	13581.73	季海滨	季海滨
西闸村	3.25	438	1940	1061.19	1285.93	8613.31	戴晓华	戴晓华
黎明村	4.78	1446	4441	1898.01	1586.00	20636.83	徐　平（5月免） 支佳天（5月任）	徐　平（5月免） 支佳天（12月任）
江帆社区	2.28	7562	13125	—	—	—	许　春	许　春
东莱社区	5.00	6766	20000	—	—	—	姚雪青（女）	姚雪青（女）
福新苑社区	2.20	10057	19986	—	—	—	黄海峰	黄海峰
青草巷社区	3.12	5615	15331	—	—	—	周　超（兼）	周　超（6月任）
蒋桥村	3.40	821	2528	2595.00	3099.00	52267.00	支益明	支益明
庆安村	7.50	1619	5668	4065.87	3267.58	23284.15	李雪东	李雪东
农义村	2.38	580	2087	1024.00	946.00	14672.00	—	虞伟平
双鹿村	3.50	869	3075	1557.43	783.00	5872.54	陈海江	陈海江
新民村	3.50	1009	3359	1751.00	1524.00	14440.00	季浩锋	季浩锋
民丰村	5.80	1649	5472	2648.00	2596.00	35543.00	陈卫佳	陈卫佳
乘航社区	2.50	2774	6196	—	—	—	钱　红（女）	钱　红（女）
江南社区	1.40	5659	9795	—	—	—	徐宇洲（女）	徐宇洲（女）
农鹿社区	1.40	3770	2013	—	—	—	李文涛	李文涛

续表65

村（社区）	面积（平方千米）	户数（户）	人口数（人）	集体经济总收入（万元）	可用财力（万元）	总资产（万元）	村（社区）党委（总支、支部）书记	村（社区）主任
万红社区	0.93	3732	8193	900.82	628.44	9833.51	匡卫祥	匡卫祥
景巷社区	1.17	5435	13000	—	—	—	徐　敏（女）	徐　敏（女）
暨阳社区	0.40	2742	5256	—	—	—	路　敏（女）	路　敏（女）
云盘社区	0.32	3957	9885	—	—	—	陈　果	陈　果
城西社区	0.53	3546	16650	7923.60	8400.00	68732.00	蔡　健	蔡　健
庆丰社区	0.35	1888	4271	—	—	—	王雅芳（女）	王雅芳（女）
西门社区	0.42	3001	3371	—	—	—	陈　亮（女）	陈　亮（女）
钱塘社区	0.70	4442	8143	—	—	—	周　科（女）	周　科（女）
悦盛社区	0.79	3364	6121	—	—	—	黄　燕（女）	黄　燕（女）
城南社区	0.88	5500	11500	3863.95	3836.26	52090.14	宋　涛	宋　涛
小城市社区	2.50	5967	8227	1450.39	1654.86	9419.67	常　磊（5月任）	常　磊（12月任）
南苑社区	0.85	5846	7205	—	—	—	曹　荣	曹　荣
赵庄社区	3.41	6679	5305	1562.83	1321.21	23277.10	徐金宝	徐金宝
暨阳湖社区	1.62	6237	4652	—	—	—	徐　敏（女）	徐　敏（女）
永安社区	1.50	5216	4269	—	—	—	许　娟（女）	许　娟（女）
白鹿社区	0.68	4245	4030	—	—	—	陈红静（女）	陈红静（女）
旺西社区	1.17	3091	2509	2205.25	2210.00	29100.00	顾剑平	顾剑平
包基社区	3.00	1131	2069	1007.71	966.60	10258.56	惠　扬	惠　扬
联谊社区	0.50	5228	1373	—	—	—	徐　炜（女）	徐　炜（女）
邻湖社区	0.63	5837	834	—	—	—	张　健	张　健
城东社区	1.20	7170	10704	1791.74	1896.62	12964.76	郭新贤	郭新贤
前溪社区	2.50	6288	10628	465.00	465.00	16868.00	葛春峰	葛春峰
花园浜社区	1.72	5941	9100	—	—	—	许品洁（女）	许品洁（女）
老宅社区	1.80	4397	4295	—	—	—	任　丹（女）	任　丹（女）
勤丰社区	0.83	2723	3183	1829.92	1828.93	13307.82	钱雪峰	钱雪峰
景溪社区	1.30	4636	3637	—	—	—	潘艳丽（女）	潘艳丽（女）
锦程社区	0.45	5296	2161	—	—	—	马　洁（女）	马　洁（女）
南杨社区	0.51	3903	543	—	—	—	赵　晓（女）	赵　晓（女）
斜桥村	2.99	3476	10287	2621.30	2570.46	11460.23	戴德祥	戴德祥
田垛里村	7.14	1960	7080	8614.85	5588.00	46922.84	郭建锋	郭建锋
横河社区	4.20	4356	20558	1496.63	1076.63	7891.77	陈文晓	陈文晓
城北社区	2.00	3367	8400	1174.37	955.00	1395.56	任建刚	任建刚
范庄社区	1.38	5489	16680	1367.00	1367.00	7098.00	许春芳（4月任）	许春芳（12月任）
锦绣社区	2.20	7346	10398	—	—	—	许颂艳（女）	许颂艳（女）
陈东庄社区	1.40	5705	12484	—	—	—	陆　豪	陆　豪
仓基社区	1.25	390	1120	743.63	604.73	131626.00	孙　斌	孙　斌

续表65

村(社区)	面积(平方千米)	户数(户)	人口数(人)	集体经济总收入(万元)	可用财力(万元)	总资产(万元)	村(社区)党委(总支、支部)书记	村(社区)主任
晨新村	4.62	1157	3694	1683.00	1490.00	15822.00	卢向华	卢向华
晨南村	4.90	1309	3721	1621.38	1368.22	8939.06	朱永安	朱永安
南新村	6.14	1492	5355	2279.19	1537.00	7959.60	王幽兰(女)	王幽兰(女)
晨阳社区	1.00	1826	5070	—	—	—	丁　静(女)	丁　静(女)

说明:部分社区因动拆、人员流动等原因存在登记户数大于人口数的情况

表66　2022年张家港经济技术开发区(杨舍镇)投资1亿元以上开工项目情况表

单位名称	项目名称	总投资额(万元)
天津天兵航天科技有限公司	液体运载火箭体及发动机总装生产基地项目	400000
欧璧医药包装科技(中国)有限公司	药包材扩建项目	300000
江苏国富氢能装备技术股份有限公司	氢能装备产业基地三期项目	150000
苏州旺宇成科技制造有限公司	新能源汽车、超高速电梯精密部件制造项目	10500
安迈工程设备(苏州)有限公司	工程机械设备张家港生产基地项目	78000
张家港德联高端装备制造有限公司	德联高端纤维加工设备、特种纤维及制成品生产项目	58500
张家港杰拉德金属有限公司	电池冷却及新型换热等新能源汽车零部件项目	30000
江苏固耐特围栏系统股份有限公司	智慧安防系统项目	30000
江苏恒昌纸品有限公司	年产8000万平方米绿色印刷包装装潢生产新建项目	30000
苏州熹联光芯微电子科技有限公司	年产光电子器件200万片新建项目	29000
张家港市易华润东新材料有限公司	绿色环保地板产品研发中心和生产基地扩建项目	25000
江苏朗信电气有限公司	年产100万套汽车冷却风扇冷却水泵技改项目	15000
苏州金凯达机械科技股份有限公司	年产100套金属切割装备智慧工厂项目	12000
苏州长友供应链有限公司	长友光束轮装和立体库项目	11000
张家港市利通毛纺织有限公司	年生产30万套西服西裤及衬衫项目	10000
苏州同冠微电子有限公司	低能耗半导体功率器件生产线技改建设项目	10000

【省重大新能源项目国富氢能项目开工】 3月14日,张家港市年度唯一省重大新能源项目——江苏国富氢能技术装备股份有限公司(简称“国富氢能”)氢能装备产业基地(三期)项目开工奠基仪式举行。近年,经开区主动融入长三角“氢走廊”建设,建成苏州氢能产业创新中心等一流创新平台,培育引进以国富氢能为代表的一批重点企业,形成覆盖“制氢、储氢、运氢、用氢”的百亿级氢能全产业链。国富氢能成立于2016年,是经开区自主培育的氢能产业龙头企业、工信部专精特新“小巨人”企业、江苏省高新技术企业。三期项目总投资15亿元,新征用地7.75公顷,拟建设年产高压氢气Ⅲ型瓶8万个、500套水电解制氢设备的全智能化产线;同时建设氢能装备研发中心,开展氢能装备相关产品与材料工艺的研发与实验。预计2023年建成投产。

【民生微实事“12345”创新工作法实施】 近年,经开区(杨舍镇)实施民生微实事“12345”创新工作法,即全程开启线上线下一体化项目征集模式,通过构建“会议决、社区办”两项项目推进机制,发挥“党员志愿者、两代表一委员、社会力量”三支队伍协同优势,健全“制度、培训、平台、经费”四重服务保障体系,聚焦打造“消除安全隐患、社区环境整治、文化体育娱乐、社区治理营造、居民关爱公益”五方面惠民项目。为快速解决社区居民小事、急事、难事,建立民生微实事项目绿色通道,优化升级项目审批流程,从上报到产生,缩减至10个工作日;对于资金低于1万元的项目,实行“超快速”审核机制。打造出棋杆社区“小昌期”社区家庭互助会、锦绣社区“十里锦绣”幸福邻里提升项目等一批特色项目。实施4年有余,51个社区累计实施民生微实事项目651项,投资金额2651万元,惠及居民40万余人。

【杨舍镇入选全国农民体育健身活动基地】 12月8日,中央农业广播电视学校、中国农民体育协会组织评选并公布第二批全国农民体育健身活动基地,杨舍镇入选。近年,杨舍镇在完善的基础设施及鼓励性政策下积极推进"城区5分钟、城郊10分钟"体育圈建设,建有1个镇级综合性文化服务中心、9个办事处级综合性文化服务中心、74个村(社区)综合性文化服务中心。拥有67个体育休闲广场、280余个晨(晚)练健身站点,实现区(镇)健身基地无死角,学校及公共体育场馆全部向社会开放,人均拥有公共体育设施面积8.71平方米。同时,建立区(镇)、办事处、村(社区)三级体育服务组织网络,形成政府主导、部门协同、社会参与、全民共享的工作格局。先后出台《经开区(杨舍镇)公共体育室外健身设施分级管理办法(试行)》《关于学校教育资源向社区开放的实施意见》等系列文件,有效保障基层公共文体场地的规范管理与运作。杨舍镇连续多年承办全国健身秧歌、健身腰鼓(手鼓)大赛、全国广场舞大赛、中国桌式足球公开赛等全国性赛事。镇级队伍曾获中国广场舞大赛(决赛)二等奖、第十四全运会群众项目广场舞农村乡镇组二等奖及"最佳人气奖"等奖项。(虞科娜)

冶金园(锦丰镇)

【概况】 冶金园(锦丰镇)位于市域北部,与南通如皋市、通州区隔江相望。有沿江岸线13.8千米,是以钢铁冶炼为核心,加工、贸易、仓储、物流全面发展的江苏省首家特色产业园区,拥有新兴产业园、玖隆物流园、医疗器械产业园等产业载体。总面积114.32平方千米,耕地面积4157公顷。年末,辖2个办事处,23个行政村、11个社区(其中4个为"村社合一"体制,分别为大南、悦来、天福、联兴社区)。有户籍40422户,户籍人口114464人,另有外来暂住人口86265人。全年实现地区生产总值694.28亿元。按户籍人口计算,人均生产总值60.65万元。一、二、三产业增加值分别为4.35亿元、501.34亿元、188.59亿元。完成全口径财政收入38.44亿元,其中公共财政预算收入20.71亿元,入库税金37.28亿元。实现工业战略性新兴产业总产值799.3亿元。完成全社会固定资产投资73.6亿元。其中,工业投资45.3亿元、服务业投资28.3亿元,新兴产业投资47.1亿元。社会消费品零售总额48.61亿元。年内,锦丰镇跻身中国乡镇综合竞争力百强第6位、中国镇域高质量发展第8位、全国千强镇第9位。通过国家卫生镇复审,获评省文明乡镇、省乡村振兴先进集体,农村人居环境整治提升工作在全市位列第一等次。

经济建设 年末,园(镇)有企业5594家,其中工业企业1884家。161家规模以上工业企业全年实现总产值1987.66亿元,比上年降6.1%;营业收入2155.08亿元,利润总额26.03亿元。有销售收入超1亿元企业52家,其中10亿元至50亿元企业6家,50亿元至100亿元企业1家,100亿元以上企业5家;入库税收超5000万元企业22家,其中入库税收超1亿元企业13家。年内,落实纾困惠企政策,帮助企业复工复产,完成留抵退税17.9亿元。新增沙钢CCPP资源综合利用发电、扬子江新医疗创新园等超5000万元重大项目31项,总投资133.03亿元。其中,新增超1亿元项目25项,总投资129.13亿元。励迪医疗器械产业创新港、信义玻璃二期、苏闽精密制造技改、沙电燃煤机组污泥干化发电等7个项目竣工投运。园(镇)进出口总额72.25亿美元,其中进口总额43.92亿美元、出口总额28.33亿美元。注册外资及港澳台资12526.86万美元,实际利用外资及港澳台资21093万美元,完成时序进度的100.4%,比上年降30.5%。新批私营企业796家,注册资本25.67亿元;新增个体工商户1784户,注册资本2.46亿元。玖隆物流园引进物贸和加工企业195家,累计2700家,全年实现开票销售收入2250亿元,入库税收9.96亿元。园(镇)全年申报高新技术企业66家,其中37家企业获批,累计有高新技术企业103家。有省研究生工作站43个,有效发明专利净增量279件。获批张家港市级以上科技项目30项,爱得科技入选省工程技术研究中心,沙钢钢研院获国家优秀专利奖1项。新增营业收入超10亿元企业2家,净增规模以上工业企业20家、苏州总部企业2家,沙钢集团制品原料用高速线材(硬线)获评国家单项冠军产品(第七批),中环海陆公司获评国家级专精特新"小巨人"企业,爱丽家居公司获评省互联网标杆工厂,玖隆物流入选省"两业"融合试点单位,苏闽金属公司入选省信用示范企业,保丽洁在北交所成功过会并获上市批文。"中韩(张家港)创新合作园"列入第三批"江苏省国际合作园区"。园(镇)入选国家"万人计划"人才1人、市领军型创新人才4人,获评市领军型创新创业人才项目27项、苏州市"姑苏计划"人才项目7项、省"双创计划"人才项目1项、国家级人才项目4项。获评国家"启明计划"人才项目3项。新增苏州市智慧农业示范生产场景、苏州市美丽菜园示范村各1个。全年水稻种植2377.33公顷,小麦种植2135.13公顷,秸秆综合利用率100%,机械化还田面积100%。实现农、林、牧、渔业总产值10.23亿元,粮食、油菜籽和水产品总产量分别为33030.25吨、301吨、1075吨,粮食总产能完成度列全市第一。

社会事业 年末,有中小学校、幼儿园13所,其中初中2所、九年一贯制学校2所、小学3所、公办幼儿园4所、民办小学1所(附设1所幼儿园)、民办幼儿园1所,在校学生15509人。教师1031人,其中骨干教师234人、省特级教师1人、苏州市学科带头人5人。锦丰第二中心小学、锦丰初级中学改扩建和沙洲初级中学一期启动筹建,锦阳幼儿园、沙洲中学北校区建成使用。全镇1243名考生(含外校北区)参加中考,高中录取765人,超下达指标201人,普高录取率61.5%。园(镇)有体育场馆2座,公园6个,健身广场4片,室外球场13片,晨、晚健身点136个,健身步道71.22千米,书场3个,24小时图书驿站6家。有文体团队近50个,社会体育指导员约700人。全年举办线上线下阅读活动220场，参加人数超过1万人次。推进省数字农家书屋建设，园（镇）农家书屋线上平台用户数2.7万户，使用总次数1036.3万次。全年完成一般作品登记量1723件，有6家企业注册版权，每家完成版权作品登记25件以上。围绕“我们的节日”、庆祝中共二十大召开及张家港建县（市）60周年等主题开展“红红火火过大年”新春文体系列活动、“瑞虎闹春”线上线下猜灯谜、市“沙洲之春”乡镇群众文艺大展演暨园（镇）“红色精神・百年传承”故事才艺秀比赛等文化惠民活动30余场，参与人数近2万人次。“金沙洲艺术团”文化志愿行巡回演出30余场，惠及群众近3万人次，参与志愿者超100人。创作高质量文艺作品100余件，戏剧作品《这赞点不点》获省群众文艺政府奖——第十五届省“五星工程奖”；故事《一位老人》《待我回家》获省第二届故事会优秀奖；小品《幸运之星》获第八届张家港小戏小品大赛金奖；舞蹈《社区活动室》获市第二届群众文艺“繁花奖”舞蹈类银奖；相声《春暖花再开》、故事《血战长津湖之水门桥头冰雕连》获市第二届群众文艺“繁花奖”曲艺类银奖。原创舞蹈《社区活动室》获苏州市优秀舞蹈作品展演节目奖。“红色精神，百年传承”故事才艺秀获评市第二届群众文艺“繁花奖”优秀公共文化服务项目。镇文体服务中心获市第八届张家港小戏小品大赛优秀组织奖，被评为市第二届群众文艺“繁花奖”优秀组织单位，金沙洲艺术团获评苏州市“优秀群众文化团队”，传・飞地艺术空间、龙潭湾家园获评第二届市最美公共文化空间。园（镇）有医疗卫生机构54个，其中医院4所、基层医疗卫生机构26个（社区卫生服务中心1个、社区卫生服务站25个）、家庭医生工作室3个、其他医疗卫生机构21个，有执业（助理）医师343人，核定床位1287张。妥善处置西港村疫情，配合做好疫情期间青草巷市场外围秩序管理，储备启用集中医学隔离点5个。加快老年人新冠病毒疫苗接种，全镇60周岁及以上老人完成首剂接种3.34万人，首剂接种率92.71%。推进区域医共体建设三年行动计划，深化社区卫生服务中心与市第六人民医院医共体合作，完善医疗服务体系。启动永新社区、十一圩港社区卫生服务站改扩建工程，洪桥社区智能化家庭医生工作室创成省星级家庭医生工作室，悦来社区卫生服务站获评苏州市推荐标准村卫生室（甲级村卫生室）。完成老年人体检23727人，妇女病普查328人，“两癌”筛查初步检查4920人，严重精神障碍患者规范管理率98.34%。推行“健康顾问”模式，开展职业健康保护行动，作品“职业健康防护之粉尘防护小知识”获第二届江苏省职业健康传播作品征集活动视频类优秀作品特等奖。深化失独家庭关爱行动，惠及计生特困家庭333户528人，向1145名持独生子女父母光荣证企业退休人员发放一次性奖励412.2万元。年内，锦丰镇卫生服务中心获评省老年友善医疗机构优秀单位、苏州市无偿献血先进集体、张家港市“担当作为好单位”。全年园（镇）完成挂牌整治重点地区和突出问题2处，开展矛盾纠纷排查520余次，调解矛盾纠纷2942件，完成社会稳定风险评估项目9项。整改完成市、镇两级“331”挂牌点位4处。巡查整改出租房1.8万户、“九小场所”8095家、小餐饮1270家。组织学习教育“四个专项”活动，举行领导班子法治讲座4次。落实重大行政决策项目3项、后评估项目1项。在全市率先实行涉企政策制定前第三方审查。开发“平安联盟”智慧云平台，实现组团式巡防。开展第二届“十大金牌人民调解员”表彰活动。高标准建成诉讼（非诉讼）服务中心。推进“八五”普法，公共法律服务惠民质效提升。印发法律服务工作办法，全年提供法律意见30条，参与矛盾纠纷调处121次，开展法治讲座120次，提供法律咨询729件次。开展“乡村振兴，法治同行”活动，耕余村创成省级民主法治示范社区。实施执法人员素养提升“四时”行动，完善行政执法监督制度体系，行政执法规范化水平提升。实施“我是网格员亮身份”“我为群众办实事”“我心目中的网格员”三大行动，累计上报各类网格事件5.8万件次。推行城市管理执法“721”工作法，打造永新路、大南水街等管理样板路9条，新增停车位1458个，治理违建点位415处，查处各类案件1.9万件，处罚金额88.4万元。锦丰镇获评苏州市违法建设治理先进集体。实施集镇区一体化保洁秩序管理，建立人居环境、垃圾分类常态长效管理机制，首批获评苏州市“美丽宜居镇”，创成江苏省美丽健身公园1个、苏州市美丽庭院示范村1个、苏州市人居环境整治提升工作示范村3个。镇二十一届人民代表大会第一次会议期间，收到代表意见和建议60件，办复率、满意率100%。推出锦丰镇民生实事工程15项。政务服务强化“锦快办”品牌理念，开设“锦管提”办不成事反映窗口，构建镇村一体的“勤政务廉”行政审批网络，成为园（镇）“一图四团”（一图即“清风问廉”足迹图，四团即“沙上清风”讲师团、文艺团、志愿团、骑行团）示范点位。创新“沙周到”帮代办政务服务品牌，打造“五分钟政务惠民圈”，实施“营商政策速递员”活动。年内开展上门办、帮代办等1810次。深化“审批服务一窗口”模式，实现营业执照“全城通取”，推出企业“歇业备案”制。在全市率先开展食品销售行业“准入准营”，发放全市首张全城通取营业执照，“全城通办”事项实现“一网通办”123项。全年受理各类行政审批（公共服务）事项93917件，服务测评满意度保持在99.9%以上，实现全年“零投诉”。全年疏浚镇村组河道61条，建成“污水处理提质增效达标区”3个，完成北中心河、南中心河等4条河道治理，连片整治幸福河道13条，长江入河排污口整治完成率、地表水断面优Ⅲ比例均为100%。关停“散乱污”企业（作坊）33家、整治提升4家，完成挥发性有机物有组织深度改造企业5家，完成活性炭提质增效改造企业14家，完成工业炉窑综合治理企业8家。空气质量优良天数比例为84.9%，$PM_{2.5}$年均浓度为每立方米26微克。空气优良天数比例、$PM_{2.5}$年均浓度等指标均位于全市前列。

福民工程　年末，园（镇）村级集体总资产561530.17万元，净资产153051.54万元。全年村集体经济总收入33994.06万元，村级可支配收入2.43亿元（不含镇北社区，下同），比上年增10.98%；村均1055万元，比上年增11.05%。村级联合建设经营性载体重大项目6项。其他单村投资经营性载体项目6项。联合苏农发成立产业基金，推进“三农”领域合作。组建并实体化运作苏州锦弘资产管理有限公司，统筹村级重大载体建设，规范招商运营管理，扬子江新医疗创新园、扬子江低碳产业园等园区相继开建。鸿锦公司投资建设分布式光伏电站，参股投资5家医疗企业项目，与永联精筑联合组建锦联建设。全面规范运行农村集体“三资”智慧监管平台，完成年度村级集体资产清查工作，做到账实、账证、账账相符。通过新上线“村级工程管理”模块，实现工程项目从建设到付款全流程监督。完成农村集体“三资”线上评级工作。加强对村级集体经济和农村基层干部的审计监督，完成12个村离任审计村党组织书记14人。新增苏州市一星级示范合作社6家，苏州示范家庭农场4家，锦丰镇港有耕香家庭农场案例获评省级家庭农场典型案例。园（镇）获评全市唯一省乡村振兴先进集体，通过苏州市率先实现农业农村现代化考核。全年发放涉农资金3185.25万元。其中，水稻生态补偿面积2502.43公顷，每公顷补贴6300元，补贴金额1576.53万元；耕地地力保护补贴面积3637.41公顷，每公顷补贴1800元，补贴金额654.73万元；规模稻谷生产者补贴面积2289.94公顷，每公顷补贴1500元，补贴金额341.68万元。稻谷和小麦价外补贴数量分别为1312.29万千克、939.56万千克，每千克补贴0.2元，补贴金额450.37万元。秸秆还田水稻和小麦补贴面积分别为1130.73公顷、2444.49公顷，每公顷补贴300元，补贴金额107.25万元，犁耕深翻补贴面积为911.57公顷，每公顷补贴600元，补贴金额54.69万元。完成新增社会保险扩面人数5200人，居民基本医疗保险参保38069人，住房公积金扩面净增1643人。开展“迎新春送温暖、稳岗留工”专项行动，维护疫情防控成果。做好“稳就业、保就业”工作，为企业和求职者提供免费信息发布渠道，全年提供就业岗位10011个，开发公益性岗位160个。举办创业指导培训班2期，培训人员100人。开展企业内技能人才自主评价工作，培训人员2907人，协助申领补贴87.21万元。建成全省首家镇级劳动关系公共服务中心。锦丰镇综合养老服务中心投运。园（镇）有养老床位1530张，千名老人床位数41张。投入246.39万元购买虚拟养老服务，为362230人发放尊老金2063.14万元。投入4亿元实施民生实事工程12项，投入295万元实施民生微实事项目40项。挂牌成立邻里港湾11个。有持证社会工作者459人，其中社工师124人、助理社工师335人。投入38.93万元，完成安居工程10户、亮居工程改造2户。有低保户289户391人，低保边缘重病困难对象54户60人，特困人员64人，重残救助对象574人，贫困学生96人，全年发放保障金、救助金等1206.94万元。发放春节慰问金1140.19万元，惠及困难群众3.84万户。

表67　2022年江苏扬子江国际冶金工业园（锦丰镇）办事处基本情况表

名称	所在集镇面积（平方千米）	党工委书记	主任	党工委副书记	副主任	党工委委员
三兴办事处	2.24	惠正刚	陆海燕（女）	陆海燕（女，兼）	—	徐　萍（女） 戴　峰　邢　杰 倪海洋　朱亚军
合兴办事处	4.38	张　涛	李　春（9月任）	—	施尧平 徐　星（女）	徐　星（女） 钱李军　张永明 倪　宏（女） 缪志毅

表68　2022年江苏扬子江国际冶金工业园（锦丰镇）村（社区）基本情况表

村（社区）名	面积（平方千米）	户数（户）	人口数（人）	集体经济总收入（万元）	可用财力（万元）	总资产（万元）	村（社区）党委（总支、支部）书记	村委（社区）主任
联兴村	10.36	2868	4664	2581.15	2288.21	29342.08	沈晓燕（女）	沈晓燕（女）
店岸村	7.83	2052	7102	1794.21	1433.95	40267.21	翟卫华	翟卫华（主持工作）
向阳村	3.48	947	2747	1226.85	1091.49	29459.42	季卫星	丁　浩
建设村	5.02	1603	4975	3340.21	2613.88	42537.01	黄桂华	黄桂华（主持工作）
西港村	3.97	1183	3724	1512.14	827.19	28130.51	许天明	许天明
协仁村	4.31	1347	4198	1180.50	743.60	17751.38	黄　飞	姜义祥

续表68

村（社区）名	面积（平方千米）	户数（户）	人口数（人）	集体经济总收入（万元）	可用财力（万元）	总资产（万元）	村（社区）党委（总支、支部）书记	村委（社区）主任
交通村	5.08	1372	4047	1094.68	789.32	18924.31	陆亚勇	陆亚勇
郁桥村	2.31	608	1864	1187.55	935.97	24762.49	钱跃平	钱跃平（主持工作）
十一圩港村	8.21	2769	8287	2075.95	1572.11	32391.07	陆　军	陆　军
新港村	4.18	1236	4080	1222.03	868.47	22307.90	毛　伟	毛　伟
西界港村	3.67	1245	3781	993.02	828.43	24705.27	朱海峰	朱海峰
登瀛村	4.47	1476	4418	929.98	636.99	15854.35	王　飞	王　飞
鼎盛村	4.94	1571	4518	1316.77	889.06	17606.31	姚兴兵	姚兴兵
耕余村	3.45	1050	3004	1032.62	876.09	32859.84	孙晓平	孙晓平
乐杨村	5.01	1503	4515	1187.70	863.87	16112.44	黄　波	黄　波
星火村	5.97	1981	6950	2720.44	1122.17	36005.10	毛　虎	毛　虎
洪桥村	4.06	1098	3385	875.50	601.00	19344.61	聂恩峰	聂恩峰
洪福村	5.20	1707	4825	1277.13	785.43	37266.88	张永明	张永明
悦来村	3.37	1365	4172	697.80	590.93	8013.62	徐　萍（女）	徐　萍（女）
光明村	3.56	1046	2935	977.77	582.24	14509.86	殷亚华（9月免） 陈　立（9月任）	陈　立（主持工作，9月任）
南港村	4.36	1183	3498	1113.12	666.80	12461.61	任　浩	任　浩（主持工作）
常家村	4.48	1361	3856	2330.51	2110.11	25135.88	钱　萍（女）	钱　萍（女，主持工作）
福利村	5.73	1535	4725	784.67	553.49	13076.84	肖正才	肖正才
镇北社区	1.30	3289	5568	541.77	180.38	2704.19	樊　红（女）	樊　红（女）
滨江社区	0.80	2231	4392	—	—	—	樊　波	樊　波（8月任）
永新社区	2.00	443	1307	—	—	—	钱　艺（女）	钱　艺（女）
三兴社区	1.53	924	2335	—	—	—	徐　亮	徐　亮（8月任）
合兴社区	0.70	1923	4756	—	—	—	钱海霞（女）	钱海霞（女）
书院社区	0.75	759	2603	—	—	—	朱珊珊（女）	朱珊珊（女）
沙洲社区	1.84	314	796	—	—	—	孙陈洁（女）	孙陈洁（女）

说明：表中面积数据由市自然资源和规划局锦丰自然资源所提供，为2020年年末数。村面积为行政区划面积，社区面积为管理面积

表69　2022年江苏扬子江国际冶金工业园（锦丰镇）投资1亿元以上开工项目情况表

投资企业名称	项目名称	总投资额（万元）
稻兴集团股份有限公司	稻兴科技8K超高清视频（张家港）智能制造基地	317000
江苏沙钢集团有限公司	沙钢CCPP资源综合利用发电项目	210300
苏州励迪京港科技有限公司	励迪医疗器械产业创新港	100000
熔兴高导科技（江苏）有限公司	熔兴高导合金新材料项目	59000
爱舍伦医疗科技（张家港）有限公司	爱舍伦微创介入医疗耗材项目	50000
江苏乐铠生物技术有限公司	乐铠抗菌涂层、血细胞分离 产品项目(二期）	35000

续表69

投资企业名称	项目名称	总投资额(万元)
苏州美港生物医疗科技有限公司	美港生物医美医疗美容产品项目	30000
江苏协鲲生物技术有限责任公司	协鲲光激化学发光医疗检测产品项目	30000
江苏嘉斯康医疗科技有限公司	嘉斯康三类骨科医疗器械项目	30000
张家港市三兴医疗器械有限公司	三兴医疗高端手术器械项目	30000
上海电气集团腾恩驰科技(苏州)有限公司	腾恩驰高端电缆扩建项目	30000
江苏沙钢集团有限公司	沙钢智能电子大棚环保项目	30000
江苏医路通检验检测技术服务有限公司	医路通医疗器械项目	30000
张家港中环海陆高端装备股份有限公司	中环海陆高端环锻件扩建项目	26000
苏州中科苏净生物技术有限公司	中科苏净体外诊断与生物检测监测产品项目	20000
信义光伏(苏州)有限公司	信义光伏分布式光伏发电项目	20000
张家港锦店企业管理发展有限公司	扬子江新医疗创新园	19000
江苏沙钢集团有限公司	沙钢干熄焦节能环保技改项目	17000
张家港锦阳工业污水处理有限公司	锦阳工业污水处理中转站	15000
张家港沙洲电力有限公司	沙电脱硝工艺技改项目	14000
张家港市森通汽车销售服务有限公司	森通汽车通用汽车城扩建项目	12000
苏闽(苏州)精密合金材料有限公司	苏闽精密制造技改项目	12000
浦项(张家港)不锈钢股份有限公司	浦项原料堆场环保棚化改造项目	10000

【“三跃一争”行动方案发布】 7月29日,冶金园(锦丰镇)“三跃一争”行动方案发布暨“3+N”产业发展推进会在沙洲大厦举行。市委书记韩卫,市委副书记、市长蔡剑峰等市领导,重要客商代表,园(镇)重点企业负责人,张家港市委办、市府办、发改委、科技局、工信局、资规局、商务局主要负责人,园(镇)领导班子全体成员,机关各科室负责人,各村(社区)书记参加活动。韩卫致辞。会议紧扣“创新转型跃上更高质量”“民生福祉跃上更高品质”“社会治理跃上更高效能”“样样工作争一流”四大发力点,聚焦建设更具实力的冶金园、更具魅力的新锦丰,要求加快建设高水平“3+N”(“3”代表新材料、新医疗、新能源三大主导产业,“N”代表新经济、新产业、新业态、新模式)产业创新集群。力争到2024年,园(镇)规模以上工业总产值完成2300亿元以上,形成“2211”产业集聚能级,即新材料产值超2000亿元、新能源产值超200亿元、新医疗销售超100亿元,三大产业总税收超100亿元。会上,新材料、新医疗、新能源产业集群发展联盟和市锦信资本投资管理有限公司揭牌。北京科技大学教授徐金梧、上海大学材料科学与工程学院院长董瀚被园(镇)聘为新材料产业发展顾问,“泰山学者”特聘教授王宜强、中钰资本投资合伙人朱世杰为新医疗产业发展顾问,苏州大学能源学院院长晏成林、国家太阳能光伏产品质量检验检测中心副主任朱晓岗为新能源产业发展顾问。冶金园管委会与赛迪研究院、中国医疗器械行业协会创新委员会、国网城市能源研究院,市锦信资本投资管理有限公司与上海盛石资本、海通证券、东吴证券分别签署战略合作协议。沙钢铸轧薄带高品质硅钢二期、中科院MIM钛关键材料等新材料、新医疗、新能源和新经济领域40个项目集中签约,总投资100.8亿元。

【冶金园(锦丰镇)与永卓控股、永联村展开战略合作】 7月19日,冶金园(锦丰镇)与永卓控股有限公司、南丰镇永联村签订战略合作协议。园党工委书记、镇党委书记沙立平,永卓控股有限公司董事局主席吴耀芳,永联村党委书记、永卓控股有限公司董事局副主席吴惠芳出席签约仪式。会上,冶金工业园管委会、永联村经济合作社、永卓控股有限公司三方战略合作协议,锦聚管理公司、永联农旅公司的锦联生鲜供应链项目协议,锦聚管理公司、永合社区服务公司的锦合社区服务项目协议,鸿锦企业管理公司、永联精筑建设公司的锦联建设工程项目协议先后签署。协议成立苏州锦联现代农业科技有限公司,从事生鲜产品团体配送、餐饮服务等;成立苏州锦合社区服务有限公司,提供镇区环卫保洁一体化管理、社区物业管理、垃圾中转站管理、市容秩序维护、虚拟养老等服务;成立张家港市锦联建设工程有限公司,立足园(镇),面向全市,采取市场化运营模式,从事工程项目建设等。建设村与永联村现场结对,永联村将在文明创建、村级经济发展等方面为建设村提供支持,助力建设村发展。全国人大代表吴惠芳作乡村振兴专题报告。

【首届“锦工能匠”行动计划发布】 9月23日，冶金园（锦丰镇）首届“锦工能匠”行动计划暨沙钢集团职工职业技能竞赛启动仪式举行。市总工会主席夏立新，沙钢集团常务副总裁陈少慧、工会主席雷学民，园党工委委员许海峰等参加活动。首届“锦工能匠”行动计划包括持续开展“匠心铸魂、匠心育才、匠心赋能、匠心传承”四大行动，加快构建全覆盖的职业技能培训体系，推动劳动者努力成长为“能工巧匠、大国工匠”。沙钢集团启动职工职业技能竞赛，浦项不锈钢公司、沙洲电力公司、联合铜业公司、爱丽家居公司、中环海陆公司等5个单位的230名选手在10个竞赛项目中展开角逐、各展风采。与会人员到沙钢职工学校、机修总厂钳工实训基地、金工车间、冷轧总厂镀锌车间行车培训基地等点位观摩班组综合管理实务、维修电工工业自动化、现代机加工、行车工等技能比赛情况。

【首张苏州全城通办通取营业执照办理】 9月19日，张家港首张苏州全城通办通取营业执照在冶金园（锦丰镇）政务服务中心自助一体机上办理。年内，根据苏州市市场主体登记“全城通办通取”改革试点工作要求，园（镇）政务服务中心推行营业执照“全城通办通取”工作，申办者通过政务服务中心证照登记自助一体机，凭身份证在自助一体机上领取相关证照，在苏州大市范围内就近选择政务服务大厅登记窗口进行证照申办，无须回到属地办理。实现营业执照苏州大市范围内“通办通取”“异地可取”。营业执照“全城通办通取”服务涵盖所有内资企业登记业务，最大限度满足市场主体“就近、便捷、高效”办事需求。园（镇）政务服务中心强化政策落实、简化审批流程、创新服务模式，充分发挥企业开办“一窗融合”“全程电子化”等服务模式效能，推动“一网通办”向“一网好办”转变，用“数据跑”代替“群众跑”，助力企业减负降本。至年末，业务办理524件。

（茅　华）

高新区（塘桥镇）

【概况】 高新区（塘桥镇）位于市域东南部，与常熟市海虞镇交界，设有张家港高铁枢纽站，建设中的通苏嘉城际、沿江城际铁路交会于此。区（镇）总面积94.29平方千米，耕地面积3609.2公顷。辖14个行政村、7个社区（其中周巷、青龙社区为“村居合一”社区），有户籍27773户，户籍人口93583人。另有外来暂住人口78850人。全年完成地区生产总值181.71亿元。按户籍人口计算，人均生产总值19.28万元。一、二、三产业增加值分别为3.24亿元、82.04亿元、96.44亿元。完成全口径财政收入16.99亿元，其中公共财政预算收入9.86亿元，比上年降17.4%。入库税金16.43亿元，比上年降14.6%。完成全社会固定资产投资55.67亿元，比上年增25.4%。其中，工业投资15.61亿元、服务业投资40.06亿元，新兴产业投资17.35亿元。社会消费品零售总额42.95亿元。高新区（塘桥镇）获评江苏省文明镇、江苏省基层党员冬训工作示范镇、苏州市“生态环境保护工作”先进集体、苏州市公共文化先进镇、张家港市双拥先进集体，被授予“中国精纺·毛衫名镇”称号。

经济建设　年末，区（镇）有企业4498家。156家规模以上工业企业全年实现总产值199.84亿元，营业收入212.99亿元，利润2.78亿元。区（镇）完成进出口总额8.41亿美元，其中出口总额7.73亿美元。新批外资及港澳台资企业3家，注册外资及港澳台资1066万美元，到账外资及港澳台资7516万美元。新增市场主体2347家。其中，新设企业552家，比上年减少32.93%；新设个体工商户1795户，比上年减少13.33%。华芳、鹿港、新东旭、钰润、友诚、普坤、华程、联宏等骨干企业营业收入超过5亿元。华芳智能车间、银河电子新能源等45个技改项目落地，新增江苏银河数字技术有限公司1家国家级专精特新“小巨人”企业，新增江苏维达机械有限公司、江苏亿都智能特种装备有限公司、江苏华程工业制管股份有限公司、江苏广川超导科技有限公司、张家港市光学仪器有限公司、张家港友诚新能源科技股份有限公司、苏州聚晟太阳能科技股份有限公司、苏州上舜精密工业科技有限公司、苏州市康力骨科器械有限公司9家省级专精特新中小企业；新增张家港市光学仪器有限公司1家省级企业技术中心，新增张家港市博格机械有限公司、江苏佰瑞普智能科技有限公司2家苏州市级企业技术中心；培育苏州市级示范智能车间3家，张家港市级示范智能车间6家；区（镇）规模以上工业企业智能化改造全覆盖。举行项目集中开竣工活动暨国泰中心·国泰研发中心开工仪式，开竣工项目31项，总投资118.67亿元；举行新能源产业创新集群政策发布会暨泰源新能源汽车轻量化零部件基地项目开工仪式；举行新能源产业项目推进会暨友诚新能源超级充电及高压连接总成项目开工仪式，开竣工项目11项，包括开工项目9项、竣工项目2项，总投资26.8亿元，其中超1亿元项目9项。推进总投资137.87亿元的信义“双链+智能制造”项目、泰源汽车零配件张家港生产基地、正创新零售长三角制造基地等18个重大项目开工建设，年内完成投资29.91亿元。精准服务国泰智能制造产业基地、博桥联汽车零部件综合产业中心、联宏数字经济产业园等在建项目。高新区获批张家港市首家国家创新人才培养示范基地。揭牌全国首家“科技创新研修院（张家港）”。入围中国产学研合作创新示范基地。试点建设苏州市首家知识产权工作站。在全省率先实施规模以上工业企业创新能力评价。出台全市首个高新技术企业培育三年行动计划“东渡扬帆”高企培育计划。净增发明专利149件，完成度149%（全市第一），比上年增292%。认定高新技术企业32家，完成度152.4%（全市第二）。新开工科创载体16.26万平方米（全市第二）。“东渡人才港”获评首批苏州市高品质人才社区示范点。张家港长三角生物安全研究中心基础建设整体竣工，正式投运。苏州思萃绿色熔接研究所获评张家港市人才引育先进企业、江苏省四星级上云企业，其车间获评张家港市智能示范车间。高新区举办第二届全球数字经济创新创业大赛，年内新增市领军人才16人、苏州市级以上人才9人。各房地产公司累计在区（镇）完成投资开发9.17亿元。重点商业大润发塘桥零售店零售总额1.6亿元，华芳金陵国际酒店营业收入6800万元。发展现代农业，改造标准化池塘20.87公顷。有2010公顷绿色优质水稻生产基地，绿色食品15种，绿色农产品种植面积10.1公顷，绿色优质农产品占总农产品比重达到86.7%，上市农产品抽检合格率100%，全镇重点基地产品追溯率100%。苏州爆发力文化有限公司创评市级农业龙头企业。区（镇）粮食、蔬菜、水产品总产量分别为30332.87吨、22340吨、921.2吨。农、林、牧、渔业总产值4.82亿元。土地适度规模经营比例100%。

社会事业　区（镇）有中小学校及幼儿园19所，其中教育局直属高中1所，镇属公办中小学8所，镇属公办幼儿园4所，民办小学3所，民办幼儿园3所。镇属公办中小学、幼儿园在职在编教师771人，备案制教师49人，代课教师105人，民办小学、幼儿园自聘教师237人。累计在校学生及幼儿16263人，其中张家港市籍学生6654人，非张家港市籍学生9609人（在公办学校就读7456人），占学生比例的59.09%。农村义务教育专任教师本科及以上学历比例94.51%。张家港市级以上骨干教师276人，其中苏州市级以上骨干教师11人。鹿苑小学张晓华获评江苏省优秀少先队辅导员，妙桥中学肖啸获评“苏州市教育时代新人”。年内，梁丰高级中学高新区实验学校启用，鹿苑中学综合楼启用，妙桥中学综合楼开工建设，韩山幼儿园及黄泗浦幼儿园开工建设。各中小学完成省中小学智慧校园合格校创建，妙桥小学获评2022年苏州市智慧校园发展水平四星级学校，塘桥中心小学、妙桥小学首批获评苏州市人工智能教育实验学校。全年区（镇）开展各类群众文化体育活动100余场，举办第十五届围棋文化节、“东渡华裳”文旅创意短视频挑战赛、“活力高新区，魅力新塘桥”新时代文明实践公益巡演、“共筑高新梦，书香润新城”全民阅读系列活动、“群星耀高新，舞动新时代”文化志愿团队舞蹈大赛、“我们的节日·七夕”东渡游园会等，承办市级“我们的节日·端午”云上划菱桶挑战赛、张家港市第九届全民健身大展示（体育舞蹈）、“喜迎二十大，幸福舞起来”苏州市第十二届广场健身舞大赛张家港海选赛·张家港市广场健身舞大赛总决赛。塘桥文化中心剧场获评2022年度苏州市“公益性小剧场示范点”。组织参加江苏省第20届运动会职工排舞（广场舞）比赛，获金奖，小品《村口有一座雕像》获第十五届江苏省“五星工程奖”戏剧类金奖、第十六届“华东六省一市”戏剧小品大赛大奖。新增健身路径6套、篮球架1套、乒乓桌3套。区（镇）有医院3家、社区卫生服务中心2家、社区卫生服务站14家、家庭医生工作室3家、全科医生工作室1家，有执业（助理）医师324人。完成塘桥中心国家优质服务基层行基本标准复审，妙桥中心达到国家优质服务基层行基本标准。深化省糖筛工作站、苏州市成人三高代谢性疾病防治站、苏州市儿童肥胖防治站、老年友善机构等项目建设。刘村社区卫生服务站创建江苏省甲级村卫生室通过考评，蒋家社区家庭医生工作室创建成江苏省星级家庭医生工作室。周巷村建成“博爱家园”阵地。妙桥社区卫生服务中心在全市率先启用HIS5.6医疗云系统，列入国家PCCM呼吸疾病防诊治体系培育单位。区（镇）全年计划免疫新建卡1018人，完成免疫规划疫苗接种17667针次、非免疫规划疫苗接种3028人次、“531”疫苗接种3584人次。辖区0至6周岁儿童健康管理6136人，儿童健康管理率98.05%。完成“两癌”筛查和妇女病普查5978人。完成65周岁及以上老年人体检17766人，体检率81.48%。组织开展卫生知识讲座、健康义诊54场，受益群众5327人次。完善各类人群电子档案149787份，建档率101.01%；管理高血压患者18031人，管理糖尿病患者5331人。开展科学育儿主题活动1场，体验服务1129人次。落实计生特殊对象双岗联系人制度，帮扶平台信息完善率100%，帮扶全覆盖，特扶对象住院护工保险理赔率100%，参与体检的对象86人，纳入虚拟养老对象25人，开展3个重大节日走访慰问活动，发放慰问物资约20万元，受益211户343人。大病困难群众、计生特殊困难家庭、白血病、劳模家庭医生签约率100%；重点人群家庭医生签约率73.6%，健康管理服务包签约594人。落实计生奖扶政策，计生奖励扶助政策兑现率100%。投入18.09万元，向0至16周岁计生家庭赠送计生家庭健康险。推进15个在建安置房工程，累计建筑面积143万平方米，总投资额72.24亿元，新开工胡同西B区、韩山五期、巨桥花园一期3个安置房工程；妙景三期B区、妙景三期C区、韩山三期东区、华芳老铜厂地块安置房竣工，总建筑面积17.32万平方米，总投资额8.09亿元；推进普坤二毛、花园三期北区、花园五期北区、胡同西A区、韩山四期等11个安置房工程。完善民生工程建设，举行福善堂二期、妙桥卫生服务中心二期、王家花园二期等工程建设。优化市政路网及景观环境建设，推进荟萃路等城市道路框架搭建，完善AI城际空间站配套基础设施建设，启动豪群河、星弈河等河道改造项目。投资约3000万元，新建何桥村污水管网19.3千米。改造道路2.07千米，新增各类绿化1.87公顷。完成“三优三保”拆旧复垦土地面积224公顷，其中低效工业用地158公顷。区（镇）实施重点领域百日攻坚、安全生产大检查、安全生产专项整治三年行动。实现安全生产“零亡人”目标。区（镇）党政主要领导带队开展安全生产督察检查17次，迎接上级各类督导8次，完成苏州市重点挂牌隐患销号1处，张家港市、镇隐患销号5处，消除动态隐患4处，开展“百团进百万企业千万员工”和“四个一”说安全活动4场。开展“安全大课堂活动”现场咨询活动和线上直播等22场，发放宣传资料1万余份。完成1067家企业风险定期报告，新创二级标准化企业

10家。开展危化品、粉尘涉爆、金属冶炼等企业专项行动，整改隐患2230条。开辟全市首个区（镇）级应急救援基地，打造“五分钟消防救援圈”，兴建鹿苑、妙桥二处小型消防站。办理行政处罚案件种类涉及5个条线23120余起，查处与整改安全生产隐患800余处，行政处罚309.12万元，追发劳动者工资1000余万元。开展垃圾分类、流动摊贩、占道经营、建筑垃圾等专项整治80余次。拆除违章搭建面积51.64万平方米。治理劣V类河道27条，疏浚河道49条，拆坝建桥5座，新建引排闸站1座。建设生态美丽河道10条，加高加固永南河圩堤850米，新建四干河临时防洪排涝泵站1座。$PM_{2.5}$年均浓度较2021年下降11.1%。推出“高兴办”政务服务品牌，升级特殊通道、完善母婴室、设置低位服务台，累计服务企业、群众902次。打造“东渡网格”品牌，网格队伍达到177人，发现违法违规事件340起，好人好事128件，群众诉求处置356件，管理流动人口78850人。

福民工程 年末，区（镇）村级总资产60.07亿元，比上年增3.34%。全年村集体经济总收入3.64亿元，比上年增5.51%。村均可支配收入1598万元，比上年增6.53%。村级惠民支出3413.63万元，比上年减12.8%。村集体及村级抱团平台完成经营性建设项目7项，投资2.2亿元，收购、新建厂房9.09万平方米，收购门面房791.9平方米，新增年租金1587万元。年内，办理企业社会保险登记305家，增员1462人，办理企业职工基本养老保险退休申请463人，企业社会保险费延缴申请76人，企业离退休人员遗属待遇申请259人，灵活就业参保登记1100人，灵活就业停保登记897人。新增缴存公积金开户职工2742人，净增缴存职工1369人，缴存人数累计5218人。全年认定就业困难人员378人，362人享受保险补贴，举办各类线上线下招聘会12场，累计191家企业提供招聘岗位2872个，组织失业人员、高校毕业生等134人参加创业、月嫂、3D打印等免费技能培训。9家企业529人参加稳岗惠企送温暖“留港优技”项目制培训，申请补贴15.87万元；组织辖区内企业参加“行行出状元”技能大赛。做好1026人（其中精准扶贫166人）城乡居民基本养老保险年度征收。居民基本医疗保险参保38108人，其中免征缴1062人；医保个人基金缴纳1432.8万元，市、镇两级财政补贴1661.03万元。发放各类困境家庭补助1000余万元。村级医疗互助惠及62150人，筹集资金659.87万元。春节各类慰问资金1460.5万元，惠及群众5000余人。投资250万元，开辟区（镇）社工站未保站。新改建滩里村居家养老服务中心，完成185户适老化家庭改造。推进5个村（社区）四级“邻里港湾”建设。开展“爱满港城”慈善募捐活动，筹集善款350万余元。施行7类32个慈善项目，资金247万余元。镇级殡仪服务中心年内集中文明办丧40户。征集到21个民生微实事项目，通过17个项目，总预算资金130万元。

表70　　2022年张家港高新技术产业开发区（塘桥镇）村（社区）基本情况表

村（社区）名称	面积（平方千米）	户数（户）	人口数（人）	集体经济总收入（万元）	可用财力（万元）	总资产（万元）	村（社区）党委（总支、支部书记）	村（社区）主任
周巷村	6.90	2268	8708	2423.88	1941.00	60476.02	王晓峰（主持工作）	—
何桥村	7.28	1572	7221	3491.44	3124.00	32317.82	钱腾冰	钱腾冰
青龙村	4.30	1318	4741	1900.06	967.32	36781.64	须丹萍（女，1月任）	—
韩山村	4.50	1495	5214	2843.23	2640.00	70779.47	钱纪东	黄　伟
顾家村	4.46	1086	3902	1007.21	860.63	28073.59	杨　平	—
横泾村	8.90	1795	7016	2076.24	1749.00	20095.59	陆学军	陆学军
金村村	10.20	1965	7907	1861.50	1468.73	72843.62	朱建江（1月任）	—
欧桥村	5.93	1565	5190	4719.56	675.70	42450.07	陆余丰	陆余丰
蒋家村	5.60	1250	4620	778.26	321.95	18556.14	苏泽新（兴村特岗书记，党总支副书记主持工作）	仇建宇
花园村	5.59	1302	5417	3172.25	2955.00	55702.80	钱再飞	钱再飞（12月任）
滩里村	7.80	1680	5880	4515.96	2886.32	27200.15	郑卫兵	郑卫兵（12月任）
牛桥村	2.96	1590	4774	1350.28	800.60	17021.81	侯宇峰	侯宇峰（12月任）
巨桥村	6.80	1609	5561	2128.23	1501.99	40532.36	王爱国	王爱国（12月任）
刘村村	3.60	405	3782	681.82	483.31	26400.49	周　洁（1月任）	—
镇中社区	4.60	1712	5123	956.45	266.00	7084.52	张　弛（1月任）	张　弛（12月任）

续表70

村（社区）名称	面积（平方千米）	户数（户）	人口数（人）	集体经济总收入（万元）	可用财力（万元）	总资产（万元）	村（社区）党委（总支、支部书记）	村（社区）主任
妙桥社区	3.10	1110	3886	1424.62	523.85	34353.11	杨　斌（1月任）	杨　斌（12月任）
鹿苑社区	1.80	1674	3581	1063.67	305.79	10004.42	钱震杰	钱震杰
胡同社区	0.33	1750	5294	—	—	—	许秋帆（女，1月任）	许秋帆（女，12月任）
馨塘社区	0.90	7853	10682	—	—	—	王伟芳（女）	王伟芳（女）

表71　　2022年高新区（塘桥镇）投资1亿元以上开工项目情况表

投资企业名称	项目名称	投资额（万元）
信义科技（江苏）有限公司	信义“双链+智能制造”项目	324500
张家港市高铁投资发展有限公司	高新区（塘桥镇）安置房项目	219200
张家港泰源汽车冲压技术有限公司	泰源汽车零配件张家港生产基地项目	150000
正创（张家港）供应链管理有限公司	正创新零售长三角制造基地项目	130000
江苏国泰国际集团	国泰创新中心项目	100000
沪铁投资开发有限公司	智汇谷（原高新区商务金融中心）项目	94500
张家港爱得健康有限责任公司	爱得骨科医疗器械项目	80000
苏州时代华景新能源有限公司	时代华景智能储能锂离子电池项目	60000
张家港市众成科技发展有限公司	高新区产业孵化加速器项目	50000
张家港市高铁投资发展有限公司	高新区城市功能提升项目	39500
菲科半导体（张家港）有限公司	菲科半导体设备项目	39000
高新区管委会、苏净集团	中科院过程所生物安全平台项目	22000
苏州先瑞药业有限公司	先瑞医药仓储物流项目	18000
张家港市高铁投资发展有限公司	梦享加速器项目	16000
华芳毛纺织染有限公司	华芳智能车间技改项目	11000
江苏国嘉导体技术科技有限公司	宝孚克新能源用柔性铝合金电缆及配套连接技术项目	10000
中航超能（北京）科技有限公司	中航超能超低排放环保设备研发生产项目	10000

【138亿元项目开竣工及签约】 2月28日，高新区（塘桥镇）2022年一季度项目集中开竣工活动暨国泰中心·国泰研发中心开工仪式举行，市委书记韩卫，市委副书记、市长蔡剑峰等出席活动。此次开竣工项目31项，总投资118.67亿元，涉及先进制造、智能装备、新能源、新材料、数字经济、科创载体、城市功能提升等多个领域，项目整体科技含量高、市场前景广、带动能力强。3月30日，高新区举行重大科技项目云上签约活动，市委常委、高新区党工委书记常征出席。此次签约项目2项，总投资约20亿元。其中，江苏国嘉导体技术科技有限公司新能源用柔性铝合金电缆生产研发总部基地项目总投资10亿元，将建设集上市主体、生产基地、研发中心于一体的新能源用柔性铝合金电缆总部基地，全部达产后预计销售10亿元，税收4000万元；哈工大机器人集团张家港高新区智能制造创新中心项目总投资不低于10亿元，由高新区（塘桥镇）与哈工大机器人集团及雷神资本合作，建设“哈创（张家港）智能制造创新中心”，共同打造“机器人+智能制造+商业航天”为主题的产业基地和项目集群。

【友诚超级充电及高压连接总成等新能源产业项目落地】 11月11日，高新区（塘桥镇）四季度新能源产业项目推进会暨友诚新能源超级充电及高压连接总成项目开工仪式举行。市委书记韩卫，市委副书记、市长蔡剑峰，中国宝安集团企业管理部部长、张家港友诚新能源科技股份有限公司董事长宋高军等参加。此次新能源产业项目推进会达成开竣工项目11项（包括开工项目9项、竣工项目2项），总投资26.8亿元。其中，有超1亿元项目9项，涵盖新能源汽车及其零部件、太阳能光伏、锂电等领域。友诚新能源超级充电及高压连接总成项目占地4.43公顷，建筑面积13.6万平方米，依托友诚公司布局未来的核心技术——大功率充电技术和新能源汽车无线充电技术，计划建成年产充电桩3万台、充电枪90万台、充电座150万台、控制盒50万台、电锁100万台的高水平产线，产品主要应用于新能源乘用车高压充电领域。达产后预计新增年销售5.5亿元、年利税4000万元，新增就业约200人。活动现场，与会人员参观苏州时代华景新能源智能储能锂离子电池项目，观看高新区（塘桥镇）2022年四季度新能源产业推进会项目展板，并举行苏州聚晟科技太阳能跟踪支架系统研发生产基地项目开工仪式。此基地项目占地3.45公顷，建筑面积33418平方米，依托聚晟公司在平单轴支架、新型双轴跟踪支架、跟踪支架与光伏组件、跟踪支架控制器与逆变器一体化设计和开发等方面的核心技术，计划建成年产4万吨的太阳能跟踪支架及智能跟踪系统生产线，应用于平地、山地、农光、渔光等各种地形场景。项目达产后预计新增年销售10亿元、年利税3600万元，新增就业约100人。

【高新区（塘桥镇）被授予"中国精纺·毛衫名镇"称号】 12月8日，2022年全国纺织产业集群工作会议在线上召开，对2022年全国纺织产业集群试点地区复查结果、新增集群名单、集群优质服务竞赛名单等进行通报。其间，中国纺织产业特色名镇名单出炉，张家港高新区（塘桥镇）上榜，并被授予"中国精纺·毛衫名镇"称号。近年，区（镇）聚焦高端材料研发、高端制造、高端产品三大领域，编制高端纺织产业园规划，出台《高端纺织产业园项目准入意见（试行）》，加大国泰高端纺织项目、华芳毛纺技改项目、联宏航空高端材料项目推进力度，推动产业链向"微笑曲线"两端延伸。同时，以暖心政策引导企业提质增效，累计兑现项目投入、企业培育、产出效益等高质量扶持资金近1000万元。在绿色发展方面，坚持"扩增量"与"优存量"并举，关停取缔"散乱污"纺织企业16家，腾出发展空间18.67公顷，推进企业节能减排改造、清洁生产审核等工作。

（卢嘉辉）

乐 余 镇

【概况】 乐余镇位于市域东北部，隔长江与南通相望，有全市唯一的民国老街。总面积78.58平方千米，沿江岸线17.84千米，耕地面积3710公顷。辖1个办事处，19个行政村、6个社区。年末，有户籍24435户，户籍人口73494人，另有外来暂住人口23632人。全年完成地区生产总值66.76亿元，按可比价计算比上年降1.9%。按户籍人口计算，人均生产总值8.93万元。一、二、三产业增加值分别为2.93亿元、36.24亿元、27.59亿元。完成全口径财政收入5.72亿元，其中公共财政预算收入3.31亿元，比上年降40.42%；入库税金5.53亿元，比上年降40.79%。完成全社会固定资产投资25.57亿元，比上年增61%。其中工业投资5.24 亿元、服务业投资20.33亿元，新兴产业投资7.83亿元。社会消费品零售总额35.34亿元，增速2.7%。乐余镇获评2019—2021年度江苏省文明乡镇、江苏省健康镇、省级生态文明建设示范乡镇，乐余镇为民服务中心获评2022年度"15分钟医保服务圈"省级示范点建设单位，乐余镇劳动社保（医保）条线获评"15分钟医保服务圈"省级示范点。永利村、永乐村、常丰村获评2019—2022年江苏省文明村，乐海社区获评2019—2021年度江苏省文明社区。向群村获评江苏省民主法治示范村，乐江社区、乐余社区获评江苏省民主法治示范社区，乐余社区获评江苏省健康社区。

经济建设　年末，全镇有企业2248家，其中工业企业1306家。年内完成工业开票收入163.18亿元，比上年增0.4%。105家规模以上工业企业全年实现总产值91.76亿元，营业收入98.33亿元，利润10.02亿元。全镇完成进出口总额43736万美元，完成度147%，其中出口总额43202万美元。注册外资及港澳台资5000万美元，到账外资及港澳台资1194万美元。新增私营企业479家，注册资本18.97亿元；新增个体工商户844户，注册资本1.25亿元。签约项目7项，总投资约25亿元。2022年高技术制造业投资2.02亿元，高技术服务业投资1.18亿元。实施《乐余镇科技招商"乐创+"计划》，推出"创十条"（"乐创+"产业集群、"乐创+"合作伙伴、"乐创+"人才引领、"乐创+"科招载体、"乐创+"要素保障、"乐创+"基金赋能、"乐创+"增效转型、"乐创+"人才乐居、"乐创+"政务无忧、"乐创+"精兵强将）扶持政策，建设载体45万平方米，全市首个"乐创智谷"载体数字化管理平台试运行，全年举办23次线上线下活动，完成科招项目89项，总数完成率保持全市第一；签约全镇首个院士合作项目，新增市领军人才计划及以上项目14项，上级人才计划完成度居全市第一方阵。引进德祺运动科技等总投资超100亿元项目，其中超1亿元项目7项。港城智能智造大数据产业园等总投资145亿元的15个三级重大项目三季度100%开工，澳普托机器人末端技术生产基地等5个项目竣工，苏州重点项目投产投用率实现100%。实施智能制造"235"计划2.0版本，新增省专精特新企业6家、苏州市级示范智能车间2家，规模以上工业企业数字化改造全覆盖。完成星级以上云企业认定5家，高新技术企业和规模以上工业企业数量实现双破百，创历史新高。实施产业用地"一标准两办法"，推进单体小微工业园整治提升，实现"退二优二"21.8公顷。成立全镇首个企业创投基金永鑫融光基金，为项目发展注入"源头活水"。投入600万元改造高标准农田66.66公顷，张家港市乐余镇汇丰源果蔬专业合作社、江苏鸿逸泰生态农业科技有限公司创成苏州市级高标准蔬菜基地，新增张家港市新征途食品配送服务有限公司、张家港市西水道生态农业有限公司为市级农业龙头企业，稳定5142.6公顷粮食、1980.3公顷蔬菜生产，全年实现农、林、牧、渔业总产值7.41亿元，粮食、油菜籽、蔬菜、水产品总产量分别为35347.6吨、724吨、56274吨、531吨。牵手中科院落地全国唯一的中科农创技术转化平台，携手苏州苏垦、大疆无人机启动百亩智慧农业示范应用场景建设。投资430万元的“江滩羊”养殖基地投用，创成苏州市美丽生态牧场。江豚湾生态乐园、乐利开心农场等农文旅项目建成。

社会事业　9月，乐余实验幼儿园开园。至年末，全镇有中小学校4所，幼儿园3所，教师706人，在校学生（幼儿）7835人。年内，实现公办中小学校空调装配、学校食堂电灶改造全覆盖。完成兆丰学校、崇实初中智慧校园及乐余中心小学智慧三级安防建设。乐余中心小学获评全国营养与健康示范学校，崇实初中、兆丰学校获评省级智慧校园。践行“以一米高度看世界”理念，举办“儿童友好·让乐余更美好”主题活动，成立全市首个“儿童友好”关爱基金和“阳光乐童·青少年权益保障联盟”，乐江社区首批创成苏州儿童友好社区。镇新时代文明实践所“乡村‘复兴少年宫’”阵地首批获评张家港市优秀阵地，永利村新时代文明实践站“乡村‘复兴少年宫’”项目首批获评张家港市优秀项目。全镇有医疗卫生机构25个，其中医院3家、社区卫生服务中心1个、社区卫生服务站14个、中医诊所1个、口腔诊所6个。有执业（助理）医师221人，全科医生65人。女童保护公益讲师团队成立，开展困境儿童关爱、青少年权益保障、社会妈妈帮困助学结对等活动，直接受益4683人次。“乐羽翼”精神障碍康复驿站建成，通过省级精神障碍社区康复服务示范点验收；“乐文明2.0”乡风文明提质行动发布，创新实施“微网格·乐文明”同创共建机制，全市首个青少年网络文明素养基地建成。全镇以“乐益家”社区服务品牌为引领推进居民微自治，创新制订居民自治积分管理办法，实施微自治项目23项，率先打造成64个“文明示范楼道”。拓展“乐无忧”政务服务品牌内涵，启用全市首个“全链式”技能人才双创服务中心——乐匠高技能人才服务双创中心，在全市率先增设“办不成事”窗口，推行涉企“免罚轻罚”清单3.0及“首违不罚”制。乐余为民服务中心围绕“服务大厅提档、服务流程提速、服务模式提优、服务网络提质”四个提升，对原有服务和设施进行提档升级，创新推出“医保好铃”专区及“无忧医保，暖心到家”帮代办服务。3月，中心获评省医保局“15分钟医保服务圈”示范点建设单位。市图书馆乐余分馆升级启用，获评“张家港市最美阅读空间”，永利村“档案忆空间”获评苏州市“江南公共文化特色空间”。完善全民健身设施，高标准建成乐港河健身步道，新增文体设施面积4万平方米，增添绿化景观、休闲座椅、太阳能地灯、文明标语等配套设施。乐余社区、兆丰社区、稻麦场社区新建或更新3套健身路径；永利村、稻麦场社区更新2套篮球架，同时配合做好室外健身设施电子地图等相关工作。至年末，全镇有体育场馆4座，公园健身场3片，健身房4个，村、社区篮球场24片。在镇新时代文明实践所一楼建设“报春花”群众文化阵地，全年人均接受文化场馆服务次数10.27次，超额完成全年人均接受文化场馆服务次数2.68次的目标任务。新增市派玛包装机械有限公司1家规模以上文化产业企业，全镇10家重点文化企业全年累计完成增加值6578万元，超额完成年度目标任务。围绕“喜迎二十大”“庆祝建县（市）60周年”“强国复兴有我”开展群众性主题宣传教育活动，举办“百姓舞台·乐向未来”全民网格才艺PK赛、“乐迎六十载·舞动新未来”第九届广场舞大赛、“乡村振兴杯”第二届苏州市农民体育文化节系列活动之江南水乡风筝邀请赛、2022年“沙洲之春”乡镇群众文艺大展演乐余常阴沙专场等活动，形成一批有影响力的群众文化品牌。创作舞蹈《袖珍妈妈》，歌曲《风筝》《乐余是我家》，曲艺《移风易俗树新风》《二十大新征程扬帆起航》等多个优秀原创作品。承办“起航新征程，幸福中国年”2023年张家港市“村晚”展示活动；组织保障2022年苏州市公共文化配送项目开展；全年放映公益电影366场，观影人数2.25万人次。挖掘非遗资源，新挖掘2项非遗项目“沙上沙酥”“芝麻桂花酒”制作技艺，其中沙上沙酥作为张家港市非物质文化遗产代表在2022年“央视秋晚”展示。增设乐余镇“非遗文化工作室”，打造“冯太根非遗传习所”“皮皮鲁风筝馆”等优质非遗研习阵地。全年开展“非遗进校园、进社区”巡展16场、非遗文化集市6场、非遗手工体验活动12场，创编《少年非遗说》节目，并录制视频。组队参加市少儿门球选拔赛，乐余小学、兆丰学校分别获第一名和第三名，晋级后代表张家港市参加2022年江苏省少儿门球比赛，均进入前八强；举办“乡村振兴杯”第二届苏州市农民体育文化节系列活动之江南水乡风筝邀请赛暨“两岸同行，放飞乡村振兴新梦想”2022年两岸青年非遗风筝制作放飞活动，《人民日报》人民号、“今日头条”、中国风筝协会、中国江苏网、交汇点新闻、紫牛新闻、江苏电视台体育休闲频道、“今日张家港”等媒体纷纷报道；承办市第十二届全民健身大联赛门球和气排球乐余赛区的比赛；向群村代表乐余镇参加市村级门球比赛，获第二名。举办第二届羊肉美食文化节、首届龙虾啤酒节，“最鲜江滩羊、最美夜乐余”品牌IP逐步塑树。全镇加快82万平方米临江福苑安置房建设，扶海花苑三期顺利分房，完成814套安置房不动产权证办理。乐江花苑一期补办住宅房产证656套，二期544套安置房已具备发证条件。改造老旧小区15个，建设口袋公园2处，恢复绿化12万平方米，更新26套汽车道闸和17套人行门，增设停车位1680个。推进净谷区域永乐路、永兴路项目建设，完成永兴路建设并通车。打好蓝天、碧水、净土三大保卫战，$PM_{2.5}$浓度比上年降5%。首创智慧水务管理平台，省考断面Ⅲ类水达标率100%，建成省级生态河道3条、污水提质增效达标区3个。在兆丰办事处开展排水达标区创建，对兆丰办事处零星沿街住宅楼、小散乱排水户进行截污纳管工程配套，对劣V类水体周边未截污纳管开展截污纳管治理。年内完成星辰花苑污水管道改造、兆丰教堂周边老旧小区污水管网改造工作。完成双桥工业安装有限公司厂区及周边人民路雨水管网系统疏通、清洗，厂区雨污分流施工。投入1461万元新建的生活垃圾中转站正式运行，乐余商贸街建成全市首条垃圾分类示范街。完成快乐新村等530户管道天然气主管道铺设，并开始入户管道施工作业。排查全镇479家非居民燃气用户，按照镇因地制宜、分类施策的原则，至年末完成82家非居民燃气用户的“瓶改管”“瓶改电”工作。

福民工程 年内，乐余镇出台《乐余镇“十四五”期间加快村级集体经济发展的实施意见》，实施村级经济“3550”（集体经营性收入过100万元的村达到3个、过50万元的5个、过10万元的50个，所有村和社区均过5万元）工程，下好镇村“一盘棋”，加快村村抱团发展，乐创工业园一期等6个项目建成投用，乡村振兴产业园等项目开工建设，村均可支配收入802万元，比上年增12.6%，超1000万元村级收入的村达到5个。全镇举办“春风行动”“就业援助月”“民营企业专场”等各类线上招聘会6场，提供就业岗位3397个，其中399名应届高校毕业生就业，就业率99.25%。镇劳动社保条线举办“乐英课”人力资源管理沙龙活动，为30余家企业人事负责人免费提供涵盖薪酬体系搭建、劳动关系处理等内容的课程，助力企业构筑和谐劳动关系新格局。组织联峰工业、七洲化工、长力机械3家企业开展“稳岗惠企”项目制线上培训，合格人数334人，发放补贴10.02万元，助力企业稳岗留工。组织26人参加创业培训，24人参加家政培训，34人参加养老护理员培训，引导失业人员再就业。全镇社保新增扩面1602人，住房公积金净增扩面354人。持续实施整镇制村（居）民医疗互助项目，68116人参与，筹资总额681.16万元，参与率95.94%。年度补助4373人次，补助金额500.6万元，个人自付部分的减负比例45.16%，资金使用率62.71%。在集中征缴期内办理居民基本医疗保险参保21613人。为277名就业困难人员办理灵活就业人员社保补贴。初审创业社保补贴28人。失业保险金审核通过40人。受理并初审企业职工和灵活就业人员退休368人。城乡居民基本养老保险扩面征缴592人，其中重度残疾政府代缴133人、精准扶贫125人。开展各类慰问活动，冬送温暖50人、重病慰问60人、亡故慰问368人，发放慰问金28.9万元。全年组织25931人参加社会化管理退休人员健康体检。建成医保便民服务站7个，聚焦“一老一小一特”群体，推广“社区嵌入式”养老服务模式，完成适老化改造182户，实现社区居家养老服务中心全覆盖，全年虚拟养老服务2.7万人次。居家养老上门服务率98%。社区门诊服务14.2万人次，乐江社区卫生服务站获评省甲级村卫生室。推进“点单式”家庭医生签约服务，签约服务260户。发放65周岁及以上老年人尊老金22.07万人次，发放金额1277.62万元，实体化运行全市首个镇级慈善会，募集“爱满港城”善款399万元，慈善超市首批获评苏州市“慈善实体”。全域推进医疗互助，筹资681万元，核定补助4373人次。发放民政救助资金1666万元，救助困难群众24户37人次，救助资金10.82万元，退役军人就业安置率100%。开展特殊困难群体救助帮扶专项排查整治行动，将排查出的89户110人纳入镇、村两级日常重点关注对象，并组织实施常态化探访关爱服务。全年新增低保户25户、低保边缘户7户、特困人员1人，因经济超标或其他原因退出低保户19户、低保边缘户17户、特困人员2人。至年末，全镇有低保户247户356人、低保边缘户35户36人，特困人员（五保）32人，救助资金按时发放，另外发放五一慰问金4.18万元、十一慰问金4.25万元，物价补贴（含防疫补贴）16.45万元，累计发放救助金502.11万元。持续做好残疾人就业保障，年内新增就业人员73人，居家就业人员8人，残疾人就业率超77%。有无固定收入重度残疾人454人，一户多残、依老养残对象17户32人，无业精神、智力残疾人47人，低保中残疾人166人，发放无固定收入重度残疾人生活补贴457.2万元，一户多残、依老养残对象生活补贴26.7万元，无业精神、智力残疾人生活补贴40.38万元，低保中残疾人生活补贴64.53万元，重度残疾人护理补贴192.65万元，发放各类补贴781.46万元。全镇享受困境儿童基本生活费补贴的有47人（其中孤儿1人），发放资金69.1万元。镇退役军人服务站开展夏送清凉活动、“一片兵心永向党，奋进喜迎二十大”党员活动、八一座谈会、“童心向军梦，薪火代代传”手工制作活动、全民国防教育日活动、“致敬革命英雄，争做时代新人”抗美援朝纪念日活动、“父子齐上阵，雕刻传薪火”亲子活动等。举办“乒出老兵风采，喜迎二十大”乒乓球友谊赛、“三属”（在乡烈士遗属、因公牺牲军人遗属、病故军人遗属）集体生日会等活动。“乐军武”退役军人志愿服务队经常性为军烈属和生活困难退役军人提供困难帮扶志愿服务，定期组织志愿者和社区医生上门走访慰问，提供爱心义诊等专业服务。7月，为优抚对象进行健康体检，组织重点优抚对象9人参加年度短期疗养。全年完成参战参试退役人员生活补助金、残疾军人残疾抚恤金、“三属”定期抚恤金、老复员军人生活补助、遗属生活补助、其他优抚对象生活补助、义务兵家庭优待金、退伍军人慰问金发放工作。

表72　　2022年乐余镇办事处基本情况表

名称	所在集镇面积（平方千米）	党工委书记	主任	党工委副书记	副主任
兆丰办事处	31.25	吴永兵	王　忠	—	—

表73　　2022年乐余镇村(社区)基本情况表

村(社区)名	面积(平方千米)	户数(户)	户籍人口数(人)	集体经济总收入(万元)	可用财力(万元)	总资产(万元)	村(社区)党委(总支)书记(主任)
乐余村	4.33	135	4992	1382.99	1022.00	9830.65	陈　峰
乐西村	2.19	783	2406	792.00	664.00	6472.00	唐志刚
永利村	3.02	982	3196	3771.50	2945.00	21292.00	许文生
永乐村	2.19	701	2354	1742.00	1073.00	8676.48	余　刚(8月免) 杨冠华(8月任)
庙港村	2.24	759	2415	711.00	422.00	3754.00	周　峰
扶海村	3.44	1142	3411	979.27	772.00	6165.59	张永清(2月免) 曹亚忠(2月任)
向群村	2.63	815	2554	1358.77	905.55	12703.65	陈　洪(2月免) 张永清(2月任)
双桥村	5.53	1707	4911	1047.00	655.00	4897.00	刘亚飞
闸西村	3.31	977	3017	817.00	515.00	3655.00	吴玉平(2月免) 马　泉(2月任)
登全村	2.14	727	2240	578.00	396.00	2865.00	胡凯琳(副书记主持工作)
东兴村	5.09	1462	4666	1099.00	867.00	6245.00	朱建中
齐心村	9.60	1723	5862	1973.00	1000.30	9423.00	司　健
常丰村	4.37	1487	4496	1392.36	1065.11	17030.61	张　勇
庆丰村	3.61	1182	3377	776.16	407.00	2935.96	钱耀华
联丰村	3.97	1235	3624	1147.85	404.82	4260.72	樊益东(8月免) 刘　辉(8月任)
红闸村	3.36	1150	3077	909.62	452.00	5393.58	张　涛
红星村	4.60	1420	4200	1371.02	670.00	4748.02	胡志明
红联村	4.78	1530	4523	575.00	575.00	4075.68	闻　彬
东林村	4.79	1474	4234	870.00	510.00	3282.00	俞　萍(女)
稻麦场社区	1.22	316	880	553.15	457.95	2746.22	周小卫(女)
畜禽场社区	0.49	63	170	717.83	696.72	1896.80	曹亚忠(2月免) 张一庆(2月任)
乐余社区	3.00	1470	3300	—	—	—	龚永芬(女,2月免) 汤　琼(女,2月任)
兆丰社区	1.80	390	762	—	—	—	王丽娟(女)
乐江社区	0.50	226	859	—	—	—	李　玥(女)
乐海社区	1.00	219	527	—	—	—	黄锦贤(女)

说明:村(社区)主任全部由书记兼任

表74　　2022年乐余镇投资1亿元以上开工项目情况表

投资企业名称	项目名称	总投资额(万元)
京东惠品(张家港)供应链有限公司	京东长三角智能产业基地(一期)	100000
张家港市乐余净谷开发有限公司	乐兴大厦项目	30000

续表74

投资企业名称	项目名称	总投资额（万元）
张家港市恒迪机械有限公司	恒迪机械防水卷材生产装备项目	15000
苏州志益医疗器械有限公司	美迪凯尔医疗器械项目	15000
江苏迪威高压科技股份有限公司	迪威工业高压管件项目	10000
张家港明诚车业有限公司	明昇锂电自行车项目	10000

【乐兴大厦开建】 1月18日，由中土（苏州）工程建设有限公司承建，总投资3亿元的乐兴大厦项目开工。至年末，项目完成地下两层施工。计划2024年5月竣工。大厦位于乐余镇乐坤路南侧，乐兴南路西侧，总用地面积9739.18平方米，建筑面积4.3万平方米，是集商业中心、商务办公、综合服务等功能于一体的综合体。乐兴大厦是乐余·净谷核心区的相关配套设施。乐余·净谷北至扶桑路、西至X202、南至港丰公路、东至四干河，总面积3.7平方千米。它不仅致力于智能制造、智慧清洁等高端产业发展，还引入农业示范公园特色理念，融入生态休闲、商业服务、旅游接待等功能。项目着力打造5个“千亩区”，分别为净谷产业区、活力核心区、观光农旅区、数字产业区和品质生活区。通过科学调整和完善产业布局，实现配套设施、服务功能的提升，打造苏南最具品质的产城融合新地标。

【全市首个“全链式”技能人才双创服务中心揭牌】 12月23日，由市人民政府主办，市委组织部（人才办）、市人社局、乐余镇等单位共同承办的“行行出状元”市第十届职业技能大赛颁奖典礼暨乐匠高技能人才双创服务中心揭牌仪式在乐余镇举办。乐匠高技能人才双创服务中心占地2700平方米，建筑面积约2500平方米，是全市首家“政府主导、市场运营”的“全链式”技能人才创新创业服务中心。中心构建1个核心平台、七大服务功能和N个实训基地的“1+7+N”格局，形成贯通技能人才成长全过程的多元化、多层次、专业化服务生态链。市委副书记、副市长李炳龙，市人力资源和社会保障局党委书记、局长张毅，乐余镇党委书记张莉莎，大赛组委会成员单位分管负责人，部分区镇（街道）分管负责人等出席活动。

【市图书馆乐余分馆升级启用】 7月6日，市图书馆乐余分馆启用。乐余分馆占地面积500余平方米，馆藏图书3万余册，经半年多升级改造，已成为市民“家门口”的新型智能阅读空间。分馆设置“求是读书会”理论专区，放置理论、党史专栏书籍800余册，以书牵线，让党员群众学党史、悟思想。乐余镇将在该区域常态化开展“强国复兴有我”阅读沙龙、理论圆桌思想会等阅读活动。同时，馆内设置诚信杂货铺图书漂流港和24小时图书驿站，诚信杂货铺遵循“自愿漂流、自助借阅、自行登记、自觉归还”的原则，实行24小时开放模式，让书香流动循环。同时市民通过分享阅读感悟或推荐好书积攒乐豆，存入“诚信阅读存折”，积满一定乐豆可在诚信杂货铺兑换盲盒、书卡及相应物品。乐余分馆打造“互联网+”数字化云平台模式，对接市图书馆有声读物、电子书等数字资源，与喜马拉雅平台联合，开通运行喜马拉雅官方电台，方便市民扫码收听。年末，市图书馆乐余分馆入选市最美公共文化空间（公共阅读空间）。

（陈　忠　孙雁群　袁　钢）

凤　凰　镇

【概况】 凤凰镇位于市域南部，总面积78.79平方千米，耕地面积2500公顷。辖15个行政村、5个社区。年末，有户籍19956户，户籍人口66547人，另有外来暂住人口54364人。全年实现地区生产总值150.18亿元，比上年增6.3%。一、二、三产业增加值分别为4.1亿元、92.65亿元、53.42亿元，比上年增2.9%、增6.0%、减7%。按户籍人口计算，人均生产总值22.57万元，比上年增6%。完成全口径财政收入13.36亿元，其中公共财政预算收入8.52亿元，比上年减28.2%。入库税金7.47亿元，比上年减24.7%。完成全社会固定资产投资34.85亿元，比上年增17.5%。其中，工业投资18.8亿元，比上年增35.7%，服务业投资16亿元，比上年增1.1%；新兴产业投资20亿元，比上年增56.7%。社会消费品零售总额30.8亿元。年内，凤凰镇入选首批苏州市古镇，凤凰镇恬庄、肖家巷入选首批苏州市古村。

经济建设　年末，全镇有企业2300家，其中工业企业1550家。182家规模以上工业企业完成产值333.94亿元，营业收入320.49亿元，实现利润8.43亿元。注册外资及港澳台资7997万美元，实际利用外资及港澳台资2792万美元，比上年增84.9%。进出口总额16.12亿美元，比上年增6.6%，其中出口总额11.74亿美元。出台《凤凰镇科技招商工作方案》《凤凰镇科技招商十五条扶持政策》等系列政策文件。认定科技招商项目107项，其中潜力类项目35项、重点类项目15项。硒瑞恩核酸合成仪、若名芯半导体装备、梅曼智能视觉等10个新兴科技项目签约落地。总规模5000万元的“芯星之火”半导体装备专项基金成立。全镇新增国家级人才计划1人、省双创人才1人、姑苏领军人才5人，人才企业销售额突破25亿元。总投资27.98亿元的6个新建三级重大项目全面开工建设，广大鑫盛（一期）、华创新能源、大一新能源等重大项目竣工投产。飞翔医药产业园成功通过苏州市第一家绿色制造类医药产业园区公示。编制完成133.33公顷高端智能装备制造产业基地和7.13公顷高端印染集聚区产业发展规划，为下一阶段打造产业高地提供载体支撑。持续优化政府引导、企业参与、基金投资和项目落地的“民营载体银行”四方合作共赢机制，全年收储民营载体超15万平方米。以“有产业方向、有专业运营、有投资基金、有创新平台”的“四有”载体为目标，打造金凤凰微纳产业园。持续延展创新“飞地”，运营张家港凤凰·高仙张江机器人谷创新基地，启用凤凰·小马（上海）国际创新中心。全镇获评国家级专精特新“小巨人”企业2家、省级专精特新中小企业8家、江苏省关键核心技术攻关产业化项目1项。实施智能化技改项目超35项，新增星级上云企业6家、江苏省智能车间1家、苏州市智能车间4家、张家港市智能车间3家。全年有效认定高新技术企业40家。协昌科技创业板上市顺利过会。全镇完成粮食播种面积3129.67公顷，建成粮食生产全程机械化、综合农事服务中心3个，主要农作物耕种收综合机械化率超过99.8%。完成高标准池塘改造36.27公顷，规模养殖池塘尾水达标排放实现全覆盖。实现农、林、牧、渔业总产值6.92亿元。申报绿色农产品面积555.33公顷，全镇绿色优质农产品比重超74.4%。启动73.33公顷高标准农田选址规划设计工作，整村推进杨家桥村高标准农田建设。凤凰镇获评“2022年省级耕地保护激励单位”。全面提升水蜜桃产业园区基础设施建设及标准化示范园建设，第十二批获评全国“一村一品”示范村镇。

社会事业　凤凰镇有公办中小学6所（含高中1所）、幼儿园5所（含分园2所）、新市民子女学校1所（含普惠民办幼儿园1所）。年末，有在校中小学生8229人（小学5048人、初中2234人、高中947人），在园幼儿2104人，其中新市民子女学生占比69%，公办学校吸纳率92%。农村义务教育专任教师本科及以上学历比例达到94.21%，有市级以上骨干教师175人、苏州市学科带头人7人。投资7500万元建设徐市幼儿园新建工程，投资2980万元建设凤凰中学体艺楼项目，投资2900万元建设新凤社区青少年活动中心，港口学校二期工程建成投用。全镇教育办学成果丰硕，两所中学中考再创佳绩，凤凰高中新生录取生源质量进一步提高。港口学校中考平均分超全市平均12分，在全市同类学校中名列前茅。港口学校初中部获市教育高质量发展考评金奖，徐市小学、港口学校小学部获考评银奖，凤凰中学、凤凰中心小学获考评铜奖。全镇6所公办学校均实现市文明校园创建“满堂红”，镇社区教育中心获市2022年度综合考评敬业奉献奖。暑期接连承办“市长杯”“省长杯”高中组校园足球联赛等大型体育赛事，凤凰高中男足分别获“省长杯”第四名和苏州市“市长杯”男子组冠军的好成绩，凤凰中学男女足则包揽张家港市“市长杯”初中男子组和女子组冠军，凤凰中心小学男女足分别获张家港市“市长杯”小学组亚军和冠军。重点推进凤凰教育集团与华师大合作项目，主要围绕学科研修、教师发展、心理调适等主题，全年开展线上讲座、教科研活动42场。凤凰镇投入1.25亿元用于学校改扩建项目4项，港口学校初中部教学楼竣工、小学部教学楼启动扩建动迁，飞翔幼儿园易地新建，凤凰中学体艺楼新建，扩大优质教育资源供给，优化区镇教育资源布局。新增健身路径16套、更新健身路径15套，新增健身步道6条，新增体育场馆1个。至年末，全镇拥有健身路径80套，体育场馆5个，标准11人制足球场5个，篮球架21个，乒乓球桌7个，高标准健身步道23条，其中二星级健身步道2条、一星级健身步道1条。参加全民健身大联赛、足球、门球、气排球比赛，国家体育锻炼标准达标赛、沙上运动会、2022年苏州市民广场舞大赛、苏州市第二十届广场健身大赛、张家港市第九届全民健身大展示（体育舞蹈）等群体性赛事14项，开展各类小规模群众性体育活动40余场。推动农家书屋标准化建设，安庆村24小时图书馆驿站获评“张家港市首批农家书屋标准化建设示范点”。凤凰文化中心剧场获评“2022年度苏州市公益性小剧场示范点”。肖家巷双创中心在“2022年长三角及全国部分省市最美公共文化空间大赛”中获“优秀公共文化空间案例”奖。举办首届江苏省“杨沂孙·书法篆刻作品展”。凤凰镇入选2022年全国“村晚”示范展示点，河阳山歌剧《我的肖家巷》上线“国家公共文化云”平台，新编河阳山歌《河阳山下唱新风》进京参加“第三届县乡长说唱移风易俗”优秀节目展演，少儿京剧（集体）《智取威虎山·打虎上山》、少儿京剧（个人）《贵妃醉酒》表演者李函晔分别获2022年“中国少儿戏曲小梅花荟萃”活动“小梅花集体节目”“小梅花”称号，歌唱表演《十里河塘十里歌》、舞蹈《照田财》分别获第二届市群众文艺“繁花奖”音乐类金奖、舞蹈类银奖，河阳山歌、非遗美食登上央视秋晚直播间、“央视频”探班秋晚直播活动。豆腐干制作技艺获评苏州市级非遗项目。全镇有医疗卫生机构24个。其中，医院3家，社区卫生服务

肖家巷河阳山歌大舞台演出　　（杨海平　摄）

中心1家、分中心3家，社区卫生服务站11家，其他医疗卫生机构6个，床位363张。有卫技人员342人，其中执业（助理）医师110人。凤凰医院发热门诊建成投用。全镇已建预防接种证4749人，建证率100%，全年0至6周岁儿童预防接种15911人次。新冠疫苗接种34913人次。电子健康档案建档92870份，建档率95.29%。有产妇384人，新生儿388人，早孕建卡率90.71%，住院分娩率100%，儿童建卡率100%。为15010名老年人开展健康评估。家庭医生签约34866人，大病困难群众和计生特殊家庭家庭医生签约率100%。社区卫生服务门诊量39.41万人次。便民服务中心辅助用房、黄泗浦巡检司等项目全面建成投用。恬庄花苑5幢安置房、鸷山花园一期保障安置房共4.25万平方米、280套住宅完成建设并交付。凤凰镇投资5521万元创建凤凰街道、港口街道共2.57平方千米污水处理提质增效达标区。天然气接管居民用户2266户、工业用户3户、商业用户5户。投资3500万元建设恬庄农贸市场，投资1600万元对凤凰农贸市场进行标准化改造，西张农贸市场标准化改造完成。全镇开展户外广告、违规停车、店外经营、流动设摊等城管专项整治60次，开展消防安全“331”专项行动和违法建设综合治理，拆除存量违章建筑16万平方米，拆除新增违建2400平方米，44个涉安违建全部销项。引进VOCs治理管家驻点服务，组织开展挥发性有机物、危险废物、金属表面处理行业、印刷行业专项治理。关停整治“散乱污”企业50家。全年空气优良天数比率82.7%，$PM_{2.5}$年均浓度降至每立方米27.7微克。清理河塘沟渠1900余处，地表水100%达到或好于Ⅲ类水体。完成土壤隐患排查和土壤自行监测工作，全镇17家土壤重点监管单位均签订《土壤污染防治责任书》。清理规整乱堆放3200余处，落实农村户厕和27座镇区公共厕所长效管护。完成镇区污水处理提质增效达标区建设。建成涉及13个行政村18个点位的苏州市特色康居乡村，“桃花源”特色康居示范区通过苏州验收。“古镇新韵，美丽凤凰——江南桃源小镇项目”获江苏人居环境范例奖。基本建成并通过江苏省生态宜居美丽示范乡镇验收。持续做大肖家巷特色田园乡村农文旅融合优势，双塘村入选2022年江苏省乡村旅游重点村。提升河长制改革工作，创建省级农村生态河道10条、市级幸福河湖13条。启动凤凰镇电力专项规划设计。完善凤凰新城配套服务功能，推进凤凰生活广场品牌提质与业态优化，高端服务型公寓、富淼研发总部、托尼洛·兰博基尼酒店、雷迪森温泉度假酒店加速建设。全年交付安置房456套，在建安置房3002套。在全市率先推行“房票”安置政策，累计发放房票345张，去化商品房170套。

福民工程　全镇土地适度规模经营比例99%。村均可支配收入1081万元，比上年增7.6%。村级惠民支出1684万元。村级总资产15.68亿元，比上年增15.7%。集体经济总收入2.06亿元。全年村集体及村级抱团平台完成经营性建设项目8项，投资2.2亿元，购买、新建、改造载体3.9万平方米，新建光伏发电项目2处，收购门面房5300平方米，新增资产性收益1300万元。新增公积金开户单位200个，社会保险扩面3410人。居民基本医疗保险参保23175人。启用凤凰镇社会福利服务中心，完成138户老年人家庭适老化改造。在全市率先建立基层“退役军人服务站+人武部”部站融合工作机制，退役士兵就业率达到100%。在“爱满港城”活动中募集善款216.15万元，全年累计发放各类生活保障、救助救济、慰问帮扶资金1637.75万元。全镇21家居家养老服务中心（站）签约永联惠民等3家社会组织，常态化开展养老活动。开展民生微实事11项，推广“邻里港湾”服务模式，实现基层社会工作站（室）全覆盖，激发多元主体参与社会建设。5个动迁安置小区实现物业市场化运营。村（社区）“法律顾问”签约率100%，全年组织各类普法宣传活动57次，开展各类法治平安入户宣传20余万人次，发放宣传资料5万余份。夏市村获评“江苏省民主法治示范村”。凤凰镇持续深化“放管服”改革，全面梳理《凤凰镇“跨省通办”事项清单》，优化40项“一网通办”公共服务事项处办流程，设立“政银合作”服务专窗。企业开办总耗时压缩到0.5个工作日。推动“好差评”机制、“一件事”改革、“帮代办”服务持续优化。推进网上审批、不见面审批，不见面审批办件率达到83.8%。

表75　　2022年凤凰镇村（社区）基本情况表

村（社区）	面积（平方千米）	户数（户）	人口数（人）	集体经济总收入（万元）	可用财力（万元）	总资产（万元）	村（社区）党委（总支、支部）书记	村（社区）主任
双龙村	8.41	1538	5016	3152	2502	25292	许建江	许建江
安庆村	4.42	1222	4075	1342	1243	11674	徐　卫	徐　卫
金谷村	6.29	1324	4325	1313	925	6867	吉　伟	吉　伟
魏庄村	4.31	848	2905	1776	1404	12205	彭仲贤	彭仲贤
西参村	3.28	798	2822	1228	1115	3586	钱仲刚	钱仲刚
程墩村	5.06	964	3301	1693	1459	16221	吕亚平	吕亚平
恬庄村	5.15	1110	3868	1441	854	6947	陈利新	陈利新
双塘村	5.52	1090	3875	1655	1214	16863	罗　斌	罗　斌

续表75

村（社区）	面积（平方千米）	户数（户）	人口数（人）	集体经济总收入（万元）	可用财力（万元）	总资产（万元）	村（社区）党委（总支、支部）书记	村（社区）主任
清水村	6.61	1181	4018	1108	984	7246	钱春云	钱春云
杏市村	2.13	443	1600	547	312	5948	张志强	张志强
凤凰村	5.43	1161	3572	2068	1736	10256	陆建东	陆建东
支山村	6.06	1082	3494	1102	909	5937	肖　安	肖　安
杨家桥村	5.82	941	3085	762	547	6578	唐月忠	唐月忠
高庄村	7.34	1362	4662	731	517	7502	钱恒丹	钱恒丹
夏市村	2.96	628	2104	782	503	13761	张国平	张国平
西张社区	—	1145	3649	—	—	—	李晓燕（女）	李晓燕（女）
凤凰社区	—	581	1576	—	—	—	肖　军	肖　军
港口社区	—	1381	3905	—	—	—	谢钰君（女）	谢钰君（女）
湖滨社区	—	625	2505	—	—	—	张新亚（女）	张新亚（女）
桃源社区	—	532	2190	—	—	—	孙丽萍（女）	孙丽萍（女）

表76　　2022年凤凰镇投资1亿元以上开工项目情况表

投资企业名称	项目名称	投资额（万元）
江苏广大鑫盛精密智造有限公司	大型高端装备核心精密零部件项目	420000
江苏富森科技股份有限公司	富森科技再融资建设项目	76800
张家港兰生中睿企业管理有限公司	凤凰兰生智能制造产业园一期	50000
张家港兰生中睿企业管理有限公司	凤凰兰生智能制造产业园二期	50000
苏州垠瑞万泽智能科技有限公司	垠坤·凤凰南大全球校友会智造社区项目	50000
豪泰新能源科技（苏州）有限公司	新能源电动车生产项目	50000
大一汽配（张家港）有限公司	新能源汽车零部件项目	35000
苏州绿晟新能源有限公司	一般工业固废处置和能源综合利用项目	32500
张家港万众一芯生物科技有限公司	万众一芯精准医学产业创新中心	30000
张家港华创特种材料公司	新能源汽车用特种材料及零部件项目	20000
苏州同大机械有限公司	挤出中空成型吹塑机生产项目	20000
长风科技装备制造（苏州）有限公司	航天风洞项目	20000
张家港市飞翔环保科技有限公司	废有机溶剂回收利用项目	13000
张家港牧羊人服饰有限公司	高端羊毛服装生产加工项目	10000

【“智汇凤凰”14个项目集中签约】 1月13日，2022年江苏省工业互联网区县行（张家港站）暨“智汇凤凰”项目集中签约仪式举行，省工业和信息化厅副厅长胡学同，张家港市委副书记、市长蔡剑峰等出席活动。此次落地凤凰镇的包括北方天普纤维素有限公司纤维素项目、真空气动领域自动化设备项目、风电齿轮箱组件及主机总装设备项目、锂电池包生产及储能系统集成项目等在内的14个智能制造示范类和科技招商先导类项目聚焦先进特色半导体、生物医药、智能装备和新材料四大新兴产业，总投资88.7亿元，将为凤凰镇经济社会高质量发展注入强劲动力。活动现场还为包括凤凰镇张家港广大特材股份有限公司在内的2家国家级专精特新“小巨人”企业、包括凤凰镇江苏协昌电子科技股份有限公司表面贴膜智能车间在内的10个江苏省智能制造示范车间，以及战略合作企业服务商江苏省企业信息化协会、垠坤集团授牌。

【40亿元科技招商项目签约】 5月22日，垠坤·凤凰南大全球校友会智

造社区奠基，总投资超40亿元，包括凤凰高仙上海联合创新中心项目、生态环境监测及监测用仪器仪表项目、半导体清洗设备项目等在内的9个凤凰镇科技招商项目集中签约。南京大学党委常委、副校长邹亚军，市委副书记、市长蔡剑峰等参加活动。其中，垠坤·凤凰南大全球校友会智造社区是垠坤集团在苏州落子的首座智能制造社区。项目用地2.88公顷，规划总建筑面积5.9万平方米，重点聚焦"先进特色半导体"和"智能高端装备制造"产业，融合南大全球校友影响力、垠坤先进产业高品质园区开发运营经验，致力于打造以"好产业、好企业、好产品、好服务、好形象"为特色的园区范本。活动现场发布《凤凰镇科技招商15条扶持政策》，还分别为南京大学苏州校友会活动基地、南京大学张家港校友科创服务中心、清华经管EMBA江苏校友会张家港活动基地授牌。

【凤凰智慧城项目开工】 8月2日，富森科技研发中心、商务办公楼暨凤凰智慧城建设项目开工。凤凰智慧城项目位于凤凰新城商务核心区，中山路东侧、望湖路南侧、凤凰生活广场西侧、凤恬路北侧。项目整体分三期开发，总占地面积6.53公顷。其中，一期占地面积2.4公顷，2022年8月开工建设，总建筑面积6.7万平方米，总投资额6.5亿元，包含富森办公及研发总部、托尼洛·兰博基尼酒店、洲际智选假日酒店、青年人才服务型公寓、游泳馆及活动中心等，整体计划于2024年5月开业运营。二期占地面积3.07公顷，总建筑面积约2万平方米，总投资2.5亿元。计划建设以国内某部巨头动漫电影的场景为主题的"亲子儿童"室内室外动漫乐园。三期占地面积为1.07公顷，主要为前期开发的产品做储备商业配套。此次开工的项目包括富森科技研发中心（总部办公楼）和高端人才公寓。富森科技研发中心（总部办公楼）项目总投资1.27亿元，总建筑面积1.5万平方米，建成后将作为富森科技集团总部和研发中心所在地。高端人才公寓项目总投资2.2亿元，建筑面积2.8万平方米，376套人才公寓，建成后将有效缓解科技人才企业员工"租房难、租房贵"问题，进一步降低人才居住成本。 （谢凤姣）

南丰镇

【概况】 南丰镇位于市域东部，有精密机电产业园、货运北站物流园、冶金工业园、高新区江南智能制造产业园、静脉科技产业园、东沙物流园六大产业园区。总面积62.44平方千米，耕地面积2718公顷。辖1个办事处，12个行政村、5个社区。年末有户籍20952户，户籍人口57629人，另有外来暂住人口29032人。全年实现地区生产总值211.13亿元。按户籍人口计算，人均生产总值37.13万元。一、二、三产业增加值分别为3.78亿元、154.06亿元、53.29亿元。完成全口径财政收入22.04亿元，其中公共财政预算收入11.03亿元，入库税金21.53亿元。完成全社会固定资产投资27.4亿元。其中，工业投资21.59亿元、服务业投资5.8亿元，新兴产业投资21.12亿元。社会消费品零售总额27.12亿元。2022年全国综合实力千强镇排名跃升至第50位。南丰镇获评江苏省推进基层整合审批服务执法力量工作先进单位，承办苏州市基层管理体制改革现场会。原东沙化工园区关停转型经验，在"中国这十年·江苏"主题新闻发布会上得到省委主要领导肯定，被列为全省"一城一镇一园区"生态嬗变的典型案例。

经济建设 年末，全镇有企业1600家，其中工业企业680家。42家规模以上工业企业全年实现总产值650.99亿元，营业收入1570.4亿元，实现利润38.17亿元。有销售收入超1亿元的工业企业13家。全镇完成进出口总额30.03亿美元，其中出口总额10.93亿美元。注册外资及港澳台资4417万元，到账外资及港澳台资3057万美元。新增私营企业228家，注册资本25.01亿元；新批办个体工商户525户，注册资本8400万元。坚持创新赋能，深化"政府+产业+基金"招商模式，健全项目研判对接机制，全年签约吉泰汽车、曲美家居等超1亿元项目4项，总投资约25亿元。完成科技招商项目85项。推进21个三级重大项目开工建设，竣工投产项目7项。LNG接收站项目取得港口规划批复。举办2场张家港市创新创业大赛南丰专场赛，开展科创合作对接活动12场。全年引进市领军创新人才3人、创业人才11人，认定省"双创博士"2人，入选国家级人才计划1人。新增产学研合作项目25项，净增有效发明专利114件，完成规模以上工业企业研发经费投入32.75亿元，完成技术合同成交额4.1亿元，获评张家港市领军人才计划项目14项，认定高新技术企业18家。推进科创载体建设，启用丰云智谷产业园一期3.6万平方米载体，丰云智谷产业园一期B地块2.6万平方米载体开工建设，年内建成5000平方米金陵产业园孵化空间。永钢集团、中孚达绒业2家企业通过国家两化融合管理体系贯标，全镇实现规模以上工业企业数字化改造全覆盖，入选国家级智能制造示范项目1项，入围省级大数据、区块链产业发展试点示范项目1项。联峰钢铁固废循环利用智能工厂获评江苏省智能制造示范工厂。2家企业车间获评省级制造示范车间、1家企业车间获评苏州市级智能制造示范车间。永卓控股公司全年完成营业收入1452亿元。永钢集团获第七届中国工业大奖，获评江苏省五星上云企业、"江苏制造突出贡献奖"优秀企业，入选江苏省新一轮创新型领军企业培育名单。精筑集团获评全国市政工程建设优质质量管理小组一等奖。全镇推进农业农村现代化建设，建成高标准农田面积1750.67公顷，年内种植小麦1378公顷、水稻1589公顷，实现粮食总产21480吨。种植蔬菜1086.73公顷，蔬菜总产31716吨。全镇实现农、林、牧、渔业总产值6.29亿元。新添各类农机具52台（套），其中智能化绿色化农机装备26台（套），农业机械总动力34243千瓦。认定新型职业农民34人。承办2022年苏州市农机维修技能竞赛活动。推进现代农业示范园区建设，新增入园企业2家，绿色优质农产品比重超80%。梨园春家庭农场入选2022年省级示范家庭农场和家庭农场典型案例名单，绿缘家庭农场获评苏州“十佳家庭农场”，永联菜篮农业专业合作社获评苏州“十佳农民合作社”，“数字永联，智慧乡村”入选2022年江苏省信息通信业助力乡村振兴典型案例名单。苏州江南农耕文化园等农业基地累计接待游客216.8万人次。

社会事业　年末，全镇有中小学校2所、幼儿园2所、成人教育中心校1所。有教师387人，在校学生4446人、幼儿1403人。年内提升完善学校基础设施，强化“骨干教师培育站”建设，启动“三名”教育学业质量发展帮扶项目，实施《睿智教育基金评选奖励办法》《南丰教育人才计划实施细则》，全年发放教育奖励金约110万元。全镇有体育场馆5座，健身公园6个，其中省体育健身公园1个、苏州市三类体育公园1个、苏州市美丽乡村健身公园3个。有村健身广场60片，室外篮球球场12片，门球场3片，网球场1片，健身路径68套，健身步道12.8千米，24小时图书驿站5家，影院1个，剧场1个。全年推进15个文明实践站长项目，实施文化惠民进万家工程，举办送演、送展、送影、送暖、送福活动200余场。持续打造“四季阅读”品牌，开展各类阅读活动200余场。建成永联文体中心、永卓文体生活馆。成立校园“护苗”工作站，发布“扫黄打非”IP形象“清清”，新增文化产业企业1家。永联小镇文旅客厅获评“2022年度省最美公共文化空间”。全镇有卫生医疗机构16个，其中医院2所、社区卫生服务中心2个、社区卫生服务站12个，执业（助理）医师77人。医院及社区卫生服务门诊量351184人次。新增预防接种证301份，全年0至6周岁儿童预防接种9397人次，强化免疫194人。新冠疫苗接种第一针8128人、第二针6286人、第三针20284人。新建居民电子健康档案5697份，累计69468份。全镇有产妇267人，新生儿271人，早孕建卡率90.8%。打造“15分钟医保服务圈”，试点推行“家庭医生点单式签约”服务，家庭医生签约21320人，困难群众家庭医生签约率达到100%。建立健康管理综合服务包（含点单式家庭医生签约服务等），至年末累计签约健康综合服务包186人次。年内糖尿病筛查站筛查出糖尿病患者180人。推广高血压、糖尿病患者免费服药项目，惠及高血压患者3327人、糖尿病患者215人。创建4家6S社区卫生规范化服务站。南丰医院创建“江苏省社区医院”，南丰医院中医馆创成省五级中医馆。建成“和丰塘”民生综合服务中心，提供“C+6”高质量民生服务。完成老镇区、永联片区控制性规划调整。推进年丰新村二期B区、年丰新村三期、泗兴佳苑五期、静安园二期、生活垃圾中转站建设。持续开展农村人居环境整治提升行动，集中开展“洁美南丰”志愿服务活动，推进文明楼道建设专项整治提升行动。深化生活垃圾分类，率先在全省创新建筑垃圾治理和资源化利用模式，有效规范建筑垃圾管理处置。完成污水处理提质增效达标区建设，统筹推进新德村、建农村农污微动力设施改造。实施河道疏浚、岸坡拆围补绿、河道大环境整治行动，整治河道400余条，拆除违章建筑2万平方米，全面消除劣Ⅴ类河道和黑臭水体。打造苏州市特色康居乡村点位6个，疏浚农村河道20条，建成生态美丽河道10条，永合社区健身公园获评“苏州市美丽乡村健身公园”。镇应急管理局成立，深化提升安全生产专项整治三年行动，出台《南丰镇安全生产十大红线》《南丰镇高处作业安全管理指导意见》，规模以上重点企业安全标准化建设实现全覆盖。承办全市镇村工业集中区和出租厂房规范化管理工作现场会，小微企业本质化安全管理经验被应急管理部推广。完成三级政府挂牌督办隐患整改5处、动态挂牌隐患整改3处，处罚安全生产违法行为85起。整改消防安全隐患700余处。

福民工程　南丰镇实施村级经济倍增计划，出台《“十四五”期间扶持村级集体经济发展实施意见》，设立“五年1个亿”专项资金，扶持壮大村级集体经济。镇资产经营公司将311间门面房委托村集体管理，村级经济联合发展公司通过参股瑞丰投资参与基金投资，拓宽增收渠道，增强盈利能力。各村抱团参与丰云智谷、民丰商务楼等镇产业园发展及商业载体建设项目。村集体经济总收入48936万元，比上年降0.26%；村级可支配收入39002万元，村均3250万元，比上年增25%。全年完成经济一般村与帮扶单位结对共建项目3项。总投资4500万元的6个经济一般村标准型厂房项目有序推进，占地约2公顷、建筑面积1.4万平方米的标准型厂房处于建设中。永联村打造全国首个村级数字乡村信用体系平台。全年登记失业人员421人，认定就业困难人员227人，开发公益性岗位40个，其中新安置就业困难公益性岗位16个。举办“春风行动”等线上招聘活动5场，提供岗位数2700余个，涉及企业30余家，通过搭建交流平台，满足用工与求职的双向需求。全年举办各类技能培训班3场。积极走访失业人员并提供就业援助，鼓励用人单位录用就业困难人员。帮助190名就业困难人员申报灵活就业人员社会保险补贴。完成社保扩面新增人数1391人，居民基本医疗保险参保20872人，公积金新增开户数106人。严格执行重大行政决策法定程序，落实政府办文合法性审查、公平竞争审查机制。健全行政执法协调监督机制，推进政务公开，参与“港城会客厅”“12345进行时”访谈直播，拓宽政群互动渠道。全年办结行政诉讼案件2件，完成重大行政执法决定法制审核65起，主动发布政务信息788条，办结依申请公开10件，办理人大代表建议17件。继续实施“福村宝”村级医疗互助项目，全年累计报销346.08万元，受益群众3396人次。推进南山老年公寓改造，建成全市首家镇级标准型综合养老服务中心，永联社区卫生服务中心获评省老年友善医疗机构优秀单位。组织19149名退休人员免费体检。全镇有烈士遗属22人。按时发放享受国家定期抚恤补助优抚对象定期抚恤补助及有线电视、水电气补贴，发放义务兵家庭优待金、大学生参军奖励金。开展走访慰问和拥军活动。年内需救助的低保户有137

户195人，低保边缘、重病户22户29人，特困人员（含五保户）24人，重残268人，特残10人，精神（智力残疾）39人，累计发放救助金708.67万元。全年发放慰问金及物资226.17万元，惠及群众1274户3871人。发放尊老金1019.28万元，惠及14826人。对4户急难型、支出型困难家庭，发放临时救助金7.77万元。为重点残疾人发放护理补贴134.65万元，对17名残疾学生和6名困难残疾人家庭子女发放助学金3.35万元，发放无业重度及精神（智力）三、四级残疾人生活补贴31.8万元。年内募集慈善捐款406.93万元。

表77 2022年南丰镇办事处基本情况表

名称	所在集镇面积（平方千米）	党工委书记	主任	副主任
东沙办事处	0.70	陈　立	倪春峰	严　芸（女，5月免） 沈美华（女，5月任）

表78 2022年南丰镇村（社区）基本情况表

村（社区）名	面积（平方千米）	户数（户）	人口数（人）	集体经济总收入（万元）	可用财力（万元）	总资产（万元）	村（社区）党委（总支、支部）书记	村（社区）主任
民乐村	3.01	1086	3060	1459	488	7965	曹　娟（女）	曹　娟（女）
南丰村	4.97	1722	4796	1024	731	8818	赵　君（5月免） 叶伏林（5月任）	赵　君（5月免）
民联村	3.02	1038	3006	1325	382	5108	马亚萍（女，5月免） 蔡东平（5月任）	马亚萍（女，5月免）
东港村	4.38	1658	4733	2951	468	7525	曹　红（女）	曹　红（女）
海坝村	3.75	1480	4120	1549	511	7048	秦海军（8月免）	—
建农村	3.20	882	2559	1549	1186	8336	王　舰	王　舰
和平村	6.39	2147	6180	2150	670	8109	庞　浒	庞　浒
永丰村	5.02	1529	4408	1015	586	6248	陈　健	陈　健
新德村	3.71	1374	3843	1179	461	6411	陆　军	陆　军
永联村	10.50	2926	6661	33039	32506	299486	吴惠芳	—
东风村	7.06	1591	4539	1089	600	8809	江　湧	江　湧
东联村	2.63	689	2050	607	413	4051	张　琪	张　琪
振兴社区	2.50	771	1527	—	—	—	王在栋（5月免） 姚　军（5月任）	王在栋（5月免）
新丰社区	0.51	157	429	—	—	—	匡亚军（5月免） 严　芸（女，5月任）	匡亚军（5月免）
永合社区	—	1451	4586	—	—	—	秦　欢	秦　欢
东沙社区	0.70	153	345	—	—	—	陈　燕（女）	陈　燕（女）
瑞丰社区	0.27	6	19	—	—	—	茅庆花（女）	茅庆花（女）

表79 2022年南丰镇投资1亿元以上开工项目情况表

投资企业名称	项目名称	投资额（万元）
变形积木（江苏）新材料科技有限公司	变形积木总部基地	100000
张家港海锅新能源装备股份有限公司	海锅风电用高端部件项目	35000
江苏永钢集团有限公司	永钢80兆瓦发电项目	21000

续表79

投资企业名称	项目名称	投资额（万元）
张家港市南丰镇村级经济联合发展有限公司	普仁地块标准型厂房	17000
江苏永钢集团有限公司	永钢南厂区污水处理厂搬迁项目	16800
张家港海锅新能源装备股份有限公司	海锅高品质锻件扩建项目	16000
张家港绿茵恒源环保科技有限公司	绿茵炉渣资源化再生项目	10500
江苏铁信再生资源科技有限公司	铁信水质监测设备项目	10000
江苏同泽过滤科技有限公司	同泽超声波离心过滤机组项目	10000

【12项科技招商项目签约】 5月28日，吉泰汽车增程系统及核心模块产业基地暨南丰镇科技招商项目签约仪式举行。签约的12个科技招商项目涵盖新能源、新材料、智能制造和医疗器械等多个领域。其中，吉泰汽车增程系统及核心模块产业基地总投资10亿元，占地5.8公顷，达产后将形成年产5万套增程系统产品、10万套整车VCU控制器及3万套域控制模块产品的生产规模。同时将逐步建成新能源及域控制核心部件上下游产业布局，完善产品的供应链体系。项目分两期建设，一期用地2公顷，竣工达产后可实现年销售8亿元；二期用地3.8公顷，竣工达产后可实现年销售30亿元。

【“和丰塘”民生综合服务中心建成启动】 8月12日，市老年人认知症关爱项目暨南丰镇“和丰塘”民生综合服务中心启动仪式在镇科文中心举行。现场为“暖丰行动”志愿服务队授旗，为南丰镇综合养老服务中心、巾帼晚霞志愿服务站、残疾人之家揭牌。“和丰塘”民生综合服务中心位于新民路12号（新联花苑东西区十字路口），建筑面积2000平方米，投入600万元，是南丰镇围绕“一老一小一残”因地制宜打造的民生综合服务阵地。阵地涵盖医养融合、助餐助浴、康复理疗、儿童关爱、工疗农疗、社会组织孵化等多种功能，致力于让百姓在家门口即可享受高质量的民生服务。

【睿智教育奖励基金启用】 8月30日，南丰镇睿智教育奖励基金启用仪式在镇科文中心剧场举行。现场还发布《睿智教育奖励评选奖励办法》，为南丰中学优秀学子、录取梁丰中学的学生、获得中考学科优胜奖的老师、获得中考管理团队奖的团队颁发奖励金。睿智教育奖励基金由张家港博睿重工装备有限公司定向捐赠设立，首期捐赠协议期5年，每年20万元，累计100万元。主要用于奖励每年中考中品学兼优的学生、教学成果优异的教师、班级管理优秀的班主任和管理成效突出的行政团队。（徐永方）

大　新　镇

【概况】 大新镇位于市域北部江滨，与南通如皋市隔江相望，有长江岸线7.9千米。总面积40.64平方千米，耕地面积1497公顷。2022年，辖8个行政村、4个社区。年末，有户籍13768户，户籍人口38671人，另有外来暂住人口36450人。全年实现地区生产总值54.43亿元，按户籍人口计算，人均生产总值14.07万元。一、二、三产业增加值分别为1.95亿元、31.95亿元、20.53亿元。完成全口径财政收入4.04亿元，其中公共财政预算收入2.49亿元，入库税金3.91亿元。完成全社会固定资产投资17.02亿元。其中，工业投资5.52亿元、服务业投资11.5亿元，新兴产业投资5.48亿元。社会消费品零售总额15.57亿元。

经济建设　年末，全镇有企业2403家，其中工业企业近700家。70家规模以上工业企业全年实现总产值80.64亿元，营业收入82.33亿元，利润4.13亿元；有销售收入超1亿元工业企业16家，税收超5000万元企业1家（江苏宏宝集团有限公司）。全镇实现进出口总额2.84亿美元，其中出口总额2.66亿美元。到账外资及港澳台资479万美元。新增私营企业234家，注册资本7.42亿元；新增个体工商户522户，注册资本8600万元。新芳科技、优特管业、中天达工具、宇新羊毛公司获评江苏省专精特新中小企业，累计6家。宏宝锻造、宏宝工具被认定为国家级专精特新“小巨人”企业，实现大新镇零的突破。宏宝锻造、新芳科技、新凯钛业等10家企业完成星级上云申报，至年末共有7家企业获评省级星级上云；宏宝工具、中天达工具公司技术中心获评江苏省企业技术中心；宇新羊毛公司技术中心获评苏州市级企业技术中心；宏宝锻造公司技术中心获评苏州市级工业设计中心。全镇新增张家港市领军人才项目4项、苏州姑苏人才项目2项。拥有省高新技术企业35家、有效发明专利238件。新置各类农机具25套，粮食生产达到全程机械化。有各类农业基地13个，绿色优质农产品比重占66.5%。规模经营面积933.33公顷。全镇实现粮食、蔬菜总产量10874吨、15352吨，农、林、牧、渔业总产值2.77亿元。

社会事业　年末，有学校5所，教师471人，在校学生7261人。其中，中小学校2所，在校学生5650人；幼儿园3所，在校幼儿1611人。年内，新南幼儿园代表全市高标准通过省级学前教育普及普惠创建验收。大新社区党委和长新社区党总支成立，全镇91个基层党组织完成换届。探索“一核心、三融合、五微+”党建引领乡村治理模式，深入实施“两赋三做”党建引领社区区域一体化治理。中山村党总支“支书带你看乡村”被评为市党建引领强村富民创新案例，镇党委“社区区域一体化”被评为市党建引领基层治理优秀案例，桥头村“桥家小院”被评为市级“海棠花红”先锋阵地。全镇有公共文体设施42万平方米，设图书馆1座、体育场馆1座、剧场1座，全年举办文艺活动18场，首创小品《打折》勇夺全国“群星奖”。11月1日，“新芳杯”市第五届沙上体育运动会在大新镇新海坝生态湿地公园开幕。运动会设沙上大丰收、弹弓、赶猪跑、抓鸡等8个团队挑战项目，全市各区镇600余名群众参加。运动会已连续举办五年，成为传承沙上文化的品牌活动。全镇有医疗机构18个，其中医院1所、社区卫生服务中心1个、社区卫生服务站8个，其他医疗卫生机构8个，有执业（助理）医师75人。大新医院骨科、妇产科创成苏州市基层医疗卫生机构特色科室建设单位，中医馆创成苏州市基层医疗卫生机构四级中医馆。大新镇卫生健康服务中心转型为市民健康管理综合服务平台。全镇拥有江苏省示范村卫生室5家，有苏州市甲级卫生室1家、江苏省星级家庭医生工作室1家。全面推进农村人居环境整治，大新镇获评苏州市农村人居环境整治工作提升示范镇、苏州市特色康居示范区，中山村获评江苏省特色田园乡村。全年网格事件按期处置率超99%，结案率100%。

福民工程　年内，全镇村均可支配收入1003万元，比上年增20.5%。发放涉农补贴和奖农资金1613万元，惠及农户7286户，提供就业岗位2896个，开发公益性岗位4个。推荐免费技能培训40人次，高校毕业生就业率100%。新增就业困难人员灵活就业补贴176人，社保扩面1573人，住房公积金扩面261人，参加居民基本医疗保险15314人。新市民积分入医申请43人，成功43人，积分入学申请341人，成功242人。为低保户、低保边缘户、贫困学生等困难群体发放各类救济救助金1171万元；完善社会救助体系，募集善款165.79万元。农业保险投保总保费161.43万元。有养老床位583张，每千名老人拥有床位数50.2张。为9426位65周岁及以上老人发放尊老金640.84万元。新建1家辅助性助餐点，位于大新镇新东社区内。有虚拟养老服务对象1687户。有低保104户156人，低保边缘重病27户30人，特困21户21人，贫困学生134人。春节慰问惠及困难群众4559户，发放慰问资金846万元。8个村开展村级医疗互助，实现全覆盖，受益群众3298人，发放补助228.87万元。为义务兵发放优待奖励金，为退役士兵发放自主就业一次性经济补助金，按时发放各类优抚对象经费，退役军人就业安置率100%。通过居民议事会商议、镇审核确定的民生微实事项目25项，其中工程类15项、服务类10项，涉及金额约65万元，覆盖全镇100%的社区。

表80　　2022年大新镇村（社区）基本情况表

村（社区）	面积（平方千米）	户数（户）	人口数（人）	集体经济总收入（万元）	可用财力（万元）	总资产（万元）	村（社区）党委（总支、支部）书记	村委（社区）主任
新凯村	3.10	1181	3333	831.62	680.30	10256.41	孙一波	孙一波
长丰村	4.00	1668	4762	1169.49	1044.00	13628.27	李忠华	李忠华
桥头村	3.24	1196	3434	918.61	666.20	7185.57	孙浩明	孙浩明
朝东圩港村	8.25	2430	6683	1293.34	1075.80	16910.49	徐海芳	陈　建（7月免）
新闸村	3.60	780	2147	1021.36	612.50	6645.55	陈礼霞	陈礼霞
新海坝村	6.10	1587	4058	2371.24	2220.70	27178.17	王晓勇	王晓勇
中山村	5.00	1467	4346	1194.97	721.00	12424.40	刘　钧	刘　钧
龙潭村	4.87	1430	4262	1358.67	1000.80	10553.81	胡爱忠	胡爱忠
大新社区	1.30	1204	3164	—	—	—	张玉丽	张玉丽
新东社区	0.53	222	614	—	—	—	孙　涛	孙　涛
新南社区	1.15	372	1271	—	—	—	黄　健	黄　健
长新社区	1.20	142	436	—	—	—	王国平（4月免） 刘文斌（4月任）	王国平（4月免）

表81　　2022年大新镇投资1亿元以上开工项目情况表

投资企业名称	项目名称	投资额（万元）
江苏冠亿智能物联有限公司	冠亿高效智能装备及机器人项目	20000
苏州众犇汽车部件有限公司	众犇汽车零部件及模具项目	15000

【31.8亿元科技招商项目集中签约】 9月24日，大新镇科技招商项目集中签约活动举行。此次有15个项目集中签约，总投资31.8亿元，其中包括3个重大产业项目、12个科技招商项目，涵盖绿色新材料、高端智能装备、高端医疗器械等产业。现场还发布了"张家港新联智造谷"产业载体、《大新镇产业创新集群高质量发展扶持实施办法》、"沙上客厅，城镇新韵——大新老镇区更新规划"；为陶瓷膜院士专家工作室、新型纳米纺丝防水透气膜研发中心、东方雨虹工艺装备研发中心等重点研发机构揭牌。签约重大项目中，东方雨虹绿色建材智能研发和生产项目二期总投资6亿元，新增工业用地6.67公顷，建设地点位于大新镇新乐路以北，港城大道以西，一期项目北侧，项目达产后，年产值预计约13亿元，税收6800万元；智海新能源汽车配件项目总投资4亿元，新增工业用地5公顷，建设地点位于大新镇新乐路北侧、海坝路东侧，拟打造新能源汽车部件产业聚集区，实现模具开发、冲压生产、总成装配多位一体的新能源汽配全产业链，达产后预计可实现销售8亿元，税收4500万元；互益科创产业园更新项目总投资20亿元，总占地14.87公顷，建设地点位于沿江公路北侧，拟建设高标准科创产业园区，打造以智能高端装备制造为主导的现代化科创产业园，园区分三期建设，达产后预计实现年产值20亿元，税收超1亿元。

【在全市首创"值班长"窗口模式】 为进一步优化营商环境，提升企业群众满意度、获得感，大新镇为民服务中心创新制定值班长制度。6月13日正式启用"值班长"窗口。主要负责大厅"办不成事"诉求接待、投诉举报、秩序维护等，变被动等待服务为主动设岗迎接，为群众提供方便。"值班长"窗口的设立，是大新镇行政审批局践行"以群众为中心，以服务为核心"工作理念的创新举措。镇行政审批局以"值班长"窗口为平台，以发现问题为导向、解决问题为根本、办好实事为准则，擦亮"e新为民，新e相通"的"新e通"政务服务品牌。全年值班长窗口解决了诉求53起。例如6月14日，樊女士驾车到大新镇为民服务中心办事，在停车场停车时，轮胎擦上路牙导致破损。樊女士将整改建议向"值班长"窗口进行反映。接到群众建议，值班人员实地查看情况，联系施工人员及时优化路牙设置。

【大新商会获评全国"四好"商会】 大新镇商会成立于2000年10月，2007年在张家港基层商会中首个完成由"政府办会"向"企业办会"的过渡，在全市率先实现"有规章制度、有办公场所、有经费来源、有专职人员"的四有目标。会员企业由最初58家发展至126家。近年，大新镇商会聚集发展动能，整合多种资源，融合多元主体，开创政治引领、队伍建设、服务保障、自律规范、联动发展的生动局面。全新打造"海棠新商汇"工作阵地，配齐配强商会工作队伍，完善工作制度，商会实体化运行起势成形。功能平台进阶升维，商会势能全面激活。成立商会功能型党委，开展"党建惠企"专项行动，为全市商会的党建促会建工作提供基层经验；组建新生代企业家队伍，开展"梦想起航"主题活动，为镇民营经济发展永续动能。持续做实会员服务，强化政企沟通，拓展交流交往，点亮慈善公益，会企融合助推营商环境持续升温。

（钱芳瑜）

常阴沙现代农业示范园区

【概况】 常阴沙现代农业示范园区位于市域东南部，东临长江，与南通市隔江相望。有沿江岸线9.7千米。总面积37.5平方千米，其中耕地面积2411.52公顷。辖7个社区、1个居委会。年末，有户籍7360户，户籍人口19931人，另有外来暂住人口4238人。全年实现地区生产总值13.98亿元。一、二、三产业增加值分别为2.69亿元、8.27亿元、3.02 亿元。按户籍人口计算，人均生产总值7.01万元。完成全口径财政收入1.34亿元，其中公共财政预算收入7400万元，入库税金1.29亿元。完成全社会固定资产投资2.4亿元，其中工业投资4731万元、服务业投资7620万元，新兴产业投资3231万元。社会消费品零售总额8.99亿元。园区入选省级生产型数字农业农村基地、乡村休闲旅游农业特色模式（项目），获评省级生态文明建设示范乡镇和苏州市"江畔田园"特色康居示范区。常东社区入选全国农业科技示范展示基地。常沙社区获评苏州市农村人居环境整治提升工作示范村。常北社区获评苏州市农村人居环境长效管护先进村。常阴沙学校获评全国新劳动实验学校、江苏省双减示范创建学校、苏州市儿童青少年近视防控示范学校以及苏州四星级智慧校园。

经济建设　年末，园区有企业693家，全年完成工业开票销售收入38.34亿元，其中销售收入超1亿元企业有7家。29家规模以上工业企业实现总产值23.48亿元，营业收入22.49亿元，实现利润1.24亿元。新兴产业实现产值9.5亿元，占规模以上工业总产值的42%。新批私营企业86家，注册资本3.65亿元；新批个体工商户136户，注册资本2929.5万元。园区完成进出口总额6926万美元，其中出口总额6896万美元。年内授权发明专利15件，完成产学研合作项目13项。获评高新技术企业11家。获评苏州市科技支撑计划2项、张家港市科技产学研计划10项。完成产业用地更新面积1.55公顷。投资3000万元完成企业技术改造项目8项，对上争取智能车间诊断11家次，创建园区首家张家港市智能示范车间，实现规模以上工业企业智改数转全覆盖。举办第五届"现代农业"专场招才引智推介会，新增高层次人才项目注册落户5项，完成苏州"姑苏"人才计划1个、张家港市领军人才计划3个。引进稻麦新品种20种，推广水稻机插缓混一次施肥技术533.33公顷，添置侧深施肥装置17套，施用水稻缓混肥365吨。新增农机具101台（套），农业全程机械化总投入833.46万元，全年实现农、林、牧、渔业总产值4.48亿元，粮食、蔬菜瓜果、油菜籽、水产品总产量分别为26533吨、23930吨、136吨、1396吨。成功创建部级水稻高质高效示范片1个。张家港市现代农业科技示范园被认定为苏州市智慧农业示范生产场景。

社会事业　年末，有九年一贯制学校1所，教师70人，在校学生675人，其中新市民子女453人。义务教育学龄人口入学率100%，初中升学率100%。有幼儿园1所，幼儿教师及保育人员36人，在园幼儿216人，其中新市民子女110人。组织各社区（居委会）、机关各科室、企事业单位开展“张家港学习在线”活动，年新增注册人数100人。开展社区教育重点品牌项目5项，分别为“田园牧歌传乡音”“走进非遗·快乐实践”“爱护生态·益起童行”“新六艺·慧生活”以及“福寿康宁惠八方”常阴沙为老健康项目。其中，“田园牧歌传乡音”乡村游学项目通过苏州市级终期评估。园区老年大学继续依托“乐龄学堂”实现大数据管理，开设秋季班8门课程。持续开展“千名教师进社区”活动，开展“探寻传统·动手有益”亲子活动、“悦读·阅美”亲子共读项目等8次。有医疗卫生机构8个，其中民营医院1家、社区卫生服务站7个，有执业（助理）医师43人。新建预防接种卡42份，接种一类疫苗1662针次。建立居民健康档案20185份，对65周岁及以上老年人中医体质辨识服务4442人次，覆盖率84.59%。园区纳入妇幼保健管理产妇48人，孕妇早孕建卡率85.4%，住院分娩率、儿童建卡率均为100%。开展35至64周岁育龄妇女“两癌”筛查，服务495人次。社区卫生服务站全年诊疗6.95万人次，其中中医诊疗2.56万人次。排查纠纷152起，调解成功率100%。受理“12345”政府服务热线556件，全部按期办结，满意率100%。网格员全年上报事件8476件。组织开展法律早市、校园“开学第一课”、民法典宣讲、反诈宣传等法治安全宣传教育活动45次，发放各类宣传资料3万余份，为200余名群众提供法律帮助。新增治安监控78个。开展VOCs排放治理项目4项、VOCs综合治理项目2项，7家企业完成VOCs清洁原料替代工作。做好秸秆禁烧工作，实现“零火点”目标。开展金属表面处理企业专项整治，落实整改环保问题36处。完成33家涉磷企业规范化整治，整改太湖排口8处。持续开展“散乱污”整治“回头看”行动，关停取缔2处，整治提升10处。完成禾丰佳苑小区内部雨污水管网及常顺路、常德路污水总管提升改造。疏浚镇村河道47条。园区获评市生活垃圾分类工作优秀单位。园区环卫所获评苏州市星级厨余站。处置环境信访38起，办结率100%；完成中央生态环境保护督察信访交办件1件、省生态环境保护督察信访交办件3件。全年环境立案调查12起，处罚金额88万元。开展安全生产专项整治行动，检查各类生产经营单位2561个次，排查整改隐患2067处。新建电动自行车充电桩70个。完成小餐饮“瓶改气、气改电”专项整治5家、消防镇级三级挂牌隐患整改2处、心防社区及校园建设5处。签订各级《安全生产目标管理责任书》265份，完成企业风险报告及审计251家、“创蓝”自评185家、双重预防机制建设75家、安全生产二级标准化创建2家、三级标准化创建16家。建成安全文化主题公园，开展“安全生产月”“百团进百万企业千万员工”等安全生产宣讲活动，全年宣传受众1340人次。严格隐患治理及监督执法，完成市、镇两级挂牌隐患整改6处，实施行政处罚9起，罚金32.95万元。完善应急预案16个，储备各类应急物资31376件。

福民工程　年内，各社区可支配总收入为4015万元，平均可支配收入573.57万元，比上年增8.13%。园区发放农机购置补贴264.6万元。农业保险粮油、高效设施农业参保率均达到100%，出险定损理赔196.64万元。新增城镇职工养老保险人数122人，累计7751人。农村居民医疗参保人数2922人。居民医疗互助项目筹集资金171.59万元，参加人数17159人，参加率88%，理赔996人次，发放互助金94.99万元。新增住房公积金缴费企业5家，累计179家，住房公积金扩面89人，累计2912人。新增就业岗位1050个。开展大病困难群众、计生特殊困难家庭医生签约90户198人，重点人群基本公共卫生服务签约7766人，慢病人群“点单式”服务包签约17人。为持“独生子女父母光荣证”退休人员232人次发放一次性奖励金83.52万元；落实农村计划生育家庭奖励、独生子女伤残死亡家庭帮扶1074人次，发放各类补助187.56万元。完成13个单位职业病体检，16家企业作业场所检测。1242名80周岁及以上老人和42名60周岁及以上的特扶家庭老人，分别享受由政府提供的80元每户每月和225元每人每月的上门居家养老服务，年服务9559人次。全年发放尊老金405万元。配套支出61万元，实现常态化居家养老服务2万人次。112名困难高龄老人、41名低龄志愿者纳入养老服务“时间银行”项目，全年服务工单587单。为低保户、低保边缘户、贫困学生等发放各类补助金126.5万元。发放慰问金122.42万元，惠及1562户困难群众。有84家爱心企业及机关、社区600余名爱心人士参与慈善募捐，筹集善款23.11万元。未成年人保护工作站定期开展家庭教育指导，受益450人次；开展“关爱项目为主、暖心课程为辅”未成年人教育帮扶服务行动，帮扶困境儿童20余人；对困境儿童实施个案管理，扶持孤贫儿童13人。投入3万元对辖区1户低收入家庭开展“幸福亮居”工程，投入3万元完成危房改造1户。发放残疾人生活、护理补贴137.4万元。“爱心助残驿站”自提点——“邮益小栈”快递站投入运营，“残疾人之家”辅助性就业对象20人，人均每月增收600元。社工站建成运行，开展政策法规宣传8次，受益250人次。向重点优抚、现役军人家庭等对象按时发放各类优抚费用，退役军人稳定就业率100%。完成退役军人建档立卡、优待证申领和发放工作。常阴沙退役军人服务站获评市2022年度“五星级”退役军人服务站。

表82　　2022年常阴沙现代农业示范园区社区(居委会)基本情况表

社区(居委)名	面积(平方千米)	户数(户)	人口数(人)	集体经济总收入(万元)	可用财力(万元)	总资产(万元)	社区(居委会)党总支书记	社区(居委会)党总支副书记
常东社区	5.35	822	2239	830	570	4326	刘青松	盛振清
常南社区	6.50	1305	3629	1623	690	3984	李金海	吴海平
常西社区	4.39	804	2199	511	433	3430	陈　东	刘　燕(女)
常北社区	5.07	1047	2914	1018	572	4271	徐卫华	顾靖霞(女)
常红社区	5.24	1075	2946	1585	547	4853	沈维良	陈坚强
常兴社区	5.13	706	1954	691	488	3428	陆　磊	陆　忠(6月免)
常沙社区	5.75	1142	3057	844	714	3164	李　平	吴　瑞
集镇居委会	—	459	993	—	—	—	孙惠祥	孙建国

【常阴沙三点位入选全国乡村旅游精品线路】 2022年,文化和旅游部联合共青团中央推出"乡村四时好风光——稻花香里说丰年"全国乡村旅游精品线路,张家港市"原味乡村·传奇之旅"乡村旅游线路入选。其中,常北稻麦乐园、三亩良铺、闲心公社民宿榜上有名。常北稻麦乐园位于园区沿江公路旁,总面积24公顷,其中稻田画占地约2公顷,配套建有观光瞭望塔、有轨小火车、橘林牧场,是以稻麦为主题的农文旅融合田园综合体。三亩良铺位于常南社区,以"开心农场、三亩良铺四季果园"为主题,是集创意体验、观光农业、科研教育、田园摄影、素质拓展于一体的生态田园综合体。闲心公社民宿投资1.5亿元,主要面向亲子家庭市场,打造以生态休闲、生活体验为特色的周末短途度假型产品。近年,常阴沙以众多美丽乡村、果园基地、民宿农家乐、乡村旅游点等资源为依托,有效推进农文旅融合,培育景区辐射型、农业观光型、综合服务型等多种乡村旅游新业态,拓展游客驻足空间,着力打造乡村旅游产业集群。在优化发展原有闲心公社民宿、常北稻麦乐园、三亩良铺、常阴沙花海、WOLL森林自然营地、林里小坐、常东知青馆、大农水培蔬菜基地等乡村旅游点位的基础上,新增永卓号乡村小火车、林里小坐民宿、市现代农业科技示范园等点位,将常阴沙打造成为"河里有鱼,岸上有花,树上有果,地里有菜,家里有客"的美丽乡村旅游名片。

【"金秋乡村欢乐游"暨数字人民币场景应用启动】 9月29日,2022年常阴沙"金秋乡村欢乐游"暨数字人民币场景应用启动仪式在常北稻麦乐园拉开序幕。市政府副市长梁曦,市农业农村局、市文体广电和旅游局、市地方金融监督管理局领导以及各区镇分管旅游的领导、常阴沙领导班子全体成员等出席。通过现场推介、短片播放的方式全方位展示常阴沙优美的乡村风光和多彩的田园风情,推出了2022年常阴沙秋游季线路,常阴沙一桌菜、"野趣常阴沙"小程序也同步上线。活动现场,园区年轻干部讲述常阴沙故事《农场记忆,大美乡村》,张家港农商行数字人民币应用研究中心负责人为现场观众介绍数字人民币相关知识。市融媒体中心开启常阴沙之行,通过网络直播,向外界全面展示绿色生态活力的常阴沙,扩大常阴沙旅游的吸引力和影响力。国庆期间,"永卓号"有轨观光小火车、常北稻田画接待游客近3万人次,游客接待量稳步提升。

【常阴沙入选省级数字农业农村基地】 12月27日,江苏省农业农村厅公布"2022年度全省数字农业农村基地"名单(共30家),常阴沙现代农业示范园区管理委员会获评"生产型数字农业农村基地"。园区围绕建设"江南水乡、田园风光、现代农庄"的总体要求,探索数字乡村发展新模式,推动产业形态优化、基础设施完善、民生福祉增进。结合高效果蔬、绿色稻米、滨江水产三大产业智能化生产需求,建设完成84套农业物联网基础设施与生产智能装备。重点打造常阴沙农展厅、智慧农业生产示范场景——市现代农业科技示范园、智慧农村示范村(常东、常兴)社区点位,完成智能化玻璃温室建设12.8万平方米,通过典型引路推动智慧农业、数字治理稳步发展。园区制定管委会工作体系、入园企业个性化需求及服务体系、产销服务体系、政策支持体系、产品标准体系、运营服务体系、价格及监管体系、宣传推介体系等,建设常阴沙智慧农业公共服务平台,通过建立农业数据标准规范、接入物联网设备、开展作业监控等技术手段,实现数据管理信息化、稻麦生产智能化、设施园艺数字化、水产养殖在线化、品牌营销智慧化、农旅场景虚拟化。平台探索形成"1+1+N"(1批物联网基础设施与智能装备、1个农业数据中心以及N个智慧农业场景化应用)模式的现代农业产业园智慧农业服务体系。突破数字化管控技术与传统农业生产管理模式深度融合的技术难点,建立大田、设施、果园等多业务条线管理系统,为园区农业实现供应链条闭环管理、农业跨域开放融合、重

塑农业价值链、各主体共享发展提供数字化管理工具。　　（陈佩蕾）

双山香山旅游度假区

【概况】 双山香山旅游度假区规划面积23.32平方千米，分两个片区，其中双山岛片区20平方千米、香山片区3.32平方千米。双山岛片区位于市域西北郊，地处张家港作业航道与长江主航道之间，与苏州、无锡、泰州和南通四市的长江水域相连，是长江中下游地区“生态岛”之一，岛内堤坝外滩涂湿地面积约4平方千米，堤坝内面积16平方千米，环岛岸线长16.8千米，适度规模经营面积260.5公顷，耕地地力保护面积725.8公顷，辖4个行政村、1个社区。香山片区位于金港街道辖区内，东西长2.3千米，南北长1.9千米，东至江海路、南至东横河、西至市界、北至张杨公路，最高海拔136.6米（张家港制高点），为国家AAAA级旅游景区、江苏省首家“文明旅游示范景区”，景区内有采香径、梅花堂、桃花涧等古景，香山梅岭、竹境、樱花园等新景，其中香山梅岭占地20公顷，种植万株梅花树，为360度全角度观赏的专类园，在长三角地区具有较高知名度。度假区2022年接待游客70.8万人次，精心组织梅花节、樱花节、“国潮灯光游园会”“金秋夜游季”等特色文旅活动，承办女子中巡职业联赛——张家港双山挑战赛、全国青少年高尔夫比洞赛等国家级体育赛事。度假区获评2022年江苏省体旅融合发展示范基地，香山景区获评2022年苏州市体育旅游精品项目，老圩村获评苏州市乡村文化基地（红色文化类），双山岛渡江战役展示馆获评苏州市社科普及示范基地、入选苏州市海棠花红先锋阵地。

经济建设　年内，全区粮食、水产品产量分别为3700吨、750吨。皓景温泉度假酒店完成土建工程20%，明珠灯塔启动幕墙施工，德丰谷完成土地出让，荷塘月舍完成土建工程，雅荟庄园完成项目报批报建。枫林营地、海棠湾配套服务用房完成土建工程。标准化鱼塘26.67公顷、标准化农田49.53公顷改造完成。依托岛内老旧民房、河流池塘等闲置资产，积极引入社会资本参与文旅项目开发建设，储备房车营地等品质文旅项目。风旅飞行中心引进新的合作商。主动出击国内文旅龙头企业，推进与同程文旅深度合作，为项目顺利落户度假区打下坚实基础。2月9日，双山香山旅游度假区新春项目集中签约仪式举行，分别与市唐艺和风装饰材料有限公司等5家公司签约皓景温泉度假酒店等合作项目。高尔夫俱乐部实现市场化转型，农业公司、园林绿化公司实质化运营，双山宾馆终止委托管理转为自主经营，航运公司落实过江票价调整政策。

社会事业　年末，全区有社会卫生服务站1所，面积380平方米，有医护人员5人，病床6张，家庭医生签约60户。抓好疫情防控，双山宾馆优质服务隔离人员494人，提供区域核酸检测服务101次，推进双山岛内老年人疫苗接种，首针接种率91.4%，全程接种率83.8%。织密筑牢安全生产防线，成立度假区消防安全委员会并实体化运行，对南沙工业集中区开展各类安全生产专项检查6次，排查整改隐患70处。推进综治中心与网格化联动分中心一体化建设，常态化巡查上报事件168起。编制双山岛网格化综合治理方案，运行双山岛“景管通”App，实现问题“发现—上传—派发—解决—反馈”一站式综合治理。7月，开展镇、村道路“三清”行动、环境网格治理，整治河坡超6万平方米，清理河网地笼超50条，清理江堤私垦乱种4处0.8公顷并做好绿化管护。南北码头、高尔夫码头完成清淤疏浚，消除船舶搁浅隐患。

福民工程　年内，各村平均可用财力607.5万元。以村为经营主体的土地股份合作社4家，全区土地规模经营率100%。发放养殖池塘生态化改造项目奖补资金200.5万元，省级财政农机购置补贴23.1万元，耕地地力保护补贴130.6万元，稻谷生产者补贴42.6万元，实际种粮农民一次性补贴27万元，秸秆还田补贴17.5万元，水稻田生态补偿202.4万元，湿地村生态补偿55万元。完成安置房分房865套，完成率88%，清退过渡房93间。居家养老服务519人，年满60周岁居民医疗保险参保1584人。为辖区内居民购买39万元的“港城惠民”意外重疾险，发放临时救助金20.2万元。为岛内居民购买村级医疗互助64.7万元，发放其他补贴218.2万元。

表83　　2022年双山香山旅游度假区村（社区）基本情况表

村（社区）名	面积（平方千米）	户数（户）	人口数（人）	集体经济总收入（万元）	可用财力（万元）	总资产（万元）	村（社区）党总支（党支部）书记	村（社区）主任
渡口村	2.08	556	1864	1129.94	1010	11825.06	杜国平	杜国平
双中村	3.73	953	2579	522.99	504	9814.39	蔡亦忠	蔡亦忠
老圩村	3.71	879	2898	518.71	472	6152.64	陆　婷	陆　婷
新圩村	3.28	863	2362	460.06	444	7192.99	陈　忠	陈　忠
渡口社区	0.04	195	617	—	—	—	孙东枭（1月免） 林　源（1月任）	孙东枭（1月免） 林　源（1月任）

【老圩村红色美丽村庄试点建设启动】 7月8日,"红色老圩,美美港城"全国红色美丽村庄建设试点启动仪式在双山岛举行,苏州市委常委、组织部部长祁松参加活动。老圩村是2022年苏州市唯一入选中组部红色美丽村庄试点地区,同时入选苏州"海棠花红"先锋阵地。双山香山旅游度假区依托双山岛渡江战役最东端等红色资源和生态优势,秉持"村岛一体"建设理念,全面推进老圩红色美丽村庄建设。通过重点建设"三园两地一课堂"(打造"胜利之脊"渡江胜利公园、"海棠花红"党建主题公园、"清风荷韵"廉政文化公园,建立"飞鸟与鱼"大伯墩生态湿地、"星光野享"璟珀湾露营基地,开设"暗战双山"沉浸式红色课堂),探索党建引领"红旅、文旅、绿旅、农旅"融合发展新路径,打造抓党建促乡村振兴的"江岛样板"。年内重点建设地下交通站和海棠红剧场,还原革命年代大伯墩—老圩村地下交通站实景,挖掘双山岛地下交通线上发生的革命故事,创作评弹《暗战双山岛》、舞台剧《渡江前夜》等红色文艺作品,再现"南北交通靠沙洲"的红色传奇。成立"四色海棠"红农文旅产业融合发展党建共同体,发布一批精品旅游线路,扶持一批融合发展项目。9月23日,中组部组织二局一处处长李孝国一行至老圩村调研试点建设情况并给予肯定。至年末,试点项目土建工程基本完成,布展工作开始启动,计划2023年上半年竣工。

【香山国潮灯光游园会开幕】 8月4日,"光影梦之旅·夜游香山湖"2022张家港香山国潮灯光游园会在香山湖公园开幕。活动现场集聚瑰丽璀璨的非遗花灯展览、精彩纷呈的民俗表演、热闹喧嚣的美食集市等,设国潮花灯秀、幻彩激光秀、梦幻太空站、夜游节目秀等板块,构建起食、游、购、娱、体、展、演全方位夜间消费新时空,为传统景区注入新的活力,发展夜间旅游经济。香山湖灯光节自8月4日开园,其间,受疫情等因素影响,至9月20日实际运营37天,入园人数近4万人,营业总收入超158万元。

【皓景温泉度假酒店项目开工】 8月25日,皓景温泉度假酒店项目开工仪式在双山岛举行。项目位于双山岛渡口老街西侧,毗邻双山全新地标明珠灯塔,占地6866.67平方米,建筑面积约8500平方米,规划建设72间客房,总投资1亿元。项目依托双山自然生态条件,尤其是优质温泉资源,建设集精致住宿餐饮、品质私汤温泉、禅意休闲养生为特色的现代轻奢风格江岛型温泉度假酒店。项目于2022年8月完成土地出让,拿地即开工建设,计划2023年年末竣工并对外试营业。

(杨嘉卉)

金港街道

【概况】 金港街道位于市域西部,是张家港港和张家港保税港区所在地。总面积89.59平方千米,耕地面积968公顷。辖10个行政村、22个社区(其中9个为"村社合一"体制,分别为长江、巫山、安利、金桥、滩上、镇山、香山、马桥、长欣社区)。年末,有户籍30743户,户籍人口86440人。街道党工委下辖党组织232个,其中,党委13个、党总支21个、党支部198个。有党员4345人,年内发展党员35人。街道首批获评苏州市美丽宜居镇、苏州市"重点中心镇"建设试点。

经济建设 街道全年完成工业总产值202.38亿元,营业收入269.17亿元,利税7.82亿元,入库税收6.84亿元,工业增加值2.97亿元。85家规模以上工业企业实现总产值182.87亿元,营业收入250.19亿元,利润3.45亿元。有销售收入超1亿元企业23家,其中超20亿元企业3家,超10亿元至20亿元企业5家;利税超5000万元企业4家。年内完成大豆种植22公顷,油菜秋播面积14.67公顷。高效农业面积25.3公顷,大棚设施栽培种植8.13公顷。土地规模经营面积114.67公顷。鼓励并扶持家庭农场的发展,长山香名扬家庭农场种植草莓新品种黑珍珠、建得红,番茄新品种豫艺甜优5号、豫艺酸甜果3.33公顷。高峰茶厂获评苏州市级农产品初加工企业。苏州丰倍生物科技股份有限公司、威胜生物医药(苏州)有限公司入围国家级专精特新"小巨人"企业。年内,街道成功申报江苏省龙头企业3家、苏州市龙头企业4家、张家港市龙头企业4家。年末,有绿色食品3种,有机食品1种,苏州市级以上名牌农产品1种。

社会事业 年末,有中小学校7所,其中中学3所、小学4所,教师1227人,中、小学在校学生分别为5589人、8536人。有幼儿园4所,教师114人,在园幼儿3051人。全年街道开展学习体验、主题宣讲、模范学习、文化活动等各类群众性文体活动600场,参与党员群众3万人次。8月29日,刘北茂之子、著名小提琴演奏家、中央音乐学院教授刘育熙再次走进金港街道,参观苏州外国语学校张家港校区、长江村,勉励苏州外国语学校张家港校区师生学习传承"刘氏三杰"的精神品质。街道有市图书馆分馆1座,24小时图书驿站5个,农家书屋7个,社区阅读活动室11个,体育场馆1座、健身广场37片、健身房30个,村、社区有篮球场15片。有医疗卫生机构20个,其中医院3家、社区卫生中心1家、社区卫生服务站16家,有执业医师201人、执业助理医师55人。推进金都社区新时代文明实践站、金香社区"香邻客厅"新时代文明实践点等10个新时代文明实践示范站点建设,全年开展新时代文明实践志愿服务活动3000场。完成省级垃圾分类达标小区建设3个,挂牌四星级垃圾分类小区2个。完成14条劣Ⅴ类水体"消劣争优",确保张家港河国省考断面水质Ⅲ类比例保持100%,整改"散乱污"点位42个。查处各类案件7624起,整改销号6个政府挂牌重大隐患。完成37个雨污水管道维保。完成拆除违建点位65个,拆除违建面积12.9万平方米,办理补证点位18个,补证面积24万平方米,平台总销项面积36.7万平方米。摸排餐饮企业428家,发现隐患并整改91个;摸排工矿企业食堂236家,发现隐患并整改402个;摸排其他非居民燃气用户50户,发现并整改隐患9个。排查违规使用瓶装液化气1618处,其中违规使用燃气场所1287处,高层违规使用瓶装液化气87处。办结国家级交办信访件2件、信访积案4件，打造长江中路、中港南路2条公益宣传示范路，祥云路获评2022年度苏州市美丽农村路。常态化开展“金港文明眼”督察并推动整改问题近1000个。街道规范流动摊贩3590起，取缔无照经营376个。拆除违规、破损广告牌53处1400平方米；签订《市容环卫责任书》2000份，规范共享车1.2万台次，规范施工围挡26处；处罚违停车辆6859辆。人行道增划停车位230个，非机动车停车位26处。立案一般程序处理610起，金额266917.84元；简易程序处理7385起，金额179656元。实现“全办案、办好案”，全年立案7995件，人均办案数799.5件。

福民工程　全年村级可支配收入2.84亿元，村均2120.7万元。有规模型经济村5个，其中长山村、巫山村可用财力6052.53万元、3678.41万元。长山村所属企业完成产品销售收入39.15亿元，利润1.48亿元，工业入库税收1.97亿元。长山村和港西村投资1.64亿元联合收购三林法兰股权项目。1月，中南社区居家养老服务中心升级改造，7月正式运营。年末，街道有居家养老服务中心9家、居家养老服务站13家，规范化助餐点2家。实施民生微实事项目55项，投资381.42万元，其中长欣社区的“欣”事微公园项目和中德社区的“德邻阳光计划—关爱青少年心理健康项目”被评为市优秀民微项目。完成133户老年人家庭适老化改造。征地安置367人。社保扩面9400人，住房公积金扩面956人。参加居民基本医疗保险28428人。全年提供各类就业岗位4815个，达成就业意向2675人，开放公益性岗位31个，高校毕业生就业率100%。8月，街道慈善会成立；9月2日，慈善超市开业。新建“村口驿站”“队长工作室”“百姓修理铺”等一批“家门口的海棠花”党群服务点，优化升级“睦邻家园”“香邻客厅”“乡贤驿站”“伴依驿家”等党群先锋阵地。发放相关退休人员工资735.49万元。调解劳资纠纷263起，成功调解247起，调解率93.9%，街道劳动人事争议调解中心获评苏州市“金牌劳动人事争议调解组织”。春节慰问1485万户，发放慰问金1035万元，惠及1397户次困难群众。发放低保（含低保边缘重病困难对象、特困、低保边缘家庭）补助金、临时救济金229.04万元。为36名贫困学生发放助学金19.95万元。为18516名80周岁及以上老年人发放尊老金1200.4万元。有虚拟养老服务对象3985户，“智慧养老”服务24人。有10个村（社区）开展村级医疗互助，受益群众7809人，发放补助414.44万元。

表84　2022年金港街道村（社区）基本情况表

村（社区）名	面积（平方千米）	户数（户）	人口数（人）	集体经济总收入（万元）	可用财力（万元）	总资产（万元）	村（社区）党委（总支、支部）书记	村（社区）主任
长江村	5.20	2320	7398	3819.36	2296.81	22915.69	郁霞秋（女）	刘建华
长山村	5.80	2184	9194	7861.52	6052.53	49232.63	陈　强	陈　强
巫山村	2.62	1575	4625	3023.55	3678.41	27026.38	申小芳（女）	申小芳（女）
山北村	5.80	2190	6112	4149.60	2543.65	10889.35	庞建华	庞建华
柏林村	4.70	2352	7658	2516.02	2384.39	29517.72	殷品龙	殷品龙
张家港村	1.38	2649	4488	436.09	222.25	−580.20	施忠法	施忠法
滩上村	4.15	2038	5988	234.25	196.46	29949.15	李永奇	李永奇
占文村	2.41	1072	4195	2659.77	1876.01	16189.79	顾凯洪	顾凯洪
东山村	3.21	947	3199	868.99	766.10	6633.13	宋国芳	宋国芳
港西村	2.60	1090	3558	1691.31	1190.05	8488.97	王海荣	王海荣
中德社区	0.18	1743	5198	558.96	250.05	3695.27	李　兰（女）	李　兰（女）
中港社区	0.42	1260	4451	212.29	156.98	763.52	朱建龙	朱建龙
中南社区	0.15	1548	4350	349.57	334.77	2115.64	许　珂	许　珂
中苑社区	2.10	1618	4185	473.96	404.14	2070.06	葛海卫	葛海卫
中兴社区	0.05	849	2767	292.58	218.23	1521.77	居正平	居正平
安定社区	0.08	1018	3173	666.71	248.90	1277.92	黄建忠	黄建忠
中圩社区	0.40	1785	5132	215.33	279.08	4667.38	何晓东	何晓东
南沙社区	0.80	1137	4385	—	—	—	张丽琴（女）	张丽琴（女）
海港社区	0.06	1128	3521	—	—	—	陈　云	陈　云
金润社区	0.63	6688	13181	—	—	—	周金良	周金良
金都社区	0.43	5824	15680	—	—	—	奚　洋（女，8月免） 周梓豪（8月任）	奚　洋（女，8月免） 周梓豪（8月任）

续表84

村(社区)名	面积(平方千米)	户数(户)	人口数(人)	集体经济总收入(万元)	可用财力(万元)	总资产(万元)	村(社区)党委(总支、支部)书记	村(社区)主任
金香社区	0.33	3067	6791	—	—	—	李　萍(女)	李　萍(女)
廊桥社区	1.11	3290	7628	—	—	—	王汉明(8月免) 张庐彦(8月任)	王汉明(8月免) 张庐彦(8月任)

【金香花苑获评江苏党建引领物业管理服务工作省级示范点】 6月,张家港保税区长乐物业管理有限公司在管的金香花苑小区项目第二批获评江苏省党建引领物业管理服务工作省级示范点,成为全市唯一获评单位。近年,金香社区与长乐物业构建"1+3+N"治理体系,打造"海棠管家"服务品牌,推动动迁社区从"各管一域"到"一域共管",不断提升居民幸福感,实现事务共商、服务共抓、矛盾共解、文明共创。经广泛征集居民意见建议,在金香社区成立"大党委"后,长乐物业在线为金香社区居民量身定制"海棠云管家"小程序,无论是物业网上报修,还是热线电话查询,居民的生活应用只需"一键"操作,十分便利。线下,"海棠管家"通过轮值听民声,提供"帮代办"服务,将服务送到居民家门口。此外,在疫情防控、文明创建、垃圾分类等工作中,社区"大党委"发挥先锋作用,组建志愿服务队伍,打造服务阵地,不断完善物业服务,助力社区治理。

【"金海棠"服务"五聚力五突破"提升行动】 10月22日,金港街道中兴党建联盟牵头中兴片7个社区抱团成为"大中兴"整体,采取"独立办理+抱团办理"模式,推进"福村宝"村级医疗互助等民生项目,让中兴片区居民群众共享"党建+基层治理"红利。近年,金港街道党工委以"五聚力五突破"提升行动为抓手,以街道"金海棠"服务体系为核心脉络,持续为"小区域·大党建"基层治理模式赋予新内涵,把红色动能不断转化为治理和服务效能。立足悉听民声这个出发点,着力优化长效联动机制,建立"有事好商量"、"代表"进网格、常态挂钩联系等联动机制,以"民呼我应""吹哨报到""双向奔赴"为工作导向,2022年全年培育实施基层党组织"书记项目"、为民服务公益项目、民生微实事项目90余项,形成"群众议事说事、党员助力帮困、干部解题纾困"的工作局面,推动多元化基层治理与基层群众需求同频共振,构建党建引领高位推动、"一盘棋"全面统筹、一贯到底高效联动的工作格局。

(邱亚峰)

后塍街道

【概况】 后塍街道位于市域西部,辖区总面积38.92平方千米,耕地面积978公顷。8月,新成立善政社区。年末,下辖8个村、7个社区,其中3个为"村社合一"体制,分别为金丰社区(封庄村代管)、文昌社区(三角滩村代管)、善政社区(学田村代管)。年末,有户籍19114户,户籍人口52530人。街道党工委下辖党组织31个,其中机关单位党组织1个、村社区党组织11个、市镇单位党组织4个、企业党组织15个。有党员2526人,年内发展党员18人。

经济建设　街道有企业1100余家,其中工业企业约680家。71家规模以上工业企业全年实现总产值106亿元,营业收入103.2亿元,利润15.5亿元。有销售收入超10亿元企业1家(国泰华荣),超1亿元企业21家。江苏省张家港酿酒有限公司投资建设的市沙洲优黄文化园分别于1月和6月获2021年度美国AIA建筑卓越设计最高奖、2022年度最佳商业类工厂和仓库特别提名奖,并于11月被批准为国家AAA级旅游景区。粮食种植面积1127.33公顷,其中水稻513.07公顷、小麦580.73公顷、其他粮食作物33.53公顷,大豆种植面积33.47公顷、油菜播种面积47.13公顷。商品有机肥推广数量300吨,粮食果蔬农药配送率95%以上,农药包装废弃物回收率95%以上。做好水稻绿色防控技术,引进大豆玉米带状条播、梨园宽行种植、蓝莓土壤改良和新品种种植等技术,新增绿色食品品牌2种,新增农业机械80台(套)。市企源生态农业有限公司获评2022年苏州市特色农业机械化示范基地,朱家宕村获评2022年苏州市乡村休闲旅游农业精品村。

社会事业　有中小学校5所,幼儿园7所,教师330人。在校学生6761人、在校幼儿2261人。街道与市文化馆合作的小品《一点都不贵》获第十五届江苏省"五星工程奖"。街道有健身房1个,村、社区篮球场17片。有医疗卫生机构11家,其中医院1家、社区卫生中心1家、社区卫生服务站9家,有执业(助理)医师18人。年内办理一孩生育登记133人、二孩生育登记110人、三孩生育登记27人,办理"独生子女父母光荣证"35张,办理持"独生子女父母光荣证"企业退休人员一次性奖励427人。计划生育免费服务及奖励政策兑现率100%,群众满意率98%以上。组织村、社区持续开展既有建筑安全隐患排查,排摸房屋建筑15010栋,其中城镇3246幢、农村11764幢,并完成平台数据输入。总投资9000万元的澄杨路改造工程接近尾声;总投资200万元的人民路沥青路面改造完成,铺设沥青路面8085平方米;完成学勤广场景观改造工程,对原广场南侧向外扩9.5米,增加广场面积。完成集镇区主干道燃气管网铺设(含中华路、东隆西路、东隆东路、塍南路、人民南路、文星路),总长度3.95千米,总投资550万元;完成新塍菜场雨污分流改造,改造雨水管300米、污水管440米,完成达标区小散乱门店水环境综合治理工程，整治雨污混流点位21处。全年完成3条劣V类河道销号，2条河道通过“生态河道”验收。完成对辖区12家涉VOCs企业源头替代、活性炭更换、废气处理设施提标升级改造专项整治工作。开展辖区内18家涉磷企业规范化整治，涉磷企业按照分级分类，优化生产工艺，完善治污设施。完成辖区45个危险废物产生单位、1个危险废物经营单位危废信息申报，产废（危废、一般固废等）企业建立并完善废弃物存放点位。

福民工程　全年村级可支配收入10008.95万元，村均1251.12万元。街道完成社保扩面新增1105人。组织春节“稳岗惠企”培训，合格110人，补贴金额3.3万元；开展3场线上招聘会，分别为2月的2022年张家港市“春风行动”活动招聘会、5月的民营企业招聘月活动和9月的“后塍街道金秋助困送岗活动”，累计报名企业83家，提供岗位2269个，收到简历2393份，达成就业意愿312人；精准创业扶持实名制，创业带动就业162人；开展就业援助“暖心活动”和“131”服务（对有就业意愿的未就业毕业生，免费提供1次职业指导、3次岗位推荐、1次职业培训或就业见习机会），集中为失业人员及高校毕业生开展就业帮扶，应届毕业生就业率95.55%；加强对就业困难群体的创业培训指导，扩大创业培训群体范围，组织有创业意愿和培训需求的15名劳动者参加创业培训课程并取得合格证书。办理灵活就业查询220人、咨询178人，指导在“江苏智慧人社”App自主办理灵活就业参保132人，办理城镇职工灵活就业人员退休待遇登记96人。居民养老保险补缴82人，居民养老保险待遇核定80人。低保、特困人员精准扶贫72人，为其中59名符合条件的人员办理待缴业务。退休人员待遇发放核定279人，退休人员社会化管理信息采集登记279人。完成916名退管人员重阳节慰问发放。三、四季度因业务下沉，完成退管重病、亡故慰问112人次。完成13833名退休工人体检。组织辖区内退休工人参加由市退管中心组织开展的“岁月流金光影沙洲，夕阳正好红心向党”主题摄影活动，有2名优秀退休工人摄影作品入选。推选1个社会管理服务工作“尊老敬老爱老”百佳社区（村）、8名自管小组长和6名“乐龄苏州、社保添福”老年之星。调解劳动争议纠纷140起，开展大型工伤预防及劳动法律法规培训会2次。居民基本医疗保险参保16689人。医保事后结报976人次，报销金额423.01万元。指导相关人员利用微信小程序“江苏税务社保缴纳”完成医疗保险个人基金缴纳300余人次。根据江苏省医保公共服务“15分钟医保服务圈”示范点建设标准，结合实际完成示范点建设工作并通过苏州市考核验收。春节慰问2700余户，发放慰问金近280万元。有低保户91户130人，低保边缘重病8户9人，特困人员19人，享受重残补贴219人，低保内残疾人生活补贴57人，护理补贴对象448人，特殊困难残疾人3户6人，无业精神（智力）三四级残疾人40人，困境儿童28人，低收入家庭10户，共计发放补贴593万元。向16户困难户发放临时救济金4.8万元。“共享阳光”慈善助学20人，发放助学补助金12.9万元。有居家养老服务中心5家、居家养老服务点7家，标准型老年人助餐点2家。有享受尊老金对象1.1万人，发放尊老金近765万元。享受政府援助虚拟养老服务对象2495人，智慧养老对象6人，对99户老年人家庭开展家庭适老化改造，其中塍丰社区获评苏州市2022年度老年人家庭适老化改造先进村（社区）。街道实施以爱为邻——独居困境长者社会关爱服务项目和七彩羽翼——残障人群精神文化建设服务项目。为困境儿童提供个性化服务117次，帮助2例突发个案完成应急协调、心理疏导和个案转介等工作。链接7次村（社区）活动资源，促进困境儿童与村（社区）青少年互动互助互融，直接受益345人次。开展7期为爱赋能学习工作营，直接受益112人次。开展民生微实事，累计投入资金82.8万元，实施项目11项。成立社工站、慈善会、残疾人联合会，开展“爱满港城”慈善募捐活动，募集善款269.18万元。全年接待群众到访108批218人次，办理信件57件、市长信箱59件，政务便民热线电话转办件1500余件，重复信访专项治理3件，防风险守底线专项行动1件。新塍村、袁家桥村、晨阳村、朱家宕村、塍德社区、塍丰社区成功创建张家港市达标“枫桥式”村（社区）。新塍村、高桥村、朱家宕村、三角滩村、封庄村、塍德社区成功创建保税区无非法集资村（社区）。街道、村（社区）两级调委会全年开展矛盾纠纷化解387次，化解纠纷123件。塍德社区“亲塍”家事调解工作室、塍丰社区“红枫”家事调解工作室被市司法局、市妇联命名为第二批标准化家事调解社区工作室。加强公共法律服务进网格，推动服务体系延伸覆盖，保障“网格+普法”模式的运行，全年新培育“法律明白人”42人。建成市法律援助中心三角滩（文昌）法律援助工作站，提升法律援助受援率。开展“家门口普法”关爱民生法治行活动和送法活动，新冠肺炎疫情期间组织线上观看“法与生活”网络公开课，累计开展普法活动14次，受众800余人次。完成辖区7所中小学、幼儿园兼职法治副校长的换聘工作，依托塍德社区家立方暑期幼托班，在少年儿童群体中开展两期“青年志愿者普法”活动。

表85　2022年后塍街道村（社区）基本情况表

村（社区）名	面积（平方千米）	户数（户）	人口数（人）	集体经济总收入（万元）	可用财力（万元）	总资产（万元）	村（社区）党委（总支、支部）书记	村（社区）主任
新塍村	3.01	1521	4426	1102.00	773.00	11803.00	奚　涛	奚　涛
高桥村	4.80	2166	6299	2142.10	1541.70	18849.30	向　一	向　一

续表85

村(社区)名	面积(平方千米)	户数(户)	人口数(人)	集体经济总收入(万元)	可用财力(万元)	总资产(万元)	村(社区)党委(总支、支部)书记	村(社区)主任
袁家桥村	3.50	1749	5229	1907.82	729.00	6622.65	曹　俊	曹　俊(8月任) 许海东(8月免)
晨阳村	8.54	3567	8562	2649.45	2487.62	25695.67	高燕晓	高燕晓
朱家宕村	2.50	1110	3250	2091.00	1903.00	10978.00	高　峰	高　峰
封庄村	3.86	1501	5285	827.00	464.00	8262.00	张丽芳	张丽芳
三角滩村	4.50	1655	5792	1111.98	1020.63	13334.44	叶浩翔(8月调) 张　海(9月任)	叶浩翔(8月调) 张　海(9月任)
学田村	3.68	2420	5108	1167.00	1090.00	13152.00	唐向阳	唐向阳
后塍中心社区	4.00	3934	11427	1581.00	461.00	2282.00	奚　洋	奚　洋(8月任) 张　海(8月免)
塍德社区	0.50	4241	10326	—	—	—	沙　尧(7月免) 沈　辰(8月任)	沙　尧(7月免) 沈　辰(8月任)
塍丰社区	0.32	2726	8278	—	—	—	黄　轩	黄　轩

【后塍街道第二届庆农民丰收节暨职工体育运动会举办】 9月24日，由后塍街道党工委、办事处主办，街道宣传文明办、农村工作办、工会联合会和高桥村承办的2022年度后塍乡村文化节系列活动——后塍街道第二届庆农民丰收节暨职工体育运动会启动仪式在高桥村举行。保税区党工委委员、管委会副主任季峰，市农业农村局、保税区城乡发展局和后塍街道领导等出席。相关领导为获得2021—2022年度后塍街道优秀农业企业、后塍街道地产好水果、后塍街道新技术示范基地、后塍街道种粮能手的先进企业和农户颁奖。获奖企业分享投身农业的心得感想。市农业农村局、保税区城乡发展局、街道办事处主要领导共同发布后塍街道"醉美香村"农村农文旅品牌。与会人员观看了诗朗诵《致敬丰收》等节目，现场参观后塍特色农产品（非遗产品）制作和展销，品味后塍、推介后塍。职工体育运动会设置拔河、众星捧月、同舟共进3项团体项目及羽毛球、乒乓球、定点投篮、跳绳、掼蛋5项个人项目。报名队伍包含了辖区内各村（社区）、崇真中学、广电中心等14支代表队。其中，广电中心代表队表现优异，获拔河、同舟共进2项团队项目第一名。

【高桥村打造"桥·建幸福"党建服务2.0版】 年内，高桥村党委打造"桥·建幸福"党建服务项目2.0升级版，以增强党组织凝聚力、号召力，提升居民幸福感、获得感为目标，通过"凝魂、领航、赋能"三大方式，发挥党建引领基层治理、激发基层活力的作用。高桥村村史馆建成，设高桥形象墙、高桥印象、文化长廊、活力产业、魅力高桥、红色高桥、桥·建幸福7个展区，多形式展示农业、农村发展和农民物质精神生活上的巨变，让村民看得见发展、留得住乡愁，是存史育人、传承精神、凝聚民心的重要阵地。开展"饮水思源感党恩，我与家乡共成长"活动，邀请应届学子参观村史馆、聆听党委寄语，增进其对家乡的了解，促使他们传承奋斗精神，未来以真才实学回馈祖国和家乡。召开乡贤座谈会，共商村建规划、共谋未来发展，以激活乡贤资源、汇聚乡贤智慧，最大限度赢得新乡贤对村级发展的支持和反哺。围绕乡村振兴战略，提出五维乡村发展计划，从社会、经济、文化、风貌、故事五个维度规划和评价村庄发展，通过实施服务提升、产业拔高、文化传承、环境美化四大工程，逐步建设"社会有温度、经济有高度、文化有厚度、风貌有亮度、故事有深度"的新高桥。积极寻找新的村级经济增长点，有序推进精密部件产业园建设。翻新初心广场，完善初心话舍，开展"两代表一委员"共商共议、共建共治活动6次。搭建与沙洲优黄酒厂、后塍街道的沟通桥梁，解决沙洲优黄文化园周边乱停车的问题，进一步织密民生保障网、筑牢基层治理网。　（邱晓华）

德积街道

【概况】 德积街道位于市域北部，北临长江。抗日战争和解放战争时期是沙洲地区共产党员活动根据地。辖区坐拥江海交汇第一湾——张家港湾12千米岸线，是中国包芯纱名城。总面积35平方千米，耕地面积846.67公顷。辖8个行政村、3个社区（其中学前社区为"村社合一"体制）。有户籍14167户，户籍人口38927人。街道党工委下设党组织110个。其中，一级党组织24个、二级党组织86个，党委5个、党总支8个、党支部97个，有党员1653人。1月，北荫村获评省级民主法治示范村。1月19日，元丰社区"'邻理庭'—党建引领，'邻理'共治，奋力打造吾邻公理新元丰"获评2021年度苏州市城乡社区治理创新案例。

经济建设　街道有企业1000余家，其中工贸企业425家。85家规模以上工业企业全年实现总产值74.5亿元，营业收入77.39亿元，利润-1.31亿元，税金1.46亿元。有销售收入超1亿元企业19家，其中机械冶金行业占15.8%、化工行业占5.3%、纺织化纤行业占78.9%。有税收超500万元企业5家。永兴村作为央视春晚直播、秋晚家宴录播点，携手苏州同程旅游和扬子江文旅共同推动首期投资5000万元文旅综合开发项目建设，张家港湾夷雅安耘度假酒店一期部分试营业，100间江景民宿正在加紧建设。总投资3500万元德积乡村融合发展中心项目，集乡村人才培养、振兴项目孵化、三农成果展示、农民运动休闲等功能于一体，已完成立项即将开建。街道全年新增高标准农田91.76公顷，秸秆综合利用率100%，新置各类农机具56台（套），粮食生产实现全程机械化。有各类农业生产基地6个，苏州市农业龙头企业1家，张家港市农业龙头企业1家，规模经营面积833公顷，农业电商交易额500万元。

社会事业　年末，有中学1所、小学2所、幼儿园4所，教师342人。中学、小学在校学生分别为1170人、2800人，幼儿园在园幼儿1112人。有医疗卫生机构9家，其中医院1家、社区卫生服务站8家，有执业（助理）医师19人。有健身广场10片，村、社区有篮球场8片。全年开展各类文体活动218场，服务16万人次。组建优化“一办十组两专班”联防联控体系，健全街、村（社区）、企业、市镇单位多级防疫网络，街道全体班子成员带头蹲村驻点，常态化抽调108名机关人员下沉村（社区），开展“扫楼敲门”“进村走企”行动，紧盯重点场所、重点人员、重点行业落实各项防控措施，全力保障430余家企业复工复产，落实集中隔离372人，居家隔离和居家健康监测2650余人，组织开展区域性核酸检测服务109轮，支援全市S23晨阳出口、高铁站、长途客运站、十字港闸等交通卡口，累计参与疫情防控志愿服务1万余人次。疫情防控政策调整后，积极推进医疗救治和综合保障，强化一线人员关心关爱和重点人群分类服务管理，面向重点人群发放药物5820份，调配各类抗疫消杀物资4045件，60周岁及以上人群疫苗接种率达到88.9%。街道应急管理局揭牌成立，推进氨纶纱行业火灾隐患整治。会同小明沙村针对神通工业园薄弱环节开展系列联合执法整治行动，累计拆除影响消防通道违章建筑8000平方米，整改安全隐患298处；推进行业企业消防通道专项整治行动，排查企业281家，整改安全隐患177处。开展安全生产百日攻坚行动，累计检查工业企业603家次，查出各类隐患2968处，复查企业589家次，落实隐患整治2844条。检查（群）租房、“9+1”场所3200余户，整改隐患1800余个。累计拆除点位338个、面积18.35万平方米，成立专项整治工作小组，联合双丰村拆除千禧南路违章建筑，永兴村为沙泥圩特色康居乡村创建集中2天时间拆除违建6000余平方米。基本完成“三优三保”低效工业用地腾退全年5.53公顷指标任务，对标既有建筑排查整治工作要求，全年排查录入自建房5906栋，排查城镇和农村房屋8179栋，深入排查危房6栋。司法所挂牌成立并规范运作，完成重大案件行政执法决定法制审查3起，基层治理信息省级平台录用位居全市第一。街道开展“村村到、户户进、人人访”集中走访行动，走访1.6万户，切实解决问题267个。经常性召开“防风险、守底线”工作推进会，开展社会矛盾大排查大化解、防范非法集资、扫黑除恶、提升人民群众安全感等专项行动，落实群防群治和网格化管理，调处各类纠纷30余起，处置信访案件34件。加快健康镇村、美丽乡村建设，福民村当选省级健康村，2个康居乡村点位通过验收。持续推进“德美共创”大环境提升提质专项行动，落实大环境卫生、农村人居环境、垃圾分类大整治活动，累计清除农村各类陈年垃圾超2700立方米、归整乱堆乱放近6000处、整治河道149条，完成7条美丽河湖建设。完成40处市级河道两违项目手续补办，翻建农房15户、竣工13户。紧盯文明典范城市创建国测省测体系，落实“13510”创建机制，推进十大提升提质行动。总计整改突出问题532件，文明楼道、示范楼道创建超额完成任务。全域推动“德”字系列文明实践，揭牌启用新时代文明实践所，发布文明实境线路4条。常态化开展周末义务劳动、志愿实践活动4.1万人次，服务时长近23万小时。开展德惠文化服务218场，服务16万人次。评选道德模范、新时代好少年、最美志愿者、最美品牌、最美志愿项目团队52人次。优化综合执法“12345”小微执法联动机制，投入160余万元用于停车位增设项目，增设主次干道与居民小区车位722个，联合开展“白+黑”市容秩序整治行动，加大对违章停车、占道经营、流摊管理、建筑垃圾等高频违规事项专项治理，累计查处流摊122起，查处非机动车违停案件2429起，整改门店132家，查处占道经营案件40起，建筑垃圾工程渣土类案件56起。

福民工程　全年村均可支配收入1163.28万元，比上年增23.37%（新套村增68.41%，德积村48.52%，永兴村30.9%），超1000万元村达到4个。推进街村重点龙头振兴项目，朝南村智慧农村建设项目启用并入选苏州市“智慧农村”示范村，德积村收购闲置资产、新套村盘扣件等5个项目落地见效，北荫村观光农业等多个项目加快推进。推动法治广场改造、学前路拓宽、老菜场雨污分流、德丰三期安置房建设等一批民生实事工程。成立街道慈善会、残联、红十字会，高标准启用社工服务站、退役军人服务站。组织“爱满港城”募捐，启动实施24个慈善项目。开展特困群体救助帮扶整治行动“回头看”，稳妥推进征地安置、社保、公积金扩面，推进“15分钟医保圈”建设，困难群众服务覆盖率、配套建设养老服务设施达标率等3个指标全线达标。落实稳就业保用工各项政策措施，举办“春风行动”专场招聘会，提供岗位700个，达成就业意向200人。开展线上招聘会，帮助11家企业发布用工岗位300个。优化就业创业服务，全年帮助84名就业困难人员申报社保补贴，推荐12人参加免费职业技能培训，积极指导失业人员自主创业，落实相关创业补贴。灵活就业人员职业伤害保险扩面完成855人。社保扩面完成1100人。街道城乡居民基本医疗保险参保15195

人，收缴率99%，市、镇二级补助合作医疗经费638.2万元。年内实有低保户97户、低保边缘户30户、特困人员9人、享受残疾人两项补贴657人、困境儿童26人，全年累计发放生活救助金517.22万元，发放春节、"五一""十一"节日慰问金1282人次、169.85万元。接收安置退役士兵，并发放一次性经济补助金。

表86　　2022年德积街道村（社区）基本情况表

村（社区）名	面积（平方千米）	户数（户）	人口数（人）	集体经济总收入（万元）	可用财力（万元）	总资产（万元）	村（社区）党委（总支、支部）书记（主任）
福民村	5.24	1760	5548	2327.99	1663.95	19718.34	陈品锋
小明沙村	4.50	1323	5625	1363.00	879.88	8544.00	孙　清
朝南村	5.64	1749	6030	1906.00	1237.16	10174.77	陈国平
新套村	3.10	1211	3265	2012.00	1822.31	16588.00	李云才
德积村	3.24	1064	3650	1416.00	970.80	14071.00	陆晓锋
永兴村	2.92	1164	3409	865.00	835.88	7624.75	黄学贤
双丰村	2.92	1290	4093	1516.27	756.93	7517.86	陈永法
北荫村	6.18	2556	6536	1147.31	1139.32	12600.00	王建军
元丰社区	0.13	2190	9682	412.76	174.94	4414.64	方鸿宇
德丰社区	0.33	4033	12179	—	—	—	张　华

说明：村（社区）主任全部由书记兼任

12月27日，德积高端纺织产业园项目交付启用　　（德积街道　提供）

【德积高端纺织产业园项目】 德积高端纺织产业园项目被列为苏州市级重大项目。3月3日，作为保税区一季度重大项目集中活动的主场奠基开工。12月27日一期项目交付完成。从启动起历时16个月，实现首批7家企业进驻，外围配套基本完工。预计全面投运后年产值可达到65亿元以上。产业园项目由以八村一社区为主体组建的德积乡村发展公司投资兴建，首期出资1.15亿元。

【"迎国庆，江湾情"新时代文明实践主题活动】 9月29日晚，"致敬30年，迈步从头越"德积街道"迎国庆，江湾情"新时代文明实践主题活动在张家港湾友谊林举行。市委常委、保税区党工委副书记、管委会副主任陆崇珉，市委常委、宣传部部长陈卫兵，市政府副市长梁曦，保税区党工委委员、管委会副主任季峰和陈雪明，市相关部门主要负责人、保税区相关部门主要负责人及分管负责人参加活动。活动期间，陆崇珉、陈卫兵共同为"中国包芯纱名城——张家港德积"和"中国再生针织包芯纱生产基地"揭牌。现场，德积街道发布《文明礼遇》，对"慈善奖"和"最美系列"进行颁奖，并对一批慈善企业、慈善行为楷模、最美品牌、道德模范、新时代好少年、最美志愿者进行表彰。同时还组织相关非遗项目——沙洲对称剪纸《那一方乡愁》系列作品赠送、《我家住在长江边》新时代文明实践实境线路发布，编印并发放了《一条大河波浪宽》2022年街道"江湾情"原创文化作品精选集。

【张家港湾特色精品示范区培育】 "江海交汇第一湾——张家港湾"特色精品示范区为苏州市首批9个精品特色示范区培育试点之一，位于张家港保税区西北角，规划面积10.2平方千米（其中水域约3平方千米），主要涉及北荫村、永兴村、朝南村、小明沙村4个行政村，有12个自然村，总户数1329户，人口4730人。围绕镇村布局规划以及村庄现状资源条件等将11个保留村庄分为4个特色精品乡村和7个特色康居乡村。年内以永兴村朱家埭、朝南村定心圩为重点，推进"美家美院"美丽庭院建设。9月29日，以北荫村稻田画、永兴村田园江愁综合体、朝南村乡村乡趣为题材，对精品示范区"江湾情"进行实境发布。张家港湾特色精品示范区作为首批唯一临江创建点位即将接受评估。

（陈　洋　张　翼）

【编辑　汪丽菁】

人物·先进集体

Personages & Advanced Collectives

ZHANGJIAGANG · SUZHOU

苏州·张家港

8月，市文明办获评全国“人民满意的公务员集体”　（市文明办　提供）

新闻人物

先进个人

先进集体

新闻人物

黄 萍

1977年12月生，张家港市杨舍镇人，大学本科学历，中共党员。张家港市林业站站长。“中国好人”。

1998年参加工作，1998年8月至2006年6月，张家港市杨舍镇乘航小学任教；2006年6月至2008年10月，任杨舍镇人民政府办公室副主任；2008年10月至2008年11月，任张家港市森林植物防治检疫站办事员；2008年11月至2015年9月，任张家港市森林植物防治检疫站副站长；2015年9月至2016年9月，任张家港市林业站副站长；2016年9月起，任张家港市林业站站长。

2004年，黄萍大学同学季晓颖因患肝癌去世，临终前将其父母托付黄萍照顾。19年中，黄萍信守承诺，像对待亲生父母般照顾季晓颖父母，做好日常探望、节假日家庭游陪同等。同时，她资助多名贫困学生，为白血病患儿筹款，办理遗体器官及角膜捐献登记。2022年8月，被中央文明办评为2022年第二季度“中国好人”。 （钱 利）

杜海英

1977年10月生，张家港市杨舍镇人，大学本科学历，中共党员。张家港市妇幼保健所职工。“好警嫂”。

1996年8月参加工作。2007年至2012年，任张家港市妇幼保健所办公室副主任。2013年起任张家港市妇幼保健所办公室主任。杜海英系长江航运公安局苏州分局常熟派出所副所长顾建峰的妻子。结婚20年，始终如一支持丈夫的工作，关心、支持公安事业，使丈夫能全身心投入工作，没有后顾之忧。在她的支持下，2018年顾建峰获个人二等功。2022年3月，杜海英被公安部、全国妇联授予“好警嫂”称号。 （李泽宇）

王 乾

1983年2月生，河南省商丘市虞城县人，研究生学历，中共党员。凤凰镇综合行政执法局局长。全国行政执法先进个人。

2004年参加工作。2004年7月至2008年11月，任市公安局西张派出所办事员。2008年11月至2010年1月，任市公安局巡防大队凤凰巡防中队副队长。2010年1月至2016年7月，任市公安局西张派出所副所长，其间，2015年5月至2016年6月挂任凤凰镇政法和社会管理办公室主任助理。2016年7月至2019年7月，历任凤凰镇政法和社会管理办公室正股职科员、副主任、主任。2019年7月至2022年12月，任凤凰镇综合执法局局长。

王乾独创“3+2工作法”，在案件办理上，加强统一调度、案件把关和专家论证，集中力量办大案，“五级审核”定要案。他在执法监管工作中坚持“管”“情”并重，凤凰镇综合行政执法局率先推行执法事前公示制度，提前告知企业执法检查事项，增强行政执法透明度，保障企业知情权。探索涉企轻微违法行为“首违不罚”和“免罚轻罚”制度，对于非主观故意且违法后果轻微的企业，给予一次自我纠错的机会，避免行政处罚对企业造成过重的经济负担和负面影响。近三年，王乾带领凤凰镇综合行政执法局开展各类执法检查3万余家次，行政处罚14145起，处罚金额约1490万元；约谈企业75家次，免罚15起，免罚金额120万元；减罚30起，减罚金额90余万元。未发生一起复议纠错、诉讼败诉情况。凤凰镇综合行政执法局执法改革相关经验做法在《人民日报》、中编办杂志、《新华日报》《江苏法制专刊》等国家、省级专业媒体宣传推广，先后获评苏州市安全生产执法先进集体，张家港市“创新转型加速年”先进集体，张家港市担当作为好单位、张家港市文明先进单位等荣誉。2022年12月，王乾被司法部评为全国行政执法先进个人。 （谢凤姣）

何世才

1981年11月生，安徽省舒城县人，初中学历。江苏新芳科技集团股份有限公司焊工。“全国五一劳动奖章”获得者。

2010年，何世才进入新芳科技集团下属公司普格机械工作。入行12年，他始终保持对焊接工作的热爱，刻苦学习专业理论知识，钻研焊接技能，从对压力容器一知半解的

门外汉，到成为普格机械车间核心工段的一名焊接骨干、多面手，并成为“黄和芳劳模创新工作室”骨干成员。从手工电弧焊、氩弧焊到气体保护焊，他不仅拥有全方位出色的焊接技术，还能针对焊接过程中遇到的难点迅速反应，适配最优焊接工艺方案。他经手的焊接部件探伤总合格率达到98%以上；同样的工件，因其效率高，相比其工友要节约两成时间。2022年4月，他被中华全国总工会授予“全国五一劳动奖章”。（吴　吉）

秦真智

1971年6月生，张家港市塘桥镇人，研究生学历，中共党员。张家港市医疗保障局党组书记、局长、四级调研员。全国家庭工作先进个人。

1996年8月参加工作。1996年8月至2003年7月，在市财政局、市政府采购中心任职；2003年7月至2003年8月，任港区镇农工商总公司副总经理；2003年8月至2004年12月，任金港镇农工商总公司（资产经营公司）副总经理兼民营经济工业园管委会副主任；2004年12月至2006年8月，任市妇联副主席；2006年8月至2006年12月，任市妇联副主席、市委非公有制经济工作委员会委员；2006年12月至2007年9月，任市妇联副主席、党组成员兼市委非公有制经济工作委员会委员；2007年9月至2009年8月，任锦丰镇党委副书记；2009年8月至2010年4月，任锦丰镇党委副书记兼社会事务管理办公室主任；2010年4月至2012年3月，任锦丰镇党委副书记；2012年3月至2015年3月，任市人口和计划生育委员会主任、党组书记；2015年3月至2016年4月，任市委台湾工作办公室（市政府台湾事务办公室）主任兼市政协港澳台侨（民族宗教）委员会副主任；2016年4月至2016年6月，任市妇联党组书记、主席兼市政协港澳台侨（民族宗教）委员会副主任；2016年6月至2020年10月，任市妇联党组书记、主席；2020年10月至2022年1月，任市妇联党组书记、主席、一级主任科员；2022年1月至2022年9月，任市妇联党组书记、主席、四级调研员；2022年9月起，任市医疗保障局党组书记、局长、四级调研员。

秦真智任市妇联党组书记、主席，市人民政府妇儿工委副主任期间，在家庭家教家风建设方面，以“家家幸福安康工程”为抓手，不断开创新时代家庭工作新局面。文明家庭创建夯基垒台，完善常态化寻找“文明家庭（最美家庭）”机制、典型宣传服务机制，联合市文明办出台《张家港市文明家庭（最美家庭）（标兵）推选办法》，在全省率先推出县级礼遇办法《张家港市文明家庭（最美家庭）评比激励与管理办法》，全市先后涌现出全国文明家庭1户、全国最美家庭2户、全国五好家庭1户。家庭教育指导率先领先，市妇联联合市法院、检察院、公安局、教育局等在全国首创并率先出台《关于责令未成年人监护人接受家庭教育指导实施办法》，为省级层面制定规范性文件提供参考，入选全省涉案未成年人家庭教育指导工作典型案事例；在全省率先全域化推进“三全”（父母全程、社区全域、家庭全类型）社区家庭教育指导服务工作；培育“小雅姐姐”巾帼志愿服务队，开展“守护童心”儿童防性侵教育行动，入选江苏省优秀志愿服务项目。家风家训传承推陈出新，打响“文以化人，家和业兴”家风建设工作品牌，连续六年创新开展家庭文化节；成立省内首个清廉家风银行创新型特色分行——暨阳玫瑰分行，打造长江村家风馆、家风家教实训基地等阵地，在全社会营造弘扬优良家风、见贤思齐的浓厚氛围。2019年7月，秦真智获评江苏省妇女儿童工作先进个人。2022年5月，秦真智被全国妇联评为全国家庭工作先进个人。（周菊花）

陆海涛

1976年8月生，张家港市锦丰镇人，党校本科学历，中共党员。张家港市城乡环境卫生指导中心副主任。爱国卫生运动70周年先进个人。

1997年11月参加工作。1997年11月至2005年9月，先后任张家港市公安局塘市派出所、城东派出所民警。其间，2003年9月至2005年12月，中央党校函授学院法律专业本科学习。2005年9月至2007年8月，任张家港市公安局治安巡逻大队五中队副中队长。2007年8月至2008年1月，任城北派出所巡逻中队副中队长（主持工作）。2008年1月至2008年10月，任南沙派出所副所长。2008年10月至2018年2月，任张家港市城乡环境卫生指导中心（市爱卫办）综合科科长。其间，2012年5月至2014年5月，任张家港市锦丰镇镇长助理（挂职）。2018年2月，任张家港市城乡环境卫生指导中心副主任。

陆海涛在市城乡环境卫生指导中心工作期间，始终坚持硬件、软件两手抓。在硬件上，深入推进健康支持性载体建设，先后建成世界卫生组织合作中心命名的健康社区6个、健康单位6个，江苏省健康镇建设“满堂红”，市级以上健康村（社区）199个。建成各类健康主题场馆18个，健康步道578条、户外健康主题公园120个，健康医院、学校、机关实现全覆盖。在软件上，他主导建立公共政策健康审查制度，构建集专家委员会、社工组织和行业协会为一体的专业力量。他围绕“健康张家港”建设任务，扎根一线调研，深入了解群众的健康需求，创新启动健康“益”家、“管”家、“卫”家和“惠”家等服务项目，构建市、镇、村（社区）三级联动和卫生健康专家、社会组织、健康管理师、志愿者等广泛参与的新型健康教育和健康促进模式。2022年12月，陆海涛被全国爱国卫生运动委员会授予“爱国卫生运动70周年先进个人”称号。（吴 燕）

郁霞秋

1963年9月生，张家港市金港街道人，研究生学历，中共党员。长江村党委书记、长江润发集团董事局主席、总裁，长江润发健康产业股份有限公司董事长。党的二十大代表。

1986年8月参加工作，1986年8月至2001年3月，历任无锡市妇幼保健医院医生、肿瘤科副主任；2001年5月至2003年1月，任长江润发集团有限公司副总经理；2003年2月至2005年9月，任长江村党委副书记、长江润发集团副总经理；2005年10月至2013年9月，任长江村党委副书记，长江润发有限公司董事局副主席、总裁；2013年9月至2021年1月，任长江村党委书记，长江润发有限公司董事局副主席、总裁，长江润发健康产业股份有限公司董事长；2021年1月起，任长江村党委书记、长江润发集团董事局主席、总裁，长江润发健康产业股份有限公司董事长。

郁霞秋大学毕业后从医15年，2001年弃医返乡，回到长江村创业，带领父老乡亲共同致富。她践行“让农民生活得更有尊严”的承诺，2010年打造苏州市首家上市村企；2016年转型大健康产业，积极布局“医+药”双轮驱动大健康产业，实现了村企的华丽蜕变。长江村成了一个村强民富的“小康样本”，先后夺得“全国文明村”四连冠，获评“全国先进基层党组织”“全国民主法治示范村”“江苏最美乡村”，村企长江润发集团跻身“全国民营企业500强”。

郁霞秋先后被评为全国三八红旗手标兵、全国巾帼建功标兵、“中国十大经济女性年度人物”，江苏省劳动模范、江苏省道德模范、江苏省优秀民营女企业家、江苏最美基层干部，获全国道德模范提名奖。2022年当选党的二十大代表。（邱亚峰）

黄 强

1982年1月生，张家港市杨舍镇东莱人，大专学历，中共党员，高级工程师、特级技师。张家港港务集团有限公司港埠分公司起重操作部黄强组组长、门机司机。党的二十大代表。

2000年8月，他至张家港港务局港埠分公司电机队任门机司机。2003年12月至2007年3月，任张家港港务集团有限公司港埠分公司电机队门机三组组长、门机司机。2007年3月至2019年11月，任港埠分公司起重操作部黄强组组长、门机司机（2007年9至2009年7月在中央广播电视大学函授乡镇企业管理专业学习）。2019年11月至2021年8月，任江苏省港口集团第一届工会联合会兼职副主席、张家港港务集团有限公司港埠分公司起重操作部黄强组组长、门机司机。2021年8月起，任江苏省港口集团第一届工会联合会兼职副主席、张家港港务集团有限公司港埠分公司现场操作一部黄强组组长、门机司机。作为港口产业工人的杰出代表，黄强坚持“一生一事、一事一生”的信念，以精湛技艺打造装卸作业品牌，独创了以“稳、准、快，一钩准、无声响”为精髓的“黄强门机操作法”，为港口专业人才培育做出了突出贡献。他带领黄强工作室成员完成“木材卸船抓木机新工艺”“集装箱型颗粒物料转运装置”“防倾式水泥管桩吊钩”等技术创新50余项，获得国家实用新型专利3项、国家软件著作权1项，为企业创新创效近1000万元。新冠疫情防控期间，黄强勇当“党员突击队”旗手，争分夺秒、全力保障装卸生产，有力兑现“众志成城、保产保供”的承诺。作为志愿者，黄强参加社区疫情防控工作、向慈善总会捐款捐物、捐资助学，用实际行动践行着自己的入党誓言。

黄强曾获全国优秀共产党员、全国劳动模范、全国第十一届金锚奖、“全国最美港口人”、全国交通技术能手、全国交通建设工匠、江苏省优秀共产党员、江苏省劳动模范、江苏工匠、江苏省交通工匠、江苏省交通技术能手、“江苏省最美交通人”、江苏省五一劳动奖章、江苏省企业首席技师、江苏省有突出贡献中青年专家、“长航十大杰出青年”、苏州市劳动模范、苏州市优秀共产党员、张家港市青年岗位能手、张家港市技能状元等荣誉。2022年当选党的二十大代表。（王嘉伟）

徐彩萍

1974年6月生，张家港市金港街道人，大学本科学历，中共党员。张家港市家庭教育服务中心主任，市家庭教育协会会长。全国三八红旗手。

1991年8月至1993年7月，张家港市实验小学任教；1993年8月至2005年7月，沙洲小学任教；2005年8月至2008年7月，任市暨阳湖实验学校副校长；2008年8月至2010年7月，任市万红小学副校长；2010年8月至2017年7月，任市少年宫副主任；2017年8月至2018年7月，任市家庭教育服务中心副主任；2018年8月起，任市家庭教育服务中心主任。2010年，徐彩萍带领组建“心树林”家庭教育志愿团，倡导“微笑妈妈行动”，实施“行走的父母课堂”、“幸福家庭会客厅”等公益服务项目，周末和假期在张家港的学校或社区开展“与心灵相遇、与幸福同行”现场教育公益咨询。12年中，团队成员从5人到334人，热线年均近1000例，开展面询及讲座2000余例；带领团队成员对70余户涉诉未成年人家庭的监护人进行指导帮助，保障未成年人健康成长。徐彩萍带领团队开展国家级课题研究心育融入家育，她为全国多个省市作家育心育指导，主编的《谁是家中“懂事长”——当代家书中的教育故事》由文汇出版社出版，对国内相关领域研究具有重要意义。徐彩萍获评张家港市“十大杰出青年”、苏州学科带头人，苏州市、江苏省三八红旗手，第二届中国家庭教育百名公益人物，第四届“爱在365天”全国“最美妈妈”，第五届全国未成年人思想道德建设先进工作者。2022年3月，被中华全国妇女联合会评为“全国三八红旗手”。（周菊花）

沈海峰

1978年9月生，张家港市杨舍镇人，大学本科学历，中共党员。大新镇党委副书记、镇长。江苏省乡村振兴先进个人。

2000年7月参加工作，2002年8月起先后任职于市外经贸局外商投资服务中心、中国国际贸易促进委员会张家港市支会、市人民政府办公室、张家港经济技术开发区党政办公室。2014年12月至2017年6月，任张家港经济技术开发区党政办公室副主任；2017年7月至2020年10月，任市委办公室副主任；2020年11月起任大新镇党委副书记、镇长。沈海峰贯彻执行中央和各级关于实施乡村振兴战略的各项决策部署，积极探索新时代乡村振兴的基层创新实践。他推动发展张家港市智慧农业，加快农业物联网普及应用，使全市农业信息化覆盖率达到90.88%；助力张家港市首批获批全国数字乡村试点；筹划建立农业农村重大项目库，招引和推进全省唯一农业PPP项目建设；坚持项目引领，健全完善“联村联企”“抱团发展”的集体经济发展模式，策划推动总投资12.42亿元的工业厂房类、社会服务类、农文旅类项目落地，全面实施村级集体经济“十四五”倍增计划。2022年1月，被中共江苏省委、江苏省人民政府评为江苏省乡村振兴先进个人。（钱芳瑜）

顾　倩

1983年9月生，张家港市杨舍镇人，大学本科学历，中共党员。张家港市司法局普法与依法治理科科长。江苏省“七五”普法工作先进个人。

2007年1月参加工作。2009年7月至2016年12月，任张家港市司法局科员；2017年1月至2019年8月，任市司法局办公室副主任，2019年9月起，任市司法局普法与依法治理科科长。

顾倩长期奋战在普法与依法治理工作岗位，先后历经“五五”“六五”“七五”普法，在圆满完成“七五”普法工作的基础上，深化“八五”普法规划实施，探索制定法治社会建设、法治乡村建设实施方案，推进以行政执法人员法治素养为重点的公民法治素养提升行动，策划开展的宪法、民法典学习和法治文化月等主题活动深受赞誉。顾倩主持成立法润沙洲法治志愿服务支队，带领200名队员年度开展普法服务约10000小时；培育2080名法律明白人，参与基层法治宣传、纠纷化解、法律服务、乡村治理，推动法治在基层落地。她推动建成张家港市法治宣传教育中心，上线“法与生活”网络公开课，举办法治张家港圆桌论坛，自编自导民法典“小剧场”，努力让法治理念根植人心。顾倩先后被评为苏州市“七五”普法先进个人、最美劳动者、司法行政系统信息工作先进个人，张家港市“创新转型加速年”先进个人、最美巾帼奋斗者、先进政法工作者、司法行政先进个人等。2022年11月，被江苏省人民政府评为江苏省“七五”普法工作先进个人。

（查　孜）

翟二生

1969年11月生，山西省岢岚县人，研究生学历，农工党党员。农工党江苏省委会委员、苏州市委会常委、张家港市委会主委，苏州市政协委员，张家港市水务局局长。中国农工民主党2018—2022年先进个人。

1994年参加工作。2001年起先后任市水利局办公室副主任、办公室主任、局长助理、副主任科员，2012年任市水利局副局长，2022年任市水务局局长。他履行农工党党员责任，开展参政议政、社会服务等工作。翟二生担任张家港市政协委员和政协常委10余年，关注民生实事，注重调查研究，积极建言献策，撰写委员提案30余件，1件提案获评张家港市政协“10件有影响力提案”，4份调研报告被选为张家港市政协大会发言材料。2022年任苏州市政协委员以后，先后提交提案5件，其中1件被评为2022年度苏州市政协优秀提案，1个协商议事案例获评苏州市政协“2022年度协商议事优秀典型案例”。翟二生先后被评为中国农工民主党全国先进个人、中国农工民主党江苏省优秀基层组织负责人、中国农工民主党苏州市委成立60周年优秀党务工作者等。2022年10月，被中国农工民主党第十六届中央委员会评为中国农工民主党2018—2022年先进个人。

（陈莎莎）

戴凯锋

1986年9月生，张家港市凤凰镇人，大学本科学历，中共党员。解放军某部队副团职武器控制师，中校军衔。部队二等功获得者。

2004年8月入伍，戴凯锋坚持任务锻炼磨砺，充分发挥技术水平，积极参与上级赋予的各项任务，先后圆满完成各类比武竞赛、大项任务和演习演训，飞行时间数千小时，先后荣立二等功一次、三等功两次。2022年1月因其在2021年度工作中表现突出，经东部战区空军批准荣立二等功。

（张　敏）

先 进 个 人

表87

2022年张家港市获国家条线表彰的先进个人一览表

姓名	荣誉名称	授予单位	工作单位
黄　萍	中国好人	中央文明办	市林业站
杜海英	好警嫂	公安部、中华全国妇女联合会	市妇幼保健所
徐彩萍	全国三八红旗手	中华全国妇女联合会	市家庭教育服务中心
秦真智	第十三届全国家庭工作先进个人	中华全国妇女联合会	市医保局
何世才	全国五一劳动奖章	中华全国总工会	江苏新芳科技集团股份有限公司
张　燕	2022年信息工作先进个人	全国工商联	市工商联
王　乾	全国行政执法先进个人	司法部	凤凰镇综合行政执法局
陆海涛	爱国卫生运动70周年先进个人	全国爱国卫生运动委员会	市城乡环境卫生指导中心
翟二生	中国农工民主党2018—2022年先进表彰先进个人	中国农工民主党中央委员会	市水务局
张　锋	全国农牧渔业丰收奖（农业技术推广成果奖一等奖）	农业农村部	市农业试验站

续表87

姓名	荣誉名称	授予单位	工作单位
赵占春	全国农牧渔业丰收奖（农业技术推广成果奖一等奖）	农业农村部	市农业机械技术推广站
潘　斌	全国农牧渔丰收奖（农业技术推广贡献奖）	农业农村部	凤凰镇
孙建忠	2021年度查处重大侵权盗版案件有功个人	国家版权局	市文体广电和旅游局
周　峰	2021年度查处重大侵权盗版案件有功个人	国家版权局	市公安局兆丰派出所
李睿智	2021年度查处重大侵权盗版案件有功个人	国家版权局	市公安局网络安全保卫大队
孙建忠	2021年度查处重大侵权盗版案件有功个人	国家版权局	市公安局三兴派出所
卢本胜	2021年度查处重大侵权盗版案件有功个人	国家版权局	市新闻出版局
钱秋松	2021年度查处重大侵权盗版案件有功个人	国家版权局	市文化市场综合执法大队
周　露	2021年度查处重大侵权盗版案件有功个人	国家版权局	市文化市场综合执法大队
陈　超	2021年度查处重大侵权盗版案件有功个人	国家版权局	市文化市场综合执法大队
蔡　平	2021年度查处重大侵权盗版案件有功个人	国家版权局	市文化市场综合执法大队
葛显平	2021年度查处重大侵权盗版案件有功个人	国家版权局	市文化市场综合执法大队
钱　欢	2021年度查处重大侵权盗版案件有功个人	国家版权局	市文化市场综合执法大队
祁义方	2021年度查处重大侵权盗版案件有功个人	国家版权局	市文化市场综合执法大队
魏　冉	2021年度查处重大侵权盗版案件有功个人	国家版权局	市文化市场综合执法大队
魏建峰	2022年度安全诚信船长	中国海事局	张家港港务集团有限公司
翟慧明	2022年度安全诚信船长	中国海事局	张家港港务集团有限公司
马茂根	2022年度安全诚信船长	中国海事局	张家港港务集团有限公司
陆益兴	2022年度安全诚信船长	中国海事局	张家港港务集团有限公司

表88

2022年张家港市获省级和省条线表彰的先进个人一览表

姓名	荣誉名称	授予单位	工作单位
葛剑锋	江苏省乡村振兴先进个人	中共江苏省委、江苏省人民政府	经开区（杨舍镇）善港村
沈海峰	江苏省乡村振兴先进个人	中共江苏省委、江苏省人民政府	大新镇
郁霞秋	“江苏制造突出贡献奖”先进个人	中共江苏省委、江苏省人民政府	金港街道长江村
顾　倩	全省“七五”普法工作先进个人	江苏省人民政府	市司法局
戴凯峰	二等功	东部战区空军	解放军某部队
沈琳家庭	第三届江苏省文明家庭	江苏省精神文明建设指导委员会	市水政监察大队
杨方勇	江苏省党委办公室（厅）、研究室系统先进工作者	中共江苏省委办公厅、中共江苏省委研究室、江苏省人力资源和社会保障厅	市委办公室
徐　敏	全省人大系统先进工作者	江苏省人大常委会办公厅、省人力资源和社会保障厅	市人大常委会
马　浩	江苏省打好污染防治攻坚战先进个人	江苏省生态环境厅、江苏省人力资源和社会保障厅	苏州市张家港生态环境综合行政执法局
陆　斌	全省优秀人民警察	江苏省人力资源和社会保障厅、江苏省公安厅	市公安局

续表88

姓名	荣誉名称	授予单位	工作单位
季国锋	全省优秀人民警察	江苏省人力资源和社会保障厅、江苏省公安厅	市公安局法制大队
李忠杰	全省优秀人民警察	江苏省人力资源和社会保障厅、江苏省公安厅	市公安局刑警大队刑事鉴定中队
庞益斌	全省优秀人民警察	江苏省人力资源和社会保障厅、江苏省公安厅	市公安局妙桥派出所
黄宏庆	全省党史部门先进工作者	江苏省人力资源和社会保障厅、中共江苏省委党史工作办公室	市委党史地方志办公室
陈　珍	全省信访系统先进工作者	江苏省人力资源和社会保障厅、江苏省政府信访局	市信访局
殷丽洁	全省侨联系统先进工作者	江苏省人力资源和社会保障厅、江苏省归国华侨联合会、江苏省人民政府侨务办公室	市侨联
乔　杨	江苏省归侨侨眷先进个人	江苏省人力资源和社会保障厅、江苏省归国华侨联合会、江苏省人民政府侨务办公室	市梁丰双语实验学校
郭静娟	江苏省归侨侨眷先进个人	江苏省人力资源和社会保障厅、江苏省归国华侨联合会、江苏省人民政府侨务办公室	沙洲职业工学院
吴年兵	江苏省技术能手	江苏省人力资源和社会保障厅	市市场监督管理局
	江苏省五一创新能手	江苏省总工会	
	2022年江苏省青年岗位能手	共青团江苏省委、江苏省人力资源和社会保障厅	
张　董	江苏省技术能手	江苏省人力资源和社会保障厅	市市场监督管理局
	江苏省五一创新能手	江苏省总工会	
季苏曼	2021年度信息工作先进个人	中共江苏省委办公厅	市委办公室
王　卓	2022年度信息工作先进个人	中共江苏省委办公厅	
陆家成	2022年度全省政务信息工作先进个人	江苏省人民政府办公厅	市政府办公室
葛永平	2021年度参加省委巡视工作表现优秀干部	中共江苏省委巡视工作办公室	市巡察工作办公室
陈　烨	江苏省“最美税务人”	中共江苏省委宣传部、国家税务总局江苏省税务局	国家税务总局张家港保税区税务局
何敏波	江苏省文明职工	中共江苏省委宣传部、江苏省文明办、江苏省总工会	中国邮政集团有限公司江苏省张家港市分公司
钱文霞	第六届江苏省“百名医德之星”	中共江苏省委宣传部、江苏省文明办、江苏省卫生健康委员会	市第一人民医院
李　刚	江苏省最美网格员	中共江苏省委政法委员会	南丰镇瑞丰社区
黄　高	全省检察机关扫黑除恶先进个人	江苏省人民检察院	市人民检察院
毛叶舟	全省检察机关信息工作先进个人	江苏省人民检察院	市人民检察院
黄海东	全省检察机关司法警察警务技能能手	江苏省人民检察院	市人民检察院
张天琪	大数据法律监督建模活动先进个人	江苏省人民检察院	市人民检察院
葛丹琼	全省检察机关优秀法治巡讲员	江苏省人民检察院	市人民检察院

续表88

姓名	荣誉名称	授予单位	工作单位
殷　茵	2022年江苏省青年岗位能手	共青团江苏省委、江苏省人力资源和社会保障厅	市蔬菜技术指导站
卢华中	2022年江苏省青年岗位能手	共青团江苏省委、江苏省人力资源和社会保障厅	江苏张家港江海粮油收储有限公司
杨赛赛	2022年江苏省青年岗位能手	共青团江苏省委、江苏省人力资源和社会保障厅	张家港保税区市场监督管理局
唐馨琪	2021年“江苏省优秀少先队员”	共青团江苏省委、江苏省教育厅、江苏少工委	金港中心小学
张晓华	2021年“江苏省优秀少先队辅导员”	共青团江苏省委、江苏省教育厅、江苏少工委	鹿苑小学
陶奕冰	江苏省最美中学生标兵	共青团江苏省委、江苏省教育厅	江苏省梁丰高级中学
葛佳豪	江苏省最美职校生标兵	共青团江苏省委、江苏省教育厅	张家港中等专业学校
李一青	江苏省优秀共青团干部	共青团江苏省委	长江润发集团有限公司
施　慧	江苏省优秀共青团员	共青团江苏省委	市第一人民医院
施天怡	江苏省优秀共青团员	共青团江苏省委	冶金园(锦丰镇)店岸村
苏杨雅	江苏省优秀共青团员	共青团江苏省委	市公安局交警大队杨舍中队
陈立佳	江苏省优秀共青团干部——团支部书记专项	共青团江苏省委	保税区行政审批局
张莉莎	江苏省妇女儿童工作先进个人	江苏省人民政府妇女儿童工作委员会	乐余镇
曹丽华	2022年度全省妇联优秀妇女工作通讯员	江苏省妇女联合会	市妇联
朱晓虎家庭	江苏省五好家庭	江苏省妇女联合会	张家港经济技术开发区税务分局
朱东平家庭	江苏省最美家庭	江苏省妇女联合会	张家港市宏源道路配套服务有限公司
许宝荣家庭	江苏省最美家庭	江苏省妇女联合会	
俞亮家庭	江苏省第五届书香家庭	江苏省妇女联合会	市第五人民医院
卢志红家庭	江苏省绿色家庭	江苏省妇女联合会	塘桥镇妙桥社区
谢敏家庭	2022年度全省生态环境系统“最美家庭”	江苏省生态环境厅、江苏省妇女联合会	苏州市张家港生态环境局
陈翔宇	最美救护员	江苏省红十字会	苏州科技城外国语学校
金浩祥	2021—2022年度金钥匙.人工智能活动(智能机器人项目)“优秀青少年科技辅导员”	江苏省教育厅、江苏省科学技术协会、江苏省精神文明建设指导委员会办公室、江苏省科学技术厅	港口学校
吴建忠	江苏省教学名师	江苏省教育厅	凤凰高级中学
周文忠	江苏省教学名师	江苏省教育厅	合兴初级中学
李　英	江苏省群众体育先进个人	江苏省体育局	市文体广电和旅游局
卢宇恒	个人一等功	江苏省公安厅	市公安局塘市派出所
	江苏最美警察	江苏省公安厅	
彭小明	个人二等功	江苏省公安厅	市公安局禁毒大队
李睿智	个人二等功	江苏省公安厅	市公安局网安大队
李　涵	全省公安信访突出问题攻坚化解专项工作成绩突出个人	江苏省公安厅	市公安局警务督察大队信访中队
黄　晟	个人二等功	江苏省公安厅	市公安局

续表88

姓名	荣誉名称	授予单位	工作单位
魏长军	全省“三非”外国人专项治理和集中打击妨害国(边)境管理犯罪专项斗争成绩突出个人	江苏省公安厅	市公安局出入境管理大队
付　强	个人三等功	江苏省公安厅	市公安局战训大队
茹加亮	全省公安机关执法示范岗位	江苏省公安厅	市公安局法制大队刑事审核中队
杨俊雄	全省公安机关执法示范岗位	江苏省公安厅	市公安局交警大队执法办案中队
杨雅婷	个人三等功	江苏省公安厅	市公安局政治处
钱志伟	全省公共法律服务工作成绩突出个人	江苏省司法厅	江苏剑桥颐华(张家港)律师事务所
方　玮	全省工作成绩突出的村(居)法律顾问	江苏省司法厅	江苏漫修(张家港)律师事务所
沙豫华	江苏省交通运输行业优秀共产党员	江苏省交通运输行业党委	市交通运输局
卢秋芬	江苏省交通运输行业优秀党务工作者	江苏省交通运输行业党委	张家港港务集团有限公司
潘晓丽	江苏省交通技术能手	江苏省交通运输厅	张家港港务集团有限公司
申凌星	江苏省交通技术能手	江苏省交通运输厅	张家港港务集团有限公司
潘　蕾	江苏省交通技术能手	江苏省交通运输厅	张家港港务集团有限公司
郑大庆	海太过江通道水上勘察工作突出贡献先进个人	江苏海事局、江苏省交通运输厅	张家港海事局
宋祖春	海太过江通道水上勘察工作突出贡献先进个人	江苏海事局、江苏省交通运输厅	张家港海事局
林勇健	江苏省污染防治攻坚战十大“攻坚勇士”	江苏省深入打好污染防治攻坚战指挥部办公室	市深入打好污染防治攻坚战指挥部办公室
顾洪飞	个人三等功	江苏边检总站	张家港边检站
丁　波	个人三等功	江苏边检总站	张家港边检站
徐志轶	个人三等功	江苏边检总站	张家港边检站
杨　迎	个人三等功	江苏边检总站	张家港边检站
王亚洲	个人三等功	江苏边检总站	张家港边检站
杨　凯	个人三等功	江苏边检总站	张家港边检站
常　浒	个人三等功	江苏边检总站	张家港边检站
施雨果	个人三等功	江苏边检总站	张家港边检站
张　伟	个人三等功	江苏边检总站	张家港边检站
仝　浩	个人三等功	江苏边检总站	张家港边检站
石　磊	优秀调查员	国家统计局江苏调查总队	乐余镇红星村
郁　敏	2021年全省防灾减灾救灾工作先进个人	江苏省减灾委员会办公室	凤凰镇综合行政执法局
刘　扬	2021年度后续照管工作成绩突出个人	江苏省戒毒管理局	南丰镇集成指挥中心
王　芳	2021—2022年度宣传工作先进个人	中国民主同盟江苏省委员会	沙洲电力有限公司
谢国锋	2021—2022年度信息工作先进个人	中国民主同盟江苏省委员会	江苏广川超导科技有限公司
黄　鹏	2021—2022年度信息工作先进个人	中国民主同盟江苏省委员会	江苏科技大学张家港校区
钱佩予	2021—2022年度社会服务工作先进个人	中国民主同盟江苏省委员会	市政协委员联络服务中心
高　倩	2021—2022年度参政议政先进个人	中国民主建国会江苏省委员会	市医疗保障局

续表88

姓名	荣誉名称	授予单位	工作单位
苏国兴	2017—2021年度全省参政议政工作先进个人	中国农工民主党江苏省委员会	市商务局
周明忠	2017—2021年度全省思想建设工作先进个人	中国农工民主党江苏省委员会	张家港中等专业学校
陆肇民	2022年省优秀基层卫生骨干人才	江苏省卫生健康委员会、江苏省财政厅	市第二人民医院
周敏杰	2022年省优秀基层卫生骨干人才	江苏省卫生健康委员会、江苏省财政厅	市第三人民医院
钱丹凤	2022年省优秀基层卫生骨干人才	江苏省卫生健康委员会、江苏省财政厅	
张银华	2022年省优秀基层卫生骨干人才	江苏省卫生健康委员会、江苏省财政厅	市第六人民医院
周新秋	2022年省优秀基层卫生骨干人才	江苏省卫生健康委员会、江苏省财政厅	大新镇人民医院
朱军威	2022年省优秀基层卫生骨干人才	江苏省卫生健康委员会、江苏省财政厅	大新镇人民医院
许一飞	2022年省优秀基层卫生骨干人才	江苏省卫生健康委员会、江苏省财政厅	杨舍镇东莱社区卫生服务站
陈冬林	2022年省优秀基层卫生骨干人才	江苏省卫生健康委员会、江苏省财政厅	杨舍镇斜桥社区卫生服务站
邵　琨	2022年省优秀基层卫生骨干人才	江苏省卫生健康委员会、江苏省财政厅	杨舍镇百桥社区卫生服务站
叶爱华	2022年省优秀基层卫生骨干人才	江苏省卫生健康委员会、江苏省财政厅	杨舍镇包基社区卫生服务站
仲　锦	2022年省优秀基层卫生骨干人才	江苏省卫生健康委员会、江苏省财政厅	杨舍镇金塘社区卫生服务站
钱　萍	2022年省优秀基层卫生骨干人才	江苏省卫生健康委员会、江苏省财政厅	杨舍镇江帆社区卫生服务站
赵　洁	2022年省优秀基层卫生骨干人才	江苏省卫生健康委员会、江苏省财政厅	杨舍镇民丰社区卫生服务站
杜秀菊	2022年省优秀基层卫生骨干人才	江苏省卫生健康委员会、江苏省财政厅	锦丰镇社区卫生服务中心
钱崇豪	2022年省优秀基层卫生骨干人才	江苏省卫生健康委员会、江苏省财政厅	锦丰镇协仁社区卫生服务站
陆海英	2022年省优秀基层卫生骨干人才	江苏省卫生健康委员会、江苏省财政厅	锦丰镇店岸社区卫生服务站
季　韬	2022年省优秀基层卫生骨干人才	江苏省卫生健康委员会、江苏省财政厅	锦丰镇社区卫生服务中心
吴良霞	2022年省优秀基层卫生骨干人才	江苏省卫生健康委员会、江苏省财政厅	锦丰镇社区卫生服务中心
曹建红	2022年省优秀基层卫生骨干人才	江苏省卫生健康委员会、江苏省财政厅	锦丰镇南港社区卫生服务站
杨致怡	2022年省优秀基层卫生骨干人才	江苏省卫生健康委员会、江苏省财政厅	塘桥镇社区卫生服务中心

续表88

姓名	荣誉名称	授予单位	工作单位
戴　洁	2022年省优秀基层卫生骨干人才	江苏省卫生健康委员会、江苏省财政厅	塘桥镇社区卫生服务中心
丁雅娟	2022年省优秀基层卫生骨干人才	江苏省卫生健康委员会、江苏省财政厅	乐余镇社区卫生服务中心
张　琴	2022年省优秀基层卫生骨干人才	江苏省卫生健康委员会、江苏省财政厅	乐余镇社区卫生服务中心
张丽丽	2022年省优秀基层卫生骨干人才	江苏省卫生健康委员会、江苏省财政厅	乐余镇乐江社区卫生服务中心
黄凌峰	2022年省优秀基层卫生骨干人才	江苏省卫生健康委员会、江苏省财政厅	南丰镇社区卫生服务中心
韩　巍	2022年省优秀基层卫生骨干人才	江苏省卫生健康委员会、江苏省财政厅	南丰镇社区卫生服务中心
杨　兰	2022年省优秀基层卫生骨干人才	江苏省卫生健康委员会、江苏省财政厅	南丰镇社区卫生服务中心
孙斯豪	2022年省优秀基层卫生骨干人才	江苏省卫生健康委员会、江苏省财政厅	南丰镇民联社区卫生服务站
牛媛媛	2022年省优秀基层卫生骨干人才	江苏省卫生健康委员会、江苏省财政厅	大新镇社区卫生服务中心
陈　凤	2022年省优秀基层卫生骨干人才	江苏省卫生健康委员会、江苏省财政厅	大新镇社区卫生服务中心
陈　兰	2022年省优秀基层卫生骨干人才	江苏省卫生健康委员会、江苏省财政厅	常阴沙现代农业示范园区社区卫生服务中心
施海龙	2022年省优秀基层卫生骨干人才	江苏省卫生健康委员会、江苏省财政厅	金港街道巫山社区卫生服务分中心
张立新	2022年省优秀基层卫生骨干人才	江苏省卫生健康委员会、江苏省财政厅	金港街道镇山社区卫生服务站
黄静芳	2022年省优秀基层卫生骨干人才	江苏省卫生健康委员会、江苏省财政厅	金港街道滩上社区卫生服务站
乐红芳	2022年省优秀基层卫生骨干人才	江苏省卫生健康委员会、江苏省财政厅	金港街道中南社区卫生服务站
孙佩均	2022年省优秀基层卫生骨干人才	江苏省卫生健康委员会、江苏省财政厅	金港街道山北社区卫生服务站
余　丽	2022年省优秀基层卫生骨干人才	江苏省卫生健康委员会、江苏省财政厅	金港街道安利社区卫生服务站
陆　洋	2022年省优秀基层卫生骨干人才	江苏省卫生健康委员会、江苏省财政厅	后塍街道社区卫生服务分中心

表89

2022年张家港市获苏州市级表彰的先进个人一览表

姓名	荣誉名称	授予单位	工作单位
陈晓东	2021年度优秀民兵工作者	苏州市人民政府、苏州军分区	江苏沙钢集团有限公司
尚继兵	2022年度优秀民兵工作者	苏州市人民政府、苏州军分区	南丰镇人民武装部
印松平	2022年度优秀民兵工作者	苏州市人民政府、苏州军分区	金港街道人民武装部

续表89

姓名	荣誉名称	授予单位	工作单位
陆　春	2021年度优秀基干民兵	苏州市人民政府、苏州军分区	市巡特警塘桥中队
许虎强	2021年度优秀基干民兵	苏州市人民政府、苏州军分区	经开区(杨舍镇)城北社区
陈高飞	2022年度优秀基干民兵	苏州市人民政府、苏州军分区	冶金园(锦丰镇)
王　涛	2022年度优秀基干民兵	苏州市人民政府、苏州军分区	大新镇
庞　蔚	苏州市禁毒工作先进个人	苏州市人民政府	市公安局禁毒大队
钱　斌	苏州市禁毒工作先进个人	苏州市人民政府	市月塘服务社
袁根兴	苏州市见义勇为先进个人	苏州市人民政府	凤凰镇西参村
刘艮生	苏州市见义勇为先进个人	苏州市人民政府	市公安局塘市派出所
杨　岗	苏州市见义勇为工作先进工作者	苏州市人民政府	市公安局政治处
陈玉忠	第五届“苏州慈善奖”最具爱心捐赠个人	苏州市人民政府	张家港保税区梵创产业发展有限公司
朱钱明	第五届“苏州慈善奖”最具爱心捐赠个人	苏州市人民政府	张家港中兴南路移动营业厅
顾秉钧	第五届“苏州慈善奖”最具影响力慈善楷模	苏州市人民政府	市政协(离休)
徐　光	第五届“苏州慈善奖”最具影响力慈善楷模	苏州市人民政府	市水务局
谭　超	第五届“苏州慈善奖”优秀慈善工作者	苏州市人民政府	市社会救助服务中心
孙树森	第六届苏州市青少年科技创新市长奖耕耘奖	苏州市人民政府	常青藤实验学校

先进集体

表90　2022年张家港市获国家级和国家条线表彰的先进集体一览表

获奖单位	荣誉名称	授予单位
张家港市	(首批)国家创新型县(市)	科技部
	典型地区再生水利用配置试点城市	水利部、国家发改委、住建部、工信部、自然资源部、生态环境部
	(首批)全民运动健身模范县(市)	国家体育总局
	国家知识产权强县建设试点县	国家知识产权局
	国家进口贸易促进创新示范区	商务部、发展改革委、财政部等8部门
	全国青年发展型县域试点	中央宣传部、国家发展改革委、共青团中央等17部门
	全国义务教育优质均衡先行创建县(市、区、旗)	教育部办公厅
市精神文明建设指导委员会办公室	人民满意的公务员集体	中共中央、国务院
市公安局法制大队	全国模范公安单位	中共中央、国务院
市统计局	全国统计系统先进集体	人力资源社会保障部、国家统计局

续表90

获奖单位	荣誉名称	授予单位
张家港港务集团有限公司港埠分公司现场操作一部黄强组	全国工人先锋号	中华全国总工会
江苏永钢集团有限公司团委	全国五四红旗团委	共青团中央
市公安局交警大队杨舍中队	一星级全国青年文明号	共青团中央
张家港锦丰海事处	一星级全国青年文明号	共青团中央
市第一人民医院神经外科	一星级全国青年文明号	共青团中央
市消防救援大队	一星级全国青年文明号	共青团中央
南京海关所属张家港海关报关厅	一星级全国青年文明号	共青团中央
国家税务总局张家港市税务局张家港经济技术开发区税务分局	一星级全国青年文明号	共青团中央
国家税务总局张家港保税区税务局第一税务所	一星级全国青年文明号	共青团中央
张家港保税区市场监督管理局政务服务科	一星级全国青年文明号	共青团中央
中国工商银行股份有限公司张家港分行营业部	一星级全国青年文明号	共青团中央
中国工商银行股份有限公司张家港锦丰支行	一星级全国青年文明号	共青团中央
东吴证券股份有限公司张家港杨舍证券营业部	一星级全国青年文明号	共青团中央
市财政局	一星级全国青年文明号	共青团中央
市妇联“暨阳玫瑰”文明实践巾帼志愿阳光站	全国文明实践巾帼志愿“阳光站”	全国妇联宣传部
金港中心小学	全国国防教育示范学校	教育部、中央军委政工部
市社会救助服务中心	全国社会救助工作先进单位	民政部
金港街道金都社区	全国先进基层群众性自治组织	民政部
张家港经济技术开发区	生态文明建设示范区（生态工业园区）	生态环境部、商务部、科技部
苏州市张家港生态环境综合行政执法局	2021年生态环境保护执法大练兵表现突出集体	生态环境部
市自然资源和规划局	第三次全国国土调查先进集体	国务院第三次全国国土调查领导小组办公室、自然资源部
市人民法院	节约型机关	国家机关事务管理局、中共中央直属机关事务管理局、国家发展和改革委员会、财政部
张家港海关	节约型机关	国家机关事务管理局、中共中央直属机关事务管理局、国家发展和改革委员会、财政部
市公安局警保室	节约型机关	国家机关事务管理局、中共中央直属机关事务管理局、国家发展和改革委员会、财政部
江苏省苏州市住房公积金管理中心张家港分中心	节约型机关	国家机关事务管理局、中共中央直属机关事务管理局、国家发展和改革委员会、财政部

续表90

获奖单位	荣誉名称	授予单位
张家港边检站	节约型机关	国家机关事务管理局、中共中央直属机关事务管理局、国家发展和改革委员会、财政部
市医疗保障局	节约型机关	国家机关事务管理局、中共中央直属机关事务管理局、国家发展和改革委员会、财政部
市教育局	节约型机关	国家机关事务管理局、中共中央直属机关事务管理局、国家发展和改革委员会、财政部
市人民检察院	全国检察机关优秀办案团队	最高人民检察院
	2022年度全国检察宣传先进单位	最高人民检察院、检察日报社
市版权局	2021年度查处重大侵权盗版案件有功单位	国家版权局
市文体广电和旅游局	2021年度查处重大侵权盗版案件有功单位	国家版权局
市文化市场综合执法大队	2021年度查处重大侵权盗版案件有功单位	国家版权局
市公安局网络安全保卫大队	2021年度查处重大侵权盗版案件有功单位	国家版权局
市公安局食品药品和环境犯罪侦查大队	2021年度查处重大侵权盗版案件有功单位	国家版权局
市公安局城北派出所	2021年度查处重大侵权盗版案件有功单位	国家版权局
市人民检察院第四检察部	2021年度查处重大侵权盗版案件有功单位	国家版权局
市工商联	全国工商联民营企业调查点先进示范单位	全国工商联
	2022年度江苏省“构筑民营经济舆论阵地”先进单位	全国工商联、中华工商时报
	2022年度“创新中国”工商联	全国工商联
	2022年信息工作先进单位	全国工商联
锦丰镇	国家卫生镇	全国爱国卫生运动委员会
塘桥镇	国家卫生镇	全国爱国卫生运动委员会
乐余镇	国家卫生镇	全国爱国卫生运动委员会
凤凰镇	国家卫生镇	全国爱国卫生运动委员会
南丰镇	国家卫生镇	全国爱国卫生运动委员会
大新镇	国家卫生镇	全国爱国卫生运动委员会
凤凰镇(水蜜桃)	第十二批全国“一村一品”示范村镇	农业农村部
锦丰镇悦来村	2022年全国示范性老年友好型社区	国家卫生健康委员会、全国老龄工作委员会办公室
张家港港务集团有限公司港盛分公司允涛计量工作室	全国交通建设产业劳模和工匠人才创新工作室	中国海员建设工会全国委员会
永卓控股(江苏永钢集团有限公司)	全国民族团结进步示范单位(第十批)	国家民族事务委员会

表91 2022年张家港市获省级和省条线表彰的先进集体一览表

获奖单位	荣誉名称	授予单位
张家港市	江苏省双拥模范城	中共江苏省委、江苏省人民政府、江苏省军区
	江苏省高质量平安校园建设县（市、区）	江苏省教育厅、中共江苏省委政法委、江苏省公安厅
	江苏省学前教育普及普惠县	江苏省教育厅
	江苏省首批“省级农作物病虫害绿色防控县”	江苏省农业农村厅
	2022年度“15分钟医保服务圈”省级示范县（市、区）	江苏省医疗保障局
	江苏省科技统计工作成效突出单位	江苏省科学技术厅
	全省信访先进县（市、区）	江苏省信访工作联席会议
	2022年度全省信访工作示范县（市、区）	江苏省信访工作联席会议
	治理重复信访、化解信访积案专项工作先进县（市、区）	江苏省信访工作联席会议
江苏扬子江国际冶金工业园经济服务局	“江苏制造突出贡献奖”先进单位	中共江苏省委、江苏省人民政府
市法治宣传教育领导小组	全省“七五”普法工作先进单位	江苏省人民政府
市慈善总会	第六届“江苏慈善奖”最具影响力慈善组织	江苏省人民政府
市志愿者协会	“江苏慈善奖”	江苏省人民政府
市建筑业管理处	“江苏慈善奖”	江苏省人民政府
张家港同城伙伴志愿服务团	“江苏慈善奖”	江苏省人民政府
市委办公室	优秀信息工作单位	中共江苏省委办公厅
市政府办公室	2022年度全省政务信息工作先进单位	江苏省人民政府办公厅
市纪律检查委员会	江苏省示范档案室	江苏省档案馆
市人民法院	2019—2021年度江苏省文明单位	江苏省精神文明建设指导委员会
凤凰人民法庭	全省法院执行裁判工作先进集体	江苏省高级人民法院
市人民检察院	首届“五好”基层检察院	江苏省人民检察院
	全省检察机关信息工作先进单位	江苏省人民检察院
	工商联与检察机关沟通联系机制建设示范单位	江苏省工商联、江苏省人民检察院
市委统战部离退休党支部	全省“六好”离退休干部示范党支部	中共江苏省委老干部局、中共江苏省委离退休干部工作委员会
市委老干部局	全省老干部工作先进集体	中共江苏省委组织部、江苏省委老干部局、江苏省人力资源和社会保障厅
市委党史地方志办公室	全省党史部门先进集体	中共江苏省委党史工作办公室
	2022年度全省方志文化宣传工作优秀单位	江苏省地方志编纂委员会办公室
	2022年度全省地方志系统政务信息报送优秀单位	江苏省地方志编纂委员会办公室
市财政局	2021年度财政重点工作绩效考核一等奖	江苏省财政厅
市公安局	全省执法示范县级公安机关	江苏省公安厅
市公安局情指中心（办公室）	全省优秀公安基层单位	江苏省人力资源和社会保障厅、江苏省公安厅

续表91

获奖单位	荣誉名称	授予单位
市公安局法制大队	全省公安机关执法办案管理中心建设应用成绩突出集体	江苏省公安厅
	江苏省工人先锋号	江苏省总工会
市公安局扫黑办	全省公安机关扫黑除恶专项斗争成绩突出集体	江苏省公安厅
市公安局城北派出所	全省公安机关执法示范所队	江苏省公安厅
市公安局交通警察大队	2021年度省级节水型机关	江苏省水利厅、江苏省发展和改革委员会、江苏省交通运输厅、江苏省机关事务管理局、江苏交通控股有限公司
市公安局合兴派出所	2021年度省级节水型机关	江苏省水利厅、江苏省发展和改革委员会、江苏省交通运输厅、江苏省机关事务管理局、江苏交通控股有限公司
市公安局凤凰派出所	2021年度省级节水型机关	江苏省水利厅、江苏省发展和改革委员会、江苏省交通运输厅、江苏省机关事务管理局、江苏交通控股有限公司
市教育局	全省教育信息工作先进单位	江苏省教育厅
市市场监督管理局	全省食品安全工作先进集体	江苏省食品安全委员会
市市场监督管理局凤凰分局	2021年度省级节水型机关	江苏省水利厅、江苏省发展和改革委员会、江苏省交通运输厅、江苏省机关事务管理局、江苏交通控股有限公司
市住房和城乡建设局	2022年度江苏省市县防震减灾工作县级优秀单位	江苏省地震局
	江苏省人防工作县（市、区）先进单位	江苏省人民防空办公室
	“十三五”江苏省人民防空先进单位	江苏省人民防空办公室
市城市管理局	2022年度全省巩固深化城管执法队伍“强基础、转作风、树形象”专项行动表现突出单位	江苏省住房和城乡建设厅
市民政局	第四批江苏省女性融媒体创意基地	江苏省妇女联合会
市卫生健康委员会	江苏省安康关爱行动先进单位	江苏省老龄办
市文体广电和旅游局	2022年度全省境外卫星电视传播秩序专项整治工作成绩突出单位	江苏省广播电视局
市供销合作总社	2021年度二十强县级供销合作社	江苏省供销合作总社
市融媒体中心（传媒集团）	2022年度江苏省巾帼建功先进集体	江苏省城镇妇女“巾帼建功”活动领导小组、江苏省妇女“双学双比”竞赛活动领导小组、江苏省妇女联合会
	2022长三角广播电视媒体融合先导单位奖	江苏省广播电视局、上海市广播电视局、浙江省广播电视局、安徽省广播电视局
市深入打好污染防治攻坚战指挥部办公室	江苏省打好污染防治攻坚战先进集体	江苏省生态环境厅、江苏省人力资源和社会保障厅
苏州市张家港生态环境局	污染防治攻坚专项行动标兵集体	江苏省生态环境厅
	2021年度省级节水型机关	江苏省水利厅、江苏省发展和改革委员会、江苏省交通运输厅、江苏省机关事务管理局、江苏交通控股有限公司
国家税务总局张家港市税务局团委	江苏省五四红旗团委	共青团江苏省委

续表91

获奖单位	荣誉名称	授予单位
国家税务总局张家港市税务局经济技术开发区税务分局综合组	江苏省五一巾帼标兵岗	江苏省总工会
张家港海事局	江苏省示范档案室	江苏省档案馆
张家港边检站执勤三队	集体嘉奖	江苏边检总站
民盟市委	2021—2022年度宣传工作先进集体一等奖	民盟江苏省委
	2021—2022年度新媒体建设先进集体一等奖	民盟江苏省委
	2021—2022年度社会服务工作特别贡献奖	民盟江苏省委
市工商联	江苏省工商联先进集体	江苏省人社厅、江苏省工商联
	全省工商联创新工作突出贡献奖	江苏省工商联
	全省工商联与检察机关沟通联系机制建设示范单位	江苏省工商联、江苏省人民法院、江苏省人民检察院
市消防救援大队	消防安全专项整治先进大队	江苏省消防救援总队
市人民来访接待中心	"人民满意窗口"先进单位	江苏省信访局
市交通运输综合行政执法大队党总支	江苏省交通运输行业先进基层党组织	江苏省交通运输行业党委
市公路事业发展中心	江苏省公路养护管理优秀集体	江苏省交通运输厅
张靖皋长江大桥工程项目苏州市用地报批团队	交通工程建设优秀团队	中共江苏省交通工程建设局党组
市锡剧艺术中心	首批"江苏省示范小剧场"	江苏省文化和旅游厅
市文化馆	江苏省优秀社会艺术水平考级机构承办单位	江苏省文化和旅游厅
市体育总会	江苏省群众体育先进单位	江苏省体育局
市民族团结进步促进会	江苏省"红石榴家园"(第三批)	江苏省民族宗教事务委员会
市中等专业学校	2019—2021年度江苏省文明校园	江苏省精神文明建设指导委员会
市常阴沙学校	江苏省"双减"示范创建学校	江苏省教育厅
市暨阳实验小学少先队大队	2021年"江苏省优秀少先队集体"	共青团江苏省委、江苏省教育厅、少先队江苏省工作委员会
市云盘小学少先队大队	2021年"江苏省优秀少先队集体"	共青团江苏省委、江苏省教育厅、少先队江苏省工作委员会
市合兴小学太阳花中队	2021年"江苏省优秀少先队集体"	共青团江苏省委、江苏省教育厅、少先队江苏省工作委员会
市第三职业高级中学信息1932班	江苏省先进班集体	江苏省教育厅、共青团江苏省委员会
市第三职业高级中学机电1921班	江苏省先进班集体	江苏省教育厅、共青团江苏省委员会
闸上幼儿园	省级节水型学校	江苏省水利厅、江苏省教育厅、江苏省机关事务管理局
市第四人民医院	江苏省健康促进医院	江苏省卫生健康委员会
市东城社区卫生服务中心	2022年江苏省老年友善医疗机构优秀单位	江苏省卫生健康委员会、江苏省中医药管理局
张家港香山医院	2022年江苏省老年友善医疗机构优秀单位	江苏省卫生健康委员会、江苏省中医药管理局
杨舍镇	第四批江苏省生态文明建设示范乡镇	江苏省生态环境厅

续表91

获奖单位	荣誉名称	授予单位
杨舍镇社区卫生服务中心	2022年江苏省老年友善医疗机构优秀单位	江苏省卫生健康委员会、江苏省中医药管理局
杨舍镇善港村团委	江苏省五四红旗团委	共青团江苏省委
杨舍镇福前村	第四批江苏省生态文明建设示范村	江苏省生态环境厅
	江苏省生态宜居美丽示范村(社区)	中共江苏省委农村工作领导小组
杨舍镇百家桥村	江苏省生态宜居美丽示范村(社区)	中共江苏省委农村工作领导小组
杨舍镇老宅社区	江苏省民主法治示范社区	中共江苏省委全面依法治省委员会办公室、江苏省司法厅、江苏省民政厅
杨舍镇农鹿社区	江苏省民主法治示范社区	中共江苏省委全面依法治省委员会办公室、江苏省司法厅、江苏省民政厅
杨舍镇景溪社区	江苏省民主法治示范社区	中共江苏省委全面依法治省委员会办公室、江苏省司法厅、江苏省民政厅
杨舍镇乘航社区	江苏省民主法治示范社区	中共江苏省委全面依法治省委员会办公室、江苏省司法厅、江苏省民政厅
杨舍镇棋杆社区	江苏省民主法治示范社区	中共江苏省委全面依法治省委员会办公室、江苏省司法厅、江苏省民政厅
杨舍镇章卿村	2021年江苏省健康村	江苏省爱国卫生运动委员会办公室
杨舍镇黎明村	2021年江苏省健康村	江苏省爱国卫生运动委员会办公室
杨舍镇庆安村	2022年江苏省健康村	江苏省爱国卫生运动委员会办公室、江苏省健康江苏建设领导小组办公室
杨舍镇晨南村	2022年江苏省健康村	江苏省爱国卫生运动委员会办公室、江苏省健康江苏建设领导小组办公室
杨舍镇庆丰社区	2021年江苏省健康社区	江苏省爱国卫生运动委员会办公室
杨舍镇景巷社区	2021年江苏省健康社区	江苏省爱国卫生运动委员会办公室
杨舍镇暨阳社区	2022年江苏省健康社区	江苏省爱国卫生运动委员会办公室、江苏省健康江苏建设领导小组办公室
杨舍镇新福苑社区	2022年江苏省健康社区	江苏省爱国卫生运动委员会办公室、江苏省健康江苏建设领导小组办公室
锦丰镇财政所	2022年度江苏省巾帼文明岗	江苏省城镇妇女“巾帼建功”活动领导小组、江苏省妇女“双学双比”竞赛活动领导小组、江苏省妇女联合会
锦丰镇政务服务中心	2022年度“15分钟医保服务圈”省级示范点建设单位	江苏省医疗保障局
锦丰镇社区卫生服务中心	2022年江苏省老年友善医疗机构优秀单位	江苏省卫生健康委员会、江苏省中医药管理局
冶金工业园(锦丰镇)劳动人事争议联合调解服务中心	江苏省2022年“金牌劳动人事争议调解组织”	江苏省人力资源和社会保障厅、江苏省总工会、江苏省企业联合会、江苏省企业家协会、江苏省工商业联合会
锦丰镇建设村	江苏省生态宜居美丽示范村(社区)	中共江苏省委农村工作领导小组
锦丰镇耕余村	江苏省民主法治示范村	中共江苏省委全面依法治省委员会办公室、江苏省司法厅、江苏省民政厅
锦丰镇三兴社区	江苏省民主法治示范社区	中共江苏省委全面依法治省委员会办公室、江苏省司法厅、江苏省民政厅
锦丰镇西港村	2021年江苏省健康村	江苏省爱国卫生运动委员会办公室

续表91

获奖单位	荣誉名称	授予单位
锦丰镇交通村	2021年江苏省健康村	江苏省爱国卫生运动委员会办公室
锦丰镇西界港村	2021年江苏省健康村	江苏省爱国卫生运动委员会办公室
锦丰镇福利村	2021年江苏省健康村	江苏省爱国卫生运动委员会办公室
锦丰镇滨江社区	2021年江苏省健康社区	江苏省爱国卫生运动委员会办公室
锦丰镇店岸村	2022年江苏省健康村	江苏省爱国卫生运动委员会办公室、江苏省健康江苏建设领导小组办公室
锦丰镇常家村	2022年江苏省健康村	江苏省爱国卫生运动委员会办公室、江苏省健康江苏建设领导小组办公室
锦丰镇合兴社区	2022年江苏省健康社区	江苏省爱国卫生运动委员会办公室、江苏省健康江苏建设领导小组办公室
锦丰镇南港村	2022年度江苏省放心消费创建示范区域	江苏省放心消费创建活动办公室、江苏省市场监督管理局
塘桥镇	2022年江苏省健康镇	江苏省爱国卫生运动委员会办公室、江苏省健康江苏建设领导小组办公室
塘桥后续照管服务站	后续照管工作成绩突出集体	江苏省戒毒管理局
塘桥镇横泾村	江苏省民主法治示范村	中共江苏省委全面依法治省委员会办公室、江苏省司法厅、江苏省民政厅
	2022年江苏省健康村	江苏省爱国卫生运动委员会办公室、江苏省健康江苏建设领导小组办公室
塘桥镇花园村	江苏省民主法治示范村	中共江苏省委全面依法治省委员会办公室、江苏省司法厅、江苏省民政厅
塘桥镇馨塘社区	江苏省民主法治示范社区	中共江苏省委全面依法治省委员会办公室、江苏省司法厅、江苏省民政厅
塘桥镇青龙社区	2021年江苏省健康社区	江苏省爱国卫生运动委员会办公室
乐余镇	2021年江苏省健康镇	江苏省爱国卫生运动委员会办公室
乐余镇为民服务中心	2022年度“15分钟医保服务圈”省级示范点建设单位	江苏省医疗保障局
乐余镇向群村	江苏省民主法治示范村	中共江苏省委全面依法治省委员会办公室、江苏省司法厅、江苏省民政厅
乐余镇乐江社区	江苏省民主法治示范社区	中共江苏省委全面依法治省委员会办公室、江苏省司法厅、江苏省民政厅
乐余镇乐余社区	江苏省民主法治示范社区	中共江苏省委全面依法治省委员会办公室、江苏省司法厅、江苏省民政厅
	2021年江苏省健康社区	江苏省爱国卫生运动委员会办公室
凤凰镇	江苏省生态宜居美丽示范乡镇	中共江苏省委农村工作领导小组
凤凰镇杏市村	江苏省生态宜居美丽示范村（社区）	中共江苏省委农村工作领导小组
凤凰镇魏庄村	江苏省生态宜居美丽示范村（社区）	中共江苏省委农村工作领导小组
凤凰镇双塘村	2022年江苏省旅游重点村	江苏省文化和旅游厅、江苏省发展和改革委员会
凤凰镇双塘村肖家巷特色田园乡村	美丽家园省级示范点	江苏省妇女“双学双比”竞赛活动领导小组
凤凰镇夏市村	江苏省民主法治示范村	中共江苏省委全面依法治省委员会办公室、江苏省司法厅、江苏省民政厅

续表91

获奖单位	荣誉名称	授予单位
凤凰镇桃源社区	江苏省民主法治示范社区	中共江苏省委全面依法治省委员会办公室、江苏省司法厅、江苏省民政厅
凤凰镇程墩村	2022年江苏省健康村	江苏省爱国卫生运动委员会办公室、江苏省健康江苏建设领导小组办公室
南丰镇	全省推进基层整合审批服务执法力量工作先进单位	中共江苏省委机构编制委员会办公室
南丰镇行政审批局	2022年度“15分钟医保服务圈”省级示范点建设单位	江苏省医疗保障局
南丰镇永联社区卫生服务中心	2022年江苏省老年友善医疗机构优秀单位	江苏省卫生健康委员会、江苏省中医药管理局
南丰镇海坝村团总支	江苏省五四红旗团支部	共青团江苏省委
南丰镇建农村	江苏省生态宜居美丽示范村（社区）	中共江苏省委农村工作领导小组
南丰镇新德村	江苏省生态宜居美丽示范村（社区）	中共江苏省委农村工作领导小组
南丰镇瑞丰社区	2021年江苏省健康社区	江苏省爱国卫生运动委员会办公室
	江苏省民主法治示范社区	中共江苏省委全面依法治省委员会办公室、江苏省司法厅、江苏省民政厅
南丰镇永丰村	2021年江苏省健康村	江苏省爱国卫生运动委员会办公室
南丰镇永合社区	2019—2021年度江苏省文明社区	江苏省精神文明建设指导委员会
	新型农村社区治理服务省级示范点	江苏省民政厅
大新镇为民服务中心	2022年度“15分钟医保服务圈”省级示范点建设单位	江苏省医疗保障局
大新镇文化体育服务中心	2022年江苏省“扫黄打非”进基层示范点	江苏省“扫黄打非”工作领导小组办公室
大新镇桥头村	江苏省民主法治示范村	中共江苏省委全面依法治省委员会办公室、江苏省司法厅、江苏省民政厅
大新镇新南社区	江苏省民主法治示范社区	中共江苏省委全面依法治省委员会办公室、江苏省司法厅、江苏省民政厅
大新镇新东社区	2021年江苏省健康社区	江苏省爱国卫生运动委员会办公室
常阴沙现代农业示范园区管理委员会	2022年度江苏省数字农业农村基地	江苏省农业农村厅
常阴沙现代农业示范园区	第四批江苏省生态文明建设示范乡镇	江苏省生态环境厅
常阴沙现代农业示范园区常东社区	江苏省生态宜居美丽示范村（社区）	中共江苏省委农村工作领导小组
常阴沙现代农业示范园区常北社区	江苏省生态宜居美丽示范村（社区）	中共江苏省委农村工作领导小组
常阴沙现代农业示范园区常红社区	2021年江苏省健康社区	江苏省爱国卫生运动委员会办公室
双山香山旅游度假区	2022年江苏省体旅融合发展示范基地	江苏省体育局、江苏省文化和旅游厅
金港街道长山村	江苏省生态宜居美丽示范村（社区）	中共江苏省委农村工作领导小组
	2021年江苏省健康村	江苏省爱国卫生运动委员会办公室
金港街道东山村	2021年江苏省健康村	江苏省爱国卫生运动委员会办公室
金港街道中德社区	2021年江苏省健康社区	江苏省爱国卫生运动委员会办公室

续表91

获奖单位	荣誉名称	授予单位
金港街道金香社区	2022年江苏省健康社区	江苏省爱国卫生运动委员会办公室、江苏省健康江苏建设领导小组办公室
金港街道金香花苑	党建引领物业管理服务工作省级示范点（第二批）	江苏省委组织部、江苏省委非公有制企业和社会组织工作委员会、江苏省住房和城乡建设厅党组、江苏省住房和城乡建设行业委员会
后塍街道朱家宕村	江苏省生态宜居美丽示范村（社区）	中共江苏省委农村工作领导小组
	2022年江苏省健康村	江苏省爱国卫生运动委员会办公室、江苏省健康江苏建设领导小组办公室
后塍街道三角滩村	江苏省民主法治示范村	中共江苏省委全面依法治省委员会办公室、江苏省司法厅、江苏省民政厅
德积街道北荫村	江苏省民主法治示范村	中共江苏省委全面依法治省委员会办公室、江苏省司法厅、江苏省民政厅
德积街道福民村	2022年江苏省健康村	江苏省爱国卫生运动委员会办公室、江苏省健康江苏建设领导小组办公室
江苏华昌（集团）有限公司	江苏省双拥模范单位	江苏省双拥工作领导小组、江苏省退役军人事务厅、江苏省军区政治工作局
江苏沙钢集团有限公司	江苏省标准创新贡献奖	江苏省市场监督管理局
江苏沙钢集团有限公司团委	江苏省五四红旗团委	共青团江苏省委
永卓控股（江苏永钢集团有限公司）	全省民族团结进步示范区示范单位（第一批）	江苏省民族宗教事务委员会
江苏联宏纺织有限公司	江苏省五一劳动奖状	江苏省总工会
江苏张家港农村商业银行股份有限公司	江苏省五一劳动奖状	江苏省总工会
国网江苏省电力有限公司张家港市供电分公司营销部营业班	江苏省工人先锋号	江苏省总工会
张家港市社会治理现代化指挥中心“12345”热线话务大厅	江苏省工人先锋号	江苏省总工会
张家港恩斯克精密机械有限公司工作四科技术组	江苏省工人先锋号	江苏省总工会
江苏富淼科技股份有限公司热电车间锅炉工段	江苏省工人先锋号	江苏省总工会
中国太平洋财产保险股份有限公司张家港中心支公司	江苏省工人先锋号	江苏省总工会
长江润发集团有限公司	全省非公有制企业党建带工建“三创争两提升”活动省级示范单位	江苏省总工会
张家港保税科技（集团）股份有限公司	全省非公有制企业党建带工建“三创争两提升”活动省级示范单位	江苏省总工会
大农（苏州）农业科技有限公司	省级巾帼新业态助农创新基地	江苏省妇女“双学双比”竞赛活动领导小组
张家港市乐华家庭农场	省级巾帼示范家庭农场（种粮大户）	江苏省妇女“双学双比”竞赛活动领导小组
张家港港务集团有限公司	2019—2021年度江苏省文明单位	江苏省精神文明建设指导委员会
张家港港务集团有限公司港盛分公司机械铁军组	江苏省青年文明号	江苏省交通运输厅、共青团江苏省委
张家港港务集团有限公司港盛分公司惠才组	省属企业优秀班组	江苏省国资委、江苏省总工会

续表91

获奖单位	荣誉名称	授予单位
张家港港务集团有限公司港埠分公司起重操作部党支部	江苏省交通运输现代化示范区建设先锋队暨党建引领"四个在前"标兵党支部	中共江苏省交通运输厅行业委员会
北京盈科（张家港）律师事务所	全省律师行业先进党组织	中共江苏省律师行业委员会
市永盛印染有限公司	2021年度江苏省节水型企业	江苏省水利厅、江苏省发展和改革委员会、江苏省交通运输厅、江苏省机关事务管理局、江苏交通控股有限公司
张家港久盈针织服装有限公司	2021年度江苏省节水型企业	江苏省水利厅、江苏省发展和改革委员会、江苏省交通运输厅、江苏省机关事务管理局、江苏交通控股有限公司
骏马化纤股份有限公司	2021年度江苏省节水型企业	江苏省水利厅、江苏省发展和改革委员会、江苏省交通运输厅、江苏省机关事务管理局、江苏交通控股有限公司
江苏华鹿纺织有限公司	2021年度江苏省节水型企业	江苏省水利厅、江苏省发展和改革委员会、江苏省交通运输厅、江苏省机关事务管理局、江苏交通控股有限公司
PPG涂料（张家港）有限公司	2021年度江苏省节水型企业	江苏省水利厅、江苏省发展和改革委员会、江苏省交通运输厅、江苏省机关事务管理局、江苏交通控股有限公司
张家港迪爱生化工有限公司	2021年度江苏省节水型企业	江苏省水利厅、江苏省发展和改革委员会、江苏省交通运输厅、江苏省机关事务管理局、江苏交通控股有限公司
市康盛织染有限公司	2021年度江苏省节水型企业	江苏省水利厅、江苏省发展和改革委员会、江苏省交通运输厅、江苏省机关事务管理局、江苏交通控股有限公司
张家港中油泰富国际酒店	2021年度江苏省节水型企业	江苏省住房和城乡建设厅

表92

2022年张家港市获苏州市级表彰的先进集体一览表

获奖单位	荣誉名称	授予单位
张家港市	2021年度食品安全工作先进地区	苏州市人民政府
	2021年全市质量工作先进地区	苏州市人民政府
常青藤实验学校	第六届苏州市青少年科技创新市长奖摇篮奖	苏州市人民政府
市慈善总会	第五届"苏州慈善奖"最具影响力慈善组织	苏州市人民政府
市志愿者协会	第五届"苏州慈善奖"最具影响力慈善组织	苏州市人民政府
市公安局	苏州市禁毒工作先进集体	苏州市人民政府
市自强社会服务社	苏州市禁毒工作先进集体	苏州市人民政府
市易制毒化学品行业协会	苏州市禁毒工作先进集体	苏州市人民政府
塘桥镇人民政府	2022年度苏州市"生态环境保护工作"先进集体	苏州市人民政府
杨舍镇人民武装部	2021年度民兵工作先进单位	苏州市人民政府、苏州军分区
凤凰镇人民武装部	2022年度民兵工作先进单位	苏州市人民政府、苏州军分区
张家港港务集团有限公司	2021年度民兵工作先进单位	苏州市人民政府、苏州军分区
金港街道	军事训练先进单位	苏州军分区

【编辑　陆雨亭】

媒体聚焦

Media Focus

东渡苑风景区

敢为先锋，勇立潮头，打造中国式现代化县域先行区

解码张家港：探索现代化县域发展

创新张家港的“硬骨头”

——从一个县域发展样本看城市气质（上）

创新张家港的“绕指柔”

——从一个县域发展样本看城市气质（下）

张家港：创新转型，争当高质量发展领跑者

引才新政边际效应递减，张家港如何打造人才高地

让黄金岸线发挥黄金效益

——江苏苏州张家港绿色发展纪实

扫码欣赏

双山香山
旅游度假区

敢为先锋 勇立潮头 打造中国式现代化县域先行区

韩 卫

党的二十大擘画了以中国式现代化推进中华民族伟大复兴的宏伟蓝图，发出了为全面建设社会主义现代化国家、全面推进中华民族伟大复兴而团结奋斗的动员令。11月初，省委主要领导深入张家港企业、农村，围绕贯彻落实党的二十大精神开展基层宣讲和专题调研，强调要“敢为先锋、勇立潮头，高水平展现中国式现代化的现实图景”。

蓝图绘就，号角吹响。张家港将全面学习宣传贯彻党的二十大精神，坚持不懈用习近平新时代中国特色社会主义思想统一思想、统一意志、统一行动，坚定不移在党的二十大精神指引下开展现代化建设实践，将深入贯彻落实党的二十大精神与弘扬张家港精神结合起来，认真落实上级决策部署，自觉扛起“争当表率、争做示范、走在前列”光荣使命，坚决担起“勇挑大梁”重大责任，统筹推进经济社会发展各项事业，持续放大“全面综合、优质均衡”的发展优势，全力打造“物质文明和精神文明相协调”的中国式现代化县域先行区，在全面推进中国式现代化江苏新实践中敢为先锋、勇立潮头。

敢为创新转型先锋 在推动高质量发展上勇立潮头

党的二十大报告指出，高质量发展是全面建设社会主义现代化国家的首要任务。近年来，张家港完整准确全面贯彻新发展理念，不断加快创新转型步伐，地区生产总值跃上3000亿元台阶，获评全国首批创新型县（市），连续4年获评苏州推进高质量发展先进县（市、区）第一等次。奋进新征程，我们将牢牢把握高质量发展这个首要任务，推动科技招商、产业招商、人才招引同向发力，加快调高、调轻、调优产业结构，打造创新驱动高质量发展的全国县域典范。

加快积蓄创新动能。坚持科技是第一生产力、人才是第一资源、创新是第一动力，确保3年招引5000个科技招商项目，做大做活科创型企业“蓄水池”，力争有效高企到2025年突破2000家。布局高能级科创载体平台，确保“十四五”期间新增苏州市级及以上人才（团队）超300个、新增孵化载体超260万平方米。实施《张家港市推进数字经济时代产业创新集群建设2025行动计划》，打造新能源、智能高端装备、特色半导体、先进材料等4个产业创新集群，确保到2025年总营收突破7000亿元。发挥“富氢城市”优势，推动江苏省氢能技术创新中心争创国家氢能技术创新中心，构建氢能全产业链发展格局，打造千亿级“中国氢港”。

不断提升产业能级。牢固树立“项目为王”理念，推动提“增量”、优“存量”同步发力，培育更具竞争力的先进制造业集聚区。紧盯世界500强、央企国企、行业头部企业，招引一批“建链强链补链延链”的旗舰型、成长型项目。做强做优冶金新材料、先进高分子材料、智能高端装备、高端纺织4条特色优势产业链，以及新能源、特色半导体、生物医药及高端医疗器械、数字经济4条新兴领域产业链，力争“十四五”期间形成5个千亿级、若干个百亿级产业集群。加快“产业数字化、数字产业化”，打造万亿级商贸物流基地、千亿级专业市场和百亿级服务业企业。

全面深化改革开放。立足长三角、放眼全世界，争当改革的前沿阵地、开放的发展高地。发挥供应链创新与应用等改革试点作用，形成更多具有示范引领意义的改革成果。加快政务服务数字化转型，擦亮“港城通·最舒心”营商服务品牌。深度融入长三角一体化发展和长江经济带发展，打造跨江融合桥头堡、沿江发展主力军。加强南北互融、东西联动，提高在苏州市域一体化发展中的贡献度。深化与“一带一路”沿线国家和地区的合作，巩固提升“国家进口贸易促进创新示范区”建设成效，在高水平开放中广泛链接资源。

敢为共同富裕先锋 在创造高品质生活上勇立潮头

党的二十大报告指出，要维护人民根本利益，增进民生福祉，让现代化建设成果更多更公平惠及全体人民。一直以来，张家港始终坚持以人民为中心的发展思想，将80%以上的财政支出用于民生领域，用心用情办实事、惠民生、增福祉，获评“中国率先全面建成小康社会范例城市”“中国最具幸福感城市”。奋进新征程，我们将坚持把实现高质量发展同满足群众美好生活向往紧密结合起来，真心真情编织幸福生活，推动张家港从“小康范例”走向“共同富裕范例”，打造共同富裕、幸福生活的县域典范。

推动百姓生活更加富足。落实落细“减负、稳岗、扩就业”政策，完善重点群体就业支持体系，拓宽就业、创业、投资等增收渠道，支持和规范发展新就业形态。大力实施新一轮收入倍增计划，不断壮大中等收入群体，到2035年实现城乡居民可支配收入翻番。健全多层次社会保障体系，深化完善医疗、养老等保障制度，扩大社会保险覆盖面，满足群众多层次需求。健全分层分类社会救助制度，确保困难群众服务保障覆盖率达100%。

推动公共服务更加均衡。毫不松懈抓好常态化疫情防控，优化防控指挥、平急转换等机制，增强突发公共卫生事件应急处置能力。办好民生实事、民生微实事项目，推动教育、医疗、住房、“一老一小”等公共服务优质均衡发展。确保高标准通过“全国义务教育优质均衡发展县（市）”现场验收，建设现代化教育名市。打造“老有颐养”县域养老典范，深化青年发展型县域试点建设，争创首批“全国未成年人保护示范市”。

推动城乡发展更加融合。加快推动城市有机更新，积极开展省“美丽宜居城市建设试点”，打造功能完善的现代宜居城市。建成南沿江城际铁路，加快建设通苏嘉甬铁路张家港段，加速城区快速路网建设，配合推进张靖皋长江大桥等重大交通工程建设，构建外联内畅的交通运输体系。推动现代农业多元化和全产业链发展，全域推进特色田园乡村建设，持续壮大村级集体经济，确保今年村均可支配收入超1600万元，到2025年超2000万元。

敢为绿色发展先锋　在共抓长江大保护上勇立潮头

党的二十大报告指出，尊重自然、顺应自然、保护自然，是全面建设社会主义现代化国家的内在要求。近年来，张家港积极践行绿水青山就是金山银山理念，持续深化“美丽张家港”建设，“张家港湾”生态修复入选联合国可持续发展优秀实践案例，东沙化工园区关停转型经验做法被列为全省“一城一镇一园区”生态嬗变的典型案例，荣获首届“中国生态文明奖”“国家生态园林城市”。奋进新征程，我们将深入贯彻习近平生态文明思想，促进人与自然和谐共生，推动临港产业更加低碳、滨江风光更加怡人、生态环境更加美好，打造长江大保护生态文明的县域典范。

加快展现“滨江靓丽颜值”。坚持“共抓大保护、不搞大开发”，把修复长江生态环境摆在压倒性位置，优化长江岸线生产、生态、生活功能布局，加快“山岛之恋”文旅综合体、新沙洲江心岛生态湿地等项目建设，打造“张家港湾”特色精品示范区、双山岛“长江生态第一岛”，形成滨江城市的独特风景。严格落实长江经济带发展负面清单，打造高质量沿江绿色产业带，争当全省长江经济带绿色发展示范区。

全力守护“蓝天碧水净土”。深入打好污染防治攻坚战，坚决完成上级环保督察反馈问题整改销号。落实重点断面“一河一策”措施，抓好$PM_{2.5}$和臭氧“双控双减”，推进“无废城市”建设。确保到2025年，生态美丽河湖累计达400个，地表水国（省）考断面达到或优于Ⅲ类水质的比例达到100%；空气质量优良天数比例超85%；危险废物安全处置率、受污染耕地安全利用率和污染地块安全利用率均达100%。

持续推动“绿色低碳转型”。积极稳妥推进碳达峰碳中和，深化国家低碳城市试点，探索建立“生态积分”交易机制。引导节能环保、清洁生产、静脉产业形成规模优势，加快建设总投资283亿元的48个绿色低碳项目，构建绿色低碳循环发展经济体系。推进资源节约集约利用综合评价，实施“三优三保”、产业用地更新“双百”行动，确保“十四五”期间腾出发展空间3万亩，争创全国自然资源节约集约示范县（市）。

敢为文明创建先锋　在放大文明影响力上勇立潮头

党的二十大报告指出，物质富足、精神富有是社会主义现代化的根本要求。作为全国文明城市的策源地，张家港始终坚持“一把手抓两手、两手抓两手硬”，蝉联全国文明城市“六连冠”，实现中央文明委创建表彰“大满贯”。2022年更是高标准承办央视中秋晚会，成功举办首届张家港发展大会，城市影响力美誉度进一步提升。奋进新征程，我们将坚持以文明浸润城市、以文化滋养市民、以治理提升效能，推动文明善治跃上新台阶，擦亮“文明张家港”金字招牌，打造现代化“文明典范第一城”。

开辟文明创建新境界。深入开展环境卫生、公共秩序、基础设施、公益广告、城乡文明整治提升“五大行动”，确保“全国文明典范城市”首创必成。加快全国文明城市建设展览馆、精神文明建设张家港研究与交流中心等项目建设，培育一批富有辨识度的文明新地标。高位推进镇村文明创建，打造全域覆盖的“文明版图”，确保各类“国字号”文明奖项全国领先，让更多“张家港标准”成为“全国标准”。

沙洲湖大桥　（靳泉　摄）

打造城市文化新标识。积极保护传承弘扬长江文化，加快打造长江国家文化公园张家港段先导示范工程，唱响新时代“长江之歌”。聚合长江文化、江南文化、东渡文化、乡贤文化等资源，创新开展宣传推介和品牌推广，讲好“张家港故事”、展现“张家港形象”。实施文化惠民工程，加快各类文体设施建设，确保人均接受文化场馆服务次数全省领先。深入实施文化产业高质量发展行动计划，打造农文旅结合的精品线路，争创国家全域旅游示范区。

探索社会治理新路径。加快“平安张家港”“法治张家港”建设，推动城市治理体系和治理能力现代化。探索“党建+互联网+社会治理”模式，完善大联动社会治理格局，确保网格化治理达标率苏州领先。严格落实“防风险、守底线”要求，推动扫黑除恶常态化，扎实做好重点领域风险排查化解工作。确保公众安全感保持在99%以上，法治建设满意度保持在95%以上。

新征程是充满光荣和梦想的远征。张家港将坚持把学习宣传贯彻党的二十大精神作为当前和今后一个时期的首要政治任务、长期战略任务，感悟思想伟力、凝聚奋进力量，深入推进新时代党的建设新的伟大工程，保持坚如磐石的政治定力，锤炼堪当重任的能力水平，构筑坚强有力的战斗堡垒，维护风清气正的政治生态，塑造具有新时代张家港精神特质的干部队伍，敢为善为、勇挑大梁，全力打造“物质文明和精神文明相协调”的中国式现代化县域先行区，努力为全省发展大局作出新的更大贡献。

（摘自2022年11月23日新华日报社“北京西路瞭望”微信公众号）

解码张家港：探索现代化县域发展

孙晓波

大江流日夜，慷慨歌未央。奔腾的长江，见证张家港乘风破浪、向上攀升的雄心壮志。

作为江苏省苏州市下辖的县级市，张家港这座根植于古老土地的年轻城市，从1962年成立沙洲县，到1986年撤县建市，再到改革开放以来的跨越式发展，这片土地与时代同奋进，成功实现了从苏南“边角料”到全国“明星城”的精彩蝶变，综合实力连续二十余年位居全国百强县（市）前三甲，成为六次蝉联全国文明城市的唯一县级市。

凤凰涅槃、跨越式发展，张家港是如何做到的？更重要的是，60年发展中，张家港如何应对风险与挑战，积累了哪些可复制可推广的现代化县域探索和经验？

无论是经济发展、制度建设、精神文明建设，还是人民群众获得感、幸福感、安全感的提升，张家港的经验都具有重要意义。张家港的故事是春风的故事，是时代的故事，也是未来的故事。60年来，张家港的发展，从一个侧面看就是中国发展的缩影。

守正出新一甲子

人无精神不立，国无精神不强。始终勇立时代潮头的张家港，靠的是用实干磨砺出的张家港精神——“团结拼搏、负重奋进、自加压力、敢于争先”16个字，流淌在每一位张家港人的血脉之中，成为城市之魂、力量之源。

“张家港的科研环境、城市环境、人文环境都很好，特别适合创业和生活。”孙晓对《中国新闻周刊》说：“这是一座有精神的城市”。

“80后”的孙晓，是地地道道的北京人，在北京大学化学与分子工程学院获得博士学位，之后去德国留学深造成为博士后。2019年他到张家港，目前任江苏天鹏电源有限公司（简称“天鹏电源”）研发部门的小组组长、高级专家。他和这座城市一起，在创新求变的道路上全速奔跑。

建起全国第一家内河港型保税区，修建全国县级市第一条高等级公路张杨公路，建起全国县级市第一条城市步行街……敢为天下先，信奉“争”字诀的张家港人，先后荣获了200余项国家级荣誉称号。

2021年，张家港市地区生产总值跃上3000亿元新台阶，人均地区生产总值达到21.08万元。

张家港市委书记韩卫说，60年来，靠着一股永不服输、永争第一的劲头，张家港取得了令人瞩目的成绩，积累了一份厚实的‘家底’，形成了产业集聚、文明城市、城乡一体、绿色宜居、区位跃升等明显的优势。

面对巨大的发展成就，张家港人始终保持清醒——成绩背后有短板、前行路上有挑战。

传统产业比重偏大、创新活力不足等是中国许多城市面临的难题。全面构筑县域经济发展新格局，张家港大胆尝试。

在张家港的经济版图中，冶金产业是支柱产业，位居全球钢企第5位的江苏沙钢集团（下称“沙钢集团”），连续14年入围世界500强企业名单，是张家港传统制造业企业代表之一。

与固有印象不同，如今走进沙钢集团轧钢车间，这里已经实现自动化和智能化生产，只需要在控制室，通过信息系统就能操控整条生产线。据了解，沙钢集团每年技改投入达到30余亿元。这背后，是政府的积极引导。

以鼓励企业加强科技创新为例，张家港在全国率先探索“企业创新积分制”，采用指标量化办法对企业创新行为按类打分，将积分结果与政策兑现、荣誉表彰、人才房补贴、

永兴村一景

金融支持等挂钩。目前，这项探索已在全国59家国家级高新区中试点推广。

与此同时，张家港协同推进人才招引，获批“省部共建留创园”，挂牌国家创新人才培养示范基地，启动“科技创新研修院”，实施人才新政4.0版、人才企业“攀峰计划”，设立总规模15亿元的“张家港人才一号母基金”，不断推动人才“第一资源”转化为创新“第一动力”，为张家港“轻装上阵、转型升级”注入强劲动能。

天鹏电源是张家港跑在创新赛道上的一匹“黑马”。2006年成立的天鹏电源，是国家高新技术企业，专业研发、制造、销售智能出行、电动工具、家用电器以及小型储能用的圆柱锂电池，是国内该行业的龙头企业，在小型动力锂电池领域全球市场占有率排名第二。

在2022年“新春第一会”——“创新转型加速年”动员会议上，张家港旗帜鲜明地提出：科技招商是“一号工程”，并发布了“沙洲科创C计划”。其中，“4+4”产业链，即冶金新材料、智能装备、化工新材料、高端纺织4条特色产业链，以及特色半导体、生物医药及高端医疗器械、新能源、数字经济4条新兴经济产业链正成为张家港的关键发力点。

默克先进半导体一体化基地项目等新兴产业项目签约落地；大族激光、国富氢能、新点软件等重大项目开工建设……今年以来，面对“疫情要防住、经济要稳住、发展要安全”这三道必答题，张家港人咬紧牙关，高效统筹疫情防控和经济社会发展，铆足“拼”的劲头、保持“抢”的状态，奋力夺取疫情防控和经济社会发展“双胜利”。

只为“一江春水向东流”

长江，中华民族的母亲河。习近平总书记强调，要“共抓大保护、不搞大开发”，走“生态优先、绿色发展”之路。

于张家港而言，长江，既是一条无比重要的经济带、发展带，更是一条无可替代的生态带、生命带。

张家港市委副书记、市长蔡剑峰表示，对标“共抓大保护、不搞大开发”的要求，张家港积极贯彻新发展理念，把修复长江生态环境作为压倒性任务。

张家港湾是江海交汇的第一道湾。这里曾经“散乱污”遍地，成为当地村民“临江不见江，近水不亲水”的遗憾。2019年，张家港正式启动“张家港湾”生态提升工程，对12公里的沿江岸线实施生态改造，倾力打造最美“江海交汇第一湾”，还港城市民“一江清水、两岸葱绿”。2021年，张家港湾生态修复入选联合国可持续发展优秀实践案例。

当地政府在生态修复基础上，引导村民开发农家乐、采摘园、特色民宿，助力群众直接从长江生态修复中获益。位于张家港湾附近的德积街道永兴村，是其中最为典型的代表。

如今的永兴村形成集休闲农业、观光旅游、民宿餐饮等为一体的生态景观村庄，成功把生态优势转变成了富民优势。据介绍，每年到永兴村的游客达到10万人次以上，农民人均年增收超过1000元左右。

把“长江大保护”的理念变成行动，把“守护母亲河”的承诺变为现实。事实上，在绿色发展之路上张家港一直走在前列。从整建制关停东沙化工园区、“调高、调轻、调优”全市产业结构，到持续开展生态修复、见缝插针建设“口袋公园”，广大市民的“绿色获得感”，在一处处“绿意”中不断得到提升。

波光粼粼的暨阳湖，是张家港人利用修建沿江高速公路的契机，在低洼地集中取土建成；千亩植物争奇斗艳的梁丰生态园，曾是绿化薄弱的高压走廊；山水依依的张家港公园，曾是废弃的窑洼地……黄泗浦生态公园、双山岛、香山、通州沙西水道等大批生态建设“点睛之笔”，让一处处绿、一道道景，延伸到张家港城市的每一个角落。

作为生态文明建设的全国典范，张家港先后荣获了全国首家“环境保护模范城市”和首批“国家生态市”，在全国县级市中率先荣获“联合国人居奖”，并被列为首批“全国生态文明建设试点地区”，荣获首届“中国生态文明奖”。

把文明写入城市基因

作为全国文明城市策源地，张家港，因文明而闻名。

1994年，张家港率先喊出创建全国文明城市的口号，80万张家港人用一把把扫帚，扫除了陋习，扫掉了“脏乱差”，扫出了首个全国卫生城市，更扫出了干事创业的“精气神”；1995年、2014年、2017年，“全国精神文明建设经验交流会”“全国县级文明城市创建工作现场会”“全国创建文明城市工作经验交流会”3次重要会议都在张家港召开，总结推广张家港精神文明建设经验，让“文明张家港”享誉全国。

2020年，张家港成为六次蝉联全国文明城市的唯一县级市，斩获文明奖项“大满贯”。在创建全国文明城市的道路上，张家港先行先试、从未缺席，初心不变、历久弥新，经受住了时间的考验。

今天，文明“老典型”站上争创“全国文明典范城市”的全新赛道。韩卫说：“争创全国文明典范城市，绝不仅仅是为了拿一块牌子、争一项荣誉，要让创建过程成为群众生活质量、城市发展品质进一步改善和提升的过程。”

盛夏，张家港凤凰镇科创园新时代文明实践点内，放暑假的孩子们正在这里参加夏令营活动。新市民徐旭荣上小学四年级的儿子是夏令营中的一员，“我在科创园工作，和丈夫已经在张家港打拼多年。”她介绍说，孩子放暑假后就将他从连云港老家接了过来，报名参加了免费的夏令营活动，解决了她的后顾之忧。

据了解，像凤凰镇科创园这样的新时代文明实践点，在张家港还有1000多个，且在不断地增加。为了打通服务群众“最后一公里”，张家港建立新时代文明实践中心、分中心、所、站、点五级体系，不仅可以提供夏令营等“普通服务”，还能为有需要的市民提供全方位、全周期、全过程的专业心理服务。市民家门口的这些新时代文明实践阵地，成为群众“放下筷子就愿意去”的精神高地。

“口袋公园”是张家港市民生实事项目之一，也是张家港在文明城市建设过程中始终坚持“人民至上”理念的生动实践。今年，张家港将打造30个主题鲜明的“口袋公园”。

美丽的沙洲湖畔，新“开张”的“沙洲湖益空间 · 源书房”迅速成为新晋网红打卡地。这座兼具颜值和气质的市民书房，5000余册图书都由港城市民捐赠。

在万红新区集贸市场，高标准改造让这个“老菜场”容光焕发。“我每天早上都来买菜，市场环境好了，心里也舒服。”市民蒋红英说。

在张家港，一系列“微更新”“微治理”“微服务”，让文明创建融入城市每一寸肌理，文明城市创建与百姓美好生活正在实现同频共振。

志愿服务是城市文明的一个缩影。据了解，至2022年8月，张家港拥有注册志愿者26.8万余名。在张家港每6人中就有1个志愿者，每1400人就有一个志愿服务队伍。从2012年起，张家港在全国率先开展“志愿服务伙伴计划”，2014年率先推出《志愿者礼遇办法》，通过志愿服务积分激励等多种方式，找到了志愿服务常态化路径。

网络文明是社会文明进步的重要标志。张家港将网络文明建设工作融入精神文明建设、文明典范城市创建，按照“网下做什么，网上就要做什么”的工作理念，率先探索县域网络文明建设路径，不断创新体制机制建设，构筑共建共治共享新格局。通过打造“‘张闻明’网络素养实践教育基地”“和美新主播”“区镇网络综合治理中心”等一个个“细胞工程”，串联起全市共建网络文明的“神经末梢”，为文明张家港再添一抹鲜明底色。

2004年，张家港携手长江流域13个省（区、市），创新性举办长江文化主题节庆活动——中国（张家港）长江文化艺术节，搭建起沿江城市文化交流传播的桥梁；2021年，江苏省委宣传部、江苏省文化和旅游厅、苏州市人民政府主导推动节庆升格，共同主办长江文化节。张家港以一个县级市的文化自觉和文化自信，扛起弘扬长江文化的大旗，让一脉长江文化在文明之城交汇出耀眼光芒。

努力提升群众幸福指数和城市文明指数，全力推动“文明高地”向“文明高峰”跃升，韩卫表示，让“席地而坐的文明”“角角落落的文明”“举手投足的文明”，成为“文明张家港”最美图景。

全面、均衡、协调——探路共同富裕

“发展为了人民、发展依靠人民、发展成果由人民共享”。

共同富裕的果实甜不甜？“一老一小”最知道。站在全生命周期的两端，老人和儿童是社会最柔软的群体，需要被看见、被关照、被保障。

在张家港，有一间特殊的银行，在这里存放的不是金钱，而是志愿服务时间。

60岁的蒋三妹是“养老服务时间银行”项目的志愿者。2020年3月开始“接单”，为70周岁及以上高龄、空巢、独居等困难老人提供志愿服务。她告诉《中国新闻周刊》，已经接单885个，积累“时间币”927个，在所有志愿者之中

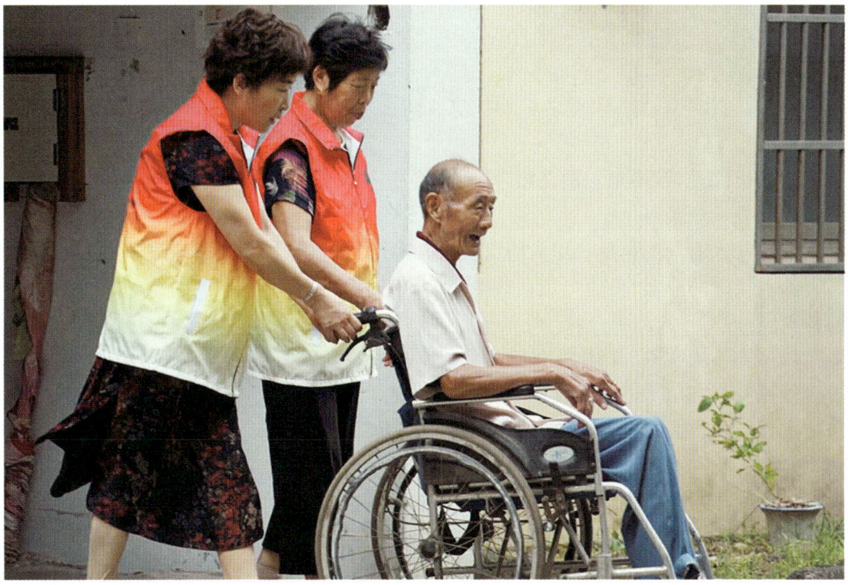

养老服务志愿者为老年人服务 （市民政局 提供）

排名第二。

时间银行只是张家港养老模式的创新探索之一。没有一张床位，却承载着全市10万余名老年人的养老需求。2013年，张家港市亲情（虚拟）养老院开始运行，目前，该市亲情（虚拟）养老院居家养老服务人次突破1100万次，并实现了80周岁以上老年人养老援助服务全覆盖。

而义务教育均衡发展，是教育公平发展的基石。张家港市坚持把办好义务教育作为基础教育发展的主攻目标，近年来，张家港市聚焦“农村弱”“城镇挤”等问题，持续加大投入，大力实施《优质学校建设三年行动计划》，义务教育学校标准化建设达标率在苏州各板块中率先实现100%，张家港市优质学校比例不断提升，成为全国县域义务教育均衡发展的“张家港样本”。

在城市发展的同时，张家港一直重视乡村建设和城乡统筹，书写了共同富裕的“港城答卷”。2021年，张家港城乡居民人均可支配收入分别为7.8万元和4.2万元，老百姓的“钱袋子”更充实，小康生活更有保障。

走进永联村，一排排、一幢幢高楼整齐有序，楼房旁河流环绕，将村民的集中居住区永联小镇拥入怀中，一推开窗便能感受江南水乡的雅致和风韵；来到小镇广场，永联村标志性雕塑“金手指”在阳光下闪闪发光。

1970年在长江滩涂围垦建立的永联村，到1978年仍是当地最小、最穷的一个村，人口不过700人。改革开放以来，永联村以工业化为牵引，通过发展钢铁产业提振经济，带动城镇化建设，走出一条共建共享、共同富裕的农业农村现代化之路。从巧借低洼地势养鱼赚到第一桶金，到自筹经费兴办轧钢厂、上马炼钢项目，再到集中流转村民土地依托村经济合作社实现农村一二三产融合发展，正如广场上的“金手指”，永联村依靠党的好政策，通过全体村民群众勤劳的双手，实现了城乡融合发展，在共建共享中不断丰富新时代共同富裕的内涵。

2021年，永联村实现可支配收入3.7亿元，在全国60多万个行政村中名列前茅，成为共同富裕理念的先行者和践行者，新农村建设和共同富裕的典型样本。

在张家港的大街小巷，人们时常能看到这样的场景：车流中引导繁忙交通的身影，夜色小巷中闪烁的警灯，村道中奔波的网格员……每一份直抵人心的安全感、每一份安抚人心的踏实感，都激发出因奋斗而向上的无限潜能，也让人民群众美好生活的安全底色越来越足，幸福成色越来越亮。近日，根据省委政法委通报的2022年上半年群众安全感调查数据显示，张家港群众安全感调查绝对值保持在99.67%，在全省县（市、区）中位列第一。

一甲子拼搏奋斗、再出发征程壮阔。“张家港60年发展形成的最大特色就是‘全面均衡协调’。”韩卫说，站在继往开来的历史节点，围绕“打造综合协调的县域现代化典范之城”的目标，张家港将与时俱进放大全面发展、协调发展的固有优势，在创新转型、改革开放、城乡融合、文明善治、美丽宜居、共同富裕等方面都争当标杆典范，坚决担起“勇挑大梁”重大责任，更好“扛起新使命、谱写新篇章”，以实际行动迎接党的二十大胜利召开。

（摘自2022年8月26日《中国新闻周刊》）

创新张家港的“硬骨头”
——从一个县域发展样本看城市气质（上）

高　岩　孟海龙　王乐飞　陆晓华　杨　溢　陈梦娇

滚滚长江，奔流不息。浪花拍岸，激荡着江边中国的时代脉动。

在长江入海前的最后一道大湾，既有波澜壮阔的气概，又有静水流深的厚实，豪迈与灵动共生，滋养出一座城市的独特气质。

1962年，从常熟、江阴划出23个公社和1个国营农场设立沙洲县。1986年，沙洲撤县，成立张家港市。60年来，这片孕育出“张家港精神”的土地，实现了从“苏南边角料”到“明星城市”的飞跃，书写了非凡的时空印记。

一个甲子轮回，始终螺旋上升。站在张家港建县（市）60周年的时间节点，追寻发展足迹，探求创新路径，剖析样本内涵，张家港之“硬”、之“柔”——这座江边城市的独特气质跃然眼前。

今年是张家港“创新转型加速年”。站在大时代潮头的前沿，张家港人正以战略家的宏大视野、企业家的拼闯精神和改革家的组织设计，在成系统、成建制、成体系的大规模创新。张家港的“硬骨头”，硬在经济、科技、产业；张家港的“绕指柔”，柔在民生、生态、文明。虽居长江尾，却敢为人先。创新张家港，将刚性和柔性跨界耦合，最终实现了“两个文明”建设的全面嵌套和高度协调。

从头到尾的全域创新

在张家港市区城东，一座综合展示馆浓缩了城市发展的风华。

风华中的“精华”，就是挂在墙上的众多荣誉牌匾。

“全国文明城市”六连冠，联合国人居奖，全国生态市……顺着“荣誉墙”走过，“样样工作争第一”的豪气扑面而来。

一份荣誉、一块牌匾就是城市的一种色彩、一个光环。张家港，无疑是绚丽多彩的。一道道光环汇聚叠加，照亮了城市的鲜明个性。“光点”就是城市的硬实力，光环彰显出“硬”的锐度。

矢量提质锐度。

展示馆里，一个个关于“张家港速度”的印记，令人动容：

5个月，建成长江流域最大的县级万吨码头！

9个月，张家港保税区封关运作！

1年半，全长33公里的张杨公路全线贯通！

……

“争”建全国第一家内河型保税区，修建全国县级市第一条高等级公路“张杨公路”，打造全国第一条“城市步行街”，张家港“争”来了28个“全国第一”。

标量提纯锐度。

讲解员脱口而出的一组数据，令人惊叹：

2021年，张家港实现地区生产总值3030亿元，跃上新平台，人均GDP达到21万元，公共财政预算收入264亿元。张家港市综合实力始终位居全国百强县（市）前三名。

增量提标锐度。

今年，张家港全面提速创新转型，聚焦“4+4”重点产业链，推进“引增量、锻长板、补短板、强企业”4项工程，推动新能源、数字经济、生物医药及高端医疗器械、先进特色半导体4条新兴领域产业链“串珠成链、聚链成群”，力争“十四五”时期，形成5个千亿级、若干百亿级产业集群。

创新张家港，核心在全域。张家港的传统优势产业正在通过一系列跨界融合、业态创新和新旧动能转换，不断涌现出新的爆发点。站在张家港第一个60年到第二个60年与改革开放第一个40年到第二个40年的时代交汇点，创新自有厚重的历史感。

“创新是引领发展的第一动力，转型是优化产业结构的必然选择。”张家港市委书记韩卫说：“张家港坚持轻装上阵，聚焦创新转型、数字赋能、科技招商3个关键词，努力建立‘搬不走、压不垮、拆不散’产业创新集群新优势，为推动‘产业城市’向‘产业强市’的发展跃升积蓄澎湃动能。”

从根到叶的科技创新

读懂张家港，沙钢是重要“切口”。

从小轧钢成长为世界500强，这里有故事，更有秘诀。

沙钢之“硬”，江海作证。

平潭海峡公铁两用大桥、沪苏通长江公铁大桥等国家重大工程中，“大国工匠”责无旁贷；孟加拉帕德玛大桥、克罗地亚佩列沙茨大桥等“一带一路”项目中，沙钢力量托举梦想。

沙钢之“硬”，创新为擎。

企业超薄带车间的一幕，令人震惊——

巨大的机械臂将钢水倒入铸辊熔池后，瞬间变成一条火红的铸带，经过轧制、冷却、卷取，热轧带钢卷迅速成型。30秒！钢水变钢卷，这不是魔术，靠的是科技创新。这条生产线把全长800米的传统工艺流程缩短到50米，能耗压降80%，减排75%，世界领先。

“集中力量向科技要效益，推动沙钢实现更绿色、更智能、更高质量发展。”沙钢集团党委书记、董事局常务执行董事、有限公司董事长沈彬说。

读懂张家港，“C计划”提供了最新“切口”。

今年2月6日，春节长假的最后一天，张家港的“新春第一会”发布“沙洲科创C计划”，定下年内招引1000个科技招商项目、新认定高新技术企业300家的目标。

“沙洲科创C计划”中的“C”，既代表“C”位，也指创新（chuang）、集群（cluster）。一个字母，三重定义，暗藏了这座城市的创新密码和雄心壮志。

或许，默克集团中国总裁安高博的话更有说服力。

“张家港是完美的投建地点。”5月，在德国默克先进半导体一体化基地项目云签约现场，安高博道出选择张家港的理由：“张家港正在积极布局新材料、数字经济和先进半导体产业链，这与默克电子科技业务聚焦的领域高度契合，我们将打造具有国际竞争力的半导体产业链。”

曾经被冠以产业“厚重”的张家港，正不断调轻、调优。去年，张家港新兴产业产值2735.57亿元，增幅14.4%，占规上工业总产值比重46.82%，实现绿色制造体系建设全覆盖。今年以来，张家港已引进科技招商项目773项。

创新张家港，设计在顶层。

对于经济建设和产业发展而言，科技创新的主线必须围绕“创业之叶、企业之茎、产业之干、生态之根”。在探索创新模式的过程中，不仅需要从企业与市场、市场与集群、集群与平台、平台与生态交织嵌套中推出“顶天”的高能级生态圈，还需要重新梳理产业、园区、供需、市场等要素之间的新结构并加速创新爆发点“落地”，最终实现技术突破带动经济发展轻盈腾飞。

张家港市委副书记、市长蔡剑峰说，张家港以“一颗种子也要全力培育”的理念加速科技招商，构建全要素全链条创新生态，培育“卓越创新链”，锻造“高端产业链”。

从硬到柔的机制创新

行走在张家港，这16个字随处可感：团结拼搏，负重奋进，自加压力，敢于争先。“张家港精神”已经融入城市基因，更成为全体市民的意识自觉。

回望这部“精神成长史”，“一把笤帚”留下美谈，更是“点睛”了这座江边城市的气质肌理。

1992年，张家港全市人民用80万把笤帚“扫出”一座全国卫生城市，掀开城市发展的传奇篇章。

看似一个小切口，实则大智慧。一次大扫除，城市面貌焕然一新，更重要的是塑造灵魂、凝聚人心。同时，奠定了苏州“三大法宝”之一——“张家港精神”的底色。

人心齐，泰山移。“穷沙洲”变成了两个文明协调发展的全国典型，“一把手抓两手、两手抓两手硬”的张家港经验，被《人民日报》誉为“伟大理论的成功实践”。

敢于争先的“精气神”，成为创新发展的“金钥匙”。

攀高追新，“一把手”领衔。赓续老传统，文明城市创建始终是“一把手”工程，一任接着一任干、一棒接着一棒传，捧回了全国文明城市“六连冠”、文明奖项“大满贯”；竞逐新赛道，成立市委创新委员会，“一把手”项目着力破解“卡脖子”难题。

转型升级，企业家领航。沈文荣、吴栋材等为代表的企业家，勇立市场经济潮头，披荆斩棘，逐浪前行，把一个个“小舢舨”锻造成产业“航母”、行业“巨舰”，书写出中国县域经济发展的荣光。

乡村振兴，村书记领唱。吴惠芳、郁霞秋、葛剑锋等为代表的村书记，不忘初心、牢记使命，带领父老乡亲踔厉奋发，崛起全省最大的强村群体，树起“先富”典型。他们还横跨大江南北结对帮扶，扛起“先富带后富”的担当。

文明实践，人人都是“张闻明”。4名全国道德模范（含提名奖）、29位中国好人，组成全省同类城市中最大的“好人群体”；27万名注册志愿者、1000万小时志愿服务总时长，成就充满爱心的“志愿之城”。

……

一幅幅“文明画像”，点亮了整座城，温暖了每个人。

30年后，锚定打造“全国文明典范城市”的新目标，张家港市发布了文明提质“五大行动”。第一条依然是环境卫生大扫除，打造一批能“席地而坐”的高标准保洁示范区。两次全民大扫除行动，是跨越时空的历史碰撞，是一脉相承的行动自觉。

创新张家港，活力在机制。研究这座城市的“精神成长史”，从发展段位、成长方式、组织形式和协作机制上颇多可圈可点之处——靠笤帚“扫”出城市竞争的降维打击，靠“一口气”撑起的爆发成长，靠基层“闯将”们输出的不竭动能，靠“创新委员会”保障的全面创新生态。

创造生产力目的是“求富”，这是硬道理。

两手都要抓目的是“向善”，这是软实力。

张家港之“硬”，硬在气场。

张家港之“柔”，胜在人人。

（摘自2022年8月26日《苏州日报》）

创新张家港的“绕指柔”
——从一个县域发展样本看城市气质（下）

高　岩　孟海龙　王乐飞　陆晓华　杨　溢　陈梦娇

“官宣！2022年央视中秋晚会落户苏州张家港。”一条微博热搜把张家港市推上“顶流”。

一条热搜，让人对这台晚会、对张家港有了更多的期待。

期待之余，也让人多了好奇：何以张家港？

小桥流水，大江澎湃，灵秀和豪迈——“硬”和“柔”的互融共进，彰显着张家港软实力的绚丽独特。2022年央视中秋晚会总撰稿杨启舫点赞：“张家港既蕴含着江南小桥流水、钟灵毓秀的古典气质，又被长江母亲河赋予了大江东去的豪迈壮阔，更创造了‘张家港精神’、张家港奇迹，可看作是中国现代化发展的一个缩影。”

从头到尾、从根到叶、从硬到柔，

从内到外、从有到无、从城到人。

——张家港站在第二个60年的新起点、提升高质量发展的新节点和第四次工业革命的新拐点上，用两组创新关键词，出色地完成了中国县域发展必经的系统性补课和结构性升级。

从内到外的创新逻辑

2022年央视中秋晚会主要录制地，是张家港的暨阳湖。

一个建设沿江高速集中取土而成的人工湖，名字出自这一带曾经的湖泊名：古暨阳湖。张家港环湖造景造势，一场统筹生态与发展的实践，城市规模、城市品质得以提升。

张家港档案馆珍藏着一块“金字招牌”，实木、银底、红字，这就是全国文明城市牌匾，见证了张家港城市气质中软实力的韧性形成。

软实力里有“硬抓手”。

30年前，一场全城行动、全民参与的“扫帚行动”，扫除了陋习，扫掉了“脏乱差”，扫来了国家卫生城市的殊荣。

30年后，张家港文明提质“五大行动”，首要的还是环境卫生大扫除，锚定的是打造“全国文明典范城市”新目标。

两次全民行动，一脉相承的是张家港精神文明建设的底层逻辑——从经济社会全面发展的战略高度，重视物质文明和精神文明建设，“两手抓、两手硬”，“说了算、定了干”，凝聚全民、全域的精神追求和价值共识。

软实力里有“绣花功”。

漫步在张家港，见缝插针的“口袋公园”，是市民触手可及的“文明空间”，更成为美美与共的生动注脚。“推门见绿，开窗见景，出门进园。”朋友圈里，张家港市民诗意点赞。

街角方寸之地，尽显文明之美。

推动老旧小区、背街小巷、城郊接合部等薄弱区域改造；推进28家菜市场数字化升级，探索“智慧公厕”建设试点，持续实施文明楼道、美丽庭院、美丽街区等提升工程……一个个城市“微更新”，带给市民一份份“小美好”。

软实力里充满温情力。

今年暑假，从泗洪来到张家港的赵景轩，每天最开心的就是能和妈妈一起去“上班”。妈妈工作的凤凰镇科创园里，有专为“小候鸟”们开设的暑托班。

赵景轩不仅能现场参观妈妈工作的地方，还能跟着非遗传承人酿制菊花酒，学习各种有趣的知识。润物细无声，孩子的快乐暑假，标注出城市的价值坐标。

放至港城，一个个市民乐享的“文明空间”，串起了城市的闪亮地标。对每个人温柔以待，托举每个人对美好生活的向往，恰是张家港最温暖的力量。

创新张家港，向上和向善。

从有到无的创新境界

全国首个县域居民心态调查报告——《张家港市居民社会心态和心理健康状况调查报告》线上发布，通过科学调查为市民心理精准画像，成为张家港争创“全国文明典范城市”的重磅大招，更为全国县域社会心理服务体系建设作出样板示范。

从改变环境到培育文明，从厚植精神到涵养文化，从行为规范到内心遵循，从力出一孔到无处不在的精准换挡，张家港一直在谱写的精神文明建设成长史，暗含着城市软实力“变与不变”的均衡密码。

1981年7月13日，《沙洲县扎扎实实为农民办好事》的故事登上了《人民日报》头版头条。故事里提到一个细节：1979年的春节，为了让农民能过个富足年，当时的锦丰公社党委决定给每家每户“一只家禽、二斤鱼、三斤肉、四只皮蛋、五斤豆腐”。

40多年前的“12345”，是共建共享共同富裕的初始表达、朴素情感。

40多年后的“打造综合协调的县域现代化典范之城”，与时俱进放大全面发展、协调发展优势，在创新转型、改革开放、城乡融合、文明善治、美丽宜居、共同富裕等方面争当标杆典范，是均衡发展全新解读、更高追求。

均衡有温度。

张家港市将民生实事项目纳入财政预算，切实解决广大群众的困难事、烦心事，始终坚持“小题大做”，实施“民生微实事”项目，通过“群众点菜、政府买单”的方式，“短平快”地解决群众身边的“小急难”。

均衡有广度。

张家港首创“书香城市”建设指标评价体系、24小时图书馆驿站、分众化全民阅读引导机制、民间阅读推广人资格认证制度，建成24小时图书馆驿站53家，1800余名阅读推广人每年开展各级阅读活动超过3000场。

首创网格化公共文化服务模式，全市划分1051个文化网格，组建1075人的网格文化员队伍。在全省率先启动32个乡村“复兴少年宫”、107个“幸福家长驿站”建设。

均衡有精度。

张家港聚焦城乡教育水平差距大等问题，大力实施《优质学校建设三年行动计划》，义务教育学校标准化建设达标率在苏州各板块中率先实现100%，优质学校比例不断提升，成为全国县域义务教育均衡发展的“张家港样本”。

创新张家港，细节无不在。

从城到人的创新底色

正向螺旋，是指一个层级走向更高的层级。在张家港，文明成为内生动力，螺旋效应不断放大，沙洲湖畔，一座市民书房成为文明城市共建共享的最新注脚。

张家港最好的“湖景房”是首个市民捐赠图书馆——沙洲湖益空间·源书房，5000余本图书全部由热心市民和爱心企业捐赠。每本书贴有独特的标签，提供给全体市民免费借阅。

坐拥270度湖景，源书房将阅读、办公、休闲、社交与文化有机结合，赋予公共文化服务更新底色、更暖特质、更强活力。

源书房里，涌动的是城市发展的原动力。

城与人，“双螺旋”。

2003年，一个匿名捐资助学的暖心故事，让“张闻明”成为张家港的文明符号。近20年过去，“张闻明”非但没有被这座城市遗忘，反而掀起了一场“人人都是张闻明”的市民文明实践修身行动。

“文明出行，有你才行”“文明养宠‘益’起来”“网聚正能量，争做好网民”……一个个具体的文明实践项目，让“张闻明”从符号变成行动，从现象变成群像，转化成有形的正能量、鲜活的价值观。

城与人，“双向奔赴”。

张家港腾退4平方千米的规划产业用地，拆除整治160多户畜禽养殖户和违章建筑，打造140万平方米的滨江亲水景观，让江海交汇第一湾——张家港湾成为市民亲江近水的“绿色流量担当”。

张家港市区河西南路，一间简洁通透的玻璃小屋人气很旺，这是让闲置旧物“为爱新生”的“美好杂货铺”。

这里没有收银员，只有一个捐款箱，每天有志愿者在店里轮班值守，将接收的市民捐赠物资登记、分类整理、标价上架，顾客自助购买。售卖所得会自动存入“美好基金”，专款专用，帮助困难家庭。目前，“美好杂货铺”共接收捐赠物资上万件，积攒“美好基金”6.9万元，帮助困难家庭41户。

“打造‘文明典范城市’，就要真正让群众成为参与文明典范城市创建的主力、主体、主角，并且在共享文明进步中成长。”张家港市委书记韩卫说。

创新可以改变原因，也可以改变结果，更可以改变模式。张家港用60年发展，彻底改变了这座城市的轨迹和模式。创新张家港，依靠所有人。当每个人把自己意志的“百炼钢”，化作对这座城市感情投入的“绕指柔”时，张家港就走向辉煌！

（摘自2022年8月27日《苏州日报》）

张家港：创新转型　争当高质量发展领跑者

郭　倩

创新是高质量发展的第一动力，转型升级是高质量发展的必然要求。今年是苏州张家港建县（市）60周年，站在动能转换的历史节点，该市正以“勇挑大梁”的使命感，一体推进科技招商和人才引进，推动产业数字化改造，全面提速创新转型步伐，在高质量发展的轨道上奋勇争先，书写县域现代化建设新答卷。

抓项目稳增长　科技招商加注创新动能

总投资15亿元的龙蟠科技高镍三元前驱体锂电池材料项目开工建设，老虎工业云平台、中鑫汽配等一批优质科技招商项目签约落地……近期，一批优质科技项目，如种子一般播撒在张家港高质量发展的沃土上。

重大项目是稳定经济增长的“压舱石”，科技招商是制胜未来的关键一招。今年以来，张家港高效统筹疫情防控和经济社会发展，围绕“4+4”重点产业链，狠抓科技招商“一号工程”，集聚重大项目“最强动力”，全力巩固经济回升向好趋势。

2月，江苏省重大项目、总投资30亿元的新点软件中央研究院项目培土奠基；3月，江苏省重大项目、总投资20亿元的国富氢能装备产业基地项目培土奠基；5月，德祺运动科技产业项目签约；6月，江苏省重大项目、总投资超100亿元的大族激光区域总部基地开工……

在项目建设过程中，张家港坚持项目“全周期”服务理念，发挥“诉求迅速响应”“重大事项会办”等机制作用，以服务效率的提升带动项目建设的提速。

上半年，位于凤凰镇凤邦智创园的苏州高之仙自动化科技有限公司实现销售额超1.5亿元，远超2021年全年的销售额。“项目还没落地，凤凰镇就为我们协调了3000平方米载体作为项目启动和孵化的空间，鼓励我们将有限的资金全部投到项目研发上，公司获得了喜人的发展。”该公司生产负责人张艳召感慨地说。

今年上半年，张家港108个新项目开工建设，新增667个科技招商项目，涵盖智能装备、新能源、生物医药等战略性新兴产业，持续做大做强科创型企业“蓄水池”，以科技项目之“进”支撑经济发展之“稳”。

产才融合　托举创新产业集群

当前，张家港坚持一体推进科技招商和人才引进，推动以产聚才、以才兴产、产才融合，实现人才集聚与产业发展“同频共振”，为争当高质量发展领跑者提供智力支撑。

位于保税区的菁英人才社区6月底迎来了第一批业主。“公寓安全又舒适，在租金上还给了一定的补贴，价格实惠。”奥斯佳新材料技术研究(江苏)有限公司研究院院长吴斌对人才公寓赞不绝口。

除各区镇自主备有人才公寓，目前张家港还有市级人才公寓356套。安居是乐业之本，张家港在人才安居上倾心倾力，足见招才引智“智”撑高质量发展的决心。

为广纳“产才融合”所需的创新创业领军人才、产业紧缺高层次人才、高技能人才等各类英才，张家港创新机制，优化科技人才项目认定模式，打开人才引进“绿色通道”。

作为全市首个创业A+类项目，欧电云信息科技并不是通过传统评审途径落户，而是通过资本投资于2021年6月被直接认定为张家港市领军计划人才项目。这是张家港人才直接认定机制中的一大通道，明确获得风创投机构投资的人才项目可以直接认定为市领军项目，最高可认定为A+类，并获得600万元项目资助。

不仅如此，今年初张家港探索采取“评投联动”模式，在原有的评审机制上融入更多市场元素，将更多获得资本青睐的科创类项目纳入到人才支持体系中去。

数字化改造　点燃高质量发展新引擎

数字化改造是制造业转型升级的必由之路，也是企业提质增效的关键之举，同时也为张家港“调轻、调高、调优”产业结构提供了强劲支撑。

作为张家港老牌头部企业，沙钢将智能化、数字化作为推动企业再发展、再升级的核心举措。步入如今的沙钢管控中心，1800平方米大厅里，九块电子大屏幕上动态显示实时监测画面，调度员轻点鼠标，通过一键发送指令，便完成与生产现场的调度协调。这些生产数据将通过生产调度等系统，向上对接数字化经营管理平台，向下对接各智能化、数字化产线，全面实现公司、分厂两级的数字化大生产调度。

据了解，张家港多措并举积极推进数字化改造：

——重项目扶持培育“新动能”。加大诊断服务力度，完成全市规上工业企业智能制造成熟度测评全覆盖；张家港市级财政每年拨付智能制造奖补资金2亿元左右，撬动企业数字化改造项目投入，近三年，张家港市数字化改造项目总投入累计超200亿元。

——重平台建设构筑“新优势”。深化“互联网+先进制造业”发展，联合腾讯率先建设县级市腾讯工业云基地；云平台获评省区域级重点工业互联网平台，并与100多家重点企业签订智能制造项目协议，引入风云、卓远等30家知名服务商，导入工业App超200个，降低中小企业上云门槛；实施中小企业“上云上平台”行动计划，发放“企业上云”信息券，累计带动1000多家企业核心业务系统和重点设备“上云上平台”。

——重技术应用打造“新模式”。加快推进5G新基建布局和技术应用，打造一批可复制可推广的5G场景应用典型案例；积极鼓励多家企业“走出厂门”，为中小企业提供指导、制定方案。

截至目前，张家港累计创建省级工业互联网标杆工厂、重点平台7家，省级示范智能工厂3家，省级示范智能车间78家。2022年，张家港计划全年实施数字化改造项目1200个以上，全面提升企业数字化、网络化、智能化水平，更好地促进和支撑经济社会高质量发展。

（摘自2022年8月26日《经济参考报》）

引才新政边际效应递减 张家港如何打造人才高地

钱贺进

创新之道，唯在得人。在统筹疫情防控和稳住经济大盘的紧要关口，城市间的人才竞争已悄然上演。对比多地，引才政策大同小异、彼此趋同，“不差钱”的引才新政所产生的边际效应逐渐降低。面对人才竞争内卷化和县域能级相对不足的局面，江苏张家港如何开展人才工作？调研发现，张家港创新聚才理念，不断探索引才新路径，优化创新创业生态，涵养敬才爱才文化，推动人才集聚引领创新转型的效应逐步显现。

创新聚才理念　探索引才新路径

60年，从苏南荒僻的“边角料”到长期位列全国县域百强前三甲，张家港的每一步发展都镌刻着各类人才的奋斗足迹。如今站到了新旧动能转换的历史节点，如何优化人才结构支撑城市创新转型，成为张家港必须解决的深层次问题。

“区域的竞争、城市的竞争，最关键还是人才的竞争。张家港坚持把人才作为创新发展的‘第一资源’，立足‘以产聚才、以才兴产、产才融合’，一体推进科技招商和人才引进，实现人才集聚与产业发展‘同频共振’。”张家港市委书记韩卫说。

立足“打破围城、唯才是举”理念，张家港在识才选才过程中，着力破除“四唯”倾向，实施“智汇港城”人才工程，综合考察人才资质，广纳“产才融合”所需的创新创业领军人才、产业紧缺高层次人才、高技能人才、资本金融与社会事业人才等各类英才。针对人才计划各自为政、区域壁垒凸显的问题，张家港创设“异地人才贯通机制”，对在科技发达地区获评高企、人才计划称号的，免去评审环节，直接跨区域认定。

同时，张家港将视野拓展到全球，为创新发展引入国际化人才，与比利时创新创业基地、海外知名校友会、引才顾问等建立深度合作机制，提高海外人才引进比例。

坚持“产才融合、靶向引才”理念，张家港发力重点领域，打通“图谱式”引才路径。不搞“一箩筐”式“抢人大战”，而是聚焦特色半导体、新能源、智能装备及先进高分子材料等产业创新集群，绘制上下游企业图谱、企业人才需求图谱、合伙人“朋友圈”图谱“靶向引才”。

张家港为先进特色半导体设立人才项目专项评审，打开“绿色通道”。10年时间，“靶向引才”显现产出效应，当地先进特色半导体产业从无到有、从散到聚，全市120余家半导体企业中，93家为人才企业，占比近80%，涌现出多维科技、能华微电子、锴威特等细分领域标杆型企业。

突出“创新机制、市场引才”理念，张家港加快市场化、专业化招才引智进程。“引才不能靠单打独斗，张家港充分发挥市场配置资源、匹配人才的作用，让政府从台前转到幕后，建设市场化引才平台与主体，让‘无形的手’发挥更大作用，最大限度地激发人才工作的活力。”张家港市委常委、组织部部长朱艳说。

探索人才项目认定“放管服”改革。张家港推出“人才举荐、区镇推荐、企业认定”三项机制，下放项目认定权限至深耕本市的领军人才、区镇板块以及企业用人主体，充分发挥其在人才培养、引进、培育、评价中的积极作用，引才的实效性、人才与企业的获得感得到明显提升。

激发社会化引才活力。张家港社会化招才引智管理办法，按照“谁掌握资源就和谁合作”的思路，面向全球的引才平台“揭榜挂帅”，汇聚最优质引才机构。同时，实施阶梯式引才奖励政策，对引才成效突出的机构授予“伯乐”称号并给予最高50万元奖励，由此提高引才合作黏合度，已吸引12家知名引才机构合作签约。“以才引才”战略推行多年也是成果丰硕，如江苏省“双创计划”人才、聚晟科技董事长彭程落户10年来，为当地推荐数百个人才项目，11位人才落户，10个项目成功签约。

创新开展“嫁接引才”。张家港积极推动人才项目与本土规模企业合作，以人才的“技术、视野、项目”和本土企业的“资金、场地、管理”的优势互补，提高人才创业成活率，助推本土企业转型升级。目前已有80多位领军人才与当地企业进行嫁接，国家级重大人才计划专家、海归博士朱廷刚就凭借国际领先的氮化镓应用技术，与当地的海陆重工嫁接成功，创办江苏能华微电子科技发展有限公司，在氮化镓功率器件领域取得多项重大突破,2021年实现销售1.35亿元。

截至2021年年底,张家港人才资源总量41.06万人,高层次人才3.78万人,领军型创新创业人才突破1000名,双创人才资源总量列全省第一方阵。2021年,全市人才企业实现营收90.9亿元,比上年增38.1%,纳税3.95亿元,同比增长75.6%。

聚力要素保障 优化人才创新创业生态

"2014年回国创业,经历了无数挫败,是张家港这片热土让我倍感温暖。"说起创业历程,万众一芯生物科技有限公司董事长胡文闯感慨万千。如今,这家将半导体传感技术应用于水质检测和基因测序领域的企业,已完成四轮融资,入选全国百强创新医疗器械企业榜。

迈入招才引智比拼城市内功的新阶段,张家港深感"留才比引才更重要",重点在产业空间、平台载体、要素供给等方面狠下"绣花功夫",以创新创业的发展生态厚植人才扎根成长的沃土。

——培育优势产业集群,为人才搭建施展才华"大舞台"

2022年一季度,张家港新兴产业和高技术产业投资按下"快进键",增速位居苏州县市第一。张家港把产业强链作为"关键一招",聚焦"4+4"重点产业链,推进"引增量、锻长板、补短板、强企业"四项工程,完善产业链"图谱",加快引进关键节点型项目,推动重点产业链高质量发展,力争在"十四五"期间形成5个千亿级、若干个百亿级产业集群。

人才紧跟产业走,产业依靠人才兴。张家港"以产聚才、以才兴产、产才融合"这张人才工作名片,推动产业集聚人才的"蓄水池"持续扩容、人才引领产业的"新格局"加速形成。

——建设高水平科创载体,为人才企业提供"一站式服务"

"我也曾到几个城市考察,却对张家港留创园一见钟情。"上海骥翀氢能科技有限公司董事长付宇坦言,"留创园的设施与服务完善,对于我们成长有极大支撑。公司已完成产品调试,正在建立批量生产线,预计今年实现销售5亿元。"位于经开区的留学生创业园,是国家级科技企业孵化器、省部共建留创园,建筑面积约74万平方米,构建了"苗圃—孵化—加速—产业化"全生命周期的科技创业孵化链,可满足人才项目初创、中试、产业化等各阶段对场地与公共服务的需求。

张家港明确专业化、服务型、高品质载体建设目标,已建成以十大新型研发机构、超100万平方米孵化载体为代表的"创新矩阵"。"十四五"期间,张家港将实施科创孵化载体"8521"行动,围绕8条产业链,新增科创孵化载体超260万平方米,同时将海外离岸和国内飞地相结合,链接全球科创资源,新建10家飞地科创孵化载体。

——培育优质金融生态,为人才企业提供多元化融资方案

对于手握技术、项目的人才来说,创业创新面临的最大难题无疑是资金。张家港推出的"人才贷"单笔最高可达3000万元,针对市级及以上人才项目和个人给予无抵押、无担保、纯信用贷款;并联合金融机构开辟"人才贷"绿色审批通道,最快3天放款。2021年"人才贷"贷款余额总量达46.3亿元,同比翻番。

同时,张家港积极链接风创投、银行等资本资源,加快培育金融新业态,以活跃的资本市场服务人才项目。5月20日,总规模15亿元、首期出资2.5亿元的张家港人才一号母基金发布,该基金以"评投联动""拨投联动""投贷联动"等市场化形式,为人才项目和科技招商项目提供多元化融资解决方案。

——实施"攀峰计划",打通人才企业上市"服务链"

针对人才企业"有高原无高峰"的痛点,张家港于去年启动了"攀峰计划",首批遴选出37家有形态、有市场、有潜力的人才企业,助力人才企业上市。

"'攀峰计划'除了资金支持,更重要的是在募资、金融、引才方面给予全方位的辅导和帮助,让我们可以专心致志搞研发、拓市场。"丰倍生物董事长平原说,企业投资10.8亿元打造的丰倍生物环保新材料项目已开工建设,正朝着2022年实现IPO上市的目标发起冲刺。

"攀峰计划"在上市募资、研发、金融、引才等方面给予人才企业最高4700万元集成支持,对于遴选出的重点人才企业,集中资源、力量"一企一策"精准支持。目前已实现富淼科技上市科创板、清能股份子公司海易森登陆纳斯达克,人才企业引领创新发展的示范效应初步显现,3年内还将争取推动5家以上人才企业登陆资本市场。

礼遇人才 涵养敬才爱才文化

尚贤者,政之本也。着眼于"人",张家港崇尚平等待才,集成政策优势,统筹"人才乐居"举措,解人才之"后顾之忧",让礼遇人才蔚然成风。

——礼遇人才的诚意在尊爱上"平等相待"

聚焦技能人才提升。张家港加快培养适应产业发展需求的技能型人才,实施职业技能提升行动,计划三年内新增高技能人才3.8万名;出台紧缺人才激励政策,引导用人主体加大对紧缺人才的自主培养力度。

聚焦重点产业育才。推进企业技能人才自主评价,以灵活的评价机制激发人才提升积极性,已有232家技能等级评价备案企业,9家第三方技能等级评价机构。同时深化"G42⁺"重点民营企业人才人事综合改革,给予人才人事政策集成支持,鼓励、推动企业改革创新。如沙钢集团作为江苏省首批12家单位,9人入选省第六期"333工程"培养对象,获评江苏工匠1名、省企业首席技师2名、省首批特级技师1名。

聚焦创新创效发力。张家港以产教融合为抓手,组建全省首家应用技术人才培养校政企业工作联盟,建成高技能人才公共实训基地及技能大师工作室25家,近400家企业与128家高校建立合作关系。目前,全市拥有高技能人才总量11.2万人,占技能劳动者比例38.2%。

——礼遇人才的支撑在于政策上"全面支持"

引才重在留才,留才重在留心。张家港推出的"人才

礼遇办法”干货十足：人才在港可享受安家落户、薪酬补贴、子女入学、医疗保健、配偶就业等12项礼遇。张家港将企业需求量最大的紧缺实用人才，包括本科生、产业紧缺人才、技能人才等纳入政策扶持范畴，通过租房补贴、购房补贴和薪酬补贴等方式，助力企业更好引才聚才。

锚定“人才礼遇之城”目标，张家港先后出台《张家港市人才礼遇办法》《张家港市人才礼遇分类认定实施细则》，发布“创无忧”服务礼包，以城市之名给“人才安居”全方位礼遇。

针对疫情冲击，2022年4月张家港又出台人才企业“关爱九条”，在减轻经营负担、建立纾困体系、加强关怀激励等方面细化、深化服务，给企业“雪中送炭”：3个月内拨付各类项目资金2170.9万元，减免载体租金1029.8万元，协调金融机构优先发放人才企业专项贷款近1亿元，用真情实意与人才企业共渡难关。

——礼遇人才的核心在于服务上“紧贴需求”

真诚礼遇，还要“紧贴需求”的服务。张家港以构建“六个一”紧贴式服务体系为基础，全面推行人才服务“在你身边”品牌，即打造一个云上服务平台、开辟一条专属服务通道、组建一支助企服务团队、打造一个示范服务窗口、链接一根专业服务纽带、众筹一批攀峰服务项目。

以创业服务联盟为例，该联盟是张家港市专业服务纽带的重要一环，聚焦金融、财税等领域，遴选20余家专业服务机构，组成涵盖知识产权、海外猎头、会计等领域专业人才的“军师联盟”，为人才创业提供智囊服务。今年以来，围绕企业知识产权管理、财税新政解析等人才迫切关心的话题，开展“人才企业赋能课”主题讲座28期，惠及人才800余人次；建立人才企业产业化推进联席会议制度，围绕“投融资、生产要素、市场拓展”等关键词，列出需求清单，采取“立项销号”的方式，组建人才服务专员队伍登门服务，累计服务人才企业500余家。

张家港还开通了“12345”港城“尚贤”人才专席，整合“今日张家港”App、“人才张家港”微信公众号与小程序、“领军人才服务”网页端等载体平台，实现“五位一体”数据互通、服务共享，并为高端人才创设话务直通“VIP名单”，免等待安排座席对接，建立人才诉求快办机制，让人才生活工作舒心便利。此外，张家港积极抢抓海外人才回流窗口期，增设“尚贤”外语专席，全面提升海外人才的体验度。

2019年至今，张家港认定的1686名6类高层次人才，266人获得购房补贴，补贴总额7921.43万元；384人获得租房补贴，补贴总额437.24万元；落实高层次人才子女入学、配偶就业、健康体检、保险保障、生日关怀等生活待遇1837人次。“千金何足惜，一士固难求”，持之以恒地敬才爱才在潜移默化中，不断涵养张家港“崇尚创新、重视人才”的城市文化。

（摘自2022年8月22日《新华社高管信息·江苏》）

让黄金岸线发挥黄金效益
——江苏苏州张家港绿色发展纪实

苏 雁

作为沿海和长江两大经济开发带交汇处的新兴港口工业城市，张家港拥有80.4千米长江岸线，占江苏全省长江岸线总长约为18.6%。党的十八大以来，张家港践行“绿水青山就是金山银山”的理念，切实扛起“长江大保护”的责任担任，退岸线、转方式、调结构、增动能，“绿色颜值”与“金色产值”共生共赢，推动沿江经济社会实现高质量发展。

壮士断腕 绿色转型赢来更多发展机遇

水面扬起悠长的汽笛声，一艘满载货物的轮船缓缓驶进张家港市沙钢海力码头。待船停稳后，船员随即将电缆吊至码头平台，接入岸电接口充电。船主向记者介绍，“现在船停泊时用上了码头岸电，不再靠自身柴油发电，节省费用的同时减少了污染。同时通过连续卸船机直装直取、连续封闭式输料，提升卸货效率，也大大降低了码头工人的劳动强度”。

沙钢海力码头拥有7.8千米长的码头岸线，对外开放码头12座，泊位20个，年吞吐能力超8000万吨。近年，码头采用符合国家清洁运输标准的LNG新能源车辆，在物资转运、成品运输、工程机械等全领域，实现了码头“绿色运输”。2021年底，沙钢海力码头获评四星级“江苏绿色港口”。

沙钢海力码头的节能发展模式，是张家港绿色发展的一个缩影。“十三五”期间，张家港市全面完成上级下达的钢铁行业化解过剩产能任务，共计压减钢铁产能235.82万吨。完成平板玻璃去产能任务1014万重量箱，占全省和全苏州玻璃去产能总量的100%。

“产业发展必须与生态保护齐头并进。要把创新作为发展的第一动力，加快推动产业‘调轻、调高、调优’，打造新时代创新驱动高质量发展的全国县域典范。”张家港市委书记韩卫表示。

面对诸多挑战，张家港坚定不移走绿色发展之路。2017年，张家港以壮士断腕的决心，在省内率先整建制关停距长江仅4千米的东沙化工园，成为江苏产业转型升级的典型。

“腾笼换鸟”腾出的近3000亩建设用地，转型发展“江南智能制造产业园”，逐步形成智能装备、新兴材料产业集群。产业园管理办副主任徐晋介绍：“预计到2023年，园区总产值达到60亿元，亩均效益为原先2倍以上。通过绿色发展，使长江边的黄金岸线真正发挥黄金效益。”

制造业实力雄厚的张家港，正在全力谋求“轻装上阵”。今年一季度数据显示，张家港新兴产业和高技术产业投资增速位居苏州县市第一，为全市新旧动能转换和长江保护注入了不竭的动力。

还江于民　生态“蝶变”绘乡村新图景

清晨，永兴村村民朱正山撑起小船，巡查村内24条河道的卫生状况。放眼望去，江边绿树掩映，一派江南风光。“心情舒畅！我们村紧靠长江，但在三年前，部分‘散乱污’工厂、养殖场污染了环境，别说散步，走过都要捂鼻子。”说起身边的变化，朱正山十分感慨。

永兴村坐落在“张家港湾”生态湿地公园核心区，村域河道与长江相连。提起“张家港湾”，村民们纷纷竖起大拇指，直夸政府实施张家港湾生态工程建设“了不得”。

“张家港湾是长江江海交汇的第一道湾，上起老沙码头，下至段山港，全长约12千米。”德积街道党工委宣传委员王演告诉记者。2019年，张家港市将9公里生产岸线全面调整为生态岸线，实施百年江堤提升、水产养殖清理、生产岸线腾退、道路交通优化、生态环境修复等“五大提升工程”，打造“最美江滩、最美江堤、最美江村、最美江湾”。

张家港湾生态提升工程于2021年7月入选联合国可持续发展项目优秀案例。如今，像永兴村这样的沿江村庄随之迎来了发展新机遇。

“以前家家户户在江边养鸭，随着‘长江大保护’战略的深入实施，我们村拆除了养鸭棚，围绕‘看得见江水，记得住乡愁，听得到红色故事’的江畔文化主题，发展乡村旅游。”永兴村党总支书记黄学贤介绍。实施张家港湾生态提升工程后，永兴村锚定“生态立村”战略，打造江南风味浓厚、长江风情突出的新型文旅体验基地，总投资约5000万元的江湾农文旅项目预计在明年年底竣工。

农文旅融合发展之路，不仅富了村集体，也鼓了村民的腰包。不打鱼了，村民余红兴承包下400余亩农田，成立了农业公司发展有机农业；朱正山和同村的几名老渔民一起，承包了村域河道的疏浚清理；原先江滩边的养鸭大户李雪军，种起了葡萄，打算在村里办农家乐。“长江的负担太重了！以前的挣钱法子都难以持续。如今吃的是‘生态饭’，发展前景好，这样的饭碗端着踏实！”李雪军说。

文化交流　凝聚“长江大保护”共识

“号子声中，父亲的船儿，夜色中靠上码头，母亲会赶紧端上小鱼黄豆，温一壶黄酒……”在去年的长江文化节舞台上，音诗画表演《长江号子》触动了张家港人的乡愁。市民宋小惠说：“小时候经常听爷爷讲起在长江边打鱼的故事。长江号子响起，勾起了几代人浓浓的乡愁。张家港人的根与长江紧紧相连。”

“新时代的长江保护也是一项文化工程，要促进长江文化创造性转化、创新性发展，从文化的深度改变人们看待长江的方式，凝聚起‘长江大保护’的共识。”张家港市委副书记、市长蔡剑峰说。

走进张家港博物馆，一场长江流域非遗金属工艺主题展正在布展，即将于8月28日作为2022长江文化节重要活动之一亮相。届时，策展人将带领全网观众线上沉浸式云游展览，感受长江流域金属工艺文化的非凡魅力。

“此次展览汇集了沿江13省（区、市）的179件（套）展品。”张家港博物馆副馆长陈洁说。

早在2004年，张家港就以“长江文化”之名发出邀约，携手沿江13个省（区、市），举办长江文化节庆活动，至今已走过19个年头。长江文化节全力推动文旅资源融合共享、长江风情交汇碰撞，被誉为“县级市扛起了弘扬长江文化的大旗”。800余支群众文艺团队演出1万余场，河阳文化等张家港本土文化与长江流域的多彩文化交织融合。

由文化生发共鸣，“长江大保护”理念在港城深入人心。依托沿江文明实践站点，张家港志愿服务团队以长江生物科普、水环境监测、非遗文化保护等主题，策划多样化志愿服务活动，用“志愿红”守护长江美。

酷暑挡不住志愿者们的热情。近日，江苏科技大学张家港校区的学生们穿上红马甲，以法治宣传志愿者的身份去“巡江”。志愿者们表示：“长江既属于历史和当下，也属于子孙后代。居于历史与未来之间的我们，有责任将‘母亲河’呵护好。”

（摘自2022年8月24日《光明日报》）

整治后的东沙化工园　（南丰镇　提供）

【编辑　陆文琰】

附 录

Appendices

凤凰湖生态公园　（徐卫元　摄）

2022 年经济和社会发展统计

社会调查

报告和文件选录

组织机构及其负责人名录

張家港年鑑(2023)

2022年经济和社会发展统计

表93

2022年张家港市行政区划、面积、人口一览表

项　目	单　位	数　值	项　目	单　位	数　值
一、行政区划			全市户籍人口当年出生数	人	3863
镇人民政府	个	7	户籍人口出生率	‰	4.17
街道办事处	个	3	全市户籍人口当年死亡数	人	7708
常阴沙现代农业示范园区	个	1	户籍人口死亡率	‰	8.31
双山香山旅游度假区	个	1	户籍人口自然增长率	‰	-4.15
村民委员会	个	144	年内迁入人口	人	3134
社区居民委员会	个	121	其中：省内迁入	人	1232
二、全市总面积	平方千米	986.73	省外迁入	人	1902
不含长江水域面积	平方千米	791.52	年内迁出人口	人	1203
三、全市总户数	万户	31.58	其中：迁往省内	人	414
全市户籍总人口	万人	92.73	迁往省外	人	789

表94

2022年张家港市地区生产总值一览表

单位：亿元

项　目	2022年数值	按可比价计算比上年增长率（%）	项　目	2022年数值	按可比价计算比上年增长率（%）
地区生产总值（当年价）	3302.39	1.30	工　业	1559.09	1.10
一、按产业分			建筑业	113.38	—
第一产业	30.60	2.70	批发和零售业	328.69	-7.60
第二产业	1671.11	0.90	交通运输、仓储和邮政业	100.84	5.40
第三产业	1600.68	1.70	住宿和餐饮业	30.41	-11.40
二、按行业分			金融业	319.08	11.10
农、林、牧、渔业	34.75	3.10	房地产业	188.83	-1.00

表95

2022年张家港市平均每日数据表

项　目	单　位	数　值	项　目	单　位	数　值
一、每天创造的财富			工农业总产值	万元	164381
地区生产总值（当年价）	万元	90477	其中：农业总产值	万元	1557

续表95

项　目	单　位	数　值	项　目	单　位	数　值
规模以上工业总产值	万元	162824	农用化肥	吨	1043
公共财政预算收入	万元	6002	食用油	吨	4341
社会消费品零售总额	万元	21626	乳制品	吨	106
进出口总额	万美元	12787	饮料酒	千升	137
其中：出口总额	万美元	5587	粮食	吨	607
全社会用电	万千瓦小时	8816	水产品	吨	—
其中：城乡居民人均生活用电	千瓦小时	3.52	出栏生猪	头	81
固定资产投资完成额	万元	14934	出栏家禽	羽	694
商品房销售面积	平方米	6201	三、每天人口变动		
二、每天主要产品产出			出生人数	人	11
钢材	吨	105783	死亡人数	人	21
铜材	吨	23	迁入人数	人	9
水泥	吨	8556	迁出人数	人	3

表96　**2022年张家港市农、林、牧、渔业总产值和增加值一览表**

单位：万元

项　目	总产值	增加值	项　目	总产值	增加值
合　计	568182	347509	其中：水果	137618	—
一、农业	360107	248721	二、林业	55440	29696
1. 谷物及其他作物	70133	—	三、牧业	35445	13429
其中：谷物	63797	—	其中：牲畜饲养	21680	—
豆类	1309	—	猪饲养	9741	—
油料	1201	—	家禽饲养	3485	—
棉花	—	—	四、渔业	27763	14130
2. 蔬菜园艺作物	151756	—	其中：鱼类	22564	—
其中：蔬菜	144982	—	甲壳类	5059	—
3. 水果、茶作物	138018	—	五、农、林、牧、渔服务业	89427	41533

表97

2022年张家港市农作物播种面积和产量一览表

作物名称	面积（千公顷）	总产量（吨）	作物名称	面积（千公顷）	总产量（吨）
农作物总播种面积			二、经济作物	10.58	—
一、粮食作物	31.42	221429	1.棉花	—	—
1.夏收粮食	14.18	70972	2.油料	0.88	2275
其中：小麦	14.01	70610	其中：花生	0.09	213
蚕豌豆	0.17	362	油菜籽	0.78	2047
2.秋收粮食	17.24	150457	3.甘蔗	—	—
其中：稻谷	16.24	147013	4.药材	0.03	—
薯类	0.11	728	5.蔬菜	8.93	263313
豆类	0.69	1766	6.瓜果	0.74	24816
玉米	0.20	950	三、其他作物	2.10	—

表98

2022年张家港市工业总产值一览表

单位：万元

项　目	数　值	项　目	数　值
规模以上工业	59578203	3.按登记注册类型	
1.按轻重工业分		国有企业	67805
轻工业	11861964	集体企业	2940
重工业	47716238	股份合作制企业	2089
2.按企业规模分		有限责任公司	12294560
大型企业	24315888	股份有限公司	827042
中型企业	15515661	私营企业	27975186
小型企业	18619890	港澳台投资企业	4494701
微型企业	1126764	外商投资企业	13904528

表99

2022年张家港市规模以上工业企业主要产品产量一览表

产品名称	单　位	数　值	产品名称	单　位	数　值
发电量	亿千瓦小时	280.14	服装	万件	17218.86
小麦粉	万吨	22.77	农用氮、磷、钾化学肥料（折纯）	万吨	38.06
大米	万吨	5.82	化学农药原药（折有效成分100%）	万吨	0.70
饲料	万吨	302.33	化学纤维	万吨	43.30
精制食用植物油	万吨	158.43	橡胶轮胎外胎	万条	465.07
乳制品	万吨	3.86	水泥	万吨	312.31

续表99

产品名称	单　位	数　值	产品名称	单　位	数　值
饮料酒	万千升	4.99	钢化玻璃	万平方米	252.68
纱	万吨	30.37	钢材	万吨	3861.08
布	万米	7293.85	锂离子电池	万块	34911.11
印染布	万米	16048	自来水	万立方米	16621.00

表100

2022年张家港市规模以上工业企业分行业能源消耗情况表

单位:吨标准煤

行业名称	数　值	行业名称	数　值
总　计	25824062	非金属矿物制品业	174303
农副食品加工业	125106	黑色金属冶炼和压延加工业	18650642
食品制造业	5676	有色金属冶炼和压延加工业	56621
酒、饮料和精制茶制造业	4252	金属制品业	189671
纺织业	305148	通用设备制造业	41871
纺织服装、服饰业	23742	专用设备制造业	26933
皮革、毛皮、羽毛及其制品和制鞋业	1834	汽车制造业	42149
木材加工和木、竹、藤、棕、草制品业	729	铁路、船舶、航空航天和其他运输设备制造业	4005
家具制造业	591	电气机械和器材制造业	48332
造纸和纸制品业	46438	计算机、通信和其他电子设备制造业	80762
印刷和记录媒介复制业	21892	仪器仪表制造业	2239
文教、工美、体育和娱乐用品制造业	11992	其他制造业	1408
石油、煤炭及其他燃料加工业	1010	废弃资源综合利用业	23699
化学原料和化学制品制造业	2178838	电力、热力生产和供应业	3311605
医药制造业	7388	燃气生产和供应业	681
化学纤维制造业	248364	水的生产和供应业	8465

表101

2022年张家港市外向型经济主要指标一览表

项　目	单　位	数　值	项　目	单　位	数　值
一、进出口总额(海关数)	万美元	4667200	四、注册外资及港澳台资	万美元	69690
其中:三资企业	万美元	—	其中:保税区	万美元	33120
保税区	万美元	2313635	五、到账外资及港澳台资	万美元	90781
二、出口总额	万美元	2039268	其中:保税区	万美元	31068
其中:三资企业	万美元	—	六、新批境外项目投资数	个	24
保税区	万美元	476436	七、中方协议投资额	万美元	37198
三、新批三资企业	家	62	八、完成实际投资额	万美元	70967
其中:保税区	家	23	九、逐年累计批办三资企业数	家	1082

表102

2022年张家港市社会消费品零售总额分布情况表

单位：万元

区镇	社会消费品零售总额	占比（%）	区镇	社会消费品零售总额	占比（%）
合计	7893437	100.00	乐余镇	353353	4.50
保税区（金港、后塍、德积街道）	776084	9.80	凤凰镇	307985	3.90
经开区（杨舍镇）	5023662	63.60	南丰镇	271174	3.40
冶金园（锦丰镇）	486050	6.20	大新镇	155675	2.00
高新区（塘桥镇）	429515	5.40	常阴沙现代农业示范园区	89939	1.10

表103

2022年张家港市全社会固定资产投资完成情况表

单位：万元

项目	合计	项目投资	房地产
总　计	5450841	3451646	1999195
一、按产业性质分			
第一产业	11940	11940	—
第二产业	2141316	2141316	—
第三产业	3297585	1298390	1999195
二、按建设性质分			
新建	3878636	1879441	1999195
扩建	835246	835246	—
改建	693919	693919	—
其他	43040	43040	—
三、按工程构成分			
建筑安装工程	3137106	1752983	1384123
设备工器具购置	1052876	1051961	915
其他	1260859	646702	614157

表104

2022年张家港市交通、邮电基本情况表

项　目	单　位	数　值	项　目	单　位	数　值
一、交通基本情况			省道	千米	159
1. 公路总里程	千米	1601	县道	千米	265
其中：高速公路	千米	72	2.公路桥梁	座/米	752/57251
一级公路	千米	247	3.航道通航里程	千米	425
二级公路	千米	728	4. 张家港口岸吞吐量	万吨	24371
其中：国道	千米	88	其中：外贸货物吞吐量	万吨	6428

续表104

项　目	单　位	数　值	项　目	单　位	数　值
港口集装箱运量	万标箱	85	其中：设在农村的局所	处	23
5.机动车总计	辆	517415	2.邮路总条数	条	47
其中：汽车	辆	504214	邮路总长度（单程）	千米	1354
摩托车	辆	8176	农村投递路线（单程）	千米	8765
二、邮政、电信基本情况			3.邮政业务总量	万元	133283
1.邮政局所总数	处	34	4.电信业务总收入	亿元	21.77

表105

2022年张家港市预算内财政收入、支出情况表

单位：万元

项　目	数　值	项　目	数　值
一、财政收入合计	5111875	（12）专项收入	87456
1.一般公共预算收入	2190735	（13）国有资源有偿使用收入	319454
（1）增值税（50%部分）	577762	（14）行政性收费收入	27343
（2）企业所得税（40%部分）	449958	（15）其他收入	83705
（3）个人所得税（40%部分）	131164	2.基金收入	1443587
（4）城市维护建设税	104031	3.中央级财政收入	1477553
（5）房产税	107261	（1）国内消费税	9770
（6）印花税	51087	（2）增值税（50%部分）	596100
（7）城镇土地使用税	31081	（3）企业所得税（60%部分）	674937
（8）土地增值税	48641	（4）个人所得税（60%部分）	196746
（9）车船税	19728	二、财政支出合计	3955163
（10）耕、契两税	118665	1.一般公共预算支出	2301534
其中：耕地占用税	7173	2.政府性基金支出	1653629
（11）罚没收入	25056		

表106

2022年张家港市金融机构人民币信贷收支情况表

单位：万元

项　目	数　值	项　目	数　值
一、各项存款	50064966	（2）定期及其他存款	15648768
（一）境内存款	50003895	2.非金融企业存款	23001907
1.住户存款	20771510	（1）活期存款	5552049
（1）活期存款	5122742	（2）定期及其他存款	17449857

续表106

项 目	数 值	项 目	数 值
3.机关团体存款	4185180	(2)中长期贷款	8489209
4.财政性存款	401010	其中:消费贷款	7567022
5.非银行业金融机构存款	1644289	经营贷款	922187
(二)境外存款	61071	2.企(事)业单位贷款	29856040
二、各项贷款	40865791	(1)短期贷款	11218607
(一)境内贷款	40859956	(2)中长期贷款	15543146
1.住户贷款	11003916	(3)票据融资	3004946
(1)短期贷款	2514707	(4)各项垫款	89341
其中:消费贷款	1216634	3.非银行业金融机构贷款	—
经营贷款	1298073	(二)境外贷款	5835

表107

2022年张家港市保险业务情况表

单位:万元

项 目	数 值	项 目	数 值
一、保费收入	738675	二、赔款和给付	196684
1.财产险	232022	1.财产险	121111
其中:企业财产险	11254	其中:企业财产险	4325
机动车辆险	163449	机动车辆险	94479
货物运输险	2362	货物运输险	414
家庭财产险	4597	家庭财产险	184
2.人身险	506653	2.人身险	75573
其中:寿险	383756	其中:寿险	45855

表108

2022年张家港市科技基本情况表

项 目	单 位	数 值	项 目	单 位	数 值
一、科技经费			1.科学技术奖获奖情况		
科学技术支出	亿元	18.45	省科学技术奖	项	4
占财政支出比重	%	8.00	2.专利情况		
二、高新技术			有效发明专利拥有量	件	9715
1.高新技术企业	家	955	当年有效发明专利授权量	件	1747
2.当年净增高新技术企业	家	103	四、技术贸易		
3.高新技术产业产值占规模以上工业总产值比重	%	38.94	1.签订各类技术合同	项	699
三、科研成果			2.技术合同成交额	亿元	122.69

表 109

2022年张家港市公务员人事情况表

单位:人

项　目	数　值	项　目	数　值
公务员总数	5164	(2)本科	3847
公务员年龄结构		(3)大专	489
(1)35周岁以下	1506	(4)中专	14
(2)36—45周岁	1598	(5)高中及以下	20
(3)46—54周岁	1484	在总数中:	
(4)55周岁及以上	576	(1)女性	1405
公务员文化结构		(2)少数民族	49
(1)研究生	794	(3)中共党员	4114

表 110

2022年张家港市学校基本情况表

类　别	学校(所)	毕业人数(人)	招生人数(人)	在校学生(人)	教职工(人)	专任教师(人)
合　计	182	54416	56898	225570	20501	15490
高　校	3	4563	5149	16697	720	501
中　学	50	19828	23839	67290	6727	5765
其中:初中	35	11911	14084	39865	3646	3058
高中	10	5092	6128	17210	1832	1645
职校	5	2825	3627	10215	1249	1062
小　学	40	14341	16252	100562	7083	5909
幼儿园	88	15664	11647	40764	5911	3268
特殊教育学校	1	20	11	257	60	47

表 111

2022年张家港市群众文化、广播电视、体育事业基本情况表

项　目	单　位	数　值	项　目	单　位	数　值
一、文化馆			馆办艺术团体	个	3
机构数	个	1	演出场次	场	155
分馆数量	个	32	观众人次	人次	238744
人均公共文化设施面积	平方米	0.63	二、广播电视		
文化网格服务点数量	个	1015	电视覆盖率	%	100
全市24小时图书馆驿站	家	53	电视节目	套	1
举办公益培训班人数	人次	28417	有线电视用户	万户	32.02
馆办老年大学	个	1	无线电视每周播出时间	小时	126

续表111

项　目	单　位	数　值	项　目	单　位	数　值
广播电台	座	1	其中：国家队	人	—
广播节目	套	1	省队、省体校	人	10
广播覆盖率	%	100	苏州市级训练单位	人	74
三、体育事业			在全国比赛中获得金牌	枚	1
体育系统从业人员	人	75	在省级比赛中获得金牌	枚	65
举办省级以上比赛	次	9	在苏州市级比赛中获得金牌	枚	72
年内输送运动员	人	84	体育社会组织总数	个	89

表112

2022年张家港市卫生机构基本情况表

项　目	单　位	数　值	项　目	单　位	数　值
一、卫生机构数	个	508	执业助理医师	人	649
1. 医院	个	38	（2）注册护士	人	4876
综合医院	个	20	（3）药师	人	640
中医医院	个	1	（4）技师	人	721
中西医结合医院	个	1	其中：检验师	人	427
专科医院	个	10	（5）其他	人	746
护理院	个	6	三、卫生机构床位数	张	9699
2. 基层医疗卫生机构	个	458	1. 医院	张	7652
3. 专业公共卫生机构	个	5	其中：综合医院	张	4136
4. 其他卫生机构	个	7	中医医院	张	912
二、卫生机构人员数	人	13897	中西医结合医院	张	700
其中：卫生技术人员	人	11746	专科医院	张	920
（1）医生	人	4763	护理院	张	984
其中：执业医师	人	4114	2. 基层医疗卫生机构	张	2047

表113

2022年张家港市前十位疾病死因以及比重一览表

位　次	合　计		男　性		女　性	
	死　因	构成比（%）	死　因	构成比（%）	死　因	构成比（%）
1	脑血管病	28.26	恶性肿瘤	32.97	脑血管病	32.26
2	恶性肿瘤	27.88	脑血管病	24.96	恶性肿瘤	21.71
3	心脏病	11.18	心脏病	9.94	心脏病	12.67
4	损伤和中毒	9.07	呼吸系统疾病	9.75	损伤和中毒	9.67
5	呼吸系统疾病	7.88	损伤和中毒	8.57	内分泌、营养和代谢疾病	7.20
6	内分泌、营养和代谢疾病	5.65	内分泌、营养和代谢疾病	4.36	呼吸系统疾病	5.63

续表113

位次	合计		男性		女性	
	死因	构成比(%)	死因	构成比(%)	死因	构成比(%)
7	神经系统疾病	2.18	神经系统疾病	1.85	神经系统疾病	2.58
8	消化系统疾病	1.80	消化系统疾病	1.71	消化系统疾病	1.89
9	精神和行为障碍	1.30	精神和行为障碍	1.09	精神和行为障碍	1.55
10	泌尿生殖系统疾病	0.73	泌尿生殖系统疾病	0.80	肌肉骨骼和结缔组织疾病	0.81

表114

2022年张家港市城镇非私营单位从业人员平均工资情况表

行业	平均工资(元/人)	行业	平均工资(元/人)
总计	123800	10.金融业	201905
1.农、林、牧、渔业	49453	11.房地产业	77591
2.采矿业	—	12.租赁和商务服务业	115330
3.制造业	112572	13.科学研究、技术服务业	181878
4.电力、燃气及水的生产和供应业	121412	14.水利、环境和公共设施管理业	127722
5.建筑业	88987	15.居民服务、修理和其他服务业	38576
6.批发和零售业	138478	16.教育	145481
7.交通运输、仓储及邮政业	113745	17.卫生和社会工作	171960
8.住宿和餐饮业	62148	18.文化、体育和娱乐业	116099
9.信息传输、软件和信息技术服务业	129653	19.公共管理、社会保障和社会组织	182387

表115

2022年张家港市居民人均可支配收入情况表

单位:元

项目	全体居民	城镇居民	农村居民
人均可支配收入合计	68681	80511	44245
一、工资性收入	42873	51578	24891
1.工资	40914	49445	23292
2.实物福利	561	553	579
3.其他	1398	1580	1020
二、经营净收入	7759	7597	8095
1.第一产业净收入	1429	1170	1966
2.第二产业净收入	2763	2713	2866
3.第三产业净收入	3567	3714	3263
三、财产净收入	8131	9854	4572
其中:利息净收入	1072	1167	876
红利收入	1542	1934	731
转让承包土地经营权租金净收入	243	74	592
出租房屋净收入	1990	1905	2165
自有住房折算净租金	2932	4352	—
四、转移净收入	9918	11483	6686

社 会 调 查

2022年张家港居民增收步伐稳　共同富裕质量高

2022年，张家港全市上下坚决贯彻落实党中央“疫情要防住、经济要稳住、发展要安全”的总要求，牢牢把握稳中求进工作总基调，科学统筹疫情防控和经济社会发展，紧紧锁定“共同富裕”目标，措施扎实、推进有力，切实保障居民收入稳定高质增长，同时在城乡差距再缩小、中等收入群体占比再提高、消费品质再优化、公共服务共享度再扩容等多方面亮点频现。

一、居民增收步伐稳健

（一）一个目标推进“好”

共同富裕是社会主义的本质要求，是人民群众的共同期盼，而居民人均可支配收入作为反映居民富裕程度的重要指标，也是一个地区富民水平成果的重要体现。一体化住户调查数据显示，2022年张家港市居民人均可支配收入68681元，比上年增3.9%。从居民收入和经济总量的增长情况来看，近五年，居民收入增长与经济增长基本同步，说明居民较好地共享经济社会发展成果，在共同富裕的道路上阔步前行。

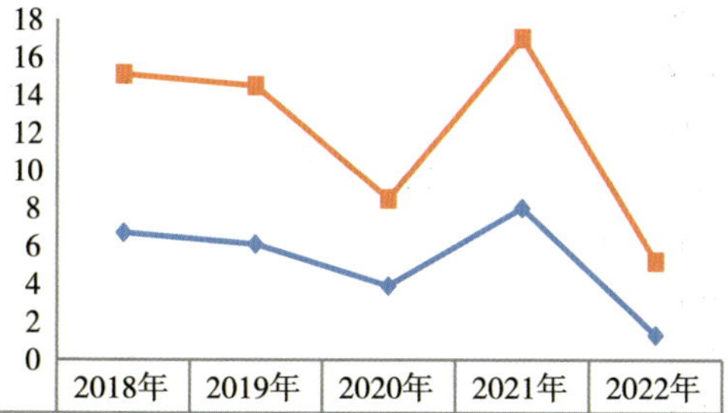

	2018年	2019年	2020年	2021年	2022年
收入增速(%)	8.4	8.4	4.6	9	3.9
GDP增速(%)	6.7	6.1	3.9	8	1.3

张家港市经济增长与收入增速（%）

（二）两维比较态势“稳”

1.横向比较：从收入绝对量来看，2022年张家港市全体居民人均可支配收入68681元，位居全省县级市第三，仅次于江阴市（70515元）和昆山市（70269元），分别是全国、全省平均收入水平的1.86倍和1.38倍。其中，城镇居民人均可支配收入80511元，位居全省县级市第二，仅次于江阴市（81418元）；农村居民人均可支配收入44245元，位居全省县级市第四，略低于江阴市（44993元）、昆山市（44583元）和常熟市（44308元）。从收入增幅来看，2022年，张家港全体居民人均可支配收入的增幅水平在苏州大市范围内排名第三，仅次于常熟市和吴江区，与苏州市平均增速持平，低于全省、全国均为1.1个百分点，增长态势总体良好；其中，农村居民人均可支配收入增幅呈现追赶态势，高于苏州平均水平0.2个百分点，位居苏州第二。

表116　　2022年苏州地区居民收入情况表

地 区	全体居民		城镇居民		农村居民	
	收入（元）	增幅（%）	收入（元）	增幅（%）	收入（元）	增幅（%）
苏州市	70819	3.90	79537	3.40	43785	5.50
张家港市	68681	3.90	80511	3.30	44245	5.70
昆山市	70269	3.50	80138	3.10	44583	5.10
太仓市	67392	3.90	79265	3.30	43725	5.50
常熟市	68421	4.10	80054	3.50	44308	5.50
吴江区	67879	4.00	79315	3.30	43551	6.00

2.纵向比较：从绝对量来看，近年来，虽受疫情影响，但张家港市居民人均可支配收入总量仍然呈现逐年增加态势。分阶段来看，2020年前，每年保持8%以上的增幅，年均增长9.5%，2020年后的三年，因疫情影响收入波动较为明显，但仍以5.8%的年平均增速增长，居民增收速度由快速增长转为中高速增长。

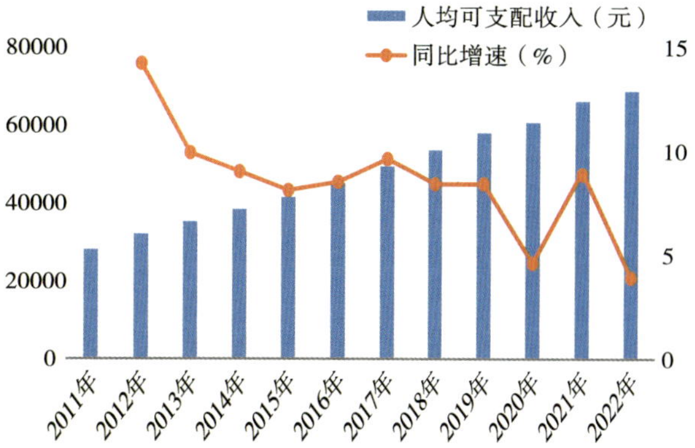

近年张家港居民收入情况

（三）三项比值显共“富”

1.城乡居民收入比再“缩小”。近年，张家港市加快农业转型升级步伐，扎实推进乡村振兴战略，拉动农村居民收入较快增长，城乡居民收入比逐年缩小。一体化住户调查数据显示，2022年，张家港市城镇居民人均可支配收入80511元，比上年增3.3%；农村居民人均可支配收入44245元，比上年增速高于城镇增幅2.4个百分点，达到5.7%。城乡居民人均收入比由上年同期的1.8619∶1缩小至1.8197∶1，城乡居民收入比差距进一步缩小。

表117　　张家港市城乡居民收入比一览表

指标	城镇		农村		城乡收入比
	人均可支配收入（元）	同比增速（%）	人均可支配收入（元）	同比增速（%）	
2018年	64055	8.20	32664	8.20	1.96
2019年	69243	8.10	35453	8.50	1.95
2020年	71805	3.70	37935	7.00	1.89
2021年	77939	8.50	41859	10.30	1.86
2022年	80511	3.30	44245	5.70	1.82

中等收入群体占比再“扩大”。根据国家统计局2019年1月关于中等收入设定标准（三口之家全年家庭可支配收入10万至50万元，即人均3.3万至16.6万元）界定，低于下限10万元的为“低收入群体”，高于上限50万元的为“高收入群体”。从住户调查数据看，2022年张家港市中等收入群体约占总人口的80%，分别较2021年、2020年同期占比提高3.2个百分点和8.8个百分点；低收入群体约占14.0%，占比较2021年、2020年分别下降4.3个百分点和11.2个百分点；高收入群体约占6.0%，占比较2021年、2020年分别提高1.2个百分点和2.5个百分点，呈现出“橄榄型”结构。

3.高低收入比再“缩小”。从收入五等分来看，2022年，张家港市低收入户人均可支配收入28983元，高收入户人均可支配收入153383元，高低收入比为由上年同期的5.4440∶1缩小至5.3004∶1。高低收入的比值缩小说明高收入群体与低收入群体的贫富差距正在缩小，共同富裕的步伐也在不断加快。

（四）四类分项全面“增”

2022年，张家港市全体居民人均工资性收入、经营净收入、财产净收入和转移净收入依次为42873元、7759元、8131元和9918元，比上年同期分别增长3.9%、1.8%、1.7%和7.6%。从收入占比来看，2022年，张家港市居民工资性收入在可支配收入中占比超六成，占62.4%，仍是拉动居民收入增长的最主要动力；转移性收入占14.4%，财产净收入占11.9%，经营净收入占11.3%。从增收贡献率来看，2022年，工资性收入、转移性收入这两项收入来源对居民收入的贡献率较为明显，贡献率分别达到62.2%和27.1%，是推动居民增收的重要因素。

表118　　张家港市居民四项收入情况表

指标名称	2022年（元）	占比（%）	2021年（元）	占比（%）	同比增速（%）	增收贡献率（%）
可支配收入	68681	—	66101	—	3.90	—
工资性收入	42873	62.40	41268	62.40	3.90	62.20
经营净收入	7759	11.30	7621	11.50	1.80	5.30
财产净收入	8131	11.90	7992	12.10	1.70	5.40
转移净收入	9918	14.40	9220	14.00	7.60	27.10

二、居民生活条件优渥

居民收入的稳定增长，为生活质量的整体改善提供了重要的经济基础，居民享受到了更多的改革成果与实惠，生活水平得到全面提升，消费品质再上新台阶，同时社会公共服务的水平不断改善升级，发展成果更多更公平惠及居民，在“切好蛋糕”方面做足了文章，实效显著。

（一）居民消费水平“升”

2022年张家港市居民人均生活消费支出为39660元，比上年增2.6%。其中，2022年城镇居民人均生活消费支出为44924元，较上年同期的44216元提高了708元，比上年增1.6%；农村居民人均生活消费支出为28786元，较上年同期的27234元提高了1552元，比上年增5.7%。近三年，受新冠疫情冲击，虽然居民消费潜力受限，但整体看来，居民消费水平仍保持稳定攀升态势。

近年张家港居民人均消费情况

（二）城乡消费比缩“小”

消费活动是经济活动的终点，一切经济活动的目的就是为了满足人们不断增长的消费需求；同时消费活动又是经济活动的起点，是拉动经济增长的动力之一，城乡消费比的不断缩小，一定程度上反映了城乡经济发展的差距也在不断缩小，城乡共富路步履坚实。一体化住户调查数据显示，近年，张家港市城乡居民消费比逐年缩小至2022年的1.5606∶1。

表119　　张家港城乡居民消费比一览表

年份	全体消费（元）	城镇消费（元）	农村消费（元）	城乡消费比
2018年	30816	35491	21645	1.6397 : 1
2019年	32817	37687	23108	1.6309 : 1
2020年	32179	37065	22265	1.6647 : 1
2021年	38644	44216	27234	1.6236 : 1
2022年	39660	44924	28786	1.5606 : 1

（三）居民消费品质“优”

1.基本型消费支出比重下降。近年来，居民收入不断攀升，生活水平显著提升，居民消费中用于解决“吃穿”的基本消费在居民人均消费支出中所占比重呈下降趋势，仅2020年受新冠疫情影响，交通通信、文娱服务等多种消费受到抑制，居民“吃穿”基本消费占比略有上升，其余年份均呈现下降趋势。2022年张家港市全体居民的食品烟酒、衣着支出占比32.1%，较上年同期下降0.3个百分点。

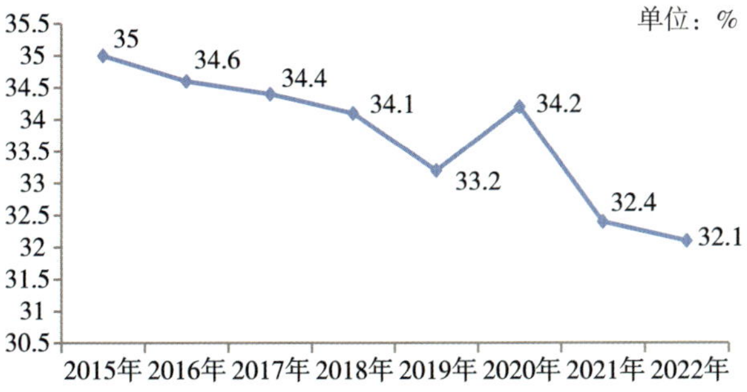

近年张家港市衣食占比

2.提升型消费支出比重增加。近年，居民消费能力进一步提升，消费需求层次提高，居住、教育、娱乐、文化等精神与服务方面的需求增加，发展型、享受型消费支出比重上升。2022年，张家港市全体居民享受型消费（居住、交通通信、文教娱乐服务、其他用品及服务）支出占比为57.3%，较2021年底占比提高0.3个百分点，其中城镇居民和农村居民享受型消费支出占消费支出比重分别为58.6%和53.4%，较2021年底提高0.4个百分点和0.2个百分点。

（四）公共服务共享“高”

1.教育优质均衡发展。教育是民族振兴的基石，教育公平是社会公平的重要基础，既关系国家的经济繁荣和社会进步，也关系到人心向背和民众福祉。教育部门相关数据显示，张家港市教育硬件、师资、效果都均衡发展，2022年年初，全市各类学校177所，在校学生22.75万人，专任教师共计28908人，张家港市教坛新秀、教学能手、学科教改带头人及骨干教师3369人，占公办中小学幼儿园在编专任教师总数的31%，全市高考本科达线率、职校对口单招本科达线人数连续多年位居苏州前列。在2021年省教育现代化建设监测中，张家港市综合得分位居全省前列，列苏州市各县市第一。2020年，获评新时代首批“江苏省义务教育优质均衡发展县（区）”。

2.医疗卫生服务升级。从医疗保障制度来看，全市基本医疗保险参保人数为113.15万人（其中职工79.67万人，居民33.48万人），参保率99.8%；职工和居民医保政策范围内报销比例分别为89.53%和79.66%。从医疗硬件配备来看，全市拥有卫生机构502个，其中医院39所；医疗卫生机构人数1.3万人，其中卫生技术人员1.1万人，为全市居民享受医疗资源提供了有力的保障。从医疗补助覆盖面来看，2022年全市村（居）级医疗互助覆盖群众近60万人，累计补助1.5亿元。从便捷度来看，六大类慢病患者配药不出镇（区）比例达八成以上，异地就医门诊直接结算率为95%以上。

3.就业保障成效显著。就业是最大的民生，大国就业是大民生，张家港市委、市政府历来高度重视就业工作，将就业摆在“六稳”工作、“六保”任务之首，2022年在疫情形势不稳定的情况下，张家港市通过加大援企稳岗政策力度（发放稳岗返还金额1.49亿元）、多渠道促进高校毕业生就业、帮助困难群体就业、提升劳动者职业技能等多种方式，保障就业成效。人社部门数据显示，2022年张家港市全年新增城镇就业1.59万人，高校毕业生就业率97.78%。

三、居民增收逐年利多

利好1：中等收入群体逐年扩容

一体化住户调查数据显示，近年，中等收入群体占比已逐年提高至2022年的80.0%，扩大中等收入群体有利于构建“以国内大循环为主体、国内国际双循环相互促进的新发展格局”。由于低收入者的消费能力有限，高收入者的数量有限、边际消费倾向不高，因此中等收入者将承担较大部分的消费需求。中等收入群体是实现高质量发展和高水平生活良性循环的关键群体，扩大中等收入群体的规模有利于扩大内需，促进国内大循环的有效运转。

利好2：城乡融合齐力做大“蛋糕”

一方面打造乡村旅游重点村，促进一二三产融合发展，积极推动常北社区、双塘村等基本条件成熟的村（社区）创建省级乡村旅游重点村，打造豆腐坊、菊花酒、非遗集市等非遗特色旅游项目，突出特色化、差异化和多样化发展，助力全市乡村旅游提质升级，拓宽农民增收途径；另一方面开展地方名特优农产品品牌调研，不断推进凤凰水蜜桃、常阴沙大米区域共用品牌建设，加快实施苏州区域共用品牌提升工程，推行农产品标准化生产，不断提升绿色优质农产品比重，积极参加苏州市品牌博览会、农交会等活动，大力宣传推介提升品牌知名度，提高农产品附加值，带动农村居民增收。

利好3：惠民政策保障共享“蛋糕”

一是贯彻落实城乡低保调标政策。自2021年7月1日起，张家港市城乡最低生活保障标准由每月1045元提高到每月1095元，特困供养人员基本生活标准由每月1463元提高到每月1533元并实施差额补助，其他社会救助（补助）对象保障标准同步调整，同时根据《江苏省人力资源社会保障厅、省财政厅关于2022年调整退休人员基本养老金的通知》（苏人社发〔2022〕84号），相关部门落实好退休人员养老待遇调整工作，企业退休养老金由2021年同期每月2108元提高至2022年的每月2200元，比上年增4.3%。二是保障好“被征地”农民的安置工作，即实现被征地农民即征即保、应保尽保，切实保障被征地农民基本生活。三是发挥慈善事业对社会保障有效补充作用，推动“村级医疗互助”全覆盖。医疗保障局积极完善包含村（居）民医疗互助等在内的因病致贫帮扶政策体系，构筑起隔绝疾病“防火墙”，截至2022年11月，已实现全市建制村村级医疗互助项目全覆盖。

四、港城居民持续“共富”的几点建议

（一）注重经济转型升级，做大地区财富“蛋糕”

继续坚持把创新驱动作为转型升级的强大引擎、作为推动高质量发展的重要支撑，坚定不移地把推动“智改数转”作为企业提质增效、提升核心竞争力的重要抓手，促进产业结构“调轻、调高、调优”，充分发挥数字技术对经济发展的放大、叠加、倍增作用，以高质量发展带动和扩大就业，以产业转型、科技进步、节能减排等提高投入产出比，提高经济社会的精细化管理水平，全力助推张家港居民人均收入更上一层楼。

（二）完善收入分配制度，优选成果分配“蛋糕”

探索建立初次分配、再分配和第三次分配各环节互动互补的分配格局，切实提高低收入群体收入、扩大中等收入群体规模和调节高收入群体收入。一是理顺收入分配关系，加快建立并完善城乡统一的劳动力市场，建立科学的劳动力市场工资指导价位制度，健全企业职工工资正常增长机制。二是完善收入兜底保障，进一步完善最低工资标准调整机制，同时加大对低收入群体的转移支付。三是重视发挥“第三次分配”作用，营造更加良好的社会帮扶和助弱环境，促进慈善事业快速发展。

（三）全力提振消费信心，持续激活消费“活力”

一是为新型消费创造良好的发展环境，有序发展在线教育、在线医疗服务、智慧旅游等消费新业态。推动线上线下融合消费双向提速，充分激发后疫情时代的“宅经济”。二是引导当地实体企业更多开发数字化产品和服务，鼓励实体商业加快直播电子商务、社交营销等新模式的运用和发展，促进品牌消费、品质消费，拓展线上渠道，提升消费体验，促进消费提质扩容。三是加强数字人民币促消费应用，通过数字人民币红包等发放消费券，开展系列数字人民币促消费活动，打造数字人民币促消费品牌，更好发挥数字人民币精准激发居民消费潜力的积极作用。

（国家统计局张家港调查队）

张家港居民消费提质扩容　潜能释放尚存空间

近年，张家港市委、市政府出台系列政策措施，积极应对新冠疫情影响，加强基础设施建设，完善促进消费体制机制，鼓励消费新业态新模式。在宏观经济平稳运行、居民收入稳步提高、常住人口总量逐年增加等各类积极因素共同作用下，张家港居民消费持续扩容，消费结构继续优化，但也存在老龄化加剧、城镇化水平偏低、消费观念传统等问题，在释放消费潜力、激发市场活力方面尚存较大空间。

一、居民消费现状及特点

（一）居民消费持续扩容，农村居民消费增长快于城镇。2022年，张家港市居民人均消费支出39660元，比上年增2.6%，其中城镇居民人均消费支出44924元，比上年增1.6%；农村居民人均消费支出28786元，比上年增5.7%，比城镇居民增幅高4.1个百分点。

（二）消费结构逐渐优化。随着居民收入不断攀升，疫情形势逐渐好转，居民消费中用于解决“吃穿”的基本消费占比下降，在居住、教育、娱乐、文化等精神与服务方面的需求增加，发展型、享受型消费支出比重上升。一体化住户调查数据显示，2022年张家港市全体居民的食品烟酒、衣着支出占比32.1%，较上年同期下降0.3个百分点；享受型消费（居住、交通通信、文教娱乐服务）支出占比为54.6%，较上年同期提高0.1个百分点。

（三）居民消费潜力释放不及周边。2022年张家港市居民人均消费支出39660元，比上年增2.6%，从增幅看，消费增幅与苏州持平，在苏州五县市中，落后于常熟（3.2%），吴江（2.8%），位居第三；从绝对量看，低于苏州平均消费水平3229元，排名相对落后；从全市社会消费品零售消费情况看，全市社会消费品零售额798.34亿元，比上年减1.3%，降幅低于苏州（−0.2%）1.1个百分点，排名居苏州五县市下游。

表120　2022年苏州居民消费及社会消费品零售情况表

地区	居民人均消费		社会消费品零售总额	
	绝对量（元）	增幅（%）	绝对量（亿元）	增幅（%）
苏州市	42889	2.60	9010.71	−0.20
吴江区	42941	2.80	717.67	−0.30
常熟市	41500	3.20	1200.37	−1.10
张家港市	39660	2.60	789.34	−1.30
昆山市	41116	1.80	1638.11	0.80
太仓市	40816	1.90	510.78	0.10

二、消费潜能释放的动力和阻力

（一）动力因素

1.宏观经济平稳发展。2022年，张家港市实现地区生产总值3302.39亿元，比上年增1.3%，人均地区生产总值22.87万元，比上年增0.8%。分产业看，第一产业增加值30.60亿元，比上年增2.7%；第二产业增加值1671.11亿元，比上年增0.9%；第三产业增加值1600.68亿元，比上年增1.7%。分地区看，张家港地区生产总值绝对量位居苏州五县市第二，仅次于昆山（5006.66亿元），高于常熟（2773.97亿元）、吴江（2331.97亿元）、太仓（1653.57亿元）。

2.居民收入稳步提高。2022年，张家港市全市居民人均可支配收入68681元，比上年增3.9%。从城乡属性看，城镇居民人均可支配收入80511元，比上年增3.3%，农村居民人均可支配收入44245元，比上年增5.7%。从横向对比看，2022年张家港市全体居民人均可支配收入68681元，位居全省县级市第三，仅次于江阴市（70515元）和昆山市（70269元），分别是全国、全省平均收入水平的1.86倍和1.38倍；收入增幅居苏州五县市第三，仅次于常熟市（4.1%）和吴江区（4%），与苏州市（3.9%）平均增速持平，低于全省、全国均为1.1个百分点，增长态势总体良好。

3.常住人口总量提升。人口流向经济发达地区是必然，而张家港位居全国百强县市前三，地区经济发展稳步高质，是人口流入的主要地区之一，从常住人口总量数据来看，至2022年年末，全市常住人口144.76万人，比上年增0.5%。从普查年份数据来看，第七次人口普查较第六次人口普查相比，张家港市常住人口十年共增加18.5万人，累计增长14.86%，年平均增长率为1.4%。常住人口数量增加意味着消费人口的增加，随之带来的社会消费总量增加，为扩大当地消费总量带来一定的积极因素。

4.社会保障逐渐完善。社会保障体系逐年完善，一是居民缴纳医疗、养老保险意识不断提高，参保人数规模不断扩大，相关部门数据显示，至2022年年末，张家港市基本养老保险参保人数530038人，参保率达98.1%；医保参保率达99.8%。二是发挥慈善事业对社会保障有效补充作用，推动“村级医疗互助”全覆盖，全市村（居）医疗互助覆盖群众近60万人，累计补助1.5亿元。三是进一步发展完善养老体系，推动养老机构专业化发展，鼓励社会力量兴办养老机构，搭建居家养老服务网络，拓展社会养老服务功能，构建多层次养老服务体系，通过建设居家养老服务中心（站），解决高龄独居、行动不便群体的“吃饭难”问题，同时建成了如澳洋优居壹佰的高端人养老机构，满足不同养老人群的需求，一定程度上解决了“养老难”后顾之忧。

（二）阻力因素

1.人口结构老龄化。自20世纪70年代起，中国的生育政策不断调整，物质生活水平和医疗条件不断提升，人均寿命不断增长，加之生育意愿不断下降，人口老龄化愈演愈烈，15周岁至60周岁的消费主力军逐渐减少，激发消费潜力存在一定难度。人口普查数据显示，2020年15周岁至60岁的人群占比为68.3%，较第六次人口普查占比减少了8.0个百分点，而60周岁以上人群占比为19.6%，较第六次人口普查的14.7%提高了4.9个百分点，50周岁至59岁的人群占比17.5%，较第六次人口普查提高了5.5个百分点。从老龄化程度进程看，联合国相关组织界定，当一个地区60周岁以上的人数占比超过10%，意味着该地区进入老龄化，第六次人口普查和第七次人口普查数据显示，2010年至2020年这十年间，60周岁以上人口占比由14.7%上升至19.6%，且呈现继续上升的态势；再纵观近年来的出生率、人口自然增长率数据，自2016年以来，张家港人口出生率呈现六连降，人口自然增长率自2018年开始就为负增长，持续走低的生育率，负增长的人口自然增长率，加上较高占比的50周岁至59岁人群，人口老龄化程度正在持续加剧，对激活消费潜力存在一定的阻力。

2.城镇化率居苏州下游。总体来看，城镇居民消费水平、潜力总体都高于农村，消费潜能的释放，助推各类配套产业发展，壮大相关产业，拉动经济发展，增加全社会收入分配，实现居民收入阶梯式增长，从而拉动消费增长，较高水平的城镇化率在激发城乡居民消费活力，提高消费聚集程度，促进消费结构升级方面有不同程度的拉动作用，会让当地形成消费—收入—消费的良性循环，反之亦然。从第七人口普查城镇化率指标来看，虽然张家港市城镇化率较第六次人口普查提高了12.03个百分点，达73.73%，水平增量位居苏州十板块第三；但从横向对比来看，当前张家港市城镇化水平仍低于苏州市平均水平7.99个百分点，位居苏州十板块下游位置，在提高城镇化率、扩大内需、促进消费方面尚有发力空间。

表121　　苏州市及十板块城镇化率一览表

地区	常住人口（万人）		城镇化率（%）	
	2010年年末	2020年年末	2010年年末	2020年年末
苏州市	1046.85	1274.96	70.55	81.72
姑苏区	95.45	92.42	100.00	100.00
吴中区	115.84	138.91	66.87	77.09
相城区	69.36	89.11	65.70	94.20
高新区	57.23	83.26	82.43	91.72
工业园区	69.52	113.4	95.30	100.00
吴江区	127.51	154.52	61.90	75.15
常熟市	151.16	167.72	62.05	73.37
张家港市	124.94	143.23	61.70	73.73
昆山市	164.63	209.27	68.60	78.95
太仓市	71.21	83.12	61.64	70.61

消费观念传统保守。张家港居民消费观念趋于传统、保守，“攒钱养老”观念根深蒂固，加之近年来受疫情影响，收入不稳定性影响居民对未来消费的预期，消费心理趋于保守。从消费倾向来看，张家港市居民消费倾向整体

趋势走低，一体化住户调查数据显示，2022年张家港市全体居民消费倾向为57.7%，较上年同期下降0.7个百分点，消费倾向低于苏州平均水平2.8个百分点，同时也低于周边的吴江区（63.3%），常熟（60.7%），太仓（60.6%），昆山（58.5%）。在访户中了解到，大部分家庭由于对今后收入增减趋势存在不确定性，进而影响了消费行为，相较于消费，人们更愿意选择储蓄以“防患于未然”，对于非必要的消费支出、信用卡、花呗等提前消费保持谨慎态度。从住户存款总量看，张家港居民住户存款自2019年起，每年均以两位数速度增长，从2019年的1299.85亿元增长至2022年的2088.68亿元，年均增幅17.1%，仅低于昆山（17.3%），高于吴江（16.5%），太仓（15.9%），江阴（15.4%），常熟（14.4%）；从常住人口人均住户存款来看，张家港市人均存款余额连续多年位居周边县（市、区）前列，年均增速也位居周边县（市、区）第一。由此可见，不管从消费倾向还是储蓄状况来看，张家港居民消费观念趋于保守，对后期激发消费动力带来一定消极影响。

表122　张家港及周边县（市、区）人均住户存款情况表

地区	2019年（元）	2020年（元）	2021年（元）	2022年（元）	年均增幅（%）
张家港	91211	106561	120689	144286	16.50
常熟	102201	106118	117389	137385	10.40
昆山	91798	86422	96333	116262	8.20
太仓	93611	91580	102128	124611	10.00
吴江	89024	84708	95757	117841	9.80
江阴	84432	89252	99127	120354	12.50

三、后疫情时代激活消费市场建议

（一）鼓励生育，延缓人口老龄化。自中共十八大起，国家先后出台“单独二孩（2013年）”“全面二孩（2015年）”“放开三孩”等鼓励生育政策，但从生育率和生育意愿来看，仍然偏低。从近十年的出生率数据看，仅2014年和2016年两年因为政策性原因生育率出现短暂回升外，其余年份均呈下降态势，尤其是2020年疫情以来，职场危机、心理焦虑、结婚人数下降等多因素叠加，生育率更是创历史新低，从2016年的10.34‰降至2022年的4.78‰，加之张家港市户籍人口自然增长率自2018年开始为负增长，而全社会平均期望寿命不断提升，老龄化逐渐加剧，鼓励生育，缓解人口老龄化加深是当务之急。一方面建议进一步出台完善相关生育配套政策，适当延长产假、陪产假，加大多孩家庭经济支持力度（如减税、生育补贴等），满足多元化生育需求；另一方面加快构建普惠性托育服务体系，支持企事业单位内部建立或完善托育机构，规范托育服务，解决双职工“育儿难”困扰。

（二）统筹规划，提升消费硬软件。近年，张家港市通过招商引资，旧址改建等多种方式建立形成了曼巴特、吾悦、万达、览秀城等多处综合体商圈，为消费扩容提供了有利条件，但是高人气、引客流的高端品质综合体暂未出现，加之沪苏通铁路、沪苏通长江大桥正式通车，不少高消费能力人群外流，为此，建议加强统筹谋划商业圈业态布局，一方面通过优化招商引资，如引进客流量较大的山姆、开市客等会员制超市，稳妥有序推进已有的核心商圈升级改造，吸引周边客流，拓展消费群体，加快城市升级发展；另一方面，加快构建“数字化”智能商圈，抓住后疫情时代消费特点、习惯，建设小区周边“邻里中心”等一站式数字化生活配套服务设施，以提升居民生活便利度促进消费。

（三）转变观念，增加消费信心度。居民预防储蓄心理，消费观念保守对消费水平提高，消费结构升级带来一定消极影响，为此，建议一方面要构建更加完善社会保障体系，降低居民对未来养老生活不确定性预期，释放居民消费需求；另一方面，为满足居民的美好生活需求，需要有更高质量的物质供给，丰富城乡居民消费品种，不仅满足自身基本生活物质，更应该提升优化相关消费品类，让居民根据自己实际经济条件能力选购核实商品。与此同时，引导各类产品进入农村，挖掘农村消费市场，为农村市场注入新的动力，促进城乡共同发展。

（国家统计局张家港调查队）

晨光中的高铁　　　　（章晨　摄）

报告和文件选录

政府工作报告

——2023年1月3日在市十五届人大二次会议上

市长　蔡剑峰

一、2022年工作回顾

过去的一年，是中共二十大胜利召开之年，是张家港建县（市）60周年，也是新一届政府履职的开局之年。一年来，我们在中共张家港市委的坚强领导下，以习近平新时代中国特色社会主义思想为指导，深入学习宣传贯彻中共二十大精神，全面落实“疫情要防住、经济要稳住、发展要安全”的重大要求，始终紧扣“创新转型加速年”工作主题，与时俱进大力弘扬张家港精神，积极应对新冠疫情反复和多重超预期因素冲击，高质量发展在大战大考中取得新的成绩。连续四年获评省推进高质量发展先进县（市、区），“推动外贸稳定和创新发展”等12项工作获省政府办公厅督查激励通报表扬、总数位列全省各县（市、区）第一。

预计全年实现地区生产总值超3100亿元；完成一般公共预算收入219亿元，全社会固定资产投资523亿元，社会消费品零售总额800亿元，居民人均可支配收入6.9万元、增长4.2%。

（一）积极应对复杂局面，经济发展质效并进

高效统筹疫情防控和经济社会发展，因时因势优化完善防控措施，全市经济承压向上、稳中见韧。

疫情防控有力有序。坚持人民至上、生命至上，坚决贯彻落实中央关于疫情防控的决策部署，准确把握疫情防控形势任务，高效应对处置多轮外地输入疫情。在全省率先推行药店便民核酸采样点，建成投用金沙方舱医院，全面加强重症医疗资源储备，全力守护百万人民生命健康安全。一年来，广大医务工作者、基层干部、志愿者逆行冲锋、舍身忘我，广大群众识大体、顾大局，全市上下心往一处想、拧成一股绳，以同心战“疫”、共克时艰的实际行动，生动诠释了新时代的张家港精神，全面彰显了统筹疫情防控和经济社会发展的信心和决心。

经济运行稳中加固。规模以上工业总产值达5944亿元，稳居全国工业百强县（市）前三。细化落实稳住经济一揽子政策措施，为企业办理“缓、减、退”税超100亿元。促进银企深度合作，新增授信金额达1442.6亿元。创新推行科招宝，大力推广人才贷、文产贷、信保贷，累计放款43.1亿元。本外币存贷款余额超9300亿元、加权平均增速超20%。新增上市企业3项，总数31家，其中科创板5家。组织开展系列促消费活动，消费市场持续复苏。支持企业组团出海稳订单、拓市场，跨境电商B2B出口额居苏州第一，完成口岸货物吞吐量2.45亿吨、外贸运量6420万吨。

优质增量加速集聚。聚焦“4+4”重点产业方向，研究出台《促进有效投资、推动产业用地提质增效工作方案》，创新构建用能权、排污权、用水指标“集中池”，建立健全重大项目“直通车”、领导挂钩服务等工作机制，累计引投超10亿元重要节点项目30项，全年实际利用外资9亿美元。采埃孚底盘零部件及后轮转向系统、如鲲锂电池电解液添加剂等项目签约落地，大族激光、默克半导体等项目开工建设，信义光伏、广大鑫盛（一期）等项目竣工投产，完成工业投资222亿元，其中高技术产业投资占比提高2.9个百分点。支持外商投资企业利润再投资，大力发展外资总部经济，伊萨焊接被认定为省级跨国公司功能性机构。

（二）坚持创新驱动发展，转型升级步伐加快

聚焦“调高、调轻、调优”产业结构目标，全力推动产业创新集群高质量发展，高标准获评首批国家创新型县（市）。

产业结构加速优化。在全省率先推行产业创新集群高质量发展扶持政策“积分制”管理，4条新兴产业链营收、利税分别比上年增25%、70%，增速明显高于同期规模以上工业。规模以上工业企业数字化改造实现全覆盖，技改投资占工业投资比重超50%、提高23个百分点。新增工信部大数据产业发展试点示范项目2项、智能制造优秀场景1个，获评省智能制造示范工厂1家、省“两业融合”试点企业3家。沙钢集团连续14年入围世界500强，4家企业入围中国企业500强，9家企业入围中国民营企业500强，13家企业入围中国服务业企业500强，总数列全省县（市）第一。永钢集团荣获第七届中国工业大奖。新增国家级专精特新“小巨人”企业13家，获评数超历年总和。

创新动能不断增强。实体化运作科技招商中心，完成科技招商项目超1200项，有效高新技术企业达955家，新开工科创孵化载体累计超200万平方米。全国首个科技创新研修院启动运营，江苏省氢能技术创新中心落地揭牌，保

税区获评全省首批化工中试基地。4家国家级科技企业孵化器被科技部认定为优秀等次，数量位居全国县（市）第一。新增省级工程研究中心1家、省级企业技术中心12家，入选省关键核心技术（装备）攻关产业化项目4项。发放全国首笔数字人民币知识产权质押贷款、全省首笔“苏质贷”，张家港市首个知识产权证券化项目成功落地。人才一号母基金、“沙洲科创C计划”基金启动运行。新增国家级人才计划10人、省“双创计划”13人、“姑苏计划”58人、高技能人才7128人。

改革开放持续深化。上海长三角科创企业服务中心苏南中心、光束汽车生产基地等纳入虹桥国际开放枢纽建设（苏州）相关方案。新增对外开放泊位1个，在全省率先探索推行进口转关“离港确认”模式，“水水中转”效率大幅提升，完成进出口总额456亿美元、比上年增4.9%，获评国家进口贸易促进创新示范区。瑞泰新材、爱丽家居等对外投资项目有序推进，完成实际对外投资5.8亿美元，总量列苏州第一。133个事项实现“跨省通办”，1283个事项实现“一网通办”。组建张家港创新投资集团，市属国有及国有控股企业营收增长20%。

（三）全面统筹建设管理，城市功能优化提升

坚持以高标准规划引领高水平建设，综合交通体系加快构建，城市更新有序展开，城市品质及承载力提档升级。

城乡建设协调并进。完成第三次国土调查，科学划定“三区三线”，编制综合交通规划、轨道交通线网规划。南沿江城际铁路主体工程完工，通苏嘉甬铁路、张靖皋长江大桥开工建设；苏张高速、轨交宜锡张线等研究工作有序推进；城区快速路加快建设，东三环建成通车，G346张家港绕城段改扩建工程全面推进，东二环开工建设，南二环前期工作基本完成，基础设施投资比上年增123%、增速列苏州第一。积极开展美丽宜居城市建设试点，张家港湾滨江生态廊道建设、凤凰江南桃源小镇荣获江苏人居环境范例奖。高标准完成率先基本实现农业农村现代化三年行动。编制出台新一轮镇村布局规划，非搬迁撤并类村庄提升至81%。新增省级特色田园乡村2个，苏州市特色康居示范区4个、特色康居乡村60个。村均可支配收入达1600万元。

城市管理更加精细。城市智能体项目获2022年亚太区智慧城市大奖，首批入选全国数字家庭试点城市，高标准通过国家数字乡村建设试点验收。组建城市更新中心、城市保护发展公司，标准化改造集贸市场3家，完成老旧小区改造5个，建成口袋公园30个。金港污水厂二期扩建项目建成投运，第四水厂扩建工程荣膺“2022全球水奖年度最佳市政供水项目”金奖，新增城镇污水处理提质增效达标区21个，自来水深度处理率达100%。新增停车位8000余个。累计开通市际毗邻公交4条，新增氢能公交车10辆，新能源公交车占比提高5.5个百分点。建成农村生活垃圾分类省级试点乡镇1个、省级垃圾分类达标小区96个，生活垃圾实现全量焚烧。探索实施“房票”安置新模式，着力缩短群众在外过渡时间。

（四）协同推进减污降碳，生态环境持续向好

坚持山水林田湖草沙一体化保护和系统治理，统筹推进生态优先、节约集约、绿色低碳发展，城市生态底色更加靓丽。

生态治理成效显现。深入打好污染防治攻坚战，第二轮中央、省生态环境保护督察反馈问题整改有序推进。深化港口码头防污治理，抑尘防尘设备实现全覆盖。$PM_{2.5}$年均浓度每立方米28.5微克，空气优良天数比例达82.6%。太字圩闸、十一圩枢纽、走马塘泵站等省级重点水利工程全面开工，治理劣Ⅴ类水体91个，建成幸福河湖100条，国省考断面、通江骨干河道水质优Ⅲ比例达100%，地表水环境质量位列全省县（市、区）第二。加速推进“无废城市”建设，建成投运小微企业危废“绿岛”1个，土壤环境质量保持稳定。

绿色发展持续发力。把修复长江生态环境摆在压倒性位置，全面落实长江干流禁捕退捕各项任务，新增长江湿地保护小区5个，自然湿地保护率提至80%，入选国家典型地区再生水利用配置试点城市、全省首批生态产品价值实现机制试点城市。编制碳达峰行动方案，有序淘汰煤电落后产能，非电行业燃煤企业降至4家，关停退出化工企业4家。经开区获评国家生态文明建设示范区，扬子江国际化工园获批国家级绿色化工园区。深入推进产业用地更新“两集聚两提升”行动，盘活存量空间386.67公顷。获评省自然资源节约集约利用模范县（市、区）、省土地执法模范县（市、区）。

省级绿美村庄大新镇中山村　　（市自然资源和规划局　提供）

（五）始终坚持人民至上，民生事业不断进步

聚焦群众的“急难愁盼”，持续抓好民生事业、社会治理、文明创建各项工作，“幸福港城”更加可感可及。

社会保障精准有力。把稳就业放在更加突出的位置，落实稳岗返还资金1.5亿元，减免企业失业保险费超6亿元、

基本医疗保险费1.6亿元，城镇新增就业2万人，张家港市籍应届高校毕业生就业率超99%，特困家庭毕业生就业率100%。社会保险扩面新增5万人，住房公积金扩面新增3.4万人。成立全国首家"调裁审执"劳动保障维权一体化服务中心，在全省率先推行工伤保险差别化浮动费率试点，成为全省首个快递企业参加工伤保险全覆盖的地区。养老服务"时间银行"全面推开，智慧养老服务平台建成启用，新建综合养老服务中心6家。低保对象精准救助率、困境儿童应保尽保率、残疾人"两项补贴"精准发放率均保持100%。入选全国青年发展型县域试点。获评省第十二届双拥模范城（县、区）。

公共服务不断完善。24个民生实事项目高效推进。沙洲中学北校区等13所新建、改扩建学校投入使用，新增学位1.1万个。高标准通过学前教育普及普惠县（市、区）省级验收评估，获评全国义务教育优质均衡先行创建县（市、区）。"长三角高级专家诊疗中心"常态化运行。市中医医院位列三级公立中医医院"国考"榜单第69名，较上年提升30名。急诊医学中心建成投用。建成医保便民服务站106个，230种慢病用药下沉社区。在苏南地区率先实现"120"呼救全网定位。异地就医直接结算服务覆盖住院、门诊和定点零售药店。创设医疗专项救助慈善基金，市慈善总会、沙钢集团、"虹筑之家·工友驿站"志愿服务项目荣获"江苏慈善奖"。

文明善治彰显特色。高水平承办中央广播电视总台中秋晚会，高规格举办首届张家港发展大会。长江文化节列入长江国家文化公园江苏段建设方案。市文明办荣膺第十届全国"人民满意的公务员集体"。善港村入选全国村级"文明乡风建设"典型案例。蝉联中国群众文艺领域政府最高奖群星奖，成为全国唯一连续两届获得该奖项的县（市）。获评全国全民运动健身模范县（市、区）。"邻里港湾"项目获评省基层社会治理创新成果奖。金港街道金都社区荣膺"全国先进基层群众性自治组织"。在全省率先建立一站式刑事速裁中心。市公安局法制大队获评首批全国模范公安单位。"法官村官双向交流"入选最高人民法院基层社会治理典型案例。深入推进安全生产专项整治三年行动，压紧压实新业态、新领域安全生产责任，生产安全事故起数和死亡人数实现"双下降"。

各位代表，克难靠拼，破局靠干。过去一年，政府系统深入学习宣传贯彻中共二十大精神，坚定拥护"两个确立"，坚决做到"两个维护"，以建县（市）60周年为强大动力，广泛凝聚应对当下、制胜未来的精气神，努力以"务实担当的确定性"对冲"外部环境的不确定性"。坚持实干为要，持续加大对重点工作、重大项目的绩效监测和督办推进力度。带头过紧日子，大力压减"三公"经费和非重点、非刚性支出，政府性债务管理持续加强。深入推进法治政府建设，"创新探索新时代行政执法的'张家港样本'"获评全国法治政府建设示范项目。自觉接受人大、政协和社会各界监督，办复人大代表议案1件、建议167件，政协提案212件。此外，市统计局被授予"全国统计系统先进集体"称号，对口帮扶与援建、台务侨务、民族宗教、兵役、人民武装、供销、气象、外事、档案、地方志、妇女、儿童、科协、残疾人和关心下一代等工作都取得了新的进步。

各位代表，大事难事，握指成拳则无事不成。面对新冠疫情冲击和经济社会发展的结构性矛盾、周期性问题，我们经受住层层考验，克服了重重困难，取得了良好成绩，这是以习近平同志为核心的党中央举旗定向、领航掌舵的结果，是省、苏州、张家港市委坚强领导、科学决策的结果，是全市干部群众凝心聚力、并肩奋斗的结果。在此，我谨代表市人民政府，向全市人民，向人大代表、政协委员，向离退休老领导、老同志，向各民主党派、工商联和无党派人士，向各人民团体、垂直部门和涉外单位，向驻军指战员、武警官兵、公安民警、消防指战员，向所有关心支持张家港建设发展的海内外朋友，致以衷心的感谢和崇高的敬意！

同时，我们也清醒看到，全市经济社会发展中还存在一些问题和挑战，主要表现在：一是世界百年未有之大变局加速演进，发展不确定因素增多，消费不振、预期转弱的局面尚未得到根本扭转，市场主体特别是中小微企业生产经营还很困难；二是传统产业占比偏高、新兴产业规模偏小的问题依然突出，支撑发展的重特大项目还不多；三是资源空间容量压力较大，存量土地利用效益不高，挖潜盘活力度还要继续加大；四是深层次融入长三角一体化、苏州市域一体化发展的步伐不快、成果不多，"苏锡通"几何中心的区位优势有待发挥；五是对标群众新期待，教育、医疗、养老等公共服务优质均衡发展水平有待提升，生态环保、安全生产等领域潜在风险隐患不容忽视；六是一些政府部门求真务实、创新突破的精气神还需提振，眼界、理念、能力与当前发展要求还不相适应。这些问题，我们必须高度重视，采取有效措施，系统加以解决。

二、2023年工作安排

各位代表，中共二十大擘画了迈向全面建设社会主义现代化国家新征程、向第二个百年奋斗目标进军的宏伟蓝图。2023年是全面贯彻落实中共二十大精神的开局之年，也是张家港打造"物质文明和精神文明相协调"的中国式现代化县域先行区的起步之年，我们将以习近平新时代中国特色社会主义思想为指导，全面贯彻中共二十大精神，坚持稳字当头、稳中求进，完整、准确、全面贯彻新发展理念，按照上级和市委决策部署，与时俱进大力弘扬张家港精神，紧扣"现代化建设先锋年"工作主题，聚焦"123"年度目标任务，全力以赴扩投资、调结构、强产业、惠民生、防风险，奋力推动新时代新征程开好局、起好步。

建议2023年经济社会发展的主要预期目标是：地区生产总值增长5%以上；一般公共预算收入增长8%以上；固定资产投资、工业投资均增长10%以上；社会消费品零售总额增长7%；实际利用外资、进出口总额稳中提质；居民人均可支配收入与经济增长基本同步；空气优良天数比例达83.6%。

重点抓好九个方面：

（一）坚持项目为王，筑牢经济增长基石

树牢"大抓项目、抓大项目"理念，全力以赴促投资、

稳增长,努力将更多“项目增量”转化为“效益增量”。

狠抓项目扩投入。规划实施221个三级重大项目,全力推动天齐锂业、泰源汽车零部件等项目快开工,杉金光电、龙蟠科技等项目快建设,华盛锂电、国富氢能等项目快投产。引导龙头企业强化“旱时造舟、涝时造车”的逆向思维,加大技改和研发投入。完成固定资产投资575亿元,其中,工业投资达245亿元,技改投资占工业投资比重稳定在50%以上。整合招商力量,优化招商方式,建强招商队伍,紧盯重点产业链,聚焦欧洲、美国、日本、韩国等重点区域和北京、上海、广州、深圳等一线城市,着力招引头部企业、科技型中小企业、高新技术产业和战略性新兴产业项目。年内,新引投超10亿元重要节点项目50项、超1亿元工业项目200项以上,力争在50亿元、100亿元级重特大项目招引上实现新的突破。

优化服务促发展。建立完善重大项目诉求快速响应、重大事项会办、按月问效督办等机制,对投资体量大、规模效益高、带动作用强的龙头项目,量身定制审批流程“一张图”,落实专人全程“精准帮”,推动更多项目拿地即开工、竣工即投产。建成启用涉企服务一体化平台,将“线上”服务功能拓展到项目准入、履约监管、惠企政策免申即享等环节。开展竣工项目“回头看”,推动大项目快转化、大企业快发展。动态评估优化产业创新集群高质量发展扶持政策,让更多敢闯、敢干、敢投的市场主体得实惠。扎实做好第五次全国经济普查筹备工作。加快审批“一件事”改革,争取“个转企”改革省级试点。深化国资国企改革,建立健全市场化运行机制,支持国资国企做优做强。

统筹要素强保障。持续提升用能权、排污权、用水指标“集中池”管理水平,探索建立重大项目资源要素优保快保机制,把最稀缺的资源配置给最优质的项目。组织实施镇村工业集中区优化提升行动,持续开展产业用地更新,探索规范土地二级市场秩序,创成全国自然资源节约集约示范县(市)。深化实施“港城金融服务万企百亿融通工程”,新增社会融资超1000亿元。启用“港城上市通”升级版,打造上市企业募投项目“一点通”平台,支持上市企业深耕本地、募投项目在张家港市布局。年内,新增上市企业4家至5家。

(二)坚持产业立市,构建现代产业体系

强化制造业主导地位,坚持优存量、扩增量两手抓,让产业层次更高、产业结构更轻、产业质态更优。

提档升级传统产业。加快推进沙钢集团硅钢、超薄带等项目建设,重点发展面向航空航天、能源装备等领域的优特钢,打造精品钢材世界级产业集群。聚焦有机硅、高性能涂料等领域,发挥陶氏、PPG等重点企业带动作用,推动高分子材料产业高端化、绿色化发展。深耕通用装备、专用装备、汽车关键零部件等领域,加快大族激光、采埃孚等项目建设,打造千亿级智能高端装备产业集群。以国泰智能制造产业基地、德积高端纺织产业园等项目为引领,推动纺织产业提升附加值,向设计研发、品牌营销两端延伸。

集聚发展新兴产业。主攻锂电、氢能、LNG、光伏等新能源重点领域,加快锂电池材料、氢能装备生产基地建设,推动新能源产业蓬勃发展。聚焦半导体材料等方向,放大“一所一中心”支撑效应,加快保税区半导体材料产业园、经开区纳米产业园建设,支持锴威特、凯思半导体等“隐形冠军”深耕细作,推动特色半导体产业加速跃升。做大做强劢迪医疗器械产业创新港,全力打造张家港医疗器械高新产业园、飞翔生物医药产业园等专业园区,放大差异化、特色化的竞争优势。加快新点软件中央研究院等项目建设,放大腾讯云(张家港)工业云基地示范带动作用,引导更多企业上云上平台。年内,战略性新兴产业产值占比提升1个百分点。

全面发力现代服务业。推动生活性服务业向品质化多样化升级,把恢复和扩大消费摆在优先位置,聚焦假日经济、夜间经济,持续开展促消费系列活动,丰富拓展数字人民币应用场景。大力发展直播电商、会员制连锁超市、24小时便利店等新业态,推动现有各类商业网点提档升级,加快一刻钟便民生活圈建设。规划建设文化产业园区。争创国家全域旅游示范区。推动生产性服务业、服务型制造向专业化高端化发展,发挥大宗商品“清算通”等平台对物流、资金流、信息流的磁吸转化效应,大力发展产业金融、现代物流、检验检测等业态,争取落地一批物贸结算中心。鼓励制造业龙头企业立足自身规模和技术优势,逐步向创新平台服务商、整体解决方案供应商转变。

(三)坚持创新强市,激发发展动力活力

深入实施创新驱动发展战略,巩固提升国家创新型县(市)创建成果,全力打响“创新张家港”品牌。

优化完善载体布局。加快专业载体建设,新开工科创孵化载体超60万平方米。推进省氢能技术创新中心建设,推动中科纳米所、集成电路产业促进中心、保税区化工中试基地等创新平台与苏州实验室深化合作,打造苏州新材料产业基地。深化科技创新研修院暨国家创新人才培养示范基地建设。深度融入长三角科技创新共同体、苏南国家自主创新示范区,高水平运营上海张江·张家港创新中心等科创飞地。探索载体平台公募REITs等资产证券化路径,强化对产业发展的支撑效应。

构筑一流创新生态。以企业创新积分为基座,探索实施“县域创新格次赋分法”。深化“厅市会商”“局市会商”工作成效,力争成为科技部全域创新“实验田”。围绕企业初创、成长、成熟等全生命周期发展,统筹设立普惠金融发展风险补偿资金池,建立健全覆盖知识产权质押及证券化、融资租赁、债权担保、小额贷款等方式的多元化金融供给体系。优化产业基金二期、新兴产业基金管理,加大人才一号母基金、“沙洲科创C计划”基金对当地科技人才企业的直投力度,提高合作基金返投落地成效。推动张创投在科技招商、股权投资、载体建设运营、科技金融服务等领域发挥更大作用。

培育壮大创新主体。坚持科技招商、产业招商、人才招引同向发力,新增科技招商项目1800项、潜力类项目占比50%以上,上级人才计划80人,高技能人才7200人。深入实施高新技术企业培育“小升高”行动,新认定有效高企450家。引导优质中小企业走专精特新发展道路,力争获评省级以上企业技术中心和工业设计中心12个，省关键核心技术（装备）攻关产业化项目和首台套重大技术装备3个，新增省级以上专精特新企业15家。协同成立“苏州沿江产业创新带人才区域协同体”，加快推进“东渡人才港”等高品质人才社区建设。年内，研发支出占地区生产总值比重达到3.7%，新增产学研合作项目240项以上。

（四）坚持一体联动，拓展开放共赢空间

更高质量服务和融入长三角一体化、上海大都市圈、苏州市域一体化发展，更高水平释放内外联动、协同发展潜能。

提速跨域协同发展。抢抓上海大都市圈建设机遇，深化与上海临港等重点区域的对接合作，加快打造国际航运贸易、国际智能制造功能性节点。加快融入苏州主城发展，依托中科纳米所、苏州工业园区—张家港生物医药产业基地等平台，深化特色半导体、生物医药等领域对接合作。当好跨江融合桥头堡、苏锡联动先行军，加强与南通、泰州、江阴等地的交通互联、产业互融，深入拓展北向发展腹地，全力推动江张协作示范区建设。

做好以港兴市文章。抢抓苏州港一体化改革机遇，推动与上海洋山港“联动接卸”模式尽快落地，扩大进口货物“船边直提”、出口货物“抵港直装”、诚信国际航行船舶“直进直靠”“直离直出”范围，不断提升通关便利化水平。常态化做好福南水道12.5米深进港航道维护，加快推进码头泊位改扩建及智能化改造升级，提速港航数字一体化步伐。深化综保区2.0建设，打造进出口汽车全产业链生态圈，鼓励发展大宗商品期货交割、保税加工等新模式，激发“以港兴市”新活力。

扩大对外开放合作。更大力度推动外贸稳规模、优结构，巩固提升国家进口贸易促进创新示范区建设，加快培育一批百亿级进口贸易和促进平台。深耕跨境电商B2B赛道，拓展B2C业务规模，大力发展外综服、海外仓等新模式，加快扩大服务贸易、数字贸易发展规模。更大力度促进外资稳存量、扩增量，支持外资企业开展增资和利润再投资，鼓励跨国公司在张家港市设立地区总部和功能性机构。支持重点企业通过境外并购、建立海外生产基地等方式“走出去”，积极开拓国际市场，提升国际竞争力。

（五）坚持规划先行，提升城市品质能级

统筹城市生产生活生态布局，增强城市发展的整体性、协调性和辐射力。

高标准优化规划建设。以“三区三线”最新划定成果为基础，以“一城双核四片区”功能定位为指引，高水平编制市镇两级国土空间总体规划。将专项规划纳入国土空间总体规划“一张图”，科学编制TOD综合开发、产业用地更新等专项规划。南沿江城际铁路建成通车，加快张靖皋长江大桥、通苏嘉甬铁路、苏州轨交10号线（苏虞张段）建设，深化苏通第二过江通道、苏张高速、轨交宜锡张线、硕放—张家港一级公路研究。着力构建城区快速路网体系，加快推进G346张家港绕城段改扩建工程及东二环、南二环建设，启动西二环—杨新公路快速化改造。

高品质实施城市更新。建立城市更新项目库，完成5个老旧小区综合改造、16个住宅小区雨污分流改造，探索推动城中村自主更新。建成口袋公园14个，改造背街小巷3条、农贸市场5家，新增停车位2500个。开工建设高新区水处理中心，新建污水处理提质增效达标区14个，实现城区和集镇建成区全覆盖。建成苏州市美丽宜居镇3个，争创苏州市特色小城镇1个。提升垃圾分类质效，生活垃圾回收利用率超40%、资源化利用率超80%。优化完善房票、货币补偿等安置方式。提高刚性和改善性住房供给质量，促进房地产市场平稳发展。

（六）坚持因地制宜，打造乡村振兴样板

加快建设农业强、农村美、农民富的新时代鱼米之乡，努力在农业农村现代化上走在前列。

促进农业提质增效。扛稳粮食安全重任，坚决遏制耕地“非农化”、防止“非粮化”。坚持“藏粮于地、藏粮于技”，改造提升高标准农田1353.33公顷，粮食播种面积稳定在3万公顷以上。发展绿色循环农业，新增绿色优质农产品生产基地2333.33公顷、“菜篮子”工程绿色蔬菜保供基地786.66公顷，全市绿色优质农产品比重达80%。争创“国家农业科技园区”“国家农村产业融合发展示范区”“省农业生产全程机械化示范市”。

促进农村宜居宜业。加快村庄实用性规划编制，全面推动农房翻建，加强村庄传统肌理、风貌特征和历史文化保护传承，留住乡愁记忆。常态化开展农村人居环境整治，加强农村基础设施和公共服务配套。深化长江沿线特色田园乡村跨域示范区建设，新增省级特色田园乡村1个，苏州市特色康居示范区1个、特色康居乡村30个，其他一般类村

张家港市现代农业科技示范园 （常阴沙现代农业示范园区 提供）

庄全部建成特色宜居村庄。制定发布“文明乡风十二条”，推广应用乡村治理“积分制”“清单制”。巩固提升国家数字乡村试点县建设成果，打造“数字农业农村全景平台”。

促进农民增收致富。持续优化村级集体经济发展支持政策，组建镇级股份经济合作联社，力争村均可支配收入达1700万元。启动农民收入倍增计划，开展“品牌强农、营销富民”工程。促进农文旅融合发展，打造永兴村—张家港湾、肖家巷等乡村旅游阵地。深化供销综合改革，加强新型农业经营主体和职业农民培育，新增苏州市级以上农业龙头企业2家，累计培育示范家庭农场350家以上、示范合作社90家以上。

（七）坚持绿色发展，擦亮港城生态底色

坚定不移走生态优先、绿色发展道路，加快促进经济社会发展全面绿色转型。

做优做靓沿江生态。严格落实长江大保护，刚性执行长江经济带发展负面清单，编制完成《国土空间生态保护和修复规划（2021—2035）》，新增长江造林绿化56.66公顷，巩固提升自然湿地保护率。持续抓好“十年禁渔”重点任务。加快“山岛之恋”文旅综合体等项目建设。深化生态产品价值实现机制省级试点，推动绿水青山和金山银山共生共荣。

全面深化污染防治。高标准完成第二轮中央、省生态环境保护督察反馈问题整改销号。持续深化挥发性有机物、扬尘等大气污染综合治理，$PM_{2.5}$年均浓度完成上级下达目标任务。深入推进河（湖）长制，加快全市排水设施建设与运维管理一体化改革，全面消除劣Ⅴ类水体，国省考断面、通江骨干河道、集中式饮用水源地水质优Ⅲ比例继续保持100%。建设幸福河湖70条，生态河道覆盖率保持全省领先。深化“无废城市”建设，强化土壤污染隐患排查整治，提升固体废物安全处置和综合利用水平。

加快绿色低碳转型。推进低碳城市建设，发布碳达峰行动方案，深化重点领域、园区、企业碳达峰方案编制。完善能源消耗总量和强度调控，推动能耗“双控”逐步向碳排放“双控”转变。深化工业、建筑、交通等领域清洁低碳转型，加快海进江LNG接收站等能源结构调整项目建设，持续提高非化石能源消费比重。深化国家典型地区再生水利用配置试点建设，提升水资源循环利用水平。

（八）坚持民生优先，创造更高品质生活

坚持发展成果由人民共享，推动社会保障更加精准完善、公共服务更加优质均衡、群众生活更加幸福美好。

兜牢社会保障底线。高效实施19个民生实事、300个民生微实事项目。深化落实减负稳岗扩就业政策，城镇新增就业1.9万人，张家港市籍应届高校毕业生就业率稳定在98%以上，特困家庭毕业生就业率100%。新增住房公积金缴存职工2.5万人。深化医保支付方式改革，促进多层次医疗保障有序衔接。打响“颐养港城”品牌，加快养老服务综合体建设，建成综合养老服务中心3家。新增普惠性托育机构超10家，建成儿童友好社区10个。争创首批全国未成年人保护示范县（市、区）。深化全国青年发展型县域试点建设。新建“残疾人之家”6个。完善分层分类社会救助体系，擦亮“善助乐享”慈善救助品牌。张家港市争创全国双拥模范城“八连冠”。

优化公共服务供给。认真落实新冠病毒感染防控举措，平稳有序实施新冠病毒感染“乙类乙管”，加强应急防控能力和分级分类救治体系建设，有效降低重症发生率，最大程度保护人民生命安全和身体健康。深入推进“双减”工作，深化开展“馆校研学”活动，促进教育教学提质增效。新建改扩建学校11所，新增学位9420个。争创全国义务教育优质均衡发展县（市、区），确保高标准通过全国学前教育普及普惠县（市、区）评估认定、梁丰高中高分通过省高品质示范高中验收评估。深化与上海等地知名三甲医院的对接合作，强化重点专科建设，推动优质医疗资源提质扩容、科学布局。推进市一院综合楼病房改造，加快中医医疗中心、市六院住院综合楼建设。争创“全国基层中医药工

黄泗浦晨曦 （张潮涌 摄）

作示范县”。新增省级健康村（社区）10个，居民健康素养水平达40.5%。

（九）坚持共治共享，维护社会和谐稳定

以“政府引导、多元共治”为路径，推动文明善治向更高层次、更高水平迈进。

深化文明内涵。开展文明攻坚“十大行动”。高标准运营精神文明建设张家港研究与交流中心，挂牌中国志愿服务研究中心张家港分中心，加快建设全国文明城市建设展览馆、志愿服务主题公园、网络文明素养实践教育基地等文明新地标。打造长江国家文化公园张家港段先导示范工程，谋划推进东山村遗址博物馆等重点项目，丰富长江文化节内涵。提升黄泗浦遗址保护与展示水平，集中整治东部发掘区及周边生态环境。办好中国三人篮球联赛、“贝贝杯”青少年足球赛、市第八届运动会等赛事。

加强社会治理。深化“八五”普法，完善现代公共法律服务体系，健全“企业合规”联动体系，依法保护产权和企业家权益。优化市集成指挥平台功能，提升信息化、大数据对基层治理的支撑水平，推动社会工作站（室）规范化运营、标准化服务，确保村（社区）议事会覆盖率和微自治开展率达100%，争创全省首批城市管理示范市（县）。深入开展重点行业领域安全生产专项整治，持续推进安全风险报告、双重预防机制和安全生产标准化建设，确保生产安全事故起数和死亡人数继续保持“双下降”。积极防范化解金融、政府性债务、房地产等重点领域风险。常态化开展扫黑除恶斗争，扎实做好信访工作，群众安全感继续保持全省领先。

我们将深入学习贯彻习近平新时代中国特色社会主义思想，坚定捍卫“两个确立”、增强“四个意识”、坚定“四个自信”、做到“两个维护”，切实把党的全面领导贯穿政府工作各方面、全过程，努力打造法治政府、务实政府、清廉政府。把依法行政作为第一准则。强化重大行政决策管理，健全政府法律顾问机制。深化行政复议规范化建设，全面推进政务公开。自觉接受人大法律监督、工作监督，政协民主监督和社会各界监督，提高人大议案建议和政协提案办理质效。把务实高效作为成事之基。坚决担起“勇挑大梁”重大责任，大力弘扬“样样工作争第一”的优良传统，进一步完善目标责任体系，加大工作督查力度，引导广大干部敢拼敢闯、敢想敢干，确保既定的目标、出台的政策、部署的任务，一抓到底、落地见效。把廉政纪律作为底线红线。严格落实全面从严治党各项要求，认真履行党风廉政建设“一岗双责”，加快公共资源交易数字化转型，提升重点领域廉政风险防控水平。深入贯彻中央八项规定及其实施细则精神，持续深化纠治“四风”。坚持过紧日子，强化预算约束和绩效管理，严控“三公”经费和一般性支出，把更多财力用到保民生、促发展上。

各位代表，壮阔征程看开局，中流击水看起势。让我们紧密团结在以习近平同志为核心的党中央周围，在中共张家港市委的正确领导下，在市人大、市政协的监督支持下，与时俱进大力弘扬张家港精神，敢为先锋、勇立潮头，奋力开启中国式现代化县域先行区建设的磅礴篇章！

有关用语说明

1. “4+4”重点产业：全市冶金新材料、智能高端装备、先进（高分子）材料、高端纺织四大传统优势产业，以及新能源、特色半导体、生物医药及高端医疗器械、数字经济四大新兴产业。

2.知识产权证券化：以知识产权未来预期收益为支撑，通过一定的结构化安排，发行市场流通证券进行融资的方式。

3.进口转关“离港确认”：进口水运转关货物在确认内河船名航次和理货完成后，准予在进口口岸离港申报，收到“可离港”回执后，货物即可离港启运至目的地。

4. “水水中转”：指通过中转码头、港口实现集装箱、商品在不同水域或航线的中转，能有效提高物流的时效性和经济性。

5.口袋公园：利用散落或隐藏的小规模城市空间，进行绿化种植，配置座椅等便民服务设施，为周边居民服务。

6. “房票”安置：征收人比照货币安置、产权调换的政策，将计划安置的房屋转化为货币，以房票形式出具给被征收人，由被征收人自行向参与房票安置工作的房地产开发企业购买商品房的一种房屋安置方式。

7. “绿岛”：按照“集约建设、共享治污”理念建设的可供多个市场主体共享的环保公共基础设施。

8.养老服务“时间银行”：鼓励低龄老人为70周岁以上老人提供养老服务，以此储蓄服务时间，并按需兑换养老服务。

9. “123”年度目标任务：明确“深入学习宣传贯彻党的二十大精神”这一主线；锁定“巩固提升全国百强县（市）‘前三甲’位次，更高水平文明城市创建”两大目标；聚焦“科技招商、产业招商、人才招引，调高、调轻、调优产业结构，区域协同联动发展”三项重点任务。

10. “一所一中心”：中科纳米张家港化合物半导体研究所和张家港市集成电路产业促进中心。

11. “隐形冠军”：不为公众所熟知，却在某个细分行业或市场占据领先地位，拥有核心竞争力和明确战略，其产品、服务难以被超越和模仿的中小型企业。

12.大宗商品现货“清算通”：上海清算所与张家港保税科技（集团）股份有限公司共同推进的一种多银行交割支付结算功能平台，可为实体企业的大宗商品交易提供安全便捷、实时同步、规范高效的现货交割与货款支付环境。

13.公募REITs：依法向社会投资者公开募集资金形成基金财产，通过基础设施资产支持证券等特殊目的载体持有基础设施项目，由基金管理人等主动管理运营上述基础设施项目，并将产生的绝大部分收益分配给投资者的标准化金融产品。

14. “一城双核四片区”：“一城”指城市全域统筹布局；“双核”指经开区（杨舍镇）—高新区（塘桥镇）中心城区、保税区区域市域副中心；“四片区”指锦丰片区、南丰片区、乐余片区、凤凰片区。

15.TOD：以公共交通为导向的开发（transit-oriented development），是规划一个居民区或者商业区时，使公共交通的使用最大化的一种非汽车通行化的规划设计方式。

16.海进江LNG接收站：位于南丰镇东沙物流园，项目占地约35.2公顷，总投资约50亿元，规划LNG接收能力每年300万吨，包括码头工程、接收站工程及配套外输管道。

17."馆校研学"：依托全市各级各类场馆和文旅点位（如图书馆、博物馆、文化馆、红色主题教育阵地、科普活动展厅等），在时间上对接"5+2"课后服务、寒暑假，在空间上充分利用社会资源，从文化熏陶、知识学习、技能锻炼、社会实践四个维度设计构建的特色文化实践课程体系。

张家港市全民科学素质行动规划（2021—2035年）

一、前言

全民科学素质工作既是科技工作的重要组成部分，也是创新文化建设和人才培养的基础性工程。公民具备科学素质是指崇尚科学精神，树立科学思想，掌握基本科学方法，了解必要科技知识，并具有应用其分析判断事物和解决实际问题的能力。党中央、国务院历来对全民科学素质工作高度重视。习近平总书记强调："科技创新、科学普及是实现创新发展的两翼，要把科学普及放在与科技创新同等重要的位置。没有全民科学素质普遍提高，就难以建立起宏大的高素质创新大军，难以实现科技成果快速转化。"这为全市新发展阶段下推进公民科学素质建设高质量发展提供了根本遵循和战略指引。

自国务院《全民科学素质行动计划纲要（2006—2010—2020年）》颁布实施，特别是中共十八大以来，全市深入贯彻习近平总书记对全民科学素质工作的重要论述，坚持"党的领导、政府推动、全民参与、提升素质、促进和谐"方针，充分发挥市全民科学素质工作领导小组职能作用，不断完善现代公民科学素质建设的组织实施、条件保障和监测评估机制等，以重点人群行动带动全民科学素质持续提升，科普公共服务能力明显增强，科学教育、普及与传播取得长足发展，全民科学素质工作取得了明显成效。2020年公民科学素质调查显示，全市公民具备科学素质的比例已达到16.7%，继续位居全省领先地位，呈现出与张家港市经济社会相协调的良好局面，为新时代全市全民科学素质工作奠定了坚实基础、构筑了新的更高起点。

对照全民科学素质实施工作评估情况，对照人民群众日益增长的美好生活需要，全市全民科学素质工作还存在一些问题和不足，主要表现在三个方面：一是公民科学素质总体水平与新时代高质量发展要求仍有差距，城乡、不同年龄人群之间仍存在发展不平衡状况；二是体制机制和保障条件需进一步完善，科普基础设施特别是各类科技科普场馆设施对外开放力度有待进一步加大，社会力量参与科普的激励机制尚不健全，应急科普社会化动员机制需进一步优化；三是优质科普资源有效供给仍需加强，科技资源科普化的方式方法有待进一步拓展，基层科普资源相对不足一定程度上制约了全民科学素质行动深入发展，科普服务能力与群众日益增长的科普需求还有一定差距等。

当前和今后一个时期，国内外形势正发生深刻复杂变化，百年未有之大变局与新冠肺炎疫情交织叠加，新一轮科技革命和产业变革突飞猛进，以信息技术、人工智能为代表的新兴科技快速发展，大大拓展了时间、空间和人们认知范围，深刻改变了人们生活、工作、学习和思维方式，变革了既有全民科学素质工作格局的同时，也带来了新的机遇和挑战。

深入践行"争当表率、争做示范、走在前列"新使命新要求，为全市全民科学素质工作提出了更高的定位和要求。深入实施公民科学素质建设、全面提升公民素质意义重大而深远，已成为全市实现经济社会高质量发展的先决条件，是提升公众终身学习能力、打造未来竞争新优势的迫切需要，是打造高素质创新大军、支撑构建新发展格局的重要途径。

二、指导思想、基本原则和主要目标

（一）指导思想

以习近平新时代中国特色社会主义思想为指导，深入学习贯彻中共十九大、十九届历次全会和习近平总书记对全民科学素质工作系列重要讲话指示精神，认真贯彻落实市委、市政府决策部署，以提高全民科学素质、服务高质量发展为目标，以践行社会主义核心价值观、弘扬科学精神为主线，以深化科普供给侧改革为重点，营造热爱科学、崇尚创新的社会氛围，提升社会文明程度，为推动全市"争当表率、争做示范、走在前列"做出新贡献。

（二）基本原则

——突出价值引领。践行社会主义核心价值观，弘扬科学精神和科学家精神，传播科学思想观念和行为方式，加强理性质疑、勇于创新、求真务实、包容失败的创新文化建设，坚定创新自信，营造崇尚创新的浓厚社会氛围。

——坚持协同推进。各单位、各部门强化组织领导、政策支持、投入保障，激发高校、科研机构、企业、基层组织、社会团体等多元力量，增强全民参与公民科学素质建设的积极性，构建政府、社会、市场等多方协同推进的社会化科普大格局。

——强化精准服务。完善科普高质量发展的制度体制，创新科普动员机制，强化政策法规保障，突出服务基层，推动科普内容、形式和手段等创新提升，提高科普的科学性和趣味性，满足全社会对高质量科普的需求。

——扩大合作共享。立足开放视野，进一步融入长三角科普一体化，在公民科学素质合作交流中深化创新合作，推动资源共享，畅通促进科普工作联动、多向互补的科学素质开放合作新格局。

（三）主要目标

2025年目标：形成全社会参与、大众化覆盖、全地域行动、全媒体传播的科普工作新格局，全市科学技术教育、传播与普及的基础设施体系更加普惠，公民科学素质建设的组织实施、机制体制、条件保障等体系更加完善，科学精神在全社会广泛弘扬，崇尚创新的社会氛围更加浓厚，“科学普及与科技创新同等重要”的认识更加深入，公民具备科学素质的比例力争达到23%，继续保持全国全省前列，全市各板块、各人群科学素质发展更为均衡，带动全社会文明程度实现新提高。

2035年远景目标：全市公民科学素质水平全面提升且城乡之间发展差距显著缩小，科普公共服务均等化基本实现，科普服务社会治理的体制机制更加完善，群众的科普获得感和幸福感明显提升，科学文化软实力显著增强，创新生态建设实现新发展，构建全社会科普工作大格局走在前列，为全市高质量发展、率先全面建成现代化科技强市提供坚实支撑。

三、重点任务

着力开展青少年、农民、产业工人、老年人以及领导干部和公务员等五大重点人群科学素质提升行动，着力抓好科技资源科普化、科普信息化提升、科普基础设施、基层科普服务能力提升、科学素质开放合作等五大科普基础工程，推动科普理念、科普内容、传播方式和服务模式等全面创新，构建主体多元、手段多样、供给优质、机制有效的全域、全时公民科学素质建设体系。

（一）实施青少年科学素质提升行动

1.加强校内青少年科学教育。将弘扬科学精神、端正学风道德贯穿于中小学校育人全链条。在幼儿园保教工作中融入科学启蒙和生活技能教育内容。深化义务教育阶段科学课程教学改革，构建提升素质教育的课程体系和综合评价体系，促进学生素质全面发展。在普通高中科学与技术领域课程标准中明确学科和学业质量要求，普通高中要开齐通用技术课，在选修课中倡导学校开设科学教育课，开展科学创新与技术实践跨学科探究活动。加强农村中小学校科学教育设施建设和配备，加大科学教育活动和资源向农村倾斜力度。积极争创“省科技创新综合实践示范学校”、省级“科学、技术、工程和数学教育”创新实践基地，扶持和鼓励中小学校和职业（技工）学校建立一批特色鲜明的“青少年科学工作室”“青少年技能角”等。

2.完善校内外科学教育衔接与合作机制。充分利用科技（科普）场馆、博物馆、高校、科研机构和企业实验室、科普教育基地、新时代文明实践中心等资源，深入开展探究性、启发性、创新性青少年科学教育，引导青少年通过参与、体验、实践、游戏、劳动和动手制作、创作等方式提高科学素质；充分利用中小学课后服务，广泛开展科技类实践活动，鼓励学校邀请家长共同参与，协同育人，丰富课后服务的形式与内容，探索利用校外资源开展实践研学活动的新模式。促进校内科学教育与校外科普活动有效衔接，广泛开展学校科技节、科技专家进校园、科技馆进校园、学生进高校等活动，普及科技创新、节约资源、保护环境、防灾应急、身心健康等知识，加强珍爱生命、远离毒品和崇尚科学文明、反对愚昧迷信等宣传教育。

3.实施科技创新后备人才培育计划。广泛开展形式多样的科技发明、科技创新竞赛等课内外科技活动，依托市青少年天文观测站、院士广场等科普基地，打造“好奇心”系列活动，激发求知欲和想象力；继续组织开展中小学“科技节”、青少年科技创新小发明比赛、家庭创客大赛、青少年科技运动会、科普剧会演等特色品牌活动；充分利用抖音等新媒体，进一步加大“创客直播间”“云上科普馆”、“云创新”科技教育等线上青少年科普活动优化和开发；鼓励学校积极参与青少年科技创新大赛、金钥匙科技竞赛、青少年科技模型大赛等，交流推广青少年科技创新成果，培养具有创新创业意识和实践能力的新一代。鼓励支持在校大学生开展创新性实验、创业训练和创业实践，探索从基础教育到高等教育的科技创新后备人才贯通式培养模式。

4.实施教师科学素质提升工程。将科学精神纳入教师培养过程，将科学教育和创新人才培养作为重要内容，加强新科技知识和技能培训。建成青少年科技教育工作者之家，规范科技教育辅导员管理，加大科学教师培训力度，将其打造成科学教师交流、培训、提升素质的重要平台；加强中小学教师科技创新能力培养，提高中小学教师科学素质，每年组织开展校内外骨干科技辅导员培训。

工作分工：市教育局、团市委、市科协牵头，市全民科学素质工作领导小组其他成员单位参与，各区镇（街道）联动实施。

（二）实施农民科学素质提升行动

1.实施高素质农民培育工程。分层次开展各类农民职业技能培训和学历教育提升行动，提升各类农业经营主体负责人、种养能手、业务骨干、返乡毕业生和农业创业退伍军人、社会化服务人员等的科学素质与发展能力，每年培育新型职业农民200人。面向服务农业农村的科技工作者、科普工作者、农技推广人员、农技协领班（办）人等群体，通过专业培训、学术交流、科学传播、创新创业比赛等方式，积极培育乡村科技人才。通过高素质农民、乡村科技人才作用发挥，服务和带动广大农民依靠科学技术增收致富、提高生活质量。依托“科普中国”“农技耘”等科普信息化服务平台，完善移动端传播体系，培训农民手机应用技能，持续建设农村基层科普队伍。

2.加强农村科普与科技服务。深入开展全国科普日、科技工作者日、科普宣传周、文化科技卫生“三下乡”、专家科普乡村行等科普活动。广泛吸纳科技工作者、科普工作者等志愿加入，围绕“三农”科学普及、技术指导等需求，广泛组织开展农业农村科技志愿服务活动。充分发挥农村专业技术协会（联合会）等社会组织的作用，普及绿色环保、卫生健康、防灾减灾、应急避险、移风易俗等科学理念和科技知识，推广先进适用技术，推动农民养成科学健康文明的生产生活方式。依托“农技先锋”乡村振兴服务队，建立“1+N挂钩联系”工作机制，做好技术指导，解决生产经营发展难题。深化基层农技推广模式，完善现代农业产业技术体系，引导科普资源向农村农业倾斜，组织科技专家深入基层开展科学普及、技术指导、示范推广等结对帮促服务，助力乡村全面振兴。

3.健全农村科普服务条件与体系。推动将农村科技场馆、科技服务站、科普宣传栏等科普设施与新时代文明实践中心（所、站）、党群服务中心等基层综合服务设施融合建设。推进农村中小学科技场馆建设，提升流动科技馆、科普大篷车等流动科普设施在农村基层的运行效能。持续建设农村基层科普队伍，培育带头人。实施科技入户工程项目，加大科技培训力度，推广农业“四新”技术。壮大新型农业经营主体，通过育典型、创品牌、建基地、强服务，促进农民合作社、家庭农场高质量发展。组织开展科技早市、农产品质量宣传周等活动，宣讲科技新政策，捐赠优质蔬菜种子、肥料、科普图书等。以打造全市绿色种养循环农业试点项目为契机，力争通过5年试点，扶持一批粪肥还田利用专业化服务主体，形成可复制可推广的种养结合，养殖场户、服务组织和种植主体紧密衔接、可复制可推广的绿色种养循环农业发展模式，促进农业农村生态环境保护和种养业协调发展。

工作分工：市农业农村局、市科协牵头，市全民科学素质工作领导小组其他成员单位参与，各区镇（街道）联动实施。

（三）实施产业工人科学素质提升行动

1.构建科学教育培训体系。按照知识型、技能型、创新型产业工人大军建设要求，加快推进职业培训市场化、社会化、多元化改革，建立各类主体平等竞争、产业工人自主参加、政府购买相关服务的技能培训机制，形成覆盖广泛、形式多样、运作规范，企业、院校、社会组织共同参与的职业培训和技能人才培养体系。在职前教育、职业培训、考核鉴定中融入科学素质、绿色发展、安全生产、防灾减灾、心理疏导等内容。引导支持企业、社会组织等加大职业教育和培训投入，强化技工院校培养高技能人才的主渠道作用，采用多元资助模式，建立社会化投入机制，拓宽经费筹集渠道，加大职业技能培训投入。

2.推进产业工人教育培训。实施专业技术人才知识更新工程，完善继续教育制度，提升综合素质和创新创造能力。发挥科技社团在专业技术人员继续教育中的重要作用，帮助开展技术攻关、解决技术难题，参与跨行业、跨学科学术研讨和技术交流活动。加大进城务工人员职业培训力度，大力开展“求学圆梦行动”等活动，每年资助200名农民工和一线职工提升学历，依托企业和科普机构、妇女之家等载体平台，促进进城务工人员提高科学素质、增强就业本领、提升生活品质。支持技工院校面向企业职工、就业重点群体大力开展技能培训，加强校企合作，高质量开展企业新型学徒制培训。推动相关平台企业做好快递员、网约工、互联网营销师等群体科学素质提升工作。

3.提升产业工人职业技能。全面实施职工素质建设工程，扩大各类技术技能竞赛、岗位练兵、技能培训覆盖面。围绕新需求强化“行行出状元”职业技能大赛、“安康杯”竞赛、巾帼家政服务职业技能大赛等群众性劳动比武活动社会效应。深化“创新张家港”青年企业家创新能力提升计划、青年人才振兴计划、人才企业科技提升行动等品牌活动，组织开展科技孵化品牌活动、女性就业专场招聘、技术经纪人培训等培训活动。“十四五”期间，每年培养培训职业技能劳动者6000人，高技能人才3000人，技师和高级技师300人，企业新型学徒200人，累计建设张家港市技能大师工作室10家。

4.营造崇尚创新创造的社会氛围。在产业工人中大力宣传新发展理念，弘扬劳模精神、劳动精神、工匠精神，激发创新创造活力。弘扬企业家精神，提高企业家科学素质，引导企业家踊跃探索引领创新发展，推动提升产业工人科学素质，探索建立企业科技创新和产业工人科学素质提升的共赢机制。

工作分工：市人社局、市应急管理局、市总工会牵头，市全民科学素质工作领导小组其他成员单位参与，各区镇（街道）联动实施。

（四）实施老年人科学素质提升行动

1.完善老年人信息素养服务体系。关注老年人在信息化社会运用智能技术的现实需求，激发老年人融入信息社会的行动自觉，提升老年人信息获取、分辨和使用能力。适应老年群体需求推进智能化服务，利用音频、动画等多媒体技术克服普及障碍，提高信息技术可及性，促进老年人有效使用互联网。聚焦内容供给，围绕老年人日常生活涉及的高频事务，提供更实用的科普产品，开展满足老年人需求的多样化信息科普活动。为老年人提供更多的学习空间与学习方式，开展老年人智能手机运用培训活动，向老年人普及智能技术知识与技能，让广大老年人更好更快适应并融入智慧社会，提高包括老科技工作者在内的老年人数字技能。

2.加强老年人健康科普服务。加大在电视、广播、报刊等主流媒体以及“科普零距离”“张家港老年”微信平台等各级各类媒体平台的老年人科普宣传力度，提高老年人健康素养；从维护老年人健康出发，开展针对老年人的医疗健康、心理辅导、智能信息、应急处置、反网络谣言、反诈骗等专题科普活动，改善老年人的生活质量，实现健康老龄化。依托社区健康养老设施、党群服务阵地、科普园地，增强老年常见病和慢性病健康防治、反诈骗等科普内容与功能。发动各类科技志愿服务团队深入社区、农村等基层，常态化开展助老类科技志愿服务活动，让老年人在科技发展中有更多获得感、幸福感、安全感。

3.实施银龄科普行动。发挥广大老科技工作者和老干部、老专家、老教师、老模范等基层“五老”的智力优势，坚持自愿参加、就地就近、量力而行、主动作为，组建理论宣讲、文化服务、医疗健康和科技科普等类别志愿服务队，开展科普报告、技术服务、技能培训、健康咨询等形式的科普行动，打造富有特色、群众喜爱的银龄科普志愿服务品牌。

工作分工：市委老干部局、市公安局、市民政局、市卫健委、市妇联、市科协牵头，市全民科学素质工作领导小组其他成员单位参与，各区镇（街道）联动实施。

（五）实施领导干部和公务员科学素质提升行动

1.完善教育推进机制。加强领导干部和公务员科学素质教育培训，突出科学理论、科学方法、科技知识培训以及科学精神、科学思想的培养。以市委党校为主阵地，在针对领导干部的培训中，安排一定比例的科技培训内容，提升领导干部的创新理念和创新思维，切实增强其贯彻落实新发展理念的自觉性和科学决策的能力。调动领导干部和公务员提高自身科学素质的积极性和主动性，增强终身学习和科学管理的能力。

2.创新学习渠道载体。充分利用“互联网+”、大数据、人工智能等新技术新媒体，依托“学习强国”“科普中国”等平台，共享科技资源，扩大优质科普信息覆盖面。深入开展科技科普教育，通过科学家精神宣讲、院士专家科普报告以及实地考察科技场馆、科研场所、高科技企业等多种方式，鼓励引导领导干部和公务员积极参与科普活动、参加科技志愿服务，带头讲科学、学科学，弘扬科学精神。

3.完善考核激励机制。强化党政领导干部、企事业单位负责人科学素质内容的测评，引导激励其学习科技知识、提升科学素质。发挥领导干部和公务员在提升全民科学素质中的引领示范作用，以领导干部和公务员科学素质的提高带动全民科学素质工作的整体提高。

工作分工：市委组织部、市科协牵头，市全民科学素质工作领导小组其他成员单位参与，各区镇（街道）联动实施。

（六）实施科技资源科普化工程

1.建立完善科技资源科普化机制。建立科技人才、科技载体、科技成果、科技服务等科技资源科普化机制，引导高校、科研机构和企业等科技资源主体参与科技资源共建共享，融合拓宽科技资源科普化渠道，加大科技资源项目经费、基础设施建设等投入。引导各行业面向社会公众开放公共科技资源、开发优质科普资源、开展多种形式科普活动。

2.实施科技资源科普化专项行动。支持高校、科研机构、企业等将大型实验室、科研设施转化为科普装备和科普基地，面向社会公众开放，让公众多途径获取科普资源。实施学术资源科普化工程，提高非涉密科技成果、学术交流成果向科普资源的转化率。推动科普产业发展，利用科技金融、技术转移等科技服务资源赋能产业发展，开展“产业+科普”行动，促进科技经济融合。

3.增强科技工作者社会责任。弘扬科学家精神，打造科学家精神教育基地。深入开展全国科技工作者日、科学道德和学风建设宣讲等主题宣传教育、榜样示范活动，引导广大科技工作者践行科学精神、坚守社会责任。加强科学传播专家队伍建设，培育高层次科技志愿服务者和组织。鼓励支持高端科技人才开展高新技术科普报告，加强科普方法和科学传播能力等培训，培育更多优秀科普创作者和科普传播者，针对社会热点、科技焦点问题主动发声、科学辟谣。

工作分工：市科技局、市科协牵头，市全民科学素质工作领导小组其他成员单位参与，各区镇（街道）联动实施。

（七）实施科普信息化提升工程

1.加大科普创作支持力度。支持面向世界科技前沿、面向经济主战场、面向国家重大需求、面向人民生命健康等重大题材、重大科技成果普及以及科幻、动漫等重要选题开展科普创作；支持科研人员开展科普创作，加大科普创作人才培养，鼓励文艺工作者跨界从事科普创作；组织参加各级优秀科普作品评选、科普公益作品大赛，开展优秀科普作品阅读活动，提高学校图书馆科普图书的数量和质量。

2.提升全媒体科学传播能力。加大科普资源开发力度，进一步推动建立科普资源共建共享机制，加大科普资源集成、开发和配送力度，推动“科普中国”、江苏“科普云”、“科普苏州”等优质资源的落地运用，切实提升科普资源科学性、趣味性、体验性。加强科学传播载体建设，引导传统科普媒体与新兴媒体加大科普宣传力度，推动线上线下深度融合，实现跨媒体、跨终端科学传播。组织开展媒体从业人员科学传播能力培训，提升大众传媒从业者的科学素质和科学传播能力。

3.推进科普智慧化发展。鼓励扶持新基建下的智慧科普设施建设，新建科普基础设施搭建5G网络、大数据、人工智能、区块链等数字化平台；鼓励支持已有科普基础设施积极融合应用新技术手段，针对不同区域、行业、年龄人群开展科普资源内容精准推送、智慧服务，推动传播方式、组织动员、运营服务等创新升级。强化科普信息落地应用，与智慧教育、智慧城市、智慧社区等深度融合，推动优质科普资源向农村地区倾斜。

工作分工：市工信局、市文体广旅局、市融媒体中心、市科协牵头，市全民科学素质工作领导小组其他成员单位参与，各区镇（街道）联动实施。

（八）实施科普基础设施工程

1.加强统筹规划与服务保障。构建以综合性科技场馆为龙头，以专业科普场馆、数字科技馆、流动科技馆为骨干，以各类科普教育基地和示范基地为支撑，以基层科普设施为补充的科普基础设施体系。研究政府在切实履行科普基础设施基本公共服务兜底责任的基础上，充分发挥市场机制作用，建立健全市场化运行的多方参与、多元投入、上下联动的保障体系。

2.推进现代科技馆体系建设。鼓励有条件的高校、科研机构、企业、社会组织兴建各类专业科普场馆，提供分众化、特色化科普展教服务。实体科技馆汇聚科学教育、科学家精神教育、前沿科技体验、公共安全健康教育等功能并提升服务水平。常态化开展流动科技馆、科普大篷车等展品研发更新、巡展换展，突出服务便捷可及、优质普惠，与实体科技馆差异互补、协同增效。

3.强化科普基地建设。鼓励支持生态环保、水利、卫生健康、应急管理、食品药品、人防、防震减灾、气象、海关等行业部门建立健全专业科普教育、研学基地。推进图书馆、文化馆、博物馆、少年宫等公共科学文化设施拓展科普服务功能、丰富科普活动内容，引导促进公园、风景名胜区、车站、电影院等公共场所强化科普服务功能。支持高校、科研机构、企业等利用自身科技资源建设未来科技体验基地。到2025年年末，争创省级、苏州市级科普教育基地不少于10家。

4.推进科普基础设施普惠开放。构建“馆校结合”长效机制，推动现代科技馆体系和科普基地的优质科普资源、活动、项目与学校科学教育双向融通。加强公益性引导，支持高校、科研机构、企业、科技社团的科普场馆、展览馆、标本室、陈列室、天文观测站、实验室、生产设施等科普基础设施面向公众常态、定期、公益开放，鼓励经营性科普场馆、科普教育基地面向公众优惠开放。

工作分工：市教育局、市科技局、市财政局、市文体广旅局、市科协牵头，市全民科学素质工作领导小组其他成员单位参与，各区镇（街道）联动实施。

（九）实施基层科普服务能力提升工程

1.完善应急科普宣教体系。坚持经常性宣传教育与集中式应急宣传相统一，利用已有设施完善各类应急科普宣教平台，对突发生态环保、卫生健康、防灾减灾等重大事件社会舆情及时做好政策解读、知识普及和舆情引导等工作。有效开展防灾减灾、应急避险等主题科普宣教活动，全面推进应急科普知识进企业、进农村、进社区、进学校、进家庭，统筹各级各类资源和力量直达基层开展应急科普。建立应急科普专家队伍，提升应急管理人员和媒体人员的应急科普能力。

2.健全基层科普服务体系。依托新时代文明实践站（所）、党群服务中心、文化设施等建设科普阵地，面向基层开展“专家科普基层行”、科技志愿服务、主题科普活动等科普服务，推动科普资源下沉、工作重心下移。深入实施基层科普行动计划，充分发挥乡镇科协“三长一家”作用，推动优质科普资源下沉一线，动员本区域内的教师、医护人员、科研人员、农技人员、乡土人才等，广泛开展科技培训、农技服务、义诊咨询等志愿活动，打通科普传播最后一公里。依托各成员单位、高校、科研机构、科技型企业和社会组织等，组建科技志愿服务团队，大力发展科技志愿者和科普信息员队伍，加强基层专兼职科普人员能力培训，推进科技志愿服务专业化、规范化、常态化发展和精准化对接。

3.提升基层科普服务供给能力。创新科普理念和方式，持续开展全国科普日、科普宣传周、文化科技卫生“三下乡”、防灾减灾日等主题科普活动，大力培育各领域特色科普品牌活动，实现村、社区科普服务全覆盖，提升公民科学素质和生活生产技能。

工作分工：市社科联、市科技局、市应急管理局、市科协牵头，市全民科学素质工作领导小组其他成员单位参与，各区镇（街道）联动实施。

（十）实施科学素质开放合作工程

1.推进长三角区域科普协同合作。强化跨界科普基础设施对接与科普服务共享，加强与上海、南京等长三角区域科普资源嫁接融合，实现高水平科普基础设施互联互通、科普服务共建共享，推动长三角区域一体化发展，实现资源合理配置和服务均衡化、广覆盖。

2.拓展国际科技人文交流渠道。广泛拓展国际联络交流渠道，开拓海外合作新通道，引导海外高层次人才积极参与科技人文交流。开展柔性招才引智工作，广泛联络海内外精英人士，做好有关人才工作对外交往活动的组织、协调和服务，吸引集聚海内外资源参与张家港经济和社会事业建设。

3.积极参与合作开放治理。支持张家港优秀科技工作者和团队，深化与有关国际组织、机构的交流合作，围绕公民科学素质建设、科技发展共性问题开展研究，分享科技前沿成果，发展科普产业、开展科普活动，共同应对未来发展、人类健康、气候变化等人类面临的挑战，为公民科学素质提升注入港城力量。

工作分工：市社科联、市科技局、市科协牵头，市全民科学素质工作领导小组其他成员单位参与，各区镇（街道）联动实施。

四、组织实施及保障

（一）加强组织领导

市委、市政府统一领导本规划实施工作，将公民科学素质发展目标纳入国民经济和社会发展规划，加强全民科学素质工作督促检查。市科协发挥综合协调作用，牵头沟通联络、搭建联动平台，把握实施时序进度，协调各有关部门形成工作合力、共同推进公民科学素质建设。各成员单位要按照统一部署，落实政策措施，将有关任务纳入相应工作规划。牵头单位要加强对各项重点任务落实情况的督查，协作单位要充分发挥自身优势，加强协调配合，形成工作合力。各区镇（街道）要负责组织本辖区内全民科学素质纲要的实施工作，将全民科学素质工作纳入经济社会发展总体规划和年度工作计划，为提升公民科学素质提供良好的环境和条件。

（二）加大经费保障

保障财政经费对科普的投入，充分发挥财政性资金的引导和推动作用，并通过多种方式鼓励和吸引社会资本投入科普事业。将科普经费列入同级财政预算，逐步提高科普投入水平。市科协及各有关部门要根据各自承担的任务，认真做好资金测算，积极拓展科普资金来源渠道，积极争取上级资金，引导调动企业单位、社会组织及社会资本共同投入，建立与经济社会发展相适应的科普经费保障机制。加强科普经费的绩效管理，提高财政资金的使用效益。

（三）健全工作机制

完善全民科学素质工作评估制度，落实国家新时代公民科学素质标准，定期开展公民科学素质监测评估、科学素质建设能力监测评估，强化督促检查与工作交流，查找薄弱环节，解决突出问题，全面推进各项重点工作。因地制宜开展社会化、信息化、规范化、特色化公民科学素质建设工作，推动科普内容、形式和手段等创新提升，满足全社会对高质量科普的需求。根据国家、省、苏州市有关规定，对在公民科学素质建设中做出突出贡献的集体和个人给予表扬。

——摘自《市政府关于印发〈张家港市全民科学素质行动规划（2021—2035年）〉的通知》（张政发〔2022〕15号）

关于进一步帮助市场主体纾困解难着力稳定经济增长若干政策措施的实施方案

为贯彻落实省政府《关于进一步帮助市场主体纾困解难着力稳定经济增长的若干政策措施》和苏州市政府《关于进一步帮助市场主体纾困解难着力稳定经济增长的若干政策措施》文件精神，助力市场主体积极应对疫情，提振发展信心，稳定经济增长，结合全市实际，特制定如下实施方案。

一、加大财税支持力度

1.对月销售额15万元以下的小规模纳税人，公交和长途客运、轮客渡、出租车等公共交通运输服务免征增值税。免征符合条件的科技企业孵化器和众创空间孵化服务增值税，对其自用及提供给在孵对象使用的房产、土地免征房产税和城镇土地使用税。继续放宽初创科技型企业认定标准，凡符合条件的创投企业和天使投资个人对其投资的，按投资额的70%抵扣应纳税所得额。对符合条件的从事污染防治的第三方企业减按15%的税率征收企业所得税。[责任单位：市税务局、市财政局、市科技局，各区镇（街道）。以下政策措施均需各区镇（街道）落实，不再单独列出]

2.免征农产品批发市场、农贸市场房产税和城镇土地使用税。免征城市公交场站等运营用地城镇土地使用税。对承担商品储备政策性业务的企业自用房产、土地免征房产税和城镇土地使用税。对受疫情影响严重的住宿餐饮、文体娱乐、交通运输、旅游、零售、仓储等行业纳税人和增值税小规模纳税人，暂免征收2022年房产税、城镇土地使用税。其他行业纳税人生产经营确有困难的，可申请减免房产税、城镇土地使用税。加快出口退税进度，把退税平均时间压缩至5个工作日以内。（责任单位：市税务局、市财政局）

3.对符合条件的困难企业，经批准可继续缓缴养老、失业和工伤三项社会保险费，缓缴期最长6个月；受疫情影响较大的旅游企业阶段性实施缓缴失业保险、工伤保险费政策，期限不超过一年，缓缴期间免收滞纳金，不影响企业信用和职工个人权益记录。根据国家、省及苏州市部署，延续实施阶段性降低失业保险、工伤保险费率政策。实施失业保险援企稳岗“护航行动”，对不裁员、少裁员的企业继续实施普惠性失业保险稳岗返还政策，其中2022年度中小微企业返还比例从60%最高提至90%。对受疫情影响较重的中小微企业可按规定申请降低住房公积金缴存比例或缓缴。（责任单位：市人社局、市财政局、市税务局、苏州市住房公积金管理中心张家港分中心）

4.加大用工服务保障力度。延长项目制线上培训、到港就业补贴、规模组织输送劳动力补助及交通费补贴、赴外人力资源合作对接一次性补助等全市“稳岗惠企十条”有关政策执行期至苏州全域调整为低风险地区的次月底。强化与劳务输出地区劳务协作，畅通引才用工渠道，为企业用工提供精准、长期、稳定的来源供给。做好疫情期间入职体检工作。（责任单位：市人社局、市卫生健康委、市财政局）

5.对灵活就业人员参加职工基本医疗保险的，缴费比例在全市职工基本医疗保险用人单位缴费率（不含生育保险缴费率）和个人缴费率之和的基础上，降低1个百分点。（责任单位：市医保局、市财政局）

二、继续强化金融支持

1.探索实施“港城金融码上贷”，实现小微企业金融服务端口前移，提高小微企业和个体工商户融资的获得感和便利度。鼓励企业积极参与小微贷、苏科贷、苏信贷、苏农贷、苏服贷等融资方式。支持金融机构向符合条件的小微外贸企业提供物流方面的普惠型金融支持。（责任单位：人民银行张家港市支行、苏州银保监分局张家港监管组、市金融监管局、市发改委、市科技局、市农业农村局、市工信局、市财政局）

2.鼓励融资担保机构对受疫情影响的中小微企业保持较低担保费率，鼓励取消反担保要求，政府性融资担保机构担保费率保持在1%以下。督促金融机构落实不盲目抽贷、断贷、压贷等政策要求，采取多种措施防控、缓释、化解相关风险。各银行机构要主动摸排受疫情影响较大企业贷款到期情况，提前告知企业初步续贷意见，按照市场化、法治化原则，对有需要的企业优化还款方案。（责任单位：市金融监管局、苏州银保监分局张家港监管组、人民银行张家港市支行、市财政局、市工信局）

3.发挥苏州市综合金融服务平台和企业征信服务平台作用，提升普惠金融服务能力。对地方法人银行发放的普惠小额贷款，支持其按贷款余额增量的1%申请激励资金。（责任单位：市金融监管局、人民银行张家港市支行、苏州银保监分局张家港监管组等有关部门）

三、加大清费减负力度

1.对承租市属全资、控股和实际控制的国有企业和行政事业单位权属物业的全市范围内的服务业小微企业和个体工商户，2022年减免6个月租金；由各区镇（街道）管理的，视情参照执行。（责任单位：市国资管理中心、市市级机关事务管理中心、市财政局）

2.对符合《中小企业划型标准规定》的小微企业，2022年继续享受全额返还工会经费支持政策。（责任单位：市总工会）

3.机关、事业单位从中小企业采购货物、工程、服务，应当自货物、工程、服务交付之日起30日内交付款项，最长不得超过60日。机关、事业单位和大型企业不得强制中小企业接受商业汇票等非现金支付方式，不得滥用商业汇票变相占用中小企业资金。大型企业应在年度报告中向社会公布逾期未支付的中小企业款项。（责任单位：市工信局、市国资管理中心、市财政局）

4.持续排查处理机关、事业单位和大型企业拒绝或迟延支付的中小企业款项，对已过建设期仍未验收的工程项目应加快验收，对达到单项竣工、具备交付使用条件的要及时竣工验收、交付使用。（责任单位：市工信局、市国资管理中心、市住建局、市财政局）

5.对疫情防控相关企业的委托业务提供“绿色通道”，第一时间安排检验检测，第一时间发放检验报告书；对直接服务于疫情防控的CT机、多参数监护仪、耳温计、水银血压计、自动血压计等计量设备免除检测费用；对疫情期间中小企业送检计量设备免收加急费。对于企业申请第三类医疗器械经营许可延续的，非必要可免于现场检查。（责任单位：市检验检测中心、市市场监管局）

四、大力支持重点行业恢复发展

1.在抓好常态化疫情防控的前提下，加强分区分级精细化管理，促进餐饮业恢复发展，大力推广自提、外卖、无接触配送方式。（责任单位：市商务局、市公安局、市市场监管局、市卫生健康委）

2.用好各级文体旅产业发展专项资金，重点支持旅行社、旅游景区、民宿、影剧院等文旅消费市场主体恢复发展、创新发展。迅速开展全市年度文体旅产业奖励类项目申报工作，上半年完成资金核拨；继续按80%比例暂退旅游服务质量保证金。支持困难企业参与“文产贷”融资方式，鼓励金融机构实行市场优惠利率，降低企业融资成本。2022年上半年开展促进文体旅消费惠民活动，发放文体旅消费大礼包2万份。适时举办文旅促消费及春天旅游季系列主题活动，助力疫后文体旅市场复苏；鼓励酒店、景区、民宿、旅行社、文娱企业等开展各种促销活动。（责任单位：市文体广电和旅游局、市财政局、市金融监管局）

3.鼓励党政机关、国有企事业单位在财政支出定额范围内，委托旅行社、酒店等企业承办培训、会议活动，委托餐饮企业提供用餐供配服务。文体旅部门与工会加强合作，将符合条件的民宿、乡村旅游重点村、特色（风情）小镇、红色旅游点位等纳入疗休养活动范围。（责任单位：市文体广电和旅游局、市发改委、市总工会、市财政局、市审计局）

4.对每月通行次数在30次（含）以上的ETC公路客运班线客车，给予通行费八五折优惠。延续实施“运政苏通卡”货运车辆通行费八五折优惠政策。支持汽车客运站从单一的站务服务功能扩展为包含餐饮、住宿、购物、体育、文化娱乐等综合服务功能。（责任单位：市交通运输局、市财政局、市自然资源和规划局）

5.支持房地产项目以保函替代商品房预售监管资金，减轻企业资金周转压力。创新旅行社旅游服务质量保证金缴纳方式，探索开展保险替代现金或银行保函缴纳保证金试点工作。（责任单位：市住建局、市文体广电和旅游局、苏州银保监分局张家港监管组）

五、加强外贸企业帮扶

1.引导外贸企业增强汇率风险中性意识和管理能力。对2021年度外贸进出口、跨境货物贸易收付汇、结售汇量同时在10万美元（含）至1500万美元（含）的，且企业信用记录良好、货物贸易外汇管理分类登记为A类的中小微外贸企业首次办理远期结售汇业务，按实际履约金额给予奖励。（责任单位：人民银行张家港市支行、市商务局、市财政局）

2.鼓励各港口企业加强与国际、国内航运企业及代理机构、货主合作，与相关方签订长约合同，加快推进运输结构调整优化方面的投入，提高“水水中转”换装比例。（责任单位：市交通运输局、市财政局、市商务局、港务集团）

3.对完成技术改造的加工贸易企业，在现有技术改造支持资金中对符合条件的技改项目予以扶持。鼓励金融机构为加工贸易企业提供无抵押优惠利率贷款，对企业内销加工贸易货物的，暂免征收内销缓税利息。帮助企业出口转内销，引导外贸企业与大型电商平台合作，拓展国内市场销售渠道。（责任单位：市工信局、人民银行张家港市支行、市金融监管局、张家港海关、金港海关、市商务局、市财政局）

4.广泛开展RCEP优惠政策宣传辅导，为企业及时提供签发RCEP等自贸协定项下优惠原产地证书、货物暂准进口通关（ATA）单证册、国际商事证明书和代办领事认证等服务。（责任单位：市商务局）

六、着力缓解价格上涨压力

严厉打击串通涨价、哄抬物价等违法违规行为。推动行业协会、大型企业搭建重点行业产业链供需对接平台，加强原材料保供对接服务，帮助中小微企业应对采购、销售、仓储等经营风险。依法查处不执行政府定价指导价的行为，降低市场主体经营成本。（责任单位：市市场监管局、市工信局、市发改委）

七、持续优化提升服务

1.推广工业企业分幢办理不动产权证书，在不改变土地出让合同约定前提下，对符合条件的工业企业高标准厂房，可以根据企业申请分幢办理不动产权证书。（责任单位：市自然资源和规划局）

2.继续推广“全电共享”电力设备租赁暖企服务，扩大服务范围到临时用电、能效服务等领域。开展重点用户用电情况监测，协助制定负荷转移、增容改造等方案，助力企业有序平稳复工复产。自2022年2月19日起至全域转为低风险地区为止，实行欠费不停电和延长缴费截止期措施。居民客户电费违约金起算日延长至全域转为低风险地区为止，非居民客户电费违约金起算日暂延期至2022年3月8日。（责任单位：市供电公司）

3.建设投资项目一站式服务中心，融合事项咨询、申报指导、项目审批、政策宣传、全链协调等多项职能，提供“一门、一站、一窗”式服务。通过开辟重大项目绿色审批通道、指定专人跟踪服务，一次性给出清单等，创新服务方式，提供更加便捷高效的重大项目服务链，全面推行“订单式”供给和“保姆式”服务，推动项目早开工、早投产、早见效。（责任单位：市行政审批局、市住建局、市自然资源规划局、市发改委、市水务局、市供电公司、市水务集团、港华燃气）

4.实施包容审慎监管，推行柔性执法，对个体工商户轻微违法行为，不涉及公共卫生、食品药品安全、安全生产、生态环境保护等重点领域，对社会危害不大的，依法不予处罚或从轻、减轻处罚；被处以罚款但确有经济困难的，可申请暂缓或分期缴纳。健全“双随机、一公开”监管机制，提升事中事后监管效能。对于疫情影响较大的行业项目的行政处罚，未发生质量安全事故的，可以减免行政处罚滞纳金。（责任单位：市市场监管局、市司法局、市卫生健康委、市应急管理局、张家港生态环境局）

5.统筹调度法律服务资源，加强中小微企业普惠性法律服务。推广“苏解纷”线上调解平台，为个体经营户调解提供便利。（责任单位：市司法局、市工商联、市市场监管局）

本实施方案自印发之日起实施，未特别注明时限的，有效期至2022年年末。同一支持事项，如上级出台最新政策或要求，原则上按“取高不重复”原则执行。市政府办将适时就实施方案贯彻落实情况开展督促检查。

——摘自《市政府印发〈关于进一步帮助市场主体纾困解难着力稳定经济增长若干政策措施的实施方案〉的通知》（张政发〔2022〕9号）

2022年中共张家港市委部分文件目录

1月19日	张委发〔2022〕1号	中共张家港市委印发《关于深入贯彻落实江苏省第十四次党代会、苏州市第十三次党代会精神全力谱写港城现代化建设新篇章的实施意见》的通知
1月24日	张委发〔2022〕3号	中共张家港市委关于印发《十二届张家港市委巡察工作规划（试行）》的通知
1月24日	张委发〔2022〕4号	中共张家港市委关于印发《中共张家港市委关于开展市委巡察工作的实施办法》的通知
2月10日	张委发〔2022〕6号	中共张家港市委关于市委常委会党史学习教育专题民主生活会情况的通报
2月23日	张委发〔2022〕8号	中共张家港市委关于转发《张家港市人大常委会2022年度工作要点》的通知
2月23日	张委发〔2022〕9号	中共张家港市委关于转发《政协张家港市第十三届委员会常务委员会2022年度工作要点》的通知
3月27日	张委发〔2022〕11号	中共张家港市委、张家港市人民政府关于做好2022年全面推进乡村振兴重点工作率先基本实现农业农村现代化的实施意见
5月23日	张委发〔2022〕14号	中共张家港市委印发《关于加强廉洁乡村的实施意见》的通知
5月26日	张委发〔2022〕15号	关于印发《张家港市法治建设实施方案（2021—2025年）》的通知
7月12日	张委发〔2022〕18号	中共张家港市委、张家港市人民政府《关于全面推进数字张家港建设的实施方案》的通知
7月26日	张委发〔2022〕20号	中共张家港市委关于印发干部有关制度文件的通知
8月25日	张委发〔2022〕23号	中共张家港市委、张家港市人民政府关于印发《张家港市产业创新集群高质量发展扶持政策》的通知
11月1日	张委发〔2022〕26号	中共张家港市委、张家港市人民政府印发《张家港市法治政府实施方案（2021—2025）》的通知
11月7日	张委发〔2022〕27号	中共张家港市委关于认真学习宣传贯彻党的二十大精神的通知
11月28日	张委发〔2022〕29号	中共张家港市委关于印发《张家港市共青团基层组织改革实施方案》的通知
12月2日	张委发〔2022〕30号	中共张家港市委关于印发《张家港市新朝代加强村、社区党组织书记队伍建设五年行动计划（2022—2026）》的通知
12月2日	张委发〔2022〕31号	中共张家港市委、张家港市人民政府印发《关于深入打好污染防治攻坚战的工作方案的通知》

2022年张家港市人民政府部分文件目录

1月16日	张政发〔2022〕4号	关于印发市政府2022年工作目标任务的通知
1月15日	张政发〔2022〕5号	张家港市人民政府关于上报2021年度落实最严格水资源管理制度自查情况的报告
3月7日	张政发〔2022〕9号	市政府印发《关于进一步帮助市场主体纾困解难着力稳定经济增长若干政策措施的实施方案》的通知
3月10日	张政发〔2022〕10号	市政府关于印发《张家港市既有建筑危险住房解危指导意见》的通知
3月31日	张政发〔2022〕12号	市政府关于印发《张家港市2022年度国有建设用地供应计划》的通知
4月6日	张政发〔2022〕14号	关于市十四届人大常委会第四十二次会议审议意见办理情况的报告
4月13日	张政发〔2022〕15号	市政府关于印发《张家港市全民科学素质行动规划（2021—2035年）》的通知
4月19日	张政发〔2022〕16号	张家港市人民政府关于上报落实苏州市防止耕地“非粮化”稳定粮食生产情况的报告
4月20日	张政发〔2022〕18号	市政府印发关于贯彻落实苏州市人民政府支持服务业相关领域纾困及恢复发展的实施方案
5月14日	张政发〔2022〕21号	市政府关于印发《张家港市人民政府工作规则》的通知
5月18日	张政发〔2022〕23号	市政府关于2021年度征兵工作先进单位和先进个人的通报
6月28日	张政发〔2022〕34号	张家港市人民政府关于保障农民工工资支付工作的自查报告
6月29日	张政发〔2022〕35号	张家港市人民政府关于苏州市政府原主要领导自然资源资产离任审计查出问题整改工作涉及张家港市增减挂钩问题地块的整改情况报告
8月3日	张政发〔2022〕38号	市政府关于印发《张家港市住宅装饰装修管理办法》的通知
9月5日	张政发〔2022〕45号	市政府关于印发《张家港市“十四五”教育事业发展规划》的通知
9月9日	张政发〔2022〕46号	张家港市人民政府关于2021年度实行最严格水资源管理制度考核整改措施的报告
9月14日	张政发〔2022〕48号	市政府关于印发《张家港市2022年“质量月”活动方案》的通知
9月14日	张政发〔2022〕49号	市政府关于印发《苏州市创建国家食品安全示范城市》张家港市工作实施方案的通知
9月19日	张政发〔2022〕51号	市政府关于成立第三届张家港市人民政府行政复议委员会的通知
9月19日	张政发〔2022〕52号	市政府关于印发《张家港市人民政府行政复议委员会工作规则》《张家港市人民政府行政复议委员会案件审议会议议事规则》的通知
9月28日	张政发〔2022〕54号	张家港市人民政府关于张家港市国家级公益林优化的报告
10月11日	张政发〔2022〕57号	市政府关于成立张家港市新能源汽车推广应用工作领导小组的通知
10月24日	张政发〔2022〕61号	市政府关于印发《张家港市国家知识产权强县建设试点县工作方案（2022—2025年）》的通知
11月4日	张政发〔2022〕64号	市政府关于公布2020—2021年度张家港市自然科学优秀学术论文的通知
11月18日	张政发〔2022〕67号	市政府关于做好第三次全国土壤普查工作的通知
11月21日	张政发〔2022〕69号	市政府关于表彰“行行出状元”张家港市第十届职业技能大赛优秀选手和先进单位的决定
12月6日	张政发〔2022〕76号	市政府关于公布张家港市第十次哲学社会科学优秀成果奖的决定
12月10日	张政发〔2022〕79号	市政府关于聘请韩震龙等14名同志为市政府法律顾问的通知

【编辑　宋佳辰】

组织机构及其负责人名录

市级领导机构

中共张家港市第十二届委员会

书 记 韩 卫
副书记 蔡剑峰 邵军民（6月任）
李炳龙（挂职，9月任）
常 委 陆德峰 王永学 张志明
朱 艳（女） 陆崇珉
常 征 陈卫兵 任伏军
委 员 （按姓氏笔画为序）
丁 峰 万资平（5月免）
王卫民 王卫国 王亚方
卞东方 邓根保（12月免）
成家武 朱劼纯
孙惠芳（女，7月任）
吴惠芳 何 剑 沙立平
沈晓波 张莉莎（女）
陈雪明 季 冬（7月任）
赵 瑜（女）
赵志凯（7月任）
秦真智（女） 夏立新
钱晓锋 钱锦东 徐溪椿
翁羽人（女） 曹鹰飞
梁 曦
候补委员 （按得票多少为序）
张 平 奚卫明 季晓阳
糜 正

张家港市第十五届人民代表大会常务委员会

（1月选举产生）

主 任 王亚方
副主任 黄亚平 王松石 丁学东
卢懂平（11月免）
委 员 （按姓氏笔画为序）
丁萍芬（女） 王卫国
龙凤清（9月免）
成家武（12月免）
刘红照 汤卫华 邹 铜
沙卫军 张 平 张成兵
张满兴 陆一珉
陈 霞（女）
季洪良（9月免）
季晓阳（9月免） 赵建军
赵琦萍（女）
秦真智（女，9月免）
顾彩萍（女） 钱 耿
钱云华 徐文虎 徐龙斌
徐 刚 徐建龙
徐 敏（女） 高 翔
唐利刚 彭 炜 彭 烨
蒋卫军 蒋 锋 蓬 元
戴 俭
党组书记 王亚方
党组副书记 黄亚平 王松石
党组成员 杨志刚（12月任）
卢懂平（12月免）
钱云华 夏立新（9月任）
彭 炜

张家港市人民政府

市 长 蔡剑峰
副市长 李炳龙（9月挂）
张志明（7月免）
常 征（7月任）
徐平观（1月免）
王松石（1月免）
梁 曦 翁羽人（女）
蒋 鹏 钱 飞
万资平（1月任，5月免）
蒋新峰（1月任）
何 剑（5月任）
张 庆
党组书记 蔡剑峰
党组副书记 张志明（7月免）
常 征（7月任）
党组成员 王松石（1月免）
梁 曦 翁羽人（女）
蒋 鹏 钱 飞
万资平（1月任，5月免）
何 剑（5月任）
江伟男 钱晓锋

政协张家港市第十三届委员会

（1月选举产生）

主 席 卞东方
副主席 陈世海 顾 放 徐平观
徐 江 王文伟
秘书长 陈 飞
委 员（按姓氏笔画为序）
马 福 王世芳（女）
尹 洁（女） 匡雄华
朱长明 朱田中 朱亚军
朱廷刚 朱茂华（女）
刘玉梅（女） 孙礼江
孙丽萍（女） 孙利婵（女）
严佳栋 苏 勇 苏国兴
杜思梅（女） 李 峰
李笑梅（女） 何一雷
余爱华（女） 沈雪健
张 舟 张 烨（女）
张 萍（女） 陆学清
陈卫芳（女） 陈永泽
陈剑浩 季春晨（女）
金 涌 周卫君
周晓成（9月免）
孟凡珍（女） 孟伟言
赵剑锋（12月免） 秦国平
夏 敏（女） 钱王平
钱晓东 钱毅群（女）
徐 虹（女） 黄 蓉（女）
黄冰青（女） 黄美华（女）
曹丽华（女） 龚 萍（女）
寂 忍 董红军 蒋 伦
蒋丽华（女） 童先峰
谢国锋 解志荣 蔡克荣
翟梓均（女，9月免）
缪闻鼎 瞿刘华
党组书记 卞东方（12月免）
赵建明（12月任）
党组副书记 朱 艳（女，兼）
陈世海
党组成员 王文伟 陈 飞

市纪委监委

中共张家港市第十二届纪律检查委员会

书 记 王永学
副书记 李维兵 徐卫杰
常 委 袁胜华 张 勇
周天鹏 徐培科
委 员 （按姓氏笔画为序）
马建新 吴卫中
张 婷（女） 陆定峰
陆建忠 周 颖（女）
赵品锋 钱晓东
徐向前 曹 徐

市监察委员会

主　任　王永学

副主任　李维兵　徐卫杰

委　员　张　勇　徐培科

　　　　赵品锋　倪建鑫

市纪委派驻纪检组

市纪委监委派驻市委办公室纪检监察组组长　倪雅萍(女,12月免)

市纪委监委派驻市委组织部纪检监察组组长　钟　桐(女,7月免)

　　　　曹　平(9月任)

市纪委监委派驻市委宣传部纪检监察组组长　陆　骏

市纪委监委派驻市委统战部纪检监察组组长　曹　平(9月免)

　　　　钱艳虹(女,9月任)

市纪委监委派驻市委政法委员会纪检监察组组长　薛建华

市纪委监委派驻市政府办公室纪检监察组组长　丁中群(女)

市纪委监委派驻市发展和改革委员会纪检监察组组长　夏　良(3月免)

　　　　钱　刚(9月任)

市纪委监委派驻市交通运输局纪检监察组组长　樊益斌

市纪委监委派驻市财政局纪检监察组组长　陈子兵

市纪委监委派驻市人力资源和社会保障局纪检监察组组长

　　　　郭　璟(女)

市纪委监委派驻市住房和城乡建设局纪检监察组组长

　　　　向家林

市纪委监委派驻市教育局纪检监察组组长　黄明祥

市纪委监委派驻市卫生健康委员会纪检监察组组长

　　　　盛建东

市纪委监委派驻市农业农村局纪检监察组组长　陈　丽(女)

市纪委监委派驻市市场监督管理局纪检监察组组长

　　　　柳　燕(女,9月任)

市纪委监委派驻市公安局纪检监察组组长　张静东

市纪委监委派驻市城市管理局纪检监察组组长　王　慧(女)

市委巡察工作办公室

主　任　袁胜华(兼)

副主任　唐爱斌(兼)　葛永平

　　　　王　辉(女)

市委巡察组

组　长　瞿医蕾(女)　张　勇

　　　　黄永平　徐　丹

副组长　丁建平(9月免)

　　　　汤栋梁(5月免)

　　　　王修亮　刘　丹(女)

　　　　杨志刚　张玉海

　　　　杨敬波　林　臻(3月任)

　　　　刘东健(5月任)

保税区、经开区、冶金园、高新区工作机构

保税区

中共张家港保税区工作委员会

书　记　韩　卫

副书记　陆崇珉

委　员　季　冬　季　峰　顾卫彬

　　　　沈　琳　刘东兴　陆定峰

　　　　陈雪明(5月任)

张家港保税区管理委员会

主　任　(缺)

副主任　陆崇珉　季　冬　季　峰

　　　　顾卫彬　黄晓伟　沈　琳

　　　　刘东兴　陈雪明(5月任)

张家港保税区党政办公室(宣传文明办公室)

主　任　金　鑫(6月任)

副主任　徐卫凤(女)　严海燕(女)

　　　　翟　宁

张家港保税区外事办公室

主　任　张卫星

张家港保税区组织人事局

局　长　肖　锋

副局长　仇治君　徐　红(女,9月免)

　　　　李　云(9月任)

张家港保税区财政局

局　长　施　靖(女)

副局长　吴晓春　张祖宇

张家港保税区规划建设局

局　长　孟伟言

副局长　秦　瑜　黄国华

　　　　王一澄　周冠宇

张家港保税区发展改革局(重大项目办公室)

局　长　刘忠华

副局长　包金华(9月免)

　　　　陆炜炜(女)

　　　　封　皎(女,6月任)

　　　　谢　海　严正斌

　　　　薛　雪(9月任)

张家港保税区招商局

局　长　张奎军

张家港保税区科技人才局

局　长　宓灏文

副局长　张　俊(6月免)

　　　　沙　建　花　放

张家港保税区安全环保局

局　长　王卫东

副局长　徐　舟　叶　楠　刘　畅

张家港保税区企业服务管理局

局　长　(缺)

副局长　龚锦乾　宋　波(女)

　　　　唐建岳

张家港保税区投资服务中心

主　任　张　俊　(6月任)

张家港保税区物流贸易局(张家港保税物流园区管委会办公室、服务业办公室)

局　长　缪　飞

副局长　廖祚根(9月免)

　　　　任　琰(女)　倪　军

张家港保税区城乡发展局

局　长　袁达新

副局长　陆　剑　李群慧　周　峰

张家港保税区政法和社会管理办公室

主　任　沈　军

副主任　张国良　仲爱军(9月任)

　　　　徐卫峰

张家港保税区行政审批局(政务服务中心)

局　长　周国新

副局长　惠　涛　王子硕

张家港保税区监察工作委员会

主　任　陆定峰

副主任　孙朝枫

张家港保税区机关党委

书　记　肖　锋

张家港保税区非公企业党工委

书　记　仇治君(兼)

张家港保税区金港资产经营有限公司

董事长　丁　琪

市自然资源和规划局保税区自然资源所

所　长　闻　炯

江苏扬子江化学工业园管理办公室

主　任　邵　浒

副主任　殷益敏　徐　吉

张家港保税区市场监督管理局

局　长　谷晓晖

副局长　黄敏东（6月免）　王　敏

　　　　陆　钧　高　攀（7月任）

张家港保税区税务局

局　长　朱永剑（6月免）

　　　　段　兵（6月任）

经开区

中共张家港经济技术开发区工作委员会

书　记　邵军民（6月免）

　　　　张志明（6月任）

委　员　张　雷　赵志凯　陆忠理

　　　　吴卫中　袁政国　杨立清

　　　　沙立平（1月任，12月免）

张家港经济技术开发区管理委员会

主　任　邵军民（6月免）

　　　　张志明（6月任）

副主任　张　雷　赵志凯　陆忠理

　　　　袁政国　杨立清

　　　　沙立平（1月任，12月免）

张家港经济技术开发区纪律检查工作委员会

书　记　吴卫中

副书记　金　炯（11月免）

　　　　周国忠（11月任）

张家港经济技术开发区监察工作委员会

主　任　吴卫中

副主任　周国忠

张家港经济技术开发区党政办公室

主　任　毛建锋（9月免）

　　　　陈　昕（9月任）

副主任　朱洪春　朱　峰（9月免）

　　　　顾　琪（3月任）

张家港经济技术开发区招商局

局　长　石建军（5月免）

副局长　卞新峰（5月任）

　　　　钱　华（女）

张家港经济技术开发区商贸局

局　长　徐　宏

副局长　吕　浪　郭一沁（女）

张家港经济技术开发区发展改革局

局　长　施林峰

副局长　张　浩　许文虎（9月免）

　　　　钱　莉（女）

张家港经济技术开发区科技人才局

局　长　邱树立

副局长　丁国秋　徐　徵（女）

　　　　张爱军

张家港经济技术开发区安全环保局

局　长　石　勇

副局长　魏　立　陈银锋　沈品忠

张家港经济技术开发区建设局

局　长　钱　斌

副局长　马海兵　朱　尧

　　　　马志宇（5月任）

张家港经济技术开发区财政与资产管理局

局　长　卢丹清

副局长　王丽华（女）　沈　兵

张家港经济技术开发区党群工作局

局　长　陈海文

副局长　秦建忠

张家港经济技术开发区社会事业局

局　长　邱晶嘉（女）

副局长　许志贤（9月免）

　　　　陆晓刚　季　刚（3月免）

张家港经济技术开发区农业农村局

局　长　蒋　炜

副局长　郭广益　郭建锋　李迎辉

张家港经济技术开发区政法和社会管理办公室

主　任　张旦忠（6月免）

　　　　殷沪飞（6月任）

副主任　郁　彬（5月任）　成　凯

　　　　钱海峰（9月免）

张家港经济技术开发区行政审批局

主　任　陈　昕（9月免）

副主任　徐松林　缪俐琳（女）

张家港经济技术开发区综合行政执法局

负责人　石　勇

副负责人　朱　尧　陆晓刚

张家港经济技术开发区（杨舍镇）机关党委

书　记　陈海文（兼）

副书记　袁　琦（女，兼）

市高新技术创业服务中心

主　任　尹钰达

副主任　贺　妍（女）

张家港经济技术开发区机关服务中心

主　任　朱　峰（9月任）

市自然资源和规划局张家港经济技术开发区自然资源所

所　长　张峰鹰（1月任）

冶金园

中共江苏扬子江国际冶金工业园工作委员会

书　记　万资平（3月免）

　　　　沙立平（3月任）

副书记　马春青　李刚强

委　员　唐晓东　许海峰

　　　　张　婷（女）

江苏扬子江国际冶金工业园管理委员会

主　任　马春青

江苏扬子江国际冶金工业园党政办公室（宣传文明办公室）

主　任　连丽丹（女）

副主任　吴　铃（女，9月免）

　　　　赵宏斌

江苏扬子江国际冶金工业园组织人事局

局　长　丁建东

副局长　方　洁（女）

江苏扬子江国际冶金工业园科技招商局（发展改革局）

局　长　金　鑫（6月免）

　　　　金今花（女，朝鲜族，9月任）

副局长　陈　龙

　　　　龚伟专（女，9月任）

　　　　朱俊杰（9月免）

江苏扬子江国际冶金工业园经济服务局

局　长　黄建浩

副局长　朱俊杰（9月任）

　　　　李　春（9月免）　钱庆华

　　　　邬理伟（9月任）

江苏扬子江国际冶金工业园安全环保局

局　长　余耀明

副局长　钱　军　陈凌霄

江苏扬子江国际冶金工业园规划建设局

局　长　许晓明

副局长　朱子平（6月免）
　　　　王　振（1月免）　徐　峰

江苏扬子江国际冶金工业园财政和资产管理局

局　长　何胜旗（3月免）
　　　　许　佳（女，3月任）
副局长　李建兴　魏天明
　　　　高　雯（女）

江苏扬子江国际冶金工业园社会事业局（农村工作局）

局　长　张艳丽（女）
副局长　李卫忠　叶海平
　　　　季　东（6月任）

江苏扬子江国际冶金工业园政法和社会管理办公室

主　任　鞠江平（5月免）
　　　　朱礼斌（5月任）
副主任　钱国浩（9月任）
　　　　吴　铃（女，9月任）
　　　　夏永刚　巩谆贤
　　　　龚伟专（女，9月免）

中共江苏扬子江国际冶金工业园纪工委

书　记　张　婷（女）
副书记　黄　炜

高新区

中共张家港高新技术产业开发区工作委员会

书　记　常　征（12月免）
　　　　严亚明（12月任）
副书记　夏立新（9月免）
　　　　严亚明（9月免）
　　　　黄祥亮（9月任）　陶彦斌
委　员　郭文谦　金　雳
　　　　吴红波　黄晓东（5月免）
　　　　赵　瑜（女，6月免）
　　　　朱栋裕（5月任）
　　　　薛　奇（6月任）

张家港高新技术产业开发区管理委员会

主　任　严亚明
副主任　陶彦斌　赵　瑜（女，6月免）

中共张家港高新技术产业开发区纪律检查工作委员会

书　记　金　雳

张家港高新技术产业开发区党政办（宣传文明办）

主　任　吴红波
副主任　潘晓忠　谢丹丹（女）
　　　　袁　辉（9月任）

张家港高新技术产业开发区党群工作部

部　长　张左平
副部长　沈礼强　袁　辉（9月免）

张家港高新技术产业开发区创新发展部（科技人才部）

部　长　王　恒
副部长　袁　梦（女）　彭　程
　　　　肖春峰（9月免）

张家港高新技术产业开发区招商部

部　长　卞　震
副部长　王金萍（女）　季春晨（女）

张家港高新技术产业开发区建设管理部（规划部）

部　长　郭文谦
副部长　许建东　许燕忠
　　　　杨　悦（9月免）
　　　　李定廪（9月任）
　　　　肖春峰（9月任）

张家港高新技术产业开发区财务资产部

部　长　肖　军
副部长　胡　伟　杨　悦（9月任）

张家港高新技术产业开发区经济服务部

部　长　黄晓东（5月免）
　　　　庞天舒（女，5月任）
副部长　何红晓　张颖哲
　　　　朱　新（5月免）

各镇（区）领导机构

杨舍镇

中共杨舍镇委员会

党委书记　邵军民（兼，6月免）
　　　　　张志明（6月任）
副书记　赵国锋（7月免）
　　　　卞春生（7月任）
　　　　施　律　徐　科
　　　　张旦忠（兼，6月免）
　　　　殷沪飞（兼，6月任）
委　员　陈　强　苏　斌　邓衍子
　　　　袁　琦（女）　王文华（女）
　　　　顾　琪（3月免）
　　　　季　刚（3月任）
　　　　张　徐（女）
纪委书记　陈　强
纪委副书记　吴　昊（9月免）

杨舍镇人民代表大会

主　席　赵琦萍（女）
副主席　秦建岳（5月逝）

杨舍镇人民政府

镇　长　赵国锋（7月免）
　　　　卞春生（7月任）
副镇长　许志贤（9月任）　陶文华
　　　　展亚东　马　洁（女）
　　　　陈　忠　虞宁漪（女）

市政协杨舍镇工作委员会

主　任　施　律
副主任　王文华（女，兼）

杨舍镇经济服务中心（招商服务中心）

主　任　许文虎（9月任）

塘桥镇

中共塘桥镇委员会

党委书记　夏立新（9月免）
　　　　　黄祥亮（9月任）
副书记　张　溢　黄祥亮（9月免）
　　　　朱栋裕（5月免）
　　　　庞天舒（5月任）
　　　　鞠江平（5月任）
　　　　范一明（9月任）
委　员　张左平　卞　震
　　　　肖　军　殷　焕
　　　　谢丹丹（女）
　　　　袁　辉（9月免）
　　　　朱　新（5月免）
　　　　许　忠（5月免）
　　　　王昕昊（5月任）
　　　　沈礼强（9月任）
纪委书记　殷　焕
纪委副书记　朱志良

塘桥镇人民代表大会

主　席　王卫国
副主席　袁　辉（9月免）
　　　　沈礼强（9月任）

塘桥镇人民政府

镇　长　黄祥亮（8月免）
　　　　范一明（8月任）
副镇长　王　恒
　　　　王晓冬（9月任）
　　　　郑启伟　季春晨（女）
　　　　袁　梦（女）　梅思楠
　　　　许建东（9月免）

市政协塘桥镇工作委员会

主　任　张　溢

副主任　谢丹丹（女）

塘桥镇经济服务中心（招商服务中心）

主　任　陶　科

锦丰镇

中共锦丰镇委员会

书　记　万资平（3月免）

沙立平（3月任）

副书记　李刚强

俞鹏科（9月任）

鞠江平（兼，5月免）

朱礼斌（兼，5月任）

陈卫菊（女）

委　员　黄　宏（女，9月任）

惠正刚　陈　宇　陆　兵

金今花（女，9月免）

卞新峰（5月免）

万仁松（6月任）

朱伟力（女）　王皓琼（女）

纪委书记　陆　兵

纪委副书记　叶江峰

锦丰镇人民代表大会

主　席　蒋卫军

副主席　褚　辉

锦丰镇人民政府

镇　长　李刚强

副镇长　王　振

张金岱（回族，9月任）

黄　宏（女，9月免）

张　涛　邬明霞（女）

李雯倩（女，9月免）

赵志浩

市政协锦丰镇工作委员会

主　任　陈卫菊（女，兼）

副主任　王皓琼（女，兼）

锦丰镇经济服务中心（招商服务中心）

主　任　陈银洲

乐余镇

中共乐余镇委员会

党委书记　张莉莎（女）

副书记　薛盘芳

庞天舒（女，5月免）

石建军（5月任）

张贵林　柯显信（挂职）

委　员　季　忠　范颖飞

项　伟（6月免）

黄利明（6月任）

王　巍　陶静华（女）

葛　霞（女）

杨卫兴（5月免）

黄　疆（5月任）

朱礼斌（5月免）

施惠明（5月任）

纪委书记　杨卫兴（5月免）

黄　疆（5月任）

乐余镇人民代表大会

主　席　邹　铜

副主席　范颖飞（兼）

乐余镇人民政府

镇　长　薛盘芳

副镇长　黄利明（6月免）

方向明（6月任）　陈　洪

闻忠贤　蒋　皓　季君理

钱　辉　赵　蒙（挂职）

市政协乐余镇工作委员会

主　任　庞天舒（女，5月免）

石建军（5月任）

副主任　葛　霞（女，兼）

乐余镇经济服务中心（招商服务中心）

主　任　方向明（6月免）

钱　峰（6月任）

凤凰镇

中共凤凰镇委员会

党委书记　王卫民

副书记　田文华

戴　艳（女，9月免）

薛　奇（6月免）

李　松（9月任）

季晓阳（9月任）

委　员　邓　敏（女）　黄旭东

魏新阳　钱晓波

汤伟刚（9月免）

邹丽花（女）　刘梦甜（女）

黄博文　郭志浩（兼）

纪委书记　邹丽花（女）

纪委副书记　周丽群（女）

凤凰镇人民代表大会

主　席　张　平

副主席　马宏鹏

凤凰镇人民政府

镇　长　田文华

副镇长　徐丹芸（女）　周　忠

朱镕博　黄晓刚　殷立华

王亮兴（挂职）

市政协凤凰镇工作委员会

主　任　薛　奇（兼，6月免）

李　松（兼，9月任）

副主任　黄博文（3月免）

刘梦甜（女，3月任）

凤凰镇经济服务中心（招商服务中心）

主　任　庞晓畅

南丰镇

中共南丰镇委员会

党委书记　陈　稳

副书记　王　希　陈　立

委　员　方荣胜　严　武

陆静亚（女）　钱海东

高　蕾（女）　杨　明

纪委书记　钱海东

纪委副书记　尤江峰（女）

南丰镇人民代表大会

主　席　戴　俭

副主席　杨　明

南丰镇人民政府

镇　长　王　希

副镇长　徐　晋　沈　兰（女）

邵　帅　陶晓峰

市政协南丰镇工作委员会

主　任　陈　立（兼）

副主任　高　蕾（女，兼）

南丰镇经济服务中心（招商服务中心）

主　任　徐美珠（女）

大新镇

中共大新镇委员会

党委书记　何　剑（6月免）

赵　瑜（女，6月任）

副书记　沈海峰　朱文骁（女）

胡增荣（挂职）

委　员　肖　斌　秦燕军　孟令剑

谢　玲（女）

钱艳虹（女，9月免）

王志清(9月任)
朱　江　张晨悦(女)
纪委书记　钱艳虹(女,9月免)
王志清(9月任)

大新镇人民代表大会

主　席　汤卫华

大新镇人民政府

镇　长　沈海峰
副镇长　孙耀辉　严志萍
任亚超　朱磊燕(女)

市政协大新镇工作委员会

主　任　朱文骁(女,兼)
副主任　朱　江

大新镇经济服务中心(招商服务中心)

主　任　石　燕(女)

常阴沙现代农业示范园区

中共常阴沙现代农业示范园区工作委员会

党工委书记　丁　峰
副书记　牛　楠(女)　张　进
杨卫兴(5月任)
委　员　吴振宇　陆　燕(女)
丁益宇　管陈浩
朱甲波(5月任)
纪工委书记　吴振宇(5月免)
朱甲波(5月任)

常阴沙现代农业示范园区管委会

主　任　牛　楠(女)
副主任　陆　燕(女)　徐巡军
翟　涛(9月免)　黄　华

市人大常阴沙现代农业示范园区工作委员会

主　任　张　进(兼)

市政协常阴沙现代农业示范园区工作委员会

主　任　杨卫兴(兼,5月任)
副主任　管陈浩(兼)

双山香山旅游度假区

中共双山香山旅游度假区工作委员会

书　记　张毓鸿
副书记　卞振磊　朱浩锋
刘　兰(女,5月任)
委　员　何兴娟(女,6月免)
高品强　丁忠良　王贤美
张　赟(女,6月任)
纪工委书记　丁忠良

双山香山旅游度假区管委会

主　任　卞振磊
副主任　曹建峰

金港街道办事处

金港街道党工委

党工委书记　奚卫明
副书记　杜锁军　张惠锋
何兴娟(女,6月任)
委　员　封　皎(女,6月免)
包金华(9月任)　曹　军
袁金良　包建兵
柏　杨(女)　钱小潇

市人大金港街道工委

主　任　彭　烨

金港街道办事处

主　任　杜锁军
副主任　封　皎(女,6月免)
柏　杨(女)　单松萍(女)
谭晓维

市政协金港街道工作委员会

主　任　张惠锋(兼)
副主任　柏　杨(女,兼)

后塍街道办事处

后塍街道党工委

党工委书记　糜　正
副书记　孙　亮(9月免)
王金武(9月任)
程艳杰(女)　杨　彬
委　员　张　平　毛东兴　黄　超

市人大后塍街道工委

主　任　沙卫军

后塍街道办事处

主　任　孙　亮(9月免)
王金武(9月任)
副主任　李杏珍(女)　奚　涛
叶浩翔

市政协后塍街道工作委员会

主　任　程艳杰(女,兼)

德积街道办事处

德积街道党工委

党工委书记　孙惠芳(女,9月免)
王苏嘉(9月任)
副书记　王苏嘉(9月免)
孙　亮(9月任)　陆云松
委　员　廖祚根(9月任)
戴志钊　黄晓旻
王　浈(女)　李　杰

市人大德积街道工委

主　任　丁萍芬(女)

德积街道办事处

主　任　王苏嘉(9月免)
孙　亮(9月任)
副主任　孟　伟　谭　涛　赵新浩

市政协德积街道工作委员会

主　任　陆云松(兼)
副主任　王　浈(女,兼)

法院、检察院

市人民法院

党组书记、院长　朱劼纯
副院长、党组副书记　陆建忠
副院长　李清泉(8月免)
马建新(7月任)
吴　丹　洪　春
党组成员　马建新(8月任)
顾　博　李清泉(8月免)
朱　伟(女)　吴　丹
蒋　晓(6月任)

市人民检察院

党组书记、检察长　邓根保(12月免)
周晓东(12月任)
党组副书记　丁建勤(6月免)
副检察长　丁建勤(6月免)
李清泉(8月任)
吴晓敏(女,挂职,6月免)
余爱华(女)
韩广强(9月任)
马建新(7月免)
党组成员　吴晓敏(女,挂职,6月免)
马建新(7月免)
刘　霞(女)　韩广强
王友艳(女)
董树海(7月任)
寇建坤(7月任)

市委工作机构

市委办公室

主　任　陈雪明(5月免)

　　　　孙建忠（5月任）
副主任　王金武（9月免）
　　　　杨小冬（9月任）
　　　　周文超　庞　涛（5月免）
　　　　曹志云　张晓莉（3月任）
　　　　徐国庆（5月任）

市委研究室

副主任　杨小冬（9月免）
　　　　杨方勇（9月任）

市委机要局

副局长　张晓莉（3月免）
　　　　周　斌（3月任）

市委组织部

部　长　朱　艳（女）
副部长　刘　俭（兼）
　　　　徐敏娟（女，兼）
　　　　成家武（12月免）
　　　　周　颖（女，5月免）
　　　　周晓成（9月免）
　　　　庞　涛（5月任）
　　　　陈观龙（12月任）

市公务员局

局　长　成家武（12月免）
副局长　陈观龙

市委非公有制企业和社会组织工作委员会（与市委组织部合署办公）

书　记　周晓成（9月免）
副书记　王　维

市委党的建设工作领导小组办公室

主　任　周　颖（女，5月免）
副主任　陶纪元

市委老干部局

局　长　徐敏娟（女）
副局长　朱光华（女）　苏新雅（女）

市委宣传部

部　长　陈卫兵
副部长　钱晓东　黄卫琼（女）
　　　　李忠影（女，蒙古族）

市精神文明建设委员会办公室（在市委宣传部挂牌）

主　任　钱晓东
副主任　王海燕（女）　蔡　磊

市政府新闻办公室（在市委宣传部挂牌）

主　任　（缺）

市新闻出版局（市版权局，在市委宣传部挂牌）

局　长　李忠影（女，蒙古族）
副局长　陈东平

市互联网信息办公室

主　任　黄卫琼（女）

市委统一战线工作部

部　长　朱　艳（女，兼）
副部长　尹　洁（女）　解志荣（兼）
　　　　谢正国（7月免）　金俊龙

市民族宗教事务局（在统战部挂牌）

局　长　金俊龙
副局长　王舒凤（女）

市委台湾工作办公室（市政府台湾事务办公室，在市委统战部挂牌）

主　任　张耀清

市政府侨务办公室

主　任　谢正国（7月免）
副主任　董雪明（9月免）

市委政法委员会

书　记　邵军民（兼，6月任）
副书记　钱　飞（兼）
　　　　邓根保（兼，12月免）
　　　　朱劼纯（兼）
　　　　周晓东（兼，12月任）
　　　　赵剑锋（12月免）
　　　　徐高峰（12月任）
　　　　沙雪松（回族）
　　　　徐昀宇　唐　蔚
委　员　曹　徐（兼）

市委机构编制委员会

主　任　韩　卫
副主任　蔡剑峰（兼）
　　　　邵军民（6月任）
　　　　陆德峰　朱　艳（女）
　　　　常　征（7月任）
委　员　陈雪明（5月免）
　　　　孙建忠（5月任）
　　　　钱晓锋　成家武（12月免）
　　　　庞　涛（12月任）
　　　　刘　俭　徐溪椿　张　毅

市委机构编制委员会办公室

主　任　刘　俭
副主任　陈　楠（女）　唐爱斌
　　　　李　松（9月免）

市人大、政协机关

市人大常委会办公室

主　任　徐凤琪（1月免）
　　　　彭　炜（1月任）
副主任　张成兵　徐龙斌
　　　　周凯燕（女）

市人大常委会研究室

副主任　徐龙斌（7月兼）

市人大常委会人事代表联络工作委员会

主　任　徐　敏（女）
副主任　李锦华　张天若

市人大常委会监察和司法工作委员会

主　任　杨建钟（1月免）
　　　　陈　霞（女，1月任）
副主任　陈晓锋

市人大常委会财政经济工作委员会

主　任　施向东（1月免）
　　　　陆一珉（1月任）
副主任　陈志勇（9月任）
　　　　陆　洲　徐建龙（1月免）
　　　　陈晓平（1月免）
　　　　苏花兰(女，9月免)

市人大常委会城建环保工作委员会

主　任　徐文虎
副主任　董雪明（9月任）
　　　　胡　燕（女，1月免）
　　　　朱保明（9月免）

市人大常委会教科文卫（外事民宗侨台）工作委员会

主　任　高　翔
副主任　瞿秋霞（女）　翟海燕（女）

市人大常委会农业农村工作委员会

主　任　姚金泉（1月免）
　　　　顾彩萍（女，1月任）
副主任　蓬　元

市政协

秘书长　　陈　飞
副秘书长　周小军　张　曲（6月任）
　　　　　蔡克荣

市政协办公室

主　任　陈　飞
副主任　周小军　张　曲（6月任）
　　　　蔡克荣　焦频频（女）

市政协提案委员会

主　任　潘雪平（1月免）

匡雄华(1月任)
副主任　朱文焰
张亚萍(女)
周文超(兼,1月任)
邱仲生(兼,1月任)

市政协经济科技和农业农村委员会

主　任　李笑梅(女)
副主任　张　萍(女,9月任)
纪　峰(7月免)
葛云芳(女,1月免)
解志荣(兼)
吴彦刚(兼,9月免)
李　刚(兼)
孙利婵(女,兼)
叶　新(兼,1月任,12月免)
吴建国(兼,1月任)
庞建阳(兼,2月免)
蒋　昊(兼,2月免)
张　玲(女,兼,12月任)
苏　健(兼,12月任)

市政协社会事业委员会

主　任　陈剑浩
副主任　张　澄(女)
张雅红(女,7月免)
钱晓东(兼)
赵剑锋(兼,12月免)
钱洁雅(女,兼)
朱长春(兼,6月免)
徐牡丹(女,兼,1月任)
蔡　贤(女,兼,6月任)
徐高峰(兼,12月任)

市政协城乡建设委员会

主　任　王春松(1月免)
张　舟(1月任)
副主任　李建华
张　曲(6月免)
顾竹江(兼,1月任)
秦国平(兼)

市政协港澳台侨(民族宗教)委员会

主　任　黄　蓉(女)
副主任　黄冰青(女)
尹　洁(女,兼)
谢正国(兼,7月免)
张耀清(兼)
金俊龙(兼,11月任)
王世芳(女,兼)
周晓成(兼,1月任,9月免)
庞　涛(兼,12月任)

市政协文化文史委员会

主　任　许　峰(1月免)
陈永泽(1月任)
副主任　陈　丽(女)
汪丽菁(女,兼)
孙丽萍(女,兼,1月任)

市政府工作部门

市政府办公室

党组书记、主任　钱晓锋
副主任　周建江(5月免)
周荣兴(3月免)
马耀博(3月任)
林　源　邱仲生
赵中华　顾　毅(5月任)
黄耀平(挂职)
党组成员　马学锋(女)
叶　新(3月任)
周建江(5月免)
顾雪峰　周荣兴(3月免)
丁中群(女)
马耀博(3月任)
林　源　邱仲生
赵中华　陈俊杰
王　林(女)
顾　毅(5月任)

市大数据管理中心(市信息资源管理中心)

主　任　陈俊杰

市政府研究室

主　任　林　源(兼,5月免)
副主任　王　林(女)

市政府外事办公室(在市政府办公室挂牌)

主　任　马学锋(女)

市发展和改革委员会

党委书记、主任　沙立平(3月免)
曹鹰飞(3月任)
党委副书记　顾　青(1月免)
黄晓东(5月任)
副主任　顾　青(1月免)
黄晓东(5月任)　曹　阳
严　忠(7月免)
马正阳　刘恒然
纪　峰(7月任)
徐道娟(女)
党委委员　曹　阳　严　忠(7月免)
夏　良(3月免)
马正阳　刘恒然
纪　峰(7月任)
徐道娟(女)
严景阳(女)
钱　刚(9月任)

市粮食和物资储备局(在市发改委挂牌)

局　长　顾　青(兼,1月免)
黄晓东(兼,5月任)
副局长　严景阳(女)

市重大项目推进中心

主　任　沙美秀(女)

市教育局(挂市政府教育督导室牌子)

市委教育工委书记、局长
杨志刚(12月免)
成家武(12月任)
副局长　王柳军(7月免)
葛敏亚(女,7月免)
朱治国　高冰峰　徐　健
张钟玉(女,7月任)
市委教育工委委员　钱洁雅(女)
王柳军(7月免)
葛敏亚(女,7月免)
朱治国
黄明祥
谈雅琴(女)
徐　健
张钟玉(女,6月任)

市科学技术局

党组书记　赵　瑜(女,6月免)
薛　奇(6月任)
局　长　赵　瑜(女,6月免)
薛　奇(6月任)
副局长　俞　萍(女)　朱晨阳
项　伟(6月任)
孙顾力(9月免)
孙东亮
张金岱(回族,9月免)
李雯倩(女,9月任)
党组成员　俞　萍(女)　朱晨阳
项　伟(6月任)
孙顾力(9月免)

张金岱（回族，9月免）
李雯倩（女，9月任）

市工业和信息化局

党委书记、局长　曹鹰飞（3月免）
周荣兴（3月任）
党委副书记、副局长　吴彦刚（9月免）
党委委员、副局长　赵学刚
袁　俊
侯　忠
朱敏燕（女）
苏　健

市公安局

党委书记、局长、督察长　钱　飞
党委副书记、政委　徐向前
党委副书记　殷沪飞（6月任）
副政委　李本清
政治处主任　徐高峰（12月免）
副局长　赵剑锋　陆　斌
陈立峰　唐新荣
陆银佳　张旦忠（6月任）
党委委员　赵剑锋　李本清
陆　斌　张旦忠
戴冷松　陈立峰
沈　军　张静东
唐新荣　徐高峰（12月免）
鞠江平　陆银佳
黄　晟（6月免）

市民政局

党委书记、局长　范一明（9月免）
何　俊（9月任）
党委委员、副局长　孙　海（7月免）
徐志斌（9月免）
陶广成（7月任）
汤伟刚（9月任）
马筱宇（女）
黄　健
党委委员　朱管军

市司法局

党委书记、局　长　曹　徐
副局长　陶广成（7月免）
孙　海（7月任）
周炳芳　张金龙
王雪松
党委委员　陶广成（7月免）
孙　海（7月任）
周炳芳　徐　健
张金龙　桂　林（女）

市财政局
（挂市政府国有资产监督管理办公室牌子）

党委书记、局长　徐溪椿
党委副书记　许啸文（女，3月免）
何胜旗（3月任）
副局长　许啸文（女，3月免）
许　佳（女，3月免）
牛建平（女，3月免）
许向英（女）
蔡　玫（女，3月任）
陈　齐（5月任）
党委委员　牛建平（女，3月免）
陈子兵　周明明
徐　旻（女，7月免）
许向英（女）
蔡　玫（女，3月任）
陈　齐（5月任）

市委国有企业工作委员会

党委书记　徐溪椿
党委副书记　许啸文（女，3月免）
何胜旗（3月任）
周明明

市人力资源和社会保障局

党委书记、局长　张　毅
副局长　朱志斌　陈晓烽　张远勇
薛　蕾（女）
党委委员　朱志斌　陈晓烽
张远勇　薛　蕾（女）
盛宇红（女）
郭　璟（女）　周林生

市自然资源和规划局
（挂市林业局牌子）

党委书记、局长　孙建华
副局长　文清泽　张峰鹰（1月免）
张爱民　黄　宇
钱　刚（1月任）
党委委员　施文军　闻　炯
张峰鹰（1月免）
张爱民　张宏斌
黄　宇　钱　刚（1月任）
总规划师　张宏斌

市住房和城乡建设局

党委书记　张宇洲
局　长　蒋新峰（3月免）
张宇洲（3月任）
党委副书记　詹亚军（3月任）
副局长　顾竹江　陈　英（女）
顾汝斌　赵　敏
党委委员　朱子平（6月任）
王　强　杨　枫（女）
顾竹江　邹　伟
秦　芳（女）　袁寨平
陈　英（女）　余　雷
顾汝斌　向家林
赵　敏

市房产管理中心
（为市住房和城乡建设局下属正科级单位）

主　任　张宇洲（3月免）
詹亚军（3月任）
副主任　朱子平（6月任）
杨　枫（女，9月任）
秦　芳（女）
袁寨平（9月免）

市城市管理局
（挂市综合行政执法局牌子）

党委书记、局长　殷沪飞（6月免）
黄　晟（6月任）
副局长、党委委员　沈洪源　惠海宁
刘新德
马耀博（3月免）
王　慧（女）
高　明
钱国浩（9月免）
袁英凯（9月任）

市交通运输局

党委书记、局长　李　星
副局长　张　辉　王晓冬（9月免）
徐　德　瞿　伟　张　宇
党委委员　张　辉
王晓冬（9月免）
沙豫华　樊益斌
徐　德　瞿　伟
张　宇　仲斐斐

市水务局

党委书记　严栋兴
局　长　严栋兴（7月免）
翟二生（7月任）
副局长　翟二生（7月免）
俞鹏科（9月免）
何继军　徐　红
曹小红（女，9月任）
党委委员　俞鹏科（9月免）
何继军　徐　红

曹小红(女,9月任)

市农业农村局

党委书记　沈晓波(9月免)
沈　浩(9月任)
局　长　沈晓波
党委副书记　陆明程(1月免)
沈晓波(9月任)
副局长　陆明程(1月免)
李　刚　孟凡珍
宋向洪(9月免)
朱新华
孙晓霞(女,9月任)
蔡东林
王秀芹(女,6月任)
党委委员　李　刚　陈　丽
宋向洪(9月免)
朱新华　戴玉胜
孙晓霞(女,9月任)
蔡东林
王秀芹(女,7月任)

市商务局(挂市口岸办牌子)

党委书记、局长　卞春生(7月免)
周晓成(9月任)
副局长　庞建阳　叶　新(3月免)
张愫阳　吴　昊
张　敏　黄　珮
吴春晖(5月任)
张　玲(女,5月任)
党委委员　庞建阳
叶　新(3月免)
张愫阳　吴　昊
张　敏　黄　珮
邵　玲(女)
吴春晖(5月任)
张　玲(女,5月任)

市文体广电和旅游局
(挂市文物局牌子)

党委书记、局长　孙建忠(5月免)
周　颖(女,5月任)
党委委员　李　彬　杜文献
孙天华　钱　凯
徐牡丹(女,1月任)
副局长　李　彬　李　峰
杜文献　孙天华
钱　凯

市卫生健康委员会

党委书记、主任　於海良
党委副书记　阳　曦
党委委员　丁　浩　蔡　贤
黄卫星　朱长春
王群刚　盛建东
李　浩
副主任　蔡　贤　黄卫星
朱长春　王群刚
何一雷

市退役军人事务局

党组书记　周　钧
党组副书记、局长　李军强
副局长　周　钧
党组成员、副局长　祁俊龙(5月免)
朱锦华(5月任)

市城乡环境卫生指导中心
(市卫生健康委员会下属事业单位)

主　任　阳　曦
副主任　徐一中　冯庆华　陆海涛

市审计局

党组书记、局　长　陆小玲(女)
副局长　周卫君　李春洪
陆　嶙(女)　陆维江
戴文辉(9月任)
党组成员　李春洪　陆　嶙(女)
陆维江　戴文辉(9月任)
吴　昊(9月任)

市行政审批局
(挂市政务服务管理办公室牌子)

党组书记、局长(主任)　屈荣杰
党组成员、副局长　顾一武
宋永乾
陆吟远(女)
万仁松(6月免)
袁瑞燕(女)
崇爱华
郭　娜(女,
9月任)

市应急管理局

党委书记、局长　陈国庆
副局长　管长兴　徐志斌(9月免)
林学军　翟　涛(9月任)
陶　健　祁俊龙(5月任)
党委委员　管长兴　徐志斌(9月免)
林学军　杨　顺
翟　涛(9月任)　陶　健
黄　宁　张　伟
祁俊龙(5月任)

市市场监督管理局
(挂市知识产权局牌子)

党委书记、局长　樊建兵
党委副书记　高　攀(6月免)
副局长　高　攀(6月免)
黄敏东(6月任)　苏伟刚
陆翠珍(女)　朱爽秋
郑大勇　田晓燕(女)
党委委员　黄敏东(6月任)
孙跃忠　苏伟刚
朱爽秋　郑大勇
田晓燕(女)　何　华
钱　洋(女)
柳　燕(女)

市统计局

党组书记、局长　巫　刚
党组成员、副局长　孙浩龙(3月免)
朱　新(5月任)
瞿海丰
陈　莉(女)

市医疗保障局

党组书记、局长　何　俊(9月免)
秦真智(女,9月任)
党组成员、副局长　沈　斌　赵　达
党组成员　吴　军

市信访局(挂市委信访局牌子)

党组书记、局长　黄耀平
副局长　陈　珍(女,兼)　李　磊
督察专员　贾吉喆
党组成员　陈　珍(女)　李　磊
贾吉喆

市社会调解服务中心

主　任　黄耀平(兼)
副主任　陈　珍(女,兼)
李　磊(兼)

市地方金融监督管理局
(挂市政府金融工作办公室牌子)

党组书记、局长　李秋菊(女)
党组成员、副局长　宋国华　张君华
党组成员　徐　昇

苏州市公共资源交易中心张家港分中心

主　任　顾一武(兼)

民主党派、社会团体

中国国民党革命委员会
张家港市基层委员会

主　委　张满兴

副主委　蔡克荣　何一雷
　　　　蒋丽华(女)

中国民主同盟张家港市委员会

主　委　高冰峰
副主委　周卫君　刘玉梅(女)
　　　　严　飞　童先峰

中国民主建国会张家港市基层委员会

主　委　孟伟言
副主委　徐建龙　张　萍(女)

中国民主促进会张家港市基层委员会

主　委　李　峰
副主委　李晓华
委　员　蒋　恒　黄晓波

中国农工民主党张家港市委员会

主　委　翟二生
副主委　杜思梅(女)　蒋　锋
　　　　苏国兴

中国致公党苏州市张家港支部委员会

主　委　蓬　元
委　员　吴　健　李　键
　　　　黄美华　温　虹(女)

九三学社张家港市基层委员会

主　委　徐平观
副主委　秦国平　郭宏杰(女)
　　　　严红艳(女)

市无党派人士联谊会

会　长　徐　江
副会长　余爱华(女)　陆鹏程
　　　　钱　耿　沈雪健　孙东亮
　　　　严佳栋

市工商业联合会(总商会)

党组书记　解志荣
主席(会长)　钱　耿
副主席(副会长)　解志荣
　　　　陈志勇(9月免)
　　　　许海萍(女)
　　　　沈　彬(兼)
　　　　吴　毅(兼)
　　　　沈学如(兼)
　　　　郁霞秋(女,兼)
　　　　黄庭明(兼)
　　　　吴建明(兼)
　　　　李兴华(兼)
　　　　孙永华(兼)
　　　　黄和芳(兼)
副会长　唐朱发(兼)　钟瑞麟(兼)
　　　　徐　蓉(女,兼)
　　　　季　颖(兼)　张云法(兼)
　　　　许培新(兼)　徐卫明(兼)
　　　　曹立斌(兼)　朱田中(兼)
　　　　吴银河(兼)　熊益新(兼)
　　　　徐彩君(女,兼)
　　　　唐利刚(兼)　黄刻松(兼)
　　　　李　刚(兼)　缪向阳(兼)
党组成员　陈志勇(9月免)
　　　　许海萍(女)
　　　　彭　嫣(女)
　　　　马为军(兼)

市总工会

党组书记、主席　季洪良(9月免)
副主席　金　涌　谭德宝
　　　　孙卫忠　张秀兰(女)
　　　　黄　慧(女)　朱志斌(兼)
　　　　雷爱斌(兼)　马筱宇(兼)
　　　　张　婷(女,挂职)
党组成员　金　涌　谭德宝
　　　　孙卫忠　张秀兰(女)
　　　　黄　慧(女)
　　　　黄声笑(女,9月免)

共青团张家港市委员会

书　记　季晓阳(9月免)
　　　　翟梓均(女,9月任)
副书记　丁　天(女)
　　　　陈思雨(女,9月任)
　　　　刘克宁(挂职)
　　　　丁韦嘉(挂职)

市青年联合会

主　席　季晓阳(9月免)
　　　　翟梓均(女,9月任)
副主席　丁　天(女)　刘　琨
　　　　杨海青　吴　毅
　　　　奚　涛　高　蕾(女)

市妇女联合会

党组书记、主席　秦真智(女,9月免)
　　　　孙惠芳(女,9月任)
党组成员、副主席　曹丽华(女)
　　　　刘晓霞(女)
　　　　刘　兰(女,5月免)
　　　　刘笑菱(女,5月任)
副主席　钱洁雅(女,兼)
　　　　郁敏芳(女,兼)
　　　　蔡　贤(女,兼)
　　　　郭　敏(女,挂职)

市文学艺术界联合会

党组书记、主席　钱梁斌
党组成员、副主席　董　红(女)
　　　　孙丽萍(女)

市科学技术协会

党组书记、主席　龙凤清(9月免)
　　　　戴　艳(女,9月任)
党组成员、副主席　孙利婵(女)
　　　　陶晓峰
　　　　孟凡珍(女,兼)
　　　　谈雅琴(女,兼)
　　　　施一新(兼)
　　　　高　嵘(兼)

市归国华侨联合会

主　席　王世芳(女)
副主席　黄　霞(女)
　　　　熊晓建　陈　刚(兼)
　　　　赵永立(挂职)

市残疾人联合会

党组书记、理事长　曹跃飞
党组成员、副理事长　王新法
　　　　姚红梅(女)
　　　　曹　嵘(兼)
　　　　韩冰青(挂职)

市哲学社会科学界联合会

主　席　陈　刚
副主席　俞鞠敏(3月免)　丁洪斌

市红十字会

会　长　王松石(兼,6月免)
　　　　何　剑(兼,6月任)
常务副会长　丁　浩

中国国际贸易促进委员会张家港支会

会　长　卞春生(兼,7月免)
　　　　周晓成(兼,9月任)

直属事业单位

中共张家港市委党校(挂张家港市行政学校牌子)

校　长　邵军民(6月任)
常务副校长　马狄武(9月免)
　　　　吴彦刚(9月任)
副校长　魏　欣(5月免)
　　　　余　涛　雷　莹(女)
　　　　张宝珠(5月任)　张耀明

市委党校校务委员会

委　员　马狄武(9月免)

吴彦刚(9月任)
魏 欣(5月免)
余 涛 雷 莹(女)
张宝珠(5月任) 张耀明

市委党史地方志办公室

主 任 陈飞健(9月免)
毛建锋(9月任)
副主任 汪丽菁(女) 陆文琰(女)

市档案馆

党组书记、馆长 施建彬
副馆长、党组成员 孙 静(女)
孙晓霞(女,9月免)
徐立恩

市合作交流服务中心

主 任 吴彦飞
副主任 袁英凯(9月免)
汪彦廷(女)

市融媒体中心

党委书记、主任 陶 惠
党委副书记 郭晓红(女)
党委副书记、总编辑 任黎明
党委委员、纪委书记 陈 红(女)
党委委员 钱 萍(女) 曹 嵘
杨 洁(女)
李 敏(女)
副主任 钱 萍(女) 曹 嵘
李 敏(女)

市新时代文明实践工作指导中心

主 任 钱晓东(兼)
副主任 王 飞 张 烨 张 炜

市级机关事务管理中心

党委书记、主任 詹亚军(3月免)
江建胜(3月任)
党委委员、副主任 王云良 毛信东
张卫中
曹 忠(7月免)
王惠忠(9月任)

市土地储备中心（为市自然资源和规划局下属事业单位）

主 任 施文军
副主任 倪晓峰 包峥华 朱 炯

市新市民事务中心

主 任 戴冷松
副主任 黄 晟(6月免)
许 忠(5月任) 陈 强
张功志 雷爱斌(女,瑶族)

市社会治理现代化指挥中心

主 任 李建刚
副主任 郁 彬(5月免) 孙屹东
罗云飞 刘庆雅(女)
卫 玮(5月任)

市国有资产管理办公室

主 任 许啸文(女,兼,3月免)
副主任 徐 旻(女) 陆桂萍(女)

市供销合作总社

党委书记、主任 江建胜(3月免)
陶 雷(7月任)
党委副书记 穆 军
副主任 穆 军 陈 波
李 晶 戴国强
监事会主任 刘伟芳(女)
党委委员 李 晶 戴国强
刘伟芳(女)

市检验检测中心

党组书记、主任 陆晓平(5月免)
周建江(5月任)
党组成员、副主任 王 刚 李 刚
薛 平

市城市建设基金管理中心

主 任 张满兴
副主任 张海峰 冯 春 王俊峰

沙洲职业工学院

党委书记 王松石(9月免)
钱锦东(9月任)
党委副书记、院长 钱锦东(9月免)
章 雯(女,9月任)
副院长 易顺明 杨志刚(12月免)
陈海英(女)
纪委书记 袁 勋
纪委副书记 项丽霞(女)
党委委员 易顺明 杨志刚(12月免)
陈海英(女) 袁 勋
倪春锋 张 峰

张家港开放大学

校 长 钱洁雅(女)
党委书记 王柳军(7月免)
钱洁雅(女,7月任)
党委副书记 钱洁雅(女,7月免)
陆盘忠
党委委员 黄黎燕(女)
孙慧霞(女)
陈 勇(9月任)
副校长 黄黎燕(女) 孙慧霞(女)
孙 贤 陈 勇(9月任)
纪委书记 陆盘忠

江苏省梁丰高级中学

党委书记、校长 谈雅琴(女)

市属企业

市城市投资发展集团有限公司

党委书记、董事长 邵建芳
党委副书记、副董事长 孙国兵(3月免)
宋华东
总经理 孙国兵(3月免)
宋华东(3月任)
副总经理 宋华东(3月免)
徐东晖 季敏峰
曹 兴 樊毓峰
党委委员 李 军 季敏峰
曹 兴 高维华
樊毓峰
纪委书记 李 军

市金茂投资发展有限公司

党委书记、董事长 陈建兴(3月免)
孙国兵(3月任)
副总经理 姚 辉(9月免) 陆文朝
关恩超 邵振峰
纪委书记 姚志豪
党委委员 姚 辉 陆文朝
姚志豪 关恩超
邵振峰 朱海鹰(女)
许晓东
总会计师 朱海鹰(女)

市金港投融资担保有限公司

董事长 陈建兴(兼,3月免)
孙国兵(3月任)
总经理 姚 辉

市金城投资发展有限公司

党委书记、董事长 赵 晖
副总经理 宋一兵(9月免)
王向军 费晓锋
张永华(1月免)
李云雷(1月任,挂职)
党委委员 宋一兵 王向军
邱月花(女) 费晓锋
张永华(1月免)
纪委书记 邱月花(女)
首席风控官 张永华(2月任)
总会计师 刘颖虹(女)

张家港产业资本投资有限公司
（市暨阳湖开发发展有限公司）

党委书记　朱龙友
董事长　朱龙友
党委委员、副总经理　张利斌　高　彦
纪委书记　张玉芳

张家港市长江生态保护发展有限公司

董事长　陆江山
副董事长、总经理　陶　雷（7月免）
副总经理　张鲁平　王　伟
　　王海荣　俞　强

市水务集团有限公司

党委书记、董事长　罗晓骏
党委委员　卢东亮　刘　峰
副总经理　卢东亮　刘　峰
　　周　广
党委委员、纪委书记　蔡晓峰

市酒店管理集团有限公司

党委书记、董事长　王义东
党委委员、副总经理　茅卫忠
　　杨冬梅（女）
党委委员、纪委书记　王　海

江苏沙钢集团有限公司

党委书记　沈　彬
党委第一副书记　龚　盛
党委常务副书记　陈晓东
党委副书记　季永新
党委常委　施一新　马　毅
　　黄永林　杨龙胜
　　雷学民　王　科
纪委书记　陈晓东

江苏国泰国际集团股份有限公司

党委书记、董事长　张子燕
党委副书记　陈晓东　张　斌
　　才东升　张　健
纪委书记　张　健

江苏华昌（集团）有限公司

党委书记、董事长　胡　波（9月免）
　　张光耀（9月任）
总经理　张光耀
党委副书记　张光耀（9月免）
　　贺小伟
　　周　辉（9月任）
副总经理　谭　旋
纪委书记　陈饶忠

张家港沙洲电力有限公司

党委书记　眭　斌
董事长　张铨平
总经理　凌晓定
党委副书记　巩家富　张铨平
党委委员　刘俊伟　凌晓定
　　赵　凯
副总经理　鲁玉强　陈卫国
　　朱世春　季永华
　　赵　兵
纪委书记　赵　祥

江苏有线网络发展有限责任公司
张家港分公司

党委书记　陈　浩
党委委员　徐颂雅（女）　钱文斌
　　唐　浩
纪委书记　徐颂雅（女）

张家港市传媒集团有限公司

董事长　陶　惠
副董事长、总经理　郭晓红（女）
副总经理　庞瑞和（12月免）
　　杨　洁（女）

条线管理部门、涉外单位

苏州市张家港生态环境局

党组书记、局长　张　明
副局长　邹建忠　秦国平
　　黄利忠　陈　贤
　　张文波
党组成员　邹建忠　陈　浩
　　黄利忠　陈　贤
　　张文波　黄　骏
机关党委书记　陈　浩

国家税务总局张家港市税务局

党委书记、局长　叶卫康
党委委员、副局长　肖维贤　唐建国
　　黄　越　杨保红
纪检组组长　李　嵩

中国邮政集团公司
江苏省张家港市分公司

党委书记、总经理　席林仙（女）
副总经理、纪委书记　王　俊
副总经理　朱伟民（1月免）
　　吴梅燕（女，1月任）
　　张　开（女）

中国电信股份有限公司张家港分公司

党委书记、总经理　陈小飞（6月免）
　　张　好（6月任）
党委副书记、总经理　常建栋（6月任）
纪委书记、副总经理　宋郁峰
党委委员、副总经理　邵建锋
　　孙婷婷（女，8月免）
　　蒋煜天（12月免）
　　柳　翔（12月任）

中国移动通信集团江苏有限公司
张家港分公司

总经理　徐若海
副总经理　朱洪斌　潘江峰

中国联合网络通信有限公司
张家港市分公司

总经理　邹斌才（3月免）
　　阮文伟（4月任）
副总经理　张军辉　孙爱琴（女）

市气象局

局　长　王建明（9月免）
副局长　谢　洁（女）　陈　彦（女）

市盐业有限公司

经　理　邓　逾
副经理　唐艳红（女）

市烟草专卖局

局　长　徐黎明
副局长　邱　峰
副经理　凌　吉

苏州市住房公积金管理中心
张家港分中心

主　任　顾　斌
副主任　苏虹瑛

中国人民银行张家港市支行

党组书记、行长　吴建国
党组成员、副行长、纪检组组长
　　童　琳（女）

中国工商银行股份有限公司
张家港分行

行　长　顾佳伟（11月免）
　　张　烨（11月任）
副行长　许　雷　陈　敏（女）
　　戴　晔（女，4月任，11月免）
　　李华慧（女，11月任）
　　惠宇杰（9月任）
纪委书记　宗亚冰

中国农业银行股份有限公司
张家港分行

行　长　张曾博
副行长　张　剑（11月免）　吴　伟

盛晓颖(女) 王 健

中国农业发展银行张家港市支行

行 长 王 寅

副行长 孙亮珍 韦屹芳(女)

江苏张家港农村商业银行股份有限公司

党委书记、董事长 季 颖

党委副书记、行长 吴 开

纪委书记、监事长 顾晓菲(女)

党委委员、副行长 郭卫东

孙 瑜(女)

陆亚明 陈金龙

陶 怡(女)

王 辉

江苏常熟农村商业银行股份有限公司张家港支行

行 长 周 童

中国建设银行股份有限公司张家港分行

行 长 詹 伟

副行长 胡 环(女) 陈 平

臧智军 宋丽娇(女)

中国银行股份有限公司张家港分行

行 长 钱向军

副行长 朱义忠 顾惠红(女)

张惠娟(女)

陈 凯(12月任)

交通银行股份有限公司张家港分行

行 长 肖伟刚(2月免)

秦晓红(女,2月任)

副行长 陈小茹(女,5月任)

杜艳营(女)

丁莉红(女,5月免)

丁晓峰 查 敏(8月任)

中国邮政储蓄银行张家港市支行

行 长 张晓俊(4月任)

副行长 程 罡 濮 伟

江苏银行股份有限公司张家港支行

行 长 陆 群

中信银行股份有限公司张家港支行

行 长 李建东

中国民生银行股份有限公司张家港支行

行 长 华心赟

上海浦东发展银行股份有限公司张家港支行

行 长 张晓红(女)

副行长 陈 雷(1月免)

沈 燕(女,7月免)

苏东贤

王小舟(7月任)

招商银行股份有限公司张家港支行

行 长 陈晓军

江苏张家港渝农商村镇银行股份有限公司

行 长 马天明

华夏银行股份有限公司张家港支行

副行长 程晓东(主持工作,9月免)

李 嘉(主持工作,9月任)

吴 彬

章仪慧(女,12月任)

蔡一尘(12月任)

苏州银行股份有限公司张家港支行

行 长 张忆如(5月免)

陶 华(女,10月任)

副行长 童 炜

陶 华(女,10月免)

张 毅(6月任)

国网江苏省电力有限公司张家港市供电分公司

总经理、党委副书记 司小庆

党委书记、副总经理 高建新

纪委书记 俞 伟(6月免)

刘亚辉(6月任)

副总经理 朱永元 孙 旗

吴 晔(10月任)

沈 嵘

中国人民财产保险股份有限公司张家港中心支公司

总经理 金 华

副总经理 许 洁(女) 陆敏忠

卜英杰

中国人寿保险股份有限公司张家港支公司

总经理 缪 江(10月免)

喻惠惠(女,10月任)

副总经理 于 昕(8月免)

蔡 伟

喻惠惠(女,10月免)

中国太平洋财产保险股份有限公司张家港中心支公司

党委书记、总经理 陆正明(8月免)

党委书记、副总经理 朱 霞(女,8月任)

党委委员、副总经理 张 明(3月任)

中国太平洋人寿保险股份有限公司张家港中心支公司

总经理 朱建雄(1月任,5月免)

张 恒(5月任)

副总经理 范苏仁 尹晓强

中国石化销售股份有限公司江苏苏州张家港石油分公司

经 理 周艳君(女,满族)

张家港海关

党委书记、关长 黄 毅

副关长 顾泳洪 钱学铭

陈小俊 周明华(10月任)

党委委员 林 骏

石卫国(11月免)

顾泳洪 钱学铭

陈小俊

周明华(10月任)

金港海关

党委书记、关长 李晓晋(4月免)

李建新(4月任)

党委委员、副关长 程 郁

陆晓飞

长江航运公安局苏州分局

党委书记、局长 蒋 健

党委委员、副局长 何 健

徐裕华

党委委员、政治处主任 葛 峰

张家港海事局

党委书记、局长 宋儒卿

党委副书记、政委、纪委书记 彭慧敏

党委委员、副局长 陆 义

丁 波

许云刚(3月免)

陈守俊(4月任)

张家港引航站

站 长 葛剑平

党支部书记 缪海军

副站长 高志华

张家港出入境边防检查站

站 长 王亚洲

政 委 蔡慧江

副站长 吴旭光 王锡华

【编辑 黄宏庆】

索引

Indexes

凤凰镇肖家巷　（苏奇　摄）

条目索引

表格索引

随文图片索引

張家港年鑑(2023)

说　　明

一、索引采用主题分析法编制，大部分选用关键词。

二、索引设有条目索引、表格索引、随文图片索引三个分目，按标引词首字的汉语拼音音序排列，首字相同按第二字音序排列，以此类推。

三、由类目、分目提取的索引用黑体字标明。标引词后的阿拉伯数字表示内容所在的页码，数字后面的a、b、c分别表示从左至右第一、二、三栏。标引词后第二个页码起，表示该索引参见内容所在位置。

四、为便于读者检索，张家港市的企事业单位以及在张家港市发生的事件名称，除易产生歧义者外，省略"张家港市"或"张家港"。

条目索引

A

B

C

D

F

G

R

S

T

W

X

Z

表格索引

B

C

D

F

G

H

Z

随文图片索引

A

B

C

D

E

F

G

H

J

K

L

S

M

N

P

Q

R

S

T

W

X

Y

Z

【编辑　陆文琰】

主审人员名单

（按姓氏笔画排序）

丁天	丁亚娟	丁玲	丁洪斌	卫玮	马挺	马天明
马正阳	马筱宇	王海	王林	王涢	王海燕	王寅
王斌	车溢	牛建平	尹晓强	叶新	朱新	朱光华
朱江	朱志斌	朱先法	朱霞	任宪锋	刘玉梅	刘恒然
刘骁	刘潜	汤伟刚	汤红燕	许海萍	阮文伟	严红艳
苏健	李刚	李峰	李汉忠	李宏燕	李建东	李敏
李瑞亮	李嘉	杨枫	杨方勇	杨彬	杜长冲	肖贝
肖春峰	吴开	吴建国	何健	何维翰	邹伟	汪丽菁
沈军	沈斌	宋国华	张萍	张敏	张蓉	张功志
张成兵	张亦佳	张好	张奎军	张钟玉	张晓红	张晓俊
张赟	陆晓飞	陆盘忠	陆维江	陈小俊	陈宇俊	陈忠
陈珍	陈饶忠	陈晓东	陈浩	范天煜	金涌	金华
金鑫	周正	周钧	周晓骏	周晓敏	周彬	周童
郑大勇	赵鸽	赵伟	赵鸣雷	赵胜宏	胡环	胡保森
柏杨	俞萍	俞强	施建彬	施嘉熠	洪春	秦晓红
桂林	贾钧	顾欣晨	顾京辉	顾雪峰	顾斌	钱凯
钱向军	钱晓东	钱梁斌	钱锦东	徐昇	徐红	徐若海
徐高峰	徐道娟	徐德	凌吉	高蕾	郭峰	陶广成
陶华	陶晓峰	黄卫东	黄旭东	黄宇	黄健	曹阳
曹丽华	曹金铁	龚峰	崇爱华	葛霞	韩广强	韩冰青
童琳	谢洁	蓬元	蔡贤	蔡克荣	蔡磊	管陈浩
樊毓峰	薛栋	戴国强	戴威龙			

张闻明

志愿服务展示交流中心
网络文明素养教育基地

“张闻明”志愿服务展示交流中心和网络文明素养教育基地坐落于张家港市新时代文明实践中心，建筑面积约 640 平方米。“张闻明”志愿服务展示交流中心内设崇德向善・初心港、文明实践・爱心港、义路有你・同心港三大空间，分为序厅、志愿寄语、志愿星光、志愿传承、志愿市集 5 个篇章，集志愿服务展示、交流、互动、体验等于一体，是展示张家港市精神文明建设成果的重要窗口和弘扬志愿文化的宣传阵地。“张闻明”网络文明素养实践教育基地涵盖全市网络文明建设工作展示、网络文明素养科普宣教和网络文明互动体验等功能，以提升市民网络文明综合素养为服务宗旨，以强化青少年网络安全教育为服务重点，帮助广大群众树立安全上网、文明上网、依法上网的理念，全面展示张家港市网络文明建设工作的“广度”“厚度”“力度”和“温度”。

张闻明

志愿服务展示交流中心
网络文明素养教育基地